U0527217

大唐气象

渤海小吏 著

（上）

中国大百科全书出版社

图书在版编目（CIP）数据

大唐气象：全三册/渤海小吏著. -- 北京：中国大百科全书出版社，2024.8. -- ISBN 978-7-5202-1621-0

I. K242.09

中国国家版本馆 CIP 数据核字第 202440LU74 号

出 版 人	刘祚臣
策 划 人	赵 易
责任编辑	赵春霞
责任校对	宋 杨
责任印制	魏 婷
出版发行	中国大百科全书出版社
地　　址	北京市阜成门北大街 17 号
邮政编码	100037
电　　话	010-88390767
网　　址	http://www.ecph.com.cn
印　　刷	河北鑫玉鸿程印刷有限公司
开　　本	710 毫米 × 1000 毫米　1/16
印　　张	76.25
字　　数	946 千字
印　　次	2024 年 9 月第 1 版　2025 年 5 月第 3 次印刷
书　　号	ISBN 978-7-5202-1621-0
定　　价	198.00 元（全三册）
审 图 号	GS（2024）3309 号

本书如有印装质量问题，可与出版社联系调换

总目录

序 / 1

第 1 战　隋　崩 / 001

第 2 战　大唐创业起居注 / 127

第 3 战　秦王破阵 / 203

第 4 战　虎牢关天策封神 / 311

第 5 战　玄武门之变 / 363

第 6 战　天可汗 / 469

第 7 战　武曌骑唐 / 607

第 8 战　武韦之乱 / 723

第 9 战　盛唐的最后挽歌 / 845

第 10 战　安史之乱 / 975

上册目录

序 / 1

第 1 战　隋　崩

一、开皇的底色 / 003

二、"二圣"前传：隋基因的底色，无冕女皇独孤伽罗 / 017

三、杨坚之死，狗血谜案剖析 / 030

四、大业帝杨广的大基建 / 044

五、无向辽东浪死歌！ / 057

六、烽火狼烟中，李渊不为人注意的两段关键经历 / 072

七、天可汗前传，姨爷爷与岳父为李世民提供的巨人肩膀 / 088

八、"桃李"入瓦岗的奇幻漂流，天选之子的命运馈赠 / 111

第 2 战　大唐创业起居注

一、李世民改史方向与天赋能力详解 / 129

二、叉腰的李渊，插刀的李密 / 147

三、李渊，纵享丝滑 / 161

四、伟大的唐王又回到了他效忠的大兴城 / 178

　　五、潼关绝命战，武德时代的前奏曲 / 190

第3战　秦王破阵

　　一、天下熟人齐聚牛家村 / 205

　　二、李世民"一战灭国"背后恐怖的"经济时间账本" / 222

　　三、瓦岗头香熄灭，隋末霸王终章 / 242

　　四、死亡笔记的又一个名字，李渊丢脸前的天运加成 / 260

　　五、操作猛如虎的唐皇，扶起弱爹的秦王 / 271

　　六、三百里不眠不休追杀，雀鼠谷李唐国父加冕 / 288

第4战　虎牢关天策封神

　　一、好汉的"驯化"秘籍 / 313

　　二、不退！三千五百人都有！跟我去虎牢！ / 331

　　三、一战灭双王，秦王诛心天下！ / 344

序

一、六十四路烟尘

那个著名金句"高筑墙,广积粮,缓称王",是一种成功经验的总结。

从历史上看,自陈胜、吴广开始,历朝历代最先挑战王朝国家机器的人都避免不了灭亡的结局。这是为什么呢?

我们不用做多么复杂的论证,只是从古人留下的简单生活道理来看这个问题。

古人通过观察天体运行总结出规律,在一年中设定了二十四个节气来指导农业生产。

每年的冬至,太阳光直射南回归线,太阳光对北半球最为倾斜,北半球正午太阳高度角最小,是北半球各地白昼最短、黑夜最长的一天。冬至过后,随着季节的变化,白天的时间会逐渐变长,北半球从太阳获得辐射能量也会随着太阳高度角的增加而逐渐增加。

有意思的是，虽然冬至是北半球的至暗时刻，但冬至后的小寒、大寒才是一年中最冷的时候。

同样，夏至也是如此。夏至时北半球白昼时间达到全年最长，但一年中最热的三伏天却出现在夏至后的小暑到处暑之间。

这是为什么？

因为，即便冬至过后太阳光直射点开始向北移动，北半球每天接收的太阳热量和散掉的热量相比依然是入不敷出，所以温度还会下降，直到吸收和耗散达到平衡。夏至亦如此。

牛顿后来将这种现象定义为惯性，它是物质固有的属性，存在于每一个物体当中，大小与该物体的质量成正比，并尽量使其保持现有的状态，不论是静止状态还是匀速直线运动状态。

对于我们的生活，惯性最关键的两点在于：

1. 万事万物都有惯性，不存在例外。
2. 惯性和质量成正比。

牛顿用物理学公式给我们解释了一个玄之又玄的现象：任何一种趋势，要改变原来的状态都不能立竿见影，其效果总是滞后的，越大的趋势越是如此。

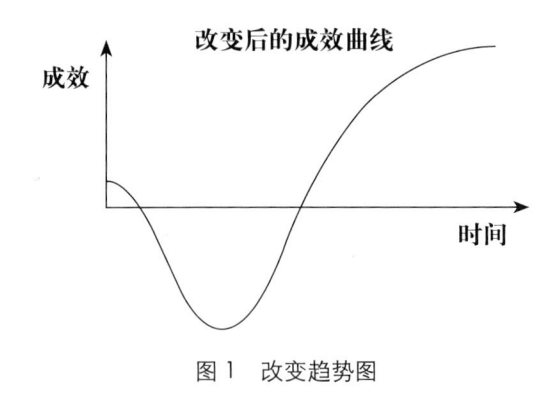

图 1　改变趋势图

任何一个人或组织、国家，从做出努力，到进行改革，再到走向蒸蒸日上，整个过程无一例外都会是如图1所显示的情况。

即便你最开始做的是正确的选择，你开始走出"冬至"，但你仍然会深陷"小寒、大寒"的泥潭一段时间，这个时候千万不能泄气。

前面的努力并没有白费，大量的热量已经开始带走严寒，看不到立竿见影的变化，只不过是因为惯性。如果你继续坚持正确的方向，等过了临界点时就是"守得云开见月明"了。

想要改朝换代者之所以要"高筑墙，广积粮，缓称王"，因为你需要前面的起事者去阻挡旧有势力的惯性，等待整个大环境积累的势能帮你走过严寒的临界点。所有先跳出来起事的，都成为阻拦王朝国家机器惯性的炮灰。看看大隋第二家庭中的杨玄感，再看看帮着大隋镇压了好几轮叛乱仍乖宝宝般的李渊，两人的结局对比足以说明这一点。

往深入点儿说，这个道理仅仅适用于改朝换代这件事吗？

"惯性"属于"地球不爆炸，我们不放假"。任何一个国家和经济体，在改革或者腾飞之前，都会有一段至暗时刻，任何改变或新的科技与手段，无论好坏一开始往往不会产生什么好的结果。因为原有的平衡会被打破，旧有的利益链条上的人会反扑，所以那时不仅不会繁荣，甚至还会出现衰退。

此时，反对你的人会摇旗呐喊，大部分国家和经济体会掉头转舵退了回去，永远没有越过"龙门"。

人从失败走向成功也是如此。当一个人更换新的人生算法、新的学习方法，更新技能动作时，最开始都会不适应，工作上会觉得不顺手，学习上会觉得吃力，竞技成绩会下降，技能会出现失常。

这个时候很多人会根据实时的反应，草率给出结论，觉得自己走错了路，然后在一次又一次左右摇摆中蹉跎一生，一事无成。（见图2）

图2 改变成效图

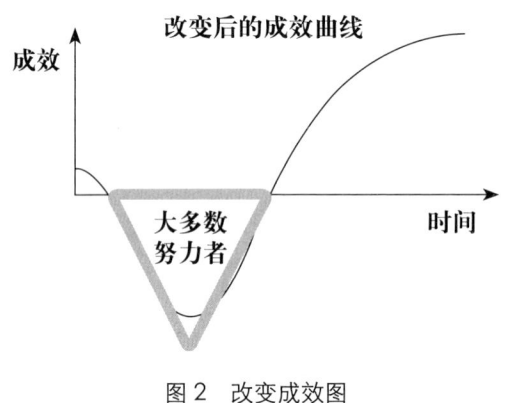

综上所述，无论是颠覆者超车，还是组织机构改革，或者是个人爬坡过坎的成长阶段，永远不要相信立竿见影。这是被物理学大厦的基石定律多次验证过的。

在我们的日常生活中太多人相信立竿见影，太多人刚看到风口就跳进去，总是担心稍微晚了利益就没了，总是焦虑这风口没把自己刮起来。

其实单纯以牛顿的思路来推演下，如果真的是风口，那么这个风口的势能就会很大，惯性就会很大，在惯性定律的加持下会持续很长时间。

比如今天的中国，整个国家的腾飞规模已经起来了，已经远远走出了临界点，哪怕现在瞬间熄火了，惯性也会推着国家走很远。我们可以从历史中看华夏的国运，如强汉开疆、盛唐气象，都是在开启国运后飞奔了一个世纪。

西域疆域的奠定和高句丽的灭亡都是在李世民死后几十年，武则天开始给国家刹车的时候发生的。"武韦之乱"有二十多年，中间出现了那么多磕磕绊绊，但惯性依旧让盛唐势不可当地又走了四十多年。

如果真是风口,那会是很久,早一点儿进和晚一点儿进有什么差别吗?看看北京、上海、深圳就会明白。

如果真是风口,你要做的是准备好在风口中待得足够久;你要做的是追求一个长期发展且能有复利效应的机会;你要做的是在一个风口领域深耕十年、二十年,从而拿走头部的利润。因此早一点儿进去晚一点儿进去差别不大,方向和思考的意义更大。如果不是风口,那么晚一点儿进也不会失去什么。你要看准了,看准后进去拼命干;而不是看了个大概,着急忙慌地进去以后又瞻前顾后、哆哆嗦嗦。

有人会说,马云说过"有的人一生输就输在对于新生事物,第一看不见,第二看不起,第三看不懂,第四来不及",马老师教导过我们,看到机会后不冲进去就晚啦。

你梦想成为另一个"马云"没问题,但我们首先得看看这个世界有几个马云?

马云之所以"看得起且看得懂",是他从美国回来时已看到那边的互联网成熟且蒸蒸日上,已得出互联网注定会带来商机的结论,而且他的家庭也给了他很大的助力。普通人看到的他是"往来皆白丁",但他"谈笑有鸿儒"这事大概率不爱跟别人提。

况且就算强如马云,1995年就投身于他看准的方向了,但是直到1999年他才稍微喘了口气。不是每个人都能撑过那等大势的四年的。

如果你有机会采访马云,多问他1995—1999年的故事,别问梦想和战略,那些对你都没用,你要问他怎么"活"下来的,问每笔现金流的单子……

惯性定律告诉我们,大势的惯性会很久,小打小闹的事情惯性不会大。这世上有太多貌似的风口,之所以挣貌似风口的钱有风险,是因为任何动作和资源投入都有成本,那种转瞬即逝的投机机会更类似于赌。就算你赶上这种貌似的风口,也不过是一锤子买卖,更多的是进去后风停了,然后把内裤都输没了。

总会有很多刺激你忽略惯性定律而去追求立竿见影的"神话",比如当年有很多人都一箱一箱地囤 BP 机,以为可以囤积居奇大赚一笔结果转眼成为滞销货;比如今天所有兜售成功学的老师们都说自己有秘籍,从他们那里脱胎换骨只要三千八百八十八元。

我总是在说要稳,要多想、多看,要日日努力,像个保守的老人家的口风,因为我希望大家都能更冷静地看待这个世界。所以,让我们再来加深一遍印象:无论是颠覆者超车还是组织机构改革,或者是个人爬坡过坎的成长阶段,永远不要相信立竿见影。

惯性,作为每个受过基础教育的人都学过的定理,不是很简单、很容易理解吗?但不懂这种智慧的人,却是这世间的绝大多数。

老师只会教孩子们怎么用这个定理做题,却没办法教他们怎么把这个公式和自己的人生结合起来。也因此,孩子们很难到最高阶层。

那些根本不知道或者琢磨不明白"惯性"这个物理学定律的人,会自发衍生出人性中的焦虑,于是人被筛选出了三六九等。

成功过的人通常会对外做如下宣称:那种莫名其妙成功的人会说"这都是我自身努力与拼搏的结果";聪明点儿的人会说"我运气真不错"。他们大概率都不会说的是背后的高人指路和贵人扶持。

"贵人扶持"大家都能理解,但"高人指路"是指什么呢?其实,"高人"曾经历过你的惯性阶段,所以他能告诉你眼前事业走到"柳暗花明"所需要的大概时间和历程,能让你静下心来战胜那些人性中的焦虑。

关于惯性,这里还有一个问题:你能走出冬至走向立春、立夏,是因为你选择了正确的道路,但你怎么才能知道自己目前坚守的道路是否正确？

所以，帮你战胜焦虑、让你清晰看出路线是否正确，才是以史为鉴的真正意义。准确地说，是历史沉淀于人性与事物发展规律的那些客观事实，是"高筑墙，广积粮，缓称王"的那一条条铁律衍生出来的智慧。

这不是简单地将上一次成功的过程复制一遍，而是在暂时看不到前途时知道是该坚持还是该退回来。

历史带给我们的最伟大的意义，是那些人性中千年不变的因素。一千年前男人好色，一千年后男人依旧好色，再过一千年亦如此；一千年前送礼是围绕钱、权、孩子等展开，再过一千年还是这样。

六十四路烟尘的结局，盛唐的版图与气象，是这本书的核心。

盛唐惯性的奠定者，叫李世民。

二、再说"天之道"与"人之道"

1850年，德国物理学家和数学家克劳修斯说了这么一句话：热量不能自发地从低温物体转移到高温物体。这就是后世大名鼎鼎的"热力学第二定律"，这条定律证明：在自然状态下，能量永远只能由热处传递到冷处。

关于"热量会自动地从高温物体传向低温物体"这件事，在两千多年前，大哲学家老子说出过相同的智慧语言：天之道，损有余而补不足。

同样是在19世纪，英国经济学家大卫·李嘉图发表了被后世称为"李嘉图定律"的理论：社会生产力发展和社会的进步是以牺牲某些阶级或阶层的利益为代价的。

两千多年前，老子在说完"天之道，损有余而补不足"后还跟了一句"人之道，损不足以奉有余"，人之道，与天之道完全是背道而驰的。

"天之道"意味着能量不可能自发地、不付代价地从低温物体传至高温物体，高能量者注定会耗散，会由高峰趋于平均；但"人之道"出手干预逆转了能量的自然传递过程，逆天地让能量由"低温"流向了"高温"。

这个"逆天"的过程通常是：高能量者燃烧了低能量者加热自己，使自己的能量越来越高，"燃料"则在能量耗尽后成了烟尘。

"人之道"虽然逆天，但终究要接受"天之道"的规律，高能量者的能量越高，与周边的事物温差也会越大，高能量者注定会散发自己的能量被周边掠夺——比如自身的欲望、亲近者的索取、体系衍生的触角等，总之，高能量者天然地每分每秒都在"散功"。

高能量者如果希望永远沸腾，就需要有源源不断的燃料对他献祭。这是任何国家、经济体、公司、组织绕不过去的模型。

1824年，法国工程师卡诺最早提出了热能转化为机械能的根本条件：凡有温度差的地方都能产生动力。

高能量者如果想逆天改命，就需要主动释放自己积聚的能量，如钱财、土地、矿产、粮食，将"热能"转化为"机械能"，从而产生动力去推动下一个层级。在层层推导下，高能量者的终极目标是要让他的组织架构通过"目的性"地做功，找到更多的燃料去燃烧与献祭，来反哺自己不可逆的能量损耗。

当政权核心打造一台新的国家精密机器之后，其能量扩散所产生的动能能够更好地促使官僚机构源源不断地找到燃料，这就是一个王朝的上升期。

两晋南北朝这三百年，北人南下之所以为南朝盛衰之总纲，就是因为有源源不断的北人填补了南方；而"汉夷混一"之所以为北朝盛衰之总纲，就是因为"汉"与"夷"两方面形成合力后，北朝的资源攫取能力远远大于内耗，随之对南朝形成压倒性优势。

当高能量者打造的那台机器出现了大量的能量额外损耗，当一层层的动能传递不下去，当燃料来源越来越少时，情况就陷入了越来越恶劣的死循环，这就是一个王朝的衰落期。

这个道理推及组织和企业，也是适用的。财务报表中成千上万个指标，剥去一层层的外衣，其中最重要的一个点，永远叫"现金流"。无论说得如何天花乱坠，想要跑赢"天之道"，你需要进的比出的多。

说到底，"人之道"的兴衰，就是人逆天而行后能量的盈亏之道。

在不可逆的日常能量转移之外，高能量者主观意愿的针对性做功方向和效率，决定着能否基业长青。当他的大量做功是无效的、是与抓取燃料无关的，就是高能量者走上下坡之路的时候。

绝大多数组织的兴衰及对其的预判，其实都可以通过"天之道，损有余而补不足"和"人之道，损不足以奉有余"这两句话及物理学的基石定理说明白。无论变化多么复杂，形式多么千奇百怪，PPT有多么光彩夺目，也无论有多少聪明人和糊涂蛋在对我们进行"乱花渐欲迷人眼"的说教，只要我们在思考的时候抓住那些不变的定理和智慧，很多迷雾和乱局就会渐渐云开雾散。

隋之所以兴，在于从起义的武川军团开始直到演变为关陇集团，一直是一台能不断吸收燃料来供养核心集团的国家机器。

580年，杨坚下令在西魏时改为鲜卑姓氏的人都恢复原来的姓氏，民族融合的最后一关打通了。

三百年前，你姓刘，我也姓刘，但你是匈奴人，我是中山人，你是草原屠各王子，我是中山靖王之后；三百年后，你姓刘，我也姓刘，我们都是河北人，我们都是华夏人。

在这三百年血泪大融合的杀戮、掠夺、徙民、编户、同姓后，无论你是普六茹氏还是侯莫陈氏，几代之后都变成了一个民族——汉族。整个国家机器的民族内耗降到了三百年来的最低点。

583 年，杨坚下诏精简官僚机构，悉罢诸郡为州，直接减少了一级行政机构，将原来比较混乱的地方官制从州、郡、县三级精简为州、县两级，直接撤销了五百多个郡级机构，同时裁撤淘汰了大量冗官，节省了巨大的政府开支，提高了行政效率。

584 年，杨坚要求全国无论公私文章都要实实在在说话，老老实实办事，拒绝引经据典，行文虚无缥缈。

大隋整个国家机器的官僚体系消耗降了下来，办公效率抓了上去。

585 年，杨坚开始了全国范围内的户籍整顿。针对山东地区因为北齐的弊政，准确地说是以"四姓"为首的门阀在户口登记和租调征收方面偷奸耍滑，杨坚下令在全国范围内逐户逐人进行核实。

如果出现户口不实、年龄虚报的，则该地区的里正和党长一律远配边州；如果是堂兄弟以下仍然一起过日子的大族，则必须分家居住，自立门户。大臣高颎又请求在全国推广实行"输籍法"，规定每年正月初五县令派人进行普查。

通过输籍法进行每年一次的大筛查，再配合对基层官员的考核，隋的人口账本被制度化地抓起来了。隋朝整个国家机器的资源抓取能力达到了东汉后的巅峰。

减租降税、宽减刑法、统一货币、精简机构、户籍整治、漕运维修，几乎所有能想到的国家机器改良与修整，杨坚都全方位深耕了一遍，隋朝各地每年上调给关中的各类物资经由各种运河和驿路被源源不断地送往长安。①

至此，隋朝的国运达到了巅峰。

高能量者在一代代的迭代后打造出了一个逆天的组织架构，源源不断地抓来了越来越多的资源。

隋，兴于此；秦，当年亦兴于此。这台机器太好用了。

但兴于此，亦亡于此。当这台国家机器抓取燃料的手段过于高端，当高能量者的能量过于强大，注定会出现蓬勃输出的奢靡欲望和肆无忌惮地向八方开炮。

你是否紧紧抓住了那条亘古不变的真理，如果有一天给你献祭的燃料烧干了呢？

三、改史后的那些真与假

让我们继续贯彻前面文字所表达的中心意思：无论多么高端的事，它最核心的马达永远不复杂，永远会像物理公式一样简洁清晰。

靠谱的人永远能用一句话描述清楚自己要做、在做、准备做的事，这是一个人想要成事就需时刻刻对标并思考的纲。做不到的人，要么是逻辑不行，没有理清楚自己要做什么，做的是什么；要么是表达能力太差，他的资源调动能力估计堪忧；要么就是忽悠人的。

国家上升的时候，它能通过几个核心指标算出未来大势；公司上升的时候，它的产品或服务能带给客户的好处一定是一目了然的；英雄上升的时候，他融资、融人的能力一定是能花小钱办大事的，他的团队

---

① 《资治通鉴·陈纪十》：诸州调物，每岁河南自潼关，河北自蒲坂，输长安者相属于路，昼夜不绝者数月。

骨干在各领域一定是以一当百的。

这个开篇序，一定是得"量大菜精"地给大家"吃"撑了的。

根据李世民那些改史的是是非非，再说一个让人一眼就能看明白的公式：

$$一个人的成就 = 成功率 \times 事业量级 \times 效率 \times 时间长度 \times 时代的机遇$$

李世民的天纵英才是"成功率"和"效率"的保障。如果没有李世民，唐不会成为华夏千百年来如此特殊的存在。隋崩时的天下大乱是"时代的机遇"。没有这个机遇，李世民的能力不会被无限放大。

以上这三个要素，都是人们有目共睹且毋庸置疑的。但是，"事业量级"和"时间长度"这两个是客观规律，是再多粉饰也无法修改的。

从二十岁起兵到二十四岁虎牢关封神，李世民几乎是拿着一个亿挣出了一百个亿的效果。但是，可以说从二十岁到二十四岁，是李世民亲手从零挣出了一百个亿，如果连原始积累的那一个亿也要安在他身上，就是违背事物的客观发展规律了。

对一个二十岁的小伙子来说，无论他是何等的天纵英才，也有很多事是他这个年龄段做不了的。

从一亿到一百亿的速度很多时候要远远快于从零到一亿，尤其在一个政权的初期，民心向背和官僚结构都不是一个二十岁小伙子能压得住的。

李世民后面通过一次次身先士卒和战无不胜快速封神确实不假，但从太原起兵到关中建国，这段李唐由零到一亿的过程却应该有它真实的表达。

对偶像最大的尊敬，是对他客观的认识，而不是认为偶像从生下来就闪闪放光芒、二十岁就是再世"女娲"。让偶像的人生经验对你有多助益，才是最浪漫的追星。

四、常识

其实我前面说的三方面的内容都是常识。平时随便拎出来一个，你根本不会看上一眼。但人活一世，最需要的也最缺乏的，往往就是基本常识，而不是那些花里胡哨的东西。

信息在今天早就爆炸了，但有几个人敢说比诸葛亮的智慧高？古人没有那么多的信息，没有那么多的理论，为什么却做出了那些让人瞠目结舌的布局，干出了那些匪夷所思的事业？

因为知识不值钱，智慧值钱。信息爆炸了，工作繁忙了，在让你充实与疲于奔命的同时也拿走了无聊与静思反刍时的那些智慧。

与读者朋友们一路走来，我又实践了很多，沉淀了很多，感悟了很多。我必须力所能及地做成一件件眼前的事，才好意思对大家说：历史的智慧是能指导我们的人生的。

比如当你焦虑时，当你投身风口时，我的一些经历可以分享给你：

2018年9月公众号开刊的时候，很多人说：晚了，风口是视频。

2022年8月视频号启动的时候，很多人说：晚了，红利期已经过去了，现在竞争是红海，进去容易死掉，赶紧布局下一个赛道。

晚了吗？确实晚了。但错过了吗？好像并没有。

让我再点一下题：因为风口有惯性。而且文娱产业无论怎么变化，核心不变的永远是两个字：内容。

第 **1** 战

隋 崩

一、开皇的底色

一个人，最坏能有多坏？

隋朝之前是南北朝，在那个时代，无论北朝还是南朝，一波波的杀戮始终没有停止过。那些杀戮中的恶魔名单比较长，如果要在这个名单中评选魔王，那么从理论上来讲，头号魔王应该是侯景。

侯景在杀戮之路上的技战术打法相当全面，他没有短板和偏科，只有常人想不到的，没有他做不出来的。在侯景的全方位立体祸害下，"时江南连年旱蝗，江、扬尤甚，百姓流亡，相与入山谷、江湖，采草根、木叶、菱芡而食之，所在皆尽，死者蔽野。富室无食，皆鸟面鹄形，衣罗绮，怀珠玉，俯伏床帷，待命听终。千里绝烟，人迹罕见，白骨成聚，如丘陇焉。"

再没这么可怕的了。

不过，侯景的一生很复杂。他在北方二十余年，于尔朱荣、高欢手下皆是重臣良将，所镇之处百姓安居，专制河南十余年边境无事，但为什么他到了南国两年多，就将这里的承平盛世祸害成了乱世魔窟呢？

因为"受害者"萧衍是总导演。

在北境,"大魔"高欢用侯景这个心高之贼为社稷功德;在南国,"善士"萧衍留侯景这个败北之将为南国梦魇。其中的原因是侯景变了吗?

侯景自始至终都没有变。他在北境当河南王保境安民时由不得他,因为他被更大的力量约束着;他在南国当魔鬼涂炭生灵的时候也由不得他,因为他要释放出人性中最大的恶来帮他控制这片"人生地不熟"的土地。

我们再向前看过去,东晋时孙恩利用宗教起事时曾屠杀江东数十万人,这也是个杀人魔王。但在他起事之前,五斗米教就已经在江东扎根百年了,为什么只有他闹出了这个动静呢?

因为孙恩是被时势造出来的。

十八岁的东晋权臣司马元显在内忧外患之下跟百年的门阀世家们抢人口,变相帮助孙恩创造出了凭他自己几十年都创造不出来的外部环境——三吴八郡几乎是在瞬间就响应了孙恩。

前有"孙教主"祸害三吴,后有"宇宙大将军"血洗江东,是这种毋庸置疑的杀人魔王坏呢,还是司马元显和慈悲为怀的萧居士做了更大的恶呢?

只能说在越大的事物面前,越要远远脱离表面的那些善恶去看。

阿司匹林和海洛因的诞生仅相隔十一天,它们都是拜耳公司的霍夫曼发明的。阿司匹林的问世是霍夫曼想要缓解父亲的病痛,发明海洛因的初衷则是为了代替吗啡成为成瘾性更小的镇痛药物。海洛因在诞生之初被寄予厚望,它的外文写法是"Heroin",其名字来源于德语的"英雄"(Heroisch)。

能量越大的事物,波及面就越广,也就越难用简单的善恶来判别。比如当拜耳公司发现海洛因虽然不是吗啡,但却会在肝脏中代谢出吗啡而让人上瘾,为了经济利益,拜耳选择了对世界隐瞒这一发现。

"诛仙剑"遇神杀神、遇仙诛仙不假，但持剑人会因那股杀神诛仙的戾气入魔的。

经过三百年血泪大融合，凶猛的武川集团雄霸了这个时代，在北周武帝宇文邕和隋文帝杨坚的先后励精图治下整个天下重归一统。在杀戮、掠夺、迁徙、编户、与汉姓融合的三百年血泪后，汉民族和"五胡"乃至"百夷"融为一体，贺六浑是渤海高，普六茹变回了弘农杨，你不再是你，我不再是我，大家都是同文同种的华夏人。

总体而言，当隋灭陈拿回南国之时，如减租降税、宽减刑法、统一货币、精简政府、户籍整治、漕运维修等，几乎所有能想到的国家机器改良与修整，杨坚都全方位深耕了一遍，当时整个华夏堪称处在最好的状态。

与前面终结超级大乱世的那几位帝王相比，杨坚比汉高祖刘邦的政治体制强，比光武帝刘秀的户籍账本棒，比从王朝诞生起就"丧良心"的西晋武帝司马炎就更是强得太多了。

按理讲，这样的隋朝是应该能有两三百年国祚的，结果谁也没想到，这个庞然大物在仅仅二十多年后就轰然倒塌了。更准确地说，这个庞然大物在不到十年就土崩瓦解了。

隋朝这种瓦解速度和烈度，有点儿类似于一个壮汉生个小病突然间就倒地死去了。

所以后世有些人一谈起这种事，就喜欢拎出中国史上的十大暴君之一，跟后赵石虎竞争第一名的隋炀帝杨广。

杨广坏到了什么地步呢？

就是无论后世怎么骂他，哪怕有人恶意抹黑他也没人怀疑。就连汪精卫都有人给他写翻案文章，但却从来没有人给杨广说句话，他也确实值得这世间最恶意的骂名。

人们提到杨广前面他爹杨坚的时代，通常的说法是"开皇之治"，二者一对比是多么巨大的落差啊。

一个人真的会如此孽障吗？

"宇宙大将军"侯景顶多把江东祸害成无人区，而杨广凭什么能够以一己之力将华夏从最好的状态变成土崩瓦解？杨广有什么诀窍吗？隋真的完完全全就是亡于杨广吗？

这个问题其实很类似于秦帝国真的亡于胡亥吗？事情从来都是先开花，后结果。

公元280年三月十五，当王濬的楼船开进秦淮河时，华夏大地短暂地结束了近百年的分裂。589年正月二十，当韩擒虎率领五百精锐第一个冲进建康朱雀门时，华夏大地时隔三百年再一次合拢到了一起。

杨坚称得上三百年来第一人，朝野上下都请求他去封禅，589年的七月十五，杨坚在鬼节当天正式下诏表示："灭了个小国你们就那么激动，我这么薄的德怎么能去封禅泰山呢，今后都不许再提了！"[1]

人是会变的。

杨坚此时表现得很坚决，等过两年就表示"我只在门口蹭蹭"。六年后，他最终蹭进了泰山。

杨坚的前半辈子，堪称时也、命也、运也的集大成者。

他爹杨忠刚给他娶独孤伽罗的时候他不会想到，自己这个整个武川人缘最好、最打压不死的岳父独孤信会被迅速逼死；他被宇文护征召但被他爹死死摁住不合作的时候他不会想到，主政了十五年的宇文护会

---

[1]《资治通鉴·隋纪一》：朝野皆称封禅，秋，七月，丙午，诏曰："岂可命一将军除一小国，遽迩注意，便谓太平。以薄德而封名山，用虚言而干上帝，非朕攸闻。而今而后，言及封禅，宜即禁绝！"

被隐忍少年宇文邕宫变爆头；他更不会想到，他爹反宇文护的这面政治旗帜在十五年后得到了丰硕的回报，自己的大女儿成了太子妃。

凭着国丈这个角色，凭着父亲杨忠武川第一杀神三十年戎马培养的军队关系，凭着继承的岳父独孤信武川八柱国最盘根错节的政治关系，杨坚一步步摘得了武川英雄种下的最大的桃。

至少目前来看，是这样的。

但当天下一统后，当杨坚没有外患和功业的考量后，他的心魔开始日渐凶猛。

对于自己一路是怎么上位的，杨坚很清楚，他知道，当年他面对宇文护、宇文邕、宇文赟有多么谦恭，此时他宝座下的所有人对待他就有多么谦恭。一切都是假的，一切都是暂时的。

由于杨坚早年做北周的官时对法律法条钻得透，因此他采用了极端法家的治国体系。他一边派各种耳目监察百官，一边钓鱼执法让人拿财物贿赂试探，只要发现禁不起考验的就立刻处死，还在朝廷上暴打罪官，谁劝都没有用。①

杨坚对内采取高压政策，对外则开始在南方强力推行自己的大隋户籍制度。

由于南陈属于"斩首行动"的和平征服，也就意味着南方的所有生产关系和阶级都没有变动。江南自东晋以来的无政府主义状态有两百年了，除了桓温和刘裕这两个猛人做了局部的修修补补外，户籍和执法

---

① 《资治通鉴·隋纪一》：上性猜忌，不悦学，既任智以获大位，因以文法自矜，明察临下，恒令左右觇视内外，有过失则加以重罪。又患令史赃污，私使人以钱帛遗之，得犯立斩。每于殿庭棰人，一日之中，或至数四；尝怒问事挥楚不甚，即命斩之。尚书左仆射高颎、治书侍御史柳彧等谏，以为"朝堂非杀人之所，殿廷非决罚之地"。上不纳。

在这里多少年来就是个笑话。杨坚统一后把那套户籍管理的毛细血管安在了大江之南，一时间南国的"黄四郎"们都很不适应。杨坚为了大功率宣传自己的统治思想又命尚书右仆射苏威撰写了《五教》，要求江南百姓无论男女老少都得背诵，这就把民怨搅动起来了。

江南不是关中，也没有北魏在整个中国北方已经推广过一轮的户籍改革传统经验，更不要说全民文盲时代让人背文书了，于是这股不满情绪被有心之人利用了。

越来越多的流言渲染杨坚要把江南之民都迁徙到关中，借着这股风，婺州汪文进、越州高智慧、苏州沈玄起兵造反各自称天子，各地还出现了一群大都督起兵，南陈旧境几乎全部反叛，大的反叛者聚众数万人，小的有几千人，他们抓了隋朝县令就抽肠扒皮怒道："看你还让不让我们背《五教》！"

准确地说，此时大隋官僚系统的执行力已经很恐怖了，《资治通鉴·隋纪一》中的原文是这么写的："陈之故境，大抵皆反，大者有众数万，小者数千，共相影响，执县令，或抽其肠，或脔其肉食之，曰：'更能使侬诵《五教》邪！'"

这得是多么大的仇恨，才会"执县令，或抽其肠，或脔其肉食之"。

对于这种情况，自古以来统治者一般有两个选择：

1. 怀柔对待，选拔当地大族进朝廷中央熟悉政策，然后派本地人来搞试点，用收买地方上层阶级的办法打开局面，再用几十年的时间完成过渡。

2. 暴力对待，用北齐高洋的思想就是"快刀斩乱麻"，既然已经盘根错节捋不清了，那就消灭吧。

都不用猜，别指望杨坚会让步和怀柔。

面对江南遍地游击反叛者，杨坚表示"给我打"！他派出了自己的"小猛兽"杨素,经过前后百余次战役,将江南大部平定,拿炮火把南国又犁了一遍。

杨坚越老手越黑的同时,他的整个国家机器和官僚机构都在上行下效。以杨素为例,他就是全面推行杨坚的方法,每次大战前先全军找碴儿,杀几十到一百多犯错的士兵祭旗,调动出恐怖效果;在双方接阵后,杨素会派出一拨又一拨的先登军,冲破军阵的重赏,冲不破败退回来的则全部处斩后再派第二拨,全军因此每战皆有必死之心,杨素因此战无不胜。①

虽说"慈不掌兵",但大家别学杨素,如果学他带兵的话极大概率是要闹兵变的。

有句话叫作"赔本的买卖没人做,杀头的买卖有人做",自古名将带兵通常有个前提,就是钱这玩意儿真得给到位。

杨素那样的带兵方式,在别的将军那里早闹兵变了,但杨素虽然凶残,却实实在在有功必赏,先登的功勋足够大,大到能帮大头兵们跨越阶层,所以重赏下的勇夫相当多。

更关键的是,杨素在朝中能跟杨坚说上话,所以跟着杨素的哪怕是小功也能封赏,跟着别的将领即使立了大功待遇也不一定能拿到。本着只要钱到位姿势全会的朴素思路,虽然杨素是活阎王,但大头兵们就愿意跟着这个活阎王。②

---

① 《资治通鉴·隋纪一》:杨素用兵多权略,驭众严整,每将临敌,辄求人过失而斩之,多者百余人,少不下十数,流血盈前,言笑自若。及其对阵,先令一二百人赴敌,陷阵则已,如不能陷而还者,无问多少,悉斩之;又令二三百人复进,还如向法。将士股栗,有必死之心,由是战无不胜,称为名将。

② 《资治通鉴·隋纪一》:素时贵幸,言无不从,其从素行者,微功必录,至他将虽有大功,多为文吏所谴却,故素虽残忍,士亦以此愿从焉。

就在南方炮火连天的时候，在591年这一年发生了一件相当著名的事，隋朝的民部向杨坚报告：国家的府库已经全堆满了，都没地放了。杨坚疑惑道："我是薄赋啊！我还大量赏赐有功将士，怎么这钱就花不完呢？"民部回答："收入比支出多，咱们国家挣得多。"[①]

杨坚于是大笔一批：要藏富于民，今年河北、河东减征三分之一，军籍减征一半，全国的调全部免征。

这也是被后世普遍拿来作为"开皇之治"政绩的重要论点。但事实真的是如此吗？

由于杨坚的户籍制度太先进和吏治水平太高了，户口开始大规模增加，但户口都被清查出来后却出现了一个巨大问题：隋是实行均田制的，国家需要向每个在册的人口授田——成年男丁每人受露田八十亩、永业田二十亩，虽然人口被清查出来了，增加了，但是地并没有增加，禁不起每户分田。

针对这个问题，有人建议把人口大州的人迁到人口小州去，但朝廷却惊人地发现没有人口小州，哪个地方的土地都不富裕。于是杨坚又派使者去各地搞起了均田改革，据说土地少的地方每丁才能分到二十亩，相对于男丁，老少者分到的还要更少。[②]

此时此刻，其实所谓的均田制已经凸显出问题了。

杨坚把户籍都统计上来没问题，国家的仓库满到装不下，说明国

[①]《隋书·食货志》：十二年，有司上言，库藏皆满。帝曰："朕既薄赋于人，又大经赐用，何得尔也？"对曰："用处常出，纳处常入。略计每年赐用，至数百万段，曾无减损。"

[②]《隋书·食货志》：时天下户口岁增，京辅及三河，地少而人众，衣食不给。议者咸欲徙就宽乡。其年冬，帝命诸州考使议之。又令尚书，以其事策问四方贡士，竟无长算。帝乃发使四出，均天下之田。其狭乡，每丁才至二十亩，老小又少焉。

家机器对户籍的资源抽取能力极高，但田地注定就那么多，不是每个人都能分到足量的生产资料的。大隋的官僚系统后面为了完成政绩，将给杨广的土地账本虚报成了令今天拍马都追不上的五十五点八五亿亩。

当根的汲取太强的时候，地力会枯竭，土地注定会变成废地。

时间来到594年，杨坚在土地问题上又给百姓们加了码，他停止了之前公廨钱的"官府贷"行为。之前，"聪明人"杨坚利用朝廷中央乃至各地官府的运转经费设立了公廨钱——官府拿钱去放贷，利息作为运营费用。

其实仔细想想就知道这事有多不靠谱，农村都是小农经济，老百姓能有多大的借贷需求呢？就算是有需求那也是在偶尔的灾年，但这种借贷却成为各地官府日常运转费用的固定来源，各地官府想运转就必须有人借钱，这钱你不贷也得贷！

那么成本会转移到谁身上呢？自然是普通百姓。

隋的资源抓取能力高到府库满仓没有地方放，杨坚却不给地方官府的运营拨款，反而要把成本转嫁到百姓头上。这事传出去，那是杨坚慈父心系百姓给了大隋朝廷兜底，盘活民间生计，有问题也只是地方官强行摊派，鱼肉乡里。

结果公廨钱运行了十多年，"烦扰百姓，败损风俗"已经到了不像话的地步，在工部尚书苏孝慈的建议下，杨坚终于停止了坑人的官府贷。然后杨坚放着强大的财政冗余不用，没有从每年的租调中给地方官府留出费用，而是给各级官吏分配了职分田，用收成作为日常的官府开销。

杨坚的意思是：给你们这些官吏分田，你们不得再经商放贷，与民争利！他说得特别大义凛然，而锅又一次被各级官府背了，但解决办法是什么呢？

第1战 隋崩 | 011

从杨坚的角度来说：给我的钱一分也不能少！我可以给你们政策，但别从我口袋里掏钱。

于是问题来了，这时已经不是当年北魏文明太后刚搞改革的时代了——那时候地广人稀，给官府分配官田解决政府费用没有阻力，现在，全国土地都不够用的，杨坚的这个政策最终会怎么落地呢？

皇帝给了政策，然后逼着官府去抢地。不就是这个意思嘛。

还是在594年，关中大旱产生了大饥荒，杨坚那个作秀呦，又是哭又是斋戒，还在八月亲率关中百姓去洛阳逃荒，据说皇帝沿路对百姓相当有情有义。[1]

我说杨坚虚伪作秀是有根据的。

第一，从目的性来看，他之所以在这一年亲自去洛阳，是因为杨广率百官极力坚持请杨坚去泰山封禅，杨坚实在"推脱"不了了，令牛弘制定祭祀天地的礼节仪式，杨坚表示这事太大，他功德不够，不过他去东方巡视一下顺便祭祀个泰山还是可以的。[2]

第二，在关中大灾的情况下，杨坚东巡的同时也下令百姓去洛阳逃荒，去吃洛阳的救济粮，好像特别大公无私。但我们就以这一点，来详细说一下杨坚这人有多吝啬。[3]

---

[1]《资治通鉴·隋纪二》：关中大旱，民饥，上遣左右视民食，得豆屑杂糠以献。上流涕以示群臣，深自咎责，为之不御酒肉，殆将一期。八月，辛未，上帅民就食于洛阳，敕斥候不得辄有驱逼。男女参厕于仗卫之间，遇扶老携幼者，辄引马避之，慰勉而去；至限险之处，见负担者，令左右扶助之。

[2]《资治通鉴·隋纪二》：晋王广帅百官抗表，固请封禅。帝令牛弘创定仪注，既成，帝视之，曰："兹事体大，朕何德以堪之！但当东巡，因致祭泰山耳。"

[3]《隋书·食货志》：十四年，关中大旱，人饥。上幸洛阳，因令百姓就食。从官并准见口赈给，不以官位为限。

几十年后，唐太宗李世民对黄门侍郎王珪评价隋制时，曾经专门讽刺过自己的姨爷爷杨坚。李世民说杨坚在594年大旱时，面对饿殍遍野却心疼府库里的仓储而不赈济百姓，隋亡时天下的仓库储粮都能够吃五六十年的了，这也直接带坏了他那倒霉儿子杨广，活该亡国！①

一个说赈济了，一个说没赈济，这事矛盾吗？

不矛盾。杨坚确实赈济灾民了，但赈济的是那些成功活着逃荒到洛阳的平民。李世民说杨坚狡猾吝啬也是实话，关中的仓库都是满的，杨坚却下令活不起的百姓都逃荒去洛阳，关中粮不能给他们。

这是为什么呢？

原因仍然是我们这一系列书前面反复在讲的航运噩梦——三门峡。黄河的航道到三门峡后水流突然出现九十度大转向，与此同时还有鬼门、神门、人门三岛突然出现。

在那时，关中的粮食需要从中原十三州募丁运米，于是朝廷在卫州设置黎阳仓、在洛州设置河阳仓、在陕州设置常平仓、在华州设置广通仓，通过层层转运才能运过来，而且为了过那道三门峡还专门从河东陕县募丁，凡是能从洛阳运米过三门峡到常平仓的人就免其征戍。②

"向蒲、陕以东募人能于洛阳运米四十石，经砥柱之险，达于常

---

① 《贞观政要·卷第六》：隋开皇十四年大旱，人多饥乏。是时仓库盈溢，竟不许赈给，乃令百姓逐粮。隋文帝不怜百姓而惜仓库，比至末年，计天下储积得供五六十年。炀帝恃此富饶，所以奢华无道，遂至灭亡。

② 《隋书·食货志》：开皇三年，朝廷以京师仓廪尚虚，议为水旱之备，于是诏于蒲、陕、虢、熊、伊、洛、郑、怀、邵、卫、汴、许、汝等水次十三州，置募运米丁。又于卫州置黎阳仓，洛州置河阳仓，陕州置常平仓，华州置广通仓，转相灌注。漕关东及汾、晋之粟，以给京师。又遣仓部侍郎韦瓒，向蒲、陕以东募人能于洛阳运米四十石，经砥柱之险，达于常平者，免其征戍。

平"，这段从洛阳到三门峡的陆运物流抬高了成本。

在杨坚看来，关中大灾确实令人悲痛，仓库里堆满了粮食也确实不假，但关中这里的粮食成本高，你们这些贱民是不配吃的，休想指望他开仓拿出关中的粮，但他开恩让你们去吃洛阳的粮。

百姓在杨坚眼里就是生产资料，他一拨算盘发现救他们的费用远远高于未来从他们那里获取的收益，这可不行。他不管这些灾民数百里辗转是否能活着到洛阳，但他可是给了政策的，而且各路宣传机构要做好准备，要好好表现他的爱民如子。随后也就有了杨坚"遇扶老携幼者，辄引马避之，慰勉而去；至险阻之处，见负担者，令左右扶助之"的慈父场景。

"摆拍艺术家"杨坚在蹭进泰山这年发现，他当年设立的"义仓"运转得很不尽如他意，所谓"明年，东巡狩，因祠泰山。是时义仓贮在人间，多有费捐"。

这个义仓，是585年由于各地灾难频发而设立的。杨坚大笔一挥下令各地开展自救，让民间自己缴纳粮食设立义仓，等有灾难时再用义仓救命。

杨坚的这种思路纯属瞎干涉，粮食在老百姓自家里难道不比在什么义仓里踏实？

还是那句话：我兜里的钱都是我的，你们为了我交租服役是义务，但你们出了事跟我没关系。

杨坚的教导是：你们得自救。看，"义仓"这名字都给你们起好了，要有大义啊！

十年过后，杨坚发现到了灾年义仓这个账本是挺丰满的，但一开仓门就不是那回事了。杨坚下诏表示你们这些人不能体会我的好意啊，义仓让你们弄成了这样，从今往后义仓归大隋朝所有，由各地官府专门运营。①

自595年杨坚蹭进泰山档次又高了一级开始，其后每年百姓还得专门多交粮食给官府运营，方便将来有灾后救自己。②

杨坚这辈子的思路都是一个意思，无论是"公廨钱""救灾"，还是"义仓"，他都是只有权利没有义务，百姓的救赎之道在于自己。

成本都转嫁出去，自己不能吃亏，政策都是好的，皇帝是仁慈的，官仓里的粮食都装不下了却让百姓逃荒，而路上的"照片"都是感人的。

杨坚是名也要，利也要，一旦上升到让他"出血"的账本问题时就化身顶级精算师，特别能算计。

595年二月，就在"为坛泰山，柴燎祀天"之后，杨坚针对大旱这事极其敏感地下令收缴除关中和边境之外的天下兵器，敢有私造者犯罪连坐。③

让他放血是不可能的，义仓是必须要整顿的，大旱的代价是老百姓要承担的，百姓承担不起的代价他也是不愿意付的，他提前就预判出了百姓可能的反应，提前把兵器都没收了！

他不是不知道自己的做法不厚道，所以提前就提防上了。

---

① 《隋书·食货志》：十五年二月，诏曰："本置义仓，止防水旱，百姓之徒，不思久计，轻尔费捐，于后乏绝。又北境诸州，异于余处，云、夏、长、灵、盐、兰、丰、鄯、凉、甘、瓜等州，所有义仓杂种，并纳本州。"

② 《隋书·食货志》：十六年正月，又诏秦、叠、成、康、武、文、芳、宕、旭、洮、岷、渭、纪、河、廓、豳、陇、泾、宁、原、敷、丹、延、绥、银、扶等州社仓，并于当县安置。二月，又诏社仓，准上中下三等税，上户不过一石，中户不过七斗，下户不过四斗。

③ 《资治通鉴·隋纪二》：二月，丙辰，收天下兵器，敢私造者坐之；关中、缘边不在其例。

597年三月,杨坚出了个超级大招,以各地方官府属官不尊重敬惮上司、办事不力没效率为由,下诏道:在合法程序之外,各级官府主官对下属官员可以自己决定是否打板子。①

至此,大隋的官僚生态拆掉了最后一块刹车片,开始彻底狂暴化。官吏皆以残暴为能,好好说话的人都被认为是软弱不能干的,所谓"上下相驱,迭行捶楚,以残暴为干能,以守法为懦弱"。

杨坚为什么要下这样的命令?

因为他"棺材里伸手——死要钱",因为他管得太多了,但是他下面的官僚系统水平再高也是皇权不下县的,所以他只能给控制得到的官僚结构放大权力,才好逼迫这些中层官员去贯彻落实自己抽血天下的指令。

杨坚官方给了下面官府处理手下的权力背书,就是为了方便下面官府集权供他指哪打哪,他则掌握着最高政权和军权,随时收拾不听他话的官僚。

在把全天下的资源任意抽上来的能力方面,隋和秦堪称封建王朝中的史上并列第一,而这两个王朝也是一样的结局。

杨广后面之所以能祸国到那种程度上,也是因为几乎所有的制度建设都是杨坚给打造好的。

嬴政父子和杨坚父子,一辈子见识的、考虑的、经历的、总结的,都是上层建筑的钩心斗角。在他们眼中,百姓的生死仅仅是个数字而已。但是他们忽略了,数字多了,就会有力量。

---

① 《资治通鉴·隋纪二》:帝以所在属官不敬惮其上,事难克举,三月,丙辰,诏:"论司论属官罪,有律轻情重者,听于律外斟酌决杖。"

二、"二圣"前传：隋基因的底色，无冕女皇独孤伽罗

杨坚到晚年偏执到了什么地步呢？

他说盗贼多，于是官方发文说偷窃一文钱的都要杀于闹市，赶上最严格时期有三个人偷了一个瓜结果被当成典型直接砍了，导致天下人心惶惶。（如果偷一文钱就要杀，那这世上还能剩几个好人？）后来这条法律因为太严苛被杨坚自己推翻了，但这种令人瞠目的残暴政令在杨坚一朝有很多。

杨坚越老就越疯魔，他晚年极度严苛，有当值御史在正月初一没有对衣冠佩剑不整的武官提出弹劾，结果被杨坚定性为渎职，直接把这个御史给砍了头；谏议大夫毛思祖进谏也被砍头。此外，将作寺丞由于征麦迟了，卫尉寺武库令由于署庭荒芜，左右近臣出使的时候有的收了地方官吏赠送的马鞭和鹦鹉，类似的事杨坚知道后都亲自监督砍了他们的头。[①]

[①]《资治通鉴·隋纪二》：帝晚节用法益峻，御史于元日不劾武官衣剑之不齐者，帝曰："尔为御史，纵舍自由。"命杀之；谏议大夫毛思祖谏，又杀之。将作寺丞以课麦迟晚，武库令以署庭荒芜，左右出使，或受牧宰马鞭、鹦鹉，帝察知，并亲临斩之。

杨坚在自己这辈子的上位心魔之路和被媳妇管死的双重压力下，很多方面都表现出精神变态了。但这不意味着他是傻子。

599年，五十九岁的杨坚憋了一辈子终于憋不住了，他看上了当年败在他手下的最大政敌尉迟迥的孙女，然后就给临幸了。这件事被大隋的"太上女皇"独孤伽罗知道了，她直接把这个可怜的小丫头给杀掉了。①

杨坚听说自己临幸个女人都只能是一次性的，于是大怒，策马狂奔跑出宫廷，钻入山里二十多里远。

一辈子杀人无数，一文钱的事都要杀人的杨坚此时面对如此屈辱却极度理智。

其实，哪有什么晚年性情大变，杨坚这个人一辈子都是权衡高手，只不过拿一般人不当人罢了。

高颎和杨素听说自己老大被大嫂挤对哭了以后赶紧去追老大，拼命地劝。杨坚叹道："我贵为天子，幸个人都不得自由！"在这个时候，高颎这个独孤氏的家臣说了句不该说的话："陛下岂以一妇人而轻天下？"

杨坚等自己冷静下来后半夜回宫了，独孤伽罗给他个台阶，认错哭了一通，这事就过去了。

但在这件事上，除了那个被临幸了的小丫头不幸外，高颎也倒霉了，因为他那句劝杨坚的话得罪了独孤伽罗。

高颎能成为今天的高颎，是因为他当初连姓都是"独孤"。

当年左卫将军庞晃等跟高颎玩权力斗争，去杨坚那里搞弹劾，结

---

① 《隋书·文献独孤皇后传》：然性尤妒忌，后宫莫敢进御。尉迟迥女孙有美色，先在宫中。上于仁寿宫见而悦之，因此得幸。后伺上听朝，阴杀之。

果杨坚反过来把庞晃打倒了,并表示:"独孤公是块好镜子,越打磨就越明亮。"①

从杨坚对高颎这个日常称呼就能看出来两人的关系。当年宇文泰下令所有姓氏改为鲜卑姓氏的时候,高颎他爹高宾因为是独孤信的小弟跟着改姓独孤了,后来杨坚亲自下令把姓都改回来,但他却并没有把高颎的称呼改回来,而是依旧寓意非常深地称高颎为独孤公。②

这个庞晃是谁呢?

当年杨坚进入朝廷没多久出京任随州刺史,路经襄阳时这个庞晃就已经看出来杨坚那神奇长相不一般而暗自结交了。当时宇文邕刚刚继位,杨坚因为杨忠跟宇文护的不对付而离开朝廷。那一年杨坚才二十岁。

双方的友谊早早就开始了,后来在杨坚篡位换房本的过程中,庞晃始终是最核心的班底,杨坚走到哪里把他带到哪里,登基后让他做了禁军中关键的右卫将军,封公食邑一千五百户。背景这么硬的人,却弄不动高颎。

杨坚为什么那么看重高颎?

高颎能干确实不假,但更重要的是他背后站着的宗主独孤伽罗。

高颎是独孤氏的家臣,结果他劝架时居然说孤独伽罗是一个妇人!从此高颎就被独孤伽罗恨上了。③

---

① 《资治通鉴·隋纪一》:左卫将军庞晃等短高颎于上,上怒,皆黜之,亲礼逾密。因谓颎曰:"独孤公,犹镜也,每被磨莹,皎然益明。"

② 《资治通鉴·隋纪一》:初,颎父宾为独孤信僚佐,赐姓独孤氏,故上常呼为独孤而不名。

③ 《隋书·文献独孤皇后传》:初,后以高颎是父之家客,甚见亲礼。至是,闻颎谓己为一妇人,因此衔恨。

在杨坚时代，要是有人得罪了独孤伽罗，无论这个人是她的什么人，官当得有多大都没有用，哪怕是她的亲儿子她也一样收拾。哪怕这种得罪仅仅是价值观上的也不行。

独孤伽罗晚年的主要矛盾，是跟她的大儿子杨勇之间的矛盾。据史书，杨勇是挺好学的，人也厚道，但真实性不好说，因为有杨广这个顶级恶人衬托，这位前太子就算是头猪在史书里也会是双眼皮的。

杨勇的个人素质其实很难判断，但史书中有一点是给点明了的，即杨勇"率意任情，无矫饰之行"，这孩子天生不会装糊涂。

杨勇有不少妃子，他最宠爱的云昭训姿色娇美，是杨勇还没当上太子时在民间遇到的，后来生下了长子杨俨。在杨坚给杨勇娶正妻后，这小子依旧在别的妃子那里流连忘返。这其实也能理解，太子也是人嘛，但杨坚家的家风比较特殊。他家最忌讳在妾室身上来劲，杨坚最爱标榜的就是"我十个孩子都是跟正妻生的"。

杨坚为什么爱把这个挂在嘴边呢？

因为他媳妇爱听呗。更重要的是，杨坚知道这话一定能传到独孤伽罗的耳朵里。

独孤伽罗对杨坚的控制达到了什么地步呢？举个例子，杨坚上朝时独孤伽罗也跟着同辇而行，到大殿后就不跟着了，但是宦官都是独孤伽罗的人，朝堂上议事的时候要是有不对劲的地方独孤皇后是要干涉的，杨坚下朝后独孤伽罗又无缝衔接地把丈夫接走了。①

杨坚晚年疯魔了也能理解，谁摊上这种媳妇能不疯？

杨勇的作为不仅有悖于杨家的家风，对于未来的皇位继承其实也

---

① 《隋书·文献独孤皇后传》：上每临朝，后辄与上方辇而进，至阁乃止。使宦官伺上，政有所失，随则匡谏，多所弘益。候上退朝而同反燕寝，相顾欣然。

存在着重大隐患——他没有嫡子。

杨勇非常喜欢那个云昭训，却不待见爹妈给他娶的正妻，而且他的正妻在591年的一天突然得了心疾，结果两天就死了。当时这事就被独孤伽罗高度怀疑了。①

按理讲杨勇但凡有点儿政治头脑，就得求老娘再给自己配个正妻然后赶紧把嫡子生出来，但他在正妻死后居然让那个云昭训主持东宫内事。这简直就是在给独孤皇后上眼药了。

独孤伽罗最恨的就是庶出，杨家诸王和官僚系统中，只要她听说谁家的妾怀孕了，她都得让杨坚去骂一通。结果杨勇跟他所有的妾都有了孩子，他的前三个孩子杨俨、杨裕、杨筠都是跟云昭训生的，后面高良娣生了杨嶷、杨恪，王良媛生了杨该、杨韶，成姬生了杨煚，其他的宫人生了杨孝实、杨孝范。

总之，杨勇在这些妾室身上算是使了大劲了。但在他母后眼中，妾还能有好人？② 独孤伽罗开始不断找碴儿了。

根据高颎本传的记载，打掉高颎，废掉杨勇，背后布局操盘的就是独孤伽罗，所谓"后见诸王及朝士有妾孕者，必劝上斥之。时皇太子多内宠，妃元氏暴薨，后意太子爱妾云氏害之。由是讽上黜高颎，竟废太子，立晋王广，皆后之谋也"。

杨勇不仅触及了他这个惹不起的妈妈的底线，在他爹那里他也整不明白。

有一次杨勇穿了奢侈品级别的蜀铠，被"吝啬王"杨坚看见了，

---

① 《资治通鉴·隋纪三》：勇多内宠，昭训云氏尤幸。其妃元氏无宠，遇心疾，二日而薨，独孤后意有他故，甚责望勇。

② 《隋书·房陵王勇传》：后弥不平，颇遣人伺察，求勇过恶。

他很不高兴地告诫杨勇："成由勤俭败由奢，我当年的旧衣服那可都还留着呢！时不时就拿出来看看，我现在赐你把刀，你应该明白我是什么意思。"

"今以刀子赐汝，宜识我心"，这话有两层意思。

1. 表面上，是让你拿刀把奢侈品毁了。

2. 背地里，是你小子再有奢侈的想法，就看看这把刀，刀是什么意思你应该清楚。

告诫的意味已经很浓了，结果紧接着这年冬至，百官朝见杨勇，杨勇乐呵呵地受贺，这让杨坚感受到了巨大危机，专门下诏停了其后的太子朝见。

你妈最看不得妾得宠，你爹最看不得权力受威胁，你作为太子，难道不知道你家的权力结构吗？但杨勇这孩子天生就不会装糊涂。总体来说，杨勇不太适合在政治生态里混，弱点和漏洞太多了。他的二弟杨广，则是个装糊涂的天才。

杨广面对这个一堆漏洞的哥哥，开始出招。杨广几乎就是杨坚的翻版，好学有城府，又有贵人面相加分——他爹是大脑门子五个柱子而他是两个柱子，而且他爹不喜欢什么他就不喜欢什么，从来不听流行歌曲，杨坚视察时发现他家的乐器都落满了灰，给杨坚乐得呦。

史书中说："上尤自矫饰，当时称为仁孝。"翻译一下就是杨广会装。玩政治的不会装就玩不下去了。

杨广在男女问题方面也坚决向老两口看齐，天天就跟他爹妈给他选的萧妃一心一意搞生产，下班就回家跟媳妇"看电视"，三男两女都是嫡出。

杨坚老两口的使者每次来，杨广必定带着媳妇高接远迎鞠躬微笑，临走还送土特产来讨好他爹妈周边的人，家里雇的人也都是老妈子。总之,所有让他爹妈皱眉头的事杨广一件不碰。

随着时间的推移,老大和老二的差距在杨坚老两口的眼中越来越明显,换了这个不成器的大儿子开始被杨坚夫妇提上了日程。准确地说,对这两个孩子的观察老两口持续了十多年,经过了长期的敲打和品味。

在《南北归一》中,隋平南陈时杨坚和独孤伽罗就开始给杨广累积功望,有意识地扶持老二除了给老大危机感之外,很多方面都说明这老两口始终在不断释放信号。

比如说杨勇那几个孩子都是在596年才被统一封王。诸子长幼同时封王,其潜台词就是"你的一群庶子在我们老两口看来都一样"。作为对比,杨广的嫡长子,七岁的杨昭在开皇十年(590)就被封为河南王了。

如果说这是因为占了杨广灭陈的便宜,那么再来看看杨广的嫡次子——九岁的杨暕在开皇十三年(593)被封为豫章王。

杨广的两个儿子都封王了,杨勇的孩子还什么都不是呢。

除了杨勇和杨广,其余三个儿子的孩子杨坚也一直没封王,他捧杨广的心思一直很重。

客观来讲,杨勇也确实不是帝王这块料。

杨坚和独孤伽罗想废杨勇,第一个要考虑的是自杨坚平尉迟迥时就属于核心人物的高颎。因为杨勇娶了高颎之女,高颎之子高表仁又娶了杨勇的女儿,双方绑定得比较深。

按理讲这层关系也谈不上高颎直接被杨坚老两口拉黑,毕竟他是独孤伽罗的家臣,他有大义灭亲划清界限的机会。但当杨坚问高颎一个极其明显的信号弹问题时,高颎的回答并不太明智。

杨坚问:"有神告诉晋王妃,说晋王杨广必有天下,你怎么看这件事？"

高颎长跪不起道："长幼有序，不能废啊！"在此之后，独孤伽罗决定让这个家奴靠边站。①

决定废杨勇后，杨坚开始剪除杨勇的势力，他下令挑选东宫卫士，归属皇宫禁军，但高颎又上奏道："如果陛下把强壮的卫士都选走，东宫的宿卫力量就太弱了。"

高颎不明白的是，如果独孤伽罗保他，杨坚还是能跟他好好说话的，但此时大隋天后已经放弃他了。面对这句触及灵魂的奏言，杨坚变色道："我是谁？太子是谁？东宫警力强大是极大弊政，我自己就是研究律法出身的，各代制度得失清楚得很，你不用废话了！"

高颎晚年的站队跳得太早、太明显了，其实他在很多方面已经不适合在最高台面博弈了，因为他装不下去了。高颎夫人死后，独孤伽罗曾做主表示想给他再说一个，高颎拒绝了，说自己有这个心没这个力了，现在就爱读读佛经，放空放空。结果后来高颎的小妾给他生儿子了，这再次触动了独孤伽罗的底线：高颎你是越老越糊涂了啊！于是独孤伽罗给杨坚吹风，说高颎已经不是当年的老独孤了，嘴里没实话，不听安排，不能再信任这个人了。②

越高能量的局，越需要时时刻刻谨慎与小心。只要活一天，就得

---

① 《隋书·高颎传》：颎长跪曰："长幼有序，其可废乎！"上默然而止，独孤后知颎不可夺，阴欲去之。

② 《资治通鉴·隋纪二》：颎夫人卒，独孤后言于上曰："高仆射老矣，而丧夫人，陛下何能不为之娶！"上以后言告颎。颎流涕谢曰："臣今已老，退朝，唯斋居读佛经而已，虽陛下垂哀之深！至于纳室，非臣所愿。"上乃止。既而颎爱妾生男，上闻之，极喜，后甚不悦。上问其故，后曰："陛下尚复信高颎邪？始，陛下欲为颎娶，颎心存爱妾，面欺陛下。今其诈已见，安得信之！"上由是疏颎。

谨慎小心一天。

别觉得自己的岗位是个苦差事，别觉得自己辛苦了一辈子就能享受享受了，你不知道有多少人在惦记着你的位置。

压死高颎的最后一根稻草，是前凉州总管王世积因罪被审问时传出来了一些宫禁秘闻，王世积说是高颎告诉他的。杨坚决定彻底查办高颎，但上柱国贺若弼、吴州总管宇文弼、刑部尚书薛胄、民部尚书斛律孝卿、兵部尚书柳述等一群大臣为高颎上奏辩护，这使杨坚愈发愤怒，这是结党啊！杨坚大怒后派人对这些为高颎说话的大臣进行巡查。

599年八月，高颎被罢免了上柱国、尚书左仆射的官职，以齐公待遇回家。但在政治斗争中，怎么可能让他以公爵待遇回家？

很快又一波打击来到，高颎的齐国国令上言告发高颎秘事，称高颎之子高表仁，也就是杨勇那个女婿对高颎说："当年司马懿也是得病不朝见，后来得了天下，您别灰心，塞翁失马，焉知非福呢？"

杨坚把高颎控制在内史省审问，隋的执法部门又上奏道：佛门真觉禅师曾经对高颎说"明年国家有大丧"，尼姑令晖也对高颎说"开皇十七、十八年皇帝有大难，十九年就到头了"。

这就是奔着杀高颎的节奏去的。最后有司给出建议：弄死得了。

杨坚表示去年杀了虞庆则（开皇初的"四贵"之一，上柱国、晋国公、右武候大将军，谋反罪处死），今年斩了王世积（上柱国、宜阳郡公、凉州总管，谋反罪处死），我慈悲为怀，杀高级大臣每年就一个指标，再杀不合适，把高颎除名为庶民吧。

高颎被打掉的同时，阴谋夺宗的杨广吹响了总攻号角，他作为扬州总管入朝将返的时候单独去看了他妈妈独孤伽罗，然后跪在那里就开始哭，孤独伽罗也哭，杨广说："我也不知怎么得罪我哥了，我身边动不动就有投毒的事，我能多看您一眼就看一眼吧。"

独孤伽罗怒道:"你哥越来越过分了!我给他娶了正妻他拿人家不当回事,跟那堆妾生了一堆如猪狗般的儿子。之前儿媳妇元氏被毒害死这事我没追究,现在他对你又玩这套,我死后他就该害你们兄弟几个了。我每每想到你哥没正室,等你爹死后你们兄弟就要给那堆猪狗磕头,血压就往上顶!"

说罢杨广大哭,独孤伽罗也大哭,杨勇就等着哭吧。

有独孤皇后给的明确表态后,开皇二十年(600),杨广派心腹安州总管宇文述带着大量经费去另一个关键大佬杨素那里做公关。

宇文述回长安后开始不断跟杨素之弟——杨家的智囊杨约搭关系,然后大搞赌博并故意输钱,把杨广的经费全都输给了杨约,导致杨约都不好意思了。至此,宇文述掀开底牌开始说正事:这都是晋王杨广的心意。

杨约被宇文述说动了,自古一朝天子一朝臣,权臣的保质期只有一届,他家这些年结的仇太多了,太子杨勇那边也没少得罪,但老天现在给了他家一次机会:太子要被打掉了,帮杨广上位对于他家的利益来讲实在是再合适不过了。

杨约没费多大劲就和他哥达成了共识,杨约也给他哥定下了方针:关键人物是皇后,太子毕竟是她亲儿子,您要夯实确认。

过了几天,杨素入宫参加宴会,找准机会对独孤伽罗进行了试探:"晋王杨广孝悌恭俭,跟陛下真像啊。"

独孤伽罗终于等来了杨素的试探,看到政治盟友到来赶紧哭着说:"你说得太对了,杨广这孩子孝顺,每次我派使者去他那里都远接高迎地供着,每次离京前都来我这哭别,他的媳妇也哪哪都好,我的宫女去她那里都在一个桌吃饭,哪像我大儿子那个妾么没规矩,我现在越来越疼爱我家老二,真怕老大阴他弟弟。"

至此，以独孤伽罗、杨广、杨素为核心的"废勇者联盟"正式成立了。

在独孤伽罗吹响集结号后，这几个人都不装了，杨素作为重臣开始公开讽刺杨勇，独孤伽罗也不断给杨素暗示，鼓励他向杨勇开炮。

杨勇是知道这个联盟的，但他想不出破解办法，于是求助鬼神搞巫蛊之术咒他爹，又在东宫后园造了一个平民村在里面装简朴。

傻孩子啊，晚了，这些年给你那么多机会，你怎么就不出息呢！

身在仁寿宫度假的杨坚听说这事后知道杨勇不安，于是派杨素去观察杨勇。从杨坚派的这个人也能知道他的心意了。但杨勇一如既往地不适合玩政治，杨素一激他，他就愤怒带出脸色了，杨素回去报告杨坚说："太子怨气冲天，估计会有变啊，您多提防！"

杨坚当时在外度假，最怕的就是宫变的隐患，杨素是什么狠说什么，独孤伽罗也不断制造材料汇报给杨坚，坐实他大儿子的罪状。

杨坚开始彻底给杨勇"拔毛"，东宫宿卫侍官以上名籍全部归诸卫府管辖，所有勇健者全部被调走，在玄武门到至德门（也称玄德门，东宫北门）之间布置了大量耳目，事无大小必汇报。

请大家注意这条路线，后面大唐李家的三个儿子会在这条路上发生很多故事。

准备工作做完，太史令袁充代表天意开始发动正式废立的起手式："臣观天文，皇太子当废。"

杨坚道："天象久见，群臣不敢言罢了。"

九月二十六，杨坚从仁寿宫归来，正式讨论杨勇的问题，杨广买通的太子近臣姬威作证道："太子平时狂躁，所有劝谏他的人他都扬言要杀掉。太子营建楼台宫殿一年到头不停歇，先前他的心腹苏孝慈被解除左卫率官职时，太子发怒说这事他永远不会忘。东宫要的东西尚书恪守制度不给，太子常常发怒说仆射以下的他非杀几个让人知道知道怠慢他的后果有多可怕。太子还曾说皇帝总迁怒自己生了一堆庶子，难道高纬和陈叔宝这些嫡子就好到哪里去了吗？太子曾令女巫占卜吉凶，对我说皇帝的死期就在开皇十八年，这就快了！"

杨坚哭道："我居然生了这么个东西。"

杨勇全家就此被正式拘禁，过了几天，罪名很快配齐，太子一党也被全部逮捕。最终杨坚下诏，废杨勇，左卫大将军元旻、太子家令邹文腾、左卫率司马夏侯福等太子党被处斩，他们的妻妾子孙皆没入官府。

600年十一月初三，乖巧懂事的晋王杨广被立为皇太子。据说当日天下地震。

呵呵，史官这嘴啊。

其实杨广夺宗上位的事并不值得用多大篇幅去写，这么多文字的主角是独孤伽罗，所谓"由是讽上黜高颎，竟废太子立晋王广，皆后之谋也"。

整个杨坚时代，几乎所有的政事背后都有来自独孤伽罗的干预之手。

《颜氏家训》中的那句"专以妇持门户，争讼曲直，造请逢迎，车乘填街衢，绮罗盈府寺，代子求官，为夫诉屈"的"恒代遗风"，从文明太后到独孤伽罗，从平城时代到武川入关再到关陇建隋，一直在传承。

独孤伽罗这位权力欲望极强的皇后在大隋的政治系统中扎根极深，在某种意义上甚至杨坚都是她的傀儡。

"使宦官伺上，政有所失，随则匡谏，多所弘益"，她能控制杨坚的起居，她能决定接班人的废立，她能左右高级官员的任命，她甚至能在政事中否定杨坚,"帮他"走向"正确"。

杨坚始终掌控着政权,独孤伽罗则自始至终掌控着杨坚。隋的基因,其根上的底色,是极致的"控制"。

一提到"二圣",人们的第一印象通常是武则天和李治。实际上,"二圣"的前传是独孤伽罗和杨坚,所谓"后每与上言及政事,往往意合,宫中称为二圣"。

武则天比独孤伽罗在史书中的篇幅多,究竟是多在哪里了呢?

其实是多在了寿命上。独孤伽罗五十九岁时过早地离开了大隋,武则天在六十岁时等死了李治,在六十七岁的时候成了中国史上的唯一女皇帝。

从独孤伽罗对杨坚说的那句"骑兽之势,必不得下,勉之"开始,独孤伽罗和杨坚这对"大隋传奇"一步步创建了集权巅峰的隋帝国,亲自选定了目力所及的最优秀接班人。

的确,在他们两人的制约下,杨广这孩子是模范丈夫乖宝宝;但这对"大隋传奇"忘了,在他们史诗级的集权控制下,杨广这孩子除了他们两人之外,再没有人能制约了……

三、杨坚之死，狗血谜案剖析

当初杨坚对他的灵魂导师独孤伽罗发过誓：保证绝对不搞出庶子来。

对于这个誓言，独孤伽罗本着对她杨坚哥哥的保护，日常以管住杨坚的裤腰带为抓手，以物理消灭为辅助，避免了杨坚违背誓言这事的发生。

对于此事，杨坚对群臣是这样解释的：前代的皇帝因为宠小的导致嫡庶之争，好多还因此亡了国，你们看看我，我家五个儿子都是一个娘生的，我就没这顾虑。

这明显是句托词，他说的"前代的皇帝"，无论是北周还是对面的北齐都没这毛病，北周的皇权争端是最凶辅政宇文护，杨坚自己的女婿可是宇文邕的嫡子；北齐高家算是他杨家那几个儿子的前传，高澄、高洋、高演、高湛可都是高欢的嫡子，他们自家兄弟都打杀成什么样了。

稍微能跟杨坚说的贴点儿边的，就是他女婿宇文赟立了个庶长子当太子，但那也是因为他的皇后闺女没生嫡子，何来"嫡庶纷争"呢？那时候唯一的纷争可能就是杨坚代表自己未出生的外孙子参赛争这皇位了。

怕媳妇就怕媳妇,别找那么多理由,权力面前哪有什么嫡庶之别啊!北齐高家早就给你把榜样树立好了。

在太子杨勇被废掉的四个月前,杨坚的三儿子杨俊已经病死了。而此时此刻,杨坚还有三个儿子在台面上:老二杨广、老四杨秀、老五杨谅。老二杨广的成功极大地刺激了坐镇四川的老四杨秀。

据史载,杨秀容貌瑰玮有胆气,美须髯,多武艺,甚为朝臣所惮,但他跟他大哥杨勇一样不会装糊涂,那点儿心思都浮在面上了。他在四川当王爷当得是越来越有感觉,不仅生活日渐奢侈僭越,而且居然还制作了具有皇家象征的浑天仪,又抓了很多獠人给他做宦官,车马服饰都以皇帝的标准制作。

作为对比,杨广在成为太子后请求允许自己免穿礼服,东宫僚属对他不能称臣。杨广这是在对他爹表示:我没有自己的团队,我们都是父皇的子民。

于是在杨坚眼里,近观敬,远观忠,老二很敬,老四不忠。

其实杨坚早就开始敲打杨秀,已经在分他的权力了,但他依旧任性妄为,杨秀也因此早早就被他爹料定了,杨坚对独孤伽罗说过:"老四这孩子最后一定没什么好下场,我在的时候都好说,我没了他必反。"

602年,杨坚听到了杨秀在蜀中越来越不像话的近况,觉得这孩子快压不住了,就安排原州总管独孤楷(本姓李,独孤信当年嫡系,被赐姓独孤)为益州总管,以霹雳手段调杨秀回京。

独孤楷到成都后杨秀不肯动身,但杨坚之所以派独孤楷去,是因为他作为独孤氏的家臣身兼怀柔安抚属性,这位"娘家人"是能和杨秀说些"心里话"的,要是杨坚派杨素去估计刚到汉中杨秀就得拼了。

在独孤楷的良久劝说下，杨秀终于上路回京。

杨秀走了四十余里，还是决定反了，回军要袭击独孤楷。但杨坚早就做了安排，杨秀刚走，独孤楷就做好了顶级军备，杨秀杀回来后发现对方已经有了准备，只能认栽，回长安当儿子。

杨秀回京后杨坚见面先是不搭理他，第二天又派个使者去骂他，杨秀谢罪，杨广带着诸王流泪求情。杨坚表示，当初老三杨俊奢靡之风自己用父道来训斥他，现在杨秀残害百姓自己要用君道来制裁他，随后把杨秀交给了司法部门。

开府仪同三司庆整谏道："您现在儿子不多了，不至于啊！杨秀这孩子性情刚直，我怕他自杀。"

杨坚大怒，先是嚷嚷要把庆整的舌头拔出来，又对群臣说当斩杨秀以谢天下！最后，杨坚把杨秀交给了杨素。

无论是前面的愤怒还是后面安排的负责人，都表明了杨坚的态度。最终正式判决下达，废杨秀为庶人，幽禁于内侍省不得与妻子儿女相见，唯赐丑陋凶恶婢女二人，连坐者百余人。

杨坚在生前打掉了老四，给他乖巧的二儿子铺平道路。

602年八月十九，大隋皇后、普六茹坚的亲密战友、皇帝的灵魂导师——独孤伽罗结束了她对皇帝"同居共寝、并辇上朝"的四十五年陪伴，过早地离开了大隋，享年五十九岁。

杨坚在很悲痛的同时，也失去了这世上对他唯一有制约力量的人。这一年，杨坚六十二岁。

随后，他开始挑战自己的软肋，在生活某些方面彻底放飞了。杨坚那是想吃红糖吃红糖，想吃白糖吃白糖，"幸"的频率有点儿不太符合他的岁数。

放飞了一年多，六十四岁的杨坚身子骨有点儿扛不住了。所谓

"色是刮骨钢刀",杨坚是很明白的,他后来不行的时候曾对身边人感叹过:要是有我家那老独孤在,我不至于这岁数就不行了。①

估计杨广在扬州等死时也会后悔道:"我要是给我爹装一辈子孙子其实也挺好。"

大隋的这对父子留给后人的智慧,可能是"极端的控制与压抑"后的结局都不会太好。

604年四月,杨坚避暑于仁寿宫,刚到地方人就不行了。

六月庚申,杨坚大赦天下,没管用。

七月初十,杨坚快要死了,与百官行注目礼告别,命杨广赦免此次旅游前预言他要死而被关起来的章仇太翼。

七月十三,杨坚崩于仁寿宫大宝殿。

杨坚闭眼前可能不会想到,他的死亡过程堪称隋唐第一狗血大案,杨广的戏那是相当足。史书中说杨坚快要死的时候,尚书左仆射杨素、兵部尚书柳述、黄门侍郎元岩都进入仁寿宫侍病,杨坚召杨广入居大宝殿,杨广考虑到如果他爹死了他需要方方面面都做好处理措施,于是手书问计于杨素,杨素把可能发生的情况一条条写下来回复杨广,结果宫人误把回信送到了杨坚寝宫,杨坚看后很愤怒。

这段故事出自《隋书·杨素传》:"及上不豫,素与兵部尚书柳述、黄门侍郎元岩等入阁侍疾。时皇太子入居大宝殿,虑上有不讳,须豫防拟,乃手自为书,封出问素。素录出事状以报太子。宫人误送上所,上览而大恚。"

这确实编得有点儿可笑了。杨广和杨素之间最高机密渠道的特使

---

① 《隋书·文献独孤皇后传》:其后,宣华夫人陈氏、容华夫人蔡氏俱有宠,上颇感之,由是发疾。及危笃,谓侍者曰"使皇后在,吾不及此"云。

变成了"宫人",还"误送上所"。

即便这个情况属实,那么也只有一种可能:杨广背后有另一股势力在捣乱。

但从当时权力场上的角度来看,这是根本不可能的。因为原太子一党已经被打倒四年了,杨坚早就亲手把杨勇的羽翼都拔干净了,杨广唯一的竞争者是远在太原的五弟杨谅,而根据后面的事情发展来看,杨坚的死讯是很晚才被破译的,这也说明杨谅在仁寿宫的谍报水平并不高。

我们权且认为这个说法是真的,杨坚真的看到了杨广和杨素两人背地里有勾结很愤怒。但我们再往后看,后面的说法就纯属胡扯了。

据说杨坚的宣华夫人陈氏在早晨更衣时被杨广给"逼"了（史书中原话是"为太子所逼"）,等陈氏回到杨坚身边时表情就不对了,杨坚问她怎么了,陈氏说太子无礼。杨坚说:"这畜生不足以托付大事,是皇后误导我啊!"随后杨坚吩咐兵部尚书柳述、黄门侍郎元岩道:"把我儿子叫来!"于是柳述等人要去找杨广,杨坚说:"不是他,是杨勇!"听到这话小团队就赶紧运作杨坚"走人"了。①

在杨坚死的当晚,杨广就把早晨没逼到手的宣华夫人给幸了。这段记载出自《隋书·后妃传》,里面把杨坚描写得有点儿"皇帝拿着金锄头刨地"的想象感,把权力交接写成评书了。

---

① 《隋书·宣华夫人陈氏传》:初,上寝疾于仁寿宫也,夫人与皇太子同侍疾。平旦出更衣,为太子所逼,夫人拒之得免,归于上所。上怪其神色有异,问其故。夫人泫然曰:"太子无礼。"上恚曰:"畜生何足付大事,独孤诚误我!"意谓献皇后也。因呼兵部尚书柳述、黄门侍郎元岩曰:"召我儿!"述等将呼太子,上曰:"勇也。"述、岩出阁为敕书讫,示左仆射杨素。素以其事白太子,太子遣张衡入寝殿,遂令夫人及后宫同侍疾者,并出就别室。俄闻上崩,而未发丧也。

杨勇是杨坚亲自定罪的，这时候就算杨广当他面推倒陈氏，他也只能选择微微一笑绝对不抽他。而且杨坚知道自己就要不行了，眼前就剩杨广这个儿子在，自己的身后事还在他手上攥着呢。

就算忽略这事，我们单纯只说一个矛盾点：同是通过《隋书·后妃传》看，里面这个说太子无礼的宣华夫人其实是个顶级聪明人，她在独孤伽罗时代是唯一一个能让皇后看着不来气的嫔妃，她还是帮杨广上位的重要盟友。我们直接看原文：

> 宣华夫人陈氏，陈宣帝之女也。性聪慧，姿貌无双。及陈灭，配掖庭，后选入宫为嫔。时独孤皇后性妒，后宫罕得进御，唯陈氏有宠。晋王广之在藩也，阴有夺宗之计，规为内助，每致礼焉。进金蛇、金驼等物，以取媚于陈氏。皇太子废立之际，颇有力焉。及文献皇后崩，进位为贵人，专房擅宠，主断内事，六宫莫与为比。及上大渐，遗诏拜为宣华夫人。初，上寝疾于仁寿宫也，夫人与皇太子同侍疾。平旦出更衣，为太子所逼……

能在独孤伽罗手下受杨坚宠爱又平安活下来，能在杨广上位时成功押注风投，这样一个聪明人，她自己又没孩子可以争皇位，杨广"逼"她时，她会那么拎不清？她最痛苦的大概率是杨广怎么还不逼她。

同一传记中出现如此巨大的矛盾，这就属于史官碍于某种原因的节操表达了。

《隋书》的编纂分为两个部分：第一部分为纪、传，是由魏徵主编的，成书于唐太宗贞观十年（636）；另一部分为史志，始修于贞观十五年（641），成于唐高宗显庆元年（656），是由长孙无忌监修的。

上面我们看到的这段狗血历史，是魏徵主编的。

关于魏徵的修史质量，《旧唐书·孙思邈传》中进行了信誉背书："魏徵等受诏修齐、梁、陈、周、隋五代史，恐有遗漏，屡访之。"

魏徵那是"恐有遗漏，屡访之"。他修五代史访了这么长时间，离得最近的隋朝史料就修成了这个德行？

魏徵这个人真的挺有意思，他能火起来要感谢两个人。一个是李世民，他要用魏徵的那些直谏给自己立口碑；另一个是司马光，司马光写《资治通鉴》时正值新旧两党打得鬼哭狼嚎，魏徵的那堆"直谏"案例是司马光这个旧党想要强烈表达的态度，所以《资治通鉴》中贞观一朝里魏徵篇幅多得能让人看到"饱"——司马光这是在对皇帝骂闲街说："你看看人家唐太宗怎么对魏徵的！"

魏徵最开始跟随李密，后来和李密一起归了唐；他被窦建德俘虏后就跟随了窦建德；在窦建德被弄死后，他又跟随了李建成；在李建成被弄死后，他跟随了李世民。

倒了三手仍然能在几乎没机会的时候跳上李世民的车，魏徵最后的形象是历经乱世沉浮看遍昏臣庸主后得遇明君。

作为拥有这种经历的人，魏徵可不单单是传统印象中那个劝谏李世民的不要命的倔强之人。魏徵敢那样劝谏，是因为他知道他倔强的对象是李世民。他一直是个识时务的人，更是个聪明人，很多地方极度乖巧。

魏徵对于修隋史这事是极度明白唐太宗是什么意思的，他已经把杨广给修得没人样了。

但是，这不意味着魏徵是个完完全全睁眼说瞎话的人，他是很明白史料和后世之名的关系的，比如说他把自己那些给李世民的劝谏

"摆拍",借着掌门下省事的职务之便给下属史官起居郎褚遂良看了。①

魏徵的那些跟李世民争后世名的小心思且不论,我们仅说一件事:他太明白史料的意义了。

《隋书》是他修的,但把杨广修得确实没人样了,这对他的身后之名其实是有隐患的。所以这位机灵鬼把一篇后妃传中的前后逻辑写得如此颠倒,其实更大的可能是故意的。

魏徵极可能是这样算计的:不把隋炀帝从头到尾塑造成昏君、暴君,政治这关他就过不去,但可以留下点儿线索,让后世的人明白自己有苦衷。

杨坚之死大概率是很正常的死亡,这并不是要说杨广这人不坏,而是我们要把杨广继承皇位过程中的宫内狗血事件说明白些。

杨广继位当天就把他哥哥杨勇弄死了,然后将目光望向了太原。那里还有他最后一个威胁,就是他的小弟弟杨谅。

杨谅十八岁的时候被杨坚封为雍州牧,加上柱国、右卫大将军,一年多后转左卫大将军。597年,二十三岁的杨谅出为并州总管,杨坚给他的权力大到有点儿罕见,整个太行山以东直到东海,南至黄河,五十二州全部隶属杨谅,还专门给了他便宜从事的特许。②

杨坚给他小儿子的权限范围几乎等同于当年北齐的核心区。

杨谅认为自己所占据的地方是天下精兵聚集之处,自从他的大哥被拿下后也开始有了打算。杨谅给他爹旁敲侧击地说:"突厥越来越强,太原是重镇,应该加强军备。"杨坚批准了。

---

① 《旧唐书·魏徵传》:徵又自录前后谏诤言辞往复以示史官起居郎褚遂良。
② 《隋书·庶人谅传》:十七年,出为并州总管,上幸温汤而送之。自山以东,至于沧海,南拒黄河,五十二州尽隶焉。特许以便宜,不拘律令。

杨谅于是大发工役，修缮兵器贮存在并州，又招纳亡命之徒，偷偷养了几万人。南梁王僧辩之子王頍年少倜傥，有奇略，被杨谅征为咨议参军，南陈老将萧摩诃郁郁不得志也被杨谅收下。

杨谅虽然没有他四哥杨秀那么得意忘形逾制，但他这点儿小心思能瞒得过他爹吗？

开玩笑！他爹那是怎么上来的？

后来突厥侵犯边境，把杨谅给打了一顿，杨坚把战败将帅八十余人都扔岭南去了，杨谅说这都是他的旧将，给他留点儿面子，杨坚怒道："你就是个藩王，我说什么就是什么，跟我扯什么宿旧，你想废弃国家法令吗？你这小子，一旦没有了我，你要是想轻举妄动，你哥哥弄你就跟宰只鸡一样，你留腹心有什么用！"①

那么问题就来了，既然杨坚这么明白，为什么还要给这孩子这么大的权力呢？

杨坚这么做存了两个心思。

1. 信别人确实不如信儿子，他是让杨谅给家里看着关东的场子。

2. 他更关键的心思，是布置杨谅这个底牌，如果杨广对他不利，杨谅就是他的撒手锏。

杨坚曾经跟杨谅密约：要是玺书召你，我会在敕字旁另加一点，还要与玉麟符相合你才可以应召。②

杨坚这是什么意思呢？

---

① 《资治通鉴·隋纪四》：谅以其宿旧，奏请留之，高祖怒曰："尔为藩王，惟当敬依朝命，何得私论宿旧，废国家宪法邪！嗟乎小子，尔一旦无我，或欲妄动，彼取尔如笼内鸡雏耳，何用腹心为！"

② 《资治通鉴·隋纪四》：先是，高祖与谅密约："若玺书召汝，敕字傍别加一点，又与玉麟符合者，当就征。"

如果他还没死杨广就想上位，那么杨广必然会把他控制了，再矫诏调弟弟杨谅回京，这个时候杨谅就能率关东军来救他。

不过杨坚疏忽了一件事，就是杨广不太自信。

杨坚死了以后，杨广没有以新皇帝的名义官方跟他弟弟沟通，而是遣车骑将军屈突通以杨坚玺书的名义征杨谅入朝。结果这事对不上了，杨谅直接就反了。

王𫖮劝杨谅道："您的部将官吏家属都在关西，您要是真想用他们就赶紧长驱直入直捣京都，所谓迅雷不及掩耳。您要是想割据，就赶紧用关东人。"

杨谅拿不准主意，打算一边长途奔袭，一边用关东人割据。

杨谅的府兵曹裴文安谏道："井陉以西在大王您的掌握之内，崤山以东的兵马也为您所有，最好全部动员起来，分派弱兵屯守要路，再率领精锐直入蒲津。我请求作为前锋，大王您率大军跟在后面，以迅雷不及掩耳之势屯兵灞上，咸阳以东的地方可挥手而定。这样京师就被震动惊扰，没时间调集军队，朝堂上下互相猜疑，大家离心，我军陈兵以待发号施令，谁敢不服从？十天之内，这事就定了。"

杨谅觉得有理，就派他的大将军余公理出太谷奔河阳，大将军綦良出滏口陉奔黎阳，大将军刘建出井陉攻取燕赵之地，柱国乔钟葵出雁门，又任命裴文安为柱国，与纥单贵、王聃、大将军茹茹天保、侯莫陈惠直指长安。

杨谅到底是没敢孤注一掷，而是选择四面开花。

距离蒲津百里时，杨谅改主意了，不让西路军去鱼死网破了，他命令纥单贵断蒲津渡的河桥守河东，召裴文安回来再商量。

裴文安说："兵贵神速，本来是想出其不意，您自己不上，又让我退回来，现在大势已去了。"

其实从杨谅最开始的部署就能看出来,他是想割据关东。

事实上,以他爹杨坚的集权程度和对官僚系统的控制力度,他唯一的机会就是孤注一掷地全力赛跑,杀进大兴城,成就成了,成不了以后也是没有任何机会的。

最后的结果是,杨素仅率领五千轻骑袭击就夺回了蒲津渡,又率步骑四万直逼太原。

在高壁,杨素大破杨谅的阻击。大雨中杨谅退守清源,被杨素追上弄死了一万八千人,杨谅退守太原。

杨素包围了太原,杨谅没皮没脸地投降了。

杨谅被逮捕归案后,杨广表示自己宽宏大量,只将杨谅从宗室中除名为庶民,杨谅最后被幽禁而死。

令人震撼的是,杨谅属下的官吏臣民受牵连获罪被处死和流放的有二十多万家。

你没看错,是二十多万家!《资治通鉴·隋纪四》记载:"谅所部吏民坐谅死徙者二十余万家。"

也就是说受牵连的可能有一百多万人,历朝历代都罕见这种级别的株连处罚力度。不是其他皇帝不想,而是他们确实没有这个能力。

株连一百多万人,这得是多么强大的基层行政力量,历朝历代的皇帝想都不敢想。但在当时就是杨广一句话的事,凶猛的大隋官僚系统保质保量地完成了任务。

很多历朝历代不敢想的不可思议之事,杨广都很轻松地布置了。皇帝的快乐也有三六九等,杨广的快乐是绝大多数皇帝想象不到的。

不过,这种快乐专属杨广吗?

上一个几十万、上百万集体定性囚徒,布置整个华夏上百万人同时开工的皇帝,是秦始皇。

杨坚这辈子很复杂，他的晚年大多事与愿违，史料中给他的总结相当诛心，《资治通鉴·隋纪四》中说："帝又惩周室诸王微弱，故使诸子分据大镇，专制方面，权侔帝室。及其晚节，父子兄弟迭相猜忌，五子皆不以寿终。"

译文：杨坚当年因为北周皇室势力微弱而篡了天下，因此他当皇帝后就把几个儿子都分到了重镇据守，诸王权力跟他几乎一样。到了最后几年他看谁都不顺眼，最具欺骗性的儿子上了位，但最终他这几个孩子也都不得好死。

北周皇室势力微弱，是因为那个最强弑君者——三年内连杀拓跋廓、宇文觉、宇文毓三位皇帝的宗室宇文护。到了北周宣帝宇文赟时，他认为宗室对于皇权实在太可怕了，所以宗室势力他被砍得七零八落，最终却被杨坚钻了空子。

历史都是演化的。隋的车轮走到这一步，也是演化过来的。

杨坚的终章，就是《隋书·高祖本纪》中对他的最后总评："迹其衰怠之源，稽其乱亡之兆，起自高祖，成于炀帝，所由来远矣，非一朝一夕。"大隋盛世的崩塌，杨坚要负重大责任。

刚继位的杨广收到了这样一个建议，预言他爹要死的章仇太翼对他说："从八字来看，您属木命，雍州地处西北五行属金，克您这木，您赶紧搬家，谶语也说'修治洛阳还晋家'，您是晋王，这说的就是让您迁都啊。"①

两晋"五胡"南北朝三百年乱炖融合后，此时的生辰八字已经成理论了，看人不再只看相了，有了更深入的理论指导。于是面对这个建

---

① 《资治通鉴·隋纪四》：章仇太翼言于帝曰："陛下木命，雍州为破木之冲，不可久居。又谶云：'修治洛阳还晋家。'"

议，杨广深以为然，他爹刚死三个月，他就于604年十一月初三驾临洛阳。

十一月初四，杨广下达了大基建时代的第一道命令：发丁数十万掘堑，自龙门东接长平、汲郡，到临清关，越过黄河至浚仪、襄城到达上洛，修筑大洛阳堡垒的关防。

十一月二十一，杨广正式下诏在伊洛营建东都，诏书说一切从简。①

他说一切从简，相当可笑。

三十多年后，李世民征发士兵修筑洛阳宫殿以备巡幸之用，给事中张玄素上书谏言时说了一下当年杨广营建洛阳宫室的规模：隋建洛阳，附近山上没有大的树木，木材均要从远方运来，一根大柱子要用两千人来拉，最开始用木头做轮子，结果拉不了多远就摩擦起火了，只能做铁毂辘，但铁毂辘走一二里路就坏了，于是要大量做铁轮子不说，还要另差使几百人带着铁轮子随时更换，每天才走二三十里，总计一根柱子运到洛阳工地就需要花费几十万的劳力，其他的花费就更别说了。②

"今所营构，务从俭约"的杨广，拉开了自己黑色幽默的荒诞下半场序幕。

杨广刚挪去洛阳，南陈后主陈叔宝就"追随"杨坚去了，杨广追赠其为大将军、长城县公，亲自定了谥号为"炀"。《谥法》有云："好

---

① 《资治通鉴·隋纪四》：癸丑，下诏于伊洛建东京，仍曰："宫室之制，本以便生，今所营构，务从俭约。"

② 《资治通鉴·唐纪九》：乙卯，发卒修洛阳宫以备巡幸，给事中张玄素上书谏，以为：洛阳未有巡幸之期而预修宫室，非今日之急务……臣见隋氏初营宫室，近山无大木，皆致之远方，二千人曳一柱，以木为轮，则毂摩火出，乃铸铁为毂，行一二里，铁毂辄破，别使数百人赍铁毂随而易之，尽日不过行二三十里，计一柱之费，已用数十万功，则其余可知矣。

内远礼曰炀；去礼远众曰炀；逆天虐民曰炀；好大殆政曰炀；薄情寡义曰炀；离德荒国曰炀。"

杨广对这个自己亲自去江东逮过来的小可爱给了不太厚道的评价。

杨广挑这个谥号的时候他还不知道，"好内远礼""去礼远众""逆天虐民""好大殆政""薄情寡义""离德荒国"，将来"炀"这个谥号表达的每一项他都将全方位地占据顶配生态位。

"大业"时代，已经走来了。

四、大业帝杨广的大基建

605 年正月初一，杨广赦天下，改元"大业"。

从年号就能看出来杨广对即将到来的时代的憧憬与期望。这个恢宏的年号从实事求是的角度来讲差了一个字，"大业"后面应该加个"障"字。

605 年三月，杨广下诏派杨素和将作大匠宇文恺等加入洛阳营建行动组，大力出奇迹的顶配发动机组装好了。

洛阳工地每个月用壮丁两百万人，杨广还迁徙了洛州城内的居民和各州的富商大贾几万户充实洛阳，废弃二崤道，开辟菱册道打造关中通洛阳的"高速公路"。

四月，杨广又命宇文恺和内史舍人封德彝等营建显仁宫，此宫南连皂涧，北跨洛水，征调大江以南五岭以北的高级建材运到洛阳；与此同时又在全国范围内征调奇花异草和珍禽异兽充实皇家动物园。

任务布置下去后，杨广表示自己要到各地采风，这是去体察民情，先去淮海一带。

至高无上的大业帝杨广采风是肯定不能骑马坐车的。四月二十一，杨广命尚书右丞皇甫议征发河南、淮北各郡百姓前后一百多万人开辟通济渠，从西苑引谷水、洛水到黄河，又从板渚引黄河水经荥泽进入汴水，从大梁以东引汴水进入泗水到淮河，又征发淮南百姓十余万开凿疏通邗沟从山阳到扬子段的河道贯通长江。（见图1-1）

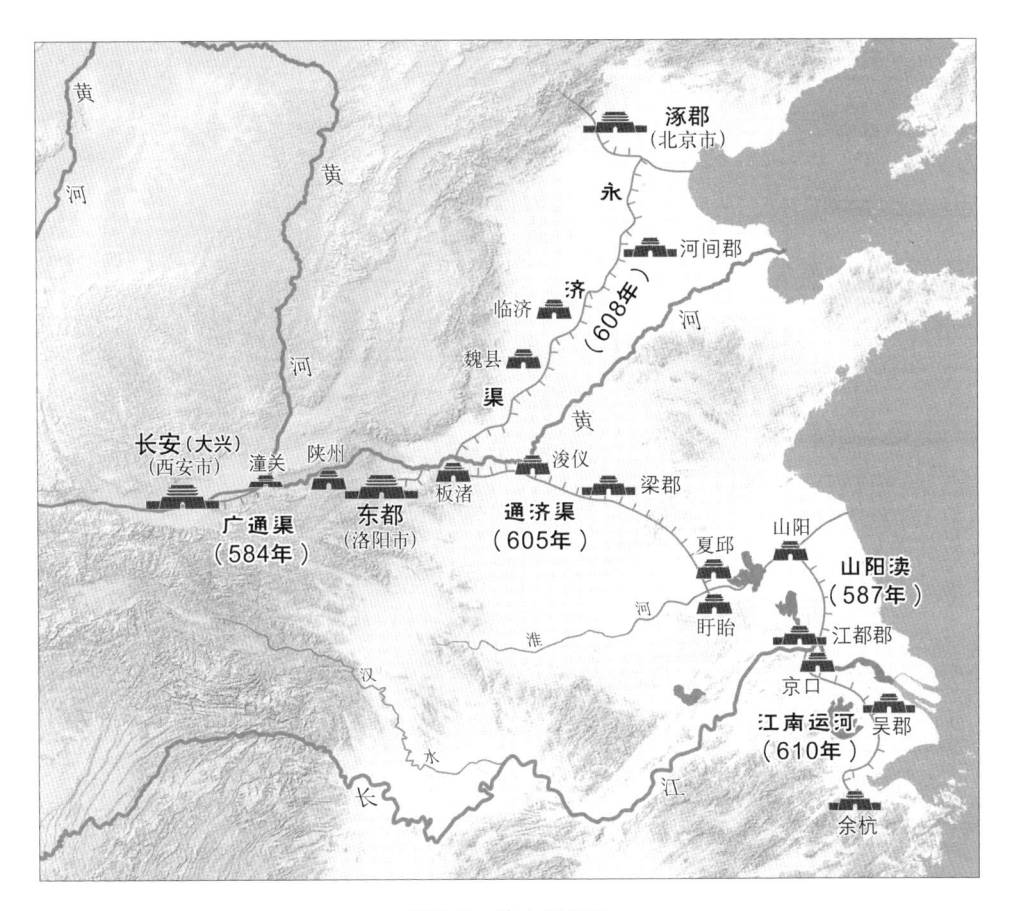

图1-1 隋大运河图

这条皇家运河的规格为宽四十步（秦汉时规定6尺为一步，汉尺为23厘米，换算过来就是138厘米为一步。1.38米×40步=55.2米），渠两旁都建有御道，栽种柳树，从长安到江都沿途设置离宫四十余所。

四月三十，杨广又派遣黄门侍郎王弘等到江南建造龙舟和各种护航巡洋舰几万艘。

惊世骇俗的隋大运河工程第一阶段开始了。

杨广在他爹杨坚死后还不到一年就风风火火地把全国动员起来了。得益于他爹打的好底子，各地官府的大吸管把资源源源不断地送了上来。不仅如此，配合着他爹给各地长官对下属的处决权政策，杨广的意志还得到了放大执行，在监督工程的官吏的残暴、严苛的监工下，洛阳工地上服役的壮丁致死率近半，东至城皋，北至河阳，拉尸体的车连绵不断。①

有隋一朝，所有的工程基本上都是一个思路：不计人命地抢进度让皇帝满意。当初杨素给杨坚修度假村的时候史料里说："夷山湮谷以立宫殿，崇台累榭，宛转相属。役使严急，丁夫多死，疲顿颠仆，推填坑坎，覆以土石，因而筑为平地。死者以万数。"跟洛阳工地同样的配方同样的味道，不死上几万、几十万不叫贯彻落实。

杨坚、杨广父子用的都是同一台国家机器。唯一的区别是杨坚统一天下，北定突厥，完成了自我实现，折腾的力度小；杨广则不同，他需要完成他的大业，才能补偿前面那些年装乖的心理落差。

杨坚作为开国高祖克定祸乱，威强睿德，横扫南北，面对如此充沛的武德，杨广最终给他爹的谥号定了个"文"。他大概率是想把"武"留给自己。

五月，杨广宣布启动西苑工程，方圆二百里。西苑内有周长十余里的"海"，海内建蓬莱、方丈、瀛洲诸神山，山高出水面百余尺，台

---

① 《资治通鉴·隋纪四》：东京官吏督役严急，役丁死者什四五，所司以车载死丁，东至城皋，北至河阳，相望于道。

观殿阁，星罗棋布分布于上，宛若仙境。苑北有龙鳞渠曲折蜿蜒入"海"，沿渠有十六院，院内的堂殿楼观，极端华丽，宫内树木在秋冬掉叶后要摆上人造花，保证杨广福如东海春常在的美好观感，院门临渠，每院安排一名四品夫人以备杨广随时来宠幸。

这是杨广的重点工程，建好后他多次在月夜带领几千名宫女骑着马搞西苑盛宴。①

不得不说，隋的行政效率高到匪夷所思。四月三十杨广下令江南地区营建龙舟项目，在一百多天后的八月十五，仅仅三个多月时间，下扬州的各种硬件已经给杨广备齐了，杨广南下去也。

整个大隋官僚体系宛如哆啦A梦，杨广要什么就能提供什么，再没有杨广这么自在随心的皇帝了。

杨广的旗舰龙舟有四层，高四十五尺，长二百尺，最上层是正殿、内殿、东西朝堂；中间两层有一百二十个金玉装修的房间，下层是内侍臣住的地方，皇后萧氏的旗舰翔螭舟规格仅比杨广的小一点儿，配套则全部一样。此外，另有浮景船九艘，船上建筑三层都是水上宫殿，还有漾彩、朱鸟、苍螭、白虎、玄武、飞羽、青凫、陵波、五楼、道场、玄坛等几千艘船，供后宫、诸王、公主、百官、僧尼、道士、蕃客等陪伴杨广的超大旅行团乘坐。为了拉这些船配有纤夫八万多名，除此之外还有几千艘禁军船由士兵自己拉着走，舟船首尾相接二百余里，灯火照耀江河，骑兵在两岸护卫行进，旌旗蔽野，沿途经过的州县负责食物进贡，必须得给皇帝大人的旅行团上最好吃的水陆珍奇。

这种规模的旅行团，以今天的生产力准备都不是个小动静。

---

① 《资治通鉴·隋纪四》：上好以月夜从宫女数千骑游西苑，作清夜游曲，于马上奏之。

以这半年多的成果，杨广已经足够永载史册了。

606年，大业二年二月，杨广诏吏部尚书牛弘等议定舆服、仪卫、制度，天子服上要画日月星辰，用漆纱做皮帽，又做三万六千人的黄麾仪仗，还有辂辇、车舆以及皇后的仪仗和文武百官的礼服，总之就是两个字——壮丽，必须得亮瞎杨广的眼！

为了给杨广做时装，"课州县送羽毛，民求捕之，网罗被水陆，禽兽有堪氅毦之用者，殆无遗类"，各地的鸟都被逮没了。

为了杨广的仪仗队，服役的工匠居然达到了十万余人，用的金银钱帛也不说是不计其数，是"金银钱帛钜亿计"。

三月，大业帝杨广带队从扬州回洛阳，结束了此次南下采风，在总结大会上，杨广表示这次活动很有意义，以后要多搞。

回来后，杨广迎来了自己奴役天下的报应，他的接班人，太子杨昭在这年死了。

杨昭一直是杨广上位的关键砝码，他自幼深得爷爷奶奶喜爱被养于宫中，还是第一个被封王的皇孙，杨广进位太子后进袭其父前爵为晋王，授任内史令，兼左卫大将军，不仅有参政议政的资格，还成了禁军武官，可见杨坚对杨广父子的看重和信任。

杨昭生性谦和，言色平静，文武兼备，出了名的仁爱，结果陪他爷爷去了。

十月，杨广也许是觉得该积点儿德了，于是表示他爹晚年对百姓太狠了，他给改改法令。

杨广比他爹还会摆拍，就他这越来越猛的工程量，法令改了要是管用就有了鬼了。

老百姓开始还挺高兴，但法令改是改了，征调却越来越狠，各地方官府开始自动寻找出路,什么破律令,不干活都得死!①

官是狗官,皇帝是爱民如子的,杨氏父子一个德行。

杨广为了保证他大洛阳堡垒的消耗,在巩县东南原上设置了洛口仓,仓城周围二十余里,开凿了三千个粮窖,每个窖可装粮食八千多石,设置监官和镇守的士兵一千人。十二月,杨广在洛阳北七里处又设置了回洛仓用来周转的洛口仓,仓城周围十里,开凿了三百个粮窖。②

沿着运河线,杨广设立了一个又一个著名的粮仓:洛口仓(今巩义)、回洛仓(今洛阳)、含嘉仓(今洛阳)、子罗仓(今洛阳)、河阳仓(今偃师)、常平仓(又名太原仓,今三门峡)、黎阳仓(今浚县)、永丰仓(今华阴市,渭水南岸广通渠口)等一座座打破纪录的国家级大粮仓。史载:"隋氏西京太仓,东京含嘉仓、洛口仓,华州永丰仓,陕州太原仓,储米粟多者千万石,少者不减数百万石。"

这种规模数字最开始被后世认为是不可信的,但当越来越多的考古数据出现,发现史书中记载的数据居然是真的。

太像了,一切都和秦太像了,这个洛口仓就是新的敖仓。

杨坚、杨广父子汲取天下造的一座座粮仓甚至改变了后面隋末的战略打法,那六十四路烟尘都要围着隋朝的粮仓进行战略布局。

607年,即大业三年,杨广改州为郡;依古式改度、量、衡;改上柱国以下的官为大夫;设置殿内省与尚书、门下、内史、秘书省共为五

---

① 《资治通鉴·隋纪四》:牛弘等造新律成,凡十八篇,谓之《大业律》;甲申,始颁行。民久厌严刻,喜于宽政。其后征役繁兴,民不堪命,有司临时迫胁以求济事,不复用律令矣。

② 《资治通鉴·隋纪四》:置洛口仓于巩东南原上,筑仓城,周回二十余里,穿三千窖,窖容八千石以还,置监官并镇兵千人。十二月,置回洛仓于洛阳北七里,仓城周回十里,穿三百窖。

省，增设谒者台、司隶台与御史台并为三台；分太府寺设置少府监，与长秋、国子、将作、都水为五监；又增改左、右翊卫等为十六府；废除伯、子、男的爵位，只留王、公、侯三等爵位。

总之，杨广几乎对政权的一切结构化基石都进行了改革。

杨广特别像狗这种动物，到哪里都得先留下自己的味道，改一改动一动证明自己来过。他不仅开满功率地满世界折腾，还王莽附体般在本就已经开始冒烟的国家机器上一通狂改。

杨广在作死方面可谓全技能选手，方方面面没有短板。

在一通大改后，杨广继之前去南方逍遥后又开启了北巡之旅。

五月初十，杨广征发河北十几郡的男丁开凿太行山，理顺洛阳到并州全境的路并开通驰道，他开启了微服私访，各地官吏各种表忠心，制造惊喜和偶遇。

唯独到了马邑时，因马邑太守杨廓无所献，杨广让他去专门学习怎么给皇帝送礼，把这种事给整个官僚系统彻底挑明了。①

杨广不装了。

杨广看着塞外好风光的同时又给予了最高批示，下诏征发男丁一百余万人修西起榆林东至紫河的长城，结果又死了一大半人。

才两年时间，杨广的折腾劲就开始让朝中很多大佬不满了。杨坚死后被杨广召回来的高颎此时任太常卿，他跟尚书左仆射苏威共同劝阻杨广，不能再折腾了，现在已经是涸泽而渔了。

杨广不听，修长城后又征召"全国歌舞团"来洛阳表演，高颎对太常丞李懿说"北周天元帝因为好乐而亡国，眼看这也不远了"，还说

---

① 《资治通鉴·隋纪四》：马邑太守杨廓独无所献，帝不悦。以和为博陵太守，仍使廓至博陵观和为式。由是所至献食，竞为丰侈。

了一堆时政的议论。

这事很快就被告发，高颎一党被杨广定义为诽谤朝政，随后高颎和贺若弼等一大批功臣宿将被清洗，高颎诸子被流放，贺若弼全家没为官奴。

八月初六，杨广车驾从榆林出发，过云中溯金河而上，随驾士兵五十余万，马匹十万，旌旗辎重千里不绝。杨广在这次旅游中还命宇文恺等造了叫作观风行殿的移动城堡，殿上可容纳侍卫几百人，底下靠轮子移动，又命宇文恺造周长两千步的行城，以木板为主体，蒙上布，画彩画，行城上观台和望敌楼全都齐备，"胡人"望之如神，被震撼得十里外就开始给杨广磕头。①

大家还记得前文提到的洛阳建宫殿时拉一根木头有多费劲吗？且不说"甲士五十余万，马十万匹"这个规模是怎样的后勤噩梦，单说这个能让"胡人惊以为神"的"容侍卫者数百人"的观风行殿，就让人无法想象它背后的代价有多么高昂。

八月二十六，杨广车队结束北巡到了太原，杨广下诏营建晋阳宫，给李渊造嫁衣裳。

九月二十三，大业帝杨广回到了洛阳，此次巡边活动圆满成功。

在总结大会上，杨广表示活动很有意义要多搞的同时，将手指向了西方：我来，我见，我征服！我要超越秦皇、汉武！

想睡觉，就有人递枕头，吏部侍郎裴矩建议皇帝去西域招揽诸胡进贡，把丝绸之路这条本来挣钱的道路给直接做成了面子工程，每年撒

---

① 《资治通鉴·隋纪四》：八月，壬午，车驾发榆林，历云中，溯金河。时天下承平，百物丰实，甲士五十余万，马十万匹，旌旗辎重，千里不绝。令宇文恺等造观风行殿，上容侍卫者数百人，离合为之，下施轮轴，倏忽推移。又作行城，周二千步，以板为干，衣之以布，饰以丹青，楼橹悉备。胡人惊以为神，每望御营，十里之外，屈膝稽颡，无敢乘马。

在这条西行路上的钱更是多了去了。①

608年，大业四年正月初一，杨广下诏征发黄河以北诸军一百多万人在河北开凿永济渠，引沁水向南到黄河，向北通涿郡，此时男丁已经不够了，开始调女人上工程前线。②

大运河第二阶段上马。

七月，杨广又征发了二十余万男丁自榆谷向东筑长城。

此时据史料记载，"帝无日不治宫室，两京及江都，苑囿亭殿虽多，久而益厌，每游幸，左右顾瞩，无可意者，不知所适"，尽管已经如此折腾了，但杨广仍然觉得工程跟不上他对未来的规划，觉得顶级的工程一定得借助天然之力。

杨广上层次了，开始铺开全国地图规划顶级景区给自己盖宫殿。③

也是在这一年，西北商路总负责裴矩游说铁勒攻击吐谷浑给自己营造畅通商路，吐谷浑大败后向东逃入西平境内，遣使向隋朝请降求援。

杨广派安德王杨雄率兵出浇河郡，许国公宇文述出西平迎接吐谷浑伏允可汗。结果吐谷浑人畏惧宇文述兵势强盛不敢投降，伏允可汗随后率众西逃，宇文述引兵追杀，攻下曼头、赤水两城，斩首三千余，获吐谷浑王公以下贵族两百人，俘虏男女四千返回。

伏允可汗南逃大雪山，原属于吐谷浑的东西四千里、南北两千里土地都为隋朝所有，杨广在此设置州、县、镇、戍，将所有犯轻罪的人

---

① 《资治通鉴·隋纪四》：帝于是慨然慕秦皇、汉武之功，甘心将通西域；四夷经略，咸以委之。以矩为黄门侍郎，复使至张掖，引致诸胡，啖之以利，劝令入朝。自是西域胡往来相继，所经郡县，疲于送迎，糜费以万万计，卒令中国疲弊以至于亡，皆矩之唱导也。

② 《资治通鉴·隋纪五》：春，正月，乙巳，诏发河北诸军百余万穿永济渠，引沁水南达于河，北通涿郡。丁男不供，始役妇人。

③ 《资治通鉴·隋纪五》：乃备责天下山川之图，躬自历览，以求胜地可置宫苑者。

强制拆迁戍边。①

九月，杨广甚至征召了天下的驯鹰师一万多人集中到洛阳。杨坚地底下不知道该怎么看这孩子。

609年，大业五年正月十五，杨广诏令天下均田。

关于隋朝的人口土地账本，值得我们再仔细看看。

最早在585年，杨坚曾下令实行户籍清查，在原来北齐的地盘清出来黑户一百六十五万余口，其中丁壮四十四万三千人。

杨坚当年以极度铁腕的方式推行这项工作，地方上所有的人都得被喊到官府逐个当面核实年龄，发现有作假的不仅本人受惩罚，就连所在地的里正和党长都要被发配边关。

本着苦一苦百姓，骂名基层官吏来担的原则，高颎借着这次东风建议把整理户籍的经验向全国推广，把成果变成制度固定下来，输籍法就此登上历史舞台——每年的正月初五，各地都要开展新一年度的人口普查。

在这套土地户籍政策下，到了大业五年的时候，杨广的账本上已经有了一百九十个郡，一千二百五十五个县，八百九十万余户，人口有四千六百余万，土地有五千五百八十五万多顷。②

古代一顷是五十亩，土地账本达到了二十七亿九千多万亩——这个数字纯属胡扯，但户口和人数应该错不了，因为杨广时代又对户籍搞了新技术。

民部侍郎裴蕴对杨广表示，承平日久后户籍又有水分了，再次请

---

① 《资治通鉴·隋纪五》：伏允南奔雪山，其故地皆空，东西四千里，南北二千里，皆为隋有，置州、县、镇、戍，天下轻罪徙居之。

② 《隋书·地理志》：五年，平定吐谷浑，更置四郡。大凡郡一百九十，县一千二百五十五，户八百九十万七千五百四十六，口四千六百一万九千九百五十六。垦田五千五百八十五万四千四十一顷。

求全国普查，如果一个人的情况不属实，那么有关的官员就要被解职，与此同时还加了一个汉武帝时代的好办法——全民大告发，如果百姓检举出了一个黑户壮丁，就命令被检举的人家替检举者缴纳赋役。这可了不得，这一年各郡增加了男丁二十万三千人，边境新归附的人口有六十四万多。①

这一人丁数据在当时那种全民大举报的人性大法下应该是没问题的，但是那个土地账本就纯属胡扯了。

隋朝的亩比现在的亩要稍微大些，我们权且就按一比一比例换算，今天我国的耕地有多少呢？

2021年第三次全国国土调查全面清查了我国国土利用状况，建立了覆盖国家、省、地、县四级的国土调查数据库。数据显示，我国耕地面积十九亿一千七百九十万亩，再算上园地三亿亩、建设用地六亿一千三百万亩，都计为农田，总约二十八亿三千万亩。

这是又开垦拓荒了一千四百多年后的土地账本，而且隋后面的所有朝代都在十亿亩以下，所以说大隋的土地账本夸张得太多了。

那么，各地方官府为什么要在土地上弄虚作假呢？

因为隋是按户和丁征税的，但征税的前提是给百姓分了田。《隋书·食货志》："丁男一床，租粟三石。桑土调以绢绝，麻土以布绢。绝以疋，加绵三两。布以端，加麻三斤。单丁及仆隶各半之。未受地者皆不课。"

人丁不能作假，因为有人性大法的全民大告发，因为收税时必须得

---

① 《资治通鉴·隋纪五》：民部侍郎裴蕴以民间版籍，脱漏户口及诈注老小尚多，奏令貌阅，若一人不实，则官司解职。又许民纠得一丁者，令被纠之家代输赋役。是岁，诸郡计帐进丁二十万三千，新附口六十四万一千五百。

报账。杨广下令均田，就是为了给人口都分上田，保证收税时没有废话。

于是为了满足皇帝把税和徭役都征上来的意图，大隋的土地账本超过了当时整个世界的可耕地数量。在这背后，是已经轰隆轰隆压榨冒烟的华夏大地，以及快被压散的国家机器。

在下令均田后，杨广继南下和北巡后在这一年又开启了西征梦。

正月二十，过了年的杨广从东都启程去西京，他也能感觉到民间是有意见的，但他继续我行我素，靠着他爹当年给他留下的好办法，他规定民间铁叉、搭钩、刀之类都属于违禁之物，让民间没有反抗之力。

在杨广的眼中，只要国家机器在手上，只要大隋的军队忠于自己，百姓们是可以苦一苦的。毕竟粮食在他手上，兵器在他手上，刁民们还能有什么作为？

三月，杨广西巡河右，四月出临津关，渡黄河，至西平，陈兵讲武，准备打击吐谷浑。

五月，杨广大猎于拔延山，随后进入长宁谷，越过星岭，到达浩川。

之后，因桥未修成暂停了脚步，被扰了兴致的杨广斩都水使者黄亘及督役者九人。在杨广的震慑下，几天后桥迅速搭好，杨广继续前行。

六月初二，隋军左光禄大夫梁默等追击吐谷浑伏允可汗时大败，梁默被杀，卫尉卿刘权率兵出伊吾道进攻吐谷浑一直追到青海，俘获一千余人，又乘胜追击，直到伏俟城。

六月十一，杨广到达张掖。之前，在他动身前就命裴矩去游说西域诸国，以厚利召他们遣使来参加西域"万村博览会"。

六月十七，杨广到达燕支山，仪仗队准备得不错，高昌王曲伯雅及伊吾的吐屯设等西域二十七国的国王与使者都来参拜，作为啦啦队在路旁表示欢迎欢迎，热烈欢迎。

期间，西域代表吐屯设献西域几千里的土地，杨广设置西海、河源、鄯善、且末等郡，将天下罪人流放于此戍边。

西北的土地水平是禁不起杨广这么折腾的。

裴矩做西北总督这些年，为了维护万国来朝的面子工程，不断从西京各县及西北各郡辗转输送财物到塞外，每年耗费数以亿计，关西开始被祸害得不行了。①

杨广这趟心血来潮的西游之行在东返的时候出了大事，途经大斗拔谷（今青海扁都口）时，因山路狭窄险要，队伍只能鱼贯通行，当时正好遇上了超级暴风雪，士卒冻死大半，马驴冻死十之八九，杨广极度狼狈地回到了长安。②

杨广迎来了自己人生中的第一次狼狈。老天似乎开始不遂他的愿了。

从河西走廊回来后，在南、北、西三方面都浪一圈后，杨广将手挥向了东北，开始准备东征高句丽了。

此时的华夏，需要一根引线。

公元前209年的秋天，秦二世没有想到，大泽乡的一嗓子"王侯将相宁有种乎"会将想要万年的秦国的江山扯碎。

八百二十年后，隋二世也没有想到，一首感动大隋的大业七年（611）劲爆金曲《无向辽东浪死歌》也即将引爆他的时代。

---

① 《资治通鉴·隋纪五》：帝谓裴矩有绥怀之略，进位银青光禄大夫。自西京诸县及西北诸郡，皆转输塞外，每岁钜亿万计；经途险远及遇寇钞，人畜死亡不达者，郡县皆征破其家。由是百姓失业，西方先困矣。

② 《资治通鉴·隋纪五》：车驾东还，经大斗拔谷，山路隘险，鱼贯而出，风雪晦冥，文武饥馁沾湿，夜久不逮前营，士卒冻死者太半，马驴什八九，后宫妃、主或狼狈相失，与军士杂宿山间。九月，乙未，车驾入西京。

五、无向辽东浪死歌!

610年,是注定要被历史记住的一年。

这一年是大业六年,杨广开启了让天下土崩瓦解的东征高句丽的战争。

这一年的正月初一很不寻常,大清早有几十个素冠白衣焚香持花自称弥勒佛的人给杨广"拜年"来了。

这些人杀入了建国门,看门的人都跪下叩头,接着这些人夺取了卫士兵器准备作乱,但齐王杨暕遇到他们,组织平叛,最后这事扯出来一千余家。

大初一的,几十人闹出来这样的动静,还跟宗教有关,一切的一切都已经说明了在杨广前面五年的折腾下,表面承平的天下其实内部核心早已危机四伏,但杨广没当回事。

因为叛乱的规模太小了,最终才扯出来千余家而已,杨广对这次的造反事件认识不深,也没有足够的重视。

之所以这么说,是因为虽然这些教徒能够让监门者叩头,但却选在了建国门冒头。这个建国门,后来被李世民改名为定鼎门,就在图1-2那个圈圈的位置。

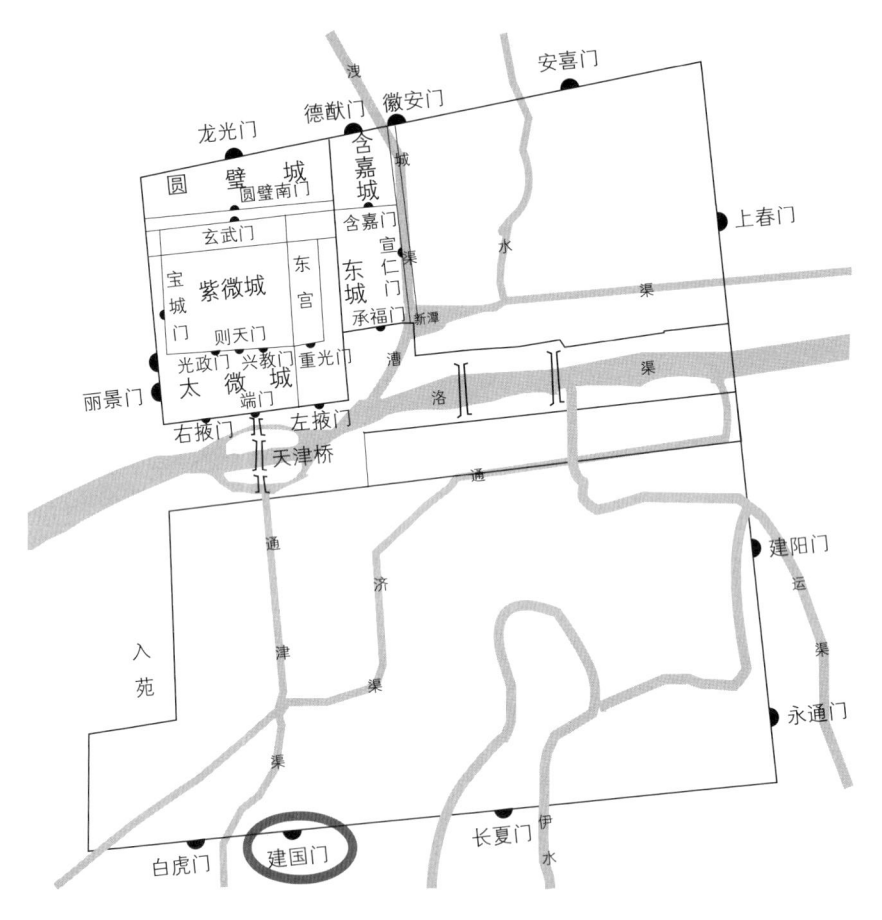

图 1-2　隋洛阳城图

　　这里距离皇帝禁宫还要经过洛河和一道道城门，洛阳城防的南面是作为护城河的洛河，无论是后勤还是防御建筑思路都相当高端，后面李世民来攻打也只能在外面围着，更别提这些人从建国门闹乱子了。

　　虽然杨广觉得这样的叛乱很低端，但在国都能出现宗教起义，而且能到"监门者皆稽首。既而夺卫士仗，将为乱"的地步，背后潜在的风险其实已经很可怕了。

　　这些人怎么在自己眼皮子底下兴起的？他们又是怎么和城防军搞

串联的？监门部队为什么冒着死罪跟他们混？

杨广满世界旅游的这段时间，很多事情开始超出他的掌控了。

种种问题如果查起来都是顶级大案，杨广但凡有点儿政治敏锐性，此时的他就应该严查了，应该做内部梳理了。但这场叛乱并没有阻挡万邦来洛阳给杨广拜年的兴致，正月十五杨广举行了盛大的百戏表演，戏场周围五千步，仅奏乐者就有一万八千人，乐声响彻洛阳，从傍晚至天明，灯火光照天地，一直到出了正月才正式结束。钱在杨广时代，"巨万"是个基本起步的代名词，杨广更是表示这种活动可以彰显国力，要常搞，自此每年过年这类活动成为惯例。[①]

三月初二，春暖花开，运河刚一开了冻，已经玩野了的杨广马上就"烟花三月下扬州"了。

这一年到了江都，杨广下令开凿疏通江南运河。自京口至余杭长八百余里，宽十余丈的河道也被重新翻修拓宽，方便通行他的龙舟航母，规矩跟前面别的运河一样，都是沿岸设置驿宫招待所。杨广打算东游会稽观观钱塘江的大潮，看看跟他比起来谁的浪更大。[②]

大运河工程的最后一段启动了。

至此，从中国最富庶繁华的三吴到最称得上战略屏障的燕云，沟通南北的大运河彻底成形了。

项目是好项目吗？

它必须是。但它错在了时间。

---

① 《资治通鉴·隋纪五》：帝以诸蕃酋长毕集洛阳，丁丑，于端门街盛陈百戏，戏场周围五千步，执丝竹者万八千人，声闻数十里，自昏至旦，灯火光烛天地；终月而罢，所费巨万。自是岁以为常。

② 《资治通鉴·隋纪五》：敕穿江南河，自京口至余杭，八百余里，广十余丈，使可通龙舟，并置驿宫、草顿，欲东巡会稽。

从理论上来讲，在大运河工程中，除了永济渠有大量的新凿航道外，通济渠、山阳渎、江南运河都是在原有基础上进行的开凿。但这不意味着杨广布置的是小工程，因为他把河道大大地加宽、加深了。这样就跟重新挖没什么太大区别，而且监工的是堪称史上手黑之最的大隋官僚。

如果杨广把这一工程放二十年干，那么他将比肩秦皇、汉武，但他的步子太快了。

这六年，杨广确实结结实实地体会了一把秦皇、汉武的快乐，他所到之处没有不跪的，但是整个东亚却有个别小地方不怎么理他，比如东北地区的高句丽。

这个高句丽不是大家传统印象中的朝鲜半岛的高丽，半岛高丽是王建于918年建立的，那时候唐朝都没了，这里说的高句丽是公元前37年扶余人朱蒙在西汉玄菟郡境内建立的。

半岛高丽跟高句丽除了名字像之外没有任何关系，这两个政权相隔了二百五十年，而且高句丽的国力也不是半岛高丽所能比得了的。

高句丽中心本来在辽东，后来迁都到平壤城，是被曹魏和慕容家打走的。

大家还记得曹魏的辽北狠人毌丘俭吗？就是那位带着万余精锐逆战高句丽国王，把高句丽两万人杀得还剩两千，狂屠了一万八千人摧毁敌都丸都山城的那个淮南二叛男主角。

毌丘俭时代差点儿将高句丽灭了国，后面前燕揍高句丽也不含糊，东北这地方武德太充沛，高句丽是没办法了才迁都去了朝鲜半岛。

由于前燕后来不在东北内卷了而是去了中原，"五胡"南北朝时期华夏主会场杀得血肉横飞，高句丽因此慢慢发展起来了。但等华夏主会场的大哥只剩下杨坚一个时，他就要"修理"高句丽了。

此时高句丽的王叫高元，他最开始是接受杨坚册封的，但这位高句丽王属于国小心大的那种，598年，高元勇敢了一把，率万余骑侵扰辽西。

杨坚大怒，命杨谅率三十万大军征讨并下诏罢黜了高元的爵位。

当时由于后勤、瘟疫、辽泽和海上大风等各种影响，虽然隋最终非战斗性大量减员没能把战火烧过去，但高元还是害怕了，自称"辽东粪土臣元"。

我可没贬低他，大家看原文："及次辽水，元亦惶惧，遣使谢罪，上表称'辽东粪土臣元'云云。"

杨坚开心了，这个人居然还能自称粪球子，太可爱了，于是恢复了高元的爵位。

到了杨广这一朝，高元又不安分了，尤其面对杨广一而再，再而三地下令入朝觐见，高元死活就是不去。杨坚死后，这位"粪球子"觉得自己又行了。

这就给了杨广树立典型的机会，在南、北、西面都得意扬扬一遍后，杨广表示"粪球子"给脸不要脸，咱们大业六年（610）的关注重点在东北，跟钱塘江比谁浪大这事先放一放，都跟我去东北踢"粪球子"。

在杨广下令讨伐高句丽后，兵部上奏说多少年没打仗了，兵器战马都损耗得很严重。面对这个问题杨广表示这都不叫事，命天下富人买马上交，于是马价迅速飙升，但最终还是给杨广凑了十万匹。兵部不是说兵器损耗严重吗？杨广下令各军事后勤部门检阅武器，务令精新，有不达标者由皇帝派出去的使者立斩。①

面对恢复武备准备征战这种事，历朝历代启动军备后都得缓上几

---

① 《隋书·食货志》：六年，将征高丽，有司奏兵马已多损耗。诏又课天下富人，量其赀产，出钱市武马，填元数。限令取足。复点兵具器仗，皆令精新，滥恶则使人便斩。于是马匹至十万。

年,但对于杨广来讲这都不叫事,发一个追责的文件即可,派一个特使过去就能压死地方。

时间来到了611年,大业七年二月,杨广登钓台,在扬子津边大宴百官,随后从江都启程一路向北经过他的伟大工程通济渠和永济渠,一路三千余里巡游到涿郡。

杨广一边走一边发命令给幽州总管元弘嗣,命他到东莱海口造三百艘船以备急用。

面对这个临时通知,大隋官吏们继续严苛督役风格,本着宁可全境寸草不生也得让皇帝满意的原则,迫使工匠役夫昼夜立于水中劳作不敢休息,这些人自腰以下皆生蛆,死者十之三四。

这三百艘船其实仅仅是给幽州方面临时加的一件小差事。这种临时的小差事还有很多,比如杨广随从车驾文武九品以上的都要由幽州方面准备宅邸安置,这又是一笔多么大的开支。

不过这些对幽州官员来说也不叫事,都能安排,这是皇帝陛下对幽州地区的信任,是他们修来的福分,对下面不就是抢嘛,大不了死点儿人,一切以皇帝陛下的满意为目的。

大隋畅通无阻的人工运河不是吹的,仅在两个月后的四月十五,杨广旅行团就从长江口来到了涿郡的临朔宫。与此同时,一辈子信奉大力出奇迹的杨广下诏征发天下兵员,无论远近都要赶往涿郡集中,他还征发了国家府兵系统之外的江淮以南水手一万人、弩手三万人、岭南排镩手三万人,总之全天下的兵员开始川流不息地汇聚向涿郡。

五月,杨广又命河南、淮南、江南等地制造用来装载兵甲器械的军车五万辆送往高阳,征发河南、河北民夫以供应军需。

七月,江淮以南的民夫及船只也被杨广调来了,用来运输黎阳和洛口各粮仓的米和兵甲及攻战器具到涿郡。当时,船只绵延千余里,来往于道上运输的人数维持在几十万人的规模，沿途死者昼夜不绝，沿着大运河死者相枕，路上到处散发着臭气。

大炮打蚊子般祸乱天下后，上苍开始给杨广加码，山东、河南发大水淹没了三十多个郡，黄河砥柱山崩塌，堵塞河道逆流数十里。①

在这一祸乱下，不仅被征调的民夫役卒大量死亡，而且导致了耕种失时，田地荒芜，再加上天灾后的大饥荒，粮价开始飞涨，尤其是疫情最严重的东北边境，一斗米的价格已经达到了几百钱。②

在大运河这条南北大动脉之外，杨广还征发了六十余万车夫，每两个车夫推三石米前往东北交割。

这就属于不管不顾的胡闹了，因为路途险远，三石米还不够车夫路上吃的。

在《孙子兵法》中，名将的重要考核目标就是要想办法吃敌人的粮食，因为从自己后方运粮食上前线的成本极其可怕，军队在前线吃敌人一斤粮食，相当于自己从后方运二十斤过来，其中十九斤是车夫来回运粮的消耗。③

《孙子兵法》还说过这么一段话："凡兴师十万，出征千里，百姓之费，公家之奉，日费千金；内外骚动，怠于道路，不得操事者七十万家。"

———————

① 《资治通鉴·隋纪五》：山东、河南大水，漂没三十余郡。冬，十月，乙卯，底柱崩，偃河逆流数十里。

② 《资治通鉴·隋纪五》：又发民夫运米，积于泸河、怀远二镇，车牛往者皆不返，士卒死亡过半，耕稼失时，田畴多荒。加之饥馑，谷价踊贵，东北边尤甚，斗米直数百钱。

③ 《孙子兵法·作战篇》：国之贫于师者远输，远输则百姓贫；近师者贵卖，贵卖则百姓财竭，财竭则急于丘役。力屈中原、内虚于家，百姓之费，十去其七；公家之费，破军罢马，甲胄矢弓，戟盾矛橹，丘牛大车，十去其六。故智将务食于敌，食敌一钟，当吾二十钟；萁秆一石，当吾二十石。

第1战 隋崩 ｜ 063

大家都能看懂，此处就不翻译了，上面已经给出了算数，十万人出征千里，要有七十万家约三百五十万人停止农业生产来专门供给士兵征途上的给养。

供养前线一个士兵需要三十五个民夫做后勤，更重要的是这三十五个人也是纯亏空，是从事不了耕作的，还需要再有人来供养这三十五个人明年的粮食。

陆运的成本是根本不能想象的，杨广发动的这种规模的战役只能指望水路，但皇帝一时兴起的任务就这样下达了，大隋的官僚系统开始紧抓执行，逼着老百姓干活。

结果当车夫们到达泸河（今辽宁锦州）、怀远两镇时那三石粮食就已经被吃完了，因为没粮了车夫开始大量逃跑，再加上欺压主义为核心的大隋官僚体制借着这个由头鱼肉百姓，大量百姓变成了当年失期当斩的"陈胜、吴广"开始被逼上梁山。[①]

这一年的大隋官僚系统依旧是令大业帝杨广感动的，因为史载："是岁山东、河南大水，漂没四十余郡，重以辽东覆败，死者数十万。因属疫疾，山东尤甚。所在皆以征敛供帐军旅所资为务，百姓虽困，而弗之恤也。"

不管天怒人怨到什么地步，皇帝安排的任务最重要。

要是完成不好就得被剥了这层官皮去当百姓了，到时候才真是生不如死。每一个典狱长都害怕自己进监狱的那一天。

在全隋官吏的努力下，整个关东开始"强者聚而为盗，弱者自卖

[①]《资治通鉴·隋纪五》：又发鹿车夫六十余万，二人共推米三石，道途险远，不足充糇粮，至镇，无可输，皆惧罪亡命。重以官吏贪残，因缘侵渔，百姓困穷，财力俱竭，安居则不胜冻馁，死期交急，剽掠则犹得延生，于是始相聚为群盗。

为奴婢"。天下大乱的人口基数就此奠定。

在大业帝杨广的全方位无死角输出后，除了四川和岭南还算稍微好点儿之外，整个天下已经全乱了。

平原郡东有个叫豆子䴚的地方背靠大海且环绕着河，地形险阻，自北齐起就是著名的土匪聚集地。当地有一个叫刘霸道的人，家中世代官宦，资产丰厚，他作为平原"呼保义"（《水浒传》中宋江的绰号）揭竿而起，一下子扩编了十几万人，号称"阿舅贼"。

邹平百姓王薄拥众占据长白山（今山东邹平会仙山），在齐郡、济北郡落草为寇，宣称自己是先知并创作了感动大隋的大业七年劲爆金曲《无向辽东浪死歌》。其中有歌词："忽闻官军至，提刀向前荡。譬如辽东死，斩头何所伤。"

大量被征役挤对得活不下去的百姓开始前来投奔王薄。

漳南（今河北衡水故城县）地区在一个人的挑头下也反了，聚众一万多人竖起了大旗，那位举旗的首领，叫窦建德。

天下起义蜂起，已经数不过来了。

大业七年（611）的下半年，在杨广祸害天下七年后，群雄终于开始蜂拥而起，不可胜数，有实力的队伍开始攻陷城邑。面对全国范围内的反抗与起义，杨广命令都尉、鹰扬郎将与各地方郡县要互相配合绞杀乱民，随逮随杀，不要再让这堆小事烦扰自己，但此时天下沸腾已经无法遏止了。

秦崩之后，历史不会重复只会惊人相似的隋崩也开始了。杨广即将感受到民众的力量。

这年冬天，杨广接到了一份又一份报告，他开始发现自己并非无所不能，但他依旧没有把遍地的民变太当回事，那么大的阵仗都搞出来了，全国的兵都在自己这里，那些刁民能怎么蹦跶！

杨广决定先外后内，先去解决恶心的"粪球子"。

第1战 隋崩 | 065

612年，大业八年正月初二，杨广下令二十四路大军，共一百一十三万三千八百人号称两百万大军开往辽东，各军首尾相接，鼓角相闻，旌旗相连九百六十里，史载"近古出师之盛，未之有也"。

一般来讲，这种词一出，下场都挺惨，比如，如果苻坚还在就会大呼"内行"。

三月十四，隋军至辽水，登陆作战渡江不利。

两天后大军碾压过去了，包围了高句丽的辽东城（今辽宁辽阳）。

杨广在此次大战前曾经定调：

1. 这次是解救半岛百姓来的，是吊民伐罪来的，可不是为了什么建功立业，谁要是撒开欢儿打只琢磨自己建功立业可不行，谁轻军冒进，只要失败了就要被处罚。

2. 凡军事进止，皆须奏闻待报，毋得专擅！杨广表示：所有军事进度都要汇报给我。

3. 又敕诸将，高丽若降，即宜抚纳，不得纵兵。杨广又表示：高句丽要是投降了，必须人道主义对待。

其实从准确意义上说，杨广这辈子根本没亲临过作战一线，灭南陈那次他一直是坐镇后方，他不明白战争就是要勾起人性中那些极端的恶。

战争是拿命相搏，全力以赴还怕拿不下呢！战场上瞬息万变，一切都汇报到他那里什么都晚了。

杨广把灭高句丽当成了又一次的灭陈之战，他太痛恨贺若弼那种抢风头的斗将了，他这回一定得自己把隋旗插到平壤城头。

隋军灭高句丽就一个态度：别抢了皇帝陛下的戏，毕竟灭陈的主力贺若弼当年在建康可是被杨广治罪的，这位皇帝最恨别人抢镜头。

由于杨广将权力捆得太死，辽东城将陷时，城中高句丽人声称要降，诸将就不敢打了，然后对方赶紧加固城池，等给杨广的报告打个来回后对方城防又修好了，如是再三，辽东城久攻不下。①

一转眼夏天就要过去，隋朝百万大军被这个辽东城绊住三个月了。六月十一，杨广表示再拿不下来他要杀人了。

主力大军绊在辽东，杨广命一部分人继续围城，另派三十万大军分九路去打平壤。

在此次战役中，隋军将铁血官僚的气质发挥到了极致，宇文述等率军从泸河、怀远二镇出发，人马皆带百日粮及一堆军用物资，结果士兵们拿不动了，但宇文述表示："士卒有弃粮者斩首！"②

这条路线单纯从上帝视角看直线距离就已经接近千里了，我们先不纠结实际道路有多远，单纯以千里来算，这么远的路让士兵自己运粮过去就纯属胡扯，但没有一个人敢质疑，大隋的将军们只是表示"我不管，拿不动就弄死你"！

最后，士兵们还是想办法把沉重的粮食销毁了，于是才走到一半军队就已经断粮。③

缺粮的宇文述进入半岛后中了诱敌深入之计，一天中七战七捷，东渡萨水一直打到距平壤城三十里处，但给养实在跟不上了。他看了一眼平壤城觉得短时间内拿不下，准备撤退，而就在这个时候，高句丽人展开了反攻，隋军几乎全军覆没。

三十万人渡过鸭绿江作战，最终在一路饿死、战死及一系列乱七八糟的战损后，跑回到辽东城的只有两千七百人，三十万人的军械全送

---

① 《资治通鉴·隋纪五》：辽东城将陷，城中人辄言请降；诸将奉旨不敢赴机，先令驰奏，比报至，城中守御亦备，随出拒战。如此再三，帝终不寤，既而城久不下。

② 《资治通鉴·隋纪五》：述等兵自泸河、怀远二镇，人马皆给百日粮，又给排甲、枪并衣资、戎具、火幕，人别三石已上，重莫能胜致。下令军中："士卒有遗弃米粟者斩！"

③ 《资治通鉴·隋纪五》：军士皆于幕下掘坑埋之，才行及中路，粮已将尽。

礼了。①

这回高句丽不是"粪球子"了，成"铁球子"了。

杨广大怒，然后撤军，因为粮食快没了。

战后盘点，此次杨广的百万大军仅在辽水西攻克了高句丽的武厉逻（今辽宁沈阳新民县境内），折腾了整个华夏的出征，最终投入产出比实在是惊世骇俗。

八月，杨广下令运黎阳、洛阳、洛口、太原等粮仓的粮食到望海顿（今辽宁锦州凌海市南），心想："朕不会让一个小小的高句丽栽了面子的！"

死要面子的杨广还没琢磨明白自己输在了哪里。打辽东是不能用上百万大军的，根本使不上劲，后勤一定会拖垮全军。

因为那道"东西二百余里泥淖人马不通"的辽泽的存在。（见图1-3）

当年司马懿灭辽东不过用了四万人，后来毌丘俭一万来人能打得曹魏北疆直指海参崴，再后来慕容恪和慕容垂四万人就再度轻松打进了丸都山城。

杨广应该把高句丽人引出来打，而不是因自己的百万大军让对方从最开始就玩龟缩，这样从成本上是耗不过的。

这一年，老天爷再度对杨广展开了趁你病要你命的天谴：是岁，大旱，疫，山东尤甚。

这些灾祸仅仅是天灾的缘故吗？

大灾之年本来老百姓就不容易，杨广如此大功率地涸泽而渔焚林

---

① 《资治通鉴·隋纪五》：初，九军度辽，凡三十万五千，及还至辽东城，唯二千七百人，资储器械巨万计，失亡荡尽。

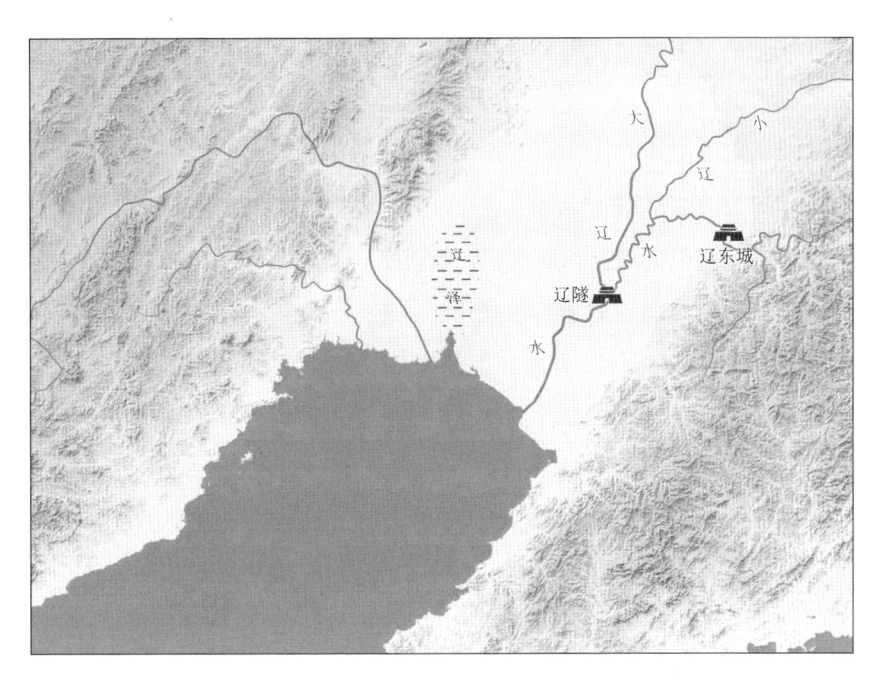

图1-3 辽泽图

而猎,整个华夏大地村村都死人,家家皆戴孝,大量百姓在被调动的过程中客死他乡,沿着大运河都是尸体,这些尸体会污染水体,闹出瘟疫很困难吗?

在这种情况下,杨广依然密诏南方各地要每年定期给他进贡漂亮的童女供他采阴补阳。①

九月,杨广浪一年多后回到了他可爱的洛阳。十月,工部尚书宇文恺死了,这个帮他起了无数高楼的工程专家走了。眼看他起高楼,但人家宇文恺不想看这楼是怎么塌的了。

613年,大业九年正月初二,杨广下诏再征天下之兵于涿郡集结,

---

① 《隋书·炀帝本纪》:密诏江、淮南诸郡阅视民间童女,姿质端丽者,每岁贡之。

与此同时招募平民为骁果军。①

杨广对于此次辽东之行的唯一认识，是觉得府兵的战斗力不行了，他要募兵增加战斗力。

正月二十三，杨广大赦天下，还以为放弃追责就能让这台国家机器重新启动。但大隋已经崩盘了，没救了。

灵武的贼帅白瑜娑劫掠牧马，北联突厥，在陇右闹腾起来了。

济阴人孟海公起事为盗，占据周桥，拥众数万，见到读书人就直接砍了。

盗贼蜂起，齐郡王薄、孟让，北海郭方预，清河张金称，平原郝孝德，河间格谦，渤海孙宣雅，各自聚众攻城抢劫，大的势力已经十多万人了，小的也有几万人，整个太行山以东已经全乱了。

国家都乱成这个德行了，杨广还给暂时没闹起来的关中去了诏书：征发男丁十万筑大兴城。

三月初四，面对崤山以东的遍地狼烟，杨广选择再赴辽东。

四月二十七，杨广车驾渡过辽水，再次下令开战，军队也又一次地被绊在了辽东，辽东城之战再次旷日持久。杨广最后居然派人做了一百余万个布袋，每个布袋装满土，打算用布袋造一个工程坡道，又制造了高于城墙的八轮楼车掌控制空权。就在辽东城再次摇摇欲坠之时，一个霹雳般的噩耗如闪电般击中了给鸵鸟代言的杨广。

杨素之子杨玄感反了。

大隋第二家庭的杨玄感早就有想法了，朝中文武大部分是他爹的老部下，当他看到杨广祸国后就开始和几个弟弟商量谋反的事。②

---

① 《资治通鉴·隋纪六》：春，正月，丁丑，诏征天下兵集涿郡。始募民为骁果。
② 《资治通鉴·隋纪六》：玄感颇知之，且自以累世贵显，在朝文武多父之故吏，见朝政日紊，而帝多猜忌，内不自安，乃与诸弟潜谋作乱。

不管天下多乱，杨玄感始终哄着杨广天下无敌并高调请战为将，于是杨广将杨玄感安排在黎阳仓这个枢纽督运军资。

杨玄感与其心腹虎贲郎将王仲伯等故意迟滞漕运，不按时发运军资，想饿死渡辽大军，等杨广深入辽东后杨玄感准备起事了。

当时，右骁卫大将军来护儿（小说《隋唐演义》中第十四好汉）率水军从东莱将要入海进兵平壤，结果杨玄感派家奴伪装成杨广的使者诈称来护儿谋反。

得到政治借口后，六月初三，杨玄感进入黎阳，关闭城门，大肆征兵民夫，用帆布制成头盔铠甲，依开皇年间旧制任命官员僚佐，向附近各郡发送文书，以讨伐来护儿为名命令各郡发兵在黎阳仓集结。

忽悠完各郡的兵，杨玄感又从运军粮的民夫中选了少壮者五千余人，丹阳、宣城的船夫三千余人，宰杀三牲誓师道："皇帝昏庸无道，不体恤百姓，使天下受到骚扰，死在辽东的人数以万计，我现在与诸君等起兵以救天下万民，怎么样？"众人皆踊跃称万岁。

作为大隋的官方造反选手代表，杨玄感第一个上场了。但鉴于"高筑墙，广积粮，缓称王"这个枪打出头鸟的铁律，杨玄感注定会成为炮灰。

不过杨玄感在预谋起兵时曾暗派家奴到长安召来两个人：一个是他弟弟杨玄挺；另一个是李密，他在新旧唐书的六十四路烟尘反王列传中排在第一位，是唯一单独列传的反王，瓦岗一炉香的老大，李勣、秦琼、程咬金的老上级，洛阳擂台赛的悲情男主，是武川八柱国李弼系对李虎系的"馈赠"。

六、烽火狼烟中，李渊不为人注意的两段关键经历

李密，字玄邃，武川英雄传的先登狂魔李弼的曾孙。其祖李曜，为北周太保、魏国公；其父李宽，为隋上柱国、蒲山郡公。

史书中对李密的三个祖辈给予了这样的评价："皆知名当代。"曾祖是八柱国之一，爷爷是正一品，爹是从一品，这一家子职位都很高。

李家传到李密之父李宽时依旧是将门，李宽骁勇善战，谋略过人，自北周入隋多次征战号为名将。到了李密这一代，也是家学渊源深厚喜好兵书，熟到能背。李密擅长谋划，文武双全，志气雄远，据说常以救世济民为己任。

这种志向听着就挺费钱的，年纪轻轻继承了偌大家产的李密化身败家子散发家财，救济亲友，收养门客，礼贤下士，从不吝惜资财。（在这里我要多句嘴，李密那是继承了蒲山郡公的爵位，属于有隋朝信托保底的，大家别瞎学。）

大业初年，李密凭着父荫任左亲卫府大都督、东宫千牛备身，当上了禁军的储备官员。

因为李密的相貌比较特别，有一次杨广在卫队中看到李密后问宇

文述:"刚才在左边卫队里那黑脸小子是谁?"

宇文述回答道:"是已故蒲山公李宽之子李密。"

杨广道:"这小子举止神态很不寻常,别让他在宫里宿卫。"

皇帝都发话了,按常理这个人直接就得被踢出去了,但李密的身世让宇文述兜了个大圈子对李密说:"贤弟聪颖天资高,当以才学得官,咱才不稀罕这破禁军的军官呢!"

李密被套路后挺高兴,请了病假专心读书。有一次李密骑着一头牛去拜访包恺,一手牵着绳一手读着书,结果被杨素看见了。

杨素问道:"哪来的书生这么好学?"

李密是见过杨素的,随即下牛拜见并告知杨素自己的身世。

杨素问:"看的什么书?"

李密道:"《汉书·项羽传》。"

当时李密骑着牛,一手牵绳一手翻书,这可是个高难度动作。他就差这点儿时间吗?他真就那么好学吗?

史书中的原文其实给了这次偶遇的线索:"密识越公,乃下牛再拜,自言姓名。"

杨素相中了李密,在交谈面试后回家对儿子杨玄感道:"李密这孩子的见识气度你们兄弟都比不上。"杨玄感因此开始和李密深交。①

杨玄感造反后,第一时间找来了他老爹帮他相中的李密任其为谋主向其问策,李密给了他三条计策:

上计:天子出征远在辽外,就是离幽州也有千里之远,南有大海,北有强胡,中间因为辽泽只有一条归路,形势极其险恶,您现在如果拥

---

① 《旧唐书·李密传》:越公奇之,与语,大悦,谓其子玄感等曰:"吾观李密识度,汝等不及。"于是玄感倾心结托。

兵，出其不意，长驱入蓟，据守临渝关之险扼其咽喉，断其归路，高句丽闻之必袭其后，不出一个月皇帝的大军粮尽，军队不是投降就是溃散，皇帝可不战而擒。

中计：关中四面都有要塞屏障，是天府之国，眼下虽有卫文升在但不必担心，您现在率众鼓行向西，经过城池不要攻取而是直取长安，招收长安的豪杰，抚慰士民，据险要而守长安，就算天子回来但他也已经失其根本，到时候我们就可以慢慢进取了。

下计：挑选精锐士卒昼夜兼行袭取东都洛阳，号令四方，但恐怕此时消息已经泄露，洛阳已经有准备，如果引兵攻打，百日之内没攻下来，各地军队从四面八方到来，那结果就不是我所能预料的了。

杨玄感听完拍板道："现在百官家眷都在东都洛阳，如果先攻取这里就足以扰乱震动百官的心，况且经过城池却不攻取，怎么能显示我军的威风？你的下计其实才是上策。"杨玄感随后引兵攻打洛阳。

从这个判断来看，此时的李密仍是个书生，还没有理论联系实际，工作多年的杨玄感是比他高好几个段位的。

杨玄感能一眼看到本质：人质啊李密弟弟！

杨广毕竟是皇帝，如果杨玄感北上跟杨广决战，他在正统性上劣势太大。况且围城讲究"围师必阙"，必须给对方留出口子，一旦把对方归路断了，一是大隋官僚系统都被杨坚、杨广父子慑服多年，二是没有人质在他手上攥着，整个大隋的百官会疯了一样地跟他死战。

按中计就更好笑了，打西边更是不靠谱的选择，此时关中的实力跟关东比起来差太远了，别看整个关东都乱了，但杨广的那些大粮仓后面可是供着洛阳循环擂台赛打了好多年，杨广回了洛阳，杨玄感这个反叛者还能有什么政治号召力？

杨玄感说了，这是造反，不是什么持久战，此时唯一能一击毙命的，就是洛阳的人质！但杨玄感错在了哪里呢？他错在蹦早了。

在序章中提到过，因为惯性定律，越大的质量，它的惯性越大。

虽然在此时谋反肯定是正确的方向，大隋也已经土崩瓦解了，但烂船还有三斤钉，更不要说集权到极致手里攥着天下精华的杨广。

此时此刻，杨玄感只能祈祷以闪电战拿下洛阳。如果人质到手另立皇孙，一切还有希望，但只要自己被绊住了，就注定没有未来。

杨玄感南下一路如归，大量队伍投降过来，一直打到洛阳，屯兵上春门（唐改上东门）。

杨玄感在洛阳城外誓师道："我身为上柱国家资巨万，现在放弃这些富贵，冒着灭族的风险就是要拯救天下的百姓于水火之中！"

杨玄感的口号喊得相当棒，作为被虐得最惨的地区，当地父老争相献上牛和酒，每天到军门请求效力的青壮年有上千人，整个洛阳地区的百姓大量向杨玄感靠拢。

杨玄感招收到了五万多兵卒，派出五千人守慈道，五千人守伊阙道，遣韩世谔率三千人围荥阳，顾觉率五千人拿下虎牢，基本肃清了洛阳周边。

当时守长安的是已故太子杨昭的第三子代王杨侑，他派刑部尚书卫文升统兵四万救援东都。卫文升到了华阴弘农杨氏的老家先是掘了杨素的坟墓挫骨扬灰，随后击鼓出潼关。

卫文升作为第一拨解围部队来到了洛阳城北，开始和杨玄感对战。

整个天下盗贼蜂起的时候杨广始终没当回事，他更注意的还是自己的面子，但当大隋二号家庭的杨玄感造反后，杨广害怕了，他在帐中对苏威道："杨玄感这孩子很聪明，恐怕要成为祸患了。"[1]

---

[1]《资治通鉴·隋纪六》：会杨玄感反书至，帝大惧，引纳言苏威入帐中，谓曰："此儿聪明，得无为患。"

远在辽东的杨广接到杨玄感反叛的消息后第一时间就撤军了，再一次"帮"高句丽完成了武装升级——堆积如山的军资、器械、攻具、营垒、帐幕，隋军能扔的都扔了，全速后退往回奔。

返回途中，杨广接到消息：杨玄感打到洛阳了；杨玄感快把卫文升的关中军打残了；杨玄感在战斗中身先士卒所向披靡，军力已经有十余万了。

一路惊悚的杨广开始全力调集资源跟杨玄感拼命。在卫文升作为第一波消耗能量快被打光的时候，他命虎贲郎将陈棱进攻据守黎阳的元务本，命屈突通与宇文述率军驰援东都洛阳，命在东莱准备渡海作战的来护儿还师西进，对包围洛阳的杨玄感形成反包围态势。

由于家眷们都在洛阳，隋军爆发出了难得的战斗力迅速南下扑了过来，屈突通引兵屯河阳，宇文述率军紧随其后赶来。

杨玄感准备卡死河阳不让隋军渡黄河，但这个时候守洛阳的樊子盖鼓起最后一口气，数次出城袭击杨玄感大营，将其死死绊住，屈突通顺利登陆黄河南岸，军于破陵。

杨玄感随后分为两军西抗卫文升，北拒屈突通，但樊子盖这个时候又在洛阳城内出兵恶心他，军力被扯散的杨玄感不断失败。

很快宇文述和来护儿等将也率军赶到，这个时候，杨玄感预感不妙，决定入关。他问李密："还有什么办法吗？"

李密道："元弘嗣在陇右统领强兵，我们现在可以扬言说他反了，遣使来迎您，借着这个理由忽悠大家跟您入关。"

七月二十，杨玄感离开了洛阳战场，一路声称已经攻破了东都，现在去取关西。

路过陕城时，弘农太守杨智积大骂杨玄感。杨玄感大怒，下令停止前进率军攻城。

李密劝道:"咱们是靠吹牛西进的,所以兵贵神速,如果让别人知道底细关中就拿不下了,何况追兵将到怎么能在此停留呢?现在要赶紧去占潼关。"

杨玄感还是没听,打了三天没打下后才收手西进,但这时候追兵已经赶过来了,宇文述、卫文升、来护儿、屈突通等各路军队在皇天原追上了杨玄感。

八月初一,杨玄感战败自杀,杨素一门被灭。

杨广严惩杨玄感党羽,一口气处死了三万余人,流放发配边地的有六千多人,甚至连杨玄感围困洛阳时开仓赈济的百姓都被揪出来坑杀在了洛阳城南。

在此次宁错杀不错放的大案中,兵部尚书斛斯政提前跑了。

斛斯政跟杨玄感兄弟是好朋友,杨玄感这次造反斛斯政是重要的内部参谋,其实他藏得比较深没被发现,但他心理素质不过关,因害怕投奔了高句丽。

他这一跑,坑了一个人,就是此时在陇西统重兵剿匪的元弘嗣。因为元弘嗣是斛斯政的亲戚,于是杨广派了他的表哥李渊飞马到弘化将元弘嗣扣了,并代替元弘嗣为留守,关中十三郡兵员全部受李渊征发控制。

我们来看这句关键史料吧:"帝以元弘嗣,斛斯政之亲也,留守弘化郡,遣卫尉少卿李渊驰往执之,因代为留守,关右十三郡兵皆受征发。"

终于到老李家的戏了。

李渊的爷爷是武川英雄传中的八柱国李虎。这么牛的一个人,史料中对他却基本黑不提白不提。李虎堪称武川集团第一代领头人贺拔岳的头号追随者,他在贺拔岳被侯莫陈悦暗杀后千里迢迢去荆州找贺拔胜

第 1 战 隋崩 | 077

来接收队伍。

李虎和独孤信属于西魏八柱国中宇文泰始终防着但死活防不住的两位，有兴趣的读者朋友可以去看看《南北归一》，里面分析过李虎从荆州回关中时绕道洛阳的算计，还有独孤信和李虎在河桥战中疯狂跑路的原因，相当精彩。

我们再顺便缅怀一下武川群英，像"崇潜军夜往，轻将七骑，直到城下，余众皆伏于近路"的侯莫陈崇，"呼其麾下六十骑，身先士卒，横截之，贼遂为二，因大破"的李密曾祖李弼，李世民那些被后世惊为战神的壮举在他的武川长辈们身上都是惯常操作。

武川群英如果不是"人均李世民"是无法千人扫关中，在那样的劣势下顶住高欢并最后拿下天下的。

一辈人有一辈人的任务，祖辈们是从零到一完成奠基，李世民则是武川集团最终推出来的那个从一到N的集大成者。

我们将目光转回来，李渊的父亲李昞是家中老三，由于前面两个哥哥死得早，他就成了李虎的接班人。551年，李虎死在了北周建立之前，李昞袭封陇西郡公，迁骠骑大将军、开府仪同三司、侍中。

557年北周建立后，李虎由于是顶级八柱国元老被追封为唐国公，但李昞作为接班人却并没有立刻袭封。因为他娶了独孤信的四女儿，而独孤信在北周开国时被宇文护一竿子打地上了，直到七年后的564年李昞才袭了唐国公爵位。

572年李昞病故，七岁的李渊袭封了唐国公。

七岁的李渊跟他爹一样也排行老三，之所以能够袭封还是跟他爹一样，两个哥哥死前头了，大馅饼砸在了他脑袋上。其实后面李元吉有那么大的野心，估计跟他爷爷和爹在哥哥死后承家业有很大的关系。

这些年中，李昞一族不太显山露水，躺在李虎的功劳簿上把官做得稳稳当当中规中矩。但"不作"对于阶层来讲是最关键的防腐剂，配合着联姻会产生强大的保本效果，李虎当年给李昞娶独孤信四女儿实在是个英明的决定。

李昞的媳妇，是"大隋能顶半边天"的独孤伽罗的四姐。

李昞死的这一年是宇文护被宇文邕爆头反杀的标示性纪年，宇文邕选择了杨坚作为亲家，给宇文赟娶了杨坚的大女儿杨丽华当太子妃。

就此，新时代的大幕拉开了。

由于改名狂魔宇文泰的全体改名操作，当时才七岁的李渊还叫大野渊。随着他的姨父普六茹坚的一路狂奔，小小年纪的大野渊也搭上了老普六茹家轰隆隆的时代列车。

普六茹坚夺权后下令全面汉化，大野渊变回了李渊。581年，杨坚建隋，青春期的李渊成了大隋的有为青年，从担任禁卫武官的千牛备身作为起家官，长大后又历任谯、岐、陇三州刺史。

由于他姨独孤伽罗极度厌恶养小妾，连他的皇帝姨父的裤腰带都不能随意松懈，所以大外甥李渊在中青年时代也只能规规矩矩跟正妻搞生产。但令李渊郁闷的是，他的生殖能力在二十四岁生下长子李建成后迎来了长达八年的瓶颈期，这个二儿子迟迟不来报到。

从李渊的一生来看，他这方面的能力是没问题的，因为他一辈子连儿带女忙活出来了四十多个孩子，而且他还不受年龄困扰，最后那几年都被李世民关禁闭了还搞出了好多成果呢。

一辈子在生殖道路上勇攀高峰的李渊，在中青年遇到了瓶颈期的原因很可能是他媳妇那几年的身体遇到了什么问题，要么是因工作原因两人长期搞分居，李渊这好庄家把式慑于他姨独孤伽罗的威猛又不敢去外面找地种，当然也可能是因为他在憋宝。

598年，三十三岁的李渊终于在陇州刺史的任上打破了长达八年的进球荒，再次命中了！

中国史上最猛的军神之一——李世民，出生了。我不敢说李世民是唯一的军神，毕竟项羽、尔朱荣、铁木真这些人也都了不得，他们都是一个级别的，能吊打同时代遇到的其他人。

总之，公元 7 世纪的世界最猛军神诞生在东亚的关中武功县了。

杨广继位后，李渊先后做了荥阳和楼烦两郡太守，后来又被征入朝，任殿内少监。

大业九年（613）春，天下已经大乱之后，李渊调任卫尉少卿掌管宫廷禁卫事，开始任武职。

杨广征高句丽时，李渊在怀远镇督运粮草，杨玄感造反后，李渊奉杨广之命去掌控关中，镇弘化郡兼知关右诸军事。

也是在这个时候，李渊这辈子一路厚道的人设优势出现了，大量的叛军与匪盗被安抚前来归附。①

没多久，杨广下诏调他的李渊表哥回来，但李渊因病没去。当时李渊的外甥女王氏在后宫，杨广问王氏："你舅舅迟迟不来什么意思？"

王氏说："我舅病了。"

杨广问："病得要死了吗？"

李渊知道后日益恐惧，开始动不动喝大酒受贿以自污。这一年，李渊已经四十八岁了。

他的年纪让杨广放松了警惕，也让李渊的激素水平没有那么冲动，由于杨玄感的榜样足够深刻，李渊在这天下大乱中继续蛰伏着。

大家要牢记这次李渊去了关中，他掌控过关右十三郡兵，他"御

---

① 《资治通鉴·隋纪六》：帝以元弘嗣，斛斯政之亲也，留守弘化郡，遣卫尉少卿李渊驰往执之，因代为留守，关右十三郡兵皆受征发。渊御众宽简，人多附之。

众宽简，人多附之"。一切历史都是演化的，势能都是慢慢积累的，他表弟杨广会给他安排足够的"嫁衣裳"。

十月，杨广又收到了坏消息，江东刘元进得到了诸多地方武装推举，占据吴郡，称天子，署置百官，毗陵、东阳、会稽、建安的很多豪杰都杀了当地官吏响应他。大隋的江东官僚系统暴雷了。

杨广派了左屯卫大将军吐万绪、光禄大夫鱼俱罗率兵讨伐刘元进。

北兵南下是一如既往的降维打击，吐万绪与鱼俱罗南下如砍瓜切菜，战无不胜，一度打得刘元进等只身逃走。但此时全国各地都已经乱了，乱民被打散后又聚起来，官军百战百胜的同时江东越来越乱。

刘元进退守建安，杨广命吐万绪进军讨伐，吐万绪以士卒疲敝为由申请停止用兵，明年开春再战，杨广很不高兴。

鱼俱罗也认为天下大乱，盗贼不是一年半载就可以平定的，于是产生了点儿别的想法。

之所以这么说，是因为他开始派家奴去洛阳接他的人质儿子们了，这明显就是准备在江东自立一摊了。①

杨广知道这件事后派特使去当地杀了鱼俱罗，征召吐万绪回朝，吐万绪吓得半路就死了。杨广改派此时的偏将，江都郡丞王世充征发淮南兵数万讨伐刘元进。又一个狠角色出场了。

王世充，本姓支，为西域胡人，他家不知什么原因寓居在了关中新丰，他爷爷早死后他爹随他奶奶改嫁到霸城王氏，支世充就此成了王世充，后来因为王家的关系谋了汴州长史的差事。②

---

① 《资治通鉴·隋纪六》：俱罗亦以贼非岁月可平，诸子在洛京，潜遣家仆迎之。
② 《旧唐书·王世充传》：王世充行满，本姓支，西域胡人也。寓居新丰。祖支颓耨早死。父收随母嫁霸城王氏，因冒姓焉，仕至汴州长史。

史书中这一段不起眼的话，透露出了很多不起眼但相当有故事的细节。

王世充家这个"西域胡人"，是"寓居"新丰的。"寓居"是指寄居他国或他乡的官僚贵族地主。

王世充的祖上应该在西域有一定势力，不然不会"寓居"，而且肯定资产不少，否则他奶奶后来也不会改嫁到了霸城王氏。这个霸城王氏也不简单，不然王世充后来不会混成长史这个级别的官员。

中层的家世和寓居改嫁的经历让王世充练就了他这辈子最关键的一项技能：揣摩上意。史载："世充善候人主颜色，阿谀顺旨，每入言事，帝必称善。"

王世充涉猎经史，尤好兵法及占卜之术，开皇中期以军功拜仪同，累转兵部员外郎。王世充不仅善于向上汇报，而且法律法条搞得熟，擅长舞弄文法，谁要是找他的麻烦，他就有本事拿着法条用一张嘴把别人说得张不开嘴，人们虽明知他不对又没人能让这倒霉孩子屈服。①

什么时候"善敷奏，明习法律"都是了不得的本事。

1. 善于向上汇报，提拔就快。
2. 明习法律法条就能为权力寻租闪转腾挪出利益通道。

王世充靠着会揣摩上意和业务强一步步走得相当稳。在杨广时代，王世充迎来了人生的阶层跃迁，他被提拔到了一个顶级肥缺——江都丞，兼任江都宫监。

江都是杨广起家做扬州总管的老窝，江都丞是江都二把手，这个不太值钱，但江都宫监是个了不得的岗位，意味着王世充是此地的监察与军事一把手。

---

① 《旧唐书·王世充传》：善敷奏，明习法律，然舞弄文法，高下其心。或有驳难之者，世充利口饰非，辞议锋起，众虽知其不可而莫能屈。

这成为王世充这辈子最关键的一次岗位调动。

江都这个地方可了不得，杨广的龙舟项目都是大业的重点工程，杨广南巡的最后一站就是江都。趁着杨广南巡，王世充进行了一次次堪称完美的汇报并雕刻纹饰池塘台榭，弄来各种远方的珍奇玩物，把杨广伺候得天天开心。

王世充作为杨广腐败伴侣的同时也知道像他这种德行的官员有很多，隋政将乱，天下好不了，于是开始私下结交当地豪俊，广泛收买人心，偷偷养死士，很多抓起来的罪人被王世充利用法律的业务能力开口子放了出来以树私恩。

613年，大业九年六月，杨广第一次安排对他忠心耿耿的腐败好伙伴王世充随吐万绪、鱼俱罗去平定江东之乱，鱼俱罗出现苗头不对后，杨广派谁去处理了这个有二心的人呢？

极大概率是王世充，因为王世充作为偏将始终在军中，而且后面是他接手江东军务的。

王世充在剿灭起义军的过程中不断打怪升级，展现了治军之才，每当获胜都归功于部下，所获军资全部分给手下的兄弟们，所以大家都争着给他效力。王世充率军渡江在多次大战中大胜，刘元进和朱燮在吴县兵败身亡，其众或降或散。

为了给杨广高水平地汇报战果，王世充做了发誓杀降的缺德事。

王世充在这次剿匪中召来先投降的人在通玄寺的佛像前焚香为誓，约定降者不杀。本来刘元进溃散的余众已经想入海为盗了，听说王世充拿信仰发誓后都投降了，结果王世充把这三万多人全部坑杀。[①]

---

① 《资治通鉴·隋纪六》：世充召先降者于通玄寺瑞像前焚香为誓，约降者不杀。散者始欲入海为盗，闻之，旬月之间，归首略尽，世充悉坑之于黄亭涧，死者三万余人。

佛前发誓后背誓杀降，王世充是真行。

针对他的这种行为，本着惩前毖后治病救人的警示义务我们必须先说明他的结局。

王世充后来投降了李世民，在长安他面对杀皇帝狂魔李渊时厚着脸皮说"秦王答应了饶我不死"，然后李渊确实没直接杀他，但用了很艺术的方式。

有一天夜里，王世充的仇人独孤修德带着兄弟们为父报了仇，王世充的子侄在流放中被以谋反的理由处死。

李渊虽然没动手，但这活儿做得真挺李渊的。

王世充像当年被他背誓杀降的三万多人一样，也被阴了。唯一的区别是，那三万多人冤有头债有主，阎王面前知道怎么张嘴，他却连阴状都不知道去告谁。

这一年，杨玄感的反叛和江南的民变被摁住了，杨广认为他的"大力出奇迹"还能指导他的人生，于是下诏凡作盗贼的人，其家属财产都要被官府没收，搞了株连震慑并给予基层官员们无限开火权。

当时已经遍地盗贼，郡县官吏早就如动物般凶猛了，如今更是在杨广的加持下对百姓掌有生杀予夺的大权，整个隋王朝的阶级对立再上新台阶，所谓"是岁，诏为盗者籍没其家。时群盗所在皆满，郡县官因之各专威福，生杀任情矣"。

614年，大业十年二月初三，杨广再次下令出兵高句丽，这次没人再捧场了，场面冷了好几天。很多人都在纳闷，这个傻瓜皇帝怎么还没活明白呢？

二月二十，杨广下诏再次征发全国军队分百路并进，他还要去浪。

三月十四，杨广到了涿郡，路途中士兵就已经在不断逃亡了。

三月二十五，杨广到了临渝宫，祭祀黄帝后杀了叛逃士兵，将血涂在鼓上。他以为会起到震慑作用，但根本没用，逃跑的兵将越来越多了。他的军队指挥系统已经到了崩溃的临界点。

七月十七，杨广车驾临时停留在了怀远镇。

这次来护儿的水军登陆朝鲜半岛到达毕奢城击败了高句丽大军，高元面对杨广这个鸵鸟偏执狂胆怯了，于七月二十八遣使乞降，并把叛逃过来的斛斯政送过来示好。杨广终于乐了，下令撤军。

八月初四，杨广从怀远镇班师回朝，但此时邯郸贼帅杨公卿已经开始公然率部众八千人劫他的车驾了，他们抢走了四十二匹御用千里马。

十月初三，杨广回到洛阳，又马不停蹄去了长安，以高丽使者及斛斯政祭告太庙。

杨广觉得这次面子问题还没完，再次征召高句丽王高元入朝觐见。这就是自己不给自己脸了，高元继续不来，杨广再次下令攻打高句丽，但这次他的话已经彻底没人听了，天下遍地烽火狼烟，自封的天子一只手都数不过来了。

615年，大业十一年，此时上谷贼帅王须拔已经自称漫天王、国号燕，贼帅魏刁儿（又称魏刀儿）自称历山飞，他们各自都有十余万部众，向北勾结突厥，向南侵犯燕赵之地。

杨广准备北上去散散心，在走之前，他要做件事。

因为他爹杨坚做过一个梦，梦到洪水淹没了都城，此时谶言"李氏当为天子"又开始莫名其妙地广为流传，杨广排查后将怀疑焦点定在了当年杨坚开国的好战友李穆一族上。因为李穆族人李敏小名"洪儿"，其无论家族能量还是名字都最为可疑。

这个谶语真的挺有意思，关陇贵族集团中，姓杨的之后，就是姓李的了。

西魏八柱国中有两个李家，李虎和李弼都是元老级别，还有一个后来居上的李穆。当年，宇文泰的铁杆——在邙山之战中救过他命的李穆曾经被宇文泰赐铁券恕其十死，李穆家族后来又在杨坚换房本时投了最关键的一票。

李穆在隋朝开国时论功居首，杨坚甚至说过，李穆家只要不是谋反的罪，即便百死之罪，也不能问罪。

李穆死的时候，杨坚下诏派遣黄门侍郎监护丧事，追赠李穆使持节，都督冀、定、赵、相、瀛、毛、魏、卫、洛、怀十州诸军事，冀州刺史，谥号为"明"；赐石椁，前后部羽葆鼓吹、辒车京车，百官护送灵柩到城外，派太常卿牛弘携哀册用太牢之礼祭奠。

杨坚自己死也没比这风光多少。

二十二年后，大业四年（608），杨广北巡之前还以太牢之礼再次祭奠了李穆。

杨素这一支被灭后，当时最有希望的其实就是他们家了，杨广最终在一系列政治迫害后干掉了李穆一门。

一同开启的帝国，自然也要一起走。

杨坚也没想到，当初自己还不如不改回汉姓了，因为现在看去都是姓李的——李密和李渊改姓之前分别是徒何密和大野渊，这谶语要是能准确点儿，也不至于坑那么多人。

杨广认为自己排雷成功，任命他快五十岁的表哥李渊为山西河东抚慰大使，做了当地人事方面最大的官，可以定夺文武升迁问题，还负责征发河东兵讨伐群盗。

请大家注意，"以卫尉少卿李渊为山西、河东抚慰大使，承制黜陟选补郡县文武官，仍发河东兵讨捕群盗"。

憨憨的李渊又被派去河东了。在这烽火狼烟的乱世中，杨广相继给他表哥安排了"关中+河东"的人事和军事大权。关中和河东的人事和军政,已经被李渊连起来走一遍了。

杨广不久还会再送他表哥一次大礼,再帮他表哥玩一次连连看。

本书第二战"大唐创业起居注"能开篇的恩人,是杨广。

七、天可汗前传，姨爷爷与岳父为李世民提供的巨人肩膀

615 年，大业十一年八月，杨广在灭李穆一门后一路向北巡视塞外。

杨广刚出塞，北方一个之前一直温顺的、被摆布了太多年的、忍了很久的对手对杨广露出了獠牙——突厥的始毕可汗率数十万骑兵策划袭击杨广。

现在，我们该细致交代一下突厥了。

关于北境霸主，以前是匈奴、鲜卑、柔然，现在到突厥接棒了。

有关突厥起源的说法高达五种，本书就不追根溯源了，怎么来的不重要，现在讲的都是怎么没的。

突厥早先是柔然小弟，最初居住在金山（即今阿尔泰山）南部，部落承担的任务是给柔然打铁，因金山的形状似头盔，而其风俗称头盔为"突厥"，于是部落就叫了这么个名。

打铁在草原是个光辉的事业，对草原上永不落幕的"趁你病要你命"大剧是个巨大的闪光技能。

550 年，突厥首领阿史那土门率部打败并吞并了铁勒部五万余落，

完成第一笔原始积累后向柔然老大哥求婚。老大哥觉得突厥就是个给他打铁的,给脸不要是不是?阿史那土门那边也怒了,杀了柔然使者断了关系,然后找宇文泰求婚,西魏就此和突厥建交联姻。①

突厥的爆发属于恰到好处地赶上了风口,此时柔然已经在走下坡路了,而且当时整个东北亚生物链迎来了最可怕的草原杀手——高洋。高洋经常光着膀子带头冲锋,率领北齐大军把整个北境的草原部落横扫了一遍,契丹直接被高洋打得晚崛起了一百年,柔然同样被高洋暴力狂屠。

在南北夹击下,552年突厥打败了柔然,阿史那土门自称伊利可汗,正式建立了突厥汗国。

此后的两年突厥继续多次联合西魏击破、削弱柔然,直到555年,柔然被伊利和高洋彻底要了命,退出了历史舞台。

其实在此过程中突厥也挨了高洋不少揍,但随着陪伴北魏始与终的柔然在高洋的东魏下场后也离开了,突厥汗国就此接过了北境草原的接力棒。

一晃三十年过去,杨坚开皇建隋了。

582年,突厥汗国倾国南下来砸杨坚的场子,据说控弦之士达到了四十万。

突厥在这三十年中趁着北周跟北齐对打收获了巨大的红利,发展极快,佗钵可汗一度在内部喊北周、北齐的皇帝为儿子,所谓"但使我在南两个儿孝顺,何忧无物邪"!

突厥这次之所以南下,主要是因为杨坚当皇帝后不给突厥好处了。

---

① 《周书·异域下》:十二年,土门遂遣使献方物。时铁勒将伐茹茹,土门率所部邀击,破之,尽降其众五万余落。恃其强盛,乃求婚于茹茹。茹茹主阿那瑰大怒,使人骂辱之曰:"尔是我锻奴,何敢发是言也?"土门亦怒,杀其使者。遂与之绝,而求婚于我。太祖许之。

突厥的借口是杨坚把宇文氏按户口本屠了，当时的突厥可汗是沙钵略可汗，他媳妇千金公主是宇文泰孙女。起初，作为北周和亲大礼封的千金公主在580年下嫁佗钵可汗，佗钵死后跟了下一届的突厥可汗沙钵略，千金公主因为与杨坚的国仇家恨开始一遍遍地跟原侄子现丈夫沙钵略吹风。

在隋突第一轮交锋中，杨坚方面比较被动，沙钵略纵兵自木硖、石门两道入侵，武威、天水、安定、金城、上郡、弘化、延安整个关内周边被祸害到了"六畜咸尽"的地步。

沙钵略可汗还想进一步南侵，但负责西面的达头可汗不同意并率部退去，隋朝又在沙钵略可汗的儿子染干（还有一说是沙钵略可汗之弟处罗侯之子）那里走了门路，染干向沙钵略谎报说："铁勒等部族起兵造反，打算袭击您的牙帐。"沙钵略因此退兵。

请大家记住此时这个帮忙的沙钵略之子染干，后面跟大唐李家打擂台的三个可汗都是他儿子。

面对突厥此次南犯，杨坚很愤怒，下诏表示要整死突厥。

这份官方诏书里有些信息值得细看：

1.突厥那边的亲戚关系都是塑料的，而且他们是邦联制，合一起叫突厥，实际上他们不仅自己兄弟不和，内部小弟们也跟他们都有仇，不过就是一起凑合过罢了。东夷、西戎、契丹都跟他们有宿怨，一直等机会跟他们翻脸呢！虽然这些是异族，但也同样是人，朕就要去解救他们。[①]

---

① 《北史·突厥传》：且彼渠帅，其数凡五，昆季争长，父叔相猜，世行暴虐，家法残忍。东夷诸国，尽挟私雠；西戎群长，皆有宿怨。突厥之北，契骨之徒，切齿磨牙，常伺其后。达头前攻酒泉，于阗、波斯、挹怛三国，一时即叛；沙钵略近趣周槃，其部内薄孤、东纥罗寻亦翻动。往年利稽察大为高丽、靺鞨所破，沙毗设又为纥支可汗所杀。与其为邻，皆愿诛剿，部落之下，尽异纯人。千种万类，仇敌怨偶，泣血衔心，衔悲积恨。圆首方足，皆人类也，有一于此，更切朕怀。

2.近来他们那里出现各种妖孽之事,更重要的是他们今年冬天被雷劈得遭了大火灾,去年一整年没下雨,又是旱灾又是蝗灾,马上就该活不下去了,全都逃到漠南苟活。我们现在离他们近,正该"趁他病,要他命"！①

天灾这事其实好理解,但大家一定仔细看一下第一条杨坚针对突厥内部结构的思考。

> 且彼渠帅,其数凡五,昆季争长,父叔相猜,世行暴虐,家法残忍。东夷诸国,尽挟私仇；西戎群长,皆有宿怨。突厥之北,契骨之徒,切齿磨牙,常伺其后。

突厥不是中原政权,不能像隋朝一样,一声令下就真的能全隋上下全员挖运河的。因为生产关系的原因,"邦联制"已经是草原政权的天花板了。

为什么草原帝国进化到"邦联"阶段就再也突破不了了呢？

这有两个原因。

第一个原因,是游牧生活的不可控变量太大。

有句形容养殖业的话,叫作"家财万贯,喘气的不算"。一场大规模的瘟疫,养殖户的所有财产就全完了。工业文明之前的草原,情况只会更复杂。游牧民族要面临干旱、瘟疫、雪灾、异族入侵等不可控的

---

① 《北史·突厥传》：彼地咎征妖作,将年一纪。乃兽为人语,人作神言,云其国亡,讫而不见。每冬雷震,触地火生。种类资给,唯藉水草,去岁四时,竟无雨雪,川枯蝗暴,卉木烧尽,饥疫死亡,人畜相半。旧居之地,赤土无依,迁徙漠南,偷存旦刻。斯盖上天所怨,驱就齐斧,幽明合契,今也其时。

因素。

老天爷的自然之力其实是决定一个游牧民族兴亡的最关键因素。一场超级大雪不会给中原民族造成多大的伤亡，但游牧民族一旦碰上数十年一遇的大雪整个部落就将遭到灭顶之灾。

大雪会给草原盖上好几米的"超大被子"，会压塌最坚固的帐篷，会冰封所有的牛羊，所有的牲畜使出吃奶的力气也刨不开厚厚的雪坑去吃草。

草原上一旦闹白灾（即雪灾）了，整个部落就要及时根据经验随时准备调整去避灾草场。什么时候动身、集中多少牛马去前面蹚雪开路，这都是需要每一个部落根据自己的情况去具体问题具体分析的。

在这种情况下，不仅仅是外行指导不了内行了，哪怕都是行家，外地的也根本指导不了本地的。

你知道我们这里哪个草场背风势高能逃活命？你知道一片白雪皑皑中哪里是能走的生命线，哪里是必死的雪湖？

每一个部落在天灾面前都要根据自己的具体情况对自己部落的生死存亡负责，每一个草原上的战士都要肩负起自己家庭的生死存亡。这样的生活组织形式也极大地促进了本部落内人与人之间的连接。

每一次天灾到来，都成为本部落内强化从属观念的好课堂。天长日久下来，每一个部落的首领对自己的部落都有着极高的权威。天灾的利剑高悬也就意味着，不管草原上的大可汗多厉害，也根本掺和不了一个个具体部落的意志和运营。

第二个原因，是税收成本极高，收税难度极大，大可汗养活不了杨广方面那种庞大的官僚系统。

在中原收税，地跑不了，种地的百姓在村里住着也跑不了。一个隋朝的基层官吏可以在党长、里正的配合下直接把一个村的税都收上来。尤其像大隋的这种威武雄壮的基层官吏，遇到不服的能一竿子把人插死。

收上来的税，除了官僚系统的俸禄和灰色收入及沿途的物流耗费外，剩下的都是皇家的，杨广那一座座惊世骇俗的大粮仓就是这么来的。

但如果你去草原征税，就会发现税收的高昂成本和困难程度将让你入不敷出。比如你派一个基层官吏去一个部落征税，你到那里看到的就是十只羊和一群妇女、老人；结果你刚走，十万只牛羊和一万匹马就在一千个草原小伙子的驱赶下回来了。

人口流动性强，这是草原政权的第一个税收难度。第二个难度，是征不动。

比如你派官吏去部落征税，跟首领说："别跟我藏着掖着，我就要你部落出一千只羊！"

但是这个部落首领根本就不会理你，他会说："凭什么要给你！"

你要是想暴力征税，草原民众可不是中原的"小羊羔"，你只能组织大规模的武装来保证你的征税能力。但当你大规模的武装来了，这个部落就会同仇敌忾地跟你开战了。这就变成了战争，而非征税了。

当然草原内部经常打这种大部落强行逼迫小部落的战争，突厥就是因为把加盟部落逼迫得太狠才会如杨坚诏书中说的那样："东夷诸国，尽挟私仇；西戎群长，皆有宿怨。突厥之北，契骨之徒，切齿磨牙，常伺其后。"

草原政权征税，为了长远性更类似于各个加盟部落集体贸易时给大可汗的抽头，以及力所能及的"贡"而非"征"。由于财产、人员流动性高且难以计算，大可汗对于麾下的每一股势力没有办法像中原政权那样，可以盘算清楚定居的人、栽种到土地上的粮食，因此，大可汗不可能指望税收养活一个庞大精细的官僚机构。

综上两点，残酷的生存环境导致的部落高度自治，以及税收的难度导致的无法产生中央官僚系统，使草原政权的统治是以独立的各部落为一个个小整体层层传导至大可汗那里的。

这就回到了类似于中原邦国阶段的诸侯—大夫—士—百姓的节奏了。只不过到了草原，就成了大可汗—可汗—叶护……部民，各部落里的战士也只有原部落的首领甚至自己的上一级才能指挥得动。

所以，类似于中国邦国阶段的"邦联"制度，已经是草原权力结构的天花板了。

草原政权到了突厥时期，也是这样。

最早在突厥太祖阿史那土门时代，突厥实际上就已经隐隐为东西两个可汗分治了。阿史那土门之弟阿史那室点密在他哥往东面打柔然的时候留守阿尔泰山老家，在他哥夺取北境头马后开始率突厥、铁勒等族西征，一路打到了今天的阿富汗境内。

这么广阔的地域，可能集权得过来吗？看上去都是一个名字叫突厥，其实整体复杂着呢。

等突厥的大可汗之位（突厥版天下共主）传到了第四任，在佗钵可汗要死的时候，突厥内部发生了如下事件。

佗钵可汗对他儿子阿史那庵逻说："当初我这可汗位是我哥哥舍弃他儿子传给我的，我现在需要你发扬风格，让当年被我顶了的先可汗之子阿史那大逻便上位。"

等佗钵可汗死了，突厥要拥立新可汗，结果老可汗安排的阿史那大逻便不被众人认可，理由是其母出身卑微，而老可汗之子阿史那庵逻的母亲出身高贵。尤其是突厥汗国第二任大可汗乙息记可汗之子，此时草原最能打的阿史那摄图表示："如果立庵逻，我就率领兄弟们拥护；如果立大逻便，我就不客气了。"

由于突厥公认最强战力阿史那摄图的表态，最终突厥高层高票通过了立庵逻为大可汗。阿史那大逻便看到自己明明有前任可汗遗诏却最终被挤了，于是天天找这位新可汗庵逻的麻烦。

但庵逻又没有能力捍卫自己的继承权，于是主动将大可汗之位让给了之前喊打喊杀的阿史那摄图——号沙钵略可汗，自己居住在独洛水称为第二可汗。阿史那大逻便看找不了阿史那摄图的麻烦，就说："你是大可汗之子，我也是大可汗之子，我现在什么名头没有不合适吧？"新上位的沙钵略可汗为了哄自己这个堂兄弟不再闹，封其为阿波可汗统其部众。（就这一小段名字乱。）

草原上的规则千年不变，谁最强，谁最能抢，谁最能代表兄弟们的利益，谁就是老大，但是，你能一直强下去吗？

草原的"邦联制"意味着外交时的博弈空间很大。尤其是，草原民族对于利益的敏感是刻在基因里的，所以中原政权博弈的空间更大。

之所以草原逻辑极度重视利益，是因为只有明确的、稳定的前景和预期，人才会考虑长期收益。

草原上有着脆弱的生存环境，在这种天造地设的环境下，草原民族通常极其实事求是地注重眼前收益。

史书中描写的突厥基本上是和匈奴同习俗的，所谓"善骑射，性残忍。……父兄死，子弟妻其群母及嫂。……重兵死而耻病终，大抵与匈奴同俗"。

当年匈奴的习俗司马迁写得很细致："其攻战，斩首虏赐一卮酒，而所得卤获因以予之，得人以为奴婢。故其战，人人自为趣利，善为诱兵以冒敌。故其见敌则逐利，如鸟之集；其困败，则瓦解云散矣。"

匈奴习俗是立功得不到什么大奖，在中原那边能帮人突破阶层的战功在他们这里不过是得到一壶酒。他们的战争利益不过是抢那点儿东西，而抢东西是为了更好地生活下去，没有实际的利益就调动不起他们的能动性。

说破大天，我为什么要为你去豁出命呢？

草原部众最看重的就是自己这条命，可得好好活着，要不老婆和牛羊就都是别人的了！

综上所述，当时草原帝国的政权特征就可以总结出来了：

1. 草原民族部落间力量很松散，类似于中原的"邦国"制，大可汗的控制力跟杨广完全没法比，而且因为"天灾"和税收能力差，"邦联制"是草原政权天花板。

2. 草原民族从个体上就看重利益且惜命，所以拿利益去博弈外交的空间是很大的。

当年草原"抱团"的外部原因——长城被始皇帝连成一体后，各部落没法再和中原进行对等贸易，而始皇帝又由于"亡秦者胡"的谶语选择了对整个北境进行暴力狂屠，这在客观上是冒顿这位"始单于"能够雄起的关键。

汉初的休养生息使匈奴在和亲中得到了大量物质资源，大汉的那口奶维持了匈奴邦联体的正循环。到了汉武帝时代，他不再忍耐而是选择跟整个匈奴作战，不打败匈奴不算完。

秦皇汉武其实都是本着把匈奴当作一个国家的思路开战的，这又客观地逼着草原各部落团结起来。

此后的历史车轮不断走过，中原政权开始慢慢摸索出了对北境的博弈思路，从刘秀起就已经玩"以夷制夷"、培养干儿子的思路了。

到了杨坚时代，一个明白人的出现帮此后的整个大唐定了调。这个人就是北魏元老级家族的后代长孙晟。

长孙氏这个两百年望族即便经历了孝文改制、尔朱荣河阴残杀百官，还有东西魏对峙互杀，那么多血腥风雨飘过，到了北周时依旧阶层不堕。长孙家族在那个时代出了一个牛孩子——长孙晟。

长孙晟他爹长孙兕活着的时候是骠骑大将军，开府仪同三司，死后赠大将军，都督郢、绛、晋三州诸军事，郢州刺史。长孙晟十八岁的时候任司卫上士，是禁军储备官员。

以这个高门子弟平实无华且枯燥的起步套餐，长孙晟最开始没得到多少关注，但后来他被杨坚发现了。

杨坚赞叹这孩子有大才，经常牵着长孙晟的手对别人说："这孩子将来了不得，妥妥的名将苗子！"①

北周送千金公主去突厥和亲时，杨坚已经是掌权的大权臣了，命长孙晟护送千金公主到突厥牙帐。北周曾先后派了数十名使者前往突厥，但只有长孙晟得到了沙钵略可汗的礼遇，长孙晟在突厥整整陪着沙钵略可汗玩了一年多。②

大家听说过一箭双雕吗？那事不是郭靖干的，是长孙晟折服突厥贵族时露的一手，长孙晟一度还成了突厥贵族子弟的射击教练。③

别人去塞北出差可能天天哭天抹泪地盼着回国，长孙晟去了却搞了把深入调研，他把突厥那些继承人之间的不合，还有各部落谁跟谁不

---

① 《隋书·长孙晟传》：年十八，为司卫上士。初未知名，人弗之识也，唯高祖一见，深嗟异焉，乃携其手而谓人曰："长孙郎武艺逸群，适与其言，又多奇略。后之名将，非此子邪？"

② 《隋书·长孙晟传》：宣帝时，突厥摄图请婚于周，以赵王招女妻之。然周与摄图各相夸耀，妙选骁勇以充使者，因遣晟副汝南公宇文神庆送千金公主至其牙。前后使人数十辈，摄图多不礼，见晟而独爱焉，每共游猎，留之竟岁。

③ 《隋书·长孙晟传》：尝有二雕，飞而争肉，因以两箭与晟曰："请射取之。"晟乃弯弓驰往，遇雕相攫，遂一发而双贯焉。摄图喜，命诸子弟贵人皆相亲友，冀昵近之，以学弹射。

合,都写成内参了,回去后就跟他的伯乐杨坚念叨了。①

当时杨坚还是丞相,还没有篡周。

其实对于后面与突厥的外交思路,早在建隋之前就已经被杨坚和长孙晟构思好了:咱勾搭呀!咱扶植呀!咱挑起突厥内部矛盾呀!

前文中提到的沙钵略可汗退兵时他儿子染干说老家被偷,这个间谍活儿就是长孙晟干的。②

583年开春,杨坚命卫王杨爽等为行军元帅,分八道出塞击突厥,沙钵略率阿波、贪汗二可汗等来拒战,结果被隋军狠狠打了一通。四月,隋军与沙钵略在白道相遇,五千隋军精骑突袭突厥军队并获大胜。

这一战隋军打得勇猛,打得突然,打得沙钵略可汗扔了自己的金甲,脱了可汗服饰潜伏于草中才得以逃脱。又因为军中无粮,还把突厥的后勤给报销了,再加上军中疫病流行,死了很多人,这一仗把突厥元气给打没了,史载"其军中无食,粉骨为粮,加以疾疫,死者甚众"。

之后,隋秦州总管窦荣定率九总管步、骑三万人兵发凉州,与阿波可汗在高越原对峙,阿波可汗屡战屡败后引军退走。

在窦荣定这次出军中,长孙晟作为"木马杀器"也跟着了。

在隋朝取得军事胜利后,长孙晟派人去接触阿波可汗道:"沙钵略可汗每次率军南来都是大胜,但你这回输得那么惨,此乃突厥之耻也;况且沙钵略可汗与你本来是势均力敌的,但现在他那边声势越来越大,

---

① 《隋书·长孙晟传》:其弟处罗侯号突利设,尤得众心。而为摄图所忌,密托心腹,阴与晟盟。晟与之游猎,因察山川形势,部众强弱,皆尽知之。时高祖作相,晟以状白高祖。高祖大喜,迁奉车都尉。

② 《隋书·长孙晟传》:时晟又说染干诈告摄图曰:"铁勒等反,欲袭其牙。摄图乃惧,回兵出塞。"

将来他一定会把罪名加在你头上，吞掉你控制的北方势力范围，你自己盘算盘算你能打得过他吗？"

长孙晟的制衡外交生涯正式开启了。

阿波可汗被说动了，派来使节进行沟通。

长孙晟建议道："现在达头可汗已和大隋联合，沙钵略可汗也已经控制不住了，阿波可汗为何不依附于大隋天子，联结达头可汗，合兵来对抗沙钵略可汗呢？何必回去被他羞辱呢？"

阿波可汗就此下定决心遣使随长孙晟入朝求和。

那么，阿波可汗为什么会被说动呢？

因为长孙晟了解一切突厥高层的矛盾和八卦，阿波可汗本来是上一任大可汗佗钵可汗钦点的下一任大可汗，但被沙钵略可汗给颠覆了，双方本就有旧恨，阿波担心自己战败这事被沙钵略做文章，所以赶紧抱了隋的大腿。

另一边，吃了败仗的沙钵略可汗本来就猜忌阿波可汗，败回来的路上又听说阿波可汗跟隋有了接触，认为这是趁他病要他命来了，于是先下手为强去袭击了阿波部，还杀了阿波可汗他妈。

阿波部被一战打崩，向西投奔了达头可汗。

这个达头可汗是沙钵略可汗的叔叔，是最早那位打到阿富汗的阿史那土门之弟阿史那室点密的儿子，一直是西边的可汗。他听说这事后大怒并借兵给阿波可汗，阿波可汗东回后收拢了之前各部落将近十万骑，随后正式与沙钵略可汗开打。

突厥就此正式分裂为东西突厥。

当时，东到都斤山，西越金山区域内的龟兹、铁勒、伊吾各国，以及西域"诸胡"部落全部归附了阿波可汗，他和东面的沙钵略可汗分庭抗礼，号西突厥。

阿波可汗的弟弟贪汗可汗也被沙钵略先下手为强地夺了部众并废黜，贪汗逃奔达头可汗。

沙钵略的堂弟地勤察之前一直跟沙钵略不对付，看到这么多大佬跟沙钵略开战了，于是也带着部众跟阿波混了。

总之，最强的沙钵略可汗因为猜疑链条启动而选择了先下手为强的暴力内耗，弱势贵族则抱团跟沙钵略对垒，东西突厥的内战打起来了。

整个草原打成了一锅粥，各方可汗纷纷将眼光看向了南面的杨坚，请求大隋发兵。杨坚全都不搭理。

在突厥内部打得差不多了且都伤痕累累的情况下，也是在内战和大隋的双料打击下，沙钵略可汗开始低头。宇文家的那个一直要报仇的"千金公主"嘴不硬了，自请改姓杨，要给杨坚当女儿，并以此为由让沙钵略当杨坚的女婿。

喜当爹的杨坚判断此时众叛亲离的沙钵略处于劣势，于是遣使接受了沙钵略的称臣，改"千金公主"为"大义公主"。

当时正在并州做一把手的杨广建议他爹对沙钵略要"趁他病要他命"，但老辣的杨坚拒绝了。杨坚很明白，如果打死了沙钵略可汗，将来这地盘就会被阿波可汗抢走，现在突厥东西两面互为仇敌都半死不活才是最好的状态。

585年，杨坚在收了一个女婿半个儿的沙钵略可汗之后继续用平衡打法，遣大将军元契出使西突厥，去安抚阿波可汗。

在一次次的东西突厥消耗战中，由于阿波背靠更西面的达头可汗，沙钵略此时在漠北已经越来越困难了。而且由于把兵都调去西边打仗了，东边的契丹势力又起来了，因此沙钵略遣使向隋告急，请求率部渡漠南寄居在白道川。

杨坚拉了一把女婿，命杨广带兵救援，又赐给沙钵略衣食、车服鼓吹。

沙钵略靠着杨坚的支援向西击破了阿波,突厥这种同族互砍结下血海深仇的状态在杨坚看来实在是太美好了。

那边沙钵略去打了他堂哥,但草原上有一个叫阿拔国的又乘虚偷了沙钵略的家,甚至抓了沙钵略的媳妇和孩子。

这就让杨坚比较为难了,毕竟被抓的沙钵略媳妇大义公主名义上是他女儿,无奈之下杨坚不得不派隋军亲自下场击败了阿拔军,然后通知沙钵略来领老婆和孩子。

沙钵略此战后彻底服了,与隋订盟,以大漠为两国的分界并上表道:"天无二日,地无二主,大隋皇帝才是真正的皇帝!我怎么敢再凭恃险隘,阻兵抗命,窃取名号,妄称天子?能荣幸做大隋的藩属我实在是太幸福了,我要生生世世做藩属,世世代代守边疆。"沙钵略还把他的儿子库合真(又作窟含真)送到隋朝作为人质。①

这才几年啊,沙钵略就从拉四十万人来侵犯的大隋仇人完成了被大隋收下当狗的转变。

战争永远是政治的延续,好的外交思路永远是能事半功倍的。引而不发的震慑永远是最值钱的,它能用一份成本办好多事。

杨坚给沙钵略的人质儿子封了柱国、安国公,还把他引荐给了大当家独孤皇后,至此,东突厥老大沙钵略开始规规矩矩踏踏实实地给隋朝贡。②

---

① 《资治通鉴·陈纪十》:沙钵略大喜,乃立约,以碛为界,因上表曰:"天无二日,土无二王,大隋皇帝真皇帝也,岂敢阻兵恃险,偷窃名号!今感慕淳风,归心有道,屈膝稽颡,永为藩附。"遣其子库合真入朝。

② 《隋书·北狄传》:策拜窟含真为柱国,封安国公,宴于内殿,引见皇后,赏劳甚厚。沙钵略大悦,于是岁时贡献不绝。

587年，大隋的女婿沙钵略可汗死了，隋为之废朝三日，遣太常吊祭。

沙钵略可汗因其子雍虞闾懦弱，遗令立弟弟处罗侯为可汗，侄子和叔叔互相谦让了半天，最终处罗侯继位，号莫何可汗，并遣使向隋上表，禀报继位始末。

隋并没有仗势欺人地干预别家内政，而是尊重他们的选举结果，杨坚仅仅是派了草原专家时任车骑将军的长孙晟持节正式册封，赐以鼓吹、幡旗。

东突厥在这个新可汗的带领下，狐假虎威地拿着隋朝所赐的旗鼓西击阿波可汗。阿波可汗麾下的联邦们以为隋兵跟着一起来了纷纷望风降附，东突厥甚至生擒了西突厥老大阿波可汗。

阿波被逮捕后西突厥内部又拥立了泥利可汗。

对于阿波这个鸡肋，莫何可汗上书让杨坚定夺其生死。杨坚把这事拎到朝堂议了一下，乐安公元谐建议将阿波就地斩首示众，武阳公李充建议将阿波可汗押送长安斩首示众，这两个人说完，杨坚对长孙晟说："你说说吧。"

长孙晟回答道："阿波要是跟咱们大隋作对，那没得说肯定弄死他，但现在是他们突厥内战，人家阿波没有做对不起咱的事，如果趁其落魄杀了他，这名声太难听，将来北境外交就不好搞了，赦免阿波才是长远之道。"①

顶级外交官一眼就能看透关键点：杀人的把柄可不能落在我们手

---

① 《资治通鉴·陈纪十》：隋主谓长孙晟："于卿何如？"晟对曰："若突厥背诞，须齐之以刑。今其昆弟自相夷灭，阿波之恶非负国家。因其困穷，取而为戮，恐非招远之道。不如两存之。"

里，我们可不能跟西突厥把关系走死了。

留下后路太重要了，因为你不知道什么时候就需要联合他人去帮你达成新的战略目标。没有一辈子的敌人，无论外交还是人生。没有永远的朋友，只有永远的利益。

588年，能干的莫何可汗西击邻国时中流矢而死，这回上一任大可汗沙钵略可汗的儿子雍虞闾上位了，号都蓝可汗。他还是按老规矩，当大隋的藩属，每年遣使朝贡。

五年后，593年，东突厥的好儿子都蓝可汗闹了点儿波澜。

这事也怪杨坚，他玩了把钓鱼执法。

杨坚灭南陈后把陈叔宝的一面屏风搬去他干女儿大义公主那里了，他这个屠族仇人再次上人家这里显示征服，顺便看看年轻人还气不气盛。结果大义公主没忍住，如《水浒传》中的宋江一样在屏风上提了首隐晦反诗。公主又给原孙子现丈夫的都蓝可汗吹了枕边风，要跟他隋朝开战。

对于这事，草原专家长孙晟是这么处理的：他揭发了大义公主与情人安遂迦私通之事。

别看突厥风俗可以孙子"幸"名义上的奶奶，但前提是爷爷和爹都死了，可以合法地"幸"，不能给活人戴绿帽子。

突厥的风俗对于淫乱这事极其在意，乱搞的人是要先阉割后腰斩的。①

瞅瞅，先阉再腰斩，尝尽人间痛苦，属于突厥版凌迟了。

知道为什么传统印象中应该无比奔放的草原对这事这么看重吗？

前文提到，草原上最看重的就是利，媳妇是重要生产资料，因为

---

① 《隋书·北狄传》：谋反叛杀人者皆死，淫者割势而腰斩之。

草原养个孩子不容易，养了别的娃就是对自己后代名额的巨大挤对。突厥连名义上的妈都能继承就是为了不浪费资源，谁要是遛别人家后门撬锁这就属于犯了天条了。

这事在突厥那里成重大舆情了，大义公主这个嫁了三辈的四朝"元奶"混不下去了。①

最终在隋朝和突厥内部的施压要求下，都蓝可汗杀了大义公主，重新向隋朝上表求婚。

杨坚看这孩子挺会来事打算答应，但长孙晟说："我看都蓝这小子反复无常，不讲信用，不然不会被大义公主煽动起来。他只不过是因为要抗衡西突厥才依仗我朝，如果他娶了大隋的公主就会狐假虎威地凭借大隋的威名去对其他可汗发号施令，等这个狼子野心的孩子壮大后就不可控制了。都蓝可汗有一个弟弟染干（号'突利可汗'），也是沙钵略可汗的儿子，不如把公主嫁给他。这小子势力比不过他哥哥，一直也在求进步，想娶咱公主，咱们扶植他，然后招抚劝诱他率部向南迁移，染干部兵少力弱，容易驯服，我们可以利用他抵御都蓝可汗，让他们互撕。"②

伟大的操盘手长孙晟又开始布新局了。

这个突利可汗，是长孙晟早就埋下的棋子，就是本战开篇时糊弄他爹沙钵略可汗的那个染干。

都蓝可汗露出破绽了，那就别怪隋朝换代理人了。杨坚派长孙晟

---

① 《资治通鉴·隋纪二》：晟乃赂其达官，知钦所在，夜，掩获之，以示都蓝，因发公主私事，国人大以为耻。

② 《隋书·长孙晟传》：且染干者，处罗侯之子也，素有诚款，于今两代。臣前与相见，亦乞通婚，不如许之，招令南徙，兵少力弱，易可抚驯，使敌雍间，以为边捍。

前去安慰晓谕突利可汗，答应他可以娶公主为妻。

597年八月，突利可汗来迎亲，杨坚安排他住在太常寺，教习六礼，在他上完汉化培训班后把宗室女安义公主嫁给了他。

突利本居北方，娶公主后听从长孙晟的招呼率众南徙，重新落户在了度斤旧镇，杨坚给予的赏赐极其优厚，养起了这个他扶持起来的政权。

都蓝可汗知道这件事后大怒："我是大可汗，怎么反而不如他？"于是断绝向隋朝贡开始劫掠边境。

大隋的好女婿突利可汗则当好了北面的保安，有一点儿动静就给大隋通风报信，让都蓝可汗一次次无功而返。

599年二月，突利可汗上报大隋说都蓝可汗制作攻城器械想要攻打大同城。杨坚下诏以杨谅为元帅，高颎出朔州道，杨素出灵州道，燕荣出幽州道，攻打都蓝。

都蓝可汗听说后也放下身段喊来了西突厥的达头可汗结盟，合兵掩袭突利可汗，三方大战于长城之下。突利大败，都蓝尽杀其兄弟子侄，随后渡河入蔚州，长孙晟留其部下统领突利余众，自己带着突利去了长安。

长孙晟护送完突利被任命为左勋卫骠骑将军，持节护突厥。

至此，杨坚完成了当年刘秀对南匈奴的动作，在突厥内部设官职和机构了。

突利这边先被拼死，隋朝大军黄雀在后地出招了。隋军几乎团灭了都蓝可汗和达头可汗。

上柱国赵仲卿带领三千兵作为前锋，行进到族蠡山时与突厥军遭遇，交战七日大败突厥，然后追着突厥人到乞伏泊时又一次打败了他们，俘虏一千多人，缴获牲畜以万计。这时都蓝可汗率领着突厥主力大军到了，赵仲卿摆下方阵四面拒战，一直打了五天，等来了高颎大军，双方合兵后给突厥主力都打哭了。

达头可汗则遇到了狠人杨素，双方骑兵互相冲击，结果突厥那边的军纪明显没有动不动砍自己人的杨素的军纪好，战果直接看原文："达头被重创而遁，杀伤不可胜计，其众号哭而去。"

"三可汗会战"结束后，东西突厥都被削弱了。

十月，杨坚正式给东突厥当了爹，不再承认都蓝可汗，将突利可汗改了封号，新名字是启民可汗，鉴于之前嫁过去的公主被杀了，于是又送了个宗室女去和亲。隋朝将启民可汗的部众迁徙到五原，以黄河为边界，安置在夏、胜两州之间，东西到黄河、南北相距四百里掘为横堑，令突厥人居住在里面。

杨坚打造了自己的"南突厥"，这位充当大隋傀儡的启民可汗，就是唐初雄霸北境的突厥三可汗的爹。

杨坚命令上柱国赵仲卿屯兵两万帮启民可汗在西面防备达头可汗，在东面则发大招出击，派杨素出灵州、韩僧寿出庆州、史万岁出燕州、姚辩出河州，四路出兵围剿"伪可汗"都蓝。

隋朝大军还没出塞，十二月，都蓝可汗就被部下杀了。自这位大可汗上位后突厥就是"王小二过年——一年不如一年"，突厥贵族不答应了。

被都蓝可汗喊来帮忙的达头可汗随后自立为突厥的大可汗，号"步迦可汗"。但他之前一直在西面混，在东面他直接自封可不成啊！于是东突厥各部落开始无序大乱。

长孙晟这个时候又赶紧上奏："现在突厥已经被我们打出'恐隋症'了，趁他们大乱赶快派傀儡南突厥的启民可汗去接收吧！"

启民可汗命部下分道招慰各部落。靠着大隋承认、官方力挺、沙钵略可汗之子的血统，启民可汗成功招抚了大量的东突厥余部。

600年四月，那位自封大可汗的步迦可汗侵犯边塞，杨坚命杨广、杨素出灵武道，杨谅、史万岁出马邑道把他暴打了一顿。不久，步迦可汗又派其侄从沙漠东面攻打启民可汗，杨坚再次发兵助攻，这回还没开打就把这些突厥人吓回大漠了。

启民可汗在此次战役后上表道："大隋圣人可汗怜养百姓，如天无不覆，地无不载。染干如枯木更叶，枯骨更肉，千世万世，常为隋典羊马也。"

不翻译了，怪肉麻的，不过开头那句称谓大家熟悉吗？

"天可汗"的1.0版本上线了。

603年，步迦可汗内部又乱了，整个北境的东突厥部众最终归附了隋朝扶持的启民可汗。[①]

概念就此植入夯实了，隋朝扶植的、承认的，才是真正的突厥大可汗。

605年，契丹侵犯营州，作为大隋的藩属，启民可汗发骑兵两万听从隋将韦云起的号令讨伐契丹。行军途中，突厥军的一个纥干违反了韦云起军令被斩首示众，突厥军的将帅进见韦云起都跪着行走，战栗不已，不敢仰视。

当年南匈奴见东汉和曹魏的护匈奴中郎将的情景又出现了。

突厥兵作为草原自己人趁契丹不备偷袭了一把，配合隋军抓获契丹男女四万口，双方杀了男子分了女子及畜产后联合军演获得圆满成功。

[①]《资治通鉴·隋纪三》：突厥步迦可汗所部大乱，铁勒仆骨等十余部，皆叛步迦降于启民。步迦众溃，西奔吐谷浑；长孙晟送启民置碛口，启民于是尽有步迦之众。

大家记住这套路，后面李世民可汗就是这么以夷制夷地帮自己开疆拓土的。

隋的很多历史因为隋朝崩溃太快没能被熟知，杨坚对突厥极其高明的外交打法被历史淹没了，其实这就是李世民"天可汗"的1.0版本。

当时的草原政权号称突厥，但这偌大的草原就真的都是突厥人吗？突厥之所以号称控弦四十万，不过是草原各部落的服从与加盟而已。

之前的草原霸主是柔然，再之前是鲜卑，听着名都挺大，也不过是多方面的部落加盟。草原政权什么时候真正地可怕？

北魏那时候才叫可怕。

北魏之所以成为"五胡"之光开创了下一个时代，是因为北魏的开国皇帝拓跋珪一步步突破了原有部落联盟的躯壳。在拓跋珪灭燕后，除了战死与病死及驻防河北并州的魏军之外，大量的北魏各加盟部落没能再回到他们心心念念的草原，拓跋珪彻底离散了诸部使他们成为编户。

当年靠着灭后燕的战争红利，拓跋珪的那次开国大规划奠定了北魏一个世纪的核心竞争力，因为他打造了中原式的操作系统并且渡过极大的难关才形成了一个新的身份认同体：代人集团。

只要拓跋珪没有完成汉化初级阶段，没打造成足够体量的、能够直接控制的利益共同体，他就永远没能力统治中原，中原就永远可以针对其"邦联制"的属性进行分化与收买。对所谓的草原政权，最好的办法永远是扶植、打压的平衡之术。

当初阿波可汗与沙钵略可汗正式分裂建立了西突厥，但牛气哄哄半天不过是"东距都斤，西越金山，龟兹、铁勒、伊吾及西域诸胡"的臣服与拥护。

中原帝国越是铁腕没有任何回旋的余地，就越是逼着草原政权这个松散的邦国体制团结起来同仇敌忾。

偌大的一个草原，幅员万里的北境，他们自己还没事就搞分裂呢！你要拉着弱的打强的，把强的打怕了再扶植他去打弱的。

没有永远的朋友，只有永远的利益，循环往复永远地制衡下去，才是针对北境的正确解体方法。

不存在什么万古长青的友谊，永远保持距离，永远留有余地，永远准备战斗，永远别当人家的炮灰。

整个开皇时代的北境外交总策划师长孙晟，在二十余年的外交生涯中真真正正地堪称"兵不血刃大将军"，提出"远交近攻、离强合弱"之策分化瓦解突厥。而且他不只在杨坚一朝受重用，杨坚死的时候，长孙晟刚从突厥完成外交使命归来，杨广秘不发丧任长孙晟为内衙宿卫，知门禁事，即日拜左领军将军，他还是杨广的重要心腹。

这位长孙晟死于大业五年（609），算是享福了，见证了大隋从头到尾如日中天的盛世，还没见到后面那堆糟心事。

他晚年续弦了一位北齐宗室的正妻，这个正妻给他生了一儿一女。儿子叫长孙无忌，后面李唐的功臣之首。

为什么长孙氏爆发了呢？

因为长孙晟给自己和高氏生的那个幼女找了一个好郎君，7世纪地球最牛女婿——李世民。

在李世民成为唐太宗的路上，长孙家族和北齐高氏堪称居功至伟，后来天可汗的那套打法，对和亲的政治理解等全是他岳父长孙晟的路子，全是他姨爷爷杨坚在市场中验证过跑得通的路子。

大唐之所以能成为大唐，根子在于关陇祖宗们把从零到一的路都蹚出来了。

李世民站在巨人们的肩膀上,在见识方面补上"水能载舟,亦能覆舟"的最后一块拼图后,完成了盛唐气象的质变。

长辈们英雄,晚辈李世民识货。幸甚大唐!

八、"桃李"入瓦岗的奇幻漂流,天选之子的命运馈赠

给隋朝戍边防的突厥到了杨广时代,迎来了自己拿捏华夏的天运。

突厥根本不会想到,武装到牙齿的"黄金圣斗隋"在不到十年的时间里居然会爆了一地的装备。

就在大业三年(607)时,启民可汗为了配合杨广的北境旅游,让全体草原人出动,开辟了一条长三千里、宽一百步从榆林到他的牙帐再东到蓟城的御道。他就是这么乖。

大业五年(609),大隋外交策划师长孙晟和突厥傀儡大可汗启民可汗都在这一年死去,启民可汗的儿子始毕可汗继位,唐初突厥三可汗的第一位上场了。

在杨广将天下祸害的疲态尽显后,始毕可汗的势力却越来越盛,隋继续老思路,打算把宗室女嫁给始毕的弟弟叱吉设并封他为南面可汗,结果叱吉设不敢接受册封,隋与突厥开始结怨了。①

---

① 《资治通鉴·隋纪六》:初,裴矩以突厥始毕可汗部众渐盛,献策分其势,欲以宗女嫁其弟叱吉设,拜为南面可汗;叱吉不敢受,始毕闻而渐怨。

杨广你还有这个震慑力玩制衡吗？

大隋的这套东西不只是教明白了长孙晟的好女婿李世民，在整个李唐开国的过程中，突厥都是不断掺和的重要势力，我们到时候再看看突厥的手法。

始毕可汗有一个谋主叫史蜀胡悉，有点儿突厥版长孙晟的意思，杨广觉得这是个威胁，于是约史蜀胡悉来互市做买卖，把人诱骗到马邑后杀了，并派使者向始毕可汗宣诏道："史蜀胡悉背叛你来降，我已经帮你把他杀了。"

这种嫁祸的套路隋朝用得太熟了。但此时突厥已经琢磨明白了这套打法，始毕可汗在暗中开始磨刀，自此不再入朝。

大隋你最好一直强下去，毕竟谁也不想永远当着孙子还得感恩戴德。

时间来到大业十一年（615），隋朝崩溃得已经吐沫子了，等杨广这次北上巡边时，始毕可汗率数十万骑兵打算破鼓万人捶地干掉杨广。

受气几十年了，终于等到你不行了！

准确地说在双方刚刚不对付的时候，突厥就已经开始像他的隋朝老师那样在北境扶植代言势力了，上谷王须拔、贼帅魏刁儿，他们都有十多万人的规模，跟突厥搞串联。①

万幸嫁过去的义成公主率先遣使向隋告变，杨广收到消息后将车驾迅速驰入雁门城内，齐王杨暕率后军保崞县。

雁门城中隋军上下惊惧害怕，把民屋拆了用作守御材料，雁门郡四十一城被突厥席卷三十九城，只有雁门和齐王后军驻守的崞县没被拿下。而此时雁门城中兵民十五万口的粮食仅仅够支撑二十天，据说杨广

---

① 《隋书·炀帝本纪》：上谷人王须拔反，自称漫天王，国号燕，贼帅魏刁儿自称历山飞，众各十余万，北连突厥，南寇赵。

这回眼睛都哭肿了。

面对这种情况，杨广接受了大臣们的建议，一边下令停止伐辽东之役号召天下前来救驾，一边亲自巡视军队，喊口号道："兄弟们努力击贼，如果这回安全回去，兄弟们不用担心富贵！更不用担心有司弄刀笔掩盖大家的勋劳！"杨广还直接下诏："守城有功的人，无官职的直接授六品官职，赐物品百段；有官职的大大提拔！"将士们的积极性被调动起来了，昼夜抵抗突厥人。

在将士们的拼命拒敌下，杨广最终等来了转机，他爹的政治遗产义成公主派人向始毕可汗虚假报告说北境告急，东都和各郡的援兵也都到了忻口。九月十五，始毕解围退走。

杨广永远不能忘的是面子工程，他派出两千骑兵追击突厥人，至马邑抓到突厥老弱两千余人。

在杨广车驾回到太原后，苏威对他说："今盗贼不息，士马疲敝，咱们回西京老家深根固本吧。"

杨广一度同意了，但宇文述说："随从官员妻子多在东都，还是快回洛阳吧。"

在这个重要抉择时刻，杨广被劝回了洛阳。

注意这个行为逻辑，杨广此时的所有重要资源如人质、粮仓、钱帛等政权的关键全在洛阳，当年他祖宗端着关中机关枪对打关东的根本已经不在了，关中他已经好多年没回去了。

等脱困回了洛阳，该兑现自己对官兵们的承诺时，杨广舍不得了。守雁门的将士共一万七千人，最终得勋者才一千五百人，杨广在透支自己最后的信誉后居然又嚷嚷要伐高句丽了。

我真的无法理解杨广的脑回路，这个人天天地还认为自己面子老大呢，反正只要他不尴尬，尴尬的就是别人。

此时此刻，反隋的卢明月率众十万进犯陈州、汝州；城父人朱粲原是隋的县佐史，后来参加军队又逃亡，聚众为盗自称迦楼罗王，部众至十余万带兵转掠荆、沔及山南郡县，所过之处杀戮惨烈，荒无人烟。天下都已经成这个德行了，杨广回来后做的第一件事，却是下诏江都再造被杨玄感烧毁的几千艘龙舟水殿，并要求规格比原来的还大。①

615年十二月，杨广下诏命令民部尚书樊子盖征发数万关中士兵讨伐绛郡贼人敬盘陀等，樊子盖不问好坏自汾水以北把村坞都烧毁了，前来投降的贼人全被坑杀。如此一来，民心大失，盗贼反而越剿越多，杨广下诏用李渊替换樊子盖。②

由于之前樊子盖的狂暴之路探得"好"，反面典型太深刻，李渊到了以后再有投降的就将其安置在身旁表明自己的宽大政策，星星之火可以燎原，很快绛郡投降者前后数万，余党则流散到别的郡去了。③

樊子盖烧村坑降的操作反向帮李渊连民心基础都打好了。

请注意，继上一次河东平乱后仅仅过了半年，李渊又一次被安排到了河东，又揽了樊子盖发的关中兵军权，又跟当地武装达成了和解。

最关键的是，李渊这次阳光普照的地方，是汾水绛郡地区，是太原南下河东的最关键枢纽。

李渊后面为什么要全心全意地往关中扎呢？这跟杨广必须回洛阳

---

① 《资治通鉴·隋纪六》：杨玄感之乱，龙舟水殿皆为所焚，诏江都更造，凡数千艘，制度仍大于旧者。

② 《资治通鉴·隋纪六》：十二月，庚寅，诏民部尚书樊子盖发关中兵数万击绛贼敬盘陀等。子盖不分臧否，自汾水之北，村坞尽焚之，贼有降者皆坑之；百姓怨愤，益相聚为盗。诏以李渊代之。

③ 《资治通鉴·隋纪六》：有降者，渊引置左右，由是贼众多降，前后数万人，余党散入他郡。

的原因一样。

这件事平息后，李渊又被杨广调回身边任右骁卫将军。五十知天命的李渊再次乖乖回到了表弟身边。

李渊你别急，再等等，现在杨广在洛阳你反不动的，再等等。

616年，大业十二年，杨广诏毗陵通守路道德汇集十郡兵数万人，在丹徒县城东南起营苑，方圆十二里，建十六所离宫，大抵仿东都洛阳西苑之制，并批示要比西苑更新颖华丽。他还打算在会稽建造营苑，但因为会稽已经乱得不像样子了，这事才没成。

这都是江南的地方，杨广开始给自己造安乐窝了。

至此，大业十二年（616）的时候，杨广用行动告诉世人他的未来已经想明白了，他要当陈叔宝去了。

三月上巳节，杨广与群臣在西苑水上开派对的时候，张金称已经攻陷平恩，一早晨就杀了一万多男女。他又攻陷了武安、钜鹿、清河诸县，河北已经成为修罗场。张金称这伙贼人犹如魔王降世，所过之处全都变成无人区。

四月初一，杨广的大业殿西院起火，杨广以为盗贼来了逃入西苑，藏在草丛里等火灭后才出来。

他的大业殿都着火了，呵呵。

不久又有坏消息传来，历山飞的别将甄翟儿率众十万攻太原，隋将潘长文战败身死。

河北离洛阳就是多踩两脚油门的事，太原对洛阳更是压顶之势，杨广深感自己已经越来越不安全了。

杨广盼星星盼月亮的龙舟终于被送来了，杨广表示我要巡游江都了，建节尉任宗上书极力劝谏不能走啊，结果当天就在朝堂上被打死了。

杨广这只大鸵鸟安排孙子越王杨侗与光禄大夫段达、太府卿元文

第1战 隋崩

都、检校民部尚书韦津、右武卫将军皇甫无逸、右司郎卢楚等人共同负责留守东都之事。

杨广临走之时留诗一句："我梦江都好，征辽亦偶然。"

杨广南逃这事属于拿到了窗口期，因为他再晚点儿就出不去洛阳了。有一个逃犯马上就要成气候了，他组成的瓦岗寨黑恶势力堵死出洛阳的路了。

洛阳郊县天王李密登场！

之前，杨玄感造反失败后李密与其党被押送去杨广那里，半路上李密跟同伙们沟通好了越狱计划，先是凑了所有的钱贿赂押运使者，随后在邯郸突然逃跑了。

李密逃亡的第一站，是投奔最近的平原贼帅郝孝德，但郝孝德不把他当回事。李密就一口气南下逃到了淮阳，隐姓埋名自称刘智远，开始在那里当乡村民办教师。

本来李密已经上了岸，靠着杨广这股子浪风，户籍制度此时已经不那么铁板一块了，李密在当了几个月民办教师后已经融入了当地生态，但他过不了这种平淡的日子。有一天，李密没喝酒却像宋江附体似的提了首"他日若得凌云志"的诗，然后被人举报了，于是李密又开始跑路。

李密先去了雍丘令丘君明那里，并被藏到了大侠王季才家，但没多久又被威武雄壮的大隋基层官吏发现。他只能接着跑，最终逃到了一个叫作瓦岗寨（今河南安阳滑县南）的地方，见到了聚众万人的翟让势力集团。

有人知道李密是杨玄感的逃亡部将怂恿翟让杀了他，翟让最开始确实是要动手的，但在李密的一通演讲，在他高喊"刘、项奋起之会，以足下之雄才大略，士马精勇，席卷二京，诛暴灭虐，则隋氏之不足亡"的口号之后，翟让改变主意了，放了他并派他去游说各小股义军。

当时外黄王当仁、济阳王伯当、韦城周文举、雍丘李公逸等皆拥众为盗,李密开始作为总联络员邀请各势力加盟。开始没人搭理他,这些人根本没想过自己这小卖部还能有打天下这种上市操作。但后来,李密的见识和家族背景让各势力的老大们开始渐渐相信,纷纷私下讨论:"此人是公卿子弟,有这样的志气抱负,现在天下都说杨氏将灭,李氏将兴,老话讲王者不死,这个人能多次渡过难关,谶语中的带来黎明的那个天选之子难道就是他吗?"各位老大开始敬重李密。①

这些人之所以会看重李密,是因为正好有个叫李玄英的人从东都逃来,破解了市面上的著名谶语《桃李章》:桃李子,皇后绕扬州,宛转花园里。勿浪语,谁道许!

李玄英表示"桃李子",说的是逃亡的人姓李;"皇后绕扬州,宛转花园里",说的是皇与后去了扬州就不会再回来了;"勿浪语,谁道许"是秘密的密字。这谶语说的李密就是那个逃亡的天选之子啊!

在谶语的加持下,李密说服了周边各小势力前来瓦岗寨加盟,他向翟让建议:"现在人马已经很多,但是没粮草,这不是长久之事,不如直取荥阳,然后休养兵马以争天下。"

翟让听从了李密的建议,率军走出瓦岗寨,打破金堤关,攻打荥阳各县城堡,大多数都被攻下来。

荥阳太守郇王杨庆不能讨伐翟让,杨广任命张须陀为荥阳通守率兵讨伐。翟让曾被张须陀打败过,听说克星来了很害怕,准备跑路,被李密拉住道:"张须陀有勇无谋,他的军队现在又是骄兵,我们一战就能擒获他们!您只管列阵以待,让我为您打败他。"

---

① 《资治通鉴·隋纪七》:李密自雍州亡命,往来诸帅间,说以取天下之策,始皆不信。久之,稍以为然,相谓曰:"斯人公卿子弟,志气若是。今人人皆云杨氏将灭,李氏将兴。吾闻王者不死,斯人再三获济,岂非其人乎!"由是渐敬密。

李密的勇气照耀了瓦岗军的士气，翟让毕竟是土匪，知道打仗最关键的就是勇气，不能让弟兄们瞧不起。他不得已只能率兵准备交战，李密则分出一千余人在旁边林间设伏。

双方打起来后翟让仍旧打不过隋的正规军，扛不住往后退的时候李密伏兵突然杀出，击溃张须陀军。在李密与翟让的合击下，隋军大败，张须陀战死。

至此，翟让命令李密建立自己的山头，单独统率部众，李密正式拿到兵权。

李密是见过世面的，他家祖上三代都是将门出身，曾祖是李弼，他自己的爹也是名将，他是知道武川英雄们怎么带兵的，是知道杨素怎么成名将的。杀和赏被李密从此坚决贯彻，李密的威慑力与号召力很强，史载："凡号令兵士，虽盛夏皆若背负霜雪。躬服俭素，所得金宝皆颁赐麾下，由是人为之用。"

瓦岗寨之所以能成为中国史上知名度排名前几的起义军，能成为说书先生发挥空间的底色背书，就在于李密帮这支队伍完成了战力升级。

李密在那个乱世算是排名前几的大才，他后来收拢了好多股势力，吸引并消耗了隋王朝在中原几乎所有能打的牌。他也是一个很悲情的NPC[①]，当他在河南站住脚后，另一个姓李的终于迎来了自己的命运转折点。

上苍必须安排李密出场站稳脚跟后，才能安排那个真正的天选之人动身，李密还要帮那个真正的天选之人吸引并消耗掉绝大部分的火力。

---

① 网络语言中通常指的是"非玩家角色"（Non-player character），在游戏中指不受玩家控制的角色。此外，NPC 在现代网络语言中也被用来形容那些缺乏独立思考能力、重复他人观念或行为的人，或者指那些在特定情境下显得无关紧要、没有独特价值的人。

李渊多次平叛后依旧乖乖听话，杨广在多次考察后觉得这表弟没问题，不是那个要命的"李"，于是在自己南下前，在天下李氏当王的谶语已经闹腾开之后把李渊撒了出去。杨广命李渊率太原部兵马，与马邑郡守王仁恭一起防备北方边关。

　　到了马邑，李渊与王仁恭两军兵马加一起有五千人。《大唐创业起居注》中说，李渊是个神射手，极其英雄主义地击败了突厥南犯，吓得突厥不敢南下。①

　　李渊这个猛男造型就不深究了，因为后面这位五十一岁的老大爷没怎么出过手，但这次战绩需要标记下，我们要记住他这次和突厥交过手，双方彼此见识过。

　　随后李渊收到一个消息，贼帅王漫天的一支队伍，率众数万的历山飞在落草多年后已经开发出了攻城能力，南侵上党多次打败官军，此时已经控制了上党郡和西河郡，截断了南通洛阳的道路，历山飞的别将甄翟儿此前率众十万攻打太原，隋将潘长文兵败身亡后太原告急。

　　杨广下诏李渊为太原留守，任命虎贲郎将王威、虎牙郎将高君雅为李渊的副将率兵讨伐。至此，李渊正式成为太原最大的长官。

　　自613年杨玄感造反后李渊入关主掌关中军政，"关右十三郡兵皆受征发。渊御众宽简，人多附之"；到615年夏，李渊为"山西、河东抚慰大使，承制黜陟选补郡县文武官，仍发河东兵讨捕群盗"；再到615年冬，李渊接手了樊子盖发的关中兵数万，"有降者，渊引置左右，

────────

①《大唐创业起居注·卷一》：帝尤善射，每见走兽飞禽，发无不中。尝卒与突厥相遇，骁锐者为别队，皆令持满，以伺其便。突厥每见帝兵，咸谓以其所为，疑其部落。有引帝而战者，常不敢当，辟易而去。如此再三，众心乃安，咸思奋击。帝知众欲决战，突厥畏威，后与相逢，纵兵击而大破之，获其特勤所乘骏马，斩首数百千级。自尔厥后，突厥丧胆，深服帝之能兵，收其所部，不敢南入。

由是贼众多降,前后数万人,余党散入他郡";最后到了617年初,李渊北上打一轮突厥显示肌肉后恰巧南下之路被土匪堵了,从而顺理成章地成了太原地区的老大。

仅仅三年半的时间,李渊把自长安到太原这条路上的人事、军队、百姓,全方位过了一遍手。

图1-4李渊历年出镇示意图中北上之路上的河东大捷,是李渊后来称帝道路上打过的唯一的硬仗。

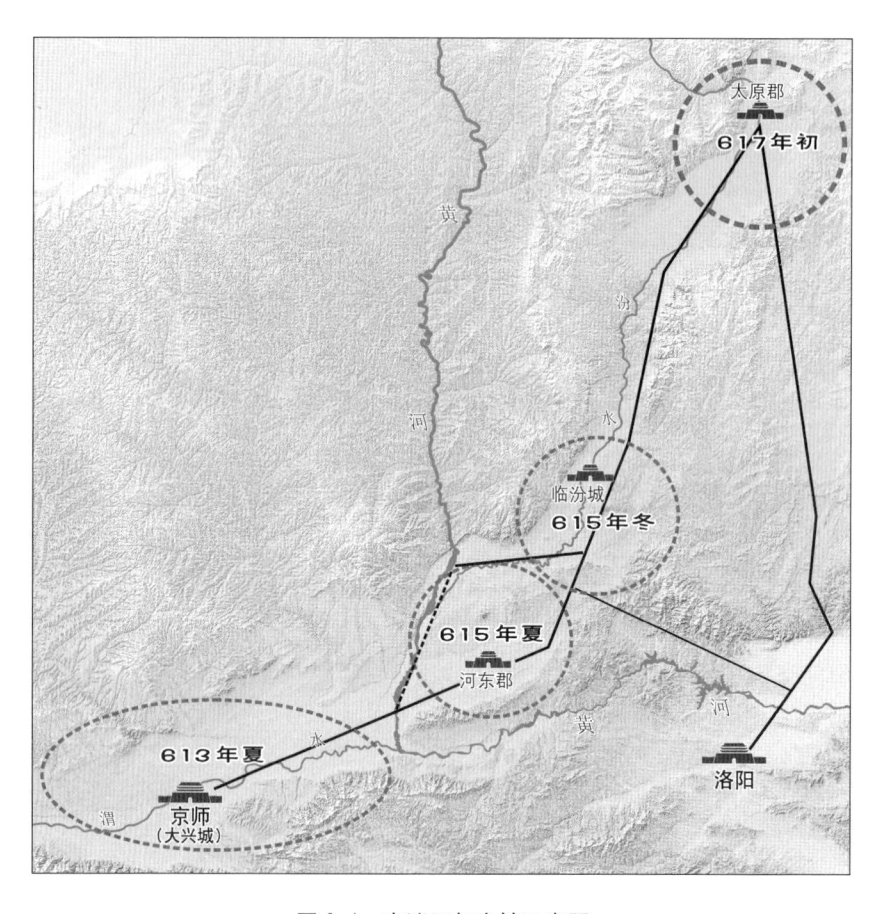

图 1-4 李渊历年出镇示意图

这就是天选大爷！

将李唐创业初期归结于李渊的关陇贵族属性，或者李世民的7世纪地表最强碳基生物，都是不太全面的。事业做大做强是有布局储备期的，历史是有逻辑、有演化的。

李渊在得知自己成为太原最高长官后大喜，对他身边的二儿子李世民道："唐是咱们家的封国，这地方就是现在的太原，天予不取反受其咎，咱们家的春天来了！但现在首要之事，是南灭历山飞，北抚突厥。"①

"唐"这个封国来头是很大的，最早是周武王姬发的儿子、周成王的同母弟弟姬叔虞得封，他因此也叫唐叔虞。姬叔虞死后其子姬燮继位，迁居到晋水边后改称为晋侯，唐国就此也改称晋国。也就是说，春秋五霸中晋国的前身，是唐。

唐朝虽然没能像晋那样代言山西，但最终却向世界代言了华夏。

李渊率王威等将，以及河东、太原五千余兵马前往讨伐历山飞别将甄翟儿，在河西雀鼠谷口与对方两万余人相遇。

因为李渊队伍中有那位7世纪著名狠人在，此战李渊军没有什么悬念地获得大胜，此战后太原周边匪患解除，李渊在太原站住了脚。

从理论上来讲，李渊在乱世"进步"得实在有些慢，因为此时各地方很多大的反隋势力已经发展得很是那意思了。

比如说河北的窦建德，此时已经由土匪转型。之前河北地区官匪不两立，匪对官刻骨仇恨，官对匪暴力狂屠，双方逮着对方互相不留余

---

① 《大唐创业起居注·卷一》：帝遂私窃喜甚，而谓第二子秦王等曰："唐固吾国，太原即其地焉。今我来斯，是为天与。与而不取，祸将斯及。然历山飞不破，突厥不和，无以经邦济时也。"

地屠杀，但窦建德找到了新思路，开始摁住兄弟们的复仇心情，抓了地方官，以礼相待并吸收进自己的队伍，河北地区的各地官吏在隋朝渐渐大势已去后纷纷与名声好的窦建德展开合作。在李渊带几千人的时候，窦建德手中已经有了十多万人。①

窦建德，贝州漳南人，做过当地里长，但后来犯事逃了，估计是大隋经济建设指标没完成。

皇帝大赦天下后窦建德回乡，这个人有点儿像漳南版"呼保义"、贝州版"及时雨"，为人仗义疏财，他爹死的时候，来送葬者高达千余人，一看就是当年他当里长的时候帮了不少人。

大业七年（611）即杨广要打高句丽那年，郡里官员把窦建德这位"漳南呼保义"任命为二百人长，但窦建德从那时候就已经按捺不住胸中的激荡了。他收留了被漳南县令逼反并反杀了县令的好汉孙安祖，还对孙安祖说："大丈夫应当建功立业，不能当逃跑的俘虏，我熟悉高鸡泊方圆几百里的水泊，湖沼上的蒲草又密又深，咱们落草去吧！待时局越来越乱后咱们干一番大事业！"

估计当年窦建德在里长任上逃亡的地方就是这几百里高鸡泊。

窦建德就这样放弃了官方的岗位成了一名水泊"好汉"，他招诱逃兵及无产业者数百人，开始立了自己的旗帜。

由于窦建德比较仁义，他的面子在当地也比较吃得开，各地的土匪从来不去窦老大家乡骚扰，结果官军却把窦老大全家能逮到的都杀了，这也能反映出当时官匪之间的关系。

---

① 《旧唐书·窦建德传》：初，群盗得隋官及山东士子皆杀之，唯建德每获士人，必加恩遇。初得饶阳县长宋正本，引为上客，与参谋议。此后隋郡长吏稍以城降之，军容益盛，胜兵十余万人。

窦建德在自己高鸡泊游击事业开启不久就投奔了比他规模更大且自封为东海公的高士达，在河北地区与官军及各路黑吃黑的反隋势力展开了斗争。

后面这几年的具体斗争过程不讲了，总之在一次次官军剿匪中，"高天王"有一次在战后轻敌死在了隋将杨义臣之手。

据说窦建德在战前看出来"高天王"要出事，并自己做好了准备。①

高士达死后，窦大哥给前老大发了丧，自己做了山寨之主，然后政策大掉头，迅速开展了和各地方官府的怀柔合作，吃到了河北官僚体系的巨大红利，他的势力规模迅速膨胀到了十余万人。

河北地区的窦建德开始崭露头角，此时幽州地区也已经眉目大显。

当初杨广征伐高句丽时的器械和军资贮备都在涿郡，涿郡也因为富裕在天下大乱后成为各地势力眼中的肥肉。当地留守官虎贲郎将罗艺在一次次自卫反击中积累了大量威望，最终干掉了郡丞等一系列杨广布置的高级官员。他分发仓库里的财物赏赐将士，分发粮仓中的粮食赈济百姓，杀掉了不跟自己一条心的地方官员，自立为幽州总管。

这一年，南边的鄱阳贼帅林士弘也在前面的土匪大哥死后将军力扩充到了十余万，并于十二月自称皇帝，国号楚，建元"太平"。他攻取九江、临川、南康、宜春等郡，各地豪杰争相杀了隋朝地方官响应他，北自九江，南及番禺，已经全部被他吞并。

时间就这样来到617年。关于这一年，杨广方面叫大业十三年，

---

① 《旧唐书·窦建德传》：士达不从其言，因留建德守壁，自率精兵逆击义臣，战小胜，而纵酒高宴，有轻义臣之心。建德闻之曰："东海公未能破贼而自矜大，此祸至不久矣。隋兵乘胜，必长驱至此，人心惊骇，吾恐不全。"遂留人守壁，自率精锐百余据险，以防士达之败。

第1战 隋崩 | 123

但后世更多的说法是隋义宁元年，不是大业了，杨广的大业在这一年要彻底玩完了。

正月初五，窦建德在乐寿县设坛，自称长乐王，置百官，改年号"丁丑"。

正月三十，鲁郡人徐圆朗攻陷东平，分兵掠地，拿下了自琅邪以西、北到东平的山东地盘，拥精兵两万余人。

二月，朔方鹰扬郎将梁师都杀郡丞唐世宗，据郡自称大丞相，北联突厥。在突厥的支持下，梁师都略定雕阴、弘化、延安等郡后即皇帝位，国号梁，改元"永隆"，突厥始毕可汗封梁师都为大度毗伽可汗。

曾跟李渊同御太原北境的马邑太守王仁恭被鹰扬府校尉刘武周杀死，刘武周开粮仓赈济饥民，发布檄文收降了马邑郡，收兵马万余人并自称太守，遣使者向突厥求助。刘武周很快得到了突厥的扶持，双方合兵攻杀了守雁门的王智辩。刘武周又攻陷了楼烦郡，夺取了杨广的汾阳宫，把杨广的美人打包送给了始毕可汗，不久即皇帝位，改元"天兴"。

左翊卫蒲城人郭子和被流放到榆林，适逢榆林郡大饥荒，郭子和带着敢死队十八人抓住了郡丞后处死，开仓放粮收众，郭子和自称永乐王，改年号"丑平"，拥两千余骑兵，南结梁师都，北依突厥。

对于这三个找风投的，始毕可汗封刘武周为定杨天子、梁师都为解事天子、郭子和为平杨天子。

从"定杨""平杨"的称号很能看出来始毕可汗对杨家的痛恨。突厥开始部署自己的"儿子"了。

在天下彻底大乱之后，河南地区的神话人李密跟翟让认为现在东都空虚无备，越王杨侗年幼，留守的诸位官员政令不一，士民离心，往洛阳打吧！

李密与翟让率七千精兵出阳城北，越过方山，自罗口袭击拿下了洛口仓。他们开仓放粮，整个洛阳盆地疯狂了，各地百姓开始向李密靠拢。

越王杨侗派遣虎贲郎将刘长恭等率步骑两万五千人去讨伐李密。洛阳最开始没太拿李密当回事，认为就是一拨乌合之众的土匪，结果被李密一战伏击得手，隋军死伤过半，李密与翟让缴获了大量隋军辎重，瓦岗军不仅装备升级，同时开始威名大震。

翟让推举传说中的天命人李密为主，瓦岗寨兄弟们给李密上尊号为魏公。

此战后，赵、魏以南，江、淮以北，群雄莫不响应，孟让、郝孝德、王德仁、济阴房献伯、上谷王君廓、长平李士才、淮阳魏六儿、李德谦、谯郡张迁、魏郡李文相、谯郡黑社与白社、济北张青特、上洛周比洮与胡驴贼等全部归附李密。

李密不久前还是在逃乡村民办教师，此时已是中原盟主。混乱永远是阶梯啊！

洛口仓大战后，隋军的虎牢关守将裴仁基因失期罪怕被杨广处罚，最后率部众以虎牢城投降李密。

至此，《隋唐演义》中"宁学桃园三结义，不学瓦岗一炉香"的瓦岗寨在历史中真实存在的人物全部聚齐——李密、徐世勣、单雄信、王伯当、秦叔宝、程知节（原名程咬金）、裴仁基、裴行俨（大隋第三好汉裴元庆原型，裴仁基长子）、罗士信（罗成原型）全部登上历史舞台。

在这里，我要专门说一个人，即秦琼秦叔宝。

在演义和众多历史剧中，一般提到瓦岗寨这些人，通常是以秦琼为主角的视角描写的。其实在那个时代，比秦琼能力强的人有很多，但以秦琼作为主角去审视演绎那个时代却不能说是错的，反而可能是最合适的。

因为他堪称隋唐鼎革之际所有重大场合的亲历者。

秦琼的曾祖秦孝达是北魏广年县令，祖父秦方太是北齐广宁王府记室，别看秦琼祖上品级不大，但始终都是官，秦琼他爹秦季养还是斛律光长子斛律武都的录事参军。

北齐灭亡后，秦琼他爹回到了老家齐州历城。北周时代，秦家没出仕。隋大业年间，秦琼在这风云激荡的时代出场了。

最开始他来到了来护儿帐下任职，深得重用，秦琼之母过世时来护儿专门派人前去吊唁。

很多人可能会奇怪，秦琼凭什么得到来护儿重视？

来护儿表示："此人勇悍有志节，必当自取富贵，不能小看啊！"

大业十年（614）十二月，涿郡叛军首领卢明月率军十余万进攻祝阿，秦琼此时已经跟了郡通守张须陀，他和罗士信在此战中先登拔旗，勇武之名闻于远近。后来秦琼又随张须陀前往海曲征讨孙宣雅，再次先登，以前后军功授建节尉。

到了大业十二年（616）十一月时，秦琼随张须陀征讨瓦岗军，张须陀身陷重围力竭战死，秦琼率隋军残部依附了据守虎牢的裴仁基。

五个月后，秦琼又随裴仁基归降了李密，李密得秦叔宝后大喜，任为帐内骠骑，当作心腹培养。

秦琼此时还不知道，他漂泊的一生还远远没有走完。他和此时瓦岗系的很多将领会为一个身披玄甲圣衣的少年英雄倾倒，将经历那一场场传世的苦战，最终一起站到玄武门的门前。

秦琼归李密的两个月后，"天下屋脊"传来了消息：太原留守，李渊，起兵了。

第 2 战

大唐创业起居注

一、李世民改史方向与天赋能力详解

从这一战的名字就能看出来，李家要打天下了。

也是从这一战精挑细选的名字就能看出来，自李家打天下开始，李家的天下是谁拿下来的就有争议。

史学界对于李世民一直有一个争议，就是他改史。他改了什么，改了多少，改的重点是什么，一直是个巨大的争议。

关于李世民改史的史料记载，有两个出处，一个是《贞观政要·卷七》中说的："贞观十四年，太宗谓房玄龄（即房元龄，清代为避康熙帝玄烨讳改写为房元龄）曰……"另一个是《唐会要》卷六十三"史馆杂录上"中摘录的：

> 十六年四月二十八日，太宗谓谏议大夫褚遂良曰："卿知起居，记录何事，大抵人君得观之否？"对曰："今之起居，古之左右史，以记人君言行，善恶必书，庶几人主不为非法，不闻帝王躬自观史。"太宗曰："朕有不善，卿必记之耶？"遂良曰："守道不如守官，臣职当载笔，君举必书。"黄门侍郎

刘洎曰:"设令遂良不记,天下之人皆记之矣。"太宗谓房元龄(中华书局出版《唐会要》是根据清代武英殿聚珍版点校而成,清人避康熙帝玄烨讳,将玄改为元)曰:"国史何因不令帝王观见?"对曰:"国史善恶必书,恐有忤旨,故不得见也。"太宗曰:"朕意不同,今欲看国史,若善事固不须论,若有恶事,亦欲以为鉴诫,卿可撰录进来。"房元龄遂删略国史,表上。太宗见六月四日事,语多微文,乃谓元龄曰:"昔周公诛管蔡而周室安,季友鸩叔牙而鲁国宁。朕之所以安社稷,利万人耳。史官执笔,何烦过隐,宜即改削,直书其事。"

其实这两个出处说的都是一件事,内容也差不多,区别在时间上。上面列《唐会要》的原文,是因为真实的发生时间更可能是《唐会要》记载的贞观十六年(642)。

之所以这样判断,是因为李世民在贞观十六年(642)时给李建成追赠了太子,谥号为隐;李元吉也同时被追封为巢王。通常,这种给反派重新定性的事都有着重大的政治用意,这个政治用意极大概率跟李世民这次看国史改国史事件有关。

时间判断完,再看内容,我直接翻译了。

李世民先是找碴儿问:这个起居注是不是皇帝不能看呢?

褚遂良:没听说有看的。

李世民:我做得不对的地方也会记录吗?

褚遂良:那必须的。

旁边的黄门侍郎刘洎似乎有预感,于是在旁边补了一句:就算褚遂良不记,天下也都帮咱们记着呢。

这个时候，李世民又问房玄龄：为什么帝王不能看国史？

房玄龄：史官们有操守，记的都很真实，怕帝王看完生气。

李世民：我觉得这事不合理，我要闻过则喜，我要闻者足戒，我要以史为鉴，你给我抄一份过来。

随后房玄龄加工了国史，呈上来了。请大家注意这时候已经改了，所谓"太宗曰：'朕意不同，今欲看国史，若善事固不须论，若有恶事，亦欲以为鉴诫，卿可撰录进来。'房元龄遂删略国史，表上"。

然后李世民就看到武德九年（626）的六月初四，史书记载了很多"微文"。李世民看后不满，定调道："昔周公诛管蔡而周室安，季友鸩叔牙而鲁国宁，我杀那两个也是这种级别的，是为了安社稷利万民，史官执笔何必藏着掖着，给我照前面说的那个'调'去实话实说。"

李世民改史的内容至此划定了范围，涉及的主要是他爹李渊、他哥哥李建成、他弟弟李元吉。

定的调之一"周公诛管蔡"，是周公诛杀他两个兄弟管叔鲜与蔡叔度，他们都是周武王之弟，武王死后管叔鲜与蔡叔度阴谋另立因叛变被周公讨平。

定的调之二"季友鸩叔牙"，是鲁庄公病重后的夺位之争，鲁庄公有庆父、叔牙、季友三个兄弟，鲁庄公病危时叔牙阴谋拥立庆父为君，鲁庄公命令季友毒死了哥哥叔牙。

李世民亲自定的他是周公，诛杀了他那两个兄弟是"天下安"。这两个兄弟好处理，打成反派这事在历史上从来不叫技术含量；不好处理的是父亲李渊那边。

李世民举的那两个例子都是老君王不行了，但李渊一口气活到了贞观九年（635），当还隔三差五地给李世民抱出个小兄弟来，突出的就是一个龙精虎猛，体现的就是一个老当益壮。

这就难办了。

该怎么样定性李渊，这个火候很难拿捏。老头被关了禁闭不假，但还得突出一个父慈子孝。

最终在一系列的文字运作后，李建成和李元吉妥妥成反派了，这个没有悬念，但李渊的形象也变成了从最开始就是五十好几的老不成器，是十八岁的二儿子李世民从起步开的第一脚球就强拽着窝囊老爹登上了人生巅峰。

我孝顺我爹才让他做的皇帝，其实从产权证的第一个字起都是我的基因！

看到这里大家先别急，我从来没有否定李世民能力的意思，很多人说他改史都是说他夸大了自己的能力，其实在真实的历史中，除了太原创业这一段之外，李世民改史是缩小了自己的能力，将自己打造成了一个受害者的形象。

我会用大量的史料、诏书、碑文，来还原一个真实的李世民。

其实李世民改史的最大作用，是把李建成和李元吉描述的还像是一个对手，把李渊描述成一个窝囊废、糊涂蛋。

实际上，在诏书中官职的封赏及碑文的细节乃至删改不完全或矛盾的史料中，唐初真实的历史走向，是一个能当一方诸侯却没能力坐天下的爹拉着老大老三去制衡打下天下的老二，但全程被二儿子压着打的节奏。

关于李家父子的太原起兵，如果看《旧唐书》和《新唐书》，全程都是十八岁的李世民在推着他那个窝囊废的爹往上走，但史官们在当年改史的时候，有一个人的著作却没能下得了笔。

这个人，叫温大雅（字彦弘）。

温大雅出身太原士族，其父温君悠在北齐时任文林馆学士，入隋后为泗州司马，温君悠的三个儿子温大雅、温彦博（字大临）、温大有（字彦将）都以文学闻名于四海。

隋开皇末年时温大雅以才学卓著授东宫学士，上了杨广的车。大业末年，温大雅又授长安县尉，不久老爹死了回乡丁忧，与三弟温大有住在老家太原。

这个时候，温大雅遇到了同是杨广这趟车上的李渊。在他担任长安县尉的时候大概率还是当时督关中军事的李渊的下属，随后温大雅进入李渊团队，被任命为大将军府记室参军，专掌机要。

李渊登基之前，温大雅负责参定礼仪，武德元年（618），迁黄门侍郎（门下省副官），其弟温彦博为中书侍郎（中书省副官），兄弟两个"对居近密，议者荣之"，都是唐帝国的核心大臣。

温大雅这位李渊最信任的身边人，写了三卷《大唐创业起居注》，它是我国现存最早的起居注，也是唐代现存唯一的一部起居注，记录了自李渊起兵直到正式称帝为止共三百五十七天的经历。

其中的太原起兵内容与《旧唐书》《新唐书》描写的差别很大，《大唐创业起居注》中的李渊挺有主意的，而且相当有章法。

那么，为什么这部书没被改动，而且流传了下来呢？

因为温大雅这个人的背景不一般。

我们来翻翻温大雅的履历，李渊的这位心腹后来离开了机要部门去了工部。工部受尚书省管理，而李渊武德年间的尚书令是李世民，再之后温大雅彻底进了李世民的团队，官拜陕东道大行台工部尚书。

请大家注意这个"陕东道大行台"，很重要，后文会多次提及。

温大雅最开始是李渊的人，是"凡政之弛张，事之予夺，皆参议焉"的门下省官员,但在唐刚开国没多久就转到李世民的麾下了。

后来温大雅受李世民的重用到了什么地步呢?

玄武门之变前夕双方基本摊牌的时候,李世民派温大雅去自己的大本营洛阳主持大局,而且他"数陈秘策,甚蒙嘉赏",是最核心的政变团队成员。[①]

玄武门之变后,温大雅因功擢升礼部尚书,受爵黎国公,贞观三年(629),五十七岁的温大雅过世,被李世民特敕谥号"孝"。

由背景这么硬的一位元老撰写,《大唐创业起居注》最终没被改动也就情有可原了,但接下来问题又来了。

武德元年(618)时李渊五十三岁,李世民二十一岁,温大雅四十六岁,温大雅这位和李渊没什么代沟的同龄人居然被二十多岁的李世民争取过来了,两人成了忘年交,并成为李世民心腹中的心腹。这难道没说明什么问题吗?

别意外,只比李渊小一岁、被李渊亲自赦免的隋朝猛将屈突通后来也成了李世民的铁杆。

这些有能力的老家伙后来都被李世民这个二十多岁的小伙子改造成"迷叔"的事情,在武德年间实在是太多了。我们应该详细讲述这段扑朔迷离的李唐开国史了,就从李世民生命的源泉讲起。

虽然爹死得早,但作为七岁就继承了李虎唐国公爵位的正根,李渊的婚姻大事李氏家族是作为顶级大事对待的,最终给他娶了神武郡公窦毅的女儿为妻。

这丫头之所以要展开说,因为李渊的老丈人窦毅得展开说。

[①] 《旧唐书·温大雅传》:太宗以隐太子、巢剌王之故,令大雅镇洛阳以俟变。大雅数陈秘策,甚蒙嘉赏。

李渊的岳父窦毅当年在高欢的兵势下跟着北魏孝武帝元修一起入关投奔了宇文泰，属于西魏建国前最后一拨进入西魏的班底，也属于元老了。

值得一提的是，李虎身上也有着孝武帝的背景。当年贺拔岳死后李虎去荆州找贺拔胜接班，听说宇文泰已经被推举出来了，于是开始回关中，但他返回的时候没有"两点之间线段最短"地走武关道，而是在阌乡被高欢抓获送到了洛阳。

这个路线比较"有意思"，是李虎在主动寻找孝武帝元修以便重返武川天团，因为他前面站队贺拔氏已经选错路线了。

李虎最终以北魏朝廷封的卫将军名号重回关中，并随宇文泰平了侯莫陈悦。[①]

这也就是说，李虎大概率在这个时候跟窦毅就有了联系。

窦毅来关中之后，在擒窦泰、复弘农、战沙苑的一系列开国之战中全部有功。

窦毅的窦姓听着挺"汉"的，其实窦毅是匈奴汉化的名字，源出匈奴系的费也头种、纥豆陵氏。

当年的北魏孝庄帝元子攸暗杀尔朱荣后，诏命在河曲势力很大的纥豆陵步蕃去攻打秀容郡，一度把尔朱兆打得很难看，最终是高欢与尔朱兆合兵后才将纥豆陵步蕃打败并斩杀。

为什么元子攸能够调动千里之外的纥豆陵步蕃？

虽然史书中没有明确的联系，但从后面纥豆陵氏的窦毅铁了心地跟元修入关，死活不和高欢合作就可以看出来，纥豆陵氏是在北魏皇室

---

① 《册府元龟·帝王部》：俄而周文帝起兵图悦，太祖闻之，自荆州还，至阌乡，为高欢将所获，送诣洛阳。魏武帝将收关右，见太祖甚喜，拜为卫将军，赐以金帛，镇关中。同与周文帝平侯莫陈悦。

这边押宝站队了，跟尔朱氏和高欢死活不对付。

李虎回归武川群雄传后的第一次战功是这么记载的："魏骁骑大将军、仪同三司李虎等招谕费也头之众，与之共攻灵州，凡四旬，曹泥请降。"

李虎是联络了"费也头"部之后打下的河曲地区的灵州（治所旧薄骨律镇，今宁夏吴忠北）。这也再次夯实了一件事，老李家和老窦家老早就有渊源了，双方关系很不错。

到了李虎嫡孙继承人李渊这一代时，家族又给李渊娶了费也头种、纥豆陵氏的窦家姑娘。

之所以要夯实李世民的生命的源泉，是因为这个费也头种、纥豆陵氏世代耕耘的河曲地区对李渊父子后面创业有着巨大帮助。

窦家在武川集团中渗透得相当深，宇文泰自然不会放过联姻这个家族，李渊岳父窦毅娶的就是宇文泰的五女儿，当初李渊的媳妇在得知杨坚把宇文氏按户口本全给杀干净后据说大哭道："恨我不是男儿，解不了舅氏之难！"

北魏、北周、北齐时代的女子是能顶半边天的，看看独孤伽罗是如何挤对杨坚的就知道了。李渊的媳妇从小就不得了，深受北周武帝宇文邕喜爱并养于宫中，十几岁的时候就能给她的皇帝舅舅提建议："舅舅，你别不搭理那个突厥媳妇，为了国家您闭上眼该幸就得幸。"宇文邕那是相当听他外甥女的话。①

---

① 《旧唐书·高祖太穆皇后窦氏》：后母，周武帝姊襄阳长公主。后生而发垂过颈，三岁与身齐。周武帝特爱重之，养于宫中。时武帝纳突厥女为后，无宠，后尚幼，窃言于帝曰："四边未静，突厥尚强，愿舅抑情抚慰，以苍生为念。但须突厥之助，则江南、关东不能为患矣。"武帝深纳之。

这位窦姐嫁给李渊后生了四个儿子和一个女儿：李建成、李世民、李玄霸、李元吉和著名的战斗公主平阳公主。除了李玄霸早早死了没露面不知成品质量之外，窦姐出品的另外四个孩子有一个算一个包括女儿都是人才。

其实李建成和李元吉的能力与水平都是在历代皇子中的平均水准之上的，只不过老二李世民的等级实在太高，完全把他们给比下去了。

李世民生于598年十二月，他的童年可能稍微有点儿天下承平的印象，但拜他表叔杨广这个"英明"皇帝所赐，大业七年（611）时天下就已经遍地狼烟了，那时候李世民虚岁十四。

也就是说，李世民的青春期完完全全重合了武德充沛的大业后期，在顶级天赋的加成下，李世民在今天刚能领身份证的年纪就已经开始做倾身下士、散财结客的"宋江"举动了。

在生命容易消失的世道下，李渊早早给李世民找好了岳家，李世民十五岁就娶了大隋第一外交官长孙晟十三岁的女儿为妻。李世民这个已故岳父堪称是他的神仙助力，在他后来的团队班底中，最坚实的核心圈子就是他岳父家族的人脉网络。

李世民青春期的那些年始终在李渊身边，协助他爹收留了一大堆避难征役依附过来的原隋朝官员和民间不安定分子，所谓"世民聪明勇决，识量过人，见隋室方乱，阴有安天下之志，倾身下士，散财结客，咸得其欢心"。

当时的晋阳宫监叫裴寂，晋阳令叫刘文静，这两个人是好朋友，在这个"大风起兮云飞扬"的时代风口遇到了李渊、李世民父子。

刘文静，世居李世民的出生地武功县，其祖刘懿曾担任石州刺史，父亲刘韶死于国战被追赠仪同三司，刘文静年少就袭了他爹给他拼下的仪同三司。刘文静姿仪俊伟有才干，倜傥多权略，但大半辈子没什么用武之地。

直到616年，仪表堂堂胸中有权谋的刘文静在四十九岁当晋阳令的时候遇到了李渊父子，为十九岁的李世民所倾倒。

刘文静对裴寂说李世民这孩子大气方面堪比刘邦，神武方面堪比曹操，虽然年少却天纵英才，不过裴寂最开始表示对此并不认同。①

这是为什么呢？

因为裴寂是李渊的老朋友，哥俩天天喝，他是李渊的铁杆嫡系。作为老爷子的嫡系，他自然不会对此时十几岁的李世民表示出多大的兴趣。但刘文静由于没有裴寂和李渊这层关系，所以能更加客观地观察这对父子。他得出了自己的结论，李世民比他爹的上限高太多了。

后来刘文静因为跟李密有姻亲关系被就地拿下关到了监狱里，这个时候李世民来找刘文静沟通了。②

在这段史料中，刘文静作为一名阶下囚说出了自己的可利用价值："李密包围了东都洛阳，皇帝跑江淮当鸵鸟去了，大贼连州郡、小盗阻泽山，全国造反团伙没有一万也有八千，现在需要真主驾驭，应天顺人，举旗大呼，则四海不足定也。太原百姓避盗贼者皆入此城，我作为晋阳令好多年了，知其豪杰，我撒出榜去一天能喊来十万人，你爹也有数万人，你又那么英明神武，说话谁敢不听？可以就此乘虚入关，号令天下，用不了半年帝业可成。"

李世民听了这话相当开心。

---

① 《旧唐书·刘文静传》：及高祖镇太原，文静察高祖有四方之志，深自结托。又窃观太宗，谓寂曰："非常人也。大度类于汉高，神武同于魏祖，其年虽少，乃天纵矣。"寂初未然之。

② 《旧唐书·刘文静传》：后文静坐与李密连婚，炀帝令系于郡狱。太宗以文静可与谋议，入禁所视之。

这段作为李世民太原起义布局者的史料证据极大概率不是编的，但实际上更可能的情况是：李渊已经有想法了，听到裴寂说刘文静跟李世民走得近，就派李世民去牢里探探刘文静的底。

这个"底"分两方面：一方面是刘文静毕竟跟李密有亲戚关系，要看看他跟我们家之间是不是可以合作；另一方面，则是看看刘文静有多大的造反能量。

正上演"监狱风云"的刘文静说了这句李渊父子最想听的话："今太原百姓避盗贼者，皆入此城。文静为令数年，知其豪杰，一朝啸集，可得十万人。"

为了给李世民贴金，史料还记载了这样一段戏：李世民想举兵又不敢劝他爹，于是做局拿出自己的几百万私房钱，让龙山令高斌廉与裴寂赌博后全输给裴寂，靠这个套了裴寂的近乎，然后李世民带着裴寂天天吃喝玩乐并最终把起兵计划告诉了裴寂，让裴寂劝李渊。①

这就属于加戏加过了，就算真有这事，那也是李世民奉李渊之命去贿赂裴寂拉他彻底下水，因为仅凭李世民这个刚过十八周岁的孩子哪来的数百万私钱？他背后的金主只可能是李渊。

这段加上的戏除了突出李世民送他爹走上英雄之旅外还有一个目的：后面李渊跟李世民的第一回合权力交锋，棋盘上的棋子就是裴寂和刘文静，最终李世民的棋子刘文静被李渊砍了，这段史料也是为了把裴寂贪财小人的形象刻画出来。

主流史书中对于太原起兵的描写如下：李世民和刘文静是起兵首

---

① 《旧唐书·裴寂传》：时太宗将举义师而不敢发言，见寂为高祖所厚，乃出私钱数百万，阴结龙山令高斌廉与寂博戏，渐以输之。寂得钱既多，大喜，每日从太宗游。见其欢甚，遂以情告之，寂即许诺。

第 2 战　大唐创业起居注　｜　139

谋，李渊没出息不敢动，于是李世民贿赂了裴寂，然后派了晋阳的宫人陪李渊喝酒拉他下水，但李渊还是犹豫；后来杨广以李渊打不过突厥为由要押李渊去江都，李渊哆嗦了，终于要被逼反了，不过这事被杨广叫停了，李渊又歇了；接着刘文静又去逼裴寂，说你命不值钱，用皇帝御用的宫人拉唐公下水干什么！小人裴寂随后再次去劝李渊；最后是杨广安插在李渊身边的王威和高君雅对李渊产生疑心后准备干掉李渊，李世民和刘文静当机立断先下手为强反杀了王威和高君雅，正式起兵。

其实史书中写这段时参考的史料也前后矛盾，因为刘文静本传中专门说了李渊来到太原后，"文静察高祖有四方之志，深自结托"。是李渊的欲望掩盖不住让刘文静看出来了，才有后面的那堆事。[①]

其实在《大唐创业起居注》中，李渊就起兵这事专门说过一句话："顷来群盗遍于天下，攻略郡县，未有自谓王侯者焉。而武周竖子，生于塞上，一朝欻起，轻窃大名。可谓陈涉狐鸣，为沛公驱除者也。然甚欲因此起兵，难于先发。"

翻译一下就是李渊说现在群盗遍天下，刘武周这小子现在称天子当出头鸟，他这是陈胜、吴广给刘邦铺路呢！说明在617年二月刘武周称天子之时，李渊就已经明确想起兵了。

李渊还亲自对杨广安排在他身边的两个"特务"——王威、高君雅说："刘武周在咱们门口称帝了，咱们要是弄不了他就得被灭族。"高

[①] 《旧唐书·刘文静传》：及高祖镇太原，文静察高祖有四方之志，深自结托。又窃观太宗，谓寂曰："非常人也。大度类于汉高，神武同于魏祖，其年虽少，乃天纵矣。"寂初未然之。后文静坐与李密连婚，炀帝令系于郡狱。太宗以文静可与谋议，入禁所视之。文静大喜曰："天下大乱，非有汤、武、高、光之才，不能定也。"……太宗笑曰："君言正合人意。"于是部署宾客，潜图起义。

君雅听了特别害怕，开始给李渊台阶集兵。李渊还抻了抻，说："你们别激动，再看看，等这小子打了楼烦后咱们再做好军备，现在还是稳定为主。"①

617年三月，刘武周南破楼烦郡住进了给杨广造的汾阳宫，李渊开会说都议一议，让大家都说说办法。

王威和高君雅想不出什么好办法，于是拜请李渊说："您拿主意，我们听安排。"这样李渊才开始调动军队。②

最后是李渊一整套欲退还就姿态做足，在杨广的两个"特派员"的亲自肯定下，"不得已"才当了太原"剿匪总司令"。③

李渊任命王威兼任太原郡丞与晋阳宫监裴寂检校仓粮，梳理军户，命高君雅去守高阳。所有的战时物资与决策权至此已经全部到了李渊手中，所谓"以兵马铠仗，战守事机，召募劝赏，军民征发，皆须决于帝"。

五十二岁的李渊此时已经是一个相当老辣成熟的政治家了，整个套路玩得非常有章法，他这些年是在隋朝的官僚系统充分见识过的。

因为玄武门之变杀兄灭弟逼老爹这事，弄得李世民一辈子总觉得自己有些气短，一辈子都在证明自己，包括对史料的态度也是从头到尾

---

① 《大唐创业起居注·卷一》：私谓王威、高君雅等曰："武周虽无所能，僭称尊号。脱其进入汾源宫，我辈不能剪除，并当灭族矣。"雅大惧，固请集兵。帝察威等情切，谬谓之曰："待据楼烦，可微为之备。宜示宽闲，以宁所部。"

② 《大唐创业起居注·卷一》：威等计无所出，拜而请帝曰："今日太原士庶之命，悬在明公。公以为辞，孰能预此。"帝知众情归己，乃更从容谓之曰……

③ 《大唐创业起居注·卷一》：威等对曰："公之明略，远近备知，地在亲贤，与国休戚。公不竭力，谁尽丹诚，若更逡巡，群情疑骇。"帝若不得已而从之，众皆悦服，欢而听命。

都是"我帮着我那不成器的爹"，但这确实也是没办法。政治人物，法统这事是最重要的。

但任何史料的篡改总会露出蛛丝马迹，不仅仅是史料与各种文字记载，就是一块块出土的墓志铭，都在帮人们还原那个时代。

谁都无法否认，大唐确确实实是李世民打下来的，他后面那些战绩确实让他封神了，但这不意味着李渊不是一个成熟的政治家，包括后面入关中一路如回家这里面基本上也都是李渊几十年来的政治存款。

从准确意义来讲，大唐的起步阶段，是李渊前面几十年的积淀占了最大股份，而李唐立国关中后，确确实实就都是李世民的戏了。

我在这里先定个调：没有李世民，李渊极大概率只是个偏安西北的一方诸侯，最终还会被关东修罗场里杀出来的"窦建德们"给推了。

其实在这个时代，关中的体量与能力与东方对比已经是差距太大了，是李世民以一己之力磨平了这个差距，靠着关中平原这个小体量最后席卷了全国。

但如果没有李渊，李世民不会早早就有着巨大的本钱去帮他缩短最开始创业的原始积累时间，不会让他赶上最关键的几步得到统一天下的窗口期。

这对父子，是互相成就。

李渊最大的历史功绩，是给了李世民登上历史舞台的基础，这很重要。没有他爹，李世民这个不到二十岁的孩子不会有那种号召力，也不会让后面整个关西大地喜迎王师。

李世民改史了，改得还不少，像起兵是谁的主意这事及后面的玄武门之变他都改动巨大。

所谓的玄武门之变，后世的看法都局限在了他杀兄灭弟，都以为他改的是那些不得已的立场。其实他改动的地方，是他对他爹和兄弟们的强弱力量对比。

在这套系列书中，诸吕之变、巫蛊之祸、党锢之祸、十常侍之乱、以高平陵之变为核心的司马氏政变等那么多的政变，最重要的前两项是什么？永远是武库和司马门。

司马门为什么重要？控制政权的最终解释权。

我们想想，自古政变，有拿皇位竞争者的兄弟们当最要紧环节的吗？

李世民改史的最关键核心，是他早早就控制住了李渊，然后如慈禧囚禁光绪般把李渊给扔到了湖中的船上，并且钓鱼执法弄死了李建成和李元吉。

李世民把自己包装成了一个受气包，但我给大家提前剧透下玄武门之变时他的官职：天策上将、太尉、尚书令、陕东道大行台尚书令、益州道行台尚书令、雍州牧、蒲州都督、领十二卫大将军、中书令、上柱国、秦王。

即史上最高规格亲王开府，全国最高名义军事长官，中央六部总负责人，以洛阳为核心的陕东道军政一把手，四川地区军政一把手，关中地区行政一把手，关中钱袋子河东地区大都督，大唐军队实质总控制人，诏书起草机要汇总枢纽一把手，军功十二等勋级最高级别上柱国，秦王。

这是受气包？这是被他哥他弟快挤对到墙角的人？这个快把李渊挤死的权力怪物哪里是儿子，明明是祖宗。

在这些权力之外，还有一个李世民的军神威望需要补充。只要这位大唐"阿喀琉斯"站在战场上一冲锋，全军武力值、怒气值等全部爆满，全军变身"李云龙"，看什么都是富裕仗。

第 2 战　大唐创业起居注

李世民这孩子只要登上了台面，那种盖不住的天赋和魅力就开始给整个7世纪定调。他给后世留下的最大可借鉴价值，是天赋这事对于天花板的高度有多重要。

当年项羽的各种记载并不详细，靠的仅仅是太史公的记录，很多战役的细节除了最后的霸王末路阶段外都是几句结束。我们只看到那个时代排名前几的统帅刘邦给"打地鼠"游戏代言，每次碰见项羽就被打的张不开嘴，具体怎么打的却并不详细，这其实挺遗憾的。

到了李世民这里，这种遗憾补上了。当年项羽打仗时具体是什么样，李世民大比例地给还原出来了。

李世民的军事天赋技能点都不能说是满的，而是溢出来的。

李世民后来回顾自己的军事生涯时曾经说过以下三段话：

1.朕少时为公子，未遭阵敌，义旗之始，乃平寇乱。

我当公子时其实仅仅做了些结交朋友的事，并没有指挥部队打过仗，直到起义后来才接触的军事。

李世民交代了一件事，他不是侯莫陈崇那种十几岁就骑马打天下的青春期杀人魔，其实他接触军事并不算早。

2.每执金鼓，必自指挥，习观其阵，即知强弱。常以吾弱对其强，以吾强对其弱。敌犯吾弱，奔命不逾百数十步；吾击其弱，必突过其阵，自背返击之，无不溃。

我所有的战役都是亲自指挥的，而且我到了战场上就知道敌阵布置的强弱，然后我以弱对其强拖住对方，亲自带着箭头去冲对方的弱点，敌人打我的薄弱处打赢了不过追上一百来步，我却一定要亲自带队冲破其弱然后调过头来从敌人背后冲杀，就没有不被我打败的。

3. 多用此而制胜，思得其理深也。

李世民表示，自己征战基本上就这一个原则。

在兵书《唐太宗与李靖问对》中，李世民说："朕观诸兵书，无出孙武，孙武十三篇无出虚实。夫用兵，识虚实之势，则无不胜焉。"

李世民说，我阅遍天下兵书，最好的还是《孙子兵法》，其中的《虚实篇》最棒，打仗就是看虚实，以实击虚，没有不胜的。跟他前面总结他一生军事精髓的意思差不多。

看着那么简单是吧，但真的那么简单吗？

这孩子做什么事不仅学得快，而且一眼就能看到本质。

《教父》中有句名言："半秒钟看清事物本质和一辈子都看不清本质的人，命运注定会是不同的。"

"义旗之始，乃平寇乱"这一年是617年。李世民出生于598年十二月，此时是周岁十八岁半，虚岁二十岁。

一眼能看出虚实这事那么简单吗？更重要的是，十八岁的孩子就知道"避实击虚"并运用到了登峰造极，难道不可怕吗？

这是天赋，是古往今来罕见的项羽、霍去病再世的天赋。

老天对李世民颇为厚待，项羽和霍去病都展现出了在人际关系上的劣势，老天给了他们杀神天赋的同时也自然砍走了别的选项，但老天并没有砍走李世民的。他麾下的那些猛将，几乎每个都比他年纪大，甚至还大很多，但都被他堪称灵魂操纵。

刘秀二十八岁的全技能点加成就已经很神奇了，时隔六百年，老天又派下来了一个 Plus 青春版的人。似乎上苍在暗示，东亚这片土地，只有一个"炎汉"的刚烈符号还不够，世界需要感受唐的包容与气象。

华夏崛起于世界之林的时候，"唐"这个符号，一字代千言。

二、叉腰的李渊，插刀的李密

根据上一节的分析，李家太原起兵的过程还是以《大唐创业起居注》为准。（因和《旧唐书》《新唐书》有一定差距，故会较多引用《大唐创业起居注》的原文。）

以刘武周的威胁为由，李渊正式控制军政启动了战时机制，募兵后十天就来了数千人。

考虑到北朝时代寺庙之地向来武德充沛，搞事上限相当高，要么杀皇帝要么集私兵，李渊专门图吉利地将一个名叫兴国寺的地方作为了自家私兵的安营扎寨之地。

又因为担心王威和高君雅对他起疑，李渊根本不管招兵的事，他私下对李世民说，"这个私兵军团是咱们成霸业的基础，待的这地方也吉利。"与此同时，他还安排特使去蒲州调李建成等回来。①

蒲州就是河东郡，李建成为什么在河东地区呢？

---

① 《大唐创业起居注·卷一》：恐威、雅猜觉，亦不之阅问。私谓秦王等曰："纪纲三千，足成霸业。处之兴国，可谓嘉名。"仍遣密使往蒲州，催追皇太子等。

一切都是李渊布局安排的。

大家还记得第一战李渊的那张出镇图吗？

李渊早早就有图谋天下的打算了，最开始想当皇帝的也是他。李渊待人接物不论贵贱见一面后数十年不忘，山川冲要很早就暗暗留心；他之前曾两次在河东地区剿匪，李建成就是他安排在河东结交并继承他前面布局的政治势力的；李世民则跟在他身边帮他做晋阳的"脏手套"，他不方便下场的活都是李世民来做的，比如说兴国寺募私兵和对话刘文静这种事。李建成和李世民兄弟两个也都表现得相当不错。①

准备了两个月，夏五月癸亥夜，李渊等来了启动的理由——突厥南下劫掠快杀到太原了。

李渊遣长孙顺德、赵文恪等调来了兴国寺的私兵，又会合了李世民的全部部曲埋伏于晋阳宫城东门之左进入战备。

第二天清晨，李渊命晋阳令刘文静以高君雅、王威等与北蕃私通引突厥南寇为由，把王威等杨广安插在他身边的"特务们"下狱。这两个人是否真的是"特务"不一定，但不重要，没有他们两个很重要。

兵变很顺利，杨广安插的异己被铲除了。

两天后，突厥杀过来了，数万突厥人逼近太原。李渊下令玩空城计，大开城门，不张旗帜，守城之人不得高声也不许一人外看，示以高深莫测。

这时突厥大军从晋阳北门杀进来了，又从东门而出。

---

① 《大唐创业起居注·卷一》：帝素怀济世之略，有经纶天下之心。接待人伦，不限贵贱，一面相遇，十数年不忘。山川冲要，一览便忆。远近承风，咸思托附。仍命皇太子于河东潜结英俊，秦王于晋阳密招豪友。太子及王俱禀圣略，倾财赈施，卑身下士。逮乎鬻绘博徒，监门厮养，一技可称，一艺可取，与之抗礼，未尝云倦。故得士庶之心，无不至者。

让我们来体会下"李渊当家房倒屋塌"的神级军事指挥效果。

李渊在仓城和晋阳宫里面待得很稳当，只是上来就把外城百姓舍出去了。

李渊的打算，是极具浪漫主义色彩地想等突厥人入城一圈烧杀淫掠后，在他们快出城的时候抄截他们的马群，以便自己将来组织个骑兵连。①

结果来抢劫的突厥人太多了，实行关门战术时没关住，李渊的兵被突厥人从城里踢了出来然后被赶进了汾河，这支外城的千人队几乎被团灭。②

晋阳城中被突厥兵祸害了一圈的百姓损失没被提及，据说整个晋阳的军民把所有的愤怒给了王威和高君雅，毕竟李渊给他们定的罪名是通敌。③

《大唐创业起居注》中是不可能说晋阳军民迁怒李渊的，虽然明明关上城门就能避免被虐，突厥团伙大老远来根本没能力攻城。

《大唐创业起居注》中关于此战之后李渊面对突厥的凶猛实力原话是这样的："帝以见兵未多，又失康达之辈，战则众寡非敌，缓恐入掠城外居民。夜设伏兵，出城以据险要。晓令他道而入，若有援来。仍诫出城将士，遥见突厥，则速据险，勿与共战。若知其去，必莫追之。但送出境而还，使之莫测。"

---

① 《大唐创业起居注·卷一》：仍遣首贼帅王康达率其所部千余人，与志节府鹰扬郎将杨毛等，潜往北门隐处设伏。诫之："待突厥过尽，抄其马群，拟充军用。"

② 《大唐创业起居注·卷一》：然突厥多，帝登宫城东南楼望之，且及日中，骑尘不止。康达所部，并是骁锐，勇于抄劫。日可食时，谓贼过尽，出抄其马。突厥前后夹击，埃尘涨天，逼临汾河。康达等无所出力，并坠汾而死，唯杨毛等一二百人浮而得脱。城内兵数允儿，已丧千人。

③ 《大唐创业起居注·卷一》：军民见此势，私有危惧，皆疑王威、君雅召而至焉，恨之愈切。

翻译过来就是一句话的事：我胆怯了，放弃报复，等他们自己走。

这段故作高深给李渊下台阶的话给我们透露的关键信息是：突厥兵临城下，以李渊此时的军事实力没什么办法应对。

三天后，在这本书中突厥自己胡扯了一段话，说李渊一看就是天选之子，我们不能在这里作死，必遭天谴，赶紧撤。①

突厥人撤走后，李渊给突厥可汗去了一封信，表达的意思主要是："没错我就是天选之子，我要安宁天下把我大表弟杨广接回来，到时候咱们跟开皇年间一样和亲。可汗要是听我的和我一起南下，希望不要侵扰百姓，南下征伐的人口和财物都当分红给您；要是不来，将来的战争分红也给大突厥可汗，您权衡权衡。"②

这两段应该都是真事，只不过顺序和内容反了，大概率不是突厥撤军后李渊送的信，而是李渊送了求饶信后突厥撤的军。李渊极可能是签署了见不得人的称臣级别的城下条约。

后来，在李渊称帝后突厥来的使者是被引升御座的！③

据说突厥始毕可汗收到信后表示："李渊我是认可的，但他想迎杨

---

① 《大唐创业起居注·卷一》：尔后再宿，突厥达官自相谓曰："唐公相貌有异，举止不凡，智勇过人，天所与者。前来马邑，我等已大畏之，今在太原，何可当也。且我辈无故远来，他又不与我战，开门待我，我不能入，久而不去，天必瞋我。我以唐公为人，复得天意，出兵要我，尽死不疑。不如早去，无住取死。"已亥夜，潜遁。

② 《大唐创业起居注·卷一》：即立自手疏与突厥书，曰："何所闻而来，何所见而去，自去自来，岂非天所为也。我知天意，故不遣追。汝知天意，亦须同我。当今隋国丧乱，苍生困穷，若不救济，终为上天所责。我今大举义兵，欲宁天下，远迎主上还。共突厥和亲，更似开皇之时，岂非好事且今陛下虽失可汗之意，可汗宁忘高祖之恩也若能从我，不侵百姓，征伐所得，子女玉帛，皆可汗有之。必以路远，不能深入，见与和通，坐受宝玩，不劳兵马，亦任可汗。一二便宜，任量取中。"

③ 《新唐书·突厥传》：帝平京师，遂恃功，使者每来多横骄。武德元年，骨咄禄特勒来朝，帝宴太极殿，为奏九部乐，引升御坐。

广我不认可，刘武周我都给他封为'平杨天子'了，我看到那个爱吹牛的杨广就来气，李渊自己要是当天子我们就合作。"①

突厥的表态过来以后李渊据说很痛苦，说我不是这样的人啊，然后底下一群人说你必须当天子，比如兴国寺的私兵就说："你要是不听突厥的建议，我们就不跟你起兵了。"②

裴寂等人最终提了个折中建议：请李渊尊杨广为太上皇，立驻守长安的杨广之孙代王杨侑为皇帝以安隋王室并传檄文到各郡县；另一面则改换旗帜，用红白军旗来安抚突厥，表示我们跟隋不是一码事，以达到两头都糊弄的效果。③

这段晋阳的城下之盟，不管看上去多么软话硬说，表明了两件事：

1. 突厥的军事实力让李渊胆怯，要给突厥巨大分红以换取突厥的支持。

2. 突厥不仅要分红，还要求李渊必须和隋做切割，撕破脸彻底倒向自己，李渊随后高技术含量地两面骑墙。

史书中对于李家创业也有两件事从来说不清楚。

---

① 《大唐创业起居注·卷一》：始毕得书，大喜，其部达官等曰："我知唐公非常人也，果作异常之事。隋主前在雁门，人马甚众，我辈攻之，竟不敢出。太原兵到，我等畏之若神，皆走还也。天将以太原与唐公，必当平定天下。不如从之，以求宝物。但唐公欲迎隋主，共我和好，此语不好，我不能从。隋主为人，我所知悉，若迎来也，即忌唐公，于我旧怨，决相诛伐。唐公以此唤我，我不能去。唐公自作天子，我则从行，觅大勋赏，不避时热。"当日，即以此意作书报帝。

② 《大唐创业起居注·卷一》：兴国寺兵知帝未从突厥所请，往往偶语曰："公若更不从突厥，我亦不能从公。"

③ 《资治通鉴·隋纪八》：寂等乃请尊天子为太上皇，立代王为帝，以安隋室；移檄郡县；改易旗帜，杂用绛白，以示突厥。渊曰："此可谓'掩耳盗钟'，然逼于时事，不得不尔。"乃许之，遣使以此议告突厥。

1. 南下为什么那么顺利?

2. 北面有突厥和突厥立的傀儡刘武周,为什么在他南下的过程中那么安分?

第一战隋崩中我们通过时间轴写清楚了李渊对南下这条线的提前捋顺;上面的内容,则是李渊消除北境后患的方法。

李渊在打仗这方面虽然不怎么像回事,但他柔软的政治身段对李唐脆弱的起步之初堪称关键。时间紧、任务重,以晋阳的粮储和甲胄练成铁军硬杠北部战线绝对没问题,但就会错过南面的摘桃时间了。

李渊传檄的信息中说要立关中的代王为帝,已经很明确知道了他的方向是关中了,就在李渊传檄的同时,遥控指挥家杨广命监门将军庞玉、虎贲郎将霍世举率关内兵救援东都洛阳。

杨广又帮李渊调走了一拨关中的力量。因为李渊的命中贵人瓦岗寨集团要发起第一轮上市冲锋了。

瓦岗寨集团拿下洛口仓,势力大震,李密称魏公后,命刚刚投降过来的裴仁基与孟让率三万多兵袭击,拿下了回洛仓,得到了洛阳门口的关键粮仓。(见图 2-1)

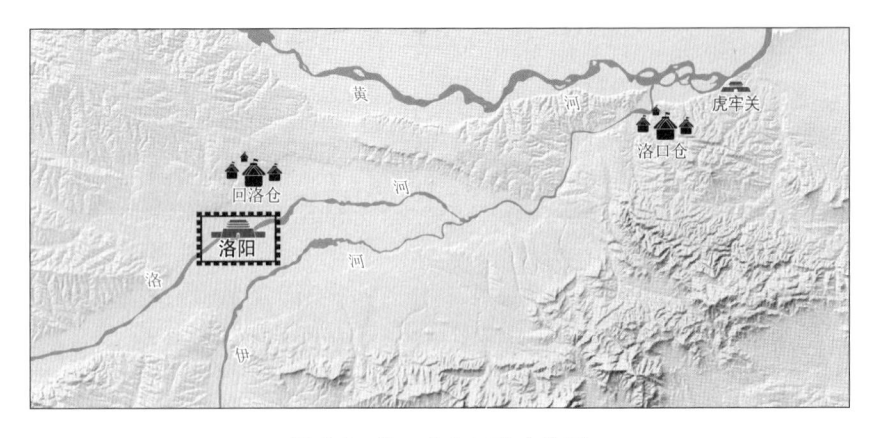

图 2-1 洛口仓和回洛仓位置

裴仁基居然杀入了洛阳，大肆劫掠人口还烧了天津——这个天津，不是今天的天津市而是洛阳禁宫连接洛水南城的桥。（见图2-2）

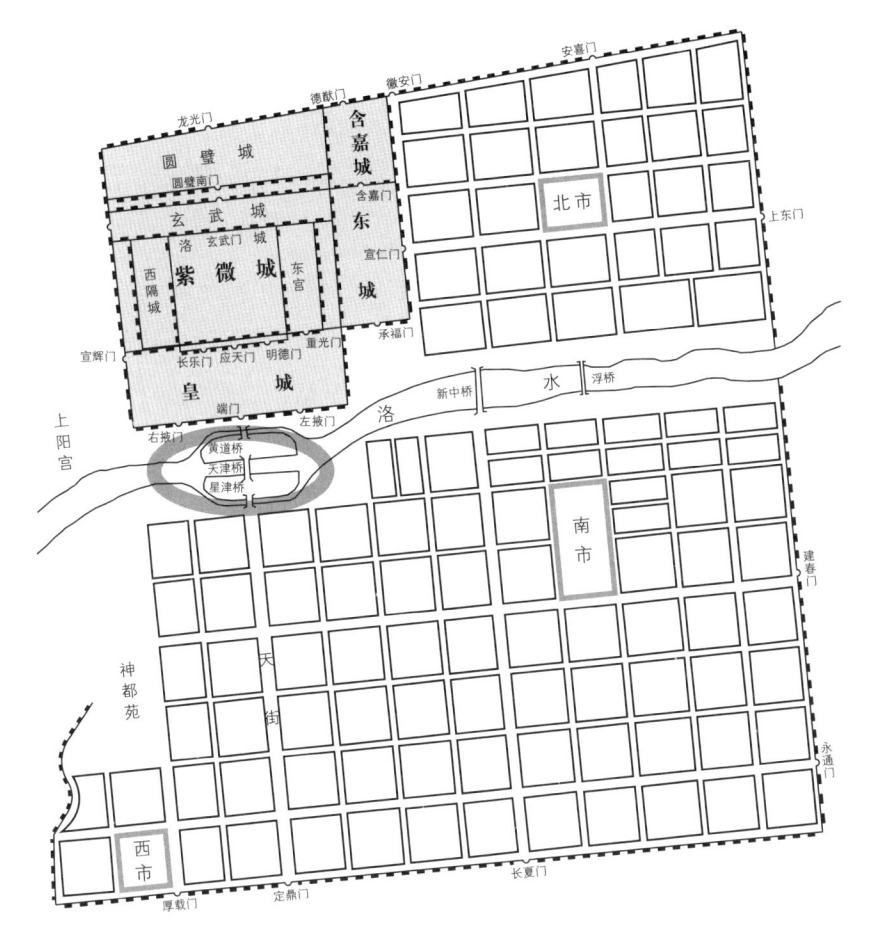

图 2-2 天津桥位置图

但是裴仁基抢得有点儿鲁莽，被洛阳隋军打了埋伏，裴仁基等大败，军司马杨德方战死，裴仁基仅以身免，退回巩县。

李密亲自率兵二万逼近洛阳，隋军派将军段达、虎贲郎将高毗、刘长林等出兵七万，与李密战于北魏洛阳故城。

李密凭借高超战力以少击众打垮了隋军,再度拿下了回洛仓。随后,李密大修营垒威逼洛阳,并写书信给各郡县招降洛阳周边。

在第一轮融资标书中,李密那边也有分歧,柴孝和劝李密道:"秦地有山川之固,秦、汉凭借这里成就帝王基业,您现在应该让翟让守洛口仓,裴柱国守回洛仓,将这两个粮仓控制在咱们手里,您亲自挑选精锐部队向西袭击长安,等拿下关中后再收兵向东平定河洛地区,传檄各地而天下可定。"

李密得到了和他当年给杨玄感一样的建议,但他当了家以后发现去关中根本没那么轻松,开始考虑最重要的人事问题:手下这些人都是关东人,而且匪盗出身者居多,绝大多数人更是一辈子都没出过郡,眼界没那么高,毕竟自己只是刚刚被推举为盟主,自己最硬的实力是那句虚无缥缈的谶语,想要扩大指挥权和威信,需要更大的军功和更多的利益收买。

李密当然知道关中好,知道拿下关中后各方面的难度都会小很多,不然他当初不会那样劝杨玄感,但他现在也是没有办法。他说:"这确实是上策,现在隋失天下,群雄逐鹿,咱们要是不早点儿抢关中让别人占了先手就晚了,但我的部下都是关东人,没看到洛阳拿下怎么可能跟我去关中?"

李密开始加大马力轰击洛阳,此时他带兵的水平已经相当高了。瓦岗军战力凶猛,李密还经常亲自杀入洛阳诸苑和隋军交战,结果在一次捋胳膊上的过程中,他被流箭射中了。

五月二十八,洛阳在得到了关中兵的支援后派段达和庞玉等趁夜出兵在回洛仓西北列阵,受伤的李密与裴仁基率兵出战被击败,人马被杀伤大半,李密放弃回洛仓逃往洛口仓,洛阳战场陷入拉锯。

时间来到六月,李建成、李元吉和李渊的女婿柴绍等骨干来到了晋阳。

六月初五，李渊命李建成和李世民带兵进攻西河郡（治所今山西介休），拿下了这个太原盆地南下的钥匙之地。

此时因为一切草创，李渊还没给李建成和李世民封正式名号，全军都称两位小公子为大郎、二郎。①

和某本名著很像，二郎很能打，大郎结局比较悲催。

临走之前，李渊对两个儿子说："你们还年轻，之前没干过这种大事，我要先以此郡看看你们是不是这块料，这里一切行动都听你们两个的，好好干吧！"

李建成和李世民考虑到这里的兵都是新征的，决定一切从严以军法为准。两兄弟以身作则和将士们同甘苦，共休息，沿路道旁的蔬菜瓜果不是买的不准吃，兵士有偷吃的立刻找物主赔偿，也不追责士兵，反正就是本着谁也不敢得罪的思路让兵民全部开心。

唐军到达西河城下后，城外百姓没来得及跑回去想要入城的，无论男女老幼全部放行，李家兄弟更是不穿铠甲就去城下表明政策。

这在大业年间实在是比较罕见，那时要么是官看谁都像反贼，要么是"好汉们"入城人畜皆灭。城内军民见唐军宽容至此都感动坏了，只有郡丞高德儒死活不合作。

六月初十，唐军攻城，西河郡司法书佐朱知瑾等将高德儒押到军营门口，李家兄弟陈数其罪状后杀了高德儒，之后对西河郡上下秋毫无犯，抚慰吏民各复其业，来回仅用九天时间就搞定了西河郡并树立了极好的品牌效应。

---

① 《大唐创业起居注·卷一》：时文武官人并未署置，军中以次第呼太子、秦王为大郎、二郎焉。

李渊看着两个儿子太高兴了，认为他们"识大体，有成本思维，把我这精髓都学走了"，当天定了入关之策。

我们来看一下李渊手中的创业资本有多么的雄厚，裴寂给他渊哥开了晋阳宫的仓库门："及义兵起，寂进宫女五百人，并上米九万斛、杂彩五万段、甲四十万领，以供军用。"

准确地说，李渊应该感谢他的鸵鸟大表弟杨广。

整个晋阳宫的储粮是个什么概念呢？

李元吉在两年后把太原郡丢了，李渊骂街时漏了太原的家底：晋阳有强兵数万，粮食够吃十年的。①

大家看看杨家父子把天下搜刮到了什么地步。再看看裴寂拿出来的那四十万领铠甲，这是什么概念啊！有一个算一个，李家的步兵瞬间就升级成顶配了。

因为李渊，李世民的青春没有蹉跎；因为杨广，李渊的起步就是李云龙到死都不敢想的富裕仗。

李渊开仓赈济贫民募兵，将募兵分为三军，裴寂等给李渊上尊号为大将军。

六月十四，李渊置大将军府，任命裴寂为长史，刘文静为司马，唐俭和写《大唐创业起居注》的温大雅为记室，温大雅与其弟温大有共掌机密。李渊又封世子李建成为陇西公、左领军大都督，左三统军由他统辖，封李世民为敦煌公，右领军大都督，右三统军归他统辖，二人各设置官府僚属。

---

① 《旧唐书·巢王元吉传》：高祖怒甚，谓礼部尚书李纲曰："元吉幼小，未习时事，故遣窦诞、宇文歆辅之。强兵数万，食支十年，起义兴运之基，一朝而弃。宇文歆首画此计，我当斩之。"

李渊任命柴绍为右领军府长史，刘政会和崔善为、张道源为户曹，殷开山为府掾，长孙顺德、刘弘基、窦琮、王长谐、姜宝谊、阳屯为左、右统军，其余的文武僚佐都按照才能授予官职。

李渊起兵的时候，还任命了一个叫武士彟的人为铠曹。所谓铠曹就是专门掌管铠甲兵仗的。为什么挑这个武士彟呢？

因为武士彟是并州文水的大户，"家富于财，颇好交结"，跟李渊是政商关系，在《旧唐书·则天皇后本纪》中说过这么一段他和李渊的关系："高祖行军于汾、晋，每休止其家。"

管甲兵这事绝对是军需中的重中之重，这个人和李渊关系绝对不浅。

李渊建唐后专门对十七个太原功臣进行了免死级别的封赏，其中就有这个武士彟，后面有人检举扫平东南的李孝恭要造反时，李渊在权力不断被李世民吃掉的局面下专门派武士彟去接手扬州都督府长史。[①]

武士彟大概率是李渊的嫡系。但是，如果我们看《旧唐书》中武士彟的本传，里面还说这小子是杨广的特务王威的间谍呢。[②]

《旧唐书》为什么要这么写呢？

因为武士彟此去得富贵后生了个女儿，这个女儿做出了些"小成绩"，成为后世帝王、权臣口中的妖后。本着"老子反动儿混蛋"的原则，武士彟在史论中肯定不能是什么好人，至少拥立李唐动机存疑。

在李渊安排完初期创业团队人事任命的同时，突厥派大使康鞘利

---

① 《册府元龟·牧守部》：唐武士彟，武德末判六尚书事，扬州有人告赵郡王孝恭有变，追入京，属吏，高祖令士彟驰驿，检校扬州都督府长史。

② 《旧唐书·武士彟传》及平京师，乃自说云："尝梦高祖入西京，升为天子。"高祖哂之曰："汝王威之党也。以汝能谏止弘基等，微心可录，故加酬效；今见事成，乃说迂诞而取媚也？"

第2战 大唐创业起居注 | 157

等人带着一千匹马到李渊这边开展互市交易，并表态可以发兵帮李渊入关，人数方面由李渊定。

六月十八，李渊正式会见了康鞘利等突厥高官，接受了始毕可汗的书信，姿态低得极其到位，赠给康鞘利等大使的礼物也很丰厚。

李渊只挑了五百匹良马就说先这样吧，表现得比较小家子气。他身边的其他人说剩下的我们凑钱买吧，李渊对他们说："胡人马多贪利，他们会不断送马来的，你到时都能吃掉吗？况且咱们都吃掉了会招贼惦记的，我少买的原因就是向他们表示我穷，而且目前也不急用，先压压价，这事属于大宗交易，肯定是我出钱给大家配马，大家千万别自己掏腰包。"

康鞘利回北境时李渊命刘文静出使突厥请求发兵，他私下对刘文静说："胡骑入中国是百姓大害，我之所以要突厥人发兵是为了震慑刘武周，而且我们只是要个突厥参股的名头，几百人就够了，千万别给我弄一堆突厥外援来。"[①]

李渊这辈子在算计成本和防范制衡上其实相当老道，包括后来对自己二儿子下手时也是从来不含糊，每个算计都挺狠辣的，但只有大家记住了此时这个工于心计的李渊的模样，才会知道那个关于创业的永恒命题有多么重要：天下一定要自己打下来！

所有的组织架构，只有在自己亲自领导的一次次战役过程中才能如臂使指地夯实。玩心眼和搞心计没问题，但这些在开国创业时真的不适用。

---

① 《大唐创业起居注·卷一》：静辞，帝私诫之曰："胡兵相送，天所遣来，敬烦天心，欲存民命。突厥多来，民无存理。数百之外，无所用之。所防者，恐武周引为边患。又胡马牧放，不烦粟草。取其声势，以怀远人。公宜体之，不须多也。"

在李渊做好所有准备的同时，他的恩人大表弟杨广又给他送礼来了。

六月十七，李密养好伤后卷土重来与隋军在平乐园大战。李密布置左阵为骑兵，右阵为步兵，中间列强弩阵，一通大战后洛阳隋军大败，李密夺回了回洛仓再次把战线推到了洛阳城下。

短短几个月，李密已经把洛阳的底子和关中的援军消耗得差不多了。

七月，杨广打出了自己手上除保护自己的骁果军之外的最后几张能打的牌，命令江都通守王世充率江、淮精兵，将军王隆率邛都黄蛮，河北讨捕大使韦霁、河南讨捕大使王辩等各率军队，一同去洛阳围剿李密。

至此，能打的"密师傅"吸引走了大隋烂船最后三斤钉的所有机动火力。

七月初四，李渊任李元吉为太原太守留守晋阳宫，总统后方一切事务。

七月初五，李渊率甲士三万人誓师后从晋阳出发，正式出征。

出征后，李渊再次给李建成和李世民上政治思想课："天下神器，圣人大宝，非符命所属，大功济世，不可妄居。所以纳揆试艰，虞登帝位；栉风沐雨，夏会诸侯。自时厥后，膺图甚众。启基创业，未有无功而得帝王者也。吾生自公宫，长于贵戚，牧州典郡，少年所为，晏乐从容，欢娱事极。饥寒贱役，见而未经，险阻艰难，闻而不冒。在兹行也，并欲备尝。如弗躬亲，恐违天旨。尔等从吾，勿欲懈怠。今欲不言而治，故无所尤，庶愚者悦我宽容，智者惭而改过。"

李渊说啊，天下神器，圣人大宝，不是天命所属和大功济世是不可妄居的，自古启基创业没有无功而得帝王的，我生自公宫，长于贵戚，一路牧州典郡没受过什么罪，现在创业了咱们一定得吃苦躬亲，不能触怒上天，你们跟我创业千万不能懈怠。

我为什么要放出这段呢？

因为时年五十二岁的李渊什么道理都懂，他是明白"启基创业，未有无功而得帝王者也"的道理的，但这个道理他最多只记住了一年。

这位一辈子顺风顺水的天选老大爷接收了太多命运的馈赠。但所有命运馈赠的礼物，都已暗中都标好了价格。

倒是此时听他训话的那个二儿子，牢牢地把这个道理记了一辈子。

如弗躬亲，恐违天旨！

启基创业，未有无功而得帝王者也！

三、李渊，纵享丝滑

617年七月初五，大唐正式迈出了第一步，李渊起兵南下。

七月初八，李渊到了西河郡，慰劳官吏百姓赈济贫民。

李渊展现出了三十年官僚的极强签字能力，既展示统筹能力又展示人事任命能力，给所有来归附的豪强俊杰都安排了官职，一边询问来人的才能功劳一边授予官职等级，一天就任命官员一千余人，这都谈不上狗尾续貂了，李渊封的官就是一张张纸。[1]

作为山西官场通货膨胀的制造者，李渊本着各位小弟别挡道的宗旨南下，封官几乎签发了一路。

如今天下已经崩了，杨广又先后调了两拨关中军支援洛阳，此时关中河东战区将仅存的那点儿实力一处布置在了霍邑（今山西霍州），

---

[1]《大唐创业起居注·卷二》：自外当土豪隽，以资除授各有差。官之大小，并帝自手注，量才叙效，咸得厥宜。口问功能，笔不停辍，所司唯给告身而已，尔后遂为恒式。帝特善书，工而且疾，真草不拘常体，而草迹韶媚可爱。尝一日注授千许人官，更案遇得好纸，走笔若飞，食顷而讫。得官人等不敢取告符，乞宝神笔之迹，遂各分所授官名而去。

另一处守在了河东。

霍邑西北是汾水，东拒太岳山，为南下守险重镇；河东城（蒲坂）就更不必说了，是关中与河东的渡河交界处，老景点了。这两个地方在哪里呢？

这两处布置得挺聪明的，是李渊这些年没去过的地方。（见图2-3）

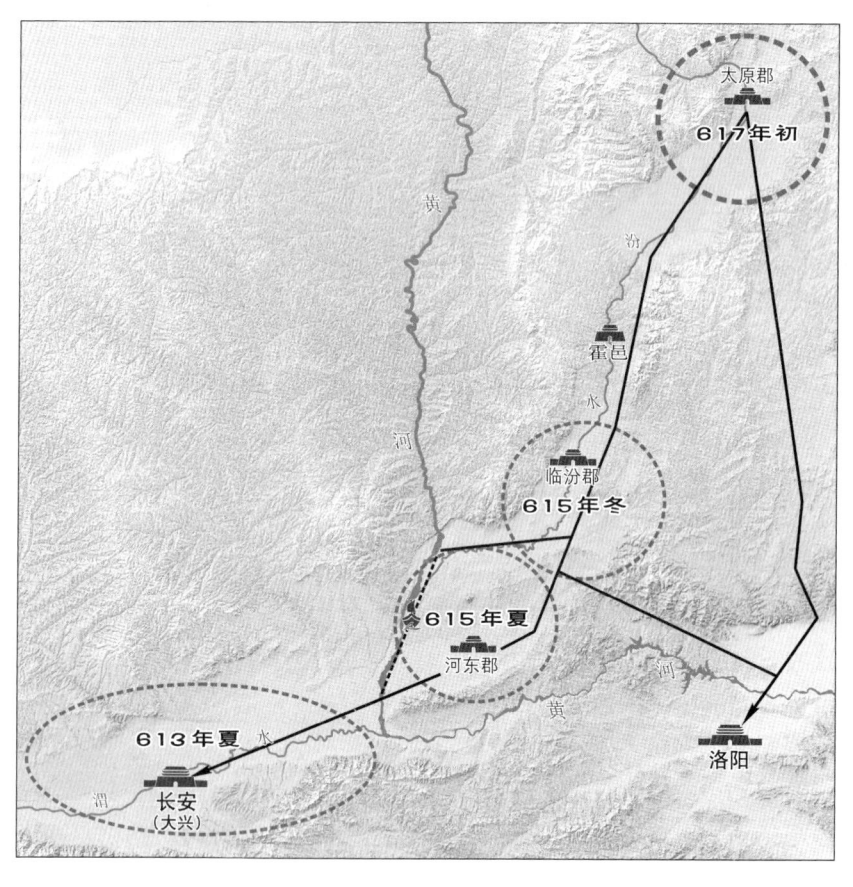

图 2-3　霍邑位置图

西京留守的代王杨侑遣虎牙郎将宋老生率两万精兵据守霍邑，又遣左武候大将军屈突通率数万骁果军据河东城，并命临汾以东诸郡受宋老生和屈突通征发。

老天已经把李渊的难度给降到最低了，要知道从太原南下这一路可阻击的险阻特别多，当年北周、北齐可是拉锯了多少年都没结果的。

大家还记得本系列书之《南北归一》中的"高欢快乐城"玉壁吗？还有里面提到的河东地区阻击北军的黄金天险——峨眉台地。

汾水经太原盆地一路南下后本来应该继续往南走的，但它遇到了一片连绵高山，叫作峨眉台地。（见图2-4）

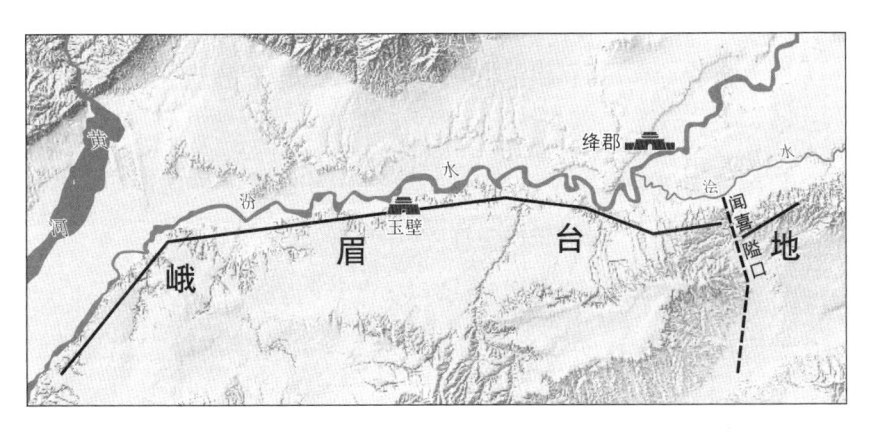

图2-4 峨眉台地示意图

峨眉台地的边缘受流水侵蚀和河流冲刷形成了陡峻的黄土断崖和冲沟，沿河断崖大多在五十米以上。

以后李世民阻击宋金刚时虽然没在玉壁而选在了更东面的柏壁，但本质上也是依靠峨眉台地，到后面我们再分析为什么李世民往前挪的原因。

总之，真要是有重兵堵在这里的话是打不动的，当年高欢第二次拼命攻打了五十多天死了七万人，最后活活把自己给气死了仍然没打下来。

峨眉台地的存在也是为什么自古河东这个钱袋子永远跟关中绑在一起的原因。别看隔着一道黄河，但二者属于一个地理单元。

听着挺绝望的是吧？但李渊前几年最下功夫的地方就是这里。

李渊不久前在绛州，也就是北军南下分叉路那地方，他在那里纠正过前任樊子盖的暴力执法，安抚过民心，前后降者数万人。

李渊李青天面前这张"考卷"，他写出自己名字就能有八十分，但在霍邑这个唯一的考点前，还是出现了些插曲。

七月十四，估计是老天看躺一辈子的李渊太顺了，给他安排下了场大雨，唐军被绊在了在距霍邑五十余里的贾胡堡。然后，大雨下的是没完没了。

道路被大雨给损毁了，李渊无法进军，于是派府佐沈叔安等率老弱兵回太原去运一个月的粮准备打持久战了。[①]

大雨中，李渊收到了李密的联盟书信。

此时，"天下第一风头"李密想当盟主，他对李渊说："我们虽然家支派系不同，但都是李姓，我没什么本事现在却被天下英雄共推为盟主，希望咱们兄弟互相扶持，同心协力，完成伐纣灭秦的大业。"

李密希望李渊能以步骑数千亲自到河内面结盟约，李渊收到信后笑道："李密妄自尊大，咱们现在的目标是关中，要是不搭理他就是多了个敌人，不如给他捧起来，让他帮咱们牵制东都之兵，方便咱们西征，等关中平定，据险养兵，静看鹬蚌相争我们好渔翁得利。"

李渊让温大雅回信道："我老了，已经五十多岁了，过了知天命的岁数，没那么多想法了，很荣幸能拥戴您，希望您早应图谶安定万民。

---

① 《大唐创业起居注·卷二》：于时秋霖未止，道路泥深。帝乃命府佐沈叔安、崔善为等，间遣羸兵往太原，更运一月粮，以待开霁。

您是宗盟之长，您'徒何李'是天命李，我这'大野李'的户籍将来希望您能赏脸给一起合并了，您将来还把我封到唐地我就很感恩了，像武王伐纣这事我是不敢说的，至于灭秦这事我也还得听您的安排，汾晋一带现在很乱，打不动啊，我得慢慢招顺，亲自会盟这事咱们再往后推推吧。"

李密得知李渊不仅不会成为北方的威胁还对他低下了头后大喜，他得到了最想要的政治光芒来帮他震慑并招顺瓦岗寨内部庞杂的派系。

李密把李渊的回信给手下将佐都看了一遍道："唐公也推举我，天下很容易就平定了！"自此双方信使往来不绝。

七月十八，李渊会见了始毕可汗派来的大使，大使表示刘文静已经和突厥正式签订了唐突互不侵犯条约，并在补充合同上约定了："长安的百姓土地归唐公，金玉绫罗归突厥，出兵这事始毕可汗已经批了，兵员已经上路了。"

雨下起来没完没了，唐军已经缺粮了。在出兵前的六月二十六，李渊就派了刘文静去突厥搞外交，二十多天后的七月十八突厥才派来了一个表态出兵的大使，时间有点儿久，而且刘文静本人又没能亲自确认突厥出兵的真实性，军中开始有流言说突厥与刘武周乘虚袭击了晋阳。

面对浮动的军心，李渊召集众将开会。在新旧两唐书中记载，以裴寂为首的大部分官员都说现在敌人据险不好打，咱们的主力军家眷都在太原，回去救根本吧！

此时唐军行军九天，刚走了二百四十里，大雨下了不到一周，有些人开始打退堂鼓了。然后，李世民挽救大唐的事业来了。

众人皆醉李世民独醒地说："咱们兴大义，奋不顾身为的是救苍生，应当先入咸阳号令天下。现在遇到这么点儿困难就想回去保卫一个区区的太原，刚募的兵就该迅速解体了，那时咱们就成贼了。"

第2战 大唐创业起居注 | 165

为了讽刺李渊,《资治通鉴》中甚至很罕见地让李建成也当了一回人,写"李建成亦以为然",大郎和李世民看法一致,但李渊不听。

李渊下令撤军后睡觉去了,李世民在他爹军帐外号哭,注意是号哭,最终给李渊哭明白了。①

李建成李世民兄弟随后把已经开拔的部队追了回来。

其实在《大唐创业起居注》里,并没有李渊撤军这事,在参谋会上李渊就拍板要等下去了,这事纯属书生们为了败坏李渊和裴寂而加戏。

说实话,这段戏加得有种最狂热的粉丝成了最牛黑粉的感觉,把军神写成傻小子了。最基本的,李世民是不可能在军中大哭来劝他爹的。他就算闯进去拿刀架他爹脖子上也不会在军营外大哭去哭醒李渊,因为军中主帅大哭是兵家大忌。

大头兵们是不会知道李世民为什么哭的,要是真那样军心早就崩溃了。而且,即便李渊下令撤军后再喊回来,军心还是崩溃的,大雨中来回"拉抽屉",一会儿说这一会儿说那,兵就没法带了。

从最开始,就是只能等下去。

七月二十八,太原运粮队到了,大家也知道了太原什么事都没有。不论是管饱还是塌心,全齐了。

八月初一,连下了半个月的雨停了。

八月初二,李渊命部队晾晒行装,整理铠甲兵器。

八月初三清晨,李渊率军走山脚小路行军七十余里在未时(下午

---

① 《旧唐书·太宗本纪》:高祖不纳,促令引发。太宗遂号泣于外,声闻帐中。高祖召问其故,对曰:"今兵以义动,进战则必克,退还则必散。众散于前,敌乘于后,死亡须臾而至,是以悲耳。"高祖乃悟而止。

一点至三点）直抵霍邑。

李渊和数百骑兵先到霍邑城东几里等待步兵，派李建成和李世民率数十骑兵到城下巡视城防，李渊一边将自己这几百骑兵分为十余队从城东南向西南，各种比画假装攻城，一边遣殷开山召集马步兵等后军。

隋将宋老生在城上远远看见唐军的后军欲来，于是从南门、东门两道派兵出城打算先摆阵打对方一个立足未稳。

李渊担心宋老生背城不肯远斗，于是下令前面假装攻城的士兵往回跑，宋老生以为唐军怕了，带兵前进离城一里多列阵。

很快殷开山召集的后军赶到了，前军统列方阵对上了宋老生中军，后军相继而至。

与此同时，李渊命李建成率左军断霍邑东门后路，李世民率右军断南门后路，李渊则在主战场开战后下令全军大喊宋老生已经被杀，隋军军阵开始溃败。[1]

大家看到了吧，主将宋老生仅仅是被谣传死了，隋军的士气就崩了，更别提李世民大半夜在军营里号哭了。

隋军乱后唐军紧紧咬住败兵追击，由于李世民和李建成往城门冲，霍邑城内在宋老生出兵后关了城门，因此宋老生也没能及时逃回城里。

看到宋老生没死，城上人扔下绳子，宋老生准备攀绳而上，结果爬了一丈多被唐军军头卢君谔所部的跳高冠军砍死了。

由于霍邑关了城门，城外没有士气已经乱了的隋军被唐军团灭，打扫完城外战场后唐军乘胜势展开攻城，自申时打到酉时，霍邑被

---

[1] 《大唐创业起居注·卷二》：未及战，帝命大郎、二郎依前部分，驰而向门。义兵齐呼而前，红尘暗合，鼓未及动，锋刃已交，响若山崩，城楼皆振。帝乃传言已斩宋老生，所部众闻而大乱，舍仗而走。

攻克。

战后李渊论功行赏当天兑现奖励，并且表明："即便是以奴隶身份应募的有功之兵也和良民一个待遇，战场上谁比谁高贵多少？我只认军功！"①

"签名之神"李渊再次展示了思想统一大法。

八月初四，李渊接见霍邑吏民，慰劳赏赐同西河郡一样，并挑选霍邑壮丁从军，关中军士要回乡的都授五品散官，让他们回去帮着自己宣传宽大政策。随后，李渊以原本的官员之礼安葬了宋老生，表示并不会把和隋朝旧有官僚体制的关系走死了，我李渊也是端过大隋三十年饭碗的人，咱们可都是一家子。

有人认为李渊授官太多了，李渊说："隋氏吝惜勋位赏赐因而失去人心，是拿官职收拢众人合适还是用武力一个个打合适？"

李渊心说，我南下就干三件事——团结一切可团结的人、团结一切可团结的人、还是团结一切可团结的人！我现在干的是有今天没明天的造反的事，反正眼前封官许愿又不花我的钱！

霍邑之战如同一个名片，给整个山西大地传播了两件事：

1. 唐军能打。

2. 唐军做大蛋糕是为了分蛋糕，是合作者不是掠夺者。

此战过后李渊继续加大马力，只要是还没归附自己的全部派出慰问团，无论是各村镇还是各坞堡，只要来了，李渊就封官许愿给待遇表

---

① 《大唐创业起居注·卷二》：事不逾日，惟有徒隶一色，勋司疑请，教曰："义兵取人，山藏海纳，逮乎徒隶，亦无弃者。及著勋绩，所司致疑，览其所请，可为太息。岂有矢石之间，不辩贵贱，庸勋之次，便有等差。以此论功，将何以劝。黥而为王，亦何妨也。赏宜从重，吾其与之。诸部曲及徒隶征战有功勋者，并从本色勋授。"

示赶紧给我拉人去。①

李渊更是以他大表弟杨广为反面典型给自己宣传:"不吝爵赏因此汉氏以兴,我绝对向榜样看齐来扬我唐之盛德!天下之利,义无独飨!天下都抬举我投奔我,难道不是因为隋氏只知道自家享乐不顾大家死活吗?当年雁门被突厥围困,杨广当时许诺活下来就都是兄弟,结果兑付时却不给之前承诺的大夫,只加一个小尉,隋到今天都是如此,我绝对以此为戒。我是胸怀天下的,请大家监督我。"

唐公来啦,山西太平啦!唐公来啦,青天就有啦!

无论李世民多么能打,他这一年才二十岁。

很多时候,有些事只有特定的岁数才能发挥出威力,李渊作为忠厚长者的形象散温暖就会让人产生归心效果。

二十岁的小年轻可以做霍去病,在战场上成为杀星战神,但却起不到霍光那种举重若轻稳定朝堂的作用。李世民跟将士们在一场场尸山血海后培养出来军威和感情没问题,但让两支原本没基础的势力完成利益捆绑,五十二岁为人厚道的李渊明显更会是那个黏合剂。

与之形成鲜明对比的,是李渊的时空竞争者——陇西薛举。

八月,李渊在霍邑打开局面后,薛举在金城(今甘肃兰州西固区)自称秦帝,遣其子薛仁杲率兵拿下天水后迁都于此。

薛举本是河东汾阴人,也就是"五胡"时代大名鼎鼎的汾阴薛氏,他随其父薛汪徙居到了金城。薛举容貌魁梧雄壮,骁勇善射,凭家财巨万结交边地豪杰,雄于边朔,在西北地区相当有威望。

---

① 《大唐创业起居注·卷二》:自是以后,未归附者,无问乡村堡坞,贤愚贵贱,咸遣书招慰之,无有不至。其来诣军者,帝并节级授朝散大夫以上官。至于逸民道士,亦请效力。

这个开场节奏非常像一个死了四百多年的陇西老前辈——董卓。

大业末年，薛举任金城府校尉，就在李渊起兵三个月前的四月，陇西也变成了各路土匪的乐园，金城县令郝瑗招募兵卒数千分发铠甲，任薛举为将，大集官民准备打响陇西剿匪第一枪。结果薛举带着他儿子薛仁杲和其党众在动员会上劫了郝瑗，囚禁郡县官员，开仓散粮招兵自称西秦霸王，建年号为"秦兴"。

很快这位西秦霸王凭借着多年雄于边朔的口碑得到了大量陇西反叛势力的归附，薛举招附群盗，劫掠官马，一路兵锋甚锐，所至之处城无不克。

陇西也靠着杨广给攒的粮食、铠甲和官马造反了。

自古造反的势力最头疼的就是粮食和军械，但在大业末年这都不叫事，全国各地的造反势力打劫官署，装备充沛，守着官仓吃得满面红光。

此时隋将皇甫绾率兵一万屯驻枹罕（今甘肃临夏），薛举选两千精兵前往袭击，与皇甫绾在赤岸相遇。

双方交战前刮风下雨，最开始薛举逆风时皇甫绾贻误战机没出击，结果没多久风向反转，天色昏暗，薛举亲自骑马发起冲锋，皇甫绾兵败而逃，薛举乘势攻陷枹罕。岷山羌人钟利俗率众两万归降，薛举就此兵势大振，又攻取了鄯、廓二州之地，短短时间尽据陇西之地，拥兵十三万。

薛举不仅自己骁勇无敌，其子薛仁杲也多力善骑射，军中号称万人敌，但薛仁杲性贪好杀，攻下天水后把富人全抓起来倒吊着用醋灌鼻子逼他们交钱。

薛举比李渊能打很多倍，李世民这辈子吃过的唯一一次败仗就是在和薛举的对战中，但薛举踏足陇西之外的每一片土地也都不会轻松。

薛氏父子，让陇西南北都高度警惕了起来。

在河西走廊的第一站武威，家富好任侠的武威鹰扬府司马李轨听说薛举在金城作乱后，与同郡曹珍、关谨、梁硕等谋划：现在薛举侵暴，郡官根本没本事抵御，咱们不能束手待毙让流贼们把咱们的基业毁掉，不如合力拒敌保据河右以待天下之变。

大家都同意李轨的意见，然后开始推选首领，但没人肯当，最终曹珍说："久闻图谶李氏当王，现在李轨是倡导者，估计是天意。"河西走廊集团就此推举了李轨为主事人。

继李密、李渊后，又一个"小李子"蹭着谶语的流量开张了。

李轨命令安修仁召集各部落胡人，自己结交民间豪杰共同起兵，自称河西大凉王。

李轨被河西推举出来后，很快迎来了薛举的北上进攻。薛举派部将常仲兴渡黄河进攻李轨，双方在昌松交战，常仲兴被打得全军覆没，战后李轨力排众议放走全部俘虏，表示不要激怒薛举，并且抓紧时间进攻张掖、敦煌等地，不久河西走廊全部被李轨纳入势力范围。

薛举北上的同时还派次子薛仁越攻掠河池郡（今陕西宝鸡凤县凤州镇），准备打开入关中的滩头阵地，结果被河池太守萧瑀击退。

萧瑀的亲姐姐是杨广的皇后，他的媳妇是独孤伽罗的侄女、李渊的表妹。萧瑀的上一个岗位，是大隋的内史侍郎。他是因为实在看不过去他姐夫了，所以被贬到了河池。这位河池太守可不会跟薛家这种"再世董卓"合作，他有他要等的人。

薛家的箭头只有薛举和薛仁杲，因为两方向受阻，薛举选择了在他的新都天水先歇两天，他还不知道此时自己错过了怎样的窗口期。

其实李渊被封到太原也不过半年时间，但他在北面危机重重的情况下思路相当清晰地选择了南下而不是稳固太原大本营，薛举却没有一鼓作气地冲下陇山。更准确点儿说，他冲下来也没有用。因为三秦父老对李渊属于半卖半送地翘首期盼，所以关中是永远地离薛举而去了。

八月初八，唐军入临汾郡，如霍邑一样地劳抚任用郡内官民。

临汾郡的治所平阳堪称前面北周、北齐对峙时的著名古战场，此时已经没有任何抵抗力量了。

八月十二，唐军宿于绛郡西北十余里的鼓山（今山西运城新绛县西北）。

八月十三，唐军兵临绛城遇到了抵抗，没费太大劲，天亮后就拿下了，绛城通守陈叔达率全体官吏面缚请罪，李渊继续大度放过。

至此，李渊已经走通了整个晋南通道，并于八月十五到达了龙门对望关中。（见图 2-5）

如果不算中间十六天的大雨，李渊仅仅花了二十四天就来到了黄河边。这个时候刘文静带着康鞘利和五百突厥兵及两千匹马终于到了。[①]

六月二十六刘文静就去突厥了，七月十八突厥就说发兵了，但中秋了突厥才到，这是什么意思呢？

还是游牧民族的基因底色，别指望突厥雪中送炭，他们永远是锦上添花，等确定赢了才参股。

李渊没计较这些，而是夸刘文静："兵少马多，安抚住了突厥还调来了招牌，这都是你的功劳。"

李渊都到龙门了，他的团队中又怎么能少得了此地的世代地头蛇薛氏呢！汾阴薛氏的薛大鼎他爹薛粹在杨坚时代任介州长史，后来在杨

[①]《大唐创业起居注·卷二》：癸巳，至于龙门县。刘文静、康鞘利等来自北蕃。突厥五百人，马二千足，从鞘利等至。

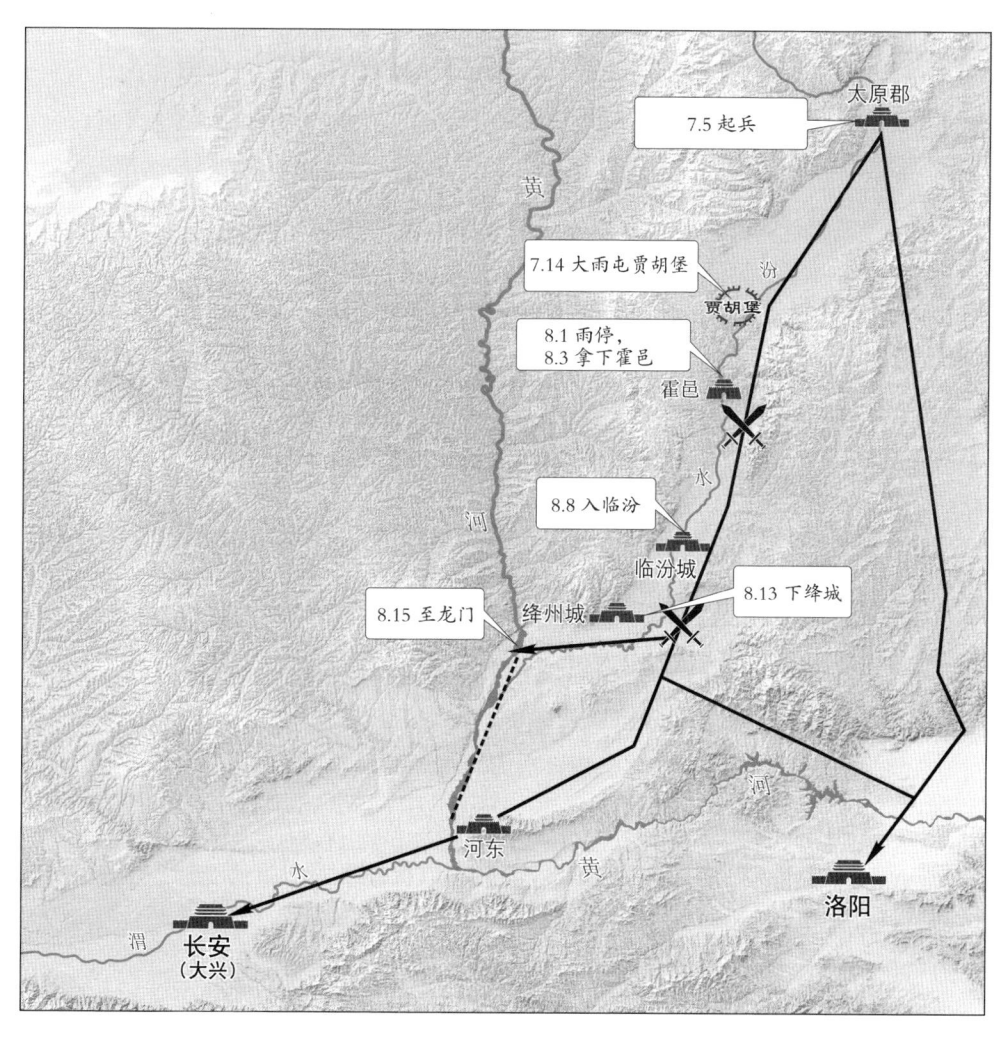

图 2-5　李渊南下示意图

坚死后因杨谅谋反受牵连被杀，薛大鼎也被卖为"官奴"，后来他当兵立了战功才回到家乡。

对杨广有刻骨仇恨的薛大鼎面临又一次的站队问题时，再次反杨广力挺李渊。薛大鼎加盟后劝李渊道："您现在不要进攻河东城，可从龙门直渡黄河占领永丰仓然后向各地传布檄文，关中地区便坐等可取了。"

李渊觉得他说得对，但诸将都请求先攻河东，李渊于是先任命薛大鼎为大将军府掾表示你是我的自己人了，你说得有理，我还是站你这边的。

河东县户曹任瑰对李渊说："关中豪杰都盼着您呢！我在冯翊郡多年，了解当地豪杰，特请去宣召他们，他们一定跟着来投奔您，到时候咱们义军从梁山（今陕西韩城西北）渡黄河直指韩城，逼郃阳，萧造这些地方官员必定望风归降，孙华这些地方武装也会响应，然后大军鼓行而进直据永丰仓，虽然暂时还没得到长安但关中就基本稳定了。"

李渊大悦，任命任瑰为银青光禄大夫去冯翊郡搞招降工作。

当时关中各反隋势力以孙华最强，所部强兵数千，经过多年劫掠部曲富实，在渭水以北算是头号势力，李渊如果西进登陆这是一股必须要重视的势力。

八月十八，李渊到达汾阴后遣书信招抚孙华，李渊信刚到孙华就归附了。

八月二十，李渊进军到壶口，当地民间每天向李渊献船的就有一百多人，于是李渊开始设置水军。[①]

当地为什么要争着献物献船？这是因为已经形成预期了，李渊肯

[①] 《资治通鉴·隋纪八》：己亥，渊进军壶口，河滨之民献舟者日以百数，仍置水军。

定是拿下关中了，李渊也肯定不会白要东西的，现在这么做就叫入股。

将来在大唐的秩序下，会打破大隋的一家独大的户籍制度，占据地方优势生态位的人将会往豪族模式进化。已经细化到毛细血管的大隋户籍制度，此时成为李渊重新裂土封侯的关键时代背景，李渊这一路就是在拿本来不属于自己的大隋账本去慷他人之慨。

八月二十四，孙华轻骑渡黄河来拜见李渊，李渊厚加抚遇，封其为左光禄大夫、武乡县公，任冯翊太守，孙华手下的官员职位李渊则让他回去自己封，并赏赐了丰厚的物品。

李渊将孙华这个冯翊土皇帝的待遇官方明确化，杨广不舍得给的都被李渊送人了。总之，李渊就是全心全意地帮他表哥分家产好让自己赢得拥护。

李渊命孙华先渡黄河为大唐西道主人宣传李渊的大气，又派遣左、右统军王长谐、刘弘基及左领军长史陈演寿、金紫光禄大夫史大奈率步骑六千人从梁山渡河扎营在河西正式开辟滩头阵地。

唐军登陆后仍然是招降信先行，韩城投降。

最开始王长谐、刘弘基、陈演寿渡河时李渊曾告诫他们："屈突通如今在河东还有不少精兵，与我军相隔五十多里却不敢来战，证明他的军心和人情已经不能为他所用了。你们过了河要当心这小子偷袭，他要是不入关，河东自然归我，他要是分兵袭击你们我就攻打河东，他要是全兵守城你们就毁了蒲津渡浮桥彻底给他孤立在河东。"

屈突通此时控制着过黄河的浮桥，派虎牙郎将桑显和率数千骁果军渡河夜袭唐军营地。最初王长谐等交战不利，但孙华和史大奈用游骑从后面袭击逆转战局，桑显和大败，唐军追奔至于饮马泉斩首千余，桑显和匆忙逃入河东城自己撤断了蒲津桥。

看到跟河对岸断了联系，九月初八，冯翊太守萧造向李渊投降。

九月初十，李渊统率各军包围河东城，屈突通闭城拒守。李渊分遣李建成、李世民和裴寂各守一面，自己亲自登上城东原向西望城内，发现河东城高险峻，不容易打。

李渊看到士气高昂，就派了千余人的敢死队试着打了打南城，但天空忽然下起大雨，李渊下令撤回来，表示这城不能硬来，先围着。

看到河东城的守将连浮桥都毁断了，朝邑县法曹靳孝谟献蒲津、中潬两座城池归降李渊。

至此，李渊掌握了蒲津和中潬这两个连接关中与河东的关键枢纽点，汾水—黄河—渭水的航道联通了。（见图 2-6）

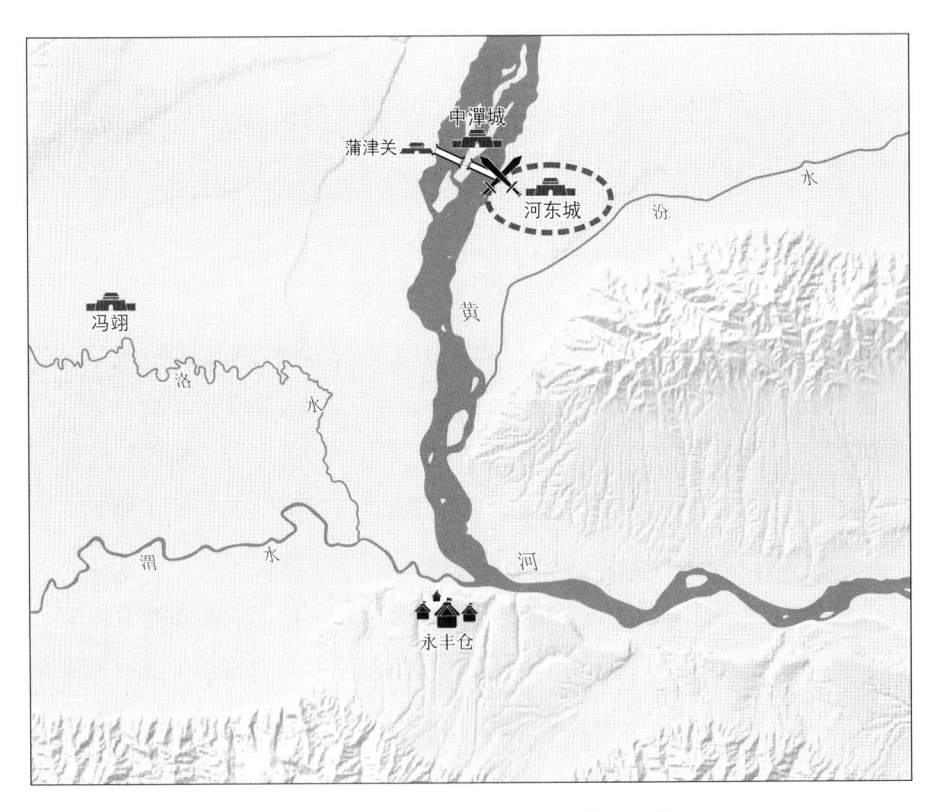

图 2-6　蒲津关、中潬城、河东城、永丰仓位置图

华阴县令李孝常也在这个时候献出了关中第一大粮仓永丰仓归降，并去接应河西的李渊诸军，京兆各县也大多派遣使者请求归降。几乎是关中求着李渊渡河，这张考卷几乎就是等李渊过河去签个名字即可。

九月十二，李渊以少牢祭祀黄河后率军渡河。

除了河东城这座孤城之外，李渊用两个月时间拿下了整个晋西南。

在李渊渡河的同时，洛阳的李密盟主迎接到了杨广给他的又一次"命运馈赠"，以王世充为首的各路援军已经会于洛阳战场对他磨刀霍霍了。

什么也别说了，都是命。

四、伟大的唐王又回到了他效忠的大兴城

李渊入关的这一年,河南、山东发大水,饿殍遍野,远在扬州当鸵鸟的杨广难得干了回人事,大老远地下诏开黎阳仓赈济饥民。

在"孩子死了才来奶"的杨广还能记得拿黎阳仓慷慨的同时,徐世勣也对李密献策道:"现在再打下黎阳仓大事必成!"

李密采纳了徐世勣的计策,派徐世勣率部下五千人从原武渡黄河,会同元宝藏、郝孝德、李文相及洹水贼帅张升、清河贼帅赵君德顺利袭取了黎阳仓。

拿下黎阳仓后李密开仓放粮,十天内迅速得兵二十万(就是个唬人的说法,通俗叫法是二十万张嘴),武安、永安、义阳、弋阳、齐郡相继请求归降李密,窦建德与朱粲这种大团伙也对李密示好低头。

在李密风头无两的时候,九月,杨侗派虎贲郎将刘长恭等率洛阳留守兵,庞玉等率偃师兵,与王世充等援军合兵十余万,军营扎在洛水西岸,与李密隔洛水对峙。

隋军这个联军的总指挥权,杨广给了他最看重的王世充,所谓"炀帝诏诸军皆受世充节度"。

王世充来了以后成功止住了李密的胜势，双方展开了极限拉扯，大小百余战，没什么大胜负，双方僵持上了。

这时，李密对比李渊巨大的身份劣势出现了。

李渊南下的时候能够一天出一千多份委任状，"狗掀门帘子全凭嘴"地忽悠地方武装，是因为他南下时一直都宣称让杨广做太上皇、立长安的代王做新皇帝。

不管李渊心里是怎么想的，但他的政治旗号打出来了，之前他也一直是朝廷命官，因此各地的隋朝官员对他是有合作空间的，抵抗意愿也不强烈；百姓们对李渊也不反感，因为百姓们看到最多的是眼前的实惠，而李渊是个不折腾的官。但洛阳大战场里的意识形态之战却极度强烈。

在当时人看来，首先李密祖上很牛不假，但他这些年没在官僚系统里混。李密虽能喊出他祖上的名号，能喊出天命李的谶语，但他对隋朝的官员们是没有身份认同感的。

李密和窦建德还不一样，窦建德是"漳南呼保义"，是隋基层官吏，他爹死时上千人跟着出殡，在当地是土生土长的，而且他是从弱小势力开始一步步混出来的，江湖地位也高。

而且由于窦建德的前任大哥是铁杆反隋的，等前大哥死了以后，窦建德对官府采取怀柔政策，这就产生了巨大反差，容易被接受。最关键的是，窦建德对群盗有威望，能达成官匪间的软着陆，所以窦建德能在河北兼容并包地吸纳各路人马。

李密则是光杆一人来到瓦岗寨的，不是当地人。瓦岗寨之前就已经形成规模了，李密一直在借鸡生蛋，他团结了各地势力不假，但那都是账面上的，他自己练兵了也不假，但在结构成分上还是以瓦岗和新归附的势力为主。

李密的背后是一大群对大隋有着刻骨仇恨的乱民群体，跟隋朝官僚体系是那种你死我活的战斗状态。这也就意味着双方没法谈合作的事，谁也不信谁。

举个例子，李密攻取洛口时箕山府郎将张季固守不降还大骂李密，张季率领几百人的规模愣是坚持了半年才被攻破，张季最终见李密都不肯跪下，理由是"天子武装不拜贼"。

洛阳大堡垒里的隋朝官员死活不敢投降，因为就算李密说缴枪不杀，但他手下的瓦岗寨那些人他们敢相信吗？说到底，李密只是被各路反隋势力推举的一个盟主而已。

李密始终被绊在洛阳更是因为洛阳越打越久已经骑虎难下，只能拼命攻打，打下了洛阳才是众望所归，手下这些人才会信那个预言中的李公子是他李密，打下了洛阳他才有天命的合法性。

李密需要在一次次战斗中产生威信，让瓦岗寨集团慢慢融入他李密的基因，在一次次血与火的淬炼中通过战斗和赏罚完成自身基因的换血。

退一步来讲，就算李密想和洛阳谈和平归降，那也只有在他完成对瓦岗寨的彻底集权后才有可能，而集权，需要一次次的战斗。与王世充的拼杀是他的魔障，也是他成龙的淬炼。

李密这个"长安人在瓦岗"的人想要把戏唱好，过程和时间是省不了的。唯一的遗憾，是时间不站在他这边。

就在王世充带着杨广派过来的最后一拨生力军和李密互撕的时候，真正的"天命李"已经率诸军渡黄河了。

九月十六，李渊到达长春宫，这一路来的广告效果已经让"三秦士庶衣冠子弟，郡县长吏豪族，弟兄老幼，相携来者如市"了。

还是老套路，李渊继续挨个接见，然后分封官爵，并且再次重申政策："义旗济河，关中响应。辕门辐凑，赴者如归。五陵豪杰，三辅冠盖，公卿将相之绪余，侠少良家之子弟，从吾投刺，咸畏后时。扼腕连镳，争求立效。縻之好爵，以永今朝。"

前面那一大堆都是废话，里面就一句重要的，就是最后那句："縻之好爵，以永今朝。"意思就是"来了就是好兄弟，高官厚禄我永不相负"。李渊这句话都赶上刘邦当年封爵之誓说的那句了："使黄河如带，泰山若厉，国以永存，爰及苗裔。"

李渊在关中闪闪发光亮相后，关中市场也彻底打开了。

当年那个厚道大爷回来了，老秦人沸腾了，他们就一个态度："去晚了就赶不上了，赶紧入股去！"①

九月十八，李渊遣李建成和刘文静率王长谐等诸军数万屯驻在永丰仓，守潼关以防东都之兵，派李世民率刘弘基等诸军进攻渭北。

到了关中后，李渊的惊喜还在不断传来。

半年前李渊准备起兵时喊女婿柴绍前去支援，柴绍从长安出发准备赶赴太原，走之前对他媳妇说："你爹现在起兵喊我，我们不能一起走，但你留在这里恐怕又得被牵连，怎么办？"

李渊的这个女儿（即平阳公主）说："你走你的，我好办。"

柴绍走后，平阳公主变身关中铁娘子开始"愿为市鞍马，从此替爷征"了。

平阳公主先回到鄠县的别墅，然后散家财，开始招兵买马。李渊的堂弟李神通住在长安，在李渊闹起来后也到了他大侄女这里，与长安

---

① 《大唐创业起居注·卷二》：于是秦人大悦，更相语曰："真吾主也，来何晚哉。咸愿前驱，以死自效。"

大侠史万宝等人起兵响应李渊。①

李唐关中支队首领平阳公主派其家奴马三宝游说了西域商胡何潘仁，何潘仁带着数万部下投奔李神通，合势攻下鄠县，李神通战后招兵规模破万，自称关中道行军总管。

平阳公主还派马三宝游说了关中群盗，李密的堂叔李仲文，以及向善志、丘师利等各关中势力全都响应，长安隋军多次围剿均被打退。②

最恐怖的是，平阳公主又带兵到了盩厔、武功、始平，这些地区全部被她拿下。她一路申明法令，禁兵士侵掠，引来了大量投奔者，此时的这支李唐关中支队规模已经达到七万人了。③

这就是带刀版的独孤伽罗啊！关中的这个分公司大有年终绩效超越太原总公司的态势。

李渊的另一个女婿左亲卫段纶，是原隋兵部尚书段文振之子，在岳父起兵后也在蓝田聚众万人。

李渊渡过黄河后，他的堂弟李神通、女儿平阳公主，还有段家女婿纷纷前来汇报工作。

女儿是"花木兰"，李渊是"花不完"。何潘仁、李仲文、向善志及关中各势力也在平阳公主的带领下全部跟来请降于李渊，当时的局面是，在十几天的时间里，整个关中大大小小的各势力都来李渊这里报到

---

① 《资治通鉴·隋纪八》：李氏归鄠县别墅，散家赀，聚徒众。渊从弟神通在长安，亡入鄠县山中，与长安大侠史万宝等起兵以应渊。

② 《旧唐书·平阳公主传》：三宝又说群盗李仲文、向善志、丘师利等，各率众数千人来会。时京师留守频遣军讨公主，三宝、潘仁屡挫其锋。

③ 《旧唐书·平阳公主传》：公主掠地至盩厔、武功、始平，皆下之。每申明法令，禁兵士无得侵掠，故远近奔赴者甚众，得兵七万人。

了，商农工贾，各安其业。①

李渊已经躺赢麻了。

九月二十二，李渊从临晋渡渭水到永丰仓劳军并开仓赈济饥民。

另一边，李世民一路北上所经地区吏民及各势力如流水般归附，他招收其中的豪杰俊才进入自己的幕府搭建了自己的关中团队，比如大名鼎鼎的房玄龄就是在这个阶段跟随李世民的。李世民屯兵于泾阳时已有九万兵力了，很快他那个很牛的姐姐平阳公主也率万余精兵与他在渭北会合，平阳公主与丈夫柴绍各置幕府，其军队号为"娘子军"。

不得不佩服李渊的媳妇窦姐，生的孩子无论男女个个武德充沛！

李世民北上巡边完成接收后开始南下，九月二十八，李世民遣使问李渊总攻大兴城的时间。

李渊命李建成挑选并率领守永丰仓的精兵来到长乐宫，李世民则率新归附诸军屯于长安故城，把大兴城围上了。

十月初四，李渊亲至灞上，扎营于大兴城春明门西北，此时唐军各路纵队加一起已经有二十多万人了。

李渊再次使用老套路，先是通过一波波宣传表达合作政策，但守大兴城的卫文升等人不回应。这其实就是好信号，不回应就是留了将来见面的余地，你先打，我们好歹做做样子。

十月十四，李渊命令诸军围城，大兴城东面、南面由李建成负责，西面、北面由李世民负责。

十月十七，关中各路加盟势力纷纷请求率骁锐登城，李建成、李世民兄弟拉都拉不住，最终是李渊飞马赶到表示大家再等等。

---

① 《大唐创业起居注·卷二》：旬日间，京兆诸贼四面而至，相继归义，罔有所遗。商农工贾，各安其业。

第 2 战　大唐创业起居注　| 183

又等了十天，大兴城还是没动静，十月二十七，李渊命令各军攻城，规定隋的七庙及代王并宗室支戚，不得惊犯，有违此者，罪及三族。

于是诸军各于所部修攻战的器械，开始攻城。

十一月初九，大兴城破。李渊命李建成、李世民控制住各自手下的兵，封府库，收图籍，禁掳掠，就像当年刘邦入关一样的操作。李渊还跪拜了代王杨侑并哭了哭，又与百姓约法十二条，废除了隋朝的一切苛政酷令。

进入大兴城后，李渊除了处理了几个刨他家祖坟的仇人之外表现得相当宽宏，但他却对一个人下达了必杀令，理由是这个人不仅不看好他的创业，还准备拿他当投名状。

这个人叫李靖，是这个时代除了李世民外唯一能达到同一水准的军神。

李靖比李渊小五岁，出生于571年，这一年四十七岁了，属于有一身能耐但蹉跎了大半生的典型代表。

李靖本名李药师——听这名字就感觉他能耐大，他爷爷李崇义是北周的殷州刺史，封永康公；他爹李诠是大隋的赵郡太守；他舅舅是第一个杀进建康灭陈的猛将韩擒虎。

韩擒虎经常和小李靖谈论兵事，每次都能聊一块儿去，他舅经常摸着李靖的背道："有一个算一个，能跟我讨论兵法的也就这个孩子了。"

李靖先是担任长安县功曹，后历任殿内直长、驾部员外郎。李靖还在任上得到了"大隋第一好眼光"杨素的表扬，杨素曾经对李靖说："你终当坐我这个位子。"

被这么多人看好的李靖从大隋全盛时代干到了大隋遍地狼烟，官职不过才至马邑郡丞,在李渊手下和突厥作战。

李靖前面这些年的大运确实一般。有的人运势走前面,有的人运势到晚年才开花,比如李靖,他走到四十七岁这年直接走了个死运。

李渊心思活络开始招兵买马的时候,被机灵鬼李靖察觉了,他伪装成囚徒前往江都要去向杨广告密。①

李靖梦想中的这条路线有点儿艰难。由于天下已经大乱,从山西无论是往河北还是往洛阳都已经过不去了,李靖只能从山西往西南进入关中,然后走武关道入南阳盆地往下走到汉水,再从汉水入长江直到"世界的尽头"——江都。

在那个武德充沛的年代,东亚群英闪耀时的人类脑回路真是敢想敢干。

一年后,一个年轻的高僧也从洛阳开启了自己驿马星照耀的行走一生。

李靖为什么要不远万里找杨广呢?

因为他有着再造河山的军事能力,他等来了他的时代,他需要杨广给他个名分。结果当他走到长安时发现,就连关中都是土匪遍地了,他哪儿也去不了。

然后李靖一天天地看着"新闻",李渊前两个月到霍邑了,上个月到龙门了,这个月在永丰仓握手了,他一步步等来了太原兵入城。

李渊逮着李靖后要杀,结果李靖大喊道:"公起义兵,本为天下除暴乱,不欲就大事,而以私怨斩壮士乎?"

结果二十岁的李世民救下了四十七岁的李靖,还将他召入了自己

---

① 《旧唐书·李靖传》:大业末,累除马邑郡丞。会高祖击突厥于塞外,靖察高祖,知有四方之志,因自锁上变,将诣江都,至长安,道塞不通而止。

的幕府。①

一个将打平北境，一个将荡平南国，7世纪中国排名前二的两位军神会合了。

十一月十六，李渊率百官备羽仪法物，具法驾，迎十三岁的代王杨侑即位于大兴殿，李渊大赦天下，遥尊他表弟杨广为太上皇，改大业十三年（617）为"义宁"元年。杨侑赐李渊假黄钺、使持节、大都督内外诸军事、尚书令、大丞相，晋封唐王，以武德殿为丞相府。

第二天，榆林、灵武、平凉、安定诸郡都派使者前来请求李渊重新任命，李渊盖章的同时还遣书发使去招降巴蜀。

陈国公窦抗是李渊的大舅哥，杨广之前曾派遣他到灵武巡视长城，听说妹夫定了关中后率灵武、盐川数郡前来归附。②

杨广为什么派窦抗去巡灵武？因为窦家属于匈奴费也头种的纥豆陵氏，在赫连夏灭国后仍在五原以西游牧，对于当地的统率力直到隋末仍很强大。

早在杨玄感之乱，李渊第一次做平叛大使来到陇右时，他的这位大舅哥就对他说了："杨玄感根本不算什么人物，李氏才是传说中的天选之姓，你别当笑话听。"③

李渊这个大舅哥带来入股的核心区域在哪里呢？西套平原，也是今天宁夏的精华地区。

图 2-7 是唐代关中的驿路图，以灵武为核心的灵州地区是关键枢

---

① 《旧唐书·李靖传》：高祖壮其言，太宗又固请，遂舍之。太宗寻召入幕府。
② 《资治通鉴·唐纪一》：陈国公窦抗，唐王之妃兄也，炀帝使行长城于灵武；闻唐王定关中，癸酉，帅灵武、盐川等数郡来降。
③ 《旧唐书·窦威传窦抗附传》：抗与高祖少相亲狎，及杨玄感作乱，高祖统兵陇右，抗言于高祖曰："玄感抑为发踪耳！李氏有名图箓，可乘其便，天之所启也。"

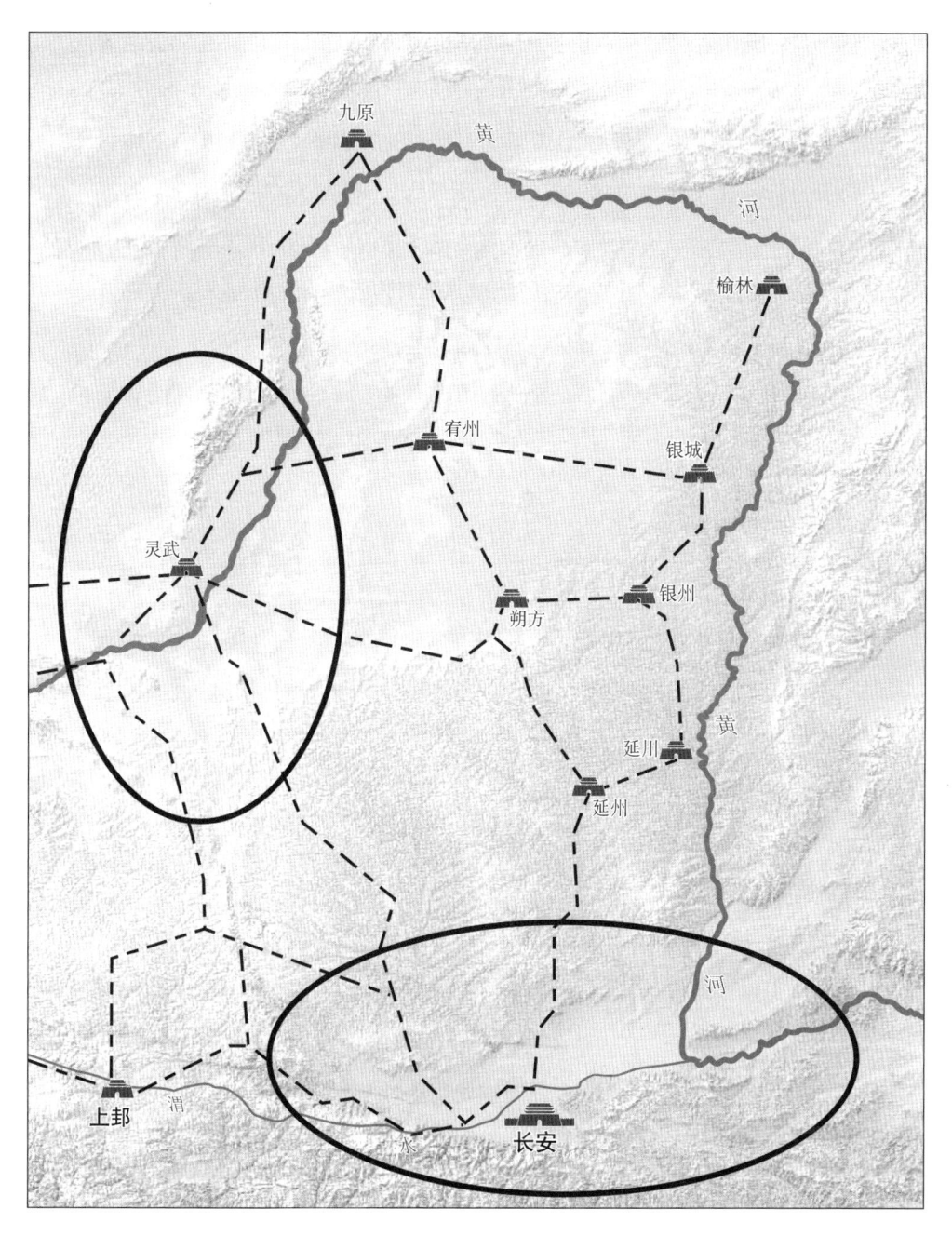

图 2-7 唐代关中驿路图

纽，具有无法替代的战略价值。从这里往西，通河西走廊；往北，通五原郡（治九原）；往东，通夏州（治朔方）；往南，通陇西和关中。

因为这块战略要地在李唐手上，所以天水的薛举和北面的突厥与朔州的梁师都才没能连在一起。

这一点，对于新生的李唐后面那场决定存亡的开国自卫反击战堪称关键！而且这个地方从李唐王朝诞生起就堪称李家的福地，后世爆发"安史之乱"时李亨也是第一时间往这里逃的。

这个窦氏，给李渊生了一群武德凶猛的孩子，配送了一个威猛娘家，自己还死得早。李渊这个有媳妇匡扶但没有媳妇控制的命得让杨坚活活羡慕死。

十一月十九，杨侑下诏："军国机务，事无大小，文武设官，位无贵贱，宪章赏罚反正所有跟利益有关的事全归相府了，只有郊祀天地和四季祭祖这事跟我说。"

李渊设置丞相府官属，任裴寂为长史，刘文静为司马，以李建成为唐王世子，改封敦煌公李世民为秦国公，四儿子李元吉为齐国公，改太原留守为镇北府，总统山东诸郡。

自七月起兵到十一月，李渊用仅仅一百多天的时间就总揽关中，拥有了政治合法性。

其实十月的时候李渊就已经确定关中归属了，只是因为他想把姿态做足，最大限度地收揽大兴城中原来那些文武官员们的心才又磨蹭了一个月。

无论是刘邦稀里糊涂靠着项羽的背景光先到关中为王，还是武川千人小分队一路向西开启了下一个时代，又或是李渊这一路握手鼓掌地成了唐王，似乎每次都是关中政权爆发小宇宙席卷中国的注定开启方式。

至此，李渊已经完成了自己百分之九十五的历史任务，他前面大半辈子的积累此时已经百分之一百二十地兑现了。

他在起兵之初教育李建成、李世民这两个儿子时对自己的认识相当清晰："吾自幼生自公宫，长于贵戚，吃喝玩乐了一辈子，饥寒贱役和险阻艰难也从没受过，这次创业一定得亲自撸胳膊把苦辣酸甜尝尽，要是不亲自上，恐怕老天会怪罪的，毕竟自古没有无功而得帝王的。"

人永远是说着容易做起来难的。

李渊从此时直到天下一统，再没离开过关中，他甚至很少走出他姨父杨坚给他造的这座大兴城。他该受的所有罪，此后都让他二儿子扛下了。他是历朝历代开国之君中罕见的大福大报者，论打天下坐江山之容易的，古往今来一个是他，一个是爱新觉罗·福临。

福临那是没办法，手里没有权，但李渊不一样。而同样都是老年才开国的帝王，别看刘邦是彭城车神、荥阳地鼠，但他是亲自奋斗到生命的最后一刻的。

在打天下这种重塑权力系统、组织架构、生产关系的过程中，李渊自己不亲自上，却幻想着搞搞制衡，玩玩权术，就能靠着自己是爹从而达到摘桃利益最大化，怎么可能！

客观来讲，此时正在洛阳鏖战的李密真的更像是那个缝合乱世的天命人。

在洛阳跟王世充已经互撕了大小百余战的李密，就要完成瓦岗寨的李氏转型了，王世充也要被他打残了。李密这个"天选李"在新旧唐书中单独列传作为反王之首确实对得起他的排面，这位洛阳擂台赛的无冕之王真的很厉害。

他只是运气太差了。

五、潼关绝命战，武德时代的前奏曲

617年十月二十五，王世充夜渡洛水在黑石渡（今河南巩义西南洛水津渡）扎营，第二天分兵守营，自率精兵在洛北列阵。

李密大意了，觉得王世充已经被打残了于是率兵渡洛水逆战。王世充趁李密军渡水中途发动袭击，李密大败，下令分两个方向跑，他自己率精锐骑兵渡洛水向南，其余部众向东逃往月城。王世充选择去捏软柿子，率众追击包围了月城。

李密看到王世充被调动了出来后又掉头直冲王世充大本营黑石渡，双方玩了把极限换家。

但王世充那边是攻城，李密这边是攻营，面对自家营中守军连举六次的烽火示警，王世充心虚了，撤了月城之围回救大本营，结果被李密以逸待劳打了一家伙，砍了两千多人，李密先败后胜。

休养了半个月后，王世充与李密在石子河两岸列阵再战。李密阵列南北长十余里，先派翟让与王世充交战，翟让败退，在王世充追击时被王伯当和裴仁基从旁横断后路，此时李密统中军又杀了过来，王世充大败西逃。在东南无敌的王世充到了洛阳战场让总玩后手的李密整得很郁闷。

此战后，李密和翟让开始同室操戈。

李密收到了种种信号，比如翟让之兄翟弘曾说"天子应当自己做，你要是让就由我来做"，再比如翟让自己说"魏公是我拥立的，天下事尚未可知"。

李密是翟让拥立的不假，但在百余次的高密度、高强度会战后，翟让还觉得李密是光杆司令吗？

火候已经够了，李密决定先下手为强摆宴召翟让来喝酒。

十一月十一，翟让与其兄翟弘及侄子翟摩侯一同前来，李密和翟让、翟弘、裴仁基、郝孝德坐在一起，单雄信等侍立于旁。

李密说："今天是高级局，用不了那么多人，留几个陪酒的就行了。"李密身边的人都退出去了，但翟让身边的人还在。

看到翟让还有戒心，房彦藻对李密说："今天摆宴是为开心取乐，天气太冷了，让我给翟司徒的兄弟们也摆一桌吧。"

李密说："听翟司徒的。"

翟让说："去吧。"

于是房彦藻把翟让身边的护卫都带走了，最终这一屋子除了瓦岗高官就只留下了李密的贴身侍卫蔡建德持刀侍立。

宴会还没正式开始，李密拿出良弓说让翟让练练手，翟让就这样拉满了弓。此时翟老大的双手都被占用着，蔡建德趁机从背后一刀砍死了翟让，又将翟弘、翟摩侯、王儒信一并杀死，徐世勣一看情况不对夺门而逃被门卫一刀砍伤了脖子，王伯当及时呵斥制止，保住了徐世勣的命，单雄信则叩头求饶。

李密放了单雄信道："我与大家同起义兵，本为了除暴乱，但翟司徒专行暴虐欺辱群僚，目无上下，今天我只杀他一家，大家别害怕。"

李密先命人把徐世勣扶过来亲自为他敷药，又听说翟让的部众知道这事后要鸟兽散,于是派单雄信先回去安抚住大伙,再独自骑马来到翟让营中安抚其众,命徐世勣、单雄信、王伯当分统翟让之众,全军就此安定。①

注意,李密是"独骑"进的翟让军营,这场"鸿门宴"的火候是李密早就料定的。

翟让为什么会被李密火并?为什么他的手下后来都跟李密混了?

因为李密亲自带着队伍先打洛阳军,再打关中援军,又和王世充打了这一仗又一仗嘛!

就在火并翟让的前一天,李密还带着单雄信解了翟让的围打了王世充一通。②

单雄信本是翟让的同乡,骁健善用马槊,在瓦岗寨立反旗的时候他就带着队伍入股加盟了。③

徐世勣更是如此。徐家家境富裕多僮仆,积粟数千钟,与其父皆好赈济救人,翟让聚众为盗的时候,仅仅十七岁的徐世勣就投奔过去了。他去了以后跟翟让说:"兔子不吃窝边草,自家门口的乡亲们可不能下手,咱们到杨广的大运河劫道去!"④

---

① 《资治通鉴·隋纪八》:命扶徐世勣置幕下,亲为傅疮。让麾下欲散,密使单雄信前往宣慰,密寻独骑入其营,历加抚谕,令世勣、雄信、伯当分领其众,中外遂定。

② 《旧唐书·李密传》:密闻其言,阴有图让之计。会世充列阵而至,让出拒之,为世充所击,让军少失利,密与单雄信等率精锐赴之,世充败走。明日,让径至密所,欲为宴乐,密具馔以待之。

③ 《资治通鉴·隋纪七》:让遂亡命于瓦岗为群盗,同郡单雄信,骁健,善用马槊,聚少年往从之。

④ 《旧唐书·李勣传》:大业末,韦城人翟让聚众为盗,勣往从之,时年十七,谓让曰:"今此土地是公及勣乡壤,人多相识,不宜自相侵掠。且宋、郑两郡,地管御河,商旅往还,船乘不绝,就彼邀截,足以自相资助。"让然之,于是劫公私船取物,兵众大振。

这两个人是瓦岗寨的左膀右臂，当年大家推李密为魏公的时候，翟让是司徒，单雄信为左武候大将军，徐世勣为右武候大将军。

左、右武候大将军，堪称隋唐交界之际的禁军武官之首。

做个对比，李世民后来架空李渊时我们会反复提到一个官职：武候大将军。李世民自己曾是左右武候大将军，他继位后，他的大舅哥功臣之首的长孙无忌就是左武候大将军，全程高能杀各路人马的尉迟敬德是右武候大将军。

翟让的左膀右臂都被李密拿下了，尤其是徐世勣，堪称李密死忠。

战火中结交，斗争中成长，这话永远不是空话。战争是个大熔炉，所有的威信、权威、组织架构等等全部会在一次次战役中得到巩固与加强。

你说这是你的人，但他跟着别的有魅力的首领几场仗打下来心就活动了。翟让残忍、翟摩侯猜忌、王儒信贪纵，在"徐世勣们"来看，这伙土匪头子都比不上身先士卒的"天选之李"。

比如李密这场鸿门宴的前后操作，思维之缜密，行动之果决，单骑之胆略，说实在的就算是李世民也只能做到这样的水平了。

李密那边一直在进步，翟让这群永远是当年山大王那套，两边一对比，弟兄们慢慢和翟让就不是一条心了。

就连直接对手王世充都对李密相当佩服，最开始王世充还打算在李密与翟让不和这事上做做文章，听说李密无缝衔接了翟让的势力后叹道："李密天资明决，大了能做龙，小了能变蛇，不可测啊！"[1]

李密火并了翟让，向前迈出了坚实的一步。但他的那位关中时空竞争者，"时来天地皆同力"地捡到了隋末的最大一块蛋糕。

---

[1]《资治通鉴·隋纪八》：始，王世充知让与密必不久睦，冀其相图，得从而乘之。及闻让死，大失望，叹曰："李密天资明决，为龙为蛇，固不可测也。"

十二月，薛举看到李渊得了关中，准备下陇山了，但被汧源贼帅唐弼抵御，军队不能前进。

起初，唐弼拥立李弘芝为天子，有众十万，自称唐王，跟李渊的称号重名了，在这个风云激荡的时间段有点儿令人迷茫。

薛举看到唐弼不好打，于是派使者诏谕收买他，唐弼得了台阶后杀了李弘芝准备依附薛举。结果没想到薛仁杲非常不地道，趁唐弼不备袭破其军，尽收其众，唐弼仅率数百名骑兵逃走。薛举军势益盛，号为二十万众与李渊势力接壤，筹划攻取长安。

就这样，薛仁杲作为陇西万人敌等来李渊放出了他的军神二儿子。

李渊把李世民撒出去后很快证明了陇西万人敌并不好使，李世民砍了对方几千脑袋一直把薛仁杲赶回了陇山，解了扶风之围。

很快平凉郡、河池郡、扶风郡、汉阳郡相继来降，李渊以扶风太守窦琎（李渊窦后堂兄）为工部尚书、燕国公，河池太守萧瑀（李渊表妹夫）为礼部尚书、宋国公。

李渊一手拿刀一手派姜謩和窦轨出散关安抚陇右，派侄子李孝恭招慰山南，派张道源招慰山东。姜謩、窦轨行进至长道被薛举断路击败退了回来；李孝恭则相当顺利，南下后击破了山南流贼朱粲，自金州到巴蜀，檄书所至降附者有三十余州。

看向东边，河东城这个钉子户的戏有点儿多。

屈突通听说李渊已经西行入关后，命鹰扬郎将尧君素为代理河东通守守卫河东城，自己亲自率数万兵自风陵渡南下准备往长安赶，结果被刘文静绊住了。[①]

[①]《资治通鉴·隋纪八》：屈突通闻渊西入，署鹰扬郎将汤阴尧君素领河东通守，使守蒲坂，自引兵数万趣长安，为刘文静所遏。

此时的潼关还在隋军手上，将军刘纲屯潼关南城，屈突通准备去投奔的时候南城已经被王长谐给偷袭了，屈突通退保潼关北城。[①]

这里出现的两座城要专门讲一下，最早的潼关是汉关，也就是那北城，在今杨家庄附近，大业七年（611）的时候，南移了主关城到禁沟口，整个潼关防御体系是直连到秦岭的，在禁沟后还有十二连城。（见图2-8）

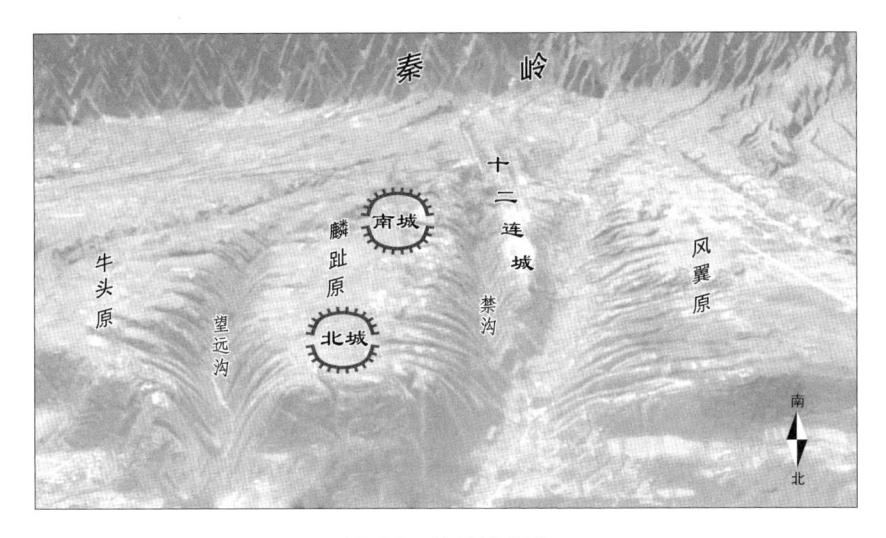

图 2-8　潼关城防图

潼关防御体系最值钱的地方就在于那两条沟：东侧的"望远沟"有流水，然后一抬头是高原；西侧的"禁沟"也有水，一抬头还是高原。连续两条沟让敌人的大军根本无法施展开。

今天的潼关城位置，是在武则天时代（天授二年即691年）确定的，当时因为黄河南岸出现淤积，于是又迁潼关主城于黄河南岸边，这个关没在高原上，属于堵口型的了。

[①] 《资治通鉴·隋纪八》：将军刘纲戍潼关，屯都尉南城，通欲往依之，王长谐先引兵袭斩纲，据城以拒通，通退保北城。

屈突通没能全据潼关天险，也没法进关中，因为刘文静就拦在了关外面。双方相持了一个多月后屈突通发了大招，令桑显和夜袭刘文静。

破晓时双方大战，苦战半日后唐军阵亡数千，桑显和纵兵攻破了刘文静两部营垒，只剩一个营垒还坚持着。隋军数次冲进唐营，双方短兵相接，刘文静本人中了流矢，军势就剩下最后一口气在坚持。

就在唐军即将到崩溃临界点的时候，桑显和那边觉得自己军队的战斗力也到了强弩之末，开始召回士兵吃东西，刘文静因此等到了喘口气的机会并重新分兵支援已经被打垮的两个壁垒。①

李世民的太原嫡系段志玄在军营已溃的关头身先士卒率二十骑兵扎进敌营，杀了数十人后退回，他被流矢射中了脚忍着没说继续带队伍反复冲杀敌阵，终于将桑显和的军队打散了。②

与此同时，刘文静也派出了自山南杀出的最后一只预备队。③

数百骑兵突然加入战场从桑显和军背后杀出，刘文静带伤领着三营兵也冲了出来，隋军就此崩溃，被刘文静全部俘虏，桑显和只身逃回。④

后面大家将会发现，极限下的超强意志力是唐军的军魂。

这场战斗很能说明双方的战斗力水平，隋军即便仅剩下了一个北

---

① 《旧唐书·屈突通传》：通又令显和夜袭文静，诘朝大战，义军不利。显和纵兵破二栅，惟文静一栅独存，显和兵复入栅而战者往覆数焉。文静为流矢所中，义军气夺，垂至于败。显和以兵疲，传餐而食，文静因得分兵以实二栅。

② 《旧唐书·段志玄传》：从刘文静拒屈突通于潼关，文静为通将桑显和所袭，军营已溃，志玄率二十骑赴击，杀数十人而还。为流矢中足，虑众心动，忍而不言，更入贼阵者再三。显和军乱，大军因此复振，击大破之。

③ 《旧唐书·刘文静传》：文静度显和军稍怠，潜遣奇兵掩其后，显和大败，悉虏其众。

④ 《旧唐书·屈突通传》：又有游军数百骑自南山来击其背，三栅之兵复大呼而出，表里齐奋，显和军溃，仅以身免。悉虏其众，通势弥蹙。

关，即便大势早就去了，仍能击破刘文静的营寨，打的刘文静就剩最后一口气。唐军那边则更不得了，此时刘文静的队伍是李建成挑剩下的二流部队，精兵都被调走打大兴城了。①

这样的队伍居然能有如此惊人的意志品质！

双方僵局的时候，较着劲的时候，拼的就是最后一口气。

桑显和缓的那一小会儿，让段志玄反冲了回去，随后战机出现，刘文静又调出了最后的预备队最终收割了比赛。

顶住一口气疯狂扩大战果，这是后面李世民的顶级杀招。

拼的，就是我比你能吃苦！

拼的，就是我比你能吊住这一口气！

拼的，就是我能在极限下拢住队伍往死里扩大战果！

此战的战神段志玄是李世民的小弟，太原起兵时给他世民哥拉来了千人队伍，是李世民手下的右领大都督府军头。

这个段志玄从青春期起就是个无赖犯法的顶级社会不安定分子，作为外地人跟他爹去太原上班能让太原当地黑恶少年们哆嗦，然后他就遇到了他世民哥。②

此战过后，李渊派人去招降屈突通，屈突通砍了招降者并表示自己深受隋恩应该为国家挨一刀，感动得全军都跟他一起哭。后来听说长安失守家眷被俘后，屈突通留桑显和继续驻守北关，自率大军东去准备奔洛阳。

他这是明显要拿桑显和当殿后的炮灰了，但他刚走，桑显和就投

---

① 《资治通鉴·隋纪八》：渊曰："屈突东行不能复西，不足虞矣！"乃命建成选仓上精兵自新丰趣长乐宫。

② 《旧唐书·段志玄传》：志玄姿质伟岸，少无赖，数犯法。大业末，从父客太原，以票果，诸恶少年畏之，为秦王所识。

降了刘文静。

刘文静赶紧派窦琮与桑显和去追屈突通,他在稠桑被追上,桑显和说出了诛心台词:"如今京城已经失陷,你们都是关中人,打算去哪里?"

隋军扔兵器投降,屈突通下马向东南方向跪拜号哭道:"臣已经用尽了一切力气,不敢辜负国家,天地神祇是都知道的。"他说完被带回长安,李渊对他礼貌说道:"您以清贞侍奉主上,已经尽到为臣的本分了,我唯一遗憾的是与您相见得太晚了。"

面对这个台阶,"不屈哥"屈突通降了。李渊将这个大隋好广告任命为兵部尚书,赐爵蒋公,并安排了上任后的第一个投名状任务:作为不屈终屈的标杆哥,去河东城。

屈突通到河东城下招降劝说尧君素,表示自己的力气都使尽了,还是没打过,你也降了吧。

在杨广还是晋王时,尧君素就是他的手下,所以他跟杨广的感情很深。看到屈突通来劝降大骂道:"你这个无耻之徒,怎么还好意思骑着代王赐你的马,赶紧滚!"河东城就此成为武德时代的著名孤岛,以后还有上场露脸的机会。

刘文静在拿下屈突通后率军继续向东攻至弘农郡,拿到了关键战略地点陕县并基本安定了新安以西,得到了豫西通道的精华,打造了唐政权的东线战略缓冲区。

618年正月初一,隋恭帝诏李渊剑履上殿,赞拜不名。

大正月里,东起商洛南至巴蜀的各地郡县官吏、地方势力、氐羌酋长开始把子弟源源不断地派到长安接受李渊的册封,李渊的人事部门每天要回复数以百计的信函。①

---

① 《资治通鉴·唐纪一》:唐王既克长安,以书谕诸郡县,于是东自商洛,南尽巴、蜀,郡县长吏及盗贼渠帅、氐、羌酋长,争遣子弟入见请降,有司复书,日以百数。

梁、益两川，被李渊兵不血刃地拿下了。

面对这个超级大乱世，强大的隋官吏系统居然保持了对两川的控制，真是让人不服不行。这可是"天下未乱蜀先乱"的四川盆地，杨家这套国家系统的控制力是真的不得了。

看到李渊厚道尊隋且有再造河山的趋势，两川降服李渊，整个巴蜀就这样被"挂隋头卖唐肉"的李渊再次摘桃了。

我不想总说这句话，但这就是命！

自617年七月初五到618年正月，半年时间整个西部中国被李渊活活给躺赢下来了。

在李渊躺赢的时候，李密则凭借奋斗站到了自己的人生之巅。

洛阳地区的所有粮仓都已经被李密控制，当时洛阳城内的饿死率已经达到了十之二三，每斗米要三千钱。

617年年底的时候，通过战俘传来的信息得知王世充正在大量招兵犒劳将士，李密判断王世充要做殊死一搏来抢粮仓，于是布置好了口袋，在一个深夜击退了王世充的夜袭军，杀死一千多隋军，斩杀其骁将费青奴。

王世充在李密这里开始一次次品尝克星的感觉，越王杨侗遣使劳军，王世充说兵快打没了，士气也不行了，杨侗随后挤出了洛阳的七万兵给王世充。洛阳方面也交底了，王世充虽然一次次失败，但好歹有主观能动性，能打个有来有回。

王世充得到东都兵马后在洛北又一次和李密交战，成功打败了李密，将阵线推到了巩县北。

618年正月十五，王世充命各军搭设浮桥渡洛河向李密进攻。

由于搭建浮桥的速度不一致，在隋军大部分都还在修工程的时候，虎贲郎将王辩已经渡河打破了李密外栅。本来李密营中受到惊扰已经要崩溃了，但此时王世充却担心先锋军折在里面而下令收兵，这时候李密率敢死队发起了反冲锋，王世充大败，隋军争桥溺死者万余人。

隋军虎贲郎将杨威、王辩、霍举、刘长恭、梁德、董智死于战斗中，王世充艰难逃回，洛北诸军全部溃逃，当夜疾风寒雨，在逃跑路上又冻死了上万人，王世充最终仅带了数千人逃到了河阳城。

王世充行为艺术地把自己捆了关进了河阳监狱，越王杨侗赶紧遣使赦免召他回东都，还赐金帛美女安抚心灵真的受伤了的王世充。王世充收拢逃散的万余隋军屯于含嘉城，再也不提跟李密打的事了。

李密乘胜进据金墉城，修门堞、房屋住了进来，他们的战鼓之声已经能清晰地传到洛阳城了。此时李密拥兵三十万，列阵北邙山，南逼上春门。

正月十九，隋金紫光禄大夫段达、民部尚书韦津出兵迎敌再次被打败。

洛阳被拿下已经是可预期的事了，杀了翟让后的李密也完成了瓦岗基因的换血，李密说了就能算，过去不能谈的事现在都能谈了。

此战后，河阳都尉独孤武都、检校河内郡丞柳燮、职方郎柳续等各举所部降于李密，东至海、岱，南至江、淮郡县，莫不遣使归顺，窦建德、朱粲、杨士林、孟海公、徐圆朗、卢祖尚、周法明等各地老大遣使奉表劝进，李密属官裴仁基等亦上表请正位号，李密达到了人生顶点。

不过李密还是很清醒地道："东都未平，不可议此。"话外意思是，拿下洛阳咱们就办这事！

另一面，只差一步就该开国的李渊在正月完成了对全体下属的大封赏，封丞相长史裴寂为魏国公，司马刘文静为鲁国公，李神通为郑国公，李孝基为蜀国公，其余将佐如殷开山、刘弘基等依次封开国郡公、县公，完成了内部力量的凝聚。

此时此刻，我们再来看看江都鸵鸟杨广吧。

杨广每天极度珍惜时间，不是喝酒就是看美人，看到美景就一个劲地玩命看，总是有一种看一眼少一眼的感觉。他喝多了以后爱照镜子，跟他媳妇萧皇后说："这么好的脑袋，将来会是谁来砍呢？"

进入618年，杨广见王世充也被李密打沉了，知道中原彻底没救了，打算正式迁都丹阳做"陈叔宝"。结果跟杨广南来的骁果军大多是关中人，看到杨广不打算回去了开始自行落叶归根，杨广这时候杀逃兵警告已经不管用了。

杨广最后的禁卫军团开始为了活命自己寻找出路，他们先是散布恐怖谣言，说陛下听说咱们骁果军打算反叛，已经在准备毒酒要干掉咱们与南人去江东。

骁果军就此完成了内部思想统一，其将领司马德戡等选出了新首领宇文化及后发动宫变，杨广很恐惧，表示我早就想回京师，只是因为米船未到而已，咱们这就走吧。但现在他说什么也没用了。

杨广预感到了自己的结局，表示你们给我这马鞍笼头是破的，得换新的。叹道："我有什么罪该当如此？"

叛军回道："陛下抛弃宗庙巡游不息，对外频频征讨，对内极尽奢侈荒淫，丁壮死在战场，女弱填于沟壑，民不聊生，盗贼蜂起；专任奸佞之人，不听良谏，您还好意思说自己无罪？"

杨广说："我确实有负于百姓，但你们这些人是跟我同富贵的啊！怎么能叛我呢？今日之事谁是主谋？"

问什么都没用了，司马德戡先是砍了杨广十二岁的爱子赵王杨杲，然后准备送杨广上路。

杨广表示："天子死自有法，别动刀，拿毒酒来。"

都这功夫了还摆什么谱！上哪儿给你找酒！叛军直接勒死了杨广。

大业帝杨广就这样结束了自己如梦如幻的一生。

这世上，再无任何一人如他般眼见起了这么高的楼，也再无任何一人如他般眼见这楼塌得这么彻底。

责你太贪功恋势，你却怪这大地众生太美丽。

恶果出现，皆因曾经那恶之花朵绽放。

骁果军还杀了杨广时时刻刻防着、走哪儿都要带着的四弟蜀王杨秀及其七子，又杀了杨广身边的所有宗室和外戚，只有秦王杨浩因为和宇文智及的关系被保了下来。

此时距离杨坚按户口本杀宇文氏，不过三十八年。

史书遍翻，满眼皆是盛衰，精髓不过因果，精三分，傻三分，留下三分给儿孙。

宇文化及自称大丞相，总理百官，以萧皇后之命立秦王杨浩为皇帝住在别宫当符号，然后开始北上。

杨广最后的遗产即将给他表哥李渊送上最后一次助攻。处于人生巅峰的李密在熬干了王世充后即将迎来大隋对他的最后一次反扑。

洛阳擂台赛即将迎来尾声，此时的李密不会知道，自己的波峰与波谷之间仅仅相隔不到一年。

志得意满的李渊在笑纳了大表弟杨广给他的所有馈赠后一脑袋扎进了大兴宫。此时的他不会想到，接下来的三年，华夏将会发生怎样的神仙都不敢写的神剧本。

李渊你听！

在一次次凯旋的战歌中，将士们在唱什么？

听！在那尸山血海的震天杀声中，秦王破阵！

第 3 战

秦王破阵

一、天下熟人齐聚牛家村

如果要评选《射雕英雄传》中最精彩的剧情，应该是郭靖、黄蓉密室疗伤的七天七夜。

在这七天中，郭靖、黄蓉、黄药师、欧阳锋、全真七子、江南七怪、完颜洪烈夺宝团、欧阳克、杨康、梅超风等，几乎所有重要角色都出场了，上演了轰轰烈烈的"天下熟人齐聚牛家村"的剧情。

所有剧情线到这里时在牛家村进行了一次集中爆发。

这种剧情浓度浓到化不开的话剧写法在真实的中国历史上曾出现过好多次，比如楚汉争霸的五年大戏；比如公元218年至219年，西部中国曹操、刘备烧钱烧到了令人瞠目结舌，东部中国一尊战神吊打北国全明星，中国史上最著名盟友吴国孙权举国之力偷袭，武圣和奸雄前后脚退场；比如淝水之战后的群胡复国。

但像牛家村这种几乎所有重要角色在一个地点高度引爆外加无限反转的剧情，从严格意义上来讲，在中国历史上只发生了一次，就是隋末的洛阳。那次的起手式是李密上了瓦岗山，终盘是李世民在洛阳战场天策封神。其角色上场之全面，剧情切换之迅速，剧情程度之激烈，剧情翻转次数之多，吊打所有人间的编剧。

在这一战，李唐开国帝王李渊作为"牛家村拆迁办主任"要正式出场了。但在讲他之前，我们先来看看"牛家村"的老村长李密吧。

618年正月十九，李密在打败王世充后，再次打败了洛阳城出兵抵抗的段达和韦津。在一年多的洛阳擂台赛后，李密消耗了隋朝的洛阳留守军、关中支援军、王世充支援军在内的几乎所有力量，洛阳被拿下已经是可预期的事了。

正月二十二，李渊以世子李建成为左元帅，秦公李世民为右元帅，督诸军十余万救洛阳。又一拨给李密搅局的人来了。

唐军打着大隋一家人的旗号想来偷洛阳，驻扎在芳华苑，结果洛阳对于李建成遣使诏谕的回应是关城门不搭理他。

这是可以理解的，洛阳不像关中和巴蜀那么没有心理负担，李渊立的是杨侑（杨广嫡三孙），而洛阳这边拥戴的是杨侗（杨广嫡二孙）。如果想要洛阳跟长安混，李渊得给他们一个合理的政治理由和利益分红。

唐军逼近的时候，李密也过来跟唐军搞起了小摩擦。"我刚把杨广给我的最后一拨添乱者打残了，你就跑过来摘桃了！"

李密比较担心洛阳在兵困交迫下投降尊隋的李渊，届时"天命之李"就将不再有争议，自己这个天下盟主就干不下去了；但他又担心真的跟李建成撕起来被洛阳渔翁得利，所以与唐军摩擦得很小心。

李建成、洛阳守军、李密，互相拔着枪，局势很微妙。

看到洛阳方面不配合，李密还总在旁边准备偷袭，李家兄弟商量后认为刚定关中己方基础还不牢，洛阳就算打下来了也守不住，撤！

四月初，唐军撤军，李世民断后时表示"贼见我撤必定追击"，于是设伏于三王陵（洛阳周山）。

洛阳方面对唐军还没有概念，本着"打不过李密难道还打不过李渊"的态度展开了追击，打算提振一下士气。结果他们出门就碰见了李世民。李世民杀了追击的段达部四千多人，还亲自带队一直追到洛阳城下，回军时置新安、宜阳二郡，命行军总管史万宝、盛彦师镇宜阳，吕绍宗镇新安，这才走了。（见图3-1）

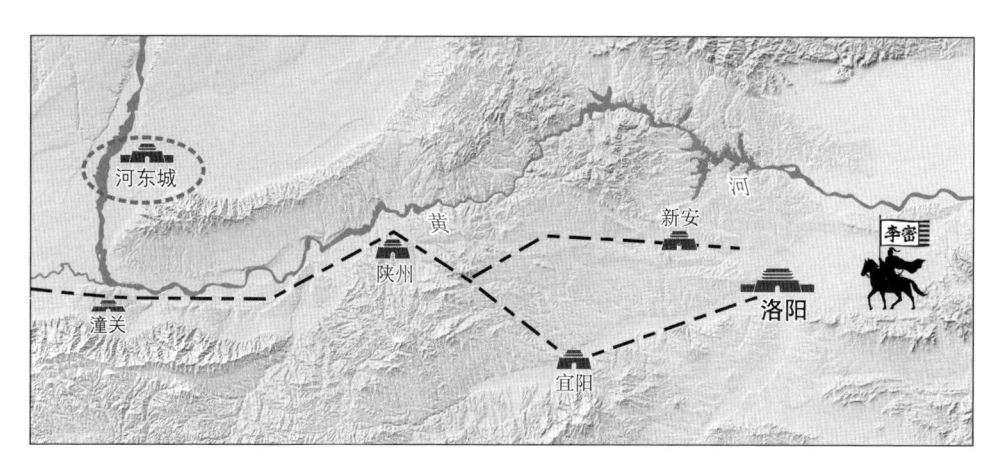

图3-1　新安、宜阳位置图

虽然唐军没有拿下洛阳，但整个豫西通道的精华已经全部被拿在了手中，而且此时没拿下洛阳不一定是坏处，因为洛阳后面会很乱。

四月二十四，李建成等回到长安。

四月二十五，政令不出洛阳的隋廷发生政变，之前朝议郎段世弘等谋划响应关中军，没想到对方走了，于是又去联络李密，约定己亥夜里迎李密军进城，结果事情泄露了，杨侗命王世充诛杀了段世弘等人。

李建成和李密这两个人因为这次的阴差阳错分别错失了关键的一次机会。

李建成错失了率军拿下东都的政治声望，也许再晚走几天就可以了呢？他此时对比李世民的政治优势相当巨大，因为他是这次战役的总指挥，李世民是副手。①

而且他这个唐王世子已经被批准开府了，他是有能力在洛阳进行人事安排与布局的。②

李密错失了踢死洛阳的最后临门一脚，他马上又要接受宇文化及的反扑了。

李世民，则成为冥冥中的最大赢家。洛阳，是上天留给他的封神战场。

此战之后，李世民由秦国公徙封赵国公。大家注意这个政治动作。

李渊从最开始就已经对李世民实施打压与平衡之术了。在李世民把薛仁杲打回陇山后，李渊再次派李建成和李世民共同领兵东征。他家现在就太原和关中这两个地盘，他自己是唐王，李世民为秦公，他觉得这个二儿子的政治产权有点儿大了，所以将李世民改封为了赵公。

李渊这样做既是鼓励期许——老二你得帮爹拿下河北啊，也是政治打压——老二你得摆正自己的位置，你能干爹知道，但我是你爹，爹意味着拿捏。

李渊很清楚，他这个二儿子的作战水平和政治魅力太高，所以在入关中后让李建成防守永丰仓，让李世民去渭北招降掠地，在薛仁杲第一次杀下陇山后也是派李世民去灭火。

李渊每当遇到难做的事情时，就一定会派上把握最大的二儿子；而像遇到"救援"东都这种并不会关系到国家生死存亡反而有着潜在政治声望的事情时，就会相当狡猾地让大儿子李建成为主帅去摘桃。李渊

---

① 《旧唐书·高祖本纪》：世子建成为抚宁大将军、东讨元帅，太宗为副，总兵七万，徇地东都。

② 《旧唐书·隐太子建成传》：义宁元年冬，隋恭帝拜唐国世子，开府，置僚属。

总觉得自己这个二儿子才二十一岁，好拿捏。但他不知道，在这样乱的世道里，他面临生死存亡的时刻会有很多。

618年五月，杨广的死讯传到了长安，李渊大哭，他的大表弟被他自己的保安团弄死算是完成了对他表哥最后的献祭。李渊最后的束缚解脱了。

关中和巴蜀被李渊笑纳后杨广赶紧就领盒饭了，一天都不多待，瞅瞅杨广这个疼人的。

五月十四，隋恭帝禅位。

五月二十，李渊在太极殿即皇帝位，告天于南郊，大赦天下，改元"武德"，罢郡置州，以太守为刺史，推五运为土德，色尚黄，正式废隋大业律令，颁新法，将大兴城改名长安。

总之新帝换新名，李渊在所有能体现存在感的领地都刷了一遍自己的印记。

六月，李渊对最高权力机构的门下、内史（中书）、尚书三省进行了职务调整。

门下省：原丞相府司马刘文静和窦抗（窦后族兄）为纳言（原名侍中，杨坚为避杨忠之讳凡中字皆不用，后被李渊改回），陈叔达、崔民幹并为黄门侍郎。

内史省：萧瑀（李渊表妹夫）与窦威（窦后堂叔）并为内史令，唐俭（其父为李渊同事，关系甚好）为内史侍郎。

尚书省：李世民为尚书令，原丞相府长史裴寂为尚书右仆射、知政事，李纲为礼部尚书、参掌选事、兼太子詹事教导太子李建成，殷开山为吏部侍郎，窦琎为户部尚书，屈突通为兵部尚书，赵慈景为兵部侍郎，长安令独孤怀恩为工部尚书。

简单介绍下三省职能，内史省（后改中书省）掌文件起草，门下省掌审议，尚书省掌执行，中书省起草的诏令要经过门下省下发，尚书省的奏案要经过门下省审读。

在这里要专门解读下，李世民这个尚书令此时并非最高层团队成员。

李渊一辈子混迹的都是大隋官场，在他表弟杨广的大业时代，三省中的尚书令就已经不是最高级官员了。

杨坚在晚年明确说内史省（中书省）和门下省的长官知政事，也就是所谓的宰相。①

到了大业六年（610），杨广的团队中有五贵，分别是纳言苏威（门下省长官），黄门侍郎裴矩（门下省副手），内史侍郎虞世基（内史省副手），左翊卫大将军宇文述（禁军高官），御史大夫裴蕴（御史台长官，掌监察弹劾百官）。

尚书省被排除。

包括同时代和李渊前后脚称帝的洛阳小朝廷，杨侗以段达为纳言（门下省长官），王世充为纳言（门下省长官），赵长文为黄门侍郎（门下省副官），元文都为内史令（内史省长官），以卢楚为内史令（内史省长官），郭文懿为内史侍郎（内史省副官），皇甫无逸为兵部尚书（有兵权），共掌朝政，时人称为"七贵"。

此时洛阳的"七贵"也基本都是门下省和内史省（中书省）的高官了，尚书省在政治惯性中真掺和不进去了。（见图3-2）

为什么尚书省的大臣们此时已经被排除出最高级的圈子了呢？

因为尚书省就是干活的，上面定下来方案和方向后去执行就可以了。权力就像房地产，越核心的地段越贵。

---

① 《旧唐书·职官志》：隋文帝废三公府僚，令中书令与侍中知政事，遂为宰相之职。

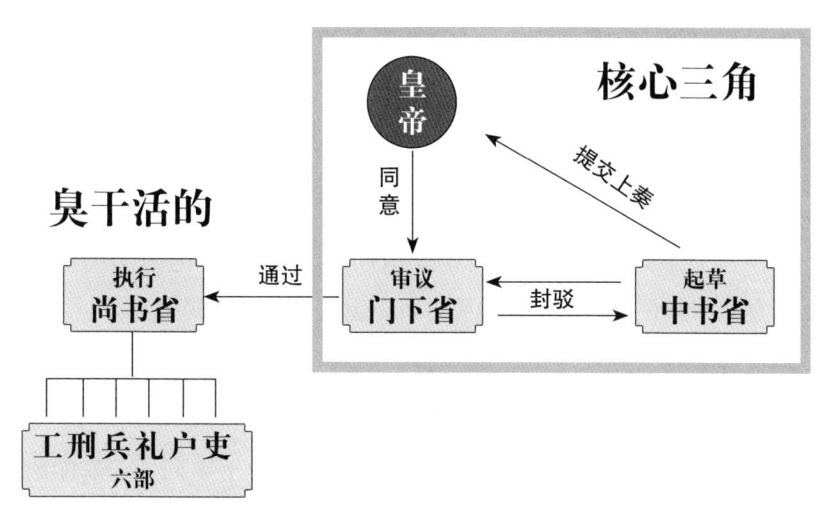

图 3-2 杨广的核心圈子图

所以李世民这个处理政务总领六部的尚书令在当时人看来，并不是多么了不得的官。

门下省和内史省除了刘文静之外都是李渊的亲戚或者老同僚，尚书省的二把手是裴寂，但裴寂还有"知政事"的衔，也进了李渊的高级团队。

总体而言，李渊的思路，就是让能干的二儿子干活去。

但是，相当熟悉隋朝官僚制度的李渊忘了一件事。大隋刚草创的时候，尚书省的权力是最大的，所谓"朝之众务，总归于台阁，尚书省事无不总"。

高颎从最开始就是尚书左仆射兼纳言，杨素是在 592 年代替苏威成为尚书右仆射后，史书中才对他进行了更高肯定，所谓"代苏威为尚书右仆射，与高颎专掌朝政"。

为什么那个时候尚书省那么重要呢？

因为隋朝初建一切制度处于草创阶段，抽血天下的系统需要捋顺，

第 3 战 秦王破阵 | 211

突厥没有打服，江东需要统一，做事最重要。一旦涉及开创与做事就会出现很多复杂棘手的问题，需要调动资源去冲破一个个阻碍，这个时候直面天下一线的尚书省就成为重中之重。

到了杨广时代，天下已经捋顺了，尚书省就只是个干活的了。

从近二十多年的现有政治惯性来看，肯定是最上面定调的皇帝重要，是皇帝最核心的门下省和中书省最重要。但在唐朝初建这个万物草创的时代，在所有人玩了命地做蛋糕的时代，最上面定调的那几位还那么重要吗？

李世民总揽一切实事后，很快李渊不仅谈不上定调了，他连调在哪里都找不着了。

六月初七，李渊立世子李建成为皇太子，封赵公李世民为秦王，封齐公李元吉为齐王，宗室黄瓜县公李白驹为平原王，蜀公李孝基（李渊堂弟）为永安王，柱国李道玄（李渊堂侄）为淮阳王，长平公李叔良（李渊堂弟）为长平王，郑公李神通（李渊堂弟）为永康王，安吉公李神符（李渊堂弟）为襄邑王，柱国李德良（李渊堂弟）为新兴王，上柱国李博义（李渊侄子）为陇西王，上柱国李奉慈（李渊侄子）为渤海王。

这次分封透露出两件事：

1. 正式确定李建成为太子，对李世民进行了安抚，由赵王调整回秦王，这是李渊的传统安抚画饼技能。

2. 李渊封了一堆王，他要以宗室为班底坐拥天下。第二年的二月李渊甚至下诏："诸宗姓居官者在同列之上，未仕者免其徭役；每州置宗师一人以摄总，别为团伍。"

六月十二，李渊尊隋恭帝为国公并下诏道："近世以来时运迁革，前朝皇室亲族没有不被诛杀的。但是兴亡哪里是靠人力的呢？隋朝宗室子孙们都别担心，我全部会量才选用进入官僚系统。"

自南北朝开始，宋、齐、梁、陈、魏、周、齐、隋的一场场反倒清算连根拔起的杀戮游戏，被李渊终止了。李渊把皇权的体面重新拾了起来，靠"厚道"与"血统"继承了隋的遗产。

李渊真的厚道吗？

从他后面的很多表现来看，他可真不是什么厚道人。他只是在团结所有隋的遗产，尽最大的能力进行消化吸收。

但宗室这股力量真的能帮他拿下天下吗？天下是需要打的，那些新加盟的骨干心里会服气吗？

李渊从开国起就开始就做负功了。

他成是因为对隋的完全继承，他败也是因为他前面大半辈子只会玩弄这套操作系统。打天下，他不会！

李渊啊李渊，这波开国操作你让打天下的兄弟们还能看到什么上升空间吗？凭什么那些过去的官僚能"强者恒强"？凭什么李家的那些人都封了王爷？你封的那些李家宗室里，目前有功的只有你那两个儿子再算上个李神通，李元吉都排不上号！那些亲戚凭什么都封王呢？就因为是你家亲戚？

李渊从开国起就把奖惩体制给弄坏了。这其实也成为李渊对李世民的一个变相助攻，帮李世民把几乎所有能干事的人都抓在了自己手里。

总结一下李渊的开国操作：在吸纳了所有祖辈的能继承的遗产后，他已经到达了自己能力的天花板，他对于未来的解题思路是以二十一岁的二儿子李世民为核心去干活、自己居中进行调度与权力制衡。

618年的剧情推动得极快，六月初十，李唐开国刚刚二十天，薛举打下陇山了，兵临泾州。面对西北狼，李渊赶紧以李世民为元帅统八路

第3战 秦王破阵 | 213

总管之兵迎战。

薛举这次南下，预谋已久。

早在两个月前，稽胡就已经派数万兵南侵了，不过被窦轨给打跑了。这只是个小前奏。

薛举找了突厥老大哥和突厥代言人梁师都谋划三方伐唐，当时启民可汗之子咄苾任突厥的莫贺咄设（军事统帅）建牙帐于五原之北，薛举遣使与莫贺咄设密谋侵唐，莫贺咄设同意了。①

突厥这事处理得比较艺术，始毕可汗并没有自己出面，还是保留了最终解释权，他希望看到北方的各股势力都散成一片，李渊是自己扶植的不假，但他要扶植好多个。

因为突厥对唐有不添乱的起步助力，双方还签过晋阳的城下之盟，所以李渊给突厥的回馈是史载"不可胜纪"，突厥作为股东每遣使者到长安后都极其骄纵暴横，但李渊没翻脸一直在忍。李渊称帝后半个月的时候始毕可汗遣使来贺，李渊在太极殿宴请突厥来使，奏九部乐超高规格接待了上国来使。

李渊的忍耐并没有白做，薛举谋划三方来李渊这里零元购的同时李渊也在派宇文歆北上，给莫贺咄设送礼陈述利害，使其停止出兵，又劝莫贺咄设遣张长逊入朝。

这个张长逊原是五原郡（郡治今内蒙古包头九原）通守，中原大乱后举郡归附突厥当了儿子，李渊入关中后张长逊又对李渊表示了回归的殷切希望。

这段在史书中的记载是求人的李渊不仅要求突厥不跟薛举来抢劫，还

---

① 《新唐书·薛举传》：瑗请连梁师都，厚赂突厥，合从东向。举从之，约突厥莫贺咄设犯京师。

要求突厥把河套平原地区的五原还回来，被求的莫贺咄设居然还同意了。①

这段"割地求和"的记载相当有意思，粉饰的前后逻辑甚至都出现了问题。

其中把突厥写的柔软至极，本来都决定配合薛举了，结果李渊的使者一来就不打了，还把五原郡还了回去。

五原郡这地方有多重要呢？

这地方是河套平原的膏腴之地，是当年拓跋珪搞离散部落屯田的试点，而且是北境沿黄河南下至灵州随后进关中的重要通道。

突厥又不是傻子。

来看下《新唐书·突厥传》中这段改史没对上的细节："薛举陷平凉，与连和，帝患之，遣光禄卿宇文歆赂颉利，使与举绝；隋五原太守张长逊以所部五城附虏，歆并说还五原地。皆见听，且发兵举长逊所部会秦王军。太子建成议废丰州，并割榆中地。于是处罗子郁射设以所部万帐入处河南，以灵州为塞。"

这段史料有三个地方很有意思：

1. 突厥还了五原。
2. 李建成丧权辱国建议废丰州（五原郡别称），割让榆中。
3. 突厥势力正式入驻黄河以南吞并五原，双方以灵州为边界。

首先，灵州在五原南面，如果收回了五原，那么边界怎么到了灵州？

其次，五原郡又还又废什么意思？

我来翻译一下：突厥把五原还回来，但我不要了送给你。

---

① 《资治通鉴·唐纪一》：唐王使都水监宇文歆赂莫贺咄设，且为陈利害，止其出兵，又说莫贺咄设遣张长逊入朝，以五原之地归之中国，莫贺咄设并从之。

其实就是丧权辱国的割地求和，只是口号过于优雅。

在《册府元龟》中对于这段史料的记载比较原汁原味："唐高祖武德初，以丰州绝远，先属突厥，交相往来，吏不能禁。隐太子建成议废丰州，绝其城郭，权徙百姓寄居于灵州，割并五原、榆平之地。于是突厥遣处罗之子都射设率所部万余家入处河南之地，以灵州为境。"

这里明明白白写了李渊迁回来了五原的汉人随后割地五原，双方签了正式外交文件，突厥正式安排队伍接手五原郡。

外交方面永远是实力为先，就李渊当时所处的群狼环伺的环境形势而言，他张嘴也不能有什么用。

在面临薛举组团打击前，李渊调回了张长逊这支独立势力，将当时没法染指插手的五原和榆林割地了，换取突厥对他的承认及对薛举的袖手旁观。

灵州之所以没送而是成为边界是因为那是李渊岳家窦氏能控制的地盘。所以说窦氏对于李渊如此关键，是因为灵州地区在窦氏的控制下隔绝了薛举和突厥的势力接壤，从而间接促成了在突厥看来目前最优解的"李渊割地版唐突互不侵犯条约"。

李渊的这次丧权辱国相当重要，因为后面李世民在薛举那里吃到了他这辈子唯一吃过的一次大亏。

在薛举与李世民开始军事对峙的同时，李密继唐军之后迎来了他的洛阳擂台赛最后一拨搅局者——宇文化及的还乡团来了。

这拨还乡团在杀了杨广后开始北上，以宇文化及为首的腐败堕落就不细说了，总之还乡团刚走到徐州内部就发生了分赃不均的内讧，前期的主要阴谋布局者司马德戡和赵行枢等策划干掉宇文化及改立司马德戡为主，并派人到孟海公那里求外援。

为了等这个外援，阴谋团一直没发动火并。但这种阴谋是不能拖的，因为团伙中很快就会有人发现把团伙打包卖了的收益更高，而且谁先卖谁获利。

很快这事就露馅了，宇文化及杀了司马德戡等全部十九名同党。孟海公这个"外援"听说后赶紧摆宴示好宇文化及并放行，李密那边听说这伙还乡团来了赶紧在巩洛巩固防线不放宇文化及过去。

宇文化及的到来，使李密面临极其艰难的选择。

宇文化及这伙人主要是关西人，如果在黄河南岸放他过去，这伙人会规规矩矩地走吗？这十几万人看见洛口仓后会不会疯了似的跟他抢？他们会不会去洛阳摘桃？

李密最后决定根本不能放这十几万人进入洛阳盆地。如果他们想入关，从黄河北走豫北通道去！

结果宇文化及无法西进后并没有北渡黄河，而是领队伍往东郡进发，东郡通守王轨以城投降了宇文化及。[①]（见图3-3）

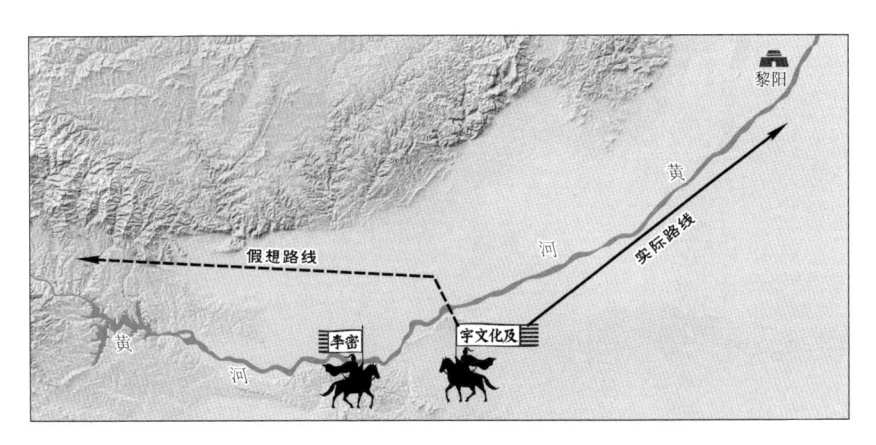

图3-3 宇文化及假想入河东图与实际入滑台图

[①] 《资治通鉴·唐纪一》：李密据巩洛以拒化及，化及不得西，引兵向东郡，东郡通守王轨以城降之。

这让李密糊涂了，宇文化及不入关吗？同样的距离他该进河东，怎么去滑台了！

宇文化及把辎重留在滑台自己领兵北渡黄河攻打黎阳，此时守在这里的是徐世勣，徐世勣畏惧宇文化及兵锋带兵西保粮仓。

黎阳仓是此时河北的最大粮仓，宇文化及这是准备以黎阳仓为根据地了，但这个地方同样是李密极其关键的战略布局，后面北上河北都指着黎阳仓呢，于是李密率两万步骑前来救援。①

杨广死后，各方面都开始称帝接天命地与时间赛跑，李渊那边称帝，留守东都的隋朝官员也拥立了越王杨侗即皇帝位，改年号为"皇泰"，封了前面提到过的那"七贵"为高管团队成员。

宇文化及集团北上后洛阳是相当担忧的，等看到宇文化及已经和李密撕上以后，洛阳方面决定赦免李密一切罪过让他专心去打宇文化及给杨广报仇。

对于李密来讲，洛阳方面给的这个台阶有两个好处。

1. 可以减轻西面压力集中优势力量来和宇文化及交战。

2. 他也有理由如李渊那样继承隋的政治法统了，此时洛阳内部的实力已经被他打残了，他和隋完成和解即可以进入洛阳，可以当第二个李渊。

李密在巨大诱惑下上表称臣，请求讨灭宇文化及以赎罪，杨侗则遣使授李密为太尉、尚书令、东南道大行台行军元帅、魏国公，令其先平宇文化及，然后入朝辅政。②

---

① 《旧唐书·李密传》：俄而宇文化及率众自江都北指黎阳，兵十余万，密乃自将步骑二万拒之。

② 《旧唐书·李密传》：隋越王侗称尊号，遣使授密太尉、尚书令、东南道大行台行军元帅、魏国公，令先平化及，然后入朝辅政。密将与化及相抗，恐前后受敌，因卑辞以报谢焉。

李密收获前面两个好处的同时也犯了个巨大的错误,他忘记自己当初死活要打大洛阳堡垒是为了什么了。那就是,他要在乎手下人的拥护。

如今翟让被他火并了,他可以全靠自己的意志进行外交了。他确实知道政治合法性的重要性,他想入朝做第二个李渊,但瓦岗弟兄们搞不明白他的思路。

弟兄们只知道李密现在跟打了一年的洛阳老爷们求和称臣了,觉得弟兄们的血成他的投名状了。更重要的是,将来李密打算怎么封赏他们呢?李密跟洛阳老爷们的规划中还有没有他们的未来呢?李密的统治基础开始出现巨大裂痕。

洛阳城中的元文都、段达等都不愿意打了,因为手里没筹码了,李密好歹是关陇贵族,将来还是有共同语言的,所以促成了和李密的和解,但这就把洛阳城中一直铁了心跟瓦岗集团开战的王世充给晾那里了,毕竟一直与李密对打的是他。

更重要的是,王世充是发誓杀降的主,他才不会信李密呢!王世充公开表态:"朝廷官爵怎么能给贼呢?"结果元文都等认为王世充打算以城降宇文化及,洛阳城内又开始了暗战。

宇文化及这一搅,最终把洛阳和李密都给搅残了。

宇文化及渡河后先是入驻黎阳城随后分兵围守黎阳仓的徐世勣,李密率两万步骑来支援后在清淇县(今河南鹤壁浚县西)扎营,与徐世勣烽火相应,深沟高垒,不与宇文化及交战。

李密的思路很明确:"我有粮食你没粮食,我饿死你!"

李密也不是完全不动,每次宇文化及攻仓城时李密就带兵断他的后路,总之相当恶心到了宇文化及。

李密与宇文化及隔水外交,李密道:"你祖上不过是匈奴破野头种,父兄子弟并受隋恩富贵累世，主上失德不能死谏却弑君自立，诸葛瞻的榜样不学非要学霍禹，天地不容！赶紧投降，我还能留你这一脉。"

这话其实正经是个好思路，宇文化及他们这群雇佣兵，最好的归宿就是卖个高价。他们杀了杨广，目前李渊、杨侗和窦建德全都明确要抢杨广的政治遗产了，只有李密这伙人的成分是和杨广不对付的，主攻点也一直是洛阳，李密和洛阳的勾搭也一直是秘密来往，从宇文化及的角度来看，李密是目前唯一能接纳他们这伙雇佣兵的集团。

但宇文化及这伙人当了几个月老大后觉得这种感觉回不去了，学历不太高的宇文化及面对李密的质问沉默很久后憋出来一句话："打仗就打仗，扯什么书本！"

李密这命啊，他挺好的政策却赶上对方没有脑子。

随后双方继续打，最终宇文化及在大修攻具准备打仓城时，被徐世勣从事先挖好的地道里出来成功偷袭，宇文化及大败，攻城器械白做了，被一把火全给烧了。

打了一段时间后，李密与宇文化及议和，假意表示"我给你粮食，咱们别打了"。宇文化及大喜后没有了忧患意识开始放任部队吃粮，结果己方粮食很快被吃没了。

恰巧李密手下有人犯法后逃到了宇文化及处，把李密的打算全交代了，宇文化及大怒后渡过永济渠与李密大战于童山脚下。双方从辰时打到酉时大战了一整天，李密再次被流箭射中落马昏死，侍卫都跑了，最终是秦琼单人保驾救回了李密，也是秦琼重新收兵力战，杀退了宇文化及。[①]

大家要强烈注意此时李密的这个待遇，堂堂的瓦岗一把手，最终

---

① 《旧唐书·秦叔宝传》：密与化及大战于黎阳童山，为流矢所中，堕马闷绝。左右奔散，追兵且至，唯叔宝独捍卫之，密遂获免。叔宝又收兵与之力战，化及乃退。

快要死了只有秦琼一个人保他。

宇文化及既没能打垮李密，又因为缺粮迎来了众叛亲离。先是守后方辎重的王轨叛变了，宇文化及不敢再逗留从汲郡带军队准备北上，结果其将陈智略率一万多岭南骁果军、樊文超率江淮部曲、张童儿率江东骁果军数千全部投降了李密。

宇文化及北上大军十余万，最终被李密击杀逃亡了大半，收降了两万多，宇文化及最终带着仅剩的两万人北上去了魏县。

在这次和宇文化及的火并中，李密自己受了伤，而且精锐伤亡同样惨重，所谓"李密破化及还，其劲兵良马多战死，士卒疲倦"。无论是对洛阳的妥协，还是被宇文化及所消耗，李密都伤了根基。

李密知道宇文化及已经没什么能耐了，于是留徐世勣驻守黎阳仓，自己西还洛阳战区，他要马不停蹄地去洛阳"辅政"了。

徐世勣曾经在宴会上顶撞过李密，再加上杀翟让那事在他心里始终是个疙瘩，所以李密让徐世勣镇黎阳名为委任，其实是慢慢疏远拿他当炮灰去挡着北面的窦建德和宇文化及。[①]

世事变化太快，前面一年和洛阳军、关中军、王世充各路援军大战的瓦岗军突然又变成了隋的武装，徐世勣这个顶级瓦岗大佬的态度已经很能说明问题了。洛阳擂台赛上获得了又一次胜利的李密此时已经摇摇欲坠。

李密大胜往回赶，走到温县就要过黄河进入他梦寐以求的洛阳时，传来了两份惊悚战报。

1. 洛阳进不去了，那里姓王了！
2. 秦王李世民，在浅水原大败！

---

① 《资治通鉴·唐纪二》：徐世勣尝因宴会刺讥其短；密不怿，使世出镇黎阳，虽名委任，实亦疏之。

二、李世民"一战灭国"背后恐怖的"经济时间账本"

武德元年（618）六月初十，长安接到消息，薛举入侵泾州，李渊以李世民为元帅，率八总管兵拒敌。

双方的首战是新近归顺的从五原南下的张长逊进击薛举大将宗罗睺。

在张长逊和宗罗睺交战后，薛举带着全体人马下陇山来援，一口气扎进泾州，军逼高墌城（又名浅水城，今陕西咸阳长武县北浅水村）。薛举纵兵掳掠，触角伸向豳州（治所今陕西咸阳彬州）、岐州（武德元年由扶风郡改，治所今陕西凤翔），已经要将战火杀到关中平原了。

图 3-4 是西秦入寇路线图，薛举杀入泾州后将临时大本营搬到了折墌城（今甘肃平凉泾川县东北），狂殴不远处的泾州城，兵锋紧逼高墌城。

薛举这次东下陇山，走了一条与以往不同的路。

半年前的 617 年十二月，薛举派儿子薛仁杲劫掠扶风郡，被李世民赶到后暴打，一直追到陇山脚下。所以这次薛举并没有再往防范严密、支援迅速的陈仓地区打，而是突然扎进泾州展开围攻，泾州城的唐军守将刘感坚守已经相当困难了。

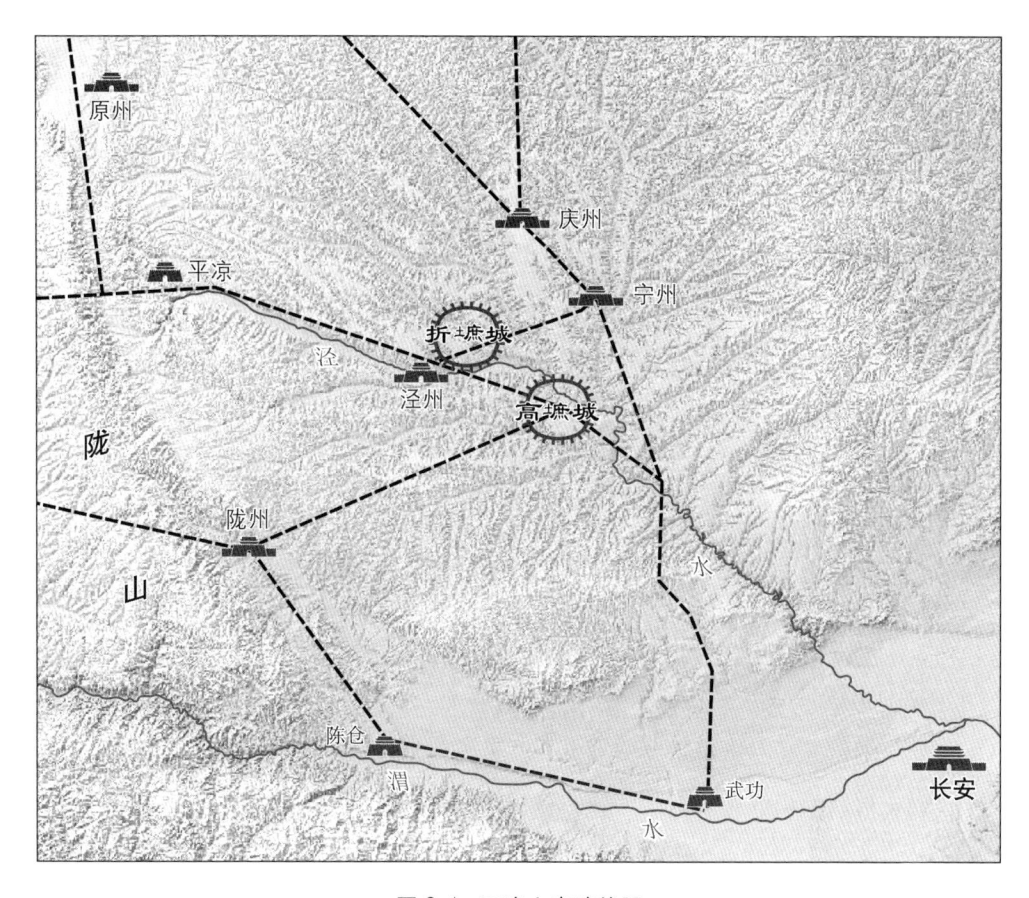

图 3-4 西秦入寇路线图

薛举这是什么意思呢？

他要斩断关中和灵武的联系，他要和突厥与梁师都建立联系。

由于薛举此时的粮道需要翻越陇山，因此他的军粮是最大难题，李世民来到战场后选择深沟高垒不与其交战。[1]

对峙到七月份，李世民得了病，将军事指挥权交给了长史刘文静，

---

[1] 《旧唐书·薛举传》：太宗又率众击之，军次高墌城，度其粮少，意在速战，乃命深沟坚壁，以老其师。

第 3 战　秦王破阵　｜　223

并且嘱咐道:"薛举悬军深入,带的粮食少而军兵疲惫,如果他们来挑战千万别搭理,等我病好了咱们再收拾他。"①

结果刚从李世民军帐中出来,《西游记》中李世民的御弟唐僧的姥爷,此时的三把手军司马殷开山就对二把手刘文静说:"秦王担心您不能退敌才这么说,胡房听说秦王生病后必然轻视我军,最好趁机破贼,怎么能把敌寇留给王爷呢!"过了段时间殷开山再次对刘文静说:"王爷这病没完没了,贼人估计都看不起咱们了,现在应该显示我军威力!"②

刘文静没禁住殷开山的怂恿,出军了。

这两个人之所以不拿薛举当回事,是因为两点:

1. 半年前薛仁杲被李世民暴打过,这张西北考卷我们答过。

2. 我们人多,队伍威武雄壮啊!

在这里有一个关键细节大家要注意一下:刘文静和殷开山都是太原起兵的元勋,李世民明确定下的方案这两个老臣是不搭理的。这两个老臣把此战当成是给自己加码的功勋战了。

天策上将可不是一天炼成的。

刘文静和殷开山不听李世民的方案,其结果是他们率领唐军出战在高墌城西南列阵,倚仗己方人多而未设防范,刚一列阵就被薛举从背后袭击。③

---

① 《旧唐书·殷峤传》:时太宗有疾,委军于刘文静,诫之曰:"贼众远来,利在急战,难与争锋。且宜持久,待粮尽,然后可图。"

② 《旧唐书·殷峤传》:峤退谓文静曰:"王体不安,虑公不济,故发此言。宜因机破贼,何乃以勍敌遗王也!"久之,言于文静曰:"王不豫,恐贼轻我,请耀武以威之。"

③ 《旧唐书·薛举传》:未及与战,会太宗不豫,行军长史刘文静、殷开山请观兵于高墌西南,恃众不设备,为举兵掩乘其后。

双方战于浅水原，唐军八总管皆败，士卒死者十之五六，大将慕容罗睺、李安远、刘弘基全都落薛举手里了。①

这场战役唐军打得极其窝囊，全军精锐超过半数阵亡，堪称覆国级大败了，八个总管中只有刘弘基一个率军苦战，那七位都是毁灭性溃败。②

为什么刘弘基要力战呢？很大概率他是要掩护李世民和兄弟们撤退。

为什么刘弘基愿意干这个角色呢？因为刘弘基是李世民的铁杆心腹。

刘弘基之父刘升是隋河州刺史，刘弘基年少豪放不羁，满世界交朋友，不事家产，靠关系当了个右勋侍。大业末年杨广召唤百万少壮赴辽东，刘弘基也得去，但此时因为家产已经被他败干净了走不了，行至汾阴一算自己失期当斩，于是从此亡命天涯盗马为生。

刘弘基听说李渊在太原要搞事于是前去投奔，随后发现了精神小伙李世民，再之后被霸道总裁李世民拿下了，两人出去就一起骑马，回家就一起睡觉。③

客观来讲，无论是刘文静和殷开山的不听安排，还是八总管只有刘弘基死战，都说明此时李世民对军队的控制程度还很一般。

总之，唐军被打崩溃了，李世民带着败兵回了长安，薛举把战

---

① 《新唐书·薛举传薛仁杲附传》：行军长史刘文静、殷开山观兵于高墌，恃众不设备，举兵掩其后，遂大败，死者十六，大将慕容罗睺、李安远、刘弘基皆没。

② 《旧唐书·刘弘基传》：又从太宗讨薛举。时太宗以疾顿于高墌城，弘基、刘文静等与举接战于浅水原，王师不利，八总管咸败；唯弘基一军尽力苦斗，矢尽，为举所获。

③ 《旧唐书·刘弘基传》：会高祖镇太原，遂自结托，又察太宗有非常之度，尤委心焉。由是大蒙亲礼，出则连骑，入同卧起。

死唐兵的尸体做成了京观。这是李世民这辈子被史料记载的唯一一次战败。

所有的史料中都说是因为李世民得了病没法参与指挥，不过后世也有很多人认为这是改史达人李世民在让别人背锅。

我个人倾向于李世民真的病了，我做出这个判断的根据有两个：

1. 李世民一生的用兵思路都是按照他嘱咐刘文静的那个方针做的，他面对哪个敌人都是先熬一熬敌人的士气。

2. 最重要的佐证是，之后李渊再次派李世民跟薛家对战，如果真是李世民指挥失误的话大概率会换将的。

唐军大败后对于长安来讲属于天塌下来的动静，李渊后面还是派李世民出战也是因为他觉得如果李世民亲自指挥的话这仗是输不了的，他的二儿子依旧是眼前精锐丧半后的最佳解题选择。

所以此战极可能真的是李世民生病了，刘文静这些人认为他们人多能把薛举拍死，本来想露把脸，结果丢脸了。

此战后，局面貌似是薛举要一把收的牌面了，因为唐军是溃败，精锐损失过半，士气已经崩了。但是，就在薛举战后遣薛仁杲进围宁州，并听参谋建议准备亲自打长安时，八月初九，薛举突然病了，并且迅速死亡，据说是被死去的唐兵索了命。①

天命啊！还是那句话，这就是天命！李唐起家这几步老天给予了绝对的天时加成。

老天对李渊已经好到了匪夷所思，给完好儿子给天时，给完天时给履历，给完履历扔太原，躺赢关中给四川，给完四川让杨广死又送了

---

① 《旧唐书·薛举传》：郝瑗言于举曰："今唐兵新破，将帅并擒，京师骚动，可乘胜直取长安。"举然之。临发而举疾，召巫视之，巫言唐兵为祟，举恶之，未几而死。

个没有政治包袱的皇位，这回直接扔死亡笔记了。

如果薛举有慢性病，他大概率不会在这半年多如此进取，而且要是他身体不好他也不会还准备打长安。薛举就是暴毙而亡。

薛举的例子其实应该给我们一个警醒，人做什么事下手真的别那么毒，要积点儿阴德，薛举每次打胜仗后都要把对方败兵虐杀。①

为什么薛举找的那个巫师说是唐兵鬼魂要带他走呢？肯定是他大胜后对唐兵做什么缺德事了。

这种变态手法不仅冥冥中会得罪天地鬼神，而且在别的大佬看来，他也不是一个情绪稳定能够长期博弈的合作者。

比如李渊在北面对突厥丧权辱国的同时，还派外交大使去了河西走廊的李轨那里。李渊称李轨为堂弟，两人是亲戚一拍即合，约定共取薛举的秦陇之地，李轨遣其弟李懋入贡于唐，李渊任李懋为大将军，命鸿胪少卿张俟德册拜李轨为凉州总管封凉王。

老天对李渊的宠爱有些不可思议，给了他最轻松的开国基业后还在把他往刘邦的路上推。

此时薛举死了，西秦兵势受阻，不管李世民上一次病没病，都是他挂帅输了，这次李渊应该自己督李世民亲自前去平叛。

那样的话，这次即便李世民打赢了，也是在李渊的领导下，他可以收割此次开国阻击战的所有军功，他才是那个带领大唐军队走出颓势的军神。但是，李渊并没有那样做。

李渊啊李渊，这是打天下啊，你总得经历点儿腥风血雨吧？你不

---

① 《旧唐书·薛举传》：举每破阵，所获士卒皆杀之，杀人多断舌、割鼻，或碓捣之。其妻性又酷暴，好鞭挞其下，见人不胜痛而宛转于地，则埋其足，才露腹背而捶之。由是人心不附。

第3战　秦王破阵　｜　227

能总干那么容易的事吧？

汉高祖刘邦于荥阳成皋，光武帝刘秀于河北昆阳，魏武帝曹操于濮阳官渡，你祖上的武川群雄于沙苑和邙山，这些打天下创基业者有哪一个不是百战余生？有哪一个不是经历了腥风血雨？有哪一个没经历过绝境下顶住最后一口气的亮剑绝杀？

只要是这个级别的基业，注定会有同等级别的考验。你只能自己振作起来，去面对最难的绝境，去亲自在命运的最难考卷上坚定地写下自己的名字。这样力挽狂澜的机会，这样彻底奠定"国父"地位的机会，你还想让老天怎么给你私人定制呢？

八月十七，李渊命李世民挂帅再战："老二，爹在长安为你压阵（祈祷）。"

华夏的基因，是奋斗与拼搏，是努力与担责！我相信在这一刻，上苍开始对李渊失望。

这个华夏，李渊坐不住，因为他担不起来。李渊不是这块料，李世民，还得是你！

我们来看一下此时的局势。

薛举死后，薛仁杲继位于折墌城，这位新统帅和诸将平时关系相当不好，等他继位后众将都对他猜疑惊惧，薛举的参谋长郝瑗更是直接因薛举病逝过于悲痛请了病假，薛氏刚刚大胜的势头就此打住了。①

李世民带兵来到了上次的战败之地，开始坚壁不出。

之所以李世民在上一次大败后还能回到之前的战场，除了西秦本

---

① 《旧唐书·薛举传薛仁杲附传》：与诸将帅素多有隙，及嗣位，众咸猜惧。郝瑗哭举悲思，因病不起，自此兵势日衰。

身士气受挫外还因为宁州城和泾州城依旧控制在唐军手里。

能不能拿下宁州意味着薛举能否与突厥和梁师都取得联系，所以上次大胜后薛举曾派薛仁杲进围宁州但被刺史胡演击退了，随后薛举就死了，薛仁杲也没来得及再骚扰宁州，这就保证了唐军的北部威慑力。

泾州城位于今甘肃泾川县北的泾河北岸，属于薛仁杲身边的一颗钉子。对这个地方，薛仁杲是下了大功夫的。

此时镇泾州的刘感被薛仁杲包围断粮很久了，刘感已经把自己的马杀了分给将士，就在泾州城将要彻底崩盘前，李世民派的长平王李叔良率援军赶到了。

薛仁杲假装没粮带兵往南走，又派高墌人去泾州勾引唐军，说高墌城要回归，请求接收。看到即将有立大功的机会，李叔良派刘感带兵接应去了，结果刘感被薛仁杲打了埋伏，唐军大败，刘感被擒。

随后薛仁杲带着刘感重新围了泾州，命刘感对城里喊话援军已败。刘感同意了，结果到了城下刘感就咆哮道："逆贼已经饿了很多天啦，就要完蛋啦！秦王率数十万众四面聚集，城里的人不要担心，你们要努力呀！"

薛仁杲继续祖传的残暴，把刘感的半截身子埋在城旁当靶子开始举办骑射大赛。

你觉得在城内守军已经吓破胆的时候，这种激将法有用吗？你的残暴只会加重城内守军坚持到底的决心。

城里的李叔良非常害怕，拿出财产犒赏全军死命守城。

九月，李世民率兵到来，薛仁杲派宗罗睺领兵对阵，宗罗睺几次挑战，李世民坚守不出。（见图3-5）

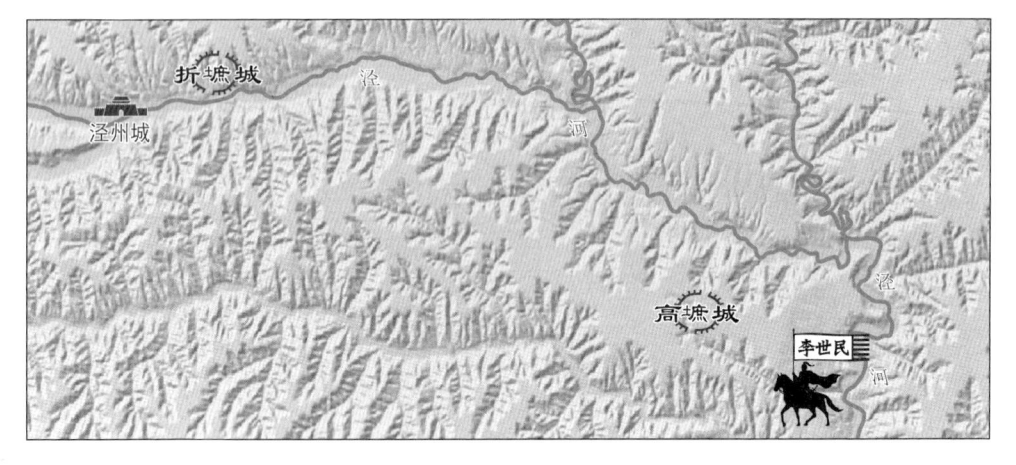

图 3-5 浅水原之战位置图

诸将请战，李世民道："我军刚刚失败，士气还沮丧，现在敌人恃胜而骄，有轻视我们的心态，我军应深沟高垒以待之，等他们兵骄气堕，我们把士气攒起来后就能一战而胜了。"他定调下令："敢言战者斩！"①

将领指挥一次战役前，最重要的是什么？是要先算账。

现在唐军最大的优势是什么？是军粮。

薛家的粮食需要翻越陇山来调，他们现在吃的多是从泾州地区搜刮到的存粮；而李世民此时是雍州牧、尚书令，他能够背靠以永丰仓为核心的关中源源不断地把粮食调过来，而且他还有泾水可以利用。

此时唐军最大的劣势是什么？是士气。

上一次战役唐军被打崩了，诸将貌似很英勇地喊着要作战，但这

---

① 《旧唐书·薛举传薛仁杲附传》：诸将咸请战，太宗曰："我士卒新败，锐气犹少。贼以胜自骄，必轻敌好斗，故且闭壁以折之。待其气衰而后奋击，可一战而破，此万全计也。"乃令军中曰："敢言战者斩。"

代表全军将士们都是这个心理吗?

所以李世民现在用《孙子兵法》中说的,要治气——把敌人的士气治下去,把自己的士气治起来。

怎样治敌人的气?

所谓"朝气锐,昼气惰,暮气归",善用兵者,要避其锐气,击其惰归,对方想复制上次辉煌趁热打铁我方偏不跟你打,让对方的心气掉下去。"无邀正正之旗,无击堂堂之阵",对方旗子都还坚挺的时候不要搭理他,对方军阵还严密的时候让他在外面随便嚷嚷,"谁要和你硬碰硬"?对方的"硬状态"是不会持久的。

怎样治自己的气?

要以治待乱,以静待哗,让全军静下来,把心养定,慢慢就会胸有成竹;要以近待远,以逸待劳,以饱待饥,让自己始终处于饱满状态,等待敌人的精力、体力下降。

这道理听着很简单是吧?那为什么刘文静和殷开山上一战不知道呢?

因为他们半年前暴打过对方,觉得自己军力多,因为"行军长史刘文静、殷开山观兵于高墌,恃众不设备"。也就是说,他们对战争的理解还停留在"胜与负"的初级阶段。

我们往深入里挖掘,你的军力多、战力强,你就一定要当时堂堂而战和他对决吗?你的每一个动作都意味着成本,做什么事情都要成本思维利剑高悬。

你战力强、人数多,即便马上和满血的敌人打也能赢下战役,但可能会伤亡一万人;如果你饿上对方一个月,等他快崩盘时再打,可能只会伤亡一千并且俘虏全部的敌军。

前者意味着己方战死的一万精兵需要时间再去进行招募和训练;

后者则意味着己方可以士气高昂地迅速开展下一场战役，而且还收获了敌人的大量精兵，不需要招募和训练，做做思想工作打散了就能整编成自己的人马。

同样都是胜利，但效果完全不同。

相持六十余日后，薛仁杲的粮食快要没了，其将梁胡郎等率部曲投降唐军。李世民决定打了。

这时候大家可能会有疑问，为什么不再等一个月呢？等薛仁杲彻底粮尽崩溃后再直接收割多好？

因为那样薛仁杲就该逃回陇西老家了，李世民再想灭他就需要翻越陇山，那时走的全是山路，没有水路可借，唐军的物流成本将成为噩梦。所以，李世民一定不能再放这匹西北狼回陇山。

十一月初七，休整了两个月的李世民命行军总管梁实扎营于浅水原诱敌。

宗罗睺大喜，在自己军中粮尽的同时唐军来战了，面对这次窗口期，宗罗睺尽率精锐攻营，梁实则守险不出。

新扎营的这个地方营中无水，人马好几天都没有水喝，宗罗睺因此昼夜强攻，把精力全耗这里了。

李世民抛出梁实这个集火点后估计宗罗睺此时兵势已疲，于是下令全军集合。快天亮时，李世民派右武候大将军庞玉作为第二梯队列阵浅水原去救援梁实。宗罗睺又分兵来攻庞玉战阵。

不得不说陇西兵是真能打，唐军养精蓄锐那么久后仍然要崩。就在庞玉作为第二集火点也快不行时，李世民率领大军自原北出其不意现身，宗罗睺被李世民亲自率数十骁骑冲阵打崩。

在李世民作为突击队长打崩了敌军战阵后，唐军士气开始狂飙，里外爆发，呼声动地，宗罗睺军临阵被斩数千级，宗罗睺率军往折墌城逃窜。①

李世民率两千多骑兵紧紧追击宗罗睺，窦轨拉住马苦苦劝道："大胜至此已经可以了，薛仁杲还占着坚城，我们虽然打败了宗罗睺但不能轻易冒进，咱们再观察一下吧！"

李世民道："这事我考虑很久了，现在已是势如破竹，机不可失，舅舅你别再说了！"随后带兵追击。

薛仁杲在城下列阵，李世民据泾水扎营对峙。结果薛仁杲手下的多个骁将临阵来降，薛仁杲很害怕，担心手下都跑过去，于是带着兵将回城拒守。

天将入夜时唐军大部队赶来了，随后围城。至此，李世民完成了自己的战略构想：

1. 打崩了敌军。

2. 把薛仁杲的归路堵死了。

3. 阻拦了薛军败兵入城重新形成战斗力。

半夜，守城者争先恐后扔绳子从城头爬下来投降唐军。薛仁杲见大势已去只能出降，李世民收得一万多精兵、男女五万口。

战后诸将皆贺，问起了李世民的战斗依据："大王一战定陇，舍弃步兵又没有攻城器具，轻骑直逼城下，我们都认为您赢不了，但您却突然就赢了，这是什么原因啊？"

李世民道："宗罗睺所率的陇西军队，将骁兵悍，我们只是出其不意把他们打败的，其实斩获不多并没有将对方打残，顶多就是把他们打

---

① 《资治通鉴·唐纪二》：罗睺并兵击之，玉战，几不能支，世民引大军自原北出其不意，罗睺引兵还战。世民帅骁骑数十先陷陈，唐兵表里奋击，呼声动地。罗睺士卒大溃，斩首数千级。

散了。要是我们行动慢了，这些散了的队伍逃回城被薛仁杲收拢抚慰后就又能形成战斗力了，到时候我们得打多少仗才能打完这支队伍？大家想想，仅仅把他们打散就耗了我们两个多月。我率骑兵急逼城下，这股被打散的队伍就没法回到薛仁杲手下，薛仁杲被我军吓破胆后肯定会投降。"

二十一岁的李世民此时已经明白了战争的本质：打赢不是最重要的，一劳永逸地解决才是成本最优解。

想要毕其功于一役，就需要把出现的战机抓到极致，避免对手调集资源再上牌桌。

李渊下诏，命上一次没能进入陇西的姜謩为秦州刺史抚巡陇西，由于薛仁杲归案，陇西各势力全部消停自首，至此陇西大定。

李世民的这场战役在传统印象中被低估了。人们更多注意到的是李世民一战灭了薛仁杲，却忽略了李世民此战最终极的那个目标：不能让薛仁杲逃回陇西。

在本系列书中，每次打西北我都要强调陇山地形。

1. 自关中平原往陇山打，海拔突然上升了大约一千五百米，打这种仰攻战，首先就很艰难。

2. 真爬上了陇西高原后，又要面临六盘山强烈切割的地貌环境，山势迅速就达到了四百米以上的落差，峡谷处悬崖峭壁极为险峻。

3. 陇山东坡陡峭，西坡和缓。

陇西从来不好惹，当年用四年时间定关东的刘秀在陇西生生耗了五年。

李世民此战不是简简单单地自卫反击战立住了国，而是将一个本该需要好几年才能消化的敌人体量仅仅用两个月的时间就彻底扫平了。这意味着：节省下来的时间可以去布局攻打下一支势力；节省下来的粮食可以去准备下一场战争；节省和俘获的兵员可以扩大自己的战争实力。

李世民最恐怖的一点，不在于他是个战无不胜的将军，而是他通常只用别人十分之一的成本就能一劳永逸地解决问题。

李世民三十三岁就灭了东突厥成为东亚天可汗的核心密码并不仅仅是他战无不胜，而是只要让他瞄上了，他就会通过一场战役的整体布局彻底掏了对方的心，从而达成别人百场战役的战略效果。

战后收获的精骑很多，李世民做了一个出乎全军意料的决定，他仍然任用薛仁杲兄弟及宗罗睺、翟长孙等原薛氏集团高级将领带领旧部兵马，并跟他们游猎驰射，根本没有任何芥蒂。李世民就这样把整个陇西势力给拿下了，那些归降的人彻底服了这个小伙子，纷纷对李世民宣誓效忠，皆愿效死。[1]

但是，当李世民率军回长安后，来自他慈父李渊的制衡如约而至了。李渊下令在闹市杀了薛仁杲及其数十名高级下属。[2]

李渊杀降了。按常理来讲受降后都是不能杀的，更不要说此时这些人都已经在李世民麾下了。

李渊这是冲着谁呢？他是冲着此时一战灭国的李世民。

李世民收编了薛家的万余精兵，这些兵肯定是拿不过来了。[3]

所以李渊想的是："我可以杀掉这些精兵的高级军官，我打你的脸，让你里外不是人；反正下面的士兵不会知道为什么，他们只是看到

---

[1] 《旧唐书·太宗本纪》：获贼兵精骑甚众，还令仁杲兄弟及贼帅宗罗睺、翟长孙等领之。太宗与之游猎驰射，无所间然。贼徒荷恩慑气，咸愿效死。

[2] 《旧唐书·薛举传薛仁杲附传》：王师振旅，以仁杲归于京师，及其首帅数十人皆斩之。

[3] 《旧唐书·太宗本纪》：诘朝，仁杲请降，俘其精兵万余人、男女五万口。

前两天自己的上司还跟秦王打猎开心呢,到了长安大本营就都被处死了,他们会认为秦王真阴险,那样这支队伍老二就不好带了,也就方便将来我找碴儿把兵分给别人。"

大家看看李渊这是有多阴险。

李渊对李世民的打压早就开始了,长安刚平定的时候杜如晦被李世民收为秦王府兵曹参军,但他很快就被迁为陕州总管府长史。当时秦王府的大量人才都被外迁了,李世民很不高兴。房玄龄对李世民说:"其他人都走了也无所谓,但这个杜如晦是王佐之才,如果大王只想当个王爷,那没什么地方可以用得上他;如果您想经营四方,就一定要用这个人。"李世民随后强硬扣下了杜如晦。①

李渊当了三十年大隋的官僚,浑身八百个心眼,天天琢磨的都是怎么控制人,他对李世民的防范是从来没松懈过的。但即便如此,李世民仍然在这样时时刻刻的防范与打压下成长起来了。

因为,天下大乱,李渊做防范同时还要考虑刚需,他的政权要活下去。

比如李渊这次虽然打了李世民的脸,但又展开了安抚操作,十二月初二,李渊下诏以秦王李世民为太尉、使持节、陕东道行台尚书令,蒲州、陕州、河北诸府兵马都受李世民节度。

我们现在来捋一下李世民的权限。他在李唐刚建国时拜尚书令、右武候大将军,进封秦王,薛仁杲第一次下陇山双方在扶风会战的时

---

① 《旧唐书·杜如晦传》:太宗平京城,引为秦王府兵曹参军,俄迁陕州总管府长史。时府中多英俊,被外迁者众,太宗患之。记室房玄龄曰:"府僚去者虽多,盖不足惜。杜如晦聪明识达,王佐才也。若大王守藩端拱,无所用之;必欲经营四方,非此人莫可。"太宗大惊曰:"尔不言,几失此人矣!"遂奏为府属。

候，为了方便李世民总统前线军政，李渊还给李世民加授了雍州牧。

隋开皇中期以州统县，罢京兆郡以雍州牧理京师政务，杨广在大业三年（607）又罢州置郡，京兆尹承担了过去"牧"的职任，唐初又给改回来了。时代进化到这个时候，州牧早就是个稀罕词了，基本上只有京师或陪都的地方最高长官并以亲王充任者才称为"牧"。

雍州牧这个官职，是为了方便李世民总统关中平原的地方政务以便调集资源打仗。

上次李世民败于薛举，按理讲得打压一下官职，但毕竟李世民得病后把指挥权交出去了，再加上很快还得指望他上前线，所以李渊这辈子唯一可以光明正大打压李世民的机会被错过去了。

这次得胜回来李世民献捷太庙后，李渊给李世民加了太尉、使持节、陕东道行台尚书令，诏蒲、陕、河北诸总管兵皆受其节度的全套封赏。我们来品品这次新加的岗位。

太尉，名义上的最高军事长官，几百年前就是荣誉奖杯了，这个不值钱。

陕东道行台尚书令，这个挺值钱的。不过从管辖范围来讲，这个岗位此时对于李唐王朝来说类似于蒙古国海军司令。

"陕"是指三门峡，此时所谓的"陕东道"应该是有史以来最大的一个辖区泛称。"陕东"这个词每次出现基本都是没成本的画饼。

当年晋愍帝司马邺登基的时候西晋眼看要亡国了，长安"户不盈百，蒿棘成林；公私有车四乘，百官无章服、印绶，唯桑版署号而已"，天下早就不是西晋的了，司马邺继位一个月后以江东的司马睿为侍中、左丞相、大都督陕东诸军事，陇西的司马保为右丞相、大都督陕西诸军事，相当于把整个北国给这两个唯二还能使上劲的宗室画饼分了。

第3战 秦王破阵 | 237

此时也是同样的意思，李唐世界的尽头是洛阳，李世民的辖区准确说就两条道。（见图3-6）

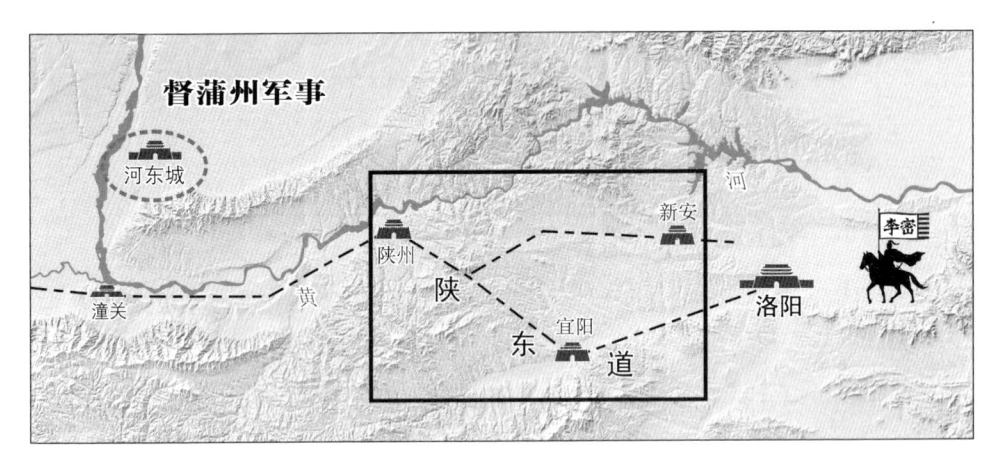

图 3-6　618 年李唐陕东道位置

李渊给李世民画了张超级大饼："儿子，看老爹多么器重你！去把关东拿下来！你要自己去看大海！"

李渊完成史诗级画饼捂着嘴乐的同时，是他既然给李世民画了饼就得给政策，"陕东道大行台"这六个字中，"陕东道"是大饼，这个岗位值钱的地方在于后面的"大行台"。

"行台"这个岗位是北魏时出现的，意思是尚书省设在各主要地区的派出机构，代行尚书省的权力，管理辖区内的军政事务，是地方最高行政机构。这就相当于李世民能名正言顺地成立自己的团队，还能给下属们分封正式的官职了。

比如说刘文静就在战后恢复了爵位，调离了李渊的决策圈层，由中央的纳言成为李世民尚书省管辖的户部尚书，还领了李世民陕东道行台的左仆射一职。李渊确实是刘文静的皇帝，但刘文静的老大却是李世民。

李渊太知道怎么激发儿子的能动性了，别看爹什么能看见的全都不能给你，但爹真的是把政策给你了，你要充分发挥能动性啊！快给爹往东打啊！

李渊还给了李世民"蒲、陕、河北诸总管兵皆受其节度"，河北诸总管皆受节度就算了吧，这几个地方都不接壤，但蒲州军事节度权李渊之所以给了李世民，是因为河东城此时还是钉子户，需要李世民给他拔钉子。

总之，将李世民一战之功为帝国西线节省的数年时间成本安排明白后，李渊又把自己的二儿子扔出去堵在了东线。李渊本着好用我就玩命用的思路，类似于上市前的企业拆分，把现金流好的、优质资产多的全划拉到了自己手里，把让他脑袋疼的、跟敌对势力接壤的都拆分给了李世民，批准李世民成立分公司。

李渊还不知道，他此时空口没成本扔出的这个"蒙古国海军司令"，会在他二儿子的手中只用几年时间就兑现成"铁木真版"的"蒙古国海军司令"。

李渊觉得自己手握门下省和中书省，还把李世民赶出了长安控制了禁军，已属于高枕无忧了，但他在算盘打得噼里啪啦狂响的时候却忽略了一点：中央尚书令和雍州牧是李世民，整个关中平原的实际运转是要在李世民每天的绝对指挥下完成的！

五品以上的官员确实需要由尚书省报到门下省、中书省供李渊敲定，但五品以下的全是吏部和兵部自己决定。那么，吏部和兵部的最高直接长官是谁呢？是尚书令李世民。

当五品以下的官员全是李世民的人，李渊定夺五品以上的决定权还有什么意义吗？更不要说李世民的陕东道行台能自己封官了。

这个时候仅仅是武德二年（619），李世民才二十一岁。

乱世打天下的时代，你需要指挥诸将完成一个个细小琐碎的战略目标，你需要在一次次战争后完成奖励和抚恤，你需要调集辖区的资源保证粮草的源源不断，这就意味着你在打天下的过程中得完成对辖区军、政网络的全盘梳理！

刘邦虽然总被项羽打的脸都不要了，但韩信再牛，直面霸王的永远是刘邦本人。

建汉论功的时候，刘邦自己是第一档，他总揽并且部署了灭楚的全部战略定调，韩信霸北和彭越游击等一切都是围绕着刘邦的荥阳前线开展的；他之后的首功是萧何，萧何总揽了粮草后勤，但刘邦却把萧何跟军事切割得很干净。大汉的体系，是以刘邦为核心长出来的。

李世民这个刚过二十岁的小伙子才建国就担起来了"尚书令"，他从最开始就不怕烦琐地当了干事的"萧何"，要将顺国家机器的每一条线，而李渊这个五十多岁一辈子没受过罪的"幸运大爷"进了长安后就哪哪都软了。

李渊该不该派李世民去和薛家作战？是必须派的。

但李渊也应该亲自去，他要压阵，要直面战场，要和将士们同甘共苦，这都是打天下的路上所不能省的。既然他选择了让自己的二儿子帮他捋清这看不顺眼的一团又一团乱麻，那就别怪这个二儿子在一次次地捋明白一个又一个乱麻的同时成为整个权力网络的核心。

玄武门之变的结局，是李渊自己挑的。

后面大家会一步步看到李世民是怎样成为权力大魔王的存在的，就凭李渊和李建成还想动他？把李渊和李建成描绘的还像是一个对手，把自己描绘成一个弱者，是李世民改史的核心。

李世民回军时，李渊派了李密来接。

据说看到李世民时，在洛阳号令天下群雄的李密惊了，感觉碰见了更大号的英雄，他由衷叹道："真英主也！不是这样的英雄怎么能定此祸乱呢？"①

李密怎么到关中了呢？

就在李世民和薛仁杲对峙的时候，李密这位洛阳的无冕之王把一手大牌输光后掉下了牌桌。

就像老天爷彩排好的一样。老天盯上了你手上的徐世勣、秦叔宝和程咬金（后改名程知节）们。这个乱世自有真主，你该下场了，瓦岗寨的最终归宿是刚刚被画饼的那位"蒙古国海军司令"。

---

① 《旧唐书·太宗本纪》：时李密初附，高祖令密驰传迎太宗于豳州。密见太宗天姿神武，军威严肃，惊悚叹服，私谓殷开山曰："真英主也。不如此，何以定祸乱乎。"

三、瓦岗头香熄灭，隋末霸王终章

618年七月，李密打垮宇文化及，薛举狂屠唐军八总管的同一时间，王世充兵变控制了洛阳城。

李密跟宇文化及作战时，每次战胜就遣使向洛阳告捷，整个洛阳都很兴奋，双方其乐融融，只有跟李密不对付的王世充不高兴。因为之前一直和李密动手的是他。

王世充对麾下煽动造势道："元文都这些人都是刀笔吏，我看他们早晚会归附李密，而咱们兄弟们屡次与李密作战，杀了他们太多人了，一旦归降将死无葬身之地。"

这事元文都也听说了，随后准备先下手为强，趁王世充入朝时伏兵下杀手。他的同伙段达盘算了一下，觉得这些玩笔杆子的弄不过王世充这种天天见血的狠人，于是派女婿将元文都的计划告诉了王世充。

618年七月十五夜三更，王世充在圆圆的月亮下带兵袭击禁宫，元文都听说王世充搞政变赶紧带着杨侗去了乾阳殿陈兵自卫。将军费曜、田阇等拒战于东太阳门外，军败，王世充攻入太阳门，皇甫无逸弃家小西奔长安，卢楚藏于太官署被杀，随后王世充进攻紫微宫门。

看到王世充肃清了外围抵抗，告密的段达矫杨侗诏命抓了元文都送给王世充，元文都被乱棍打死，段达又矫诏命开门迎进了王世充。

王世充将宿卫全部换成了自己人，然后朝见杨侗道："我是被害的，我可不敢背叛国家。"杨侗与王世充盟誓后将大权交给了王世充。①

《资治通鉴》中详细写明了王世充发誓的内容："我要是辜负陛下，天地日月都听着，让我王世充一门灭绝！"②

王世充这个没有敬畏心的家伙啊。他在佛前发誓都敢违背誓言杀降，更别提杨侗不是佛了，他的生命已经开始倒计时了。

估计王世充这辈子最大的痛苦就是看见窦建德的时候，他会迎来他的审判的。

李密打跑宇文化及后准备入朝，走到温县时听说洛阳已经姓王，元文都这些人都死了，于是回军金墉城，他还听到了一个令他相当尴尬的好消息：此时洛阳大饥荒已经导致一斛米价值八九万钱了。

这个消息传到李密耳中的时候虽然从侧面突出了他的巨大优势，但也证明了一件事：洛阳城中有钱，之所以米能那么贵，是因为有人能拿得出那多钱。

---

① 《新唐书·王世充传》：段达执文都送世充，杀之。世充悉遣腹心代卫士，然后入谢曰："文都、楚无状，规相屠戮，臣急为此，非敢它。"侗与之盟，进拜尚书左仆射，总督内外诸军事。

② 《资治通鉴·唐纪一》：世充拜伏流涕谢曰："臣蒙先皇采拔，粉骨非报。文都等苞藏祸心，欲召李密以危社稷，疾臣违异，深积猜嫌；臣迫于救死，不暇闻奏。若内怀不臧，违负陛下，天地日月，实所照临，使臣阖门殄灭，无复遗类。"词泪俱发。皇泰主以为诚，引令升殿，与语久之，因与俱入见皇太后；世充被发为誓，称不敢有贰心。乃以世充为左仆射、总督内外诸军事。

按理讲，李密可以利用这个消息强烈刺激一下手下的弟兄们，打下洛阳抢它三个月！但由于他的信用货币已经超发太多次了，他刺激不了手下的弟兄们了。

李密一直有一个巨大的苦恼，就是他手中的货币资源不够。他守着粮食确实不假，但他没有办法把粮食变成购买力从而收买底下的士兵，分给将士们每人一吨粮食不太现实，他已经很久没兑现军功了。

李密之前投降洛阳其实已经丢了很多信任分了，宇文化及新降的部曲归降后更是压垮了李密的奖惩系统。为了安抚这些人，李密拿出了最后的家底，这就导致手下的老兄弟们更加心怀不满，所谓"密虽据仓而无府库，兵数战皆不获赏，又厚抚初附之兵，由是众心渐怨"。

民不患寡而患不均。他们想的是凭什么！

李密当时会给降兵们赏赐进行安抚，是因为他原本寄希望于进入洛阳拿到赏赐，然后就能缓解此时老兄弟们的信任危机，但王世充突然兵变导致他的计划落空了。李密透支了太多的信用贷款去投资，还高溢价并购了敌对公司股份，但原本谈好的收益突然泡汤了，现在大量的士兵拿着信用债券对他展开了挤兑。

很快，李密等来了他不得不做的选择。王世充派人给李密的长史邴元真等送礼，让他们劝李密拿粮食换衣服布帛。

按常理讲李密看王世充一眼都算输，从李密的角度来说："我把他饿死后洛阳的好东西都是我的！"但李密已经感觉到了越来越汹涌的军心浮动，越来越多的下属在逼他接受王世充的交易，他只能无可奈何地选择了同意。

本来之前每天从洛阳城中都能逃过来几百人，等双方交换后没动静了，据说李密后悔并终止了交换。①

李密在后悔什么呢？

他在后悔为什么不再赌一赌，在己方的士气崩盘前王世充会先崩盘。

其实到了这个时候，讨论是否该再赌一赌已经没有意义。李密已经透支了太多信誉存款，在与宇文化及对战后又死了大批的精兵和战马，此时的士气在近两年的拼杀与欠饷后已经跌落到了谷底。

李密已经没有容错空间了。当年翟让因为不能代表瓦岗兄弟们的发展方向被他弄死了，如今他折腾了快两年，打了上百场仗，钱呢？爵位呢？未来呢？李密距离成为下一个翟让不远了。

王世充缓过了最难的那口气后，打算迅速跟伤了元气的李密开战。战前，王世充安排巫师搞宣传说："周公让我给大家带个话，让王仆射急讨李密，一定会有大功，不动手的话士兵都会得传染病死掉。"

王世充军中多楚人，比较吃这一套，于是将士纷纷请战。《旧唐书·王世充传》的史书原文是："世充兵多楚人，俗信妖言，众皆请战。"

九月初十，做完思想工作的王世充挑选精勇得了两万来人、马两千余匹，军于洛水南。这个人数是王世充本传的说法，但根据《李密传》的记载，王世充仅仅带了五千人。②

比较判断后，我认为《李密传》中记载的人数更真实。因为同是

---

① 《资治通鉴·唐纪二》：先是，东都人归密者，日以百数；既得食，降者益少，密悔而止。

② 《旧唐书·李密传》：武德元年九月，世充以其众五千来决战，密留王伯当守金墉，自引精兵就偃师，北阻邙山以待之。

王世充本传，他上次被李密打崩溃后仅仅只剩万余兵。[①]

王世充此时刚刚控制洛阳，还需要布防，他目前能信得过而且可以打硬仗的，也就这五千来人了。

我之所以要细抠这个人数，主要是想表达此时洛阳擂台赛在消耗两年后城内外都已经是强弩之末了。

九月十一，王世充军至偃师驻扎于洛水南搭设了三座桥梁准备渡水。

李密留王伯当守金墉城，自率精兵去了偃师，阻邙山以待之，单雄信另带一支马军屯于偃师城北。

但据史书中说李密已经骄傲到不设壁垒了，所谓"密军偃师北山上。时密新破化及，有轻世充之心，不设壁垒"。史书中确实是那么说的，但其实更大的可能是李密已经使唤不动士兵去建营垒了。

因为李密是知道该怎么打仗的，史书中的理由很牵强，七月他打崩溃了宇文化及，这都九月了，热乎劲早过去了，根本谈不上有轻王世充之心，而且李密携大胜之势却在这两个月时间里没有任何攻城与作战动作，只是静静地等着王世充厉兵秣马。原因就是他已经快使唤不动将士们了。

李密召开战前参谋会，裴仁基建议："王世充率全军来战，洛阳必定空虚，我们可以分兵守住要道让他没法向东去打洛口仓，然后再派三万精兵向西进逼洛阳，王世充如果回军我们就按兵不动，如果他还出来我们再吓唬他，这样就能调动死他。"

李密道："你说得有理，但咱们没必要去调动，现在王世充军在三

---

① 《旧唐书·王世充传》：世充自系狱请罪，越王侗遣使赦之，征还洛阳，置营于含嘉仓城，收合亡散，复得万余人。

方面不可抵挡,即武器精良、坚决深入、粮尽求战,我们只要坚城固守蓄力以待,他想斗却斗不得,想走却无路,用不上十天,王世充的头就能被送过来了。"

客观来讲,李密此时已经极度心虚。因为裴仁基的分兵调动是个好建议,但需要各种穿插和调动,将士们还愿意服从跟着跑吗?万一分兵后被王世充糖衣炮弹拿下了呢?所以李密要拢住全军在他眼皮子底下坚守不出耗死王世充。

李密在这个时候做的决策依然是很棒的,但单雄信等诸将却都说王世充不叫个东西,纷纷请战。①

诸将全都闹喊要打,不愿意避王世充的锋芒,这是为什么?因为瓦岗老兄弟们说:"让新投降的这些人交投名状啊!"②

李密这个明明知道正解是什么的"大当家"最终只能听从大多数人的意见了。③

裴仁基苦争不得,击地叹道:"你将来一定会后悔的!"

李密当然知道,但当时的情形却根本由不得他了,他的军事主张已经没人听了。

程咬金率内马军与李密一同扎营在北邙山上,单雄信率外马军扎营于偃师城北,王世充遣数百骑渡河攻单雄信营,李密遣裴行俨与程知节去帮忙。

裴行俨跑得比较快,一马当先冲在前面结果中流矢坠马,程咬金

---

① 《隋书·裴仁基传》:单雄信等诸将轻世充,皆请战,仁基苦争不得。
② 《资治通鉴·唐纪二》:陈智略、樊文超、单雄信皆曰:"计世充战卒甚少,屡经摧破,悉已丧胆。《兵法》曰,倍则战,况不啻倍哉!且江、淮新附之士,望因此机展其勋效,及其锋而用之,可以得志。"
③ 《资治通鉴·唐纪二》:于是诸将喧然,欲战者什七八,密惑于众议而从之。

第 3 战 秦王破阵 | 247

赶来杀数人救下了自家兄弟，领军将领当冲锋队被打掉后战阵直接崩了，王世充军开始披靡冲杀。程咬金抱着裴行俨共骑一匹马逃跑，由于跑得慢还被王世充骑兵追上了，好在程咬金英勇反杀了追兵带着裴行俨逃了出去。

双方战至天黑，各敛兵回营，李密骁将孙长乐等十余人全部受了重伤。

王世充夜遣两百余骑潜入北邙山，伏于溪谷中，他命令军士全部吃饱饭喂饱马，准备在九月十二清晨出击偷袭没挖工事壁垒的李密军。战前王世充誓师道："今日之战不是争胜负，而是一把定乾坤，生死在此一举，赢了荣华富贵，输了一个人也逃不了。咱们现在不光是为国而战，更是为自己而战！"

天亮后，双方开战，李密出兵迎战还没来得及摆阵成形就被王世充纵兵攻击。那么，王世充为什么要等到天亮后才出战呢？夜袭不是效果更好吗？

因为他有个小道具，只有天亮了才管用。

王世充先找了一个长得像李密的人，把人捆了藏起来，等战斗进行到激烈之时他突然放出这个"道具人"巡视战阵同时大喊："李密已经被捉啦！"王世充全军山呼万岁。[①]

与此同时王世充埋伏在高处的伏兵尽发，自山上而下的两百多骑兵冲杀李密军，纵火焚其军营。由于李密军根本没挖工事没布置壕沟鹿角什么的，最终在内外冲突的打击下全军大溃，从宇文化及那里投降过来的张童仁、陈智略再次临阵倒戈，李密与万余人逃向洛口。

---

① 《资治通鉴·唐纪二》：世充先索得一人貌类密者，缚而匿之，战方酣，使牵以过陈前，噪曰："已获李密矣！"士卒皆呼万岁。

王世充围偃师，城内士兵以下克上绑了守将郑颋背叛了早就看不顺眼的李密。①

在偃师城中，王世充得到了最关键的筹码——人质。王世充抚慰了李密诸将子弟后整兵向洛口进发，让这些人去策反李密身边的队伍。

早在李密还没逃回洛口仓的时候，守将邴元真在得知李密兵败后已派人去勾引王世充了，李密通过眼线知道了这事但没声张，打算等王世充军半渡洛水时袭击敌军。②

李密本想玩把胸有成竹的谍中谍，结果却发现自己才是被算计的那一个，王世充军过来的时候李密的斥候根本没报警，等李密发现将要出战的时候，王世充大军已经渡过洛水了。③

为什么"密候骑不时觉"？

因为李密身边上上下下都已经背叛他了。这个时候李密终于琢磨明白了，自己此时太危险了，再打的话不知会被谁当投名状给送走，劝他出战说了一堆理由的单雄信，在他激战的时候勒兵自据不出手，大势已去后带着队伍投降了王世充。④

李密来到虎牢后准备去投奔黎阳的徐世勣，但身边人说："杀翟让时徐世勣差点儿被砍死，你知道他怎么想的呢？"

徐世勣的成分和"单雄信们"是一样的。李密已经失去"单雄信们"的支持了，徐世勣在李密看来概率是差不多的。

---

① 《旧唐书·李密传》：世充围偃师，守将郑颋之下兵士劫叛，以城降世充。

② 《旧唐书·李密传》：密将入洛口仓城，邴元真已遣人潜引世充，密阴知之，不发其事，欲待世充兵半渡洛水，然后击之。

③ 《旧唐书·李密传》：及世充军至，密候骑不时觉，比将出战，世充军已济矣。

④ 《资治通鉴·唐纪二》：世充军至，密候骑不时觉，比将出战，世充军悉已济矣。单雄信等又勒兵自据；密自度不能支，帅麾下轻骑奔虎牢，元真遂以城降。

第3战　秦王破阵　｜　249

王伯当在李密失败后弃金墉保河阳，李密最终从虎牢跑去投奔了这个唯一放心的兄弟。在河阳，李密开了个前途沟通会："他打算南阻黄河北守太行，东连黎阳以图进取。"也就是说，李密还想做最后的坚持，他想从河内翻盘。

但还跟着他的诸将都说："现在军队刚刚失利，大家心中胆怯，要是还停在这里估计没几天就都逃没了。况且军心已散，难以成功了。"

一战就被全军定调军心已散，李密算是输了个彻彻底底。

李密道："我能依仗的就是大家了，既然大家不愿意，我这路也就走死了。"随后打算自刎以谢众。

王伯当抱住李密哭昏过去，大家也都悲伤哭泣，李密又说："要不这样吧，有幸诸君没有抛弃我，我们一起回关中吧，我自己虽然没有功劳，但诸君必定能保富贵。"

弟兄们表示："说得太好了，这是目前唯一的活路了，您跟唐公同族，过去又有联合之谊，一定能帮我们要个好价，咱们赶紧去吧！"

此时的李密对弟兄们就只有一个作用了——中介。

李密又对王伯当说："将军你不用跟他们一样，你的家眷都在王世充手里，你哪能陪我一起走呢！"但王伯当表示我生是你的人，死是你的鬼。

最终李密拢了拢队伍，共有两万人跟他这个中介入关了。李密退出洛阳争夺战的这个月，改变隋末格局的"搅屎棍"宇文化及身边的部队也跑得差不多了，宇文化及自知必败，叹道："人生固当死，怎么能不当几天皇帝呢？"于是毒死了秦王杨浩，自己在魏县即皇帝位，国号许，改元"天寿"。

从国号就能看出宇文化及的美好期望，他最渴望的是老天在"寿"方面给他点儿厚待，但来收他的人不远了。

本来宇文化及投了李密是最合适的归属，而如今他众叛亲离还杀了两个隋朝皇帝，眼下就是个低垂的政治果实。

王世充在被李密暴打了一年多后，一场翻盘赢得了这两年举世瞩目的洛阳争霸赛的金腰带。但是，尽管他赢了，可此时的洛阳城已经远不是两年前的那个大洛阳堡垒了。

洛阳本就不是靠谱的根据地，因为这里腹地太小，所恃的不过是那几座吸血天下的粮仓。粮食确确实实是管够，但在两年多的消耗后，洛阳地区无论是兵员实力还是政治号召力，均已悄然退下牌桌。

其实，最能将洛阳利益最大化的，是李密。因为他姓李合谶语，因为他早已得到了整个中原名义上的拥护。李密在理论上就差了最后一口气。

即便他对杨侗低了头，但只要他进了洛阳，拿到了奖励兑现就能缓过最难的那口气。李密有着兵力和粮草的巨大优势，只要他能进城，就将兑现这两年的洛阳擂台赛的最终红利，他就会是那位"天选之李"。

李密本来在这个乱世能用更大的篇幅来记载，但很遗憾，他就差了这最后一口气。

王世充的胜利对于关中与河北来讲是最优解。李渊就此成为"天命李"的最终归属，窦建德即将收割宇文化及填补李密的巨大声望空缺。

杨广布下的这个九曲黄河阵，所有入阵者，包括貌似清盘的王世充，最终没有赢家！

李密到了长安后，李渊给这位他曾经说过软话的中原盟主封了光禄卿、上柱国，赐爵邢国公，还把外甥女嫁给了他。

听着挺是那意思吧，但大家真别觉得李渊这人心胸有多大。他对跟他同生态位的竞争者下手都黑着呢。

第3战　秦王破阵 | 251

李密当的光禄卿主要管祭祀、朝会、宴会的事，曾经的天下盟主现在成李唐的会议管理局局长了。

李唐的后勤部门对李密一伙的待遇也很一般，军粮都经常断，众人心里颇有怨气。

李密认为自己的官小了，其他朝臣也轻视他，各官署衙门还常常明里暗里找他索要贿赂，毕竟他之前是那么大的首领，手里怎么能没点儿硬通货呢！李密开始后悔了。

来之前李密都已经认命了，他在入关后看到李渊的迎接大使时对身边人说："我曾经有部众百万，如今一天就回到了从前，这是命啊！我可得好好干，争取当个'窦融'。"

但他如今哪里是窦融啊，窦融进了洛阳后被刘秀尊为司空，而他现在成伺候局的人了。而且他发现自己真的是草率了，之前是被手下人的背叛打击蒙了，其实他应该在河阳再等一段时间的，他对很多势力还是有着号召力的。

李密刚到长安的第二天，李渊就下诏任堂弟李神通为山东道安抚大使、山东诸军并受节度，去接手李密的地盘了。

这样做的效果确实不错，之前李密拿不准的那些手下游移在王世充、窦建德和李渊之间，最终有一部分选择了李唐。如王轨以滑州来降，李密的总管李育德以武陟来降，其余将佐刘德威、贾闰甫、高季辅等要么以城邑要么带队伍相继来降了。其中，最大牌的是占据黎阳仓的徐世勣。

之前被李密怀疑会是第二个单雄信的徐世勣把事办得很漂亮。

徐世勣对他的长史郭孝恪说："土地和百姓都是魏公李密的，我要是上表献出，那么这事就不地道，你现在把土地户籍人马账册全送到魏公那里，让魏公亲自去献。"他一边派郭孝恪去长安，一边开始给来到山东的李神通拨粮。

李渊听说徐世勣的使者到了却没有上表，只有给李密的"快递"相当怀疑，等郭孝恪说明白徐世勣的想法后李渊叹道："徐世勣不背德，不邀功，真纯臣也！"

李渊诏徐世勣为黎阳总管、上柱国，封莱国公，还特殊表示道："徐世勣这孩子太可爱了，以后这孩子跟我姓，赐姓李！"李渊拾起了石勒的好办法："只要是我暂时控制不到的人才都跟我姓！"

徐世勣就这样成了李世勣。他还不知道，他这辈子还得再改一次名，他家祖宗和他亲爹给他起的本名最终就剩了个"勣"字。

李渊把送快递的郭孝恪任命为了宋州刺史，命他与李世勣经略虎牢以东，所得州县全部自己看着安排官员。①

一个月后，李世民打赢了立国之战，十二月得封陕东道行台。

至此，关东被李渊搞成了以下这种格局：

1. 名义上，最高指挥官的岗位画饼般给了李世民。

2. 实际上，兵马开到黎阳的军头是他堂弟李神通。

3. 虎牢关以东的所有人事权又给了刚刚被他改名的地头蛇李世勣。

李渊认为，李世民是他亲儿子，李神通是他堂弟，李世勣是他新认的儿子，"三李"互相制衡，牵线的那只手是他这个"总李"。

我们不得不佩服，在这种混乱的局势中，李渊的制衡水平确实已经妙到毫巅。

但是吧，乱世永远看的是硬实力。李神通和李世勣后面都会被实力更强的窦建德俘虏，他们也都会在那位乱世最强做题家的麾下重新恢

---

① 《旧唐书·郭孝恪传》：后密败，勣令孝恪入朝送款，封阳翟郡公，拜宋州刺史。令与徐世勣经营武牢已东，所得州县，委以选补。

第 3 战　秦王破阵 | 253

复荣光并成为他的铁杆。

有一天李渊会发现，小李在对他这个老李挑大拇指的时候也许不是在夸他，也许是在做迫击炮瞄准呢！

李密降唐后，在幽州地区自立为总管的罗艺此时也看明白了天下形势："天命李"是李渊没错了。

罗艺他爹叫罗荣，曾任隋左监门将军，罗家为将门，罗艺勇战善射，大业中期在隋炀帝一次次任性的征战中屡立战功，官至虎贲郎将。后来杨广伐高句丽失败丢脸了，涿郡作为北伐的物资汇聚总枢纽引来了众多土匪抢劫，涿郡留守虎贲郎将赵十住、贺兰宜、晋文衍那些人都扛不住，只有罗艺独自出战成为幽州土匪克星，随着威望越来越大，罗艺自立为了幽州总管。

最开始宇文化及遣使招罗艺，罗艺说："我是隋臣！"斩其使者并为杨广发丧三天。后来河北老大窦建德和高开道都各曾遣使者招他，罗艺说："这些泥腿子不叫个东西。"等李渊的招抚大使张道源到了后，罗艺奉表以渔阳、上谷等诸郡来降；更东北的襄平太守邓暠也以柳城、北平两郡降了唐。

李渊是原大隋官僚系统中的自己人，之前大概率还和罗艺见过，而且罗艺的军司马温彦博和写《大唐创业起居注》的温大雅是兄弟，双方可对接的点太多了，窦建德这些人跟李渊比起来存在着天生的差距。

李密投降后，李渊收获巨大，但李渊对李密这个献礼者却并不厚道。

担任光禄卿的李密在大朝会时应当给皇帝伺候局，李渊看着高级服务员李密，每一个汗毛孔都舒展地绽放着。李密觉得李渊太缺德了，心想："我说为什么封我这个官职呢，原来是让我守着菜再给你倒酒，太糟蹋人了！"

李密觉得自己太屈辱了，就把这件事告诉了他的铁杆、被李渊拉拢的时任左武卫大将军王伯当。王伯当也不开心，他总梦想着当李密的开国元勋，因此对李密说："天下事还是在您的掌控的，如今徐世勣在黎阳，张善相在罗口，王世充那边的兵马屈指可数，也不会长久了。"

这话说到李密心坎里去了。因为最开始他之所以来关中是因为觉得在中原混不下去了，老兄弟们都抛弃他了，但到了关中后他才发现，自己的盘子还在，最起码徐世勣，不，应该李世勣，就对他很体面，他的梦想又被点燃了。

但李密忽略了一件事，他之所以还有所谓的号召力，是因为他是个高级中介，瓦岗旧将们希望借着他搭上唐的车。他如果真的还有号召力，就不会被王世充打败后迅速土崩瓦解。

李密心里不平衡，向李渊献策说："臣虚蒙荣宠，安坐京师，没有什么见面礼，当年山东之众全都是臣故时麾下，我请求亲自前往收抚，凭借我们大唐国威打败王世充太容易了。"

李渊是多聪明的人，他太明白李密是怎么想的了。

群臣都劝谏："李密狡猾反复，现在派他去就是放虎于山，他收了兵一定不会再回来了。"

李渊道："帝王自有天命，不是那小子能夺的，就算反叛我收拾他也是易如反掌，现在派他和王世充消耗，我一下子收拾掉这两个人。"

十一月二十九，李渊遣李密去山东，走之前李渊仁至义尽地命李密及贾闰甫同升御榻并赐食，然后喝酒发誓道："我们三个人同饮此酒以明同心，请好好建立功勋，以符合朕的心意。大丈夫答应的话，千金不能改。有人跟我说不让兄弟你去，但朕以真心对你，不是别人所能离间的。"

李渊表示了对李密的不怀疑态度并派贾闰甫和王伯当这两个李密

的顶级心腹跟着他一起走，姿态已经高到极致了。

等李密出发后，李渊开始展示自己极高的玩人手段。

李渊先是命李密分其麾下一半兵马留华州，率剩下的出关，先打击了李密一波，让他觉得自己被怀疑了。而且不是每个人都跟王伯当一样是李密的铁杆，大部分人就是拿他当中介而已，李密长史张宝德就极度痛苦，"给你两年机会了，什么也不是，现在刚有个好日子，跟你这一去我就成反贼了"，于是他赶紧给李渊上密奏说李密必反。

李渊借着这个缘由迅速下敕书慰问，命令李密留下部队慢慢走，他自己则要单骑入朝有新安排。

前面那么多人劝李渊都不当回事，现在李密刚走他就把人调回来。李渊玩人的手腕已经绝了，他是先给个希望，再把希望收回去，逼着人自己跳出来，看看这个人能不能承受得住欲望的煎熬。

你能回来我就接着让你伺候局，从精神层面打击你，你忍不了我就名正言顺地砍折你这杆中原大旗。

李世民就是在李渊的这种算计下一步步完成"儿克爹"的。李渊和他的三个儿子——李建成、李世民、李元吉，每个人都有八百个心眼，后面玄武门之变时我们再来细盘李家父子，像甄嬛什么的在李渊这里三回合都过不去。

李密行至稠桑时接到敕书，他对贾闰甫说："才派我去山东现在又无缘无故召我回去，天子曾经说过朝中很多人不想让我东去，应该是诬陷起作用了，我回去后一定会被杀的，不如攻破桃林县，收其兵粮北渡黄河，等消息传到熊州（治所在今河南洛阳宜阳县）时咱们已经走远了，等到了黎阳大事必成，你觉得呢？"

贾闰甫说了很多，主旨就是您快认清现实吧，您打算跑哪里去啊。李密大怒，举刀要砍贾闰甫，被王伯当等劝住，贾闰甫逃往了熊州。

王伯当也劝李密说得忍啊，这条件起不了事啊！李密不听，王伯当道："义士之志，不以存亡改变心意，你不听，伯当与公同死罢了。"

李密杀了李渊派来的使者，在十二月三十清晨骗下了桃林县，收了辎重劫掠了人口宣称要东行，私下却派人飞马通报旧将伊州刺史张善相派兵接应。

右翊卫将军史万宝镇熊州，对其行军总管盛彦师道："李密是大贼头，身边又有王伯当，不好弄啊。"

盛彦师笑道："给我几千人必枭其首。"

史万宝道："你想怎么弄？"

盛彦师道："兵法尚诈，这得保密。"

盛彦师率众翻过熊耳山南，占据要道，命令弓弩手在道路两侧埋伏于高处，刀斧手埋伏于溪谷，下令等李密军渡水到一半时一起动手。

他的手下说："听说李密要往洛阳方向走，而您带我们进山了，这是个什么造型？"

盛彦师道："李密说是要向洛阳其实是想出其不意去投奔张善相，这里是他的必经之路，他跑不了的。"

李密果然从熊耳山南出来了，在陆浑县南七十里的地方被盛彦师突击后军队首尾断绝，不得相救，乱战之后李密和王伯当的脑袋当场就被快递去长安了。

李密死后，李渊派使节把李密的首级拿给李世勣，告诉他李密反叛的来龙去脉。李渊要对自己这个新认的儿子完成灵魂点化。

李世勣朝北伏地行礼号啕恸哭，上表请求收葬李密，李渊下诏将李密的尸体也给黎阳快递了过去。李世勣按君臣之礼为李密服丧，全军戴孝将李密葬在黎阳山南。

李密死了，瓦岗寨的头香灭了。

当年那个骑牛读《项羽传》的少年，在长安街头被杨素发现，由此结识杨玄感开启了他跌宕起伏的人生。对于他的收尾，《旧唐书》的史论评价道："或以项羽拟之，文武器度即有余，壮勇断果则不及。"

当时的群雄是将李密比作项羽的，但胜利者认为，李密比项羽差在了天赋上。但无论是和项羽对标扯上关联，还是两唐书反王之首的单独列传，李密这个洛阳擂台赛无冕之王的能力其实是被认可的。

李密以一己之力空降瓦岗寨后带着一群土匪几乎熬干了杨广的所有武装力量，同样都是姓李，李密有着看似更像天选之子的谶语解析和更英雄气概的霸王之姿，最终却发现命运没有站在他这一边，哪怕一次。

当他败散入关，当三十七岁的"徒何密"跪在五十三岁的"大野渊"面前，看着这个大爷一路躺赢了他从最开始就布局看好的关中和巴蜀，而自己却被死死箍在洛阳，一拨还来不及击退一拨又来侵袭，和杨广的遗产互撕时，他也在慨叹这一切都是命！

当他作为光禄卿在觥筹交错间敬酒伺候局时，他也在叹息："难道我就输给了一个这样的人？我不敢自诩项羽，但难道李渊就是刘邦吗？"

当李密决定归唐的时候，李世民已经在岭北与西秦对峙一个多月了。李密看到，面对不久前的覆国级惨败，李渊仅仅派了他二十岁的儿子去顶吗？

当西秦众将成为李世民的下属反而被李渊杀降时，李密也在疑问："我虽然杀了翟让，但那是形势所迫，而李渊你呢？"

李密在做人生的最后一个抉择时对贾闰甫怒吼道："我和李渊都应了谶文，如今他没有杀我，听任我东行，足以证明王者不死！就算唐平定了关中，但山东最后也会是我的。上天给的不要，难道要白白送给别人吗？"

我相信李密心中是不服的。他认为自己才是最能代表武川血统的，认为李渊不配是武川后人，他相信自己还有机会。

命运对李密开的最大玩笑，是他没有被早击败两个月。如果他在李世民一败的时候来到长安，会被李渊开出最高价码，大概率也会跟随这位二十一岁的秦王走向泾州战场。如果他真的亲眼看见并经历了浅水原之战，他是会认命的。

《新唐书》对他的评价比《旧唐书》要刻薄很多："或称密似项羽，非也。羽兴五年霸天下，密连兵数十百战不能取东都。"

《新唐书》确实不厚道，但里面说得也没错，李密在洛阳百余战没能解决问题，而二十一岁的小伙子李世民从手握大权的第一天起，看待问题就是高维打低维的本质挖掘。

隋末的乱世拜杨广所赐全华夏武器精良，各山头膘肥体壮，确实是最残酷的乱世之一，老天给李世民的考验并不会比李密小。

说到底，还是能力问题。

李密虽然退场了，但瓦岗的故事却并没有散场。他麾下的很多人，会跟李世民一同杀回洛阳。洛阳的故事还没完，会有三千五百个小伙子，胯下追风绝影，身披玄甲战衣，一战解决李密百余战解决不了的难题！

四、死亡笔记的又一个名字，李渊丢脸前的天运加成

武德二年（619）正月十八，李神通兵临魏县，攻打过把瘾就死的许国皇帝宇文化及。宇文化及打不过唐军东走聊城，李神通拔魏县斩获两千余人后带兵继续追，最终把宇文化及堵在了聊城。

就在李神通快要打进城的时候，另一个跟他抢宇文化及这个"傻桃"的人来了。这个人就是李密败后的河北最大受益者——窦建德。

窦建德学习李渊的模式，早在杨广刚死的时候就把自己这个土匪洗成隋臣了，当时的合作表态吸引了河北诸多郡县的官僚依附加盟。李密一把牌输光的三个月后，即武德元年（618）冬至，因为看见五个大鸟在数万小鸟的陪同下降落于乐寿，待了一天才走，于是窦建德就着这个吉利劲和满城的鸟粪开国了，改年为"五凤"，国号为夏。

刚开国的窦建德紧接着做了件不地道的事。

最早在山西闹腾很大的魏刀儿此时已经辗转到了河北，占据深泽劫掠冀、定之间，部众达到十万，自称魏帝。

窦建德声称跟魏刀儿建交结盟，结果趁着对方放松警惕后突然率军偷袭击破了魏刀儿部，魏刀儿被自己人绑了投降。窦建德杀了魏刀

儿，吞并了魏刀儿部众。①

吞并了河北境内最大势力的窦建德随后挥师北上，率众十万来打幽州。

罗艺在不久前已经投票给李渊了，他随后扮演了隋末公孙瓒的角色，把窦建德这位"袁绍"绊在了河北战区，窦建德与罗艺交战日久，打不动罗艺，只得回军。

北面打不动，窦建德听说宇文化及要完，于是对群臣道："我是隋的民，隋是我的君，宇文化及弑君，他是我不共戴天的仇人，不可以不讨！"于是率兵来打宇文化及最后的据点聊城。

李神通看到窦建德来了赶紧撤走了。在窦建德的一通暴打后，聊城内部开门投降，夏军入城生擒宇文化及，然后当着百官的面将宇文智及、杨士览、元武达、许弘仁、孟景等几个首脑枭首于军门外。窦建德又命人拿槛车装着宇文化及送回到了河间，他要将宇文化及这个匪首杀给自己的团队和百姓们看。

对于杨广的最后这点儿遗产，窦建德处理得相当漂亮。他先是拜见杨广的萧皇后，语皆称臣，素服哭杨广极尽哀伤，收传国玉玺及车驾仪仗，抚存隋的百官，对于不愿意留下的随便其回关中及洛阳，走的时候给路条、给盘缠、给粮食，还派兵护送出境，宇文化及剩下的近万骁果军也随之遣散任其自行离去。

窦建德将自己仁厚忠义的广告打出去了。

窦建德以隋黄门侍郎裴矩为左仆射掌选事，兵部侍郎崔君肃为侍中，少府令何稠为工部尚书，右司郎中柳调为左丞，虞世南为黄门侍

---

① 《资治通鉴·唐纪二》：建德伪与连和，刀儿弛备，建德袭击破之，遂围深泽；其徒执刀儿降，建德斩之，尽并其众。

第3战 秦王破阵 | 261

郎，欧阳询为太常卿，其他人也随才授职，委以政事。

窦建德为什么要这样操作呢？

因为窦建德是土匪建国，周边配合的隋官员系统也都是中下层的地方官吏，不明白高层往基层插的那套政权流程，他需要这些遗存的隋臣帮他搭建一个完整的政权框架。[1]

窦建德虽然缺少自己的萧何，但这个里正出身的老大是明白怎样一步步建立国家政权的，他的方向一直没错。

窦建德有点儿那个时代高素质"刘邦"的既视感。他对利益看得特别透，每次战胜攻下城后所得的资财全部分给将士们，自己什么也不要，他还是个素食主义者，媳妇曹氏不穿高级时装，家里的奴仆侍妾只有十来个人，他还将战后接收的千余有姿色宫人也全部遣散了。

窦建德和刘邦一样都是小吏出身，都是团结了当地的官员，都能跨越出身阶级看透利益，都是自己亲自带着队伍去直面难题，而且都脸皮厚，刘邦那堆光荣事迹就不说了，窦建德无论是偷袭魏刀儿，还是后来嬉皮笑脸地追捧李世民，面子这关都看得很透。

窦建德这个"刘邦"唯一所欠缺的，是他对这个时代的"项羽"缺乏了解。

刘邦早在刚起义时就很幸运地和项羽搭配打了几次仗，出道时刘邦就服项羽了，所以后面楚汉争霸对峙时，刘邦从来都是项羽刚进入一百里范围内就赶紧就近找炮楼躲起来。

窦建德没见过项羽这种无坚不摧的猛人。

其实也不能怪他，所有见识过李世民勇猛的对手都没怎么有机会

---

[1] 《资治通鉴·唐纪三》：建德起于群盗，虽建国，未有文物法度，裴矩为之定朝仪，制律令，建德甚悦，每从之谘访典礼。

写回忆录，窦建德只是听说秦王凶猛，但没人能亲自描述秦王到底有多猛。

都是一方霸主，试试呗。试试就逝世呗。

窦建德在灭了宇文化及后开始与王世充交好，遣使奉表于洛阳，被杨侗封为夏王。

窦建德看出来王世充的打算了，然后准备将来等王世充篡位时，他"给隋王朝报仇"从而名正言顺地成为天子。以窦建德的能力与眼光，按理讲真的应该让隋末更精彩一些的。

窦建德的刘邦既视感和最终戏剧性的败亡剧本，某种意义上起到了河北地区认命的效果。

此时，被各方都预判好的、已经憋不住了的王世充已经开始让人给他献印玺和宝剑了，还时不时地宣称黄河水清了，想以此暗示自己是圣人。

为了给自己代隋创造军功，王世充开始和唐发生摩擦，结果双方在九曲开战时发生了一件极其劲爆的临阵投敌事件。

王世充打败李密后收编了秦琼和程咬金等将，给的待遇还挺不错，但秦琼这些人实在看不上王世充。其中程咬金对秦琼说的话很有代表性："世充器度浅狭，而多妄语，好为咒誓，乃巫师老妪耳，岂是拨乱主乎？"

就是说王世充容不得人，嘴没把门地爱吹牛，只吹牛不够还总发着誓地吹牛，这就是个老巫婆，肯定不是什么拨乱之主！

秦琼单骑救过李密，程咬金单骑救过裴行俨，这两个人都是忠义之人，他们跟过李密这个隋末霸王后确实看不上王世充，听说西面来了个天王巨星，这对结义兄弟经过思考后，想了个礼貌且不失优雅的辞职方法。

王世充在九曲与唐军交战，秦叔宝与程咬金都带兵列阵各统一军。双方还没开打，秦叔宝和程咬金、吴黑闼、牛进达等数十名将领骑马向西跑出了安全距离，随后下马向王世充行礼喊道："您对我们不薄，我们也想报答，但您性情猜忌，爱信谗言，不是我等托身之处，如今不能再跟您混了，就此分别。"[1]

他们交完投名状，临阵降唐去了。太优雅了！太气人了！

秦琼等人水平真的太高了，杀人诛心地当着全体将士的面把王世充讽刺了一回，但王世充还说不出什么，因为他们毕竟没有临阵倒戈，没有在仗打起来时在战场上反杀他，他们来去明白，走得相当光明磊落。

除了脸疼没毛病。

他们对于李唐那边则起到了顶级的广告效果，属于翻越洛阳墙投奔西洛阳世界了，临阵讽刺东洛巫师王世充凸显西洛李世民优越性。这投名状简直太棒了！

李世民素闻秦琼、程咬金的名声，对他们厚礼相待，以秦琼为马军总管，程咬金为左三统军。

因为他们两个起到了很好的广告效果，很快王世充的骁将骠骑将军李君羡、征南将军田留安也声称讨厌王世充的人品率众来降，李世民把李君羡留在身边，以田留安为右四统军。总之，李密和王世充的大量骁将开始在王世充撒欢吹牛准备当皇帝的时候翻越了洛阳墙，最终都被李世民这个陕东道尚书令给笑纳了。

---

[1]《资治通鉴·唐纪三》：世充与唐兵战于九曲，叔宝、知节皆将兵在陈，与其徒数十骑，西驰百许步，下马拜世充曰："仆荷公殊礼，深思报效；公性猜忌，喜信谗言，非仆托身之所，今不能仰事，请从此辞。"

人就怕对比，王世充和李世民，一个是发着誓吹着牛，一个是人狠话不多。这些投奔来的跳槽者，很多人后来都成了李世民的心腹随他出生入死，甚至跟着这个小伙子干了"诛九族"的活。

就在李世民准备东进攻打王世充的关口，李唐的北境出现了问题。

619年二月，刘武周开始入侵并州。刘武周南下了，背后是他突厥爸爸的授意。

从突厥的角度看，当初李渊对自己伏低做小得到了北境的许可，但前提是他不能太强。结果突厥发现，一个没留神，仅仅用了一个季度，整个陇西就被李世民给吞了。同一时间李密又崩了，然后连带着幽州的罗艺也投了唐，北境都快被李唐连起来了。

之前给李渊注资的始毕可汗一看势头不对，亲自率兵渡过黄河到了夏州，梁师都出兵与他会合打算南下抄掠，同时他又给了刘武周五百余骑，准备让他们从句注南下入侵太原。①

始毕可汗在这个时间点安排刘武周和梁师都南下，是要让整个北境乱起来。他觉得这个唐儿子进步太快了，这对于他来讲不是个好现象，他实在是太明白当年杨坚是怎么又拉又打地挤对北境的了，他对杨广大炮打蚊子的那股子劲头印象可是相当深刻，一个强大的、统一的中原王朝对他来讲是不能接受的。

北境黑云压城，山雨欲来。

但是，李家的好运气再一次出现了。

武德二年（619）四月，始毕可汗刚刚攒局南下，也跟薛举一样突然死了。始毕可汗之子年幼，按照草原胳膊粗为王的理由不可立，于是

---

① 《旧唐书·突厥传》：二年二月，始毕帅兵渡河至夏州，贼帅梁师都出兵会之，谋入抄掠，授马邑贼帅刘武周兵五百余骑，遣入句注，又追兵大集，欲侵太原。

其弟阿史那俟利弗设继位,号"处罗可汗"。

在李唐外交大使高静带着岁币和年供出使突厥表示哀悼后,突厥撤军忙活权力交接的事去了,而且不仅仅是突厥撤兵了对李唐来讲是幸运,始毕可汗死了也带来了连锁反应。

四月初七,王世充走完全部流程即皇帝位,窦建德那边听说后马上与王世充断绝了外交关系,建天子旌旗,出警入跸,下书称诏,追谥杨广为闵帝。

窦建德剿灭宇文化及集团后杨家皇室还有个遗腹子叫杨政道,窦建德把这孩子连带着杨广的萧皇后及南阳公主等一起打包,派遣千余骑护送到了突厥,又快递过去了宇文化及的脑袋。

窦建德为什么要把杨家人给突厥送过去呢?

因为窦建德要和突厥建交就得寻求支持,他寻求的这个"支持"就是当年大隋的义成公主。

这位义成公主早在599年就已出嫁给了始毕可汗他爹,后被始毕可汗继承,在始毕可汗死后又被始毕的弟弟处罗可汗继承了,此时已经是倒到了第三手突厥可汗,如今她在突厥的级别很高。随后,突厥的政策开始被这位公主扭转。

始毕可汗对杨坚的制衡和杨广的吹牛印象极其深刻,他骨子里最恐惧的就是中原有强大政权,所以这次死活要收拾李渊。但当处罗可汗收编了嫂子义成公主后,突厥的外交定调上有了一百八十度的大翻转,此时突厥的外交第一要务变成了要在北境建立一个隋政权,找窦建德要回来萧皇后和那个遗腹子杨政道就是出于这个政治目的。

与其北境乱哄哄,不如扶植一个前朝有正统政治旗号的傀儡。

之所以说李渊洪福齐天,是因为不仅突厥撤了兵,更重要的是刘武周集团也因此被削弱了。

刘武周起兵后，始毕可汗立其为定杨可汗。这个"定杨"，就是杨广的杨。此时突厥却迎接了隋朝皇室，表明突厥在换了新可汗后政策有了巨大转变，进而也影响了突厥与以"定杨"为号的刘武周之间的关系。

刘武周本身就是反隋的，所以在突厥外交政策调整后并没有跟突厥保持一致，而且他的根据地也被准备造隋的义成公主看上了，双方出现了利益冲突。刘武周的最终结局是被突厥杀死，他的地盘和兵卒也都被突厥接手了，突厥后来不仅出兵南下跟唐兵会合，还"自石岭以北，皆留兵戍之而去"。

石岭关（今山西太原阳曲县石岭关村）在太原郡的北境，后面义成公主扶植的隋政权就是接管了刘武周的地盘后建立的。

这就意味着，义成公主在始毕可汗死后主导复隋的政策调头引发了与刘武周的矛盾。当年李渊南下创业之前是以极软身段换取突厥的认同从而保证了大本营的安全，但刘武周却没有李渊那样柔软的身段，因此失去了突厥的支持。

北方的突厥给刘武周"断奶"了，还时时刻刻准备把他踢跑，在他的原地盘扶植新隋政权，而李渊作为杨广的表弟，跟义成公主也是有亲戚关系的，在这个历史时间点明显比刘武周要顺眼得多。

我不想总重复李渊命好，但如果这不是命好是什么？

李渊的幸运还不止于此，河西走廊也正式回归他的版图了。

当年李轨和李渊合作后李渊封了他，还把他写进了家谱认作堂弟，结果李轨团队中的曹珍力挺李轨自己做皇帝。李轨一听，也不征求意见了，也忘了自己的成分和成事背景了，一冲动真的当了皇帝。

619年二月北境对李渊蠢蠢欲动之时，李轨派其尚书左丞邓晓来长安搞外交，奉书称"皇从弟大凉皇帝臣轨"，他想效仿傀儡梁国侍奉西魏的先例自己也称天子。本来他可以踏踏实实以皇亲的名义当实际上的土皇帝的，但为了个虚名，他要倒霉了。

李渊很生气，抓了李轨的外交官开始琢磨武力收回河西走廊。结果这个时候，又一个时势造的"李轨"出现了。

李轨手下大将安修仁的哥哥安兴贵在长安做官，上表请求去说服李轨，讲明祸福。李渊道："李轨阻兵恃险，联结吐谷浑和突厥，我兴兵攻打还担心不能成功，怎么是通过口舌沟通就能拿下的呢？"

安兴贵道："臣家在凉州，累世豪门望族为民夷所附，我弟弟安修仁为李轨所信任，我们家子弟十多人都在李轨的机要部门工作，臣去说服，他听自然好，不听我解决他也不费劲。"

李渊同意了。

安兴贵到武威后，李轨任其为左右卫大将军，他趁机游说李轨道："咱们凉国辖地不过千里，土地贫瘠百姓贫困。现在唐兴起于太原，又夺取关中统制中原，唐军每战必胜，攻城必取，这大概就是天意，不是人力能做到的。您不如以河西之地归顺唐王李渊，那就是汉代窦融之功重现了。"

李轨道："我凭着山河的险固，唐虽强大又能奈我何？你这是来帮李渊做说客的呀！"

安兴贵谢罪道："臣闻富贵不归故乡如锦衣夜行，现在臣的全家都受陛下荣禄怎么可能附唐呢？我不过是提个想法，决定权在您，您别往心里去。"

安兴贵退下后就联合家族联络羌胡起兵攻打李轨，李轨出战失败后闭城自守。

安兴贵向城里喊话："大唐派我来诛灭李轨，有胆敢援助他的诛杀三族！"城中人争相出城投奔安兴贵，李轨黔驴技穷后被抓。

武德二年（619）四月，在始毕可汗攒局南下的同时，安兴贵上报李渊，河西全部平定。

当初河西的世家大族拥立李轨，不过是因为薛举父子太凶残拿他当个挑头的人好保卫河西的本土利益。李轨啊李轨，你怎么还真把自己当老大了呢？

李渊在并州即将丢脸之前再次等来好运，河西走廊的隐患被扫除了，天下金角彻底安定。

李轨被押送到长安后满门被杀，李渊以安兴贵为上柱国、凉国公，赐帛万段，他弟弟安修仁成了申国公。本来是李轨的待遇，这回成安兴贵的了。

五月十五，李渊任秦王李世民为左武候大将军、使持节、凉甘等九州诸军事、凉州总管，原太尉、尚书令、雍州牧、陕东道行台等官职如故，又遣黄门侍郎杨恭仁安抚河西。

李渊的意思，是震慑与安抚双管齐下：

1. 以一战灭西秦的李世民战神名号震慑凉州，薛家牛不牛？我儿子一战搞定！现在他可看着你们了！

2. 招抚河西的杨恭仁是李渊当年在隋廷的老朋友，在宇文化及被剿灭后投奔过来，平定李轨的安兴贵又是李渊给的机会和富贵，按理讲河西走廊这回彻底成他自己的政治筹码了。

但是，李渊这次的政治算盘真的打响了吗？你用李世民的威名去震慑凉州，你就得提防你家二儿子这个凉州总管和都督凉甘等九州诸军事这个名义上的战神去渗透。

虽说河西走廊之后在唐初基本没什么戏份了，但李渊后来还是把李世民的凉州总管一职给拿掉了，李世民本人也没去凉州。然而，随着越来越多大唐墓志铭的出土，李世民"权力之神"的手腕越来越多地显

第3战　秦王破阵 | 269

现了出来。

根据安兴贵的儿子安元寿的墓志《大唐故右威卫将军上柱国安府君墓志铭并序》中的线索，安元寿十六岁就入了秦王府为右库直，成了李世民的护卫。

在武德九年（626）六月初四那场大名鼎鼎的政变中，远不是史书中说的九人偷袭那么简单。这位安元寿就守在了相当重要的嘉猷门，事后被任命为右千牛备身，掌执御刀宿卫侍从，是李世民的贴身卫兵。再之后突厥兵至渭河与李世民定盟时，只有安元寿一人在帐中护卫。这位李世民嫡系中的嫡系死后，更是给老上司去继续当了保安，陪葬昭陵。

透过这个细节，凉州姓李了确实不假，但是名渊，还是名世民呢？

运气再一次站在了李渊这一边，剩下就真的要看实力说话了。刘武周和梁师都南侵这一新的危机，也给权力场上的各方棋子带来了上场的机会。

三月初一，梁师都攻灵州被唐长史杨则击退，并且由于突厥撤资梁师都也消停下去了，但刘武周却一路势如破竹。

刘武周那边迎来了重大战力支援，除了之前始毕派到他这里的突厥兵之外，易州贼帅宋金刚在魏刀儿被窦建德灭后率四千部众西奔了刘武周。刘武周知道宋金刚善用兵，为了讨好宋金刚不仅封他为宋王把军事指挥权交给他，还分了一半家产给他。

宋金刚当场表态把原来的媳妇解雇了重新娶了刘武周的妹妹，随后刘武周以宋金刚为西南道大行台，派其率三万兵南下攻打太原。

宋金刚的南下，最终测试出了李唐权力场上所有人的成色。

五、操作猛如虎的唐皇，扶起弱爹的秦王

李唐的成色试卷，第一轮考题给了留守晋阳的李元吉。李元吉时年十七岁。

李元吉，别抱怨自己年龄小，这世道就这样，机会来了能接得住就成龙，先不说你二哥李世民，他确实比你大几岁你能以此为借口，就说个比你年纪小的。

武川祖辈八柱国之一的侯莫陈崇，他父亲是殿中将军、羽林监，他十五岁就跟着贺拔岳随尔朱荣直面数十万人的葛荣大军去了。尔朱荣当时共带了七千精锐，贺拔岳是前军都督在最前线，侯莫陈崇撒欢成什么样是可想而知的。

后来武川千人队入了关，十七岁的侯莫陈崇在追击陇西自立的"天子"万俟奴时，趁着敌军阵形还没列好，直接单骑冲入对方军阵生擒了万俟奴。

武川军团的基因就是这样，没有逆天的冲劲和战斗力是根本不可能在当初那样的劣势条件下活下来并最终扫平天下的。李元吉，你二哥李世民的能力完全就是天生的，如今考卷来了，你也得是那块料。

这是乱世，就这条件，其实命运对李元吉已经很友好了，给了他近两年的时间在太原适应，老天不可能让谁万事俱备的，所有英雄之旅的开端都是命运之神在他们背后踹了一脚。

结果这一脚踹过来，李元吉出问题了。

武德二年（619）四月，来势凶猛的刘武周率五千骑兵至黄蛇岭扎营，李元吉让车骑将军张达率步卒百人先去试试，张达推辞兵力太少不可前往，李元吉强硬逼迫出兵，结果张达全军覆没。张达愤怒投敌做了带路党，领着刘武周袭击攻陷了榆次。①

要是跟张达关系不好，看这个人不顺眼，作为主帅的李元吉哪怕找碴儿杀将祭旗呢，也比让这个人带着百人队去送死强。李元吉借刀杀人的手法比他爹差得实在太远，而且他这么做纯属是逼着一个知道他底细的军官去给敌人送情报了。

眼看刘武周就要打到晋阳南边了，四月二十，李渊下诏命李仲文和姜宝谊带兵救援并州。

我们来看下这两个人。

李仲文虽然是李密族叔，但并非李密带入关的，他在关中最早是跟平阳公主起事的，李弼一系的遗产基本是被李渊继承了，李密最开始跟杨玄感造反定调关中相信也有家族势力的相关考量。姜宝谊是李渊嫡系，其父是北周秦州刺史，他本身是禁军军官随李渊至太原的。

大家注意，第一拨援军，李渊并没有派李世民前去解题。

---

① 《旧唐书·李纲传》：时刘武周率五千骑至黄蛇岭，元吉遣车骑将军张达以步卒百人先尝之。达以步卒少，固请不行。元吉强遣之，至则尽没于贼。达愤怒，因引武周攻陷榆次，进逼并州。

五月十九，刘武周南下攻陷了平遥。

六月初十，刘武周攻陷了介休，李元吉眼看着对方一步步堵死了太原盆地。

姜宝谊和李仲文的援军来晚了一步，赶到雀鼠谷时介休已经丢了，被刘武周兵势阻住。

刘武周遣其将黄子英在雀鼠谷多次以轻兵挑战，接阵就示弱退走，在多次挑逗后唐军没禁住诱惑全军出击追杀，结果中了刘武周的伏兵，大败，姜宝谊、李仲文都被俘虏。之后这两个人寻隙逃脱，姜宝谊向南逃，李仲文逃到了浩州（治所隰城县，今山西汾阳）。

李渊的第一轮解题组失败。

败报传回后，李渊在武德一朝最重要的心腹裴寂请战了。

要不是李渊年年抱儿子，以李渊对裴寂的宠爱甚至有点儿让人怀疑他的取向了。他不仅给裴寂的赏赐不可胜数，甚至每天还赐裴寂御膳，上朝时两个人一起坐，裴寂说什么李渊都答应，而且李渊都是喊当年太原起兵时裴寂的官职"裴监"，从来不称其名，整个武德年间，包括皇亲贵戚，再没一个人得到的宠爱能比得上裴寂的。[①]

有一说一，裴寂确实堪称李唐起步最关键的助力，因为他是晋阳宫监，李渊的所有粮草和军械全是裴寂点头的。

不过话说回来，他敢不给吗？

具体就不细讨论了，总之，裴寂选择正确，贡献巨大，还是李渊的老朋友，那么他这个时候领兵请战是什么意思呢？

[①]《旧唐书·裴寂传》：高祖既受禅，谓寂曰："使我至此，公之力也。"拜尚书右仆射，赐以服玩不可胜纪，仍诏尚食奉御，每日赐寂御膳。高祖视朝，必引与同坐，入阁则延之卧内，言无不从，呼为裴监而不名。当朝贵戚，亲礼莫与为比。

他这是代表李渊去平叛，去拿军功。李渊虽然还是待在长安没动，但好歹算是亲自下场了。

六月二十六，李渊以裴寂为晋州道行军总管，附加"便宜从事"的权限，扛着尚方宝剑作为总司令支援太原。

李渊在第一场没考好后表达了自己的强硬态度，满朝文武你们都看着，我这回给你们刚强一把！

对于李渊来讲，虽然第一拨败了，虽然刘武周打过来了，但此时局面并非不可收拾，因为自己在并州的百姓基础好，晋阳又是一座坚城，里面的粮食够吃十年，刘武周南下粮草是大问题，这卷子不难，该我拯救国家了！裴寂，给哥露个大脸！

但就在李渊任命裴寂的这一天，再次传来坏消息，离石胡刘季真反叛，攻陷石州（治所今山西吕梁离石），刺史王俭被杀。

李渊忽略了儿子李元吉的心理素质，此时李元吉唯一还能跑的晋西通道已经受到了巨大威胁。晋阳确实是坚城，但守将要是不守了呢？

裴寂前脚走，李渊紧接着在七月进行了轰轰烈烈的军改，初置十二军，分关中为十二道，分别为万年道、长安道、富平道、醴泉道、同州道、华州道、宁州道、岐州道、豳州道、西麟州道、泾州道、宜州道，皆置府，诸府隶属于十二军——他向关陇老祖们致敬了，每军将、副各一人，取威名重者担任，督以耕战之务。李渊全面复刻了祖辈打天下的西魏府兵制。

府兵制最大的特点是什么呢？

《新唐书·兵志》中说："初，府兵之置，居无事时耕于野，其番上者，宿卫京师而已。若四方有事，则命将以出，事解辄罢，兵散于府，将归于朝。故士不失业，而将帅无握兵之重，所以防微渐、绝祸乱之萌也。"

府兵制历来被关注的是两点：

1. 府兵家庭不交税，也不找国家要军饷，自己养活自己，减少中央财政包袱——"府兵之置，居无事时耕于野"。

2. 将帅和士兵们没法形成感情——"若四方有事，则命将以出，事解辄罢，兵散于府，将归于朝。故士不失业，而将帅无握兵之重"。

但人们通常很少注意府兵制还有一个关键点："其番上者，宿卫京师。"也就是说，长安城的禁军是从府兵中抽取上来的，轮番宿卫京师。

这一时期的军改，到底是出自皇帝李渊的思路还是出自太尉李世民的想法，目前并没有定论。不过从逻辑推导来看，大概率是李渊的意思。

因为他此时整编的是关中十二道，而十二道府兵是要由禁军的十二卫调动控制的，此时李世民被支出长安去经营陕东道了，长安城的兵权完完全全是李渊说了算的。李渊这个时候搞军改，极可能是想打造自己的直属军并且规范今后将领和士兵的"私兵"关系。

李渊六月底命裴寂带兵对战刘武周，七月马上就军改了，其中有两层用意：

1. 裴寂带兵走后紧急扩编军力。

2. 如果裴寂赶跑刘武周，那么他这个皇帝对刚刚改制的关中十二道府兵就有最大的威信和话语权，将来可以在全国范围内形成制度，达到"故士不失业，而将帅无握兵之重，所以防微渐、绝祸乱之萌"的效果。

他在防谁和将士们耳鬓厮磨呢？

我们先按下这块，因为李渊的招还没出完。

第3战　秦王破阵　| 275

刘武周在基本控制太原盆地后没有匆忙南下，而是开始琢磨如何彻底占据太原盆地。七月二十五，宋金刚南攻浩州准备彻底堵死晋阳，但打了十天没打动。

注意，这个时候刘武周的南侵还是在可控范围内的，因为只要晋阳钉在那里，刘武周就得永远担心后路被断，他不敢南下拉长战线。李渊这个时候心里还是有底气的，所以他随后干了件令军界大地震的事。

九月辛未，李渊杀了太原起义的元老刘文静。

武德二年（619）九月，李渊和李世民父子第一次将权力之战摆上了台面。

刘文静无论是最开始的太原起兵招兵，北上联络突厥，还是入关中的初期顶住潼关俘虏屈突通，以及跟李世民平叛薛仁杲，他的功绩都是相当高的。但这个武德初年军功仅次于李世民的创业股东，在李渊论功时却在裴寂之下，这就让刘文静很不平衡，每次朝会上只要是裴寂的提议刘文静肯定不同意，这就弄得很不合适。

但是裴寂是李渊的人，这个全体官员都知道，而刘文静在太原起兵时就看好李世民，灭西秦也是两战一直跟着李世民做军中二把手。刘文静和裴寂的矛盾其实也很容易被解读成李世民对他爹不满，这就让唐初的政治特别微妙。

李渊在灭西秦后虽然恢复了刘文静的爵位，但从此把刘文静挤出了自己的朝中团队，不再让他当门下省长官了，李渊将刘文静踢给了李世民，做了户部尚书、陕东道行台左仆射。裴寂是李渊的仆射，刘文静是李世民的仆射，这算是彻底划清了界限。

刘文静在刘武周南侵并州的特殊时间段，与其弟刘文起喝酒，喝一半就骂街了，然后拔刀击柱道："我非斩了裴寂不可！"后来刘文静家里据说闹妖怪，刘文起找了巫师做了做法，但被刘文静一个失宠的妾给举报了，说刘文静要谋反。①

这种在家里做法的事在古代属于比较说不清楚的事，在李渊看来，谁知道你是驱鬼呢，还是诅咒我呢？你说要砍了裴寂，你这是要砍裴寂呢，还是要砍我呢？

李渊随后派了妹夫萧瑀审理这个案子，刘文静回答道："起义之初我是您的司马，当时与长史的地位、声望差不多，现在裴寂为仆射住第一档的大房子，臣的官赏却跟普通人差不多，东西征讨的家里人的待遇也没什么指望，确实有点儿失望，喝多了以后有了怨言。"②

刘文静单纯说的都是自己的级别和待遇问题，但李渊听完后定调了：反了反了，这反得太清楚了！③

李渊拍板了，但李建成的老师李纲和他的亲戚萧瑀都在给刘文静求情，说刘文静真没反，不至于。李渊自己的核心团队也在往下压这事，说"陛下您消消气"；但在这个时候，刘文静的上司李世民站出来说了一段很值得玩味的话。

《旧唐书·刘文静传》："太宗以文静义旗初起，先定非常之策，始告寂知；及平京城，任遇悬隔，止以文静为觖望，非敢谋反，极佑助之。"

翻译下：唐太宗李世民说，最开始起义定策的时候就是刘文静先

---

① 《旧唐书·刘文静传》：文静尝与其弟通直散骑常侍文起酣宴，出言怨望，拔刀击柱曰："必当斩裴寂耳！"家中妖怪数见，文起忧之，遂召巫者于星下被发衔刀，为厌胜之法。时文静有爱妾失宠，以状告其兄，妾兄上变。

② 《旧唐书·刘文静传》：文静曰："起义之初，忝为司马，计与长史位望略同；今寂为仆射，据甲第，臣官赏不异众人，东西征讨，家口无托，实有觖望之心。因醉或有怨言，不能自保。"

③ 《旧唐书·刘文静传》：高祖谓群臣曰："文静此言，反明白矣。"

第3战 秦王破阵 | 277

定下来的起义方案，当时最近的圈子就是我们三个人，随后才告诉的裴寂；等起义成功后，确实是这两个人的待遇差得太远了，刘文静就是发点儿牢骚，不是谋反的意思。

李世民这话其实很难讲他内心深处是否单纯地要保刘文静。因为他这么说也相当于是"打"李渊的脸：

1. 起义这事，最开始我和刘文静是您的左右手，我们两个都安排好后才告诉的裴寂，您的这位嫡系从最开始功劳就在后面。

2. 您赏罚不明啊，您自己人待遇那么高，刘文静就是委屈了。

我们来看一下李世民话里有话的大背景。

宇文化及被窦建德弄死前有一批人逃了出来，杨广的内史舍人封德彝是隋朝旧臣，谄巧不忠的名声很大，逃到长安后还被李渊数落了，但据说进献了秘策，随后成了李渊身边的团队成员，做了内史省副官的内史侍郎。①

宇文化及的亲弟弟宇文士及，因为妹妹是李渊的昭仪，被李渊保了并大为宠信，官方的理由是：这小伙子早早就跟我沟通平天下的事了，比太原起兵还要早。②

被唐军逮捕快递来的隋朝宗室杨恭仁，因为是李渊旧交先是被直接封为黄门侍郎、观国公，因熟悉西北，在唐灭李轨后被派去安抚，后来直接授为纳言，也就是门下省长官，就是之前刘文静的职位。

还有别的就不提了，总之，李世民麾下以刘文静为首的实干派们

---

① 《资治通鉴·唐纪三》：化及死，士及与德彝自济北来降。上以封德彝隋室旧臣，而谄巧不忠，深诮责之，罢遣就舍。德彝以秘策干上，上悦，寻拜内史舍人，俄迁侍郎。

② 《旧唐书·宇文士及传》：高祖笑谓裴寂曰："此人与我言天下事，至今已六七年矣，公辈皆在其后。"时士及妹为昭仪有宠，由是渐见亲待，授上仪同。

的心里就三个字：凭什么！

这些人有什么功劳就都直接当大官了？李世民这是借着刘文静这事代表麾下对李渊开炮。而且李世民还有更深一层的意思：刘文静的功劳那么大，裴寂什么本事没有却排在他前面；李建成和我比起来，貌似也是这意思！

面对李世民这句问死他的话，据说李渊和裴寂开了个小会，裴寂说："刘文静的能力确实是第一档的，现在已经得罪他了，如今外有劲敌，不杀他留着就是后患。"随后李渊就把刘文静杀了。[①]

杀刘文静的事在史书中还黑了裴寂，实际上这就是李渊一个人的主意。因为裴寂此时已经北上支援了，没空跟他研究，他们也许会通过书信沟通，但绝对不是"裴寂又言曰"。

从李渊的角度来讲，刘文静就是秦王系、是开国已经立了功勋的那个团体在对自己进攻，这是准备颠覆他的皇帝权威！是儿子李世民翘尾巴了，灭了个西秦真当自己是个人物了！他必须杀刘文静这个标杆给你们看看，尤其是李世民，看你们还有没有那么些废话！

李渊的思路很清晰，我在这里只研究下李世民内心深处更可能的想法。

说他不想救刘文静不合适，但他只是顺便救刘文静，他拿刘文静去做政治施压的概率更大，因为他对李渊说的那些话是拱火，是在说"爹你错了"，是在李渊不久前接收宇文化及集团的极其敏感的时刻炮轰他爹赏罚不公。

---

① 《旧唐书·刘文起》：而高祖素疏忌之，裴寂又言曰："文静才略，实冠时人，性复粗险，忿不思难，丑言悖逆，其状已彰。当今天下未定，外有勍敌，今若赦之，必贻后患。"高祖竟听其言，遂杀文静、文起，仍籍没其家。

第3战　秦王破阵 | 279

李世民那样说的效果，就是一方面貌似在保自己人，为自己人鸣不平，实际上却打李渊的脸借李渊的手杀刘文静，然后激化功臣集团对以李渊和裴寂为首的没功劳却抢占胜利果实一派的愤怒，从而帮他树立起绝对的权威。

刘文静属于李世民嫡系不假，但这个人比较特殊。

如李世民所说，这个人在起义之初的参股成分太重，威望和能力确实很强，比如开国时刘文静又是联络突厥又是独自悍拒潼关俘虏屈突通，而且刘文静整整比他大三十岁，他是否控得住这位元勋其实是个疑问，最直观的例子就是他当初生病做了安排后，刘文静敢不听他的话自作主张出战。

刘文静在李世民这里还有一个更致命的丢分项：把你从门下省的纳言调整为户部尚书、陕东道行台左仆射跟我镇长春宫，虽然级别确实降了一块，但你却死死和我绑在了一起啊！你的牢骚是发给谁听的呢？在我麾下就那么比不上进唐皇的团队吗？

李世民对刘文静有多少感情呢？

比较客观的事实是，直到贞观三年（629）的时候李世民才追复了刘文静的官爵。

更值得玩味的地方是刘文静儿子的结局，李世民在为刘文静平反后许诺将来其子刘树义可以娶公主，但刘树义却始终埋怨他爹不应该死，居然谋反了，随后被杀。①

此时李渊已经被打掉了，李世民也给刘树义复爵了，还要把公主嫁给他，按理讲可以了，他埋怨的又是谁呢？为什么要反李世民呢？

---

① 《新唐书·刘文静传》：贞观三年，追复官爵，以子树义袭鲁国公，诏尚主。然怨父不得死，谋反，诛。

作为太原起兵的三巨头之一，刘文静被杀其实对李家父子都有好处。

刘文静被杀这事对李世民的影响有：

1. 在他的团队中，毋庸置疑，他可以一言九鼎了。

2. 他的跟随者们坐实了李渊确实不是个东西，闭上嘴在秦王这里好好干吧，李渊那里就别指望了。

另一面，武德二年（619）李渊部署的三件事要达到如下目的：

1. 命自己的铁杆嫡系裴寂去建立军功，制衡此时威望甚高的李世民。

2. 以关内十二道为核心实施府兵制的军制转型，巩固自己的军界力量，埋下日后削弱李世民的伏笔。

3. 杀刘文静确定自己的绝对权威，同时震慑李世民一党。

李渊的思路确实是挺有章法的，但是他最终达到他的预想了吗？他成为最终实质上的李唐总司令了吗？

并没有。因为就算李渊布局布得再精妙，他首先得打仗打得赢啊！他杀刘文静那么硬气的同时，杀刘武周和宋金刚也得那么硬气才行。

就在李渊杀刘文静的六天后，裴寂带着李渊的殷切期望和刘武周开战了。

但是，裴寂那脸丢的啊。①

九月，裴寂援军赶到了介休，宋金刚据城，裴寂军屯于度索原（介休南介山下），结果如马谡附体般被宋金刚断了水源，士卒快渴死了。裴寂刚要移营去水源地就被宋金刚纵兵击溃，大军全军覆没，之前

---

① 《新唐书·高祖本纪》：九月辛未，杀户部尚书刘文静。李子通自称皇帝。沈法兴自称梁王。丁丑，杜伏威降。裴寂及刘武周战于介州，败绩，右武卫大将军姜宝谊死之。

第一次战败被俘又逃回来的姜宝谊这回直接死在了战场，裴寂狂奔一日一夜逃回了晋州（治今山西临汾）。①

这家伙跑得是真快啊，霍邑直接不守了，一口气撒丫子跑到了临汾。

至此，除了浩州刺史刘瞻和逃回来的李仲文还在拒守隰城之外，自临汾以北城镇已经全部沦陷。

裴寂上表谢罪，李渊下谕抚慰，表示你要顶住，你得给老哥哥争脸呐！

但是李渊很快又收到了一个打他老脸的消息：裴寂的丢人现眼使李元吉失去了希望并且有了台阶，败报传到的当夜，李元吉对其司马刘德威说"你好好守城，我带兵出战"，然后携带着妻妾趁着晋西通道还没封死逃跑了。

底下人又不是傻子，晋阳直接向刘武周投降了。

这就糟糕了，因为晋阳很有政治意义，李渊是唐皇，而唐这地方就在晋阳，丢了晋阳李渊这个天子成遥领的了。

面对儿子的不争气，李渊是这么发泄愤怒的：他对李建成的老师李纲说："元吉还小，还不懂事，所以派窦诞和宇文歆帮衬着。晋阳强兵数万，军粮能吃十年，是我起家兴运的地方，一仗不打就扔了，准是宇文歆的主意，我非砍了他！"②

---

① 《旧唐书·裴寂传》：师次介休，而金刚据城以抗寂。寂保于度索原，营中乏水，贼断其涧路，由是危迫。欲移营就水，贼因犯之，师遂大溃，死散略尽。寂一日一夜驰至平阳。

② 《旧唐书·巢王元吉传》：高祖怒甚，谓礼部尚书李纲曰："元吉幼小，未习时事，故遣窦诞、宇文歆辅之。强兵数万，食支十年，起义兴运之基，一朝而弃。宇文歆首画此计，我当斩之。"

错是别人的，自己儿子是没错的。

"幽默哥"李渊的坏消息还在传来，由于裴寂这种一日一夜狂奔的逃法使李唐在并州的口碑和前景全崩了，唐军的士气也彻底没了，宋金刚乘胜一路追到了晋州展开攻城。

六天后，临汾城陷，晋州丢了。

裴寂接着跑，在绛州算是站了一脚，宋金刚拿下临汾后没再攻城而是东巡拿下了浍州（治所今山西临汾翼城县），军势甚锐已经大有拉不住的架势了。

裴寂对付宋金刚的办法只剩下不断派人去赶虞州（治所今山西运城安邑）、泰州（治所今山西运城汾阴）居民入城堡，然后焚烧积聚坚壁清野，不让宋金刚抢人口抢粮，但百姓惊扰愁怨，都开始琢磨不跟唐混了。[①]（见图3-7）

当初李渊在河东起家是因为能抚慰人心，结果裴寂一个大招直接给局面干回了起兵前。

在此大环境下，夏县民吕崇茂聚众自称魏王响应刘武周。

连续两年此时依旧还在坚持的顶级钉子户河东城也开始摇旗呐喊，尧君素已经被部下杀了，但尧君素的部将王行本又杀了哗变将领继续固守河东城。自617年夏到619年秋，河东城这个两年多的钉子户，作为不讲"武德"的顶级代言也跟刘武周交相呼应了。

至此，除了浩州和绛州两个关键据点仍在唐军手中外，整个并州南下的主干道已经彻底失去了控制。在不到一个月的时间里，从介休大败到晋阳弃城，从一路狂奔霍邑直接白送到晋州被六日平推，从祸害河

[①]《旧唐书·裴寂传》：寂性怯，无捍御之才，唯发使络绎，催督虞、秦二州居人，勒入城堡，焚其积聚。百姓惶骇，复思为乱。

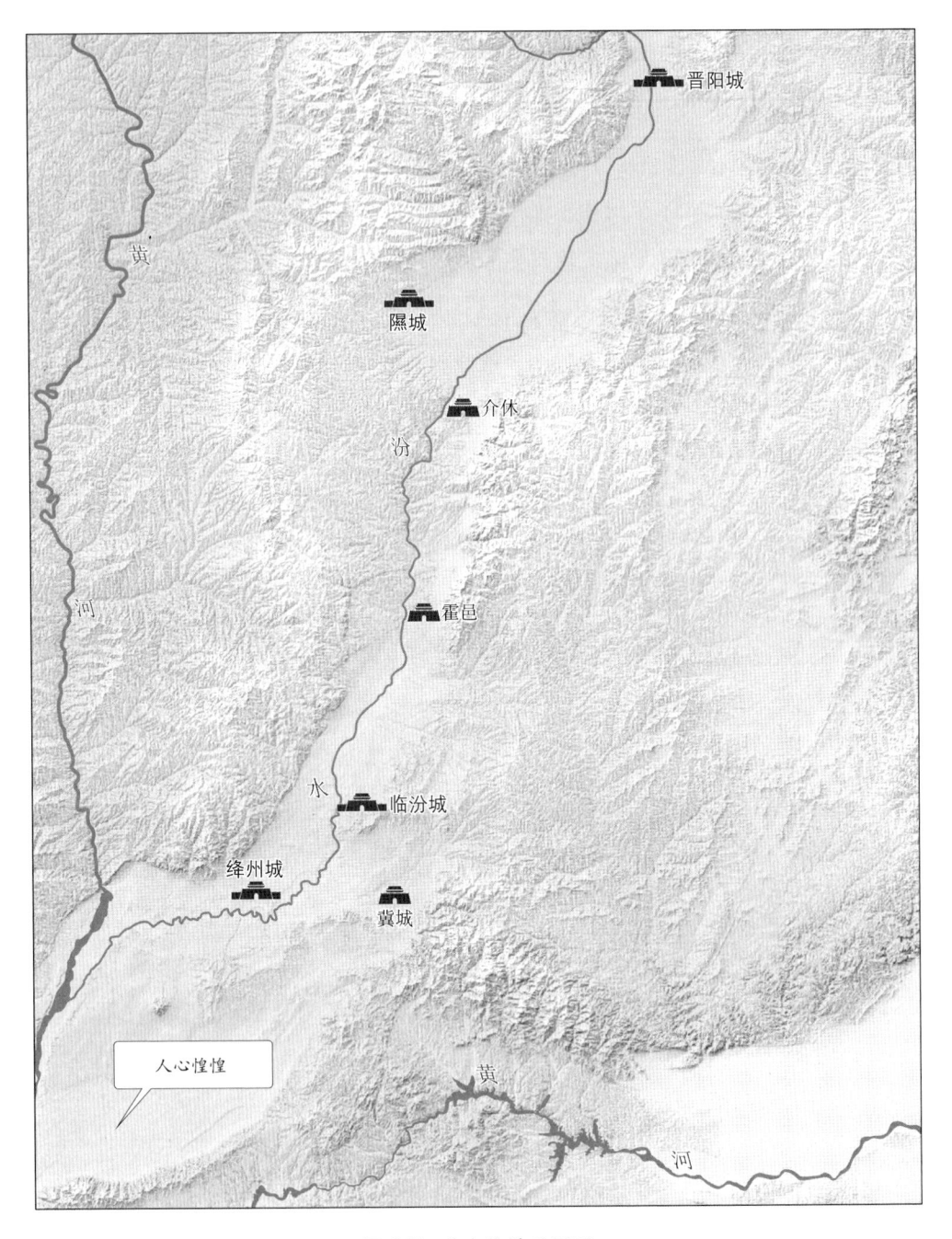

图 3-7　裴寂失地千里图

东民心到夏县百姓造反，拜自己嫡系的高素养，并州丢的速度比李渊当年拿下来的速度都快。

令李渊崩溃的消息还在传来。在河北战线上，窦建德趁着刘武周的胜利开始疯狂收割李家，先是率兵十余万来犯洺州，李神通率诸军退保相州，窦建德攻陷洺州；紧接着窦建德又率兵开赴相州，李神通听说后再退，率各路兵马投奔了黎阳的李世勣，窦建德攻陷相州杀唐相州刺史吕珉，十天后又攻克了赵州抓了总管张志昂。

面对唐的韭菜，窦建德这把镰刀可是太快了！

九月乙未，长安地震。同一天，梁师都南侵延州，鄜州刺史梁礼被杀。

在短短的一个月时间里，李渊享受到了全方位立体环绕式的打击，然后最丢脸的情报传来了，裴寂讨伐夏县那伙自立土匪居然被打败了。李渊终于把裴寂召回来了。

李渊啊，之前感觉得天下是那么容易对吧？你最爱说的就是天命对吧？那么轻松各路势力就蜂拥来降是吧？现在眼看着丢天下就在眼前了。打不赢，一切都没有用。

面对这种丢脸的情况，李渊出手敕官宣："贼势如此，难与争锋，宜弃大河以东谨守关西。"

李渊表示：我胆怯了，我没招了，并州不要了。

李渊信心崩盘得太快了，刘武周、窦建德就不提了，连梁师都都能南下抢地盘了，隋末这水太深了。

也就在这个时候，武德二年（619）的冬十月，避嫌很久看他爹表演了大半年的李世民终于说话了，上表称："太原为王业根基，国之根本；河东富实为京邑资本，全部弃之臣深感愤恨，希望您给臣精兵三万，一定荡平刘武周，收复汾、晋。"

李世民对他爹说事能办，得加兵。从头到脚八百个心眼的李渊这次使不动心眼了，已经不能再考虑权力制衡了，谁有能耐谁上吧，万幸我还有个勇猛的儿子。

十月二十，眼下先保命的李渊只能将最后的所有兵力全部给了李世民，并亲自前往长春宫为李世民送行，所谓"高祖于是悉发关中兵以益之，又幸长春宫亲送太宗"。

注意，是"高祖于是悉发关中兵以益之"，李渊刚刚完成的府兵制军改。眼下整个关中的所有军力都归到了李世民麾下去再次拯救唐祚。

对了，府兵有什么特点来着？

"初，府兵之置，居无事时耕于野，其番上者，宿卫京师而已。若四方有事，则命将以出，事解辄罢，兵散于府，将归于朝。"

现在是"四方有事，则命将以出"，还有个技能是"其番上者，宿卫京师"。

武德年间著名谚语嘛——玄武门不是一天（李）建成的。

爹，您老不厉害了是吧？您还是觉得武德九年（626）六月初四的结局好是吧？您老站好了，"宜弃大河以东谨守关西"这种话收一收，"唐"这字将来我还得用呢！

在全世界的坏消息开始让幸运一辈子的李渊感到天爷爷对他放手的时候，他儿子告诉他："福自我造，命自我求！这乱世指着心眼拿不下来，得我给你打下来。"

武德二年（619）十一月，李世民率军北上从龙门踏冰过了黄河。与此同时李渊再收惊悚消息：窦建德攻克黎阳直接俘虏了李神通，只有李世勣率数百骑逃过黄河。

过了几天，因为老爹被俘虏，李世勣投降了窦建德，卫州、滑州乃至徐圆朗等原来给李渊递了降表的各方势力，在黎阳被窦建德打掉后也墙头草般地跳槽了。

王世充亲自率兵攻打滑台逼近黎阳；尉氏城主时德睿、汴州刺史王要汉、亳州刺史丁叔则全部遣使表示投降。

刘武周在山西战场上的表现使大唐的关东大盘彻底跌停了。

好熟悉的剧本，不久前另一个"天选之李"也是关东归附，怎么一战后就完了呢？

好凶猛的隋末剧本，拜杨广的军粮、军械加成，全国各位老大都是武德充沛。

李渊此时的最大梦想，是能平安当个关中的诸侯就万幸了，这世道太残酷了，不是他这个安乐公能玩的游戏。

李渊在哭问："天爷爷啊，怎么就突然给你的小渊渊上了难度了呢？春风拂面一辈子了，我经不起这风霜雪雨啊！"

在李渊祈求上苍再爱他一次的时候，老天将眼光看向了那个踏冰入河东的小伙子。李世民彻底证明他是李唐国父的战役，即将打响了。

六、三百里不眠不休追杀，雀鼠谷李唐国父加冕

武德二年（619）不得了。

金刚一南下，元吉被赶跑。

河东民怨沸腾，齐骂李渊瞎搞。

尤其裴寂带队，败的天下难找。

国内比较乱套，成天钩心斗角。

河东闹着危机，关东一片墙倒。

文静跳脚骂街，秦王弹劾亲爹。

纵观武德风云，陕东行台独好。

李世民在武德二年（619）做了什么呢？他一边看他爹表演，一边练着内功。

619年正月，秦王李世民带着太尉、尚书令、雍州牧、陕东道行台尚书令，蒲州、陕州、河北诸道总管并受节度的职能出镇长春宫。

二月，李唐初定租、庸、调法，每丁租二石、绢二匹、绵三两，除此之外，不得横加调敛。

闰二月，李世民作为东方世界最高长官巡视长安以东的民心与新

法颁布状况。①

李世民东灭王世充和窦建德后李唐大赦天下，全国免一年的赋税徭役，其中有六个州因为承担了大量的运粮任务而被减免了两年，这六个州分别是陕、鼎、函、虢、虞、芮六州。

我们来看看这六个州在哪里。

陕州，武德元年（618）置，治所在陕县（今河南三门峡）。

鼎州，武德元年（618）置，治所在弘农县（今河南灵宝）。

函州，武德三年（620）置，治所在永宁县（今河南洛阳洛宁县）。

虢州，武德元年（618）置，治所在卢氏县（今河南三门峡卢氏县）。

虞州，武德元年（618）置，治所在安邑县（今山西运城）。

芮州，武德二年（619）置，治所在芮城县（今山西运城芮城县）。

除了虞州外，另外五个州其实就是李世民当时这个"陕东道"的核心地区。

为什么平王世充的时候，这几个州的压力那么大呢？

我们要注意一点，这几个州不是出军粮，而是仅仅运粮，是"转输劳费"。大家再来看两个地点就全明白了。（见图3-8）

客观来讲，武德年间全国的运输大队长都是一个人——杨广。

这个时代的最大受益者注定是最能打的那一个，杨广绝对不会因为粮草、兵器这种硬件耽误受益者的巅峰期。诸葛亮要是有杨广这些遗产，他能年年出去打，把司马懿拉到和他一个阳寿水平。

这六个州之所以被特别优待，是因为"转输劳费"承担了沿途的

---

① 《册府元龟·帝王部》：可令皇太子建成巡京城侧近诸县；秦王世民巡京城以东；右仆射裴寂巡京城以西。诣彼闾阎，见其耆老，观省风俗，廉察吏民。乏绝之徒，量加赈给；如有冤滞，并为申理。高年疾病，就致束帛。

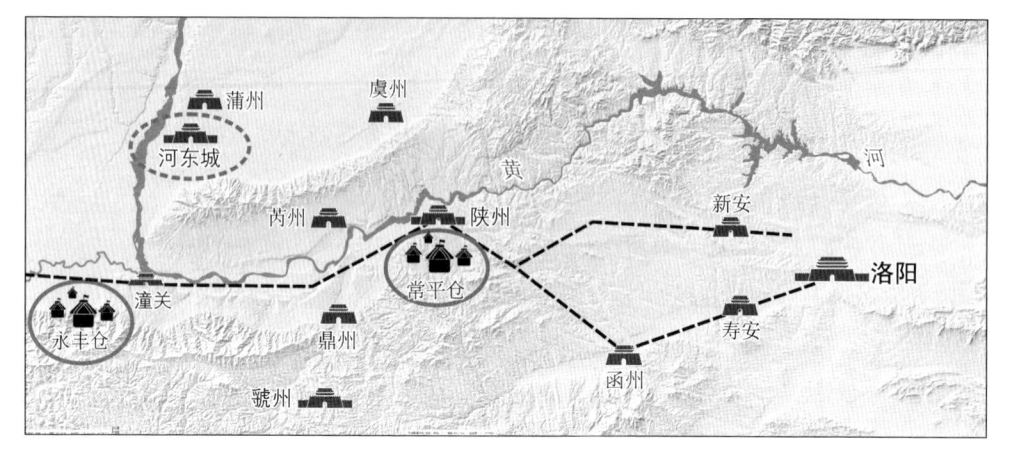

图 3-8　陕、鼎、函、虢、虞、芮六州及永丰仓、常平仓示意图

徭役工作。李世民在这战之后不到三个月就出兵洛阳了，几乎是无缝对接，他极大概率在武德二年（619）前十个月的时间里主抓了民政，整合并安抚了这条豫西通道沿途州县的所有户口。

上述六州中，其实虞州和芮州并不是李世民的辖区，直到玄武门之变前不久李世民才真正做了蒲州都督。

那为什么这两州也配合李世民的东线战场了呢？

因为战争是一个大熔炉，所有的钢钉、铁块、废钢都会在高温下变成流体，浇筑到一个新的模具中。

武德二年（619）十一月，李世民趁着黄河冰冻带兵直接从龙门走过了黄河，驻扎在柏壁与宋金刚对峙。[①]

这个柏壁城在山西新绛西南柏壁村，据《元和郡县志》记载，北魏明帝元年（420）筑柏壁城，拓跋焘时代于此置东雍州，战略上属于小一号的玉壁城。（见图 3-9）

---

① 《资治通鉴·唐纪四》：秦王世民引兵自龙门乘冰坚渡河，屯柏壁，与宋金刚相持。

290　｜　大唐气象

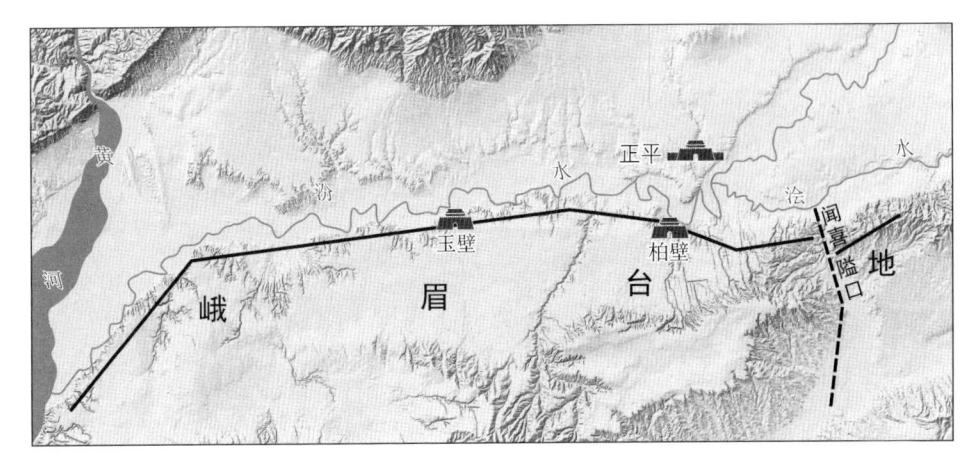

图3-9 柏壁位置图

为什么李世民不屯驻在英雄景点玉壁城了？我们需要开全图来看。（见图3-10）

之前东西魏交战时将战线放在玉壁，是因为河东地区跟西魏北周是一条心，大后方是安全的，而且高欢无论是民心还是物流成本都没法走闻喜隘口，韦孝宽只要控制住汾水就可以，所以将阻击地点放在了峨眉台地上条件最好腹地宽阔的玉壁城。

现在唐军拜裴寂所赐，整个河东的民心已经乱了，只剩下汾水对面西岸的绛州治所正平被围后还在坚持，夏县已经造反了，闻喜道已经不保，河东城又开始交相呼应，所以李世民必须要把钉子楔在山西谷道南下分叉的峨眉台地的第一个阻击点——柏壁。

李世民拦在这里，有三个作用：

1. 给绛州信心。
2. 控制汾水，跟当年玉壁的职能一样。
3. 盯住闻喜道，让宋金刚不敢放肆南下。

当时整个河东州县的官库已经被抄掠一空，李世民需要解决的第

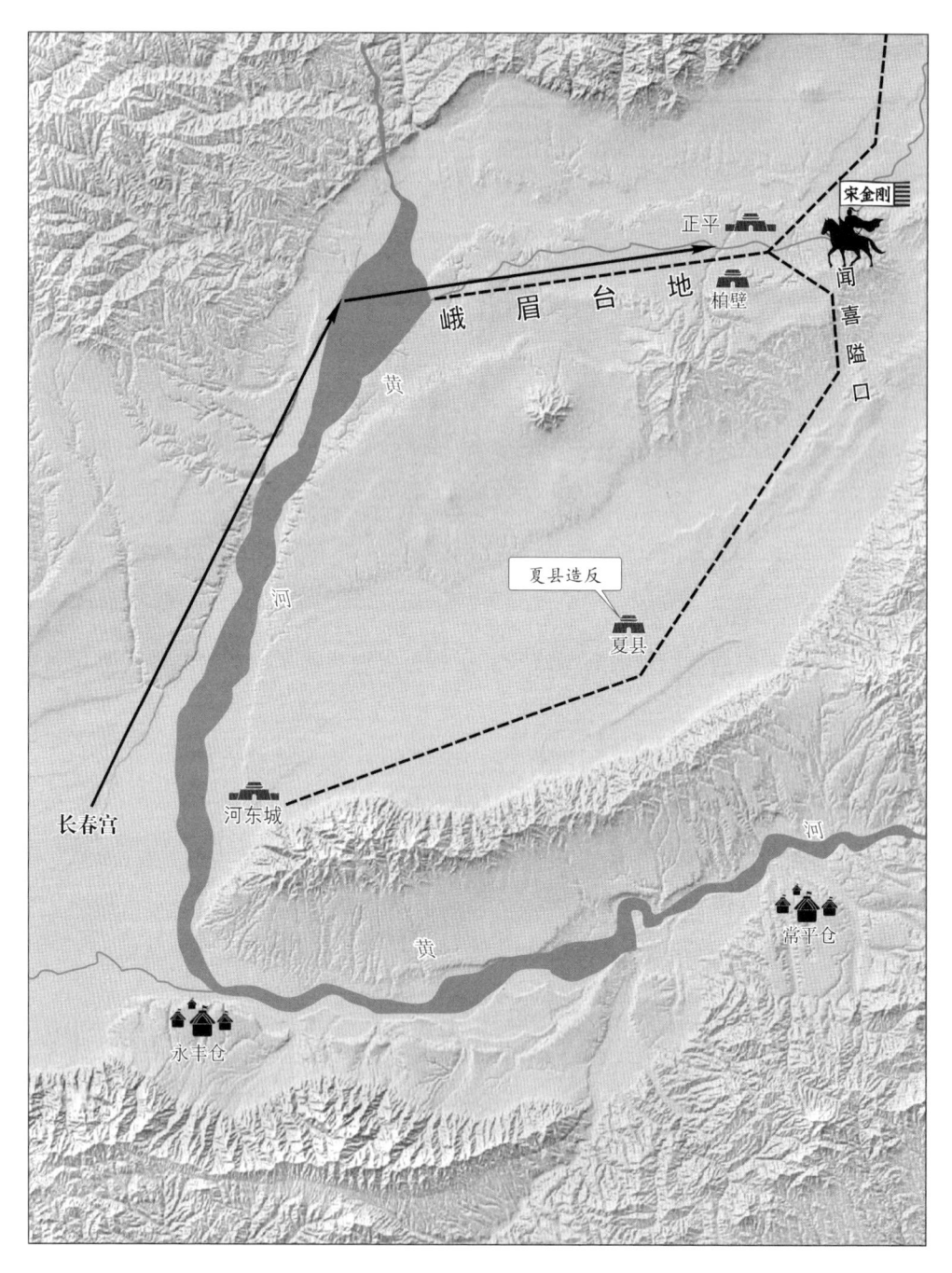

图 3-10　李世民屯兵柏壁示意图

292 | 大唐气象

一个问题,是粮草。

按理讲李世民的后勤应该不叫问题对吧,因为永丰仓和常平仓都在他手里。但是很遗憾,当时是十一月,黄河结冰了,李世民是踏冰过的黄河,黄河汾水的物流线使不上力;而三条陆路运输线中还因为河东城与夏县造反有两条根本没法走,所以李世民的物流线路就只剩下他们那条自龙门踏冰的道路。

但军情紧急,现在大军需要马上赶到柏壁,如果正平再丢了就彻底没戏了。运粮队则没法这么快捋顺,军队前期的粮食没有着落。

现在大家知道李渊为什么绝望了吧。当时的局面就是没什么希望了,仗打不赢,民心不在,粮食也让裴寂崽卖世民田不心疼地"勒入城堡,焚其积聚"了,老百姓都又害怕又担心地藏在城中或者坞堡里,根本征集不到粮草了。

但机会永远是留给有准备的人的,李渊开始惊讶于他儿子的恐怖底蕴。

李世民占据柏壁后通过一个动作就解决了粮草不足问题,他发"秦王教"告诉百姓:"亲爱的父老乡亲,你们的秦王来了!"

之前被裴寂祸害了民心的百姓们,听说是秦王带着队伍来了瞬间就觉得有依靠了,"银行"马上就不挤兑了,都带着粮食给养前来归顺,唐军就此喘过了最难的一口气,帮李世民踏踏实实地"钉"在了柏壁。[1]

李世民下令休整兵马,随后开始抄劫宋金刚的粮道,唐军士气由

---

[1] 《资治通鉴·唐纪四》:时河东州县,俘掠之余,未有仓廪,人情恇扰,聚入城堡,征敛无所得,军中乏食。世民发教谕民,民闻世民为帅而来,莫不归附,自近及远,至者日多,然后渐收其粮食,军食以充。

裴寂最开始的一边倒被打崩溃到现在慢慢被李世民拉了回来。[①]

看似机械降神,实际上大家知道这背后肯定有故事。

李世民的陕东道虽然不管辖河东,但李世民督蒲州诸府兵马,掌控着河东地区的军事大权。打天下是一个系统工程,军队的训练、军器的制作、军粮的征调等会让当地的军与政熔成一个整体,李世民一发"秦王教"各地就塌下心来,说明在这十个月中李世民在河东绝对没少干涉民政,绝对树立过巨大威信。

我们拿两个侧面的人事暗线来说明一下李世民对河东地区的控制力度,李世民媳妇长孙氏的族叔长孙操是虞州刺史(虞州就是今天以运城为核心有盐池的那个河东最富裕的地方),长孙操后面更是李世民东征时陕东道行台的金部郎中(管钱的),同时他还是李世民的核心参谋。

我们再来看一段墓志铭,我把李安远的《唐故左光禄大夫上柱国德广郡公李公墓志》的重要段落列出来:

> 公讳誉,字安远……随大业中,以功臣之子授正平县令,虽庭中宇下,非骏骥所游;文阳缦阴,异割鸡之用。犹心存治术,勤恤民隐。丧乱方始,阖境蒙赖。寻而,帝将迁德,情切乐推,举全邑而会兵。几宁,唯杖剑命前驱,而清驰道,是用分麾,拜银青光禄大夫,绛郡太守。仍从麾筛,问罪商郊。授右一统军,即行军总管也。寻封正平县开国公……武德二年,定封德广郡开国公,食邑二千户,以内营总管从皇上平刘武周于晋阳,军还,授右翊卫大将军……

[①]《资治通鉴·唐纪四》:乃休兵秣马,唯令偏神乘间抄掠,大军坚壁不战,由是贼势日衰。

李安远自大业中期就做了绛郡治所的正平令，一直做到了李渊打过来投降，随后做了李世民麾下的右一统军。这个人是当地顶级地头蛇，连封爵最开始都是正平县开国公，这次跟着李世民来讨刘武周了。

现在大家知道为什么李世民到河东说话瞬间就有用了吧。他的威信、他的人事，都证明了他在武德二年（619）并没有虚度。

李世民是怎样一步步把自己变成"天策上将、太尉、尚书令、陕东道大行台尚书令、益州道行台尚书令、雍州牧、蒲州都督、领十二卫大将军、中书令、上柱国、秦王世民"的呢？

其实都跟河东这里一样，他实质上先控制了，生米都不是煮成熟饭了而是已经做成煲仔饭了，然后李渊无可奈何地给他儿子追认官职。

请大家强烈注意，李世民的这套发展模式是能对接到今天的生活中的！

如果你想提升自己，尤其是当你处于开辟新事业的那种组织和企业中时，最硬的办法就是你提前做出超出你这个岗位的业绩，承担并捋顺超过你这个岗位的责任，当你表现出来你已经是更高一级别的管理者或领导者了，组织和企业就会对你的能力进行追认。不要满足自己的一亩三分地，你做好现有工作只能证明你是个合格的现岗工作者，上司都是看你的能力溢出来后才会放心让你挑起更大的一摊的。

李世民在柏壁稳了一个多月，他这段时间在干什么呢？

他不是踏踏实实在柏壁吃着火锅唱着歌等宋金刚崩溃，因为此时夏县还在打仗。

之前，李渊在李世民北上后还不死心，仍然要自己掺和，于是派了堂弟李孝基为行军总管，带着工部尚书独孤怀恩（李渊表弟）、内史侍郎唐俭（其父是李渊好友，本人在太原起兵时就是李渊部下），又调了李世民的陕州总管于筠和陕东道行军总管刘世让，去攻打夏县造反自立的吕崇茂。①

非常著名的李世民被蛇和老鼠救了的故事,就是在这段时间发生的。

李世民亲自带着侦察连去窥探敌情,把队伍四散撒出去侦察以后,他身边只剩下一个兄弟跟随着。也许是太累了,大正月的李世民居然睡在野地里了,而且还被敌军发现了,最终是蛇追老鼠不知是老鼠还是蛇碰到那个兄弟的脸了,他惊醒后赶紧叫醒了李世民,李世民随后射死了敌军骁将逃了出来。②

后世很多人质疑这段历史的真实性,毕竟大冬天的睡野地里,还让老鼠救了,蛇难道不冬眠吗?这事确实太像编的了,但我其实更倾向于它是真的。

因为亲自到一线侦察确实是李世民的风格,晋南的蛇冬眠也要看当年冬天的天气情况,最关键的是没多久之后的战绩。

李渊派他堂弟再打夏县这一拨大军继裴寂后又丢脸了,被宋金刚派来的尉迟恭和寻相带兵赶到后一战而定,李孝基、独孤怀恩、于筠、唐俭、刘世让全被抓了俘虏。

看看,东面李神通被窦建德打包一勺烩了,宋金刚南下动不动就把唐军团灭,隋末这些地方势力的老大们是有多厉害。

但就在尉迟恭率军要回浍州的时候,李世民极其精准地抓住时机,派殷开山和秦琼在美良川(闻喜南)截击,大败尉迟恭杀了对方两千多人。

大家可能会疑惑,李世民呢?他怎么不亲自上呢?

---

① 《旧唐书·永安王孝基传》:复以孝基为行军总管讨之,工部尚书独孤怀恩、内史侍郎唐俭、陕州总管于筠悉隶焉。

② 《资治通鉴·唐纪四》:世民尝自帅轻骑觇敌,骑皆四散,世民独与一甲士登丘而寝。俄而贼兵四合,初不之觉,会有蛇逐鼠,触甲士之面,甲士惊寤,遂白世民俱上马,驰百余步,为贼所及,世民以大羽箭射殪其骁将,贼骑乃退。

因为李世民发现了新的线索。尉迟恭和寻相大败后又悄悄带精骑往河东城去，打算救出王行本，结果被李世民亲率三千步骑在安邑给堵上了，最终把尉迟恭和寻相二人打的只身逃脱，部下全部被俘。①

基于这种好像拿着无线电沟通的精准打击效果，我真的相信李世民那个"蛇和老鼠"的故事。不是亲自侦察判断战机他跑不出这么牛的走位！不管李世民篡没篡改历史，哪怕他撬了他爹起步的功劳，但他这辈子吃苦受罪永远亲自操刀攻坚的精神真的永远值得我们学习。

从宋金刚这事就看出来了，没有李世民，李渊的皇帝当不长。李渊对这场开门红实在够激动，对于"美良川战神"秦琼，他送了个金瓶子并配上了劲爆名言："爱卿不顾妻、子来投我，又立了那么大的功，我的肉要是爱卿有用我都得割了送你，没有什么是不能给的，爱卿接着加油啊！"②

此战过后，唐军士气已经打上来了，李世民一回去诸将就全部请战了，但李世民却以超越他这个年龄段的沉稳给下属们分析了这么一段话："宋金刚孤军深入，麾下都是精兵猛将，刘武周占据太原为宋金刚做屏障，但他们军中没有蓄积粮草，只能通过掳掠获得，所以需要速战速决。我们先不与他们交战，挫其锋芒，再分兵汾州（武德三年由浩州改汾州）、隰州等地骚扰其要害，等他们粮尽计穷自己就得撤走。现在

---

① 《资治通鉴·唐纪四》：尉迟敬德、寻相将还浍州，秦王世民遣兵部尚书殷开山、总管秦叔宝等邀之于美良川，大破之，斩首二千余级。顷之，敬德、寻相潜引精骑援王行本于蒲反，世民自将步骑三千从间道夜趋安邑，大破之。敬德、相仅以身免，悉俘其众，复归柏壁。

② 《旧唐书·秦叔宝传》：又从征于美良川，破尉迟敬德，功最居多。高祖遣使赐以金瓶，劳之曰："卿不顾妻子，远来投我，又立功效。朕肉可为卿用者，当割以赐卿，况子女玉帛乎？卿当勉之。"

第3战　秦王破阵　｜　297

我们的首要目的是等待战机,不能速战。"①

诸将比较兴奋,觉得宋金刚特别好打,但只有实打实野地调研过的李世民才知道对方的真正实力。请战的诸将只是得到李世民的通知说跟我走打一仗,然后在最突如其来的时机神兵天降地把尉迟恭打成光杆司令了,他们没看到前面一大半的内功李世民都已经帮他们走完了。

宋金刚是有能把唐军团灭及俘虏的战力的。正因为李世民知道对方的战力不是虚的,所以他能很客观地给出评价,宋金刚"精兵猛将,咸聚于是"。

打仗是不能随便出战的,得打一回像一回,得先胜后战。此时己方的优势是什么呢?

粮道!

大冬天的,水运谁都使不上劲,就算是拼小推车吧,刘武周刚刚拿下太原,哪里去组织那么多人力给他往前线运粮食?李世民背后则是陕东道的辖区和永丰仓,所以李世民的策略就是"咱们先拼粮食吧"。

更重要的是,李世民发现了刘武周和宋金刚的命门,唐军还有一颗钉子楔在太原盆地。

李世民说了,现在要"分兵汾、隰,冲其心腹",断了他的粮道!李世民派出自己的铁杆刘弘基率两千兵和张纶由隰州北上汾州去抄截刘武周南下的粮道。②(见图3-11)

与此同时,由于李世民钉在柏壁并且双杀尉迟恭,晋州(临汾)

---

① 《资治通鉴·唐纪四》:诸将咸请与宋金刚战,世民曰:"金刚悬军深入,精兵猛将,咸聚于是,武周据太原,倚金刚为捍蔽。军无蓄积,以虏掠为资,利在速战。我闭营养锐以挫其锋,分兵汾、隰,冲其心腹,彼粮尽计穷,自当遁走。当待此机,未宜速战。"

② 《旧唐书·刘弘基传》:从太宗屯于柏壁,率兵二千自隰州趋西河,断贼归路。

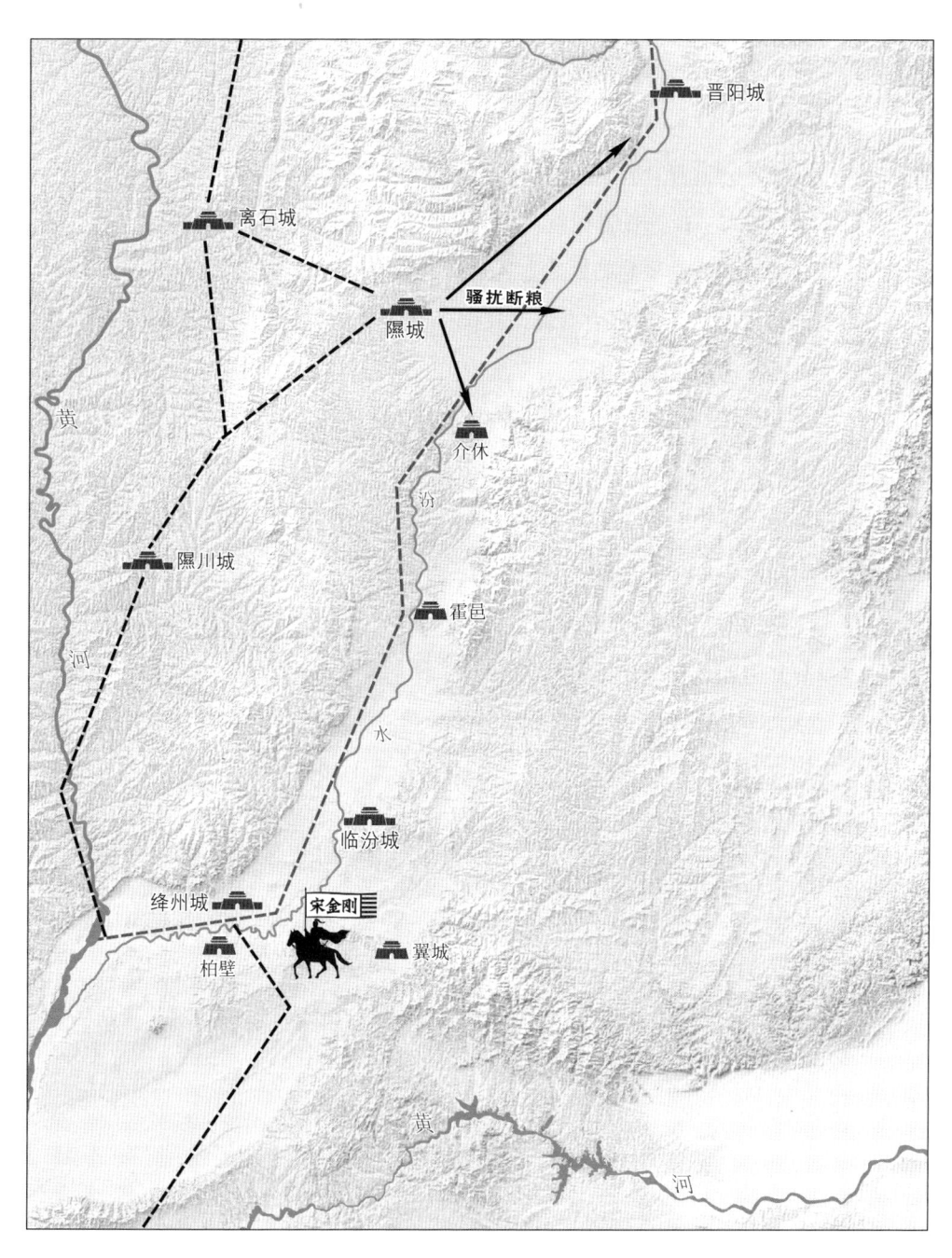

图 3-11 李世民开辟第二战场抄截粮道

第 3 战 秦王破阵

和浍州（翼城）的据点也开始大量回头，又都归附了李世民，宋金刚的粮道开始成为巨大问题。①

时间来到武德三年（620）正月十四，粮草已尽的王行本因为李世民打跑了尉迟恭没能等来援救，终于正视"武德"，开河东城投降。

河东城到底没坚持到最后，还是降了。

正月十七，李渊亲临不讲"武德"好多年的这个标杆景点砍了王行本，日常杀降也没讲武德。

李渊的运气不是吹的，他又一次莫名其妙地躲了灾。

先是，因为最早负责攻打河东城的第一任虞州刺史韦义节表现不好，李渊派了表弟独孤怀恩代替韦义节专门攻打河东城。这明显是皇帝给了个好活，但独孤怀恩攻打一座被困守两年多的孤城却损失惨重，气得李渊骂他好几次。结果，独孤怀恩被骂得生气了，他还纳闷，难道我家只有女人才能享受尊贵吗？

于是他不顾自己连座孤城都攻打不下来的能力，居然和手下的元君宝密谋准备谋反。之后他迎来了跟着去夏县平叛的指令，却被尉迟恭俘虏了。以为没有指望的元君宝对同样被俘虏的唐俭说："独孤尚书近来在谋划一件大事，要是早定下来哪会受这样的屈辱呢！"

没想到"美良川秦琼"神兵天降给尉迟恭打蒙了，独孤怀恩又逃了出来，去围河东城了。后来李渊亲自去河东城要砍死王行本的时候，都上船准备过黄河了，而独孤怀恩此时就在河东城里准备扣下李渊，结

---

① 《册府元龟·帝王部》：于是遣刘弘基张纶进逼西河，而晋浍城堡并来归附，贼转输路绝，其众遂馁。

果唐俭安排的举报大使刘世让赶到了。李渊又惊道:"天意啊!"①

李渊觉得他的天爷爷又回来了。

独孤怀恩这脑容量确实证明了为什么他能被一座孤城多次打哭。你扣了李渊有什么用呢?他是能让李世民交枪还是能让李建成交枪?

由于李世民逆转了河东战局,令关东战区也开始改观,李世勣逃回来了。

李世勣归了窦建德后,窦建德将其父作为人质,仍让李世勣守黎阳。李世勣想了半天,最终和郭孝恪商议后决定还是得跟唐混,打算先为窦建德立功,取得信任再想办法把人质老爹抢回来。

不久,李世勣在获嘉袭败王世充的部队,多有斩获,窦建德开始亲近李世勣。李世勣劝窦建德亲征河南的孟海公,打算找机会弄死窦建德抢回老爹投唐。结果窦建德因为刚生儿子没来得及动身,李世勣的计划又暴露了,最终只能与郭孝恪率几十名骑兵在620年正月底逃归了李世民。

几乎是在同一时刻,突厥的处罗可汗将杨政道立为隋王,将在突厥的中原官员百姓万余人全部配给了杨政道,这个隋政权设置百官,全部依照隋朝制度,居于定襄郡。②

突厥开始在刘武周的北面确立明确政权了,但突厥还没翻脸,他们一向谁赢帮谁。

看你自己有没有出息了。

---

① 《资治通鉴·唐纪四》:时王行本已降,怀恩入据其城,上方济河幸怀恩营,已登舟矣,世让适至。上大惊曰:"吾得免,岂非天也。"

② 《资治通鉴·唐纪四》:突厥处罗可汗迎杨政道,立为隋王。中国士民在北者,处罗悉以配之,有众万人。置百官,皆依隋制,居于定襄。

刘武周把精兵猛将都派去南下了，自己这边表现不佳，多次攻打汾州均被已经得到李世民支持的李仲文所败。

由于这个钉子的存在，刘武周、宋金刚的粮道始终是个重大问题。

局面已经扳回来了。这个时候，李渊的心眼子又好使了。

二月二十，唐派桑显和再攻夏县的吕崇茂，此时尉迟恭带兵帮吕崇茂防守，但李渊暗中派人赦免了吕崇茂拜他为夏州刺史，让他杀了尉迟恭交投名状。结果事泄，尉迟恭杀了吕崇茂撤出了夏县，吕崇茂余部又据夏县拒守。

李渊这辈子使的都是顺风技能。只有占优势时、顺风时、连哄带吓唬时，李渊耍的心眼子才有用。

要是没有李世民两次打跑尉迟恭，要不是河东已经又都开始挂唐旗了，就你还封什么夏州刺史？人家还封你当唐村村长呢。

三月初二，刘武周再派张万岁攻打汾州，李仲文击退来敌，杀伤和俘虏数千人。

三月二十一，跟刘弘基一起北上的张纶再次在汾州取胜，俘斩千余人。

由于刘武周始终捋不顺粮道，宋金刚又在晋州得不到给养，四月十四，宋金刚军中粮尽，北走撤军。①

就在这个时候，已经憋了五个月的李世民打开了氮气加速，开始狂暴追杀。

李世民在吕州追上殿后的寻相，大破寻相军，并乘胜继续追击，一昼夜行两百余里打了数十仗。追到高壁岭（又名韩信岭，今山西晋中

---

① 《资治通鉴·唐纪四》：刘武周数攻浩州，为李仲文所败。宋金刚军中食尽；丁未，金刚北走。

灵石县东南）时，前来会合的刘弘基抓住李世民的缰绳道："大王打败贼兵，向北追逐到这里已经可以了，功劳已经足够，不能再追了，您得爱惜自己啊！况且士卒已经饥疲，最好在这里等等，待兵粮集聚后再追击也不晚。"①

我们还是得佩服李世民，打自己的江山，视角高度不一样，他回答道："宋金刚无计可施才逃跑的，此时军心已经涣散；功劳难立失败却容易，机会难得失去却容易，我们一定要趁此机会消灭他。我军快累垮了不假，但对方也快累垮了，我们整顿的同时也是在给对方留时间，等宋金刚重新组织起力量就不容易打了。现在我满脑子都是国事，哪有空考虑自己的身体！"②

李世民表明，我打的是国仗！理由是好不容易把他们打崩溃了，如果停下，等他们有时间想怎么善后的时候，就又得等下一个战机了，如今这么完美的战机我们等了五个月，不能失去！

这就是战神对战场的透彻理解。

高度了不起，眼光没得比，但刘弘基作为李世民的铁杆，他说的话其实此时来看也是极有道理的。刘弘基除了爱惜李世民身体之外，这个"逐北至此，功亦足矣"的弦外之音是什么呢？

刘文静刚被你那个算计爹弄死，太原不是咱们防区，再往北打如果失败了呢？就你那个算计爹又得做多少文章？咱们只有成本和风险，

---

① 《资治通鉴·唐纪四》：秦王世民追及寻相于吕州，大破之，乘胜逐北，一昼夜行二百余里，战数十合。至高壁岭，总管刘弘基执辔谏曰："大王破贼，逐北至此，功亦足矣，深入不已，不爱身乎！且士卒饥疲，宜留壁于此，俟兵粮毕集，然后复进，未晚也。"

② 《资治通鉴·唐纪四》：世民曰："金刚计穷而走，众心离沮；功难成而易败，机难得而易失，必乘此势取之。若更淹留，使之计立备成，不可复攻矣。吾竭忠徇国，岂顾身乎！"

好处看不见啊!

最关键的是此时李世民已经追到高壁岭了,北面就是雀鼠谷。

《水经注·汾水注》:"汾津名,在介休县之西南,俗谓之雀鼠谷,数十里间道险隘。"(见图 3-12)

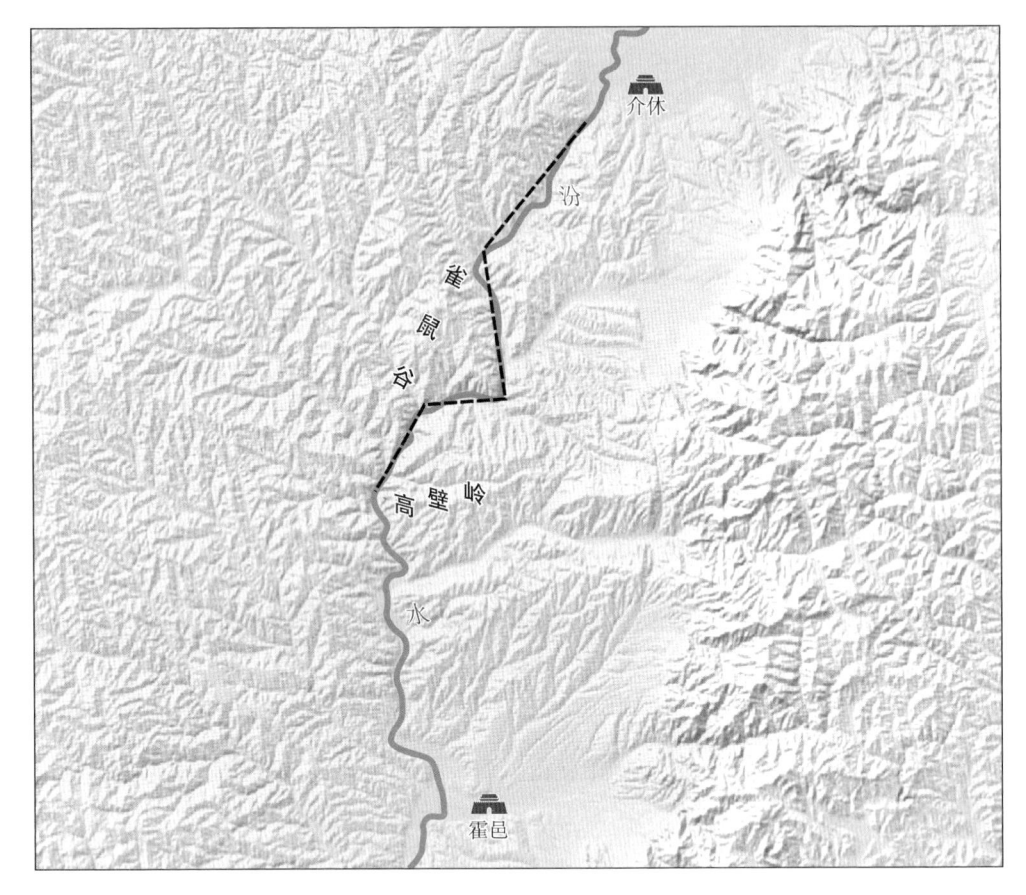

图 3-12　雀鼠谷位置图

刘弘基担心的是,这数十里太险了,万一对方给咱们打了埋伏呢?

但李世民就是表示,宋金刚已经被我追死了,他没空布置埋伏,我从头到尾都紧紧跟着他，我没空休息他就没空布置，我追死他！

李世民是这个时代最大的"漏洞"体现出来了。他有着五十岁的军事见识和战场阅历，却有着二十岁的荷尔蒙。

李世民这辈子的几场大战役，都是极其清醒地用不同于这个年龄段的极度稳重，创造战机又极度珍惜战机，并能极度豁出命地疯狂扩大战果。

每一个人、每一个团体都有极限，当对手熬到极限崩盘后，他的所有组织体系已经全部失灵了。这个时候如果你一直追击，那么你将彻底摧毁他，你将收割他的方方面面，而且几乎都是以最小的阻力收获最大的战果。

但在将对手逼到绝境的同时，你自己往往也是强弩之末，你有这个狠劲吗？你的将领听你的指挥吗？在这种情况下，只有指挥官平时具有极高的威望，而且这个指挥官还身先士卒，才能使出这种独属于李世民的战法。

你们谁敢质疑我的判断？你们谁有我的命值钱？

威望无双的李世民自己不吃饭、不睡觉绑着所有人往死里战斗，挤压唐军的最后一滴能量去扩大战果。

打薛仁杲，李世民是大战了一天后开始狂追，然后继续不休息又围了一夜城，最终逼得城里的人纷纷跳出来投降，薛仁杲至此才投降的。这次李世民更狠。

面对前面是数十里间道险隘的雀鼠谷，李世民打包了他所有的威望、决心、坚毅和大福大报，毅然决然地扎了进去。

最终就是在雀鼠谷中，李世民彻底打崩了宋金刚的组织力量，带着唐军追着、撵着宋金刚交锋了八次，八战皆胜，俘杀数万。直到这天夜里，李世民才终于下令在雀鼠谷的西原宿营，此时李世民已经两天没吃东西、三天没脱战袍了，此时全军只抓到了一只羊，李世民与将士们分食。①

从柏壁到鼠雀谷有三百多里，李世民是一口气往死里追过来的。

四月二十三，李世民带兵来到介休，宋金刚还有两万人，出西门，背对城墙列阵，南北长七里。

我们也不得不佩服宋金刚，可惜他就是碰上李世民了，他的军队已经被打残成这个样子了还敢出城来战，而且打得很不错。李世民派李世勣、程咬金、秦琼出战，军势不利开始退却，宋金刚乘机反扑，结果被李世民率精骑又一次突然从宋金刚阵后冲杀了过来。这次宋金刚被唐军追杀数十里一直追到张难堡，算是彻底崩了。②

此时据守张难堡的唐军面对眼前这个浑身是血满身是泥的外来者不为所动。随后，武德时代最顶流的潇洒场景上演了。

李世民摘了头盔，露出自己的样貌。堡内的唐军疯狂了，他们欢呼雀跃又哭又叫。③

咱们秦王杀回来了！

华夏的后人们啊，咱们一定得自尊自强对自己的历史与文化充满自信啊！咱们的文明从未断绝，咱们的顶流披靡世界。

---

① 《资治通鉴·唐纪四》：遂策马而进，将士不敢复言饥。追及金刚于雀鼠谷，一日八战，皆破之，俘斩数万人。夜，宿于雀鼠谷西原，世民不食二日，不解甲三日矣，军中止有一羊，世民与将士分而食之。

② 《旧唐书·太宗本纪》：金刚列阵，南北七里，以拒官军。太宗遣总管李世勣、程咬金、秦叔宝当其北，翟长孙、秦武通当其南。诸军战小却，为贼所乘。太宗率精骑击之，冲其阵后，贼众大败，追奔数十里。

③ 《资治通鉴·唐纪四》：金刚轻骑走，世民追之数十里，至张难堡。浩州行军总管樊伯通、张德政据堡自守，世民免胄示之，堡中喜噪且泣。

唐军没有攻介休城，而是狂追城外的宋金刚。此时守介休的是刘武周麾下第一猛将尉迟恭，李世民派了李道宗与宇文士及前去招降。

台阶一给，被打服了的尉迟恭和寻相以介休、永安二城降唐。

李世民得尉迟恭后大喜，命尉迟恭为右一府统军，并让他仍统其八千旧部。屈突通怕尉迟恭会反复屡次向李世民提起，但李世民不听。

李世民为什么这么自信呢？

因为李世民知道这次北上的操作已经对尉迟恭完成了诛心。谁都不是傻子，谁征战都是为了光宗耀祖，尉迟恭知道李世民能给他更好的未来！

当年薛仁杲率众将投降后被李世民全部收下，但都被李渊给弄死了。这次，李渊再也不敢了。

宋金刚在介休战败出逃后还打算收拢余众再战，结果没人再搭理他了，他只好带着一百多骑兵跑了。刘武周听说宋金刚败成这个德行后也直接弃太原北逃了。但他还回得去吗？

前面我们提起过，因为刘武周不听话，突厥又立了傀儡隋廷。当宋金刚势如破竹时突厥还能再让子弹飞一会，当你不行了以后，突厥第一时间就南下收拾你了。

宋金刚打算回上谷，结果被突厥追获并腰斩，刘武周打算回马邑，也被突厥给杀了。突厥任命苑君璋为大行台统领刘武周余部，自己派突厥兵协助镇守。

至此，唐与突厥的边界自石岭划分，阶段性达到稳态。

李世民收复晋阳后，留下太原盆地敌后战场贡献突出的李仲文镇并州，但随后李渊的神操作来了。

李渊给李世民挽救国祚的奖励，不是李世民亲手打下来的并州，而是在李世民从来没去过的益州成立了行台，命李世民为益州道行台的尚书令。①

真正实质上处理益州道行台政务的，李渊安排了外戚窦轨为益州道行台左仆射，许以便宜从事。

蹲麻了的李渊又站起来了。他又开始尽最大的努力制衡他这个闪闪放光芒的二儿子了。

窦轨的爷爷是李渊媳妇的叔爷，在辈分上是李世民的舅舅，李渊觉得窦轨跟他是一个辈分的，益州虽然封给了李世民，但他还是能控制得住的。但是，窦轨是跟李世民打过薛家的，李世民没多久就该调他这个舅舅带着益州兵来洛阳战场了。

李渊，你真以为权力的游戏你玩得过你二儿子吗？

此战过后，李唐国父是谁整个华夏都已经知道了。

半个世纪前，在564年十二月的那场邙山之战中，兰陵王高长恭率五百精骑入阵冲杀来到金墉城下解围成功，临阵摘面具的戏剧性壮烈场景使得俊美的高长恭成为6世纪顶流，将士们创作出了流传千古的《兰陵王入阵曲》。

武德三年（620）四月，当李世民十多天就打穿了宋金刚杀到大后方的唐军坞堡前摘下头盔那一刻，唐军开始为他们的秦王用军歌加冕。将士们利用军中旧曲填唱新词，欢庆这场拯救国祚的神迹大胜，《秦王破阵乐》就此诞生。

627年即贞观元年的正月初三，李世民在宫中宴请群臣，《秦王破阵乐》第一次走上了国宴。大唐就此拉开了鲸吞北亚、雄霸中亚、万国来朝的序幕！

---

① 《旧唐书·太宗本纪》：于是刘武周奔于突厥，并、汾悉复旧地。诏就军加拜益州道行台尚书令。

这首《秦王破阵乐》随着大唐的气吞万里传向世界，比如取经的玄奘大师到达印度后，印度戒日王见面时就问过这么一句话："师从支那来？弟子闻彼国有《秦王破阵乐》歌舞之曲，未知秦王是何人，复有何功德致此称扬？"

虽不知玄奘大师如何回答，但他肯定知道，没有这位气吞万里的秦王，他单凭自己的佛学知识是不会在外邦得到如此礼遇的。

玄奘法师后来在文学名著中叫什么来着？唐长老，唐圣僧，唐师傅，唐御弟。他的冠名的第一个字永远是唐。

我相信玄奘法师在回顾自己一生的时候会有这样的感觉：人的一生当然要靠自我奋斗，但也要考虑时代的进程，"大唐"这两个字，是真有用。

武德三年（620）秋七月壬戌，李世民歇了个暑假后总统诸军东讨王世充。

秦王来到他一生中最为雄壮的洛阳战场。

虎牢关外，天策封神！

第4战

虎牢关天策封神

一、好汉的"驯化"秘籍

在我国的文化长河中，能给我们留下印象的名马有哪些？

估计大部分人会说三国故事给我们普及的赤兔马、的卢马，霸王项羽的乌骓，还有汉武帝与"射雕三部曲"加持过的汗血宝马。

这些名字符号之所以会印入大家的脑海，其背后都有一个共通之处：有威猛的故事作为载体。

客观来讲，汗血宝马从名字和视觉感上来讲绝对比"赤兔"要威猛得多，但汗血宝马的文化符号价值对比赤兔要差得好远。

一匹马想要扬名立万，需要有宏大的战役洗礼，需要有壮烈的结局埋葬。

赤兔出自《曹瞒传》，它原本是吕布的坐骑，但赤兔能火起来是因为吕布这位小说中武力天花板的"三姓家奴"吗？

赤兔之所以有名，是因为在《三国演义》中曹操把赤兔给了关羽，在关羽死后赤兔绝食而亡。这匹马跟关羽久了连性格都随主人了。

的卢出自《三国志》裴松之注引《魏晋世语》，确实是有"的卢一跃三丈救刘备"一说，但这匹马会破圈出名是什么原因呢？

是因为《三国演义》中的落凤坡，它是庞统悲剧和刘备仁义这段故事的载体。

"天上金童配玉女，地上瘸驴配破车"，什么都得般配着来，马有名是因为骑它的人得有名，与它相关的这段故事得值得歌颂。

同样是有史料托着的马，曹操坐骑"绝影"的名气就不大。不是说曹操这人不出名，而且明明绝影这个名字比前面那两匹马更拉风，但很遗憾，绝影死在了曹操宛城招嫖。可惜了这匹马。

辛弃疾可以在《破阵子》中长啸"马作的卢飞快"，然后慨然说出"了却君王天下事，赢得生前身后名"。他是没法说"马作绝影飞快"的。

每次提到霸王项羽谢幕，就得提他的虞姬和乌骓。实际上，霸王的马叫作"骓"，乌是后人演义时加上去的，所谓"骓"是指顶级的宝马，它是一个泛称。

大家放心，项羽这辈子骑的马绝对不只是那一匹。因为就他那个冲锋率，马绝对属于高频耗材。

为什么这么说？因为有一名"胜利者项羽"给他们的这种"废马"打法做了背书。

在中国文物界一提到马，有六匹大咖马属于拥有姓名的独一档存在——昭陵六骏。它们是中国历史中的传奇六马，马牛，骑马的人也牛，背后的故事更牛！

贞观十年（636），李世民在他的昭陵装修中安排了自己这辈子最重要的六匹马，每匹都是李世民亲自起名并亲制赞词后令工匠刻于石雕之上的，它们分别是：

白蹄乌，赞：倚天长剑，追风骏足；耸辔平陇，回鞍定蜀。

看这评语就知道是浅水原一战灭西秦的那匹。

特勒骠[①]，赞：应策腾空，承声半汉；天险摧敌，乘危济难。

这是李世民雀鼠谷三百里追杀宋金刚时骑的那匹。

按理讲，前面两场开国挽救国祚的战役已经够绝大多数名将吹一辈子的了，但实际上，论凶险程度，灭薛仁杲和宋金刚对于李世民的一生来说其实都属于前菜级别。这两匹马身上并没有伤，纯粹是让李世民几百里给生生骑废的。

让李世民天策封神的，是后面四匹马。

什伐赤，赞：瀍涧未静，斧钺申威；朱汗骋足，青旌凯归。

这是李世民跟王世充在瀍涧对战时的凶险一役，马身中五箭，都在马臀。

飒露紫，赞：紫燕超跃，骨腾神骏；气詟三川，威凌八阵。

这是青城宫之战中，李世民杀入重围后身边只剩下了丘行恭一人，飒露紫胸口中箭，丘行恭给飒露紫拔箭的样子。

青骓，赞：足轻电影，神发天机；策兹飞练，定我戎衣。

这是虎牢关灭窦建德的那匹，马身中五箭，均在冲锋时被迎面射中。

最后一匹拳毛䯄，赞：月精按辔，天驷横行；孤矢载戢，氛埃廓清。

这是李世民生涯凶险之最，马身背中六箭，前中三箭，是李世民平刘黑闼，被围起来几乎要死时骑的那匹。

从这六匹马的中箭程度可以说明一个问题，看到上一战"秦王破阵"时大家可能觉得李世民已经封神了，但实际上对于李世民来讲，那时根本谈不上惊悚。

李世民的仗是越打越凶险的，他的昭陵六骏中三匹是报废在本战的。

[①] 西安碑林博物馆官网作"特勤骠"。

无论是李密时代的"天下熟人齐聚牛家村",还是李世民此战的"一战灭双王",洛阳大堡垒永远是隋末皇冠上最大的那颗珍珠。

前面的浅水原和雀鼠谷,是立国之战,是奠定李唐国父地位之战。本战内容则是李世民以一年时间缩短半个世纪成本的关键之战,历史其实本来大有往"北周、北齐"方向走的趋势。

来,我们来看军界成本之神。

武德三年(620)七月初一,平刘武周还不到两个月,李渊紧急下令李世民率诸军攻打王世充。李渊之所以如此迅速地要下手,是因为突厥。

在李世民收复太原的同时,突厥一边收割刘武周故地,一边遣使给王世充献了千匹马并且求婚。王世充以宗女嫁了过去并与突厥开通互市。没有永远的朋友,只有永远的利益,突厥要扶植王世充给李唐捣乱了。

唐军刚刚收复并州,李渊不能由着突厥和王世充眉来眼去,所以他紧急启动了东征,要在双方勾搭成气候形成南北夹攻并州前打掉他们这个想法。

七月初一宣布开战,七月初二唐方面就断了突厥和王世充的外交线路,突厥暗中派往王世充处的使者被唐潞州(治上党,今山西长治)总管李袭誉截击,夺了数万牛羊。

准确地说,这次李渊急于跟王世充开战,就是为了保护这条通道。(见图4-1)

晋阳位置太关键,但此时北有突厥,东有窦建德,南有王世充,依旧危机四伏。

几乎在宣战的同一时间,骠骑大将军可朱浑定远报告:在和刘武周作战中表现亮眼的并州总管李仲文与突厥勾结,准备等洛阳战役打响

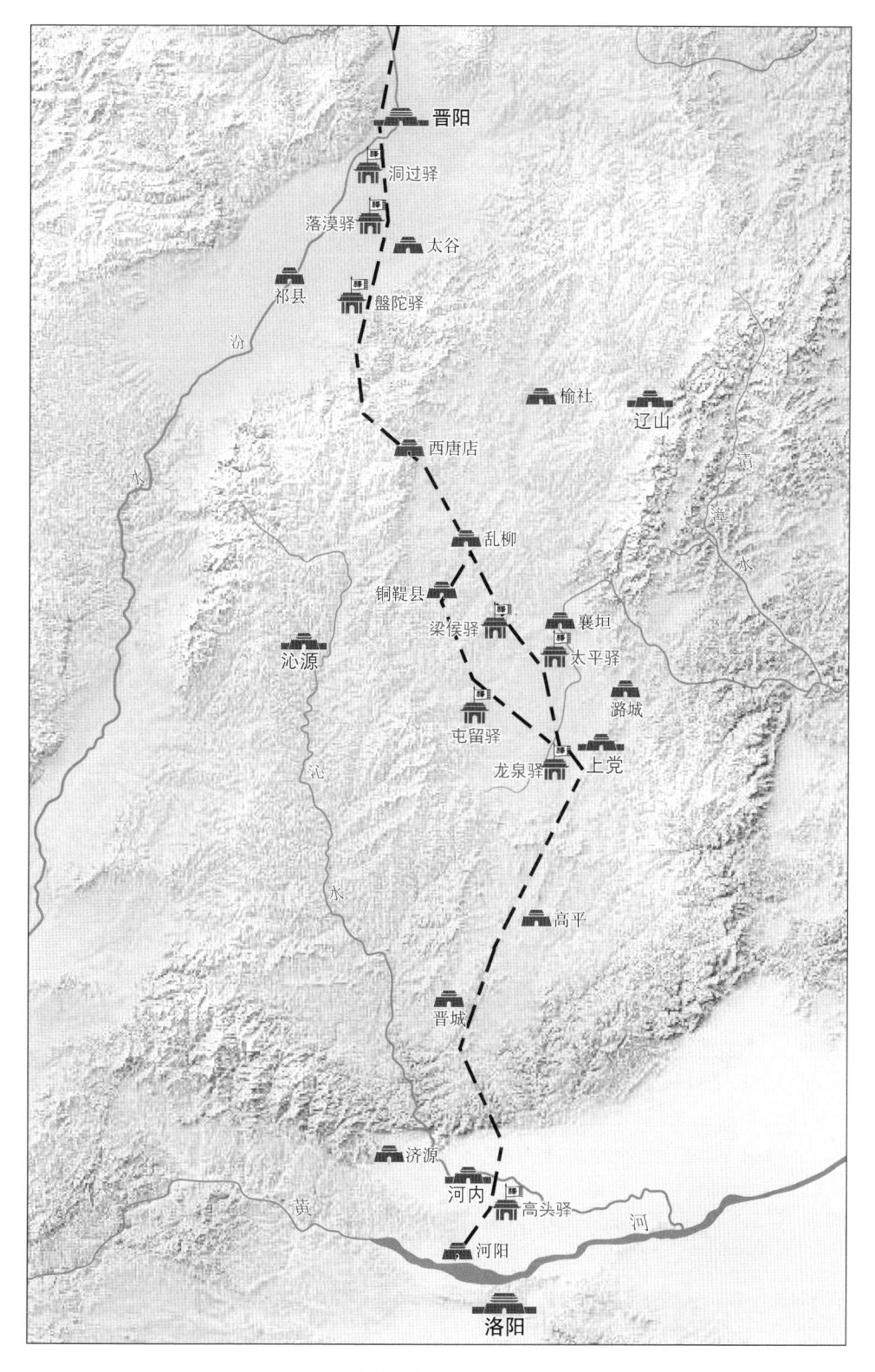

图 4-1　太原洛阳驿路图

后引突厥骑兵直驱长安。①

七月十三,李渊命李建成镇河东,派之前独孤怀恩造反时自己的救命恩人唐俭安抚坐镇并州,暂废除并州总管府,征李仲文入朝。

其实从这个安排也能看出来李渊对自己大儿子和二儿子的客观评价。

别看唐刚灭了刘武周,但北境的威胁依旧极大,李仲文后来被定性为"唐奸"的一个重要证据就是六月时处罗可汗亲至晋阳,李仲文出迎劳师,处罗可汗待了三天后把城中大量女性掠走,李仲文管不了。②

此时的晋阳风声鹤唳,稳定住这个起家的大本营其实是重大军功,按理讲李建成应该是此时守晋阳的最佳人选,太子爷需要为国家做点儿贡献了。但李渊只是安排李建成屯河东,而派了唐俭去前线。

李渊不认为李建成有这个能力,或者说李渊不认为李建成能像老二李世民那样稳定输出。

李唐开国后,李建成仅仅在武德二年(619)平叛过一个千人规模的土匪团伙。

在安兴贵灭李轨率众来降时,李渊曾令李建成去原州接应,结果挺简单的事因为防暑降温没做好导致士卒逃亡过半。③

由于李建成的战例很少,客观来讲看不出他具体是个什么材料,但李唐开国后的剧情反转也太快了,李渊每到赌命环节就只能放出老二

---

① 《资治通鉴·唐纪四》:骠骑大将军可朱浑定远告并州总管李仲文与突厥通谋,欲俟洛阳兵交,引胡骑直入长安。

② 《旧唐书·突厥传》:六月,处罗至并州,总管李仲文出迎劳之,留三日,城中美妇人多为所掠,仲文不能制。

③ 《旧唐书·隐太子建成传》:时凉州人安兴贵杀贼帅李轨,以众来降,令建成往原州应接之。时甚暑而驰猎无度,士卒不堪其劳,逃者过半。

李世民随后求天爷爷再爱他一次，而李世民的飞速进步和在全军的恐怖威望现在已经让李渊在李建成的使用上畏首畏尾了。

不是百分百的稳赢局，李渊根本不敢换上李建成。因为李建成要是有半点儿问题，那这个太子就由不得他不换了。而一旦换了太子，那么所有派系就会毋庸置疑地全部归于李世民，连站边都不用选了，他这个皇帝眼看着也当不长了。

这该死的乱世啊！这题超纲啦！太纠结啦！

七月二十一，李世民军至新安。一路走来，弃暗投明者就没停过。

从宏观的战略高度来讲，王世充跟李世民真没什么可拼的。虽然王世充趁着宋金刚南下时抢了南面大片领土，南边到襄阳，东南到了徐州，东边到汴州（今河南开封）、杞州（今河南开封杞县），东北已经和窦建德接壤，但他面对西面天生有劣势。

三门峡天险在李唐手里，而且唐军把两条崤道都控制住了，新安和宜阳就在他们眼皮子底下。如果唐军从西面攻来王世充军无险可守，手底下人叛逃他连追都不好追，所以王世充实行了极其严苛的人质制度：家里面出现一人逃亡的全家都要被杀，自家举报大义灭亲者可以免死，小家之外还有五家连保，有全家叛逃而邻人不知者诛及四邻，诸将外出的时候收其亲属作为人质。

即便如此，总会有无牵无挂的，比如二十岁的罗士信。他最早是被王世充在与李密的对战中俘虏过来的，为了收服这位骁将，王世充与他同吃同睡，结果在王世充大规模接收李密降将后罗士信觉得自己被冷落了，在自己的马被王世充安排给了他侄子王道徇后，罗士信抓住一次出征的机会投了唐，扭头成为头号反攻带路党。

东西魏时期，洛阳地区之所以能成为绞肉机的坟场，是因为东魏有并州与河北，从太原和邺城能迅速通过河阳三城支援到洛阳地区，只要西魏过不了洛阳尤其是河阳三城，关中的物流线就被卡死，西魏的手就伸不进中原。

但是现在，并州被李唐收复了，河北又在窦建德手上。对占据洛阳的王世充来说，李唐目前正在攻打他，窦建德则在他弄死杨侗后就跟他断交了。

北面指望不上，王世充只能靠自己。趁着宋金刚把李渊打败那段时间，他目前的版图看上去往中原圈了不少地，但洛阳地区和中原的联系主要靠的是黄河与通济渠。

洛阳盆地天生是一个小聚宝盆的封闭空间，指望的就是以黄河为主干道，通过通济渠和永济渠源源不断地把河南和河北的资源输送过来。这也就意味着一旦河阳和虎牢这两个关键点被切断，洛阳盆地就会与王世充新开拓的那些土地失去联系。

王世充能控制洛阳的人质，但他控制不了洛阳之外的人，那些人会相当轻松地为自己寻找出路。

王世充手中的大洛阳堡垒是核心，也是边陲，除了杨广给他聚拢的洛口仓之外他根本没有指望。

王世充安排了所有的亲戚守城，遣王弘烈守襄阳，王行本（王世充侄子，与守河东的隋将王行本同名）守虎牢，王泰守怀州；洛阳防区由王世恽守南城，王世伟守宝城，太子王玄应守东城，王玄恕守含嘉城，王道徇守曜仪城。

上面这些看起来好像城挺多铺开挺大的，其实就是洛阳禁宫的四个边。

王世充自己任总司令负责指挥全军，左辅大将军杨公卿统左龙骧二十八府骑兵，右游击大将军郭善才统内军二十八府步兵，左游击大将军跋野纲统外军二十八府步兵，闹闹哄哄整了八十四路府兵，实际上就三万多人。

看上去王世充似乎踹一脚就该塌了。不过别看王世充天天赌咒发誓说话不算话，但他还真和只能动嘴的李渊不一样，他能在这个乱世立足有个关键的本事——真的能打。

七月二十八，罗士信率领先头部队包围了慈涧（今河南洛阳磁涧镇），王世充亲率三万野战军倾巢出动救援慈涧，上来就当总决赛打了。

随后王世充看到了隋末野战街上最靓的仔，李世民照例亲率轻骑来侦察王世充军情，突然就撞上了王世充大军。

此战极险，李世民的轻骑队伍被重重包围了，当时众寡悬殊，手下都害怕了。李世民命手下人先走，自己殿后。王世充的大将单雄信率数百骑紧紧追来，李世民差点儿被当场扣下，最终是李世民左右开弓狂射后逃出来了。①

等李世民回营时已经变成了个土人，守营的军兵没认出来拒绝放他进营，他摘下头盔发了话才进了军门。

次日，李世民率五万步骑开赴慈涧。看到没抢下开门红，王世充也没纠结，撤了慈涧的防守回了洛阳。

上来遭遇战这阵势也给李世民泼了盆冷水，李世民冷静下来后尽显做题家风范，没有直接来攻洛阳，而是具体问题具体分析地开始给王世充"截肢"。李世民遣行军总管史万宝自宜阳向南去堵死伊阙，派将军刘德威东围河内郡，派王君廓从洛口切断了王世充的粮草运输线，派怀州总管黄君汉从河阴进攻回洛城（今河南洛阳孟津区东），自己率大

---

① 《旧唐书·太宗本纪》：世充率精兵三万阵于慈涧，太宗以轻骑挑之。时众寡不敌，陷于重围，左右咸惧。太宗命左右先归，独留后殿。世充骁将单雄信数百骑夹道来逼，交抢竞进，太宗几为所败。太宗左右射之，无不应弦而倒，获其大将燕顼。

第4战 虎牢关天策封神 | 321

军驻扎在洛阳城北的北邙山连营进逼洛阳。

八月十四，黄君汉遣校尉张夜叉用水军偷袭攻克回洛城。

王世充的太子王玄应率精兵猛将攻击回洛城，而当时校尉张夜叉手中只有七十余人，但这些人全部勠力而战。因为他们知道，他们的秦王会来救他们，最终他们也等到了。[①]

黄君汉率其部断河阳南桥而还，拿下了王世充二十余个堡垒、据点，完成了斩断王世充北方联络线的战略目标。[②]（见图4-2）

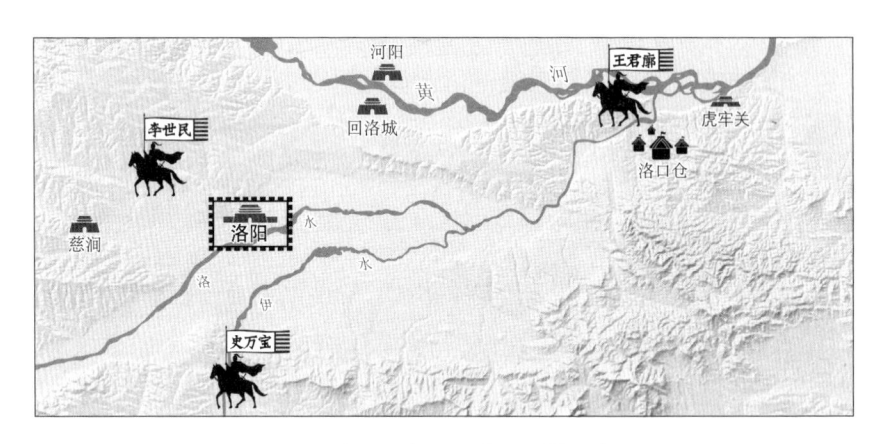

图4-2 李世民率军围洛阳盆地示意图

在史万宝断了伊阙，黄君汉抢下回洛后，外面的势力开始纷纷做出投票选择。王世充的洧州（治今河南许昌鄢陵县）长史繁水张公谨与刺史崔枢以州城来降；窦建德的共州（治共城县，今河南新乡辉县）县

[①]《册府元龟·帝王部·功业》：黄君汉夜从河中下舟师回袭洛城，克之，因置兵为守，以断河桥。王世充遣伪太子玄应率诸骁将尽锐攻击，而校尉张乂等七十余人戮力拒之。会帝发兵来援，贼众乃退。

[②]《资治通鉴·唐纪四》：黄君汉遣校尉张夜叉以舟师袭回洛城，克之，获其将达奚善定，断河阳南桥而还，降其堡聚二十余。

322 | 大唐气象

令唐纲杀了刺史以共州降唐；邓州（治穰县，今河南南阳邓州）当地豪族抓了王世充所署刺史来降。

此时局势已经是"黄河已南，莫不响应，城堡相次来降"了。

回洛城丢了以后，王世充在青城宫摆开阵势，李世民也列阵相对。王世充隔水对李世民道："隋室倾覆，你们唐帝在关中，我这个郑帝在河南，我王世充未曾西侵，熊、谷二州离我不远，我要是想拿下也不难，但我并没有攻取，秦王现在突然举兵东来这是要干什么？"

李世民派宇文士及回应道："天下皆仰大唐皇风，四海之内皆承正朔，只有你在这里阻止传播大唐好思想！"

王世充道："咱们息兵和好不行吗？"

李世民回应道："奉诏取东都，没说让我讲和。"

双方战阵对峙至天晚，才各自还兵。

王世充没下定决心决战，李世民也不着急，他现在的主要目的是牵制住王世充，等待自己包围洛阳盆地的红利兑现。

时间来到九月，王世充的显州（治比阳，今河南驻马店泌阳县）总管田瓒以所部二十五州来降，至此襄阳地区跟王世充断联系了。

九月十七，李世民遣王君廓攻打轩辕关（今河南偃师东南轩辕山上），顺利拿下。王世充派魏隐等将领支援轩辕，王君廓先逃跑然后通过伏兵大败郑兵，接着又向东掠地直到管城（今河南郑州）。

至此，洛阳南面的路已经全部被截断了，唐军势力正式进入中原。

随后，王世充的尉州刺史时德睿率所部杞、夏、陈、随、许、颍、尉七州来降。

李世民对投降各州县的官员没有做任何变动，于是河南郡县相继来降。

李世民非常明白，这些人都是墙头草，此时来降只是证明他们不会赞助王世充，但这样就对自己包围洛阳盆地减了损耗，这就够了。

就在李世民一步步完成对洛阳盆地反包抄的同时，他的团队中发生了一件很不和谐的事情——原刘武周降将寻相等大多又叛唐而去，因此唐军诸将怀疑尉迟恭也会叛离，提前把他关进了军中监狱。李世民的陕东道行台左仆射屈突通、尚书殷开山这两位元老向李世民进言道："尉迟恭骁勇绝伦，现在把他囚禁起来已经得罪他了，他的内心必然怨恨，这个人留着是祸害，杀了吧。"①

看到这里，问题来了，为什么刘武周的降将们都跑了呢？

答案是"成分"问题。

此时此刻李世民的队伍里有三派：

1. 开国派，代表人物是刘弘基、段志玄、殷开山、屈突通等最早加入太原起义和刚建唐时"入股"的猛将们。他们参与了灭薛秦和灭刘武周的立国战，资历最老。

2. 瓦岗派，代表人物是李世勣、秦琼、程咬金、黄君汉、罗士信等，他们都是李密归唐后投过来的，都被陕东道行台李世民接手了。这一派势力也很大，而且李世勣、秦琼、程咬金这组瓦岗三巨头还跟着打了对宋金刚的反击战，也有说话的资格。

3. 最后，是刘武周的降将派，这个派系没立过功，在人才济济的秦王府被挤对得有点儿可怜，要不为什么都跑了呢？

尉迟恭这位刘武周最大牌的名将直接就被屈突通和殷开山给绑了，大有先斩后奏之势，虽说他被绑是在寻相等将逃跑之后，但这其实也很

---

① 《资治通鉴·唐纪四》：刘武周降将寻相等多叛去。诸将疑尉迟敬德，囚之军中，行台左仆射屈突通、尚书殷开山言于世民曰："敬德骁勇绝伦，今既囚之，心必怨望，留之恐为后患，不如遂杀之。"

能说明问题。

有人的地方就分派别,你一个投降过来的人,上我们陕东道要饭来了,更可恨的是你这么牛,万一将来抢我们饭碗怎么办!

就在诸将把气氛给烘托起来后,李世民道:"尉迟恭真要是叛离,又怎么会在寻相之后?"他下令马上把尉迟恭给放了,并将人带到自己的卧室中。李世民先是赐给尉迟恭金银财宝,然后又对尉迟恭说:"大丈夫讲的是意气相投,不要因为前面这点儿误会介意,我也没因逸言害了忠良,你应该能体察我的心思,如果你一定要走,这些财物就算路费以表这段时间我们的共事之情。"①

请大家注意李世民的语言艺术,他说的这段话很有江湖气,"丈夫以意气相期,勿以小疑介意",我手下这些人确实做得不对,但我绝对拿心跟你相交,我绝对不会让他们阻碍我们两个的关系。

随后李世民对尉迟恭的安排是:从此你当我的贴身侍卫长,我走到哪里把你带到哪里,你也别再担心他们算计你;你的身边,永远是我。

一名降将被李世民疑人不用地给了这个待遇,尉迟恭也迅速给出了自己的回报。

九月二十一,李世民率五百骑兵巡视战区地形,登高上了魏宣武帝陵,结果又一次被王世充率一万多步骑突然杀过来包围了,单雄信挺长枪直奔李世民而来,结果被尉迟恭飞马半截杀出将单雄信刺于马下,

---

① 《旧唐书·列传第十八》:太宗曰:"寡人所见,有异于此。敬德若怀翻背之计,岂在寻相之后耶?"遽命释之,引入卧内,赐以金宝,谓曰:"丈夫以意气相期,勿以小疑介意。寡人终不听逸言以害忠良,公宜体之。必应欲去,今以此物相资,表一时共事之情也。"

第 4 战 虎牢关天策封神 | 325

并闯出了一条路带着李世民逃了出去。①

李世民和尉迟恭逃出包围圈后，带着自己的骑兵队又杀了回去，重新突击王世充军阵，如入无人之境。

他们之所以会那么勇猛，是因为屈突通带着大军赶来了，王世充被李世民突击崩了只身逃脱，唐军活捉了王世充的冠军大将军陈智略，斩首一千多，俘虏六千重装步兵。②

在这里不要单纯被李世民和尉迟恭的勇猛所吸引，大家也看看王世充抓战机的能力。如果不是李世民，甚至说如果没有尉迟恭在旁边当门神护卫，李世民是不是就得被王世充给斩首了？

李世民对尉迟恭道："谁能想到你的回报居然这么快！"他又赐给了尉迟恭一篚金银，从此对尉迟恭宠遇日隆。

如果你觉得这件事就这么完了，李世民对尉迟恭的驯服就这样结束了，那么你就很容易在日常生活中被带到沟里。

下面值钱的来了。

第一，能让尉迟恭"叫父"的前提，是这个人能是李世民，能让他服。

第二，李世民还对尉迟恭玩过更深层次的绑定。

尉迟恭在这个时代属于马战之神，尤其擅长骑战躲避，每次单骑入敌阵中永远能"万马丛中过，片枪不沾身"，还能一边躲一边把敌人

---

① 《资治通鉴·唐纪四》：辛巳，世民以五百骑行战地，登魏宣武陵。王世充帅步骑万余猝至，围之，单雄信引槊直趋世民，敬德跃马大呼，横刺雄信坠马，世充兵稍却，敬德翼世民出围。

② 《资治通鉴·唐纪四》：世民、敬德更帅骑兵还战，出入世充陈，往反无所碍。屈突通引大兵继至，世充兵大败，仅以身免；擒其冠军大将军陈智略，斩首千余级，获排矟兵六千。

兵器夺过来杀人。

齐王李元吉则认为只要不偷袭、只要讲武德的话，自己才是这个时代的马战单挑一哥！他听说尉迟恭很勇猛，于是表示咱们去掉枪头拿棍子比比高下。

尉迟恭趁着这个机会对李世民完成了"自毁"式的示好，对李元吉道："敬德自当去枪头，王不必去。"

尉迟恭几乎是当众打李元吉耳光了，明摆着瞧不起他，以此完成了对李世民的投名状——我只对你忠心，齐王我已经得罪了。

李元吉随后跟尉迟恭展开大比武，却死活刺不中尉迟恭。接下来重头戏来了。

李世民问尉迟恭："夺矛和避矛哪个难？"

尉迟恭道："夺矛难。"

这还用问吗！这就是李世民还是嫌尉迟恭打李元吉的脸还不够响！

这话的另一层意思是，你需要更重分量的投名状来证明你生是我的人、死是我的鬼。

李世民又命尉迟恭夺李元吉手中的长矛，注意，是李世民亲自下的令。李元吉此时脸已经没地方放了，再次上马打算高低捅死尉迟恭，结果没多长时间就被尉迟恭夺了三次矛。[①]

至此，一个忠心耿耿的门神驯化完毕。让我们来梳理一下具体的流程。

1. 你在某些方面让他佩服与敬重。

注意，敬重环节打底，如果这个人对你没有敬重就不要谈驯

---

① 《旧唐书·尉迟恭传》：乃命敬德夺元吉矟。元吉执矟跃马，志在刺之，敬德俄顷三夺其矟。

第 4 战　虎牢关天策封神　｜　327

化，否则就叫控制，这招不要乱用，如果你是"绵羊"就驯化不了"狮子"！

2. 得知尉迟恭被囚禁后进入驯化流程，去卧室表示宽宏进行心灵感化，就此完成"地狱到天堂"的第一次"拯救"。

落差是驯化的关键，你要让他知道你能拯救他，让他从心灵上依附你。

3. 贴身安排，观察表现。

表达你的尊重。不一定都要安排在身边，具体问题具体分析，李世民给尉迟恭的贴身安排是因为怕他死在屈突通那些人手上。

4. 立功后给赏。

利益兑现环节，仅仅是画饼没用，奖励兑现一定得及时，得符合预期。

5. 最后命属下当众得罪他不能得罪的人，或者交出无可替代的投名状，将这个驯化对象彻底绑在自己身边。

永远不要相信所谓的忠诚，因为人性很善变，人性时时刻刻在权衡，所以需要时时校正。

至此，李世民不仅完成了和尉迟恭心与心之间的融合，也给身边诸将表明了一个道理：都不要不平衡，这份武功谁有？这份打齐王大嘴巴的勇气谁有？

十月十五，罗士信袭击攻拔了王世充的千金堡，随后李世民令屈突通守堡。很快王世充亲自来攻堡，屈突通害怕，举烽火求救。

李世民觉得屈突通没问题，故意缓救以骄兵使王世充疲敝。等屈突通第三次举烽火时，李世民估计再不救他该生气了，于是再次亲自带队上阵，先是射中生擒了王世充的骑将，随后带着后面赶来的队伍与屈突通守军里外配合奋击，王世充大败，几乎被擒。

很多人会纳闷，像屈突通这样的人，为什么他明明是隋朝的人、李渊的同事并且是被李渊赦免恩宠的，最终却成了李世民的铁杆了呢？

这是因为李世民给下属安排的不管是多难的工作，他永远会给下属兜底。李世民绝对不会让下属去送死，最极端的情况他会跟下属一起死，他说来救就肯定会来，而且还会亲自来。几场这样的生死战打下来，大家认为屈突通这样的人会认可自己是谁的人呢？

我之所以反复强调战场是情谊的天下顶级的炼金石，是因为几场"血与火之歌"唱下来，你太容易在战场上完成"地狱到天堂"的"拯救"！你有太多的机会去创造这种驯化的"落差"！你能太多次地让对方知道你能拯救他，让他从心灵上依附你，让他不怕敌人只怕你放弃他！

李世民的队伍里有大量"屈突通式"的将领，在宋金刚把李渊打怕了之后，李渊将所有的关中家底都给了李世民前去"灭火"，随后产生了一系列的质变。举个最典型的例子——宇文士及。

宇文士及是宇文化及的弟弟，是李渊厚着脸皮保下来的，李渊曾笑对裴寂说："此人与我言天下事，至今已六七年矣，公辈皆在其后！"

李渊是宇文士及的妹夫，宇文士及是因为自己妹妹受宠而被李渊提拔起来的。①

按理讲，宇文士及应该是李渊的铁杆，是李渊的嫡系。结果自从他跟李世民去了趟柏壁，从此就易主了。

后面的虎牢关三千五百勇士中有他，他还是第一拨被李世民安排冲阵的，而且冲得义无反顾，最关键的是，玄武门之变时也有他。

---

① 《旧唐书·宇文士及传》：时士及妹为昭仪，有宠，由是渐见亲待，授上仪同。

重申，我们的这一系列书讲了那么多次政变，司马门之所以重要是因为它控制着第一责任人和最终解释权！玄武门之变的第一目标永远是李渊，李建成和李元吉都是顺便带上的。所以说，宇文士及是义无反顾地跟着李世民去收拾他爹李渊的。

还是那句话，天下之所以要亲手打下来，是因为战场上的驯化效果无可替代。

李世民怎么收服宇文士及让他低头"叫父"的内容史书并无记载，不过大体应该和对尉迟恭一样。

因为原理是通的，只要是驯化好汉就出不了这个纲。

1. 你让他敬重。
2. 你让他觉得被拯救。
3. 你让他觉得自己被理解。
4. 你让他觉得自己利益被满足。
5. 你让他觉得除了你之外没有别的路。

最关键一点，这个流程循环往复。

权力之路上永远不是"本来无一物，何处惹尘埃"，因为这是天下最俗的东西。面对权力，你要"时时勤拂拭，勿使有尘埃"。

二、不退！三千五百人都有！跟我去虎牢！

李世民一步步箍死王世充的同时，李渊也在做他擅长的事：遣使与窦建德示好。窦建德那边也在忙着修补自己最后的弱点，于是遣上一次俘虏李神通时扣下的李渊同母妹同安长公主随使者回长安表示友好。

窦建德很清楚王世充完了之后就是他了，眼下自己的东北大后方不能不搭理，于是在武德三年（620）九月率二十万兵马再攻幽州。

此战打得极凶悍，窦建德的士兵本已登上了城堞，在最关键时刻，罗艺命总预备队薛万均和薛万彻率一百多名敢死队队员从地道中杀出，到窦建德军后进行反向爆破，窦建德军溃而走，被杀一千多人。

罗艺乘胜追击直到窦建德营地，结果又被窦建德大败反推，又追回了幽州城下再次攻城。

互拉抽屉拉了半天，谁也战胜不了谁，窦建德无奈回军。

窦建德自从出道后就面对着河北枭雄永远绕不过去的一个"袁绍难题"：幽州的兄弟们跟你关系怎么样。

双方都是那样彪悍，幽州要是不点头窦建德就得拿时间来填。但关键是李家的那个二儿子不会给窦建德像袁绍灭公孙瓒那样的八年时间啊!

这次北上耗走了窦建德的两个月时间,而对于李世民,时间一定要以月记的。这两个月,从某种意义上决定了武德时代的结局。

十月二十一,王世充的管州总管郭庆降唐,李世民派李世勣接手其治所管城。

王世充的太子王玄应镇虎牢,他的控制范围是宋、汴之间,李世勣插进管城对他太致命了,相当于直接卡通济渠了。王玄应引兵到管城解围,但被李世勣击退了。

随后李世勣派郭孝恪书信劝降荥州刺史魏陆,魏陆抓了王玄应派去他那里征兵的将军张志当投名状后举州来降。至此,虎牢关虽然还没到手,但战略目标已经达成,王世充跟他的中原版图彻底说再见了。(见图4-3)

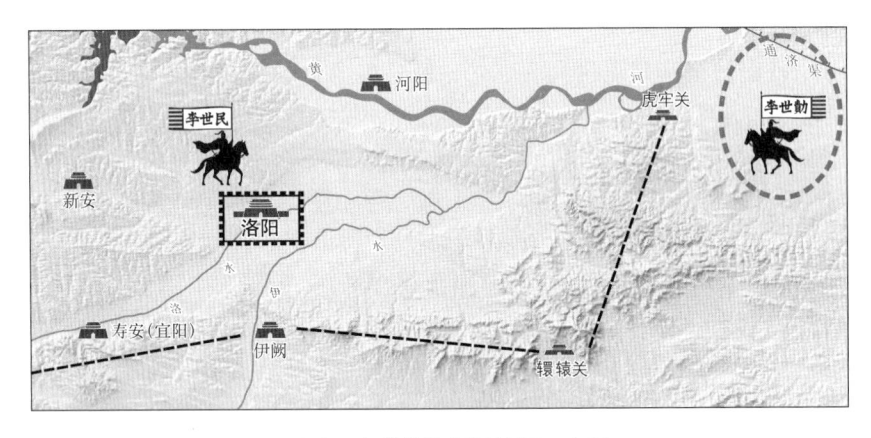

图4-3 李世勣控制通济渠示意图

汴州刺史王要汉在通济渠被断后马上断了念想,斩了王玄应之将张慈宝投降。王玄应听说中原诸州皆叛,大惧后从虎牢奔还洛阳。

这个月,北面没有能突破的窦建德开始渡河击孟海公,因为孟海公拥精兵三万据周桥城掠河南之地使得窦建德没办法往西面掺和，但窦建德的眼光却始终没有离开过洛阳战场。

本来窦、王两家早就断联系了，但十一月的时候，窦建德首先向王世充递出了橄榄枝，王世充赶紧就坡下驴去求支援。①

窦建德知道保住王世充就是保住眼前的均势帮自己再争取一段时间，他遣使去见王世充表示"我出兵你加油"，又遣使去李世民那里表示"赶紧休兵，我要来了"。

不过窦建德明确出兵的表态有点儿晚了，因为王世充的辖区在通济渠被断后开始呈土崩瓦解状。十二月初三，王世充的许、亳等十一州均请求降唐，十天后王世充的随州总管徐毅举州降唐，王世充的地盘开始大量用脚投票。不仅如此，连窦建德的行台尚书令胡大恩都在621年的武德四年春正月以大安镇投降了李唐，被李渊老套餐安排，赐姓李，封为了定襄郡王。

自刘武周之乱后代州石岭以北已经陷入了无政府状态，唐本身根本没能力把手往北伸，靠着这个新投过来的李大恩将治所迁至雁门出兵征讨平定了各地匪乱。

李大恩的投票很重要，因为李唐将晋北的疆域往前推到了雁门，这块与突厥的缓冲地也为李世民争取了时间。

武德四年（621）二月，王玄应率数千兵再次回到虎牢，调虎牢军粮入洛阳，结果被李世民遣将军李君羡截击大破之，王玄应只身逃脱，成了给李世民送粮的了。

---

① 《旧唐书·王世充传》：窦建德自侵殷州之后，与世充遂结深隙，信使断绝。十一月，窦建德又遣人结好，并陈救援之意。世充乃遣其兄子琬及内史令长孙安世报聘，且乞师。

此战之后，李世民进屯青城宫准备对王世充进行围城。

按李世民的套路，应该再熬王世充几个月，等他彻底要死的时候再下手，但洛阳战场此时已经成为焦点，随着武德三年（620）年底窦建德的明确入局，这场"三国杀"的局势波诡云谲地开始加速，李世民要抢时间了。

这也是王世充最后的机会，王世充趁唐军营垒未立，拿着最后的两万筹码出方诸门，于故马坊凭垣堑之险临谷水列阵。面对王世充突如其来的硬扛态度，唐军诸将都害怕了。①

唐军诸将在面对王世充时一直是比较怵头的，唐军始终看起来是压着王世充打，实际一直是李世民在给唐军兜底。

李世民也算到了王世充会趁这个机会做最后的抵抗，他带着自己最核心的玄甲军早早就来到了北邙山。

所谓玄甲军，是李世民优中选优地挑了一千多精锐骑兵全部穿着具有恐怖视觉效果的黑衣黑甲，分为左右四队，分别由降将天花板的秦琼（原属李密）、程咬金（原属李密）、尉迟恭（原属刘武周）、翟长孙（原西秦内史令，浅水原二战前率众来降，成为罕见的薛仁杲手下能活命的将领）这四员猛将带队。每次作战，李世民都亲自披上玄甲率领这支恐怖特种部队作为预备队在关键时刻杀出，所向披靡。②

李世民的千余玄甲特种兵，基本上代表着当世的最高级战力了，他们不仅防御力惊人，视觉效果还极其恐怖。

---

① 《资治通鉴·唐纪四》：辛丑，世民移军青城宫，壁垒未立，王世充帅众二万自方诸门出，凭故马坊垣堑，临谷水以拒唐兵，诸将皆惧。

② 《资治通鉴·唐纪四》：秦王世民选精锐千余骑，皆皂衣玄甲，分为左右队，使秦叔宝、程知节、尉迟敬德、翟长孙分将之。每战，世民亲被玄甲帅之为前锋，乘机进击，所向无不摧破，敌人畏之。

所谓玄甲就是铁甲，李世民的这支千人玄甲军披的应该是隋唐最高工艺的明光铠。这样一套铠甲的制作工序相当复杂，首先要将铁制成铠片，然后通过打扎、粗磨、穿孔、错穴、裁札、错棱、精磨等一系列工序，等甲片加工完毕后还要用皮革条编缀成甲。

这样一套甲的造价极其高昂，晋阳和长安的家底那么厚，李世民已经灭了两个国了，打了那么多仗，也不过攒了千余套玄甲。

过去为什么一提到私藏铠甲就等同于谋反呢？

因为有了铠甲后，士兵变身"叶问"一个杀十个是很常见的现象。除高速骑兵的马槊或狼牙棒这种重型武器外，像明光铠这种顶级装备基本能完成绝大部分近战防御任务。李世民的这支玄甲军，大家可以理解成一千多个骑着马的"叶问"往死里切敌人中路。

所以，当年西汉的周亚夫被杀其实争议很大，周家买了五百甲盾说是准备给周亚夫陪葬这个理由实在太说不过去。

讲到这里，我们要回溯到讲北朝武力天花板尔朱荣时提过的一个知识点：顶级的军神一定都是"选锋"大神。

《孙子兵法·地形篇》中有一句常被忽略的话：为将者带兵的时候有六种情况属于将领的严重不合格，其中有一种叫作"北兵"。将不能料敌，以少合众，以弱击强，兵无选锋的时候，叫作北兵。

"北兵"的最核心概念，叫作"兵无选锋"。所谓"选锋"，就是选特种兵，选兵尖子的意思。将领要是不会"选锋"，就属于二把刀，带的就是"北兵"。

"选锋"就是将领要把队伍中最精锐的人都选出来组成特种兵军团。所谓的"兵锋所指，所向披靡"，这个兵锋指的就是特种兵军团。每个人的素质是不一样的，必须要把精英从平常人群里选出来，让一群精英在一个组团里去卷，去保持锋利。

真打起仗来时，通常是一个勇士九个胆小鬼，一个勇士前面冲，九个胆小鬼在后面观望，时间久了勇士也慢慢变成兵油子了。一个精英长期在普通团队里面吃大锅饭，时间长了也就变得平庸了。必须得是一群勇士往前冲，谁冲得慢会被其他勇士瞧不起，才能最大化地体现出战斗力。

打仗打的是阵形，是组织力，"选锋"选出一个特种兵军团在战役中专门破坏敌人的阵形和组织，己方就赢一大半了。

在真实的战役中，即便是数十万人的超大规模战役，最终起决定作用的就是那几千特种兵。开战后要么直接用特种兵军团把对方冲垮，然后剩下的部队去跟着收割；要么就是用普通部队先扛住对手，再找到空当派出自己的特种兵军团扎死对方。

李世民是这个时代的选锋大神，他以玄甲军列阵于北邙山，登制高点魏宣武陵观察敌势，然后对左右道："贼势窘迫，全军而出想侥幸打一战，现在击破他们，他们就再也不敢出来了。"

李世民命屈突通率五千步军渡水作战并告诫道："交锋后就放烟为号，我带骑兵来救你。"[①]

以屈突通的风格，体毛级碰撞后就得起狼烟了，李世民随后亲率玄甲军南下冲入战阵，身先士卒与屈突通合势力战。[②]

李世民之所以每战亲自冲锋，是因为他需要通过现场观察王世充军阵的厚薄从而判断其布阵主力在哪里，他这次又带着数十精骑冲进了王世充军阵直接杀了个对穿，所过之处众皆披靡，杀伤甚多。

---

① 《旧唐书·太宗本纪》：太宗以精骑阵于北邙山，令屈突通率步卒五千渡水以击之，因诫通曰："待兵交即放烟，吾当率骑军南下。"

② 《旧唐书·太宗本纪》：兵才接，太宗以骑冲之，挺身先进，与通表里相应。

但是，这次出现意外了，李世民冲猛了，他闯到了长堤处与诸骑走散了，身边只有将军丘行恭相随。当时，王世充那边有数骑追了过来，李世民的坐骑飒露紫已中流矢而亡，丘行恭作为神射手回射追击者，发无不中，追者不敢近前。丘行恭随后把马给了李世民，自己在马前执长刀斩数人后跟李世民突阵而出。

此战王世充也使出了最后的力气率众殊死决战，军队被打散四次都被重新组织了起来。

大家看看这残酷的武德时代，王世充军在李世民手下被打散了四次都能再攒起来。要是李渊亲自来洛阳打这场战役，估计此时就是窦建德要写信警告王世充而不是李世民不要乱动了。

王世充就是倒霉碰见李世民了，唐军那边的总司令自己就是不死的突击队战神，唐军的士气永远是满的，更不要说李世民早就通过冲阵明白了王世充的兵力布置配比，知道怎么安排兵力去突他的薄弱点，他重整一次军阵李世民就重新突他一次。

双方自辰时战至午时，厮杀整整一个上午后，在被李世民切了一上午中路后，王世充终于顶不住了。

王世充军崩后李世民开始纵兵追杀，一直杀到洛阳城下，俘斩七千人，随后围城。

王世充最后的试探也失败了。此时的洛阳城已经断粮小半年了，一切资源都被王世充控制起来先供给军队，城内一匹绢才值三升粟，十匹布才值一升盐，服饰珍玩贱如土芥，洛阳的草根树叶都被吃光了，百姓开始拿泥掺入米屑做饼吃，吃完后身肿脚软，饿死者遍地。

当初杨侗时代迁百姓入宫城时有三万家，这个时候已经不足三千家了，连公卿都只能吃粗糠了，尚书郎以下官吏全都自己干活了，而且跟百姓一样动不动就被饿死，除了当兵的之外整个洛阳已经没有了活路。

二月二十二，王泰弃河阳城，李世民把黄河北岸的渡口也封死了，这是后面那场传奇之战的前提，窦建德从北面过不来了，他只能去走虎牢关。

单雄信、裴孝达与王君廓相持于洛口，在李世民亲率步骑五千增援后逃跑，被王君廓追击打败。

洛口仓的具体归属不详，估计唐军始终没打下来，打下来肯定得有记录，但粮道一直被唐军控制着，因为洛阳城里面已经开始批量死人了。

二月底，李世民围洛阳宫城开始四面攻城。

洛阳城是当时整个东亚最扛打的一座堡垒，城头大炮飞石重五十斤能打二百步，八弓弩箭如车轮大小，箭头如巨斧能射五百步。①

唐军昼夜不停地连打了十几天没能攻克，将士此时已经出师半年，疲惫不堪，总管刘弘基等请求班师回朝。刘弘基是李世民太原起兵时的心腹，他的想法代表着关中派的心思：此次军功已经很大了，将士们累了。

但李世民说："如今大举而来，应当一劳永逸，洛阳以东各州已望风归服，就剩下洛阳一座孤城了，最后一个地方了，怎么能放弃而回朝？下一次再打，最后还是这种形势，大概率还不如现在的状况。"

李世民绝不会撤，因为洛阳是东都，是隋帝国的首都，政治意义非凡。况且上次他哥李建成当总指挥时洛阳没碰就走了，所以他一定会打下洛阳证明他跟他哥"一个是天一个是地"。

李世民此时以至高无上的军威下令全军："洛阳不破，绝不回军，胆敢再提班师者斩！"

---

① 《资治通鉴·唐纪四》：城中守御甚严，大炮飞石重五十斤，掷二百步，八弓弩箭如车辐，镞如巨斧，射五百步。

李渊的耳目听说洛阳此时的状况也下密敕让李世民还军，结果李世民上表说洛阳必定攻克，又派参军封德彝回朝面陈军前形势。

封德彝对李渊说："王世充所占地盘与他都是点头之交，没有多深的交情，实际能号令的不过一座洛阳城而已，他现在已经智尽力穷，克城之日不远了，回师的话就会让王世充的势力修复振作，将来再消灭就难了。"

在李世民明确摇头后，李渊其实根本没有选择，兵都在李世民手上，他这个"犬父"已经控制不了"虎子"了，他只能同意。

李世民的坚持在几天后迎来了关键的一次转机，二月底，王世充的郑州司兵沈悦遣使向李世勣请降，随后作为内应引王君廓夜袭虎牢。唐军成功拿下虎牢关，俘获荆王王行本及长史戴胄，至此洛阳盆地彻底封口了。

虎牢易主的同时，窦建德克周桥，抓了孟海公。窦建德还不知道，他北上错过的这两个月究竟意味着什么。

窦建德命其将范愿守曹州，征调孟海公和徐圆朗的全部兵众西救洛阳。

窦建德军至滑州，王世充行台仆射韩洪开门纳之。三月二十一，军至酸枣，随后攻陷管州，杀刺史郭士安，又陷荥阳、阳翟等县，一路势如破竹水陆并进用船运粮溯黄河西上。

按理讲窦建德的水路大军应该走黄河到河阳的，但那条路是没戏了，他是抢不出滩头阵地的。理论上，窦建德也能走南面打轩辕关或伊阙，但是因为水路使不上劲，这地方是大前线，他短期内征调不了那么多民夫来运粮，所以窦建德只能走虎牢关这条道，但很遗憾，虎牢关已经不会向他敞开了。虎牢关如果在，他是能将战线从黄河走洛水推到洛阳城下的。

就差了这一个月，如果他早来一个月，结局会不同。

王世充的堂弟徐州行台王世辩与窦建德合兵十余万，号称三十万。窦建德屯军在成皋之东原，在板渚修营垒，遣使告诉王世充"坚持坚持再坚持"。

在一片大好形势下，窦建德犯了个关键错误，他没有迅速打虎牢试试能不能抢下来。这将成为他这辈子最大的遗憾。

面对窦建德军的到来，李世民集将佐再次开会，萧瑀、屈突通、封德彝这些关中将领态度比较一致，都建议差不多可以撤了。但瓦岗系的郭孝恪则持不同看法道："王世充已经穷途末路马上就要成咱们俘虏了，窦建德远来助之就是天意要灭他们两个。我们应该据虎牢之险以拒之，看情况而动必定能打败他。"

主簿薛收道："王世充占据东都，府库充实，所率之兵都是江淮精锐，现在的困难只不过是因为被我们断粮了而已。他们已经被我们困死了，求战不得，守一天少一天。窦建德亲率大军远来赴援，带来的也都是麾下精锐，如果放任他过来，两方合兵，运河北之粮支援洛阳，那么大战才算是刚刚开启，统一天下不知道要等到何年何月了。现在最好分兵守洛阳，深沟高垒，就算王世充出兵也不与他交战，大王您亲率骁锐先据虎牢天险，养士气、修兵器以等待窦建德军的到来，到时您以逸待劳必能打败他。窦建德一旦被打败，王世充则必定被拿下，用不了二十天这两个人都得被咱们抓了。"

屈突通和封德彝则都认为："咱们大军疲惫，兵势已老，王世充凭坚城固守，短时间内拿不下，现在窦建德挟大胜之势而来，兵锋锐不可当，我军腹背受敌，这不是好计策，不如撤退保守新安，以待战机。"

两拨人，谁说得对？

他们都有理，关中派不打是为了止损，是为了休假；瓦岗派劝打是为了将来立足，将来邀功。下级各有心思，但最后还得看李世民，他负总责。

李世民道："王世充军队已被打垮，粮食已经耗尽，上下离心，我们不用再打他了，等着他死就可以了。窦建德新破孟海公，将骄卒惰，我据虎牢扼其咽喉，如果他冒险争锋，我攻打他很容易；如果他狐疑不战，十天半个月后，王世充自己也就该崩了，等城破后咱们士气就起来了，到时候一战把这两个人绑一起拿下正好。但我们若不速进等窦建德进入虎牢关后就晚了，周边诸城都是新归附的，肯定不会为我们坚守，到时候他们两个人合军并力，我们哪里还会有机会？我的计划定了！"

屈突通等人又请求解除洛阳之围，凭借险要以观敌变，李世民不同意。李世民看出来这些人是担心他把兵分走，将来洛阳这里捅娄子被追责，于是李世民令所有人瞠目结舌地安排李元吉做洛阳围城总指挥，屈突通为副手，将军官分了一半给他们，自己带着剩下的一半军官领着三千五百精兵就去虎牢关了。[①]

李世民仅仅带着三千五百人就去打号称三十万大军的窦建德了。

在这最较劲的时刻，李世民也调来了自己的最后预备队，上次灭宋金刚的奖励——益州兵马。

四月初二，益州行台左仆射窦轨率领巴蜀兵马前来会师李世民攻打王世充。[②]

[①] 《资治通鉴·唐纪五》：通等又请解围据险以观其变，世民不许。中分麾下，使通等副齐王元吉围守东都，世民将骁勇三千五百人东趣武牢。

[②] 《资治通鉴·唐纪五》：夏，四月，己丑，丰州总管张长逊入朝。时言事者多云，长逊久居丰州，为突厥所厚，非国家之利。长逊闻之，请入朝，上许之。会太子建成北伐稽胡，长逊帅所部会之，因入朝，拜右武候将军。益州行台左仆射窦轨帅巴、蜀兵来会秦王击王世充，以长逊检校益州行台右仆射。

窦轨的这路兵马及时赶到洛阳战场也起到了相当重要的作用，此战后册勋太庙的有九人，窦轨是其中之一。①

李世民在尽最大的努力稳住洛阳城外自家军官们的脆弱心灵。

自古成事哪有那么容易的，威望和军功如此高的李世民，在面对大多数人的不支持后也得做出巨大妥协，他为什么就带了那么点儿人？

因为他只能带那么多！

大部分人永远都是吃肉时有我，送死时你去，眼瞅风向不对就瞬间嘀咕磨洋工变阻力。李唐的"国父"李世民，带着他们拿下浅水原、雀鼠谷、青城宫的军神，眼下就这点儿面子。

武德四年（621）三月二十五，李世民正午出发，过北邙沿黄河南岸率领三千五百个小伙子直奔虎牢关而去。王世充登城望见，不知这点儿规模的小股兵马要去干什么。

留在洛阳城外的唐军众将心情复杂，想走不敢走，洛阳又攻不下，军神都走了，他们看见城里能跟军神打得有来有回的王世充开始哆嗦，东方又有三十万夏军撼地而来，这把牌要悬啊。

跟着李世民策马狂奔的三千五百人心里也在打鼓，我们是精锐兵，胜在马匹、阵法和装备，利在野战，这次怎么去守关了呢？

九十多年前，上一个时代的选锋大神尔朱荣，选出了七千兵尖子一战荡平了数十万人的河北葛荣。那七千人中，包含了贺拔胜、贺拔岳、侯莫陈崇、于谨、侯景等，后面东、西魏混战时的诸位大佬。后面的所有名将有一个算一个全是从"尔朱氏军校"毕业的，比如宇文泰，

---

① 《旧唐书·窦威传窦抗附传》：四年，又从征王世充。及东都平，册勋太庙者九人，抗与从弟轨俱预焉。

他就是完全复制了尔朱荣的练兵方法，武川集团就是在"功高孟德，祸比董卓"的尔朱荣点化下鲤鱼化龙的。

如今，六镇的最后传人，这个年轻的武川后生又选锋了三千五百人，时隔九十多年再次面对河北的数十万兵马坚毅而来。

无论唐军怎么想，他们抛开层层的疑惑与不安后都会发现，他们的军神，他们的那位大王，再一次选择去直面命运扔过来的恐怖考卷。

武德四年（621）三月二十六，所有的疑虑与不安在李世民史诗级的作死后全部消散了。

陕东道的三千五百勇士注定是改写历史来的！

我们的秦王，有老天爷的背书！

我们的军神，是天策上将！

三、一战灭双王，秦王诛心天下！

武德四年（621）三月二十六，李世民再次展开神奇操作，他只带了五百骁骑出虎牢关到城东二十多里外的窦建德军营亲自去当探子，他沿路还把这五百个骑兵让李世勣、程咬金、秦琼分别统领埋伏在了路旁，自己只带了四个人继续前进。①

李世民越来越玩火了，对尉迟恭道："我拿弓，你拿槊，就是百万之众又能如何！"②

他挺不厚道的，没提马的事。

李世民每次出门都是一身玄甲，把自己包装得跟变形金刚似的，为了速度和耐力骑的马却从来都是裸装，昭陵六骏中每一匹都没有防护，有也不至于被射成那德行了。

---

① 《资治通鉴·唐纪五》：甲申，将骁骑五百，出武牢东二十余里，觇建德之营。缘道分留从骑，使李世勣、程知节、秦叔宝分将之，伏于道旁，才余四骑，与之偕进。

② 《资治通鉴·唐纪五》：世民谓尉迟敬德曰："吾执弓矢，公执槊相随，虽百万众若我何！"

李世民说完这话担心尉迟恭拿他当神经病于是补了一句："咱们这回不是冲阵去的，看见贼人就撤。"

在做完不作死的保证后，李世民裹挟着他的五人小分队溜达到离窦建德营地三里处，与窦建德的游兵相遇了。

随后尉迟恭那哥四个肠子都悔青了，李世民确实看见敌人就撤，但他在撤之前大吼了一声"我是秦王"，然后还拉弓直接射死对方一将。

听说对面总司令就带四个人浪了过来，窦建德的游骑回去摇人摇了整整五六千骑兵出来追他们，除了尉迟恭其余三人脸都已经吓变色了，李世民安抚道："兄弟们你们先走，我和尉迟恭给你们殿后。"①

李世民和尉迟恭勒住缰绳开始边跑边溜达，追兵快赶上了就拉弓射杀，也不知怎么射那么准，反正每射一箭对方就死一个人，都赶上"小李飞刀"了。②

大家权且一听，因为当事人只有李世民和尉迟恭，他们说什么就是什么，但我估计没那么厉害，因为被五六千人追，他们两个跑得不会比前面三人慢，不过他们有资格想怎么说就怎么说，有谁家总司令会给小兵殿后的？

我们不得不感慨李世民的大福大报，李世民的马是武德年间最倒霉的人类好朋友，要驮着主人这个沉重的"变形金刚"不说自己从来都是裸装，这也就意味着但凡在李世民往回溜达的过程中骑的马被流矢射中了，或者一个兔子洞或耗子洞绊折了马腿，秦王李世民就会由史诗级

---

① 《资治通鉴·唐纪五》：去建德营三里所，建德游兵遇之，以为斥候也。世民大呼曰："我秦王也。"引弓射之，毙其一将。建德军中大惊，出五六千骑逐之，从者咸失色。世民曰："汝弟前行，吾自与敬德为殿。"

② 《资治通鉴·唐纪五》：于是按辔徐行，追骑将至，则引弓射之，辄毙一人。

勇烈变为史诗级笑话了。

那样的话，李建成将"喜大普奔"地成为有史以来最幸运的太子，没有之一。但是，李世民就是一辈子干陷阵的活身上还连个伤都没有，这种大福大报谁都比不了。

李世民这次又从数千人追击中跑了回来，还跟尉迟恭在一系列极致推拉后将窦建德的几千骑兵引进了包围圈。进入包围圈后，窦建德的几千骑兵被埋伏好的五百特种兵冲垮，唐军当场杀死三百多人并俘获窦建德将领殷秋、石瓒后返回虎牢。[①]

李世民打了个下马威后又给窦建德修书一封，诛其心道："赵魏地区历来是我大唐不可分割的一部分，现在被侵夺后之所以我没动你，只是因为淮安王李神通被俘后受到贵方礼遇，你们又送回了同安公主示好，所以本来想这事就算了。王世充眼看就要死了，现在花言巧语勾搭你，你就自己搭着粮食、搭着钱、搭着兵来帮他拼命了，这不明智啊！我刚跟你的前锋军碰了碰，实在是不堪一击啊，我挫了挫你的锐气是希望你听劝，我可好好跟你说话呢，你要是不听，将来可追悔莫及。"

一照面，李世民就把双方的士气给颠倒了。

李世民为什么要去作这种大死？因为他面临着两个问题：

1.唐军已经累了，都叫喊要回军，己方士气不高。

2.窦建德虽说也打半年仗了，但刚刚大胜，气势如虹，此时兵力远超于己，如果被他趁热攻城是极其不利的。

李世民的唯一机会是通过野战打垮窦建德让他知难而退，一旦被拖到攻城自己就太被动了。那么，怎样去迅速提高自己的军队士气并拖

[①]《资治通鉴·唐纪五》：世民逡巡稍却以诱之，入于伏内，世勣等奋击，大破之，斩首三百余级，获其骁将殷秋、石瓒以归。

住窦建德的攻城时间呢？

李世民的解决方案是英雄主义。自己贵为总司令去深入敌阵探营，并且只带四个人去，还自己殿后，顺利回来杀了个伏击弄死几百人，这就是在造神啊！

整个虎牢关开始齐唱《秦王破阵乐》，那三个被殿后的兄弟和抓来的两个俘虏大将开始天天给唐军讲评书。

窦建德那边本来势头挺猛，但一上来就让唐军总司令狂玩"小李飞刀"，几千人连五个人都没拿下还死了几百人，甚至领军大将都被抓走了两个，秦王的神话开始打击窦军士气，一路摧城拔寨的窦建德军停下了脚步。

李世民的这个操作完美印证了《孙子兵法·兵势篇》的那段话："故善战者，求之于势，不责于人，故能择人而任势。……任势者，其战人也，如转木石。木石之性，安则静，危则动，方则止，圆则行。故善战人之势，如转圆石于千仞之山者，势也。"

高手，要自己创造出有利于自己的"势"，而不是苛责士兵在逆境下死给你看。高手选择合适的人才去创造自己要利用的势，打仗就像转动木、石，木、石这东西平地就待着，陡坡就往下砸，方块的不容易动，但圆形的一推就走，所以高手所造就的"势"，就像是让圆石从千仞之陡山上滚下来一样，这就是势。

自己这边士气低迷就想办法调整，让自己这边的势头越来越高，然后"选锋"出最圆的石头砸死对手；对面势头高就想办法打击他，让他越来越低，让他的兵尖子自我怀疑，无论是浅水原还是雀鼠谷，本质上都是造势后的一气呵成。

窦建德被李世民一个大嘴巴给抽蒙了，不过千万别觉得李世民这就轻松了，因为二十天后传来战报，四月十五，洛阳城中杨公卿和单雄信带兵出战，李元吉迎击不利，行军总管卢君谔战死。

洛阳围城军倒是没被打崩，不过貌似李唐就李世民这一把万能钥匙，他对峙窦建德要时时盯着对方动态，又要被洛阳战场的坏消息轰炸得提心吊胆，李世民此时的心理压力其实一点儿也不比王世充小。

没办法，熬着吧，刘邦等前代的历史人物也都是这么一路过来的。"欲戴王冠，必承其重"，往上冲的人注定躲不过一次次的天雷滚滚和刀砍斧剁，李世民的"犬父"倒是轻松，但他再过几年就该彻底轻松了。

窦建德被李世民绊在虎牢关整整一个月不得进，数次交战不利，四月三十，王君廓率千余轻骑又抄了窦建德的粮道，俘其大将军张青特。

此时河北军是拿下孟海公的胜利之师，将士们跟唐军其实一个德行，眼看无利可图都希望回去安置抢劫所得兑现军功，都希望撤军了。

谋士凌敬对窦建德说："大王现在不如出动全部兵力渡过黄河攻取怀州（治野王，今河南焦作沁阳）与黄河北岸的河阳城，控制河内后派重将守卫，然后擂战鼓竖战旗越过太行山两路出击，一路兵锋指壶口关收上党，一路兵锋指蒲津收河东。这样做有三个好处，一是入无人之境必能取胜，二是拓土收兵，三是关中震骇，洛阳之围自解。眼下没有比这更好的了。"

就李渊那个胆子听说窦建德奔他来了，他得一天给他儿子李世民去八封信。

这正经是个好建议，但架不住王世充的糖衣炮弹。王世充守着洛阳就是好东西多，他的求援使者带来了大量财物贿赂诸将，结果窦建德的团队又都"天下熙熙皆为利来"地不提走的事了，打算去洛阳再发一笔财，他们都是一个态度："凌敬是书生之言，他懂什么！"①

---

① 《旧唐书·窦建德传》：建德将从之，而世充之使长孙安世阴赍金玉啖其诸将，以乱其谋。众咸进谏曰："凌敬书生耳，岂可与言战乎？"

窦建德最终否了凌敬的建议，说："今众心甚锐，弟兄们都要跟李世民决战，这是天助我也！"

这个时候，其妻曹氏对窦建德道："凌敬说得挺好的，您为什么不听啊？现在正好是夺取上党打通滏口陉的好机会，乘唐国之虚连营渐进以取并州，然后借助突厥西抄关中，唐军必还师自救，洛阳之围何忧不解？现在停军于此，士气耗尽，空耗粮饷，估计无法成功啊！"

眼下是窦建德复制北齐的最好机会，并州到手后河北就彻底稳固了，太行山连成一片后李渊和幽州的联系就断了，到时候罗艺还会那么坚决吗？

这就是考宏观战略眼光了，窦建德这个里长出身的人到底是没看懂眼下的形势，而是骂道："妇人之见！我来救郑，郑现在就差最后一口气了，我舍之而去是畏敌而弃信，不可！"

就在两军继续相持的过程中，唐军密探报告："窦建德探听到唐军草料用完，准备趁唐军在黄河以北放马时袭击虎牢关。唐王前面的几次骑兵战已经把窦建德打出心理阴影了，必须等没有马才敢来逼关。"

双方都是间谍战的高手，李世民决定勾引一下窦建德。①

五月初一，李世民北渡黄河，南临广武山侦察敌情，随后留千余匹马在黄河中的沙洲放牧以引诱窦建德，当晚返回虎牢。②

五月初二，窦建德军果然倾巢而出，从板渚出牛口渚列战阵，北据黄河，南连鹊山连绵二十里擂鼓前进。

窦建德军阵一直逼近汜水，随后列成了绵延数里的长阵，鼓噪喧

---

① 《旧唐书·太宗本纪》：太宗知其谋，遂牧马河北以诱之。
② 《资治通鉴·唐纪五》：五月，戊午，秦王世民北济河，南临广武，察敌形势，因留马千余匹，牧于河渚以诱之，夕还武牢。

第4战　虎牢关天策封神 | 349

闹，虎牢关上的诸将慌了。①

看到下属害怕了，李世民又一次亲自带着几名骑兵登高望敌阵，他对诸将说："贼起山东还没见过强敌，如今身涉险境却军势喧嚣这是没有纪律，逼近城池列战阵这是轻视我们的意思。我们现在按兵不动他们的士气必定衰竭，列阵时间一长士卒饥饿，势必自退，到时候我们再追上去攻击，必定大胜！我和各位相约，一过正午必定破敌！"②

通过李世民的一场场战役，大家一般只是看见了他最后的摧枯拉朽，却忽略了每一战都会出现的"诸将皆惧"。每次将士们胆怯了，李世民永远是亲自带队亲临一线找出己方必胜的理论依据去安抚众将，他的思想工作是时时刻刻的。

看历史时，大家要思考如何"为我所用"，李世民的大福大报比不了，但在他身上我们能学到什么呢？

1. 永远亲临现场调研，具体问题具体分析。
2. 永远注意士气，永远跟下级讲明白打仗因何成功的理论依据。
3. 永远直面困难，永远解决问题，永远亲自带队攻克最难的任务。

我们读历史，是为了把古往今来华夏文化的璀璨智慧串起来，通过一段段鲜明、生动、自豪的历史完成自我思维殿堂的升级改造，知道做一件事抓哪些重点，能够判断事物发展的规律。

大神和伟人们的思维基座都是一致的，因为他们都是在干事业，干事业就绕不过这一套流程。

---

① 《旧唐书·太宗本纪》：诘朝，建德果悉众而至，陈兵汜水，世充将郭士衡阵于其南，绵亘数里，鼓噪，诸将大惧。

② 《资治通鉴·唐纪五》：诸将皆惧，世民将数骑升高丘而望之，谓诸将曰："贼起山东，未尝见大敌，今度险而嚣，是无纪律，逼城而陈，有轻我心；我按甲不出，彼勇气自衰，陈久卒饥，势将自退，追而击之，无不克者。与公等约，甫过日中，必破之矣！"

社会永远在前进，在进化，在日新月异，但干成一件事的背后逻辑是永远不变的。因为事要靠人办，而人性是永不变的。

窦建德先是派遣三百骑兵渡过汜水，在距虎牢关一里处停住，然后遣使通报李世民：请选几百特种兵咱们比画比画。

窦建德也在造自己的势，结果效果不理想，因为唐军这边有一群内卷的疯子军官。

李世民遣王君廓率两百长槊兵应战，打了一会儿双方没分胜负各引兵回军。

王世充的侄子王琬骑的是杨广的御骢马，铠甲兵器都是顶级的，大老远的在那边来回溜达显示自己的勇敢，李世民道："所乘真良马也！"

尉迟恭请战夺马，李世民制止道："岂可以一马丧猛士！"

但是尉迟恭气比较盛，觉得教父李世民都张嘴了自己听不得这个，旁边人拉都拉不住，他与高甑生、梁建方三骑冲入敌阵直接生擒了王琬，牵着他的马就回来了，无人敢挡。①

这是有史料托着的，尉迟恭堪称隋唐版关羽了。

尉迟恭之所以如此，是因为唐军相当内卷，李世民阵中并不止一个"关羽"，李世民说这话就是号召唐军将士们去杀窦建德的士气。

之前这种活都是归秦琼的，敌阵中有骁将锐卒炫耀人马时李世民通常就大怒放秦琼，秦琼撒出去后非从万众中将敌将扎死。②

对尉迟恭来说，教父李世民都说这话了，难道我这个门神不如彼

---

① 《旧唐书·尉迟恭传》：敬德请往取之，乃与高甑生、梁建方三骑直入贼军，擒琬，引其马以归，贼众无敢当者。

② 《旧唐书·秦叔宝传》：叔宝每从太宗征伐，敌中有骁将锐卒，炫耀人马，出入来去者，太宗颇怒之，辄命叔宝往取。叔宝应命，跃马负枪而进，必刺之万众之中，人马辟易，太宗以是益重之，叔宝亦以此颇自矜尚。

门神秦琼吗？对秦琼你就能一回回甩精灵球，我要去你就"以一马丧猛士"，谁要丧！瞧不起谁呢！

窦建德列战阵就这样从辰时一直站到了午时，死活下不了决心攻城。此时李世民也召回了河北放牧的战马准备出战，夏军士兵们饥饿疲惫，都原地打坐争着喝水了，李世民这个时候命宇文士及带三百骑兵从窦建德军阵西边向南跑，并告诫他："敌阵如果不动你就带兵返回，如果动了，就领兵东进直接开打！"[1]

宇文士及到窦建德阵前敌阵果然松动了，李世民道："传我的命令，全军集合！"[2]

"选锋"之所以重要，是因为选拔后的军团单兵作战能力强，荣誉感高，在战场上崩不了。比如李世民的玄甲军，这一千人会变成四把尖刀扎进敌军军阵进行撕扯，这四把刀通常不会崩。

而普通的军阵，别看也是一个整体，但里面的弱兵多，心理素质差，也许一次冲锋后能扛住，再冲一次心里就胆怯了，就会有少量的人逃跑，然后少量人带动多数人，整个军阵就仿佛一个沙袋破了口子，里面的沙子开始自我逃逸。

一个沙袋也许能砸死人，但沙袋破后里面的沙子是谈不上战斗力的。

战前的所有训练、所有"任势"、所有士气调动，都是为了战场上让己方的战斗人员比对方的战斗人员更晚成为沙子。谁的沙袋最后破，

---

[1]《资治通鉴·唐纪五》：建德列陈，自辰至午，士卒饥倦，皆坐列，又争饮水，逡巡欲退。世民命宇文士及将三百骑经建德陈西，驰而南上，戒之曰："贼若不动，尔宜引归，动则引兵东出。"

[2]《资治通鉴·唐纪五》：士及至陈前，陈果动，世民曰："可击矣！"时河渚马亦至，乃命出战。

谁就是最后的胜者。

李世民率轻骑率先出发，向东涉过汜水直扑敌阵，唐军在李世民的带领下尖刀般扎了进来。①

这个时候窦建德的群臣正在朝谒，唐军神兵天降，朝臣都跑向窦建德，窦建德召骑兵抵御唐军却因为中间隔着朝臣们过不去，窦建德挥手令朝臣退下。在这进退之际，唐军已杀到阵前，窦建德窘迫后撤至东面山坡抵抗。窦抗带兵冲阵后兵势受阻，但李世民这个时候也看到了窦建德，带队伍扎过来了。②

李世民的小迷弟李道玄跟翻版的李世民一样，挺身冲阵直接杀了对穿后反复冲击敌阵，身上的盔甲已经被射成了刺猬依旧在拼命搏杀，李世民将自己的备用战马给了他命其跟随自己。③

大家要注意一点，窦建德军不是被一下子冲垮的。

虽然被打了先手，但窦建德军的战斗力依旧强悍，看看李道玄那一身箭就知道了，这就是他装备太好了而已，他的马都被射死了，骑的是李世民的备用马，李世民的青骓同样迎面身中五箭，《旧唐书·窦建德传》中，对于当时的战况是这样概括的："及建德结阵于汜水，秦王遣骑挑之，建德进军而战，窦抗当之。建德少却，秦王驰骑深入，反覆四五合，然后大破之。"

窦抗找到窦建德后，李世民是冲了四五个回合才彻底击破对方军

---

① 《资治通鉴·唐纪五》：世民帅轻骑先进，大军继之，东涉汜水，直薄其陈。
② 《资治通鉴·唐纪五》：建德群臣方朝谒，唐骑猝来，朝臣趋就建德，建德召骑兵使拒唐兵，骑兵阻朝臣不得过，建德挥朝臣令却，进退之间，唐兵已至，建德窘迫，退依东陂。窦抗引兵击之，战小不利。世民帅骑赴之，所向皆靡。
③ 《资治通鉴·唐纪五》：淮阳王道玄挺身陷陈，直出其后，复突陈而归，再入再出，飞矢集其身如猬毛，勇气不衰，射人，皆应弦而仆。世民给以副马，使从己。

第4战　虎牢关天策封神　｜　353

阵的。

诸军大战，暴土连天，李世民在反复冲杀后率秦琼、程咬金、史大奈、宇文歆等骁将把旌旗卷起又一次冲入敌阵又杀了对穿，到了敌军阵后这次直接将唐军军旗扬了起来。至此，窦建德大军心理终于崩溃，全军开始溃散，李世民狂追三十里斩首三千多。①

窦建德中槊，身边侍卫也被冲散了，自己逃到牛口渚藏了起来，结果还是被唐车骑将军白士让和杨武威追上了。窦建德落马后白士让挺枪欲刺，结果窦建德道："别杀我，我是夏王，抓了我能让你荣华富贵。"

杨武威下马抓了窦建德，用备马驮着窦建德来到了李世民面前。

李世民开始数落窦建德道："我讨伐王世充与你有何相干？敢来越境犯我兵锋！"

窦建德好歹也是一邦人王地主，结果这个时候脸皮厚得实在是不像样子，他来了一句武德四年（621）热搜顶流的"我自己来主要是怕将来麻烦您大老远还得去取一趟"。②

窦建德都归案了，剩下夏军也放弃了抵抗，李世民一战俘虏了五万人，随后迅速将这些俘虏遣散，命其各归家乡。

李世民手下就三千多人，眼下是根本没能力收编这五万大军的，窦建德已经被抓，这就足够了，王世充算是彻底完蛋了，这次战略构想的目的已经达到。

李世民的心理预期是河北败将们回去会重新完成新政权的整合，

---

① 《资治通鉴·唐纪五》：于是诸军大战，尘埃涨天。世民帅史大奈、程知节、秦叔宝、宇文歆等卷旆而入，出其陈后，张唐旗帜，建德将士顾见之，大溃，追奔三十里，斩首三千余级。

② 《资治通鉴·唐纪五》：建德曰："今不自来，恐烦远取。"

354 | 大唐气象

到时候王世充早就被拿下了，我先给这五万人种个草，河北将来我再来取。谁知结果远比他想的要棒得多，甚至在某种意义上差点儿打乱了他的部署。

此时他这个秦王已经在华夏舆论场上封神了。这不叫天命还有什么叫天命！

窦建德的妻子曹氏与左仆射齐善行率数百骑逃回，最开始窦建德余众还打算立其养子为主跟唐接着打，还有说打算剽掠居民干回老本行的，还有打算去干海盗的，最后左仆射齐善行道："隋末丧乱，咱们最开始落草为寇不过是为了活命罢了，以夏王之英武，平定河朔，士马精强，结果一个照面就被逮了，轻松得不太真实，这难道不是天命所归吗？非人力所能争啊！今丧败如此就算守也没什么意义，逃也避免不了亡国，既然如此，怎么能再祸害百姓呢？降了吧，想发财的咱们把府库之物全都分了，别抢百姓了。"

齐善行随后做主将仓库中的几十万段帛运到万春宫东面街上分发给将士，发了三天三夜，仍部署士兵把守街市坊巷，已分得布匹的立即离开不准再进百姓家。裁军行动完成后，齐善行和夏国的仆射裴矩、行台曹旦率百官奉窦建德妻子曹氏和传国等八玺及打败宇文化及时得到的珍宝向唐请降。

华夏大地上，历数每一次乱世，河北地区筛选出的参赛代表队从来都是顶级硬骨头，从未有如此这般被一战诛心得如此彻底。

河北此时可是有一群名将的，举两个最大牌的例子：刘黑闼后面可是又把所谓的李唐群英暴打了一顿的；北击颉利，西灭突厥，东平百济，南镇吐蕃，纵横万里，前后灭三国，皆生擒其主的苏定方，也在窦建德军中。

此战不过损失了三千多人，降兵都被放回来了，重新整编就又是原来的武装。之所以如此丧气，是因为窦建德在将士们眼中已经很英雄了，但自家的英雄在江湖传言的那个天神手下过不了一回合。这就是天命，河北被诛心了，就此认命。

五月初七，王世充的偃师、巩县均降唐。

李世民押着以窦建德为首的夏军团队成员来到洛阳城下给王世充看，王世充哭着跟窦建德聊上了天，李世民又派长孙安世等进城详细说了一遍窦建德军是怎么没的。

王世充这时候还死鸭子嘴硬打算突围去襄阳，结果众将的心理都崩塌了，认为窦建德都这样了，我们跑出去也没未来。

五月初九，王世充穿白衣率领他的郑国太子、百官及两千多人到唐军营门前投降。李世民按礼节受降，王世充趴地上汗流浃背，李世民问道："你总说我是个孩子，今天见了孩子怎么这么恭敬？"

王世充心理素质比不过窦建德，只知道叩头谢罪。

五月初十，李世民入洛阳城，命记室房玄龄先进入中书省和门下省收集隋朝的地图户籍、制文诏书，结果发现都已经被王世充销毁了。[①]

李世民没完成李渊的期望，仅把洛阳城里的财物给将士们分了。其实这也算是天佑大唐，隋朝的那套账本水分太大，怎么可能有那么多土地？李渊如果按隋朝的账本薅羊毛早晚也得出事。

华夏在大业帝的祸害下已经进入重症监护室二十年了，到现在还没出院呢，一切还是模糊点儿好。

李世民在战后迅速进行了战犯审判，收王世充之党罪尤大者段达、王隆、崔洪丹、薛德音、杨汪、孟孝义、单雄信、杨公卿、郭什柱、郭

[①]《资治通鉴·唐纪五》：丁卯，世民入宫城，命记室房玄龄先入中书、门下省，收隋图籍制诏，已为世充所毁，无所获。

士衡、董睿、张童儿、王德仁、朱粲、郭善才等十余人斩于洛水之上。

按理讲降将也是不能杀的，不能因为他是李世民就不说这个缺德事，不过客观来讲从这里也能看出来李世民对这次洛阳会战多么心有余悸。

李世民现在封神了不假，但他太多次差点儿死在了洛阳战场上，单说有记载的仅单雄信就有两次差点儿干掉他，什伐赤和飒露紫都直接死在了洛阳战场上，他是太恨王世充的这拨人了。

李世勣后来给单雄信求情，没有用。要知道李世勣在此战功勋极大，他独领一军掐断通济渠使得中原各路势力蜂拥投降，最终夺下了虎牢关让李世民有机会拖住了窦建德，最后冲阵的时候也是敢死队跟他一起上的；去太庙献俘时，李世民是上将，李世勣是下将，他是和李世民一起穿金甲乘戎辂的。①

李世勣有这么大的功勋，又表示拿自己的官爵换单雄信这条命，死命哭求但李世民最终也没同意。

又杀降又不给勋臣面子，这很不李世民。如果说李世民这一生中有破防的时刻，估计就是在洛阳战场了。

再没有装备如此武德的乱世群雄了，大业帝暴虐四海聚拢天下给隋末群雄举办的这场洛阳擂台赛，随着虎牢关天策封神，以最高光的结局谢幕了。

李世民入洛阳城后观隋之宫殿叹道："穷奢极欲怎能不亡国？"随后下令拆了端门楼，烧了乾阳殿，毁去则天门及其门前阙楼，废诸道场，城中的和尚、尼姑只各留下有德者三十名，其余全部下令还俗。

---

① 《旧唐书·李勣传》：论功行赏，太宗为上将，勣为下将，与太宗俱服金甲，乘戎辂，告捷于太庙。

五月二十一，王世充徐州行台杞王王世辩以徐、宋等三十八州请降，王世充原属地就此全部平定。

窦建德的博州刺史冯士羡又推人质淮安王李神通为慰抚山东使劝降了三十余州，窦建德的地盘全部平定。

整个河北和中原瞬间平了。李世民一战定天下！

六月初九，大军凯旋长安。

李世民披黄金甲，彻底不装了，齐王李元吉、李世勣等二十五员战将跟随其后，铁骑万匹，前后奏响军乐到太庙献俘王世充和窦建德及隋祚的御物和车驾。

王世充因为跟李世民达成了城下之盟，于是免死流放蜀地；窦建德就没这待遇了，他是在战场上被抓的，不是投降的，李渊不可能留着他。

王世充对李渊哀求时说："您爱子说的饶我一命。"

李世民现在的面子很大了，此时的秦王可不是平薛仁杲时的那个秦王了。李渊咬着后槽牙饶了王世充，但李渊饶王世充一命这事其实回旋的余地特别大。

王世充一行被安置在了雍州官衙内，曾经被王世充杀害的独孤机之子定州刺史独孤修德带着兄弟们到王世充这里寻仇来了，先是假称有敕令传唤郑王，王世充和兄长王世恽赶紧小跑出来然后一露面就被独孤修德砍死了，后来王世充全族也在赴蜀途中被以谋反罪灭门。①

独孤修德最开始被李渊以无组织、无纪律免了官职，后来他又官至同州刺史，封了滕国公。

---

① 《资治通鉴·唐纪五》：王世充以防夫未备，置雍州廨舍。独孤机之子定州刺史修德帅兄弟至其所，矫称敕呼郑王；世充与兄世恽趋出，修德等杀之。诏免修德官。其余兄弟子侄等，于道亦以谋反诛。

一辈子赌咒发誓说话不算数的王世充也得到了自己的应许结局。一切尽在不言中了。

灭西秦时，李世民二十一岁。

如今以史诗级的传奇之战一战诛心了天下，李世民不过二十四岁。（要是按周岁算更恐怖，他是598年腊月的生日，实际上他此时是二十二岁周岁。）

三年的时间，薛举、薛仁杲，刘武周、宋金刚，王世充、窦建德，都被消灭，时代的剧本来到隋末，原本是朝着北周、北齐的剧本走的。

陇西、并州、洛阳、河北，都出了高水平战力玩家，北魏在六镇之乱崩盘后，是整整过了半个世纪才重新由武川集团统一了北境。

河北地区无论是北齐时代还是唐的后半程，都是堪称天下最头疼的区域，民风彪悍，物产丰饶，窦建德本该有着更大的剧本，在这轰轰烈烈的武德时代本该武德更充沛一些的。

结果二十四岁的李世民，以百分之一于祖辈的成本，重新缝合了北境。

虽说他那个"犬父"李渊后面又弄砸了，但窦建德的归案基本上完成了大半工程。

此战之后，洛阳成为李世民的大本营，陕东道行台成为和中央平级的陕东道大行台。

由于李渊的神操作，李世民相当顺利地完成了如下进步。武德四年（621）十月己丑，李渊加封了李世民那个位在王公之上的传奇色彩的神仙官职：天策上将。

李渊想表达的是，他这个天，册封了他的好二儿子为上将。但是，自从宋金刚把他打怕了之后，天下还认为他是那个"天"吗？

虎牢关外，确实天策封神了。但此天，非彼天。

由于李世民这个功劳太大了，不仅名正言顺地成立了天策府，还增邑至三万户，加赐金辂一乘，衮冕之服，玉璧一双，黄金六千斤，前后二部鼓吹，及九部之乐，班剑四十人。

所谓"九锡"：一曰车马，二曰衣服，三曰乐器，四曰朱户，五曰纳陛，六曰虎贲之士百人，七曰斧钺，八曰弓矢，九曰秬鬯。

车马、衣服、乐器，眼看已经赐三样了。

此时此刻的秦王李世民官职如下：天策上将、太尉、司徒、尚书令、陕东道大行台尚书令、雍州牧、左武候大将军、凉州总管、上柱国。[①]

这里面将李世民战前能调动的益州行台尚书令官职给摘了，不过没关系，没多久又会回来的。至此，我们盘点一下李世民的职权范围：

1. 天策上将：天策府位列武官官府之首，天策上将职位在亲王、三公之上，允许自己成立私人班底，掌国之征讨。[②]

2. 太尉：三公之首。

3. 司徒：三公之次。

4. 尚书令：中央尚书省最高长官。

[①]《唐大诏令集·秦王天策上将制》：德懋懋官，功懋懋赏，经邦盛则，哲王彝训。是以龙章华衮，允洽希世之勋；玉戚朱干，实表宗臣之贵。太尉尚书令雍州牧左武候大将军陕东道行台尚书凉州总管上柱国秦王某，缔构之始，元功夙著，职兼内外，文教聿宣。薛举盗寇秦陇，武周扰乱河汾，受脤专征，屡夷妖丑。然而世充僭擅，伊洛未清；建德凭陵，赵卫犹梗。总戎致讨，问罪三川。驭以长算，凶党窘蹙。既而漳滨蚁聚，来渡河津，同恶相求，志图抗拒。三军爰整，一举克定，戎威远畅，九围静谧。鸿勋盛绩，朝野具瞻，申锡宠章，实允金议。宜崇徽命，位高群品，文物所加，特超恒数。建官命职，因事纪功，肇锡嘉名，用标茂实。可授天策上将，位在王公上。领司徒陕东道大行台尚书令，增邑一万户，通前三万户。余官并如故，加赐金辂一、衮冕之服、玉璧一双、黄金六千斤、前后鼓吹九部之乐、班剑四十人。

[②]《旧唐书·职官志》：武德四年，太宗平洛阳之后，又置天策上将府官员。天策上将一人，掌国之征讨，总判府事。

5.陕东道大行台尚书令：和中央尚书台级别一样，整个山东行台和总管府全部归他管。①

此时的"陕东道大行台"的辖区自太行以东，淮河以北，也就是王世充和窦建德的故地，这都是李世民的辖区了，毕竟都是他打下来的。

这个"大行台"看着没什么，其实就是因为李世民是李渊的儿子，所以大家觉不出来什么，我给大家举个例子对比下，大家就能体会出来李世民对于李唐来讲意味着什么了。

宇文泰在北魏朝廷搬到关中后，官职是督中外诸军事、录尚书事、关西大行台，安定郡王；高欢在尔朱氏报仇成功被收买时的官职是渤海王，东道大行台、第一镇人酋长，高欢后来就是靠着这个任命成为河北名义上的最高长官的。

6.雍州牧：关中民政最高长官。

7.凉州总管：凉州军事最高长官。

8.左武候大将军：十二卫大将军之首。

9.上柱国：唐勋级十二等之首，正二品待遇。

上面九个官职说完，再找个人对比下。

尔朱荣的官职是使持节、侍中、都督河北诸军事、天柱大将军、大丞相、太师、领左右、兼录尚书、北道大行台、太原王。

其实尔朱荣和此时李世民的区别有多大呢？

李世民除了还没有拿到侍中没有控制门下省，以及还没领左右全部禁军，他和尔朱荣已经完全一样了。至少此时李世民的洛阳和尔朱荣

---

① 《资治通鉴·唐纪五》：庚戌，诏陕东道大行台尚书省自令、仆至郎中、主事，品秩皆与京师同，而员数差少，山东行台及总管府、诸州并隶焉。其益州、襄州、山东、淮南、河北等道令、仆以下，各降京师一等，员数又减焉。行台尚书令得承制补署。

的太原已经完完全全画等号了。

这两个人真的太像了。北魏在分崩离析下能稳定下来，是尔朱荣办的；李唐这个天下，也是李世民打下来的。

此时此刻，李世民二十四岁，比尔朱荣要小得多，但神奇的是这孩子没有这个岁数应该有的那些毛病。

自古，功高至此已难赏。

此战之后，通往玄武门的道路已经明确了。差别，仅局限于时间。

客观来讲，李世民给了他爹五年体面的时间。

李渊开国继承了隋的遗产不假，但这个遗产在薛举、宋金刚们杀过来时不会让你在这乱世多活哪怕一天。世道很残酷，这是打天下，所有的权力网络都以李世民为中心梳理并生长，你躺了一辈子，如今应该做个体面人。

但李渊没认命，他觉得天下即将迎来大一统，貌似到他的主场了；同样地，李建成也没认命，他感受到了他慈父暧昧的眼神。哪怕就连李元吉的心中都充满了野望，他们李家的家风就是死哥哥继承遗产，他爹、他爷爷都如此。

作为史上心眼总量最多的父子四人，即将在这五年的博弈后图穷匕见。

武德九年（626）六月初一，太白经天。六月初三，太白复经天。

傅奕密奏："太白见秦分，秦王当有天下！"

此时此刻，李渊心里有他的算盘！李建成心里有他的算盘！李元吉心里也有他的算盘！

武德九年（626）六月初四。

当李渊"荡起双桨，小船儿推开波浪，海面倒映着美丽的黑塔，四周环绕着绿树红墙"……

大唐气象

渤海小吏 著

中

图书在版编目（CIP）数据

大唐气象：全三册/渤海小吏著． -- 北京：中国大百科全书出版社，2024.8． -- ISBN 978-7-5202-1621-0

Ⅰ.K242.09

中国国家版本馆 CIP 数据核字第 202440LU74 号

出 版 人	刘祚臣
策 划 人	赵　易
责任编辑	赵春霞
责任校对	宋　杨
责任印制	魏　婷
出版发行	中国大百科全书出版社
地　　址	北京市阜成门北大街 17 号
邮政编码	100037
电　　话	010-88390767
网　　址	http://www.ecph.com.cn
印　　刷	河北鑫玉鸿程印刷有限公司
开　　本	710 毫米 ×1000 毫米　1/16
印　　张	76.25
字　　数	946 千字
印　　次	2024 年 9 月第 1 版　2025 年 5 月第 3 次印刷
书　　号	ISBN 978-7-5202-1621-0
定　　价	198.00 元（全三册）
审 图 号	GS（2024）3309 号

本书如有印装质量问题，可与出版社联系调换

总目录

序 / 1

第 1 战　隋　崩 / 001

第 2 战　大唐创业起居注 / 127

第 3 战　秦王破阵 / 203

第 4 战　虎牢关天策封神 / 311

第 5 战　玄武门之变 / 363

第 6 战　天可汗 / 469

第 7 战　武曌骑唐 / 607

第 8 战　武韦之乱 / 723

第 9 战　盛唐的最后挽歌 / 845

第 10 战　安史之乱 / 975

中册目录

第 5 战　玄武门之变
- 一、当你拆除了核武器，你就失去了所有待遇和谈判筹码 / 365
- 二、李靖由张良变成韩信的惊悚漂流 / 380
- 三、秦王领十二卫大将军，府兵最高统帅的明牌 / 391
- 四、苦"秦"者联盟拉来的救命融资 / 406
- 五、武德九年的恐怖秦王 / 421
- 六、胸有惊雷而面如平湖者，方拜上将军 / 438
- 七、来，看真实的武德九年六月初四 / 452

第 6 战　天可汗
- 一、突厥很遗憾，转型遇到李世民 / 471
- 二、四十岁后，不滞于物，草木竹石均可为剑 / 482
- 三、李世民的"草原均势"策略 / 495
- 四、李靖：报告，北境已回归，颉利目前情绪稳定 / 508
- 五、吐谷浑衰落，吐蕃崛起 / 522
- 六、贞观西部大开发，巨唐画卷展开的起点 / 533

七、女皇骑唐的蝴蝶效应源头 / 544

八、日渐控制不住欲望的皇帝天可汗 / 561

九、个人奋斗与伟大历史进程的互动 / 578

十、唯大英雄能本色，是真名士自风流 / 593

第7战 武曌骑唐

一、大唐政事堂的宰相职位演变 / 609

二、"比丘尼"变成"武战友"的时代机遇 / 624

三、李世民为李治留下的最重要遗产 / 639

四、李治得了"不死癌症"后的权力最优解 / 652

五、贞观红利被吃干抹净，大唐由盛转衰 / 665

六、精致利己主义者死了，恶龙的封印解除了 / 679

七、太宗嫡孙与英公之后，让武则天提前加冕 / 695

八、寂静岭 / 709

第 **5** 战

玄武门之变

一、当你拆除了核武器，你就失去了所有待遇和谈判筹码

我们都认同这么一句话：以斗争求和平则和平存，以妥协求和平则和平亡。

战争是政治的延续，是为了达成政治目的的高级斗争手段，国防武装是保卫政治路线的高级战略威慑。当你自己拆除了自家的核武器，你就失去了所有的政治待遇和谈判筹码。

公元621年五月初二，窦建德被俘，消息传回长安，五月初八，李渊立即派太子左庶子郑善果为山东道抚慰大使去选补山东州县官员跟李世民去抢河北了。

准确地说，李渊任命郑善果等人为慰抚大使的同时任命了一整套团队，以陈君宾为洺州刺史、将军秦武通等统兵开往洺州，准备双管齐下，一步步军事接管河北。[1]

随后"犬父"李渊在"虎子"李世民的加持下开始露出相当无耻

---

[1]《资治通鉴·唐纪五》：河北既平，上以陈君宾为洺州刺史。将军秦武通等将兵屯洺州，欲使分镇东方诸州；又以郑善果等为慰抚大使，就洺州选补山东州县官。

的嘴脸,总体来说,拿河北人不太当人。大家直接看看李渊发表的大赦诏书原文吧。

《平窦建德大赦诏》

自隋氏失驭,政散民流,盗贼交侵,区宇离析……朕受天明命,君临八极,克除暴乱,大拯黎民。声教所覃,无思不服,惟彼赵魏,尚隔朝风。建德往因丧乱,连群结党,窃州据邑,擅置官寮,叛涣一隅,恣行凶虐。朕悯彼河朔,久遭涂炭,纳隍轸虑,无忘兴寝。但以凋弊之后,恶烦士众。且事含宏,未先讨击。然而游魂放命,数稔贯盈,驱率犬羊,图为侵斥,与王世充欲相救援,辄来举斧,以抗大军。兵威所临,丑徒皆溃,生擒建德,囚致军门,凡厥支党,皆就房获,历年逋寇,一举廓清,荡涤遗民,与之更始。可赦山东诸州旧为建德诖误者,自武德四年五月八日以前,皆赦其罪。仍令太子左庶子郑善果为山东道抚慰大使,考功郎中李觐玉、膳部郎中高正表为副,存问民俗,宣布朝章,其有率众全城因机立效者,量其功绩,就加职任;奇才异行,随事旌擢。其亡命山泽,仍为结聚,诏书到后三十日不来归首者,复罪如初。(出自《册府元龟·帝王部》)

窦建德是"连群结党,窃州据邑,擅置官寮"。大唐是"兵威所临,丑徒皆溃",是"凡厥支党,皆就房获,历年逋寇,一举廓清"。

李渊的态度很明显,又是"擅置",又是"丑徒",又是"房获",又是"逋寇",拿窦建德的队伍不当个东西。有着高高在上的姿态不说,还要求这些人得在三十天内来官府自首备案。

您大赦的诏书都拿人不当人,谁知道去衙门报到后会是什么待遇呢?谁敢去啊?

做个对比,把他打怕了的宋金刚那次,并州大部分都叛了,之后李渊的大赦诏书如下:

《赦晋潞等州诏》

朕发迹太原,陈师汾浍,底定皇室,廓清函夏。惟彼晋魏,事等丰宛。近者妖寇凭陵,侵斥郊境,害虐良善,拥逼吏民。大军东讨,义存拯难,芟夷丑类,实在吊民。凡厥渠魁,已就歼殄,胁从之辈,情有可原,宜许自新,义深荡涤。其晋州、潞州、隰州、并州等四总管内,自武德三年四月二十二日以前,被刘武周、宋金刚等所诖误者,罪无轻重,皆赦除之,各令复业,一无所问。(出自《册府元龟·帝王部》)

也不提三十天自首的事了,总之不管前面多不好,在我这里都是好一朵美丽的茉莉花,在我的心中你们可没有污点,不耽误咱们后面好好过日子了,我就当自行车丢了让刘武周骑了一圈,回来就好,在我心中你们永远是大白纸,是新自行车。

如果有人说并州这是老区有特殊优待,那我把不是老区的大赦凉州诏书找出来了,大家全方位品品李渊这个人。

面对李轨叛乱的大赦诏书,我就不列虚的了,直接上重点:

可曲赦凉甘瓜鄯肃会兰河廓九州,自武德二年五月十六以前,罪无轻重,已发觉系囚见徒,并从原免。桀犬吠尧,非无前喻;弃瑕荡秽,列圣通规。有恶言不顺及邪谋惑计者,并从洗涤，一无所问。

还是老态度，不管前面多邪恶，后面都是李渊的白莲花。

李渊这辈子就讲究个欺软怕硬，河北都没让他害怕，才一场仗窦建德自己都被斩首了，那他突出的就得是个辣手摧花。

河北是真大意了，是真没有躲闪，窦建德被抓走后的第一时间就认命启动裁军计划了。其实河北被诛心后自我裁军投降这事没错，关键是唐现在的上层建筑比较复杂。

河北如果降的是李世民，当时李世民如果确实是毋庸置疑的最高掌权者，那么河北的待遇会非常高，因为那属于李世民史无前例的超级军功和政治面子，会得到很棒的政治利益兑现。但李唐此时"里子"是李世民，"面子"是李渊，"里子"和"面子"的关系很微妙。

李世民之所以把俘虏的五万人那么痛快地都给放回去了，实际上就是希望"你们要硬起来，我还会再来的，咱们到时再谈"，结果没料到诛心诛猛了。

河北投降了，但名义上降的是李渊，他并没有亲自去打这场洛阳修罗战，河北也不是他打服的，所以他要显示他的强硬，要创造出一副大唐他当家做主的样子。

李渊为什么敢这么得意忘形？因为河北主动裁军了嘛！

虽然李渊不怎么样是一方面，但自古无论中外，人都这点儿意思。人性是禁不起试探的，绝大多数的人，当知道你没有报复能力的时候，可能都不会是一个贤者，而是一个对你吸髓扒皮的恶魔。

《南北归一》讲萧衍大师时曾举过一个例子，每个寺庙进门迎面的基本都是笑口常开的弥勒佛，但弥勒佛的两旁，通常是四位怒目金刚，弥勒佛的背后还会有一尊护法的韦陀菩萨。笑是为了普度众生，是为了和你好好说话；身边那几个金刚、护法是为了让众生不变成众魔，是为了让你好好说话。

劝人向善是一个配套工程，武力威慑和利益威慑永远是劝人向善的必要手段。

魔王来了，你指望着念经是念不死他的。必须得是金庸《天龙八部》中扫地僧拿捏了萧远山和慕容博外加那"好俊的降龙十八掌"，都摆弄一遍后再在每人面前放本经，他才读得下去。丁春秋是让虚竹念经念死的吗？是虚竹给他种了生不如死的生死符。

不是李渊这人不是东西，而是人性就是这样，我们读历史的目的之一就是让所有人面对你时别变成李渊这样子。

李渊派的郑善果是李建成的太子左庶子，是前隋大臣，最终在河北"坐选举不平除名"地当了他的替罪羊。

李渊的团队都是他的隋朝同事，这些人在对方手无寸铁时展示强硬确实是有天赋的，他们是被大隋培训过的。

河北裁军的时候窦建德的家底都被诸将分了，这是裁军军费，一个大美河北都留给李渊了，这多么仁义，但李渊派往河北的安抚大使和地方长官们对这事比较较真，开始各种追究外加暴力执法，反正你自己都把核武器拆除了，我现在是想怎么捏你就怎么捏你！窦建德故将陷入了深深的恐惧之中。①

李渊配合自己立威有三个环节：

1. 征高雅贤、范愿、董康买、曹湛这些没按时去自首的窦建德故将去长安。

---

① 《资治通鉴·唐纪五》：窦建德之败也，其诸将多盗匿库物，及居闾里，暴横为民患，唐官吏以法绳之，或加捶挞，建德故将皆惊惧不安。

2. 七月十一，在闹市中杀了窦建德。

3. 七月十二，大赦天下，天下免税一年。

他认为这三招绝了，征故将入关是我给他断了根，杀窦建德是我立了威，大赦是我给你们免了责，免税是我对你们开了恩，我简直就是个天才。

结果七天后，即七月十九，窦建德被杀的消息传到河北，第一时间，刘黑闼反了。

客观来讲，李渊和李世民这对父子对后面的事情发展都需要承担一部分责任，别看他是李世民，任性同样有责任。

窦建德被李渊砍了，王世充投降后单雄信那些战犯被李世民砍了，都让窦建德余党极度惶恐，再加上窦建德本来就在河北很有民心，这一切导致了河北地区的舆论行情急转直下。

范愿、董康买、曹湛、高雅贤这些人本来就不信任李渊，于是自发逃亡了，后来听说他们这样的老兄弟有很多，李渊还官方下令抓他们去长安，于是范愿等亡命至贝州的兄弟们开了个会，会议纪要如下：王世充以洛阳降唐，其将相大臣段达、单雄信等皆夷灭，咱们去了长安也是个死，咱们出来闯荡十年了，身经百战，早活够本了。别苟且偷生了，咱们反了他大唐！夏王抓了李神通后那叫一个厚道，再看看李渊，直接把咱们夏王砍了！咱们都是夏王所厚待的，如今不为他报仇，将无颜见天下之士。①

确定起义后，这些人算了一卦，卦象显示说应该找个姓刘的起事，于是他们找了最近的窦建德故将刘雅。

---

① 《资治通鉴·唐纪五》：高雅贤、王小胡家在洺州，欲窃其家以逃，官吏捕之，雅贤等亡命至贝州。会上征建德故将范愿、董康买、曹湛及雅贤等，于是愿等相谓曰："王世充以洛阳降唐，其将相大臣段达、单雄信等皆夷灭；吾属至长安，必不免矣。吾属自十年以来，身经百战，当死久矣，今何惜余生，不以之立事。且夏王得淮安王，遇以客礼，唐得夏王即杀之。吾属皆为夏王所厚，今不为之报仇，将无以见天下之士！"乃谋作乱。

刘雅表示我老了，不想起兵了。

面对这个没有选择的回答，刘雅大意了。这是来通知，是让你交高级投名状，你怎么还以为是征求你的意见了呢？刘雅想跟着李渊讲"武德"，但连句"好自为之"还没来得及张嘴就被这群不讲"武德"的老同事们给弄死了。

这些人又听说窦建德的骁将刘黑闼现在漳南隐居，于是又找了过去。

刘黑闼，贝州漳南人，窦建德老乡，史载"无赖，嗜酒，好博弈，不治产业，父兄患之"。不知道的以为这说的是刘邦呢。

刘黑闼与窦建德少相友善，家中穷得叮当烂响时常常受窦建德的资助。刘黑闼在隋末亡命时先是跟随郝孝德为群盗，后归李密为裨将，李密败后跟了王世充，看王世充不顺眼于是找了当年的好大哥窦建德，之后被任命为将军，封汉东郡公。

刘黑闼这么多年下来养了一副好眼光，史书中特别好笑地概括："黑闼既遍游诸贼，善观时变，素骁勇，多奸诈。"他后来成为窦建德的侦察大队长，这位大哥常混入敌中亲临一线观虚实，或出其不意，乘机奋击，多所克获，军中号为神勇，作战风格挺像李世民的。

刘黑闼的脑子明显比刘雅好很多，"遍游诸贼，善观时变"那是多灵的人啊，面对这个死亡试探当即表示同意。他宰了耕牛起兵，收拢了一百多人在七月十九袭据了漳南县。

李渊听说刘黑闼作乱，于是置山东道行台于洺州，魏、冀、定、沧并置总管府，以李神通为山东道行台右仆射。[1]

---

[1] 《资治通鉴·唐纪五》：是时，诸道有事则置行台尚书省，无事则罢之。朝廷闻黑闼作乱，乃置山东道行台于洺州，魏、冀、定、沧并置总管府。丁丑，以淮安王神通为山东道行台右仆射。

在李渊的眼中是这样的：我已经完成了府库接收，你们自己裁军返乡了那还能叫个东西？一伙流贼而已！李神通，给我把匪剿了，正好没机会显示寡人神威呢！

李渊叉腰的二十多天后，八月十二，刘黑闼攻陷鄃县，贝州刺史戴元详、魏州刺史权威合兵来剿灭这伙复燃之灰，结果被刘黑闼所败，戴元详及权威居然全都折里面了，刘黑闼尽收其器械及余众千余人。

此战之后，刘黑闼名头彻底打响，窦建德宿旧左右渐来归附，部众增至两千人，刘黑闼自称大将军，在漳南筑坛祭奠窦建德，向老上司亡魂报告他们要起兵替他报仇了。

八月二十二，刘黑闼攻陷历亭，杀了李渊的嫡系屯卫将军王行敏。

一个多月的时间，刘黑闼让河北看到了希望，让河北明白了自己的政治待遇必须得有武力保护，他们要重新武装起来再要一回价。

大量的人开始后悔并反攻，原深州刺史崔元逊在大唐占领深州以后失去了官职，等刘黑闼起事后崔元逊和数十同党袭杀了唐任命的深州刺史裴晞，把首级快递给了刘黑闼。

河北闹起来后，"隋唐吕布"徐圆朗又一次叛变了。这个徐圆朗是中原土匪，最早聚众占据兖州，后来分兵掠地，在一步步发展下西到琅邪、北到东平都成了他的地盘。

徐圆朗乱世抱住的第一条腿是李密；李密败了后，徐圆朗又跟了王世充。不到一年，619年七月，徐圆朗觉得王世充不行，李唐已经在乱世显出了真龙之相，于是又投了唐，被李渊任命为兖州总管，封鲁国公。

然而世界变化太快，李渊的雄起之战萎缩得一塌糊涂，裴寂被刘武周打得脸都找不到了，李神通在河北又被窦建德给俘虏了，降唐后仅仅三个月,在当年十月,徐圆朗又跟了窦建德。

结果没想到李渊本来到了谁都能抽一巴掌的地步了,但他二儿子把扇他爹的这堆巴掌又给扇回去了,窦建德完蛋后徐圆朗再次投唐。由于徐圆朗没裁军且鞭长莫及,李渊不计前嫌仍封其为兖州总管,只是将爵位由鲁国公降为了鲁郡公以示惩戒。

但徐圆朗觉得这次待遇给低了,在河北又闹起来后,徐圆朗于武德四年(621)八月自称鲁王,再次割据兖州起兵响应刘黑闼,随后兖、郓、陈、杞、伊、洛、曹、戴八州的豪强均响应徐圆朗。

李渊拿河北不当人的例子太明显了,大家看看徐圆朗的群众基础,是"兖、郓、陈、杞、伊、洛、曹、戴等八州豪右皆应之"。

总之,中原的老少爷们看到河北连个妾都没当成后自己把盖头又盖上了,自己抬着自己又回家了。

在河北中原降而复叛的同时,北境的突厥也开始亲自下场。

八月十八,突厥入侵代州,唐总管李大恩派遣行军总管王孝基拒敌,全军覆没。很快突厥又进军围了崞县,李大恩据城艰难坚守,月余后突厥才撤走。

刚进九月,突厥直接入侵并州,李渊派出了自家的外戚,禁军高官左屯卫大将军窦琮等率兵抗击。其实窦琮也没少跟李世民出征,但李渊没办法了,像点样的将军都是李世民的人,他只能退而求其次找亲戚了。

九月初四,突厥入侵原州(治高平,今宁夏固原),这是到了雍州牧兼凉州总管李世民的辖区了,尉迟恭等带兵北上出征了。

面对东方乱象,李渊是这么处理的:调发关中三千步骑去支援李神通,又下诏命幽州总管罗艺带兵合力围剿刘黑闼。

关中兵和罗艺带兵找李神通报到后,李神通又发邢、洺、相、魏、

第5战 玄武门之变

恒、赵等兵合五万余人,与刘黑闼战于饶阳城南。

唐军布阵十余里,刘黑闼因为人少又没有足够的骑兵力量只能沿着河堤排了一条极其罕见的单行阵以应对。①

那一年的冬天来得罕见地早,还是秋天的日子河北南部却已经是大风雪了,李神通本来是顺风冲击刘黑闼的,结果冲了一半大风突然转向,李神通因此大败,兵马军资一战打没了三分之二。②

即便风向突然变了,唐军有那么大的优势,按理说不至于被打崩的。问题出在李神通这里,因为同样的风雪,罗艺在西面阵线那边打高雅贤已经处于追杀阶段了。

在河北叛军看来,李神通早在武德二年(619)十一月就被窦建德俘虏过,就他这种手下败将的德行,如今来我们河北当大爷了,他也配?就他还敢征调我们河北兵打我们曾经的战斗英雄?

李渊也是没办法,自家宗室里能打的就那几个,李神通属于"矮子里拔将军",只能派他死顶。派李建成去要是打输丢人了呢?派李世民是不是还嫌我丢的脸不够?

罗艺看到李神通那边崩盘后撤出了战场退保藁城,结果刘黑闼乘胜撵过来把罗艺又打了一家伙,罗艺此战后带兵回了幽州,刘黑闼兵势大振。

李神通丢脸后,李渊居然在九月二十五又送上顶级神助攻,他下诏搜检天下户口。

---

① 《资治通鉴·唐纪五》:与刘黑闼战于饶阳城南,布陈十余里;黑闼众少,依堤单行而陈以当之。

② 《资治通鉴·唐纪五》:会风雪,神通乘风击之,既而风返,神通大败,士马军资失亡三分之二。

他真的是"犬父"啊。眼下河北已经乱了，从东汉开国后，这六百年来河北那地方的户口是能随便动的吗？

十月初六，刘黑闼攻陷瀛州，杀了唐瀛州刺史卢士睿；观州百姓抓了刺史雷德备响应刘黑闼；毛州刺史赵元恺性情严厉急躁，辖区百姓受不了后也暴动了，杀赵元恺以应刘黑闼。

在河北又成一团乱麻的同时，武德四年（621）十月，李世民得到了自己一战定江山的功勋兑现，官位升级至：天策上将、太尉、司徒、尚书令、陕东道大行台尚书令、雍州牧、左武候大将军、凉州总管、上柱国。

李世民就此在长安也正式开了自己的府，招揽四方文学之士，以杜如晦和房玄龄两个心腹文士为首组织起来的一个秦王府顾问团队，招揽了虞世南、褚亮、姚思廉等共十八名幕僚，号称"十八学士"。他们分成三组，三班倒地据说是跟李世民"讨论文籍"。

这十八个文化人天天跟李世民肯定不只是讨论文学，此时李世民有比这更重要的事，他已经开始复制中央那一套行政运作体系了。不光在马上打天下，将来下了马治天下他也要无缝对接的。

古往今来，燃烧得最淋漓尽致不浪费的青春，也就是李世民了！

值得注意的是部分秦王府学士的人事档案，非常有意思。

姚思廉（原代王杨侑侍读）；褚亮（原属薛举）；许敬宗（原属李密）；李玄道（原属王世充）；陆德明（原属王世充）；虞世南（原属窦建德）；蔡允恭（原属窦建德）；孔颖达（平王世充后加入）；盖文达（冀州信都人）；李守素（赵郡李氏，灭王世充后入秦王府，号称"人肉谱牒"，对两晋、刘宋以来全国各地的士族及权贵家族脉络无一不知）。

这十八个学士里面，有十个是李世民入长安之后发展的，有七个是在灭王世充、窦建德后要么直接收编要么寻访贤才拉进来的。此次东征后，李世民不仅吸纳了关东士人精华，还选拔扩充了自身的"李逵们"。

请大家注意是"们"。举两个最著名的例子，玄武门之变中，有两个人资历相当浅但在封侯时却混得相当靠前。一个是张公谨，他是被尉迟恭和李勣双料推荐在东征后纳入秦王府的；一个是刘师立，他本是王世充的亲将，洛阳平后当诛，在临死前被李世民特赦了，后安排成了左亲卫。①

这两人都是玄武门之变中极其关键的人物，都在李世民夺位成功后封侯千户。在他们后面的有九百户的方面军司令李勣和老兄弟刘弘基，七百户的秦琼和程咬金。所以说这两个人得为李世民干了多玩命的活儿！

李世民收服好汉已经达到了量产，再回顾下我们上一战说的收服好汉的手腕。

1. 你让他敬重。
2. 你让他觉得被拯救。
3. 你让他觉得自己被理解。
4. 你让他觉得自己利益被满足。
5. 你让他觉得除了你之外没有别的路。

这五点，对于魅力男神兼分钱大师兼先登+殿后狂魔的李世民来讲，都不叫事。尤其在分钱方面，李世民是太有钱了。

李世民洛阳封神后的第一个奖励是财权。

---

① 《新唐书·刘师立传》：始事王世充为亲将，洛阳平，当诛，秦王壮其才，释不死，引为左亲卫。

七月十八，唐在洛、并、幽、益等州设置钱监，赐秦王李世民、齐王李元吉各三处官炉，裴寂一处官炉，准许他们铸钱。除此之外，有敢私自铸钱的处死，家属流放边地。①

李渊还在制衡。

李元吉和裴寂哪有什么功勋？李元吉凭什么有跟李世民一样的铸币权？

李渊此时也就能在钱上拉拉偏手了，李建成不能随便派出去，太子威望一旦受损权力三角就彻底塌了，但李元吉始终被安排在李世民身边，还给了李元吉海量的财权。

李渊只能指望李元吉拿钱给李世民搞破坏了。

这次货币发行除了李渊的一堆心眼子之外还要多说两句，货币系统发展到隋末时钱币质劣斤两不足，甚至有裁剪皮革或糊纸作钱的，至此废除五铢钱，"开元通宝"上市（非李隆基的年号钱，这是李渊发行的），一枚重二铢四参［应为累（絫）讹误，见《孙子算经》："十黍为一絫，十絫为一铢。"］，十枚钱重一两。②

拥有七百年历史的五铢钱永远地退出了历史舞台。起于汉武，终于唐宗，五铢钱的始与终也算是排面拉满了。

在此前，以铢、两来表示钱币质量，货币的度量是以二十四铢为一两的二十四进制为标准。从这时开始，李唐采用新的度量衡，一两改为四十克，开元通宝一枚约四克，十钱为一两的新十进制度量衡由此产

---

① 《资治通鉴·唐纪五》：癸酉，置钱监于洛、并、幽、益等诸州，秦王世民、齐王元吉赐三炉，裴寂赐一炉，听铸钱。自余敢盗铸者，身死，家口配没。

② 《资治通鉴·唐纪五》：隋末钱弊滥薄，至裁皮糊纸为之，民间不胜其弊。至是，初行开元通宝钱，重二铢四累，积十钱重一两，轻重大小最为折衷，远近便之。命给事中欧阳询撰其文并书，回环可读。

生，二十四进制的铢两制逐渐退出了历史舞台。"锱铢必较"的单位成为过去，"厘、分"的十进制沿用至今。

此次灭王世充、窦建德回来，李世民得到了如下实质性实力增长：

1. 得到大量的文武人才。

2. 官品已极，史无前例的"天策上将"。

3. 与中央平级的陕东道大行台行政权。

4. 官方认可的铸币权。

此时此刻，李渊应该庆幸，要是再晚点儿册封李世民的话让出去的红利还得更多，因为东边在他的神操作下已经全乱了。

十月十九，刘黑闼攻陷定州。

十一月，北境军阀高开道看到刘黑闼起来了，被突厥一勾引，也反了，自称燕王，北联突厥南结刘黑闼，与突厥合兵开始屡次入侵恒、定、幽、易等北境数州。

十二月初三，刘黑闼攻陷冀州，与此同时往河北各地政府送檄书的反馈也批量回来了，窦建德的旧部纷纷造反杀了唐朝官吏响应刘黑闼。[①]

十二月十二，刘黑闼打败了李世民的东方棋子李世勣，李世勣的五千步卒全军覆没；十天后刘黑闼又引兵攻拔了相州，随后向南攻取了黎、卫两州。

半年之间，刘黑闼恢复了窦建德的全部旧地，又遣使北联突厥，颉

---

① 《资治通鉴·唐纪五》：黑闼既破淮安王神通，移书赵、魏，故窦建德将卒争杀唐官吏以应黑闼。

利可汗派俟斤宋邪那率突厥骑兵赞助,河北形势已经相当危急。[1]

李渊又一次体会到了人生的艰难。

武德四年(621)十二月十五,李渊再次厚脸皮地让李世民去讨伐刘黑闼。

---

[1]《资治通鉴·唐纪五》：半岁之间，尽复建德旧境。又遣使北连突厥，颉利可汗遣俟斤宋邪那帅胡骑从之。

二、李靖由张良变成韩信的惊悚漂流

整个武德年间,有一个组合居然罕见地分享了李世民的开国军功蛋糕,所谓"自大业末,群雄竞起,皆为太宗所平,谋臣猛将并在麾下,罕有别立勋庸者,唯孝恭著方面之功,声名甚盛"。

该讲讲李孝恭和李靖这对"南国二李"了。

武德四年(621)九月,在刘黑闼刚刚闹起来李渊还没觉得有多大事的时候,李唐启动了平定南国之战。

核心,是跟李渊有仇并且李渊一直打算弄死的李靖。

李靖被李世民救下后入了秦王府,史料中再露面就是打王世充的初期以军功授开府了。①

李靖入唐后的早年经历很有意思,他明明跟了李世民,但平灭薛举、薛仁杲,反推刘武周、宋金刚,李唐开国前面的关键两战都没看到

---

① 《旧唐书·李靖传》:太宗又固请,遂舍之。太宗寻召入幕府。武德二年,从讨王世充,以功授开府。时萧铣据荆州,遣靖安辑之。《新唐书·李靖传》:秦王亦为请,得释,引为三卫。从平王世充,以功授开府。萧铣据江陵,诏靖安辑。

他的一丁点儿踪迹，直到跟王世充开战的时候，才又看见李靖出现。

这其实也能理解，像论功永远第一的长孙无忌，还有秦王府封侯第一档的房玄龄和杜如晦在初期战争中都看不见他们的踪迹，但这不意味着他们不重要。萧何在楚汉战争时也不显眼，张良能露大脸那是太史公实在太负责了，在别的朝代不会把这么牛的人给原原本本写出来的，那样显得帝王很没用似的。

我更倾向于李靖是李世民团队中的"张良"+"动嘴版韩信"。在这里没有抢李世民功的意思，团队说得再对也得上司听得进去，参谋谋划得再好也得首领撸起袖子亲自杀得出来，洛阳会战后期李靖已经南下了，照样不耽误李世民虎牢关天策封神。

如果历史的剧本就这样一路走下去，大概率秦王府封侯时的第一档功臣在长孙无忌、房玄龄、杜如晦、尉迟恭之外还要再加个李靖。但李靖人到五十，犯小人犯得有点儿厉害。有一个人，始终不肯放过他。

新旧唐书对于李靖的工作调动都是说因为萧铣据江陵搞侵略，所以李渊下诏调李靖脱离李世民的序列去南方开辟第二战场。

李靖南下后先是在金州（治西城，今陕西安康）帮助庐江王李瑗谋划，设计击退了拥有数万蛮贼的邓世洛匪帮。截至此时，李靖就像一个不能自己带兵的韩信，到处给带兵的王爷们开方子。

打通了金州后李靖继续南下，在硖州（治夷陵，今湖北宜昌）他被萧铣的武装断了交通。

李渊在这个时候露出了自己的真正目的，对李靖下了毒手，他以李靖贻误军机的理由密令硖州都督许绍将李靖弄死，所谓"既至硖州，阻萧铣，久不得进。高祖怒其迟留，阴敕硖州都督许绍斩之"。

一个顶级大将，李渊玩秦末的"失期当斩"，而且他这是有多阴啊，"阴敕"许绍。李渊这么处心积虑地想弄死李靖，单纯因为他们本身就有仇吗？

事实并非如此，李靖要是没有能耐犯不上让李渊如此煞费苦心地大费周章。就是因为李靖的能耐太大，他又是被李世民保下来的，大概率在前面两场立国战中还展现了自己的张良、韩信之才，令李渊觉得李靖是个祸害，是对李世民的巨大加成，所以才会以打南边的名义调动李靖随后想找碴儿弄死他。

也只有这个理由能把李靖调出来，毕竟从李世民的角度，这是派他的人去自己腾不开手的南方施加影响力。

李渊之所以要把李靖调到许绍那里，因为他们两个人（李渊和许绍）的爹曾经共事，两个人是一起玩到大的发小。①

李渊打出了一记阴狠的化骨绵掌，以为李靖这回死定了，但他算漏了两点：

1. 这理由确确实实太牵强了，许绍想保的话他只能同意，而且他的信是没法写得那么明显的，这个毒手的意图不好点透，毕竟要考虑影响。

2. 最重要的一点，许绍背着战斗指标和御敌考核，李靖这么牛的人才他可舍不得杀。

许绍求情把李靖的命保下来了，李渊就比较尴尬了。

这就是他在宫里待久了的阳气萎靡综合征，他最厉害的就是官僚政治搞斗争，但战争年代能使的招就那几个，杀外面的大将的话语权都在一线的将领们，他这个叉腰老大爷是没办法遥控指挥砍一线的有功大将的。

最关键的是，封妻荫子的军功和封侯都指着真刀真枪杀出来，谁

---

① 《新唐书·许绍传》：绍时为儿，与高祖同学，相爱也。

跟钱过不去啊，谁也舍不得杀真正有能耐帮自己挣钱的人。

恰逢开州蛮首冉肇则率众侵犯夔州，李孝恭战后不利，是李靖率八百兵丁袭破贼营，又在险要处设伏，临阵斩了冉肇则，俘虏了五千余人。

之后李渊找台阶对公卿们道："朕闻使功不如使过，你们看看，李靖这小子不敢藏奸了吧？我就得时不时跟他玩玩小皮鞭！"李渊还给李靖去了封玺书道："你竭诚尽力，功效特彰。我从大老远已经感受到你的诚心了，现在给予嘉赏，好好干别担心得不到富贵。"他又出了封手敕给李靖道："既往不咎，过去的事我早就忘了。"①

要是个普通人李渊这招其实还真的管用，PUA（精神控制）到员工怀疑人生，但李靖也是几十年的老官僚了，他舅舅是韩擒虎，他能不知道李渊是什么算计吗？

李靖离开李世民的庇护后一直隐藏得比较好，毕竟李渊真要撕破脸下毒手的话李世民大老远是救不了他的，但实际上李靖一直站的是李世民的队，比如在玄武门之变前一两年他在扬州主政的时候将江淮的米运往了洛阳。②

当时的洛阳是谁的地盘呢？是陕东道大行台尚书令李世民的大本营。

要知道，李靖主政扬州的时间仅仅是武德七年（624）下半年到武德八年（625）上半年，这么点儿时间他都要抓紧把物资运到李世民那

---

① 《旧唐书·李靖传》：高祖甚悦，谓公卿曰："朕闻使功不如使过，李靖果展其效。"因降玺书劳曰："卿竭诚尽力，功效特彰。远览至诚，极以嘉赏，勿忧富贵也。"又手敕靖曰："既往不咎，旧事吾久忘之矣。"

② 《册府元龟·邦计部》：八月，扬州都督李靖运江淮之米以实洛阳。

里,说明他是谁的人?再往深说一层,江淮的物资都运到李世民那里了,大家说中原地区的物资会到谁那里呢?

我之所以要将虎牢关之后的内容统一并到玄武门之变就是为了一步步地看李世民是怎么箍死他爹的。再举个例子,李世民继位后专门在其本纪中提了这么一句:废了潼关以东的各路关卡。①

大家猜这些关他是防谁的?他要是跟他爹翻脸了,以洛阳的实力往西打费劲吗?

像李靖这种下属李世民还有很多,隋末的谶语《桃李歌》其实更像是在歌颂李世民的桃李满天下。

武德四年(621)正月,李靖迅速给李孝恭出了战略规划,由李孝恭上奏取萧铣十策,对李渊表态自己要改换门庭在李孝恭这里好好干的决心。二月初三,李渊改信州为夔州,以李孝恭为总管,开始大造舟舰,演习水战。

因为李孝恭没怎么打过仗,李渊以李靖为行军总管兼李孝恭长史,将军事全权委托给了李靖。②

李渊为什么给了李靖这么大的权力呢?

1. 你是军事第一责任人,出了问题就办你。

2. 李孝恭是李渊的堂侄,从最开始就被安排为山南道招慰大使,跟李世民没有交集,后来在武德二年(619)封信州总管,管夔、硖、施、业、浦、涪、渝、谷、南、智、务、黔、充、思、巫、平等州,当地的人事任命都是他自己"承制拜假"看着来的。对于李渊来讲,李孝恭是自己

---

① 《新唐书·太宗本纪》:八月甲子,即皇帝位于东宫显德殿。遣裴寂告于南郊。大赦,武德流人还之。赐文武官勋、爵。免关内及蒲、芮、虞、泰、陕、鼎六州二岁租,给复天下一年。民八十以上赐粟帛,百岁加版授。废潼关以东濒河诸关。

② 《资治通鉴·唐纪四》:以孝恭未更军旅,以靖为行军总管,兼孝恭长史,委以军事。

能单独控制的一股力量。

李靖主动上了十条办法表示要弄死萧铣，这是在对李渊示好，是加强李孝恭这一方面的力量将来方便李渊对李世民制衡。

打萧铣其实对于李靖不是什么大菜，真正的难度是他处理和李渊的关系。人到中年，心真累啊。

武德四年（621）九月，趁着李世民诛心天下的东风，李渊下诏发巴蜀兵以赵郡王李孝恭为荆湘道行军总管，李靖摄行军长史统十二总管自夔州顺流东下；以庐江王李瑗为荆郢道行军元帅，黔州刺史田世康出辰州道，黄州总管周法明出夏口道，共击萧铣。

李孝恭接到诏书时长江涨秋水，诸将请等水落后进军，李靖道："兵贵神速，现在我们大兵汇集萧铣尚不知，江涨浪急确实有风险，但速度也快，现在趁江水上涨疾速抵其城下，杀他不备，就算他仓促征兵也已经来不及了，必能活捉萧铣，不可失此良机！"

李孝恭听从了他的意见。

我们来大概说说萧铣之前的履历，他家是南梁宗室，混到他这辈时家道破落，直到杨广时代因外戚之恩他被提拔为了罗川县令。

大业十三年（617）时，岳州校尉董景珍、雷世猛，旅帅郑文秀、许玄彻、万瓒、徐德基、郭华、张绣等共谋起兵反隋，众人欲推董景珍为主，结果董景珍觉得自己身份不够，怕不能服众，说："罗川令萧铣是梁朝后裔，宽仁大度有梁武帝遗风，况且我听说帝王兴起必有符命，隋室冠带尽称'起梁'，这是萧氏中兴的征兆，不如赚他上山，推他为主。"

萧铣见到董景珍的使者后迅速就回信表示自己等这天很久了，当即募兵数千，扬言要武装保卫地方政权，实际要响应董景珍。

不久贼帅沈柳生攻打罗川县，萧铣打不过，直接摊牌了："岳州豪杰首谋起义请我为主，咱们也反了吧。"

大业十三年（617）十月，萧铣自称梁公，旗帜服色全遵梁朝旧例，沈柳生也被萧铣任命为车骑大将军入了伙，不到五天，远近争相归附众达数万，随后率众前往巴陵郡与众位好汉会合。

之后第一轮火并上线。沈柳生杀了董景珍派来迎接萧铣的徐德基，打算挟萧铣独享拥立之功，萧铣等到与董景珍这些人会面后又砍了沈柳生，随后筑坛城南，柴燎祭天，自称梁王。

618年，萧铣称皇帝，署百官，如梁故事，封董景珍为晋王、雷世猛为秦王、郑文秀为楚王、许玄彻为燕王、万瓒为鲁王、张绣为齐王、杨道生为宋王。

大家听听封的这些姓氏各异的王就能知道，这是个股东众多的公司。

当时萧铣的东边还有一个叫林士弘的势力，就不介绍了，他们自相残杀已经走了下坡路，被萧铣遣将苏胡儿攻拔豫章、杨道生取了南郡、张绣安定了岭表，萧铣迁都江陵向西进攻硖州，直到这时才被硖州刺史许绍所败，萧铣停下了扩张的脚步。

萧铣这一伙的地盘东至洞庭，西至三峡，南到交趾，北距汉水，号称胜兵四十万。

其实萧铣这伙政权在组织架构上就是个不能打的弱化版瓦岗寨，他本身是乞丐版李密，他的地盘是围绕长江、湘江、珠江这几条水系展开的，此时已经扩张到极限了。

一旦扩张不动，随后就是那些王开始内斗互撕，萧铣在武德三年（620）时玩了一出休兵以便农耕的戏，想趁机罢诸将兵权。[1]

大司马董景珍之弟图谋作乱，事泄，被萧铣所杀，于是镇长沙的

---

[1] 《新唐书·萧铣传》：诸将擅兵横恣，铣恐浸不制，乃阳议休兵营农，以黜其权。

董景珍投降了李孝恭，萧铣又派张绣来打董景珍，董景珍说："前年剁彭越，去年杀韩信，咱们自己人还打什么！"

张绣不为所动，董景珍突围投唐时被部下所杀，随后萧铣提拔张绣为尚书令，不久又搞斗争杀了他。此时萧铣集团已经在内部开启了黑暗森林自爆模式，大臣互相猜忌，大批量叛离，萧铣国势日渐衰弱。[1]

到了武德四年（621）九月的时候，李世民威震天下，萧铣内部离心离德，李孝恭和李靖就在这种大环境下出征了。

李孝恭率两千余艘战舰东下，萧铣认为江水刚涨唐军打不过来，结果被李靖坚持下的突袭给打了个措手不及，唐军攻下了荆门、宜都二镇。作为长江天险的虎牙荆门江关过去了，南岸的最后一道阻碍宜都也被轻松突破，看过夷陵之战的朋友们都知道这意味着什么。

在清江，李孝恭遇到了萧铣大将文士弘的数万精兵阻击。

李孝恭打算打，李靖道："文士弘是萧铣健将，士卒骁勇，现在刚丢了荆门全军来战，这是救败之师，恐怕不好打。咱们最好停泊在南岸，不与他争锋，待其气衰，然后再打。"

李靖和李世民这对忘年交堪称灵魂伴侣，思路招法都一样。但李孝恭没在秦王府军校深造过，没见过这几年李世民是怎么打仗的，小年轻气比较盛，他留李靖守营，自己率水师出去打了场会战，然后被对方暴打了一顿。

结果就在文士弘大收战利品，已经每个人都抢得满满当当的时候，守营的李靖看到对方军势已乱，率守营兵出击，一把翻盘逆转，缴获舟舰四百余艘，斩首及溺死者万人。

---

[1]《新唐书·萧铣传》：铣性外宽内忌，疾胜己者，于是大臣旧将皆疑间，多叛去，铣不能禁，由此愈弱。

李靖随后跟李世民在浅水原和雀鼠谷一个路数，无限放大战果往死里追击，乘胜率轻兵五千一路突击到了江陵城下。

此时萧铣为了收权刚实行了罢兵务农政策，宿卫兵才数千人，仓促征兵已经来不及了；江南、岭南之兵道途遥远，短时间内也赶不过来。搬起石头砸了自己脚的萧铣打算打唐军个立足未稳，于是调动江陵城中的所有官兵出城拒战，结果又被李靖暴打，破其骁将杨君茂、郑文秀，俘甲卒四千余人。

李孝恭随后也率大部队跟上来开始围城江陵，唐军又攻下了江陵水城，缴获了萧铣的所有舰船。李靖让李孝恭把所获船舰全部散弃于长江中任其顺流东下。

诸将都问："这是咱们的战利品，怎么能扔了又送给敌人呢？"

李靖道："萧铣之地，南至岭南，东距洞庭，咱们孤军深入，如果攻城而没有拿下，对方援军从四面八方汇集，咱们就会里外受敌，进退不得，虽有舟楫又有什么用呢？现在弃舟舰使其塞江而下，他的援兵见到就知道江陵已破，不敢轻易前进了，等他们再来侦察要十天半个月的，那时咱们已经拿下江陵了。"

萧铣的援兵果然如李靖所料，见到沿江舟舰后怀疑而不敢前进。萧铣的交州刺史丘和、长史高士廉、司马杜之松准备去江陵朝见，听说萧铣战败就直接都到李孝恭军前投降了。

十月二十一，心气被打崩了又没有援兵的萧铣决定投降。他先是用牛、羊、猪三牲最后一次在太庙祭了祖，然后带着群臣穿丧服到唐军营门前说："该死的只有我萧铣一个人，百姓无罪，请不要屠杀抢掠。"

当时诸将都请求李孝恭把萧铣将帅及与唐军拒战的战犯家庭抄家以赏将士，又是李靖劝道："咱们是王者之师，百姓是被萧铣驱逼，将士不是叛逆之罪，于情于理都不该被清算。今新定荆郢之地，宜弘宽大之名以慰远近之心，如果投降后搞清算恐怕自此南面城镇都会坚守不投降，不是长远之计。"

李孝恭同意李靖的看法，诸将欲望被压服，此后南方各州县听说唐军宽宏无不望风归顺。①

萧铣投降几天后，十几万援军来到江陵也都缴械投降了。

其实谁都知道宽宏是好选项，问题在于红眼珠子盯着白银子，谁都恨不得抢一把，那么为什么李靖的话管用呢？

1. 他得到了军事全权委托授权。

2. 他一个多月就神机妙算地灭了国，威望在那里呢。

李孝恭把萧铣押送到了长安，结果李渊数落了萧铣一顿后又把人拉到闹市砍了。②

理论上来讲，萧铣要是跟李唐死战到底的话，李渊会有巨大成本的，但萧铣投降了，辖区内也没给李渊添什么堵，李渊应该让萧铣体面，萧铣对他是真的没有一点儿威胁的。但李渊还是把人砍了，他在所有力所能及的地方都要显示自己的权威，宣称自己来过。

你会得到你的剧本的。

李渊诏以李孝恭为荆州总管；李靖为上柱国，赐爵永康县公，派其安抚岭南，承制任命官员。李靖顺着湘江越过灵渠后进入岭南，顺着

---

① 《旧唐书·李靖传》：时诸将咸请孝恭云："铣之将帅与官军拒战死者，罪状既重，请籍没其家，以赏将士。"靖曰："王者之师，义存吊伐。百姓既受驱逼，拒战岂其所愿。且犬吠非其主，无容同叛逆之科，此蒯通所以免大戮于汉祖也。今新定荆、郢，宜弘宽大，以慰远近之心，降而籍之，恐非救焚拯溺之义。但恐自此已南城镇，各坚守不下，非计之善。"于是遂止。江、汉之域，闻之莫不争下。

② 《资治通鉴·唐纪五》：孝恭送铣于长安，上数之，铣曰："隋失其鹿，天下共逐之。铣无天命，故至此；若以为罪，无所逃死！"竟斩于都市。

珠江水系开始遣使分道招抚诸州。

萧铣的桂州总管李袭志率所部来降，冯盎、李光度、宁真长等岭南豪右皆遣子弟来做人质，李靖承制授其官爵，所到之处纷纷投降。李靖引兵安抚拿下了九十六州，得户六十余万，和平收服岭南。

南方一如既往地打着不费劲，两个月就大局已定了，李靖的操作几乎是李世民灭薛仁杲的翻版，极大地降低了李唐的成本。毕竟是秦王府军校的教官（史书有载李世民后来让李靖教侯君集兵法），成本思维永远挺在前面。

我们将镜头调回北境。武德五年（622）的正月，已经恢复窦建德旧境的刘黑闼自称汉东王，改元"天造"，定都洺州，窦建德时期的文武官员已经全部归位，法令行政也全部效法窦建德。

史书中专门提了这么一句："窦建德时文武悉复本位。其设法行政，悉师建德，而攻战勇决过之。"

刘黑闼的战斗力和临场判断力要强于窦建德。

隋末的这次天下大乱从头到尾就是重申了一个金主题：兵者，国之大事，死生之地，存亡之道，不可不察！

战场上打不赢，别的技能再满分都没戏！

河北不跟着全国试卷走了，而是自己又单出了一张上了难度的卷子，眼前的河北，是一个继承窦建德政权架构的众志成城的战力加强的军团了。

李渊认栽请自家儿子李二爷的时机很及时，他要是再制衡一段时间，很可能刘黑闼就和突厥与高开道挤对死罗艺了。一旦幽州被更能打的刘黑闼拿下来，河北问题就彻底升级了，"渔阳鼙鼓动地来"那可不是闹着玩的。

武德五年（622）正月，做题家李世民答河北卷来了。

三、秦王领十二卫大将军，府兵最高统帅的明牌

武德五年（622）正月，李世民军至卫州，刘黑闼数次挑战都被李世民挫了锐气，随后直接扔了相州退保大本营洺州。

正月十四，李世民收复相州，进军肥乡，列营于洺水南岸。

幽州总管罗艺率所部数万兵也南下了，刘黑闼听说后留兵万人命范愿守洺州，自己率兵先来打罗艺。

刘黑闼的思路，是趁着罗艺南下在野战中先敲掉北面这拨援军扫除后顾之忧。但李世民此时的大魔王恐怖威望自带十万雄兵属性，刘黑闼刚走，唐军的程名振就带着六十面大鼓在城西二里堤上疯狂敲打，据说城里都能感到震动，吓得范愿赶紧遣使告急刘黑闼说守不住啦。

对面大魔王来了，你这个当家的主心骨可不能走。

刘黑闼无奈只能回援，派遣其弟刘十善与行台张君立率兵一万迎战罗艺。

刘黑闼对河北兵的战斗力比较自信，但不是每个将领都能像他一样以少胜多，这就好比唐军没了李世民完全就是另一支队伍，比如"内战外行，外战内行"的李世勣身边有没有李世民完全就是两种威慑

力。李世民扛中路，李世勣去做支线任务，那就是黄金搭档，但如果战场上让李世勣去独当一面就纯属是难为他。

但即便如此，李世勣的能力也已经很强了，不然李世民不会总让他去做支线任务。"内战外行，外战内行"这句话也完全没有讽刺李世勣的意思，他是咱们华夏名将，这句话是自豪的调侃，只是隋末的舞台太璀璨，这么有能力的将领只能去外面才有机会耍大牌。

隋末的群雄混战完全就是拼巨星。罗艺也是巨星，是隋末修罗场上的幽州霸主，刘黑闼就派一万人去打罗艺的数万人，太不拿罗艺当回事了。

一月三十，罗艺在徐河把刘十善那一万人直接打掉了八千。

洺水人李去惑看到李世民大军开过来后心眼也活动了，据洺水城来降，李世民遣王君廓率一千五百兵入城共守。这个洺水城极为重要，是刘黑闼的粮草之源。

刘黑闼的给养主要来源于冀、贝、沧、瀛诸州。[1]

其中沧州、瀛洲、冀州的粮草都要通过漳水转洺水运过来，贝州需要走陆路调过来，洺水城的位置正好卡在给刘黑闼运粮的咽喉处。（见图5-1）

威望与震慑力是巨大的战略武器。李世民没来时，河北觉得谁来都没有用，看见李渊那个诏书就恨不得扒他皮抽他筋打到长安去；等李世民一到，很多利益绑定不那么瓷实的利益体信心就出现了裂痕，觉得当个顺民也不是不能接受，开始抢着交投名状。

因为这么重要的咽喉处被唐军掐住了，二月，刘黑闼来抢洺水城。

---

[1]《资治通鉴·唐纪六》：黑闼运粮于冀、贝、沧、瀛诸州，水陆俱进，程名振以千余人邀之，沈其舟，焚其车。

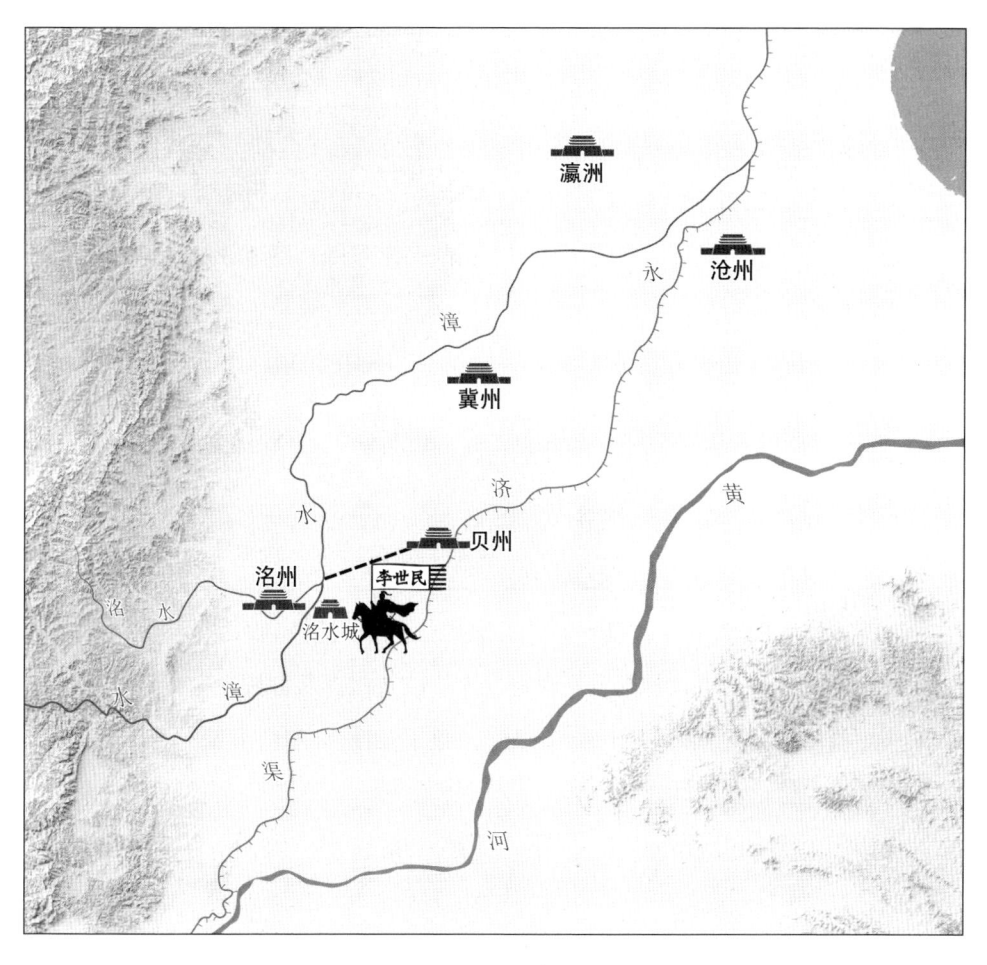

图 5-1 洺水城位置图

当他二月十五行军至列人时，被李世民派出秦琼截击打了一回。不过秦琼没能截住刘黑闼，刘黑闼还是率主力突袭到了洺水城下。

洺水城四周有宽五十多步的护城河，刘黑闼在城东北修了两条甬道用来输送攻城器械，李世民三次带兵救援都没打进去。

刘黑闼能摆脱秦琼，在急行军赶到洺水城下后能一边修甬道攻城，一边设工事阻挡唐军，李世民三次救援都打不动，大家能品出名将的可

第 5 战 玄武门之变 | 393

怕了吗?

李世民担心王君廓守不住,召诸将想办法。李世勣调研战场后得出结论:如果甬道修到城下,洺水城必定失守。

行军总管罗士信请求代替王君廓守城,李世民于是登上城南的高地,用旗语招王君廓。王君廓率部下奋战突出包围,罗士信趁机率两百人进城换防。[1]

看到唐军居然还能换防,刘黑闼急了,昼夜猛攻洺水。当时恰逢大雪,唐军无法增援,经过八天血战,二月二十五,洺水城陷落。[2]

二十三岁的罗士信拒不投降被杀。

李世民罕见地没能救回自己的部下,战后李世民重金购得罗士信的尸体,葬在了北邙山,谥其"勇"。

罗士信那么年轻,没有家眷后顾之忧,其实说句软话降了呗,之前又不是没有前科,他早前是李密的人,战败被俘后就被王世充同吃同住地收降了,后面才闹掰的。但为什么这回他死也不低头了呢?还有,为什么要把他葬在北邙山?

因为罗士信最初为裴仁基所恩礼,感其知己之恩,洛阳平定后罗士信收敛厚葬了这位老伯乐于北邙山,还说"我死后就葬在旁边来陪他"。[3]

他的这个心愿李世民记着了。他愿意冒死冲进洺水城是因为他觉得为了李世民值,天降大雪是突发事件,他是看到了李世民为救他而尝

---

[1] 《资治通鉴·唐纪六》:行军总管郯勇公罗士信请代君廓守之。世民乃登城南高冢,以旗招君廓,君廓帅其徒力战,溃围而出;士信帅左右二百人乘之入城,代君廓固守。

[2] 《资治通鉴·唐纪六》:黑闼昼夜急攻,会大雪,救兵不得往,凡八日,丁丑,城陷。

[3] 《旧唐书·罗士信传》:士信初为裴仁基所礼,尝感其知己之恩,及东都平,遂以家财收敛,葬于北邙。又云:"我死后,当葬此墓侧。"

试的所有努力的，只是天有不测风云，投降刘黑闼对不起他的世民哥。

二月二十四，洺水城破前一天，罗艺一路拿下了定、栾、廉、赵四州，抓了刘黑闼的尚书刘希道后带兵与李世民在洺州会师。

罗士信阵亡五天后，二月二十九，李世民再度攻下了刘黑闼到手还没焐热的洺水城。

三月，李世民和罗艺在洺水之南扎营，分兵驻扎在洺水之北，彻底断了刘黑闼的水路和陆运粮道，刘黑闼多次来挑战，李世民坚壁不战以挫其锋。

到三月底的时候，李世民与刘黑闼已经相持了六十多天，刘黑闼布置了一个陷阱，对唐军展开了围点打援，突破口还是"相比是弱点"的李世勣。

刘黑闼先是夜袭其营把李世勣打得很惨，随后他掐准了李世民一定会率兵救援，也一定会出现在他背后打算再次老套路袭击他的后方，于是刘黑闼给李世民设了个反包围的圈套，李世民刚冲进来就中计被反包围了。

如果你是李世民，你已经积累了如此辉煌的盛名，你要琢磨后面皇位的事了，你还会大半夜亲自带队去救一个手下吗？你会让拳毛䯄被射成刺猬吗？

再说回罗士信为什么愿意为李世民死这事，我相信李世勣也愿意。

其实后面武则天为什么能骑唐？很大程度上，是李治利用了"然侍卫之臣不懈于内，忠志之士忘身于外者，盖追先帝之殊遇，欲报之于陛下也"，而武则天则利用了李家的家族遗传病外加自己的那副好体格。

万幸的是，李世民留了最后的保险，他这次没和尉迟恭一起冲阵，尉迟恭此时就是他的保险。尉迟恭看到李世民被反包围后作为总预备队队长率军冲入包围圈大破敌阵,把李世民给救了出来。①

值得注意的一点是,这个时候尉迟恭已经独领一军了。那么为什么尉迟恭之前得始终被李世民拉在身边?

因为李世民怕尉迟恭再被其他老兄弟们暗中杀害了。

现在尉迟恭威望够了,他是和李世民等五个人"抽风"去敌营边上散步的主,那是虎牢关跟李世民一起封神的战功,谁敢再害了他?所以他能独领一军了。

此战后,李世民从刘黑闼玩命的劲头推测其粮食已经吃光,急于决战,于是命人在洺水上游(今河北邢台沙河秦王湖一带)筑坝截断河水,并对守坝官说:"等我交战后就决开堤坝。"

刘黑闼,你不是想打吗?上游控制水的流量就是为了让你能渡河来战。②

为什么要让你过河?就是为了让你来到我选定的战场。

李世民打一场战役要是不把对方全歼了都对不起他下的那些功夫。

三月二十六,刘黑闼率两万步骑南渡洺水逼近唐军营寨列阵,李世民亲率精锐骑兵击溃了刘黑闼的骑兵阵并乘胜放骑兵冲刘黑闼的步兵阵。在这场正面对决中,刘黑闼跟王世充一个强度,收拢了好几次军阵跟李世民对打,率部从中午一直死战到黄昏,终于扛不住了。③

---

① 《旧唐书·尉迟恭传》:又从讨刘黑闼于临洺,黑闼军来袭李世勣,太宗勒兵掩贼后以救之。既而黑闼众至,其军四合,敬德率壮士犯围而入,大破贼阵,太宗与江夏王道宗乘之以出。

② 《旧唐书·太宗本纪》:先是,太宗遣堰洺水上流使浅,令黑闼得渡。

③ 《资治通鉴·唐纪六》:丁未,黑闼帅步骑二万南渡洺水,压唐营而陈,世民自将精骑击其骑兵,破之,乘胜蹂其步兵。黑闼帅众殊死战,自午至昏,战数合,黑闼势不能支。

王小胡对刘黑闼道："大势已去，撤吧。"

刘黑闼认栽，先撤出了战场。下面的兵将还不知道首领已经先走了，仍在死战，等黑天了准备回营却发现李世民已经给他们送上大礼，洺水已经因上游放水暴涨，回不去了！至此，全军心理崩溃。

刘黑闼军几乎被一战全歼，一万多士兵被杀，几千人被淹死，只有刘黑闼与范愿等千余人逃入了突厥，李世民再次把遍地狼烟的山东安定了下来。①

此战基本打光了窦建德留下来的兵尖子，战后李世民的做法很有意思，他并没有追杀刘黑闼，而是在大局已定后自河北引兵南下准备灭"隋唐吕布"徐圆朗。李世民这是给自己留了个后门，也耍了个心眼，刘黑闼没多久就又有土壤来搞游击了，后文再做细分析。

就在这个时候，李渊赶紧下令让李世民把指挥权给李元吉，意思是："局面已经打开了，老二你赶紧给我回笼子。"

但是，李世民的想法是："给你面子叫你声爹。就凭你，还想调动我？"

四月初九，李世民回了长安，李渊出迎他二儿子，李世民跟李渊陈述了一下平徐圆朗的形势，在中央炫了一圈后打脸他爹说"我还得走"，于是李渊又乖乖地把李世民派回了黎阳。此时大军始终在黎阳渡口等着李世民，等他到后才南下济阴。②

李渊挺尴尬的，还想让二儿子交兵权，丢这个脸也不知想干什么。

---

① 《旧唐书·刘黑闼传》：黑闼众不得渡，斩首万余级，溺死者数千人。黑闼与范愿等以千余人奔于突厥，山东悉定。

② 《资治通鉴·唐纪六》：秦王世民自河北引兵将击圆朗，会上召之，使驰传入朝，乃以兵属齐王元吉。庚申，世民至长安，上迎之于长乐。世民具陈取圆朗形势，上复遣之诣黎阳，会大军趋济阴。

秦王不给，您老不能抢啊！

七月初五，李渊为李世民造了宏义宫，让他儿子搬了家。李世民之前是住在李渊大内的承乾殿的，李渊给安排的这个新住址很不够意思。

这个宏义宫后来改名叫大安宫，因为李渊后来搬那里住去了。

后来马周在奏文中给李渊谋些福利待遇时有那么段话："臣伏见大安宫在宫城之西，其墙宇宫阙之制，方之紫极，尚为卑小。臣伏以东宫皇太子之宅，犹处宫中，大安乃至尊所居，更在城外……臣愿营筑雉堞，修起门楼，务从高显，以称万方之望，则大孝昭乎天下矣。"

李渊这也算搬起石头砸了自己的脚。

李渊之所以让李世民搬家估计有两点考虑：

1. 承乾殿这个政治符号太高了，不能再让李世民被"承接乾天"加成了。

大家再看看新宫的名字——宏义，为大义，正道之意，李渊在劝他儿子安分守己发扬风格呢。

2. 李世民住在大内对于自己的人身安全已经是威胁了。

李渊算来算去，最终算漏了风水。秦王的这个新宫是在他的太极宫的西北，是乾位。乾为天，刚健中正，李世民本来就龙行有雨虎行有风，李渊却把他放乾位上去。

我们来考据一下这个大安宫的位置，《唐两京城坊考》中说"西出云龙门之北为大安宫"。那么，这个云龙门在哪里呢？

《唐两京城坊考·西内苑》：东出于宫城之东，而近东偏者，南北亦不止一里也。西内苑四面开有苑门，东西北三面各一门，南面二门。东面叫日营门，又称东云龙门；西面叫月营门，又称西云龙门。

因为马周说大安宫在宫城之西，所以这个云龙门是西云龙门，也就是说大安宫在西内苑的西边。

《类编长安志》：掖庭宫东西广一里一百一十五步，大安宫东西里数同。

这就基本确定了大安宫，也就是宏义宫的位置如图 5-2 所示，大家再看看玄武门的位置。

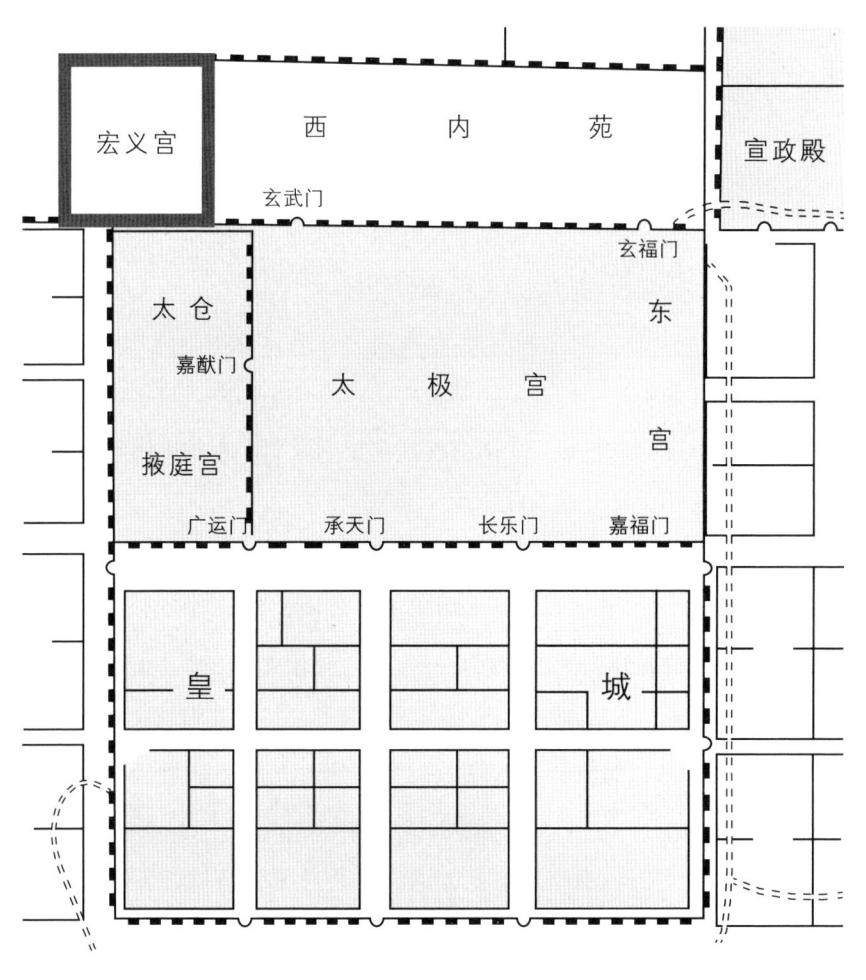

图 5-2　宏义宫位置图

第 5 战　玄武门之变　｜　399

大家是不是越来越期待了？

李世民南下后打下来徐圆朗的十几座城池，声势震动淮泗，随后李世民去淮河散了散步。就这样，又诛了一个人的心。

此时的东南土皇帝叫杜伏威，在隋末这些年的混战中，杜伏威在和沈法兴与李子通的巡回擂台赛中站到了最后，成为"尽有江东淮南之地，南接于岭，东至于海"的东南第一势力。

等"我来到，我看见，我征服"的李世民来淮河视察后，杜伏威连抵抗的心气都没了，恐惧着请求入朝。①

七月初六，逼服杜伏威的李世民终于心满意足了，命李神通和李世勣率所部收徐圆朗的尾，自己班师回朝。

前面这七个月，李世民打跑刘黑闼，打残徐圆朗，逼服杜伏威，挟此三大功，他要入朝摊牌了。摊牌之前，有个小插曲，这年入秋后突厥开始了大爆发，八月初七，颉利可汗率十五万骑兵入侵雁门，八月初十已经打到并州，又分兵入侵原州、廉州。

面对北境预警，这次李渊竟然极其罕见地放出了李建成。

八月十一，李渊命李建成出豳州道迎战原州那一路，秦王李世民出蒲州道去迎战并州突厥主力。

这是什么原因？是李渊要死马当活马医了，很快我们就会知道。

八月二十九，突厥攻陷大震关（今甘肃天水清水县东北小陇山），关中这路告急。

好在九月十五，交州刺史权士通、弘州总管宇文歆、灵州总管杨师道在三观山大破突厥。

---

① 《新唐书·杜伏威传》：秦王已平刘黑闼，师次曹、兖，伏威惧，乃入朝。

九月十七，李建成督战成功后赶紧班师了。①

并州那一路，李渊派郑元璹做外交大使面见颉利可汗，据说是痛斥其背盟，据说颉利挺臊得慌。在一通痛斥后，颉利最终撤兵了。

他来我就骂，他来我就骂，就给骂走了。就那么简单？

哪有那么简单！

此时并州这一路突厥出动了据说数十万骑，而且已经跨过了太原盆地来到了晋州。②

就投入的兵力和牵涉的地区而言，这场仗按理讲小不了，但最终却没打起来，是什么原因呢？

1.肯定不是什么盟约的胡扯话，郑元璹见面时是从利益的角度对颉利可汗说："唐与突厥风俗不同，你拿下大唐领土也不能居住，抢掠了财物人口也都分给了手下人，你这个可汗能得到什么？不如回军咱们重新和亲，你也别每年南下了，我们每年把钱送过去，这可都入了你的库，你觉得哪个划算？"③

唐低姿态承诺用巨额的财富给突厥稳定输血。

2.李渊将李世民派往了颉利可汗主攻的并州这一路，颉利可汗刚

---

① 《资治通鉴·唐纪六》：九月，癸巳，交州刺史权士通、弘州总管宇文歆、灵州总管杨师道击突厥于三观山，破之。乙未，太子班师。

② 《旧唐书·郑元璹传》：突厥从介休至晋州，数百里间，数骑数十万，填映山谷。

③ 《旧唐书·郑元璹传》：及见元璹，责中国违背之事，元璹随机应对，竟无所屈，因数突厥背诞之罪，突厥大惭，不能报。元璹又谓颉利曰："汉与突厥，风俗各异，汉得突厥，既不能臣，突厥得汉，复何所用？且抄掠资财，皆入将士，在于可汗，一无所得。不如早收兵马，遣使和好，国家必有重赉，币帛皆入可汗，免为勋劳，坐受利益。大唐初有天下，即与可汗结为兄弟，行人往来，音问不绝。今乃舍善取怨，违多就少，何也？"颉利纳其言，即引还。

上位不久，听说李世民带兵来了，赶紧就坡下驴。①

在李世民的震慑下，这一关是花钱买过去的。

放走突厥谁主导的呢？李渊和李世民对这事都同意。

之所以说李世民对这事点头了，是因为李世民随后致书表扬郑元璹："你这回能够达成和谈功勋极大！"②

大家可能会纳闷，一路攒军功的李世民为什么不想打了？为什么赔款买和平了？事出反常必有妖啊！

因为李世民眼下有更重要的事。

一个多月后，十月十六，在武德五年（622）完成了打跑刘黑闼、重创徐圆朗、逼服杜伏威、威慑退突厥的李世民，彻底得到了要他爹命的关键权力进步，他领了左、右十二卫大将军。

《秦王领左右十二卫大将军制》

> 御侮折冲，朝寄尤切，任惟勋德，实佇亲贤。天策上将太尉领司徒尚书令陕东道大行台益州道行台尚书令雍州牧凉州总管左右武候大将军上柱国秦王某。宇量凝邈，志识明劭，爰始缔构，功参鼎业。廓清秦陇，茂绩以彰，戡定周韩，戎威遐畅。河朔余寇，取若拾遗，济代逋诛，克同振朽。宣风都辇，综务朝端，政术有闻，纲目斯举。宜加褒宠，式兼常秩，总摄戎机，望实惟允。可领左右十二卫大将军，余并如故。

---

① 《旧唐书·突厥传上》：时颉利攻围并州，又分兵入汾、潞等州，掠男女五千余口，闻太宗兵至蒲州，乃引兵出塞；《新唐书·突厥传上》：颉利闻秦王且至，引出塞，王师还。

② 《旧唐书·郑元璹传》：太宗致书慰之曰："知公已共可汗结和，遂使边亭息警，爝火不然。和戎之功，岂唯魏绛，金石之锡，固当非远。"

李世民得封天策上将时被拿走的益州道行台尚书令在一年后又回来了，自武德元年（618）被加封为右武候大将军，此时仍担任此职。

武德五年（622）十月，二十五岁的秦王李世民此时已经是天策上将、太尉、尚书令、陕东道大行台尚书令、益州道行台尚书令、雍州牧、领十二卫大将军、左右武候大将军、上柱国，他已经基本锁定了对李渊和李建成的实质性控制。

为什么要这么说呢？

李唐是继承隋朝府兵制的，李渊在跟李世民第一轮权力博弈也就是裴寂丢脸之前复刻了老祖宗的兵民合一的府兵制，设立了十二军。①

这十二军，是统归中央的十二卫管辖的，史书中的原话是："府兵之制，起自西魏、后周，而备于隋，唐兴因之。隋制十二卫，曰翊卫，曰骁骑卫，曰武卫，曰屯卫，曰御卫，曰候卫，为左右，皆有将军以分统诸府之兵。"

全国的府兵是归十二卫统领的，也就意味着李世民这个领十二卫大将军是此时实质意义上的李唐府兵最高统帅了。

不仅仅是"秦王指挥枪"的事，府兵制还有一个关键漏洞，即禁军是从府兵中定期选拔宿卫的。这也就意味着，大唐府兵最高统帅李世民还实质上控制着长安卫戍区的人事调动。

这个人事控制是能够细化到具体士兵的。这就太可怕了。

---

① 《新唐书·兵志》：武德初，始置军府，以骠骑、车骑两将军府领之。析关中为十二道，曰：万年道、长安道、富平道、醴泉道、同州道、华州道、宁州道、岐州道、豳州道、西麟州道、泾州道、宜州道，皆置府。三年，更以万年道为参旗军，长安道为鼓旗军，富平道为玄戈军，醴泉道为井钺军，同州道为羽林军，华州道为骑官军，宁州道为折威军，岐州道为平道军，豳州道为招摇军，西麟州道为苑游军，泾州道为天纪军，宜州道为天节军；军置将、副各一人，以督耕战，以车骑府统之。

提前举几个例子吧。随着唐初诸将墓志铭大量重见天日，李世民改史的思路慢慢清晰，最著名的是《常何墓碑》，这个常何在玄武门之变当天有戏份。

常何出身瓦岗，被李密授上柱国、雷泽公，后跟李密降唐，再后来被王世充抓了又逃回了唐，最开始被李渊"嘉其变通，尚其英烈，临轩引见，特申优奖，授车骑将军"。

按理讲，这应该是李渊的人，但是吧，他后来跟李世民打王世充后就成了李世民的铁杆了，后来他还跟李建成去河北征战过，但最终却被李世民在武德七年（624）的时候从洧州调回长安直接负责北门禁军。李世民还给了常何大量的钱命他收揽北门禁军中的骁勇们。[①]

请大家注意啊，常何是由留镇于洧州的地方军队将领直接"奉太宗令追入京"后拿了一堆金子帮李世民收买禁军了。

为什么？

因为李世民这个"领十二卫大将军"的衔再也没摘下去过，因为李世民这个李唐府兵最高统帅控制着长安城的禁军。

像常何这样的军官还有很多。比如袁石最开始是秦王府三卫队正，从征薛举、王世充、窦建德、刘黑闼、徐圆朗，打了一堆野战几乎亲历了李世民打天下的整个过程，等李世民做了府兵最高统帅后就"还为亲左卫校尉，仍于北门长上"地来盯着李渊了。

---

① 《全唐文补编·大唐故使持节都督黔州思费等十六州诸军事黔州刺史赠左武卫大将军上柱国武水县开国伯常府君之碑》：太宗文皇帝出讨东都，以公为左右骁骑……令从隐太子平河北。又与曹公李勣穷追圆朗。贼平，留镇于洧州。六年，奉敕，应接赵郡王于蒋州。玉弩未扬，金陵已肃。还居旧镇，抚慰新境。七年，奉太宗令追入京，赐金刀子一枚，黄金卅挺，令于北门领健儿长上。仍以数十金刀子委公锡骁勇之夫。趋奉藩朝，参闻霸略，承解衣之厚遇，申绕帐之深诚。九年六月四日，令总北门之寄。

所以说，此时李世民已经完成了对李渊的反向控制，留给长安宅男的时间越来越少了。

此时李渊都已经开始私下许诺李世民为太子，来稳住这位可怕的儿子了。①

李建成此时都要鱼死网破了。请大家注意！第一个要作乱政变的，其实是李建成。

是魏徵献计点破了李世民上次征刘黑闼后留下的漏洞和算计，暂时给了李建成继续博弈下去的希望。

李世民成为李唐府兵最高统帅的时候，史书明文说了："时太宗功业日盛，高祖私许立为太子，建成密知之，乃与齐王元吉潜谋作乱。及刘黑闼重反，王珪、魏徵谓建成曰：'殿下但以地居嫡长，爰践元良，功绩既无可称，仁声又未遐布。而秦王勋业克隆，威震四海，人心所向，殿下何以自安？'"

武德五年（622）十月十六之后，李唐的权力场上已经基本明牌了。

李渊拉着李建成和李元吉开始抱团抵抗已经逐步渗透下手长安禁军的李世民。

史上心眼总量最多的父子四人宫斗戏，哪里能只讲一场政变那么敷衍。

---

① 《新唐书·隐太子建成传》：中允王珪、洗马魏徵以帝初兴，建成不知谋，而秦王数平剧寇，功冠天下，英豪归之，阴许立为皇太子，势危甚。

四、苦"秦"者联盟拉来的救命融资

天下基本打完了，关于李世民是如何一步步箍死他爹的，我们来梳理一下时间线：

1.武德元年（618）五月刚开国的时候，李世民是尚书令、雍州牧、右武候大将军、上柱国，就是个干具体活的能干老二。

2.武德二年（619）正月，过了半年，秦王李世民一战定西秦，成为太尉、尚书令、雍州牧、陕东道行台尚书令、右武候大将军、上柱国，其蒲州、河北诸道总管及东讨诸府兵，并受节度。

多了个太尉，位置已经是三公之首，还多了"蒙古国海军司令"的陕东道行台，李渊将公司拆分，难的活都打包给他二儿子了。

3.武德二年（619）五月，凉州归附，李渊拿他灭陇西霸王的战神儿子名号吓唬西北，又给加了左武候大将军，使持节凉、甘、瓜、鄯、肃、会、兰、河、廓九州诸军事，凉州总管。

4.武德二年（619）七月，李渊初置十二军，分关中为十二道，恢复府兵制，自己想当大唐府兵之父，结果裴寂丢脸丢得惨无人道，武德二年（619）十月底，李渊"悉发关中兵以益之"将整个大唐的军权给了李世民去救火。

武德三年（620）五月，李世民灭了刘武周、宋金刚再次挽救大唐，李渊无奈又将益州道行台尚书令给送了出去。

5.武德三年（620）七月，突厥和王世充接触，李渊迅速下令二儿子抢洛阳。

武德四年（621）十月，李世民在一战灭双王的半年后，进化成了天策上将、太尉、司徒、尚书令、陕东道大行台尚书令、雍州牧、左武候大将军、凉州总管、上柱国，整个关东都是他的了。

李渊无奈再次追认李世民的权力，天策府和陕东道大行台也正式给秦王府功臣们政治确权。

此时此刻，秦王府已经有喊出"大不了分行李散伙"的底气了，反正官职跟中央都是平级的了。

6.武德四年（621）十二月，李渊一通操作猛如虎后又命李世民去河北善后。

武德五年（622）十月，李世民在"打跑刘黑闼、重创徐圆朗、逼服杜伏威"的三大功后完成了最后的权力追认，领十二卫大将军，成为大唐府兵最高统帅。

府兵是要征战的，将士们是需要上升和利益的，府兵制从诞生后三个月就跟秦王拯救国家危亡去了，第一次战役后就从此唱着秦王破阵乐。

所有的底层、中层、高层的军官都是跟着李世民开国立功提拔上来的。

秦王不当大唐府兵最高统帅，我看谁敢当！

就这样，在历史之神接二连三不让你喘息地扔剧本后，李渊被一次次证明打天下这题对他来说超纲，而他成本之神的二儿子则接过了一

第5战 玄武门之变

个个极难剧本，在打天下的过程中组装上了一个又一个权力零件并以极高的性价比成为天下归心之人。

李世民其实这次回京后把长安围了，逼他爹废了李建成这事费劲吗？

根本就不费劲，但那样就是明明白白的功者有天下了，他在时没问题，但后世的善后成本却极高。一定得把天命所归的概念引进来，这样国祚才能长久。

李世民之所以最终将"太武"的谥号给他爹了，就是因为他是有未来长远规划的，他对大唐的未来是有期许的，权力的游戏要有章法，要讲政治，这大唐不仅得归他，而且还得完完整整地归他，还得长治久安地传下去。

一轮到政治博弈，就要讲究个体面，李世民造势运作自己做府兵最高统帅这事就需要时间，而李渊也不是完完全全等死，他在使出一切能动性去博弈，他在七月李世民进京后使出了四招：

1. 不管李建成行不行了，直接派李建成去督一路军对战突厥，局面已经这样了，死马当活马医吧。

2. 对李世民阴许其为太子，安抚稳住这个勇猛的二儿子。

3. 武德五年（622）六月时，刘黑闼就已经在突厥的支持下又来河北祸害了，这次他在定州收拢了逃亡在鲜虞的旧部曹湛和董康买，再次开始征兵反唐。十月初一，在李世民已经走领十二卫大将军的程序时，李渊把齐王李元吉派了出去，去收拾又闹起来的刘黑闼。紧接着十月初四，以李元吉为领军大将军、并州大总管，将突厥人还没走利索的并州紧急划给了老四。

虽然作用不大，但还是制衡一下，老四可在外面了，要讲武德。

4. 这第四刀，准确地说应该是他砍出去的第一刀，七月十五的时候，李渊任命淮阳王李道玄为河北道行军总管去讨伐刘黑闼。

李渊这次阴招堪称"武德版金刀计"，妥妥的阳谋捅你，但你还只能吃哑巴亏。

李道玄是李世民的小迷弟，年仅十九岁，永远跟着李世民一块儿冲阵杀敌，是李世民的洛州刺史。

李渊还调了李世民的另一个猛将史万宝为副手。史万宝在最早陕东道行台建立时就镇宜阳顶在第一线，在洛阳战役中还被安排去封锁洛阳南路，平定徐圆朗战役中收复了陈州等地，是李世民陕东道大行台的民部尚书、检校洛州都督。

这回李渊调的都是李世民的人，"我调他们两个来河北道是扩充你的实力对吧？"随后再看李渊高妙的算计。

李道玄年纪轻，作战猛，平时都是李世民护着，年纪轻轻还是亲王高位，难免就会让老臣们不平衡，他和史万宝这两个人平时就不合。①

李渊就在这里做了文章。

李渊先将李道玄任命为了一把手，这是李家亲王，谁也说不出什么对吧。随后他又专门给史万宝手诏，表示军中的事都由史万宝说了算。他尊重老臣，谁也说不出什么对吧。②

注意，此时已经被调到河北道的史万宝收到的是李渊的诏书，天子用"诏"，李世民的命令是"秦王教"。

李渊是怎么下这步棋的呢？

动李世民的将领肯定得李世民点头，那就明面上让你的派系去，李世民也说不出什么。

等调出陕东道序列成为河北道行军总管后，我这个天子就有指导权力

---

① 《旧唐书·淮阳王道玄传》：万宝与之不协，及道玄深入，而拥兵不进。
② 《旧唐书·淮阳王道玄传》：谓所亲曰："吾奉手诏，言淮阳小儿虽名为将，而军之进止皆委于吾。"《新唐书·淮阳王道玄传》：吾被诏，以王儿子名大将，而军进退实在我。

了，随后我给跟李道玄不合的老将史万宝下手诏："军中调度你说了算。"

一个是名义上的总管，而且年轻气盛；一个是得到军事授权的副手，而且功勋卓著。这两个人出去后有两个结局推演：

1. 这两个人肯定不合，战场上就得撕起来，他们都是李世民的虎将，我管杀不管埋，秦王将来自己调理纠纷去吧。

2. 仗大概率是打不好了，秦王系的也不过如此嘛！

结果李渊这个阳谋一出，效果比他预想得还好。

李道玄有个世所皆知的作战习惯，他永远跟李世民玩先登，永远冲在第一线，从十五岁开始就先登陷阵跟着李世民在雀鼠谷追杀宋金刚。他看上去特别猛，其实是因为李世民一直把他护在身边，这回大哥不在就出事了。

十月十七，就在老上司在长安成为大唐府兵最高统帅的转天，李道玄和史万宝军至下博时与敌军相遇，李道玄一如既往地率骑兵先登冲阵去了，命史万宝督军随后跟上。史万宝等李道玄深入敌阵后却拥兵不进，跟身边亲信道："我奉手诏，淮阳小儿虽名为将，而大军进止全都委托给了我，他今天冒失出击，越泥泞之地交战，大军若动必陷泥溺，不如结阵以待之，虽不利于淮阳王，但利于国啊！"结果李道玄最终折在了阵里，史万宝的如意算盘也没打响，他忽略了一件事：战斗英雄能带来多大的士气加成，就能带来多大的士气沮丧。看到李道玄折里面后唐军自己士气崩了，随后全军大溃败，史万宝逃了回来。[①]

[①]《旧唐书·淮阳王道玄传》：师次下博，与贼军遇，道玄帅骑先登，命副将史万宝督军继进。万宝与之不协，及道玄深入，而拥兵不进，谓所亲曰："吾奉手诏，言淮阳小儿虽名为将，而军之进止皆委于吾。今其轻脱，越泞交战，大军若动，必陷泥溺，莫如结阵以待之，虽不利于王，而利于国。"道玄遂为贼所擒，全军尽没，惟万宝逃归。道玄遇害，年十九。

对李道玄之死，李世民哭了好久，等他当皇帝后想起这事时还对身边人说："道玄终始跟着朕，见朕深入贼阵所向必克，所以拿朕当偶像了，每阵也跟着先登，这孩子就是太年轻啊，没能往深里想啊！"①

《旧唐书》中李世民说的是"惜其年少，不遂远图"，《新唐书》中说的是"惜其少，远图不究，哀哉"。"不遂远图"的意思是不能深远谋划，"远图不究"是谋划不仔细没有探个究竟。他世民哥其实就是在哀叹小道玄：弟弟得动脑子啊！

李道玄只学了李世民的一方面，他不知道李世民是个多边形，好多地方他没品出来可怕。他世民哥是把兵法读神了后去设定战场然后勇敢先登，而且他有秦琼、尉迟恭，他还是秦王，所有人都会来救他。

他世民哥收服好汉那些招他还没学会呢，李道玄自己在那些名将勋旧眼中就是个小孩子，他这就是让玩了一辈子人的李渊设局给坑了。

当然，李渊的初衷大概率是让这两个人失败，让河北混乱，随后他再放李元吉去河北，没想到李道玄直接死里面了。

不过十九岁的孩子可不就是这个样子的嘛，先长身子再长脑子，其实李渊大概率也没想到二十出头的李世民会有着五十岁的政治智慧。

那么年轻，还那么智慧，这物种根本没见过！

李道玄死后山东震动，唐洺州总管庐江王李瑗、唐沧州刺史程大买纷纷弃城西逃，各州县又都叛变投了刘黑闼，形势危急，到了罕见的十多天内刘黑闼又一次尽复故地。②

---

① 《旧唐书·淮阳王道玄传》：道玄遇害，年十九。太宗追悼久之，尝从容谓侍臣曰："道玄终始从朕，见朕深入贼阵，所向必克，意尝企慕，所以每阵先登，盖学朕也。惜其年少，不遂远图。"因为之流涕。

② 《资治通鉴·唐纪六》：淮阳王道玄之败也，山东震骇，洺州总管庐江王瑗弃城西走，州县皆叛附于黑闼，旬日间，黑闼尽复故地，乙亥，进据洺州。

李渊本想着让李道玄和史万宝内斗，回来李元吉去收渔翁之利，结果没想到局面又让他给整崩了。

李元吉去了河北后看到刘黑闼就哆嗦，根本不敢进军。

其实刘黑闼之所以会在短短时间内又一次闹了起来，是因为李世民在上一次平刘黑闼后给自己留了个后门，方便自己一鱼多吃地反复薅刘黑闼。

但是，这个算计被他未来著名摆拍的君臣照片参演者魏徵发现了，在窦建德完蛋后没走通李世民门路而投了太子的魏徵对李建成说："秦王功盖天下，朝野上下归心；殿下仅以年长位居东宫，无大功以镇服海内。现在刘黑闼散亡之余，众不满万，资粮匮乏，咱赶紧去摘桃吧，率军去灭他定然摧枯拉朽，殿下靠此次出差名义再纳山东豪杰，就一定能稳固住自己的位置了。"

魏徵给李建成点出了李世民一鱼多吃的算计："上一次李世民打败刘黑闼，对其将帅一党采取的是处以极刑的方式，下手极狠地抄家灭族，所以齐王虽然拿着诏书大赦却没人能信，毕竟上次他也跟着了。这次一定要将所有抓到的俘虏全放了，整个河北就该彻底归心了。"①

李世民上一次平定刘黑闼后实行了铁腕政策，是有三个用意的：

1. 我秦王府的名额指标满了，各方面的派系已经很杂了，如果再对刘黑闼的河北系将帅给予优待，秦王府就该拢不住了，就该出内耗了。出于团结自身团队的目的，需要给所有秦王府将帅们吃定心丸，指标已经满了，该跟我干更大的事了。

---

① 《资治通鉴·唐纪六》：魏徵言于太子曰："前破黑闼，其将帅皆悬名处死，妻子系虏；故齐王之来，虽有诏书赦其党与之罪，皆莫之信。今宜悉解其囚俘，慰谕遣之，则可坐视离散矣！"

2.既然自己不用了,那么这伙力量也不能被其他政治势力收下,必须要斩草除根。

3.如此铁腕政策,又没有对刘黑闼穷寇必追,这是坐视河北继续动乱,下一次他再来河北,再吃一次刘黑闼。

但是,李世民这次也算是耍心眼后被反将了一军。李渊看到李建成自荐后光速同意,下诏命李建成去讨伐刘黑闼,命陕东道大行台及山东道行军元帅、河南河北诸州并受李建成处分调动,一切便宜从事。来看看李渊下诏的原文,几乎全是重点。

《命太子建成讨刘黑闼诏》

罪止凶渠,诖误胁从,并无所问。其有弃恶思顺,自拔而来,随即安置,给其优赏,咸使附业,各令安堵。虽贼之魁帅,久同叛逆,必能临机效节,因事立功,并即叙勋班赏,量才授任。如其不从告谕,敢怀迷执,然后肃正军法,齐以大刑。其陕西东道大行台及山东道行军元帅,河南、河北诸州,并受建成处分。其间经略筹算,赏罚科条,要在合机,皆以便宜从事。(出自《全唐文·卷二》)

这一家子都是人精,李世民露出的这个破绽被李渊和李建成死死抓住了。李渊在下诏的时候就申明了对河北窦建德、刘黑闼旧有势力做官方吸收,"虽贼之魁帅,久同叛逆,必能临机效节,因事立功,并即叙勋班赏,量才授任",官方给明确软话了,还是你们从来没见过的太子来了,这就是表达合作来的,都别闹了。李渊还给予了李建成极大的权力,在李世民春风得意成为大唐府兵最高统帅的时候让李建成去调动李世民的陕东道大行台。

虽然这五年没干过事的李建成是指挥不动李世民的团队的，但李建成和李元吉都撒外面去了还给予了所有官方授权，李世民会对我有什么动作吗？

老二啊老二，爹可知道你是个体面人。

李世民也终于搬起石头砸自己的脚一回了。

本来这出宫斗剧演到武德五年（622）年底的时候就差不多了，却生生地让李渊又给走出了好几步死中求活的棋。

局面如魏徵所料，这次刘黑闼实际上已经达不到还需要打的地步了，刘黑闼在被李世民打崩后其实整个河北已经放弃幻想了，根本弄不过，对面大魔王出来后整个河北没有解题办法，刘黑闼又杀回来后谁知道会不会又被当成反派干掉，索性死也站着死吧！

结果李建成来到河北大放俘虏搞宣传后，河北仿佛看到了救星，你家老爷子和你那二弟都不是个东西！太子仁厚啊！

刘黑闼这次来河北后没多久又断粮了，等李建成带来好政策后刘黑闼全军就土崩瓦解了，部下纷纷逃跑，有的小兵甚至绑了自己的军官投降，刘黑闼一看形势不对夜里带亲信队伍跑了。

刘黑闼跑到馆陶时发现永济桥坏了还没建好过不去，很快，李建成、李元吉率大军追来，刘黑闼的军队列阵还没开打就都崩溃临阵投降了，刘黑闼最终带着几百骑兵逃出生天。

就这样，李建成狐假虎威地靠着他二弟的大魔王威望和耍心眼算计，狠狠地割了李世民一把。

李建成随后趁着能"便宜从事"的机会在河北大肆接收并安插自己势力，河北对李建成也堪称救命恩人般地归心。魏徵在玄武门之变后嚷嚷自己对李世民有用时是这么交投名状的："河北都是李建成和李元吉的势力，让我这个太子的心腹去做既往不咎的形象代言人。"①

就这样，武德五年（622）十月本来李世民一把收的牌面，演化成了并州划给了李元吉，河北成为李建成的死忠。李建成这个太子有了基本面了！

最大的受益者，则是前面"四步走"的李渊。

我又是爹了！太子有功啊！咱们得体面啊！老二啊，换太子这事先缓缓，再观察下。

看了好几年李世民飞龙骑脸了，但那父子三个不愿认输，在河北扳回一局的这一刻，李元吉这个有着巨大野望的老四在这一次也彻底站队了李渊和李建成，父子三个组成了新的联盟。

史书中写了太多的例子，李建成和李元吉是如何将李渊蛊惑，是如何串通了大量的妃子说李世民的坏话。比如说李渊早年因为他姨独孤伽罗的缘故憋坏了，晚年开始疯狂放飞自我，纳了十多个妃子补偿自己逝去的青春年华，一口气生出来了二十个儿子，这些妃子据说为了自己的势力跟李建成集团建交污蔑李世民。

比如说李世民每次在宫中侍宴时看到李渊新纳的后宫团就伤心他妈妈没过上好日子，然后就在那里叹气流泪，妃子们就一起诋毁李世民，说将来李渊死了以后她们都得被这小子杀了，李渊因此与老大、老四关系越来越近，却疏远李世民。

说的后宫好像有多大势力似的，李渊会因为这群妃子倒向老大和老四？这是自古污蔑人的重要思路，领导有点儿什么脏水泼女人身上准没错。

---

① 《新唐书·魏徵传》：当是时，河北州县素事隐、巢者不自安，往往曹伏思乱。徵白太宗曰："不示至公，祸不可解。"帝曰："尔行安喻河北。"

真当权力游戏是过家家呢，李渊都没那么大的能耐，还后宫呢，他死活拉着建成、元吉兄弟俩就是为了自己这皇位坐得踏实点儿。

其实别看李渊会搞斗争，但他的结局真的是他自己挑的。他对于自身欲望的控制是真比不过他儿子，尤其是在打天下的过程中，他一个劲地给李世民间接背书，把有本事的人都推去秦王府了，比如刚打下洛阳时，李渊居然派了贵妃等数人专门去洛阳选阅隋的宫人和珍宝。

你这样让刚刚血战大半年的功臣们怎么看你？

这些妃子就跟李世民要好处并为亲属求官，随后李世民道："宝货皆已登记造册，官当授贤才有功者。"[①]

李世民直接通过打脸这些妃子来向兄弟们证明："我爹不着调！我赏的是功臣！"

甚至是一直被李渊当作自己嫡系培养的堂弟李神通，之前一直跟李世民没什么交集的，但自从跟着李世民平了刘黑闼，后又南下征战徐圆朗，在这短短一年的时间就又被李世民拿下了。

具体怎么拿下的史书没说，但有一个细节可以侧面反映出来李渊的政治成色。

李渊对资源分配这事的领悟是不透彻的，至少是不能控制自己欲望的。

李世民以李神通有功，在陕东道大行台的辖区给了李神通数十顷田，然后这田被张婕妤之父看上了，李渊又出手敕把这田赐给了张婕妤之父，李神通以秦王教在先不肯退田。

[①] 《资治通鉴·唐纪六》：世民平洛阳，上使贵妃等数人诣洛阳选阅隋宫人及收府库珍物。贵妃等私从世民求宝货及为亲属求官，世民曰："宝货皆已籍奏，官当授贤才有功者。"皆不许。

凭什么啊？你一个婕妤的爹就能凭空得到那么多良田？现在是什么时候？这是打天下呢！功臣们还都没分呢！

李渊从太原南下就有滥赏的毛病，此外也侧面透露了一个现象，李世民的秦王教至少在李神通的眼中是和李渊的诏书有同等效力的，是要分先后的。

按理说这就是个误会，但这位张婕妤去李渊那里拱火了，说您赐我爹的田被秦王夺走赐给李神通啦！

结果李渊对这事很激动，直接发怒，斥责了李世民一句大家看到会很心疼李世民的话："我的诏敕不好使了，州县现在就只看你的教令了是吧！"①

这是《旧唐书》的说法，后来《新唐书》给强硬了一下，改成了"帝怒，召秦王让曰：我诏令不如尔教邪"，我的诏令难道不如你的秦王教吗？

其实你发怒能管什么用呢？你是能撤了李世民的官还是有别的办法？

权力场上，"发怒"永远是一件工具，是要达到目的的，不然就是降低自己的威信。

举个例子，一般在工作中，上司推动一件工作要怎么做呢？

一个议题，多说几分钟，多问几个问题，让在场所有人明白你很重视，你在思考，这就可以了。下面的人会层层加码，放大到基层就会很玩命地干了。

你要是什么事都拍桌子，时间长了人们既不会感到你的威严，也

---

① 《旧唐书·隐太子建成传》：婕妤矫奏曰："敕赐妾父地，秦王夺之以与神通。"高祖大怒，攘袂责太宗曰："我诏敕不行，尔之教命州县即受。"

第 5 战　玄武门之变　｜　417

不会知道什么是重点，你这个上司"加息降息"的调控能力就没了。

所以越大的领导，当掌控的能量越大时，也就越需要举重若轻，要临大事有静气，胸有惊雷要面如平湖，这样大家才会有信心，才会稳步地推进工作，你的领导效果才会越好。

"发怒"仅是一种特殊工具，比如你要对谁动刀了，或者争取重要支持站在自己这边根据你的意志去走的时候，等前期准备做完后，走流程时表演一下，发怒之后有结果，完成权力的施展闭环。

你的雷霆之威是一定要劈出重大成果的，不然就无效了。

最终李神通退没退田史书中没提，我倾向于没退，一个是功臣的田，一个是外戚的田，李渊不好真的玩命较真，大概率最后就当没发生过。但这件事背后能品出来的东西有很多，李神通与李世民在这么短时间的共事就迅速被他以有功赏给田数十顷，而李渊一个婕妤的爹想要几十顷田李渊都随便批，李渊这样让所有干事业的下属们怎么看呢？

另外，这事也大概率不是改史时加的，极大概率是确有其事，因为这个早期被李渊寄予制衡厚望下大力气培养的李神通后面是李世民的铁杆，在李世民被李建成下毒后是李神通护送李世民回的秦王府。①

也别怀疑那下毒是编的，因为玄武门之变后，大量的东宫旧臣都被给了机会，李世民单单没放过东宫那个厨师长。②

连李神通都能在一年的两次战役后被李世民收服，大家说李渊的基本面还有多少？

武德六年（623）正月初五，刘黑闼任命的饶州刺史诸葛德威抓了

---

① 《新唐书·隐太子建成传》：建成等召秦王夜宴，毒酒而进之，王暴疾，略血数升，淮安王扶掖还宫。

② 《新唐书·任瑰传》：瑰弟璨，为隐太子典膳监。太子废，璨得罪。

只剩一百多人的刘黑闼举城降唐。

李建成将刘黑闼和他的弟弟刘十善一起在洺州斩首。

二月二十，徐圆朗穷途末路仅与数骑弃城而走，为乡野之人所杀，其地全部平定。

北国这次算是彻底定了，幽州总管罗艺请入朝，二月二十四，以罗艺为左翊卫大将军。

借着李建成在河北的布局，李渊开始反向部署，武德六年（623）的二月底，废除了武德二年（619）设置的参旗等十二军。

李世民领了十二卫大将军不假，但李渊开始玩釜底抽薪，让李世民这个府兵最高统帅和底下的府兵脱钩。

不过别太拿李渊这事当回事，府兵就在那里，不是他动嘴就能废的，军人退伍安置从来都是大学问，而且不久他又被打脸，恢复了府兵。

李世民在这个时候什么反应史书无载，但下一节我们会感受到他这一年的深厚内功。

这一年的七月二十五，突厥烽烟再起，李渊遣李建成率兵屯北边，李世民屯并州，以防备突厥。

八月，杜伏威的小弟淮南道行台左仆射辅公祏造反，李渊诏襄州道行台仆射李孝恭以舟师向江州，岭南道大使李靖以交、广、泉、桂之众向宣州，怀州总管黄君汉出谯、亳，齐州总管李世勣出淮、泗，共讨辅公祏。

九月，李渊把东南这事安排给了李世民，命李世民为总指挥前去平叛。

李渊要把李世民往南方调，将他调离关中大本营，他好对府兵动手。但李世民面对李渊的这次政治出招明显不像之前那样闭上一只眼了，李渊调不动李世民，李世民根本就不搭理他。

九月李渊下了诏，然后史书中说了这么一句话："秦王世民犹在并州，己未（十月），诏世民引兵还。"最终李渊自己给自己找台阶，让李世民回长安了。

十一月十五，李渊围猎于华阴，以打猎的名义出来，在十一月十七亲自在忠武顿迎接慰问李世民。

四个月后，武德七年（624）三月，辅公祏被李孝恭和李靖搞定，至此，除了北境还有突厥扶植的零星势力外，李唐的统一战争彻彻底底结束了。

李唐在这个"六十四路烟尘"和"七十二处草寇"的最乱的乱世，打出了当年刘邦统一天下的速度。准确地说，比刘邦的速度要快，因为刘邦称帝后还打了好多年的异姓王。

这次定鼎天下的成本，李唐顶多是武川祖辈的十分之一。

老百姓们从大业帝杨广的弥天祸乱中被迅速带了出来，要感谢哪位，他们其实很清楚。

不过这位在武德五年（622）十月后一直比较安静，他在干什么呢？回忆一下，他打仗的时候是怎么打的？等他真正出招的时候对手还来得及吗？他在布局一件事的时候，赢仅仅是最粗浅的一步，他考虑的永远是成本。

这些瓶瓶罐罐尽量不要砸坏，他还得用呢。在这次从并州回军的半路上，李世民还请求在不是他辖区的并州境内增设屯田。①

并州将来他还得用呢！

天下大定的三个月后，李渊收到了他这两个儿子的摊牌，李世民和李建成分别落子了。

武德七年（624）七月二十四，庆州都督杨文干造反。

---

① 《资治通鉴·唐纪六》：十一月，辛巳，秦王世民复请增置屯田于并州之境，从之。

五、武德九年的恐怖秦王

武德六年（623），是李渊拉着李建成和李元吉反抗秦王切香肠的摊牌之年，双方都不装了。李建成和李元吉结成政治同盟在河北打造自己的地盘，李渊在关中突然废了十二军，准备将李世民这个府兵一把手釜底抽薪。

这父子三人就一个态度：打天下的时代已经过去了，攻城找不着我但功成一定得有我，老二你不要欺人太甚！

后面的博弈，与其说是李世民三兄弟的阋墙之争，不如说是李渊作为棋手在苦苦挣扎去破李世民的局。

由于李世民凭借军功开了天策府，手中有着合法武装，而且他还领十二卫大将军控制府兵与禁军，面对老二的骑脸输出，李渊对另外两枚棋子儿子给的纵容是极其罕见的。

举个例子，李建成居然私自招募了四方骁勇和长安不安定分子两千余人自己批了官职，直接全副武装成了东宫武装，分屯东宫的左、右长林门,号长林兵。①

对于太子募兵这个历朝历代都是必死的事,李渊对此是睁一只眼闭一只眼的,根本不搭理。

李渊是什么时候睁眼的呢?

李建成之前在河北时曾倾心结交燕王罗艺,这时就暗中让他的右虞候率可达志去罗艺那里调来了幽州突骑三百人,安置在东宫东面诸坊中,准备将来填充进自己的东宫武装。

直到李建成碰了结交外藩的红线,李渊才把李建成骂了一顿,随后把中间的联络人可达志流放了。②

李元吉的齐王府也是如此,自己私募武装藏匿逃犯李渊根本不管。

历朝历代的首都兵甲控制都是极严的,但武德年间除外。

甚至后面政变闹起来的时候武库根本都不是各方的考虑因素,大家都是第一时间直扑玄武门来的。

大一统朝代中,武德年间的长安堪称历朝历代武德最充沛的国都,没有之一。中央的禁卫军(实际控制权在李世民)、天策府的秦王军、东宫的太子军、齐王府的齐王军,一个个都全副武装地互相防备着。

李渊三父子集团在能动范围内做到极致了。但别看李渊又是撤了府兵,李建成又在河北弄了根据地,但到了武德七年(624)夏天杨文干造反的时候,李建成极大概率做出了判断,他得动手了,再不动手已经把长安渗透了的李世民就把他彻底当青蛙给温水煮死了。

---

① 《旧唐书·隐太子建成传》:建成乃私召四方骁勇,并募长安恶少年二千余人,畜为宫甲,分屯左、右长林门,号为长林兵。

② 《资治通鉴·唐纪七》:又密使右虞候率可达志从燕王李艺发幽州突骑三百,置宫东诸坊,欲以补东宫长上。为人所告,上召建成责之,流可达志于巂州。

因为起居注中有的地方没有删干净，导致修史书的史官在参考时会看到各种矛盾。主流总说是李建成和李元吉在李渊的后妃那里撒银子，实际上李世民是多么精明的人，他确实和张婕妤有矛盾，但这位打仗永远要在一线侦察的人可能不渗透李渊的后宫吗？李世民也没少给妃子们扔钱。

这次武德七年（624）七月的杨文干造反，是因为李渊去仁智宫避暑了，李世民和李元吉陪同，李建成在李元吉走之前说："秦王是大款，他没少给诸妃花钱，我不能再等了，现在我作为太子监国留守长安，安危之计决于今日！"李元吉说："有理！"李建成随后命心腹尔朱焕、桥公山带了铠甲给杨文干，命其兴兵。①

然后，有意思的地方出现了，李建成派去干这玩命活的尔朱焕等人半路害怕了，刚到豳州就跳反上报了，宁州人杜凤也把这事汇报了，史料的原文是："焕等惧，至豳乡白反状，宁州人杜凤亦上变。"

注意，最好笑的是那句"宁州人杜凤亦上变"。豳州和宁州这两个地方都在庆州的南边。这帮人走到豳州还没把信物交给杨文干，杨文干还没得到消息，但宁州已经有人举报了。是不是很好笑，有没有感受到背后李世民恐怖的操控感？

随后李渊遣司农卿宇文颖驿传召杨文干，这个人跟李元吉关系好，面对还没怎么样就暴露的造反，早就被拉到一条船的李元吉命宇文颖把这事跟杨文干泄底，事已至此只能鱼死网破了，杨文干得到通知后仓促

---

① 《新唐书·隐太子建成传》：华阴杨文干素凶诐，建成昵之，使为庆州总管，遣募兵送京师，欲为变。时帝幸仁智宫，秦王、元吉从，建成谓元吉曰："秦王且遍见诸妃，彼金宝多，有以赂遗之也。吾安得箕踞受祸？安危之计决今日。"元吉曰："善。"乃命郎将尔朱焕、校尉桥公山赍甲遗文干，趣兴兵。

起兵造反。①

李渊随后的反应很有意思，虽然李建成是匪首，他的同伙都招了，但李渊只是下诏抓了王珪、魏徵及左卫率韦挺、太子舍人徐师谟、左卫车骑冯世立这几个太子的核心团队成员，打算杀了这些人帮李建成灭口顶罪。②

李渊从最开始就直接给李建成去信号了："你小子想阴老子，但老子已经把事限定在你那几个心腹身上了，老子想保你！"

结果李渊这个手诏把李建成吓蒙了，徐师谟劝他赶紧举兵，因为已经图穷匕见了！詹事主簿赵弘智则力谏李建成损车服轻身前往谢罪，李建成抉择后于是带着自己的团队去找李渊了，半路上把团队扔了，自己前来谢罪，进门就请死然后拼命叩头。③

这里有两种可能的情况：

1. 李建成明明干的是造反的事，结果心理素质实在是不过关，他爹要抓的是他的心腹，是想保他的，结果他自己不出息。

2. 更可能的情况，是李建成不相信自己的所谓心腹们了，派去搞联络的都被人渗透跳反了，这些人被抓起来后极大概率不会帮自己扛，要是自己先把他们灭口就做实了自己的造反，身边的团队也不会再跟自己混，综合权衡后，只剩自己去自首这一条路了。

---

① 《新唐书·隐太子建成传》：帝遣司农卿宇文颖驿召文干，元吉阴结颖，使告文干，文干遽率兵反。

② 《新唐书·隐太子建成传》：帝以建成首谋，未忍治，即诏捕王珪、魏徵及左卫率韦挺、舍人徐师谟、左卫车骑冯世立，欲杀之以薄太子罪。乃手诏召建成，建成惧，不敢往。

③ 《新唐书·隐太子建成传》：乃手诏召建成，建成惧，不敢往。师谟劝遂举兵，詹事主簿赵弘智谏建成损车服，轻往谢罪。乃诣行在所，未至，屏官属，径入谒，叩头请死，投身于地，不能起。

这就让李渊很为难了，直接大怒，"你连狡辩都省了，直接谢罪了"，他把李建成当政治犯抓起来了。这个时候消息传来，杨文干已经推进到了宁州，李渊大惊，连夜率队伍往南跑出了山。

李渊随后跟李世民商量这件事，李世民道："杨文干这小子，他身边的下属应该已经杀了他了，就算没动手，我们派个人去就能灭了他。"①

两唐书记录一致，李世民的意思是："眼下我不想走，我得看着你处理这事，你最早那个手诏以为我不知道你是什么算计吗？"

另外请大家注意李世民这句"起兵州府，官司已应擒剿"，无论是前面的太子党告密、宁州人未卜先知，还是他预言了杨文干的结局，李世民从头到尾跟导演一样地极致掌控一切。

李世民觉得，如此局面了，他爹应该当个体面人了，您老快把棋盘收了吧，提笼架鸟地遛早更适合您。

李渊再次使出胡扯神功，信誓旦旦说道："这事关系建成，恐怕不是那么轻松，还是得你去，你回来就当太子，让建成去蜀地当王，他将来要是不听你的，你灭他也容易。"②

李渊的话听上去极其真诚，连可行性方案都说出来了，由不得李世民不信，况且李渊是天子啊，已经承诺李世民了，而且李建成已经办成铁案了。李世民决定再信他爹一次，于是出发了。

从长远政治考量来说，武德年间的次子秦王大功的政治死局在此刻已经解决了，因为太子李建成干什么什么不行还自绝于百姓。在李世

---

① 《旧唐书·隐太子建成传》：太宗曰："文干小竖狂悖，起兵州府，官司已应擒剿。纵其假息时刻，但须遣一将耳。"《新唐书·隐太子建成传》：召秦王问计，对曰："文干竖子耳，官司当即禽之，就使假刻漏之久，正须遣一将可办。"

② 《新唐书·隐太子建成传》：帝曰："事连建成，恐应者众。尔自行，还，吾以尔为太子，使建成王蜀，蜀地狭，不足为变，若不能事汝，取之易也。"

第5战 玄武门之变 | 425

民带兵去宁州后，剧本如李世民所说杨文干被部下所杀，李世民还把宇文颖带了回来。①

李世民是什么意思呢？

他是要用宇文颖打掉李元吉。

武德六年（623）到武德七年（624）七月，这一年半中，李世民做了一个相当高明的局，通过挤对李建成造反让他自绝于大唐一窝端了太子集团，随后名正言顺地成为太子，没有任何火并与屠杀，东宫之位顺利交接，大唐的统序就此名正言顺地夯实了。

他既是实至名归的李唐国父，又是毋庸置疑的太子。但是，李渊不认命！

他继上一次李世民成为府兵最高统帅拿立太子的事稳住他之后，又一次拿立太子这事忽悠了李世民。

李世民走了之后局面马上出现变化了。据说是李元吉与嫔妃轮番替李建成讲情，三面骑墙的封德彝（李渊、李世民、李建成）又在外朝设法解救李建成。李渊这时候一看到台阶马上改变了主意，最终把李建成以兄弟关系不好的罪过骂了一顿后就让李建成回长安了，将罪责推给了太子中允王珪、左卫率韦挺和天策兵曹参军杜淹，把这三个人流放了。②

---

① 《新唐书·隐太子建成传》：秦王率众趣宁州，文干为其下所杀，以其首降，执宇文颖送京师。

② 《旧唐书·隐太子建成传》：太宗既行，元吉及四妃更为建成内请，封伦又外为游说，高祖意便顿改，遂寝不行，复令建成还京居守。惟责以兄弟不能相容，归罪于中允王珪、左卫率韦挺及天策兵曹杜淹等，并流之巂州。《新唐书·隐太子建成传》：秦王之行，元吉及内嬖更为建成请，封德彝亦阴说帝，由是意解，复诏建成居守，但责兄弟不相容，而谪王珪、韦挺、天策兵曹参军杜淹于远方。

跟李元吉关系好的宇文颖回来后也没再张嘴,他被李渊给砍了,李元吉也被保下来了。①

总之,李渊还是如他最开始的手诏打算得一样,把错让李建成的手下担了,这事就这么过去了。

这次杨文干事件中,有两个人要专门说一下。

一个是封德彝,他是杨广旧臣,其工于心计是曾得到杨素叹服的。②

他的名声在隋朝就很臭,杨广完蛋后投票到了李渊这里。最开始李渊骂了他一通,但他以"秘策"献给李渊后,李渊又"悦"了,后来直接入了中书省。

封德彝在李世民、李渊、李建成三面都下注,劝三面赶紧动手。③

准确地说,封德彝后来连李元吉那里都没忘记留后路。④

他真的很重要吗?

倒也谈不上,他就是个四面下注的政治掮客,眼下已经注定是胜者斩草除根的局面,他选了貌似最稳妥的打法。

在这种人的眼中,什么玩意都是概率,他永远要给自己留下对冲风险的基金。

---

① 《新唐书·隐太子建成传》:性贪昏,与元吉厚善,故豫文干谋。事败,帝责曰:"朕以文干叛,故遣卿,乃同逆邪?"颖无以对,斩之。

② 《旧唐书·封伦传》:素退问伦曰:"卿何以知之?"对曰:"至尊性俭,故初见而怒,然雅听后言。后,妇人也,惟丽是好,后心既悦,帝虑必移,所以知耳。"素叹伏曰:"揣摩之才,非吾所及。"

③ 《旧唐书·隐太子建成传》:封伦亦潜劝太宗图之,并不许。伦反言于高祖曰:"秦王恃有大勋,不服居太子之下。若不立之,愿早为之所。"又说建成作乱曰:"夫为四海者,不顾其亲。汉高乞羹,此之谓矣。"

④ 《旧唐书·巢王元吉传》:及与建成连谋,各募壮士,多匿罪人。复内结宫掖,递加称誉,又厚赂中书令封伦以为党助。

但是，他算漏了一件事，李世民是成本之神，后面东宫的团队基本上都给了改过自新的机会，李世民以极其宽广的心胸选择了大体面，结果他的那些秘密就有了本不该留下的活口。

封德彝死得相当及时，他在贞观元年（627）就死了，死后被从东宫典书坊就跟着李建成的太子右卫率府铠曹参军唐临给揭发了，最终他的官爵和封邑被全部削去，谥号改为了"缪"。

第二个人，是天策府的杜淹。

李渊拿杜淹的人事问题做了文章。杜淹最早是隋的御史中丞，后来是王世充的吏部尚书，他与侄子杜如晦不合，怂恿王世充弄死了杜如晦他哥，杜如晦的弟弟杜楚客在王世充那里上班也因此被囚。

等李世民平洛阳后，杜淹本来要被处死，但杜如晦之弟给这个叔叔求情了，说叔叔已经害死了大哥，冤冤相报何时了啊！杜如晦觉得是灰就比土热，最终还是向李世民求情保下了这个叔叔。

有的时候，人们结了仇，自己就会启动黑暗森林法则。杜淹因为久不升职就准备走李建成的门路，结果被十处敲锣九处有他的当时负责选官的封德彝告诉了房玄龄。房玄龄担心李建成得到杜淹会对李世民造成威胁，随后将杜淹举荐为了天策府兵曹参军、文学馆学士。①

李渊最后定性，是兄弟间不合，处理了太子身边的人之后还牵连了这个跟李世民铁杆杜如晦有仇且有投太子前科的杜淹，意思是这小子跟李建成谋反这事有关系，也掺和了。

李渊这样做能有什么好处呢？

---

① 《旧唐书·杜淹传》：及洛阳平，初不得调，淹将委质于隐太子。时封德彝典选，以告房玄龄，恐隐太子得之，长其奸计，于是遽启太宗，引为天策府兵曹参军、文学馆学士。

他的算盘是，杜淹无论怎样都是李世民天策府的官，顺便这板子就能扫到李世民身上。李渊打了李建成大板子，李元吉中板子，李世民小板子，随后和稀泥准备这事就那么过去了。

杨文干事件之后，李世民彻底探明白了李渊的底。

李建成造反人证物证俱在，匪首都自首了，这么铁的案子，你答应换太子的金口玉言，最后变成了这样？

他爹对他明牌了：对不起老二，我不能没有你哥哥在前面挡着，哪怕犬子已经狗急跳墙了，但你对于犬父来讲更可怕。

这么丝滑的台阶都给你递过去了，但李渊不体面。

犬父啊犬父，你那点儿小心眼子啊，你是太不讲究了，那就只能帮你体面了。

我们来看看李世民对这件事的态度。

1. 继续保持"咬人的狗从来不叫"的可怕状态，永远胸有惊雷但面如平湖。

2. 对于这次被牵连进去的杜淹，李世民赠了他三百两金子。①

知道你是被冤枉的，我也不管你的前科，你是我天策府的人，我这永远给你兜底，我的人我永远不让他白跟我一场。

此事之后李渊感觉到了强烈的后怕，在杨文干造反和稀泥的第二个月，借着突厥又来闹腾有人劝谏的由头，李渊居然要迁都了。

有人劝李渊："突厥之所以屡犯关中，就是因为我们的人口与财富都集中在长安的缘故。如果烧了长安不在这里定都，那么胡人自然就不来了。"对于这个极度可笑的议案，李渊相当认真地派中书侍郎宇文士

---

① 《旧唐书·杜淹传》：武德八年，庆州总管杨文干作乱，辞连东宫，归罪于淹及王珪、韦挺等，并流于巂嶲。太宗知淹非罪，赠以黄金三百两。

第 5 战　玄武门之变 | 429

及越过终南山来到南阳盆地找定都的地方。①

首先，李渊是多么无奈，这件事他安排了宇文士及去做。

宇文士及是他的外戚，但更是李世民的铁杆，虎牢关之战是第一个冲阵的，后面参加了玄武门之变。李渊实在是没人能用了，整个唐廷已经让李世民渗透成筛子了。

其次，这个迁都理由很好笑，如果单纯怕突厥，他可以去洛阳和河北，那边都有太行山做屏障。

但洛阳是李世民的陕东道老窝不能迁都；河北他同样不敢去，因为那是已经对他动过刀子的李建成的铁票仓。李渊这个大一统之君居然被挤对得要往南阳盆地跑，因为这地方是唯一的"无主之地"。（见图5-3）

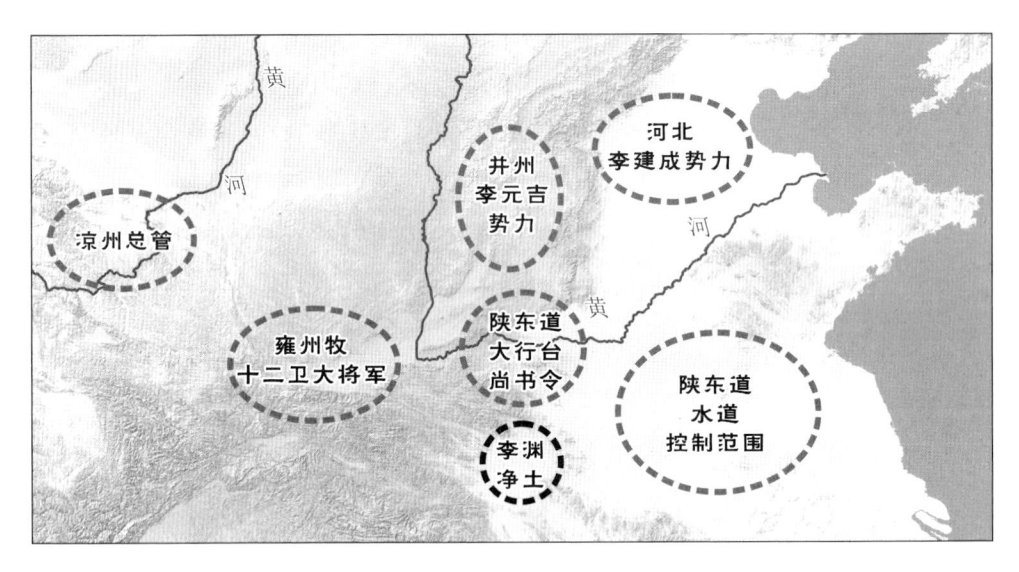

图5-3 李唐武德七年长江以北势力范围图

---

① 《旧唐书·太宗本纪》：七年秋，突厥颉利、突利二可汗自原州入寇，侵扰关中。有说高祖云："只为府藏子女在京师，故突厥来，若烧却长安而不都，则胡寇自止。"高祖乃遣中书侍郎宇文士及行山南可居之地，即欲移都。萧瑀等皆以为非，然终不敢犯颜正谏。

看看，这是多么让人替李渊心酸的一张图。

看看，李渊，你都这德行了还惦着玩制衡呢。

你是知子莫若父啊！你是抓住了李世民所谋者大的体面心思一个劲地测试底线啊！

武德七年（624）闰七月的这次迁都之议，基本可以看成李世民这个"领十二卫大将军"对长安完全掌控的一个信号。

结果别看李渊喊得这么热闹，李世民说了一段话就把这事给否了，李世民表示："这不是理由，臊得慌，不就一突厥嘛！给我两年我把绳索套在颉利的脖子牵他回来，我要是弄不过突厥，再迁都不晚！"①

据说李渊怒了，但李世民带着三十多人北上前线后就把这次突厥的大兵压境给摁下了，回来后说迁都这事不要再提，李渊也就闭嘴了。②

后面的两年，极大概率是李世民改史的重灾区。

因为李世民此时已经具有极大的优势了，李渊但凡有办法，也不会如此牵强地提出迁都山南的事，但后面两年，李世民将自己改成了一个巨大的受害者。

李世民在李渊不体面后开始彻底往挤对死他爹的方向发展，他越来越强势，根本不是那种受气包的传统印象，比如武德八年（625）的

---

① 《旧唐书·太宗本纪》：太宗独曰："霍去病，汉廷之将帅耳，犹且志灭匈奴。臣忝备藩维，尚使胡尘不息，遂令陛下议欲迁都，此臣之责也。幸乞听臣一申微效，取彼颉利。若一两年间不系其颈，徐建移都之策，臣当不敢复言。"

② 《旧唐书·太宗本纪》：高祖怒，仍遣太宗将三十余骑行视。还日，固奏必不可移都，高祖遂止。

五月，李唐复置了十二军府兵。[①]

之前为什么要罢十二军府兵？因为李世民是十二卫大将军的府兵最高统帅。

所谓的"罢"，极大概率根本谈不上，真罢得了李渊不会想迁都，迁都就是因为府兵还是控制不了，在关中待着始终头上悬着剑。所谓的"复"，不过就是无可奈何后地又一次打脸追认。

半年后，李世民再次完成了巨大突破，武德八年（625）十一月十三，加李世民中书令。李世民拿下了三省中草拟诏令的中书省。

当然，李渊还安排了李元吉同时升任侍中做制衡。制衡依旧，但越来越无力。

这个侍中是干什么的呢？

上史书原文："侍中之职，掌出纳帝命，缉熙皇极，总典吏职，赞相礼仪，以和万邦，以弼庶务，所谓佐天子而统大政者也。凡军国之务，与中书令参而总焉，坐而论之，举而行之，此其大较也。"

侍中是门下省长官，看起来"佐天子而统大政"挺牛的，但门下省的封驳权实际上是由皇帝的权威延伸出来的。但李渊这位皇帝手里还实质性地控制着什么呢？而且在李世民和李元吉被提拔的三天前，十一月初十，李渊还任命了天策府司马宇文士及为代理检校侍中。所以准确地说，门下省李世民也有人。

三省在这个时候已经被李世民打通了。

关中府兵恢复了，中书令又成李世民的了，武德九年（626）的上半年，史书中受尽委屈的李世民再度大幅度进步。

[①]《资治通鉴·唐纪七》：初，上以天下大定，罢十二军。既而突厥为寇不已，辛亥，复置十二军，以太常卿窦诞等为将军，简练士马，议大举击突厥。

432 | 大唐气象

武德八年（625）十一月《秦王齐王兼中书令侍中》的诏书中，李世民的官职是天策上将、太尉兼司徒、尚书令、陕东道大行台尚书令、雍州牧、十二卫大将军、中书令。

拿下了中书令，之前的益州道行台尚书令的岗位又没了，但是半年多后李世民玄武门之变成功，李渊下达立李世民为皇太子的《立秦王为太子诏》中，李世民的岗位又变成了"天策上将、太尉、尚书令、陕东道大行台、尚书令、益州道行台尚书令、雍州牧、蒲州都督、领十二卫大将军、中书令"。这意味着，在史书中被挤对到墙角的李世民在随后的时间中仅仅失去了一个"司徒"的虚衔，他不仅拿回了益州道行台尚书令，还补上了最后一个短板，管蒲、虞、芮、邵、泰五州的蒲州都督，河东地区成李世民的了。

这是怎么达成的呢？还是那句话，天下是打下来的。

武德八年（625）七月，突厥再次从北境全面入侵。

七月二十五，李世民出屯蒲州，驻兵防备突厥。

李世民去蒲州的同时，李渊派李建成去了幽州，手法继续很艺术。

八月初一，突厥越石岭，进入并州；八月初二，另一路入侵灵州；八月初六，入侵潞、沁、韩三州。

在这次战役中，李元吉的并州诸军都没有用，被打得很没有面子，最终还是李世民的虎将们去平的事。

李靖带着江淮兵赶来救了场子。[①]

李世勣被安排为行军总管在太谷打跑了突厥。[②]

[①]《旧唐书·李靖传》：八年，突厥寇太原，以靖为行军总管，统江淮兵一万，与张瑾屯大谷。时诸军不利，靖众独全。寻检校安州大都督。

[②]《旧唐书·李勣传》：八年，突厥寇并州，命勣为行军总管，击之于太谷，走之。

这两位到场后，突厥打不动就遣使求和撤军了。

此战之后，李靖在第二年去灵州直面突厥做了灵州道行军总管；李世勣具体行踪不详，但玄武门之变后迅速成了并州都督，大概率在并州驻军后就没走。

这两个人都是李世民的铁杆，别看司马光在《资治通鉴》中说的征求这两个人意见两人不表态然后李世民还胸怀宽广地看重二人。① 但在《旧唐书·隐太子建成传》中明明白白地写了："是后，日夜阴与元吉连结后宫，潜诉愈切，高祖惑之。太宗惧，不知所为。李靖、李勣等数言：'大王以功高被疑，靖等请申犬马之力。'"

为什么《资治通鉴》没法单独作为蓝本去讲史呢？

因为像涉及孝文帝、李世民、魏徵这种令司马光有强烈情绪的人物时，他真敢亲自下场去做修改。

我们来看一下此次突厥来犯后李世民的进化。

李世民自己做了蒲州都督，将李世勣钉进了并州，而且他还把一个心腹——晋州都督李安远安排进了一个关键位置。

先来说一下李安远的忠心背景，他被李建成拉拢过，但没被拉拢成功。②

再来说一下他的履历：李安远是绛州起家的，随李世民战宋金刚、平王世充、擒窦建德、灭刘黑闼、枭徐圆朗，武德六年（623）的时候做了使持节，金、直、南、丰、迁、洵、房六州诸军事，金州刺史。

---

① 《资治通鉴·唐纪七》：世民犹豫未决，问于灵州大都督李靖，靖辞；问于行军总管李世勣，世勣辞；世民由是重二人。

② 《旧唐书·李安远传》：后隐太子建成潜引以为党援，安远固拒之，由是太宗益加亲信。《新唐书·李安远传》：隐太子将乱，阴使诱动，安远介无贰志，秦王益亲重。

武德八年（625）的时候，李世民要跟李渊摊牌了，李安远被调回长安做了右卫将军，又来到大本营绛州做了晋州总管。[①]

这个晋州总管下辖晋、绛、沁、吕四州。[②]

另外三州就那么回事，值钱的地方是李安远的大本营绛州，也就是当年李唐的英雄景点。这个地方除了战略位置之外，还有一个关键点：它是整个北国的核心钱袋子。

我们来看看李唐的银行系统——诸铸钱监：绛州三十炉，扬、宣、鄂、蔚四州各十炉，益、邓、郴三州各五炉，洋州三炉，定州一炉也。诸铸钱监以所在州府都督刺史判之。副监一人，上佐判之。丞一人，判司判之。监事一人，或参军或县尉知之。录事、府、史，士人为之。

北方：李世民三炉；李元吉三炉；裴寂一炉；绛州（治今山西运城新绛县）三十炉；蔚州（并州北部，治今山西大同灵丘县）十炉；邓州（南阳地区，治今河南南阳邓州市）五炉；洋州（汉中地区，治今陕西汉中西乡县）三炉；定州（河北地区，治今河北保定定州市）一炉。

南方：扬州（治今江苏扬州）十炉、宣州（治今安徽宣州）十炉、

[①]《唐故左光禄大夫上柱国德广郡公李公墓志》：八年，入为右卫将军，以本官授行军总管，权检校晋州都督。（注：《李誉墓志》是唐代碑刻，出土于2014年，全称《唐故左光禄大夫上柱国德广郡公李公墓志》。碑呈正方形，高、宽58.5厘米，四周志墙镌刻十二属相图案。志文三十六行，每行三十六字，实存志文1249字。小楷，字幅约1厘米。该墓志首句为"公讳誉，字安远"，因此该志志名为《李誉墓志》，也可称为《李安远墓志》。《李誉墓志》约镌立于贞观十五年（641），欧阳询小楷书写。笔法刚劲婉润，兼有隶意，是欧阳询晚年得意之作，历来为学书者推崇。同年欧阳询逝世。可能是欧阳询最后一篇墓志。暂未见通行出版物。）

[②]《旧唐书·地理志二》：晋州，隋临汾郡。义旗初，改为平阳郡，领临汾、襄陵、岳阳、冀氏、杨五县。其年，改杨县为洪洞。武德元年，改为晋州，分襄陵置浮山县，分洪洞置西河县。三年，置总管府，管晋、绛、沁、吕四州。

鄂州（治今湖北武汉）十炉、益州（治今四川成都）五炉；郴州（治今湖南郴州）五炉。

从这里能看出来李唐对河北的防范有多严密，人口那么稠密的地方就一个官炉。这也能看出来绛州的位置有多么关键，它是整个关中、凉州、河东、洛阳、中原地区的唯一一个钱监地区，有着整整三十炉的强大产能。

由于"诸铸钱监以所在州府都督刺史判之"，所以李安远这个晋州都督实际上是给李世民看着钱袋子的。

至此，来看看武德九年（626）时李世民的实际权力范围。（见图5-4）

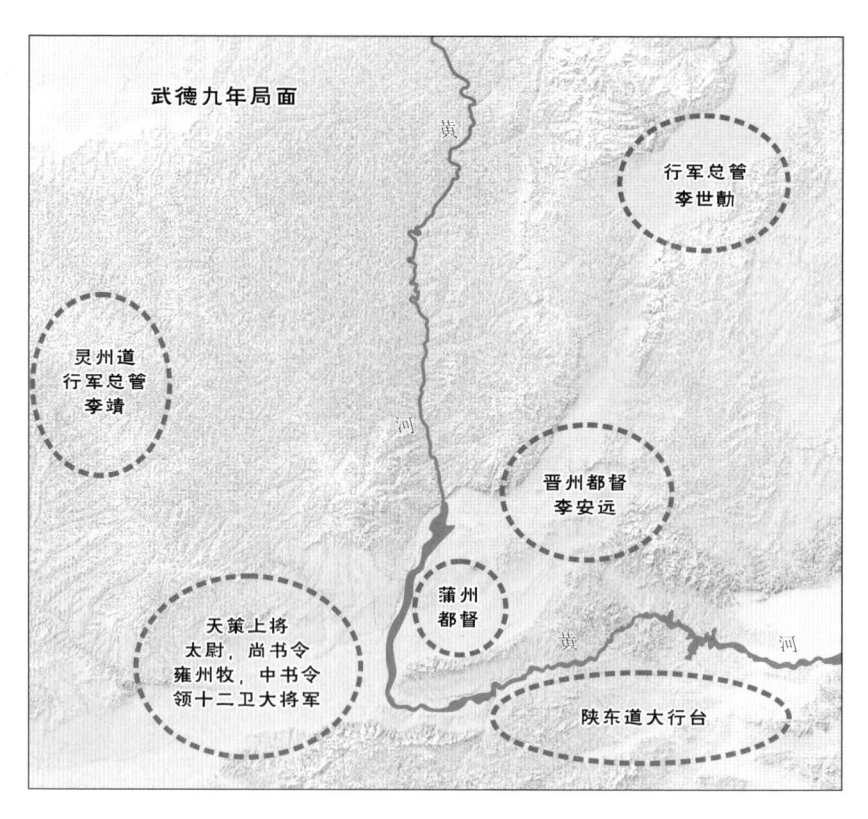

图 5-4　武德九年李世民势力范围

我为什么说李世民的改史方向是把自己改成受害者了呢？因为再怎么改，当年昭告天下的唐朝官方文件动不了。

大家看看李世民一年一进步地已经武装到哪儿了，李世民现在就算给李建成和李元吉搬救兵的机会，河北兵和并州兵都进不了关中。再要说李世民被那爷三个往死里挤对就很好笑了。

武德九年（626）的玄武门之变，其实和武德七年（624）的杨文干造反性质一样。不过是李建成和李元吉在最后已经被逼到墙角后的赌命孤注一掷而已。

六、胸有惊雷而面如平湖者，方拜上将军

武德九年（626），在李世民接连完成对中书省和蒲州都督这两个最后短板的掌控后，双方开始图穷匕见了。

第一个巨大变化，是李世民在洛阳的心腹老将屈突通被调回长安了。屈突通此时已经七十岁，堪称隋末活化石。

在杨坚时代屈突通就已经是右武候车骑将军的禁军高官了，后来被杨广安排做了实质意义上的关中河东地区的军事长官。

这位威望极高的老爷子，参与了李世民自灭薛仁杲后的所有扫灭群雄过程。

平王世充时别看屈突通始终是挨打的那个受气包，但最后李世民论功的时候，屈突通功为第一，而且被安排镇守李世民的洛阳根据地了。[1]

有的仗就不是抓俘虏的仗，看上去屈突通总是求援，那是因为别人在王世充的集中火力下都撑不到援兵赶到。这一切，李世民都看在眼

---

[1] 《旧唐书·屈突通传》：及大兵围洛阳，窦建德且至，太宗中分麾下以属通，令与齐王元吉围守洛阳。世充平，通功为第一，寻拜陕东大行台右仆射，镇于洛阳。

里，并给予了客观评价。

自武德四年（621）到武德九年（626）近五年的时间里，屈突通一直帮着李世民看东大门，到了武德九年（626），突然回长安当刑部尚书了，后来屈突通表示专业不对口，改去当了工部尚书。

史料中本来写得很模糊，并没有说他具体是哪年回来的，所谓"数岁，征拜刑部尚书，通自以不习文法，固辞之，转工部尚书"，其实就是关键数据的涂抹。

等屈突通墓志铭出土后，时间得到了确定，《大唐故左光禄大夫蒋国公屈突府君墓志铭》："加授陕东道大行台右仆射。九年，除刑部尚书，转工部尚书。"

这位老将为什么要这个时候回洛阳呢？是李渊要架空李世民抢洛阳了吗？

很显然不是，因为史书中无论怎么说李世民多么弱势，但成年人的世界是事情上见的。

你把关羽改得七零八落，但曹仁接替乐进时把治所从汉水南岸的襄阳移到樊城你改不了，关羽野战过程找不到但曹仁数千残卒困孤城你改不了。

战报可以说谎，但战线不会。

屈突通来了长安后，李世民的心腹温大雅就去替屈突通镇守洛阳了，李世民还派了自己的秦王府车骑将军张亮率领亲信王保等一千多人带着大量的经费前往洛阳，暗中联络山东豪杰。据说张亮被李元吉给举报了，还经过有关部门审了一遍，结果什么事没有的张亮该干什么干什么去了。[1]

---

[1] 《资治通鉴·唐纪七》：秦王世民既与太子建成、齐王元吉有隙，以洛阳形胜之地，恐一朝有变，欲出保之，乃以行台工部尚书温大雅镇洛阳，遣秦王府车骑将军荥阳张亮将左右王保等千余人之洛阳，阴结纳山东豪杰以俟变，多出金帛，恣其所用。元吉告亮谋不轨，下吏考验；亮终无言，乃释之，使还洛阳。

第5战 玄武门之变 | 439

齐王既然检举了那肯定得走流程，李世民那是多么讲政治的人，但此时在长安，在笔杆子（中书省、尚书省六部）和枪杆子都被李世民控制的情况下，能审出来什么问题吗？有司敢审出来什么问题吗？

在武德九年（626）这个李世民已经进化成完全体的时候将屈突通调回长安，是要利用老将军的威望。

这位七十岁的老将军后面参加了那场玄武门之变，并且在大局已定后又回洛阳起威慑作用去了。①

来长安，是为了震慑长安城中的骑墙势力；回洛阳，是为了震慑前面说过的跟李建成、李元吉走得近的河北势力。

总之，李世民调来老屈突，是要展开总攻了。

身为狐狸世家之人，李建成和李元吉也明白这是什么信号，他们开始了一系列的狗急跳墙，大名鼎鼎的毒酒事件就是在这个时候发生的。李建成兄弟几个夜宴，李世民喝吐血了，随后被李神通保护回了西宫。②

此处重申：这事大概率不是编的，因为后来李世民在玄武门之变后赦免了东宫团队，却没有赦免东宫的厨师长。

或者说还有一种可能，李世民知道这件事，在就势演戏，灭李建成后杀厨师长做戏做全套。

无论怎样，从舆论来看，是秦王喝酒中毒吐血了。这件事后，李渊的表现再次刷新了自己的下限。

李渊亲自来到西宫询问李世民的病情，并且下令李建成："秦王平

---

① 《旧唐书·屈突通传》：隐太子之诛也，通复检校行台仆射，驰镇洛阳。
② 《旧唐书·隐太子建成传》：后又与元吉谋行鸩毒，引太宗入宫夜宴，既而太宗心中暴痛，吐血数升，淮安王神通狼狈扶还西宫。

素不能饮酒，从今以后你不能再与他夜饮。"李渊又一次官方定性了不追究，随后他对李世民展开了史诗级的画大饼："打天下是你的想法，天下也是你打下来的，我曾打算立你为继承人，你却坚决推辞了。建成年纪大，做太子时间已久，我不忍心啊，我看你们都在京城怕是要出事了，你回洛阳吧，陕州以东都由你主持，你设天子旌旗，如汉梁孝王故事。"李世民哭着不愿走，但李渊表示天下都是一家，东都和西都很近，只要我想你便可动身前去，你不用烦恼悲伤。①

理论上来讲，这是李渊此时最好的出路了。

"建天子旌旗"后将整个陕东实质性地分给李世民，搁置争议，一切都等他死了以后再说，这是他有尊严地过完晚年的最后指望了，这也是目前李世民能接受的底线。

李渊又一次同杨文干事件时一样瞬间就拿出了顶级方案。如果这不是李渊的顶级反应，那就只能说明一件事：他有预案，每当局面演化到不可收拾的时候就赶紧抛出一个预案去给李世民的高压锅放气。

之所以说他这是史诗级的画饼，是因为就在李世民准备出发的时候，李建成和李元吉又说话了，秦王去了就制不住了，并发动手中的势力命几人秘奏，李渊随后以这个理由又就坡下驴了，朝中大臣们有议论

---

① 《旧唐书·隐太子建成传》：高祖幸第问疾，因敕建成："秦王素不能饮，更勿夜聚。"乃谓太宗曰："发迹晋阳，本是汝计；克平宇内，是汝大功。欲升储位，汝固让不受，以成汝美志。建成自居东宫，多历年所，今复不忍夺之。观汝兄弟是不和，同在京邑，必有忿竞。汝还行台，居于洛阳，自陕已东，悉宜主之。仍令汝建天子旌旗，如梁孝王故事。"太宗泣而奏曰："今日之授，实非所愿，不能远离膝下。"言讫呜咽，悲不自胜。高祖曰："昔陆贾汉臣，尚有递过之事，况吾四方之主，天下为家。东西两宫，途路咫尺，忆汝即往，无劳悲也。"

啊，李世民再次被他爹放了鸽子。①

其实是否真的有李建成和李元吉在搞鬼很难讲，因为史料中写的是"密令数人上封事"。所谓"上封事"就是秘奏，是绕过三省的非正常途径，最终解释权在李渊那，"狗掀门帘子——全凭那张嘴"。

还是那句话，成年人在事情上见。李渊装得很无辜，两个棋子李建成、李元吉上蹿下跳，李渊有苦衷，但最终的结果是李世民又被坑了，活该被毒了还被放了鸽子。

李渊到底是什么意思呢？

之前的毒酒事件后，李渊一方面宣布李建成无罪，这是暗示你继续下毒啊；另一方面则在温水煮青蛙，让李世民别立刻鱼死网破动手。等稳住李世民后，再把罪过都推到李建成和李元吉的身上，你可不能走，你走了我就再也没办法逆风翻盘了，更不要说我还得防着老大和老四。

当皇帝的感觉太好了，但我这几年这个傀儡皇帝当得太不痛快了！

此时此刻，他这三个儿子的权势都已经太大了，从李渊的利益角度来讲，让这三个儿子内斗，尤其是借建成、元吉的手弄死老二，随后他再收编秦王势力收拾那两个儿子，对他来讲最合适。

他唯一的翻盘条件是接手李世民的庞大势力，接手开国元勋们的唯一办法是为李世民报仇。等这三个讨厌鬼都没了以后，空气开始清新，呼吸开始自由，放眼望去，武德年间的辛勤耕作还有十多个儿子可

---

① 《旧唐书·隐太子建成传》：及将行，建成、元吉相与谋曰："秦王今往洛阳，既得土地甲兵，必为后患。留在京师，制之一匹夫耳。"密令数人上封事曰："秦王左右多是东人，闻往洛阳，非常欣跃，观其情状，自今一去，不作来意。"高祖于是遂停。

以挑选。他这盘开天辟地的棋局就全活了。

到了武德九年（626）的时候，李渊已经开始鼓励李建成和李元吉出手了，且不说不追究下毒这种间接证据了，我们直接上史料中的明确证据。

李渊自打天下大定后每年夏天都要去避暑。到了武德九年（626），李渊准备去太和宫了，还是老规矩，李世民和李元吉要跟着。李元吉对哥哥李建成说："再安排一个杨文干事件吧！"①

但是等不到六月的避暑，这兄弟两人的计划又变了。面对突厥入侵，李建成推荐李元吉去替李世民督军北讨，令秦王府骁将秦琼、尉迟恭、程咬金、段志玄等与李元吉同行，又追秦王府兵帐，简阅骁勇，准备夺李世民的兵带着一起走，还污蔑杜如晦、房玄龄，让李渊将他们逐出秦王府。李渊面对这堆事照单全收配合，而且史书中明明白白地写着"高祖知其谋而不制"。②

甚至李元吉随后已经在李渊的纵容下开始暗中请求李渊杀了李世民了，但李渊表示李世民没露马脚，拿什么当理由？李元吉反复劝说，李渊没点头。③

注意，李渊并没有惩治建议杀兄的李元吉，只是"上不应"。

李渊是什么意思？这就是说"我同意"！

---

① 《旧唐书·巢王元吉传》：高祖将避暑太和宫，二王当从，元吉谓建成曰："待至宫所，当兴精兵袭取之。置土窟中，唯开一孔以通饮食耳。"

② 《旧唐书·巢王元吉传》：会突厥郁射设屯军河南，入围乌城。建成乃荐元吉代太宗督军北讨，仍令秦王府骁将秦叔宝、尉迟敬德、程知节、段志玄等并与同行。又追秦王府兵帐，简阅骁勇，将夺太宗兵以益其府。又谮杜如晦、房玄龄，逐令归第。高祖知其谋而不制。

③ 《旧唐书·巢王元吉传》：元吉密请杀秦王，上曰："彼有定天下之功，罪状未著，何以为辞？"元吉曰："秦王初平东都，顾望不还，散钱帛以树私恩，又违敕命，非反而何！但应速杀，何患无辞！"上不应。

第 5 战　玄武门之变　｜　443

趁着秦王中毒身体不好我冒死给了你那么多政策配合,就是逼着你们兄弟下手!但我能亲口同意吗?你这个犬子!请示什么?你干啊!

李世民面对父、兄、弟三人的出招是什么反应呢?

他其实一直尽在掌控中。因为李建成、李元吉二人实在狗急跳墙得太明显了,而且东宫和齐王府早就被李世民渗透成筛子了。

在《资治通鉴》中,司马光作为李世民的顶级迷弟给李世民加了很多特委屈的戏,比如说李建成和李元吉勾引过尉迟恭,尉迟恭没搭理,还派刺客要杀尉迟恭,但刺客始终没下手,李元吉还制造冤狱打算阴死尉迟恭,但又被李世民救了。又阴招调程咬金出为康州刺史,程咬金对李世民说:"人家对你下手了,你赶紧动手吧!"又以金帛诱段志玄,段志玄不从。①

其实司马光举尉迟恭和段志玄的例子都没问题,因为新旧两唐书中确实没写拉拢的时间,他是可以做文章的,但两唐书对于程咬金那事

---

① 《资治通鉴·唐纪七》:建成、元吉以秦府多骁将,欲诱之使为己用,密以金银器一车赠左二副护军尉迟敬德,并以书招之曰:"愿迁长者之眷,以敦布衣之交。"敬德辞曰:"敬德,蓬户瓮牖之人,遭隋末乱离,久沦逆地,罪不容诛。秦王赐以更生之恩,今又策名藩邸,唯当杀身以为报;于殿下无功,不敢谬当重赐。若私交殿下,乃是贰心,徇利忘忠,殿下亦何所用!"建成怒,遂与之绝。敬德以告世民,世民曰:"公心如山岳,虽积金至斗,知公不移。相遗但受,何所嫌也!且得以知其阴计,岂非良策!不然,祸将及公。"既而元吉使壮士夜刺敬德,敬德知之,洞开重门,安卧不动,刺客屡至其庭,终不敢入。元吉乃谮敬德于上,下诏狱讯治,将杀之,世民固请,得免。又谮左一马军总管程知节,出为康州刺史。知节谓世民曰:"大王股肱羽翼尽矣,身何能久!知节以死不去,愿早决计。"又以金帛诱右二护军段志玄,志玄不从。

却写得明明白白是武德七年（624）的事。①

明明是两年前程咬金在给李世民施压要弄死李建成，结果他非给掺水进武德九年（626）。这就是司马光为了帮偶像找面子，跟当年写孝文帝时亲自下场一样了。这些事确实都有，但时间他要是加进去那就变味了。

武德七年（624），双方早就开始互相渗透了，两年前程咬金说了这话，然后他"以死不去"了两年什么事都没有，后面又出战了玄武门之变。

李渊、李建成、李元吉的权威有多高呢？李世民对长安的控制力又有多强呢？

我不想调动的人，谁也弄不走！

明明是秦王猖狂影响力的体现，结果司马光硬改成了秦王受尽委屈。

像尉迟恭和段志玄那些人被拉拢的事大概率也都是前面几年的事，都武德九年（626）夏天了才拉拢，也太晚了。

在人事上受到影响的确切来说只有两个人，即房玄龄和杜如晦，这对智囊在玄武门之变前夕被李渊和李建成"蛊惑"后勒令回家反省了，事后是悄悄潜入秦王府议事的。②

但是，李建成的所有打算和进度，都在李世民的手中把控着。李

---

① 《旧唐书·程知节传》：武德七年，建成忌之，构之于高祖，除康州刺史。知节白太宗曰："大王手臂今并翦除，身必不久。知节以死不去，愿速自全。"《新唐书·程知节传》：七年，隐太子谮之，出为康州刺史，白秦王曰："大王去左右手矣，身欲久全，得乎？知节有死，不敢去。"

② 《旧唐书·房玄龄传》：隐太子以玄龄、如晦为太宗所亲礼，甚恶之，谮之于高祖，由是与如晦并被驱斥。隐太子将有变也，太宗令长孙无忌召玄龄及如晦，令衣道士服，潜引入阁计事。《旧唐书·杜如晦传》：隐太子深忌之，谓齐王元吉曰：秦王府中所可惮者，唯杜如晦与房玄龄耳。因谮之于高祖，乃与玄龄同被斥逐。

第5战　玄武门之变　｜　445

世民的间谍渗透水平比他的兄弟高了不止一个段位。

李建成对李元吉说:"等出征时得了秦王精兵,统数万之众,我与秦王至昆明池劳军,令人在酒局上弄死他,然后说秦王暴卒,咱们爹肯定会就坡下驴的,然后我会逼宫令老爹交权,等我上位后,你就是继承人皇太弟,尉迟恭那些人你要暗地里弄死,谁还敢不服?"随后这事就被太子率更丞王晊密告李世民了。①

看看李世民的间谍水平,这种级别的密谋早早就知道了。

从政变的角度来讲,房、杜被李世民放走是什么意思呢?

做事的智慧一定是可以共通的,这和李世民打仗其实一样,欲使其灭亡,必让其疯狂,战场上跟狐狸一样的李世民是趁着自己吐血去示弱。李世民在打造一种气氛,在说自己身体不好,对你们的安排没有精力去反应。他在骄敌。你们赶紧动作,他好找成本最优的破绽。

李建成和李元吉这堆操作显得极其幼稚也是没办法,因为李世民的势力太庞大。即便单纯搞刺杀,他们就算弄死了李世民也掌控不了大局,李世民是"天策上将、太尉、尚书令、陕东道大行台、尚书令、益州道行台尚书令、雍州牧、蒲州都督、领十二卫大将军、中书令",弄死秦王的这些骁将是计划的一部分。

对于李建成来讲,这盘棋的逆转难度最大,他们要同时打掉李世民和开国元勋们,他要安抚李元吉,表态李元吉直接就是皇太弟,事后李建成还得第一时间逼宫李渊,用他的话讲"吾当使人进说,令付吾

---

① 《旧唐书·巢王元吉传》:建成谓元吉曰:"既得秦王精兵,统数万之众,吾与秦王至昆明池,于彼宴别,令壮士拉之于幕下,因云暴卒,主上谅无不信。吾当使人进说,令付吾国务。正位已后,以汝为太弟。敬德等既入汝手,一时坑之,孰敢不服?"率更丞王晊闻其谋,密告太宗。

国务"。

看李建成说的那个预案即知，李渊以为李建成不知道他是怎么想的吗？把李渊扔船上也是李建成的预案操作，灭了秦王后扭头收拾的就是他了。

李渊的态度让他们看到了希望，他们认为李世民这只老虎会打盹，会让他们完成偷袭，但此时秦王府已经根据他们的进度开始布局做最后的收尾了，据说下级们玩了命地劝李世民要动手啦，你拿他们当兄弟他们拿你当傻瓜！这段内容在新旧唐书中主要体现在尉迟恭的传中。

来，我们欣赏下。

李建成和李元吉的密谋被尉迟恭知道后，他与长孙无忌开始劝李世民："大王若不赶紧动手，恐怕会被其所害，国家就完了！"[1]

李世民叹道："我那两个兄弟离阻骨肉，灭弃君亲，谁都能看出来到了危亡之际。我虽然深被猜忌，眼看着要死，但我们是兄弟啊，我得忍啊！等他们先动手我再打他们吧，大家觉得怎么样？"[2]

尉迟恭道："人天生怕死，但弟兄们不怕死都是为了秦王您，这是天授，天与不取，反受其咎。您要是存仁爱之小情，忘社稷之大计，大王您的格局在哪里？以我的愚诚见解，先动手吧。您要是不同意，我就先跑路了，总不能眼看着让人弄死。而且我要是走了，您这舅哥长孙无

---

[1] 《旧唐书·尉迟恭传》：会突厥侵扰乌城，建成举元吉为将，密谋请太宗同送于昆明池，将加屠害。敬德闻其谋，与长孙无忌遽启太宗曰："大王若不速正之，则恐被其所害，社稷危矣。"

[2] 《旧唐书·尉迟恭传》：太宗叹曰："今二宫离阻骨肉，灭弃君亲，危亡之机，共所知委。寡人虽深被猜忌，祸在须臾，然同气之情，终所未忍。欲待其先起，然后以义讨之，公意以为何如？"

忌也会跟我走的。"①

李世民还在犹豫，长孙无忌道："大王现在如果不听尉迟恭之言，尉迟恭这帮兄弟肯定不跟您混了，兄弟们都走了您就完了。"李世民道："我说的也有理，你再说两句，再劝劝我。"②

前面这段内容就当看个乐，重点在后面尉迟恭说了句史料中没粉饰干净的话："您这回犹犹豫豫的不智不勇，您就算不替我们考虑，也得想想国家，想想百姓，想想自己，况且现在咱们有八百个全副武装的特种兵早就已经入宫了，您还推辞什么啊？形势由不得您了！"然后尉迟恭又和侯君集日夜劝说，最终李世民被他们拉下了水。③

尉迟恭传中还描写了房玄龄和杜如晦在接到李世民的调令后仍不情不愿，说我们都吓死了，李世民派尉迟恭拿着剑去表明秦王真的干啦，不磨叽啦！随后他们才化装进来的。④

---

① 《旧唐书·尉迟恭传》：敬德曰："人情畏死，众人以死奉王，此天授也。若天与不取，反受其咎。虽存仁爱之小情，忘社稷之大计，祸至而不恐，将亡而自安，失人臣临难不避之节，乏先贤大义灭亲之事，非所闻也。以臣愚诚，请先诛之。王若不从，敬德言请奔逃亡命，不能交手受戮。且因败成功，明贤之高见；转祸为福，智士之先机。敬德今若逃亡，无忌亦欲同去。"

② 《旧唐书·尉迟恭传》：太宗犹豫未决，无忌曰："王今不从敬德之言，必知敬德等非王所有。事今败矣，其若之何？"太宗曰："寡人所言，未可全弃，公更图之。"

③ 《旧唐书·尉迟恭传》：敬德曰："王今处事有疑，非智；临难不决，非勇。王纵不从敬德言，请自决计，其如家国何？其如身命何？且在外勇士八百余人，今悉入宫，控弦被甲，事势已就，王何得辞！"敬德又与侯君集日夜进劝，然后计定。

④ 《旧唐书·尉迟恭传》：时房玄龄、杜如晦皆被高祖斥出秦王府，不得复入。太宗令长孙无忌密召之，玄龄等报曰："有敕不许更事王，今若私谒，必至诛灭，不敢奉命。"太宗大怒，谓敬德曰："玄龄、如晦岂背我耶？"取所佩刀授敬德曰："公且往，观其无来心，可并斩其首持来也。"敬德又与无忌喻曰："王已决计克日平贼，公宜即入筹之。我等四人不宜群行在道。"于是玄龄、如晦著道士服随无忌入，敬德别道亦至。

史料玩老命地在表态：李世民是被拉下水的。

但是，起居注中还是有说穿帮了的地方，两唐书这些史书后面在修史的时候不会替他考虑那么多，这些穿帮的地方也摘录进去了。

这段是说尉迟恭想通过八百特种兵都进皇宫来证明李世民已经被他们架空了，没得选了。这就太好笑了，因为官职骗不了人。

此时此刻，李世民的核心谋划圈层里，舅舅长孙无忌的职位是比部郎中（李世民的"内务府"总管，掌管勾会内外赋敛、经费俸禄等），高士廉是雍州治中，房玄龄是秦王府记室兼陕东道大行台考功郎中，杜如晦是秦王府从事中郎，尉迟恭是秦王府左二副护军，侯君集是秦王府左虞候车骑将军。

所有参与密谋定调的人都是秦王府或陕东道的官，怎么把兵力安排进大内禁宫的？后面那群"墓志铭神秘英雄们"都是怎么神兵天降到太极宫了呢？史料没删干净的跟着尉迟恭来杀李元吉的七十骑兵是从哪里来的呢？

所以，能干这事的，只能是领十二卫大将军李世民。

李世民不发话、不安排、不交代，这八百全副武装的特种兵能神不知鬼不觉地进入大内？当这是过家家吗？

所以说，李世民早就知道，而且早就安排好了。这出"不得已"的苦情大戏，怎么可能是真的？

李世民改史，改的是体面，是把自己改成了不得不出手的受气包。

这些人确实谋划了，但内容绝对不是什么该不该的理由，而是怎样低成本地完成一锅端。而且秦王府团队对预案规划已经详细到什么地步了呢？

他们在团队会中连李元吉都预判了。先来看《旧唐书·巢王元吉传》中的原文：

太宗召府僚以告之，皆曰："大王若不正断，社稷非唐所有。若使建成、元吉肆其毒心，群小得志，元吉狼戾，终亦不事其兄。往者护军薛宝上齐王符箓云：'元吉合成唐字。'齐王得之喜曰：'但除秦王，取东宫如反掌耳。'为乱未成，预怀相夺。以大王之威，袭二人如拾地芥。"太宗迟疑未决，众又曰："大王以舜为何如人也？"曰："浚哲文明，温恭允塞，为子孝，为君圣，焉可议之乎？"府僚曰："向使舜浚井不出，自同鱼鳖之毙，焉得为孝子乎？涂廪不下，便成煨烬之余，焉得为圣君乎？小杖受，大杖避，良有以也。"太宗于是定计诛建成及元吉。

这里说了两件事：

1. 齐王府也被渗透成筛子了，齐王心腹的谈话在秦王府这边跟看直播一样。

2. 李元吉是想当皇帝的，他有自己的打算，用他的话讲："但除秦王，取东宫如反掌耳！"

看见没有？李元吉也有预案！

李建成想拿"皇太弟"稳住老四李元吉，但李元吉在李世民没了以后就会对李建成动手。李建成的东宫在齐王眼中根本不叫个东西。

我们来复盘一下史上心眼最多的李家父子四人此时的心理预案。

李渊：鼓励老大、老四杀老二，我替老二报仇。

李建成：极致操控，杀秦王及其团队，稳住李元吉，逼宫李渊。

李元吉：杀秦王及其团队，螳螂捕蝉黄雀在后地灭了东宫。

他们都在想着一件事：我是主角！

李世民：我吐血啊，我舍不得啊，我是被逼的啊！（实质上他的对手说了什么话跟被装了监控一样,李建成、李元吉拉拢谁都拉不动,他在东宫和齐王府开了"天眼",八百个全副武装的特种兵已经进禁宫准备安排李渊划船。)

李世民是古往今来政变夺权中最被同情的人,这是为什么,大家品出来了吗?因为舆论永远是弱传播的。

武德九年(626)六月初一,天象有异,太白经天。

一个顶级的猎手已经将三个猎物引诱进了包围圈,此时此刻,那三个梦中人还在做着自己一杆清台的美梦。

浅水原耀兵时,薛仁杲不会想到自己会被一战灭国;宋金刚敢僵持五个月,也因为没拿这个只会支线战场打偷袭的小伙子当回事;王世充从最开始提起李世民,就张口闭口那个孩子;窦建德决定钉在汜水前,也是没觉得坚壁一个月的虎牢关会有什么能动性,真打不动再撤呗。

除了洛阳围城后期的王世充,李世民战场上的所有对手,都没觉得这孩子有多吓人,有多可怕。但等他们意识到的时候,一切都晚了,李世民根本不给对手第二次机会。

《孙子兵法·虚实篇》:"微乎微乎,至于无形;神乎神乎,至于无声,故能为敌之司命。"

七、来，看真实的武德九年六月初四

自"隋崩"开始，经过"大唐创业起居注""秦王破阵""虎牢关天策封神"及本战"玄武门之变"前六节的铺垫后，历史的车轮滚到了武德九年（626）那个宁静的夏天。

不管是谁给的勇气，台面上的三只"猎物"都挺勇的。

高端的猎手以猎物形式出现，李世民一直假装看不见，只在暗地里偷偷安排，等建成睡了，元吉也睡了，李世民心里也就彻底宁静了。

我们来看看传统印象中的玄武门之变，按《资治通鉴》捋的逻辑先串一遍，我们边看边捋司马光都发明了些什么。

六月初一，太白经天。

六月初三，太白复经天，傅奕上密奏给李渊："金星出现在秦地分野，秦王当有天下。"李渊把这封密奏直接扔给李世民了，李世民顺势反过来密奏李建成和李元吉淫乱后宫，然后说："我没有任何对不起兄弟们的地方，现在他们却想要杀我，估计是为王世充和窦建德报仇，我如果冤死后魂归地下实在是不好意思见那些草寇。"李渊被绿帽子打蒙了,随后道:"明天就审这事,你早早来。"①

这是司马光胡编的第一个环节。

在《新唐书·高祖本纪》中确实记载六月初一太白经天了,但六月初三太白复经天是没有的,直到六月二十三才又一次看到了太白星。②

其次,根据《旧唐书》中那位上书的傅奕本传记载,他是在武德九年(626)五月上的密奏,李渊还把这封密奏给李世民看。③

而且两唐书都写明了,六月初三,李世民是定策后直接密奏李建成和李元吉淫乱后宫,没有什么太白经天被迫出手的事,随后李渊有点儿蒙,表示你明天早来,咱们确认这个事!④

我看到这里血压就上来了。明明史料详尽写明的内容,本来风马牛不相及的一件事,司马光给组装到了一起,造成了李世民天命有授又被逼到墙角的感觉,忍无可忍下才密奏了他的两个好兄弟淫乱。

---

① 《资治通鉴·唐纪七》:己未,太白复经天。傅奕密奏:"太白见秦分,秦王当有天下。"上以其状授世民。于是世民密奏建成、元吉淫乱后宫,且曰:"臣于兄弟无丝毫负,今欲杀臣,似为世充、建德报仇。臣今枉死,永违君亲,魂归地下,实耻见诸贼!"上省之,愕然,报曰:"明当鞫问,汝宜早参。"

② 《新唐书·高祖本纪》:六月丁巳,太白经天。庚申,秦王世民杀皇太子建成、齐王元吉。大赦。复浮屠、老子法。癸亥,立秦王世民为皇太子,听政。赐为父后者袭勋、爵,赤牒官得为真,免民逋租宿赋。己卯,太白昼见。

③ 《旧唐书·傅奕传》:奕武德九年五月密奏,太白见秦分,秦王当有天下,高祖以状授太宗。

④ 《旧唐书·隐太子建成传》:六月三日,密奏建成、元吉淫乱后宫,因自陈曰:"臣于兄弟无丝毫所负,今欲杀臣,似为世充、建德报仇。臣今枉死,永违君亲,魂归地下,实亦耻见诸贼。"高祖省之愕然,报曰:"明日当勘问,汝宜早参。"《新唐书·隐太子建成传》:长孙无忌、房玄龄、杜如晦、尉迟敬德、侯君集等劝秦王先图之。王乃密奏建成等与后宫乱,因曰:"臣无负兄弟,今乃欲杀臣,是为世充、建德复仇。使臣死,虽地下,愧见诸贼。"帝大惊,报曰:"旦日当穷治,而必早参。"

我们接着往后看。

六月初四，李世民率长孙无忌等入朝伏兵于玄武门，李建成的小可爱，跟李神通争地的那个张婕妤暗中把李世民弹劾的大意告诉了李建成。李建成喊来李元吉商议此事，李元吉说："整军备战，说有病不去了，看情况动手吧。"李建成说："兵都已经全副武装了，咱们先入宫看看什么情况。"随后他们去了玄武门，此时李渊已经将裴寂、萧瑀、陈叔达这些见证人都喊来了。①

紧接着是司马光胡编的第二个环节。

司马光把张婕妤告密和李建成、李元吉商量事的时间写在了六月初四去玄武门之前不久。

实际上，史料中明明写了是在六月初三晚到六月初四上半夜的事，李建成是在李元吉提醒后全副武装的，两人是黎明天快亮的"迟明"时去了玄武门。②

这个时间不对，后面很多事就都不对了。

至此，我们展开真正的玄武门之变原貌（根据史料推断的合理逻辑分析）。

李渊后面被安排划船去了，根据"迟明"的时间，李建成、李元吉是在天快亮的时候动身去了玄武门，也就是说他们被杀是发生在大清

---

① 《资治通鉴·唐纪七》：庚申，世民帅长孙无忌等入，伏兵于玄武门。张婕妤窃知世民表意，驰语建成。建成召元吉谋之，元吉曰："宜勒宫府兵，托疾不朝，以观形势。"建成曰："兵备已严，当与弟入参，自问消息。"乃俱入，趣玄武门。上时已召裴寂、萧瑀、陈叔达等，欲按其事。

② 《新唐书·隐太子建成传》：张婕妤驰语建成，乃召元吉谋，曰："请勒宫甲，托疾不朝。"建成曰："善，然不共入朝，事何繇知？"迟明，乘马至玄武门，秦王先至，以勇士九人自卫。

早的时候,李渊大清早的泛舟是什么意思呢?更不要说后面连东宫都惊动到出武装了,李渊还有心情去划船?而且尉迟恭是以怎样的面貌来到武德帝李渊面前的呢?他是"擐甲持矛,直至高祖所"。①

面对尉迟恭造反般的"保卫",武德帝的侍卫呢?

李渊当时所在的这艘船是个相当有意思的地方。

当时的船上有李渊、裴寂、萧瑀、陈叔达、封德彝、宇文士及、窦诞、颜师古等人,准确地说,是李渊的中央三省成员。②

这里面李渊和裴寂是反李世民的核心,剩下的多是李世民的人,比如宇文士及、封德彝(目前貌似)、萧瑀③,其中也有站队不清晰的。

他们都在船上是什么意思呢?

意思是大家都表表态吧,在船上那可真是天知地知你知我知了,友谊的小船那可真是说翻就能翻的。

这也确保了擐甲持矛的尉迟恭手握最终解释权。在这种安保力量下,李渊会怎么说呢?

这位武德帝不吓破胆就不错了。

---

① 《旧唐书·尉迟恭传》:是时,高祖泛舟于海池。太宗命敬德侍卫高祖。敬德擐甲持矛,直至高祖所。高祖大惊,问曰:"今日作乱是谁?卿来此何也?"对曰:"秦王以太子、齐王作乱,举兵诛之,恐陛下惊动,遣臣来宿卫。"

② 《旧唐书·隐太子建成传》:高祖已召裴寂、萧瑀、陈叔达、封伦、宇文士及、窦诞、颜师古等,欲令穷覆其事……高祖大惊,谓裴寂等曰:"今日之事如何?"萧瑀、陈叔达进曰:"臣闻内外无限,父子不亲,当断不断,反受其乱。建成、元吉,义旗草创之际,并不预谋;建立已来,又无功德,常自怀忧,相济为恶,衅起萧墙,遂有今日之事。秦王功盖天下,率土归心,若处以元良,委之国务,陛下如释重负,苍生自然乂安。"高祖曰:"善!此亦吾之夙志也。"

③ 《旧唐书·萧瑀传》:太宗又曰:"武德六年以后,太上皇有废立之心而不之定也,我当此日,不为兄弟所容,实有功高不赏之惧。此人不可以厚利诱之,不可以刑戮惧之,真社稷臣也。"

这是李世民政变的第一个环节，控制李渊及中央三省成员。

武德时代的政变和别的时代不一样，别的时代第一考虑是武库，这个时代没必要，长安城就是个军火库，三王都不缺装备，给了信号随时就能开打。

任何时候，政变的第一核心都是皇帝，李世民改史把焦点对准了自己那两个兄弟，让后世将注意力关注在了玄武门上，史料中反复提起玄武门来帮助人们加深印象。他可是父慈子孝的！

其实哪里是什么玄武门之变，实际上武德九年（626）六月初四明明应该是"泛舟之变"！

李渊是他儿子政变的最关键一环，在六月初四天明的时候，李世民已经完完全全地完成了对太极宫的掌控，他甚至能派人将召集的命令下到全体三省成员那里并将他们全部拘到了船上。

这是种多么可怕的控制力！

而且，两唐书的史料中在尽可能地想把这事描写成一个小规模的伏击，突出的是"逼不得已"，是"突发预案"；掩盖的，是背后李世民处心积虑的缜密布局。

我们来看看真实的参与规模。

《旧唐书·太宗本纪》中说"六月四日，太宗率长孙无忌、尉迟敬德、房玄龄、杜如晦、宇文士及、高士廉、侯君集、程知节、秦叔宝、段志玄、屈突通、张士贵等于玄武门诛之"，点出来了包括李世民在内的重要人物十三人。

《旧唐书·长孙无忌传》中，后来论功为第一的长孙无忌带着九个人在玄武门干掉了李建成和李元吉，所谓"六月四日，无忌与尉迟敬德、侯君集、张公谨、刘师立、公孙武达、独孤彦云、杜君绰、郑仁泰、李孟尝等九人，入玄武门讨建成、元吉，平之"。对比李世民本纪的口径又多了刘师立、公孙武达、独孤彦云、杜君绰、郑仁泰、李孟尝这六个人，而且强调是九人，范围很小。

《旧唐书·刘师立传》说"师立与尉迟敬德、庞卿恽、李孟尝等九人，同诛建成有功"，这里又多了个庞卿恽。

越来越多的参与者漏了出来，更不必说两唐书早就明文记载的参加当天政变的长孙顺德、丘行恭这些"漏网之鱼"，以及周孝范、常何那些墓志铭军团的秦王府遗珠了。

我们直接看最后打起来时的状况吧：当时的南衙府兵和北门屯营这些皇宫禁军都跟东宫、齐王府兵开战了。①

也就是说，天策上将领十二卫大将军李世民麾下的所有身在长安的战将们都出席了这场盛大的战役。

最开始是偷袭了匪首，规模扩大后升级为了府兵最高统帅阅兵。

大家还记得那八百特种兵吗？

准确地说，在六月初三晚张婕妤将消息传给李建成之后，尉迟恭说的那句"且在外勇士八百余人，今悉入宫，控弦被甲，事势已就，王何得辞"的秦王府八百特种兵就开始控制太极宫了，让李渊该划船的划船，把裴寂那些人该喊来的喊来，总之润物细无声地让李渊连呻吟的声音都没发出来，一墙之隔的东宫什么反应都没有。随后李世民的大量心腹被安插在各紧要位置等待第二天李建成和李元吉入宫。

控制住李渊后，实际上在别的朝代这种政变已经结束了，最难的环节在李世民的重剑无锋下轻描淡写，李渊根本连疼都没喊出来。

---

① 《旧唐书·尉迟恭传》：南衙、北门兵马及二宫左右犹相拒战，敬德奏请降手敕，令诸军兵并受秦王处分，于是内外遂定。《新唐书·尉迟恭传》：于是南衙、北门兵与府兵尚杂斗，敬德请帝手诏诸军听秦王节度，内外始定。

第 5 战 玄武门之变 | 457

第二步理论上可以调兵去打东宫和齐王府了，但是这样就不体面了，传到民间就成秦王恃强凌弱逼父杀兄弟了。西晋"八王之乱"的名声太臭，李建成的大本营河北人那是相当能写的，要是不在乎名声李世民不会等这几年。

李世民绝对不会去打李建成和李元吉，他是要解救他们；退一步说，就算要打，也要李建成和李元吉来他选的战场，是他们来逼宫，而他是正义的。而且，如果李世民打东宫和齐王府还有两个隐患：

1. 万一大张旗鼓去打，就有可能让李建成或李元吉被惊动后逃跑了。

他们永远是政治符号，逃到外面不利于将来舆论的控制，甚至最坏的可能李建成要是逃到了关东就不是小事了。

2. 还有一个关键的地理问题，东宫距离李渊的大内寝宫仅仅一墙之隔，万一东宫武装在李建成的指挥下直接翻墙开战了呢？（见图5-5）

这不是没有可能，要知道李世民的儿子李承乾后来准备政变的时候就准确地点明了一句话："齐王在外地造反了，我西面的宫墙距离大内就二十来步，翻墙头就到，我干大事岂是齐王能比的？"[①]

李建成的东宫的位置，也是一个巨大的变量。所以李世民的下一步，就是静静地等李建成和李元吉进入太极宫。

之所以六月初三去告密，之所以"允许"张婕妤去告密，就是为了告诉李建成和李元吉，不是什么大事，只是捉奸要见双，根本目的是为了不一下子逼反了他们，好让他们放心大胆地进太极宫。

[①] 《旧唐书·恒山王承乾传》：贞观十七年，齐王祐反于齐州。承乾谓纥干承基曰："我西畔宫墙，去大内正可二十步来耳，此间大亲近，岂可并齐王乎？"会承基亦外连齐王，系狱当死，遂告其事。

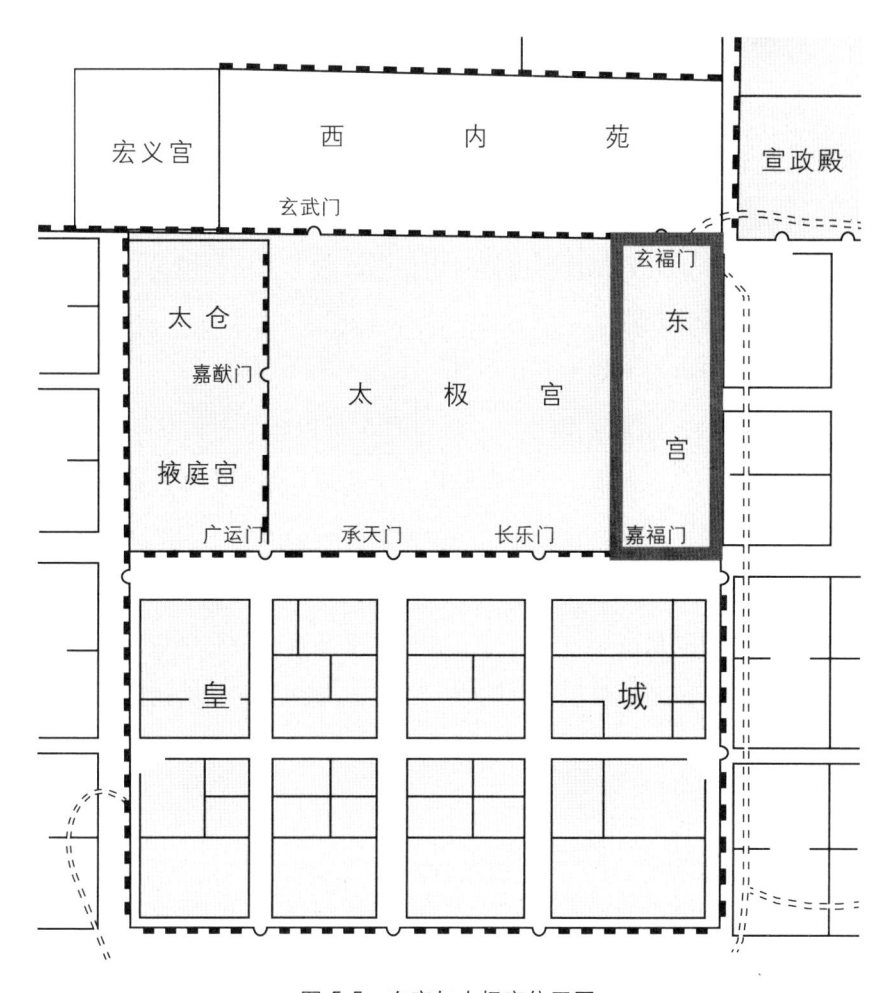

图 5-5　东宫与太极宫位置图

即便如此,由于之前已经密谋杀弟逼父,李建成还是警觉性极强地整军备战全副武装了,甚至心虚的李元吉还直接建议李建成称病不出,是李建成觉得没到最后关头,还是去看看,毕竟执行原计划最好,现在称病就被动了。

接下来,李建成和李元吉就进入了已经易主的太极宫。

《旧唐书·隐太子建成传》中说他们两个走到临湖殿后发觉不对

第 5 战　玄武门之变 | 459

了,所谓"建成、元吉行至临湖殿,觉变,即回马,将东归宫府"。

大家看到临湖殿的名字就会知道,临着湖,这时应该是建成、元吉看见他爹在湖上荡起双桨了。这哥俩一瞬间跟薛仁杲、宋金刚、窦建德一样被秦王灌顶了,觉得不对,但是也晚了。

李世民终于能高傲地喊出那句话:把这两个人给我砸了!什么档次?敢跟我用一个爹!

根据《旧唐书·隐太子建成传》中说的,李世民先喊了一嗓子,随后李元吉马上就要射李世民,但好几次都没张开弓,这时李世民终于还手了,自卫射箭,一箭就射死了李建成,然后李元吉被尉迟恭干掉。①

《旧唐书·尉迟恭传》中说的更好笑,说李建成死后,尉迟恭突然带着七十个骑兵出现了,李元吉东逃被射下马来,当时李世民因为马惊被摔下了马,随后被射下马的李元吉差点儿勒死,这时尉迟恭又骂骂咧咧地出现了,李元吉准备跑回自己原来的住所武德殿,最终被尉迟恭杀了。②

又一个有趣的自然现象出现了。

尉迟恭突然带着七十个骑兵钻了出来。在禁宫内,李世民因为担心李建成、李元吉马快能跑出去,所以他神不知鬼不觉地连骑兵连都给配上了。这是一种怎样的控制力!

李世民先等那哥俩开枪还有李元吉差点儿把他勒死大家就当听个

---

① 《旧唐书·隐太子建成传》:太宗随而呼之,元吉马上张弓,再三不彀。太宗乃射之,建成应弦而毙,元吉中流矢而走,尉迟敬德杀之。

② 《旧唐书·尉迟恭传》:六月四日,建成既死,敬德领七十骑蹑踵继至,元吉走马东奔,左右射之坠马。太宗所乘马又逸于林下,横被所绁,坠不能兴。元吉遽来夺弓,垂欲相扼,敬德跃马叱之,于是步走,欲归武德殿,敬德奔逐射杀之。

乐，这跟之前的改史思路是一样的，李世民是受害者。反正整个皇宫大内就李建成和李元吉，剩下的都是李世民的人，他们想怎么说就怎么说，真实的状况大概率是当年的"虎牢关浪催二人组"，一人持弓一人持槊，天下无敌的李世民射死了李建成，尉迟恭捅死了李元吉。

接下来，才是前面提及的尉迟恭去通知李渊的环节。

理论上来讲，玄武门之变应该就此结束了，随后官方出诏书，赦免东宫、齐王府武装，这事过去了，翻篇了。但是，都是一个妈生的三兄弟，李建成、李元吉两人也不白给，他们的东宫和齐王府也做好了最坏的打算，已经全副武装上了，听说太极宫闹出动静后第一时间就杀了出来。

其实李建成被杀的消息东宫已经知道了，李建成的团队开始土崩瓦解，但李建成的骁将冯立叹了句"岂有生受其恩而死逃其难"！随后和薛万彻等李建成的心腹报恩拼命来了。①

李元吉的心腹谢叔方也带着齐王府兵拼命来了。②

局面没控制住，对方的武装打来了，但没关系，李世民随后的预案也开始启动。

之前由于要在最大程度上稳住东宫武装，玄武门是一直没关的，营造出一切如常的假象，等东宫、齐王府武装杀来后，专门负责玄武门环节的张公谨先紧急关闭了玄武门。③

---

① 《旧唐书·冯立传》：建成被诛，其左右多逃散，立叹曰："岂有生受其恩而死逃其难！"于是率兵犯玄武门。

② 《旧唐书·谢叔方传》：太宗诛隐太子及元吉于玄武门，叔方率府兵与冯立合军，拒战于北阙下。

③ 《旧唐书·张公谨传》：六月四日，公谨与长孙无忌等九人伏于玄武门以俟变。及斩建成、元吉，其党来攻玄武门，兵锋甚盛。公谨有勇力，独闭门以拒之。

随后第一拨与东宫、齐王府兵交手的，是北门屯营。（见图 5-6）

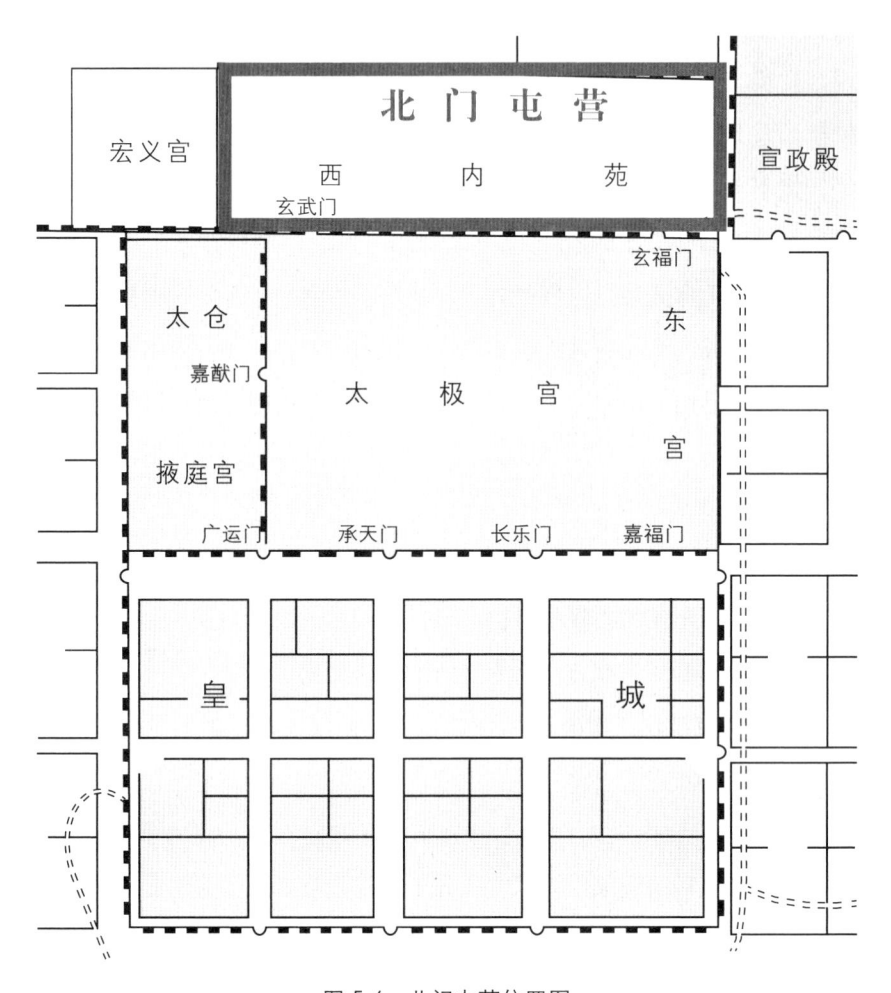

图 5-6 北门屯营位置图

太极宫玄武门外是长安三大内苑之一的西内苑，北门屯营就在此苑中。北门屯营归谁管呢？

北门屯营此时还没独立，归左右屯卫大将军管（唐高宗龙朔时期改名为左右威卫大将军）。

上最直接的证据：张世贵的墓志铭说他在贞观元年（627）是玄武门长上统率屯兵，很快转为右屯卫将军负责北军之任，后面工作调动一圈后又做了右屯卫大将军负责北门事务。①

周孝范的墓志铭说他在武德九年（626）六月的时候就以太子右内率的职位暂领了北门诸仗，等贞观元年（627）时授右屯卫将军名正言顺于玄武门领兵宿卫。②

此战战死、当天屯营当值的敬君弘，战后被追赠为了屯营系统最高级别的左屯卫大将军。③

由此可以推断，玄武门的左右屯营隶属于左右屯卫，后来在唐高宗龙朔二年（662）才开始独立出来称"左右羽林军"。此时北面屯营是归左右屯卫大将军控制的，而左右屯卫大将军，是李世民这个领十二卫大将军控制的。

左右屯卫大将军是正三品，敬君弘应该是其下从三品的将军，后面一起战死的吕世衡是正四品的中郎将，都是李世民这根线下的将领。

从敬君弘的态度也能看出来，刚看见东宫、齐王府兵就杀出来了，

---

① 《唐代墓志汇编·大唐故辅国大将军荆州都督虢国公张公墓志铭》：贞观元年，诏公于玄武门长上，统率屯兵。俄传右屯卫将军，还委北军之任……其年，被召还京，依旧右屯卫大将军、北门上下。

② 《文馆词林·卷四五三·左屯卫大将军周孝范碑铭》：九年六月，改授太子右内率，仍检校北门诸仗。宫率精兵，见称历载，储闱御武，尤光显职，奉鸡戟以趋侍，肃龙楼而巡警……贞观元年，授右屯卫将军，于玄武门领兵宿卫，仍以本职出使北藩。宣杨国威，晓谕边俗，班奉四季之书，肃清万里之外。使还，又领玄武门内左右厕仗。

③ 《旧唐书·敬君弘传》：武德中，为骠骑将军，封黔昌县侯，掌屯营兵于玄武门，加授云麾将军。隐太子建成之诛也，其余党冯立、谢叔方率兵犯玄武门，君弘挺身出战。其所亲止之曰："事未可知，当且观变，待兵集，成列而战，未晚也。"君弘不从，乃与中郎将吕世衡大呼而进，并遇害。太宗甚嗟赏之，赠君弘左屯卫大将军。

他身边的人还说:"还不知道什么情况呢,再看看,等秦王的队伍都到了之后咱们再上。"但敬君弘不听,与下属中郎将吕世衡大呼而进,最终成为第一拨对子的遇害者。

北门府兵上手后,南衙府兵也赶了过来加入了战斗。

从中基本可以看出李世民的分工是由内到外的两层。秦王府是最嫡系的一层,负责顶层谋划和控制太极宫及保卫秦王府;十二卫大将军控制的北门、南衙禁军则在玄武门之外对东宫、齐王军进行拦截与消灭。

最终,一锤定音的是尉迟恭和秦王府兵。

首先尉迟恭拿着李建成和李元吉的脑袋出现,其视觉效果瓦解了对方士气。[1]

其实只看见脑袋还是没什么效果的,东宫和齐王府武装要是杀进去弄死李世民的话还能立李建成的儿子。最终一锤定音的,是秦王府的数百骑兵骁勇,他们在交战多时后,在秦琼和长孙顺德等的率领下,最终加入了战团。[2](注意,写的是"讨建成余党",所以判断秦琼和长孙顺德是秦王府总预备队。)

这支骑兵精锐,甚至可能就是当年的那支玄甲军,如李世民战场上多次教给他们的那样再一次摧枯拉朽,突崩了东宫与齐王府军。[3]

---

[1]《旧唐书·尉迟恭传》:其宫府诸将薛万彻、谢叔方、冯立等率兵大至,屯于玄武门,杀屯营将军。敬德持建成、元吉首以示之,宫府兵遂散。《旧唐书·谢叔方传》:秦府护军尉迟敬德传元吉首以示之,叔方下马号哭而遁。

[2]《旧唐书·长孙顺德传》:武德九年,与秦叔宝等讨建成余党于玄武门。

[3]《旧唐书·隐太子建成传》:俄而东宫及齐府精兵二千人结阵驰攻玄武门,守门兵仗拒之,不得入,良久接战,流矢及于内殿。太宗左右数百骑来赴难,建成等兵遂败散。《新唐书·隐太子建成传》:俄而东宫、齐府兵三千攻玄武门,闭不得入。接战久之,矢及殿屋。王左右数百骑至,合击之,众遂溃。

李世民的预案详细到了什么地步呢？

长孙皇后的舅舅高士廉已经把监狱里的犯人放了出来，并给他们发了武器调到芳林门来了。①

大家知道"天策上将、太尉、尚书令、雍州牧、领十二卫大将军、中书令"意味着什么吗？

意味着长安城就是秦王府。

甚至在秦王府中，那数百将士们是由长孙皇后亲自做的战前动员抬高的士气。②

这是布下了怎样的天罗地网！

房玄龄和杜如晦跟尉迟恭一样都封了一千三百户，"房谋杜断"可不是闹着玩的。

李世民的武力是尔朱荣级别，幕僚堪比刘邦开国时的规模，谨慎程度更是如诸葛亮、司马懿，李渊、李建成、李元吉是什么档次啊？你们怎么敢打他的主意？你们看到大唐的地图都不琢磨琢磨的吗？

从丝滑控制李渊，到引诱李建成和李元吉进入埋伏圈，到突发预案的妥善处理，再到绵绵不断的禁军连招不断袭来，乃至最后慨叹动员到极致的准备，整个玄武门之变的逻辑性、严密性、纪律性，李世民又一次交出了军事生涯的满分作品。

玄武门之变，这个"变"格局还是小了，李世民是按战役来设计的。

---

① 《旧唐书·高士廉传》：及将诛隐太子，士廉与其甥长孙无忌并预密谋。六月四日，士廉率吏卒释系囚，授以兵甲，驰至芳林门，备与太宗合势。

② 《旧唐书·后妃传》：及难作，太宗在玄武门，方引将士入宫授甲，后亲慰勉之，左右莫不感激。

第 5 战 玄武门之变 | 465

从示弱骄兵开始到六月初四的一击封喉，李世民很尊重对手，他从来都没得意忘形。只要他决定动手了，衡量战果的就永远是成本，而从来不是成败。

当武德九年（626）六月初四的酷热袭来，李渊看到阳光洒在湖面上，水中鱼儿望着尉迟恭，悄悄地听这些人愉快地歌唱秦王破阵后，父慈子孝完成了大和谐，李世民哭，李渊安慰，把最后的戏走完。

紧接着，李建成和李元吉的所有男丁子嗣被团灭，防止将来有太子党和齐王党拥立皇孙做文章。一如既往地彻底，一个没跑了。

斩草除根全部完成后，申时，李世民颁布《诛建成元吉大赦诏》，表明错全在李建成和李元吉，来看看他们最终挑的官宣结局吧：

> 皇太子建成，地居嫡长，属当储贰，处以少阳，冀克负荷。遂昵近群小，听受邪谋，蔑弃君亲，离阻骨肉，密图悖逆，潜为枭獍。司徒齐王元吉，寄深盘石，任惟翰屏，宠树既厚，职位非轻。背违天经，协同元恶，助成隐匿，递相驱扇，丑心逆迹，一旦尽彰。惟彼二凶，罪穷数稔，祸不旋踵，用取屠戮，念兹丑恶，惭恨盈怀。

现在大唐祸难已除，空气清新，大赦天下，军国事皆受秦王处分。

李世民随后千金买骨打广告，连玄武门作战的东宫、齐王府武装都赦免了，冯立、谢叔方、薛万彻都被赞叹为义士，表示今后都是好臣子，安定了整个长安的人心。

六月初七，李世民被正式立为皇太子，李渊随后下诏："自今军国庶事，无大小悉委太子处决，然后闻奏。"李渊正式将所有权力转交给李世民。

再下一步，李世民以屈突通为陕东道行台左仆射镇洛阳，派投诚的魏徵去安抚河北太子的党羽。随后罢幽州大都督府，李建成一党的幽州大都督庐江王李瑗被李世民骁将王君廓诛杀并传首长安，就此天下里里外外全部归秦王了。

都安定后，李世民废陕东道大行台和益州道行台，罢天策府。所有畸形的权力机构至此都正常了。

武德九年（626）八月初九，李渊传位于李世民。武德帝的武德时代就要过去了，一个新的时代即将开启。

这场轰轰烈烈的隋末大崩塌啊！

本来苦难很可能再次长期盘踞华夏这片土地，但上苍在大业帝造大业之前，提前在他成为太子的两年前安排了"成本之神"李世民的降生。

这个孩子在你祸害人间之前，命运之神就已经悄然落子了。

隋开皇十八年（598），戊午年十二月戊午，这个男孩生于武功，这个孩子的出生地似乎已经预示了他的一生命运。

戊土生于天寒地冻，极需阳火暖身，火为用神。

午马至阳至烈，当这个孩子骑上马背的时候，那七十二路烟尘便会通通熄灭。

当这个越逢烈火越疯癫的少年进入夏日，无论是初夏雀鼠谷的秦王破阵，还是仲夏虎牢关的天策封神，又或是大暑时节玄武门的史上最丝滑政变，这个少年终会将自己的地利、人和在天时的催动下光耀天地！

很多人的二十九岁，才刚刚开始；有一个人的二十九岁，已经完成了祖辈半个世纪才走完的崎岖艰难。

李世民，上苍还给了你二十三年的时间去给华夏定调！天策上将还不够,去做天可汗吧!

一幅崭新的画卷在这个传奇天子手中徐徐展开后,一个气度恢宏、气象万千的时代,就要来了!

第6战

天可汗

一、突厥很遗憾，转型遇到李世民

大家还记得李家武德梦开始的地方是在哪里吗？

太原。

那是怎么开始的呢？

源于隋大业末年几乎每一个北境玩家都离不开的"原始风投"——突厥。突厥在北境一振翅膀，李家的那只"威凤"就开始翱翔九天。

不只是李渊用"放进来打"的战略首次证明自己"武功"不行后开始卑躬屈膝换取突厥背书那么简单，他之所以最终成为太原留守，也是因为王须拔自称漫天王、魏刁儿自称历山飞，这两位"好汉"起兵反隋，部众各十余万。王须拔和魏刁儿北联突厥，南侵赵地，李渊因此成为杨广在北境安排的一枚棋子：眼下这个我品了一辈子的胆小表哥看上去像个窝囊废不会造反，让他替我看门吧。

到大业十三年（617）时，隋已经崩得吐沫子了，整个世界不装了，突厥成了这一年的"风投之王"。李渊的太原李氏不过是最终跑出来的众多小初创中的一股，我们再来回顾下当年在突厥融过资的军阀们。

第6战 天可汗 | 471

1. 薛举，西秦霸王，是最早联合突厥打算收拾李唐的，结果这一计被李渊用割地的办法破了。从突厥视角来看，当时李家是能给他们更多明显好处的，而且薛氏的武力明显比李家看起来更凶悍，你们先拼着，我坐收渔翁之利。

突厥认为陇西和关中这两个政权是能压榨很多年的。结果人算不如天算，老薛（薛举）和小李（李世民）都得了一场急病，老薛直接死了，小李却缓过来了，然后一战打崩了小薛（薛仁杲），并以罕见的速度直接鲸吞了陇西。

李世民速度太快，突厥迷糊了一下，陇西就直接没了！

2. 李轨，凉州称帝，他的得意忘形本来给了突厥一个重要机会，但是突厥又是一个没留神，凉州豪族杀了李轨转投李唐。这回是李渊玩了一把神操作，由于薛家在凉州是大魔王的形象，李渊把一战灭了薛家的李世民封为了凉州总管督凉州诸军事搞恐吓：挺好的日子你们要是不好好过，我就放我二儿子！

突厥又迷糊了一下，与河西走廊彻底告别了。

3. 刘武周，在《秦王破阵乐》唱响山西后，他因为违背突厥当时的扶隋政策而被放弃，死了突厥人手中。

4. 苑君璋，刘武周的内史令，刘武周死后被突厥人任命为大行台，成了突厥的傀儡，率领刘武周的余部，突厥令郁射设（处罗可汗之子）督兵协助镇守，此时仍然在突厥控制下坚持着。

5. 杨政道，杨广的孙子，齐王杨暕的遗腹子，是武德三年（620）二月处罗可汗从窦建德处迎来的隋王。突厥把留在东突厥境内的中原官吏、百姓，全部配给杨政道，成立了傀儡政权，此时还在坚持。

6. 梁师都，朔方豪族，隋鹰扬郎将，据郡反隋后北联突厥即皇帝位，称梁国，始毕可汗赐狼头纛，号为大度毗伽可汗，此时还在坚持。

苑君璋、杨政道、梁师都这三个还在坚持的政权是突厥天使基金仅剩还没停盘的了。

7. 郭子和，大业末为左翊卫，犯罪徙榆林，见郡内大饥杀了官吏据郡造反，自称永乐王。南联梁师都，北附始毕可汗送子为人质，被封为平杨可汗，郭子和不敢当，给自己留了后路，后来跟唐混了，被李渊赐姓李。

8. 李仲文，唐并州总管，李世民打跑刘武周后，他做梦，梦到"天命之李"说的是他，便与突厥通谋，但还没来得及反就被人告密，征入朝后伏诛了。

9. 王世充，突厥吞并了刘武周故地后开始联系他，准备打穿并州，李渊一看这还了得，放我家老二！结果王世充刚跟突厥联姻，买卖还没做几笔就被李唐上党边检站把牛羊肉扣了，随后李世民就来了，一年后被逮捕，莫名其妙死了。

10. 窦建德，这是个战略家，给突厥送回了萧皇后和杨政道示好，本身也深得河北民心，本来应该是突厥在北境的最重要布局，是遏制李唐的最关键力量，但是万万没想到啊！您老怎么就把自己送走了呢？

11. 刘黑闼，作为窦建德旧部，在河北闹腾得比他老上司还要大，是突厥的重点扶植对象。他刚闹起来时颉利可汗也派了一支队伍参股，但李世民又来了，洺水之战他跟刘黑闼玩了一出全歼，这一仗过后刘黑闼类似于过了江的项羽。

所谓"江东子弟多才俊，卷土重来未可知"的"乌江猜想"就是文人凭吊的浪漫主义情怀，霸王的谢幕是最体面的结局。当百战将士们都打光了，还怎么卷土重来？与其将来被路人甲杀了还不如给太史公攒素材呢。

刘黑闼后面还借过一次突厥兵，虽然没再闹腾出什么大水花，但好歹让玄武门之变晚来了几年；虽然没报仇雪恨，但也算是间接骂了闲街。

12.高开道，盐贩子出身，隋末攻下渔阳为都，自称燕王。最开始跟罗艺都降了唐，也都被赐姓李，但刘黑闼闹起来后他又反了，北联突厥以其为后盾，重称燕王，频繁引突厥南下侵掠恒、定、幽、易等州。刘黑闼被灭后，高开道觉得道让自己走窄了，想重新投降又不好意思，最后在武德七年（624）被部下逼死了。

从以上这些事来看，突厥这是投了多少资！但是，突厥的投资从实际作用来讲通常都是属于"锦上添花"式的助力，更多属于没捡钱就算丢、他不搞你就是出血本了。

过去，游牧民族的底层逻辑都是重利的，是"人人自为趣利，善为诱兵以冒敌。故其见敌则逐利，如鸟之集；其困败，则瓦解云散矣"，雪中送炭不可能，锦上添花一大把。这也就意味着，突厥在最开始时是不可能给谁多大投入的，这在突厥统治上层也通不过。

突厥虽然师从"圣人可汗"杨坚和"圣人助理"长孙晟，但画虎画皮难画骨，不可能像中原政权玩"草原均势"时有那么大的谋篇布局和前期压倒性投入。

其实从理论上来讲突厥这样做也没什么，慢慢观察呗，隋都崩成那样了，属于草原的时代妥妥地到来了！但是，大业帝杨广祸害人间后，有两个时代的馈赠间接地害了突厥：一是海量屯粮的国家级大粮仓，二是兵甲强悍的军人装备。

这样就把隋末的群雄逐鹿间接地变成了类似于网络游戏的一次乱世模拟。

没有吃没有穿自有那杨广送上前，没有枪没有炮大业帝给我们造！这就意味着，因为资源匮乏导致一场场战役本该是小打小闹的乱世之战，变成了罕见的各位大帅堪称游戏爆兵速度般的大混战。

李密和王世充能够在短短的几个月时间里打了大小百余战，李世民大军在柏壁耗了宋金刚半年后仅仅休整了两个月就又率大军围了洛阳一年多，这种粮食储备在别的时代根本不敢想。

做实验为什么要用果蝇？因为果蝇成本低、染色体少、繁殖极快。它的样本出得快，它迭代的速度是突飞猛进的。

王世充为什么能和李世民有来有回地打那么多仗？神枪手都是拿子弹喂出来的，王世充的作战能力是跟李密迭代对打后喂出来的。

刘黑闼为什么那么能打？他先跟随的是王世充，后跟随的是窦建德，都是百战喂出来的猛将。

除了这些战将之外，再品品战神兼战略之神李世民。他能在刚刚拿下关中的时候，又跟西秦打了半年的仗，随后半年憋死宋金刚，紧接着一年围死王世充，最关键的因素是什么？

是粮食！

换个时代，李世民绝对不会在如此短的时间里天策封神的。

《孙子兵法》中开篇就点明：打仗要算成本。仗打起来后，只要打的时间久了国家就会空虚，随后你身边的"隔壁老王们"就要偷你的家了。①

孙子说过："驰车千驷，革车千乘，带甲十万，千里馈粮。则内外之费，宾客之用，胶漆之材，车甲之奉，日费千金！"

只要大炮一响，就注定黄金万两；只要十万出征，就注定日费千金。所以用孙子最精髓的那句话来讲："故兵贵胜，不贵久！"

---

① 《孙子兵法·作战篇》：其用战也胜，久则钝兵挫锐，攻城则力屈，久暴师则国用不足。夫钝兵挫锐，屈力殚货，则诸侯乘其弊而起，虽有智者，不能善其后矣。

李世民打的每场战役最后都是摧枯拉朽不假，但他的准备时间动辄以百日计算。我没有任何否定李世民水平的意思，天赐的时代也需要他抓得住。比如，他表叔杨广的红利所有人都有份儿，但他爹李渊就能打出惨无人道的溃败体验。

汉兴和唐兴之迅速，不可复制的根本原因是"敖仓天下粟"和"杨家大粮仓"。

一方面是突厥抠抠搜搜的天使轮投资，一方面是杨广大大方方的武德创业包，这也就意味着华夏最终会在快速的迭代和极致的内卷后卷出一个最勇猛的。等从国内战场杀出来的这些人往边境一站，就完全是碾压般的存在了。

看上谁就把谁拎到长安训训话这种事，根本无须再让大魔王李世民出场了，他只需要在脑子里琢磨琢磨顶层规划就可以了，以李世勣为首的名将们即将成为东亚与中亚的梦魇。"内战外行"一离开李世民也就那么回事的大唐战队，一旦出了唐的国境瞬间就换上了"外战内行"的金甲圣衣，打得东亚与中亚哭爹喊娘。

突厥在隋末到李世民建唐这几年里可分为三个阶段。

第一个阶段，是始毕可汗反杨广，反与隋有关的一切，对来附的割据势力多进行册封以确定双方的政治隶属关系，最典型的就是封刘武周为"定杨可汗"、郭子和为"平杨可汗"。

这一阶段突厥基本是在背后控制，李唐是突厥这个政策阶段最大的获利者。

第二个阶段，开始于武德二年（619）二月，陇西瞬间被唐吞并后始毕可汗准备亲自动手干预与制衡，结果他刚一南下就突然死了，其弟处罗可汗上位。

原始毕可汗之妻，隋的那位义成公主就此跟了处罗可汗，力主扶植隋朝后裔，处罗可汗更是表态："我父失国，赖隋得立，此恩不可忘。"

李唐依旧是这个阶段最大获利者，因为铁杆反隋的刘武周已被突厥扔下了，如果还是始毕可汗在位，大概率要帮刘武周去拿下山西板块，这样更方便他从中制衡。

李世民随后抓住了突厥这个调整政策方向的机会打败了刘武周，突厥扶植傀儡隋政权吞并了刘武周故地，以苑君璋为大行台统率刘武周余众，双方算是各取所需。

这也是东突厥走向灭亡的开始，因为李唐喘过了最难的那口气。关中和山西从此被李唐牢牢地攥在了手中，突厥开始失去遏制李唐东出的最后一次机会。

武德三年（620）十一月，就在李世民在洛阳与王世充开始僵持上的时候，和王世充联姻的处罗可汗本来打算亲自南下加入战局跟李唐开撕，但是，又一次天佑李唐，处罗死了。处罗要是不死，李世民肯定得撤围回军，毕竟这也就是李渊的风格。

令人不得不服的是隋朝义成公主太牛了，命太硬了，挨个克啊！送完老子送儿子，送完大儿子送二儿子，马上又要检阅三儿子了，她算是把这爷几个研究明白了。

处罗可汗的弟弟颉利可汗上台了，这回突厥的政策并没有变化，但是，突厥因为处罗可汗之死导致出兵的时间被推迟，这个时间又被李世民抓住了！

李世民趁着这个机会上演了虎牢关三千五百勇士的大戏，一场天策封神之战过后，本来能打十年的"河北、洛阳副本"被李世民一下子刷爆了。等突厥反应过来的时候，天下已经是云开雾散的大唐气象了。

第三个阶段也是从这个时候开始的，突厥开始一次次地亲自撸袖子上阵。武德五年（622）八月，突厥兵分三路分别由幽州、雁门、原州侵唐，颉利可汗亲自率十五万骑从雁门一路打过了太原盆地，结果李唐赔款求和，突厥退兵。

李世民当时忙着运作"十二卫大将军"，刚刚上位的颉利可汗也需要用这次赔款去巩固自己的实力，双方就此达成妥协。

武德七年（624），突厥改从关内道进攻，三月、七月、八月，频繁南侵，李渊趁此机会丧权辱国地提出迁都想摆脱他儿子的魔爪，但李世民北上后施离间计让颉利叔侄互相猜疑，最终逼退突厥。

武德八年（625）的七八月间，突厥又自灵、相、潞、沁、韩、朔等州全线南下进犯，颉利可汗亲率大军自并州南下。李元吉的并州武装被突厥打崩后，李靖和李世勣被李世民顺势安插进来，突厥和"大唐二李"一碰，立刻出现高下立判的效果。

隋灭唐兴的这十年，总体来说突厥的思路不可谓不正确，除了中间刘武周那一杠子之外没做错什么，但谁也想不到李唐总玩一击毙命，突厥一个没看住就永远失去了机会。

而且，突厥一次次因为部落属性无可奈何地选择见钱眼开，大可汗最需要考虑的是安抚部落，这就给了李唐很多次拿钱换时间的机会。在史书中李唐对突厥"前后赏赐，不可胜纪""赐与不可胜计"的记载实在是太多了，最著名的是在武德五年（622）八月那次李世民主导的和谈中，郑元璹打动刚刚上位的颉利可汗的理由就是："汉与突厥，风俗各异，汉得突厥，既不能臣，突厥得汉，复何所用？且抄掠资财，皆入将士，在于可汗，一无所得。不如早收兵马，遣使和好，国家必有重赉，币帛皆入可汗，免为劬劳，坐受利益。"

最符合突厥利益的演化局势，是中原没完没了地大乱下去，大量的中原人才北上避乱，人口进入突厥帮助他们汉化，就像"五胡"初期人口进入东北便宜了慕容家一样。

我们也再回顾下"五胡"时代那些闹出了动静的少数民族。

匈奴汉是最早汉化且顶层汉化最充分的少数民族，刘渊和刘聪都是能混"晋圈"的，起家也是靠组织编制汉化之后的五部屠各。

羯赵是个异类，是唯一没往汉化方向玩儿命走的政权，但无论是石勒还是石虎，都是统一思想的艺术家。所谓的"羯"，是苦大仇深的同一份境遇情感下凝结在一起的"并州河北杂胡共同体"，那些年就是羯族用能利用上的各利益群体（包括汉人）去奴役手无寸铁的汉人。

慕容氏的燕政权就不必说了，那是汉化之最。

氐秦是西北最早汉化的少数民族，在羯崩后回到关中老家去实践汉化建国，随后建立了直到那个时候疆域最大的少数民族王朝。

拓跋魏的腾飞源于整个青少年时期都在长安留学的拓跋珪，根基在于被苻坚离散部落政策试点了十多年的部族。在舅爷爷慕容垂的扶植与帮助下，拓跋珪在铁腕集权十多年后走完了汉化的初级阶段，直到他吞并河北靠着战争红利与灭燕威望彻底离散部落，将各族整合成了"代人集团"。"代人集团"就位后，北魏才算是真正上了华夏的牌桌，才真的终结了那个你方唱罢我登场的最乱百年。

所有的少数民族，想要长久统治中原这片土地，都需要完成汉化。他们需要学习汉人凝聚组织的能力，学习怎样将多民族打造成一种文化的共同体，需要弄明白华夏是怎样的披着国家外衣的文明。如果拿着草原那套统治中原是根本没戏的。

突厥也不是没有明白人，颉利可汗其实一直在琢磨汉化，但是一个普世的客观规律最终要了他的命。

千万牢记那个发展定理：任何组织转型的时候，即便是往好的方向转型，也仍然会有巨大的成本，会付出巨大的代价！

再回到本书序章里说的惯性定律：

1. 万事万物都有惯性，不存在例外。

2. 惯性和质量成正比。

牛顿用物理学公式给我们解释了一个玄之又玄的现象：任何一种趋势，要改变原先的状态都不能立竿见影，其效果总是滞后的，越大的趋势越是如此。

任何一个人、组织或国家，从做出努力进行改革到走向蒸蒸日上，这一过程无一例外都是先抑后扬的，即便你最开始做的是正确的选择。你开始走出冬至，但你仍然会深陷在小寒、大寒的泥潭中一段时间。这个时候千万别泄气。前面的努力并没有白费，大量的热量已经开始带走严寒，看不到立竿见影的变化只不过是因为惯性。如果继续坚持正确的方向，等过了临界点就是"守得云开见月明"了。

之所以要"高筑墙，广积粮，缓称王"，是因为你需要大量炮灰去阻挡旧有势力的惯性，需要等整个大环境的势能积累帮你走过严寒的临界点。所有跳早的，都会成为阻拦国家机器惯性的炮灰。

当你要改革的时候，你需要提前准备一大笔红利去收买、安抚，或者用源源不断的增量红利、战争红利去填补成本和代价。

我们就此也给几千年的中原与草原的模型发展定调了：所有草原民族想要把充沛的武德真正转化为有组织的集权力量都要付出成本和代价。

一方面，中原王朝如果能在草原转型期间趁他病要他命，草原就会重新回到"解放前"去做漫长的原始积累。另一方面，草原政权如果出现了大神能够顶着成本和压力完成汉化转型，后面南下就是狂屠乱杀。

苻坚统一北国前，苻生当了"脏手套"完成了对阻碍势力的狂屠，他自己被杀平了众怒，随后苻坚走完了剩下的汉化集权的路。

拓跋珪在刚继承王位的时候就想离散诸部，结果步子迈大了差点儿直接被整死，前期那一次次的部族整合，都是他舅爷爷慕容垂给他出的成本。

后面无论是辽、金，还是元、清，也都有着自己的转型虚弱期。这几个能上台面的北境民族政权，起势的时候都天佑地赶上了要么中原内乱，要么中原统治者自己有着巨大问题，从而让他们熬过了最虚弱的那段时间。没有例外！

时间来到7世纪，在杨广祸乱天下后，突厥迎来了又一个类似于北魏腾飞前的机遇。

前秦崩后遍地复国，杨广崩后遍地尘烟，突厥连续三个可汗的思路大体也没问题，东突厥按理讲不该如此落幕，但就是被人趁病要命了。准确地说，薛仁杲、刘武周、王世充、窦建德、刘黑闼也都不该如此落幕，他们都是小病迅速恶化成了大病，然后被李世民一刀扎死了。

没办法，谁让你们遇上李世民了呢。

二、四十岁后，不滞于物，草木竹石均可为剑

进入武德九年（626），整个时代来到了摊牌的临界点，长安山雨欲来成为风暴眼，北境因为酝酿改革从而一次次南下武装抢劫积攒原始资本。

二月，突厥入侵原州；三月，突厥入侵灵州、凉州，梁师都攻陷静难镇；四月，突厥入侵朔州、原州、泾州；四月二十，李靖与颉利可汗战于灵州硖石，大战自早晨一直打到下午申时；五月，突厥入侵秦州、兰州。

在这样的局势下，李建成和李元吉先是计划在李渊避暑时再复制一次杨文干事件，随后在李世民"中毒"后又布局李元吉北上对阵越来越猖獗的突厥，李建成想搞自己版本的"玄武门之变"。

六月初四，李世民清盘，同月，突厥侵犯陇州、渭州，李世民派了右卫大将军柴绍抗击。

进入七月后，突厥罕见地消停了一个月。这是招募人去了。

八月初一，突厥遣使请和，耍心眼要搞无耻的偷袭。

八月十九，颉利可汗和突利可汗（始毕可汗嫡子，颉利之侄，东

突厥的东面可汗）大举南下，一口气突到了泾州。

八月二十，突厥绕过沿路城镇直接杀入关中平原，兵至武功，长安戒严。

这是颉利可汗听说李世民政变后调来的所有精锐，然后借道梁师都地盘直接从庆州那条线下来了，想趁着李唐政局动荡出其不意地洗劫关中核心区。

八月二十六，尉迟恭与突厥战于泾阳，大破突厥，获其俟斤（突厥部落首领）阿史德乌没啜，斩首千余级。

李世民没有理西面入侵的突厥大军，而是派尉迟恭屯兵泾水（见图6-1），后面他有安排。

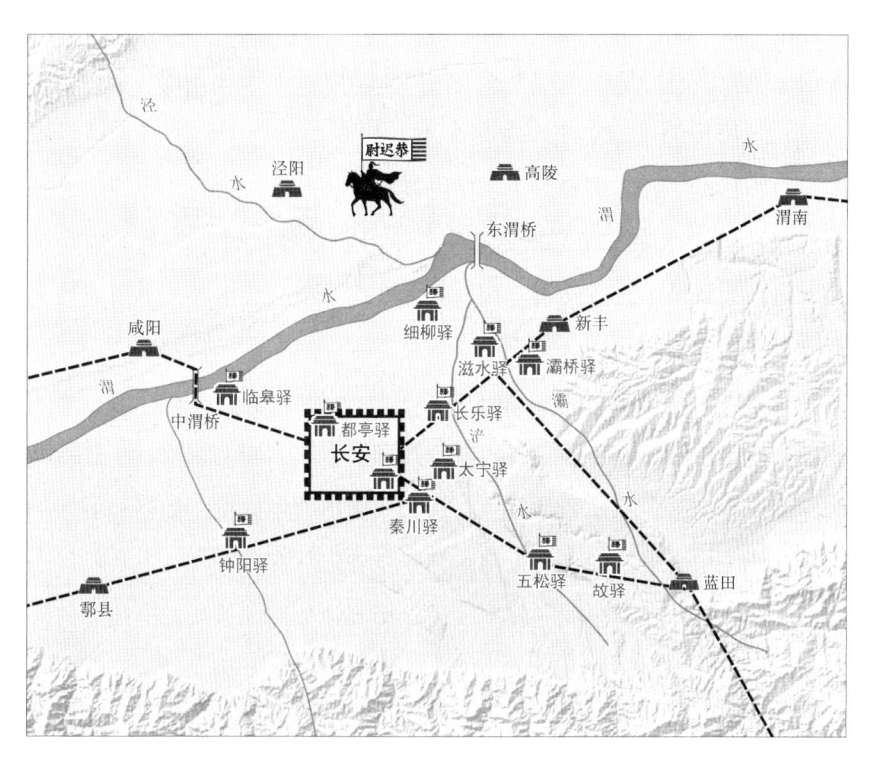

图6-1 尉迟恭屯兵泾阳图

八月二十八，颉利可汗屯兵渭水便桥（西渭桥，与长安西便门相对故称便桥）北岸，遣亲信执失思力入长安见李世民，顺便打探消息。

执失思力大肆鼓吹突厥雄壮论："现在我们大突厥的颉利可汗与突利可汗率领着百万大军已经到了！"

李世民怒斥道："我曾与你们的可汗当面和亲定盟，前后赠给你们金帛多到无法计算，现在你们背盟率兵深入唐境，我没有对不起你们的地方，就算你们是戎狄，但高低也是长着人心的，怎能够忘恩至此？还敢来跟我吹牛，我今天非宰了你！"

执失思力胆怯了，害怕求饶：唐朝老爷别开枪。

萧瑀和封德彝说："算了，打发走得了。"

李世民道："放了他突厥就会觉得咱们软，肯定会动手。"李世民命令把执失思力囚禁在了门下省。他随后下令三军集合，自己从玄武门出城，与侍中高士廉、中书令房玄龄、将军周范等六骑来到了渭水之上，与颉利可汗隔渭水聊上了，李世民责备突厥负约。

过了一会儿唐军列阵前来，精甲曜日，旌旗蔽野。颉利见唐军军容大盛，又知道了自己的使节被抓了，开始害怕。李世民下令诸军后退列阵，自己前去跟颉利谈判。①

萧瑀认为李世民轻敌，谏于马前不让李世民过去，李世民道："别担心，我已经计算好了，突厥之所以倾国而来直入咱们腹地，不过是认为咱们国有内难，我又是新登基，认为我会由着他们抢。如果我们闭门不战整个关中会被他们彻底抢空，如今强弱之势在此一举，我自己过去能显示对他们的轻视，而且我军又展示军容让他们知道我们有战斗的决

---

① 《旧唐书·突厥传》：俄而众军继至，颉利见军容大盛，又知思力就拘，由是大惧。太宗独与颉利临水交言，麾诸军却而阵焉。

心，这就出其不意和他们的战略预想完全不同了。突厥入我唐境如此之深确实不假，但沿途重镇他们可一个没打，他们的后路是不稳的。他们看到咱们胸有成竹就该害怕了，有那么好回去的路吗？"

随后李世民对自己的团队成员明确了一件事：对突厥，战则必克；和则不能再让他轻易撕毁条约。今天是灭突厥的开始，大家都给我记好了！①

八月三十，白马又一次充当了重大场合的牺牲品，李世民与颉利可汗斩白马盟誓于便桥之上。

萧瑀事后向李世民请教："突厥没准备言和的时候，诸将争先请战您没同意，我其实挺疑惑的。不久突厥自己撤了，奥妙何在？"

萧瑀这话其实说得挺到位的，自古哪有结城下之盟的，咱们得打他，打服了再谈判呀！

李世民道："我观察突厥兵马虽多，但军容不整，说到底不过都是为了抢一把来的。当突厥请和之时，颉利可汗独留渭水西岸，突厥高级官员都要来谒见，如果把他们灌醉了抓起来随后突袭突厥兵马那就是摧枯拉朽，我已令长孙无忌和李靖在豳州埋伏兵力，等突厥回逃时前有埋伏，后有追击，灭他们是易如反掌的。我之所以不跟他交战，不过是因为国家尚未安定，暂时要以休养安抚为要务，现在一旦开战，损失一定不小，跟突厥结仇后他们肯定会大规模军备，到时候不方便我下大棋，所以这次才花钱消灾，等他们欲望满足后会自动撤军，骄兵不备，这就方便我们将来一举消灭他们了！"

李世民表明了三件事：

1.这关是买过去的，所谓"今卷甲韬戈，啖以玉帛，顽虏骄恣，必自此始"。

---

① 《旧唐书·突厥传》：与战则必克，与和则必固，制服匈奴，自兹始矣。

2.虽然花了钱,但也准备了最坏的打算,此时已经派长孙无忌和李靖去断突厥后路了,李靖本传中也说了:"颉利可汗入泾阳,靖率兵倍道趋豳州,邀贼归路,既而与虏和亲而罢。"

之前为什么要在泾阳让尉迟恭把突厥打一顿?就是为了控制泾水这条线,方便李靖断突厥后路形成战略威慑。(见图6-2)

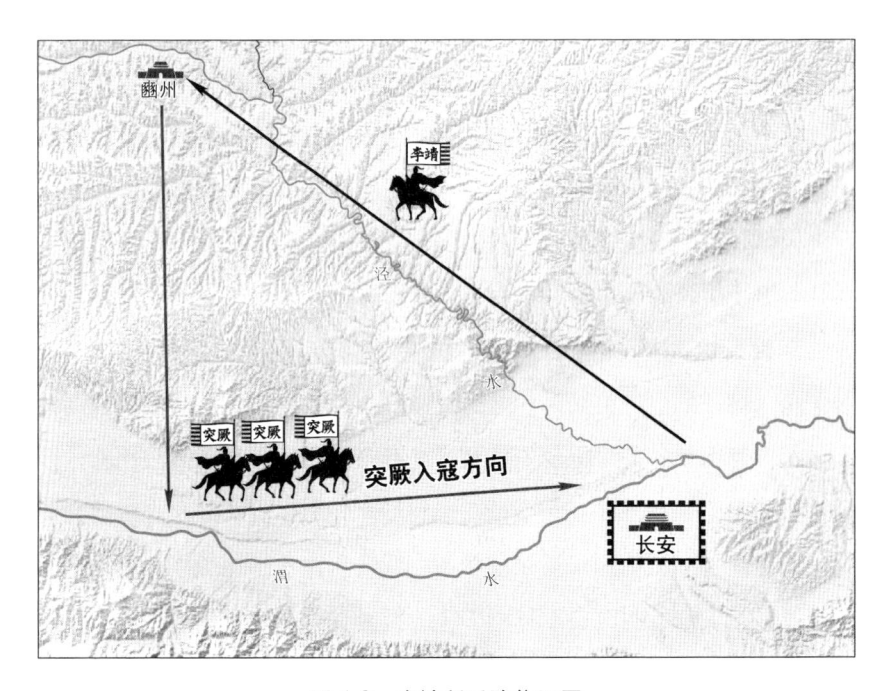

图6-2 李靖断后路位置图

3.虽然说得挺热闹,又是伏击又是追击的,但李世民是没把握把突厥的所有高级官员团灭的,因为他说了"又匈虏一败,或当惧而修德,结怨于我,为患不细"。

他担心突厥的报复,随后战争时间不受控制。李世民这辈子就是《孙子兵法》的活案例,他是天下最能打的战神,却从来不把战胜和军功当目的。战争是政治的延续,打是为了达到目的,是为了以最优成本解决问题。

善战者，致人而不致于人。你永远要掌握战争的时间、地点，将对方调动到你设想的地方去达到你的政治目的，所谓"故知战之地，知战之日，则可千里而会战。不知战地，不知战日，则左不能救右，右不能救左，前不能救后，后不能救前，而况远者数十里，近者数里乎"。

一场战役一旦开启，最重要的问题就变成了如何终结这场战役。

眼下李世民有很多内部工作没做完，比如官僚机构重组，比如功臣的赏赐与提拔，比如东宫和齐王府的善后，比如百姓的休养与安定。让突厥逃走了后面遭到的报复会没完没了，甚至可能北境全线开战，那么规模和时间就不是自己能控制的了。

这种未知是最可怕的，将不利于眼前的安定政局，所以这仗就必须得克制，哪怕自己胜的概率极大也要能不打就坚决不打。百战百胜解决不了问题就没有意义，反而会把国家拖入数胜而亡的危险境地。

项羽赢了前面的每一场战役，但他的力量却越打越小，刘邦却越输越壮。不要百战百胜，要一战而定！要一战打出十年和平，要先为不可胜以待敌之可胜！

安定政局就是李世民在修补自己的漏洞，在"先为不可胜"，眼前，让颉利可汗心虚地拿钱走人能最长时间拖住突厥的下次入侵这就够了，这是达到政治目的的最优解，那么就选这个。

我们再用《神雕侠侣》中的一个桥段来理解李世民的想法。独孤求败的最后一把剑是木剑，剑下石刻道："四十岁后，不滞于物，草木竹石均可为剑。自此精修，渐进于无剑胜有剑之境。"不是只有剑才能杀人，才能达到目的，草木竹石是均可为剑的，哪个顺手哪个更能达到目的就用哪个，千万别执着只有练了剑才能当剑神啊！

李世民具体给了多少钱史书无记载，不过应该少不了，颉利可汗随后进献了三千匹马、一万头羊，李世民推辞不受，只是下诏令其归还掠夺的人口，并命其归还在武德八年（625）被俘虏的人质温彦博。

送走颉利可汗后，李世民一系列稳定朝政的措施相当经典。

首先是最困难的历朝历代的开国军功封侯问题，这些军人要是不伺候好了，他这个府兵最高统帅下课也就是没多远的事了。这些军人的最大问题是他永远觉得你的封赏比不上他的贡献，给多少他都不平衡。

李世民定稿后，命陈叔达在殿下高声公示，李世民表示："我的安排要是不妥，弟兄们在公示期内抓紧说。"随后，谁对建唐贡献大这事开始热火朝天地讨论起来了。①

面对每个人都有拯救过地球的自我认知的局面，李世民拿李神通开了刀。李神通既是宗室，又没什么真正的像样战绩。

李神通对他大侄儿表示："臣举兵关西，首应义旗，如今房玄龄和杜如晦都是刀笔吏，论功却居臣之上，我不服啊！"

李世民表示："义旗初起，叔父虽然首倡举兵，想的却也是为自己脱祸，窦建德吞噬山东时叔父全军覆没，刘黑闼再次闹起来时叔父望风奔北，房玄龄等运筹帷幄才有的大军决胜千里，论功行赏确实应在叔父之先。叔父是国之至亲，我对您没有舍不得的，但确实不可以私恩而稀释其他功勋之臣的含金量。"

客观来讲，李世民这话狠了，成公开处刑了。

1. "义旗初起，叔父虽首唱举兵，盖亦自营脱祸"。
2. "及窦建德吞噬山东，叔父全军覆没"。
3. "刘黑闼再合余烬，叔父望风奔北"。

---

① 《资治通鉴·唐纪八》：己酉，上面定勋臣长孙无忌等爵邑，命陈叔达于殿下唱名示之，且曰："朕叙卿等勋赏或未当，宜各自言。"于是诸将争功，纷纭不已。

李神通算是体会到了什么叫卸磨杀驴，原来自己的价值仅仅局限于不被李渊用，而不是自己有多好用，只有李渊在的时候自己才能喊出高溢价，风口一过自己这只飞猪马上就掉下来了。

榜样效果是很棒的，李神通这事过后众人都消停了，诸将互相沟通道："陛下至公，自家宗室尚无所私，咱们哪还敢再说什么。"于是都开心接受了封赏。①

其实与其说是"陛下至公"，倒不如说是连淮安王都能被修理得那么惨，咱们还是别厚脸皮往上冲了。

举兵你有李世民举得早？

浅水原之战的时候你在哪里？

裴寂狂败时是谁挽狂澜于既倒？

王世充和窦建德都是谁灭的？

五个人勾搭十万大军时是谁殿后的？

刘黑闼卷土重来时又是谁去了就给摁灭了？

这次李唐开国大封赏，最终拿捏所有人的只是一个灵魂之问：你难道比全军最大的战斗英雄兼府兵最高统帅更明白谁的功大？

无论是哪场关键性战役，谁想夸耀当年老子如何如何的时候，总会掂量掂量皇帝大人那看小丑般的眼神，他再轻描淡写地说出几句平地飞升吓死你的话，索性就由着他安排吧。

最终定稿的高级功臣封赏如下：

裴寂封一千五百户。（政治标杆，安抚住李渊的势力。）

长孙无忌、王君廓、尉迟恭、房玄龄、杜如晦一千三百户。（长孙

---

① 《资治通鉴·唐纪八》：诸将乃相谓曰："陛下至公，虽淮安王尚无所私，吾侪何敢不安其分。"遂皆悦服。

第 6 战　天可汗 ｜ 489

无忌、尉迟恭、房玄龄、杜如晦这四个人是文武官员中铁杆中的铁杆；王君廓比较特殊，随李世民平灭王世充、窦建德、刘黑闼，河北定后接替罗艺镇幽州，玄武门之变后干掉太子的党羽幽州大都督李瑗。）

长孙顺德、柴绍、罗艺、李孝恭一千二百户。（长孙顺德，李世民皇后长孙氏的堂叔，参加玄武门之变；柴绍，李世民妹夫，从平薛举父子、宋金刚、王世充、窦建德；罗艺，虽是原太子党，但做了多年的东北王，于大唐确实功勋卓著；李孝恭，平定南方名誉一把手。）

侯君集、张公谨、刘师立一千户。（李世民的贴身心腹军官，玄武门之变中有大功。）

李世勣、刘弘基九百户。（李世民嫡系，方面军司令，玄武门之变时均在外带兵。）

高士廉、宇文士及、秦琼、程咬金七百户；安兴贵、安修仁、唐俭、窦轨、屈突通、萧瑀、封德彝、刘义节六百户；李靖、钱九陇、樊世兴、公孙武达、李孟常、段志玄、庞卿恽、张亮、杜淹、元仲文四百户；张长逊、张平高、李安远、李子和、秦行师、马三宝三百户。（除了张长逊、李子和这种突厥归降的政治符号人物外，都是李世民的铁杆。）

总体而言李世民实现了三个目标：

1.对自己的嫡系集团进行了封赏。这些人是核心骨干，统治基石。

2.李世民对李渊的旧势力给予了千金买骨似的安抚，也就是裴寂那顶在最上面的一千五百户。

别看前后斗了那么多年，但裴寂还是被封为了封邑之首，这是李世民"温水煮渊党"的起手式。

3.对李建成和李元吉的势力进行了安抚。

比如说罗艺就被封了一千二百户，虽然不久后他还是反了。李世民后面还追封了李建成为息王，谥号为"隐"；追封齐王李元吉，谥号为"刺"。李世民以皇室丧礼重新安葬了这两个兄弟，下葬之日自己还哭于宜秋门，原东宫、齐王府旧僚属全部允许送葬。

为了安抚这股势力，李世民还暂时牺牲了自己的下层军官们，比如房玄龄后来给李世民汇报：秦王府老兄弟们没升官的现在都在埋怨，说东宫和齐王府的都升他们前头去了。最后被李世民以所谓"天下为公唯才是举"的名义压下去了。[①]

像这种话就没必要为太宗脸上贴金了，官位和爵位都是稀缺品，都是零和博弈，也就意味着即便打天下时大公无私赏罚分明能让所有人死心塌地跟随的李世民，在整合多股势力时依旧有需要放弃的群体。他注定要干这让人戳脊梁骨的缺德事。

他所谋者大，他希望政治环境能够风清气正，从此走向正循环，避免清算和杀戮，让政治游戏有底线、有规矩，那就只能给前面异己势力吃定心丸。

他最开始补偿了自己的高级铁杆军官们，有他们在，底下的老兄弟们也就只能发发牢骚骂骂闲街。老兄弟们的不平衡还能起到另一层的效果，即拉拢目前最容易离心的原太子与齐王势力，减少内耗。

在旧有利益群体中，有一块大肥肉是李渊的铁票仓，成为李世民下手最狠的羔羊。

李渊建国刚成功后就封了一大群自家王爷，他对政治生态的毒瘤

---

① 《资治通鉴·唐纪八》：房玄龄尝言："秦府旧人未迁官者，皆嗟怨曰：'吾属奉事左右，几何年矣，今除官，返出前宫、齐府人之后。'"上曰："王者至公无私，故能服天下之心。朕与卿辈日所衣食，皆取诸民者也。故设官分职，以为民也，当择贤才而用之，岂以新旧为先后哉！必也新而贤，旧而不肖，安可舍新而取旧乎！今不论其贤不肖而直言嗟怨，岂为政之体乎。"

效果有多恶劣可以通过一句话来品一下：武德年间封王的数量是前无古人级别的。①

这群王爷除了少数人外大部分都是废物点心，到了李世民这里，除了有军功的以外，宗室郡王都被降为了县公，即便是李神通这个有军功的，也连第一波封赏都没赶上。封的是勋臣，您老这望风奔北大将军要是跟他们混一起了我怕勇士们嫌丢人，您还是第二批领封赏吧！

这群王爷就是一块没有反抗能力、下了刀还能取悦所有功勋群体的大肥肉。历朝历代被开刀的都是这样的群体，永远是能杀猪就不杀牛，毕竟猪干不了活，永远是个存量。

李世民对于政治生态的呵护达到了匪夷所思的程度，举一个很细微的例子。627年正月初一，李世民正式不讲"武德"改元"贞观"，在正月初三的宫廷大宴上，演出了唐朝国家级重磅文艺作品《秦王破陈乐》，李世民表示："我从前征伐天下，民间于是有了这个曲子，虽然没那么温文尔雅，但功业因此而成，所以不敢忘本啊！"②

李世民表示我之所以不讲武德了，那是因为我本人就是武德，打天下的兄弟们有功啊！封德彝拍马屁道："陛下以神武平定天下，岂是文德所能比拟的。"心眼多的封德彝赶紧顺杆爬表示李渊这个坐在家里的人确实该待一边去，但李世民又表示："平乱建国需要靠武力，守成治国需要依赖文才，文武的作用，各有各需要的时候，你说文不及武，

---

① 《旧唐书·李孝逸传》：初，高祖受禅，以天下未定，广封宗室以威天下，皇从弟及侄年始孩童者数十人，皆封为郡王。太宗即位，因举宗正属籍问侍臣曰："遍封宗子，于天下便乎？"尚书右仆射封德彝对曰："历观往古，封王者今最为多。"

② 《资治通鉴·唐纪八》：丁亥，上宴群臣，奏《秦王破陈乐》，上曰："朕昔受委专征，民间遂有此曲，虽非文德之雍容，然功业由兹而成，不敢忘本。"

这话过了。"

《秦王破阵乐》是为了和武将们忆往昔峥嵘岁月，纠正封德彝是和文官系统携手齐心开创新未来。作为实质上的大唐开国国父，李世民没有那种十年隐忍终于上位的扬眉吐气与肆意而为，他很小心、很细心地继续整合所有他能用到的群体。

短短半年时间，李世民在突厥史上最大规模压境的情况下完成了上述政治过渡，狂修内功整合了所有异己势力，帮很多本该鱼死网破的人成功放弃了抵抗，并开始将心思放在努力工作上。李世民的总体思路就是将资源挤到最能减少内耗的模式上，统一所有朝臣的思想。

自617年七月初五太原起兵到626年六月初四玄武门之变，这是九年的时间啊，一般来说烂船还有三斤钉呢，但李渊、李建成、李元吉的剩余势力就这样被李世民以不可思议的、水波不兴的方式转化成了贞观忠臣。

做个对比，整个两晋"五胡"南北朝包括武川的祖辈们，有哪一次的政治斗争如玄武门之变一样，除了李建成和李元吉之外，几乎没有任何政治牵连的情况？

没有，一次都没有！

其实我相信颉利可汗的精准南下也算是命运对李世民的馈赠，在他本来最该得意忘形的时候被泼了盆冷水。渭水之盟对于他是耻辱，那是城下之盟。他是个知耻后勇的人。

完成巨额勒索的颉利可汗觉得自己一笔敲诈敲出了十年和平，他在一个不该乱动的时刻选择了自古死亡率极高的游戏——改革。或者说，颉利可汗也许认为李世民短期内无暇他顾，他家那堆烂账没个几年可捋不明白。

但颉利不太了解李世民，这人是成本之神。他之所以花钱消灾放你走,是因为眼前的政治整合成本远比在关中打残你的收益要大得多。刚开国就开战,会让很多人动心思的。武德余孽变成贞观忠臣这事最重要,而他转化忠臣的速度比你想象的要快得多。他清盘的速度,比你想象的也要快得多。

三、李世民的"草原均势"策略

贞观元年（627）五月，刘武周余孽、突厥的重要傀儡苑君璋看到突厥颉利可汗政事混乱，感觉突厥要完，于是率众脱北投唐了。①

苑君璋是怎么看出来突厥要不行的呢？颉利可汗在威望和红利不足的时候进行汉化，还赶上了天灾。

突厥本来民风淳厚，政令简略，突厥民众就信奉踏踏实实地抢，但颉利可汗自从"继承"了他后妈、嫂子义成公主后就一个劲地玩汉化，打算过把皇帝瘾。他重用了一个叫赵德言的汉人，开始走突厥化中原主义，大量改变突厥旧有风俗，政令也变得苛刻繁杂，但这种中原王朝的统治技术哪是说移植就能移植的，没有肉眼可见的好处凭什么让各部落改风易俗，颉利直接把自己的群众基础给整没了。

颉利还信任其他少数民族部落而疏远突厥本族人打算搞制衡、搞专权，结果把自己的统治基础也给整松了。本来一个族的人都可能"老乡见老乡背后打一枪"，更别提"非我族类其心必异"了，而他看

---

① 《资治通鉴·唐纪八》：至是，见颉利政乱，知其不足恃，遂帅众来降。

第6战 天可汗 | 495

上眼的一些少数民族却贪得无厌，反复无常，干戈连年不息，这样一来他就又把自己的威望给折腾干净了。①

颉利父兄四代可汗全程见识了中原的那套统治术，尤其是杨坚拿他们家当孙子耍的那一套实在太美好，他也想打造自己的中央集权，结果没有皇帝命却得了皇帝病。

游牧民族想集权，必须要有大量的汉化人才来帮他们搭建框架——慕容燕、苻秦、拓跋宏都有汉人豪族的巨大助力，还必须要有大量的增量利益堵住老臣们的嘴。自古解决改革问题永远要拿利益增量解决，得罪旧有利益集团不怕，但你得一边让之前拿不到好处的人眼红了跟你干增加自己的实力，一边对旧有利益集团既吓唬又给它们未来，温水煮青蛙。

拓跋珪能够彻底推行"离散诸部"完成帝国奠基靠什么？靠的是灭燕后的人口与财富红利。

后面契丹、女真（包括后来建立清朝的满族）、蒙古之所以最终能从部落转型到专权性质的帝国，其实都是以大量的人口与财富掠夺为前提的，而且即便如此其内部也充满了大量的权力斗争，不是那么轻松就能转化到帝制的，是需要一代代人日拱一卒的。

颉利继承的是他哥哥处罗的可汗之位，处罗继承的是他们的哥哥始毕可汗之位，单纯想要扭转"兄终弟及"的制度都不会那么简单。当年拓跋珪为了把帝位传给自己的子孙，父子两代烧了多少脑细胞？太子以极大权势监国这个相当畸形的政治产物，其实是北魏从部落到帝国的

---

① 《资治通鉴·唐纪八》：初，突厥性淳厚，政令质略。颉利可汗得华人赵德言，委用之。德言专其威福，多变更旧俗，政令烦苛，国人始不悦。颉利又好信任诸胡而疏突厥，胡人贪冒，多反覆，兵革岁动。

一个必然过程。

政治体制是永远不存在拿来主义立刻落地就能用的，它的改变与磨合是拿人命和金子填出来的。

突厥的最大红利期是隋末纷乱时期，本来这个大乱世和突厥扶植整个北境代言人的思路是史诗级的腾飞窗口，大突厥王朝如果能够建立也只能是在这个时候，但是李世民无限缩短了这个红利期。

从太原起兵算起，实际上仅仅在六年后，在武德五年（622）洺水之战后这个窗口期就已经过去了。突厥则在短短两年内接连死了两个可汗，眼一闭一睁武德时代就过去了。

从根本的算法上看，颉利可汗在李世民当了皇帝后，就一定不能改革了。

女真（满族）、蒙古爆发时的对手是谁？那时他们本族的大神又是谁？突厥现在的对手是谁？突厥能抢到李世民的东西？这是 7 世纪最幽默的笑话。

颉利可汗不仅在发展规律上没想清楚，而且运气也不好。贞观元年（627）的冬天，草原赶上了罕见的大白灾，大雪深达数尺，牲畜多冻死，再加上连年饥荒，冻死了很多人。颉利却开始向各部征重税，各部都在闹灾，这就变成了草原版的官逼民反，各部落多反叛，突厥肉眼可见地衰弱下来。①

这一年是突厥联的解体元年，突厥的汉化试探得罪了核心股东。

之前铁勒（有敕勒、丁零、高车等不同叫法）的各部落分别加盟了突厥政权，薛延陀、回纥、都播、骨利干、多滥葛、同罗、仆骨、拔

---

① 《资治通鉴·唐纪八》：会大雪，深数尺，杂畜多死，连年饥馑，民皆冻馁。颉利用度不给，重敛诸部，由是内外离怨，诸部多叛，兵浸弱。

野古、思结、浑、斛薛、奚结、阿跌、契苾、白霫等十五部均住在漠北地区，这些都是铁勒族的，风俗习惯大致与突厥相同，薛延陀部是其中实力最强的。

突厥起家的时候，最初的一笔横财就是突厥太祖阿史那土门吞并了铁勒部五万余户，铁勒从此成为突厥最关键的股东，一直是突厥的"北境之王"。①

颉利可汗因为推动汉化而使自己内部乱了之后，薛延陀与回纥、拔野古等铁勒诸部相继反叛，不再受突厥控制了。

你想当皇帝，我们还想当可汗呢！

颉利可汗派侄子欲谷设统十万骑讨伐，结果被回纥部仅以五千骑兵在马鬣山打得大败，还被回纥俘虏了一大部分人，回纥发了原始横财就此开始兴盛。②

这个回纥就是后面安史之乱帮大唐平叛的回鹘，788年由回纥的武义成功可汗上表改的名字，取"回旋轻捷如鹘"之义，也是今天维吾尔族人的祖先。

薛延陀随后也乘机相继击败突厥军队，颉利可汗此时已经彻底失去了对铁勒诸部的控制。

此时的突厥，和草原上千百年来的不同部落兴衰起落一样，也和当年柔然衰落时突厥突然兴起的局势是一样的。之前都是加盟商，当你走了下坡路后一旦镇不住了，加盟商马上就化身最野的狼，怎么都要咬死你。

---

① 《旧唐书·回纥传》：自突厥有国，东西征讨，皆资其用，以制北荒。
② 《资治通鉴·唐纪八》：颉利遣其兄子欲谷设将十万骑讨之，回纥酋长菩萨将五千骑，与战于马鬣山，大破之。欲谷设走，菩萨追至天山，部众多为所虏，回纥由是大振。

其实在贞观元年（627）的时候，不仅大唐的官僚们对攻打突厥已经纷纷跃跃欲试了，李世民本人的判断也已经是可以开打了，但他还跟团队成员扭捏："颉利君臣昏庸残暴这是眼看要死的节奏，我们现在出兵吧，刚刚与突厥立盟，师出无名；不出兵吧，这机会又太难得了。怎么办呢？"①

最终是长孙无忌给压下来了："虏不犯塞而弃信劳民，非王者之师。"

结果等这一年是非常对的，因为唐朝在这一年也是山东大旱，李世民下诏让地方官府赈灾并免了租赋。

到了贞观二年（628），老天还是不给面子，关内大旱，百姓已经到了卖儿卖女的地步，据说李世民是拿国家财政买回了被卖的孩子，让他们各回各家随后还大赦天下，并下诏表示"请求上天饶过天下百姓，灾到朕身上来"。②

中原的气候都恶化成这样了，调节能力更弱的草原就更加惨不忍睹。中原这里闹灾荒，草原遭遇了更加残酷的旱灾。之前遇到这种天灾时，草原诸部会在大可汗的带领下去南面抢劫，这回由于颉利可汗作死，草原上为了争夺存量开始大乱，势力小的部落纷纷寻找大唐庇护。

突利可汗在幽州之北建立牙帐，一直负责突厥的东方工作，此时东部十余族已经叛了突厥投降唐朝，颉利责备他侄子失去大量加盟商。在薛延陀、回纥等打败了颉利派去的征讨军后，颉利调突利讨伐，突利

---

① 《资治通鉴·唐纪八》：言事者多请击之，上以问萧瑀、长孙无忌曰："颉利君臣昏虐，危亡可必。今击之，则新与之盟；不击，恐失机会。如何而可？"

② 《资治通鉴·唐纪八》：关内旱饥，民多卖子以接衣食；己巳，诏出御府金帛为赎之，归其父母。庚午，诏以去岁霖雨，今兹旱、蝗，赦天下。诏书略曰："若使年谷丰稔，天下乂安，移灾朕身，以存万国，是所愿也，甘心无吝。"

又被打成了单枪匹马，颉利大怒，把他侄子关了十几天又处了鞭刑。突利回去后就开始思考未来了，颉利几次向他征兵他都明言不给，还当了最大的"突奸"：向唐上表请求入朝。

李世民之前和突利结过盟兄弟，现在突利来投他世民哥了。

听说侄子要当"突奸"，颉利不干了，攘外先安内，率兵来攻突利。

贞观二年（628）四月十一，突利派人向李世民求援，李世民兴奋地对大臣们道："朕与突利是盟兄弟，他有难我不能不救呀！但跟颉利那边又订盟了，怎么办呢？"

看到皇帝如此兴奋地想干涉突厥内政，杜如晦道："戎狄不守信用，他日定会背盟！现今如不乘其混乱而攻将来追悔莫及，谋取混乱之国，侵凌将亡之师，这是自古就有的道理。"

李世民这边正如火如荼地讨论着呢，四月二十，颉利派使臣来到大唐请求用梁师都换回之前归降大唐的东北契丹。颉利这是拿大唐当大宋了！想要以梁师都为诱饵让大唐把归降的少数民族吐出去，以此来打造大唐不可信的名片。

突厥知道李世民的岳父是谁吗？他可是草原均势的设计师长孙晟。你们跟这位聪明女婿耍这心眼子？

李世民表示："契丹跟你们突厥是不同的民族，现在来归顺我大唐，你们有什么理由讨还？梁师都本是中原汉人，侵盗我土地，暴虐我百姓，你们突厥一次次地包庇他，我兴兵讨伐还不够你们掺和的，梁师都已经如鱼游釜中了，还用得着你们跟我换？"

李世民已经开始对梁师都三管齐下地下手了：一边招降梁师都，一边派轻骑部队祸害梁师都的粮食产区，一边使反间计离间其君臣招降纳叛。

就在突厥来信的这几天，梁师都手下的大将李正宝等密谋抓梁师都当投名状，事情败露后投唐。李世民派柴绍和薛万均率兵攻梁师都，结果突厥来救，被柴绍爆砍了一顿包围了朔方城。

四月二十六，梁师都的堂弟梁洛仁杀了梁师都献城投降，唐朝在该地建夏州。

用不着你换，我自己拿到手。

梁师都之所以能在我大唐眼皮子底下存在那么多年，不过是顾虑你们突厥的强大，不过是要修炼我们自己的内功，如今你们都衰落成这样了，梁师都的地盘就必须回归大唐怀抱了。

至此，因为突厥始终没动手拿下的岭北梁师都的隐患被拆除，李唐在整个北境连成一片了。

九月十六，突厥兵犯边境，群臣中居然还有建议修长城的，李世民道："突厥眼看要死，我正要打他们，怎么能劳苦百姓修边塞呢？"[1]

贞观二年（628）这一年，不仅东突厥越来越弱，连西突厥也乱了。

西突厥统叶护可汗被其伯父杀死，后者自立为莫贺咄侯屈利俟毗可汗。西突厥国人不服，弩矢毕部推举了泥孰莫贺设为可汗，泥孰不同意，而是迎回了之前为躲避莫贺咄追杀而逃到了康居的统叶护可汗之子力特勒，汗号乙毗钵罗肆叶护可汗。

西突厥也赶上因争夺王位而发生内乱了，争夺汗位的双方相互攻伐，争斗不息，都派使臣请求与唐朝通婚。

李世民拒道："你们的国家刚发生内部争斗，君臣尚未确定，怎么

---

[1] 《资治通鉴·唐纪九》：己未，突厥寇边。朝臣或请修古长城，发民乘堡障，上曰："突厥灾异相仍，颉利不惧而修德，暴虐滋甚。骨肉相攻，亡在朝夕。朕方为公扫清沙漠，安用劳民远修障塞乎！"

能谈得上求婚呢?"传谕各部保持稳定,不要再互相攻伐。

不通婚就是琢磨明白了。李世民今年三十一岁,已经是最老辣的顶级政治家了,他知道西突厥各方不过是想狐假虎威借着自己的威名打赢他们的内战。等你们都要死时,你们的唐爹再出手。

看到大唐谁都不帮,西突厥的股东们也纷纷撤资了,不打算卷入阿史那族内部的矛盾,他们心里盘算:"等你们都拼死了我就能当主人了。"于是先前依附西突厥的铁勒和西域各国均叛离。[1]

突厥以北更为苦寒的诸部此时已经大多叛离突厥归附了铁勒族的薛延陀部,还共同推举薛延陀部的首领俟斤夷男为可汗。俟斤夷男害怕树大招风表示自己不敢干,这事被李世民听说了。

你不干可不行!草原还不够乱,大唐给你政治背书,你去和颉利打,往死里扰乱草原!

李世民派了游击将军乔师望走小道,带着大唐册书封薛延陀部首领俟斤夷男为真珠毗伽可汗,并赐鼓和大旗,表示大唐给你批的官,腰杆挺直喽!

夷男就此胆肥了,遣使向大唐入贡随后正式"狐假虎威",在大漠中的郁督军山下建牙帐,势力范围东至靺鞨,西到西突厥,南接沙漠,北临俱伦水;回纥、拔野古、阿跌、同罗、仆骨等铁勒各部均为其附属,这是组建铁勒共和国了。[2]

至此,过去是突厥最亮的刀的铁勒诸部从突厥名正言顺地分离出

---

[1] 《资治通鉴·唐纪九》:上不许,曰:"汝国方乱,君臣未定,何得言婚!"且谕以各守部分,勿复相攻。于是西域诸国及敕勒先役属西突厥者皆叛之。

[2] 《资治通鉴·唐纪九》:夷男大喜,遣使入贡,建牙于大漠之郁督军山下,东至靺鞨,西至西突厥,南接沙碛,北至俱伦水;回纥、拔野古、阿跌、同罗、仆骨、霫诸部皆属焉。

来自己组"邦联"了。

其实北境的成百上千个部族，生产力和生活方式都是些松散的联盟整体，好多部落之前都是有血仇的。也许去年 A 部落把 B 部落给屠了，继承了 B 部落的女人和孩子，那么两个部落瞬间就达成所谓的"融合"了；也许没屠干净，跑了一部分人，转过年来 A 部落天有不测风云地闹了大灾，B 部落又来打 A 部落了。

草原上的血雨腥风要比中原多得多，因为他们面临的天灾烈度更极端，人在极端条件下为了活下去会做出更加不同寻常的事，所以其实草原诸部之间的关系要比跟中原王朝的关系差得多。

突厥之所以衰落，根本原因是统治突厥的阿史那家族出了大问题，之前的血仇就都记起来了。同样，别看此时铁勒诸部都抱一起了，后面也打出狗脑子了。

匈奴、鲜卑、突厥之所以能在青史留下几行名姓，是因为他们的诸多松散部落加盟了一个大的联盟体，来跟修了那么长的长城的中原王朝要价。

草原政权和中原政权只有利益问题，谈不上什么血海深仇，他们内部的血雨腥风要多得多。等他们的大联盟出问题时那些部落就会打起来，毕竟那些血仇谁能忘得了啊！

其实像汉武帝当年那种集国家资源跟匈奴往死里打，从客观的成本来讲真的不合适，中原王朝对北境部落就应该像英国对欧洲大陆那样玩分化。英国的那套玩法也是咱们中国人早就琢磨明白的，如杨坚和长孙晟这对搭档对东西突厥的分化，再看看李世民对突厥玩的制衡，回纥、拔野古、阿跌、同罗、仆骨这些部落都不跟突厥混了。

薛延陀此时是被唐朝扶持的，等后来壮大了也不知道自己姓什么了。

第 6 战　天可汗　｜　503

那就再对你玩一次当年对突厥的游戏。

制衡这事永远不存在一劳永逸，北境那么大，部落那么多，是杀不尽的。你不要去欺负别人，他自己内部会自爆的，你只要动态制衡、定期锄草就好了。

突厥很强大，那么就扶植草原第二大势力的加盟部落薛延陀；甚至突厥本身就有东西各种可汗，如果谁强大起来，那么就扶植另一个弱的。

永远记住，草原跟中原的仇其实真不一定比他们自己的"民族内部矛盾"大。带路党永远不是少数，没有永远的敌人，只有永恒的利益。

东西突厥同时爆发内乱让大唐赶上了史无前例的国运窗口期。李世民的天可汗确实要感谢历史的进程。但是，这仅仅是因为李世民幸运吗？

刘邦从芒砀斩白蛇到诛英布尽灭异姓诸王用了十四年的时间，刘秀从舂陵骑牛起兵到灭蜀地公孙述也是用了十四年的时间，两汉的两位开国帝王都算是快的了。东汉崩了以后，大家都知道最后打成了什么样。更不要说西晋崩时直接"崩"出了中国古代史上的最乱百年，北魏崩后东西对峙了长达半个世纪。

天下大乱，哪有那么好缝合的。但从太原起兵到玄武门之变，李世民只用了九年时间。天助自助者！李世民节省下来的这些时间和成本，就该他能赶上这时来天地皆同力的国运。

贞观三年（629），李世民册封薛延陀，把突厥北面的退路给堵死了。就在接突厥这个"锅"之前，已经夯实统治基础两年多的李世民首先对他爹的旧有势力下手了。

大家可能会疑惑，玄武门之变时不是把武德帝李渊给废了吗？怎么还有他的戏？

李渊当了九年唐皇，资深长安宅男，烂船尚有三斤钉。原东宫和齐王府的人之所以不走脑子是因为李建成和李元吉都死了，但李渊还活着。而且李世民还得体面，他还尽量得让他爹想活多久就活多久。所以这是个"父慈子孝"的精密手术，有些非恶性的肿瘤需要用时间慢慢去微创剥离。

李世民动他爹前，要先动裴寂。牵出裴寂的方式，是一个之前因为恩幸能够出入禁宫的和尚法雅被李世民拿走通行证后妖言惑众被逮捕，在杜如晦审理后得知裴寂曾是他的听众。这一年的正月二十九，裴寂因为此事被免职，封邑减半被勒令回老家。

裴寂请求留在长安，李世民开始算总账，斥责道："你有什么功劳能到这个位置？还不是因为太上皇给的恩泽把你强推了个第一。武德年间贪污受贿风气盛行，政纲混乱都是因为你，只是因为你是开国老臣所以我不忍心依法处置你罢了！现在让你回家能守墓已经是开恩了。"[1]

裴寂回了老家蒲州后，有个叫信行的狂人对裴寂的家童称裴寂面有天相，然后这人就死了。后来裴寂的家奴把这事告诉了裴寂，裴寂暗中让家奴把家童杀了灭口，结果那个家奴把家童放了，给自己留了条后路。[2]

毕竟那个家童知道，他这个家奴也知道，万一哪天裴寂把自己也

---

[1] 《资治通鉴·唐纪九》：寂请留京师，上数之曰："计公勋庸，安得至此！直以恩泽为群臣第一。武德之际，货赂公行，纪纲紊乱，皆公之由也，但以故旧不忍尽法。得归守坟墓，幸已多矣！"

[2] 《旧唐书·裴寂传》：未几，有狂人自称信行，寓居汾阴，言多妖妄，常谓寂家僮曰："裴公有天分。"于时信行已死，寂监奴恭命以其言白寂，寂惶惧不敢闻奏，阴呼恭命杀所言者。恭命纵令亡匿，寂不知之。

灭了口呢？

后来这个家奴认为自己干了这么大的一件事想得到经济补偿，就把裴寂的封邑收成给贪污了，随后被裴寂追捕。裴寂的能力确实成问题，居然被这个家奴成功脱逃，之后这个家奴就去李世民那里反映问题了。①

李世民收到举报后给出裴寂的四大罪：

1. 位为三公而与妖人法雅亲密。
2. 事发之后负气愤怒还爱吹牛，居然称国家有天下是自己所谋。
3. 妖人言其有天相却隐匿而不上奏。
4. 暗行杀戮以灭证人之口。

最终李世民表态："开恩不杀了，流放静州。"

就在裴寂被打倒后，又住了快三年太极宫的李渊在这一年的四月正式迁居他曾经给李世民盖的那座宏义宫，并改名为大安宫，李世民开始正式在太极殿听政。②

意不意外，李世民谨慎到了什么地步呢？

玄武门之变后他竟然没有逼他爹迁宫，而是又忍了两年，在温水煮青蛙地以拿下裴寂为标志完成彻底清剿后，才父慈子孝地正式入住大内。

政治啊政治，是有着一系列套路打法的，是要一步步来的。

李渊在玄武门之变后仍然被放在太极宫，既是面子，又是诱饵。面子好理解，父慈子孝；而李渊这个"先皇"的超级诱饵，则可以把水

---

① 《旧唐书·裴寂传》：寂遣恭命收纳封邑，得钱百余万，因用而尽。寂怒，将遣人捕之，恭命惧而上变。

② 《太平御览·皇王部》：夏四月辛巳，太上皇徙居大安宫。甲子，太宗始于太极殿听政。

面下隐藏的鱼引出来。

举个例子，贞观元年（627）的最后一天，十二月三十，历任秦王府的库直骑、护军、太子左内率、右武卫将军的刘德裕与利州都督义安王李孝常及统军元弘善、监门将军长孙安业等高级将领密谋以宿卫兵造反。①

在这个特殊的时间点，如果这个阴谋团伙干掉了李世民的核心集团，那么谁是新的旗帜呢？只可能是太极宫的李渊。

李世民之所以始终让李渊住太极宫，就是因为他没办法让他爹死，也始终断不了李渊派系的念想。不怕贼偷就怕贼惦记，这事只要一涉及体面，那么方方面面的成本就都会很高，既然如此，那么就把太上皇放在这里当诱饵等那些杂兵冒出来吧。

裴寂犯事后还想留在长安是为什么呢？他是要为他的老主子留在长安。但随着裴寂被打倒，李渊所有能借力的根也全部被拔除了。

李渊这回搬家后活得是太明白了，父慈到了死，除了李世民安排的宴会和阅兵外这辈子再没走出过大安宫。懂事得让人心疼。

---

① 《资治通鉴·唐纪八》：戊申，利州都督李孝常等谋反，伏诛。孝常因入朝，留京师，与右武卫将军刘德裕及其甥统军元弘善、监门将军长孙安业互说符命，谋以宿卫兵作乱。

四、李靖：报告，北境已回归，颉利目前情绪稳定

贞观三年（629）八月初八，薛延陀毗伽可汗派其弟统特勒进贡，李世民赐其宝刀与宝鞭道："你统属的部族犯下大罪的用此刀斩，犯下小罪的用此鞭打。"李世民既册封了汗位又官方授权了"尚方宝剑"给薛延陀做背书，颉利可汗彻底害怕了，开始遣使称臣请求通婚，给李世民当女婿了。

他不狂了？但是晚了，李世民已经决定动手。

李世民的心腹，时任代州都督的玄武门门神张公谨上表了，表示可以对颉利集团进行收网了，理由如下：

1. 颉利纵欲逞暴，诛忠良，亲奸佞。

2. 诸部叛离。

3. 突利、拓设、欲谷设这些本族骨干都被颉利得罪了。

4. 塞北霜旱，他断粮了。

5. 颉利疏远自己的族人，亲近与重用诸胡，联盟极其松散，大军一到他形不成核心凝聚力。

6. 隋末北逃的中原人不少，咱们大军出塞后自然响应。

最终李世民以颉利救援梁师都背盟的名义，下诏兵部尚书李靖、代州都督张公谨出定襄道自马邑出击，并州都督李世勣出通漠道自云中出击，左武卫大将军柴绍出金河道自夏州出击，灵州都督李道宗出大同道自灵州出击，幽州都督卫孝节出恒安道自幽州出击，营州都督薛万彻出畅武道自柳城出击，六总管共十余万大军剿灭东突厥。

李世民这次抓颉利来跳舞的布局，主攻的是把握最大的李靖和李世勣，另外四路分别是堵颉利向东西方向逃窜的。颉利有本事你就往漠北跑，你在漠北还站得住脚吗？那边有薛延陀的"铁勒共和国"等着要你的命！

此战也能看出来李靖在李世民心中的分量，李靖是总司令，六路大军皆受李靖节度。

其实李靖在这里面的官职并不高，比如同方向的李世勣是并州都督，并州是大都督府，都督是从二品的；李靖的副手张公谨的官职是代州都督，代州是中都督府，都督是正三品上。李靖的官职是兵部尚书兼检校中书令，都是正三品，比李世勣和张公谨低，但贞观二年（628）李世民就把李靖以本官兼检校中书令调进核心团队了。

别看早早就被调到南方去了，但李靖到底是陪着李世民经历过浅水原和雀鼠谷的，大唐将星确实璀璨，但还是分大小王的，在大王李世民眼中，李靖是那个小王。

李世民官宣启动收复北境的项目后，大量脱北者提前南下和颉利划清了关系。

九月初九，突厥九位俟斤率三千骑兵来降。

九月二十一，拔野古、仆骨、同罗、奚结各部首领率众来降。

十二月初二，东突厥的东方可汗突利入朝来到长安，李世民对侍臣道："从前太上皇因为心系百姓而向突厥称臣，朕常痛心，现在突厥单于给咱们磕头,多少算是雪耻了。"

十二月二十四,处罗可汗之子郁射设率部来降。

十二月二十九,党项诸部来降进贡。

仅仅在贞观三年(629)这一年,户部年终上奏称:中国人自塞外归及"四夷"前后降附者,男女一百二十余万口。

颉利这通改革,连他自己打包后都成了李世民的红利。

时间来到贞观四年(630),收网之年,大正月的传来了好消息。

李靖率三千骁骑自马邑进逼恶阳岭(今内蒙古呼和浩特定襄古城南)后夜袭定襄(今内蒙古呼和浩特和林格尔县境内),击破突厥。

颉利没想到李靖来得如此突然,大惊道:"唐如果没有倾国而来,李靖何敢孤军至此!"突厥本部一日数惊开始向北逃。

李靖又派间谍离间了颉利的亲信康苏密,康苏密抓了杨广的萧皇后及其孙傀儡隋帝杨政道来降。

正月初九,这些前朝"战利品"被"快递"到了长安,跟李世民同乐。

李世民进封李靖为代国公,赐物六百段及名马、宝器,并高度肯定道:"昔李陵提步卒五千不免身降匈奴尚得书名竹帛。卿以三千轻骑深入虏庭,克复定襄,威振北狄,古今所未有,足报往年渭水之役!"

捷报还在不断传来,李靖这个总司令没有辜负李世民的期望,对颉利下的死手,他并没有调李世勣跟他一起来打颉利,而是安排李世勣出云中去白道堵颉利的后路。

白道的位置在今天内蒙古呼和浩特坝口子村,自古就是河套东北地区通往阴山以北的交通要道,其北面就是隋唐的祖源武川。(见图6-3)

颉利在此战中充分体会到了《三国演义》中曹操的感觉,笑李靖无谋、李世勣少智的时候在白道被李世勣暴力狂屠。

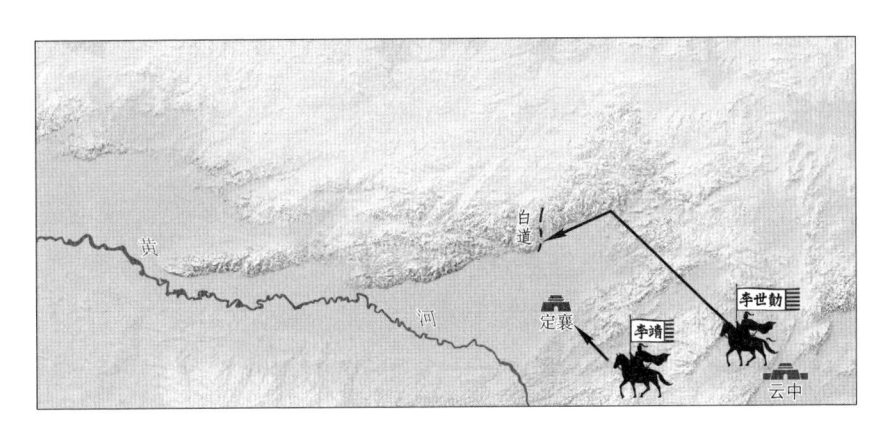

图 6-3　唐军北伐示意图

颉利率部艰难逃脱，随后被李靖追上，在阴山山麓又被打了一通。

颉利一口气逃窜到了铁山（即后套北阴山北麓大青山），此时其余众尚有数万，随后他派执失思力入朝见李世民当面谢罪，表示被打服了，请求举国内附，自己入朝。①

看到匪首同意归案，李世民批准了，派鸿胪寺卿唐俭等人抚慰，又令李靖领兵去迎颉利。

此时李世勣已经率兵马与李靖会合了，李世勣给李靖出主意道："颉利虽然败了，但他的兵马还是有相当实力的，如果让他向北逃到大漠那时就逮不着他了，这样功劳就到不了咱们手上，现在朝廷的使节已经到了颉利那里，他肯定不再戒备，这时候如果去打他必可不战而平定。"李靖大喜道："你这是韩信偷齐之计啊！咱就这么定了。"②

---

① 《旧唐书·李靖传》：自破定襄后，颉利可汗大惧，退保铁山，遣使入朝谢罪，请举国内附。

② 《旧唐书·李勣传》：勣时与定襄道大总管李靖军会，相与议曰："颉利虽败，人众尚多，若走渡碛，保于九姓，道遥阻深，追则难及。今诏使唐俭至彼，其必弛备，我等随后袭之，此不战而平贼矣。"靖扼腕喜曰："公之此言，乃韩信灭田横之策也。"于是定计。

第 6 战　天可汗 ｜ 511

他们商量好之后找来了第三个大佬张公谨，张公谨道："诏书已同意颉利投降，咱们的大使还在那边，怎么能进攻啊？"李靖道："这是韩信灭齐之计，唐俭那些人死就死了。"①

总指挥李靖就此拍了板，选一万精骑，带二十日的粮食，连夜自白道出袭，李世勣随后跟上去堵颉利的后路碛口（今内蒙古巴彦淖尔乌拉特中旗境内，大漠南缘北渡入口处）。

李靖和李世勣为什么敢这么做？因为李世民的目标就是灭掉或控制东突厥的有生力量，是颉利"遣使入朝谢罪，请举国内附"才同意受降的。他之所以派李靖带兵去接就是做两手准备，防止颉利变卦。

既然如此，那就根本谈不上追责了，战后写报告可太好写了。李靖和李世勣这两位军中大佬可以咬死说颉利困兽犹斗变心思了，为了国家只能打他，李世民根本没有办法。

战后，出主意的李世勣根本没被追究，总指挥李靖倒是被告了黑状，但主要是因为官僚斗争的关系，他这个检校中书令战后被兼着御史大夫的属下检校中书侍郎温彦博弹劾，随后被李世民骂了一顿，但封赏根本不少。

而且温彦博的理由仅仅是：李靖军无纲纪导致突厥的重要宝物散于乱兵之手，都没提不拿唐俭当人的事。②

李世民随后也琢磨明白了这是中书侍郎想进步从而找中书令的碴儿，于是他很快向李靖道了歉，所谓"未几，太宗谓靖曰：'前有人谗公，

---

① 《旧唐书·李靖传》：公谨曰："诏许其降，行人在彼，未宜讨击。"靖曰："此兵机也，时不可失，韩信所以破齐也。如唐俭等辈，何足可惜。"

② 《旧唐书·李靖传》：御史大夫温彦博害其功，谮靖军无纲纪，致令虏中奇宝，散于乱兵之手。太宗大加责让，靖顿首谢。

今朕意已悟，公勿以为怀'"。

李靖督军疾进后先是遇上了东突厥一千多营帐的斥候，他一口气全部给俘虏了并命令跟随唐军行走。颉利见到唐俭后大喜，觉得这回稳了；而李靖派了苏定方率两百骑兵做前锋趁大雾急行军，苏定方距离颉利的牙帐只有七里时才被突厥兵发现，等李靖大军赶到时突厥军直接崩溃了，唐俭因此避免了郦食其的结局成功逃回了唐营。

颉利带着万余人准备北渡大漠，结果再度喜提华容道大礼包，发现李世勣跟关羽一样又堵在那里了，颉利最终成了光杆司令才跑掉，其所有北逃的部众全部被李世勣打包俘虏。①

李靖则一口气直接杀了一万多突厥人，俘虏男女十余万，得牲畜数十万，杀了李家眼中的北境老妖婆义成公主。

颉利最终投奔了暂时还没有唱反调、牙帐建于灵州西北的苏尼失部。苏尼失之所以没叛，是因为他在突利投唐后被颉利封为了小可汗。但颉利此时还配叫大可汗吗？

别忘了李世民是派六路大军来打他的，底线就是让他上长安给自己跳舞。灵州方面的大同道行军总管李道宗引兵进逼过来，命苏尼失遣送颉利。此时颉利又跑路了，但苏尼失权衡后觉得还是当"突奸"的收益高，不能让大唐老爷误会，于是直接派兵把颉利抓了当作自己来降的投名状。

三月十五，唐军行军副总管张宝相正式完成颉利的签收。

自汉武帝那次的熊熊烈火烧干华夏后，又一次地，漠南无王庭了。不同的是，这是中原王朝第一次俘虏了北境的最高首领。

---

① 《旧唐书·李勣传》：靖军既至，贼营大溃，颉利与万余人欲走渡碛。勣屯军于碛口，颉利至，不得渡碛，其大酋长率其部落并降于勣，虏五万余口而还。

四月初三，顶级战利品、北境前最高首领颉利被快递到了长安，李世民来到顺天门，摆了一堆文物当排面，随后召见颉利开始数落："你骄奢淫逸，此罪一；你多次背盟，此罪二；你恃强好战，暴骨如莽，此罪三；你践踏庄稼，掠我子民，此罪四；我赦免你罪，存你社稷你却始终不朝，此罪五。不过，你自'便桥之盟'后知道收手，没再大规模入寇，所以我网开一面饶你不死！"

颉利哭谢而退。

李渊听说他儿子真的兑现了当年他跟儿子耍心眼时吹过的牛，叹道："当年刘邦有白登之辱而不能报仇，现在我儿一举歼灭突厥，说明我托付的人是对的，我还有什么可愁的！"

李渊难得地出头攒局，喊来了李世民及十几位显贵大臣，以及诸王、王妃、公主等在凌烟阁摆下酒宴。喝到一半李渊弹上琵琶了，李世民跟着就跳上了，父慈子孝的动人场面感动了大家，公卿大臣也纷纷起身祝福，大家一直喝到深夜才回家。①

李渊堪称有史以来心情最复杂的父亲。他的儿子对他有救命之恩，他的儿子对他有杀子之仇；他的儿子对他有夺权之恨，他的儿子帮他报复了当年让他卑躬屈膝的仇敌。

作为父亲，没人能比他更欣慰；作为男人，没人能比他更明白"人比人得死"是什么感受。又爱又恨，有怨有妒，唉！不想了，都在酒里了，我还有事先回宫了！

颉利归案后，李世民的伟大政治发明上台了，西北诸藩全部请上尊号称李世民为"天可汗"，李世民同意，此后李世民的西北外交文书

---

① 《资治通鉴·唐纪九》：上皇召上与贵臣十余人及诸王、妃、主置酒凌烟阁，酒酣，上皇自弹琵琶，上起舞，公卿迭起为寿，逮夜而罢。

全部署名"天可汗"。①

从职能来讲,就是原来颉利的岗位以后由李世民自己兼任了,在名义上具有册立游牧民族政权新君的权力,但是"天可汗"这个词严格意义上讲应该是不准确的。

《唐会要》中说了李世民新称谓的全称:皇帝天可汗。②

皇帝和天可汗是不可拆分的,李世民的思想不是两套——一面是汉人的皇帝一面是牧民的可汗——系统并行,而是多民族共同体的皇帝天可汗。北境诸部的酋长们是要接受中原官职的,整个东亚的官员体系是能流通的,少数民族是能到唐朝中央来上班的。

东突厥灭亡后,其属下部落或北附薛延陀,或投西突厥,剩下南降唐朝的有十多万口,李世民下诏让群臣商议如何处置。大部分朝臣认为北狄自古为中国之患,今幸而破亡,最好都给迁徙到河南兖、豫之间,分其种落,散居州县,教之耕织,化"胡虏"为农民,永空塞北之地。

中书令温彦博认为:"徙于兖、豫之间这事不靠谱儿,违背其本性,不是长久之事,当年光武帝已经给答案了,置匈奴于塞下,全其部落,顺其土俗,以实空虚之地,使为中国捍蔽;将突厥迁到河套地区控制为好,若迁向兖、豫不是个事,那些游牧民族也不是干农业的。"

魏徵则认为:"突厥世为寇盗,百姓大患,绝对不能留在中国。戎狄人面兽心,弱则请服,强则叛乱,上千年就这德行。以如今这样的规

---

① 《旧唐书·太宗本纪》:夏四月丁酉,御顺天门,军吏执颉利以献捷。自是西北诸蕃咸请上尊号为"天可汗",于是降玺书册命其君长,则兼称之。

② 《唐会要·卷七十三》:其后,诸蕃酋长请上尊号为天可汗。上曰:"我为大唐天子,又行天可汗事。"于是后降玺书赐西域北荒君长,皆称为皇帝天可汗。诸蕃酋帅有死亡者,必下诏册立其后嗣焉。

模入了中原，几年之后等他们人口多了就是腹心之疾，晋初诸胡与民杂居中国，郭钦、江统都建议驱出塞外以绝乱阶，司马炎不听，随后仅仅二十多年，伊洛之间就都成诸胡之地了。所以，连河套地区都不能让他们待！"

温彦博认为魏徵这话不对，说："圣人之道，无所不通。古先哲王，有教无类。突厥确实不懂中原儒家文化，但如今归顺我们，我们应该爱护，把他们收居内地，听从我们指挥，再教他们礼法，几年之后，选其酋首宿卫，他敬畏天威，感恩实惠，何患之有！"

夏州都督窦静认为："戎狄本性如禽兽，不能通过刑法威慑，也不能通过仁义教导，把他们放进中原确实不是个事，维护的成本太高，不如兴灭继绝，趁其破亡之时施以意料之外大恩，给他们王侯的称号，配以宗室之女为妻，分其土地部落，使其一盘散沙常为藩臣，永保边塞。"

礼部侍郎李百药进行了补充："请于定襄城中置都护府为其节度，唐指挥突，此为关键中的关键。"

最终，李世民在一群人七嘴八舌的建议中玩了综合性乱炖，创造出了唐代大名鼎鼎的羁縻制度。

羁，马笼头；縻，牛引绳。羁縻，顾名思义是牵牛牵马，最早出于司马相如的《难蜀父老》："盖闻天子之牧夷狄也，其义羁縻勿绝而已。"

羁縻制度就是对少数民族的笼络控制制度，具体的羁縻程度有三级，东突厥是被管控最严的那一级。

1.以河套地区作为安置突厥部众的中心地区，分颉利之地为六州，东面设定襄都督府，西边置云中都督府，唐指挥突，监督统治其民众。

2.以独立的突厥部落设置都督府州，仍旧保留游牧生活方式，保持突厥诸部的相对独立状态，但不立可汗，全部使用中原官职，以突厥首领为都督、刺史，可以世袭，各府州必须执行朝廷的政令，各部发生纷争时朝廷会出手干预。

3. 内部事务自治，象征性地进贡，算是给予了足够自主的空间，各族内部的刑事诉讼允许按各族传统法律处理，但各部落间的纷争矛盾按唐律论处。《唐律疏议·刑名》明文规定："诸化外人，同类相犯者，各依本俗法，异类相犯者，以法律论。"

4. 允许羁縻府州保留兵马且不限数量，但必须听大唐调遣，这也是突厥承担的主要义务。

5. 征突厥诸部主要首领入京宿卫，充当人质，人质集团入居长安者数千家。

框架和召首领入京宿卫的办法是温彦博提出的，但李世民没听温彦博过几年后再选宿卫的建议，而是迅速就控制了所有突厥高级首领入住长安。

设置都督府监管突厥诸部的意见是由李百药提出的，南匈奴当年被阉割得比较彻底，所以一百多年来始终比较温顺，后面虽然短暂又起来了一阵，但曹操接棒后比之前阉割得还干净，刘渊直到西晋"八王之乱"的末期才挣脱牢笼。武力的震慑是保障，但一个定襄都护府是不够的，还要加云中都护府。

总之，李世民博采众长后创造出了大唐气吞万里的根本框架。

对东突厥的羁縻控制是最严密的，唐不是对每个来降的少数民族都是如此的，比如突厥灭亡后，东北地区的营州都督薛万淑派契丹酋长贪没折游说了东北诸夷——奚、霫、室韦等十几个部族先后归顺唐朝。这种归属，比突厥的情况就好一些，有自己的领土范围，其首领继续在故土上班，但是其首领的政治合法性来自中原朝廷的册封，外族纷争时需要遵唐律，同样也要在李世民发话的时候帮着出兵。

李世民吞并了东突厥后将整个北境都认成了"儿子"，成本之神的成本收益比再次提高到了封建时代一个中原帝王所不敢想象的高度。

1. 李世民收获了大量铁杆军官。

大量酋长入京宿卫后，由于他们孤身在长安，唯一的依靠只能是李世民，于是这些人在李世民的个人魅力下一个个都收成了迷弟，一个个部落首领成了李世民的铁杆军官团。像阿史那社尔和契苾何力后面是李世民西征时"以夷制夷"的司令官，他们两个在李世民死后决定不活了，强烈要求殉葬，是李世民遗命专门嘱咐李治后才叫停的。阿史那忠更是直接宿卫了四十八年，被称为"大唐的金日磾"。

李治后面为什么能从长孙无忌那里收权？就是因为北门的禁军系统是李世民的私人武装，这股势力只忠于李世民的继承人。

2. 李世民收获了大量的免费军队。

后面大唐打吐谷浑、征西域、伐高句丽、灭薛延陀，每一战都调来了大量的少数民族武装跟着去"以夷制夷"。

李世民给各羁縻部族做大唐国力和天可汗战神的背书，出少量唐军精锐为督军，团结着各异族"儿子"们去跟着他抢。由于唐军出的人少，所以最大的成本包袱没了，原本一场场中原军制所无法承受的战争拉开了序幕。李世民将战争这个最费钱的事生生变得可持续发展了。

在"大唐父亲"的带领下，北境各部有如下好处：

一是高层首领能在世界最大都会上班体验美好，长安和大漠完全是两种精神文明生活。

二是中下层部众们不用担心从前乱哄哄地互相征伐，大唐给了安全保护，每个部族都不敢再轻启战端。

三是大唐的农产品和手工业制品也不用担心贸易战了，如当年长城倒逼北境抱团一样,如今没有可汗这个中间商赚差价了,各部可以和大唐顺利做生意了。

四是大唐不压榨各部,基本上他们更多的义务是出兵,但跟着大唐出兵就能抢来东西,战争收益也比以前高多了。

总之,大唐的皇帝天可汗比之前的每个大可汗都要靠谱。之前的每个大可汗是团结压榨整个北境然后和中原抗衡,如今中原北境成为共同体,贸易互通,让他们出兵是一起再往中亚卷,大唐带他们有规划地去抢西边。

综上所述,刘秀和杨坚的时代,对于南匈奴和突厥的思路依旧是"利用北境的雇佣兵去拼,死的是便宜人";到了李世民时代,对于整个北境的思路是"我直接就是北境的大汗,只不过我这个大汗调转方向不往南抢了,咱们往西卷,去控制整条丝绸之路获取更高额的利润"。

李世民这辈子除了晚年出于要打脸杨广的目的强行打了高句丽之外,他的所有战争思路就是紧紧地瞄准了一个焦点——走向正循环!成本怎样最小化,收益从哪里找出来,怎样一劳永逸地解决问题,随后怎样走向可持续的正循环。

战争和治国,李世民用经营的思路把这两方面殊途同归地结合到一起了。

自贞观四年(630)东突厥亡国以来,在后面半个世纪的时间里,东突厥各部在大唐的统驭下基本稳定并帮大唐完成了一个个战略目标,李世民的这次灭国行动收益成本比高到不可想象。

但不是每一届天可汗都明白战争的意义和成本,武则天就不明白节制欲望的重要性,越来越多的征调又拿不出战争红利使突厥部族们不断滋生不满情绪。

最终在679年十月时突厥不干了,阿史那泥熟匐被拥立为可汗,二十四州突厥酋长纷纷响应，部众达数十万。第二年三月，突厥的第一波独立浪潮被扑灭，唐定襄道行军大总管裴行俭大破突厥军于黑山，阿史那泥熟匐被部下所杀。

后来颉利的族侄伏念又从夏州北渡黄河接过了叛旗被立为可汗接着闹，又折腾了一年多没打过唐军，伏念向裴行俭投降。结果回京后，由于裴行俭遭受妒忌，投降的伏念在官僚斗争中被杀。裴行俭感叹此次杀降后不会再有人投降，这次杀降断了突厥的所有念想，也为下一次突厥不死不休地叛唐闹独立埋下伏笔。

祖辈的红利和信誉在被不肖子孙们一次次透支后，北境的战争成本开始飙升，挺好的底子被败光了。

682年，颉利的族人阿史那骨咄禄又叛了，招集伏念亡散残部慢慢扩大队伍，这次再闹腾起来后，算是再也压不下去了，突厥又一次成为独立政体并回归草原，史称后突厥。

直到阿史那骨咄禄病死，武则天已经当了五年的皇帝后，才在一次次军事打击中迫使骨咄禄之弟默啜立又归顺了武周给了女皇面子。但仅仅两年后，因为和亲问题没谈拢，突厥又反叛了武则天。

直到745年，在大唐盛世的最后几年，后突厥势力又一次衰弱，在大唐和回纥的联合围剿下，回纥杀了后突厥的白眉可汗并把他的脑袋送到了长安，后突厥余部率众归唐，突厥就此在中国北方退出历史舞台。

很快盛唐的肿瘤也要破了，突厥在下一次的超级乱世中部分并入回鹘，部分融入大唐最终融化在了中华民族中。

政治智慧属于艺术，高手很难量产。李世民这个女婿能琢磨明白岳父长孙晟当年的智慧，并利用自身的成长经历以更高的眼光去低成本地建立起一个横跨东亚、中亚的大唐共同体，但他们老李家的后世子孙是真的弄不明白，画虎不成反类犬。

准确地说，直到又过了一千多年后，清朝才在藏传佛教的"转世"加成下达到了李世民的高度。

拿下东突厥后的李世民将眼光看向了西边。

客观来讲，关中这地方已经不适合当全国性的都城了，关中对比河北中原乃至江东的体量都太小了，三门峡又始终在那里堵着，物流成本想降下来得等后世了。但关中作为都城在这个时代同样有个巨大的优势。

在所有贸易中，永远是国际贸易来钱最多、利润最大，对于国家眼界与技术的提高最有助力。西北那条丝绸之路沉寂很多年了，"儿子"们啊，帮"父亲"拿地去吧！

五、吐谷浑衰落，吐蕃崛起

贞观四年（630），东突厥灭亡后整个亚洲都害怕了，原东突厥所辖属的伊吾（今新疆哈密市）于该年九月回归了大唐，李世民以其地置西伊州。再往西走，唐在丝绸之路上遇到了两个邻居的阻挡：一个是吐谷浑，一个是高昌国。

李世民等了四年，贞观八年（634）的时候攻打的理由来了。

吐谷浑可汗慕容伏允遣使入贡，回程时抢了一把鄯州，李世民没生气，只是先礼后兵地遣使责备吐谷浑，征慕容伏允入朝。慕容伏允称病不来还为其子慕容尊王求婚，李世民也同意了，让新女婿亲自来迎亲，慕容尊王还是不来。

眼看你们老子、儿子一个人质都不想出，这就是给脸不要脸了，我大唐的公主是多么稀缺的外交资源，看看你们这态度！你们比那颉利可汗如何？

李世民拒绝了吐谷浑的求婚要求，慕容伏允随后入侵兰、廓二州，在作死的边缘疯狂试探。

贞观八年（634）六月，李世民派段志玄出兵开打。段志玄这一去如同牛刀宰鸡，唐军击破吐谷浑后追奔了八百余里。战果很大，但战略目标没能达成，段志玄没能发扬大唐的断根传统，等唐军回来后慕容伏允又骚扰凉州去了。

李世民决定发大招："李靖，抓他来跳舞！"

李世民任命李靖为西海道行军大总管节制各路兵马，兵部尚书侯君集、刑部尚书李道宗、凉州都督李大亮、岷州都督李道彦、利州刺史高甑生分别为积石道、鄯善道、且末道、赤水道、盐泽道行军总管，又调集了突厥和契苾（铁勒族）的兵力一起跟着唐军攻打吐谷浑。

突厥作为好"儿子"，要给大唐效力了。

吐谷浑这个政权已经存在太久了，本系列之前没怎么提及这个伴随两晋南北朝隋唐的超长待机政权，现在一提就是它要灭亡的时候。没办法，本系列讲的是脉络，那么多政权与帝王将相可能只是被提到名字，吐谷浑的地理位置确实偏了些，它存在的时候河西走廊也一直没什么存在感，只能在大唐崛起搞西游交流的时候讲讲，这一讲就是讲它是怎么没的。

"吐谷浑"其国得名于开国太祖的名字慕容吐谷浑。

这个人跟本系列《两晋悲歌》中讲到的慕容家是有亲戚关系的，他是慕容涉归的庶长子，在东北慕容即将腾飞之前，因为在继承权问题上败给了慕容廆（慕容皝之父，慕容垂的祖父），随后一赌气率一部人马西迁至了阴山。

永嘉末年慕容吐谷浑又率部从阴山再次一路向西，经陇山迁至今天的甘肃临夏西北，不久又向西、向南发展建立了吐谷浑国。

这个小国主要在今天的青海北部，因为地理位置海拔高，所以护城河相对也比较高，谁都不乐意跟它较真儿。就这样，吐谷浑熬过了整个两晋南北朝，到了隋朝的时候因为气候整体向暖，高原上的吐谷浑也迎来春天，疆域号称"东西四千里，南北二千里"，小国闹喊崛起。

闹腾的吐谷浑差点儿被杨广打死。不过吐谷浑比较幸运，熬过了隋的最后几拳，因为杨广此次西征梦做完后就浪去高句丽了。吐谷浑几年后收复全部失地还更进一步地打到了陇右。

这个"小强"永远是，中原大军来了我就跑，你走了我就恶心你，你实在太强我就低头，你弱了我就啃你一块肉。这是他们四百多年的游击战心得。但这回他们作到头了，碰上了职业追杀大队。

东突厥已经认大唐为父了，李世民的心胸是很宽广的，他心里不光装着东亚还装着中亚，突厥有两个，如今才拎回来一个，一家人没能整整齐齐怎么行。

最重要的是，丝绸之路被层层设卡怎么能得到最大利润？大唐要将手伸向中亚让西突厥称臣，就是为了彻底打通丝绸之路，让长安畅通无阻地成为世界贸易的东方中心。

吐谷浑不仅占着青海道分享了丝绸之路，还随时能下高原威胁河西四郡，卧榻之旁岂容他人酣睡！

其实吐谷浑如果脑子清楚的话就会明白，杨广之前要来打自己，就是因为他要打通丝绸之路以搞出万邦来朝的效果，而吐谷浑占着南边要地是个巨大威胁。同理，李世民已经灭了东突厥，他肯定也要西进，本来就看吐谷浑这个小国不顺眼，吐谷浑还上赶着递理由。

闰四月初八，李道宗在库山击败吐谷浑军队，慕容伏允将野草烧光，然后率轻骑兵逃入了世界海拔最高的柴达木沙漠。

众将认为马无草料已很疲弱，不能孤军深入，但侯君集说："慕容伏允一次战败就鸟兽散了，连斥候哨兵都没了，现在正是实践'秦王作战思想'的时候，咱们得追！"

吐谷浑的主业是游牧，他们是要带着牛羊一起跑的，再跑能跑到哪里去。

越老越奔放的李靖拍板道:"追!"

随后唐军分为两道,李靖与薛万均、李大亮走北道,侯君集与李道宗走南道,唐军开始向西狂飙。

半个月后,李靖部将薛孤儿在曼头山大败吐谷浑,斩其有名的首领,获得大量牲畜,给养问题得到解决。之后,李靖一路连败吐谷浑残军,李大亮在蜀浑山大战后俘虏其有名的首领二十人,将军执失思力(那位原东突厥外长)在居茹川大败吐谷浑。

侯君集和李道宗那一路比较惨,带着兵将走了两千余里无人区,时值盛夏降霜,经破逻真谷时人吃冰马嚼雪,最终在行军近一个月后在乌海追上了慕容伏允。唐军大战后获胜,薛万均、薛万彻又在赤海打败了吐谷浑的天柱王。

李靖率领各路军马途经积石山河源,到达且末时已经到了吐谷浑的西境,听说被侯君集打败的慕容伏允在突伦川准备逃往于阗,于是派出了追杀小分队。契苾何力(铁勒族契苾部可汗)亲自挑了一千多骁勇骑兵直逼突伦川,薛万均率部随后,将士们最终突袭了慕容伏允的牙帐,杀敌数千,获牲畜二十多万。慕容伏允只身脱逃,其妻子儿女都被俘虏。

最终慕容伏允逃入沙漠后被杀,吐谷浑举国投降,李世民接到灭吐谷浑的奏报后下诏兴灭继绝,恢复吐谷浑国,任命曾长时间在隋当人质具有汉化背景的慕容顺为吐谷浑新可汗,封西平郡王。

由于担心慕容顺不能服众,李世民命李大亮率数千精兵为其声援,吐谷浑就此成了大唐属国。

此后吐谷浑最终没能如后突厥那样再闹腾起来,而且没多久吐谷浑政权进入了风烛残年,因为南面有一个新政权崛起了,就此挤压了它的生存空间。吐谷浑被背后的敌人挤下了高原，并被大唐和那个新政权来回摆布，最终于663年灭亡，其部辗转融入了中华民族的大家庭中。

取代吐谷浑成为青藏高原之主的，是吐蕃。这是一个兴起和灭亡都与唐重合的政权，之所以会兴起，除了老天爷赏了时间窗口外，还在于李世民最开始的一次扶持。当然，青藏高原也出了自己的"李世民"。

整个青藏高原上大多数地方都不适合人类生存，高原上能够维持人类生存的只是一些大山之间的河谷地区。理论上来讲，这种脆弱的自然环境是产生不出足够的能量来养育文明的，到处都是大雪山，无论农耕还是游牧的收益都很低。

总能量低也就意味着文明的容错度小，没有足够的盈余去抵抗客观的天灾和主观的试错，很容易被团灭，一次次推倒重来也就意味着文明的发展将始终在初级徘徊。

青藏高原上的政权之所以会出现在历史舞台上，要得益于小冰期过后气温的整体回升。

隋唐时代，气温上升得有点儿异常，比如说北境草原上除了偶尔的冬天大雪外，大部分时间确实不担心什么凛冬将至了，却开始担心因为热而出现的越来越多的旱灾。杨坚和李世民分别对突厥下死手前，北境都经历了大规模的干旱和蝗灾。

草原的生态容错度就是这样，稍微冷点儿活不下去，稍微热点儿却旱得要命，而且久旱必蝗。

在高温方面青藏高原没有草原那么娇气。青藏高原得到了罕见的气候加成，随着温度的升高，可利用的土地越来越多，作物产量也开始提升，农业的盈余使这片土地各村落的力量越来越强。于是，这就说到了当前的主角——吐蕃了。

关于吐蕃的民族源流说法比较丰富，在此不深究了，总之就是青藏高原上的若干小部落之一。

松赞干布他爹囊日松赞那辈时已经到了隋唐过渡的时期，囊日松赞率兵灭掉了苏毗部落，由一个山南小部落成为高原各部的君主，完成了第一轮原始积累，随后率部北迁到了拉萨河流域。

跟东突厥的死法一样，囊日松赞也大刀阔斧搞改革，重用"外人"尤其重用出身卑微的新贵族，这就造成了旧有利益集团的不满，刚刚兴起的"吐蕃联"相继叛离，囊日松赞也被人毒死了。

按常理来讲，吐蕃将陷入"奴隶社会发展陷阱"，接着回到以前的互杀循环，再过个几十几百年的等天运去吧。准确地说，没什么天运的机会了，吐蕃崩了之后青藏高原再没出现过一个有实力的政权。

就在此时，年仅十二岁的"吐蕃李世民"松赞干布继位了，青藏高原这块原本不可能诞生强能量政权的土地迎来了在中国古代史上唯一的一次爆发。这次爆发就是在这个孩子的带领下发生的！

松赞干布先是追查出了杀他爹的凶手，弄死了许多旧贵族并杀死了一大批内部敌对势力稳定了局势，并在三年的韬光养晦后在贞观六年（632）左右开始出兵平叛，相继打服了所有不服者。

过程写得很简略，因为记载真的不多，毕竟是很多村在打架。总之在贞观七年（633），松赞干布迁都逻些（今西藏拉萨），正式建立了我们印象中的那个吐蕃王朝。

贞观十二年（638），松赞干布派使者求娶大唐公主，被拒。

在与大臣一通分析后，松赞干布觉得是隔在中间的吐谷浑捣鬼了，于是调集全部力量暴打刚刚被大唐暴打的吐谷浑，劫走了大量的人口牲畜。随后吐蕃又接连攻破党项和白兰诸羌，率兵二十多万驻扎在松州西境（今四川阿坝州松潘县），遣使进贡金帛，声称来迎大唐公主。

眼看吐蕃小老弟快打到九寨沟了，李世民没惯着他，命侯君集为当弥道行军大总管，带着执失思力、牛进达等将督五万步骑给吐蕃长长见识。牛进达作为唐军先锋给了吐蕃军一个下马威，松赞干布在死了一千多人后就撤了，派人来长安请罪，再次请求娶公主。

反正就是不管怎么样，我的梦想很单纯，我要大唐公主。

面对这孩子的执着，李世民同意了。这成为伴随大唐终生的巨大祸患，吐蕃在傍上唐朝后就此一直陪伴到了大唐的最后时刻。

其实客观来讲，从李世民的角度看，此时这个决定不能完全说是错的。因为青藏高原上的政权此前根本都没听说过，哪本史书也没提醒过要小心这个方向的威胁，吐蕃在大唐之后也一直没再腾飞。

大唐给吐蕃一个公主能够扩大大唐在西南的影响力，但并不一定会从此对自己造成多大的祸害。但是，在松赞干布的奠基下，吐蕃真成祸害了。

贞观十五年（641），教科书中著名的文成公主来到了青藏高原，带来了大唐的文明。

这次和亲，大唐给文成公主的陪嫁有释迦牟尼佛像、珍宝、金玉书橱、卜筮经典三百种、营造与工技著作六十种、医方一百种、医学论著四种、诊断法五种、医疗器械六种，还带了芜菁种子等入藏。

松赞干布因娶了文成公主开始疯狂汉化，派吐蕃贵族子弟至长安留学，专门去大唐聘请文化人为他掌管表疏建立文官系统，又向唐请求给予蚕种及制造酒、碾硙、纸墨的工匠，并派出了大量商人互通有无地汲取大唐养分。

请大家注意我们反复提到的那个发展定理：当你要改革的时候，你需要提前准备出一大笔红利去收买、安抚，或者用源源不断的增量红利、战争红利去填补改革过程的成本和代价。

大唐的扶持，使松赞干布轻而易举获得了青藏高原百年都无法储备积累到的海量物质与文化红利，以及狐假虎威的战略威慑。松赞干布抓住机会疯狂发展，随后开始着手统一全藏。

在兵制方面，松赞干布把吐蕃分成四个"如"，也就是四个辖区，每个辖区有元帅一人、副将一人、判官一人，还有四个禁军千户所分镇四如。每如又分为上下两个分如，共八个分如。分如在旗帜和马匹上各以不同颜色作为区别，每个分如各有四个千户所。各千户所既是军事组织单位，也是地方行政单位，同时还是原来的贵族领地。大将以下各级官员都由当地的大小贵族担任并世袭，但必须经王廷的任命，所有士兵都登记造册由王廷掌管，调动以赞普的金箭为凭。

松赞干布将吐蕃由奴隶制的政体过渡到了类似于春秋时的"邦国制"，也就是北境草原的"邦联体"。别小看这个改制，觉得这有什么牛的，大家不要忘了青藏高原上的政权起点有多低。

吐蕃先是用以打促降的方式吸引到了北境诸羌的加盟，一路将国土拓展到了青海南部。贞观十八年（644），松赞干布发兵打败了最后一个大对手羊同，杀羊同王，收其部众，就此完成了青藏高原的统一。

松赞干布对内猛吃的同时，对李世民却手段极度柔软，年年金牌女婿，堪称孝子模范，看他在上书中对李世民的尊敬态度，让我们都替李世民觉得这钱花得值！

贞观二十二年（648），右卫率府长史王玄策出使西域被中天竺打劫了，王玄策前往吐蕃找援兵。松赞干布赶紧派千名精兵，又请尼婆罗出七千多骑兵跟着王玄策击败了中天竺劫贼，虏其王执献长安。

贞观二十三年（649），李世民崩了，李治继位后授予松赞干布"驸马都尉"、封爵"西海郡王"。松赞干布献金银珠宝十五种请置李世民灵前，对李治表示坚决拥护，还致书长孙无忌表态："如果有不法之徒想趁着咱们大唐国丧期间图谋不轨，我带兵跟他拼啦！"

李治觉得这小子真懂事，封松赞干布为賨王，下令雕刻松赞干布石像与其他功高的王公将相石像一道列于李世民陵墓旁。

松赞干布在给吐蕃奠基的同时并没有完全指望大唐的贸易和赏赐，他攥住了"青海道"这条吐蕃大邦联能否长久存续下去的关键。

所谓的青海道，就是丝绸之路的南路（见图6-4中的黑线部分），原属吐谷浑。

松赞干布趁着吐谷浑被大唐一巴掌扇蒙了，对吐谷浑痛下杀手，抢走了青海道。这条道不仅能贯通东西，还能冲下高原截断河西走廊，这也成了后面他立国的生命线。

总体而言，吐蕃由于高原的原生劣势，理论上来说不该是大唐太大的威胁。吐蕃对大唐一直挺恭敬的，虽然武则天时期吐蕃开始跟大唐比比画画，唐军还打了不少败仗，但等李隆基坐稳江山后吐蕃就继续胆怯了。本来吐蕃在李隆基时代被压制得都快不行了，结果安史之乱救了吐蕃，此后大唐这艘破船给了吐蕃进关中看看的史诗级历史窗口。

吐蕃的腾飞，得益于文成公主入藏后的大唐扶持，文成公主不仅开启了吐蕃的飞升之路，还解锁了一个左右后面千年中国历史走向的关键大事件。

文成公主是佛教徒，她带了释迦牟尼像进入高原，建了寺庙，还将带去的佛经译成藏文。佛教就此进入了青藏高原。

青藏高原之前有一种叫苯教的原生宗教，是多神教，类似于一个部落一个神。

高原上的每个小部落都有点儿政教合一的性质，部落首领都身兼宗教领袖统治本部落。之所以会这样，是因为青藏高原的生存条件实在太差，每个部落最重要的就是节能减排的成本问题，哪个部落组织模式

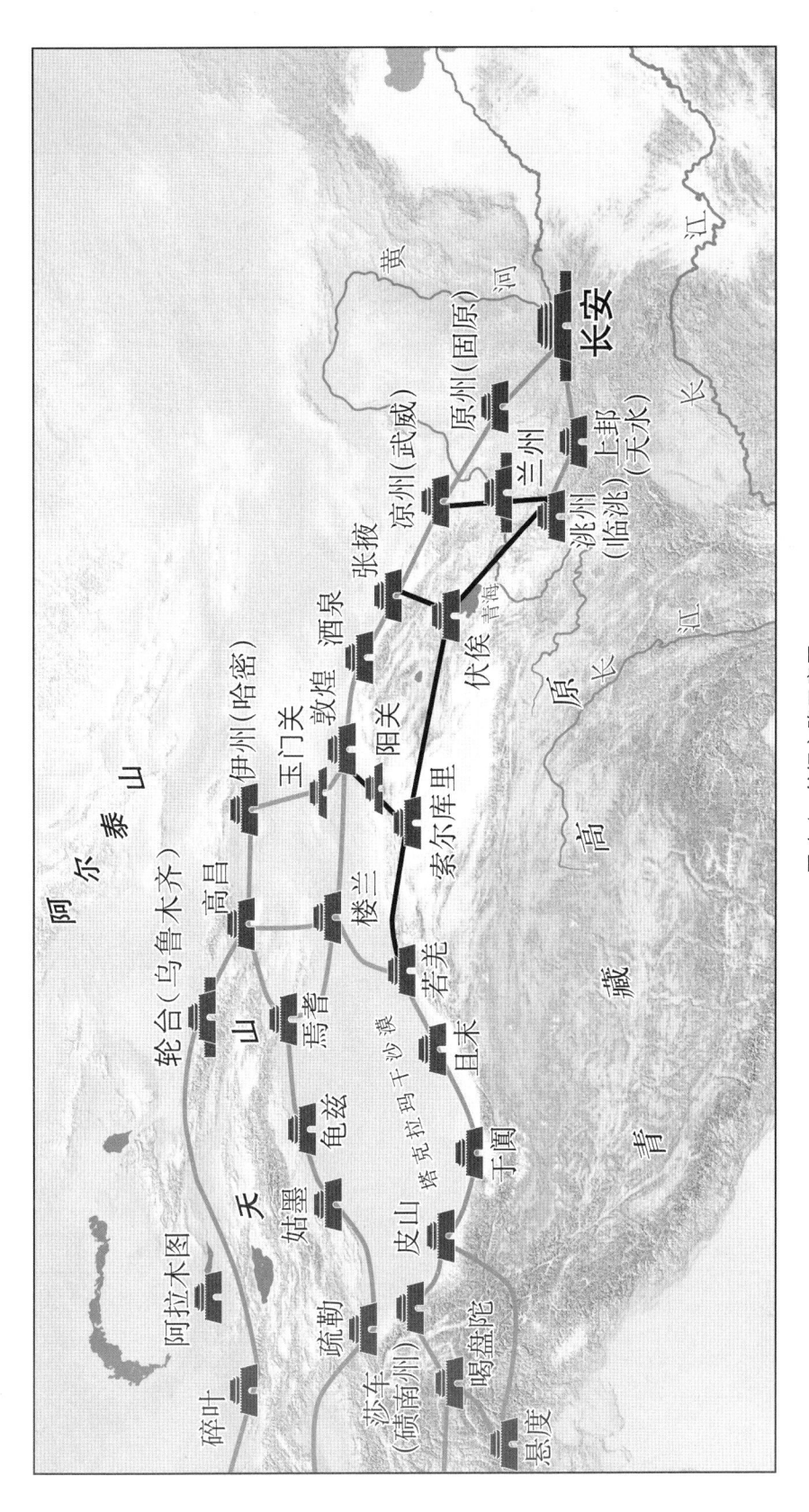

图 6-4　丝绸之路示意图

的成本更低，其存活机会就更大。

对资源稀缺的小共同体来说，成本最低的组织模式就是宗教。比如吐蕃对于发誓效忠这事重视到了极致，赞普与贵族们一年就要小盟誓一次，方式是找来羊、狗、猕猴，先把这些动物的腿打折，随后开膛抽肠，令巫师向天地山川、日月星辰盟誓说："谁要是变心藏奸了，就跟这羊狗猴的下场一样！"三年还要大盟誓一次，夜晚于坛墠上摆宴，杀狗、马、牛、驴后下咒道："你等都须同心勠力，共保我家，满天神灵都能知道你们誓言，有负此盟，你们的下场跟这些动物一样！"①

这阵仗连王世充看见了都得道一声"好家伙"。

能约定俗成如此，是因为高原上的各部落之间祖祖辈辈就是靠一层层盟誓做精神控制的。由于这个原因，松赞干布想集权就需要比草原政权更多地解决各地不同的宗教问题，每个部落都是宗教领袖可不成！

但文成公主这一来，佛教成了好工具：都给我拜佛祖。

后来吐蕃帝国崩溃，青藏高原又陷入分裂中，随后慢慢地一个部落一神的状态又回来了，佛教在青藏高原上遇到了巨大危机。佛教想要在青藏高原上站住脚，就需要本土化特色化，久而久之就形成了今天的藏传佛教。

---

① 《旧唐书·吐蕃传》：与其臣下一年一小盟，刑羊狗猕猴，先折其足而杀之，继裂其肠而屠之。令巫者告于天地山川日月星辰之神云："若心迁变，怀奸反覆，神明鉴之，同于羊狗。"三年一大盟，夜于坛墠之上与众陈设肴馔，杀犬马牛驴以为牲，咒曰："尔等咸须同心戮力，共保我家，惟天神地祇，共知尔志。有负此盟，使尔身体屠裂，同于此牲。"

六、贞观西部大开发，巨唐画卷展开的起点

北境和雪域高原都成乖宝宝后，李世民将目光转向了西面。大唐帝国轰轰烈烈的西部大开发战略启动了。

这回想睡觉给递枕头的，是高昌王麴文泰。

贞观四年（630）东突厥灭亡后李世民在伊吾置西伊州，此地和高昌接壤。

贞观九年（635），李靖打败了占据青海道的吐谷浑，高昌直接被大唐在东南两个方向包围了。

大国崛起的时候，小国要是摆不好心态是很危险的，尤其是当这个小国挡在大国滚滚向前的洪流方向时，非常容易被大国的大身坯子碾死。我们来看看这个拎不清自己斤两的麴文泰。

武德二年（619），麴文泰在他爹死后继位成新高昌王向唐告哀，李渊遣使凭吊慰问。到了李世民时代，麴文泰最开始的表现还是挺棒的——"西域诸国所有动静，辄以奏闻"，活脱脱是一个西域"包打听"。

后来伊吾地区回归大唐跟高昌国接壤后，麴文泰一度很紧张，直接来朝了，李世民诏赐其妻宇文氏为李氏，封常乐公主以示安抚，双方

关系还是很和谐的。但是后面因为钱的事，麹文泰不干了。

贞观六年（632）七月，焉耆王遣使入贡，请求重新开通出玉门关沿蒲昌海北岸到达焉耆、龟兹的"大碛路"。（见图6-5）

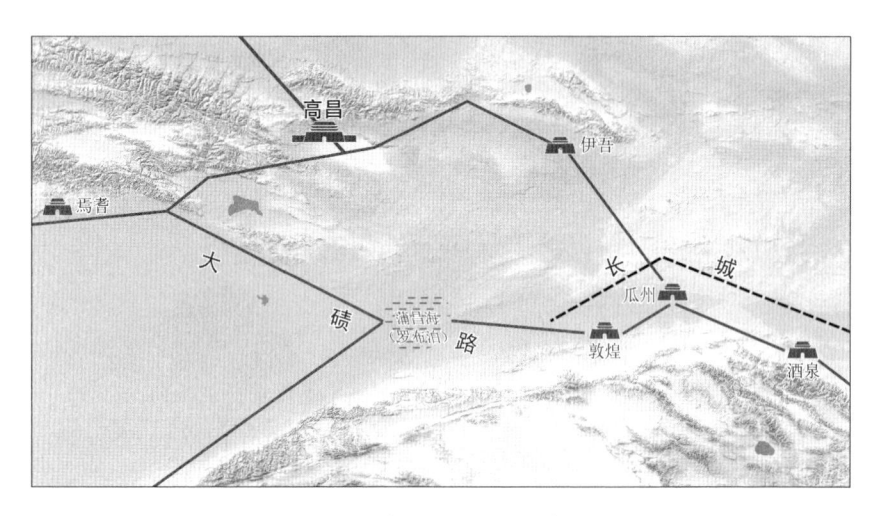

图6-5 高昌与大碛路示意图

这就要了高昌的命了，因为"自隋末罹乱，碛路遂闭，西域朝贡者皆由高昌"，麹文泰这个地头蛇靠着查大车收过路费的日子已经过爽了。"大碛路"重新开通就能绕开高昌收费站了，那吐鲁番盆地怎么办！

等贞观九年（635）吐谷浑被收拾之后，李世民正式重开大碛路，麹文泰急了。当时西域诸国对大唐的朝贡还是走的高昌那条道，麹文泰后来把路给断了。[①]

此时李世民对高昌还没太当回事，毕竟大碛路已经开了，但贞观十三年（639）是个转折点。

[①] 《旧唐书·高昌传》：时西戎诸国来朝贡者，皆途经高昌，文泰后稍壅绝之。

前面讲东突厥时提到过，贞观初年时西突厥也内乱了。贞观十三年，在经过多年内乱后，西突厥由乙毗咄陆可汗完成了基本统一，击败了唐朝支持的更弱的那支沙钵罗咥利失可汗势力，遣吐屯（相当于突厥的御史大夫）阿史那矩领高昌冠军将军监督其国，麴文泰随后和大唐脱离了关系。

麴文泰有了撑腰的后台之后居然跟着西突厥打起了伊吾地区的主意，想从李世民手里搞块战略缓冲区。①

还是那个7世纪的最幽默笑话，你能抢李世民的东西？

李世民下诏骂了麴文泰一顿，征西突厥驻高昌特派员阿史那矩入朝。麴文泰没有执行，只派遣其长史麴雍来谢罪。

李世民又下诏命麴文泰把逃到高昌的中国户籍人口都送回来，结果麴文泰还是不搭理，跟李世民玩起了藏匿户口的游戏。②而且麴文泰居然还象征性地与西突厥打了焉耆的三座城，携其男女而去。

我看你还敢不敢跟我抢西域收费站？结果焉耆王上书李世民，申请皇帝天可汗派十万天兵降伏高昌妖猴。

面对李世民的使者，麴文泰表示："鹰飞于天，雉伏于蒿，猫游于堂，各得其所，难道不能让其自我发展吗？"痛快完嘴之后麴文泰居然又遣使去薛延陀那里搞离间："既然是可汗，就应该是与天子一样，为什么要拜大唐使者？"

知道大唐有多猛的薛延陀遣使到长安，表示"天可汗大人我跟麴文泰一点儿关系都没有"，并请求征发自己的军队为先导攻击高昌。

---

① 《旧唐书·高昌传》：伊吾先臣西突厥，至是内属，文泰又与叶护连接，将击伊吾。
② 《旧唐书·高昌传》：初，大业之乱，中国人多投于突厥。及颉利败，或有奔高昌者，文泰皆拘留不遣。太宗诏令括送，文泰尚隐蔽之。

贞观十三年（639）十二月，为了铲除丝绸之路上的恶霸，为了震慑西域各小国国主，为了让西域地区见识隋末修罗场卷出来的秦王军校是个什么概念，李世民以侯君集为交河道行军大总管，率薛万均、牛进达、姜行本等攻打高昌。

高昌是个固定目标，跑都跑不了，这种小事就不劳烦李靖了。

据说麴文泰听说大唐发兵后对臣下们说："唐距我国有七千里，其中两千里是沙漠，地无水草，寒风如刀，热风如火烧，他们大军怎么可能过来？往年我入朝，见秦陇之北城邑萧条，跟大隋那时候没法比了。现在唐来伐我国，如果发兵多则粮运不顺，如果派三万以下的兵来，咱们直接打死他们！我们以逸待劳，坐收其弊。等唐军兵至城下不过二十日，粮没了必然撤走，那时我们再追击他们。"

高昌国的核心是今天的吐鲁番盆地，您真觉得自己离中原有多远吗？当年吕光带着七万步兵、五千铁骑就击败了龟兹并击溃了狯胡国、温宿国、尉头国号称的七十多万兵马（肯定是假的，理解成西域北道联合村军就成），打崩了整个西域北道。高昌远得过龟兹？

中原政权为什么去西域只能走河西走廊？因为南面是青藏高原，北面是热情的阿拉善沙漠三件套——巴丹吉林沙漠、腾格里沙漠和乌兰布和沙漠。

大家知道为什么匈奴、突厥都能轻松控制西域吗？因为从北境的草原往返西域是很轻松的，沿路是有草场做给养的，不像中原政权只能自陇西经河西走廊运给养上前线。（见图6-6）

麴文泰拿自己当高句丽了。但高句丽有辽泽，而且首先华北平原和东北平原就是弱连接，其次长白山山脉和千山山脉又阻挡了半岛和大陆的接触与沟通，朝鲜半岛百分之七十以上是山地，更不要说高句丽地处中国东北的那部分，你知道东北半年都是冬天吗？你知道中国东北的

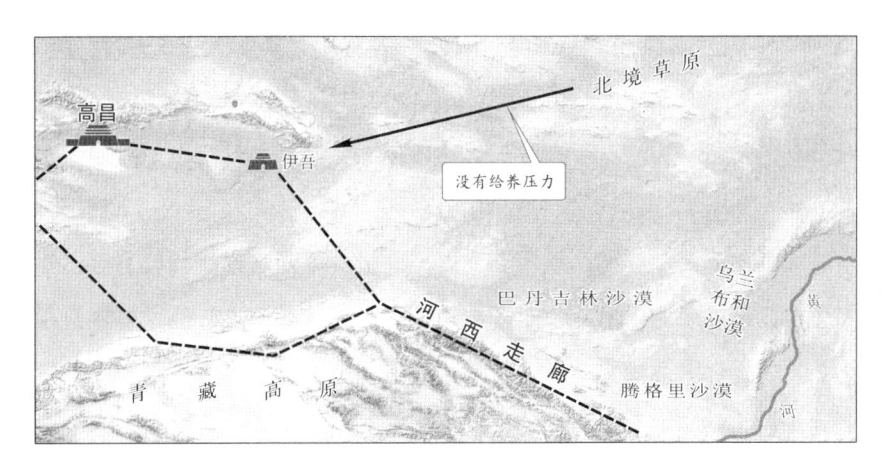

图 6-6 北境草原攻打西域示意图

冬天有多恐怖吗？总之，中原想收拾高昌的难度仅仅是物流问题，高昌的国防没有地理屏障优势。

此时东亚的征战成本已经被李世民卷到中国古代史的最低点了。

薛延陀从北面压过来，天可汗派唐军带着东突厥等一众邦联大军从东面推过来，结果麴文泰说着最狠的话，然后吓死给天下看，等唐兵走到碛口的时候他被活活吓死了。[1]

唐军到了柳谷，听说高昌国民都在给麴文泰出殡，众将嚷嚷要去拿刀给随个份子，被侯君集摁住："天子因为高昌无礼所以派我讨伐，如果在他们出殡时袭击他们传出去不好听，我们就不是问罪之师了。"

唐军先锋擂鼓进军到达田城，下书晓谕，高昌不回应。在体面流程走完后唐军于清晨发动进攻，到了中午拿下城池，俘虏男女七千多人。又让中郎将辛獠儿为前锋，当夜直逼高昌都城击败了逆战的高昌军，随后侯君集带着大军到了。

---

[1]《资治通鉴·唐纪十一》：及闻唐兵临碛口，忧惧不知所为，发疾卒。

新接班的高昌王麴智盛给侯君集写信道:"得罪大唐天子的是我爹,他已经遭天谴了,我刚继位不久,求上国原谅。"侯君集回信道:"真悔过就亲自来我营前投降。"麴智盛不来,随后侯君集填土攻城。

之前麴文泰跟西突厥可汗相互勾结,签订了突高互相援助条约,西突厥方面派兵驻守浮图城做麴文泰的外援。等侯君集兵临城下后,西突厥可汗第一时间了解到讯息,知道大唐是个什么概念,他一口气西逃了一千多里以表达敬意。

麴智盛绝望后开城投降。

侯君集分兵占据高昌各地,共下城池二十二座,获八千零四十六户、三万七千七百人,拿下了占地东西八百里、南北五百里的高昌。

对于吐鲁番盆地,李世民决定跟伊吾一样改高昌国为大唐的正常州县,魏徵劝谏道:"首恶麴文泰已诛,应安抚高昌百姓,复立其子,则皇上的威德照耀于遐荒之地,四方民族都会心悦诚服。现在如果贪图其土地作为州县,日常就需要千余人镇守,将士几年一换,远离亲眷,往来路途艰辛,十个中就会有三四个死亡的,而且还需要供办衣资,十年之后陇右就得虚耗了。陛下肯定是得不到高昌的粮食和布帛来帮咱们大唐的,妥妥地赔本啊!我觉得咱们这个买卖不合适。"

李世民不搭理。

贞观十四年(640)九月,李世民将高昌所在地改置为西州,改浮图城为庭州,各设所辖县,在交河城设立安西都护府留兵力镇守,侯君集俘虏高昌王麴智盛及其贵族大臣还朝。

此时大唐地域东到大海,西至焉耆,南达林邑,北抵大漠,均设立州县,总共东西九千五百一十里、南北一万零九百一十八里。

两年后,针对高昌这事褚遂良再次上奏疏言道:"自古圣王治天下都是先华夏而后四方,陛下派军队攻取了高昌,当地数郡一片萧条多年恢复不了；还要每年征调一千多人驻扎戍边，远离乡土，破产以置备行装；又将犯人流放于此，他们都是无赖子弟，去了就是祸害，怎么能有益于军事？而且大多数人会逃亡，咱们还得消耗行政力量去抓捕。再加上沿路所经沙漠千里，冬风如刀割，夏风如火烧，行人往来，遇之多死。假使张掖、酒泉有烽燧报警，陛下还指望能用得上高昌的一个兵、一斗粟吗？最终您还是得征发陇右诸州的兵、粮去前线。河西之地是我们大唐的心腹之地，而高昌不过是他人的手足，为什么要消耗根本来占有无用之地呢？况且陛下您打败突厥、吐谷浑，都没有占领他们的土地，而是给他们重新立了君长加以抚慰，高昌为什么就没这待遇？是叛离者我们就把他抓起来，是顺服者我们就给他封赏，希望您另择高昌王族子弟立为国王，兴灭继绝使其子子孙孙永感大恩，永为唐室藩辅，如此内安外宁，不是很好吗？"

魏徵和褚遂良都是从成本思路考虑的，以为说到李世民的关注点了，但李世民还是不听。

据说后来西突厥来骚扰，李世民后悔了，说："我没听两位大贤臣的，如今是咎由自取啊。"[1]其实这不过是李世民的惺惺作态罢了，因为不要听他怎么说，而是要看他怎么做，他后面拿事实证明了他的战略构想。

李世民为什么能给东突厥和吐谷浑机会，却执着于把吐鲁番变为大唐直辖郡县呢？

因为这个地方虽然炎热降雨少，但有丰富的雪山融水和地下水，是能够在生产养兵上完成自给自足的；而且此处是丝绸之路的关键收费

---

[1]《资治通鉴·唐纪十二》：及西突厥入寇，上悔之，曰："魏徵、褚遂良劝我复立高昌，吾不用其言，今方自咎耳。"

站，这里是必须要攥在手里的，况且就算局部是赔本的买卖，但大国的转移支付是干什么用的？

整条丝绸之路始终掌握在自己手里的总体收益是最高的。历史的车轮滚到当下，关中地区的经济体量对比中原、河北和江东来讲太小了，关中如果想做华夏的首都，不仅仅需要东面的输血，西面的商路也一定得打开。东面输送粮食，西面贸易带来利润，这样长安才能承担起供养中央官僚机构的巨大成本，并且始终在眼界与创新上成为华夏的顶端，从而去打击关东那些自诩风流的门阀。

文化艺术的话语权不能被控制在这群门阀手上，来看看长安是个什么气象！门阀那些近亲繁殖的大姓创造的文化，比得上这种自由来往贸易的各民族智慧吗？

永远不能"罐里养王八——越养越抽抽"，丝绸之路是李世民非常重视的一环，这条路如果想长治久安地畅通，西突厥就是个绕不过去的"土匪路霸"。高昌注定会是西突厥要争夺的区域，将来再出一个麹文泰的话还得再派兵打一遍，那样成本更高。

李世民必须要控制北境和西域的游牧势力，让自己这个天可汗成为东亚和中亚的分配大哥，再利用自身的武力震慑，保证中原和北疆的安宁祥和，从而使大唐的国防运营成本达到最低。

后面安史之乱之所以会发生，是因为民族政策在武则天统治后已经不发挥作用了。

你要以大可汗的思路去对待游牧民族，你要谋划邦联，你要通过一定的利益输送哄他不哭从而为你所用，你的军备保持着威慑即可，永远征调大量听话的去收拾个别不听话的，永远不树立一群敌人，而是一段时间内只盯着一个敌人。

安禄山在对契丹和奚族的作战中成为唐的战斗英雄，官越做越大，显得东北没了他就没人看门了似的。实际上李世民时代打高句丽时这两个部族都跟着出兵了，那也是天可汗的"好儿子"。

大唐皇帝去做天可汗，然后派自身部分精锐带领草原诸部去打不听话的，分配利益哄他们不哭，通过一系列低烈度战争始终保持武备，通过丝绸之路连接世界始终使自身见识和技术处于时代顶端，从而不怒自威地保持震慑让管理各部族的总成本最低。

高昌改西州后，贞观十五年（641）七月，李世民册立了西突厥的乙毗沙钵罗叶护可汗，将其作为扶植对象。乙毗沙钵罗叶护可汗在睢合水北建立牙帐，称南庭，其辖境东以伊列河为界，龟兹、鄯善、且末、吐火罗、焉耆、石国、史国、何国、穆国、康国等皆受其节度。

李世民之所以会对魏徵和褚遂良说软话，是他本以为西州地区能在一段时间后自给自足达到平衡，然后再拢起西突厥南庭去跟不服的西突厥北庭打，慢慢达到控制西域的战略目标。

只不过没想到北庭的乙毗咄陆可汗在贞观十五年（641）直接打死了唐朝刚刚册立的乙毗沙钵罗叶护可汗，第二年乙毗咄陆可汗接连入侵伊州和西州，变化实在过于突然，出乎了李世民的意料，这才导致他去惺惺作态地表示没听谏臣们的意见。

不过在高昌设立西州，在浮图城设庭州，加上此前设置的伊州，还是成了历史上著名的伊、西、庭三州铁三角。（见图 6-7）

三州各据要津，牢牢控制了天山南北。与此同时，李世民还在西州设立了安西都护府，不仅遏制了西突厥乙毗咄陆可汗在西域东部地区扩张的势头，还形成了大唐进一步经营西域的一个稳固基地，成为牢牢楔进了西进征途的钉子。

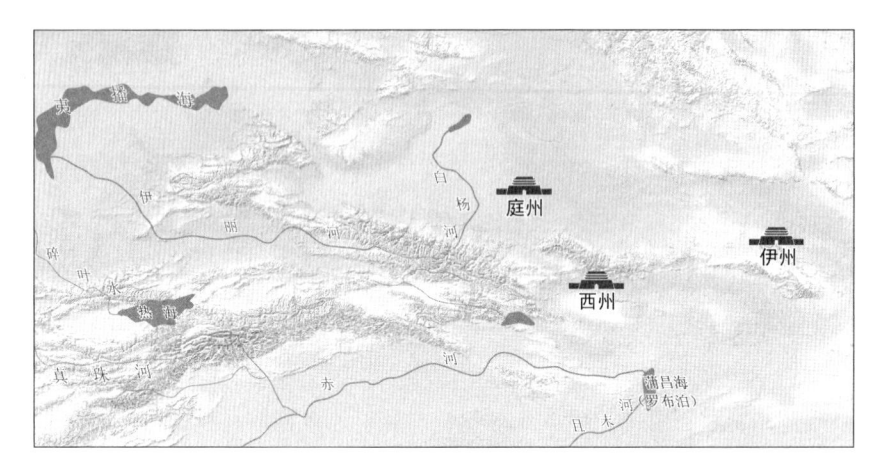

图 6-7 伊、西、庭三州示意图

贞观十六年（642）九月，唐安西都护郭孝恪连续击败乙毗咄陆可汗，西突厥处密部降唐。

乙毗咄陆可汗随后去西面找平衡，攻破米国（今乌兹别克斯坦撒马尔罕南），夺取了大量人口与财富却不分给部下，部将泥熟啜因擅取俘虏和财物被杀，乙毗咄陆可汗因此大失人心。

这是什么时候啊，东面那位帝王正盯着你呢！你现在是最需要统一下属思想的时候，哪有什么条件玩集权啊！

西突厥内部再次大乱，被杀的泥熟啜的部众随后造反袭击了乙毗咄陆可汗，乙毗咄陆部众离散，他本人退守白水胡城（今哈萨克斯坦锡腊姆）。混乱的西突厥诸部派代表至长安，请大唐另立西突厥可汗。

李世民遣使册立了之前死于西突厥内战的屈利俟毗可汗之子为乙毗射匮可汗。乙毗射匮可汗上位后将原先被乙毗咄陆可汗扣留的唐朝使者全部礼送回长安，然后招引他爹原来的部众。乙毗咄陆可汗看到自己众叛亲离大势已去逃往了吐火罗。

贞观二十年（646），李世民册封的乙毗射匮可汗彻底击败了乙毗咄陆可汗，取得了西突厥内战的决定性胜利。

虽然大唐真正拿下西域是在李世民死后，但后面大唐在一路向西的过程中不断扩大版图和影响力却是以他设立的三州为起点的。

大唐之所以能在世界范围内影响那么大，是因为丝绸之路上的商贸往来让世界了解到了一个富庶、恢宏、包容的大唐，一代代的商贸往来为大唐带来了更加开阔的眼界、更丰硕的资源和更威名的影响，这一切，其实都来源于李世民的战略布局。

魏徵当年的劝阻错了吗？其实对于绝大多数的皇帝来讲，魏徵说的是完全正确的。

你的战略目的是为了什么？如果单纯是为了领土和虚名，那就纯属吃饱了撑的。但如果是为了让北境和西域臣服在自己这个天可汗的麾下，打通中亚到远东的商贸体系，让丝绸之路成为华夏交流世界的输血管道从而走向正循环，那么这个决定是无比英明的。

魏徵也根本不会想到，陇右不仅没有如他所说的虚耗疲敝，反而是在他死后的一代代发展下，这个历朝历代都谈不上富裕的地区居然超过江南成为天下首富，所谓"是时中国盛强，自安远门西尽唐境凡万二千里，闾阎相望，桑麻翳野，天下称富庶者无如陇右"。

来看看李世民最终构想的巨唐疆域吧，看看这些越看越欣喜的贸易通路，华夏以一种极其开放包容的姿态开始与世界频繁接触，从而形成了华夏古代史中气质独特的大唐气象。

时至今日，西安的旅游名片依旧是以大唐不夜城为核心全面铺开的大唐套餐。天可汗依旧在以他的独特影响力让西安成为中国北方并不多见的旅游标杆城市，连房玄龄和杜如晦都被开发成网红了。

永远可以投资并复利长久的旅游名片是什么呢？是祖宗留下来的民族自豪感。

七、女皇骑唐的蝴蝶效应源头

贞观十七年（643）正月十七，《资治通鉴》中提出最大篇幅意见的臣子、中国历史上最著名的"镜子"、李密的文学参军、李渊的秘书丞、窦建德的起居舍人、李建成的太子洗马、每换一个上司就往上走一步的聪明人——魏徵，死了。

魏徵生病的时候李世民就遣使问讯、赐药，派禁军中郎将李安俨宿卫在魏徵宅邸，令其大小动静都要汇报，李世民自己和太子到魏徵家慰问，还打算把衡山公主嫁给魏徵的儿子魏叔玉，一整套给臣子的顶级临终关怀算是对魏徵十六年来帮他咬耳扯袖红脸出汗正衣冠的做法给予了最高级别回报。

魏徵死后，李世民追赠其为司空、相州都督，赐谥号"文贞"，命百官九品以上皆赴丧，给羽葆鼓吹，陪葬昭陵。

"顶级临终关怀＋顶级离世礼包"给完的同时，李世民登苑西楼哭了，在这段君臣佳话中再来段"顶级谢幕凭吊"，李世民自制碑文然后留下了那句千古名言：人以铜为镜，可以正衣冠；以古为镜，可以见兴替；以人为镜，可以知得失；魏徵没，朕亡一镜矣！

魏徵能够作为后世对唐初开国璀璨群臣的最大记忆，其中司马光出力甚多。

因为司马光的朝代意识形态比较乱，他和王安石因为变法的事打得水火不容，斗败了的司马光在洛阳修史时对于君王能够听劝纳谏、保守治国弘扬了太多。《资治通鉴》记载了贞观年间出现的大量篇幅的臣谏君纳，魏徵作为司马光的顶级工具人在唐太宗一朝中脱颖而出，成为贞观时代几乎最闪亮的那颗星。

当然，司马光想弘扬也是有客观条件的，因为魏徵把自己的那些劝谏给管起居注的褚遂良看了。①

为什么魏徵有这个条件呢？因为起居郎归门下省管，魏徵当了近十年的门下省侍中，有权任性地靠着便利条件把自己定为男二号。

李世民给了魏徵这个最晚加入秦王府还四易其主的臣子这么高的待遇，对魏徵来说，一个人不能什么好处都占了，太宗想让后世记住的是自己。

还是那句话，你想抢李世民的东西？

李世民大怒，不仅把许给魏家的婚约否了，还直接把魏徵的碑推了。

还惦记抢我的名声？我连墓碑都不让你吹牛！你就是个无名氏！

钱（包括色）、权、名，如果你想都占着，你真得掂量掂量自己的道行。

拿着钱和权，你就别指望名声多好听，不仅不能在乎名，而且名声越小越好，隐藏得越深越安全；拿着权和名，你经济和作风上就千千

---

① 《旧唐书·魏徵传》：徵又自录前后谏诤言辞往复以示史官起居郎褚遂良，太宗知之，愈不悦。

万万要小心，只要涉及名声，人设的维护就是个昂贵的长久工程，这两方面最容易被人做文章；拿着钱和名，你在权力上就千万把自己摘干净，因为你已经有着权力者最羡慕的东西了，千万别成为他的竞争者，该举手举手，该出成本出成本，千万别觉得自己是个什么了不得的人物。

为什么这三个不能一起要？你是想重建一个生态吗？

客观来讲，魏徵对于李世民确实是个相当重要的人，他是李世民的刹车片。搞政治的人，永远无法避免的是控制不住自己的欲望，李世民是除了后世之名能制约他之外，当时在整个地球无敌的状态，魏徵在"东亚洲父"想任性一把的时候拉住了"慈父"大人。

其实历朝历代的臣子属性都是君王拿赏罚喂出来的。到后面武则天时代，一个朝臣要是不会告密、不会斗人、不知道怎么口蜜腹剑都活不下去，更别说直接对武则天说的那些肉麻话了。举个侧面的例子，因为向武则天表忠心得了监察御史的郭霸跟着同事们去探病上司魏元忠，他单独留到了最后给上司尝粪便的咸淡来判断病情程度。[①]

在武后时代，需要你去糟蹋自己，将人格摧毁到极致来完成对上司的宣誓效忠。

为什么？

武则天不自信，她多疑啊！你不把所有当人的底线全部毁了我真没法相信你啊！我真的没法信人，我只能信狗。

时代不同，投名状的底线也不同。

[①]《旧唐书·郭霸传》：时大夫魏元忠卧疾，诸御史尽往省之，霸独居后。比见元忠，忧惧，请示元忠便液，以验疾之轻重。元忠惊悚，霸悦曰："大夫粪味甘，或不瘳。今味苦，当即愈矣。"

史上酷吏之最的时代，能写出《罗织经》的时代，恶人是来俊臣和周兴们，还是那个使唤工具人的上司呢？

贞观时代，魏徵不断劝谏的背后，是李世民非常可贵地能够以博大的胸怀在被提醒后意淫一下就算了。魏徵死后，李世民因为岁数大了，自制力明显下降，狠不下心再去"喂"一个"魏徵"去说自己不爱听的话了，任性的次数和力度增了太多。

魏徵在中国史上的独特位置和名声，得益于这个聪明人在最合适的时候遇到了最合适年纪的李世民。在魏徵的诸多劝谏事件中，举一个最能体现君臣都了不得的例子吧。

贞观六年（632），灭了东突厥的李世民被文武百官复请封禅，李世民先是客气了一下："我觉得这事没必要，当年秦始皇封禅而汉文帝不封禅，后世难道会认为文帝之贤不如秦始皇吗？况且祭祀天地何必登泰山之巅，非得去那里才能体现诚敬吗？"

但是，百官都知道皇帝说的是套话，这事从来没有当时同意的，于是继续请示，这时候李世民准备从了，但魏徵说不行。随后历史中的著名对话出现了。

李：公不赞成我封禅，是因为我的功勋不够高吗？

魏：够高。

李：是我的德行不够厚吗？

魏：够厚。

李：是中国不够安定吗？

魏：够安定。

李：是"四夷"不够顺服吗？

魏：都顺服。

李：是庄稼没丰收吗？

魏：大丰收。

李：是祥瑞没出现吗？

魏：满世界都是祥瑞。

格调已经拉满的李世民最后问道："那为什么不能让我去泰山？"

魏徵答道："您虽然哪里都没问题，但咱们国家是承接隋末大乱之后建立的，户口未复，仓廪尚虚，您这一趟车驾东巡，千乘万骑都得跟着，这一趟的挑费实在不是小数，周边郡县实在担不起啊。况且陛下封禅是整个东亚的事，万国来朝，四方小国和蛮夷们都要陪着，现在自伊、洛以东人烟还很稀少，大地满目荒凉，这一趟让别人看见了那就是对'四夷'示以虚弱，而且这一趟得给他们多少赏赐呢？给多少这些人都会觉得少！咱们虽然免了几年的税，但老百姓还远没有缓过来。崇虚名而受实害，陛下您可不是这种人！"

结果当年黄河南北数州大水，李世民就坡下驴把这事给停了。说实话，以李世民这种级别的功业，如果李世民说自己没资格，那么之前的那些帝王除了秦始皇之外都没资格封禅，包括汉武大帝。

历朝历代帝王的面子工程从来都是劳民伤财的大项目，魏徵说的这些情况历朝历代都有。

汉武大帝在公元前110年到公元前89年二十多年的时间里六次封禅，越到天怒人怨他棺材板快盖不住的那几年，他封禅得越来劲。

只要帝王来感觉了，一切都不叫事！苦一苦百姓，骂名百官们都担一担，食君之禄忠君之事担君之忧嘛！

李世民和魏徵这对君臣，都很难得。

魏徵的死对李世民触动很大。在他死后一个多月，二月二十八，李世民命人在凌烟阁画上了李唐的二十四位开国功臣像，比例为真人大小，面北而立分别是：赵公长孙无忌、赵郡元王李孝恭、莱成公杜晦、郑文贞公魏徵、梁公房玄龄、申公高士廉、鄂公尉迟恭、卫公李靖、宋公萧瑀、褒忠壮公段志玄、夔公刘弘基、蒋忠公屈突通、郧节公殷开山、谯襄公柴绍、邳襄公长孙顺德、郧公张亮、陈公侯君集、郯襄公张公谨、卢公程知节、永兴文懿公虞世南、渝襄公刘政会、莒公唐俭、英公李世勣、胡壮公秦琼。这就是后世大名鼎鼎的凌烟阁二十四功臣。

专门说一下，这个排名不是按功劳而是按官职。贞观十七年（643）前死的就比较占便宜，都会得到赠官，李孝恭、杜如晦、魏徵这三人都是赠的司空，结果就把活着的司空房玄龄的排名挤到他们之后了。

这就是大唐打天下坐江山的重要开国功臣编制了，准确地说，只有魏徵一个人是玄武门之变后才加入的。

这位聪明人和他的聪明上司李世民算是互相成就的典范了，而且这位聪明人的命相当好，他死得特别是时候。魏徵以他在李世民心中的地位让李世民这一年启动了凌烟阁评选，帮他和侯君集保留了这个名留青史的机会。他再晚死一年，凌烟阁就是二十二功臣了。

李世民在魏徵死后发现了一系列"贞观之镜"变"结党藏奸"的反差，魏徵你这个老小子是真"聪明"啊！

起因是李世民迎来了他的宿命。他的接班人之争到贞观十七年（643）时，已经到了一个矛盾总结的时间段了。

李世民一辈子都很英明，但他也是个父亲，他在享天伦之乐的时候没有控制住自己的情感。

贞观十七年（643）正月十五，李世民对群臣道："据说外面传言太子有脚病行走不便，魏王聪颖悟性高多次随朕游幸，那些别有企图的人开始不干人事地乱传流言，我告诉你们，太子虽然脚有病但溜达得好着呢！况且《礼记》说了，嫡长子死了应立嫡长孙，承乾的儿子已有五岁，朕终究不会以庶子代嫡子，来为后世开启觊觎皇位的根源。"①

李世民说这话其实敲打的是五皇子齐王李祐，他此时都督齐、青、莱、密等五州诸军事，任齐州刺史。

在李世民看来，李祐算是胎里反，他的外公叫阴世师，最开始陪代王杨侑守长安，在李渊太原起兵后他杀了李渊的幼子李智云，还刨了李家的祖坟。李渊进长安后杀了阴世师，阴氏女眷被没入掖庭，随后阴家闺女被李世民看中了，收纳后生了李祐。

李祐这些年虽然被封往各地，但一直赖在长安不走，直到贞观十五年（641）才前往齐州封地。他的那个小集团水平比较低劣，其舅阴弘智劝他招募壮士以自卫，然后他就招募死士去了。

关公门前耍大刀，太宗面前搞政变，这小子是真莽撞啊！为什么你们兄弟能活得好好的，你伯父和你四叔的孩子就都看不见了，你是真不知道吗？

李世民其实一直在敲打他，但这傻小子不听。这一年的三月，齐王府的小团伙出了乱子，被举报到了朝廷，李世民下令招李祐回长安，随后这傻小子就反了。

还没怎么闹腾起来，李祐已经被他的齐州兵曹杜行敏当了投名状得富贵去了。天下大定多少年了，这种富贵机会不好找啊。

李祐被逮捕后赐死，身边四十多人被杀，其余不追究，这事就结束了。但是李祐这事间接打了他爹李世民的脸，前面他爹把话说得有点

---

① 《资治通鉴·唐纪十二》：丙寅，上谓群臣曰："闻外间士人以太子有足疾，魏王颖悟，多从游幸，遽生异议，徼幸之徒已有附会者。太子虽病足，不废步履。且《礼》，嫡子死，立嫡孙。太子男已五岁，朕终不以孽代宗，启窥窬之源也！"

儿满,对太子挺义无反顾的,没想到李祐谋反这事把太子的谋反给牵出来了。

当年的玄武门之变几乎在贞观朝又来了一次。李家的长子似乎是个不太吉祥的出生顺位。

李承乾生于承乾殿,那一年是武德二年(619)。李渊当时在和李世民玩权力的博弈,以这个殿的名字给孙子冠名了,想表达"承继皇业,总领乾坤"。李渊为什么要给孙子起这么直白的名字呢?

那一年宋金刚来得太快就像龙卷风,以李渊当年入关的速度从太原一路冲到了黄河边,李渊要靠李世民去帮他远离这俗世的纷纷扰扰。

李承乾从一出生就寓意着李世民的合法性,对于李世民的政治意义不言而喻。李世民继位后就封李承乾为皇太子,这孩子也生性聪敏,深得李世民的疼爱。

贞观九年(635)李渊死后李世民服丧,他将政务交给太子李承乾听断。李承乾水平不错,颇识大体。自贞观九年(635)后,李世民每次行幸出京常令李承乾居守监国。

李承乾长大后,据说是这孩子变了,他喜欢上了音乐和姑娘,但伪装得还不错。①

史书又把这孩子说成不是人了,实际上,是李世民有点儿变了。他让李承乾充满了不安。

李承乾得了脚病,走路费劲,而他同父同母的弟弟魏王李泰开始

---

① 《旧唐书·恒山王承乾传》:及长,好声色,慢游无度,然惧太宗知之,不敢见其迹。每临朝视事,必言忠孝之道,退朝后,便与群小褒狎。宫臣或欲进谏者,承乾必先揣其情,便危坐敛容,引咎自责。枢机辨给,智足饰非,群臣拜答不暇,故在位者初皆以为明而莫之察也。

崛起。

李泰，李世民的嫡次子，这孩子的来头更了不得。他出生的时候，他爹在虎牢关封神，一出生就被李渊册封为了宜都王，第二年被安排继承李玄霸的爵位，甚至两字王改为一字王成了卫王。

李泰从小就被李世民喜欢，不知道是不是因为同为"嫡老二"的缘故，李世民对李泰的宠爱史载"是时，魏王泰宠冠诸王"。

贞观二年（628），李泰改封越王，遥领扬州大都督。

贞观五年（631），兼领左武候大将军。

贞观八年（634），李泰当了雍州牧，这可是他爹李世民当年干过的岗，雍州的政治符号很不一般。

贞观十年（636），徙封魏王，遥领相州都督，余官如故。

李世民因为李泰喜欢与士人聊天爱好文学，特令其府别置文学馆，任由他引召学士。这个文学馆间接给李泰搭了个团队，李世民当年的十八学士他不是不知道做什么的，距离那时的时间也不远，朝堂上的大臣们也不是不知道这是个什么意思。

李世民还因为李泰身体胖肚子大，专门允许他上朝时乘小舆。大胖子得到了老臣的待遇，李泰就被李世民宠到了这种程度上。

贞观十二年（638），李泰在团队的建议下上书李世民揽了《括地志》的编撰工程。

听名字就知道，这部书是疆域政区的地理书。李世民将全国划分为十道三百五十八州（内含四十一个都督府）一千五百五十一县，李泰要给他爹的丰功伟绩确权，按当时的都督府区划和州县建置，博采经传地志，旁求故志旧闻，详载各政区建置沿革及山川、物产、古迹、风俗、人物、掌故等，多为唐宋著作所引用，出品的内容质量相当高。

自古涉及疆域和地图的事都是重中之重。李世民啊，您老这是要干什么啊！李承乾的心里能不多想吗？

贞观十四年（640），李世民又亲自去了李泰在延康坊的宅子，以此为由曲赦（单独对一个地区的赦免叫法）雍州及长安监狱中死罪以下的犯人，免延康坊百姓今年租赋，又赐李泰府官僚布帛。像长安的"芙蓉园"、洛阳的"魏王池"和"魏王堤"这种顶级5A景区，李世民也都给了李泰。

到贞观十五年（641），李泰撰修《括地志》完毕后，李泰的待遇甚至比太子都要高了。①

在这种待遇下，李承乾和李泰都产生了巨大的心理负担。

李承乾觉得李泰要夺他的位置，老爹还挺支持，于是心里越来越不平衡，很多时候开始装不下去了。

李承乾看上了一个十几岁的男歌手，不仅宠幸，还冠名"称心"，这事让李世民知道了，堂堂大唐太子的心怎么能被一个歌手偷了！李世民直接把这个称心弄死了，收回了李承乾的昏君体验套餐。②

结果这算是捅了李承乾的心肝了，承乾是动了真感情的。

李承乾知道这是李泰告的密，又实在太伤心失去了称心这个心头好，随后居然在东宫给称心立了个像，在像前配套了人、车、马，命令宫人早晚奠祭。李承乾还多次亲临哭坟，并在宫中给称心修建坟墓安葬，又赠官树碑，以表达自己的哀悼，他甚至连续好几个月声称病

---

① 《旧唐书·濮王泰传》：十五年，泰撰《括地志》功毕，表上之，诏令付秘阁，赐泰物万段，萧德言等咸加给赐物。俄又每月给泰料物，有逾于皇太子。

② 《旧唐书·恒山王承乾传》：有太常乐人年十余岁，美姿容，善歌舞，承乾特加宠幸，号曰称心。太宗知而大怒，收称心杀之，坐称心死者又数人。

了不能上朝。①

他这就是跟他爹搞对立了。这就是没经过事的温室里养出来的花朵，无论养料多么充足，但禁不起逆境捶打。其实他的所作所为是符合他年龄的，但不符合他的角色。

李泰觉得神武的老爹是不会让他的瘸子哥上位的，不然怎么会对他这样。于是双方开始各自拉帮结派给自己加筹码，百官也在这对兄弟间下注。②

就在李世民给李泰抬高身份的贞观十五年（641），李世民觉得自己可能有点儿感情用事了。虽然在他看来李承乾各种不懂事，但他开始给大儿子的权力加码，先是这年十二月在他去洛阳让李承乾监国的时候命高士廉摄太子少师，又命三品以上官员的嫡子全部出仕东宫强行成为太子党。

贞观十六年（642）九月，李世民任命魏徵为太子太师。

贞观十七年（643）正月，又说出了前文"朕终究不会以庶子代嫡子，来为后世开启觊觎皇位的根源"的那番话。

但党争一旦开启，不火并是停不下来的，因为很多势力已经入局了，比如李世民的玄武门功臣吏部尚书侯君集就被太子招揽了。

侯君集觉得李承乾愚昧低能，是个可投资的傻小子，于是由女婿东宫府千牛贺兰楚石搭上线，侯君集举起手来对李承乾表态："老臣这

---

① 《旧唐书·恒山王承乾传》：承乾意泰告讦其事，怨心逾甚。痛悼称心不已，于宫中构室，立其形像，列偶人车马于前，令宫人朝暮奠祭。承乾数至其处，徘徊流涕。仍于宫中起冢而葬之，并赠官树碑，以申哀悼。承乾自此托疾不朝参者辄逾数月。

② 《旧唐书·濮王泰传》：时皇太子承乾有足疾，泰潜有夺嫡之意，招驸马都尉柴令武、房遗爱等二十余人，厚加赠遗，寄以腹心。黄门侍郎韦挺、工部尚书杜楚客相继摄泰府事，二人俱为泰要结朝臣，津通赂遗。文武群官，各有附托，自为朋党。

双好手当为殿下使用。魏王受皇上宠爱，我担心殿下会有隋太子杨勇的灾祸，如有敕令宣召进宫，应当秘密加以防备。"侯君集已经开始劝李承乾造反了。

再比如玄武门的左屯卫中郎将李安俨，也被李承乾买通探查李世民的举动。李安俨之前侍奉李建成，玄武门之变那天李安俨为之力战，李世民觉得这是个忠臣所以将其作为榜样示范，派其宿卫。

李安俨是当年李建成东宫余孽转化为贞观忠臣的代表之一，但李世民对他的宽宏并没有完全感动他，人是很复杂的动物，李安俨就此绑上了李承乾的船。

还有李渊的第七子汉王李元昌，李世民之妹长广公主之子、洋州刺史、开化公赵节，杜如晦之子、驸马都尉杜荷这些人都上了李承乾的战车，全部割臂拿帛擦血后烧成灰就着酒喝了，誓同生死，布局引兵杀入西宫。

李承乾听说齐王在齐州谋反，对纥干承基等骨干说了那句非常著名的话："我住的东宫西墙离皇上住的大内也就二十步左右，咱们的布局岂是齐王所能比的！"

结果李承乾没想到，纥干承基这人底子不干净，因为齐王谋反这事被牵出来了。大难临头，发誓喝灰都没有用了，纥干承基直接就把李承乾给卖了。①

贞观十七年（643）四月初一，纥干承基上书告发太子李承乾，李世民令长孙无忌、房玄龄、萧瑀、李世勣与大理寺、中书省、门下省一起审问，最后证据确凿。

四月初六，李世民下诏废太子李承乾为庶人幽禁于右领军府，赐

---

① 《旧唐书·恒山王承乾传》：会承基亦外连齐王，系狱当死，遂告其事。

死汉王李元昌，侯君集、李安俨、赵节、杜荷等全部被杀，左庶子张玄素、右庶子赵弘智及令狐德棻等因不能谏争皆坐免为庶人，其余当连坐者被全部赦免，告密的纥干承基被赐爵平棘县公。

李承乾被打倒后，魏王李泰便每天进宫伺候他爹。李世民当面许诺立他为太子，中书省的中书侍郎岑文本、门下省的散骑常侍刘洎也都劝立李泰，但在这个时候，一个至关重要的权力人物——长孙无忌，执意请立李世民的嫡三子晋王李治。

得知长孙无忌这个功臣之首不站自己这边，李泰直接把大胖身子投到他爹怀里说："我到今天才得以成为陛下最亲近的儿子，此乃我再生之日。我有个儿子，我死之日，当为陛下将他杀死传位给晋王。"

李世民对自己的团队成员们表示："李泰都说这话了，谁不爱自己的孩子呢，我听到都感动坏了。"

但谏议大夫褚遂良道："陛下此言大为不妥，您万岁之后，魏王有天下，怎么可能杀自己的爱子？从前陛下既立李承乾为太子，又宠爱魏王，对他的礼遇超过太子才造成了今日之祸。太子谋反这事应当作为今日之鉴啊！陛下如今要立魏王为太子，最好先处理了晋王，咱们别再让历史重演了。"①

李世民哭了。

李世民后来又审他的大儿子，李承乾道："我是太子，还有什么更多的要求！只是被李泰算计，我便常与朝臣们谋求自我保存的策略，然

---

① 《资治通鉴·唐纪十三》：谏议大夫褚遂良曰："陛下言大失。愿审思，勿误也！安有陛下万岁后，魏王据天下，肯杀其爱子，传位晋王者乎！陛下日者既立承乾为太子，复宠魏王，礼秩过于承乾，以成今日之祸。前事不远，足以为鉴。陛下今立魏王，愿先措置晋王，始得安全耳。"

后被那些别有用心的人教唆我图谋不轨。如今若是立李泰为太子，那就正好落入他的陷阱了。"①

李承乾跟李泰鱼死网破了，他抓住他爹的关键弱点：您老能是被操控的人吗？

最终，李世民在两仪殿等群臣都退朝后只留下长孙无忌、房玄龄、李世勣、褚遂良四人及李治，开了最后的核心团队会。

李世民先是对这四个人说："朕的儿子和弟弟如此作为，我活着实在太没劲了。"随后往床上撞。李世民留下李治就是表明态度了，那哥四个一看赶紧抱住皇帝，然后李世民又拔刀要自杀，褚遂良一把夺下交给李治，长孙无忌等赶紧说您直接宣布吧。②

李世民道："朕想要立晋王为太子。"

长孙无忌道："我等谨奉诏令，如有异议者，我请求将其斩首！"

李世民对李治道："你舅舅许诺你为太子，赶紧拜谢！"李治拜谢长孙无忌。

李世民亲临太极殿，召见六品以上文武大臣总结道："李承乾大逆不道，李泰居心险恶，都不能立为太子，你们说谁能当？"

大臣们赶紧说"晋王能当"。

什么错都没犯的李泰就此被幽禁在了北苑。

四月初七，李世民下诏立晋王李治为皇太子，亲临承天门楼，大赦天下，饮宴三天。

---

① 《资治通鉴·唐纪十三》：上面责承乾，承乾曰："臣为太子，复何所求！但为泰所图，时与朝臣谋自安之术，不逞之人遂教臣为不轨耳。今若泰为太子，所谓落其度内。"

② 《资治通鉴·唐纪十三》：因自投于床，无忌等争前扶抱；上又抽佩刀欲自刺，遂良夺刀以授晋王治。无忌等请上所欲。

第 6 战　天可汗 | 557

李世民对侍臣说:"朕如果立李泰为太子,那么就表明太子的位置是可以规划经营的,如今把他们都废掉,表明皇帝不和恐怖皇子谈判,作为祖制今后要传下去!"①

李世民还专门在诏书的重要文件中写明了这一点:"李泰我是真喜欢,但这孩子仗着我喜欢他就想祸害他哥哥,两人因此开启了党争,所以这两人我都废了,这个基准要推及四海,传至后世。"②

李世民这个官方诏书其实是打了自己的脸,他扯了自己的遮羞布。因为他的皇位就是精心琢磨布置抢下来的,这是他这辈子的死结,武德时代的党争是最嚣张的,都已经是打明牌了。

其实这事怪谁呢?怪李世民自己。他是次子武力夺嫡的,如果想李唐长远传下去,必须在继承问题上内耗最小,不能让每次皇位更迭都出现党争和站队。他是成本专家,但他对李泰控制不住自己情绪的喜爱成了对不起两个孩子的万恶之源。

李世民的"粉头"司马光专门针对这事做了评价:"唐太宗不以天下大器私其所爱,以杜祸乱之原,可谓能远谋矣!"

这就是一粉顶十黑的典范。司马光怎么这么好笑呢!李泰是谁捧的?造成这个局面完完全全就是李世民的责任。他也是人,头脑也会发

---

① 《旧唐书·濮王泰传》:太宗因谓侍臣曰:"自今太子不道,藩王窥嗣者,两弃之。传之子孙,以为永制。"

② 《旧唐书·濮王泰传》:下诏曰:"朕闻生育品物,莫大乎天地;爱敬罔极,莫重乎君亲。是故为臣贵于尽忠,亏之者有罚;为子在于行孝,违之者必诛。大则肆诸市朝,小则终贻黜辱。雍州牧、相州都督、左武候大将军魏王泰,朕之爱子,实所钟心。幼而聪令,颇好文学,恩遇极于崇重,爵位逾于宠章。不思圣哲之诫,自构骄僭之咎,惑逸诱之言,信离间之说。以承乾虽居长嫡,久缠痾恙,潜有代宗之望,靡思孝让之则。承乾惧其凌夺,泰亦日增猜阻,争结朝士,竞引凶人。遂使文武之官,各有托附;亲戚之内,分为朋党。朕志存公道,义在无偏,彰厥巨衅,两从废黜。非惟作则四海,亦乃贻范百代。"

昏，也会控制不住自己的情感。他最终为什么选择了李治？

李治确实不结党，因为此时他虚岁才十六岁，哥哥们斗的时候他根本没能力结党。

面对自己这辈子唯一的"玄武门死结"，一辈子无所不能的李世民估计会生出石虎立幼子的感慨："儿年二十余便欲杀公。今世方十岁，比其二十，吾已老矣。"

李世民立李治完全就是石虎的心态了，表面上装得父慈子孝，实际上防备到了极致。贞观二十年（646）以后，李治长大了，有能力去结党的时候被李世民扣在了自己身边，坚决不让他回东宫，是褚遂良上书劝谏后才改为了两边跑。①

我从来不吝惜对唐太宗的赞美，但事就是那么个事，他就是那个算计。

话说回来，看到这个立储过程，大家可能会产生疑问：为什么都是亲外甥，长孙无忌不同意李泰当太子而要支持李治呢？

因为长孙无忌虽然一直是功臣之首，但由于外戚避嫌的原因，已经很多年没进皇帝核心团队了。此时扶植毫无根基的李治，是他重返权力舞台的最好机会。东宫与魏王党争那么多年，朝中已经分为两派，而新立的太子李治什么根基都没有，他这个功臣之首的舅舅过来压压场、把把舵是顺理成章的事。

李治当上太子后长孙无忌就成了太子太师，两年后终于进入核心

---

① 《旧唐书·褚遂良传》：二十年，太宗于寝殿侧别置一院，令太子居，绝不令往东宫。遂良复上疏谏曰："臣闻周世问安，三至必退，汉储视膳，五日乃来。前贤作法，规模弘远。礼曰：男子十年出就外傅，出宿于外，学书计也……尝计旬日，半遣还宫，专学艺以润身，布芳声于天下，则微臣虽死，犹曰生年。"太宗从之。

第6战　天可汗　｜　559

权力层，回到最高决策圈代理了侍中。想当慕容恪还是普六茹坚，长孙无忌心中是怎样想的谁也不清楚，毕竟千年的历史写下来后，"向使当初身便死"的事可是太多了。

李世民继位后的前面十七年对长孙无忌的防范其实是做得相当到位的。长孙无忌是外戚，本就天生自带权力加成，而且他还是李世民打天下的副手，创业功臣之首，他已和李世民当初还是秦王时一样功高难赏了，不管他与李世民关系再怎么好，也不能再掺和具体的国家政务了。

李世民对长孙无忌与其说是防范，不如说是保护，他本来打算一直尊着这位舅哥直到两人生命的尽头的，但是他对李泰的过分偏爱还是让他人生中第一次感受到了失控。他无可奈何地立了最后一个嫡子，又无可奈何地安排有大能量的长孙无忌为李治保驾护航，最终经过一系列的蝴蝶效应后，让一个女人阴错阳差地登上了时代的舞台。

不过，从某种意义上说李世民确实立了自己最厉害的一个孩子接班。李治这孩子确实相当棒，也担得起他留下的这个庞大家业。唯一的遗憾，是李治继承了他们老李家的遗传病，年纪轻轻就发病了。

八、日渐控制不住欲望的皇帝天可汗

618年九月，执政了二十八年后，伴随了大隋巅峰和低谷的高句丽王高元，在听说大业帝杨广死在他之前后含笑九泉，其弟高建武继位。

那一年是武德元年。

高句丽和唐的关系一直不错，武德七年（625），李渊派刑部尚书沈叔安前往高句丽册封高建武为上柱国、辽东郡王、高丽王。（此时史料中已经叫"高丽"了，但在今日传统历史研究中一般将高氏高丽称为"高句丽"，后面的王氏高丽称为"高丽"，因此本书在不涉及王位时还是称高句丽。）

后来听说颉利可汗都被逮捕归案了，高建武直接拿自家的地图给李世民贺喜去了。①

就这样，高句丽的姿态一直很低，李世民也一直笑容温暖，但这不代表李世民心里面对这片土地没有想法。

贞观十五年（641），借着高句丽太子来长安上贡的由头，李世民

---

① 《新唐书·高丽传》：太宗已禽突厥颉利，建武遣使者贺，并上封域图。

诏令陈大德持节前往高句丽慰劳，同时暗察当地的国情民生。陈大德到了之后对遇到的高句丽各官守都有厚赠，随后开始对其国情进行深入刺探。①

陈大德回来后把当地的情报都汇报给了李世民，李世民很高兴，陈大德最后还来了句："听说高昌被咱们灭了之后，高句丽的大对卢（相当于高句丽宰相）曾三次至馆，对我礼貌甚周。"

按理说这是表达高句丽屈服于大唐天威的一件事，但李世民却答非所问地来了句："高句丽只有四郡，我发几万兵攻打辽东，各城一定来救。我用水军从东莱登陆平壤灭他很轻松，只是天下刚刚太平，我不想再麻烦百姓。"②

这是皇帝陛下暗示他想要了。

贞观十六年（642）十一月，高句丽内部爆发了权力斗争。高建武打算干掉权臣渊盖苏文，渊盖苏文得知，做了个局，邀大臣们来视察他的部队，随后在宴会上一口气杀了一百多位大臣，紧接着杀入王宫宰了高建武，立了高建武侄子高藏为王，自己当了"高句丽曹操"，从此专制国政。

贞观十七年（643），李世民对这事表示了默许，册封高藏为上柱国、辽东郡王、高丽王。

李世民的外交做法跟他这辈子打仗一样，永远鼓励对方膨胀，渊盖苏文看到大唐也没什么表示，于是开始与百济连兵，打算瓜分新罗。

---

① 《新唐书·高丽传》：久之，遣太子桓权入朝献方物，帝厚赐赉，诏使者陈大德持节答劳，且观釁。大德入其国，厚饷官守，悉得其纤曲。

② 《新唐书·高丽传》：大德还奏，帝悦。大德又言："闻高昌灭，其大对卢三至馆，有加礼焉。"帝曰："高丽地止四郡，我发卒数万攻辽东，诸城必救，我以舟师自东莱帆海趋平壤，固易。然天下甫平，不欲劳人耳。"

大唐藩属国之间的矛盾是要遵守大唐律令的，贞观十七年（643）九月，新罗向宗主国大唐求援，李世民遣使去平壤通知渊盖苏文罢兵。

贞观十八年（644）正月，渊盖苏文对李世民的使节表示："我现在打的是当年新罗趁着隋打我们时抢走的五百里土地。"使节说："辽东还是中原的土地呢，现在被你们占着，我们皇帝都没提这事，赶紧给我罢兵！"

渊盖苏文气比较盛，拒不听劝。

李世民一整套体面程序走完，终于得到借口了，时隔十八年后再次披甲，准备亲自上阵打死高句丽。

褚遂良上疏认为："高句丽那么点儿地方您生那么大气犯不上，派两三员猛将带四五万人把渊盖苏文抓回来就完了。"但李世民不听，群臣们也纷纷上疏表示别打那地方了，不吉利，还是等他自取灭亡吧！

此前无论是东、西突厥还是吐谷浑、吐蕃，这些势力都没能撩动李世民亲征的欲望，都是从秦王府军校里挑人去打的。这回不一样了。

杨广你这个丢脸的家伙，我这回羞辱死你！

客观来讲，这场仗该打吗？

当然该打，因为藩属国不听宗主国安排，宗主国不表明态度那么威信就谈不上了，这是低成本控制东亚的日常维护操作。

更重要的是，打高句丽是证明大唐远胜大隋的政治仗，对于后世之名相当重要，毕竟李渊是大隋储备官员起家的外戚高官，李家是在大隋的根基上长起来的，这块永远是个政治短板。灭了高句丽，能最直观地证明唐代隋是天命所归，天下就该李家坐！

不过李世民在战略上虽然没错，但他在战术上犯了巨大错误：他不该御驾亲征。

你是东亚大魔王，你出场后灭了别国是应该的；但你只要灭不了

第 6 战　天可汗 ｜ 563

别国，那就是失败的。然而，高句丽地区就不是个能速胜的地方。

首先那里是北方，理论上来讲李世民只有三月到九月半年的征战时间。这还只是理论上，西伯利亚冷空气常年是驻场嘉宾，南方的朋友可能都无法想象那边的严寒是什么感觉，冬天时不时就零下三四十摄氏度，那个时代是没有羽绒服的，到那边去专业冬装置办是一项难度相当高的后勤工作。

其次，这回没有当年司马懿灭公孙渊时的便宜可以占了。

当年公孙渊的大本营离前线太近，国防战略层面上没有缓冲区，这种仗在李世民面前就是白送。但由于高句丽分别遭受过毌丘俭和慕容鲜卑的两次暴力狂屠，427年时就将都城迁到了平壤。

中原如果想打高句丽需要在早春进军，祈祷傍海道不下雨能顺利通过，渡过泥泞的辽泽，随后面对辽水防线正式开打，等清理干净辽河平原后再越过长白山脉去突破鸭绿江，过了鸭绿江后再南下平壤。

这种地势和纵深，以及短暂的作战窗口期，使中原政权想一口气灭了高句丽成为太难的操作。

李世民应该每年往前推进一小块，一点点地切香肠，这个工作派个上将去其实就可以了。派个上将出征，拿下两座城设立一个州宣传报道就很好写，大唐的威慑也始终维持着，但皇帝要是御驾亲征，容错率就太低了。

李世民开始任性，而且他在高句丽这里任性了还不止一次。

客观来讲他的命是真好，后面老天在最合适的时候带走了他。

贞观十八年（644）七月二十，李世民敕令将作大匠阎立德等到洪、饶、江三州造四百艘船用来载运军粮。

七月二十三，诏营州都督张俭等率幽、营二州都督府的兵马及契丹、奚等先行征伐辽东打前站，任太常寺卿韦挺为馈运使，民部侍郎崔仁师为副使，河北各州都接受韦挺节制听其调遣，又命太仆寺少卿萧锐运送河南各州粮草入海准备另一条物流线。

安定了二十年的中原与河北被调动了起来，大运河开始再次往东北输送海量的军资，高句丽和整个东北诸部即将首次感受到他们听说过但没见过的那股恐怖力量。

十一月，率兵略地至辽西后因为辽河涨水许久未渡河的张俭被李世民认为畏敌懦弱，把他喊到洛阳宫让他做解释。张俭陈述沿路水草好坏、山川险易和许久不进军的原因，李世民没有追究他贻误军机的责任，拜其为行军总管继续统领诸部骑兵为六军前锋。

此次出征，李世民决心极大，除了东北军区外，还在全国调动了十余万兵员：李世勣为辽东道行军大总管，率步骑六万及兰、河二州降胡兵马走陆路；张亮为平壤道行军大总管，率江、淮、岭、峡四州兵马四万人，又在长安洛阳募兵三千，率战舰五百艘从莱州渡海。

一方面，李世民没有玩杨广百万大军的人海战术，另一方面，连攻城的器械都是亲自挑选的，专门挑选了容易运输和组装的往东北送，所谓"凡顿舍供费之具减者太半"，总之还是老思路的节能打法。

贞观十九年（645）正月十二，李世民从洛阳出发。

四月初一，东北战场正式开战，李世勣自通定渡辽水至玄菟，高句丽震惊恐慌，城邑皆闭门自守。

四月初五，辽东道副总管李道宗率数千兵至新城，折冲都尉曹三良引十余骑直逼城门，城中惊忧无敢应战者；营州都督张俭率胡兵为前锋进渡辽水直逼建安城，破高句丽兵斩首数千拿下开门红。

四月十五，李世勣和李道宗攻盖牟城（今辽宁抚顺）。

四月二十，李世民车驾至北平。

四月二十六，李世勣拔盖牟城，获人两万余口、粮十余万石。

第 6 战　天可汗 ｜ 565

张亮率舟师自东莱渡海袭卑沙城（今辽宁大连大黑山古城），其城四面悬绝，唯西门可上，有点儿类似于威虎山。虽然这座城有天险，但唐军副总管王文度依旧率军先登。五月初二，唐军拿下卑沙城，获男女八千口，分遣总管丘孝忠等耀兵于鸭绿江。

突破辽水防线的李世勣也南逼辽东城（今辽宁辽阳）。

五月初三，李世民车驾至辽泽，方圆两百余里的大沼泽，人马不可通行，将作大匠阎立德布土作桥渡过了辽泽。

五月初八，高句丽以步骑四万救辽东，李道宗率四千骑兵反向迎击。

唐军中当时都认为敌众我寡，还是等等战神吧，但从柏壁之战就跟着李世民的李道宗表示："高句丽军仗着人多有轻视我军之心，他们远来疲惫，在我军攻击下必败！怎么能把他们留给君父呢？"

结果打起来后出了点儿意外，合战后唐军行军总管张君退了，唐兵不利，李道宗也被打散了。李道宗收拢散卒后登高而望，见高句丽军阵形也乱了，于是再次率数十骁骑杀进敌阵打了个对穿，总指挥李世勣这时候上了预备队，高句丽军大败，被斩首千余级。

五月初十，李世民车驾渡辽水后把桥撤了，做出表态：无论什么事，皇帝我都陪着你们，咱们没退路，都往死里打吧！

军至马首山，李世民劳师赏赐李道宗，斩了胆小将军张君，亲自率数百骑至辽东城下，看到士卒负土填堑，李世民化身民工也加入了工程队，随后整个唐军疯狂了。

李世勣攻辽东城昼夜不息，李世民也带来了当世最高科技的军火进行展示，此时唐军的抛石机已经能够在一里外扔出三百斤的大石头了。[①]

[①]《旧唐书·高丽传》：高丽闻我有抛车，飞三百斤石于一里之外者，甚惧之。乃于城上积木为战楼以拒飞石。勣列车发石以击其城，所遇尽溃。

五月十四，李世民亲率万余玄甲军与李世勣会合。围城军声势益壮，鼓噪声震天动地。

五月十七，南风急，李世民遣锐卒登冲竿（攻城梯）从城楼西南把火烧了进去，随后指挥将士们登城。高句丽兵力战不敌后城破，被杀了一万多。唐军俘虏高句丽士兵一万多人，男女四万口，李世民就地以辽东城设置了辽州。

五月二十八，唐军进军白岩城（今辽宁辽阳东北），右卫大将军阿史那思摩中箭，李世民亲自为他吮血，唐军将士们听说后又疯了，随后展开狂攻。

乌骨城（今辽宁丹东凤城市凤凰山）派了一万多士兵增援白岩城，李世民的禁军心腹契苾何力派八百名精锐骑兵阻击。契苾何力亲自冲锋陷阵，腰中槊后被薛万备在万军中单枪匹马救回，契苾何力简单包扎伤口后再次疯子一样杀了进去，大败高句丽军，追奔数十里，斩首千余级，直到天黑才收兵。

看看李世民的军官团，看看这一个个部族酋长的战斗意志，中国历史上几乎不可复制的君臣时代啊！

辽东城破后，白岩城城主孙代音降而复叛，李世民下令城破后连人带物全部赏给将士们。

六月初一，李世勣攻白岩城西南，李世民临城西北，这次白岩城想明白了，表示唐大人们别再打了，请降，李世民准备同意，但李世勣率甲士数十人请命道："士卒之所以冒矢石不顾生死，不过就是受胜利后的红利刺激罢了，马上城破了您现在受降这事不合适啊！"

李世民下马道："将军说得对，我就是不忍心，回去我拿国家财政犒赏将士们，从将士们手中把这座城赎了。"

李世民改白岩城为岩州，得城中男女万余口，李世民在水边设御帐受降，赐百姓饮食，对支援白岩城的其他高句丽士兵也给予安抚，提供粮草任其去留。

六月十一，李世民督大军自辽东城出发。

六月二十，大军到达安市城（今辽宁鞍山海城市营城子村），派兵攻城。

六月二十一，高句丽将领高延寿、高惠真带着救安市城的十五万高句丽和靺鞨组成的援军到来。

此时的东北族群众多，有突厥、靺鞨、契丹、奚等。谁能想到，北境最终苟过大唐成就基业的会是契丹；谁能想到，此时靺鞨最北部的黑水靺鞨部最终又灭了契丹；谁又能想到，出将入相雄健勇武的华夏男儿会演化成"好男不当兵，好铁不打钉"。此时这个黑水靺鞨部，后来被契丹人称为女真。

李世民做战前规划道："现在高句丽有三个对策。上策，引兵直前，连安市城为垒，据高山之险，食城中之粮，然后抄掠我们的牛马，我们攻打却不能迅速拿下，想退又有辽泽为阻，他们会一点点困死我军；中策，带着城中之众一起跑；下策，不信邪跟我军拼拼。你们看着吧，他们准会来跟咱们拼。"

李世民之所以那么说，是因为他在高句丽援军离安市城还有四十里时就命阿史那社尔率千骑突厥兵去示弱勾搭了，安排他在双方刚交兵时就"吓"得赶紧跑。

这个时候高句丽军中有个老将对高延寿说："我听说中国大乱英雄并起，秦王神武所向无敌平了天下，南面为帝，北夷请服，西戎献款。现在倾国而至，猛将锐卒悉聚于此，其锋不可当。我们现在最好不和唐军硬碰硬，而是打持久战，分遣骁兵断他们的粮运，不过十日唐军必然没有粮了，到时他们求战不得欲归无路，我们就是不战而取胜了。"

高延寿不听，被唐军勾搭出来了，至安市城东南八里时依山列阵。

看到高句丽十几万军队过来了，这是大决战，李世民亲自来了就是为了这事，长孙无忌代表诸将请示李世民："陛下，天下都是您打下来的，您给我们指导一下吧。"

李世民笑道："既然你们这么客气，那我就给大家当这回的总指挥吧！"

李世民与长孙无忌等率数百骑至高处望山川形势，心里有谱儿后李世民遣使对高延寿道："我因为你国强臣弑主故来问罪，至于交战非我本愿，入你境后已经粮草不济，取你数城是等你国修臣礼，回去我就把这些城还给你们。"

高延寿一听觉得"这是什么大唐战神，看见我的大军觉得打不过就胆怯了"，随后防备开始松懈。

李世民当夜召开文武作战会议，命李世勣率一万五千步骑列阵于安市城西岭；长孙无忌率一万一千精兵为预备队，自山北出于狭谷以冲其后；李世民自率四千步骑携带战鼓号角，放倒旗帜，悄悄登高句丽军营北山高峰之上作总指挥。李世民下令诸军听到鼓角后就齐出奋击，又在临时朝堂下令提前布置受降的帷幕并交代道："明日午时，在这里受降纳房！"

面对十五万高句丽军，李世民留大军继续围安市城，仅仅带着三万人就准备全歼对方了。

整个秦王军校对此表示"优势在我，和虎牢关比这已经是富裕仗了"，信心满满地都去布阵了。

六月二十二清晨，高延寿等见李世勣在布阵，就那么点儿人还都是步兵，于是勒令全军准备出战。

在李世勣吸引了高句丽军的注意力后，长孙无忌已经从后面攻过

第6战 天可汗 | 569

来了，李世民望见长孙无忌军尘大起，于是下令鸣鼓角、举旗帜，诸军鼓噪并进。

高延寿打算分兵御敌，但唐军太快了，根本来不及反应自家军阵已经乱了。

就在李世民敲鼓下令全军出击后，老天爷打雷了，小将薛仁贵穿着一身非主流炫酷战衣怎么显眼怎么来地"作死"陷阵而去。他的"作死"没有白"作"，李世民从山上望见薛仁贵，战后封他为游击将军。

雷雨中，在薛仁贵冲破高句丽军阵后，李世勣以一万步卒长枪兵进行正面攻击，高延寿兵败，长孙无忌纵兵撵其后，李世民又率军自山上冲击而下。三面打击下高句丽军大溃，被斩首万余级。

高延寿等率余众依山固守，李世民命诸军围攻，长孙无忌撤了东川桥断了高延寿归路。

李世民骑着马慢慢观察高延寿的营垒，他对身边侍臣道："高句丽倾国而来，如今一战而败，天佑我大唐！"随后下马拜谢苍天。

一天后，六月二十三，高延寿、高惠真率没能逃走的三万六千八百人请降，跪入军门，拜伏求饶。

李世民留下了耨萨（高句丽的刺史，掌一州政令）以下酋长三千五百人，这些高级官员被授以军职后迁往内地，其余全部放还平壤，李世民要的是高句丽的军官团和民心，被放走的降兵皆高举双手给李世民磕头，欢呼声闻数十里外。

跟着高句丽一起来的三千三百靺鞨军则被全部坑杀了。李世民用这件事表明了态度：我打架的时候，我看今后谁还敢掺和！

此战唐军获马三万匹、牛五万头、明光甲五千领，其他军械上万，抢回了不少大业帝当年的丢脸战利品。

从这些缴获的战利品看也能明白高句丽为什么会有那么高的心气，以他们这个武装实力放在三国时代能代表袁绍打官渡之战了，气比较盛可以理解。

总有人觉得自己是天选之子，是终结大魔王的人，但更多的现实案例带来的启发却是千万别惹大魔王。

高句丽举国大骇，后黄城、银城全部弃城而逃，数百里没有人烟。

虽然援军已经被全歼了，但安市城却依然在固守，望见李世民旗盖时还要在城头鼓噪闹腾一番。①

这其实相当出乎意料，因为唐军无论是战斗力和宽宏度都进行了完美展现，按理讲该喜迎王师了，但安市城就是不投降。这成为李世民没料到的巨大变量。

李世勣请求在攻下城的当天将城内男女都坑杀掉，李世民批了。安市城中听后更加玩命坚守，唐军久攻不下。

高延寿、高惠真请示李世民道："奴才如今委身大国，不敢不贡献我们的忠诚，愿天子早成大功灭了高句丽，奴才得与妻子相见。眼下安市人顾惜他们的家，城内的人自发参加守城，短时间内估计不好拿下。我刚带着十余万军队丢脸打了败仗，高句丽已经吓胆破，乌骨城守将已经很老了，肯定不能坚守，现在咱们去那里一天就能攻克，其余当道小城必然望风溃逃。然后咱们收其资粮，鼓行而前，平壤一定守不住的。"

群臣也道："张亮兵在沙城，征召后半天就能到，趁高句丽害怕，我们合军全力攻拔乌骨城，渡过鸭绿江，直取平壤。"

---

① 《旧唐书·高丽传》：八月，移营安市城东，李勣遂攻安市，拥延寿等降众营其城下以招之。城中人坚守不动，每见太宗旄麾，必乘城鼓噪以拒焉。

只有长孙无忌以为："天子亲征不同于大将带兵，不可冒险，现在建安、新城的高句丽军还有十万多，如果我军向乌骨城进发，要是被他们断了我们后路就坏了，还是先破安市城、取建安城，然后长驱而进，才是万全之策。"

李世民同意了长孙无忌的看法。

仗又打了一个月，没什么战果，因为高句丽这辈子不会再出城跟李世民野战了。唐军终究是人少，九月十八，李世民考虑到粮将尽天已寒，于是下令撤军。但还是走晚了，十月初一诸军渡渤错水（辽河下游）时天降暴风雪，冻死了很多人。

战后总结，此次征伐高句丽，共克玄菟、横山、盖牟、磨米、白岩、辽东、卑沙、麦谷、银山、后黄十座城，迁徙辽、盖、岩三州共七万人，歼高句丽兵四万多人，唐军死了近两千人，美中不足的是战马损失非常大，辽东的气候致使战马损失率高达十之七八。李世民面对这个战况相当后悔，慨叹："魏徵若在，必能阻止我此番的征伐。"[①]

打下十城，迁人口七万，战损率一比二十，按理讲这不叫大胜别人就没法再张嘴了，但在李世民看来这个结果并不光彩。因为别人是别人，而自己是皇帝天可汗，是前无古人的东亚秩序维护者。

当然，东北诸部确实亲眼看到大唐的战斗力了，都已经快吓死了，但大唐的辖区幅员万里，远方的异族可不一定也会那么想。皇帝天可汗御驾亲征后是要有雷霆万钧的效果的，否则，舆论不会说大唐赢了，而

[①]《资治通鉴·唐纪十四》：凡征高丽，拔玄菟、横山、盖牟、磨米、辽东、白岩、卑沙、麦谷、银山、后黄十城，徙辽、盖、岩三州户口入中国者七万人。新城、建安、驻跸三大战，斩首四万余级，战士死者几二千人，战马死者什七、八。上以不能成功，深悔之，叹曰："魏徵若在，不使我有是行也。"

是会说高句丽没死。

李世民是明白为了自己的任性大唐付出了多大潜在代价的，所以他对于这场战争感到相当惭愧。最直接的体现，就是薛延陀的傻小子敢触他的逆鳞了。

不过对于李世民来讲，这一战最大的成本是极大地消耗了他生命的精华。他这辈子越是炎夏越狂暴，越是炙热越癫狂，他去苦寒之地真的不合适。

回来的路上他就得了场大病，回去后又养了好几个月的病。此后小病不断，这颗炙热的"太阳"生命力开始消逝，他离自己最后的时间不远了。

不过在他走人之前，他又带走了几个不开眼的，比如刚跳出来的薛延陀。薛延陀部在东突厥被灭后疆域东至室韦，西至金山，南至突厥，北临瀚海，囊括了古匈奴的故地。

贞观十二年（638），李世民封薛延陀可汗夷男的两个儿子皆为小可汗，外示优崇，欲分其势。

贞观十三年（639）七月，李世民诏令突厥的阿史那思摩为乙弥泥孰俟利可汗，赐给鼓和大旗，令突厥诸部渡过黄河回到漠南之地跟薛延陀搞摩擦。薛延陀的势力太大，李世民准备动手了。

贞观十五年（641），李世民驾临洛阳筹备封禅的事，夷男在内部开会道："天子封禅泰山，万国皆至，士马会集，边境空虚，咱们现在弄死阿史那思摩肯定摧枯拉朽！"随后命其子勒兵二十万屯白道川，占据善阳岭攻击突厥。

阿史那思摩求救，李世民下诏让并州都督李世勣、蒲州刺史薛万彻率数万步骑救援。具体过程就不说了，总之唐军斩首三千余级，获马一万五千匹，甲仗辎重不可胜计，薛延陀败兵奔走自相践踏死者甚众。

夷男遣使来跟李世民谢罪。

贞观十九年（645），李世民打高句丽的时候对薛延陀的使者道："跟你们可汗说，我东征高句丽，你要是想再犯我边塞尽管放马过来！"

夷男遣使表示不敢，还要发兵供"慈父"驱使。

其实夷男受到了高句丽的巨大诱惑，但确实是不敢动，真的被打服了，"你们这群没见识的高句丽人对大唐力量一无所知。"①

总体而言，在取代东突厥成为北境霸主的这十六年中，薛延陀在夷男带领下始终走得挺稳，有想法也仅仅是对突厥，对李世民始终柔软，但薛延陀没有吐蕃那种国运。

松赞干布保持乖宝宝状态熬死了李世民，随后吐蕃一步步地在武则天的"英明神武"下完成小国崛起。但贞观十九年（645）九月夷男死了，这位薛延陀的明白人死在了李世民前头。

夷男死后，其嫡子拔灼杀庶长子曳莽自立为颉利俱利薛沙多弥可汗。这孩子性格暴戾，多杀部下，废弃他爹的大臣，专用自己的亲信，大肆诛杀异己，弄得薛延陀人心惶惶，而且这小子居然敢趁李世民远在辽东时攻打夏州。②

这也算是李世民御驾亲征的连锁反应，你没能灭了高句丽，在年轻人的眼里就是我也能打你立立威，反正你也灭不了我！但薛延陀和高句丽能一样吗？高句丽的主力已经被打残了，李世民最终是败给了天气。

李世民下诏命李道宗和阿史那社尔为瀚海安抚大使，执失思力率

---

① 《旧唐书·铁勒传》：其冬，太宗拔辽东诸城，破驻跸陈，而高丽莫离支潜令靺鞨诳惑夷男，咬以厚利，夷男气慑不敢动。

② 《旧唐书·铁勒传》：是时复以太宗尚在辽东，遂发兵寇夏州。

突厥兵，契苾何力统凉州胡兵，代州都督薛万彻、营州都督张俭各统所部兵分道并进剿灭薛延陀。

大家看看前面这些突厥和铁勒名字，仆从军太多了，还都是机动部队，根本用不着征调步兵进草原，薛延陀能往哪里跑？

薛延陀听说这事后国内震动，"天兵到了"的消息传遍草原，唐军还没来"薛延陀邦联"就已经自己崩了，各部落大乱，这位多弥可汗最终带几千骑兵逃跑被回纥部截杀。

薛延陀余部七万多人向西溃逃，拥立夷男的侄子咄摩支为伊特勿失可汗回到了故地，不久又去掉了可汗称号，派使者向大唐上表，请求定居在郁督军山北麓。

李世民先是派兵部尚书崔敦礼去郁督军山将他们就地安置，但一直依附于薛延陀的铁勒九姓听说咄摩支要到郁督军山北定居后相当害怕，李世民的参政团队思考后觉得薛延陀未来会复仇成为漠北的祸患，于是又派李世勣带着铁勒九姓去"以夷制夷"。[①]

李世民告诫李世勣：咄摩支如果躺倒降服，你就安抚；如果眼神不对，你就弄死他。

李世勣至郁督军山，薛延陀部酋长梯真达官率众来降，薛延陀咄摩支南奔荒谷后被招降，其部众仍犹豫不定，被李世勣纵兵追击前后斩首五千余级，俘虏男女三万余人。

七月，咄摩支来到长安被封为右武卫大将军，就此被扣长安了。

薛延陀被灭后，铁勒各部看到小国崛起的窗口期开了，于是相互攻击，争派使者归附大唐。快二十年了，我们要当下一个薛延陀！

---

① 《资治通鉴·唐纪十四》：敕勒九姓酋长，以其部落素服薛延陀种，闻咄摩支来，皆恐惧，朝议恐其为碛北之患，乃更遣李世勣与九姓敕勒共图之。

李道宗与薛万彻各遣使招谕铁勒诸部，各酋长大喜，顿首请入朝，回纥、拔野古、同罗、仆骨、多滥葛、思结、阿跌、契苾、跌结、浑、斛薛等十一姓也各遣使入贡，纷纷表示："薛延陀不好好侍奉大唐，暴虐无道，不能给奴等做主人，现在他们自取灭亡，部落离散，奴等各有领地归命大唐天子，希望能怜爱我们，请求用大唐的系统来养育奴等。"

九月，李世民到达灵州，铁勒各部首领相继派使者到灵州拜谒天可汗。

数千铁勒人高呼："天至尊要做我们的天可汗啊！我们子子孙孙要做您的奴隶啊！"①

李世民作为中原的皇帝堪称史上特等级别了。

九月十五，李世民亲自作诗记："雪耻酬百王，除凶报千古。"随后应百官请求在灵州刻石碑记事。

灭薛延陀后，契苾、回纥等十余部落相继归附大唐，李世民各因其地置羁縻州府：以回纥部为瀚海都督府，仆骨部为金微都督府，多滥葛部为燕然都督府，拔野古部为幽陵都督府，同罗部为龟林都督府，思结部为卢山都督府，浑部为皋兰州，斛薛部为高阙州，跌结部为鸡鹿州，阿跌部为鸡田州，契苾部为榆溪州，思结别部为蹛林州，白霅部为置颜州，共十三州，封他们的酋长为都督、刺史，又设置燕然都护来统领这些人。

北境问题在他闭眼前算是安排明白了。

北境其实算是搂草打兔子，他真正关心的是一东一西：东边是政治仗，西边是经济仗。

---

① 《资治通鉴·唐纪十四》：敕勒诸部俟斤遣使相继诣灵州者数千人，咸云："愿得天至尊为奴等天可汗，子子孙孙常为天至尊奴，死无所恨。"

贞观二十一年（647），李世民开启了规模空前的西征。

除了刚刚这些哭着喊着要世代为奴的"孩子"能让天可汗的出兵成本低到不敢想象之外，李世民此次西征还有一个开全图的宏观战略加成。

一位高僧此时已经结束了取经大业，给李世民带来了他不太感兴趣的佛经和相当感兴趣的西域人文地理。这位高僧在回国被皇帝接见后，以极强的记忆力仅用一年时间就快马加鞭地写出了《大唐西域记》，这本书的内容包括两百多个国家和城邦的地理形势、气候、物产、政治、经济、文化、风俗、宗教等概况。

唐师傅，我给您留篇幅了，上场吧！

九、个人奋斗与伟大历史进程的互动

贞观二十年（646）六月，在自绝于铁勒民众的薛延陀多弥可汗被回纥杀掉的同时，基本赢得西突厥内战的乙毗射匮可汗遣使向唐进贡求婚。

针对这个请求，李世民一如既往地摆大国姿态，中国永远对外开放包容，想给大唐当女婿没问题，但聘礼得证明你的诚意，李世民要求西突厥割龟兹、于阗、疏勒、朱俱波、葱岭五国作为聘礼。

李世民不装了，知道薛延陀现在是个什么状态吗？知道铁勒人现在哭着抢着给我当什么吗？想当我的女婿没问题，把丝绸之路给爹让出来，你去天山北面做好爹的中亚保安，爹定期把分红给你派过去，守着大唐公主好好过日子。

李世民思路很明确，天山以北的游牧地区还是你的，没有损害你的根基，我允许你在天山以北享受大唐的庇护，但一切的前提是你把路让开，大唐要自主地走向世界，你不要挡在崛起的华夏面前。你可以成为我的贸易体成员国，但丝绸之路不能作为你和我博弈的条件！

乙毗射匮可汗对这个条件一直在拉扯，明显没给李世民面子。

小可爱啊，大唐的都督府都建到贝加尔湖了，连你都是李世民扶植起来的，你怎么琢磨不明白呢！

一年多之后，彻底囊括了整个北境的李世民于贞观二十一年（647）十二月，以龟兹新国王无礼侵扰西域国家安全为由发动了规模罕见的龟兹战争。

汉武大帝当年也凑了令西域害怕的战队，但那次也把华夏烧得四海皆荒，这次别看李世民打了那么大的仗，成本却低到不可想象。指挥此战的主帅是左骁卫大将军阿史那社尔（东突厥首领，李世民迷弟），副帅为右骁卫大将军契苾何力（铁勒契苾部首领，李世民迷弟），主力是"铁勒兵牧十有三部""突厥侯王十余万骑""吐蕃君长""步摇酋渠（吐谷浑）"，反正所有能调往西域作战的大宝贝们都来响应号召了，汉兵主要是原驻地的西北军。

此番西征，无论是主帅还是主力，都是标准的"以夷制夷"，李世民以东亚大可汗的站位调集了中国史上最团结的"邦联"。

李世民如此大规模地开启西征还有一个重要人物的加成，这个人就是大国崛起的东土光辉、中国史上最著名的和尚、千年后唯一一个能和李世民同等流量的唐人、最无心插柳的内容创造者、纵贯三界的顶级延寿小蓝瓶——唐长老、唐师傅——玄奘。

玄奘本名陈祎，洛阳缑氏人，其家谱能追溯到东汉名臣陈寔。他的曾祖父陈钦任北魏上党太守，祖父陈康任北齐国子博士，父陈惠任江陵县官，他家是标准的官僚世家。隋乱后陈惠归乡，共生四子，陈祎是他的小儿子，生于隋文帝杨坚仁寿二年（602）。

陈祎自小跟父亲学《孝经》等儒家典籍，从小就是读书苗子，不过他爹应该想不到这孩子将来没能再如家族传承一样去走仕途，老天给他读书的天赋是另有使命的。

陈惠在给小陈祎完成启蒙后就过世了，随后他的家人多有出家的。首先是陈祎的二哥去了洛阳净土寺出家，随后小陈祎对佛门展现出了浓厚的兴趣，跟着他哥完成了最初的佛学启蒙。

大业八年（612），十一岁的陈祎想参加出家为僧的考试，但年龄不符合标准，结果在考试当天被主考官大理寺卿郑善果（就是李渊那个干什么什么不行的嫡系）看见，经过面试后郑善果修下了他这辈子最大的善果，破格让陈祎参加了考试并破格录取。

十三岁，陈祎正式出家，玄奘正式上线。

玄奘出家后先是在洛阳净土寺学《涅槃经》和《摄大乘论》，学了几年后天下已经被杨广祸害得非常厉害了，洛阳成为修罗场。上天也许担心玄奘被东土的妖怪们提前收走，于是解锁了他人生中的"驿马"系统，玄奘大师就此开启了狂奔的前半生。

在618年李密的洛阳"擂台赛"如火如荼举办的时候，玄奘跟他哥离开洛阳来到了四川。此时四川已经投票跟李渊混了，李渊刚换了武德年号，玄奘算是第一批不讲大业讲武德的移民，就此他个人的奋斗和大唐的国运进程牢牢绑定了。

玄奘此后在高僧大德云集的成都学习，学了几年后，玄奘在成都受具足戒，随后游历各地、参访名师、讲经说法，在不断的学访中，玄奘已经对"大小乘经论""南北地论""摄论学说"等均有了很深的见地，闻名蜀中。

好脑子配合着好身体，玄奘在不断的游学中开始提升自己的眼界。他这辈子算是永远紧跟李世民的脚步，武德七年（624）天下刚被李世民打平，玄奘就已经神行到了相州（治安阳城，今河南安阳西南）。

玄奘之所以神行到了这里是因为相州是当时摄论学的中心，他在这里遇到了北方流行已久的《涅槃经》《成实论》与毗昙学，这些与真谛在南方译传的《摄大乘论》和《俱舍论》产生了巨大碰撞。

玄奘法师用他的一生证明了一个道理，读万卷书后如果再行了万里路，理论联系实际后的眼界将大到不可思议。玄奘这个走南闯北具有的"慧根"的人在学习太多、经历太多、见识了太多之后，越来越觉得过去的很多佛经翻译出了问题。

有瑕疵！瑕疵还很大！

武德时代堪称东亚的人类群星闪耀时，二十出头的李世民统一了东亚开始琢磨向中亚伸手，二十出头的玄奘开始琢磨融合南北佛法。

这一琢磨，玄奘就到世界大都会长安问师于法常和僧辩两位大师了。

年纪轻轻的玄奘此时的佛学素养已经相当深厚了，再加上满世界溜达被当时长安舆论一语双关地称赞为"佛门千里驹"。

在这个特殊的武德时代，长安的这一小群年轻人注定会在一场场敢想敢干之后为大唐加冕。

武德九年（626），李世民出家务事那年，天竺僧波颇到了长安。玄奘听说印度的戒贤在那烂陀寺讲授《瑜伽论》总摄三乘之说，于是一个朴素的想法出现了：天竺僧能到长安，长安僧也能去天竺啊！

说走就走！贞观元年（627）玄奘开始找李世民要"护照"，表示"我要出国取经"。李世民不仅白马什么的都没送，还坚决不同意，《三藏法师传》中给出的理由是："时国政尚新，疆场未远，禁约百姓不许出蕃。"

玄奘此时没有《西游记》中的套路和法力，没有把李世民拉地府逛一圈，也没有把取经这事往做水陆大会保李世民江山永固上面靠。当然也能理解，《西游记》里是菩萨绕圈操盘的高端局，玄奘此时满脑子只为主义真，二十多岁的他还不知道怎么敲开统治者的心。

不急,他是那么智慧,当他阅遍千帆、通遍佛理后,他会看透人性的。

受阻的玄奘继续诞生朴素想法:偷渡。

贞观三年(628),玄奘取经去也。

当来到姑臧(今甘肃武威)后,玄奘体会到了人性的险恶,玄奘在这里讲经说法的时候透露出了要出国的打算,随后就被人告发了。时任凉州都督的李大亮通知玄奘立刻回长安,要打仗了知道不?东突厥只有半年命了知道不?

但玄奘给出了自己只争朝夕的态度,通过城中一位大师的帮助来到了瓜州。此时凉州发出的通缉令已经到了瓜州,玄奘最终在一个叫李昌的瓜州佛教徒官吏的帮助下得以出城,随后"顺利"遇到追杀,还"顺利"中了一箭。总之老天再次表明了先收款再交货的原则,为了避免这世间的真神通货膨胀,成佛的九九八十一难一难都少不了!

在敦煌,玄奘夜宿一寺时遇到了一个叫石磐陀的胡人对其无比尊敬,玄奘充分展现了众生平等不以样貌取人的高修养,收其为徒。之所以这么说,是因为这位胡人大德的长相有点儿奇特,敦煌的东千佛洞中有一幅"玄奘取经图",大师兄的样貌赫然出现。瞧给我们大师兄画的!

玄奘惊险逃出国门后就是一望无际的莫贺延沙漠。所谓"莫贺延碛,长八百余里,古曰沙河,上无飞鸟,下无走兽,复无水草",这是到沙师弟的地盘了。

在走出沙海之后,玄奘到达伊吾,遇到了高昌国的使者,使者将大唐高僧取经的消息报告给了我们的老熟人——做着小国万年大梦的麹文泰。麹文泰是个虔诚的佛教徒,听说这事后立刻派人去迎接玄奘。

由于高昌此时是西域收费站,玄奘往西避不开,盛情难却下只好前往。就此，唐长老又来到了中国最热的地方，夏季温度最高可以达四十七点八摄氏度的火焰山（今新疆吐鲁番高昌区）。

麴文泰根本没见过那么博学且有风度的高僧，准备拿玄奘当国师，让唐僧在他高昌王宫的佛堂里讲经弘法，还想聘请唐师傅为高昌国终身佛学大师。

岂有此理！玄奘通过绝食四天表明自己西天取经的坚定决心。

玄奘西行前，高昌国全国出动送别，麴文泰扮演了《西游记》中李世民的角色，给玄奘派了沙弥五人、随从二十人，以及马三十四和金、银、绫绢、衣物若干，还给了西域各国和西突厥可汗的修书和礼物，表明玄奘是我大高昌的朋友，我麴文泰的弟弟，诸位要给我这个面子。

麴文泰的历史意义就此实现了一半，他的另一半意义是激怒另一位东土猛士李世民让吐鲁番回归大唐怀抱。

玄奘继续走，过阿耆尼国（今新疆焉耆）、孔雀河与渭干河，到达龟兹（今新疆库车）参加了浴佛节后继续西行。他越过了气候极度恶劣的高原雪山后进入中亚，然后开始往南，最终在经历了长达一年的环青藏高原环线后，到达了天竺。

我们来看看玄奘大师的牛人专线：长安—秦州—凉州—甘州—肃州—沙洲—玉门关—莫贺延碛（罗布泊和玉门关之间，现称"哈顺戈壁"）—伊吾（哈密）—火焰山—高昌（吐鲁番）—焉耆—龟兹（库车）—凌山（木扎尔特冰川，又称木素尔岭达坂）—大清池（吉尔吉斯斯坦伊塞克湖）—碎叶城（吉尔吉斯斯坦托克马克，天山南北麓两路交会点，通往中亚、西亚的交通枢纽）—昭武九姓七国（乌兹别克斯坦境内）—飒秣建国（乌兹别克斯坦撒马尔军城之东）—铁门关（乌兹别克斯坦境内）—梵衍那国（阿富汗的巴米扬）—迦毕试国（阿富汗的喀布

第6战 天可汗 | 583

尔谷地）—健驮逻国（巴基斯坦白沙瓦及阿富汗部分区域）—迦湿弥罗国（今克什米尔）—磔迦国（印度境内）—曲女城（印度境内）—摩揭陀国（印度境内）—那烂陀寺。（见图6-8）

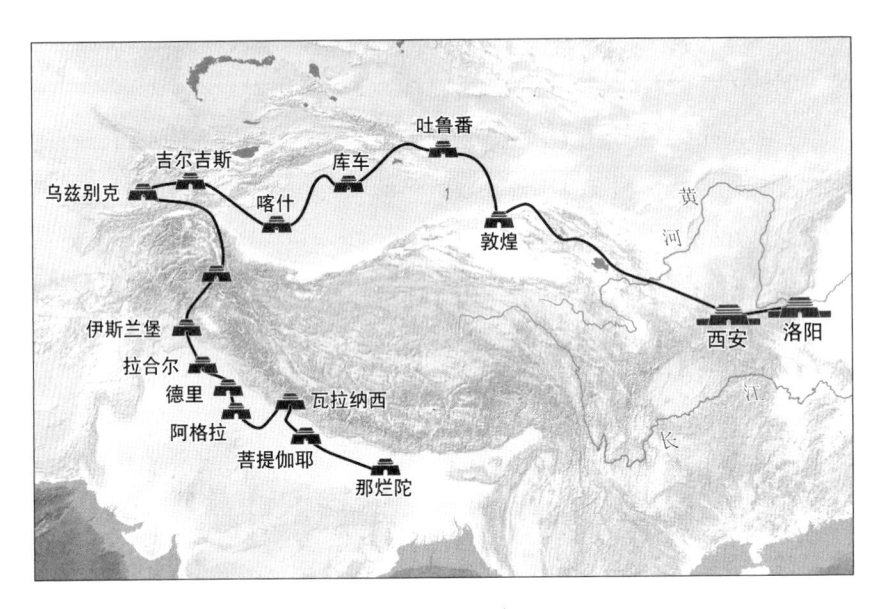

图6-8　玄奘西行图

玄奘到了天竺后，整个印度都轰动了，原来东土的高僧是这样的风范，有这样的学识，不愧是天朝上国啊！

玄奘后来在摩揭陀国最著名的那烂陀寺潜心修学五年，研究寺中收藏的佛教典籍和婆罗门教经典，兼学梵文和印度话，随后在印度的讲法中心成为天王巨星。戒日和东天竺两国为了争夺玄奘前去说法甚至差点儿开战。

最终戒日王逼服东天竺国王，在贞观十五年（641），玄奘与戒日王会面。戒日王以玄奘为论主在曲女城召开了南亚板块佛学辩论大会，十八个国王、三千个大小乘佛学家和外道两千人参加。玄奘此时已经是谁也辩论不倒的存在了，真正做到了"外来的和尚会念经"，被当地大乘教派尊为"大乘天"，被当地小乘教派尊为"解脱天"。

贞观十七年（643），玄奘带着六百五十七部佛经开启了回乡之路。

当年玄奘是偷渡出去的，他其实是走早了几年，如今的大唐已向世界敞开了。

"走出去"是为了更好地"引进来"，为了扩大开放领域，完善内外联动，互利共赢、安全高效的开放型丝绸之路经济体系是实现大唐经济与社会长远发展、促进与世界各国共同发展的有效途径，永远是越牛的国运越开放，无论是输出文化还是输出产品。

玄奘大师，大唐需要你！你扬名印度的时候大唐已经威震四海，此时无论是吐鲁番的葡萄还是达坂城的姑娘，都姓"唐"了。

玄奘大师一路辛苦了！你和李世民都没有辜负自己的领域和人生。

贞观十九年（645）正月，玄奘大师到达长安。

此时李世民已经到洛阳准备去收拾高句丽了，听说玄奘回国后立刻命玄奘来洛阳。

世界上几乎所有的宗教在发展成熟后都会有一种概念，叫"法王大于人王"，但这种概念在华夏这片土地可生长不动。

因为从始皇帝时代开始华夏的政体就已经生长出一竿子插到底的统治技术了，"法王"如果想植入大于"人王"的概念势必要动"户口"和"资源"，那样"人王"直接就打死它了。更不要说永远有更凶猛的武力一波波从苦寒之地杀过来，当刀架脖子上之后念经明显没有用，萧衍居士就和宇宙大将军侯景做过这样的实验。

在华夏的土地，"观世音菩萨"要避李世民的讳，从此变成了"观音菩萨"。

此时已经堪称"法王"的玄奘在接到"人王"的旨意后没有任何

第6战 天可汗 | 585

架子，仅仅九天后就到达了洛阳，于二月初一在洛阳仪鸾殿被李世民接见。

这就是真正开了悟的高僧大德，大师知道因地制宜，知道如何成本最小收效最大地弘法，知道如何分门别类地顺遂众生，玄奘大师用行动庄严表态："我修了这几十年佛法就修明白了两件事，一个是祖国，一个是人民，只要大唐需要玄奘义不容辞！"

见面后李世民先是问："大师怎么不汇报就取经去了？"

玄奘道："我汇报了，上表了好几次，但当时年纪轻，没读懂这是朝廷对我的考验，明明下一次朝廷就肯定允许了，我修行还是浅，所以自己做主跑了，我罪过大啊！"

如此姿态的开场白，让随后的对话丝滑无比，在双方互说场面话的过程中，玄奘得到了李世民的极高赞誉，这样的好榜样一定要大力弘扬并给予扶持！

看到那六百多卷经文后，李世民关切地问起了西行路上的国家、见闻，表示译经的同时还有一项工作需要大师开展：这一路上的所见所闻，以及山川、河流、路线，请大师趁还记得住抓紧都写出来，大唐西部大开发的国家战略需要宗教界的人士出一份力。就这样，在李世民去东北后，玄奘大师做的第一件事就是由自己口述，由弟子辩机执笔，将他在西域的所见所闻写出来，并且在仅仅一年后就出版了。

贞观二十年（646），《大唐西域记》问世。

译经和弘法的事都放一放，唐皇的事是第一要务，大唐的发展有我的责任，我们佛门要为大唐的崛起添砖加瓦。

此书记载了玄奘大师西行路上的见闻，其中包括两百多个国家和城邦及各个民族，之所以会成书就是因为包含着李世民对西域土地无限热爱的朴素使命，勾画了一幅从我国新疆起，西抵伊朗和地中海东岸，南达印度半岛、斯里兰卡，北到中亚细亚和阿富汗东北部的中外交通的地图，至今都是研究印度、尼泊尔、巴基斯坦、孟加拉国、斯里兰卡等地古代历史地理的重要文献。

李唐后面对西域的布局与此书有着相当大的关系，开了全图的李世民在经过一年多的酝酿后，于贞观二十一年（647）十二月开启了龟兹之战。

贞观二十二年（648）四月二十五，之前被乙毗射匮可汗击败的乙毗咄陆可汗的残部阿史那贺鲁率领其几千帐的残余力量归附大唐，被李世民下诏居住在庭州莫贺城，官拜左骁卫将军，成了攻打龟兹的向导。

九月初二，唐军在阿史那社尔的带领下打败西突厥处月、处密二部，余众全部投降。

阿史那社尔随后带兵自焉耆之西向龟兹北境进发，分兵为五道出其不意袭击。焉耆王薛婆阿那支弃城奔龟兹打算保其东境，被阿史那社尔遣兵追击抓获杀掉。阿史那社尔立薛婆阿那支的堂兄弟先那准为新的焉耆王。此战后龟兹大震，守将多弃城逃走。

阿史那社尔进屯碛口，离龟兹都城三百里时遣伊州刺史韩威率千余骑为前锋，骁卫将军曹继叔跟随在后。唐军至多褐城，龟兹出动五万大军拒战。

韩威拿出了他们秦王府军校校长的传统套餐，先示弱跑，随后龟兹玩命追，三十里后韩威与唐军主力会合了，龟兹看见唐军大部队后掉头又往回跑，但已经晚了，被唐军反推狂屠八十里。

龟兹王布失毕败后退保都城，阿史那社尔进逼，布失毕轻骑向西逃走，龟兹首都被拿下。

阿史那社尔留郭孝恪守城，派沙州刺史苏海政、尚辇奉御薛万备率精骑狂追布失毕六百里，布失毕情急之下进入了拨换城（今新疆阿克苏地区喀什艾日克村）。阿史那社尔进军围城，这次没再让他跑了，擒了龟兹王布失毕。

龟兹国相那利逃走，悄悄带着西突厥军及龟兹兵万余人夜袭守卫龟兹首都的郭孝恪，郭孝恪大意战死，但唐军血战后杀死三千余人，击退了那利。十多天后，那利又引万余山北龟兹人偷袭，这回被曹继叔逆击打死八千多人，那利单骑逃跑后被龟兹人抓了给唐军送来了。

阿史那社尔前后破龟兹五座大城，遣左卫郎将权祗甫去劝降诸城，开示祸福，龟兹全境皆降。阿史那社尔于是召集当地父老，宣示大唐威灵，讲明伐罪之意，立原龟兹王的弟弟叶护为新龟兹王，龟兹人大喜。

西域震骇，西突厥、于阗、安国争着送来骆驼马匹军粮，阿史那社尔刻石碑记录征伐龟兹之功，然后班师还朝。

战后，唐朝任命之前降唐的阿史那贺鲁为泥伏沙钵罗叶护，赐给他鼓和大旗，让他招抚讨伐未归服的西突厥人。

贞观二十三年（649）二月，大唐置瑶池都督府，隶属安西都护，以左卫将军阿史那贺鲁为瑶池都督。

至此，李世民控制了碎叶以东的天山南北，为进一步建立在西域的统治秩序奠定了坚实的基础。

由于玄奘法师给李世民开了全图，李世民着手布置了龟兹、于阗、疏勒、碎叶四镇作为唐朝控制西域的核心。①

虽然李世民在贞观二十三年（649）五月过早地离开了亚洲人民，继任的唐高宗李治直接放弃了他爹在龟兹之战后于西域建立"四镇"的设想；虽然唐瑶池都督阿史那贺鲁仗着唐朝的威名吞并了乙毗射匮所部

---

① 《旧唐书·龟兹传》：先是，太宗既破龟兹，移置安西都护府于其国城，以郭孝恪为都护，兼统于阗、疏勒、碎叶，谓之四镇。

后，以为李世民死了唐就不是唐了叛变唐朝，但一切的走向依旧是朝着李世民最开始的思路进行的。

八年后，显庆二年（657）十一月，苏定方在碎叶水（今哈萨克斯坦与吉尔吉斯斯坦境内）打掉了阿史那贺鲁，将安西都护府治所迁回高昌故地。

显庆三年（658）五月，安西都护府迁到龟兹，正式设立安西四镇，将塔里木盆地直接置于唐朝军事力量的控制之下，并在西域各国设置了早已经试点成熟的羁縻府州。

以伊、西、庭三州为核心，以安西都护府为保障，以羁縻府州为依托，这一多层次统治结构的完成，标志着大唐在西域统治秩序的最终确立。

显庆五年（660），位于葱岭以西的西突厥都曼部降唐，朝廷派人去该部巡查。

龙朔元年（661），西域吐火罗来附，大唐任命王名远为吐火罗道置州县使，在于阗以西、波斯以东十六国设置了十六都督州府，统辖八十个州、一百一十个县、一百二十六个军府，并在吐火罗立碑记述此事。

这些早先属于西突厥的势力范围就此转归唐朝。

此时的安西大都护府的辖区包括安西四镇、濛池都护府（治碎叶）、昆陵都护府（西突厥故地，治庭州）、昭武九姓、吐火罗乃至波斯都督府，大体相当于如今中国新疆地区与中亚五国、阿富汗的总和。

663年，唐军彻底平定了西突厥，辖区扩大到如今阿尔泰山西至咸海及葱岭的东西各部直至阿姆河两岸城的诸城邦国，包括今天吉尔吉斯斯坦的大部分。至此直到8世纪末，大唐完成了近一个半世纪的西域统治。

第6战　天可汗 | 589

本书的序中曾提到"越大的事物惯性也越大",别看"安史之乱"在755年就打响了,但直到8世纪末唐朝才退出堪称自家贸易龙脉的西域,在"安史之乱"爆发之前,天下强兵云集西土。

唐之所以能够将手伸向中亚并最终成为世界性的大唐王朝,是因为李世民的战略眼光和国家布局。李世民能够那么笃定地布置战略,其实也和跟他同年龄段的"法王"玄奘给他这位"人王"走完丝绸之路所进行的前期调查考证有很大关系。

武德、贞观,东亚群星闪耀时。

深刻明白"家是最小国,国是千万家"的玄奘大师,在为国家立下汗马功劳后也在李世民的支持下于长安设立了译经院。由于是李世民亲批的工程,因此整个东亚的高僧大德都被邀请来长安共襄盛举。

在人生的最后二十年,玄奘法师先后译出大小乘经论共七十五部一千三百三十五卷,其中主要有《大般若经》《解深密经》《大菩萨藏经》《瑜伽师地论》《大毗婆沙论》《成唯识论》《俱舍论》等。除此之外,他还把《老子》和《大乘起信论》译为梵文传入印度。

玄奘大师一辈子对于文化与佛法的贡献是无法在一篇文章内全部讲完的,这里以他翻译的知名度和普及度最高的一部佛经作为大师的文化工作收尾——著名的《摩诃般若波罗蜜多心经》,也就是二百六十字的《心经》就是玄奘法师翻译的。

在我国四大名著之一的《西游记》中,乌巢禅师又将这部经教给了真实历史中的翻译者唐长老,文化历史的轮回是那么的美感非凡。

关于佛法,我不多进行评价,只说些肯定正确的、肯定会产生善果的千年不易的佛陀智慧。无论是鸠摩罗什还是玄奘法师,我从这些顶级的高僧大德的一生中都看到了一件事:坚定信念日拱一卒,努力到了生命的最后一刻。

世尊释迦牟尼活了八十岁，也是讲经说法努力到了人生中的最后一刻。

佛是音译，本意是觉悟者。这些早就活明白了的觉悟者没有看什么都是空，而是都努力到了人生的最后一刻。我相信，这就是世道的正道光芒！

勤勉与坚强的骨架，有为与无为的结合，玄奘大师用他的一生让我们见到了一个努力、勤奋、学习、开放、包容、爱国的佛弟子的榜样人生是什么样子的。

佛法来到这片土地后并非"我来，我见，我征服"，而是在一代代玄奘大师们的耕耘下最终中国化地"我来，我爱，我融入"，内化到了华夏文明的信仰大厦中。

麟德元年（664），玄奘大师在译完《咒五首》一卷后交代后事。这种大德是能预知往生时日的，玄奘大师在交代后事之后于二月初五夜半圆寂。整个长安多达百万人为玄奘大师送葬，基本上能出门的人都出来了，士民将大师灵骨归葬白鹿原。

总章二年（669），朝廷将玄奘大师改葬至大唐护国兴教寺。

也是在玄奘这位法王的生命存在期间，大唐的疆域达到了顶峰。还是那句话，东亚群星闪耀时。

后来，玄奘的弟子慧立、彦悰根据大师的生前事迹撰写了《大唐大慈恩寺三藏法师传》，很多离奇的故事被神化，为大师的经历增添了许多神话色彩，玄奘大师也渐渐和国家符号融为一体成了"唐僧"，他西行取经的故事开始在民间广为流传而且越传越神。

传到南宋时，《大唐三藏取经诗话》开始出现大师兄了，"花果山紫云洞八万四千铜头铁额猕猴王"化身为白衣秀士护送三藏，他神通广大、足智多谋，一路杀白虎精、伏九馗龙、降深沙神。此时大师兄还是人的模样，沙师弟还没在水里待着而是深沙神。再往后广大人民群众觉得护法是人已经不过瘾了，于是大师兄成猴了。

到了元末明初，二师兄的形象基本确立，把猴哥逮捕归案的四川水神在《二郎神锁齐天大圣》中也上场了。此时猴哥不仅不是从石头里蹦出来的，而且还足足有五个兄弟姐妹，大哥通天大圣，他是齐天大圣，姐姐是龟山水母，妹子铁色猕猴，弟弟叫耍耍三郎也叫孙行者。

大家看到这里感觉熟悉吗？

平顶山上捅了猴子窝的银角大王到底是被谁阴了？是被一代代的创作者。

西游的故事类似于一代代的开源码，千年来一直在传承着、创新着，但到了明嘉靖年间，西游故事再也创新不动了，因为遇到一个给故事封神加冕的人了。

一个大概率见识过庙堂文化的高层人物将市面上现存的各种西游神话杂糅到一体自成一派，形成了逻辑结构极强的西游宇宙，里面的门派沟通与权力结构和中国的文官系统高度相合，这位大神借古讽今地写出了令后世创作者们难以望其项背的、我们今天所熟悉的《西游记》。

这里面的唐师傅和最早的原型唐师傅早就不是一个人了。不过，无论再怎么给唐师傅改编，永恒不变的，是有一个凡人不远万里地完成了难以想象的事业。

千百年后，依旧有一代代华夏后人感叹：感谢华夏的历史，曾经有李世民的存在；感谢华夏的历史，曾经有唐玄奘的存在。

十、唯大英雄能本色，是真名士自风流

贞观二十年（646）十二月，在百万铁勒强行给天可汗大人做奴之后，群臣也不甘示弱地多次请求李世民封禅。

气氛都烘托到这里了，感觉到这个功业级别再不封禅就显得矫情了，李世民终于点头了，诏令制作封禅仪仗送到洛阳，来年要大庆了。

贞观二十一年（647），由于渊盖苏文还是得意忘形，总是不听李世民的要求打新罗，李世民准备再伐高句丽。

朝臣们认为：高句丽依山为城，短时间难以攻克，上次陛下大驾亲征，该国百姓没办法耕种，我军攻克的城中粮食也已经全部被没收了，再加上旱灾使高句丽百姓大半缺粮食，现在如果多派偏师频繁扰乱使他们疲于奔命，百姓耽误了农时逃入城堡，几年下来他们那边就会千里萧条了，到时人心自离，鸭绿江之北可不战而取。

李世民暂时压抑住了彻底横扫八荒的欲望，听从了这个建议。

三月，李世民任左武卫大将军牛进达为青丘道行军大总管，右武候将军李海岸为副总管，征发万余兵乘楼船从莱州渡海进入高句丽；又任命李世勣为辽东道行军大总管，领三千兵与营州都督府兵会合从新城

道入高句丽。两军皆选习水善战者，玩的就是个祸害完就上船。

李世勣率军渡过辽水后途经南苏等几座城，高句丽兵多背靠城墙拒战，看到唐军居然敢出城，李世勣就干掉这些外围，烧了外城后回军了。牛进达和李海岸那边的海军开入高句丽境内大小百余战，战无不胜，攻克石城，在积利城下击杀两千多高句丽兵后撤回来了。

贞观二十一年（647）三月，李世民得了风疾。所谓风疾，就是咱们今天说的心脑血管疾病，是脑血栓、脑栓塞、脑瘤的总称。李渊死于这个病，李世民也是，后面李治同样是。李家的这个遗传病，给中国历史上唯一的女皇登基创造了条件。

当年八月，李世民以多次大兴土木且河北大水为由叫停了封禅。他大概率是感受到了自己已经禁不起再去东游那么一趟了。

贞观二十二年（648），李世民又以右武卫大将军薛万彻为青丘道行军大总管，右卫将军裴行方为副手，率兵三万余人及楼船战舰自莱州渡海再度袭扰高句丽。

这一年的袭扰部署完成后，得了风疾的李世民不想等了，他要在死前完成无死角的传说。李世民以高句丽正值穷困凋敝为由，打算在明年征发三十万兵力一举灭掉它。大臣们看到皇帝这回勒不住了，于是建议：隋末唯独剑南地区没有寇盗兵乱，近来辽东之战剑南又一次不受牵累，百姓富庶，这回该苦一苦四川了。①

七月，李世民派右领左右府长史强伟在剑南道伐木造舟船，大船长百尺，宽五十尺，造好后一路从长江出海送到莱州。但这一造船，因

---

① 《资治通鉴·唐纪十五》：上以高丽困弊，议以明年发三十万众，一举灭之，或以为大军东征，须备经岁之粮，非畜乘所能载，宜具舟舰为水运。隋末剑南独无寇盗，属者辽东之役，剑南复不预及，其百姓富庶，宜使之造舟舰。

为征发山獠去服力役,雅、邛、眉三州的獠民造反了,李世民派了张士贵和梁建方发陇右、峡中兵两万余人前去平叛。

其实客观来讲,二十年没动作了,此时用用你们能有什么的?李世民扒拉算盘的时候并没有太当回事,但底下的官僚们不这么想,尤其是四川地区,皇帝大人好不容易张回嘴,各地方加班加点地要为皇帝献礼,再加上轻松二十年了突然下狠手,别看就这一次征调,直接把四川祸害休克了,史载:"州县督迫严急,民至卖田宅、鬻子女不能供,谷价踊贵,剑外骚然。"

最终是李世民听说后赶快下令一切费用由官府掏。

他现在已经传奇到一丁点儿欲望就会被下面无限放大贯彻的地步了,皇帝的威望大到了让天下的动作开始变形的时候也不是好事。他没封禅真的谈不上是遗憾,那种万邦来朝级别的沿途后勤和事后赏赐,对他的身后之名绝对会是巨大污点。

他现在已经成神了,底下官员们的动作是会变形的。

李世民死后,他之前灭高句丽的战略被他的儿子及大唐将军们很好地执行了,唐军年复一年地进行袭扰。

显庆五年(660),百济仗着高句丽的援助多次侵略新罗,李治命左武卫大将军苏定方为神丘道行军大总管,率左骁卫将军刘伯英等水陆十万军队一举灭了百济,得三十七郡、二百城、七十六万户,唐朝在百济设立熊津等五都督府。

唐朝灭了百济,在朝鲜半岛开辟了滩头阵地,高句丽开始势孤。

总章元年(668),在渊盖苏文死后两年,在高句丽的内乱中,大唐启动了灭高句丽的收尾之战。唐军在李世勣的率领下灭高句丽,将高句丽五部、一百七十六城、六十九万余户划分为九都督府、四十二州、一百县,在平壤设置安东都护府以统辖全境,选拔有功的高句丽族首领担任都督、刺史、县令与唐人共同治理。当年那个被李世民亲自提拔起来的雨夜冲锋小将薛仁贵，此时被任命为检校安东都护，领兵两万镇守朝鲜半岛。

李世勣作为秦王府军校中站岗到最后的老将军，此战结束之后完成了自己的历史使命，去见先皇李世民了。闪耀了半个世纪的东亚群星，也随着李世勣的离去完全谢幕。

此时武则天已经跟着李治完成了封禅，但随着越来越多地参与朝政也越来越琢磨不明白李世民的伟大外交手笔，导致边境的民族问题日趋尖锐。新夷灭的高句丽之民多离叛，唐朝最终下令将高句丽不省心的贵族及三万八千二百富户移民到江淮之南、山南、京西等诸州空旷之地，这些人最终融入了中国各民族中；让贫弱者留守本土，这些人中的大部分被之后的渤海国并入，少部分并入突厥和新罗。

自此，"全盛之时，强兵百万，南侵吴越，北挠幽燕齐鲁，为中国巨蠹"的高句丽，就这样消散在了历史长河中。

唐灭高句丽的两个半世纪后，王建于918年建立了王氏高丽。这个政权除了名字致敬了高句丽之外，在统序和历史及血统上，与曾经的那个东北亚强国没有半点关系了。

朝鲜半岛多山的地理条件和寒冷的气候使它具有成为一个政权的天然土壤，但狭小的国土面积、有限的耕地及贫瘠的资源也意味着它的发展要受到很大的限制。

对于李世民，老天是真疼他，在他想要违背他对高句丽的既定方针后带走了他。

老天给了这个奇男子五十二年的寿命，不算长寿。但是，对于他来讲，真的不短了。

长寿千年又能如何？你是如何度过自己的每一天的？李世民这辈子从出生开始，几乎就没有虚度过一天的光阴。他这辈子的丰功伟绩已经太多，该留些给别人了。

最后几年他开始控制不住自己了，毕竟他也是人，更何况当时地球范围内本就没有什么能约束他的了。他这辈子克制了太多次自己的欲望，他上位后以杨广拒谏亡国为戒，一生都在尽力求言，扩大谏官的权力，鼓励臣下直谏。"贞观鲁迅"魏徵这辈子前后所谏两百多件事，劝李世民好好做皇帝的话高达数十万言，而且不只是魏徵，像王珪、马周、褚遂良这些人也都是一手拿笔一手拿板砖的火力作家，李世民安排了一群高水平的泼冷水运动员来时时刻刻给自己降温，这份忍耐很不寻常。

毕竟大家扪心自问，谁愿意听刹车的话呢？但这位千古一帝听了大半辈子。

李世民虽然将尚书省渐渐从宰相团队中剥离，但他规定五品以上的京官轮流值宿中书省随时备他接见，以此来保证自己知悉民间疾苦和施政得失。

在他的治理下，其实更准确地说应该是在他的威望震慑下，无论朝还是野，无论官还是民，都在做着长远打算，都在更多地放大自己的善、规避自己的恶，用《贞观政要》中的原文来对他的贞观之治做总结吧："官吏多自清谨。制驭王公、妃主之家，大姓豪猾之伍，皆畏威屏迹，无敢侵欺细人。商旅野次，无复盗贼，囹圄常空，马牛布野，外户不闭。又频致丰稔，米斗三四钱，行旅自京师至于岭表，自山东至于沧海，皆不赍粮，取给于路。入山东村落，行客经过者，必厚加供待，或发时有赠遗。此皆古昔未有也。"

只要这位皇帝天可汗不露出他的喜好与欲望，他就能将"东亚＋中亚"的各民族共存成本压到最低。

"贞观之治"本书提得不多，为什么？因为客观地说，每个天下大乱后打下来的江山只要皇帝不作死，都有着百年的红利期，这是因为人口少、土地荒、百废待兴，因为社会矛盾的高压锅在不久前的天下爆炸中宣泄了所有力量。

贞观是"治世"，意外吗？

它就该如此！"治世"用来给别的帝王当丰功伟绩可以，在李世民这个档次，根本用不着。李世民这辈子对于大唐的国祚，对于华夏的意义，更多的贡献来源于他仅用十年时间就缝合了本该爆炸半个世纪的动乱，以及东亚、中亚命运共同体的搭建与打造。他的"贞观之治"很伟大，但更多是历史进程的自然推演；他在武德时代更伟大，那是以一己之力给历史强行改道。

武德时代，满世界封王爷的"高祖太武帝"李渊曾经要恢复九品中正制，被太宗文皇帝李世民纠偏了，隋代开了个头的科举制开始在唐代正式登上历史舞台。这个影响之后一千三百多年的人才选拔制度，在隋唐时已经打通了任督二脉的最后一关，在所有软件方面完成了基础建设。

隋开皇年间，一个名叫陆爽的朝廷官员由其子陆法言执笔，把刘臻、颜之推、卢思道、李若、萧该、辛德源、薛道衡、魏彦渊这八个当时的著名学者在其家聚会时讨论商定的审音原则记下来，于仁寿元年（601）编写了中国史上现今可考的最早的韵书——《切韵》。

在始皇帝完成"书同文"八百年后，隋这个和秦极其相似的王朝也完成了一项全国文化一盘棋的重要贡献——"语同音"。汉字的读音开始有了标准化的制度，有明确标准的官话了。

至此，以中央为核心的朝廷官员们通过一层层的语音校正统一逐步完成了自庙堂到江湖的读音传递，此后无论是地方官调任还是官员退休办学，源源不断地有源自官场的外部标准音矫正着本地读书种子们的朗读，不断沟通当地口音和朝廷官话。虽然还是容易将"肩膀头子"听成"胯骨轴子"，但各地官话在矫正后都是可接受的最大公约数，虽然你是川普、我是广普、他是豫普，但基本都听得懂。

尽管这些基本局限在读书人身上，但地方精英开始语同音已经对国家政权有着极其深刻的意义了，全国的读音统一配合着李世民"贞观之治"的气吞万里，使整个东亚和中亚开始孕育出了非常不一样的气韵。

读音的统一和有章可循，使抑扬顿挫、朗朗上口、便于吟诵的诗歌开始喷薄而出绽放在这个时代。无论是五律七律还是五绝七绝，诗句中几乎每个字的读音声调都必须合辙押韵，有时为了文句押韵甚至允许变动一句话中的字序。

这是为什么？

因为一首诗写出来是要传唱东亚的，是要合辙押韵成为流量网红之作的。

为什么诗歌在大唐迎来了大爆发？

除了大唐的雄浑气魄之外，整个东亚和中亚共同体的读书人写出来的诗能够吟诵出同一种音调和气势，随后在天下扬名立万激励着一代又一代的大唐诗人们去遣词造句，去共同品味不同天地时空下的同一份情怀。

从此，无论是长安的学子还是江东的书生，都可以在怀才不遇时吟诵"钟鼓馔玉不足贵，但愿长醉不愿醒。古来圣贤皆寂寞，惟有饮者留其名"，都会在落寞后鼓励自己"行路难，行路难，多歧路，今安在？长风破浪会有时，直挂云帆济沧海"！

一首首气魄雄浑的诗开始传遍大江南北，在读书人扬名立万的冲动和大国崛起的情怀中飞流直下三千尺，纵横在这幅员万里的大唐帝国。

《切韵》出版后四年，科举制登场，这个制度被皇帝天可汗李世民在大喜"天下英雄尽入吾彀中"后发扬光大。

在大唐的科举考试中，最值钱的进士是要考作诗的，因此无论是雄浑的国家气质，还是官方的科举引导，一首首唐诗成了沟通整个东亚与中亚政治精英与文化精英的最大载体,也使大唐的文化极其繁荣。

整个唐朝二百八十九年中,两千三百多位有名可考的诗人创作了五万多首诗作,是自西周至南北朝一千六七百年遗留诗歌总数的两到三倍。大唐的诗歌算是彻彻底底做到了"前不见古人,后不见来者",后面的宋、元、明、清一直在模仿,但从未能超越。

因为诗是需要魂魄的,是需要气概的!

乾隆为了表明自己代表着汉化高度,一辈子都在量产"片汤诗"。我不是看不起他,就清朝那个文字狱的大环境,他真的没那个能力。

虽然乾隆统治与思想统一的技巧达到化境,但他骨子里的那份不自信却促使他将华夏带向了恶性循环。

鲁迅说过:"我以为一切好诗,到唐朝已被做完。"时至今日,唐诗代表了中华诗歌的最高成就,无论是笔触还是气魄,无论是边塞还是田园,都是世界古代文化发展史上最具文采、最具传播性的高峰。

唐诗在李世民时代完成了原始积累,到"初唐四杰"的王勃、杨炯、卢照邻、骆宾王后就拉不住了,彻底走向了气象万千的雄浑博大。

什么叫男子汉?

"酒入豪肠,七分酿成了月光,余下的三分啸成剑气,绣口一吐就半个盛唐。"一手拿笔一手舞剑的侠气,文能提笔安天下,武能上马定乾坤,才是我华夏男儿的魂魄与脊梁!

贞观二十二年(648)七月,陪伴了李世民一生的那位"孔明"——房玄龄不行了。李世民命人将房玄龄抬进玉华宫直至御座之旁,这对相知了三十年的君臣相对流泪,房玄龄在最后时刻给李世民上了最后一道奏折:别打高句丽了。

最后时刻,李世民亲自送了老兄弟最后一程,君臣握手诀别,悲不自胜。这个让整个东亚与中亚颤抖的男人,脆弱得像个男孩儿。每次与老兄弟们诀别，都是李世民的痛哭专场。

武德五年（622），征讨刘黑闼的路上殷开山死了，李世民亲自临丧大哭。

他的迷弟李道玄死在了武德帝的高妙离间后，李世民还是哭，当了皇帝后每想起来这事仍然是哭。

贞观四年（630），杜如晦死了，李世民不仅哭，后来吃瓜时想起来杜如晦没吃过直接给送灵上去了；当他赐房玄龄黄银带时，想到房杜本是组合，如今杜如晦不在了，又哭上了，还让房玄龄给杜如晦亲自去灵所送了一条；再后来李世民做梦又梦见杜如晦了，早晨起来赶紧跟房玄龄说，说完又开始痛哭，身边侍卫们也都跟着一起哭。

贞观六年（632），张公谨死了，当天是辰日，据说哭不吉利，李世民说"我是真控制不住啊"，哇哇地又哭上了。

贞观二十一年（647），他的妻舅高士廉死时，他的身体已经不好了，开始天天吃药了，但照样哭得根本止不住。更难得的是，高士廉预感到了李世民要往死里哭，专门嘱咐长孙无忌不许皇帝不爱惜自己的身体，送葬什么的全都不许有，最终是长孙无忌哭于马前才把李世民劝回了宫。回了宫也没用，李世民哭得厉害，涕下如雨后还不过瘾，登长安故城西北楼还得望，望完了又往死里哭。

上面列举的都是典型人物，像虞世南死，李大亮死，反正这些早先陪李世民打天下有大功的老兄弟，只要是死在李世民前面的很少有他没哭过的。他从来不掩饰自己，情感极其充沛，甚至侯君集谋反，李世民最后都哭道："我为了你今后不再去凌烟阁了。"

古往今来的皇帝中，就没见过这样的：最勇猛的皇帝，最澎湃的眼泪。

矛盾吗？有反差吗？

第 6 战 天可汗 | 601

我专门把他的哭泣作为这位传奇帝王的收尾。

按理讲，皇帝不得保持天子威仪吗？不得喜怒不形于色吗？不得跟嘉靖一样让人摸不透吗？都当了皇帝了，动不动就号啕大哭，像什么样子！

李世民为什么在这种事上从来不装？

他是大唐的国父，他是天可汗，他是东亚第一人，放眼望去，有一个算一个看他一眼就浑身发抖，所以他用不着玩嘉靖那一套。他哭了，也没人会以为他软弱。

男人间顶级的情谊莫过于战友情，那种经历生死、患难与共的经历实在太特殊，也只有李世民这种级别的自信，才能对和自己打天下出生入死的兄弟们流露出那样的伤心。

李世民不仅对人如此，甚至在修自己的昭陵时对他的另一种战友——战马也是如此。

对于李世民的盖棺定论，我想来想去只有一句话能形容：唯大英雄能本色！

人这样的物种，半瓶子水时最晃荡，一瓶子水时都没声音，之所以"唯大英雄能本色"，是因为像炫耀、忐忑、不自信等关卡他都已经过去了，他该什么样就什么样，他从不需要来证明自己什么。

只有他的哭泣，是不用担心军队士气崩盘、不用担心政治生态动荡、不用担心敌对势力暗流汹涌的，其他人都不行，因为他是李世民！

这个世界知道，除了病魔没有人能够击倒他，他的眼泪从来不是脆弱，而是男人的真挚感情。

贞观二十三年（649）五月十八，李靖病逝。

大唐的第二军神逝去，李世民罕见地没有哭。不是他不看重李靖，而是他也走到了人生的尽头。

仅仅八天后，贞观二十三年（649）五月二十六，大唐皇帝天可汗李世民在含风殿驾崩,享年五十二岁。

四方各部族在朝做官及来朝进贡的几百人,听说他们的天可汗死了都失声痛哭,剪头发、刀划脸、割耳朵等恐怖过激举动吓蒙了汉族官僚圈,阿史那社尔和契苾何力这两位禁军兄弟更是坚决要求给李世民殉葬,说:"他不在了我们在这人世间没有意义了,不活了!"

此时的大唐已经是世界的大唐了,此时的长安已经是世界性的大都会了,无论中外之人出入国境均无严苛限制,大唐不担心华人出去背叛自己的祖国,也不担心外国人来到东土后搞乱国家。整个大唐的百姓从上到下展示出了古往今来独一份的特殊自信,无论你是白人还是黑人,无论你来自何方,长安欢迎你!

一批又一批的外国移民来到东土定居,一批又一批的外国留学生来到东土学习先进文化,最著名的就是日本的一批批遣唐使。这些日本留学生学成归国后在本国进行了第一次国家政治体制文化的全面中国化改革。

大化二年(646)正月初一,日本颁布《改新之诏》正式开始改革,上至典章制度,下至服饰风俗,全部仿效大唐,史称"大化改新",其国都几乎就是把长安复制了一遍。大唐的开放包容使处于原始部落状态的日本大踏步跃进了一千年。日本能够全面唐化,后来也能全面西化。这个国家的学习能力从来都没变,变的是这潮起潮落的国运强弱。

贞观初,太白星频繁昼现,太史令占卜后表示大唐三代之后当有女人崛起。很快又有谣言:"当有女武王者。"[①]

贞观末年,李世民越来越多地开始和老兄弟们忆往昔峥嵘岁月,

[①] 《旧唐书·李君羡传》:贞观初,太白频昼见,太史占曰:"女主昌。"又有谣言:"当有女武王者。"

第6战 天可汗

有一次李世民在宫中和禁卫武官们喝酒的时候要行酒令，让每个人都报自己的小名，时任左武卫将军宿卫玄武门的老兄弟李君羡说自己的小名比较不好意思，叫"五娘子"，李世民于无声处听惊雷地被劈蒙了，随后调整表情笑道："谁家闺女这么勇猛。"①

李君羡最初是王世充的骠骑将军，因反感王世充的为人带着队伍叛逃了过来，被李世民引为左右。他从讨刘武周及王世充等开始，每战必单骑先锋陷阵，先后被赐给的宫女、马牛、黄金、杂彩不可胜数，这也是开追悼会时李世民亲自为之哭泣的老兄弟了。但李君羡是洺州武安人，封的是武连郡公，小名还是"五娘子"，连"女武"的谶语都对上了。②

随后御史就非常凑巧地上奏李君羡勾通妖人谋反了，李君羡被李世民诛杀。③

开了杀戒后的李世民开始陷入深深的狐疑之中，他秘密询问太史令李淳风："说女武为王这事是真的吗？"

李淳风开了水晶球般地明明白白回答道："臣仰观天象，俯察历数，其人已在陛下宫中，是您亲属，从现在开始不超过三十年，就会成为天下之主，杀光李唐子孙，这个征兆已经形成了。"④

李世民说："把所有我怀疑的人都杀了会怎么样？"

李淳风道："这是天命，不是人力能违抗的，有这个王命的人不会

---

① 《旧唐书·李君羡传》：时君羡为左武卫将军，在玄武门。太宗因武官内宴，作酒令，各言小名。君羡自称小名"五娘子"，太宗愕然，因大笑曰："何物女子，如此勇猛。"

② 《旧唐书·李君羡传》：又以君羡封邑及属县皆有"武"字，深恶之。

③ 《旧唐书·李君羡传》：会御史奏君羡与妖人员道信潜相谋结，将为不轨，遂下诏诛之。

④ 《资治通鉴·唐纪十五》：对曰："臣仰稽天象，俯察历数，其人已在陛下宫中，为亲属，自今不过三十年，当王天下，杀唐子孙殆尽，其兆既成矣。"

死，反而会白白杀戮无辜的人。而且三十年后，那个人已经老了，也许该有慈悲心肠了，祸害可能会小些，就算您现在找到这个人杀掉，老天也会生出一个更强大凶悍的人来加倍偿还，到时候您的子孙一个都剩不下。"李世民就此认命了。①

其实无论是几乎明码的谶语，还是李淳风"其人已在陛下宫中为亲属"的暗示，李世民不可能不知道那位"女武"说的就是自己身边的那位五品才人。

但李淳风的那句"今借使得而杀之，天或生壮者肆其怨毒，恐陛下子孙，无遗类矣"实在是太可怕了。劫是躲不过去的，只会变本加厉。

在犹豫后，最终李世民两害相权取其轻地选择了顺其自然，况且那位五品才人没有子嗣，他死之后还要依惯例出家，让佛法消弭那股戾气去吧。但李世民想象不到的是，他身后事的情节离奇程度直逼他这辈子的神仙剧本。

李世民曾经给长孙无忌写过一篇《威凤赋》，将他自己比作"威凤"，表达对功臣们永不相负之情。在他这只"威凤"离去后，直到年号再现"神龙"之前，中国历史将陷入几乎是有史以来最可怕的酷吏时代。

祸乱天下的原因只有一个：称一人之欢心。

女皇翻身要骑唐。

---

① 《资治通鉴·唐纪十五》：对曰："天之所命，人不能违也。王者不死，徒多杀无辜。且自今以往三十年，其人已老，庶几颇有慈心，为祸或浅。今借使得而杀之，天或生壮者肆其怨毒，恐陛下子孙，无遗类矣！"上乃止。

第 7 战

武曌骑唐

一、大唐政事堂的宰相职位演变

本战是中国历史上唯一的女皇帝武则天的专场。她的"抬头"很多：天可汗的武媚，太宗的儿媳，天皇的天后，李唐的女爹，酷吏的慈母，改名的狂魔，年号批发的专业户。

准确地说，武则天这个名字很不合适，因为"则天"是她离世前不久被迫退位后才出现的尊号。她儿子李显给她的尊号叫"则天大圣皇帝"，死后谥号是"则天大圣皇后"。

"则天"是这位大圣的谥号，这就很不合适。因为李世民的庙号是唐太宗，谥号是唐文帝，到了李隆基时重新给谥号为"唐文武大圣大广孝皇帝"，无论是庙号还是谥号，前面加的都是唐这个国号。所以准确地说，武则天应该叫"唐则天"。

估计是后世觉得这个名字辱没了这位骑唐大圣的后半生，所以叫了武则天。

武则天的本名没有流传，她的第一个有正史记载的代号是被李世民赐予的"武媚"，她唯一有记载的人名是"武曌"，这是她在载初元年正月[即永昌元年（689）十一月]正式翻身骑唐前造的新字，寓意日月当空照，她一个人把阴阳都兼了，突出一个雌雄同体。

在本书中，总体来讲还是叫她名气最大的一个名字武则天吧。当然，随着历史的进程可能会有若干变化，比如刚进宫时叫太宗钦点的"武媚"，跟李治眉来眼去时叫"小武"，跟李治深入交流后叫"武姐"，两口子对打舅爷长孙无忌时叫"战友"，李治风疾半死不活时叫"老武"，李治死后就叫"武爹"，根据剧情和年龄会与时俱进地进行切换。

武则天始终被骂她的人说她成分低，实际上她的家门并不差。武则天她爹武士彟是李渊太原起兵时的嫡系，封应国公，属于少数能让李渊放心指挥的嫡系，死因据说也是因为贞观九年（635）听说李渊死讯后哭出了病，最终吐血死了。

武士彟死后李世民追赠了礼部尚书，还命李勣给办丧事，这个门第可不低。武则天她妈的来头比她爹高多了，算是大业时代的传奇女性。

武则天的外公杨达是隋观德王杨雄之弟，官至纳言，大业八年（612）在杨广刚丢脸的时候死的，被追赠吏部尚书、始安侯，谥号"恭"。

杨家那么高的门第，养出来的女儿就容易有个性。武则天她妈妈信佛，因种种原因一直没有嫁人，直到李渊时代才以四十四岁高龄嫁给了死了媳妇的武士彟，随后生了三个女儿。

武德七年（624），在李世民基本跟李渊、李建成、李元吉父子三人各立山头的年份，武则天出生了。

虽说她爹是李渊的人，但后面政局过渡还是挺平稳的，武士彟还没反应过来就成贞观忠臣了。按理讲武则天应该有个很平稳的人生，先是快乐长大，然后门当户对地嫁个官员，随后相夫教子过一辈子。但武则天十二岁的时候，武士彟死了，她的堂兄武惟良、武怀运和亲兄弟武元庆、武元爽等开始挤对她妈妈和她们姐妹三个。

这个经历给武则天留下了极其深刻的印象，作为女人，男人死了天就塌了，自己就得被欺负，在家族里说不上一句话。对于自家兄弟们的恨意让武则天牢牢记了一辈子并最终一个个地报复了回去。

客观来讲，武则天对她兄弟们的反杀也蒙蔽了李治。李治是真没想到，疯起来连自家兄弟都杀的武则天最后的梦想是当皇帝。

父亲武士彟死后两年，贞观十一年（637）十一月，李世民驾幸洛阳，听说十四岁的武则天容貌颇美，召入宫中成为自己的武媚。十四岁的武媚就此成为五品才人开启了自己的仕途人生，但在刚入职的十二年中，武则天陷入了职业生涯的瓶颈期，始终没有什么往上的突破和提拔。

职业颓废期的具体原因肯定是不能记载的，不过武则天晚年回顾自己职业生涯时曾经举过下面这个例子，大概能猜出来太宗李世民为什么冻结了她的人事档案。

武则天说："当年太宗有匹马叫狮子骢，又壮又野谁来也驯不服，我当时在旁边就说：'我能制服它，但要给我三样东西，一是铁鞭，二是铁棍，三是匕首。我先拿鞭抽它，如果不服就用铁棍敲它脑袋，如果还是不服我就用匕首割它的喉！'太宗听后连夸我是有志气的好宝宝。"[①]

大家看到这段知道她为什么提不上去了吧，她的手太黑。在李世民这里，大唐就不允许有那么牛的人存在！

李世民那么大的英雄，他爱的是长孙皇后那样柔顺至极的。据记

---

① 《资治通鉴·唐纪二十二》：他日，顼奏事，方援古引今，太后怒曰："卿所言，朕饫闻之，无多言！太宗有马名师子骢，肥逸无能调驭者。朕为宫女侍侧，言于太宗曰：'妾能制之，然须三物，一铁鞭，二铁挝，三匕首。铁鞭击之不服，则以挝挝其首，又不服，则以匕首断其喉。'太宗壮朕之志。"

第7战 武曌骑唐 | 611

载,李世民下班特别爱跟长孙皇后说朝里的事,每次皇后都是"不听不听我不听,母鸡不管打鸣的事"。李世民还就得说,还就爱玩个强迫,然后长孙皇后就不搭理他。①

李世民爱的就是这种感觉,天天外面见的都是猛将狠人,回家要是还看猛将狠人这日子就没法过了。

知道为什么给你赐号"武媚"吗?你的戏路要在千娇百媚上发展,别给我拍恐怖动作片!瞧给你能的,又是鞭又是棍子又是匕首的,你这样的睡我边上得多吓人?你就当你的才人吧!

剧情再一个反转,李世民不行了,李治作为太子要天天去看望他爹,正巧这个时候武则天也在皇帝身边侍奉——估计是李世民拿骁勇的武则天当门神用了。一晃十几年性子磨下来,"武狠人"变了,眼里会勾搭人了,真成"武媚"了,一来二去就跟李治确定了眼神。

然后李世民死了,老皇帝的御用工作人员都被安排去感业寺出家。武媚此时可以歇一歇去候场了,我们要写重要内容了,"武曌骑唐"这一战前半段的绝对主角——李治登场。

李治生于贞观二年(628)六月庚寅,贞观五年(631)封为晋王,贞观七年(633)遥授并州都督,贞观十年(636)长孙皇后过世时李治年仅九岁,哭得好伤心。

李世民非常宠爱这个孝顺的嫡幼子,准确地说,李世民对自己和长孙皇后生的三子四女都是独一档的宠爱,都属于惯上天那种。李治就是占了年纪小的便宜,他要是跟李承乾和李泰踩肩膀生下来的,肯定是三王会战夺太子之位,李世民这辈子哪方面都能控制住,但对于孩子是

---

① 《旧唐书·后妃传》:太宗弥加礼待,常与后论及赏罚之事,对曰:"牝鸡之晨,惟家之索。妾以妇人,岂敢豫闻政事。"太宗固与之言,竟不之答。

真控制不住。

贞观十七年（643），李治的两个哥哥双双退场，十六岁的李治凭借自己的"无害性"躺赢了皇位之争。

贞观十八年（644），李世民讨伐高句丽。自从确定了日子，李治就天天哭，天天给他爹飞马传递自己的每日工作情况，等大军凯旋后李治又跟着李世民来到了自己的封王地，也是自家龙行的晋阳随驾，李世民生了疮，李治亲口吸脓，扶车辇步行跟从了多日。

这孩子表现得非常好。在李世民的光芒下，后世很多时候忽略了伴君如伴虎。

李世民是皇帝，是天可汗，是天下权力欲和征服欲最强的男人。李承乾和李泰为什么是那样的结局？因为李世民也是人，他爱这两个孩子，爱到了没控制住自己的情感，是他过度的爱让这两个嫡子互不心安；这两个孩子之所以最终被废，也是因为他们触及了李世民的底线，随后他变成了"钢铁慈父"。

自幼丧母，又亲眼目睹两个哥哥是怎么倒台的，李治在成为太子后一直很小心。

在李世民的眼中，安排李治这孩子当接班人简直完美，最后安排的这个核心团队也堪称完美，是一定能和衷共济地进行完美过渡的。

我们来看看李世民安排给李治的股肱之臣：长孙无忌、李勣、褚遂良、刘洎、岑文本、马周、于志宁、张行成、高季辅。我们再仔细看一下他们的履历（前三位大臣会单独讲）。

刘洎，荆州江陵人，最早出身于南阳刘氏，曾是萧铣的黄门侍郎，萧铣灭亡时刘洎人在岭南，献表归唐后被授为南康州都督府长史。

贞观七年（633），刘洎官拜给事中，进入门下省开始被李世民锻炼。给事中的职位次于黄门侍郎，共有四人，为正五品上，是门下省的重要职位，分判本省日常事务，具体负责审议封驳诏敕奏章，有异议可直接批改驳还诏敕，事权很重。

贞观十一年（637），刘洎改任治书侍御史（御史台次官），后任尚书右丞又去尚书省转了一圈。

贞观十三年（639），刘洎改任黄门侍郎回到了门下省。

岑文本，邓州棘阳人，是萧铣的中书侍郎。萧铣投降后岑文本劝李孝恭止杀，后被任命为荆州别驾、行台考功郎中。

贞观元年（627），岑文本入唐朝中央为秘书郎，后经荆州的恩主李靖推荐，授中书舍人进入中书省。中书侍郎颜师古免职后岑文本代为中书侍郎，专掌机密。

说完这两位大臣我要阶段性地做个整理。在李治成为太子后，李世民给他安排了四位师父，刘洎、岑文本、褚遂良、马周这四人轮番去东宫与李治谈治国理政。①

这四人中，刘洎和岑文本曾犯路线错误，这两个荆州派之前是表态站队李泰的。②

虽然立场有问题但由于这两个人政务水平高，李世民并没有在乎，而是继续选了他们做李治的老师，这里面其实也有使用工具人的考虑因素。

李世民安排的四位太子老师都是谏臣，是本着小树得修理的考虑给李治配的。

---

① 《资治通鉴·唐纪十三》：上乃命洎与岑文本、褚遂良、马周更日诣东宫，与太子游处谈论。

② 《资治通鉴·唐纪十三》：太子承乾既获罪，魏王泰日入侍奉，上面许立为太子，岑文本、刘洎亦劝之。

有一次苑西守监穆裕忤逆了圣旨，气得李世民要在朝堂上杀人，李治赶紧进谏劝他爹刀下留人，事后长孙无忌给他外甥打圆场对李世民说："自古太子进谏都是趁皇帝心情好的时候，今陛下发天威之怒，太子却申犯颜之谏，古今未有啊！"

李世民说："跟他爹一样啊，朕这些年就爱听魏徵给朕进谏，魏徵死了之后刘洎、岑文本、马周、褚遂良等又接棒接着给朕进谏了。这孩子自幼在朕身边，看见朕爱听进谏，所以今天自己扛炸药包上了。"①

贞观十九年（645），李世民亲征高句丽时命李治在定州监国，岑文本被李世民安排伐高句丽，"凡所筹度，一皆委之"，最终累死在了路上，刘洎被任命为检校民部尚书兼太子左庶子，与高士廉、马周共辅太子。

李世民临行前嘱咐刘洎道："好好辅佐太子，国家安危在你身上。"

刘洎道："愿陛下无忧，大臣有过失者，臣谨即行诛。"

他这话太狂了，诛不诛杀这事不该他说，李世民给了他警告："君不密则失臣，臣不密则失身。你性格容易冲动，恐以此取败，深宜诫慎，以保终吉。"

同年十二月，李世民在班师途中患病，刘洎与马周前去探视，随后褚遂良传问皇帝起居时，刘洎哭道："圣体患病，情况相当不好。"褚遂良之后向李世民诬奏道："刘洎说国家的事不用担心，正应当辅佐少主行伊尹、霍光故事，诛杀有二心的大臣后自然安定了。"②

---

① 《旧唐书·刘洎传》：太宗谓司徒长孙无忌曰："夫人久相与处，自然染习。自朕临御天下，虚心正直，即有魏徵朝夕进谏。自徵云亡，刘洎、岑文本、马周、褚遂良等继之。皇太子幼在朕膝前，每见朕心悦谏，昔者因染以成性，固有今日之谏耳。"

② 《旧唐书·刘洎传》：洎、周出，遂良传问起居，洎泣曰："圣体患痈，极可忧惧。"遂良诬奏之曰："洎云：'国家之事不足虑，正当傅少主行伊、霍故事，大臣有异志者诛之，自然定矣。'"

李世民病愈后问刘洎这件事，刘洎据实回答，马周也为他作证，但褚遂良很坚持"他就是要造反"，最终李世民赐死了嘴上没把门的刘洎。

褚遂良是李治的铁杆拥立派，抱的也是长孙无忌大腿，他的坚持其实表明了背后政治势力对荆州派的态度。当然刘洎自己也有作死的成分，皇帝的病情好坏是否该忧惧不是你能张嘴的，你那句"圣体患痈，极可忧惧"本身就容易被做出各种解读，容易在朝野上下造成恐慌。

作为重臣，所说的每句话都应深思熟虑无懈可击！死在嘴上谁也别赖，高层建筑就这规则。

一个病死一个失言，刘洎和岑文本这两个原本支持过李泰的重臣都在伐高句丽后退场了，我们接着看其他几位大臣。

马周，清河茌平人（非关陇系），少孤贫好学。武德中期补州助教，辞官西游长安时客居中郎将常何家。

贞观五年（631），李世民令百官上书言得失，常何哪是这块料，于是马周代常何上书了二十多条，直接说到李世民心坎里了。李世民看后纳闷常何没这墨水啊！

常何解释道："此非臣所能，是我家客马周帮我写的。"马周就此被李世民直接拎到了门下省上班。

贞观六年（632），马周被任命为监察御史，成为御史台三院之一的察院长官，品秩不高但权限大，每次奉命出使都合李世民旨意。李世民还因常何举荐有功赐他帛三百匹。

注意，马周跟刘洎一样，在被提拔前做过监察工作。

贞观十一年（637），马周任给事中，回到了门下省。

贞观十二年（638），马周转任中书舍人又进了中书省。

贞观十五年（641），马周升任治书侍御史（御史台副官）兼谏议大夫，又兼检校晋王府长史，搭上了此时还不显山不露水的李治的车。

贞观十七年（643），李治被立为皇太子时，马周任回中书侍郎，兼太子右庶子，后来成为太子四位老师之一。他本来是李世民安排的继李勣之后关东派的一个关键压舱石，能力履历都够，在李治上位前就是晋王官属了，跟李治关系也好，他自身能力和人品也深受朝野认可，所谓"周既职兼两宫，处事精密，甚获当时之誉"，但无奈马周寿数不够，贞观二十二年（648）病死了。

张行成，定州义丰人（非关陇系），出身中山张氏，隋末时以察举入仕授员外郎，后为王世充的度支尚书。王世充被灭后任职为谷熟县尉，后在长安参加制举（为选拔"非常之才"而举行的不定期非常规考试），考中后改任为陈仓县尉，武德七年（622）调任富平县主簿。

贞观年间，张行成在富平县任职期满被召入朝授为殿中侍御史，因执法严明、弹劾官员、不畏权贵而深得赏识，后升任给事中入了门下省。

他的履历大家觉得熟悉不熟悉？他跟刘洎和马周一样，都是监察官员，随后入门下省。李治成太子后，张行成时任刑部侍郎，李世民把这位监察官员出身的关东大臣放进了东宫成为太子少詹事。

高季辅，出身渤海高氏（非关陇系），年少时勤奋好学，精通武艺，以孝顺母亲闻名，隋末纠集数千人成为一方老大。

武德元年（618）十月，高季辅与李密部将李育德、刘德威等投唐，被唐授陟州总管府户曹参军之职，随后武德时代表现不详。

贞观元年（627），他和张行成一样，作为河北人被李世民提拔为监察御史，弹劾权贵，不畏不避，后迁中书舍人。

贞观十七年（643）李治成为皇太子后加授高季辅为太子右庶子。

刘洎和岑文本都是荆州派，马周、高季辅、张行成都是河北派，这五位除了岑文本是十八学士而且因为文章写得实在太好之外,大家有没有发现一个特点?即他们都当过监察官员。

我们体会一下李世民的政治手腕:如果他看上了一个官员,但这个人的出身和资历不够格,那就安排进御史台养养官威。

在古代,每个王朝都有着当时的皇帝或顶级权臣规划好的上升路线,这是有政治规则的,要善于思考与总结。

上面这些大臣都是没有根基背景的,李世民之所以绕这么一大圈把他们提拔起来,是为了制衡那些打天下的功勋集团的。往下看,资历猛、根子硬的,就不用在监察部门转这一圈了。

于志宁,西魏八柱国于谨的曾孙,隋末任冠氏县长时因山东大乱弃官回乡。李渊太原起兵打入关中后于志宁就到长春宫前来求官了,被李渊任命为渭北道行军元帅府记室。

当时负责渭北招降的是李世民,于志宁就这样上了李世民的车。李世民成立天策府后于志宁又成为天策府从事中郎,是李世民十八学士之一。李世民上位后于志宁任中书侍郎成为中书省副官,贞观三年(629)加封散骑常侍、太子左庶子、黎阳县公。

贞观十四年(640),皇太子李承乾日益奢侈放纵,于志宁写了《谏苑》二十卷对李承乾进行规劝,被李世民赐黄金十斤、绢帛三百匹,又让他兼任太子詹事。

于志宁就是李世民安插在李承乾身边的一根钉子,天天在教他学好,一度气得李承乾暗中派刺客刺杀于志宁,但根子这么硬的人哪里是他能杀得动的。李承乾被废的时候,东宫官属被全部打掉,只有于志宁没事,还被再次任命为了新太子李治的左庶子。

于志宁就是李世民安装在接班人身边的实时摄像头,随后李治在这位于师父的眼皮底下六年没出任何问题。还是那句话,这孩子的内功很棒。

贞观二十三年（649）五月，李世民崩于避暑的翠微宫，仅仅转过天来，李治的第一波任命就宣布了：以礼部尚书、兼太子少师、黎阳县公于志宁为侍中；太子少詹事、兼尚书左丞张行成为兼侍中、检校刑部尚书；太子右庶子、兼吏部侍郎、摄户部尚书高季辅为兼中书令、检校吏部尚书。

李治没有马上搭理跟他一起被他爹最后时刻叫进屋的舅舅长孙无忌和褚遂良，而是迅速把原来太子团队中的于志宁、张行成安排进门下省做了最高长官的侍中，把高季辅安排进中书省做了最高长官的中书令。

任命宣布后的第二天，李治才启程回京。

从后面的一整套打法来看，李治并不完全信任这位扶自己上位的娘舅，而且他的权力欲望一点儿不比他爹李世民少。

于志宁、张行成、高季辅这三位太子团队成员分别被李治紧急任命为了侍中和中书令，从这两个官职大家也该知道，草创天下的时代已经结束了，尚书省又靠边站了。

我们来看看贞观一朝的核心团队演化。

唐初的核心团队固定成员最开始叫知政事官，当时能进团队跟李世民定国家大事的，常务的是尚书左右仆射二人、侍中二人、中书令二人，这六位被称作知政事官。①

由于担心三省的长官们各自在办公室推诿扯皮，李世民将选进核心团队的这些宰相，也就是知政事官们合署办公。宰相们就这样被攒到

---

① 《旧唐书·职官志》：武德、贞观故事，以尚书省左右仆射各一人及侍中、中书令各二人，为知政事官。其时以他官预议国政者，云与宰相参议朝政。

了一个地方，其办公地点称为政事堂，最早设置于门下省。

贞观元年（627）的九月，中书令宇文士及降职为殿中监，御史大夫杜淹参与朝政进了政事堂，李世民就此开了口子，非三省的官员也能进核心团队就是从这时候开始的。①

李世民的这个调整非常高妙。核心团队的人员不能太固定化，那样对皇权不利，不一定非得提拔到三省长官的岗位才能跟他谈论大政，毕竟三省的长官都是国家体面，不是说踢就能踢的，什么都得讲究个政治规矩，得讲究个名正言顺。

为了制衡三省长官，与此同时广开言路上通下达，当李世民看上谁、想用谁时就给加个"参议朝政"或者"参豫朝政"的衔，这个人也进核心团队来跟最高长官们一起商议朝政。

政治是不断演化的，知政事官的人员构成和名号处在一个不断发展的过程之中，像加"知政事""参预政事""参知政事""平章政事""同掌机务""参知机务"这些名号都是进核心团队做宰相的意思。实际上此时这些名号还只是临时工，不是固定官职，皇帝哪天看谁不顺眼了随时都能撤，只有正牌的那六个官职挪起来不那么轻松，需要走正式流程。

李世民这个临时加衔的思路成本低还好用，保证了核心团队内的动态流通。

贞观四年（630）时，曾经有过那段著名的李世民讽刺自己姨爷爷杨坚的对话，李世民问："隋文帝是个什么皇帝呀？"

大臣们别的好话不敢说，就说了个勤政。

李世民说："以天下之广，四海之众，千端万绪，须合变通，皆委

---

① 《资治通鉴·唐纪八》：九月……辛酉，中书令宇文士及罢为殿中监，御史大夫杜淹参豫朝政。他官参豫政事自此始。

百司商量，宰相筹画，于事稳便，方可奏行。岂得以一日万机，独断一人之虑也。"

李世民是什么意思呢？宰相这些人就是要和百官商量的。在百官和政事堂进行全面沟通后，由宰相们进行仔细筹划并形成方案报给我，我听这方案行不行，行的话批准，不行的话我也不说该怎么办，我就不同意，顶多定个方向，你们给我改去。

李世民不再掺和底下的具体事了，国家太大，什么事都得自己做决定就累死了。总体来讲，李世民开始给自己规定权责范围：

1. 确定大政方针。（李世民定调：我准备要干什么大事了，国家要往哪个方向走，要打谁。）

2. 确定制度和法令。（推动大政方针的后续，以及目前下面反映上来什么问题了，国家机器哪些零件需要调整了。）

3. 五品以上官员的选拔。（这个不用解释，文武分别由吏部和兵部往上拟，报到尚书省，再由尚书省往上报到中书和门下。看上去吏部和兵部挺牛的，实际上都得是核心团队同意，不然不给通过吏部和兵部一点儿办法都没有。）

4. 处理日常外交和突发政务。（谁有野心，哪里闹灾的突发事件。）

贞观初年，尚书省的长官还能进政事堂，后来慢慢地尚书省就被排除出去了。皇帝的很多心思和内部指示是需要和尚书省隔绝的。因为尚书省下接六部百官，上面又能通着"天"，要是长官能力太强他是想以武德年间的尚书令（李世民）为榜样吗？

贞观三年（629），李世民就给出了"中书、门下，机要之司"的说法，对中书省和门下省的定位限定在了机要。

贞观元年（627）十二月和贞观二年（628）正月，萧瑀和长孙无忌先后罢去了尚书仆射，此后一年间没有再任命尚书仆射，而是以尚书左丞戴胄、尚书右丞魏徵负责尚书省的工作，让四品官的尚书左右丞担了更大的责。

李世民很明确地对尚书左丞戴胄官方给予了尚书省权限的授权："尚书省天下纲维，百司所禀。若一事有失，天下必有受其弊者。今以令仆系之于卿，当称朕所望也！"

虽然贞观三年（629）二月李世民又重新任命了房玄龄和杜如晦为尚书左右仆射，但不到两个月李世民又专门下敕："尚书细务属左右丞，唯大事应奏者乃关仆射。"

尚书左右仆射被架空打压，入核心团队的名词也由"知政事""参预政事""参知政事"慢慢演化到了大批量和"机密"挂钩。贞观十六年（642）以岑文本为中书侍郎专典机密；贞观十九年（645）高士廉等六人同掌机密；贞观二十二年（648）正月中书舍人崔仁师为中书侍郎，参知机务；贞观二十三年（649）六月李治继位后，李勣为开府仪同三司同中书门下，参掌机密。

这个过程也跟隋是一个套路，都是政权稳固后，尚书省被拎出来成了干活的。尚书省跟最高阶层进行了切割，由中书省起草诏敕，经门下省审议后奏请皇帝批准施行，这是所谓的"佐天子而统大政者也"，中书和门下这两个部门是官僚系统的核心。

贞观十七年（643），"同中书门下三品"也出现了，从名字上确定了核心团队成员以中书省长官中书令、门下省长官侍中为核心的格局开始形成。

这个调整除了冠名权外，制度也再次被李世民进行了创新。

像一品的长孙无忌，由于资格太老，他在政事堂中是没人敢说话的；而所谓"同中书门下三品"，即被指派担任知政事官的一品、二品大员也全部同中书令、侍中一样按三品官的身份任职，所有的宰相在官职上都平等，一品、二品仅仅是工资待遇高。这是防止三公这种正一品的高官进了核心团队后欺压侍中和中书令。

到了李治时期，不仅三品以上高官入相要加同中书门下三品，连四品的中书侍郎、门下侍郎入相也加同中书门下三品，把更低一点儿的官员们也给端成一边齐了。无论你品级之前是高还是低，只要进了核心团队就肩膀齐。

这是为什么呢？

李世民时代，他考虑的仅仅是高级官员不要以势压人。到了李治时代，他开始考虑用三品以下的低级官员制衡高级官员了。李治毕竟流着李世民的血，他对权力有一种天生的敏感性，他对他的那位开国二号人物扶他上位的亲娘舅，不太放心。

二、"比丘尼"变成"武战友"的时代机遇

现在要说说李世民临终特别关照的三位大佬了。

第一位,是"内战外行外战内行"、活到最后就是时代之巅的李勣老爷子。

早在贞观十七年(643)李治刚当上皇太子的时候,李世民就已经把这个瓦岗系的老将军安排为太子詹事兼左卫率,加位特进,同中书门下三品,出将入相了。

人这辈子,越往人生的后面走越拼人品,李世民对李勣是这么说的:"我把孩子交给你了,我思来想去没人能比你更值得我托付的了,当年你对李密都那么够意思,现在冲咱们的感情你更不会辜负我。"

后面打高句丽和薛延陀,李勣被李世民安排出去平事,等仗打完又出将入相,做回了太子詹事,同中书门下三品,回了政事堂。

大唐这种出将入相的机制让"文""武"官员能够动态平衡,读书人不会看不起有血性的将军,下了马的将军也知道终身学习,这种文武平衡能出能进的导向对整个官僚体系和国家风气都是有巨大良性作用的。文明与制度是为了更好地发展,尚武与拥军是为了保卫我们的文

明，一边我家大门常打开的长安欢迎你，一边犯强汉者虽强必戮、虽远必诛，这是一个统一的综合体。

李世民死之前找了个理由把李勣踢出去做了叠州都督，然后专门嘱咐李治："你对李勣无恩，我现在将他赶出去，等我死后你把他召回来做尚书仆射，他感你的恩，将来你用得才有底气。"

李勣此时是瓦岗系乃至关东系的领头羊，在军方有着盘根错节的关系，无论是军功、资历还是口碑、人品，几乎是唯一一个能对长孙无忌有所制衡的大佬了。

第二位，褚遂良。他本是杭州钱塘人，但其父褚亮在隋是京官，官至散骑常侍，褚亮当年因与造反的杨玄感有交情而被牵连，被降职为西海郡司户，所以在陇西遇到了薛举、薛仁杲父子。

薛举称帝后褚亮被任命为黄门侍郎，褚遂良被任命为通事舍人，褚家父子掌管诏命奏章。薛仁杲败后，褚家父子改换门庭入仕李唐，褚亮成为李世民的十八学士之一，褚遂良成为李世民的铠曹参军。

根正苗红的褚遂良属于进步晚的，直到贞观十年（636）时才出任起居郎，来到了李世民的身边记载他的一言一行。

贞观十二年（638），虞世南逝世，褚遂良因为书法好被魏徵推荐，成为李世民的侍书。李世民曾大批量收购王羲之的墨宝，整个天下为了讨皇帝欢心导致假货横行，但褚遂良堪称王羲之墨宝的人肉鉴别仪，之后李世民被蒙骗的事也就绝迹了。[①]

---

① 《旧唐书·褚遂良传》：遂良博涉文史，尤工隶书，父友欧阳询甚重之。太宗尝谓侍中魏徵曰："虞世南死后，无人可以论书。"徵曰："褚遂良下笔遒劲，甚得王逸少体。"太宗即日召令侍书。太宗尝出御府金帛购求王羲之书迹，天下争赍古书诣阙以献，当时莫能辩其真伪，遂良备论所出，一无舛误。

褚遂良虽然品级不高，但却从贞观十年（636）开始就一直是李世民身边的人，而且因为特长是皇帝的爱好所以特别招皇帝喜欢。贞观十五年（641），褚遂良劝停了李世民的封禅，同年由起居郎迁谏议大夫，虽然没进核心团队，但每有大事，李世民几乎都会向褚遂良咨询。

贞观十七年（643），李承乾被废，李世民欲立李泰，褚遂良看准形势力劝李世民立李治为皇太子，成为拥立功臣。

贞观十八年（644），之前就一直能在李世民身边发表看法影响朝政的褚遂良，以黄门侍郎的身份开始正式参预朝政决策，随后他被李世民派往全国各地巡察，权势大到可以直接黜陟官吏。

贞观二十一年（647），褚亮去世，褚遂良回乡守孝。

贞观二十二年（648），褚遂良丧期未满被特批起复回来上班。同年九月，升为中书令。

贞观二十三年（649），李世民在最后的时刻将长孙无忌与褚遂良召入卧室，他对二人说："卿等忠烈，是我最放心的。昔汉武寄霍光，刘备托诸葛，朕之后事，一以委卿。太子仁孝，卿等一定要尽诚辅佐，永保宗庙社稷。"他又对李治说："有长孙无忌和褚遂良在，国家之事你不用担心。"于是命褚遂良起草遗诏。①

在留给太子的团队中，李世民最后时刻只叫了长孙无忌和褚遂良进屋进行最后嘱咐，可见他对这两个人的看重。我们也来看看最后一位大佬长孙无忌的简历。

---

① 《旧唐书·褚遂良传》：二十三年，太宗寝疾，召遂良及长孙无忌入卧内，谓之曰："卿等忠烈，简在朕心。昔汉武寄霍光，刘备托葛亮，朕之后事，一以委卿。太子仁孝，卿之所悉，必须尽诚辅佐，永保宗社。"又顾谓太子曰："无忌、遂良在，国家之事，汝无忧矣。"仍命遂良草诏。

长孙无忌是长孙皇后之兄，李世民的舅哥，李治的亲舅舅。

贞观元年（626），长孙无忌转吏部尚书，官拜尚书右仆射，论功第一，进封齐国公。李世民因长孙无忌是辅佐自己的功臣元勋兼外戚，对他的礼遇尤重，关系好到可以让他出入皇帝的寝宫。

后来李世民说有密表暗示长孙无忌权势太盛，他还专门把密表给长孙无忌看，又对百官说这就是离间啊，他才不搭理呢！其实他就是在暗示长孙无忌要体面，如果他真的不当回事是不会把这事对百官说放到朝堂去讨论的。

长孙无忌是外戚，本来就天生自带权力加成，而且他还是李世民打天下的副手，创业功臣之首。长孙无忌这些年都跟在李世民左右，他是太明白了，马上表示自己要退下来，长孙皇后也帮哥哥急流勇退，最终长孙无忌体面地卸任了尚书右仆射，官拜开府仪同三司进入闲职养老阶段。①

贞观五年（631），长孙无忌与房玄龄、杜如晦、尉迟恭四人以元勋之功各封一子为郡公。

贞观七年（633），长孙无忌册拜司空（三公第三位）。

贞观十一年（637），长孙无忌与诸功臣世袭刺史排名再次居首（后来这事被停了）。

贞观十六年（642），长孙无忌册拜司徒（三公第二位）。

贞观十七年（643），凌烟阁二十四功臣上墙，长孙无忌再次居首。

长孙无忌在贞观一朝的诸次评比中一直被李世民定为功臣之首，一直尊着，但不给实职岗位，与其说是防范，不如说是保护。李世民本

---

① 《旧唐书·长孙无忌传》：无忌深以盈满为诫，恳辞机密，文德皇后又为之陈请，太宗不获已，乃拜开府仪同三司，解尚书右仆射。

来打算一直尊着这位舅哥直到两人生命的尽头的，但是他对李泰的过分偏爱还是让他人生中第一次感受到了失控。

由于李治没有根基，长孙无忌作为最强工具人被李世民无可奈何地拉进了权力场，已经淡出江湖十七年的长孙无忌也没有客气，抓住了这次机会重返权力舞台，高调决绝地支持李治为太子，并利用自身的巨大威望和元舅的血缘身份压住了之前已经在李承乾和李泰那里投入巨资的押注群臣们。

李治当上太子后长孙无忌就成了太子太师，同中书门下三品，进了核心团队。这个"同中书门下三品"最早创造出来就是对应长孙无忌这种"活一品"的高规格官员的，所谓"以无忌为太子太师、同中书门下三品，'同三品'自此始"。

贞观十九年（645），李世民征高句丽时长孙无忌代理侍中。

贞观二十三年（649），李世民最后时刻召长孙无忌及中书令褚遂良二人受遗令辅政。

李治是长孙无忌的亲外甥，而且李治是靠着长孙无忌的强硬政治背书上位的，按理讲他们的关系没的说，但是事情的发展却并没有那么简单，李治不是个普通孩子。

舅舅啊舅舅，我是爱你的，我是感恩的，但谁知道你是慕容恪还是普六茹坚啊，我们家和前朝的关系又不是什么秘密，前朝那个岳父按户口本屠女婿家的事也没那么遥远，毕竟这千年的历史写下来后，"王莽谦恭未篡时"的事可是太多了。

李世民驾崩的第二天，李治第一时间将于志宁和张行成提拔为侍中，高季辅当了中书令、检校吏部尚书。李治把自己太子团队的其他人先提拔了，唯独和他一起最后聆听圣训的长孙无忌与褚遂良没有第一时间得到什么封赏。

整整十三天后，六月辛巳，叠州都督、英国公李勣为特进、检校洛州刺史，仍于洛阳宫留守。又过了两天，李治下诏司徒、扬州都督、赵国公长孙无忌为太尉兼检校中书令，知尚书门下二省事，余并如故，赐物三千段。

这个授权相当于中书、门下、尚书三省事都能掺和了。长孙无忌固辞知尚书省事，没有破坏李世民定的调，李治同意了，最后是长孙无忌以太尉同中书门下三品成为核心团队首辅。

又过了两个月，李治将开府仪同三司、英国公李勣提拔为尚书左仆射、同中书门下三品，调进了政事堂。

至此，宰相团队全部调整完成，成员分别是：太尉长孙无忌、尚书左仆射李勣、中书令褚遂良和高季辅、侍中于志宁和张行成。

李世民明面上最早的安排，是以长孙无忌为首辅，褚遂良为中书令，李勣为尚书左仆射进团队做制衡。但李治把他爹安排的都往后放，直接调了自己的三个人进了团队。

搭配开始相当有意思：军功元勋派是长孙无忌和李勣，一个是关陇贵族，一个是关东瓦岗系；中书令是褚遂良和高季辅，一个是秦王系且抱着长孙无忌的腿，一个是关东系监察官员出身；侍中是于志宁和张行成，一个是关陇贵族，李世民的老嫡系，一个是关东系监察官员出身。

凌厉的人事动作背后，是李治的不安全感。他信不过他爹推心置腹的这两个人，他要拉人进来，制衡关陇系和关东系。

李治的六人宰相团队中，此时关陇系和关东系是平衡的三比三。但李治慢慢发现，事情并没有那么简单。

核心团队搭了一年后，永徽元年（650）九月，李勣多次请求解职尚书左仆射，具体原因不详。李治同意了，令李勣以开府仪同三司依旧知政事当宰相。

紧接着两个月后的十一月，中书令褚遂良授同州刺史被踢出了朝廷中央，具体什么理由史料也没说。结合两个月前李勣的辞职，有可能是班子中关东和关陇两派出现了斗争。

李勣辞了个尚书左仆射的虚职，李治则亲自下场对褚遂良开了炮。

永徽二年（651）正月，核心团队来了新鲜血液：黄门侍郎宇文节加银青光禄大夫，同中书门下三品；中书侍郎柳奭被提拔成了同中书门下三品，也入了政事堂。

我们来看看这两个人的人事档案。

宇文节，京兆万年人，李世民时代是尚书右丞。（非长孙无忌派系，李治安插进来用来制衡的。）

柳奭，蒲州解县人，河东柳氏，北周尚书左仆射柳庆的曾孙，李治皇后的舅舅。

李治为皇太子时柳奭因是太子妃王氏的舅舅被擢升为兵部侍郎，李治继位后封王氏为皇后，柳奭转为中书侍郎进了中书省。

王皇后她爹在女儿显贵后成为"特进、魏国公"，并没有获得政治参与资格，外戚的参政资格落到了柳奭身上。

提拔宇文节和柳奭是李治踢走褚遂良后走的第二步。李治继位后一边对他舅舅言听计从，所谓"时无忌位当元舅，数进谋议，高宗无不优纳之"，一边安插自己人对政事堂进行渗透。上面这两位人事上都能和关陇贵族扯上关系，不会惹长孙无忌的强烈排斥，李治的用心相当良苦。

但一年时间过来，李治发现自己还是嫩，或者说他舅舅的能量太强。宇文节虽然没辜负他，但皇后那一家子关陇的根子太厚，让长孙无忌给拉过去了。

长孙无忌在永徽三年（652）对外甥进行了大反击。

先是永徽三年（652）正月，被踢出中央的褚遂良杀回来了，成为吏部尚书、同中书门下三品，再次拜相。随后，通过王皇后生不出孩子这事，敲定了政事堂大部分成员捆绑为长孙无忌的政治同盟。

此时已经扶正为中书令的柳奭劝说王皇后过继生母身份低的李治庶长子李忠，并谋立为皇太子，以此来巩固皇后的位置。于是，由柳奭当联络人，与长孙无忌、褚遂良、于志宁、黄门侍郎韩瑗（京兆三原人）等多次请立李忠为储。

政事堂中的四位宰相联名申请，长孙无忌和柳奭两路外戚兵合一处，这动静太大了，李治无奈于当年七月批准。

这标志着皇后一党已经投靠了长孙无忌，或者更准确地说，关陇集团本就是一家子。这里出现的新面孔黄门侍郎韩瑗是关中人，其祖父韩绍是隋太仆少卿，其父韩仲良为唐大理少卿，韩瑗入官场后累迁兵部侍郎，袭父爵颍川县公，永徽三年（652）担任黄门侍郎入了门下省，也是个老关陇人。

此时的局势在李治看来是什么意思呢？

褚遂良回来了，外戚势力胳膊肘往外拐，连太子都得立个你们想拥立的。从辅政大臣到皇后外戚，都穿一条裤子了，甚至再到下一任的皇帝都给布局好了。

李治感到了空前的孤独。舅舅啊舅舅，你在我爹身边算是把整合精髓学明白了！

李治提拔的宇文节并没有参与上述拥立，于是很快就被牵连进了谋反案，被打掉了。

永徽四年（653）正月，房州刺史、驸马都尉房遗爱，司徒、秦州刺史、荆王李元景，司空、安州刺史、吴王李恪，宁州刺史、驸马都尉薛万彻，岚州刺史、驸马都尉柴令武谋反，宇文节因与房遗爱友善被牵连。

这起谋反具体是个什么事呢？

起因是房遗爱的媳妇，骄蛮专横的高阳公主在李治上位后待遇下降，房遗爱之前是李泰的人，争储失败后政治待遇开始边缘化。这两口子对于此时的政治待遇都不满，随后攒局联络与李治不和的薛万彻（其妻为李渊第十五女丹阳公主）、柴令武（柴绍与平阳公主之子，其妻为李世民第七女巴陵公主）打算发动政变，要废掉李治拥立荆王李元景（李渊第六子，房遗爱三弟房遗则的岳父）为帝。

最终密谋泄露，这些人被全部逮捕，长孙无忌在审理此案时将李世民曾动过心思要立的吴王李恪也牵连了进来。

李恪曾经有过皇位希望，但被长孙无忌给浇灭了，两个人的关系从那时起就很紧张。①

这次长孙无忌找到了机会将李恪也给斩草除根了。倒霉无辜的李恪在临刑前大骂长孙无忌弄权陷害忠良，死前下了诅咒："若祖宗社稷有灵，当见其族灭！"②

最终李元景、李恪、房遗爱、高阳公主、薛万彻、柴令武、巴陵公主等全部被杀。

---

① 《大唐新语·卷之十二》：吴王恪母曰杨妃，炀帝女也。恪善骑射，太宗尤爱之。承乾既废，立高宗为太子，又欲立恪。长孙无忌谏曰："晋王仁厚，守文之良主也。且举棋不定，前哲所戒。储位至重，岂宜数易？"太宗曰："朕意亦如此，不能相违，阿舅后无悔也。"由是恪与无忌不协。

② 《大唐新语·卷之十二》：高宗即位，房遗爱等谋反，敕无忌推之。遗爱希旨引恪，冀以获免。无忌既与恪有隙，因而毙恪。临刑骂曰："长孙无忌窃弄威权，构害良善。若宗社有灵，当见其族灭！"不久，竟如其言。

李治安插进来的宇文节和江夏王李道宗、左骁卫大将军执失思力因为与房遗爱关系不错平时有来往都被流放到了岭表。

这三个人其实有很大概率和李恪是一个待遇，都是因为不是长孙无忌的人而被牵连进来打掉了。宇文节和李道宗后来没等到长孙无忌倒台都病死在了流放地，但没死的执失思力在长孙无忌被打倒后就复官担任归州刺史了，执失思力过世后还被追赠胜州都督，谥号为"景"。

李治扶植起来的宇文节被牵连打掉了，紧接着当年九月，另一个非关陇系的宰相张行成死了。随后吏部尚书褚遂良顶了张行成的尚书右仆射的缺，依旧知政事。

又过了两个月，当年十一月，另一个非关陇系的高季辅也不行了。十一月癸丑，兵部尚书崔敦礼代替高季辅成为侍中。

虽然听这个姓就知道这位崔敦礼应该是河北的，崔敦礼也确实出身博陵崔氏，但他家祖上在北魏末年就迁入关中从此定居雍州咸阳换了户口本了。他是隋礼部尚书崔仲方之孙，他的根底也是关陇系的。

当年十二月，高季辅病逝。

永徽五年（654）四月，长孙无忌的党羽，黄门侍郎韩瑗和中书侍郎来济并加银青光禄大夫，同中书门下三品。这两个"小弟"作为重要打手被长孙无忌安排进入政事堂了。

韩瑗是前面跟着一起上书立李忠为皇太子的；来济则是南阳新野人，终于不是关陇户籍了，但他是隋名将左翊卫大将军来护儿之子，跟长孙氏是有关系的，后来他也跟长孙无忌牢牢绑在一起。

我们再来看一下此时的政事堂的成员：太尉、同中书门下三品长孙无忌；开府仪同三司、同中书门下三品李勣；尚书左仆射、同中书门下三品于志宁；尚书右仆射、同中书门下三品褚遂良；侍中崔敦礼；中书令柳奭；黄门侍郎、同中书门下三品韩瑗；尚书侍郎、同中书门下三品来济。

永徽四年（653）是一个关键年份，之前没参与立太子的宇文节被牵连流放，九月和十二月张行成、高季辅先后去世，宰相团队的平衡被彻底打破，这一屋子的宰相只剩下一个光杆的李勣是关东系的，此时整个政事堂基本上成为长孙无忌的一言堂。

李治执政的前四年，为了让舅舅不那么可怕他曾做过多次努力，先是刚登基时迅速往核心团队里加人，然后是拉入外戚企图制衡，但很遗憾，都失败了。就在这个时候，李治看向了身边，发现了他的好伙伴——已经为他生下一儿一女、肚肚相当争气的武则天。

当年，在李世民的忌日，李治来到感业寺烧香，见到了当初跟他眉来眼去的"小武"，然后"小武"哭了，"小李"也很难过地掉了眼泪。[①]

即便如此，李治也就痛苦了那么一小下，因为这是他爹的女人，眼下又成了大师，是不好提什么要求的。武则天还俗的关键助力是王皇后。

王皇后死活生不出儿子，但得宠的萧淑妃能生出来，这让王皇后最终联合长孙无忌过继来李忠打算稳固自己的位置。危机意识饱满的王皇后得知李治上香看到"小武"哭了以后开始暗中让"小武"留发，随后劝李治纳武氏入宫，想拉个帮手来分萧妃的宠爱。

涉及后宫的人事问题，皇后的发言权那是相当重要的，李治就这样得了台阶，"小武"就这样被王皇后引狼入室了。

"小武"进了宫后着实乖巧，眼里有人，对皇后谦恭有礼，王皇后

---

① 《唐会要·卷三》：时上在东宫，因入侍，悦之。太宗崩，随嫔御之例出家，为尼感业寺。上因忌日行香，见之。武氏泣，上亦潸然。

多次在李治面前称赞她。[①] 最终李治将"小武"封为昭仪。

李唐的后宫编制如下：

第一档皇后：在礼仪上与皇帝平等，出同车、入同座，重要节日及生日都要接受百官朝贺。皇后拥有自己的官署，以此管理后宫。

第二档四夫人：贵妃、淑妃、德妃、贤妃，正一品的级别。后面大名鼎鼎的杨贵妃就是仅次于皇后的那档。

第三档九嫔：昭仪、昭容、昭媛、修仪、修容、修媛、充仪、充容、充媛，正二品。

第四档二十七世妇，分别为婕妤、美人、才人三等，各九人，品级分别为正三品、正四品、正五品。

武则天之前在李世民时代品级低微，这回一口气爬到正二品的级别了。

王皇后以为就是拉来个出身有着巨大劣势的漂亮姐儿来替自己当个高级技术工种，最开始真没拿武则天当回事，毕竟武则天出身这方面的短板太明显了，"你跟我公公关系那么密切，你还不得被我牢牢地控制！"但她真的低估了自己引狼入室的这个女人，她要是听过当年"武狠人"是怎么跟李世民表态收拾那匹马的，估计就不会吃饱了撑的让这个女人还俗了。

等武则天有了名分将李治的心夺走后，她开始不搭理王皇后了。王皇后傻眼了，萧淑妃是不担心了，但刚出了菜窖又掉萝卜坑了，这外来的和尚会念经啊！

[①] 《资治通鉴·唐纪十五》：太宗崩，武氏随众感业寺为尼。忌日，上诣寺行香，见之，武氏泣，上亦泣。王后闻之，阴令武氏长发，劝上内之后宫，欲以间淑妃之宠。武氏巧慧，多权数，初入宫，卑辞屈体以事后；后爱之，数称其美于上。

王皇后忽略了最关键的一个人，李治。李治看王皇后不顺眼已是很久了。

你是皇后，你应该是和我一条战线的，你应该像我妈那样跟我爹唱好双簧！你个大傻子，怎么能跟我舅结盟呢？你想干什么！

王皇后与萧淑妃一起失宠了，结果两人又绑成一个战车来诋毁"小武"。

在野权力狂魔武则天有了地位后开始展示出自己不凡的政治素养。她爹武士彟是太原功臣，永徽五年（654）二月，武则天以这个名义让李治追赠武士彟为并州都督给自己间接抬高身份。①

她要将王皇后顶下去，需要先让她爹贵起来，她要一步步让自己名正言顺。

请大家注意这个年份，李治这个时候在权力战中基本已经被长孙无忌一派斗败了，武则天是在这个关键时刻凭借自己的政治天赋开始一步步成为李治的政治密友的。

王皇后对武则天前后态度的巨大转变让李治看明白了，哪怕抛开个人喜好，单纯从权力之战的角度，"武战友"也是他必须要保的人，于是除了他"武姐"的话谁的话也不听了。②

"武战友"在绑定李治后还开始发展整合事业，她发现王皇后讨厌的人便与之倾心相交，把赏赐都分给她们进行收买，后宫就这样被武则

---

① 《资治通鉴·唐纪十五》：昭仪欲追赠其父而无名，故托以褒赏功臣，而武士彟预焉。

② 《资治通鉴·唐纪十五》：王皇后、萧淑妃与武昭仪更相谮诉，上不信后、淑妃之语，独信昭仪。

天埋下了大大小小的探子,"武战友"收集了大量情报汇报给了李治。①

已经在权力战中被舅舅逼到角落的李治发现他"武姐"实在太可爱了,这丫头疼人、好用,知道家里外头,这一比直接就把王皇后给彻底比泥里去了。

王皇后出身很高,是太原王氏,其高祖父是无冕八柱国的猛人王思政,但是王皇后家这一支混得比较一般,其父王仁祐在贞观年间就是个罗山令,王皇后之所以能嫁给李治,是因为李渊的妹妹同安公主是王氏的叔祖母。这位老公主由于辈分高、年纪大,所以李世民对其特别礼敬,多次去家里探访,是这位老公主给李治做的媒,说你姑父王裕有个侄孙女美丽温顺,这事是这么定下来的。

这位老姑奶奶在永徽四年(653)时以八十六岁的高龄死了,这对王皇后是一个相当隐性的打击。

此后据说发生了武则天掐死自己女儿嫁祸王皇后的事,这事最早的源头是出自《唐会要》,原文是:"昭仪所生女暴卒,又奏王皇后杀之,上遂有废立之意。"

是这个女儿突然死了,然后武则天嫁祸王皇后,没说是武则天自己整死的,但到了《新唐书》时,就变成了:"昭仪生女,后就顾弄,去,昭仪潜毙儿衾下,伺帝至,阳为欢言,发衾视儿,死矣。又惊问左右,皆曰:'后适来。'昭仪即悲涕,帝不能察,怒曰:'后杀吾女,往与妃相谗媚,今又尔邪!'由是昭仪得入其訾,后无以自解,而帝愈信爱,始有废后意。"

---

① 《资治通鉴·唐纪十五》:后不能曲事上左右,母魏国夫人柳氏及舅中书令柳奭入见六宫,又不为礼。武昭仪伺后所不敬者,必倾心与相结,所得赏赐分与之。由是后及淑妃动静,昭仪必知之,皆以闻于上。

第 7 战 武曌骑唐 | 637

宋代的《资治通鉴》也跟了《新唐书》的节奏。

实际上武则天杀女的可能性不大，因为李治后面将废后的原因定性为"谋行鸩毒"，骆宾王后面反武的檄文都写武则天弑君鸩母了，也没提把亲生女儿掐死这事，所以大概率是后世穿凿附会的。

不过，武则天这个女儿死的这一年，确实是李治绝地反击的一年。李治决定下狠手，他要换皇后！他要从外戚这个自己能左右的最近一环进行绝地反击！

就这样，在前舅哥现舅舅的笼罩下，在分不清家里外头的同行衬托下，武则天日后迈出了骑唐的第一步。

三、李世民为李治留下的最重要遗产

李治准备废后的第一件事,是和"武姐"一起去看他舅。两口子亲自去了长孙无忌的宅第,进屋就开始玩儿命喝,在酒席上将长孙无忌宠姬的三个儿子都封为朝散大夫,又赐了十车金银锦缎,随后开始聊正事。李治跟他舅说:"皇后没有儿子呀!"长孙无忌不接这个话,顾左右而言他,这酒也就没法儿喝了。

李治是带着武则天来的,又说皇后没儿子,这是很明显的信号了。"官也封了,钱也给了,我还亲自到场让你蓬荜生辉了",但李治这套亲情兼贿赂的态度在长孙无忌眼里不那么值钱。

长孙无忌很明白:"皇后过继李忠是我政治背书推出的,如果我同意废后了,就是前后不一的政治表态,我要是点头了将来就没人跟我了。更重要的是,你小子糖衣炮弹这事难道我看不明白吗?皇后倒了你下一步就该整我了,你赐的这堆金银不过是让我替你看着罢了!"

李治虽然拿长孙无忌没有办法,但王皇后的失宠已经使朝廷感到了巨大压力。王皇后的舅舅柳奭忧惧,频频上疏请求辞去宰相的职位,李治批准，将柳奭从中书令的岗上撤了下来转了吏部尚书。[①]

永徽六年（655）正月，李治封武则天长子李弘为代王，次子李贤为潞王。

三月，武则天居然写了《内训》一篇。在李治的支持下，武则天作为一个昭仪就给后宫做指导了。

五月，李治将长孙无忌一派的黄门侍郎韩瑗提拔为侍中，将中书侍郎来济提拔为中书令兼吏部尚书，将刚转为吏部尚书的柳奭贬为了遂州（治今四川遂宁）刺史。

李治在不断对他舅舅温水煮青蛙，通过一手拉一手打表明自己的态度：我就是看皇后不顺眼，我不会和其他宰相团队成员搞摩擦的。

六月，第二刀砍来。武则天举报王皇后之母魏国夫人柳氏搞巫术进行诅咒。李治敕令禁止了柳岳母再入宫。紧接着，在柳奭行至扶风的时候，岐州长史于承素揣摩圣意再奏柳奭泄禁中机密，因此，国舅爷被继续南调，又贬为了荣州刺史（治今四川自贡）。

因为自己的根底不深，再加上因害怕，频频请辞，柳奭成为李治反击长孙无忌的第一个牺牲品。

李治的第一步，是切断后宫与外朝的联系。

赶走柳奭后，李治要给武则天抬高身份，由于后宫目前正一品的贵妃、淑妃、德妃、贤妃四妃已经满员了，因此李治想要在此基础上特置宸妃来封武则天。

这个"宸"字可不得了，是帝王、帝宫、紫微星（帝王星）的意思，李治想让他"武姐"蹭"宸"字的流量往皇后上贴。估计李治也没

[①] 《旧唐书·柳奭传》：俄而后渐见疏忌，奭忧惧，频上疏请辞枢密之任，转为吏部尚书。

想到，自己还真是个预言家。

此时在已经趋近明牌的情况下，韩瑗、来济这两个新被提拔为中书门下二省的正牌长官进行了谏阻，说后宫这事不能随便开玩笑，无旧例可循。李治给他"武姐"的礼物因此没送出去。

眼看这些人给脸不要脸，铁了心地要跟长孙无忌混，李治开始观察并提拔那些长孙无忌看不上甚至有过节的小官。比如被长孙无忌厌恶挤对而降职的中书舍人李义府、卫尉卿许敬宗、御史大夫崔义玄、御史中丞袁公瑜，这些人都开始针对此时已经渐渐清晰的换皇后事件向李治和武则天表示效忠。

我们来说一下两位重要打手李义府和许敬宗。

李义府，本是瀛州饶阳人，其祖调任梓州射洪县丞后迁家到了四川的永泰。

贞观八年（634），剑南道巡察大使李大亮因为李义府文章写得好进行了举荐，考试通过后李义府补了门下省典仪，后来由刘洎和马周举荐升为监察御史并以本官兼侍晋王。李义府在李治这里早早就搭上车了。

李治成为太子后，李义府迁太子舍人、崇贤馆直学士，与来济俱以文章写得好而著称，时称"来李"。

本来李义府的前途是无量的，但他跟的老大出了路线问题。举荐恩公刘洎和马周都早早死了，李义府不仅上面没人了，还由于刘洎是被褚遂良扣上谋反帽子弄死的，所以李义府和"永徽当权派们"天生就有一个大大的政治疙瘩。

人事即政治，永远没有那么简单的。

因为人心是看不见的，权力场上向来凶险，所以褚遂良自然会往最坏处想：谁知道他想不想给刘洎报仇呢？

在古代，只要是官，就永远面临着站队问题。

所以李义府即便早早就进了晋王府，即便才华横溢与人并称"来李"，但在李治继位后还是只做了个中书舍人，干了六年后不仅没有升迁，而且还要被长孙无忌踢出中书省去做壁州司马。

跟他齐名的来济则因为是长孙无忌的人，早在永徽二年（651）就由中书舍人提拔为中书侍郎了，永徽四年（654）更是以同中书门下三品拜相进核心团队了。

忍无可忍的李义府选择了政治投机，在被贬诏书还没正式下达的值夜班的间隙，李义府叩阁上表，请废王皇后立武昭仪。李治听说这事后很高兴，把李义府叫来问了问工作，随后赐珠一斗表示对他会来事的肯定，并亲自下场叫停了李义府的调职诏书，否了他舅舅的人事动作。

李义府作为后面武则天的第一代"脏手套"，其丑陋风格都出了名了，著名的"笑里藏刀"说的就是他。李义府表面上对人永远温暖谦恭，跟人说话永远春风拂面带笑容，但只要你不顺着他的意思，他背地里准捅你一刀。后来他耍这套心眼子被人们总结成了"笑里藏刀"，还顺便贬低了一种可爱的动物——由于李义府平时柔软动手时迅猛，所以外号叫"李猫"。

另一位金牌打手叫许敬宗，杭州新城人。其父许善心为隋给事中，宇文化及弄死杨广后杀了许善心，许敬宗跪求饶命后得以免死，不久投奔瓦岗成为李密记室，与魏徵一起掌管文书。李密败后，许敬宗归唐补为涟州别驾，被李世民召为秦王府学士。

贞观八年（634），许敬宗授为著作郎，兼修国史，后升为中书舍人。

贞观十年（642）六月，长孙皇后去世，许敬宗在服丧期间看见率更令欧阳询貌丑大笑，被御史弹劾贬为洪州都督府司马。

许敬宗这一乐，直接乐没了自己在下届皇帝团队的前途，李世民的接班人只可能在皇后嫡子中出，他在未来皇帝妈妈丧期大笑，他是真行。

许敬宗后来因为修国史的技术工种又回到了门下省任给事中，兼修国史。

贞观十七年（643），《武德实录》和《贞观实录》完成，许敬宗受封高阳县男，赐物八百段，代检校黄门侍郎。

李治成为太子后许敬宗迁太子右庶子，检校礼部尚书。

贞观十九年（645），李世民征高句丽时，许敬宗与高士廉等一起执掌机密的要政，中书令岑文本死在行所，许敬宗以本官检校中书侍郎。

许敬宗的才华没问题，但由于他在长孙皇后出殡时发笑，李治一直没有重用他。李治继位后，许敬宗虽然有着太子署官背景，但并没有被李治拉入核心团队，仅代于志宁为礼部尚书。后来许敬宗作为礼部尚书却把女儿嫁给蛮酋冯盎之子还收了好多礼，被有司揭发降为郑州刺史。

永徽三年（652），仗着修史的老本行，许敬宗又被调回来做了卫尉卿，加弘文馆学士兼修国史。

不得志的许敬宗看到此时朝堂上斗得快图穷匕见了，觉得修复和皇帝关系的时机到了，于是态度坚决地对李治表示，愿意毫无保留地为立武昭仪做皇后贡献自己的力量。

由于许敬宗好多年没入尚书门下这种中枢部门了，眼下也没法硬性安插，李治考虑后，在永徽六年（655）九月初一，任命许敬宗做回了礼部尚书。

这个官职你明白自己的使命是什么吧？

随后李治正式将换皇后这事跟长孙无忌摊牌了，但长孙无忌不答应，李治还是贿赂开道，密遣使者赐长孙无忌金银宝器各一车、绫锦十车，表示我很给你面子了。武则天又让自己那高出身的隋宗室母亲到长孙无忌家里去做工作，长孙无忌还是不搭理。作为礼部尚书的许敬宗也去长孙无忌那儿当说客表示这事合理合法，但他直接被长孙无忌骂了出来。

软的不行，李治决定直接来硬的。他先是命李义府和许敬宗两人走正式文件请求废后，随后在退朝时召长孙无忌、李勣、于志宁、褚遂良四位老臣入内殿。

褚遂良去之前就直接开门见山替长孙无忌给同僚们定调了："今日之召，多半为了废立皇后的事，圣上的主意已定，违抗者必是死罪。太尉（长孙无忌）是国舅，司空（李勣）是功臣，不能让陛下背上杀国舅及功臣之名。我褚遂良出身平民又没有汗马功劳，却得以拜相而且受先帝顾命之托，如果不能以死争之，将来都没脸去见先帝。"

长孙无忌随后肯定道："明公说得好，无忌一定跟着死谏！"

老狐狸李勣听完直接称病，没去。[①]

长孙无忌三人去了内殿，李治对长孙无忌道："皇后无子，武昭仪有子，现在想要立昭仪为后，怎么样？"

褚遂良道："皇后出身名家，是先帝为陛下娶的。先帝临崩时执陛下手交到臣手中道：'朕佳儿佳妇，今以付卿。'这也是陛下您听到的，言犹在耳。没听说皇后有什么过错，怎么可以轻易废掉！臣不敢曲意顺从陛下，以违背先帝之命。"

褚遂良直接把话甩李世民那里了，说李治这是违背先帝遗命，你李治不孝啊！

[①]《新唐书·李勣传》：帝召勣与长孙无忌、于志宁、褚遂良计之，勣称疾不至。

李治没做好应对准备，很不高兴，暂时不说了。

第二天李治再提废后之事，褚遂良道："陛下要是非得换皇后，请您从天下高贵的家族里挑，何必武氏？况且武氏伺候过先帝啊，大唐人都知道，这事对天下没法交代，史料都没法改，天下都是耳目，万代之后，后人该怎么说陛下您啊？请您三思！臣如今忤逆陛下，罪当死。"随后褚遂良将朝笏放于殿阶，解头巾叩头流血道："还陛下朝笏，乞求让我退休吧！"

李治大怒，命人把褚遂良带出去。这时候武则天在隔帘内大声骂道："怎么不直接打死这老东西！"

这时候长孙无忌道："褚遂良是先帝任命的顾命大臣，就算有罪也不可以加刑。"

于志宁在旁边没说话。

毕竟将来册立皇后是需要宰相们走程序的，还是需要体面的，但眼下局面已经走死了，皇帝和政事堂的宰相团队已经决裂，李治不能临时把没有勋旧威望的李义府等提拔为宰相去册拜武则天，那样就真成笑话了。思来想去，李治决定去找最后一位大佬想办法。

李治找来李勣问道："朕欲立武昭仪为后，褚遂良固执以为不可。褚遂良是顾命大臣，这事要是真不行，我也就只能叫停了。"

李勣道："这是陛下的家事，没必要问外人。"[①]

李勣这话分量极重，真是顶级老狐狸啊！他的话有两个含义：

首先，这个"外人"一语双关，首先撇清自己的责任，我是外人，您问我干什么？您倒是干呐！其次，提醒李治，你是皇帝，娶媳妇是家

[①] 《旧唐书·褚遂良传》：翌日，帝谓李勣曰："册立武昭仪之事，遂良固执不从。遂良既是受顾命大臣，事若不可，当且止也。"勣对曰："此乃陛下家事，不合问外人。"

事，你想娶谁就娶谁，我是外人，褚遂良更是外人，我支持的是你！

李世民当年为什么单单把李勣拎出来给李治呢？

李勣此时算是关东总代表了，是有极大分量的开国勋臣，连褚遂良都说司空是功臣，不能被皇帝动，李世民留他就是在关键时刻起制衡作用的。

当年李世民对李勣嘱咐时的定位就是：你对李密都能如此，咱们的关系朕相信你不会辜负我。李勣是作为私人关系被李世民安排给李治的："关键时刻，你得向着我儿子！"

看到李勣表态不会帮长孙无忌，李治下定了决心。①

九月初三，李治将长孙无忌的左膀右臂褚遂良贬为了潭州都督。没有别的原因，就是皇帝来硬的了，因为你不同意立后这事就直接对你动手了。②

这也标志着李治对他舅舅的政治宣战。

李治为什么装都不装地敢直接打他舅舅的脸？

这里有三个原因。

首先，李勣这个功勋宰相挺他，即便他跟舅舅长孙无忌闹翻了脸他依然有贞观时代的符号给他充门面。

其次，长孙无忌没有翻脸的备胎，此时除了李治外，他没有别的皇室成员可以做文章。长孙无忌现在只有李治这一个亲外甥，此前因为房遗爱造反两个最有希望的皇位继承人刚刚被皇帝弄死。而且立后这事

---

① 《新唐书·李勣传》：帝后密访勣，曰："将立昭仪，而顾命之臣皆以为不可，今止矣！"答曰："此陛下家事，无须问外人。"帝意遂定，而王后废。

② 《旧唐书·高宗本纪》：九月庚午，尚书右仆射、河南郡公褚遂良以谏立武昭仪，贬授潭州都督。

确实是皇族的家事，如果当年的媒人、王皇后的叔祖母、辈分极高的李渊的妹妹同安公主还在，李治其实是动不了王皇后的，但老姑奶奶在永徽四年死了，此时没有任何一个有分量的皇族成员能跟李治过招儿并施加影响。

最后，最重要的一点，长孙无忌没有禁军兵权。这是李世民给李治的最伟大遗产。

当年玄武门之变后，天策府的所有高官心腹都进入了禁军的十六卫系统，最核心的北门屯营将领周孝范和张世贵更是李世民的死忠。

周孝范在武德九年（626）六月李世民成为太子后任太子右内率，检校北门诸仗，授千牛将军。贞观元年（627）授右屯卫将军，领兵宿卫玄武门，此后累转左屯卫大将军，仍宿卫玄武门；张士贵在武德九年（626）为太子左内率，右骁卫将军，贞观元年（627）于玄武门长上统屯兵，后转右屯卫大将军。

周孝范与张士贵分别以左右屯卫大将军统领玄武门屯营，意味着北门屯营分为左、右两部分，周孝范和张士贵各统一部，此时的北门禁军也还属于李世民当年领十二卫大将军中左右屯卫大将军的控制范围。

贞观十二年（638），李世民正式将重中之重的北门禁军进行改编，置单独编制，不再从属于"十二卫大将军系统"下辖的府兵体系了，编制号"飞骑"，成为有着较高政治地位的李世民私兵。

李世民又从"飞骑"中优中选优地选了一百个骑马善射的人，他们身穿五色袍，乘六闲马（殿内省尚乘局左右六闲养的马），用虎皮鞯，为游幸翊卫，号称"百骑"。据《旧唐书》记载，"百骑""每出游猎，令持弓矢于御马前射生，令骑豹文鞯，著画兽文衫"，作为皇帝随从的私兵性质更浓。

"飞骑"作为北门屯营的私兵会承担李世民很多的私人任务，比如玄奘大师取经回来的时候就是李世民派"飞骑"去迎接护送以表重视

第7战 武曌骑唐 | 647

的。"飞骑"这支部队也是李世民走哪里带哪里的，比如李世民亲征高句丽时，阿史那社尔为右军大将军检校北门左屯营，"领屯卫飞骑及长上宿卫之兵奋不顾命，所向无前"；李世民驾崩于翠微宫含风殿时，是左屯卫大将军程知节统"飞骑"劲兵跟随李治先回京，宿卫于延明门外。

"飞骑"作为李世民的私兵用的将领也都是最嫡系的心腹，而且大部分都是除了李世民之外和任何外朝官员扯不上关系，只能仰仗李世民的恩赐，比如李世民死的时候想殉葬不活的阿史那社尔和契苾何力。

阿史那社尔原是处罗可汗次子，贞观九年（635）率部投唐，拜左骁卫大将军，一年多后娶了衡阳公主授驸马都尉。后面灭高昌、征高句丽、伐薛延陀都作为李世民的心腹上阵了，这些年要么出征要么替李世民守北门。

契苾何力出身铁勒可汗世家，贞观六年（632）投唐。他成为左领军将军参与了灭吐谷浑之战，立下大功后担任玄武门宿卫官，随后也娶了李唐宗室之女临洮县主。他跟阿史那社尔此后基本就是李世民的禁军左右手，打高句丽、薛延陀和西域全部参战。

阿史那社尔虽然在永徽六年（655）死了，但契苾何力还在，他们都视李世民为神，视李治为神之子，忠心无二。而且不仅这两个人，李世民留下了很多这种只忠于他的异族禁军高官，比较著名的还有阿史那忠，他也是突厥阿史那族的贵族，是亲自抓了颉利后投降李世民的。他的履历就不细说了，来了唐就是左屯卫将军，也是娶了宗女，被李世民改了名和姓，理论上应该叫"史忠"的，被比作当年汉武帝托孤的那位金日磾。①

---

① 《旧唐书·阿史那忠传》：忠以擒颉利功，拜左屯卫将军，妻以宗女定襄县主，赐名为忠，单称史氏。贞观九年，迁右卫大将军。永徽初，封薛国公，累迁右骁卫大将军。所历皆以清谨见称，时人比之金日磾。

阿史那忠生生给李家父子宿卫了四十八年没出过任何差错。①

除了他们还有同类的汉族禁军高官，比如李世民的老兄弟程咬金，比如出身范阳张氏的张延师——伺候李家父子三十多年没出过差错。②

大家还记得打高句丽时雷雨天穿着奇装异服冲阵，被李世民提拔起来的薛仁贵吗？这个没有根基没有背景的人在征高句丽时被李世民发现后，回来就被安排在北门禁军岗位上了。③

这些人都是被李世民看作私兵进行培养的，李世民在征高句丽回来路上对薛仁贵说："朕不喜得辽东，喜得你！"

老狮王的眼光和帝王之术啊！

永徽五年（654）时，李治幸万年宫（即九成宫），突然山洪暴发，形势极其紧急，很多宿卫都跑了，是薛仁贵登宫门大呼示警把李治救了出来。④这事在李治死前不久还被提起来呢，他跟薛仁贵说："当年没有你我早就成鱼了。"⑤

上面这些猛将都是李世民的死忠，他们不仅忠，而且还都特别谨慎，都是能几十年不出错的人。我们几乎看不到李世民的北门禁军高官

---

① 《新唐书·阿史那忠传》：宿卫四十八年，无纤隙，人比之金日磾。卒，赠镇军大将军，谥曰贞，陪葬昭陵。

② 《旧唐书·张俭传张延师附传》：延师廉谨周慎，典羽林屯兵前后三十余年，未尝有过，朝廷以此称之。

③ 《旧唐书·薛仁贵传》：及军还，太宗谓曰："朕旧将并老，不堪受阃外之寄，每欲抽擢骁雄，莫如卿者。朕不喜得辽东，喜得卿也。"寻迁右领军郎将，依旧北门长上。

④ 《旧唐书·薛仁贵传》：永徽五年，高宗幸万年宫，甲夜，山水猥至，冲突玄武门，宿卫者散走。仁贵曰："安有天子有急，辄敢惧死？"遂登门桄叫呼以惊宫内。高宗遽出乘高，俄而水入寝殿，上使谓仁贵曰："赖得呼，方免沦溺，始知有忠臣也。"于是赐御马一匹。

⑤ 《旧唐书·薛仁贵传》：高宗思其功，开耀元年，复召见，谓曰："往九成宫遭水，无卿已为鱼矣。"

出过什么问题，这都是李世民仔细斟酌后选出来的忠心谨慎之人。他们生是太宗的人，死是太宗的鬼，现在太宗不在了，命就是他儿子的。

长孙无忌确实每次评比都是功臣之首，确实权势熏天，但北门禁军他根本控制不了，所以李治根本不担心自己的安全会被长孙无忌威胁。

撕破脸就撕破脸了，你还能政变怎的！

能够把政事堂变成一言堂的长孙无忌虽然权势熏天，但李世民给他儿子留下了护身符。武则天也因此在前丈夫、现公公的庇护下得以走上了人生巅峰。

十月己酉，李治以王皇后和萧淑妃谋行鸩毒的理由将她们废为庶人，她们的母亲及兄弟一并除名，流放岭南。

十月乙卯，百官上表请立中宫，李治下诏："武氏家门对大唐本就有功，以才行被选入后宫，我当年做储君伺候我爹时，是我爹亲自把她赐给我的，现在可册封武氏为皇后。"①

十一月丁卯，司空李勣和尚书左仆射于志宁正式册封了皇后，文武百官及番夷之长在肃义门朝拜新皇后。

十二月，遣礼部尚书许敬宗每日待诏于武德殿西门。李治给了明确的信号，要绕开长孙无忌的政事堂。

被打掉的王氏和萧氏被囚于别院，李治有时会想起她们，毕竟这两个人只是权力斗争的弃子，感情还是有的。李治亲自去探望时发现囚禁她们的房间极封闭，仅留了个洞以通食器，就很伤感，于是道："皇后、淑妃你们在吗？"

---

① 《资治通鉴·唐纪十六》：武氏门著勋庸，地华缨黻，往以才行选入后庭，誉重椒闱，德光兰掖。朕昔在储贰，特荷先慈，常得侍从，弗离朝夕，宫壶之内，恒自饬躬，嫔嫱之间，未尝忤目，圣情鉴悉，每垂赏叹，遂以武氏赐朕，事同政君，可立为皇后。

李治喊废后为皇后，提的是她过去的职务职级，皇帝说的话都是蕴含极大能量的，底下人听见会有无数的解读。

王氏还没听出来这句话已经要她命了，对李治道："您要是还念旧情，求您更名此院为回心院。"

李治说回去就办。① 王氏这就是作死了。

武则天听说后认为这是要玩复辟啊！她大怒，派人打了王氏及萧氏各一百杖，断了她们的手足，把人扔酒缸里，过了好几天才死，死后又把尸体剁碎。

据说萧淑妃死前骂道："愿来世生我为猫，武贼为鼠，生生世世扼其喉！"

从此宫中不养猫，武则天又改王氏姓为蟒氏、萧氏为枭氏。

武则天的改名是其特色，后面契丹抽她大嘴巴反唐时她把契丹酋长李尽忠改名为李尽灭、孙万荣改名为孙万斩，把忽悠玩耍她的后突厥阿史那默啜改为阿史那斩啜。

据说王皇后和萧淑妃这两个女鬼这辈子没少找武则天，武则天后来去了洛阳也跟这有关系。②

武则天的手真的有那么毒吗？

我倾向于是真的。武则天一辈子都是这种心狠手辣的角色。手不阴狠毒辣到极致，扭不过来这千年的权力牌照惯性。

---

① 《资治通鉴·唐纪十六》：王氏泣对曰："妾等得罪为宫婢，何得更有尊称！"又曰："至尊若念畴昔，使妾等再见日月，乞名此院为回心院。"上曰："朕即有处置。"

② 《资治通鉴·唐纪十六》：武后数见王、萧为祟，被发沥血如死时状。后徙居蓬莱宫，复见之，故多在洛阳，终身不归长安。

四、李治得了"不死癌症"后的权力最优解

656年正月,李治将原皇太子李忠降为梁王,立武则天长子代王李弘为皇太子。

正月壬申,大赦天下,改元"显庆"。

改了如此直白的年号,二十九岁的李治终于扬眉吐气了。前面"永徽"的年号虽然听上去那么美好,但对于李治来讲,却是自己权力战败的六年。

近六年的权力麻将打完后,李治眼看自己的牌哪哪都不挨着,他舅舅却快赢了,他的皇后和政事堂结成了政治同盟,双方共同拥立了生母身份低好控制的李忠。此时从生态位上来讲,理论上他已经可有可无了。

如果他不在了,生不出皇子总觉得位置不稳当的王皇后将成为太后,长孙无忌将成为第二任拥立辅政元老会再往前走一步,这样其实更符合那两方面的政治意愿。

北周怎么亡的来着?杨坚是怎么爬上权力巅峰的来着?无论是权力还是利益,当你挡在了一股洪流前面,天有不测风云的事就变得非常

可预测。

被逼到墙角的李治掀了桌子，靠着老爹留下的最宝贵遗产禁军系统，靠着高寿的李勣的政治背书，完成了对政事堂中已经一手遮天的长孙无忌的生硬打脸。

二月，李治命于志宁兼太子太傅，侍中韩瑗、中书令来济并为太子宾客。李治打出了怀柔的一拳，要看看刚刚被扇了大嘴巴的宰相们的反应。

长孙无忌一系的态度很强硬，身为侍中的韩瑗给被定罪的褚遂良上书说话："褚遂良受先帝顾托，忠心无二，平日论事至诚恳切，但遭到了诽谤和诬陷，损害了陛下之明，折伤了志士之心，况且他已经被贬一年了，差不多了，您宽恕他吧，以顺大众之心。"

长孙无忌想重演永徽三年那一出，让褚遂良外面兜一圈后再转回来，但李治回道："褚遂良好的一面朕是知道的，但这老家伙悖逆犯上，朕处分他，这有过错吗？"

韩瑗道："褚遂良是社稷之臣，他的那个错就像是在一大片白纸上落了个苍蝇，哪至于说有罪啊！当年微子离开，殷商就灭亡了，张华要是不死，晋也不至于乱。陛下富有四海，现在乐享清平安泰，却驱逐旧臣，您就不想想自己的问题吗？"[1]

李治直接不听了。那能听吗？看看这大帽子给李治扣的，看看这反扑有多厉害，看看那堆类比，这是准备把李治打到昏君的台本上。

政治骂街后的韩瑗据说忧愤了，上表告老还乡。李治不搭理。

你现在走了就达到你们的目的了。你铁骨铮铮骂一堆闲街跑了，

---

[1]《新唐书·韩瑗传》：瑗曰："遂良，社稷臣。苍蝇点白，傅致有罪。昔微子既去，殷以亡；张华不死，晋不及乱。陛下富有四海，安于清泰，忽驱逐旧臣，遂不省察乎？"

然后让我舅舅满世界召集打手给你鸣冤，通过群情汹汹把我架到火上烤，到时候我再不得不给你个说法，不就这一套吗？还当我是孩子呢？想跑？门儿也没有啊！虽然我确实巴不得你滚，但在你滚之前我得打倒你，批臭你，让你的走无法以退为进。

还是得斗争啊！

显庆二年（657）正月，李治起驾去了洛阳，离开了长孙无忌混了三十多年的长安，然后自从二月住进了洛阳宫就不走了。

我虽然是皇帝，但长安到底是你的根据地，当年你跟我爹密谋玄武门之变时都快把地图背下来了，在长安你是武德、贞观、永徽的三朝巨根，你打你的，我打我的，不能跟着你的节奏走，我带着禁军换主场喽！

八月，许敬宗和李义府发力，相当可笑地诬奏韩瑗、来济与褚遂良图谋不轨想要以桂州（治今广西桂林）为用武之地，将褚遂良授为桂州刺史，就是要引为外援。

桂林是用武之地，呵呵，李治的这些"脏手套"也别怪被后世人诟病，这确实是欲加之罪。总之褚遂良又被贬为了爱州刺史（治今越南清化），韩瑗被踢出政事堂为振州刺史，来济被贬为台州刺史，两人终身不听朝觐。

李治的想法很明显："你想当忠臣名留后世？你想谏言后辞官告老还乡？怎么可能！我要是不给你打成造反派，你们哪天要是把我掀翻了，我的名声弄不好还不如商纣了。"

总有人说这都是武则天攒的局、下的手，显得李治跟傻子似的。其实此时此刻，她不过是李治的一条狗，准确地说，李治当皇帝期间大部分时候她都是，李治让她咬谁就去咬谁罢了。

武则天之所以蹿前蹿后显得不够她忙活的，不过是因为褚遂良无论怎样都是李治的拥立元勋,皇帝不能亲自下手,李治是干净的白莲花,把所有脏水都泼到武则天这个"脏手套"而已。

提你做皇后就是干这个的!

十月,李治还去了许州、郑州讲武,他带着私兵去当年他爹天策封神的地方又重新走了走武德路,提了提忠诚度。

直到十二月,溜达了一大圈的李治才又回了洛阳。

这次回洛阳后,李治手诏将洛阳改名为东都,洛阳的官员品级全部同于雍州,并废谷州,划拉了怀州和郑州的地盘给洛州以扩大行政范围。

李治摆明了一件事:洛阳是我的都,今后要常来。

李治在洛阳待了近一年,办了两个宰相,搞了大阅兵,申明了自己的权威后确定将洛阳作为自己的大本营。直到显庆三年(658)的正月,长孙无忌端出他爹当初在贞观初年安排的由房玄龄、魏徵、颜师古这些人纂修的国家工程——一百三十卷的《新礼》,李治才在当年二月无可奈何地回了长安。①

要不是他必须得回去跟他爹汇报这事,估计在弄倒长孙无忌之前他都不会回长安的。

不久李治收到了消息,褚遂良死在了爱州。

褚遂良在死前做了绝望的抗争,他是写史料的,他是太明白也太担心自己的身后之名了,于是上了个表说:"当年废黜太子李承乾的时候,岑文本和刘洎都说要立李泰,长孙无忌、房玄龄、李勣和我定策立的陛下。陛下受遗诏时只有我与长孙无忌二人在,陛下哭号的时候是我

---

① 《旧唐书·高宗本纪》:三年春正月戊子,太尉、赵国公无忌等修《新礼》成,凡一百三十卷,二百五十九篇,诏颁于天下。二月丁巳,车驾还京。

奏请您继位于大行皇帝灵柩前，当时陛下还手抱臣颈。请您看在前面这些情分可怜可怜我吧。"①

在李治看来，你这是在求饶吗？求饶得贬低你自己呀！但你现在这是在让自己的形象伟岸，是在提醒我不怎么样啊！你这个机灵鬼是在强行给自己的史料定调。

褚遂良可怜吗？政治斗争这东西哪有什么对错，他整死刘洎的时候貌似刘洎也挺冤的。

显庆四年（659），洛阳人李奉节告太子洗马韦季方、监察御史李巢结党之事，李治命许敬宗与辛茂将调查这件事。韦季方自杀后未死，许敬宗随后把这件事牵连到了长孙无忌身上，诬奏韦季方打算与长孙无忌构陷忠臣近戚，收权伺机谋反，事情暴露所以要自杀。

李治惊道："怎么可能？我舅舅这是被小人陷害了，我们甥舅二人确实有点儿看法不一致，但舅舅哪里至于要反啊！"

许敬宗说："臣已经把案子办成铁案了，他这是反状已露，您却还不相信，恐怕不是社稷之福啊。"

李治又哭了："我家不幸啊，这哪里是亲戚啊，当年高阳公主与房遗爱谋反，现在又轮到我舅舅了，我没脸见天下人，这要是事实可怎么办呢？"

许敬宗回道："房遗爱乳臭小儿与一女子谋反能有什么可怕的，但长孙无忌不同，他与先帝谋取天下，天下都佩服他的才智；他又当了三

---

① 《新唐书·褚遂良传》：显庆二年，徙桂州，未几，贬爱州刺史。遂良内忧祸，恐死不能自明，乃上表曰："往者承乾废，岑文本、刘洎奏东宫不可少旷，宜遣濮王居之，臣引义固争。明日仗入，先帝留无忌、玄龄、勣及臣定策立陛下。当受遗诏。独臣与无忌二人在，陛下方草土号恸，臣即奏请即位大行柩前。当时陛下手抱臣颈，臣及无忌请即还京，发哀大告，内外宁谧。臣力小任重，动贻伊戚，蝼蚁余齿，乞陛下哀怜。"

十年的二号人物,天下都害怕他,他真要是窃国谋反了,陛下派谁跟他对敌?现在有赖于宗庙之灵,皇天疾恶,通过小事发现了他的阴谋,实在是天下之庆啊!我实在是怕长孙无忌狗急跳墙,他要是振臂一呼,我是真替宗庙社稷担忧啊!我当年亲眼见宇文化及他爹宇文述为杨广所信任,还结为皇亲,委以朝政,宇文述死后宇文化及又掌管禁兵,结果一夜之间就在江都作乱了,最先杀的就是不依附于他的人,我当年为了这条命才被迫顺从。这些事并不久远,希望陛下赶快决定。"

这里面许敬宗点明了李治心底的潜台词:长孙无忌属于权力核武器,他反不反不重要,但他有能力反,而且他如果反,结果很可怕。其实许敬宗扯这一堆都是按剧本走的,为李治创造一个理由而已。

史料中说,这是许敬宗揣摩皇后的心思,随后派人搞的一整套政治冤案。①

这也太看得起武则天了,此时此刻李治还没得病呢,李治这几年从头到尾的布局其实不就是为了要打掉长孙无忌吗?

李治命许敬宗继续审查。第二天,许敬宗复奏道:"昨夜韦季方已承认与长孙无忌同反,臣又问韦季方:'长孙无忌与国至亲,累朝宠任,何恨而反?'韦季方的供词是韩瑗曾对长孙无忌说:'柳奭、褚遂良劝您立梁王为太子,今梁王既废,皇上也怀疑您,所以把高履行(高士廉长子,长孙无忌表弟)都踢出朝廷中央了。'长孙无忌于是忧恐,开始自己想办法,后来又见他族侄长孙祥也被踢出了朝廷中央,韩瑗又被打掉,随后日夜琢磨谋反的事。"

许敬宗再次表态:"我已经把案子查实了,请逮捕长孙无忌归案。"

---

① 《新唐书·长孙无忌传》:后既立,以无忌受赐而不助己,衔之。敬宗揣后指,阴使洛阳人李奉节上无忌变事,与侍中辛茂将临按,傅致反状。

第7战 武曌骑唐 | 657

李治又哭了:"舅舅要是真这样,朕绝对不忍心杀他;要是真杀了他,天下将怎么评价朕?后世将怎么评价朕?"

李治定调了:赶紧动手!但别杀啊,别死我这啊!

许敬宗随后道:"薄昭是汉文帝的舅舅,对汉文帝从代国来长安登帝位立有大功,但该动手时汉文帝照样遣百官素服哭而杀之,至今天下都认为汉文帝是明君。如今长孙无忌忘记先帝和您两朝的大恩德,密谋造反,他的罪比薄昭的大太多了。幸好他的阴谋提前暴露,陛下您还有什么疑虑的?古人说'当断不断,反受其乱',安危之际,间不容发。长孙无忌这是奸雄啊,是王莽、司马懿之流,陛下您再犹豫我怕变生肘腋,到时候后悔就来不及了。"

许敬宗给出了杀的依据,还是杀吧,也可怜可怜我们这些当"脏手套"的。毕竟长孙无忌那么牛的人,弄不死他的话自己这个马前卒心里不踏实。

李治随后根本不给长孙无忌机会,也不去见他舅舅一面亲自聊几句,而是几乎以政变的速度迅速下诏削长孙无忌的太尉职务及封邑,以扬州都督一品俸禄的规格把他舅舅安置去了黔州,并且派兵武装护送,赶紧送走!①

李治没有在长安彻底清算长孙无忌,而是赶紧控制起来,先将他调出长安,等长孙无忌上路后许敬宗立刻补刀上奏:"长孙无忌谋逆,是褚遂良、柳奭、韩瑗撺掇的,柳奭暗中勾结后宫,谋行鸩毒,于志宁也党附于长孙无忌。"

---

① 《旧唐书·长孙无忌传》:帝竟不亲问无忌谋反所由,惟听敬宗诬构之说,遂去其官爵,流黔州,仍遣使发次州府兵援送至流所。《新唐书·长孙无忌传》:帝终不质问。遂下诏削官爵封户,以扬州都督一品俸置于黔州,所在发兵护送。

于是李治下诏追削已经死了的褚遂良官爵，免了已经被扔到世界尽头的柳奭和韩瑗的官，并打掉了最后一个关陇元老、太子太师、同中书门下三品、燕国公于志宁。

大清洗开始铺天盖地而来：长孙无忌之子秘书监驸马都尉长孙冲等皆被除官流放岭南；褚遂良的儿子褚彦甫、褚彦冲被流放爱州，在半路被杀死；益州长史高履行累贬洪州都督；凉州刺史赵持满（姨母为韩瑗妻，其舅为长孙无忌堂弟驸马都尉长孙铨）被流放巂州。

七月，李治命御史去高州抓长孙无忌的族弟长孙恩，去象州抓柳奭，去振州抓韩瑗，都给上枷锁解送京师，同时命州县抄了这些人的家。

七月壬寅，李治命李勣、许敬宗、辛茂将、任雅相、卢承庆再审长孙无忌谋反案。

李治给了信号，可以下死手了。许敬宗随后派中书舍人袁公瑜等去黔州找证据，袁公瑜去了就逼长孙无忌自杀了。

最终李治下诏：柳奭、韩瑗无论走到哪儿了，直接斩立决；常州刺史长孙祥被以与长孙无忌通书为理由处绞刑；长孙恩流放檀州；长孙家、柳家、韩家均被抄家没产，近亲都被流放岭南为奴婢。

大唐开国的二号人物、恩荣至极的长孙无忌，就这样被亲外甥连根拔起了。

他貌似特别冤，但被他整死的李恪冤吗？被杨坚屠了户口本的宇文氏冤吗？天下是李世民打下来的，但如果长孙无忌重走杨坚路，李治和他的后代，包括整个李唐的后代会有机会活下来吗？这都不叫问题，因为后面武则天亲自演示了一遍。

权力这东西，当能量太大之后注定是这个结果。

长孙无忌是跟着李世民创业一路走过来的，他的能量、阅历与见识太可怕了，即便他跟你什么事都一条心时尚且得防着，何况当他已经和你结仇？之后双方都会进入黑暗森林，都会担心对方先下手为强。

李治也有错，错在了收尾时实在是不体面，将狠辣摆在明面上了，斩草除根的意思太明显。不过这个错，也暴露了他对他舅舅到底有多么恐惧。

李治给后世的传统印象就是个窝囊废，就是个妻管严，实际上他正经是个权力狂人。虽说他继位之初是萧规曹随，但他爹当年是三日一朝，他继位后就改为一日一朝了，从继位起就一直要大臣多进谏、多上折子，他是什么都要问、什么都要抓的。永徽五年（654），因为天下大旱，李治亲下诏命在京九品以上的文武官员"各进封事，极言阙咎"，这就是极力扩大信息来源。

登基以来的这几年李治一直是天天上朝、天天开会的，他什么时候稍微松懈了呢？是显庆二年（657）。褚遂良被彻底打倒后，他改成了两日一临朝。

李治对于权力的控制欲望和自身的安全感考虑是极其重视的。他舅舅长孙无忌在他爹眼中忠贞不贰，但在他眼中从来都是自己不掌握核弹密码的权力核武器。这孩子脑子特别清楚，他舅舅在他爹面前是小猫，那是因为他爹是他爹。但是，人会变的。

他爹把科举制度当作是"天下英雄入我彀中"，当作是消磨社会层级戾气的容器；他则利用科举来和长孙无忌一派对打，开始越来越多地选用通过科举进入仕途的官员。

在他继位后，中举和应试的人数开始迅速增多，他提拔的宰相中很多都有功名。比如许圉师，进士出身，显庆二年（657）累迁黄门侍郎、同中书门下三品，兼修国史；比如杜正伦，秀才出身，显庆元年（656），被授为黄门侍郎，兼崇贤馆学士，后升任同中书门下三品；比如上官仪，进士出身，龙朔二年（662）拜相。

前面提到过，贞观时代李世民提拔入政事堂的小规则是没根基背景的先去监察部门转一圈。如今，在李治的政治引导下，科举的功名开始越来越值钱。

李治这一辈子其实一直都是相当勤政的存在。

后面武后篡国的过程会细分析，武则天之所以会疯狂成那样，其实并不能说明李治不是个权力狂，那都是李治的最优权力选项。

永徽时代是李治最勤政的六年，这段时间也被后世称为"永徽之治"。

永徽二年（651），由长孙无忌、李勣、于志宁等根据《贞观律》撰成的《永徽律》诞生。《永徽律》的内容虽然基本与《贞观律》相同，但李治为了确保法律适用的统一，使执法官吏懂得每个法条的精确含义，在永徽三年（652）又诏长孙无忌等人撰写《疏议》对《永徽律》逐条逐句进行解释。

永徽四年（653），《疏议》正式出版，附于律文之后同时颁行。律与疏合称《永徽律疏》，后世称《唐律疏议》，这也是宋、元、明、清各代制定和解释法律的蓝本，对日本、朝鲜、越南的法律都有重大影响。

李治将"法"的理解和重视上升到了一个新高度。当然，后面他的门徒媳妇也学明白了。

永徽二年（651），阿拉伯世界的大食国遣使与唐通好，开始建交。永徽四年（653）五月，日本派出第二批遣唐使，其中包括僧人，开启了首次的西来求经。永徽末年，李治也启动了对西域和高句丽的贞观惯性开拓性打击，大唐的版图即将在他的治下达到历史巅峰。

李治是一个相当厉害的皇帝，他接住了他爹李世民留下的基业。

但是，该说但是了。

打掉长孙无忌一派后，《资治通鉴》上来了这么一句："自是政归中宫矣。"①

这是马后炮讽刺李治吗？

还真不是，因为这是真的，"武战友"开始往"武天后"的方向发展了。

武则天本来就是李治的"脏手套"，她能咬人是因为李治放她去咬，她冲在前面炸轰是要把李治藏在最后。只要禁军都是他的私兵，李治其实可以不断玩换"手套"的游戏，但历史的剧本实在太过于弄人。显庆五年（660）十月的时候，三十三岁的李治得了活不好死不了的风疾，眼睛常常看不了文书，所以大量的决策被李治安排给了聪明又有政治天赋的武则天去代他处理了。②

古代所谓的"风疾"，是风眩、风痹、脑瘤的总称，统称也就是今天的心脑血管疾病。

李治的病应该不是脑瘤，因为他又活了二十三年。他应该是脑栓塞之类的脑血管病，因为他死前由太医用针灸给脑袋放血后他就觉得好多了，从症状上看应该是长期栓塞造成的颅压增高在放血后颅压短暂下降的感受。

---

① 《资治通鉴·唐纪十六》：乙卯，长孙氏、柳氏缘无忌、奭贬降者十三人。高履行贬永州刺史。于志宁贬荣州刺史，于氏贬者九人。自是政归中宫矣。
② 《资治通鉴·唐纪十六》：冬，十月，上初苦风眩头重，目不能视，百司奏事，上或使皇后决之。后性明敏，涉猎文史，处事皆称旨。由是始委以政事，权与人主侔矣。《新唐书·则天皇后本纪》：高宗自显庆后，多苦风疾，百司奏事，时时令后决之，常称旨，由是参豫国政。《旧唐书·则天皇后本纪》：帝自显庆已后，多苦风疾，百司表奏，皆委天后详决。

他这个病是他们李家的家族遗传病。

李渊当年是得风疾死的，李世民晚年也死在了风疾上，贞观二十一年（647）四月，史书明确记载李世民得了风疾。当年没有降压药，得了这个病半条命就没了。

李渊是六十多岁得的，李世民是五十岁那年得的。李治得病这年才三十三岁，这一年，武则天三十七岁。以这个岁数做起点，在她妈高寿基因的加持下，"武战友"变成了"武天后"，又变成了"武爹"，最后变成了"金轮圣神皇帝"。

结局当然不尽如人意，但李治为什么要让武则天掺和政事呢？

因为这是他的最优解。

李治自己是权力狂，他是信那些宰相，还是信这个此时已经给自己生了三个儿子加一个女儿、所有权力都来源于自己的战友？在李治看来，此时的武则天简直是个完美的"工具人"。原因如下。

一是他喜欢。

这是最不值钱的因素。

二是有能力，脑子聪明学东西快，对政务的处理合他心意，而且她还看历史，所谓"后素多智计，兼涉文史"，上哪儿找这么开悟的贤内助去。

这是次一级的要素，能力强最好，但立场和忠心更重要，能力能将就用就成，毕竟绝大部分的活还是官僚系统在干。

三是给他生了足够多的嫡子，将来皇位传承不用愁，武则天再怎么弄权将来不都得给儿子们？让这头好驴拉磨去呗！上千年了，别管是皇后还是太后，不都得向着亲生儿子吗？

这是最关键的要素，如果她没孩子可能还会可怕一些，如果就一个孩子可能还得担心天有不测风云，但眼下都生三个儿子了。将来她是

第 7 战　武曌骑唐

要跟我进太庙的,她的祭祀都得是儿子们帮着搞,她不可能让她娘家人去祭祀她。自古以来祭祀系统都是以男为主的,她家外戚会祭祀武士彟,但不会祭祀她。

四是武则天跟她本家的关系极其不好,绝对是他老李家的自己人,他不用担心外戚势力坐大胳膊肘外拐。

李治得的是慢性病,虽然死不了,但却让他天天脑袋疼得处理不了什么政务。

综上所述,此时如果让你设身处地替李治考虑,你会怎么选?

武则天是他最完美的解题人选,他既不用担心大权旁落自身安全受危害,也不用担心将来的皇位传承问题。"武姐"啊,把笼头套好了,把磨拉起来吧!

李治能够预料到"武姐"会成为"武爹",但"武爹"是可以接受的,谁让自己得了这不死不活的病了呢!他只是没想到"武爹"居然想翻过身来把唐骑。

李治死活也没想到,武则天的心怎么就那么大!古往今来那么多权倾朝野跟皇帝没什么区别的太后,怎么就只有她非得"我死以后哪怕洪水滔天"地去争夺那个名分。

五、贞观红利被吃干抹净，大唐由盛转衰

显庆五年（660）十月，李治得了风疾开始了长达二十三年的半死不活期，他亲爱"战友"开始渐渐替他接手政务处理，也开启了中国史上改元最疯狂的半个世纪。

李治前面十一年用了两个年号，"永徽"用了六年，"显庆"用了五年，后面二十三年居然用了十二个年号。不过这种频率其实还不算什么，后面武则天在自己当皇帝的十五年里换了十四个年号，有时候来感觉了一年时间里还换了三个年号！

当我们在史料中看到"久视二年""大足元年""长安元年"时要意识到，这些指的都是701年。

就这么说吧，他们家四口人——李治、武曌、李显、李旦，从661年开始直到712年李隆基上位，在半个世纪的时间里一共用了三十七个年号，比明朝和清朝加一起的年号都多，北宋的年号就够多的了，但跟这家四口人一比就是"小巫见大巫"了。准确地说，后世的帝王跟这半个世纪的核心人物武则天比也是"小巫见大巫"。

所谓元者，始也，改元，意味着重新开始。通常来讲，年号的更

改是因为皇帝要换大政方针了，或者军事大胜了，或者政局动荡了，或者出现祥瑞、灾异了。

越是大权在握，越是四海升平，皇帝越不需要通过更改年号显示自己的存在感。比如唐太宗李世民的"贞观"一口气用了二十三年，中间那些军事狂胜和四海升平都不值得通过改年号来标榜一下自己，我的"贞观"不就该这样嘛！我李世民考一百分不是应该的嘛！

反之，越是心虚觉得没根，就越需要显示存在感。比如李治第一次是将年号"永徽"改为"显庆"，为什么？

李治废了长孙无忌立的太子李忠，立了自己要立的太子李弘，随后得嚷嚷告诉天下，我舅管不了我了。

通常越是半瓶子水，越晃荡。后面半个世纪年号的频繁更改，就是武则天的上位之路。

我们来捋一下李治这十四个年号的缘由，后面就不细说了，大家看到后面频繁的年号变化时就当看个乐。

1. 永徽，这个年号一语双关。一方面"徽"是美好的意思，"永徽"表示"李治永远美好"；另一方面，徽也有标志、符号、丰碑的意思，比如徽章，这年号也代表是李世民"贞观"的延续，无论是辅政大臣还是治国理念都将继续秉承李世民的安排和方向。

2. 显庆，李忠被废，李治和武则天所生长子代王李弘被立为皇太子。

3. 龙朔，开始胡说八道了，武则天刚正式能伸伸胳膊伸伸腿，就根据益州、绵州等地说看见龙而改元了。[①]

[①] 《旧唐书·高宗本纪》：二月乙未，以益、绵等州皆言龙见，改元。

4. 麟德，继续胡说八道，改元是因为麒麟出现在介山和含元殿。①

5. 乾封，这个年号看上去正常点儿了。李治去封禅了，武则天通过这次封禅赚足了政治资产。

6. 总章，因为改了明堂的制度。所谓明堂即"明政教之堂"，是皇帝布政、祭祀的重要场所，政治意义很浓，嚷嚷一嗓子。②

7. 咸亨，因为天象不吉利，改一个。③

8. 上元，李治、武则天分别上尊号天皇和天后，武则天又进步了，嚷嚷一嗓子。④

9. 仪凤，陈州出现凤凰，给武则天贴金呢，改一个。⑤

10. 调露，这是为了显示军功，庆祝裴行俭重建安西四镇。

11. 永隆，"武爹"找到了儿子李贤谋反的证据，废立太子，改年号。⑥

12. 开耀，日蚀了，改！⑦

---

① 《旧唐书·高宗本纪》：麟见于介山。丙午，含元殿前麟趾见。十一月癸酉，雨冰。十二月庚子，诏改来年正月一日为麟德元年。

② 《旧唐书·高宗本纪》：丙寅，以明堂制度历代不同，汉、魏以还，弥更讹舛，遂增损古今，新制其图。下诏大赦，改元为总章元年。

③ 《旧唐书·高宗本纪》：癸丑，日色出如赭。三月甲戌朔，大赦天下，改元为咸亨元年。

④ 《旧唐书·高宗本纪》：秋八月壬辰，追尊宣简公为宣皇帝，懿王为光皇帝，太祖武皇帝为高祖神尧皇帝，太宗文皇帝为文武圣皇帝，太穆皇后为太穆神皇后，文德皇后为文德圣皇后。皇帝称天皇，皇后称天后。改咸亨五年为上元元年，大赦。

⑤ 《旧唐书·高宗本纪》：壬申，以陈州言凤凰见于宛丘，改上元三年曰仪凤元年，大赦。

⑥ 《旧唐书·高宗本纪》：甲子，废皇太子贤为庶人，幽于别所。乙丑，立英王哲为皇太子。改调露二年为永隆元年，赦天下，大酺三日。

⑦ 《旧唐书·高宗本纪》：冬十月丙寅朔，日有蚀之。乙丑，改永隆二年为开耀元年。

13. 永淳，皇孙满月。①

这个年号很有意思，李治立了太子李显之子李重照为皇太孙，甚至打算为这刚出生的孩子开府置官属，此时他已经看出来"老武"的心不是一般的大了，他要保根了。

14. 弘道，李治要死，还要改年号。②

后来武则天自己那堆年号我就不列出来分析了，到时候直接标年份，那些年号说换就换，想上就上，太不值钱。

来，我们看看李治的"风疾时代"。

龙朔二年（662）二月甲子，也就是看见龙的第二年，为了显示存在感，改百官名。

举些有代表性的名称更改：门下省改为东台，中书省改为西台，尚书省改为中台；侍中改为左相，中书令改为右相，尚书仆射改为匡政，尚书左右丞改为肃机；六部尚书改为太常伯，侍郎改为少常伯；其余二十四司、御史台、九寺、七监、十六卫反正全给改了。

当爹了嘛，冠名权嘛，还是那句话，存在感。

李治一边用他的"武姐"做工具人，一边也在培养他儿子。龙朔三年（663）十月初一，李治开始让太子每五日于光顺门内视察各部门呈奏事情，事情比较小的都授权太子裁决。

麟德元年（664）七月初一，李治下诏一年半后的麟德三年（666）正月要封禅泰山。他爹没干的事，他要干。

---

① 《旧唐书·高宗本纪》：二月癸未，以太子诞皇孙满月，大赦。改开耀二年为永淳元年，大酺三日。

② 《旧唐书·高宗本纪》：丁未，自奉天宫还东都。上疾甚，宰臣已下并不得谒见。十二月己酉，诏改永淳二年为弘道元年。

这一年，武则天已经协助李治四年了。李治开始跟武则天不对付，觉得武则天要骑在他头上了。李治在这一年收到了宦官王伏胜的举报，说道士敦行真出入皇宫施行"厌胜"邪术，于是这些年极度没有安全感的李治觉得这是"老武"在诅咒他，随后他密召西台侍郎、同东西台三品上官仪商议。①

这个西台侍郎、同东西台三品就是原来的中书侍郎、同中书门下三品。

大家凑合看吧，李治他们非得胡改咱们也没办法，跟翻译外语似的，还得从脑子里转一下。而且这些其实还是小把戏，武则天当皇帝后连岁首都改了，要求子月（农历十一月）为新一年的开始，大家提前习惯吧。

李治密召的这位上官仪他爹上官弘在江都之变中遇害，上官仪当时藏匿得以幸免。后来他避祸为僧，研习佛法，精通"三论"，涉猎经史，善作文章，天下太平后觉得尘缘未了，于是参加科举考中进士，授官为弘文馆直学士，累迁至秘书郎，给李世民起草诏谕。贞观二十二年（648）上官仪改授起居郎，李治继位后升任秘书少监。

虽然上官仪是前朝子弟，但他都去避祸当和尚了，又是科举出身，在朝中没背景没根基，于是成为李治的选拔对象。显庆元年（656）李弘为皇太子时，上官仪被选进太子团队成为太子中舍人。龙朔二年（662），上官仪升任西台侍郎、同东西台三品，成为宰相。

李治对上官仪说我要废后，上官仪听皇帝都那么说了，于是道：

---

① 《资治通鉴·唐纪十七》：初，武后能屈身忍辱，奉顺上意，故上排群议而立之；及得志，专作威福，上欲有所为，动为后所制，上不胜其忿。有道士敦行真，出入禁中，尝为厌胜之术，宦者王伏胜发之。上大怒，密召西台侍郎、同东西台三品上官仪议之。

"皇后专权自恣，废了是众望所归。"李治同意，命上官仪草诏。①

为什么李治给了信号上官仪就敢咬过去了？毕竟这是废后，你好歹也看了那么多年佛经，你稳稳看看啊，你让子弹飞一会儿啊！

因为说这话的人，是李治。

长孙无忌那些人死得有多惨群臣都是看到的，李治动起手来狠辣果决，否则凭一个没根基的武则天能扳得倒"贞观巨根"？简直是开玩笑！

从此处就能看出来到底谁才是说话算数的那位，此时是"顺之昌，逆之亡"，皇后又不是没废过。李治要是真成傀儡了，上官仪是不会如此迅速表态的。在上官仪看来，这是皇帝在给自己一个飞黄腾达的机会，而且上官仪之前和废太子有人事关系，他觉得李治跟他说这事是考虑扶植废太子。②

意愿和后手都齐全，所以上官仪冲了。但上官仪看的还是短了一层，他只看到了李治的权力至高无上，却没太看清李治的生态位。

武则天确实越来越烦人，但李治的病让他离不开她。李治这个病是不死的癌症，时不时就什么也干不了，而他又有着旺盛的权力欲，你觉得他会信谁？废太子那么好扶的吗？

早在显庆五年（660）李忠就已经被废为庶民迁到黔州当年李承乾的故宅软禁起来了，政治羽翼早就被拔光了，再扶起来也是个傀儡。既然是傀儡，那就只会被多方权力暗线操纵，到时候李治还得亲自下场干预，就他那个血压，算了吧。

---

① 《新唐书·上官仪传》：仪曰："皇后专恣，海内失望，宜废之以顺人心。"帝使草诏。

② 《资治通鉴·唐纪十七》：仪先为陈王谘议，与王伏胜俱事故太子忠。

李治现在讨厌武则天不假，但这是暂时的。"拉良家妇女下水，劝风尘女子从良"，可以是同一个人，人这个物种往往会根据时间、地点、对象等各种情况变化立场。

等他风疾犯了、血压上来后就发现全世界都没有好人，就他"武姐"哪哪都那么可爱。

武则天是李治完美配适的天选工具人，这两人是绝对的利益绑定体。

这就好比家大业大的大总裁，看着牛哄哄地总爱瞎掺和胡指挥，但对事业上高度捆绑还生了一堆儿女的总裁夫人，他顶多是瞪瞪眼骂骂街，所有重大场合还是得两口子牵手出现的。

什么叫婚姻？婚姻自古就是两个家族利益的绑定。

李治废了"武姐"倒是不难，但后面他再去扶植一个吗？他再去生几个嫡子吗？再等新的嫡子们长大这得多少年？中间会有多少变数？他还有精力吗？就他这个身体他自己都不知还能再活多少年！

况且就算他再扶植一个皇后，谁还能有"武姐"的这份能力？更不要说"新的武姐"不会再有和他做过战友的这种威望，还能代替他操控百官吗？再扶植一个皇后极大概率就是一个新的外戚家族，杨坚是谁他又不是不知道，只是他舅舅长孙无忌这一个外戚他就斗了整整十年。

外面扶植几个根基浅的官员？

那种权力的制衡可是时时刻刻的，之前被长孙无忌摁死的李义府在得到他的扶植后，在长孙无忌还没倒台时就"贪冒无厌，与母、妻及诸子、女婿卖官鬻狱，其门如市。多引腹心，广树朋党，倾动朝野"了。此时李义府这个不知道自己姓什么的工具人已经被李治流放了，根基浅的外朝官员扶植起来的度其实相当难拿捏，而他总需要换"手套"，就他这个总需要重启的身子骨，还能控制得了百官吗？

用兄弟们？

那还不如用要骑在他头上的武则天了。"老武"顶多霸道了点儿，她还能当皇帝？她还不是看着这份家产将来传给我可爱的宝宝。

李治现在之所以那么生气，只是因为听人举报武则天行"厌胜"之事而已，他觉得自己的安全受威胁了，但这事是很容易解释的。

这件事的结果就是，早在废王皇后时就在宫中插遍探子的武则天得到了李治身边人的及时汇报，武后赶紧做丈夫的工作。一通解释后这事就说开了，原来是误会呀，李治后悔了，毒妇又变成小甜甜了，害怕给自己拉磨的武则天生气，于是李治将罪过推给了上官仪，说都是他撺掇我的。①

再加上那个告密的王伏胜也曾侍奉过被废的李忠，武则天帮李治捋明白了，这是阴谋啊，这是挑拨咱们室友间的感情啊！

武后随即派许敬宗诬奏上官仪、王伏胜与李忠阴谋叛乱。十二月十三，上官仪入狱被抄家，其子上官庭芝及王伏胜都被处死。十二月十五，废太子李忠被赐自尽。

所有与上官仪关系不错的官员，如左肃机（尚书左丞）郑钦泰等被流放贬谪，右相刘祥道仅仅因为与上官仪关系好也被直接免去相位降职为司礼太常伯（礼部尚书）了。

造成这样的后果纯属李治没过脑子，他在接到举报后没把后手想明白，更没去调查，直接就怒了，最终他以为他达到了目的，敲打了武则天，但实际上是把本来不该明说的心中算计给明牌了，让满朝都

---

① 《新唐书·上官仪传》：初，武后得志，遂牵制帝，专威福，帝不能堪；又引道士行厌胜，中人王伏胜发之。帝因大怒，将废为庶人，召仪与议。仪曰："皇后专恣，海内失望，宜废之以顺人心。"帝使草诏。左右奔告后，后自申诉，帝乃悔；又恐后怨恚，乃曰："上官仪教我。"

看明白了一件事：您离不开武后，皇后大人对于您这个病秧子来讲完全是不可替代的！①

随后直接给了一个机会让他"武姐"一战打出来后面数十年的战略安全。

麟德二年（665）十月十五，还有一个季度就要去封禅了，"武姐"上表："封禅原来的礼仪是祭皇地祇时，公卿大臣行祭祀之事，这可不太妥，咱们大唐是皇后能顶半边天的，这次我请求率宫廷内外有封号的女子们奠献祭品。"李治随后下诏："在社首山祭皇地祇时，皇后第二个进献祭品。"

十一月二十八，封禅大军从洛阳出发，随从文武官员仪仗数百里不断，东起高句丽西至波斯的诸国使节跟着走，当年李世民思虑再三担心劳民伤财的面子工程还是启动了。

666年正月初一，李治在泰山南祭祀昊天上帝。

初二登泰山，封玉牒，上帝册用玉匮装着，配帝册用金匮装着，全部用金绳缠好封上金泥盖上玉玺对老天爷进行了汇报。

初三祭祀社首山，祭皇地祇，李治初献，"武姐"亚献走流程。

初五，李治登朝觐坛，接受朝贺，大赦天下，改年号"乾封"，文武官员三品以上的赐爵一等，四品以下官加一阶。

正月十九，李治从泰山出发，五天后到达曲阜，赠孔子太师称号，用羊、猪祭祀；然后转站亳州，拜谒老君庙，给老子上尊号为上玄元皇帝；随后回洛阳休整一周，于四月初八回到长安拜谒太庙。

至此，折腾了小半年，封禅的一整套流程终于走完了。

---

① 《新唐书·上官仪传》：自褚遂良等元老大臣相次屠履，公卿莫敢正议，独仪纳忠，祸又不旋踵，由是天下之政归于后，而帝拱手矣。

我们来看看这次献礼造成了多大的浪费，多了就不罗列了，单纯举一个例子，就在封禅结束后一个多月的五月二十五，李治下令铸"乾封泉宝"新钱，以一当十，等一周年后全部废止旧钱。①

李治他们浪这一趟，人吃马喂外加各种赏赐已经把国家家底掏空了，国库没钱了。没办法，只能耍流氓地直接官方通货膨胀，改抢了。

这种排场有什么意义！只是李治虚荣一把，武则天的名分更进一步而已。

关键是这对夫妻做的好多事真的一点儿也不体面，为了达到目的不择手段，面子工程刚完就开始官方抢劫，脸都不要了。以一当十发行新币这种官方抢劫，就是官方抢一通，老百姓生不如死承担代价。

这次货币抢劫导致不到一年经济就崩了，最后朝廷只能又废了这种以一当十的钱。②但李治和武则天已经通过这次抢劫让百姓替自己买完单了。

这次封禅的代价如下：

1. 掏空国库和国家储备。

2. 让天下币值混乱，经济崩盘，信心散失。

当然，皇帝浪一次国家肯定是死不了的，但国家也就是在这种一次次的浪中休克乃至灭亡的。

皇帝封禅是为了什么？

不过是为了后世之名好听罢了。

那么这次最大的实际收益人是谁呢？是跟在李治后面亚献祭品的"武姐"。武则天确实是懂政治的，这手腕真的不得了，她在不断打造

---

① 《资治通鉴·唐纪十七》：五月，庚寅，铸乾封泉宝钱，一当十，俟期年尽废旧钱。
② 《资治通鉴·唐纪十七》：自行乾封泉宝钱，谷帛踊贵，商贾不行；癸未，诏罢之。

一个她和李治是雌雄同体的政治认同。

当然大家也别觉得李治就是个傻子，他血压下来时英明着呢。他之所以被温水煮死了，实在是因为在他看来"武姐"确实没有权力隐患。别看武则天霸道专权总骑他，但她逮着自己娘家人也往死里收拾。

武士彟的儿子都是前妻生的，武则天她妈只生了三个女儿。在过去的封建家族，没有男丁撑腰实在是太受欺负了。武士彟死后，武元庆、武元爽及武士彟哥哥的儿子武惟良、武怀运等对杨氏非常不友好，但怎么说也是自己人，权力场上只能一层层地来。最开始武则天封后显贵后，武家确实鸡犬升天了，母亲杨氏被封为荣国夫人，姐姐被封为韩国夫人，武惟良由始州长史越级提升为司卫少卿，武怀运由瀛州长史提升为淄州刺史，武元庆由右卫郎将任宗正少卿，武元爽由安州户曹连续提升到少府少监。

有一次杨氏设酒席开家庭会议，对武惟良等说："还记得从前的事情吗？今日的荣耀显贵又如何？"结果武家这帮小子实在是不会说人话，居然说："我们因为是功臣子弟所以很早就有了官做，根据自己的能力估计就是个普通人，没想到因为皇后的缘故飞黄腾达了，现在感到自己德不配位天天都在提心吊胆，不敢说是荣耀啊。"[①]

武则天她妈和武则天都蒙了，没想到自己以德报怨最后别人是这么想的。随后武则天开始把亲戚们往老少边穷调，武惟良为检校始州刺史，武元庆为龙州刺史，武元爽为濠州刺史，武元庆随后忧死在龙州，武元爽因事定罪流放振州而死。

武则天的姐姐没有享福的命，没多久就死了，留下一个女儿也就

[①]《资治通鉴·唐纪十七》：对曰："惟良等幸以功臣子弟，早登宦籍，揣分量才，不求贵达，岂意以皇后之故，曲荷朝恩，夙夜忧惧，不为荣也。"

是武则天的外甥女被赐封为魏国夫人，她挺招李治喜欢，李治想让这丫头在宫里任职，这让武则天感受到了威胁。等武惟良、武怀运与各州刺史到泰山朝见皇帝并跟着回到长安的时候，武惟良等人进献的食品被武则天下了毒，给了她外甥女魏国夫人吃。潜在竞争者死了，武惟良、武怀运也顺便被以下毒的名义弄死了。随后武则天改堂哥的姓为蝮氏，武怀运的哥哥武怀亮早死，但其妻因为当年对她妈杨氏无礼也被找个罪名没入后宫为奴，杨氏让武则天找借口用成束的荆棘鞭打她，直到肉烂见骨而死。

武则天堪称报仇雪恨般地对自家人展开了屠杀，这在李治看来简直可爱死了。

真下手啊，连自己骨肉都砍，再没这么可爱的倔强小姐姐了！哪还有外戚隐患啊？我"武姐"整个就一老光棍子！她顶多蛮横点儿，但也是真让人放心啊！

乾封二年（667）九月初三，李治因长期患病，命太子李弘监国。李治开始不断扶植自己的儿子，在此时看来一切仍然是平稳可控的。

总章元年（668），高句丽被灭。李治夫妻的功业在此时达到了顶峰。

但是第二年，李唐迎来了罕见的全国性自然灾害：括州大风雨，海水泛溢永嘉、安固二县城郭，冲没百姓宅六千多家，淹死九千多人，损失五百头牛，冲毁田苗四千多顷；冀州发大水，大雨从六月十三的晚上一直下到六月二十，冲毁房屋一万四千多处，毁坏田地四千多顷；七月，剑南的益、泸、巂、茂、陵、邛、雅、绵、翼、维、始、简、资、荣、隆、果、梓、普、遂等十九州发生旱灾，受灾百姓三十六万七千多户。更可怕的是入冬后无雪。

史无前例的天下大灾似乎预示着大唐将要盛极而衰了。

总章三年（669）的十二月，司空、太子太师、英国公李勣病逝。最后一个李唐开国的柱石级元老去见太宗了。

李勣病重后,李治将其所有在外地任职的子弟都召回京师伺候他,但李勣只吃李治和太子赐的药,把家里子弟请的医生都拒绝了,他说:"我本是山东种田的,遇到圣君才位至三公,如今活到将近八十,这都是命,寿有长短,我的命不是大夫能救的。"

李勣这辈子,算是活成精了。

聪明人遇到了灾祸与磨难,那是开悟前的沉淀。其实能够开悟的人,在足够的经历后早早就活明白了,李勣常对人说:"我十二三岁时是个蛮横的贼,见人就杀;十四五岁时是个难对付的贼,看不顺眼时就杀人;十七八岁时就成了知道约束自己的贼了,临阵才杀人;二十岁成了大将,开始带兵救人于危难。"①

绝大部分武人一辈子都琢磨不明白的各种境界的状态,李勣在青春期就活明白悟通透了。

李勣为将时有谋善断,与人议事从善如流,战胜则归功于部下,所得金帛全部散于将士,故人人愿为他出死力,战无不胜。李勣临战时选将,必选择相貌丰满有福之人,身边人问他为什么,李勣道:"薄命之人是没法成就功名的。"②

在李勣的人生观中,成事是福报与命运的综合体,不是那块料的人担不住大富贵也成不了大功名。

堤高于岸,浪必摧之;木秀于林,风必摧之。一个人出头后,势必会受到各种各样的诋毁磨难、风吹雨打,福报不够、能量不足的人,

---

① 《资治通鉴·唐纪十七》:常谓人:"我年十二三时为亡赖贼,逢人则杀。十四五为难当贼,有所不惬则杀人。十七八为佳贼,临陈乃杀之。二十为大将,用兵以救人死。"

② 《资治通鉴·唐纪十七》:临事选将,必訾相其状貌丰厚者遣之。或问其故,曰:"薄命之人,不足与成功名。"

一个小风浪就会随波逐流了，是闯不过来的。见识过隋末大乱，从瓦岗寨一步步走出来的李勣在千帆阅尽后算是看明白了。

预感时日无多，李勣有一天突然对他弟弟司卫少卿李弼说："我今天感觉不错，召集子孙们摆宴吧。"

酒席将散时，李勣当着全族的面对李弼说："我知道我的病好不了，所以与你们诀别，都别哭，听我安排。我亲眼看到房玄龄、杜如晦和高季辅平生勤苦树立门户，却被不肖子孙把家业败尽。我现在把这些子孙全都托付于你，我的丧事办完你就搬到我家住。你替我看着孩子们，要是有心志不端、结交不良者直接打死，再去坟上报给我知道。我陪葬不用金玉，一切从简，只穿一身朝服去见先帝，随葬的器物只做五六匹马，地宫里的帷帐用黑布做顶，四周围白纱，帐里放十个木偶，依古礼用草人草马殉葬即可，此外一物不用。姬妾以下，又有子女的，愿意住下来的听任自便。有违反我的遗言者如同戮尸。"交代完之后他就再不说话了。

李勣给子弟上了自己人生的最后一堂课，以行为不端结交不良者直接打死表明了态度，剩下的有些话他没法说得更明白了，他举例时拎出来了房、杜、高子孙，看看这三家的子孙是怎么败家的？他用人生中的最后一段话警示了子弟：政治舞台上一定谨慎小心，不要去掺和高层的任何事！

因为后面的政局，会乱到不可思议！

六、精致利己主义者死了，恶龙的封印解除了

李勣死后的第二年，大灾依旧不见好转。

夏天不下雨，冬天不下雪，眼看这都二月了，春雨还是没动静。

总章三年（670）二月，李治祈祷名山大川，还亲自录囚，也就是对过往案件展开回查防止冤狱，希望老天爷能下雨。

其实多余，就您老那个大赦的频繁程度，罪犯都知道，反正有个两年甚至运气好了几个月就又改元大赦了。

结果没有用，老天爷也知道你小子糊弄人，拿这些装样子，五天后，天都红了。①。

三月初一，李治因旱灾大赦天下，改元"咸亨"，随后同意了一个宰相的辞职报告，让武则天的打手，时任太子少师、同东西台三品的许敬宗致仕退休，希望能让老天爷给自己面子。结果还是没有用，不仅天下继续大旱，而且更丢脸的是居然把来钱的道都弄丢了，吐蕃在这一年

---

① 《旧唐书·高宗本纪》：日色出如赭。

的四月攻陷龟兹，李治和武则天取消了安西四镇。①

六月初一，连日食都出来了。

八月，李治因久旱，避正殿，每天减餐减菜。

天下四十余州旱灾、霜灾、虫灾，百姓饥乏，关中尤其严重。面对这种情况，李治诏令百姓往诸州逃荒，转运江南之米赈济。

闰九月初三，甚至"武姐"都亲自下场了，因久旱假模假式地请求回避皇后的职位。

十月，在武则天上表自己德不配位后，老天爷终于把雪下下来了，但不下是不下，下起来就是超级大雪，平地三尺多，又冻死了好多人。

十二月，李治下诏所改官名都恢复旧称。最后一招儿使出来了，不吹牛了，不能耐了，不得意忘形了，李治和武则天是真有点儿怕了。

转过年来，咸亨二年（671），"武姐"再砍自己一刀。之前武士彟的周国公爵位是由她姐姐的儿子贺兰敏之继承的，并改名叫了武敏之。结果他妹妹魏国夫人被毒死时，李治看见来办丧事的武敏之悲痛哭道："早上我外出临朝听政时，她还安然无恙，退朝时就无法抢救了，怎么死得那么仓促？"武敏之只是大哭，并不答话。武则天一看这小子是在怀疑我啊！从此就提防上他了。②

被武则天盯上的人没事都得扒层皮，更不要说行为不检点了。由于武敏之继承了武士彟的爵位，所以要为刚刚离世的外婆杨氏守丧，结果他却在丧期内命歌妓奏乐歌舞。

---

① 《旧唐书·高宗本纪》：夏四月，吐蕃寇陷白州等一十八州，又与于阗合众袭龟兹拨换城，陷之。罢安西四镇。

② 《资治通鉴·唐纪十八》：魏国夫人之死也，上见敏之，悲泣曰："吾出视朝犹无恙，退朝已不救，何苍猝如此！"敏之号哭不对。后闻之，曰："此儿疑我。"由是恶之。

更狂妄的是，司卫少卿杨思俭的女儿美貌出众，李治和武则天亲自选为太子妃，婚期都定了，结果武敏之居然强行与杨姑娘发生了不合法性关系。①

一看连太子都敢绿，武则天把这个外甥给流放了，武敏之走到韶州被人用马缰绳绞死，所有跟这小子关系好的官吏都被流放岭南。

武敏之和他发展的那个网络本来能给武则天当个左右手的，但这孩子实在不是这块料。这一次，武则天连自己爹的接班人都弄死了。

武则天只能调了被流放并死在三亚（振州）的哥哥武元爽之子武承嗣回到长安，让武承嗣继承了她爹周国公的爵位。眼看自己亲姐妹的孩子都已经绝了，武则天开始给已经品尝过人间苦难的武家人机会。

人性这个东西挺可怜的，没受过罪的武敏之对他姨没什么感激，活脱脱就是个傻子，受过罪的武家后辈们完成了被压五行山后的蜕变，回来后开始狂拍自己姑姑的马屁。

不懂事缺大德的是我爹，姑姑啊，咱们娘俩终于能修复关系了！

在绝对的力量面前，很多旧事都是可以忘掉的。当你也获得绝对力量后也许很多旧事会浮现回来，但在此之前，你会忘掉的。

咸亨三年（672）十月，李治下诏二十一岁的太子李弘监国。

咸亨四年（673）二月，太子大婚，娶了左金吾将军裴居道之女。

七月庚午，太子新宫九成宫建成，李治召五品以上的亲戚在太子新宫大宴。

八月辛丑，李治又得了疟疾，令太子在延福殿受诸司启事。

此时李弘已经二十二岁，时不时就太子监国好多年了。李治也一

---

① 《资治通鉴·唐纪十八》：司卫少卿杨思俭女，有殊色，上及后自选以为太子妃，婚有日矣，敏之逼而淫之。

第7战 武曌骑唐 | 681

直在给自己的儿子抬声望，政权被一点点地过渡给了儿子，武则天在朝着吕后的路走着，此时一切依旧在李治的掌控中。

上元元年（674）八月十五，李治追尊其七世祖宣简公李熙为宣皇帝，七世祖母张氏为宣庄皇后；六世祖懿王李天赐为光皇帝，六世祖母贾氏为光懿皇后；祖父太武皇帝李渊为神尧皇帝，祖母太穆皇后为太穆神皇后；父亲文皇帝李世民为太宗文武圣皇帝，母亲文德皇后为文德圣皇后。

都改了尊号不能不给自己也换一个，据说是为了回避已故皇帝、皇后的称号，唐高宗李治改称"天皇"，皇后武则天改称"天后"。此时武则天已经和李治并称"二圣"了，但别看武则天风头挺盛，其实她此时依旧比不了上一个二圣独孤伽罗的权势。

李治一直在对她进行调控，比如就在封天后不到一个月，在这一年的九月初七，李治恢复了长孙晟和长孙无忌的官爵，让长孙无忌的曾孙长孙翼承袭赵公爵位，准许将长孙无忌的遗体从流放地黔州送回长安，陪葬在太宗昭陵。李治给他舅舅平反了。

这就是用"脏手套"的好处，政治操作永远有灵活性，李治官方打了他娘子的脸。但杨坚敢平反独孤伽罗出面弄死的人吗？敢动独孤伽罗的小弟吗？

李治收拾武则天的狗腿子那可是一丁点儿都不带犹豫的，我们来看看当年跟着武后做扳倒长孙无忌的几副"脏手套"——李义府、许敬宗、崔义玄、袁公瑜、王德俭、侯善业的下场。

李义府，在龙朔三年（663）时被李治亲自办了，命司刑太常伯刘祥道与御史台一同审讯，还让司空李勣监督压阵，最后除官流放巂州。李治封禅那年天下大赦的时候，李义府接到消息，皇帝专门定了规则，像他这种长期流放的不许回朝，他直接被气死了。

许敬宗，咸亨元年（670）时因为天下大灾自动请辞，属于这几个人里结局最好的，但他死后篡改国史的事被揪出来了。李治专门诏令具有军方背景被武则天强烈忌惮还不敢说什么的刘仁轨去改修国史。

在商讨给许敬宗的赠谥的时候，朝堂上讨论得很激烈。按理讲谁都知道这是武则天的人，打狗也得看主人呀，但太常博士袁思古建议上谥号为"缪"，也就是名不副实的意思。许敬宗的孙子不干了，但太子党的戴至德和太常博士王福畤都支持。后来是李治在上面打圆场，诏令尚书省五品以上重议，礼部尚书袁思敬议称："按谥法既过能改曰'恭'，请谥曰'恭'。"最终就给许敬宗定了个"恭"。

在古代不站队的都不叫官。李义府和许敬宗都是武后的牛马，许敬宗在盖棺定论时生前的作为被定性为"过"，谥号讨论还被扩大得如此之广，这就是李治没给武则天面子。

崔义玄，这是当年负责审判长孙无忌一党的，脏事干完被踢出去做了蒲州刺史，死于任上。

袁公瑜，脏事干完后被贬为代州（今山西忻州代县）长史，后改西州（今新疆吐鲁番）长史，转庭州（今新疆昌吉吉木萨尔县）刺史，迁安西（今新疆库车）副都护，永隆年间继续因罪流放振州（今海南三亚），徙白州（今广西玉林），死在了贬所。

看看袁公瑜的这个晚年路线，他先是被一脚蹬北境去了，又西行千里去了新疆，再之后一竿子又被打到了海南岛，都流放天涯海角了还是没被放过，最终还得继续被折腾。

李治这样让武则天以后怎么带小弟啊！

王德俭与侯善业的结局在史料中没有查到，但应该跟前面四个人一样，因为他们后来跟前面四个人是被武后一起追赠的。

李治活着的时候，只要是李治定的调，武则天都是不敢翻案的，

第 7 战 武曌骑唐 | 683

上面这六位是直到如意元年（692）已经改天换地统治稳固后，武则天才给自己的第一代"脏手套"进行了平反追赠。①

武则天这些年啊，都是李治的工具，她这匹狂暴烈马伺候这么个化骨绵掌的丈夫也是不容易。

改称"天皇""天后"这一年的十二月二十七，武则天上表："国家圣业源出玄元皇帝，请皇帝命令王公以下各级官员都学习《老子》，每年明经科加试《老子》，考试方法同《孝经》《论语》一样。"算上前面给老李家抬声望的事，武则天一共上了劝农桑、息兵以道德化天下等十二件事的建言，依旧是贤内助模样。

到了上元二年（675），史料记载了一件争议极大的事。这一年，四十八岁的李治已经被风疾折腾得天天活受罪了，居然要"逊位"，但被中书侍郎郝处俊谏止了。

这件事的实际出处，在《旧唐书·郝处俊传》：

> 三年，高宗以风疹欲逊位，令天后摄知国事，与宰相议之。处俊对曰："尝闻礼经云：'天子理阳道，后理阴德。'则帝之与后，犹日之与月，阳之与阴，各有所主守也。陛下今欲违反此道，臣恐上则谪见于天，下则取怪于人。昔魏文帝著令，身崩后尚不许皇后临朝，今陛下奈何遽欲躬自传位于天后？况天下者，高祖、太宗二圣之天下，非陛下之天下也。

---

① 《旧唐书·李义府传》：如意元年，则天以义府与许敬宗、御史大夫崔义玄、中书舍人王德俭、大理正侯善业、大理丞袁公瑜等六人，在永徽中有翊赞之功，追赠义府扬州大都督，义玄益州大都督，德俭魏州刺史，公瑜江州刺史。长安元年，又赐义府子左千牛卫将军湛及敬宗诸子实封各三百户，义玄子司宾卿某、德俭子殿中监璇实封各二百五十户，善业子太子右庶子知一、公瑜子殿中丞忠臣实封各二百户。

陛下正合谨守宗庙，传之子孙，诚不可持国与人，有私于后族。伏乞特垂详纳。"中书侍郎李义琰进曰："处俊所引经旨，足可依凭，惟圣虑无疑，则苍生幸甚。"帝曰："是。"遂止。

这里面说了"高宗以风疹欲逊位"，还说了"昔魏文帝著令，身崩后尚不许皇后临朝，今陛下奈何遂欲躬自传位于天后"，貌似李治在这一年就想传位给武则天了。

实际上，这件事在李治的本传《旧唐书·高宗本纪》中说的是李治因为风疾没法听朝政，而自从诛杀上官仪后，武则天垂帘于御座后，大小政事都能听见，李治下诏打算让武则天摄国政，被郝处俊谏止了。[①]

李治更想表达的意思大概率是不想自己再上朝天天坐着了，让武则天代替自己听政事，绝对不是什么逊位的意思，《旧唐书·郝处俊传》的内容大概率是后世史官根据武后篡国牵强附会写的。

首先，两则史料的时间对不上。《旧唐书·高宗本纪》说的是上元二年，《旧唐书·郝处俊传》说的是上元三年。

其次，虽然上官仪被李治阴了后李治这辈子算是别想再提废后的事了，但整个官僚系统还是听命于李治的。从李治对武后"脏手套"一党的处置，到平反长孙无忌的制衡，乃至此时的宰相团队，从中都能看出来，武后是没能力让李治说出要退位给她的。

大家看看此时政事堂里都有谁，再看看武后有没有逼李治逊位的基础。

---

① 《旧唐书·高宗本纪》：时帝风疹不能听朝，政事皆决于天后。自诛上官仪后，上每视朝，天后垂帘于御座后，政事大小皆预闻之，内外称为二圣。帝欲下诏令天后摄国政，中书侍郎郝处俊谏止之。

政事堂里最厉害的人叫刘仁轨，他的资历得好好讲讲。

刘仁轨从武德初年起就是大唐基层武官的老臣（息州参军）。秉承着唐初出将入相的全能发展，刘仁轨在贞观时代进入门下省当了给事中，后来又去了青州当刺史，不久又干回了军事老本行，灭百济和高句丽时他都是关键人物。到泰山封禅时，刘仁轨带领新罗、百济、儋罗、倭国等四国的酋长奔赴泰山参加祭典集会。

刘仁轨六十六岁时出将入相进了核心团队，后来又跟李勣灭高句丽去了，回来后称病退休，七十二岁的时候再度入相进了政事堂。

上元元年（674），因新罗吞并熊津都督府（百济故地）及支援高句丽遗民作乱，刘仁轨又出将为鸡林道大总管，东征新罗，攻克新罗重镇七重城。刘仁轨以功进封为乐城县公，他的儿子和侄子中有三个人被授予上柱国。

此时此刻，老猛将刘仁轨刚收起屠刀召还入朝，任尚书左仆射、同中书门下三品兼太子宾客，监修国史。

仅这一位，武后就得哆嗦。为什么这么说呢，因为刘仁轨在李治死后武则天开始大杀四方的时候被安排留守长安，但老爷子敢拿吕后祸败之事规谏武则天。

在当时几乎已经没人敢触碰武则天逆鳞的形势下，武则天专门派了侄子武承嗣前往长安慰问，表明："您老骂得好，吕家那事提醒得对，您老一定好好保养身体，福如东海春常在，寿比南山不老松。"[①]

[①]《旧唐书·刘仁轨传》：则天使武承嗣赍玺书往京慰喻之曰："今日以皇帝谅暗不言，眇身且代亲政。远劳劝诫，复表辞衰疾，怪望既多，徊徨失据。又云'吕后见嗤于后代，禄、产贻祸于汉朝'，引喻良深，愧慰交集。公忠贞之操，终始不渝；劲直之风，古今罕比。初闻此语，能不罔然；静而思之，是为龟镜。且端揆之任，仪刑百辟，况公先朝旧德，遐迩具瞻。愿以匡救为怀，无以暮年致请。"寻进封郡公。

戴至德，贞观初年宰相戴胄之子，太子团队成员，太子每次监国的时候政务基本上都归了东宫太子团队，是前面打脸许敬宗的主力。①

张文瓘，这也是太子的团队成员，看看李治给儿子武装得多好。

郝处俊，这是李治的人，前面逊位事件的主要角色之一。

李义琰，郝处俊表态时跟着附和的，也不是武则天的人。

最好笑的是，属于当年长孙无忌一派的来济的堂兄来恒在这个时间段都被李治弄进政事堂了。②

李治是什么意思呢？他是在制衡他的"脏手套"武则天。

理论上来讲，政事堂的宰相团队，武则天是一个也不想看见的，但是她根本没能力改变。宰相都换不动，还能让李治逊位？

此时无论是宰相团队还是太子团队，都被李治布置了权力制衡的网络，武则天这些年确实一直在进步，但李治并没有放任她一家独大，无论是宰相安排还是太子过渡，都一步步有条不紊地走得很好。

大家看看李治这个人精，这还是他在自己风疾了二十多年眼睛时常看不见、脑瓜子时不时就转不动的前提下操盘的。其实李治如果没得这个病，大唐也许真的会走得好远好远，但真的天意弄人啊！

所以，李治找郝处俊商量这事大概率是存在的，但所谓"逊位"应该是后世史官根据武周篡唐做出的牵强附会，这事实质应该是《旧唐书·高宗本纪》说的"帝欲下诏令天后摄国政"，李治不想每天再去朝堂坐着了，他想直接让"老武"替他充门面走到台前摄国政，而且他这

---

① 《旧唐书·孝敬皇帝弘传》：是时戴至德、张文瓘兼左庶子，与右庶子萧德昭同为辅弼，太子多疾病，庶政皆决于至德等。

② 《旧唐书·来济传》：济兄恒，有学行，与济齐名。上元中，官至黄门侍郎、同中书门下三品。

还是一个政治出招。

李治这个表态也是在给武后加码，因为他这身子骨确实不行了，他想传位给太子了，他是打算让武后成为他这个太上皇日后施展权威的"手套"。未来，他这个太上皇还是要通过武后来施展权力的，但是，李治这辈子的那一大堆算计综合起来就一句话：人算不如天算。

就在李治提出让武后摄知国政这事搁浅后的一个月，二十四岁的太子李弘死了。

在李治的多年培养下，李弘无论仁孝谦谨还是礼接士大夫，都做得相当棒，但据说和他妈武则天越来越膨胀的权力欲产生了巨大冲突，甚至李弘还曾奏请要出嫁萧淑妃那两个三十好几的大姐姐，这事直接触怒了武则天。不久太子就死了，当时人们议论，说这是他妈干的。[1]

真的是武则天虎毒食子吗？其实李弘大概率是自然死亡。

首先太子跟他爹一样，多病，身子骨本来就不好。后来在李治亲自给他儿子写的《睿德记》中是这么说的：

> 皇太子弘，生知诞质，惟几毓性。直城趋驾，肃敬著于三朝；中寝问安，仁孝闻于四海。自琰圭在手，沉瘵婴身，顾惟耀掌之珍，特切钟心之念，庶其瘳复，以禅鸿名。及滕理微和，将逊于位，而弘天资仁厚，孝心纯确，既承朕命，掩欷不言，因兹感结，旧疾增甚。

---

[1] 《资治通鉴·唐纪十八》：太子弘仁孝谦谨，上甚爱之；礼接士大夫，中外属心。天后方逞其志，太子奏请，数忤旨，由是失爱于天后。义阳、宣城二公主，萧淑妃之女也，坐母得罪，幽于掖庭，年逾三十不嫁。太子见之惊恻，遽奏请出降，上许之。天后怒，即日以公主配番上翊卫权毅、王遂古。己亥，太子薨于合璧宫，时人以为天后鸩之也。

真正的"将逊于位"这话在李治口中说出来时是要逊位给他儿子，而且李弘"自琰圭在手，沉瘵婴身"，确实身体一直不太好，李治是一直在等，等李弘身子骨强些了就打算传位了。这不是虚话，从李弘死后的事情上也能看出来。

李弘死后李治极度悲痛，于五月二十八下诏："朕方欲禅位皇太子，而疾遽不起，宜申往命，加以尊名，可谥为孝敬皇帝。"极其罕见地爹给儿子追谥为皇帝了。

李治之前的打算，是太子当皇帝有戴至德的那套团队帮衬，他这个太上皇有刘仁轨这种军方大佬宰相和武则天这个"脏手套"做制衡，但突然间他精心培育多年的太子这条腿折了。李治有点儿傻眼了，事情开始慢慢脱离他的掌控。

这一年已经是675年，离李治死亡没有几年了，他的身体开始越来越顶不住了。在李治身体越来越差的同时，武后开始不断填补他的权力空白，他越来越心有余而力不足。

李弘死后，雍王李贤被立为太子，这时候"老武"的心态也开始起变化了。她在继续扩张自己权势的同时，开始发力不再让新的太子党成长起来。

太子李弘死后第二年，武则天劝李治封禅中岳又要间接给自己抬声望。当年十一月初八，有人说在陈州宛丘看见了凤凰，于是改上元三年为仪凤元年，大赦天下。

听说有人看见凤凰这个东西，武则天的心态起变化了。

调露元年（679）五月，李治第一次令皇太子李贤监国。李贤得到监国机会后开始展露自己的光芒，处理政务明确公允，名声很棒。[1]

---

[1] 《旧唐书·章怀太子贤传》：贤处事明审，为时论所称。

李贤为什么名声好呢？

他没少学他妈的套路，也总搞政治宣传。他妈妈攒局出版《列女传》《臣轨》《百僚新诫》《乐书》，李贤也搞出版玩礼贤下士那一套，招著名学者张大安、刘讷言、格希玄、许叔牙、成玄一、史藏诸和周宝宁等人注释范晔的《后汉书》。书成之后，李贤呈奏给他爹，收藏于皇宫内阁。①

每个有出息的太子按理讲应该都是妈妈的心头好，但李贤为太子期间与他妈关系很紧张。武后信赖的术士明崇俨还放出过"太子不堪承继，英王貌类太宗""相王相最贵"等话。

明崇俨的话是什么意思呢？

其实是武则天在向李贤透露风声："你后面可还有两个弟弟呢，我可有后备人选，别得意忘形。"

不久皇宫中又有流言说"李贤不是武后亲生，是武后姐姐韩国夫人与高宗的儿子"，李贤开始恐惧。随后武后给她儿子送了《少阳政范》和《孝子传》责备他不懂得为人子、为太子的规矩，还曾亲自手书斥责李贤。②

之后要么是李贤脑子热，要么是李贤倒霉，总之在局势越来越紧张的情况下，武后的那个半仙明崇俨被杀了，却抓不到杀人犯。武则天觉得这是她儿子在宣战，于是派人告发太子不轨，命薛元超、裴炎与御

---

① 《旧唐书·章怀太子贤传》：贤又招集当时学者太子左庶子张大安、洗马刘讷言、洛州司户格希玄、学士许叔牙成玄一史藏诸周宝宁等，注范晔《后汉书》，表上之，赐物三万段，仍以其书付秘阁。

② 《新唐书·章怀太子贤传》：宫人或传贤乃后姊韩国夫人所生，贤益疑，而后撰《少阳政范》《孝子传》赐贤，数以书让勒，愈不安。

史大夫高智周等一起审问李贤，又在东宫马坊搜查出数百件铠甲。①

李贤的家奴赵道生供认说是李贤指使他杀的明崇俨，不管真的假的吧，反正证据凑齐了。李治本来还想保这孩子，但武则天不同意，说："为人子有叛逆心，天地不容！正当大义灭亲，怎么可以赦免！"结果李贤被废并幽禁，同党都被流放，还把搜查出的铠甲在洛阳天津桥南焚烧示众。②

李治还没来得及反应，武则天已经把这事无限扩大化了，死死咬着那几百铠甲说李贤要造反。最终在680年，李贤被废，李治和武则天的第三子英王李哲（初名李显，677年徙封英王改的名）被立为了皇太子。

转过年来的开耀元年（681），李治迅速命李哲监国了。

他预感到自己时日无多，开始尽全力助推老三了。682年二月十九，李治以太子生的皇孙满月为由大赦天下，改元"永淳"。紧接着，李治立了皇孙李重照为皇太孙，并要给皇太孙开府置僚属。

吏部郎中王方庆说："按周礼，有嫡子无嫡孙。汉、魏以来，皇太子在，不立太孙，只是封王就可以了。西晋立愍怀太子的儿子为皇太孙，南齐立文惠太子的儿子萧昭业为皇太孙，他们是要居住在东宫的，现在皇太子尚在而立皇太孙，没有先例。"

李治霸气道："从我这里开始，你看行吗？"

行行行。③

---

① 《新唐书·章怀太子贤传》：调露中，天子在东都，崇俨为盗所杀，后疑出贤谋，遣人发太子阴事，诏薛元超、裴炎、高智周杂治之，获甲数百首于东宫。

② 《新唐书·章怀太子贤传》：帝素爱贤，薄其罪，后曰："贤怀逆，大义灭亲，不可赦。"乃废为庶人，焚甲天津桥。

③ 《旧唐书·高宗本纪》：上曰："自我作古，可乎？"曰："可。"

皇太孙的手续就此敲定了。从这个操作看已经可以确定，李治看出来武则天不是好人了，开始亲自下场保他儿子的位置了。

五月，洛阳下起连绵大雨，洛河泛滥，淹没民房一千余处，关中先水灾后旱灾、蝗灾，接着又流行瘟疫，一斗米涨至四百钱，两京之间的路上死尸遍地，人相食。在这种情况下，李治武则天夫妻又琢磨把五岳都封一遍的事了，七月开始在嵩山南修奉天宫。

眼看李治与武则天实在是太没底线，监察御史里行（官名，隶属御史台察院）李善感没忍住进谏道："陛下封泰山向上天报告太平，吉兆数不过来，可与三皇五帝媲美，但近几年来，粮食歉收，饿死的人到处都是，'四夷'交相侵犯，兵车连年出动，您该自省了。现在您又广造宫室，劳役没有休止，天下百姓无不失望，我真的为此忧虑啊！"

也许因为灾太大了的缘故，李治罕见地宽恕了李善感。这可不得了，因为自褚遂良、韩瑗死后，朝廷内外官员都以多说话、说直言为忌讳，根本没人敢违背皇帝的意思，也许私底下还能提两句，但像直谏这种摆到台面上的事已经绝迹二十年了，李善感这次居然直谏了，而且居然没死，这使天下称这种罕见现象为"凤鸣朝阳"。[①]

李治这辈子，除了武则天秒办了李贤之外，他的所有政治出招儿都达到了自己的目的。他想干的事，没人敢说话，没人敢劝谏，李善感这样一个在贞观时代很普通的劝谏现在却被天下赞叹，可见当时的政治生态到什么样了。

政治生态的崩塌，其实不是从武后开始的。武后只是个催化剂，早在之前的二十年中，听不得任何不同意见、看不得任何违拗自己行为

[①]《资治通鉴·唐纪十九》：上虽不纳，亦优容之。自褚遂良、韩瑗之死，中外以言为讳，无敢逆意直谏，几二十年；及善感始谏，天下皆喜，谓之"凤鸣朝阳"。

的李治，已经把恶臭的政治生态框架给武后建设好了。

683年，奉天宫搭好了，李治下诏这一年十月封禅嵩山，但进入这一年后李治彻底不行了，不久封禅被推迟到第二年正月。

八月，李治以将封禅嵩山为由，召太子李哲赴东都。这是个比较牵强的理由，十月才封禅现在来得太早了，其实大概率就是李治快不行了。

十一月初三，李治下诏因病明年封嵩山。[①]

李治此时的颅压已经太高了，头重，不能看东西，医官开始给他在头顶玩放血疗法，他的生命要走到尽头了。

李治诏太子监国，以裴炎、刘景先、郭正一兼东宫平章事。

十二月初四，改年号，赦天下，李治想再给自己求求寿。但当夜，李治不行了，召去年就安排给李显陪着留守长安的宰相裴炎入宫受遗诏，辅朝政，随后在贞观殿驾崩。

李治遗诏令太子在他灵柩前即皇帝位，军国大事有不能决断的再征求天后意见处置。[②]

李治的这个遗诏说了两件事：

一是李显你小子要第一时间即位！

二是为了安抚武后，军国大事有不决者，新皇帝要去找天后处分。

李治其实间接剥夺了武则天直接参政的权力，而且对武则天的政治权力说得很模糊。李治的临终操作就表态了一件事：他不信任这位陪伴他三十年的战友了。

---

① 《资治通鉴·唐纪十九》：十一月，丙戌，诏罢来年封嵩山，上疾甚故也。
② 《旧唐书·高宗本纪》：宣遗诏："七日而殡，皇太子即位于柩前。园陵制度，务从节俭。军国大事有不决者，取天后处分。"

儿子啊，你小心你妈啊！

但还是那句话：人算不如天算。

此时的这位天后，准确地说是你李治这二十多年的自私自利的结晶。你确实能耐，半死不活了二十三年却能依旧手握权柄直到生命的尽头。如今你死了，你终于失去掌控了，你的太子，有你当年即位时的政治智慧吗？你死以后，洪水要滔天了。

七、太宗嫡孙与英公之后，让武则天提前加冕

李治半死不活了二十三年后，终于崩了。他的身后事也崩了，崩得都吐沫子了。

李治一路扶植武则天错了吗？

谈不上，他只不过在他特殊的身体状况下选择了对他来说的最优解。

无论怎样，太宗的贞观惯性还是在他的任期内让大唐疆域达到了巅峰。总章二年（669），李勣离世的那年，大唐疆域东起朝鲜半岛，西临咸海，北到贝加尔湖，南至越南横山。

虽然没能保持住，但他毕竟及时封了禅，也算是树了里程碑。甚至就是靠着这份功业，最终让大唐转危为安，因为他带领的这届统治团队对国家版图贡献极大，所以他最终盖棺定论是高宗。

德覆万物曰高，功德盛大曰高，覆帱（施恩）同天曰高。李治极大概率在李唐后世是不祧之庙，是能永远跟李渊、李世民吃祭祀的。

在某种意义上，这也最终在那个被虚名冲昏了头脑的女皇的最后几年，成为她自私利益最大化的选择筹码。

这对夫妻都是精明到极致、将自己利益最大化到极致的极端利己

主义者。我死以后，洪水滔不滔天无所谓，我活着的时候不能吃一丁点儿亏，要好处占尽。一定要占尽，十分伶俐都使尽，留一点儿给儿孙都是活失败了！

女皇武则天从登基的第一天起心里就明白将来还得进李家的坟，但即便如此，掏空华夏毁了秩序给自己这个六十七岁的老太太镶一个皇冠，那也值得！

天上金童配玉女，地上瘸驴配破车，李治和武则天确实般配，病师傅教女鸡贼，至今他们的坟都没让千年来的盗墓贼得逞。粪车过他们庙门口都得被扣下一块尝尝咸淡，盗墓贼还敢打这对夫妻的主意？

李治要求李哲在灵前即位，但却并未如此执行遗诏。

683年十二月初七，裴炎上奏说太子未即位，不宜直接发布诏令，有急需处理的重要事项希望由天后下令至中书门下二省施行。①

李治希望武则天能退居幕后，李哲能迅速接过权力，但是武则天已经是三十年的权力巨根了，李哲当太子才三年，政事堂的宰相们在李治死后迅速倒向了武则天，选择更加稳固的权力打法。

十二月十一，李哲终于即位了，尊天后为皇太后，政事全归他妈。②

武则天就此正式临朝称制了。③

大家也别太激动，武则天此时还没让人联想，所谓"临朝称制"，是指女性统治者代理皇帝行使皇帝权力。其实这种情况历史上已经出现好多次了。第一个临朝称制的是吕雉，最近的是北魏文明太后和胡太

---

① 《资治通鉴·唐纪十九》：庚申，裴炎奏太子未即位，未应宣敕，有要速处分，望宣天后令于中书、门下施行。

② 《资治通鉴·唐纪十九》：甲子，中宗即位，尊天后为皇太后，政事咸取决焉。

③ 《旧唐书·则天皇后传》：弘道元年十二月丁巳，大帝崩，皇太子显即位，尊天后为皇太后。既将篡夺，是日自临朝称制。

后，拜东汉的好几个病秧子皇帝所赐，东汉六个太后都曾临朝称制过。

这其实不叫什么太大的事，尤其先帝和太后还当了那么多年的"二圣"，现在这样也叫顺理成章。比较尴尬的是躺那儿的李治，仅仅四天时间，李治想阴武则天的那句"军国大事有不决者，取天后处分"就成空谈了。

武则天突破遗诏封印后担心韩王李元嘉等宗王不服发生动乱，于是给这些宗王加三公等官衔以安定情绪。①

十二月二十一，武则天任命刘仁轨为尚书左仆射，受遗诏辅政的裴炎为中书令，刘景先为侍中（之前李哲监国时与裴炎奉诏为东宫平章事，裴炎与武后决裂后站队裴炎）。

裴炎之前是侍中，这回被调整为中书令，向武后示好的裴炎得到了巨大回报。之前政事堂是在门下省的，裴炎虽然岗位由侍中调整为了中书令，但为了他的"乖巧"，之前的政治规矩可以改，从此以中书令执政事笔，徙政事堂于中书省。②

武后在给裴炎背书：自从太宗命三省长官合署办公成立政事堂后，你是咱们大唐地位最高的中书令。

老裴，你是里程碑啊，得继续挺你老姐姐呀！

与此同时，作为裴炎嫡系的郭待举（之前为同中书门下平章事，资位次同中书门下三品一级，裴炎与武后决裂后站队裴炎）、魏玄同（裴炎好友，裴炎与武后决裂后站队裴炎），外加原来太子团队的岑长倩，都被武则天提拔为同中书门下三品，入了政事堂。

---

① 《资治通鉴·唐纪十九》：太后以泽州刺史韩王元嘉等，地尊望重，恐其为变，并加三公等官以慰其心。

② 《新唐书·裴炎传》：旧，宰相议事门下省，号政事堂，长孙无忌以司空、房玄龄以仆射、魏徵以太子太师皆知门下省事，至炎，以中书令执政事笔，故徙政事堂于中书省。

武则天的态度是：我先临朝称制解除遗诏封印，肯定此时向我示好的政事堂，一切以稳定为先，宰相团队将来可以慢慢调，先稳定住这些目前可以合作的力量。

十二月二十九，武则天派左威卫将军王果、左监门将军令狐智通、右金吾将军杨玄俭、右千牛将军郭齐宗分别到并、益、荆、扬四大都督府主持当地镇守事务。

684年正月初一，改元"嗣圣"，大赦天下。

以太子妃韦氏为皇后，皇后之父韦玄贞自普州参军被提拔为了豫州刺史，正月初十，皇后族人左散骑常侍韦弘敏拜相任为太府卿、同中书门下三品。

李哲这孩子一辈子都没脑子，此时还没挨过毒打，当了皇帝后把对他妈和宰相们的不信任写脑门上了，打算升刚刚提拔过的岳父韦玄贞为侍中，还要授乳母之子五品官。总之他想迅速扩大自己的力量，他感到了极度的不安全，但裴炎那关就过不去。

皇后宗族的韦弘敏已经拜相了，很给你面子了。你岳父刚从一个芝麻官的参军（普州为中州，参军为正八品下）被提拔为一个从三品的上州刺史（豫州为上州，刺史从三品），紧接着就要进朝拜相，咱们大唐的宰相也太不值钱了，没这套政治规矩啊！

本来裴炎这些人都是你爹留给你的团队，你先跟他们套套近乎啊，即便他们对你妈示好你也得把他们拽回来呀，你妈当了三十年的"天后"了，你先韬光养晦呀，结果李哲大怒道："我就算将天下交给韦玄贞又有什么不可以？难道还会吝惜侍中这个职位！"①

---

① 《资治通鉴·唐纪十九》：中宗欲以韦玄贞为侍中，又欲授乳母之子五品官，裴炎固争，中宗怒曰："我以天下与韦玄贞何不可！而惜侍中邪！"

你岳父一个月前还是从八品呢，你现在张嘴就说要把天下给他，李哲这孩子没有一丁点儿政治天赋。你真觉得当了皇帝就是皇帝了，你知道你妈让亲信去四大都督府是干什么去吗？禁军的将军哪个是你提拔起来的？

裴炎听到这话慌了，这孩子不上道，随后赶紧汇报给了武则天，两人一拍即合，废了这小子！①

武则天其实此时根本不敢废帝，毕竟那是太宗大人的嫡孙，高宗大人的嫡子，她也不能再用对付李贤的那招扣屎盆子了，哪有造反的皇帝呢？她如果想换皇帝，只能在"天有不测风云"上想办法，但那种皇位更迭不是废帝立威，对于篡位根本没有帮助，后面的政治博弈还长着呢！

但她实在是没料到，这孩子居然如此疼人地一上来就把宰相给逼到自己这一边了。废帝，这是她梦寐以求的！武则天就这样不费吹灰之力地得到了给上层建筑立威的机会。

二月初六，武则天集百官于乾元殿，裴炎与中书侍郎刘祎之（武后嫡系，北门学士出身），羽林将军程务挺、张虔勖领兵入宫，宣太后令，废李哲为庐陵王。

这个羽林将军，就是前文介绍北门禁军系统时的"飞骑"，龙朔二年（662）改的名。②

李哲就像刚宣完誓就被老师摘了红领巾的小宝宝，委屈疑问道："我犯了什么罪？"

---

① 《资治通鉴·唐纪十九》：炎惧，白太后，密谋废立。
② 《旧唐书·职官志》：龙朔二年，置左右羽林军。大将军各一员，正三品下。将军各二员，从三品下。羽林军统领北卫禁兵之法令，而督摄左右厢飞骑之仪仗，以统诸曹之职。

第 7 战　武塑骑唐　｜　699

他妈道："你想将天下交给韦玄贞，还叫没有罪？"

李哲就此被解除皇帝职务了。

想找废你的理由有的是，说到底就一个原因：禁军不在你手里。

你爹当年能够掀翻你舅爷爷，因为禁军是你爷爷的私兵。你爹这些年除了经常往洛阳跑之外，基本没跟军方建立什么血与火的感情，禁军早就没有当年那种信仰了，现在就是单纯的人事任命。你爹能掀桌子，那是因为你爹有他爹，至于你嘛……

禁军不在你手上，你又得罪了宰相势力，你还让你妈看出来了你不想被摆布，就你这小光杆子，打倒根本没难度。

连两个月皇帝都没当满的李哲下台了，李治生前任性要立的皇太孙也跟着被废了。二月初七，武则天的最后一个儿子李旦成为皇帝，著名的爸爸、妈妈、哥哥、儿子都当过皇帝的李旦也就此拉开了自己后面提心吊胆的三十二年人生序幕。

这次武则天又露骨了一步，政事决于太后就不用说了，李旦甚至直接居于别殿，连傀儡都没资格当了。①

拜没脑仁的大孝子李哲所赐，宰相集团和他妈武则天暂时绑到了一条船上，他妈几乎是不费吹灰之力就完成了最重要的一步——联合宰相废帝。这不仅意味着"武爹"完成了过去权臣篡位前的废帝立威，而且还让政治生态认为武则天搞定了政事堂。

李哲在某种意义上也靠着这天赐的智商被他妈留了活口。

废帝事件后，有"飞骑"十余人在酒馆喝酒，其中一人道："早知道没有什么功劳赏赐，还不如支持庐陵王。"结果一个人尿遁离场到

---

① 《资治通鉴·唐纪十九》：己未，立雍州牧豫王旦为皇帝。政事决于太后，居睿宗于别殿，不得有所预。

北门去告发了，酒局还没散那些喝酒的"飞骑"就都被关进羽林军监狱了。

最终，说话的那个被斩首，跟着一起喝酒的被判绞刑，告发的人得授五品官。武则天千金买骨，示范了接下来的晋升规则：只要帮着我巩固权力的就能起飞。自此告密之风兴起。①

历朝历代的官僚都不可避免干脏事，但脏事绝对不能挑明了，不能摆上台面，不能明码标价。毁灭谁不会呢？人性之恶谁不会用呢？但这种事永远是不能摆上台面的。

如果你因为一己私欲，公开把官僚系统往歪风邪气方向培养，你知道后面需要用多大力气才能再次迎来天晴日朗吗？最糟糕的"粪坑时代"要来了。

李旦登基的这个新年号，叫"文明"。上一个著名的"文明"，是北魏冯太后的谥号。武则天在耍花招儿，表态自己致敬文明太后，皇帝李旦居于别殿是她帮孩子收收心，她不会越轨的。

武则天废立皇帝的同时，命宰相团队中功勋、威望都高且有军方背景的刘仁轨专门主管西京留守事务，武则天写信给刘仁轨说："从前汉朝把关中的事情委托给萧何，现在我也是这个意思。"刘仁轨上书以自己年老体衰不能胜任为由推辞，并讲了讲吕后的事。

刘仁轨时年八十四岁了，面对这个李治留下来出将入相的猛人，武则天也有些畏惧，好在你八十四岁到坎儿上了，我才六十一岁。武则天选择了和这个老臣拼寿。

武则天派武承嗣带了太后玺印密封文书抚慰道："现今皇帝因守丧

---

① 《资治通鉴·唐纪十九》：一人起，出诣北门告之。座未散，皆捕得，系羽林狱。言者斩，余以知反不告皆绞；告者除五品官。告密之端自此兴矣。

第7战 武曌骑唐 | 701

不便说话，我暂时代他亲政；有劳你老劝诫，吕家引用的比喻很深刻，我惭愧感动交集，你老节操忠贞，作风刚直，请一定为国保重身体。"

三月初九，武则天命左金吾将军丘神勣前往巴州去"保护"原太子李贤。①

到了以后丘神勣就把李贤逼死了。这位丘神勣是昭陵六骏中帮飒露紫拔箭的丘行恭之子。当年太宗的铁血心腹，如今他儿子成了杀太宗子孙的工具人。

李贤为什么被他妈弄死了？

别看他弟弟李哲也不会装糊涂，但他弟弟是个脑残，傻子是可以留着的，后面还有用，但李贤不是傻子，"容止端重"的李贤监国时多次得到李治褒奖和群臣拥戴。

好儿子，你弟弟挺孝顺的，妈妈进步迅猛，该你孝顺了。你活着妈妈心里不踏实啊，听话，好好死哈。

武则天得知儿子死讯后，在洛阳显福门举哀，丘神勣被贬为叠州刺史，追封李贤为雍王，没多久转了一圈又调丘神勣回京任左金吾将军了。

总之"武爹"的态度是：祸患我不能留，黑锅我不能背，但绝不让"脏手套"心寒，马上要下大棋了，这么好用的狗可得牵回来。

武则天在李旦这届皇帝任期内又临朝称制后，各地开始上报祥瑞。眼皮底下的嵩阳县令樊文进因为离得近先献了一块吉石，武则天命人在朝堂向百官展示，也就此拉开了武后时代的祥瑞闹剧大幕。

九月初六，大赦天下，改元"光宅"，旗帜改从金色，饰以紫，改

---

① 《旧唐书·章怀太子贤传》：文明元年，则天临朝，令左金吾将军丘神勣往巴州检校贤宅，以备外虞。神勣遂闭于别室，逼令自杀。

东都为神都。

"光宅"意为"光大所居",也就是"建都"的意思。这是武则天昭告天下:老娘改首都了,洛阳叫神都啦!

为什么叫神都?老娘是神!

改国都后武则天又改尚书省及诸司官名,改尚书省为文昌台,左、右仆射为左、右相,六部为天、地、春、夏、秋、冬六官;门下省为鸾台,中书省为凤阁,侍中为纳言,中书令为内史;御史台为左肃政台,增置右肃政台。其余省、寺、监、率之名全给改了。

武承嗣请太后追封其先祖为王,立武氏七庙,武则天点头。

眼看着味道越来越不对了,自己这个大唐的宰相很可能就要创下历史纪录了,天子才七庙,裴炎在这个时候说话了:"太后母临天下,当示至公,不可私于所亲。您难道看不到吕氏之败吗?"

武后道:"吕后把权给生者,故及于败,现在我追尊亡者有什么关系?"

裴炎对曰:"做事应当防微杜渐,不可纵容助长。"

武后不悦而罢。①

武则天还是本着一个试探的态度:谁说我想要干什么呀!我就是使祖先荣耀下嘛,规格可能稍微高了那么一点点,但你别急呀!

九月二十一,武则天追尊五世祖武克己为鲁靖公,五世祖母为鲁国夫人;高祖武居常为太尉、北平恭肃王,曾祖武俭为太尉、金城义

---

① 《新唐书·裴炎传》:后已持政,稍自肆,于是武承嗣请立七庙,追王其先,炎谏曰:"太后天下母,以盛德临朝,宜存至公,不容追王祖考,示自私。且独不见吕氏事乎!"后曰:"吕氏之王,权属生人,今追崇先世,在亡迹异,安得同哉!"炎曰:"蔓草难图,渐不可长。"后不悦而罢。

康王，祖父武华为太尉、太原安成王，父亲武士彟为太师、魏定王——前面这些王的老伴们都为妃。虽然没做七庙，但武后还是在文水做了五庙。诸侯是五庙，武则天还是往前走了。

没多久武承嗣和武三思又建议武则天诛杀韩王李元嘉、鲁王李灵夔，以绝宗室之望。

裴炎没想到，这个女人来真的了。真要是在自己为相的时候让一个女人篡了江山，他可就没有脸了。

武则天询问宰相的意见，刘祎之、韦思谦一言不发，只有裴炎坚决反对。[①]

朝堂斗争日趋激烈的同时，英公李勣的继承人李敬业及其弟李敬猷、给事中唐之奇、长安主簿骆宾王、詹事司直杜求仁皆因事获罪，李敬业贬柳州司马，李敬猷免官，唐之奇贬括苍令，骆宾王贬临海丞，御史魏思温被罢黜。这些不得志的人汇聚于扬州，各自以失职怨恨谋划作乱，打着匡复庐陵王李哲帝位的旗号。

魏思温当了这个"复仇者联盟"的谋主，指使其党羽监察御史薛仲璋申请出使江都，随后派韦超到薛仲璋处告变，说扬州长史陈敬之谋反。

巡视来的薛仲璋将陈敬之逮捕入狱，几天后李敬业乘驿车到达，伪称自己是扬州司马前来赴任，并诈称自己奉太后密旨，因高州酋长冯子猷谋反，要发兵讨伐。李敬业打开府库，令士曹参军李宗臣放出囚徒及工匠，给他们配上盔甲，斩陈敬之，杀敢反抗的录事参军孙处行控

[①] 《旧唐书·裴炎传》：时韩王元嘉、鲁王灵夔等皆皇属之近，承嗣与从父弟三思屡劝太后因事诛之，以绝宗室之望。刘祎之、韦仁约并怀畏惮，唯唯无言，炎独固争，以为不可，承嗣深憾之。

了江都，随后正式起兵，复称嗣圣元年，开匡复府、英公府、扬州大都督府三府，李敬业自称匡复府上将，领扬州大都督，以唐之奇、杜求仁为左右长史，李宗臣、薛仲璋为左右司马，魏思温为军师，骆宾王为记室，十天间得兵十余万。

李敬业的讨贼檄文传檄州县，内容大意如下：现在临朝的武氏，人不温顺，出身寒微，本来是太宗的侍寝人员，从太宗晚年开始秽乱太子，后来一步步机关算尽，成为皇后，杀姐屠兄，弑君鸩母，包藏祸心，图谋窃取帝位。把先帝的爱子，幽禁在别宫；武氏的宗族近亲，都委之以重任……试看今日的国家，竟是谁家的天下？

武则天看见这篇檄文后问："这是谁写的？"

下面人答是骆宾王。

武则天叹道："这是宰相的过错，这个人是大才啊！现在让这个大才不得志跑到对面去了。"

武则天是懂宣传的，她是知道这篇檄文的能量有多大的。但是，她很快就不紧张了，没能力，再好的檄文也激不起什么水花。

武则天任命刘行举为游击将军，任命他弟弟刘行实为楚州刺史，以左玉钤卫大将军李孝逸为扬州道大总管，率兵三十万，以将军李知士、马敬臣为副手，讨伐李敬业。

李敬业是李勣的嫡孙，虽说起兵的盘算不那么单纯，他作为英公之后还是对得起大唐的，但他对不起他爷爷的临终期望。

你爷爷从隋末大乱生生坚持到了武后弄权，一路无数风浪都坐看潮起潮落，你却第一个就窜出来了。你爷爷的家底比杨素如何？你的党羽比杨玄感如何？而且更关键的是，武后还没正式篡国呢，她有回旋的政治余地，她现在是顶着唐的名号剿灭反贼呢！

武则天确实也叫有天命，李哲和李敬业这种级别的玩家确实客观上帮了她的大忙,而且裴炎曾经酝酿过趁武则天出游龙门时进行武装政变,逼她还政给李旦,但连日大雨使武则天没出来,裴炎未能成功。①

李敬业闹起来后,武则天召宰相们研究这事,裴炎说您老还政,贼人自然就散了。②

结果御史崔察打报告:裴炎受遗顾托,大权在己,不想着平叛却让您还政,这里面有问题!

武则天随后抓了裴炎送入诏狱,派御史大夫骞味道、御史鱼承晔去审理。裴炎的政治同盟宰相团队里的刘景先、郭待举、魏玄同,凤阁侍郎胡元范,左卫率蒋俨,令突厥人闻风丧胆的大将军程务挺等纷纷上书替裴炎说话。

但武则天给裴炎安上了内外勾结的罪名,下了死手,十月,将裴炎斩杀于洛阳都亭驿,程务挺被左鹰扬将军裴绍业斩于军中,那些帮裴炎说话的官员或被贬官或被流放。武则天趁着外有造反的战时机制以几乎政变的速度用莫须有的罪名搞掉了裴炎,还打掉了他的同党。

至此,在政权核心区,武则天搬开了最后的挡路石。

我们再来看看那边起兵的情况,谋主魏思温劝李敬业:"您以匡复皇帝的权力为口号,应该率众大张旗鼓地前进,直指洛阳,那样天下就都知道您是在勤王,然后四面八方都会来响应您。"

但薛仲璋说:"金陵有王气,又有长江天险,足以固守,不如先取常、润二州作为奠定霸业之基,然后向北图谋夺取中原,那样我们前进

---

① 《新唐书·裴炎传》:炎谋乘太后出游龙门,以兵执之,还政天子。会久雨,太后不出而止。

② 《旧唐书·裴炎传》:秋,徐敬业构逆,太后召炎议事。炎奏曰:"皇帝年长,未俾亲政,乃致猾竖有词。若太后返政,则此贼不讨而解矣。"

可以取胜，就算后退也有退路，这才是良策！"

魏思温道："山东豪杰受武氏荼毒愤怒不平，听说您举事，都已经准备好了粮食和兵器，就等您的大军到来了。如果不趁这个大好形势建立大功，反而退缩自建巢穴，远近的人听了，怎么可能不人心离散！"

李敬业没有听魏思温的建议，而是命令唐之奇守江都，自己率兵渡江攻打江南的润州。

知道李勣为什么临死前死活嘱咐他弟弟先杀不端子弟后报给他了吧，子孙不是那块料啊！战略眼光是稀缺品，是艺术品，子孙很难再有他这个水平了。他们就稳稳当当地吃保本基金就行，千万别胡乱投资创业。

后面具体怎么打的就不细写了，这些人的战略水平几乎是负的，东南这地方跟武则天又没什么深仇大恨，武则天为什么把你们贬到这里来？

就是知道在这里你们闹不出来什么大事！武则天那边是朝廷中央，打扬州不要太轻松。

你们得迅速往洛阳扎，成了就成了，就是一锤子的买卖。

两个月后，十一月十八，李敬业、李敬猷和骆宾王的脑袋被自己人砍下送到了官军那里投降，唐之奇、魏思温都被逮捕斩首，叛乱被平定。

客观来讲，拜李哲和李敬业所赐，武则天在684年短短一年的时间里几乎打好了后面篡位称帝的所有地基，无论是宰相系还是功臣系，都被武则天"一勺烩"了。

首先，李哲不脑残，裴炎不会被逼到武则天这里，武则天不会废帝立威，不会间接绑定裴炎。

其次，李敬业不脑残，朝堂中央不会进入战时机制，武则天不会迅速政变除掉裴炎，也不会拿大唐的招牌平叛了"英公"这个本来极有价值的政治遗产。

关键是反叛者的战略选择太脑残了，败得太快了，这次叛乱的最终效果就是让武则天显得特别强大，从而基本瓦解了潜在的斗争意愿。

用武则天后来吓唬人时的那段话来形容下：

> 卿辈有受遗老臣，倔强难制过裴炎者乎？有将门贵种，能纠合亡命过徐敬业（李敬业）者乎？有握兵宿将，攻战必胜过程务挺者乎？此三人者，人望也，不利于朕，朕能戮之！

唉！另一个世界的太宗关了电视给李勣斟了一杯酒，叹道："咱们这两个孙子啊，后面别看了，喝酒吧。"

八、寂静岭

685 年正月初一，武则天改元"垂拱"，大赦天下。

灭了李敬业后，武则天的欲望彻底拉满。

垂拱有四个含义：

1. 无为而治。《贞观政要·君道》："鸣琴垂拱，不言而化。"

2. 两手下垂表恭敬。《礼记·玉藻》："凡侍于君，绅垂，足如履齐，颐霤，垂拱，视下而听上。"

3. 形容不费力气。《晋书·姚苌载记》："吾欲移兵岭北，广收资实，须秦弊燕回，然后垂拱取之。"

4. 形容天下太平。《尚书·武成》："惇信明义，崇德报功，垂拱而天下治。"

武则天在诉说：遗诏、政事堂、叛乱，谈笑间樯橹灰飞烟灭。也不知道她是怎么搜肠刮肚地找出来了档次这么高的词，来为自己过去一年的飞速进步进行标榜。

很快武则天再得好消息，留守西京的刘仁轨老爷子过世了。再也没有什么能够阻挡武则天了。

三月，武则天颁布《垂拱格》。就是对她前面两个男人已经修订好的法律，她要以此为基础宣誓领地。

五月，朝廷宣布内外九品以上及百姓都能自我举荐。[①] 武则天敞开胸怀证明自己向天下求贤。

有些人为什么爱搞假大空呢？因为干漂亮事永远不如直接把漂亮话落在纸上，武则天这辈子搞了大量这种摆拍。我们能理解她要往李唐官僚系统掺水拉自己山头的心情，但这是官员选拔，是要为国家选才，这一关如果不严后面就会烂一片。她现在给整成了全民"我选我"，会写字的就能自荐"我能当官"，她考虑过后面怎么进行具体人才的选拔吗？武则天考虑过！

官僚系统烂成什么样我不管，但你不能说我不清楚要选拔什么样的官员。老娘这是为寂静岭做前期铺垫呢！蝼蚁们都颤抖吧，马上就知道我要干什么了。

垂拱二年（686）正月，"武爹"下诏复政于皇帝，差点儿把李旦吓死，赶紧奉表死活推让，武则天特没劲地再次昭告天下："没办法啊，我勉为其难还得临朝称制啊。"

为了这件事，正月二十，又一次大赦天下。在这两年多一点儿的时间里，仅年号就换五个了——"弘道""嗣圣""文明""光宅""垂拱"，而这次大赦也是两年中的第六次了！

大赦也太不值钱了，王莽当年都没这么做。

还是试问大家一个质朴的问题：当社会的所有罪犯都认为只判几个月时，根据这个犯罪成本会怎样指导人们日常生活呢？

肯定是全部顶格去犯罪，反正顶多判几个月，平常蹲几个月大牢

---

① 《旧唐书·则天皇后本纪》：诏内外文武九品已上及百姓，咸令自举。

可挣不了那么多！当老百姓心中对人性中的贪婪产生了成本预期时，是很可怕的。

越是大政治家越是谨慎用大赦的，当年诸葛亮治蜀，只在刘禅继位时用过一次大赦。"亮之治蜀"之所以"田畴辟，仓廪实，器械利，蓄积饶，朝会不华，路无醉人"，是因为有一套公平、严谨、需要为自己行为负责的法律，在法律进行约束的前提下才能激发出人性中的善。

武则天的那些所谓政绩我们等李隆基接班时再详细揭底，她之所以可恨，是因为她以惊人的天赋无节操无下限地对华夏大地从上到下增加了巨大的内耗成本。

三月初八，武则天命铸铜匦（箱子）放在朝堂：东边的叫"延恩"，进献赋颂当朝的文艺作品和自己举荐做官的帖子投到这里；南边的叫"招谏"，接收言朝政得失的上书；西边的叫"伸冤"，顾名思义申冤用的；北边的叫"通玄"，接收天象灾异和军机秘计的上书。

听着挺是那意思吧，这也是后世有着某些特殊目的的人给武则天贴金的重要依据。但是，很多时候，它就是不把后半句也列出来。我们来看完整版：

> 三月，戊申，太后命铸铜为匦……其东曰"延恩"，献赋颂、求仕进者投之；南曰"招谏"，言朝政得失者投之；西曰"伸冤"，有冤抑者投之；北曰"通玄"，言天象灾变及军机秘计者投之。命正谏、补阙、拾遗一人掌之，先责识官，乃听投表疏。

武则天规定是实名制。我欢迎的是歌颂我的帖子和帮着我折腾别人的情报，摆个拍而已，我看谁敢说我不好！

自从李敬业造反后，武则天疑心天下人都想算计自己，看谁都怀疑，于是仗着李哲和李敬业"送"的政治威望礼包，她展开了"他强我更强，暴风掠山岗；他横我更横，天狗照大江"的特务治国方针。只要有要告密的人，各衙门不许过问，必须提供驿站马匹，按五品官待遇好吃好喝一路伺候到神都，如果告密的没问题就破格授官，胡拉烂扯也不怪罪，总之，宁杀错不放过。①

一时间四面八方去洛阳的告密旅游团开团了，全唐范围内的政治恐怖拉开了序幕，所谓"于是四方告密者蜂起，人皆重足屏息"。

我不知道大家看到这种文字后有没有末日感，还有谁会觉得她配叫政治家吗？

在武则天的支持下，告密很可能等于五品官食宿待遇外加官僚编制录用机会。她的这种导向用不了多久（事实上也确实没用多久），整个国家就会变成一群恶人不断筛选更多的恶人去奴役争着抢着还没当上恶人的人。

民风淳朴和风清气正，需要一代代人不断耕耘与倡导，秩序的建设很艰难，但毁灭就太容易了。

当看谁都像虎狼，遇到谁都要提心吊胆，先下手为强后下手遭殃，不用花费成本就可以毁灭别人从而让自己分赃得到好处，这是多么可怕的内耗。

但这仅仅是武后的小前菜，后面的配套才叫厉害。

---

① 《资治通鉴·唐纪十九》：太后自徐敬业之反，疑天下人多图己，又自以久专国事，且内行不正，知宗室大臣怨望，心不服，欲大诛杀以威之。乃盛开告密之门，有告密者，臣下不得问，皆给驿马，供五品食，使诣行在。虽农夫樵人，皆得召见，廪于客馆，所言或称旨，则不次除官，无实者不问。

只是告密是完不成闭环的，后续还得把各种的胡拉烂扯办成铁案呢，酷吏何在？豺狼们蜂拥而至。

武后时代的第一个著名酷吏叫索元礼，他是胡人，因为告密有功被提拔为游击将军专门去审政治犯。①

索元礼为人极其残忍，他审讯一个人必然牵连数十甚至上百人，炮制出了一个个恐怖的大案。然而武则天对这种恐怖震慑的效果却极其满意，她不断亲自召见、赏赐索元礼，肯定并追加对这个毒手的授权。就这样，榜样的力量是无穷的，大名鼎鼎的周兴和来俊臣纷纷开始跑步登上历史舞台。②

周兴踩着一个个尸体从小小的七品县令成了正四品的秋官侍郎（刑部侍郎），来俊臣本来就是狱中的一个流氓，通过告密害人居然从一个罪犯升至正四品下的御史中丞。

现在大家看出来武则天之前说的那句"咸令自举"是什么用意了吧？不搞这个前期试点，像来俊臣这种妖孽怎么可能从流氓群中被筛选出来。

周兴和来俊臣手下豢养了数百无赖，专门负责罗织罪名，想诬陷一个人，就让底下的狗腿子们去各处同时告发，所告的内容都一样，造成铁证如山的效果。来俊臣甚至还与司刑评事万国俊共撰了《罗织经》，专门作为批量诬陷人的教程，伪造一整条假证据链来高效整死一个人。③

---

① 《新唐书·索元礼传》：初，徐敬业兵兴，武后患之，见大臣常切齿，欲因大狱去异己者。元礼揣旨，即上书言急变，召对，擢游击将军，为推使。

② 《资治通鉴·唐纪十九》：元礼性残忍，推一人必引数十百人，太后数召见赏赐以张其权。于是尚书都事长安周兴、万年人来俊臣之徒效之，纷纷继起。

③ 《资治通鉴·唐纪十九》：兴累迁至秋官侍郎，俊臣累迁至御史中丞，相与私畜无赖数百人，专以告密为事；欲陷一人，辄令数处俱告，事状如一。俊臣与司刑评事洛阳万国俊共撰《罗织经》数千言，教其徒网罗无辜，织成反状，构造布置，皆有支节。

第 7 战　武曌骑唐　| 713

你来俊臣搞理论研究，我索元礼就搞虐待升级，这些酷吏争相发明酷刑。索元礼、周兴、来俊臣等审讯被告时发明了前所未见的"定百脉""突地吼""死猪愁""求破家""反是实"等恐怖刑法。此外还有，用椽子钉住人手脚后旋转，这叫"凤凰晒翅"；绑住人腰将脖子上的枷锁向前拉叫"驴驹拔橛"；让人跪着捧枷锁，在枷锁上垒砖，这叫"仙人献果"；让人站立在高木桩上将脖子上的枷锁向后拉，这叫"玉女登梯"。还有，像将人倒吊起来在脑袋上挂石头的，用醋灌鼻孔的，用铁圈罩住脑袋楔钉子直到把脑浆子打出来的。总之，常人想象不到的人性之恶的逼供方法，在这些妖孽手上那是应有尽有。

通常每次抓来囚犯直接先陈列刑具给犯人"科普"，随后快被吓死的人就开始把这辈子能想起来的名字都给牵连出来。由于武则天总搞大赦，但有些人是她不愿意赦的，来俊臣就把重罪的人先打死再宣示赦令，武则天因此对这几个酷吏打手疼爱有加，朝野则害怕这些人甚于虎狼。①

武周时代的酷吏之狠辣、影响之广大，堪称中国历史之最。

其实像来俊臣这种恶人，每个时代都有。人口基数在那里，极善之人有，极恶之人也有，剩下绝大多数人都是时善时恶的"灰色人"，就看统治者怎么激发。

伟大的政治家，会让极善之人成为宣传的出口，极恶之人被禁锢，大部分"灰色人"心中的黑色越来越少，光芒越来越多。武则天却让来俊臣这种妖孽大批量地堂而皇之不以为耻地登上了台面，于是越来越多

---

① 《资治通鉴·唐纪十九》：每得囚，辄先陈其械具以示之，皆战栗流汗，望风自诬。每有赦令，俊臣辄令狱卒先杀重囚，然后宣示。太后以为忠，益宠任之。中外畏此数人，甚于虎狼。

的"灰色人"变成了"黑色人"。

武则天如果能像前面所有临朝称制的太后一样，华夏大地本不该受此劫难的。你明明已经掌握了所有的权力，你明明实际上就是皇帝了，但你为了一个虚名把国家祸害成魔窟，值得吗？

垂拱四年（688），正月初五，武则天立崇先庙以祭祀武氏祖先，随后下令有关部门讨论崇先庙的规格。

司礼博士周悰请求设七庙，并建议将李唐太庙减为五庙，结果春官侍郎贾大隐奏道："按礼制天子七庙，诸侯五庙，这是百代不变的规矩。"

大家别以为这个贾大隐是什么好人，他仅仅说的是古代礼制，其实他是在劝"武爹"您老自己当皇帝就名正言顺了！

贾大隐是"武爹"小红人。之前武则天的嫡系刘祎之曾经跟手下小弟——时任凤阁舍人的贾大隐发了太后为什么不归政的牢骚，然后就被贾大隐举报了，武则天没多久就弄死了这位前嫡系。①

对贾大隐来说，"刘祎之你不说什么我都想害你，更别提你现在给我送到手的富贵了！"

这一年的正月，除了立庙这件事外，武则天还毁了乾元殿建立明堂。

所谓明堂，即"明政教之堂"，是帝王用于布政、祭祀的重要礼制建筑。之前太宗、高宗在位的时候多次准备建明堂，但迟迟没启动。这回武则天不管那些，直接拍板拆毁了乾元殿，在原地建造明堂，并任命

---

① 《旧唐书·刘祎之传》：祎之尝窃谓凤阁舍人贾大隐曰："太后既能废昏立明，何用临朝称制？不如返政，以安天下之心。"大隐密奏其言。则天不悦，谓左右曰："祎之我所引用，乃有背我之心，岂复顾我恩也！"

和尚薛怀义为监造明堂的使者。

这个薛怀义是武则天的"老来乐",本名冯小宝,是洛阳的"个体工商户",最早是千金公主侍女的玩物。①

后来千金公主对武则天说:我这里有个"嫪毐",您老给指导指导?武则天对接以后直说好,为了今后方便频繁"指导工作"给冯小宝剃度成了和尚,取名怀义。②

武则天已经是六十五岁的老人家了,绝经都应该有年头了,权力是春药这话是真没错啊!你都这岁数了,你说你对得起佛祖吗?你是太后,是国母,你口口声声那么尊重佛法,结果你看看你干的那事!你对得起那么多高僧大德好不容易建立起来的佛门信心吗?

为了给薛怀义抬身价,武则天让驸马都尉薛绍认其为同族,命薛绍按叔父的规格对待,还给薛怀义重修了白马寺,让他当了住持。

薛怀义出入乘的都是御马,有太监侍从,官民遇上他都得赶快躲避,有走近他的就被打得头破血流;本着干一行爱一行的态度,薛怀义成了和尚后见到道士就打,打完还得把人的头发剃掉才完事。薛怀义还把大量无赖剃度为和尚,恣意犯法,右台御史冯思勖因为多次依法处置其党结果差点儿被他活活打死。

像薛怀义这样来自底层的人一朝得志变成这个样子是可以理解的,重要的是武则天要借他观察此时朝臣们的态度。

他能在神都狂是因为有人放纵他去狂。朝廷亲贵见了薛怀义都要

---

① 《旧唐书·薛怀义传》:薛怀义者,京兆鄠县人,本姓冯,名小宝。以鬻台货为业,伟形神,有膂力,为市于洛阳,得幸于千金公主侍儿。

② 《旧唐书·薛怀义传》:公主知之,入宫言曰:"小宝有非常材用,可以近侍。"因得召见,恩遇日深。则天欲隐其迹,便于出入禁中,乃度为僧。

伏地行礼拜谒，武承嗣、武三思更是行奴仆之礼侍奉，出行时还为他牵马，就是盼着薛怀义和武则天连线时为他们说几句好话。

薛怀义是武则天测试她奴化百官的晴雨表，眼下火候已经差不多了，该冲刺了。

到这一年的时候祥瑞已经铺天盖地了，用的还是当年王莽那一套。武承嗣事先派人在白石上刻"圣母临人，永昌帝业"，再用紫石杂药物填平，最后派雍州人唐同泰奉表进献，说是在洛水捡到的。武则天大喜，命名该石为"宝图"，提拔唐同泰为游击将军。

五月十一，武则天亲拜洛水，受"宝图"，南郊祭天，礼毕来到明堂受群臣朝拜，命诸州都督、刺史及宗室、外戚都要来拜洛水。

五月十八，武则天加尊号为"圣母神皇"。此时此刻，武则天已经过渡到"皇"的级别了。

六月初一，发生日食。没有用，日食算什么，太阳掉下来也挡不住武则天作妖了。当天又有人在氾水得了块"祥瑞"石头。

七月，武则天再次大赦天下，改"宝图"为"天授圣图"——跟这石头没完了。封洛水神为显圣，加位特进，并立庙，洛水神就此成了一品官，从此洛水禁渔钓，祭祀比四渎。石头所出处叫"圣图泉"，泉侧置永昌县，改嵩山为神岳，封山神为天中王，拜太师、使持节、神岳大都督，禁放牧。刚得瑞石的氾水也同批次被改名为广武。

总之，洛阳盆地的各自然景观因为她算是镶金边了。

八月，博州刺史、琅邪王李冲（太宗孙）据博州（治今山东聊城）起兵，李冲之父豫州刺史、越王李贞（太宗第八子）在豫州举兵，与李冲相呼应。武则天命杀子手套丘神勣为行军总管前去讨伐。

由于离洛阳太近了，根本没机会发展壮大，李冲七天后就被杀了，丘神勣至博州，官吏素服出迎，被全部诛杀，千余家被团灭。

第 7 战　武曌骑唐 | 717

九月，命内史岑长倩、凤阁侍郎张光辅、左监门大将军鞠崇裕率兵讨伐李贞。当月李贞也被斩，父子传首神都。

趁着这个机会，武则天将绛州刺史韩王李元嘉、青州刺史霍王李元轨、邢州刺史鲁王李灵夔，以及李元嘉之子通州刺史黄公李撰、李元轨子金州刺史江都王李绪、申州刺史东莞公李融、范阳王李蔼这些宗室中有才行美名的人都牵连进了谋反。

李元嘉、李灵夔自杀，李元轨配流黔州，李撰等伏诛，这几个凤子龙孙都被改姓了虺氏。

虺是什么意思呢？毒蛇。武则天给别人改姓毒蛇。

十二月二十五，"圣母神皇"武则天拜洛水，接受"天授圣图"，皇帝、皇太子都跟从，内外文武百官、蛮夷各依方位站立，珍禽、奇兽、杂宝列于坛前，史载"文物卤簿之盛，唐兴以来未之有也"。

能显摆的、能铺张的，都给摆出来。倾中华之物力，结则天之欢心。

十二月二十七，明堂建成，算是给武则天年前献礼了，能去这里过年了。史载，明堂高二百九十四尺，方三百尺，共三层：下层按四季划分；中层按十二时辰划分；上层为圆盖，九龙捧之。顶上安置铁凤，高一丈，用黄金装饰。明堂中间有十围粗的大木，上下通贯，下方是铁制的水渠，做成太学中的辟雍的样子，号称万象神宫。

为了说明武则天的排面，我有必要量化一下这个明堂。

这座万象神宫高九十八米，占地一万两千平方米，是世界历史上体量最大的木质建筑，没有之一！大家没看错，就是古往今来、世界范围内体量最大。

薛怀义因为督建明堂之功官拜左威卫大将军、梁国公。一个工程监理，封了国公！

武则天随后改河南县为合宫县，又在明堂之北建造了五层的天堂以贮藏大佛像。

689年正月初一，唐朝在万象神宫举办大祭，武则天穿戴上帝王的礼服礼帽，腰插大圭，手拿镇圭第一个献祭品，她亲临则天门，大赦天下，改年号为"永昌"。

正月初三，武则天驾临明堂，受朝贺。

正月初四，武则天在明堂颁布教诲百官的九条政令。

正月初五，武则天来到明堂，宴赏群臣。

二月十四，武则天追尊武士彟为周忠孝太皇，母亲杨氏为周忠孝太后，称武氏在文水的陵墓为章德陵，在咸阳的陵墓为明义陵，设置崇先府官员。

二月十五，追尊其祖先鲁公为太原靖王，北平王为赵肃恭王，金城王为魏义康王，太原王为周安成王。

四月二十二，武则天杀辰州别驾汝南王李炜等李氏皇族十二人。

十一月初一，冬至，武则天在万象神宫祭祀，大赦天下，改永昌元年十一月为载初元年正月，以十二月为腊月。为了显示即将"开天辟地"的存在感，武则天连岁首都给改了。

武则天堂姐之子凤阁侍郎宗秦客，改造"天""地"等十二字进献，十一月初八获得批准。武则天自名"武曌"，"曌"寓意日月当空照，为了避她造这字的讳，改"诏"曰"制"。

进入690年，黑暗统治的酷吏监国到达了巅峰，因为她要走最后一步了。此时群臣已经到了相见不敢交谈，在路上相遇只能用眼睛示意的地步了。大臣们入朝时经常被突然秘密逮捕，因此每次入朝前，大臣

第7战 武曌骑唐 | 719

们总与家人诀别说:"不知道是否还能再相见?"①

七月,法明等僧人撰《大云经》,称武则天为弥勒佛下凡,应代唐为王。

为了她的神圣合法性,武则天令天下各州设置大云寺来宣扬这件事。②

最远的大云寺在今天的吉尔吉斯斯坦,大云寺和《大云经》算是借助大唐的国力无远弗届了,至于这点儿小事咱们就不提铺张和损耗民力了,都排不上号。

弥勒下生的武则天没有放过李唐宗室,武承嗣派周兴罗织罪名诬告隋州刺史泽王李上金、舒州刺史许王李素节谋反,两人走到龙门时被缢杀,其诸子及支党也都被杀。

八月二十八,武则天杀南安王李颖等皇族十二人,又用鞭子打死故太子李贤的两个儿子,唐朝皇族于是差不多被清除尽了,年幼还活着的也都流放岭南,又处死其亲党数百家。

上一个这样清洗的王朝仅仅三十七年后就二世而亡了。武则天这回连老杨家一半的排面都达不到。

九月初三,侍御史傅游艺率关中百姓九百余人来到皇宫上表,请改国号为周,赐皇帝姓武氏。

武则天不同意,但是提拔傅游艺为给事中。这个信号一出,百官及帝室宗戚、远近百姓、四夷酋长、沙门、道士合六万余人,都上表如

---

① 《资治通鉴·唐纪二十》:朝士人人自危,相见莫敢交言,道路以目。或因入朝密遭掩捕,每朝,辄与家人诀曰:"未知复相见否?"

② 《旧唐书·则天皇后本纪》:有沙门十人伪撰《大云经》,表上之,盛言神皇受命之事。制颁于天下,令诸州各置大云寺,总度僧千人。但经过学界的考证《大云经》应当不是伪经。其中内容确实能为武则天即位提供合法性依据。

傅游艺所请，李旦也上表自请赐姓武氏。

九月初五，群臣进言：有凤凰自明堂飞入上阳宫，又飞回停留在左台的梧桐树上，停了很久才向东南飞去；还有数万赤雀飞集朝堂。

690年九月初七，六十七岁的武则天在皇帝及群臣的百般请求下，登上则天楼，再次大赦天下，改唐为周，改元"天授"。

九月初九，群臣给武则天上尊号曰"圣神皇帝"，以李旦为皇嗣，赐姓武氏，改名为轮。

李旦这孩子刚生下来时叫李旭轮，总章二年（669）徙封冀王时改为李轮，永淳二年（683）封豫王时改名为李旦，现在又成武轮了，就此迁居东宫，继续着傀儡的人生。

自637年武才人入宫，到690年武皇帝登基，武曌在半个世纪的机关算尽后，终于翻过身来把唐给骑了。

当初感业寺的比丘尼变成了圣神皇帝，一对自私到极致的权力鬼才夫妻让我们一次又一次地感慨人性究竟可以有多自私、多贪婪。

结尾了，整首诗吧。

运去金成铁，时来铁似金。
有意栽花花不发，无心插柳柳成荫。
逢人且说三分话，未可全抛一片心。
画虎画皮难画骨，知人知面不知心。
易涨易退山溪水，易反易覆小人心。
人到公门正好修，留些阴德在后头。
十分伶俐使七分，常留三分与儿孙。
若要十分都使尽，远在儿孙近在身。
人恶人怕天不怕，人善人欺天不欺。

善恶到头终有报，只盼来早与来迟。
黄河尚有澄清日，岂能人无得运时。
垂拱元年猖狂日，神龙双规无字碑。
二郎武德启贞观，三郎唐隆定开元。

大唐气象

渤海小吏 著

下

中国大百科全书出版社

图书在版编目（CIP）数据

大唐气象：全三册 / 渤海小吏著 . -- 北京：中国大百科全书出版社，2024.8. -- ISBN 978-7-5202-1621-0

Ⅰ. K242.09

中国国家版本馆 CIP 数据核字第 202440LU74 号

出 版 人	刘祚臣
策 划 人	赵　易
责任编辑	赵春霞
责任校对	宋　杨
责任印制	魏　婷
出版发行	中国大百科全书出版社
地　　址	北京市阜成门北大街 17 号
邮政编码	100037
电　　话	010-88390767
网　　址	http://www.ecph.com.cn
印　　刷	河北鑫玉鸿程印刷有限公司
开　　本	710 毫米 × 1000 毫米　1/16
印　　张	76.25
字　　数	946 千字
印　　次	2024 年 9 月第 1 版　2025 年 5 月第 3 次印刷
书　　号	ISBN 978-7-5202-1621-0
定　　价	198.00 元（全三册）
审 图 号	GS（2024）3309 号

本书如有印装质量问题，可与出版社联系调换

总目录

序 / 1

第 1 战　隋　崩 / 001

第 2 战　大唐创业起居注 / 127

第 3 战　秦王破阵 / 203

第 4 战　虎牢关天策封神 / 311

第 5 战　玄武门之变 / 363

第 6 战　天可汗 / 469

第 7 战　武曌骑唐 / 607

第 8 战　武韦之乱 / 723

第 9 战　盛唐的最后挽歌 / 845

第 10 战　安史之乱 / 975

下册目录

第8战 武韦之乱

一、她知道,她从一开始就什么都知道 / 725

二、她都要,她只要活着一天就都要 / 740

三、之前的浪荡是贪玩老女孩回头后的一场大梦 / 755

四、神龙政变 / 768

五、兴风作浪的武韦集团 / 785

六、景龙政变失败,复盘政变三要素 / 798

七、唐隆政变,政治天赋的重要性 / 813

八、先天政变,是终点也是起点 / 827

第9战 盛唐的最后挽歌

一、灭霸的人口理论小幽默 / 847

二、节度使出现的时代土壤 / 865

三、节度使的解题思路,玄宗朝的聚敛基因 / 878

四、三郎建构的极乐幻境,宦官的全盛时代到来 / 891

五、中国历史的拐点:李林甫粉墨登场 / 906

六、"霹雳飞猪"的升腾之路 / 921

七、"出将入相"的制度性毁灭 / 939

八、魔相死，拐点至，妖孽纵横 / 957

第10战　安史之乱

一、渔阳鼙鼓动地来 / 977

二、拉胯的安西将，脊梁的颜家军 / 995

三、哥舒翰为何不得不出潼关？ / 1017

四、中国史的千年转折点 / 1036

五、乱世打翻了调色板 / 1057

六、香积寺会战，盛唐武德的终极汇报演出 / 1076

七、诗在！书在！青史在！华夏就在！ / 1094

八、"安氏之乱"到"安史之乱"的演变 / 1116

九、藩镇的军阀气质觉醒 / 1132

十、整个北境节度使的藩镇化正式确立 / 1149

十一、大唐季终章 / 1168

第 8 战

武韦之乱

一、她知道，她从一开始就什么都知道

如果有人给你撑腰免责，鼓励你去做伤天害理的事，之后还有各种奖励分红，这种事你会去做吗？

且不说因果报应，单纯从利益的角度来看，我们可以推演这种事的结局。

1. 如果指使你做这种事的人头脑简单，他就是这样的风格，那么很容易推演出结局：他的集团很快会因为得罪多方利益而被粉碎，你作为爪牙被清洗。

2. 如果指使你做这种事的人头脑精明，是个聪明人，那么就要仔细分析了。

伤天害理的事通常具有违背人伦的震慑性，而且震慑性极强，之所以要使出这种手段，是因为幕后的黑手需要用这种形式镇住所有人，从而谋取自己远没有资格能拿到的资源，或是获取自己远没有实力能得到的地位。

注意，一定是指使之人有着高不可攀的非分之想。因为顺理成章或者难度不大的事是根本犯不上使用这种肮脏手段的。指使之人的目的是缩短路径并实现本不属于自己的非分之想。

之所以说这是所谓的聪明人，其聪明体现在两点上：

1．"聪明人"不会亲自做这种事。

2．"聪明人"之所以不自己做，是因为"聪明人"已经预先想到了后果，为了以后巩固住本是非分之想的既得利益，必须要把做脏事的人处理掉。

指使之人先通过"脏手套"去做那些伤天害理的事，让"脏手套"去得罪并震慑大量非本阵营的利益群体，当其达到目的后，再扔掉"脏手套"，对前者完成示好与和解。

我们用一句话形容就是：用极端手段得到本不属于自己的东西后，需要重建秩序去巩固非分之想，只要重建秩序，那些恐怖的"脏手套"就必须被扔到历史的垃圾桶中。

所以，做这种伤天害理的事情，执行者的结局要么是为没脑子的暴君陪葬，要么是被有脑子的恶魔出卖。

我们再简化一下概念：在几千年的历史中，酷吏永远不得善终。

绝大多数人只要在这个世间行走，就不可避免会成为"手套"，成为工具，但请永远记住底线，记住"凡事太尽，缘分势必早尽"，记住"上天有好生之德"。

我没有说什么因果报应的事，单纯逻辑推演，只要这事伤天害理，就千万别做！

至于有脑子的恶魔也别得意，你真的觉得你换手套的戏法能一直玩下去吗？这世上没有人是傻子，之所以你能扔掉"脏手套"完成和解，是因为被你伤害的人需要用时间来积聚力量。

每个人都有自己的思维惯性，用惯了"脏手套"的恶魔一辈子都会以相同的套路玩下去，但时间是公平的，它终究会从长远兑现并标定一个人的真正价值。万事万物的发展都是波动的曲线，人的一生有高峰和低谷，不会一直站在潮头。

武则天之所以被迫退位后还能留下个无字碑，是因为这个精明自私到极致的女皇的生态位实在太特殊。

即便如此，她最终也会变成工具的。在某些特殊时代，作为被他人利用的工具，她也许会被从历史的垃圾桶中拎出来表达些什么，但在历史长河中的大多数时候，她这辈子的总评都是那句"穷妖白首，降鉴何如"。

就在武曌终于如愿当了古往今来唯一的女皇帝后，她开始"卸磨杀驴"地缓和矛盾了。改朝换代两个月后，有人告发周兴与丘神勣等阴谋造反。

"脏手套们"，你们到站了，即便你们曾为武则天立下了汗马功劳。

从垂拱年间以来，周兴已经陷害打掉数千人了。[1] 他给武则天改朝换代送上的第一件贺礼就是上疏请求注销李家的王室宗族名册。[2]

丘神勣对武则天的最近一次表忠心，是在琅邪王李冲起兵后杀了博州的千余官吏及家人。[3]

武则天相当幽默地派了来俊臣去审问周兴。

来俊臣先是请老朋友周兴吃饭，在饭桌上请教周兴："要是犯人死活不认罪怎么办？"

周兴大笑道："这叫事吗？你把犯人放到瓮里四周燃起炭火烤

---

[1] 《旧唐书·周兴传》：自垂拱已来，屡受制狱，被其陷害者数千人。
[2] 《旧唐书·周兴传》：天授元年九月革命，除尚书左丞，上疏除李家宗正属籍。
[3] 《旧唐书·丘神勣传》：神勣至州，官吏素服来迎，神勣挥刀尽杀之，破千余家，因加左金吾卫大将军。

他啊!"

于是来俊臣派人找来一口大瓮,按照周兴出的主意用火围着烤,然后说:"我奉陛下圣旨审查你,请君入瓮吧!"

周兴一看报应到了,说什么也没用,别受罪了,直接认罪。周兴按律当死,但被武则天赦免流放岭南。

武则天为什么要放他一马呢?因为她知道周兴树敌太多,放了他也得死,果然半路周兴就被仇人杀了。武则天放他是表演给其他手下看的,毕竟像来俊臣等目前还要用,得给这些人留一丝温情。

丘神勣则没这待遇,迅速被解决掉了。他不能被放是因为他是禁军的高官,而且他是武则天弄死儿子的"脏手套",涉密级别太高。

与此同时,堪称武周杀人之最的酷吏索元礼也被干掉了。[1]虽然他没有被告发谋反,但抓他的理由更可笑——因为受贿。

索元礼像周兴被自己发明的那堆刑具恐吓一样,最终死在了狱中。[2]

武曌一直都知道他们做了什么,她知道为了她的这个虚名,为了她的这个可笑的皇冠,这些人做了多少缺德事,但目的达成后,她要扔掉之前的几个"脏手套"来释放和解的善意了。[3]

一直以来,索元礼、周兴、来俊臣这三个人都是武则天手下齐名的"三驾马车",这里讲一下为什么索元礼和周兴是武则天第一拨下手的对象。

周兴在武则天当皇帝后成为尚书左丞,虽然这一官职在名义上是

---

[1]《新唐书·索元礼传》:后数引见赏赐,以张其威,故论杀最多。
[2]《新唐书·索元礼传》:后以苛猛,复受赇,后厌众望,收下吏,不服,吏曰:"取公铁笼来!"元礼服罪,死狱中。
[3]《资治通鉴·唐纪二十》:兴与索元礼、来俊臣竞为暴刻,兴、元礼所杀各数千人,俊臣所破千余家。元礼残酷尤甚,太后亦杀之以慰人望。

仆射副官，但从唐太宗李世民时代起，这一岗位的官员就是尚书省的实权人物了，所以武则天会考虑"你一个酷吏怎么能在政务里瞎掺和，后世该怎么看我"的问题。

索元礼是胡人，他此前祸害人的官职和办公地点是武则天特批的。①武则天灭他比较轻松。

来俊臣此时是左台御史中丞，掌百司、监军旅，是武则天监察部门的人，这个人她还得用。而且，来俊臣早早就抱住了武士彟的继承人武承嗣的腿。

很多"聪明人"都觉得，武则天豁出老命换这个名分，就是为了让皇位在她的武家传下去。但是，这些"大聪明"没想到，武则天荼毒四海的初衷不过是"过把瘾就死"，祸乱弥天不过就是想体验一把虚名。

传位武家？不符合她的根本利益！大唐这辆自行车骑几圈她还得给人还回去呢！

改朝换代后，凤阁舍人张嘉福派洛阳人王庆之等数百人上表，请求立武承嗣为皇太子，但宰相岑长倩、格辅元、欧阳通等以皇嗣在东宫，不宜有此议为由，奏请切责上书者并轰走了请愿团。

随后武承嗣开始攻击格辅元，来俊臣也胁迫岑长倩的儿子岑灵原造谋反材料，牵连欧阳通等数十人。②

691年十月十二，岑长倩、格辅元、欧阳通等反对武承嗣当太子的

---

① 《旧唐书·索元礼传》：元礼探其旨告事。召见，擢为游击将军，令于洛州牧院推案制狱。

② 《资治通鉴·唐纪二十》：承嗣又谮辅元。来俊臣又胁长倩子灵原，令引司礼卿兼判纳言事欧阳通等数十人，皆云同反。

第8战 武韦之乱 | 729

人都被处死了。

这个时候，武氏为夯实自己继承权做出的努力接近摊牌，但武则天慢慢让所有人明白了，这个极致的利己主义者在做什么样的打算。

王庆之劝武则天废了李旦，不对，是废了武轮，武则天说："皇嗣是我的儿子，为什么要废了他？"

王庆之回答说："神灵不受他族的祭品，百姓不祭祀别族的鬼神，今天是武家的天下，难道还要以李氏为嗣吗？"

武则天令他退下，王庆之以为武则天跟他假惺惺呢，于是伏地以死泣请，坚决不走。武则天给了他一张盖有印章的纸说："以后想见我，就把这个给看门的人看。"①

按理讲，这就是同意的意思，但随后王庆之屡次求见，武则天又怒了，命凤阁侍郎李昭德对王庆之施加杖刑。李昭德把王庆之带到光政门外，指着他对官员们说："这个贼人要废我朝皇嗣立武承嗣。"他命人把王庆之摔倒，直接打死在了光政门外。②

女人心，海底针，你能猜得到？更不要说像武则天这种女人了。

李昭德看出了武则天的想法并进言道："天皇是陛下的丈夫，皇嗣是陛下的儿子，陛下自己拥有天下应当传给子孙作为万代家业，怎能传给侄子呢？自古就没听说过侄子当天子而给姑姑立庙的。况且陛下受天皇临终托付，如果将天下交给武承嗣，天皇就无人祭祀了。"这就直接

---

① 《资治通鉴·唐纪二十》：太后谕遣之。庆之伏地，以死泣请，不去，太后乃以印纸遗之曰："欲见我，以此示门者。"

② 《资治通鉴·唐纪二十》：自是庆之屡求见，太后颇怒之，命凤阁侍郎李昭德赐庆之杖。昭德引出光政门外，以示朝士曰："此贼欲废我皇嗣，立武承嗣。"命扑之，耳目皆血出，然后杖杀之，其党乃散。

说到武则天心坎里去了。①

在改朝换代之初，武则天就明白，从祭祀角度来讲，她只会立她的子孙。她虽然扭转了世人的观念，女人可以做皇帝，但是她改变不了死后的事。

武承嗣的爹是被她折腾死的武元爽，别看武承嗣现在是谄媚溜须的第一人，但以后如果他当皇帝，他就会想到他那被自己流放惨死的爹有多可怜了，他会追封他爹为皇帝，到时候自己这个姑姑算什么？

这个世界，她能信得过的只有她儿子，更不要说她此时还剩下的两个儿子都异常"优秀"——一个像傻子，一个摘了胆。只有她儿子将来会祭祀她，所以她一定会立她完全控制得住的儿子为帝。她丈夫是唐高宗，是天皇大帝，后世极大概率是不祧之庙，她死后也是永远能享受到祭祀的。

活着的时候利益占尽，死了以后也得猪头吃饱，大家感受到这个精明女人的可怕与可恨之处了吗？

不当皇帝也一样能控制权柄到死，结局其实是一样的，都是被儿子祭祀，但这个快七十的老太太为了这份风光做了太多的恶。哪怕你今年五十岁要当皇帝我都能理解，但你都快七十岁了，你还能活几年？你的结局早已注定，但你却为了当皇帝而付出天大的代价。武则天，你是真行。

而且虽然你不给，但武承嗣不会就那么看着，他也会自己寻找出路。692年正月，武则天对官僚阶层表姿态示好提拔的名片、她的自己

---

① 《资治通鉴·唐纪二十》：昭德因言于太后曰："天皇，陛下之夫；皇嗣，陛下之子。陛下身有天下，当传之子孙为万代业，岂得以侄为嗣乎！自古未闻侄为天子而为姑立庙者也！且陛下受天皇顾托，若以天下与承嗣，则天皇不血食矣。"太后亦以为然。

人——狄仁杰,被来俊臣诬告谋反了。

武周时代的最著名人物,上场!

狄仁杰,太原狄氏,爷爷狄孝绪在贞观中期官至尚书左丞,父亲狄知逊为夔州长史,狄仁杰自己是参加科举考上来的,授汴州判佐。

狄仁杰人生的第一次升迁是因为得到了唐初名臣"照相机"、贞观"人肉摄影仪"、时任河南道黜陟使的阎立本的赏识。一辈子画过秦王府十八学士和凌烟阁二十四功臣的阎立本,在看到年纪轻轻的狄仁杰后,仅凭其气概就给出了顶级评价:"一看就知道你小子行!海曲之明珠,东南之遗宝啊!"随后阎立本荐授狄仁杰做了并州都督府法曹。

狄仁杰在并州都督府法曹任上干得出色,调进长安任了大理寺丞。他到任后,仅用一年时间就将之前积压的多达一万七千人的疑难及案件全部结案,并且没有二审申冤上诉的。[①]

功名看气概,画遍英雄的阎立本到底没有看错,这也是后世那些侦探剧的素材来源。

猛干了一年的狄仁杰很快又接到了一件案子,一位被武卫大将军权善才处理过的"飞骑"趁着宿卫的机会求见了李治,举报权善才砍了昭陵柏树,大不敬。李治因此想杀权善才,但被处理案件的狄仁杰劝阻,称其罪不当死。

李治怒道:"权善才砍了我爹陵上的树,这使我不孝,必须杀!"

此时已经是仪凤元年(676),李治说一不二已经很久,很多年没人敢质疑皇帝的决定了,但狄仁杰张嘴了,不过他不是傻劝,而是在铺垫一堆内容后说:"现在陛下因为昭陵的一株柏树而杀一名将军,千载

[①]《旧唐书·狄仁杰传》:仁杰,仪凤中为大理丞,周岁断滞狱一万七千人,无冤诉者。

之后，后世会如何评价陛下？因为这个臣才要劝谏而招您烦了，但臣实在是替您的名声考虑啊！"

李治一琢磨也对，于是权善才得以免死，狄仁杰几天后也被提拔为侍御史。

这次提拔是谁的意思呢？我们通过后面狄仁杰的两次进攻就能知道了。

被提拔之后，狄仁杰又相继弹劾了司农卿兼领将作少府韦机和左司郎中王本立。

韦机被弹劾的原因，是韦机给李治干活的时候督建的宿羽、高山、上阳等宫室太过壮丽奢侈，超标了。①

这个极大概率不是真正的原因，其根本原因在于韦机是李治的嫡系，曾经得罪过武则天，李治在生命的最后时段还想调回这个嫡系，但被武则天直接阻挠了。②

王本立也是李治的人，被狄仁杰打击的时候李治还打算保他呢。③

狄仁杰早年的工作记录：进正史中被弹劾的官员都是李治的嫡系，还都和武后有仇。

狄仁杰刚正不阿，是栋梁，是国器不假，但这个人一辈子审时度势

---

① 《旧唐书·狄仁杰传》：高宗以恭陵玄宫狭小，不容送终之具，遣机续成其功。机于埏之左右为便房四所，又造宿羽、高山、上阳等宫，莫不壮丽。仁杰奏其太过，机竟坐免官。

② 《旧唐书·韦机传》：有道士朱钦遂为天后所使，驰传至都，所为横恣。机因之，因密奏曰："道士假称中宫驱使，依倚形势，臣恐亏损皇明，为祸患之渐。"高宗特发中使慰谕机，而钦遂配流边州，天后由是不悦。仪凤中，机坐家人犯盗，为宪司所劾，免官。永淳中，高宗幸东都，至芳桂宫驿，召机，令白衣检校园苑。将复本官，为天后所挤而止。

③ 《旧唐书·狄仁杰传》：左司郎中王本立恃宠用事，朝廷慑惧，仁杰奏之，请付法寺，高宗特原之。

的眼光和随机应变的智慧，才是他成为恐怖的武周一朝最特别存在的根本原因。

狄仁杰在侍御史的岗位上敢敲打韦机和王本立，有两个原因：

1. 李治已经到了生命最后阶段，武则天连李贤都废了，势头凶猛。

2. 武则天是并州文水（今山西吕梁文水县）人，狄仁杰是并州晋阳人，这两个地方在今天也就半个小时的车程，他们是老乡。

第二点尤为关键。

狄仁杰后来转宁州刺史，在任上抚和戎夏，百姓欢欣，郡人刻碑颂德。

御史郭翰巡察陇右，一路掀桌子，进入宁州境内时，百姓对好刺史狄仁杰赞美有加，于是郭翰将狄仁杰推荐上报。朝廷将狄仁杰调回中央任冬官侍郎，后来他又做了江南巡抚使，督导江南。

狄仁杰到了江南后，奏毁了一千七百多座民间淫祠，仅留了夏禹、吴太伯、季札、伍员四祠。要改天换地了嘛！民间那么多祭祀，百姓容易被蛊惑，李敬业就是在这边闹起来的。

这次使命完成后狄仁杰转文昌右丞，在李贞造反后又出为豫州刺史，他真正是武则天的嫡系，专门去平事的。

狄仁杰到任后的第一件事是善后。此时以造反定罪的有六七百家，籍没官府充当奴婢的有五千人，司刑使逼狄仁杰行刑，但狄仁杰觉得株连太广，请求缓刑，随后密奏武则天道："臣本打算走正式流程的，又担心显得像给逆贼说情一样，但我知道不说话又对不起您老对百姓的慈悲，很多人都是被逼的，罪不至死，求您老开恩。"最终武则天特赦了这些人，只流放丰州。

同样都是武后一党，但狄仁杰即便在这个铺天盖地的政治风暴中依旧积了大阴德。作为对比，丘神勣在博州大开杀戒屠了千余家。

仁厚的狄仁杰此时已经成为标杆了，因为狄仁杰而活命的人在流放的路上路过宁州，当地父老说："你们能活下来多亏了我们狄大人！"这些囚徒大哭，斋戒三日后才离开宁州，他们到达丰州后又为狄仁杰立碑称颂恩德。①

不管多缺德的统治者，哪怕他这辈子的撒手铜都是用"脏手套"伤天害理，他也同样需要一些好名声点缀自己。

不管你多么身不由己，你依旧可以思考怎样去做狄仁杰，而不是丘神勣。得饶人处且饶人，能多让人活命就多救些人。

上天有好生之德，再黑暗的世道也依旧有光，依旧有办法。狄仁杰不是仅仅救下了这五千人，其实早在他结束平叛来豫州上任时，就制止了宰相张光辅平叛后对豫州方面的劫掠和勒索。

张光辅此时比较狂，怒道："你这个小刺史怎么敢怠慢元帅？"

狄仁杰道："乱河南者，只是李贞一人而已，现在你这是要再造一万个李贞啊！"

大帽子一扣，张光辅也害怕了，他问狄仁杰什么意思。狄仁杰道："您带着三十万大军平定一个乱臣李贞，却不收敛兵锋，纵容士兵施暴，无罪之人都因此无辜受难，这不是等于再造一万个李贞吗？况且这些人都是被李贞凶狠威胁而跟从的，都是没办法的人，我们官军一到，那些被胁迫造反的人就主动放弃城池归顺朝廷了，您为什么要纵容贪功的将士屠戮归降之众呢？您就不怕冤声沸腾直冲于天吗？我如能请来尚方宝剑必斩你头，我虽死如归！"

张光辅没敢再对狄仁杰说什么，毕竟这是武则天的自己人，他只

---

① 《旧唐书·狄仁杰传》：豫囚次于宁州，父老迎而劳之曰："我狄使君活汝辈耶！"相携哭于碑下，斋三日而后行。豫囚至流所，复相与立碑颂狄君之德。

是回去给狄仁杰穿了对长官不敬的小鞋,武则天将他调任复州刺史,但很快狄仁杰又回神都当洛州司马去了。①

武则天正式称帝后,狄仁杰又由洛州司马转地官侍郎、代理尚书事务、同凤阁鸾台平章事,拜相了。

这么一个武则天的老乡兼正义广告大使,在成为宰相后被来俊臣盯上了。狄仁杰连同宰相任知古、裴行本、司礼卿崔宣礼、前文昌左丞卢献、御史中丞魏元忠、潞州刺史李嗣真一起被来俊臣诬告谋反。

来俊臣此时制造证据已经流水线化,极其精明的狄仁杰一看自己被这个家伙阴了,一进监狱就直接招了:"别动手,我确实谋反了。"狄仁杰也因此很罕见地成为没在来俊臣手下受罪的犯人。

结案后就等着行刑了,狄仁杰在来俊臣放松警惕后向狱吏借来笔墨,从被子上撕下一块帛,在上面书写冤情并塞在棉衣里,对守卫说:"天热了,跟我儿子说把棉花去了给我送薄的来吧。"守卫也没当回事,狄仁杰之子狄光远得书后找武则天报告情况。②

武则天看完后召来俊臣质问,来俊臣说:"臣并未对狄仁杰等人用刑,连冠带都没碰过,饮食寝宿一切如常。"武则天派通事舍人周綝到狱中查看,周綝怕来俊臣报复,进门连看一眼狄仁杰都不敢。来俊臣随后将假冒狄仁杰等人写的《谢死表》让周綝呈给武则天。

最终是武则天决定亲自过问狄仁杰谋反案,召见后问他为何要谋反。

---

① 《旧唐书·狄仁杰传》:光辅不能诘,心甚衔之。还都,奏仁杰不逊,左授复州刺史。入为洛州司马。

② 《旧唐书·狄仁杰传》:既承反,所司但待日行刑,不复严备。仁杰求守者得笔砚,拆被头帛书冤,置绵衣中,谓德寿曰:"时方热,请付家人去其绵。"德寿不之察。仁杰子光远得书,持以告变。

狄仁杰道："我如果不承认此时已经死于酷刑了。"

武则天又问他为何要写《谢死表》，狄仁杰说自己没写过。直到这时，武则天才确认狄仁杰没谋反。①

因为刚杀了一批狗腿子，眼下自己刚当了皇帝，还需要震慑，来俊臣这条狗还得接着用，武则天最终将狄仁杰贬为彭泽令，把他暗中保护了起来。

在狄仁杰等七人中，魏元忠、李嗣真是来俊臣的政敌，剩下的人大概率是不跟武承嗣一心的，因为后来武承嗣还曾多次奏请诛杀他们，但都被武则天保下了。②

虽然武则天已经开始往回拽了，但此时恶臭的政治风气惯性太大了。比如在这次谋反冤案中，殿中侍御史霍献可是崔宣礼的外甥，这个外甥却对武则天说："您要是不杀我舅，我就死在您面前！"随后一头就撞台阶上了，鲜血遍地，他想通过极端的表态希望武则天觉得自己忠心耿耿。③

692年五月初一，武则天改元"如意"，一个月后下令禁止天下屠杀牲畜及捕鱼虾，让全国上下陪她吃素。

当时江淮大旱，饥民却不得捕鱼虾，饿死的人非常多。

右拾遗张德家里生了儿子，办"洗三"时私自杀羊宴请同事。补

---

① 《旧唐书·狄仁杰传》：则天召仁杰，谓曰："承反何也？"对曰："向若不承反，已死于鞭笞矣。""何为作谢死表？"曰："臣无此表。"示之，乃知代署也。

② 《旧唐书·狄仁杰传》：武承嗣屡奏请诛之，则天曰："朕好生恶杀，志在恤刑。涣汗已行，不可更返。"

③ 《资治通鉴·唐纪二十一》：殿中侍御史贵乡霍献可，宣礼之甥也，言于太后曰："陛下不杀崔宣礼，臣请殒命于前。"以头触殿阶，血流沾地，以示为人臣者不私其亲。太后皆不听。献可常以绿帛裹其伤，微露之于幞头下，冀太后见之以为忠。

阙杜肃悄悄带了宴席上的一些食物当证据上表告发，第二天武则天临朝听政，对张德说："听说你生儿子很高兴？"

张德拜谢，随后武则天道："从哪里弄来的肉？"

张德叩头认罪。

武则天道："朕禁止屠宰牲畜，但有吉、凶事不干涉，你今后请客也需要选择人。"随后拿出杜肃的奏表给他看。杜肃就此社死了。

武则天开始强力往回拽了，她扶植李昭德打击酷吏与告密者。所谓"是时酷吏恣横，百官畏之侧足，昭德独廷奏其奸"。

然而惯性一旦开启，哪有那么好终结的呢。祥瑞还是大量被制造出来，有人献赤色花纹的白石，说这石头赤心忠诚。

李昭德怒道："此石赤心，别的石头都造反了吗？"

襄州人胡庆用丹漆在龟腹上写：天子万万年。

李昭德以刀刮尽，奏请法办。

武则天打圆场："用心也不坏，放了吧。"

武则天在打信号：别来这套了，忠心我能理解，但不会有奖励了，红利期过去了。

武则天在狄仁杰一案被偷袭打掉三个宰相后也开始正视酷吏问题了，开始大规模纠偏处理诬告之人，命监察御史严善思处理诬告者八百五十多人。①

武则天这么精明的人，怎么会看不出来武承嗣的小心思？据史料

---

① 《资治通鉴·卷二十一》：自垂拱以来，任用酷吏，先诛唐宗室贵戚数百人，次及大臣数百家，其刺史、郎将以下，不可胜数。每除一官，户婢窃相谓曰："鬼朴又来矣。"不旬月，辄遭掩捕、族诛。监察御史朝邑严善思，公直敢言。时告密者不可胜数，太后亦厌其烦，命善思按问，引虚伏罪者八百五十余人。

记载，李昭德私下对武则天说："魏王武承嗣权力太重。"

武则天说："他是我的侄儿。"

李昭德说："侄儿对于姑姑比得上儿子对父亲吗？儿子杀爹都不新鲜更何况侄儿呢？武承嗣是亲王，又担任宰相，权势熏天，我怕陛下不能久安于天子之位啊！"

道理她永远懂，不过是需要借你的嘴说出来。

八月，武则天展开"废武行动"，任文昌左相、同凤阁鸾台三品武承嗣为特进，纳言武攸宁为冬官尚书，夏官尚书、同平章事杨执柔为地官尚书，一并罢去相职；任秋官侍郎崔元综为鸾台侍郎，夏官侍郎李昭德为凤阁侍郎，检校天官侍郎姚璹为文昌左丞，检校地官侍郎李元素为文昌右丞，与司宾卿崔神基并任同平章事；营缮大匠王璇为夏官尚书、同平章事。

称帝时需要你们武家人；现在达到目的了，得防着你们狗急跳墙。

没有永恒的亲恩，只有永恒的利益。

九月初九，武则天下诏说自己又长了新牙，到则天门大赦天下，改年号"长寿"。

"老武"高调表态：我身子骨硬朗着呢！

这是见识过太宗和高宗两位权力大神的门徒，在这个"名老女人"走到生命终点之前，棋盘上的所有棋子，段位都太低。

二、她都要，她只要活着一天就都要

693年正月初一，武则天在万象神宫举行祭祀并上演了大型自制歌舞情景剧《神宫大乐》。

太宗的《破阵乐》是不敢用了，上演一次群臣心里就得哭一次。

"老武"只好在自己兴建的世界最大木构建筑上玩歌颂，她这个《神功大乐》继续在人数上玩突破，达到了惊人的九百人。[①]

这也应该是中国古代史上室内歌舞的规模之最了。武则天这辈子对规模的迷恋比男人要疯狂得多。

平衡车老年组冠军武则天在一个季度前把侄子罢相后打一棒子又赶紧给了个甜枣，这次祭祀以魏王武承嗣为亚献，梁王武三思为终献。

腊月，武则天又杀了武轮两个最高级别的妃子，皇嗣妃刘氏（李旦长子李成器母）和德妃窦氏（李隆基母）以诅咒婆婆的罪名被杀，紧接着她将武轮诸子都由一字王降为二字王，嫡长子李成器被降为寿春郡王、恒王李成义为衡阳郡王、楚王李隆基为临淄郡王、卫王李隆范为巴

[①] 《旧唐书·音乐志》：先是，上自制《神宫大乐》，舞用九百人，至是舞于神宫之庭。

陵郡王、赵王李隆业为彭城郡王。

她在极致拉扯地耍猴,给武家这些"猴"扔出了新希望。

在武承嗣眼中,"别看把我罢相了,但武轮的媳妇都被砍了,皇孙也都降级了,也许这皇位还是有希望的?我姑姑还是心里有我,她罢免我是怕我膨胀走歪了啊"!

这一年的九月,自我高潮的武承嗣加大马力,导演了一次五千人上表请求武则天加尊号为"金轮圣神皇帝"的事件。①

不得不说,在举办请愿游行这方面武家在历史长河中算是有一号的,请愿规模上千都属于稀松平常,除了上古大神王莽外,"老武"应该是没服过谁。毕竟,王莽是西汉末顶流超级巨星,否则安汉公王莽后援团的选票能有震古烁今的四十八万七千五百七十二张。②

王莽、武则天作为中国史上一世而亡的一哥、一姐也算是各领风骚数百年了。

武则天尊号加的这个"金轮"是什么呢?

这是个佛教用语,所谓轮宝有金、银、铜、铁四种,得金轮者为金轮王,乃四轮之首,领东、南、西、北四大洲。也就是说,这还是要突出君权神授,武则天还是不自信啊。

就这样,武则天背上了金轮,由"灭霸"变成了"武周队长"。

九月初九,武则天到万象神宫接受尊号,大赦天下,做金轮等七宝,每次朝会都陈列在殿庭上展示自己的法王背书。

由于去年的"长寿"年号比较吉利,主打一个老当益壮,武则天

---

① 《资治通鉴·唐纪二十一》:魏王承嗣等五千人上表请加尊号曰金轮圣神皇帝。
② 《汉书·王莽传》:是时,吏民以莽不受新野田而上书者前后四十八万七千五百七十二人,及诸侯、王公、列侯、宗室见者皆叩头言,宜亟加赏于安汉公。

没舍得改，但为了让天下知道她又厉害了，还是大赦了。

如果有以罪犯为主角打算写穿越文的朋友，当你构思时，请千万不要错过武则天的时代，她算是帮你开了金手指。只要你的主角别犯政治错误，无限犯罪迭代，随便犯去吧，只要不是死刑就都是几个月的拘留，可以顶格去犯，反正也许转天就大赦了，你的主角只要离武则天远点儿，周法就什么都不是。

第二年（694）五月，武承嗣等两万六千余人再次请武则天上尊号"越古金轮圣神皇帝"。这回又加了"越古"，表示武则天超越了前人，具有"前不见古人"之地位。

大家看看这规模，两万六千余人请上尊号。这是"老武"要跟她老哥哥王莽叫板呐。

五月十一，武则天受尊号，为了新加的两个字，再次大赦天下，但这次她觉得必须标记存档一下了，改元"延载"。

此时此刻，还不知道后面故事的朋友是不是觉得这出闹剧也该差不多了？武则天的档次也差不多就到这个地步了吧？很遗憾，你的良心限制了你的想象力。

这一年八月，武三思等率"四夷"首领请求用铜铁铸造天枢柱，立在端门外铭记功德，贬唐颂周，诸胡聚集百万亿钱买铜铁尚不够用，又征收民间的农具加以补充。①

武则天的这根纪功柱，全名"大周万国颂德天枢"，寓意"天下中

---

① 《资治通鉴·唐纪二十一》：武三思帅四夷酋长请铸铜铁为天枢，立于端门之外，铭纪功德，黜唐颂周；以姚璹为督作使。诸胡聚钱百万亿，买铜铁不能足，赋民间农器以足之。

枢"的世界中心。①

武则天的这根柱子是对周边铜铁资源的巨大消耗，连农具都被征用了，更可恨的是她只是用铁还不行吗？不行，她还得用铜！

可是，当时的钱都是用铜制作的，要造她的纪功柱，就会造成相当恐怖的通货紧缩。

那我不管！我要大粗柱子！总之，"老武"这辈子活着就是为了不计成本、不考虑百姓死活、不顾及国际影响地吹牛。

太宗时代，要是想修点儿什么得琢磨好久，想封个禅得过好几轮审，什么消耗资源多的物件也没造，但不耽误天可汗的威名响彻整个东亚。

还是那句话，越是牛的人，越不需要去证明什么。

当年，让突厥的酋长给大唐当北门保安，他还得谢谢大唐。到了武则天这里，连"四夷"都成穷鬼了，没油水可榨了，因为武三思的名目就是从"四夷"那里刮钱。

这些不是白透支的，武则天时代的外交征战突出的就是一个丢脸。就在造这根柱子一年多后，东北轰轰烈烈地闹起了营州治乱，契丹反了，给"老武"打得很狼狈，后突厥的阿史那默啜更是直接一次次忽悠玩弄"老武"。

如果说这根柱子还有可取之处的话，那就是将来她孙子李隆基缺钱时给回炉了。

695年正月初一，武则天又进一步，给自己加号"慈氏越古金轮圣神皇帝"，然后又一次大赦天下，改元"证圣"。

---

① 《大唐新语·卷之八》：则天征天下铜五十万余斤，铁三百三十余万，钱二万七千贯，于定鼎门内铸八棱铜柱，高九十尺，径一丈二尺，题曰"大周万国述德天枢"，纪革命之功，贬皇家之德。

这个"慈氏",是"弥勒"的意译。

武则天自称弥勒下生,满天下修建大云寺宣讲《大云经》不够,还得挂名字上。

在改了这么牛的名字后,武则天在她的万象神宫也就是明堂举办无遮大会。先是挖了个五丈深的坑,又在宫殿中挂上彩绸,再把事先准备好的佛像从深坑里拉出来,说是从地下涌出来的,然后杀牛取血来画大佛像,仅画像上的佛头就高二百尺,说是薛怀义刺自己取血画的。

当时御医沈南璆也得到武则天宠幸,薛大师不开心,随后烧了天堂。①

这个天堂,是当年万象神宫建成后,又在北面修的用来贮存大佛像的建筑。

当时修建天堂的费用实在太高,刚造好就被风吹倒了,又重新造,每天役使一万人,木料都是从南方甚至岭南运来的,在数年的建造过程中花费以万亿计算,国库都被掏空了。薛大师像跟钱有仇一样,花钱如粪土,武则天全部不管,我是皇帝,宠个男人算什么!②

薛怀义也在武则天的支持下愈发疯癫,每次举行无遮法会都要用掉上万缗钱,等四方百姓云集后再散十车钱,让人们抢钱抢到出现踩踏事件,以此来突出大会火爆。③

---

① 《资治通鉴·唐纪二十一》:时御医沈南璆亦得幸于太后,怀义心愠,是夕,密烧天堂。

② 《资治通鉴·唐纪二十一》:构天堂以贮之。堂始构,为风所摧,更构之,日役万人,采木江岭,数年之间,所费以万亿计,府藏为之耗竭。怀义用财如粪土,太后一听之,无所问。

③ 《资治通鉴·唐纪二十一》:每作无遮会,用钱万缗;士女云集,又散钱十车,使之争拾,相蹈践有死者。

他这次已经疯狂到了敢烧"老武"的庙了。

大火从天堂又烧到了万象神宫，这两个建筑离得太近了，考古数据显示二者的地基仅相距十六米。据记载，当时大火照得城中如同白昼，到天亮时天堂和明堂全部烧光，狂风刮坏了牛血画的佛像，断成了数百段。

武则天摁下了这事，只是轻描淡写地命重造明堂和天堂，仍命薛大师为主持建造的负责人。同时，她又命为九州各铸一座铜鼎及十二属相神像，神像都高一丈，安置在各自的方位。

薛怀义不喜欢入宫，基本住在白马寺，剃度了上千精壮男子为僧。直到这种可能威胁到统治的事出现时，皇帝大人武则天才英明了起来，将这千余武僧流放了。

武则天开始警惕薛怀义了，而且纵火犯本人心里面也不安，说话总不顺着他"武姐"。武则天担心这小子要作乱，于是选了百余位五大三粗的宫女作为警卫团防着薛怀义。最终在三月初四，在瑶光殿前将薛怀义逮捕，武则天让武攸宁带壮士打死了这位男友，在白马寺焚尸并压在了塔底。①

且不说薛怀义的其他经济腐败，他单单是造明堂、天堂都能把国家财政造崩了。这次薛怀义心情不好放火烧了明堂、天堂，武则天就知道，只要说还要，就还得再把国家掏空一次。她养小白脸的成本不是普通昏君所能比拟的。

如果不是李世民的底子打得太好，前面的国际威望和民生存款太多，

---

① 《资治通鉴·唐纪二十一》：僧怀义益骄恣，太后恶之。既焚明堂，心不自安，言多不顺；太后密选宫人有力者百余人以防之。壬子，执之于瑶光殿前树下，使建昌王武攸宁帅壮士殴杀之，送尸白马寺，焚之以造塔。

按她这个败家法，大唐早亡国了；如果不是李隆基的盘子接得太力挽狂澜，她死后的洪水早就滔天了，依靠她那两个儿子根本没戏。

三月十六，武则天在宝塔镇怀义后去了"慈氏越古"之号。

明堂、天堂烧毁，说明这么硬的法号她扛不住，她也自我怀疑了。

半年后的九月初九，在这个武则天最爱的办大事专用日，她在南郊合祭天地，加号"天册金轮大圣皇帝"，继续大赦天下，改元"天册万岁"。

弥勒爷爷不敢惹了，这回自封大圣了。

腊月初一，武则天自神都洛阳出发，于腊月十一封禅嵩山。

仅仅过了两个月，她又改元"万岁登封"了，又赦了天下，天下百姓免租税，大饮九日。

三月十六，历经一年的修建，新明堂落成了，高二百九十四尺，方三百尺，规模略小于被烧毁的明堂，顶上放置两丈高的涂金铁凤，后来被大风吹坏了。一看凤凰镇不住，武则天又造了群龙捧着的铜火珠，定名为通天宫，又大赦天下，改年号为"万岁通天"。

天册万岁、万岁登封、万岁通天，换了三个年号仅用了六个月，古往今来真没有这么不值钱的年号；六个月内三次大赦天下，古往今来也没有这么不值钱的司法。

就在武则天批发"万岁"的这一年，大周对吐蕃和契丹的作战都耻辱性地大败了。她通常在越是作妖的年份迎来的耻辱越多，打不过净给对方首领改名了，著名的孙万荣改成孙万斩、李尽忠改成李尽灭就是这个年份的幽默产物。

可笑之余流露出一丝略显活该的无助。

697年，七十四岁迈过一道坎儿的武则天又结交了两个新男友。

最早是女儿太平公主将原永徽宰相张行成的族孙张昌宗介绍给了

"老武","老武"比较满意。张昌宗说:"臣兄张易之比臣还好。"随后武则天也喊来张易之,甚悦。从此"老武"又有了新伙伴,一个不过瘾改两个了,这次也不用剃光头发当和尚了,装都不装了!①

张昌宗就此成为云麾将军,行左千牛中郎将;张易之为司卫少卿,赐宅一处及大量男仆、女婢、牲口,赐绢帛五百缎。随后,武则天还追赠张氏兄弟父母官职,完成一大堆鸡犬升天配套流程,不到十天,全洛阳就知道这对兄弟要起飞了,武后朝的诣媚套餐也给配上了,以武家人为首的众人开始扑向他们,鞍前马后地伺候着,套近乎地称张易之为"五郎",张昌宗为"六郎"。②

四月,跟重修明堂一起布置的九鼎工作完成,豫州鼎最大,高一丈八尺,容一千八百石;其余各州鼎高一丈四尺,容一千二百石。鼎上铸山川物产,用铜五十六万零七百余斤,比天枢柱的用铜量还要高。就这样武则天还觉得不够,要用千两黄金再给鼎盘个包浆。③

大臣们劝阻说九鼎是神器,值钱就在这种自然上,现在已经够光彩夺目了,金色就算啦,劝了半天才最终作罢。武则天命令宰相、诸王率南北衙禁军十余万人及仪仗队中的大牛、白象一同牵拽九鼎自玄武门入。

---

① 《旧唐书·张易之张昌宗传》:则天临朝,通天二年,太平公主荐易之弟昌宗入侍禁中,既而昌宗启天后曰:"臣兄易之器用过臣,兼工合炼。"即令召见,甚悦。由是兄弟俱侍宫中,皆傅粉施朱,衣锦绣服,俱承辟阳之宠。

② 《新唐书·张易之张昌宗传》:昌宗兴不旬日,贵震天下。诸武兄弟及宗楚客等争造门,伺望颜色,亲执辔箠,号易之为"五郎",昌宗"六郎"。

③ 《资治通鉴·唐纪二十二》:夏,四月,铸九鼎成,徙置通天宫。豫州鼎高丈八尺,受千八百石;余州高丈四尺,受千二百石;各图山川物产于其上,共用铜五十六万七百余斤。太后欲以黄金千两涂之。

这时候，来俊臣已经准备罗织罪名对武氏诸王及太平公主动手了，又欲诬陷武轮及庐陵王与南北衙禁军同反，他也做上武媚的盗国梦了。①

在被武则天纵容了十多年后，来俊臣彻底不知道自己姓什么了。就他的那点儿流氓团伙还想干那么大的事，诸武和太平公主直接就把他控制起来了，随后要求将他处以极刑，就差武则天审批了。②

来俊臣是武则天最后一条"司法狗"了，而新的"脏手套"还没培养出来。武则天考虑到这些活不是那么轻松的，而且诸武和太平直接要杀她的狗，这事她得细分析下，于是她打算赦免，杀来俊臣的批件递上去三天都没批下来。

最终是右肃政台御史中丞吉顼趁着武则天游花园的时候对她说："来俊臣聚党造反没能成功，随后诬构良善，赃贿如山，冤魂塞路，这是国之巨贼啊！"他反复劝武则天："他真的想谋反，这条工具狗不能再用了！"

武则天就此批准了来俊臣的死刑。

对了，和来俊臣一起被杀的是武则天之前用来抗衡酷吏的工具人李昭德。

此时的政治生态已经到了只要得到武则天的撑腰，那么全世界除了"老武"全都不是人，李昭德也因专权而得意忘形到不知道自己姓什么了。

李昭德与宰相娄师德一同上朝时，因为娄师德身体肥胖走得慢，

---

① 《资治通鉴·唐纪二十二》：俊臣欲罗告武氏诸王及太平公主，又欲诬皇嗣及庐陵王与南北牙同反，冀因此盗国权，河东人卫遂忠告之。

② 《资治通鉴·唐纪二十二》：诸武及太平公主恐惧，共发其罪，系狱，有司处以极刑。

李昭德多次停下来等他，时间金贵的李昭德怒道："乡巴佬！"娄师德比较有涵养，笑着道："我不是乡巴佬，谁还能是呢！"

娄师德是进士出身，当过监察御史，后来又为将西征吐蕃立有军功，常年驻防作战，回朝后拜相。这是位有监察和军功背景的宰相，是连武则天的酷吏集团都不敢找麻烦的名臣，李昭德却敢这么贬低他。

后来，邓注写了数千言的《硕论》，把李昭德的专权放肆详细地写成了论文，由凤阁舍人逄弘敏递了进去。武则天看见后怒了，对姚璹道："李昭德这个人对不起国家！"随后李昭德被贬为钦州南宾尉。

得罪了太多人的李昭德和那些倒台的酷吏一样下场凄惨，来俊臣很快就以谋反罪为由把失去圣心的李昭德逮捕归案了。结果来俊臣没想到，他同样很快进了监狱。

相当幽默的是，武则天将她养的这两条互相咬的狗安排在同一天处斩了。

由于李昭德是对战酷吏的斗士，民间口碑不错，惋惜之声不小，而来俊臣死的时候仇家就在刑场外等着吃来俊臣的"刺身"，那点儿肉都不够分的，秒光下架，挖眼剥皮剖腹取心，随后还得被踩成泥。

这个时候，武则天又站出来了，表示："这样的坏蛋要诛灭其族，以洗刷苍生之恨。"全民跟过年一样喊出这一年的洛阳金句：从今天起睡觉终于能贴着席子了！①

但是，恶魔真的消失了吗？只要她在，再造一个来俊臣就是分分钟的事。

来俊臣死后，闰十月，去幽州救完火的狄仁杰入阁拜相。

---

① 《资治通鉴·唐纪二十二》：太后知天下恶之，乃下制数其罪恶，且曰："宜加赤族之诛，以雪苍生之愤，可准法籍没其家。"士民皆相贺于路曰："自今眠者背始帖席矣。"

第8战 武韦之乱 | 749

狄仁杰回来后上疏了下面五段话，也算是女皇时代的全面写照：

"天生四夷，皆在先王所管辖的地区之外，东拒沧海，西阻流沙，北横大漠，南阻五岭，这是上天来限夷狄隔中外的……近年国家频繁出兵，耗费巨大，西边戍守四镇，东边戍守安东，征兵日益增加，百姓快受不了了，现在关东饥荒，两川百姓逃亡，江淮以南征税不断，能薅人的地方薅人，能薅钱的地方薅钱，算是动员全了。①

"百姓一旦不能安心生产过日子，活不下去的时候就会当强盗，根本动摇了，忧患就会四起，之所以这样，都是抢蛮夷的地方而忽略自己百姓的缘故。②（大家看看狄仁杰多聪明，根本不提武则天那堆柱子和殿堂的事，只说他能改变的事，力所能及地往前拱卒。）

"从前汉元帝纳贾捐之计取消珠崖郡，汉宣帝用魏相之策放弃车师，他们不是不想崇尚虚名，而是怕耗费人力罢了。近世贞观中期平定突厥九姓，立李思摩为可汗，让他统辖各部族，就是当夷狄反叛时应讨伐，降伏时应安抚，要'以夷制夷'，所以贞观时代的国防成本极低，这就是咱们目前经略边疆的先例。③

"窃以为应立阿史那斛瑟罗为可汗，将四镇委托给他，恢复已灭亡的高句丽，让高氏镇守安东，这样我们可以节省大量军费，集中兵力在

---

① 《资治通鉴·唐纪二十二》：近者国家频岁出师，所费滋广，西戍四镇，东戍安东，调发日加，百姓虚弊。今关东饥馑，蜀、汉逃亡，江、淮已南，征求不息。

② 《资治通鉴·唐纪二十二》：人不复业，相率为盗，本根一摇，忧患不浅。其所以然者，皆以争蛮貊不毛之地，乖子养苍生之道也。

③ 《旧唐书·狄仁杰传》：昔汉元纳贾捐之之谋而罢珠崖郡，宣帝用魏相之策而弃车师之田，岂不欲慕尚虚名，盖惮劳人力也。近贞观年中，克平九姓，册李思摩为可汗，使统诸部者，盖以夷狄叛则伐之，降则抚之，得推亡固存之义，无远戍劳人之役，此则近日之令典，经边之故事。

边塞威慑夷狄即可,何必穷追其巢穴和蝼蚁计较短长呢?①

"咱们防守就可以了,等敌人来进攻,这样成本小,以逸待劳收益大,过几年突厥和吐蕃就可不战自服了。"②

别看狄仁杰夸了太宗时代的国防策略,但给出的解题方案已经回到了自古以来的农耕对游牧的惯性思路。

为什么会造成这种情况?

因为周边的少数民族已经过不下去了。这些年太多莫名其妙的征调逼反了之前的"儿子"们,连造柱子都得找"四夷"要钱,现在的大周又打不过别人,而武曌大帝为了证明自己的合法性又不能有土地的丢失,随后就是没完没了的边境互撕,将少数民族打得越来越团结,将自己打得国防成本越来越高。

当年扶植老二打老大的那些思路在武则天统治时期根本看不见了,她警惕性极强,谁也不信任,极度没有安全感让她使用和酷吏一样的老思路对待外交国防:谁不服我就往死里弄你。

这就跟汉武帝没区别了。但是,汉武帝那是什么时期?后面那么多次迭代与演化,刘秀、曹操、杨坚还有李世民的政治智慧你看不到吗?

她看不到,她的王朝从最开始就没有那种基因。

698年正月(夏历十一月)甲子,冬至,武则天在通天宫祭祀,以

---

① 《资治通鉴·唐纪二十二》:窃谓宜立阿史那斛瑟罗为可汗,委之四镇,继高氏绝国,使守安东。省军费于远方,并甲兵于塞上,使夷狄无侵侮之患则可矣,何必穷其窟穴,与蝼蚁校长短哉!

② 《资治通鉴·唐纪二十二》:但当敕边兵,谨守备,远斥候,聚资粮,待其自致,然后击之。以逸待劳则战士力倍,以主御客则我得其便,坚壁清野则寇无所得;自然贼深入则有颠踬之虑,浅入必无寇获之益。如此数年,可使二虏不击而服矣。

正月甲子正好跟冬至是一天，改元"圣历"，大赦天下。

这都能改年号，这都值得大赦天下。不过她也没办法，在她的斗争下，在她的征调下，在她的战争下，遍地是罪人。大赦能减减压力阀，千万别在我活着的时候炸了，我不想丢脸啊！

武承嗣和武三思又开始跟他们的姑姑提太子的事了，多次派人对武则天渗透："自古天子没有以外姓人当继承人的啊！"据说武则天拿不定主意。①

随后狄仁杰说："太宗栉风沐雨，亲冒矢石平定的天下，传给子孙，高宗将两个儿子托付陛下，您却想将国家交给外姓，这不是违背上天之意嘛！况且姑侄与母子谁更亲？陛下立儿子为太子，则千秋万岁之后，配祭太庙，代代相承，没有穷尽；立侄子为太子，从未听说过侄子当了天子而合祭姑姑于太庙的。"②

狄仁杰又提起了七年前李昭德对武则天说过的事——死后的祭祀问题。

武则天说："这是朕家事，你别掺和。"

狄仁杰说："我是宰相，这是国事。"他还劝武则天迎回庐陵王李哲。

武则天当时没表示，几天后对狄仁杰打哑谜："我梦见大鹦鹉两翼都折了，这是什么意思？"

---

① 《资治通鉴·唐纪二十二》：武承嗣、三思营求为太子，数使人说太后曰："自古天子未有以异姓为嗣者。"太后意未决。

② 《资治通鉴·唐纪二十二》：狄仁杰每从容言于太后曰："文皇帝栉风沐雨，亲冒锋镝，以定天下，传之子孙。太帝以二子托陛下。陛下今乃欲移之他族，无乃非天意乎！且姑侄之与母子孰亲？陛下立子，则千秋万岁后，配食太庙，承继无穷；立侄，则未闻侄为天子而祔姑于庙者也。"

武则天完全可以出个更难的哑谜的,这有点儿太明显了,我都不好意思说她不是处心积虑。其实她想说的是上天说她的两个侄子不行,当不了她的辅翼,宰相赶紧往下给台阶。

结果狄仁杰更直白:"武是陛下的姓,两翼是两个儿子。陛下起用两个儿子,这两个翅膀就支棱起来了。"武则天决定不立侄子了。①

不管怎么解题的吧,反正答案都对,赶紧顺坡下。武则天要为她的七年耍猴画个句号了。

她和狄仁杰的这一通对话纯属胡扯,七年前想明白的,七年后会想不明白?七年前就敲定的事,如今死亡离她越来越近,将来死了以后怎么祭祀的事越来越摆在眼前,她会立那两个傻侄子?

反正是狄仁杰劝的我,解的谜,侄子们你们可不能怪我啊!谁让你们不是我生的呢,你们当了皇帝我就被扔一边去了,你们会把你们那死爹搬进太庙,他活着的时候跟我有血海深仇,你们让他跟我死后接着打?

七十五岁的武则天在这一年开始布局收尾了。三月初九,假托庐陵王李哲有病的理由,武则天派遣职方员外郎徐彦伯召庐陵王全家回神都治病。

三月二十八,李哲顺利到达神都,随后被保护了起来。

这个信号实在太明显了,陪跑了十几年的武承嗣在这一年八月气死了。②

---

① 《资治通鉴·唐纪二十二》:对曰:"武者,陛下之姓,两翼,二子也。陛下起二子,则两翼振矣。"太后由是无立承嗣、三思之意。

② 《资治通鉴·唐纪二十二》:太子太保魏宣王武承嗣,恨不得为太子,意怏怏,戊戌,病薨。

第 8 战 武韦之乱 | 753

九月,"没有胆"李旦把皇嗣位让给了"没头脑"李哲,武则天批准,立庐陵王李哲为皇太子,复名李显,大赦天下。

"老武"高调宣示天下,我只会传位给我儿子。而且她怕一个儿子不稳当,现在把两个儿子都放在身边,万一死了一个也有替换,总之她的死后待遇绝对不能变。

"老武"将身后事安排明白了,但这同样还有个巨大隐患。如此昭告天下就相当于未来会还政李家了,但李家和武氏已经结下了血海深仇,武承嗣和武三思是带头弄死了很多李唐宗室的。

另外,眼下有一个大问题,就是她还活着。

万一诸武担心未来被清洗,图穷匕见,先弄死自己和两个儿子了呢?万一李家担心夜长梦多被诸武先下手为强也提前拔刀了呢?

大家千万别替中国史上平衡车老年组冠军武曌担心。这些问题老人精武则天早考虑到了。哪怕少享这花花世界一天的福,"老武"都不答应!她在调回李显之后还有后手,武曌即将布局人生中最后一个使自己利益最大化的项目。

三、之前的浪荡是贪玩老女孩回头后的一场大梦

699年,七十六岁的武则天继长新牙后又长出八字眉了,百官赶紧鼓掌。

大家看个乐吧,往后化妆师又添新工作了。

二月初四,武则天起驾前往嵩山,结果三天后病了,遣给事中阎朝隐向少室山神祈福。

为了充分体现武后时代谄媚不绝对等于绝对忠诚的特色,阎朝隐要求用自己作祭品,沐浴后伏在盛祭品的礼器上表示"弄死我!让我替皇帝大人承担灾祸"。结果"老武"寿数还没到,病见轻了,随后重赏了阎朝隐。①

这次病好之后,武则天开始布置身后之事了。七月,她命李显、李旦、太平公主和武攸暨等签订"互不伤害侵犯条约",在明堂向天地

---

① 《资治通鉴·唐纪二十二》:壬辰,太后不豫,遣给事中栾城阎朝隐祷少室山。朝隐自为牺牲,沐浴伏俎上,请代太后命。太后疾小愈,厚赏之。

第8战 武韦之乱 | 755

立誓,将誓词刻在铁券上藏于史馆。①

而且,双方不是只立誓就完了,还得进行婚姻绑定。

李显的三个女儿,新都公主嫁给了武延晖(武则天侄孙,武承嗣弟之子),永泰公主嫁武延基(武承嗣长子),安乐公主嫁武崇训(武三思第二子)。再加上此前太平公主已经嫁了武则天侄子武攸暨,"老武"开始着手将李家和武家通过姻亲方式不断绑定。

为什么我作为李家最大的仇人还能进李家的太庙?因为有孩子嘛!什么仇不仇的,赶紧对接!

九月,李显和李旦诸子结束幽禁,出宫为王。

700年,武则天吃了洪州和尚胡超历时三年耗资巨万调配出来的长生不老药,病情稍有好转。②

五月癸丑,武则天以病好为由大赦天下,改元"久视",取消"天册金轮大圣"的称号。

眼看自己的身子骨一天不如一天了,"老武"开始三教合一谁灵信谁了。佛门讲轮回、讲福报,不是现阶段"老武"的主要追求了,所以金轮什么的都卸下来了。她现在追求的是长生不老。

我没讽刺她,她这个年号"久视"就是长生不老之意,出自《老子》,所谓"有国之母,可以长久。是谓根深固柢,长生久视之道"。

七十七岁的"老武"也在采阳补阴这条路上不断探索,开始愈发迷恋小伙子们的洋溢青春,挑选了许多貌美少年来伺候她,结果右补阙

---

① 《资治通鉴·唐纪二十二》:太后春秋高,虑身后太子与诸武不相容。壬寅,命太子、相王、太平公主与武攸暨等为誓文,告天地于明堂,铭之铁券,藏之史馆。

② 《资治通鉴·唐纪二十二》:太后使洪州僧胡超合长生药,三年而成,所费巨万。太后服之,疾小瘳。

朱敬则劝谏说："陛下的内宫宠臣有张易之和张昌宗已经足够了，近来听说右监门卫长史侯祥等人已经开始送礼钻营锻炼身体打算进屋伺候您了，无视礼仪法度，说的那话既黄色又反动，根本都没法听，满朝百官都知道。我这是担任谏官，不敢不上奏。"①

"老武"可能也觉得这事于名声上实在过不去了，确实太廉价且百搭了，于是赐朱敬则彩绸百段慰劳道："如果不是卿的直言进谏，朕还不知道已是这样了！"

武则天在寻求道家帮忙后也没有忘了老上级佛家，准备造大佛像修福报，这次还得是那种天下僧尼每人都出一钱做助力的大福报，结果却被狄仁杰上奏拒了，内容如下：

"当今的佛寺规模已经超过了皇帝的宫殿，建这些寺院是指望不上鬼神帮咱们干活的，只能依靠百姓出力，吃穿不会从天而降，终究是从地里长出来的，不靠剥削百姓大佛像怎么能建起来？现在游方和尚都打着佛法的名号贻误百姓，动不动就在里巷修建经坊，连市场里也盖起佛寺，他们要的供养比官府征税还急迫，僧尼做法事的物品比皇帝的敕令还紧急。梁武帝和简文帝父子对佛寺的施舍无限，等国家大乱的时候，满大街的佛寺，也没见到有救他们的。陛下即使收齐了天下和尚赞助的那点儿钱也不够造佛像的百分之一。再说不仅仅是给佛祖造像的事，佛像不能放在广场上晒着吧，还得给佛像造屋子，得多大的屋子装佛像呢？佛祖当年创立佛教是以大慈大悲为宗旨，哪里要劳民伤财弄这些浮华无用的装饰！近年来水旱灾害时有发生，边境又不安宁，为了造佛像

---

① 《资治通鉴·唐纪二十二》：太后又多选美少年为奉宸内供奉，右补阙朱敬则谏曰："陛下内宠有易之、昌宗，足矣。近闻右监门卫长史侯祥等，明自媒衒，丑慢不耻，求为奉宸内供奉，无礼无仪，溢于朝听。臣职在谏诤，不敢不奏。"

而耗费国财用尽民力，如果将来哪里出事了陛下将用什么去救援呢？"

武则天表示："国老教朕为善，怎么能违背！"

狄仁杰居然罕见地叫停了自垂拱以来已经狂奔了十六年的武氏工程。

狄仁杰回来拜相时已经六十八岁了，面对这位比自己小六岁的小老弟，武则天常称其为"国老"而不叫他的名字。狄仁杰也仗着偏爱在武则天生气的边缘疯狂试探，总爱跟武则天当面顶，"老武"也开始学会服软了。①

狄仁杰请求退休，武则天不许，狄仁杰进宫叩拜，武则天说："我看见你拜我，我这身子骨也跟着疼。"一对老姐弟"最美不过夕阳红，温馨又从容了"。

武则天还体贴地免了狄仁杰的夜班，她对核心团队成员说："非军国大事，不许烦我的国老！"

狄仁杰以七十一岁高龄死了，武则天哭道："朝堂空矣！"从此朝廷每有大事，大臣们拿不定主意的时候武则天就叹："上天为什么那么早夺走我的国老啊！"

狄仁杰这辈子真正做宰相就是在生命的最后三年，谈不上发光，顶多叫发热的三年。

武则天和狄仁杰，两个顶级人精在这段夕阳红大秧歌的三年表演中各取所需地完美谢了幕。

"老武"自打身子骨不那么硬朗就开始给自己铺后路了，通过各种方式实现"浪子回头"。

---

① 《资治通鉴·唐纪二十三》：太后信重内史梁文惠公狄仁杰，群臣莫及，常谓之国老而不名。仁杰好面引廷争，太后每屈意从之。

狄仁杰最后三年的存在意义，其实更多的价值是成为武则天在最后几年没办法下"罪己诏"的一个替代解决方案。

武则天这辈子连发"罪己诏"的资格都没有，因为她的合法性一辈子都岌岌可危。如果她"罪己"就是否定她这个王朝，她只能通过利用狄仁杰的名声，蹭狄仁杰的正义流量，一口一个"国老"地在生涯的最后时光塑造出一种纳谏的姿态。

谁说我不听劝，为什么狄仁杰说的我就听？都是因为前面那些人太坏了，我被蒙蔽得好惨啊！

武则天要通过狄仁杰的正道光芒照走自己的肮脏与不堪，试图在舆论上掩盖曾经的毒辣狠手和酷吏治国，就此完成最后的平稳着陆。

狄仁杰这位武周时代罕见的正道人士，一辈子都在极其凶险的政治环境中以极高的智慧力所能及地日拱一卒，在他回来拜相的最后三年中，趁着"老武"蹭他政治流量的机会，狄仁杰推荐了姚元崇（即姚崇，字元之）、桓彦范、敬晖等数十位名臣，"狄系"的大臣们最终成为拯救这个可怕世道的骨干力量。[1]

狄仁杰老了，他也熬不过魔王武则天的寿命，但他用最后的温度给大唐以后的腾飞装上了燃料。

我死以后，大唐还有好几重难关，魔王走后毕竟还有妖孽，孩子们，太宗皇帝栉风沐雨打下来的天下，大唐重回贞观的荣光，靠你们了。

就在狄仁杰谢幕的前一年，武周时代还有一位大贤也走了，他就是

---

[1] 《资治通鉴·唐纪二十三》：仁杰又尝荐夏官侍郎姚元崇、监察御史曲阿桓彦范、太州刺史敬晖等数十人，率为名臣。或谓仁杰曰："天下桃李，悉在公门矣。"仁杰曰："荐贤为国，非为私也。"

李昭德口出狂言骂乡巴佬的娄师德。武则天在少数民族面前一再丢脸，这位出将入相的老英雄在自己的人生末年又回到西北去震慑吐蕃了，老将军在河陇前后四十余年，恭勤不怠，唐和吐蕃的百姓都得其恩惠。①

狄仁杰最后一次回来拜相，其实是娄师德举荐的，但千万别以为狄仁杰心里没有算计，武周时代有一个算一个能混到政治高层的都是玩人的高手，狄仁杰回来后就总挤对娄师德去外面平事。②

武则天感觉出来了，她问狄仁杰："娄师德做宰相够格吗？"

狄仁杰道："我只知道他为将履职尽责，贤不贤我还真不知道。"③

看看，狄仁杰也不说不行，但话里话外就是说他在这屋里不合适。

作为下套的高手，武则天随后接着问："娄师德知人善任吗？"

狄仁杰道："臣跟他是同僚，也没觉得这人眼光强啊。"

武则天道："你就是娄师德推荐的，他还是知人善任的。"

狄仁杰出来后叹道："娄公盛德，我被他包容了那么久，他不过是不肯跟我计较罢了！我比他差得太远了。"④

对于娄师德，史书中有这么一句评价："是时罗织纷纭，师德久为将相，独能以功名终，人以是重之。"

酷吏是最看人下菜碟的。我说过，武周时代是动物世界，台面上的人没有羔羊，一拨又一拨那么多的酷吏之所以没人去惹娄师德，是因

---

① 《资治通鉴·唐纪二十二》：师德在河陇，前后四十余年，恭勤不怠，民夷安之。

② 《资治通鉴·唐纪二十二》：性沉厚宽恕，狄仁杰之入相也，师德实荐之；而仁杰不知，意颇轻师德，数挤之于外。

③ 《资治通鉴·唐纪二十二》：太后觉之，尝问仁杰曰："师德贤乎？"对曰："为将能谨守边陲，贤则臣不知。"

④ 《资治通鉴·唐纪二十二》：仁杰既出，叹曰："娄公盛德，我为其所包容久矣，吾不得窥其际也。"

为娄师德兼具督察和功勋边将的背景,还对武则天有大用,能帮她去平边患。娄师德如果想伤天害理地潇洒走一回,其实在这个时代简直不要太轻松,但这位大贤选择了兢兢业业地日拱一卒,为边将则保一方百姓,为宰相则为国举才。

即便黑暗恐怖如武周一朝,依然会有娄师德和狄仁杰这种正道光芒。也正因为这些华夏脊梁,咱们的文明才能数千年不断绝。

无论什么时代,都是有机会去选择的。纵然恶魔在朝,妖孽盈世,纵然无法"达则兼济天下",依然可选择"穷则独善其身"。为了自己的"发达"而去做一名破坏者、毁灭者的代价太高了,本战开篇我们就推演了,除了自己不得好死外,关键是还祸及子孙啊。

人,应该力所能及地做一名建设者,做一名守护者。苍天在看,青史在看。

狄仁杰推荐的数十人中,有一个人很特殊,武则天曾经对狄仁杰说:"我想要个大才,你给推荐推荐。"

狄仁杰说:"您想用这个人做什么?"

武则天说:"为相。"

狄仁杰道:"如果您要的是文采风流的人才,那么李峤和苏味道就能达标,但您要的是出类拔萃的奇才,那就只有荆州长史张柬之了。他虽然年纪大,但却是宰相之才。"[①]

武则天随后提拔张柬之为洛州司马,给这次对话收了尾。

这位张柬之只比武则天小一岁,狄仁杰看见他都得喊声老哥哥。

689年,武则天改朝换代前夕,朝廷以贤良科目召试,六十四岁的

---

① 《资治通鉴·唐纪二十三》:仁杰对曰:"文学缊藉,则苏味道、李峤固其选矣。必欲取卓荦奇才,则有荆州长史张柬之,其人虽老,宰相才也。"

张柬之在对答策问的一千余人中名列第一，就此从一个地方县丞的芝麻官被授予监察御史，后累迁为凤阁舍人。刚入凤阁当上老马仔，张柬之就说错话了。

当时后突厥的阿史那默啜请以女儿和亲，武则天为了万国来朝的面子，让武延秀娶亲，张柬之说："自古从无天子指派王爷娶异族女子的事。"

其实按理讲这话没毛病，这还显得咱们天朝上国尊贵呢，但武则天正是"浪呀么浪打浪"最凶的时候，不能容忍有人跟自己对眼神，不能看见一个人皱眉头。张柬之逆了武则天的旨意，随后就被踢出洛阳，任合州刺史了。

他已经很幸运了，当时那个政治生态说错一句话根本不可能活下来。这就是看在他年纪大了，武则天懒得弄他了，张柬之相当幸运地离开了政治旋涡，随后开始了十年的蛰伏。

后来武则天又让狄仁杰举荐人才，狄仁杰说："我此前推荐的张柬之您还没任用呢。"

武则天道："我已经给他升官了。"

狄仁杰道："我推荐的是宰相，不是做司马的。"

武则天随后给了狄仁杰面子，张柬之虽没拜相，但被调进了朝堂中央，担任了司刑少卿，后迁秋官侍郎（刑部侍郎）。

狄仁杰死的这一年，武则天下诏又重新以一月为正月，恢复唐历，大赦天下。①

武则天是多灵的人啊！与其将来让别人改抽自己大嘴巴子，不如现在就迷途知返了。最后几年武则天主打的人设就是一个回头。

---

① 《资治通鉴·唐纪二十三》：甲寅，制复以正月为十一月，一月为正月。赦天下。

她有这么聪明的脑子,但在其政治生涯的绝大多数时候都没往仁道上走。越大的能量会产生越大的戾气,也就需要越高的佛法化解,武则天供了一辈子佛,到死修的却是小聪明。

一看连月份牌都换了,凤阁舍人崔融试探性地进言:"吃肉打猎这是圣人们都写入礼制典章的,不可废缺啊。况且江南人吃鱼,河西人吃肉,这都是生活习性,再说贫贱的屠户是靠宰杀吃饭的,所以就算每天都杀一个人,也没办法真的让天下贯彻落实这种法令,只不过会助长恐吓之人和奸诈行为。咱们还是顺应自然之道吧。"

武则天批准,废除屠宰渔猎禁令。

只要皇帝寿命够长,在进入陵墓之前能悔改,最后再幸运地有霍光这种能接得住烂摊子的接班人,那么身后之名就不至于像杨广那样。

武则天这辈子能缺大德是靠她的寿命长,能平稳着陆也是靠她的寿命长。当然,核心优势是她的最强大脑。福享尽,孽造尽,最后再回头是岸玩软着陆,平稳过渡政局还政李家,在自己利益最大化方面,武则天这辈子没走错过一步。

当然,一切貌似慈祥的底色是武则天无论活着死了都不能吃亏,只要有人不符合她的利益,她还是分分钟弄死这个人。

701年,张易之兄弟报告说邵王李重润(李显长子)与其妹永泰郡主(后追封为永泰公主)、妹夫武延基私议二张专政。①

这让武则天很敏感。

1.二张之所以能专政,因为那是我的狗,你们质疑他就是质疑我的权威。

---

① 《旧唐书·张易之张昌宗传》:则天春秋高,政事多委易之兄弟。中宗为皇太子,太子男邵王重润及女弟永泰郡主窃言二张专政。

2. 我让李武联姻是为了不让你们互杀，你们怎么成联盟了！

对于自己的三个孙辈，"老武"再展雄风，直接下令打死。

杀鸡儆猴。我还活着呢，都给我老实点儿！

702年，张易之兄弟此时贵显已极，权倾朝野。八月二十三，太子李显、相王李旦、太平公主上表，请求封张昌宗为王。武则天拒绝。

八月二十七，三人再次发出请求。武则天"勉为其难"地赐张昌宗为邺国公。

"老武"一边通过提拔床搭子表明自己依旧乾纲独断，另一边也没有忘记与过去和解，下敕书："从今往后再有揭发扬州李敬业谋反案和豫州、博州李贞父子谋反案余党的都不再过问，朝廷内外各衙门一律不得受理。"①

为什么说政策那么重要呢？因为政策是起导向作用的。

十一月，闻着味的监察御史魏靖上疏："陛下已知道来俊臣有多奸邪，请求平反冤案。"武则天于是下令冤案大平反。

来俊臣这个万死不解恨的人再过千年依旧会被挂在历史的耻辱柱上，但他的主人貌似已经完成切割变得安全了。

让我再重复一句：别伤天害理，你的上司比你精。

时间来到703年，"老武"的平衡车骑得越来越费劲了。

因为张易之和张昌宗也看出来了，自己就是"老武"采阳补阴的床搭子，外加平衡诸李与诸武的工具人。他们存在的意义，就是帮"老武"再多活几年，以及在她活着的时候帮她实现平衡。

张昌宗担心哪天武则天死了自己会被清算，于是开始布局铲除异

---

① 《资治通鉴·唐纪二十三》：敕："自今有告言扬州及豫、博余党，一无所问，内外官司无得为理。"

己，他先是诬陷了太平公主的相好——司礼丞高戬和宰相魏元忠，说这两个人议论"皇帝大人老了，赶紧押注投身太子吧"。

武则天怒了，将魏元忠、高戬下狱，并准备让这两个人和张昌宗当庭对质。张昌宗秘密联系凤阁舍人张说，许其高官，让他作证陷害魏元忠，张说同意了。

第二天，武则天召太子、相王及诸宰相，让魏元忠与张昌宗对质，双方互撕后都没有决定性证据，张昌宗道："张说听过魏元忠的议论，请召他来问话。"

武则天召见张说。在张说即将进入朝堂的时候，凤阁舍人宋璟对他说："名义至重，鬼神难欺，不可误入歧途啊！如果因为这事获罪流放那是名垂千古，真有灾祸我将上殿陪你一起死！努力吧，流芳千古啊！"殿中侍御史张廷珪说："孔子教导过我们'朝闻道，夕死可矣'。"左史刘知几说："不污青史，不让子孙蒙羞！"[①]

进去之后张说把张昌宗兄弟卖了，说他们串通我，要我诬告魏元忠。

最终魏元忠和张说被下狱，武则天还是支持她的两个男友，审了一通后将魏元忠贬职为高要（今广东肇庆）县尉，将高戬和张说二人流放到岭南。

魏元忠辞行时对武则天说："臣年纪大了，这次前去岭南，多半会死在那里，日后陛下一定会有想起我的时候。"

---

① 《资治通鉴·唐纪二十三》：太后召说。说将入，凤阁舍人南和宋璟谓说曰："名义至重，鬼神难欺，不可党邪陷正以求苟免！若获罪流窜，其荣多矣。若事有不测，璟当叩阁力争，与子同死。努力为之，万代瞻仰，在此举也！"殿中侍御史济源张廷珪曰："朝闻道，夕死可矣！"左史刘知几曰："无污青史，为子孙累！"

武则天也挺伤感,问为什么啊。

魏元忠指着张家兄弟道:"这两个小儿最终将成为祸乱的根子!"

张昌宗兄弟赶紧哭天抢地,说自己被冤枉了,武则天叹道:"老魏你走吧。"

这次虽然还是以张氏兄弟的迫害成功收尾,武则天也坚决表达了"我的人就不可能有错",但有很多隐藏在水面下的东西开始浮上来了。

像反水的张说,还有劝张说的宋璟,都是后面唐玄宗李隆基时代的名相,这两个人也都不是单纯的直臣,都是经历过来俊臣等酷吏时代的。他们现在之所以敢这样做,敢反抗武则天的狗,是因为他们已经看出天下局势的最终走向了。

704年九月,突厥叱利元崇反叛,武则天派刚刚得罪了张易之的宰相姚元之(即姚元崇,因武则天不想他与叱利元崇同名而改名)任灵武道行军大总管兼灵武道安抚大使。

姚元之要去赴任的时候,武则天让他推荐才德可胜任宰相之人。姚元之道:"张柬之沉厚有谋,能断大事,且其人已老,建议陛下赶紧用。"

十月二十二,武则天任命八十岁的秋官侍郎张柬之同凤阁鸾台平章事,很快又迁凤阁侍郎,知政事。当年狄仁杰特别推荐的张柬之拜相了。

姚元之之所以要推荐他,是因为他们都是狄公门生。

时间终于来到了705年。正月初一,武则天大赦天下,改元"神龙"。

"老武"身体彻底不行了,这个极度精明的魔王在死前下令自文明元年以后的罪人,只要不是扬、豫、博三州谋反案及谋逆的罪魁,全部大赦。①

---

① 《资治通鉴·唐纪二十三》:春,正月,壬午朔,赦天下,改元。自文明以来得罪者,非扬、豫、博三州及诸反逆魁首,咸赦除之。

除了谋逆案，所有政治犯都被赦免了。准确地说，"老武"吃掉了她下一任政府几乎所有的政治红利。把最后一口香烟抽完，她要着陆去当回天后了。

武则天生于624年，那一年是甲申年，猴年；705年是乙巳年，蛇年。"老武"很避讳蛇年，因为按她深信的命理学的说法，她属猴，巳和申合中带刑，而且她的八字里大概率还带寅，寅巳申凑足了最恐怖的三刑。

重病的"老武"将蛇年改成神龙，一如既往地耍小聪明，也一如既往地还想再抽几口烟。

你还是别抽啦，到时间了！

四、神龙政变

早在704年年底的时候，武则天就已经快不行了，宰相们甚至数月都难见到她一面。住在长生殿（集仙殿）的"老武"天天只有张家兄弟在身边伺候着，有一天"老武"病见轻的时候，崔玄暐上奏道："太子和相王仁厚贤明孝顺友爱，这兄弟两个能伺候您，皇宫是重地，陛下还是别让外人出入了。"①

要政变了，该上地图了，图8-1中画圈的地方是武则天的长生殿。跟长安的禁宫图没什么区别，北门还是那个北门。

劝谏的这个崔玄暐是武则天继狄仁杰死后挑的一个新的光芒符号兼"无党派大臣"。701年，崔玄暐任天官侍郎（吏部侍郎），由于人比较正，不屑于贿选，被上司们调整到文昌左丞（尚书左丞）了，但没到一个月，武则天又把他给调回来了，理由是："听说你调岗后那些官员

---

① 《资治通鉴·唐纪二十三》：太后寝疾，居长生院，宰相不得见者累月，惟张易之、昌宗侍侧。疾少闲，崔玄暐奏言："皇太子、相王，仁明孝友，足侍汤药。宫禁事重，伏愿不令异姓出入。"

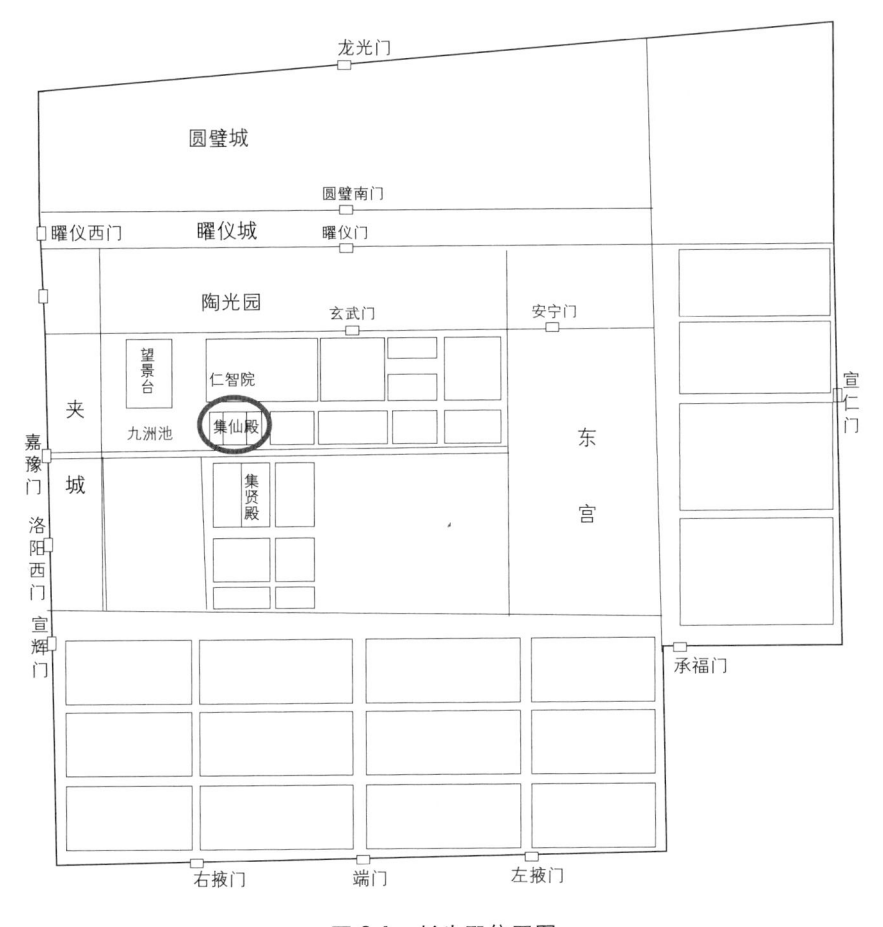

图 8-1 长生殿位置图

都吃捞面相庆,就是想要贪污,所以人事工作还得是你给我把关,老姐姐就信你!"①

703年,崔玄暐拜相且进入太子的团队,兼了太子左庶子,不久

---

① 《新唐书·崔玄暐传》:长安元年,为天官侍郎,当公介然,不受私谒,执政忌之,改文昌左丞。不逾月,武后曰:"卿向改职,乃闻令史设斋相庆,此欲肆其贪耳,卿为朕还旧官。"乃复拜天官侍郎,厚赐彩物。

第 8 战 武韦之乱 | 769

前还上书平反了来俊臣、周兴等制造的冤案。崔玄暐本来就是正直符号，还是太子的团队成员，眼看着见一回武则天越来越不容易，所以直接打明牌了："我们当然希望您万寿无疆，但万一，我是说万一，您老哪天没能永远健康，张家兄弟拿出个遗诏，我们听是不听？到时候肯定不体面。"

武则天是多灵的人，当然明白崔玄暐这话是什么意思了，于是对他说道："我十分感激你的厚意。"

张易之和张昌宗看到"老武"快不行了，也开始狗急跳墙，拉拢党羽作为后援，准备寻找出路。①

但此时另外的三股势力也都看清结局的推演了，那边的力量明显更大，大量举报张氏兄弟造反的匿名信和海报张贴于十字路口，但"老武"还是不追究这事。②

这里所说的三股力量分别是：

1. 皇族的李显、李旦、太平公主兄妹。
2. 以狄仁杰提拔起来的人为主的忠唐势力。
3. 武家势力。

所谓的神龙政变，是上述三股力量剿灭二张不确定因素的三拳合力。

为什么二张这么遭人恨？同是扮演武则天的"老来乐"角色，当年的薛怀义顶多是御史们看不惯了来几嘴，怎么就没有人上升到贴谋反海报这种灭九族级别的斗争呢？

---

① 《资治通鉴·唐纪二十三》：易之、昌宗见太后疾笃，恐祸及己，引用党援，阴为之备。

② 《资治通鉴·唐纪二十三》：屡有人为飞书及榜其书于通衢，云"易之兄弟谋反"，太后皆不问。

因为二张是永徽宰相张行成的族孙,官宦世家的子弟,出身是有根底的,他们知道上层建筑是怎么玩的,这不是单纯身体好但出身个体工商户的薛怀义所能比的。二张倒台后,仅朝官就有房融、崔神庆、崔融、李峤、宋之问、杜审言、沈佺期、阎朝隐等数十人被牵连打倒。

二张在政局上是一直往前拓宽版图的,比如前面陷害魏元忠,武则天选择了无条件地支持他们。再比如狄公一系的重要大臣宰相姚元之,虽然没被罢相,但却被张易之挤对到灵武去了。①

二张在不断吞噬上面三股势力的权力大饼。

所谓的"屡有人为飞书及榜其书于通衢",则是上述三股势力集团的舆论发力——没有你,对我们很重要!

"插上尾巴就是猴"的武则天能不知道张家兄弟有反的心思?她太知道了,但她更知道这对兄弟此时羽翼还不丰厚。

"老武"更精明,不管多宠多惯着,禁军的事别想,张氏兄弟的势力大多数都是"词臣"。②

只要一天没控制禁军,二张的核心诉求就是希望武则天万寿无疆,即便造反也需要她来帮他们争取时间,所以她就能永远安全。但如果依崔玄暐所说,让李显兄弟来伺候她,可能分分钟就把她伺候走了。毕竟,如果她死了,她的两个儿子就能彻底挺直腰杆了。

---

① 《旧唐书·姚崇传》:是时,张易之请移京城大德僧十人配定州私置寺,僧等苦诉,元之断停,易之屡以为言,元之终不纳。由是为易之所谮,改为司仆卿,知政事如故,使充灵武道大总管。

② 《旧唐书·崔融传》:时张易之兄弟颇招集文学之士,融与纳言李峤、凤阁侍郎苏味道、麟台少监王绍宗等俱以文才降节事之。《旧唐书·张易之张昌宗传》:以昌宗丑声闻于外,欲以美事掩其迹,乃诏昌宗撰《三教珠英》于内。乃引文学之士李峤、阎朝隐、徐彦伯、张说、宋之问、崔湜、富嘉谟等二十六人,分门撰集。

所以从武则天这里推演，她的最优解是永远不给二张禁军权力，手握大权到最后一刻再让李显接班，随后张家兄弟去地底下再伺候自己。

但权力的制衡是时时刻刻分分秒秒的，武则天确实脑子八千转给自己搭了永远不吃亏的框架，但只要她的生命力撑不起她搭建的框架了，棋子们就会迅速挣脱束缚分秒必争地自己去寻找出路了。

李唐的忠君集团开始下死手了。准确地说，是狄公一系在武则天又一次重病后开始发力了。毕竟姚元之都被挤对走了，谁知道下一个是谁？好不容易要把老妖怪熬走了，这时候下车太不合适了！

九月，姚元之去灵武之前给武则天推荐了自己的接班人——同是狄公门生的张柬之，张柬之拜相的时间已经是704年的十月二十二了。①

张柬之上任后几乎是以光速开始布局后面的人事安排。

狄公的门生们布置的第一波攻击，是在704年十二月二十，杨元嗣举报张昌宗曾召见一个叫李弘泰的江湖术士给他占卜看相，说他有天子之相，劝他在定州建佛寺修功德，这样能天下归心。

武则天派凤阁侍郎、同平章事韦承庆，司刑卿崔神庆和御史中丞宋璟共同审理此案。韦承庆和崔神庆是张家兄弟的人，后面都被流放了；宋璟是姚元之后来推荐的接班人，大概率也是狄公门生。

韦承庆和崔神庆审完上奏："张昌宗招供说李弘泰确实说过这话，但他马上就要向您主动检举揭发了。张昌宗主动自首应当免罚，法办妖言惑众的李弘泰即可。"

另一边宋璟则上奏道："张昌宗受到陛下如此恩宠还要召术士占

---

① 《资治通鉴·唐纪二十三》：冬，十月，甲戌，以秋官侍郎张柬之同平章事，时年且八十矣。

卜,他到底想干什么?李弘泰说他为张昌宗占得纯"乾"之卦,这是天子之卦。如果张昌宗认为李弘泰妖言惑众,为什么不绑来治罪?虽然他自首了,但他也是包藏祸心,请求治张昌宗之罪!"

过了好一会儿,病魔缠身的"老武"也不说话。她现在很纠结,张昌宗虽然做着天子梦,但要是真弄死这两兄弟的话自己就危险了。

宋璟的方案让"老武"有一种人活着但钱没了的痛苦之感。

宋璟追杀道:"如果现在不马上把他治罪,恐怕人心不稳。"

"老武"道:"所有审理暂停,我先看看案卷。"

不久,武则天给出解决方案:敕命宋璟去扬州审案子,又敕命宋璟去审幽州都督屈突仲翔的贪污案,接着又敕命宋璟担任李峤的副职安抚陇蜀。

安排了一圈,宋璟却拒绝接受这些任命,他上奏道:"依惯例,州县官吏犯罪,官品高的由侍御史审理,官品低的由监察御史审理,非军国大事的重大案件御史中丞不应出使地方。现在陇蜀无变,我不知道陛下派臣出去做什么?臣不敢奉制。"

另一边放着正义光芒的崔玄暐也多次上奏,群情激愤之下武则天只能令司法部门定张昌宗的罪。崔玄暐之弟司刑少卿崔昪表示按律当斩,宋璟也再次上奏:"别的先放一边,先控制起来再说。"

眼看这是要对张昌宗下死手,武则天开始亲自下场维护男友道:"张昌宗对我说这事了。"

宋璟说:"张昌宗是被一封封匿名信举报后才说的,况且谋反是大罪,不能因自首而免刑,要是张昌宗不伏法,要国法有什么用!"

"老武"还是服软劝和,但宋璟蹬鼻子上脸道:"张昌宗深受皇恩,我知道祸从口出,但我实在是为了江山社稷无法控制我胸中激荡的情绪,死就死了!"

第8战 武韦之乱 | 773

宰相杨再思看到局面要僵，赶紧让宋璟出去，但宋璟道："圣主在此，不烦宰相擅宣敕命。"

杨再思堪称武周官场笑面虎，当宰相期间只举手，也不推荐人，一切以"老武"的喜怒哀乐为宗旨，最著名的那句话就是："政治环境太艰难，直来直去招灾惹祸，不装孙子活不下去。"①

杨再思虽然就是个举手的，但到底也是宰相，宋璟已经开始顶撞了。宋璟为什么敢这样呢？

大家千万别因为他后来是开元名相就觉得他有多么铁面无私，还是那句话，这是武周一朝，每个混过来的台面人物都是自保的高手。

还记得前面魏元忠被张昌宗陷害时，宋璟对要去作证的张说怎么说的吗？"名义至重，鬼神难欺，不可误入歧途啊！如果因为这事获罪流放那是名垂千古，真有灾祸我将上殿陪你一起死！努力吧，流芳千古啊！"

张说确实实话实说了，但魏元忠和张说还是被武则天给踢岭南去了，武则天偏向男友，之后王晙要上奏为张说申辩，结果嘴炮宋璟突然变身劝道："魏公已经免死啦，你现在又去惹陛下生气，我怕你要倒霉。"王晙道："魏公忠心却获罪，我有感而发，就算因此被贬也没什么可遗憾的。"宋璟叹道："我不敢上书，我对不起朝廷。"②

上一秒同生共死，下一秒死道友不死贫道，这是什么人啊！但宋

---

① 《新唐书·杨再思传》：居宰相十余年，阿匼取容，无所荐达。人主所不喜，毁之；所善，誉之。畏慎足恭，未尝忤物。或曰："公位尊，何自屈折？"答曰："世路孔艰，直者先祸。不尔，岂全吾躯？"

② 《旧唐书·王晙传》：往岁，魏元忠为张易之、昌宗所构，左授高要尉，晙密状申明之。宋璟时为凤阁舍人，谓晙曰："魏公且全矣，子冒威严而理，坐恐子之狼狈也。"晙曰："魏公忠而获罪，晙为义所激，颠沛无恨。"璟叹曰："璟不能申魏公之枉，深负朝廷矣。"

璟确实是名臣，还是大唐四相之一。

后世给他和姚元之的评价是："故唐史臣称崇善应变以成天下之务，璟善守文以持天下之正。"这两位历经了武周一朝的名相，一辈子的经历都很复杂，尤其姚元之，堪称斗争天才。

只能说，那时的世道很复杂，想做成事更复杂，具体问题具体分析的事太多太复杂了。

在武周一朝，官员的命运从来模糊且不可捉摸，你不知哪句就说错了，首先得保证自己能活下去。为了在武周朝活下去，经常前后矛盾。

此时宋璟敢这样在武则天面前对她的谄媚宰相怒吼，是因为他后面有人，有一大票人！

在宋璟的坚持下，病病歪歪的武则天终于无奈地同意，遣张昌宗前往御史台受审，但还没等审完，"老武"直接用天子特赦将张昌宗赦免了。

宋璟叹道："真没想到还能这样啊，遗憾的是，我没先把这小子的脑袋敲碎！"

"老武"强撑病体开外挂的同时，那三股势力集团开始执行B计划了。甚至宋璟冲锋在前，更像是在消耗武则天的生命与精力，让她无暇思考隐藏于水面下的政治布局。

既然你不体面，你非得抽到最后一口烟，那没办法了，我们只能动手了。

705年，历史来到了著名的神龙元年。

正月，守凤阁侍郎同凤阁鸾台平章事张柬之、鸾台侍郎同凤阁鸾台平章事崔玄暐、左羽林将军桓彦范、右羽林将军敬晖、司刑少卿（大理寺次官）兼知相王府司马事袁恕己等决定政变夺权。

第8战 武韦之乱 | 775

我们来看看这五位的人事档案。

张柬之,时任守凤阁侍郎同凤阁鸾台平章事,狄公门下老大哥,是此次政变的发起者及总联络人,所谓"及诛张易之兄弟,柬之首谋其事"。

崔玄暐,时任鸾台侍郎同凤阁鸾台平章事,他虽然是武则天一手提拔的,但堪称小号狄仁杰,心向大唐,还是太子团队成员。

袁恕己,时任司刑少卿兼知相王府司马事,代表着李旦方面的力量。①

桓彦范,时任左羽林将军,狄公门下。②

敬晖,时任右羽林将军,狄公门下。③

桓彦范和敬晖是张柬之拜相后紧急安排的左、右羽林将军。

张柬之在704年十月底才拜的相,十二月底宋璟跟张昌宗开撕,705年正月就要政变了,动作非常快。

此时的北门禁军有四股力量,即左右"飞骑"和左右"千骑"(后改名"万骑")。④

这四股力量归属左右羽林卫管辖。左右羽林卫分设左右羽林大将军各一名,正三品下;左、右羽林将军各两名,从三品下。这也就意味着,左右羽林卫共有六名高级禁军将领。

---

① 《旧唐书·袁恕己传》:敬晖等将诛张易之兄弟,恕己预其谋议,又从相王统率南衙兵仗,以备非常。

② 《旧唐书·桓彦范传》:圣历初,累除司卫寺主簿。纳言狄仁杰特相礼异,尝谓曰:"足下才识如是,必能自致远大。"寻擢授监察御史。

③ 《资治通鉴·唐纪二十三》:仁杰又尝荐夏官侍郎姚元崇、监察御史曲阿桓彦范、太州刺史敬晖等数十人,率为名臣。

④ 《唐会要·卷七十二》:开元十三年四月二十一日敕:四军枪稍,左飞骑用绿纷,右飞骑绯纷,左万骑红纷,右万骑碧纷。

桓彦范和敬晖分别被安排为左、右羽林将军，狄公的嫡系占了两个名额，另外的人选张柬之也布置了。

张柬之在来朝廷前，曾与接替他的荆州长史杨元琰一同泛舟于长江，行至中流时，谈到了武则天代唐的事，杨元琰很激动，慨然有匡复之志。张柬之为相后，他推荐杨元琰为右羽林将军，并对杨元琰说："你还记得当年江中说过的话吗？我这个岗位不是随随便便给你的。"①

四位羽林将军已经定了三人，还有最后一个左羽林将军，被张柬之安排给了李义府之子李湛。②

短短两个月的时间，张柬之以霹雳手段安插了四个羽林将军，这让张易之等惊疑恐惧。张柬之随后任用二张一党的武攸宜为右羽林大将军，张易之等才被暂时安抚住。③

这个武攸宜真的是二张一党吗？

要知道此人在政变后可没被清算。其实后面的这场政变除了狄公集团外，武家人也参与了。比如，武攸暨媳妇太平公主就参与谋划政变了。④

---

① 《新唐书·杨元琰传》：初，张柬之代为荆州，共乘舻江中，私语外家革命，元琰悲涕慷慨，志在王室。柬之执政，故引为右羽林将军，谓曰："江上之言，君岂忘之，今可以勉！"乃与李多祚等定计斩二张。

② 《旧唐书·李湛传》：神龙初，累迁右散骑常侍，袭封河间郡公。时凤阁侍郎张柬之将诛张易之兄弟，遂引湛为左羽林将军，令与敬晖等启请皇太子，备陈将诛易之兄弟意，太子许之。

③ 《资治通鉴·唐纪二十三》：柬之又用彦范、晖及右散骑侍郎李湛皆为左、右羽林将军，委以禁兵。易之等疑惧，乃更以其党武攸宜为右羽林大将军，易之等乃安。

④ 《旧唐书·太平公主传》：神龙元年，预诛张易之谋有功，进号镇国太平公主，相王加号安国相王，并食实封通前五千户，赏赐不可胜纪。

后面封赏的时候有十六位功臣，武攸暨和武三思在列。①

李显也亲口说了，武攸暨和武三思虽然没亲自出场，但已经提前是局中之人了。②

所以，这个看似和张家走得近的武攸宜到底是哪边的，其实已经很明白了。

北门禁军最高级的六位将军出场了五位，最后一位，是右羽林卫大将军李多祚。这个人绕不开，不是说两个右羽林将军是你的人你就能架空绕过他了。

从张柬之问李多祚的第一句话就能知道为什么绕不开这位右羽林卫大将军。张问："将军在北门多久了？"李答："三十年了。"③

张柬之听后决定摊牌："将军享钟鸣鼎食荣华富贵，位居武臣之首，难道不是高宗大帝的恩泽吗？"

李多祚道："是的！"

张柬之道："将军既然感谢高宗大帝的恩泽，准备怎么样报答呢？大帝之子现在东宫，而叛逆小子张易之兄弟擅权，危在旦夕。宗庙社稷重担都在将军身上，您要是想报恩，现在正是时候。"④

李多祚道："只要有利于国家，全听您老吩咐，不敢在乎我个人的

---

① 《资治通鉴·唐纪二十四》：以张柬之等及武攸暨、武三思、郑普思等十六人皆为立功之人，赐以铁券，自非反逆，各恕十死。
② 《旧唐书·武承嗣传》：上答曰："……攸暨、三思，皆悉预告凶竖，虽不亲冒白刃，而亦早献丹诚，今若却除旧封，便虑有功难劝。"
③ 《旧唐书·李多祚传》：神龙初，张柬之将诛张易之兄弟，引多祚将筹其事，谓曰："将军在北门几年？"曰："三十年矣。"
④ 《旧唐书·李多祚传》：又曰："将军既感大帝殊泽，能有报乎？大帝之子见在东宫，逆竖张易之兄弟擅权，朝夕危逼。宗社之重，于将军，诚能报恩，正属今日。"

身家性命。"随后指天地发誓,词气感动,义形于色。

这两个人说的"大帝之恩",大家看到就当瞧个乐。

往前倒三十年是675年。那一年唐高宗李治寄予厚望的大儿子李弘已死,李治也到人生的最后几年了,转过年来都仪凤元年(676)了,武则天废李显的时候,怎么没看见李多祚有什么动静呢?

实际上,他要感谢的是天后之恩,是"慈氏越古金轮圣神皇帝"之恩。他在北门这三十年,武则天掌权的巅峰长达二十多年,他是武则天放心的禁军心腹。但此时,这位心腹的心思活动了。"大帝"就此被引进,成为一个好台阶。

权力这东西是要看信心的。"老武"快要死了,所有人都看在眼里。谁愿意放弃拥立之功带来的富贵呢?更准确地说,病魔缠身的武则天此时的衰弱太明显了,因为四位左、右羽林将军都是在张柬之拜相后的短短两个月内安排的,虽说她是皇帝,但她真的能对底下的禁军控制得那么彻底吗?

能参与预谋政变的肯定是少数人,刚刚上岗就带禁军去干玩命的工作,其实这事相当随机。比如"千骑"系统的禁军将军田归道就没搭理这事,政变闹起来后选择了不参与。①

但同是"千骑"系统的禁军将领,担任右卫中郎将、押千骑使的杨执一可是选择了跟着入局的。②

最终神龙政变极其丝滑,最大的反对就是不参与,但绝不干涉。

---

① 《资治通鉴·唐纪二十三》:张柬之等之讨张易之也,殿中监田归道将千骑宿玄武门,敬晖遣使就索千骑,归道先不预谋,拒而不与。

② 《唐代墓志汇编·大唐故金紫光禄大夫鄜州刺史赠户部尚书上柱国河东忠公杨府君墓志铭并序》:俄除左清道率,转右卫中郎将押千骑使……中宗践祚,以佐命匡复勋,加云麾将军,迁任鹰扬卫将军,封弘农县公。

其实这就是绝大部分禁军都看明白了。

李多祚看准了局面，入局与张柬之定谋诛杀张易之兄弟。

不久姚元之从灵武回朝，张柬之和桓彦范说："大事必定！"随后把计划和姚元之说了，桓彦范还将这事告诉了他妈，他妈勉励道："忠孝不能两全，先国后家。"

当时还有最后一个环节——政治旗帜的问题。用冬官侍郎朱敬则的话来说："你若是打着皇太子的旗号率北门之兵诛杀张易之兄弟，两个'飞骑'就把这事平了。"①

当时，太子李显为方便探望母亲武则天，因此常在北门起居，桓彦范和敬晖这两个左右羽林将军前往拜见，秘密说了他们的政变计划，李显同意了。②

至此，政变的最后一个环节被打通，形成闭环了。

正月二十二，中书省长官宰相张柬之和门下省长官宰相崔玄暐带着左羽林将军桓彦范与左威卫将军薛思行等，率左右羽林军五百余人来到玄武门，派李多祚、李湛及驸马都尉王同皎到东宫去迎接李显。③

结果，"太子疑，不出"。李显这个时候胆怯了。

李显为什么胆怯？因为最开始李显听说的计划，是诛杀张易之兄

---

① 《册府元龟·台省部》：朱敬则，天后时，为冬官侍郎，以张易之等权宠日盛，恐有异图，常密谓左羽林将军敬晖曰："公若假皇太子之令，举北军之兵，诛易之兄弟，两飞骑之力耳。"

② 《旧唐书·桓彦范传》：时皇太子每于北门起居，彦范与晖因得谒见，密陈其计，太子从之。

③ 《资治通鉴·唐纪二十三》：癸卯，柬之、玄暐、彦范与左威卫将军薛思行等帅左右羽林兵五百余人至玄武门，遣多祚、湛及内直郎、驸马都尉安阳王同皎诣东宫迎太子。

弟。①对李显来说,"杀张易之兄弟没问题,回来我给你们背书,但怎么突然间变成给我发门票了?"

废话!之前要是告诉你全盘计划你就得把我们卖了!

李显此时就是一门心思等着他大病的妈妈死掉然后名正言顺地继位。他以为这次兵变自己是在幕后的,但突然间他被要求亲自入场了,政变一方显然是要让他出头废了武则天的,这在已经被吓破胆几十年的李显看来实在是太可怕了,所以他改主意不出头了。②

最后是李湛道:"北门羽林军和南衙兵已经都上战车了,您现在最好去玄武门来当政治旗帜。"③

李显道:"张易之兄弟确实该死,但我怕惊到圣上啊!你们先停,咱们再琢磨琢磨。"

李湛说:"诸将已经冒着必死的风险与宰相同心勠力匡扶社稷,殿下怎么能不可怜我们的身家性命呢?我等小命虽不足惜,但殿下最好赶紧出来,你自己来跟大家说吧!"④

这是已经亮刀子威胁了。

你别忘了,你还有个弟弟。

李显就这样被架着上了路。

---

① 《旧唐书·李湛传》:时凤阁侍郎张柬之将诛张易之兄弟,遂引湛为左羽林将军,令与敬晖等启请皇太子,备陈诛易之兄弟意,太子许之。

② 《旧唐书·李湛传》:及兵发,湛与右羽林大将军李多祚等诣东宫迎皇太子,拒而不时出。

③ 《旧唐书·李湛传》:湛进启曰:"逆竖反道乱常,将图不轨,宗社危败,实在须臾。湛等诸将与南衙执事克期诛剪,伏愿陛下暂至玄武门,以副众望。"

④ 《旧唐书·李湛传》:湛曰:"诸将弃家族,共宰相同心戮力,匡辅社稷,殿下奈何不哀其恳诚而欲陷之鼎镬,湛等微命,虽不足惜,殿下速出自止遏。"

整个政变过程丝滑无比。张柬之等率兵在长生殿外的走廊将张易之和张昌宗斩首,然后进入武则天所居的长生殿,李湛也直闯玄武门扑向了长生殿与张柬之等会合。

"老武"听见动静不对,垂死病中惊坐起,问道:"谁在作乱?"

此时大局已定,张柬之等启奏道:"臣等奉太子令诛逆贼张易之、张昌宗,恐有漏泄,所以没跟您说,现在陈兵禁掖,是臣等死罪。"

"老武"问李显道:"你让他们干的吗?行,我知道了,你回东宫去吧。"

桓彦范随后进谏道:"太子怎能再回东宫?以前天皇将爱子托付给陛下,现在太子已经长大,况且太子久居东宫,天意人心,久思李氏。群臣不忘太宗、天皇之德,所以奉请太子诛杀贼臣。希望陛下传位给太子,以顺应上天和百姓的意愿。"

武则天看了看李义府之子李湛,问道:"你也是杀张易之的将军吗?我对你父子不薄,没想到也有今天啊!"

李湛惭愧不能对。

武则天又对崔玄暐道:"其他人都是他们举荐的,但你是我亲自提起来的,怎么你也不要我了?"

崔玄暐回道:"我这就是在报陛下大德啊!"

"大德帝"躺下了,没再说话。她终于倒下了。

随后政变军迅速抓了张昌期、张同休、张昌仪等张家亲族,这些人都被杀掉,与张易之、张昌宗全部枭首于天津桥之南示众。

袁恕己也带着相王李旦统领的南衙兵展开了外围扫荡,把韦承庆、房融、崔神庆等张易之同党抓进了监狱。

正月二十三,武则天颁制,由太子李显监国,大赦天下。

正月二十四,武则天宣布退位,将帝位传给太子李显。

正月二十五，李显即皇帝位，大赦天下，唯张氏一党不在赦免之列。所有被酷吏集团冤枉的人全部平反，他们那些被发配流放或没入官府做奴婢的子女也全部赦免。唐中宗李显加相王李旦封号为安国相王，任命为太尉、同凤阁鸾台三品；加太平公主封号为镇国太平公主；所有李氏皇族先前被发配或没入官府为奴的，其子孙全部恢复皇族身份，并根据具体情况授予官爵。

当年武则天诛杀的李唐诸王、王妃、公主、驸马等都没人敢埋葬，子孙要么流放到岭南，要么在监狱中一直被扣着，武则天这辈子数十次的大赦跟这些特殊的政治犯也没有关系，甚至有人已经隐姓埋名成了长工。李显先是下令给死去的皇族成员收敛发送，依礼改葬，恢复官爵，又召回其子孙承袭爵位，已经死绝户的就替他们选择后裔续上香火。当散落天下的李唐宗室回到洛阳后，他们哭着向李显跳舞行礼。①

正月二十六，武则天搬到上阳宫，由李湛宿卫，她老人家也体验下关禁闭的感觉吧。

正月二十七，李显带文武百官来上阳宫给武则天上了尊号，她终于能名正言顺地叫"则天大圣皇帝"了。

二月初四，恢复大唐国号，郊庙、社稷、陵寝、百官、旗帜、服色、文字也都恢复如永淳以前一样，以神都洛阳为东都，并州为北都，太上老君又当回了玄元皇帝。

705年，在武则天年老力衰无法理政以后，唐祚终于恢复了。不

---

① 《资治通鉴·唐纪二十四》：武后所诛唐诸王、妃、主、驸马等皆无人葬埋，子孙或流窜岭表，或拘囚历年，或逃匿民间，为人佣保。至是，制州县求访其柩，以礼改葬，追复官爵，召其子孙，使之承袭，无子孙者为择后置之。既而宗室子孙相继而至，皆召见，涕泣舞蹈，各以亲疏袭爵拜官有差。

过,如我们在序章提到的:万事万物皆有惯性。

唐祚之所以能恢复,国家之所以没被武则天祸害到亡国,是因为太宗的惯性太强,底子打得太厚。但在武则天二十多年的祸害下,祖宗的存款都被掏空了,而且女皇的惯性让很多"名老女人"也跃跃欲试。

刚刚恢复的唐祚,还需要三场政变的互杀淘汰,才能完成垃圾的彻底清扫。

"不高兴"倒下了,"没头脑"出场了。本来就没脑子,吓了二十多年后更傻了。

五、兴风作浪的武韦集团

705年正月二十二,神龙政变,女皇武则天被迫退位。

武则天情绪稳定,没有对失去绝对权力及对接伙伴而感到愤慨,她用行动表示:"我早就想传位于太子了,退下来也是新的开始,最美不过夕阳红,我要好好养病,祝大唐越来越好。"

正月二十九,政变功臣团得到奖励:张柬之为夏官尚书、同凤阁鸾台三品,封汉阳郡公;崔玄暐为守内史,封博陵郡公;袁恕己同凤阁鸾台三品,封南阳郡公;敬晖为纳言,封平阳郡公;桓彦范为纳言,封谯郡公。五位政变核心人物全部拜相并加银青光禄大夫,赐食实封五百户;右羽林大将军、辽国公李多祚进封辽阳郡王,赐食实封六百户;驸马都尉王同皎为云麾将军、右千牛将军、琅邪郡公,食实封五百户;其他各政变功臣皆有赏赐提拔。

这里有一个不太起眼的细节,即政变五位首脑中,两位掌禁军的羽林将军拜相了,没兵权了。

虽说功臣拜相是正常的奖励,但请大家千万记住,在局面没有彻底稳定并盖棺定论之前,在复杂的、莫测的、多方势力暗流汹涌的时候,身处旋涡核心的人永远不要放弃对暴力机器的掌控。除非你有姚元之的本事,平衡车踩得比"老武"都好,能在风暴刮起前做出预判并提前退出风暴眼。

二月初一,李显带领大臣们去上阳宫给退位的女皇请安,百官为了显示拥护"改天换地"一个个喜笑颜开,但是在这个时候,狄公门生、张柬之的推荐人、政变总策划之一,"遂参计议。以功封梁县侯,实封二百户"的姚元之却玩起了行为艺术,痛哭流涕。

桓彦范和张柬之对他说:"现在哪里是哭的时候,你这不是给自己惹祸嘛!"

姚元之道:"伺候先皇那么久,有感情了,有感而发,实在是没忍住啊!追随诸公灭凶逆是臣子本分,哪里敢言功劳,此时哭旧主也是臣子本分,倒霉了也甘心啊!"①

二月初五,姚元之罢相,外放为亳州刺史。

张柬之等对姚元之相当不爽,就你机灵,又当又立的,什么东西!但姚元之作为后世和房、杜齐名的大唐四名相之一,用实际操作证明了什么叫作战略眼光。

李武两族之前被武则天盟誓兼联姻绑定了,李显的智商又不可捉摸,眼下话不能说满,让子弹飞一会儿,后面注定会有腥风血雨呢!反正政变他参加了,如今再哭一通"老武",无论哪边,他都叫忠。眼下虽然吃亏,但从长远来看哪边他都是稳赢。

---

① 《旧唐书·姚崇传》:则天移居上阳宫,中宗率百官就阁起居,王公已下皆欣跃称庆,元之独呜咽流涕。彦范、柬之谓元之曰:"今日岂是啼泣时!恐公祸从此始。"元之曰:"事则天岁久,乍此辞违,情发于衷,非忍所得。昨预公诛凶逆者,是臣子之常道,岂敢言功;今辞违旧主悲泣者,亦臣子之终节,缘此获罪,实所甘心。"

尘埃落定后，他再挑一边站好，只要身体锻炼好，青史留名少不了。

现在大家知道为什么他能是大唐四相之一了吧。

二月十四，李显立韦氏为皇后，大赦天下，并追赠了自己当年声称"让位国家又能怎样"的岳父韦玄贞为上洛王、岳母崔氏为上洛王妃。

左拾遗贾虚己上疏道："异姓不封王，是古今通制。现在中兴才刚开始，天下都等着您带领我们走上新台阶呢，您这么快就把皇后一族封了不太合适，况且您一登基就追赠岳父为上洛王，这故事看着怎么这么眼熟呢，最好防微杜渐。如果您觉得话已经说出来了君无戏言，那就请您让皇后推辞一下，咱们面子上都好看。"

李显不听。李显大半辈子过得实在太提心吊胆，每天都觉得可能是活着的最后一天，他和韦后是患难夫妻，两人在多年的禁闭中尝尽了人世间的苦难，他知道人可怕起来、玩起人来时有多么恐怖。李显每次听到他妈派使者来了，直接就想自杀，酷吏那些招是太可怕了，活着还不如死了，但每一次都是他媳妇韦氏劝他说："祸福无常，先别着急死，咱们再看看！"李显对他媳妇发过誓："如果将来能够重见天日，我非把你宠天上去！"①

李显如此，韦后更不会搭理贾虚己了。

还推辞？推辞什么！都是我的，我爹的坟头都该镶上金边了，多

---

① 《资治通鉴·唐纪二十四》：初，韦后生邵王重润、长宁·安乐二公主，上之迁房陵也，安乐公主生于道中，上特爱之。上在房陵与后同幽闭，备尝艰危，情爱甚笃。上每闻敕使至，辄惶恐欲自杀，后止之曰："祸福无常，宁失一死，何遽如是！"上尝与后私誓曰："异时幸复见天日，当惟卿所欲，不相禁制。"

年的媳妇我终于熬成婆了！

这次李显重掌政权后，无论是因为李显和她的感情，还是因为李显发的那些誓，又或是因为牛人婆婆武则天的以身作则，韦后瞬间就从"少年"变成了"恶龙"，像武则天在李治时代那样，她也开始干预朝政，上朝时也坐帷幔后面预闻政事了。①

灭张功臣桓彦范先是上表说"牝鸡司晨，女人不要参政"，又上表举报韦后宠幸的胡僧惠范用邪门歪道祸乱朝政，按律当斩，但李显全部不听。

恢复唐祚后，很多事开始朝着不可思议的方向发展。

二张被灭后，洛州长史薛季昶对张柬之和敬晖说："元凶虽已被铲除，但'吕产、吕禄'还在朝中，锄草不铲根，终究春风吹又生。"

张柬之和敬晖道："大局已定，剩下那些不过是案板上的肉罢了，还能有什么蹦头！现在杀的人已经够多了，不能再扩大了。"薛季昶叹道："看来我要死都不知死在哪里了！"朝邑尉刘幽求也对桓彦范和敬晖说："武三思还没杀，你们终将会死无葬身之地，如果不先下手为强，大祸临头就晚了。"但政变首脑们没同意。

到了二月十六李显任武三思为司空、同中书门下三品，二月十七任右散骑常侍、安定王武攸暨为司徒、定王时，政变集团觉得味道不对了。李显的最强大脑没往他们设定的路线走。

"老武"还没死呢！她还在上阳宫，还是皇帝呢，你现在给武家权力是不是傻？武三思他姑确实没给武家统治权，但万一武家要抢呢？

武三思确实充分发挥了自己的主观能动性。他第一个打通的，是上官婉儿。

上官婉儿是上官仪的孙女，上官仪被杀后，她被没入后宫。上官

---

① 《资治通鉴·唐纪二十四》：及再为皇后，遂干预朝政，如武后在高宗之世。

婉儿自小就聪明伶俐，长大后文采不凡，明习吏事，写得一手好文章，但年轻时还是气盛，得罪"老武"了。不过"老武"也爱才，最终给了宽大处理，头别砍了，开恩在脸上刻了刻字。

在"老武"的一通精神控制后，上官婉儿得了斯德哥尔摩综合征，在圣历之后就成了"老武"的贴身政务小棉袄，所谓"自圣历已后，百司表奏，多令参决"。

上官婉儿的人生经历告诉我们，一个人如果有才究竟能有多抢手。上官仪是665年被诛的，当时上官婉儿还在襁褓中，到了705年，上官婉儿都四十多岁了，脸上还被"老武"糟蹋过，但是，她不仅凭借过硬的政务能力在"老武"下台后无缝对接成为李显的小棉袄专门负责草拟政令，还被李显收为了昭容（九嫔第二名，正二品，仅次于老上司武则天曾经当过的昭仪）。①

眼看韦后成为第二个武则天的信号已经出现，武家的族长武三思在三思后锻炼了身体开始往上冲。他先是给李显戴了绿帽子，和李显的大龄黥面女秘书上官婉儿总搞不正当男女关系，随后"婉儿既与武三思淫乱，每下制敕，多因事推尊武后而排抑皇家"。

有人可能会奇怪，怎么说也是皇帝的后宫，三思兄这是怎么做的案呢？

"没头脑"李显允许他的后宫团在外面设外宅，甚至能随便出入，于是各路男公关蜂拥而上。②

---

① 《旧唐书·后妃传》：中宗即位，又令专掌制命，深被信任。寻拜为昭容，封其母郑氏为沛国夫人。

② 《旧唐书·后妃传》：上官氏及宫人贵幸者，皆立外宅，出入不节，朝官邪佞者候之，恣为狎游，祈其赏秩，以至要官。

第8战 武韦之乱 | 789

这位大哥就差把"绿我"刻脑门上了。

之所以武三思要与上官婉儿结盟，是因为狄公集团已经开始谋划除掉"诸武"了，而韦后在皇帝这里有无限话语权。在上官秘书的引荐下，武三思见到了韦后，结果武三思实在是有些本领，见面后给李显再添绿帽一顶，跟韦后也通了。①

"绿帽皇"李显和"中老年妇女偶像"武三思就此越来越热乎，一起商议政事，准备逐渐夺取张柬之等人之权。

其实不仅仅是武三思为了事业比较拼，总在李显后宫搞串联那么简单，还因为"老武"当初早上过保险，李家兄弟和武家是盟过誓的。武三思本就是武承嗣死后武氏家族的首席代表，太平公主之夫是武则天堂侄武攸暨，李显与韦后嫡女安乐公主之夫是武三思之子武崇训，她们既是李家公主，又是武家外甥女，还是武家媳妇，其中的婚姻关系实在绑定得太深。

武三思之所以冒风险要跟韦后通，就是因为看出了韦后也做着他姑姑的梦，在这个混乱就是阶梯的过程中，他能往上走。万一他们武家将来也和李家一样，可以玩一把中兴呢？

武家在族长武三思的以身作则下，完美兑现了当初武则天布下的李武一家亲的权力格局，李显甚至屡次微服私访武三思家。监察御史崔皎曾秘密向李显上奏道："您的权力不过刚刚恢复，则天皇帝还住在上阳宫里，武周旧臣也还在朝中任职，您怎么能那么轻易外出游幸呢？"

李显充分证明了他还是当初那个傻傻的少年，没有一丝丝改变，这个相当有见识能让他避免"高平陵之变"的密奏，他居然直接给武三

---

① 《旧唐书·后妃传》：时侍中敬晖谋去诸武，武三思患之，乃结上官氏以为援，因得幸于后，潜入宫中谋议。

思看了。

看到李家和武家又穿上了一条裤子，张柬之等人急了，也不嫌杀的人多了，开始屡次请求诛灭武氏集团，但李显不听，张柬之等进谏道："武则天改唐为周的时候，李唐宗室被诛杀殆尽；现在多亏天地神灵保佑，陛下又重登帝位，但武氏却依旧占据着本不该属于他们的位置，这难道是朝野上下想看到的吗？请您削夺武氏官爵以慰天下。"

李显依然不听。

张柬之等叹息道："陛下当年是英王时是何等勇武刚烈，所以我们没杀武氏，就是为了让陛下亲自动手张天子之威，没想到啊，武氏又起来了！如今局面如此，又能怎么办呢？"①

张柬之等人为什么那么绝望？

因为他们的根基很浅，上一次政变之所以能成功，是因为所有人尤其是禁军系统都看到"老武"不行了，参与政变就是到手的拥立富贵。他当初倒是想弄死诸武，但以什么理由？

当初政变的旗号是剿灭二张，还政李家。如果想剿灭诸武，那么政治旗号应该是为大唐复仇。但要是打着这个旗号，就实在太小看武则天这些年的统治了，烂船还有三斤钉呢！武则天的鹰犬们对李家做了那么多缺德事，他们会狗急跳墙的。

张柬之等人的根基并不深，张柬之从拜相到政变加一起都不到三个月。他们能完成那些禁军的人事安排也是因为武则天快不行了，没有精力走那么多脑子了。

---

① 《资治通鉴·唐纪二十四》：又不听。柬之等或抚床叹愤，或弹指出血，曰："主上昔为英王，时称勇烈，吾所以不诛诸武者，欲使上自诛之以张天子之威耳。今反如此，事势已去，知复奈何。"

第 8 战　武韦之乱　｜　791

所以他们当初只能剿灭二张，灭诸武的事得李显来做。而且从几乎任何一个角度去推演，武家最好的结局都是做个富家翁了，大概率是像曹爽一样。

武则天可以留着，那是皇帝的妈，将来要进李家宗庙的。而诸武是李显眼下最大的威胁，武氏家族是前朝皇族，是有政治旗帜的，稍微琢磨下就能做出判断，都应该把他们调去封地看管起来，怎么还能给武家权力呢！

我们看看张柬之说的话："主上昔为英王，时称勇烈，吾所以不诛诸武者，欲使上自诛之以张天子之威耳。"这群人也是看准了李显的傻子特性。

你当年是一怒能嚷嚷把天下给你岳父的彪悍之人啊！你过去那气魄呢？你得支棱起来啊！你被折磨了那么多年，你的儿子、女儿前两年都被"老武"弄死了，你难道不想报仇吗？

包括那个想重走婆婆路的韦后其实也是个傻子，虽然张柬之这群人表态过女人不要干政，但眼下武家才是你当女皇的最大威胁，功臣集团是次要矛盾，之前你的唯一嫡子也被你婆婆弄死了，无论是政治推演还是家恨私仇，你怎么能跟武三思通呢？

武则天和李治是一对，两夫妻是一辈子不吃亏；韦后和李显也是一对，但这两夫妻不仅看不明白武家有多危险，还把血性和仇恨什么乱七八糟的都放下了。

虽然武三思和武攸暨在二月二十七辞掉了对他们的封赏，但李显又在三月初五颁发正式文件：文明年间以来，凡是政治案被平反的子孙皆复旧地位，只有李敬业和裴炎不在赦免之列。这就是官宣了武家的彻底安全。

反我妈就是反我。

五月初四，李显把周庙七神主迁到了西京崇尊庙，并颁制：则天皇帝及其父祖三代名讳依旧需要避讳，奏事者皆不得犯。

还七庙，还避讳，李显你是真行！

武则天虽然退位了，但通过李显的一次次莫名其妙的官宣，武三思的政治合法性与政治行情开始飙升。

眼看着拥立了这么个傻子，忠唐集团开始发力。五月十五，敬晖等人率百官再次对武氏发动进攻，他们给李显上表道："自古五德之运轮流兴起，从来一山不容二虎，天授年间改朝换代之际，李唐宗室被诛杀流徙殆尽，哪里有资格与武氏同殿受封。现在上天又重新眷顾李家，但武氏仍然像以往那样受封为王，还与李姓宗室一起居住在京师，开天辟地以来没听说过这样的事。希望陛下为大唐社稷，降其王爵顺应朝野民心。"

已经挑明了，你是傻吗？武三思哪天复周了怎么办？把他们都赶出都城很难理解吗？但李显还是不同意。

忠唐集团开炮，武三思也在不断反击。他跟好伙伴韦后天天在李显面前说敬晖等人的坏话，说他们连百官都动员上了，太可怕了，他们也能废了你啊！随后武三思献策，不如封敬晖等人为王，同时罢免他们的职务，表面尊崇功臣，实际夺权。李显同意了。

五月十六，李显以侍中、齐公敬晖为平阳王，侍中桓彦范为扶阳王，中书令、汉阳公张柬之为汉阳王，中书令、南阳公袁恕己为南阳王，特进、同中书门下三品、博陵公崔玄暐为博陵王，均罢知政事离开宰相岗位，赐金帛鞍马，每月初一、十五朝见天子。李显还赐桓彦范姓韦，与皇后同籍，很快又以崔玄暐为检校益州长史、知都督事，之后又改为梁州刺史，将他踢出了中央。

虽然在九天后，李显颁制降了武氏诸王爵位，梁王武三思降为德

第8战 武韦之乱 | 793

静王，定王武攸暨降为乐寿王，河内王武懿宗等十二人降封为公爵来堵天下的嘴，但武三思在韦后和上官婉儿两个中老年妇女的帮助下开始加大对军国大事的掺和力度，将被张柬之、桓彦范等贬逐的人重新起用并拉拢成为自己的势力，又令百官重新恢复执行武则天时期的政策。

神龙政变后，按一个正常皇帝的做法，操作应该如下：

1. 功臣集团拜相，脱离禁军序列。

2. 在所有禁军首领岗位安插上自己的团队或家奴，定期去阅兵和禁军加深感情，抓住军权牢牢不撒手。

3. 立了誓就要守约，但不好意思，武家人都给我去各地养老。

4. 老韦（皇后）给我进屋。

5. 通过科举系统选拔新的官员进入朝堂来制衡功臣集团。

结果张柬之等五王怎么也没想到，四个月后政局如下：

1. 功臣集团被踢出核心圈层。

2. 韦后挑明了要当第二个武则天。

3. 武三思恢复则天旧法，三思兄望向上阳宫，看着傻呵呵的"绿帽"亲家，微笑道："姑姑啊，你不给，我自己拿。"

其实武三思的水平从理论上来讲也没有多高，因为他速度太快意图太明显了，短短几个月已经是"武三思之心路人皆知"了，已经外号小曹操、活仲达了。①

李显这种级别的傻子真的不好找。

在神龙政变后又苟延残喘了十一个月，705年十一月二十六，武则天到底没熬过这个她忌讳的蛇年，她留下遗命：去帝号，称则天大圣皇

---

① 《旧唐书·武三思传》：自是三思威权日盛，军国政事，多所参综，敬晖等所斥黜者，皆能引复旧职，令百官复修则天之法。时人皆言其阴怀篡逆，以比曹孟德、司马仲达。

后；王、萧二族及褚遂良、韩瑗等人的子孙都不必再卑贱过活，允许恢复原来的生活。①

在与这场荒唐大梦开始时的政敌和解后，中国历史上排名第三高寿的皇帝武则天崩于上阳宫。

纵观中国历史，从萧衍、武则天、乾隆往下数，如果将这些活过七十岁的皇帝阳寿减去二十年，其实他们的历史地位都会比最终盖棺定论时高很多。

权力这东西，是魔障。祖宗们把权力叫作"官杀"，最凶也最能成事的力量叫"杀"。你要自身足够强大，能降得住这个"杀"，也就是控制得住这份权力，它才会为你所用，才会对你的事业起到正向作用。

一切的前提，是你降得住。当你的精力、能力、福报、运势能扛得住它的反噬时，你会利用它开创基业，造福万民；当你逐渐油尽灯枯时，你就扛不住了。但通常你又不撒手，最终魔障会侵蚀你、控制你，演变成史书中的侯景之乱、武周篡唐、安史之乱。

706年五月，武则天回到了乾陵。

这个扑腾了二十多年、祸乱了整个华夏、掏空了大唐积蓄的李家媳妇，又回到了她患高血压多年的丈夫李治身旁。

天下之财共一石，这两夫妻独得九斗九。数来算去，还是他们两个自私到极致的人最般配。

同样都是因山为陵，李世民的昭陵早就被盗了，里面的文物如今散落于世界各地，但李治、武则天夫妻的乾陵，本着生前吃什么也不吃亏的风格生生地扛住了千年来的所有盗墓者。

---

① 《旧唐书·则天皇后本纪》：冬十一月壬寅，则天将大渐，遗制祔庙、归陵，令去帝号，称则天大圣皇后；其王、萧二家及褚遂良、韩瑗等子孙亲属当时缘累者，咸令复业。

第 8 战　武韦之乱　｜　795

有一个算一个谁来都没用，有办法你去想！

后世黄巢打进关中曾派四十万人挖掘乾陵，结果除了留下来四十米深的黄巢沟之外什么办法都没有。五代时，军阀温韬把唐陵都给挖了，就只有乾陵因为"风雨"问题盗不了。[①]

你想动这对夫妻的东西？闹天也闹死你！

当年李治下葬后，武则天曾亲自撰文给小老弟歌功颂德，竖了块"述圣纪碑"。后世在给武则天编排材料说他们夫妻情比金坚的时候还总拿这碑说事。其实，她早早就知道自己也得躺这里来，所以将李治的碑立在了西面。自古青龙位吉，白虎位凶，紫气东来的位置，武则天早给自己留好了。

以武则天的性格，她极大概率早就把自己的碑文写好了。我不是贬低她，因为无字碑虽然没字，但却刻了每格长四厘米、宽五厘米排列整齐的方格纹，大家觉得这是她为了死后跟李治玩五子棋时用的吗？

武则天碑文的内容应该是她年轻时辅佐高血压患者殚精竭虑治理国家啊，然后儿子不争气她勉为其难为了天下苍生当皇帝呀，最后觉得自己已经无法再为苍生造福了，回想当年感情真挚做回好儿媳还政李家了啊。

但是没想到，她最后被迫退位了，政权是被逼着还回去的。所以，上述内容没法张嘴了。不过，武则天佛经到底是没少念，索性就不张嘴了，功过留后人评说吧。

[①]《新五代史·温韬传》：韬在镇七年，唐诸陵在其境内者，悉发掘之，取其所藏金宝，而昭陵最固，韬从埏道下，见宫室制度闳丽，不异人间，中为正寝，东西厢列石床，床上石函中为铁匣，悉藏前世图书，钟、王笔迹，纸墨如新，韬悉取之，遂传人间，惟乾陵风雨不可发。

武则天立无字碑，我也最后别张嘴总结什么了。她怎么做的，自有青史在。

后世总有些人给她贴粉时说，在她的治下毕竟户口增长了。2018年上映过一部电影《复仇者联盟3》，里面的灭霸觉得毁灭一半人口就能拯救宇宙。实际上，当世界人口毁灭一半后，因为土地、资源等很充裕，人口增长速度反而是最快的。

万幸啊万幸，历朝历代的前一百年几乎都有户口数，人口增长都很快，女皇陛下，我们等您孙子李隆基接班时再看看您的政绩吧。

六、景龙政变失败，复盘政变三要素

神龙二年（706）正月二十，李显护送武则天灵驾回京。神都时代落下了帷幕。

闰正月初一，李显下批文：太平（武后嫡女）、长宁（韦后嫡女）、安乐（韦后嫡女）、宜城（李显女）、新都（李显女）、定安（李显女）、金城（李贤子李守礼女，李显养女）七位公主全部开府，置僚属，规格视同亲王。

李显与他妈对他的摧残完全和解，过去都是好的，不能提，看上去他这届统治团队最大的使命就是将唐代的女权运动再创新高。

前一年，在封完五王后张柬之就看明白了，认命退休养老去了；武三思则在这一年的闰正月初十将还在京师的敬晖、桓彦范、袁恕己全部外放为刺史。一个多月后，武三思和韦后将还在外面担任职务的四王再次降官，当初与五王一起诛灭二张的勋臣全部被当作五王同党，受到贬职处分。

大家看看武三思和韦后这两人可怜的政治水平。

什么条件啊？现在就玩大清洗，你们不知道有一票立功受赏的人是禁军军官吗?

武三思和韦后就此埋下了祸根。准确地说,这两个傻冤家死就死这上面了。

三月,李显的女婿王同皎决定暗杀武三思。

王同皎虽然是李显的女婿,但娶的定安公主并非韦后嫡女,他之前又参与了五王政变,眼看武三思和韦后两人合体了,于是决定动手。但比较遗憾,他被自己救了的宋之问、宋之逊两兄弟出卖了,王同皎团队被剿灭。

四月,雍州人韦月将上书举报武三思潜通宫掖,必为逆乱,李显大怒,命斩之。

黄门侍郎宋璟奏请依法审问,但李显觉得这事怎么能审呢?来不及化妆就出门找到了宋璟道:"我以为已经杀了,怎么还没动手吗?赶紧杀!"①

宋璟道:"此人举报宫中与武三思有事,陛下不问而诛之,臣恐天下必有窃议,还是得审。"

李显坚决不同意:"我不听我不听!"

宋璟道:"如果您非得杀,那就先杀我吧。"

左御史大夫苏珦、给事中徐坚、大理卿尹思贞随后以大夏天节气不对为由说没法杀,李显只能将韦月将改为杖刑,流放岭南。但他到底是忘不了这个提醒他"绿帽王"的人,过秋分一日后的当天早晨,广州都督周仁轨就赶紧帮他斩了韦月将,不听话的宋璟随后也被外放为检校贝州刺史了。

---

① 《资治通鉴·唐纪二十四》:黄门侍郎宋璟奏请推按,上益怒,不及整巾,屣履出侧门,谓璟曰:"朕谓已斩,乃犹未邪!"命趋斩之。

第8战 武韦之乱 | 799

看到自己总被攻击，武三思决定往死里害"五王"，说王同皎要废后这事"五王"知道。①

武三思算是薅了李显的命根子了。谁让他媳妇快乐谁就是好人，谁让他媳妇不高兴谁就是坏人！

六月初六，李显贬敬晖为崖州司马，贬韦彦范（即桓彦范）为泷州司马，贬张柬之为新州司马，贬袁恕己为窦州司马，贬崔玄暐为白州司马，一律为员外官（朝廷正式编制以外的官），又削夺封爵，将韦彦范的赐姓夺回，恢复桓姓。

武三思随后再次发力，暗中派人在天津桥上张贴韦后秽乱宫廷请求废后的告示，在李显的伤口继续撒盐。原文为"是岁秋，武三思又阴令人疏皇后秽行，榜于天津桥，请加废黜"。大家看这段历史，就会觉得此时政坛上的这帮小孩过家家特别好笑。

政治出招这事从来都是下限思维的，跟吃药一样，首先得对自己无毒，然后再谈药效，也就是说要充分考虑出手后最差的结果自己能否接受。武三思这个作案者通过举报韦后来激怒李显，但万一李显这次真的怀疑了呢？真着急了呢？

武三思得意忘形了一年多就被消灭其实真的就是水平问题。

好在李显一如既往地智商不在线，他先是大怒，然后命御史大夫李承嘉调查这件事。李承嘉受武三思指使把事情推到了"五王"身上，说是已经被贬为编外人员的"五王"集团操纵民意。随后李显以赐过铁券为由网开一面把这五人全部流放，五家十六岁以上的子弟皆流放岭外。

---

① 《旧唐书·桓彦范传》：二年，光禄卿、驸马都尉王同皎以武三思与韦氏奸通，潜谋诛之。事泄，为三思诬构，言同皎将废皇后韦氏，彦范等通知其情。

武三思有着帮他姑姑斩草除根二十年的经验，随后派了被"五王"贬过的大理正周利贞代理右台侍御史职务，奉命出使岭外去杀这几位政变中立功的老臣。

此时张柬之和崔玄暐已经过世，周利贞在贵州将桓彦范捆起来拖着走，直到他身上磨得露出骨头时才将他活活打死；敬晖被他活活剐了；袁恕已被周利贞逼着喝有毒的野葛汁，毒发后生生被折磨了几个时辰最后被活活打死。

只是杀死还不够，得虐杀才算投名状交全，才能释放恐惧，起到震慑效果。

武三思杀了"五王"后，权力盖过了皇帝李显，他开始有语录了：我不知道什么是善人什么是恶人，我就知道跟我混的是善人，跟我为敌的是恶人。[①]

我就是法！

当时的兵部尚书宗楚客、将作大匠宗晋卿、太府卿纪处讷、鸿胪卿甘元柬都成为武三思的羽翼，通过虐杀交了投名状的周利贞被提拔为御史中丞，再加上侍御史冉祖雍、太仆丞李俊、光禄丞宋之逊、监察御史姚绍之——这五个人都是武三思的耳目，时人呼为"三思五狗"。

707年二月十七，李显遣武攸暨和武三思到乾陵求雨，结果很快下雨了。李显觉得还是他妈厉害，于是宣布武氏崇恩庙依旧享祭，仍置五品令、七品丞，昊陵（武士彟）、顺陵（武则天母杨氏）享同等待遇。他又将韦后之父酆王（李显加赠）韦玄贞的酆王庙改称为褒德庙，将他

[①]《资治通鉴·唐纪二十四》：三思既杀五王，权倾人主，常言："我不知代间何者谓之善人，何者谓之恶人；但于我善者则为善人，于我恶者则为恶人耳。"

自己的陵定名为荣先陵，与此同时还规定崇恩庙的斋郎一律由五品官的儿子充任。

太常博士杨孚说："即使是太庙的斋郎也只是由七品以下的官员之子担任，现在崇恩庙却取五品官的儿子作为斋郎，那么太庙是个什么规格呢？"于是李显命太庙也依照崇恩庙的标准。

随后杨孚的话又来了："臣子仿照君主标准已经是逾制了，现在君主仿臣子，这是什么情况？"李显只得终止了对自己已逝老妈表忠心的活动。

有着韦后嫡女兼武三思儿媳妇双料身份的安乐公主，此时恃宠而骄已经到了不像话的地步，她甚至自己起草制书敕令，直接让李显给她签字盖章。李显看都不看一眼内容，笑着照做。靠着特殊便利卖官鬻爵的安乐公主势倾朝野，居然自请为皇太女。

此时的太子是李重俊，他不是李显与韦后的嫡子。

李显虽然没答应安乐公主要当皇太女的荒唐事，但也没有谴责她。这在底下人看来其实就一个意思：这事能谈。

你不拦着就好办，韦后和武三思开始发力，对太子李重俊进行迫害。

此时韦后做着成为她婆婆武则天的梦，李重俊这个野孩子很讨厌；武三思也做着他姑姑的梦，李重俊是前进路上的绊脚石；安乐公主做着她奶奶的梦，此前还想当皇太女。总之，从韦后到武三思、安乐公主甚至上官婉儿，所有李显身边的人都看李重俊这孩子不顺眼。

此时武韦两家的最优解，是安乐公主当继承人。

李家呢？别提李家，都多余考虑，李家那位皇帝就是个傻子。

按理说这些人想废太子就要一步步走手续，但此时已经狂到没边的安乐公主和武崇训选择了最低级的挑衅与侮辱，武崇训有时甚至称李重俊为奴才，还反复撺掇他媳妇向她爹建议废太子立她为皇太女，他们最终把李重俊逼到绝境了。①

李重俊找到了跟着"五王"被贬的禁军团队，结成联盟，而在北门三十年的李多祚等人早就在想出路了。②

七月初六，李重俊与右羽林大将军李多祚、左羽林将军李思冲（高宗朝中书令李敬玄之子）、右羽林将军李承况（宗室）、左羽林将军独孤祎之、沙吒忠义等矫制发左羽林兵及"千骑"三百余人，直接突袭武三思家，杀死了武三思和武崇训及其亲党十余人。

武三思这会儿不得意忘形了？你不是权倾朝野吗？连禁军都敢得罪，宰你跟宰只鸡一样。

要知道，李重俊是706年的七月才被册封为皇太子的，至此才一年的时间，但跟他闹政变的这些人，北门禁军的六个最高将领来了四个。所以说李显这届统治团队有多可笑，武三思和韦后的政治水平有多么低劣。

在皇权时代，皇帝把持朝政有两个关键点：

1. 皇帝要有权力的输出能力，也就是宰相团队拿完主意后所有的大事都得自己拍板。

2. 皇帝要有权力的巩固能力，也就是禁军的各将领均被自己有效控制。

武则天在刘仁轨还活着的时候，面对他的讽刺贬低都是规规矩矩地赔笑打哈哈，而武三思和韦后他们对军方的背景实在太无知了。

---

① 《旧唐书·节愍太子重俊传》：时武三思得幸中宫，深忌重俊。三思子崇训尚安乐公主，常教公主凌忽重俊，以其非韦氏所生，常呼之为奴。或劝公主请废重俊为王，自立为皇太女，重俊不胜忿恨。

② 《新唐书·李多祚传》：崔玄暐等得罪，多祚畏祸及，故阳厚韦氏。

李重俊杀了武三思，又派左金吾大将军成王李千里及其子天水王李禧分兵守宫门，李重俊与李多祚带兵自肃章门斩关而入，要去韦后、安乐公主、上官婉儿所在的地方。①

武周一朝的举手人精们选择了让子弹飞一会儿，宰相杨再思、苏瑰、李峤和兵部尚书宗楚客、左卫将军纪处讷拥兵两千余人在太极殿前闭门自守。②

由于李重俊先杀的武三思，导致政变目标太多，在最关键的时间方面出了问题。他并没有占据政变最关键的北门——玄武门，而是杀了武三思后从南面的肃章门斩关而入。（见图8-2）

我在本系列书中曾反复提及政变最关键的顺序是：武库＞司马门＞皇帝＞兵。

1. 武库排第一，是因为它可以给政变的武装团伙全副武装升级，与此同时又断绝了对方政治势力可能的武装升级。

2. 司马门，也就是现在的玄武门。一旦控制了这里，将玄武门关闭，那么政变者外面的部队是一点儿办法都没有的，因为他们不知道里面到底发生了什么，他们只能在外面等着，他们不能有任何动作，有动作就是诛全族的造反大罪。

比如李重俊斩关而入后，南衙的那些人即便手里有两千多人，即便他们基本都是武三思的同党，但还是不敢进入禁宫去掺和。

---

① 《新唐书·节愍太子重俊传》：三年七月，重俊恚忿，遂率李多祚洎左羽林将军李思冲、李承况、独孤祎之、沙吒忠义，矫发左羽林及千骑兵杀三思、崇训并其党十余人，使左金吾大将军成王千里守宫城，自率兵趋肃章门，斩关入，索韦后、安乐公主、昭容上官所在。

② 《资治通鉴·唐纪二十四》：杨再思、苏瑰、李峤与兵部尚书宗楚客、左卫将军纪处讷拥兵二千余人屯太极殿前，闭门自守。

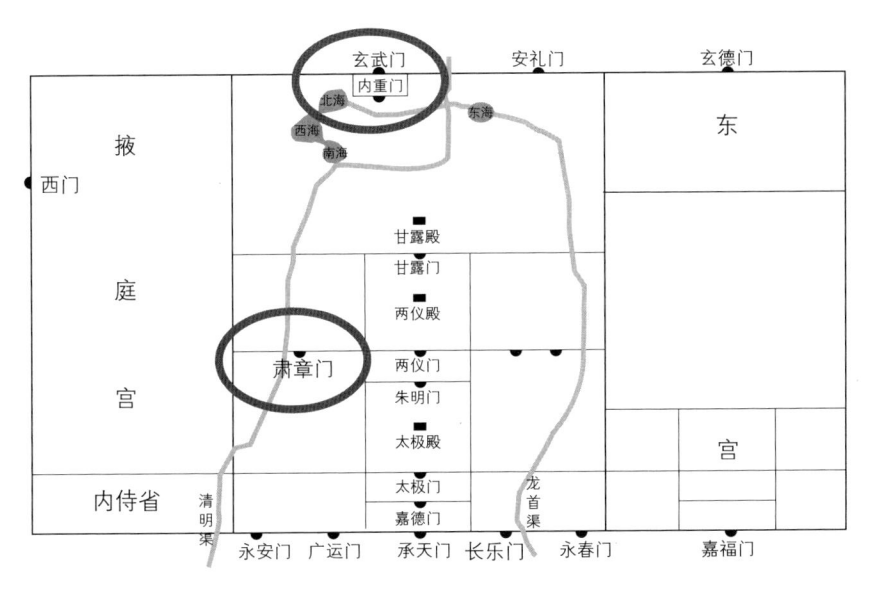

图 8-2 玄武门与肃章门位置图

此时玄武门外是北门屯营,如果政变者第一时间控制了这里,关上了玄武门,那么外面的屯营兵也不敢乱动,堵住玄武门意味着政变者对此次政变活动拥有最终解释权。

3.控制皇帝,完成合法性的控制。

李重俊先杀的武三思,导致他并没有按照司马懿给他总结的宝典行事,并没有第一时间控制玄武门并扑过来把李显控制了,因此李显与韦后、安乐公主、上官婉儿有机会登上玄武门楼,还调来了此时难得没叛变的左羽林将军刘仁景率屯守"飞骑"及百余人屯于楼下自卫。[①]

皇帝登上了制高点,李重俊就太被动了。

李多祚率先到达玄武门楼下,想上楼但宿卫兵不点头,想要攻坚

---

① 《旧唐书·节愍太子重俊传》:韦庶人及公主遽拥帝驰赴玄武门楼,召左羽林将军刘仁景等,令率留军飞骑及百余人于楼下列守。

第 8 战 武韦之乱 | 805

但此时也没有兵力优势，于是双方就这么僵住了。①

随后倒是保皇派开始了反攻，宫闱令杨思勖向李显请求出击，李多祚的女婿羽林中郎将野呼利为前锋总管，被杨思勖挺刃砍倒，政变军士气开始低迷。②

李显这个时候向楼下李多祚所率领的"千骑"喊道："你们都是朕的宿卫之士，为何要跟李多祚谋反啊？谁能斩了反贼，就不愁富贵！"③

眼看政变要没戏了，皇帝又给了大头兵们金口玉言，随后"千骑"在玄武门门楼以下克上斩了李多祚、李承况、独孤祎之、沙吒忠义，他们的余党也溃散了。李重俊带着百余骑兵逃往终南山，但在路上被手下杀了当作投名状了。

我们再来复盘下，同样都是利用北门禁军搞武装政变，为什么"五王"成功了而李重俊失败了呢？

1.李重俊要干掉的人太多，灭武三思的时候耽误了时间，导致李显他们有时间逃到玄武门城楼并调动了还没被争取的右羽林将军和羽林兵百人。

2.张柬之这些人当初之所以能成功，是因为对禁军来说那样做是到手的拥立富贵，所有人都看出来武则天不行了，而且"五王"代表的还是李家和武家双方的利益，张易之兄弟已经严重威胁到他们了，所以是众望所归。

---

① 《旧唐书·节愍太子重俊传》：俄而多祚等兵至，欲突玄武门楼，宿卫者拒之，不得进。

② 《旧唐书·李多祚传》：时有宫闱令杨思勖于楼上侍帝，请拒其先锋。多祚子婿羽林中郎将野呼利为先军总管，思勖挺刃斩之，兵众大沮。

③ 《旧唐书·节愍太子重俊传》：帝据槛呼多祚等所将千骑，谓曰："汝并是我爪牙，何故作逆？若能归顺，斩多祚等，与汝富贵。"

3.李重俊在禁军中的根基不深,他爹还是皇帝,他是没有政治制高点的,当初武则天要是健健康康地喊一嗓子,张柬之那些人大概率也没戏。而且,那些右羽林兵守住了玄武门,起到了极其关键的作用,跟随太子激情犯罪的那些禁军心里迅速打鼓,再加上皇帝又亲口给了承诺,随后他们就反水杀了领头人上岸了。

总体而言,还是年轻,缺乏更细致的规划,《晋书》看得还是少。

不过,虽然李重俊失败了,但他的这次政变还是完成了他的历史使命:武氏受到了巨大打击,首脑武三思和武崇训被杀了,武氏中兴的危机告一段落。

但李显不死,唐难未已,韦氏开始朝着她婆婆的方向大踏步前进了。

八月十三,皇后及王公以下上表,请求李显应该尊号为"应天神龙皇帝",改玄武门为神武门,楼为制胜楼。宗楚客又率百官表请加皇后尊号为"顺天翊圣皇后",李显全部同意。

708年二月,宫中传出消息,说韦后的大衣柜里冒出来了五色云,李显还专门命人给画了幅画向满朝大臣展示,甚至为此大赦天下,还给百官的母亲、妻子纷纷加邑号。[①]

看到皇帝本人都支持,很快右骁卫将军知太史事迦叶志忠又上表道:"当年高祖未受命于天的时候,天下流传的是《桃李子》;太宗还当皇子的时候,天下唱的是《秦王破阵乐》;高宗未受命时,天下传唱的是《侧堂堂》;天后未受命时,天下传唱的是《武媚娘》;您未受命时,天下传唱的是《英王石州》;如今天下歌《桑条韦也》,大概是天

---

① 《旧唐书·后妃传》:景龙二年春,宫中希旨,妄称后衣箱中有五色云出,帝使画工图之,出示于朝,乃大赦天下,百僚母妻各加邑号。

意以为顺天皇后宜为国母，主蚕桑之事。臣谨上《桑韦歌》十二篇，请编为乐府，在皇后祀先蚕时演奏。"

李显看到后很高兴，赐给迦叶志忠丰厚奖赏。

简直是匪夷所思，这种话跟造反没区别了，但却能在大庭广众下讨论，关键是李显还鼓励。

兵部尚书宗楚客又暗示补阙赵延禧上表陈述所谓的"符命"，暗指韦皇后可以像武则天一样拥有大唐天下，李显再度大悦。

709年冬，李显要亲自祭祀南郊，国子祭酒祝钦明、司业郭山恽建议皇后应该陪着助祭，李显批准，安排韦后为亚献。

韦后一步一步稳稳当当地重走了武后路。当初她公公是风疾，才让她婆婆得了手，她眼下可容易太多了。

李显的种种做法，也在把武则天的历史地位往回拽，碰上这么个败家儿子，"老武"当年给他扒拉一边去也不是没有道理。

安乐公主、长宁公主、韦后妹妹郕国夫人、上官婉儿、上官婉儿她妈沛国夫人、尚宫柴氏、贺娄氏、女巫第五英儿、陇西夫人赵氏，全部寄生在傻傻的李显身上祸乱朝政。她们大肆受贿，无论是屠户酒肆之徒还是奴婢下人之类，只要掏三十万钱，就能喜提李显亲笔封的官，由于这种敕书是斜封着交付中书省的，因而这类官员被当时的人称为"斜封官"。这些人所获封的员外官、员外同正官、试官、摄官、检校官、判某官事、知某官事有数千人之多。

当时，在西京和东都两地分别设置两员吏部侍郎，每年四次选授官职，选任官员达数万人，连宰相御史级别的高官都被称为没地方坐的烂官了，所谓"时政出多门，滥官充溢，人以为三无坐处，谓宰相、御史及员外官也"。

在李显的整个后宫中，以那位梦想做皇太女的安乐公主为骄横跋扈之首,朝廷里自宰相以下大多都是她的门人。政治生态已经全乱了。

人事即政治,权衡人事是权力布局的最高级智慧,最能显示一个人的政治功底。一般来说,人事安排有如下三个层次。

最高级别:通过人事安排使自己能够继续往上走,通过人事安排使敌人不能往上走。(这两个并列,权重与先后需要具体问题具体斟酌。)

次一级别:通过人事安排使自己的权力触角有所扩大。

最次级别:通过人事安排使自己的经济、生理层面获得补偿。

判断一个人是否是顶级政治家,很重要的衡量点在于观察他们的人事手腕通常所处的级别。顶级牛人基本上都是前两个级别,通过人事布局实现自己的政治主张和战略目标,最次的那个级别属于搂草打兔子,占总权重的比例并不高。

李显身边的这些女人卖官挣的钱都用来做什么了呢?都乱花了。

比如安乐公主和她的同母姐妹长宁公主竞相大兴土木搞基建,进行攀比,建筑规模都是比照皇宫的,内在装修更是超过皇宫。而且仅仅对标皇宫还不行,还得有湖,于是安乐公主找李显要昆明池,李显罕见地说昆明池是百姓养蒲鱼的,没给。随后安乐公主直接抢了百姓田宅,修了南北绵延数里的定昆池,池中仿照华山样子垒假山,又从山巅飞下一股瀑布倒泻在池水里。

把权力兑现成物质享受,是最低劣的水平。搭了一堆空中楼阁,不思考权力的本质是什么,这些不过都是给别人造的而已。

最开始,武崇训还没死的时候,武承嗣的次子武延秀因为美姿仪、善歌舞,在侍宴中被安乐公主看中了。等武崇训被李重俊弄死后,寡妇安乐公主找她爹要了武延秀。

安乐公主与武延秀办二婚时,安乐公主直接用的是皇后级别的仪

第 8 战 武韦之乱 | 809

仗，李显又派禁兵去做安保以壮大声势，派安国相王李旦迎安乐公主的车马。此外李显还专门为了他闺女的婚礼大赦天下。这也太不值钱了。

李显昏庸到了什么地步呢？

太常博士唐绍上疏说："武氏的昊陵、顺陵设置五百户守陵，这样的规模和太宗的昭陵一样了，武三思和武崇训坟墓的守户比亲王墓的守户多五倍，韦氏褒德庙的卫兵竟然比太庙的卫兵还多，您得裁减啊。"李显不同意。①

你坐的天下是你爷爷打下来的，你对得起他吗？

此时转投韦后的宗楚客和纪处讷被监察御史崔琬弹劾潜通戎狄，受其贿赂，致生边患。如果按过去的政治惯例，大臣被弹劾的时候得低腰小步快跑到朝堂待罪，但在当时的政治生态下，宗楚客敢愤怒掉脸子，说自己是大忠臣，被崔琬诬陷。李显不追究他的跋扈，也不追究弹劾的事，居然命崔琬与宗楚客结为兄弟以和解，他就此得了"和事天子"的称号。②

此时的政治生态用韦嗣立的上疏已经能说得很明白了：

"这几年修的寺庙太多了，您修福报还非得往华丽上修，大福报得花钱一百数十万，小福报也得三五万，总量得千万以上，百姓疲困，怨声载道。佛祖的初心是要降伏自己的身心，不是雕画土木，相夸壮丽。万一水旱为灾，戎狄入寇，您是指着这满院子的高僧和佛像去退敌救

---

① 《资治通鉴·唐纪二十五》：太常博士唐绍以武氏昊陵、顺陵置守户五百，与昭陵数同，梁宣王、鲁忠王墓守户多于亲王五倍，韦氏褒德庙卫兵多于太庙，上疏请量裁减，不听。

② 《景龙文馆记·卷二》：丙申，监察御史崔琬对仗弹宗楚客、纪处讷潜通戎狄，受其货赂，致生边患。故事，大臣被弹，俯偻趋出，立于朝堂待罪。至是，楚客更愤怒作色，自陈忠鲠，为琬所诬。上竟不穷问，命琬与楚客结为兄弟以和解之，时人谓之"和事天子"。

世吗？

"现在食封邑的人太多了，昨天问户部，说六十余万丁都要向这些贵族交租，每个成丁一年纳绢两匹，一年就是一百二十多万匹。不久前臣在太府寺任职时发现，每年入国库的绢多则不超过一百万匹，少则只有六七十万匹，国家财政对比贵族们差太多了！通常只有立过佐命之功的元勋才能得封户的，大唐开国时封侯者不过二三十，现在都破百了，国家租赋大半入了私门，这些贵族日子过得越来越奢侈，公用不足，国家好多事开始掣肘为难，这哪里是治国的长远方法。况且贵族派去征收赋税的都是家奴和下人，这些仗势欺人的狗腿子对待百姓就是纯扰民，老百姓快活不下去了。"

接下来是一堆建议，不说了，因为李显不听。

要知道，这一年中，关中已经闹大饥荒了，每斗米要百钱。朝廷从山东、江淮等地运粮，由于要过三门峡，运粮的牛有十之八九死在了途中，群臣纷纷请求李显再回到洛阳以减少物流消耗，但韦后以老家就是这儿的为由不同意，还派一群巫师劝李显："今年不利于东行。"大臣们再劝的时候，李显怒道："哪里有要饭的天子！"

他和他妈这对母子啊，大唐上辈子是欠了他们多大的债才派他们来祸害大唐这半个世纪的！

时间来到710年，太平公主和安乐公主已经开始互相攻讦了。[1]

其实早在李重俊刚死的时候，韦后和安乐公主就对太平公主和李旦开火了，但李显跟他的弟弟、妹妹关系相当好，一直和稀泥，和到这一年时，他和不动了。

早在武则天时期，长安城东的一户叫王纯的家中水井往外溢水，

---

[1]《资治通鉴·唐纪二十五》：太平、安乐公主各树朋党，更相谮毁，上患之。

第8战 武韦之乱 | 811

溢出的水渐渐形成一个数十顷的大池子,被称为隆庆池。李旦的五个儿子都把宅子建在了隆庆池以北,有会望气的人说:"这里常有盛大帝王气,近来王气特别强!"①

710年四月十四,李显来到隆庆池在池中泛舟嬉戏,结彩为楼船,还调来大象踩池子来灭这股王气。②

可笑,就凭你这个被你妈把胆摘了、被你媳妇和女儿把脑子摘了的人,你能压得住这股后面持续半个世纪的王气?

三郎啊,快出场吧!

---

① 《资治通鉴·唐纪二十五》:初,则天之世,长安城东隅民王纯家井溢,浸成大池数十顷,号隆庆池。相王子五王列第于其北,望气者言,常郁郁有帝王气,比日尤盛。

② 《旧唐书·玄宗本纪》:上所居宅外有水池,浸溢顷余,望气者以为龙气。四年四月,中宗幸其第,因游其池,结彩为楼船,令巨象踏之。

七、唐隆政变，政治天赋的重要性

685年八月戊寅，李隆基生于洛阳。他出生的时候，他爹是皇帝。

不需要多兴奋，因为他爹是有史以来最窝囊的皇帝之一，那一年也是著名的垂拱元年（685），徐敬业之乱刚被武则天潇洒平定。不久前他的"智障"三伯被他奶奶从皇帝一竿子打成三胖子。

随后小李隆基迎来了中国史上最恐怖的政治风暴之一，用司马光给我们总结的就是"自垂拱以来，任用酷吏先诛唐宗室贵戚数百人，次及大臣数百家，其刺史、郎将以下，不可胜数"。

垂拱三年（687）闰正月，李隆基被封为楚王，一年后被他奶奶安排过继给他大伯父李弘为子，继其香火。这其实是个相当牛的政治顺位。

李弘是李治和武则天的大儿子，是被李治直接追谥为孝敬皇帝的。

李隆基是李旦的三儿子，从李旦这一支来讲，他的继承顺位是排第二的。他大哥李成器是毋庸置疑的嫡长子，其母刘氏是李旦的皇后，刑部尚书刘德威的孙女，陕州刺史刘延景的女儿；李隆基他妈是润州刺史窦孝谌之女，李旦继位后被封为德妃；他二哥李捴是柳宫人生的，这孩子就跟继承权没多大关系了。

李隆基在李旦这边是第二顺位的，但他过继给了李弘后，其实对于他后面的政治地位是有着相当高的加成的，因为他名义上的"爹"李弘是正经走手续被追谥的皇帝，是以天子礼仪下葬的，李显后来更是将这位哥哥迁进了太庙，庙号唐义宗。

虽然在当时来看这些什么都不是，毕竟李隆基的亲爹此时都不算什么人物，但上苍在李家面临停盘退市危机时赐他的这份礼物未来会起到相当重要的作用。因为如果他单单只是李旦的儿子的话，他又不是李旦的第一顺位继承人，凭什么让手下跟他去做玩儿命的事呢？将来被真太子清算怎么办呢？但他不仅是李旦的血缘之子，还是唐义宗的香火之子，那么他在政治上是有文章可做的，是能给追随者未来的。

在政治游戏中，名分这东西实在是太重要了。

李隆基他爹在被他奶奶吓破胆好几年后于690年被正式废黜，六岁时李隆基跟着他爹搬到东宫去坐井观天了。

天授二年（691）初，七岁的李隆基倒是被恩准出阁置官署了，但短短半年后，就因为尚方监裴匪躬、内常侍范云仙私自去见了李旦，李隆基兄弟和李贤三子就全部被关了禁闭，从此开始了八年的禁闭生活。

李旦的两个高级别妃子在长寿二年（693）因为被诬告用巫蛊之术诅咒婆婆，在入宫拜年时直接被武则天弄死了。九岁的李隆基过年时得知自己没了妈。

老天就是这样，通常会给牛人的童年压上极沉重的砝码去测试成色，逼着人加速成熟，扛不过就接受自己的平凡，扛得过他日就有足够的心智能量去鱼跃龙门。李隆基自记事起就在体会各种天有不测风云。

直到圣历二年（699），李隆基才与诸兄弟再次出阁，此时李隆基已经十五岁了。

准确地说，从记事起，他见到的就是最叵测、最恐怖的政治生态，妈妈拜年直接被弄死，爹每天也是朝不保夕，这孩子品尝了太多的苦难与不解。

那个人是他的奶奶啊，但怎么看都是个活脱脱的恶魔。

有的人用童年去治愈一生，有的人用一生去治愈童年。意思截然相反的这两句话，其实是李隆基一生的写照。

因为见过了太多的肮脏与邪恶，见过了太多的背叛与落井下石，所以李隆基有着巨大的动力去驱走黑暗。这是他在用童年去治愈一生。因为自幼的极度压抑和朝不保夕，李隆基一辈子都对自身的权威极其敏感。敏感到极致，就是自己不能有一丝不如意，他做了暗示的事下面人连皱个眉头都不能有。这是他用一生去治愈童年。

其实这无可厚非，不能要求每个人都像太宗那样善于用人，只是历史对大唐开的最大玩笑，就是给了三郎很长的寿命。太宗要是有玄宗的寿数，未必贞观；玄宗要是止于太宗的寿数，非宗实祖。

李隆基结束禁闭后，他三伯"大聪明"李显被接回来立为了太子，他爹则被封为相王。长安年间（701—704），李隆基先在亲卫府任右卫郎将成了禁军的小将领，后任尚辇奉御（从五品上），负责掌管皇帝的内外闲厩马匹。在这段时间里，李隆基观摩了神龙政变。

神龙元年（705），二十一岁的李隆基在神龙政变后改任卫尉少卿（从四品上）。这个级别可能没什么厉害的，但这个岗位不显眼却极其重要。

我们来看看卫尉寺的职责："卿之职，掌邦国器械文物之事，总武库、武器、守宫三署之官属。少卿为之贰。凡天下兵器入京师者，皆籍其名数而藏之。"这个部门专管军火库。

第 8 战　武韦之乱 | 815

唐立国后到目前有三次政变——玄武门之变、神龙政变、景龙政变。玄武门之变时整个长安就是个大军火库，三王各自武装到牙齿；神龙、景龙两场政变也都是拼手速般地偷袭式刺杀。所以唐的政变中，武库的重要性并不显眼。但这并不影响武库作为政变皇冠上的明珠的核心重要性。没有武器的兵，算得上威胁吗？

随后的三年时间，掌控着军火库的李隆基开始了人生的思考。

景龙二年（708）四月，李隆基兼潞州别驾被调出了朝廷中央去地方上历练。注意，是"兼"潞州别驾，他的卫尉少卿的衔还在。

景龙四年（710），李显举行南郊祭祀，李隆基照例要去京师朝见，临走的时候他找来术士韩礼算了一卦，用来占卜的蓍草茎立起来了。韩礼大惊道："蓍立，奇瑞非常，贵不可言啊！"①

这年回来长安后，李隆基就没再离开。无论是占卜的贵相，还是朝局的暗流涌动，都已经让他看到局面要乱了。

整个国家的舆情对韦氏的祸国的不满已经到顶点了。

当年四月，有个叫郎岌的定州人上书说"韦后和宗楚客一党将要谋逆作乱"。不久，郎岌就被韦后让李显安排人把他打死了。

五月十七，许州司兵参军燕钦融又进言："皇后淫乱，干预朝政，宗族强盛；安乐公主和武延秀、宗楚客等阴谋颠覆大唐宗庙社稷！"李显召见燕钦融当面诘问，燕钦融叩头高呼根本不害怕，还把李显驳得没话说了。最终宗楚客伪造李显制命，派"飞骑"将燕钦融活活摔死在宫殿堂前的石头上，宗楚客随后还高声叫好。

这次李显虽然一如既往地没追究，但据说能看出来不高兴了，由

---

① 《旧唐书·玄宗本纪》：四年，中宗将祀南郊，来朝京师。将行，使术士韩礼筮之，蓍一茎子然独立。礼惊曰："蓍立，奇瑞非常也，不可言。"

此韦后一党开始害怕了。这是《资治通鉴》中的说法，原文是："钦融顿首抗言，神色不挠；上默然。宗楚客矫制令飞骑扑杀之，投于殿庭石上，折颈而死，楚客大呼称快。上虽不穷问，意颇怏怏不悦；由是韦后及其党始忧惧。"

但在《旧唐书·中宗本纪》中，并没有韦后一党的忧惧，"丁卯，前许州司兵参军燕钦融上书，言皇后干预国政，安乐公主、武延秀、宗楚客等同危宗社。帝怒，召钦融廷见，扑杀之"。燕钦融上书举报皇后干预国政，安乐公主、武延秀、宗楚客等共危宗庙社稷，随后李显怒了，将他扑杀了。

其他史料也找不到李显对于杀了燕钦融的不开心及韦后一党忧惧的记载。所以，这段之所以被司马光写成了这样，大概率是为了后面的剧情转折做铺垫。

因为紧接着半个月后的六月初二，出于韦后担心脏事被坐实及安乐公主想当皇太女的整个韦后集团的集体利益，李显被安排中毒死了。①

关于李显是否中毒，史学界一直争议巨大，原因有三点：

1. 李显本就有病，而且他都五十五岁了，正常死亡也很正常。

2. 中毒一说是后面李隆基政变的口号，这样史料里就必须得这么写。

3. 以李显多年来言听计从的惯性，这娘俩犯不上，尤其此时她们对军权还没有完成把控呢，连遗诏都是上官婉儿和太平公主谋划草拟的。②

---

① 《资治通鉴·唐纪二十五》：散骑常侍马秦客以医术，光禄少卿杨均以善烹调，皆出入宫掖，得幸于韦后，恐事泄被诛；安乐公主欲韦后临朝，自为皇太女；乃相与合谋，于饼馅中进毒，六月，壬午，中宗崩于神龙殿。

② 《资治通鉴·唐纪二十五》：太平公主与上官昭容谋草遗制，立温王重茂为皇太子，皇后知政事，相王李旦参谋政事。

第8战 武韦之乱 | 817

真要是她们谋划毒杀的,怎么可能连这个环节都没准备好?而且史料中的记载也是很有玄机的,对于李显的死亡,韦后明显是蒙的,都提到了"惧",都是准备不足的。[1]

韦后其实根本还没做好准备,所以她没有理由在这个时候弄死这傻冤家。甚至再往深里挖掘,围绕李显之死能出一本太平公主与李隆基背后下大棋的悬疑小说,这里就不细究了,毕竟史料再往后推就不坚实了。总之,李显是怎么死的不重要,他死后之事很重要。

随后的这场政变将再次告诉我们一个道理:政治这东西,天赋究竟有多么重要!

六月初二,李显崩,韦后秘不发丧,召宰相们来商量。

上官婉儿公布了遗诏,由李旦辅政。宗楚客却率诸宰相上表请求皇后临朝,罢相王政事。

苏瑰道:"遗诏岂可更改!"

韦温(韦后堂兄)、宗楚客听后大怒,苏瑰因为害怕他们就称病不上朝了。李旦最终被罢掉辅政,只做了太子太师。

六月初三,韦后命左右金吾卫大将军赵承恩、右监门大将军薛简率兵五百人去均州防备谯王李重福,立温王李重茂为皇太子;又召诸府兵五万人屯驻京城,分为左右营由驸马韦捷(娶李显女成安公主)、韦濯(娶李显女定安公主)分掌;武延秀及韦温侄子韦播、族弟韦璿、外甥高崇,共典左右羽林军,韦温总知内外兵马守援宫掖。

禁军岗位都安排齐了以后,六月初四,在太极殿发丧,宣遗制,

---

[1] 《旧唐书·后妃传》:六月,帝遇毒暴崩。时马秦客侍疾,议者归罪于秦客及安乐公主。后惧,秘不发丧,引所亲入禁中,谋自安之策。《新唐书·后妃传》:帝遇弑,议者讁咎秦客及安乐公主。后大惧,引所亲议计。

皇太后临朝,大赦天下,改元"唐隆"。

六月初七,十六岁的李重茂在李显灵柩前即帝位,韦后临朝称制。

宗楚客与太常卿武延秀、司农卿赵履温、国子祭酒叶静能及诸韦共劝韦后抄袭婆婆,遵武后故事称帝吧。宗楚客又秘密上书称引图谶,说韦氏宜革唐命。①

你们不装了,你们急急忙忙地跳出来就好办了。

接下来,该救世主上场了。

李隆基这一年回来后开始一心一意地暗中培养死士,他将重要焦点瞄向了羽林军,那些在上次政变中因反水有功而被李显从"千骑"升格扩招的"万骑"军官。②

神龙和景龙两场政变,李隆基都观摩了,前面两场北门政变有两个关键点:

1. 时间,它决定你是否能擒贼先擒王。

2. 政治合法性,准确地说这五个字展开就是有利可图性,这些禁军是否相信你能给他们带来阶层跃迁的红利。

李显能一嗓子让下层军官干掉守北门三十年的李多祚,也是因为李显看起来比李重俊政治上更靠谱。

从理论上来讲,如果韦氏要篡唐,那么所谓的羽林将军这种高级

---

① 《资治通鉴·唐纪二十五》:宗楚客与太常卿武延秀、司农卿赵履温、国子祭酒叶静能及诸韦共劝韦后遵武后故事,南北卫军、台阁要司皆以韦氏子弟领之,广聚党众,中外连结。楚客又密上书称引图谶,谓韦氏宜革唐命。

② 《资治通鉴·唐纪二十五》:相王子临淄王隆基,先罢潞州别驾,在京师,阴聚才勇之士,谋匡复社稷。初,太宗选官户及蕃口骁勇者,著虎文衣,跨豹文鞯,从游猎,于马前射禽兽,谓之百骑;则天时稍增为千骑,隶左右羽林;中宗谓之万骑,置使以领之。隆基皆厚结其豪杰。

第8战 武韦之乱 | 819

别禁军首领也就那么回事了，虽然他们是韦氏派下来贯彻意志的，但你们所代表的那个势力靠谱吗？能给我们多大好处呢？那些禁军内心深处会犹豫，会有判断。

在一次次政变中，禁军的心已经野了，已经当买卖干了，所以李隆基瞄准了中下层的"万骑"军官，结交了不少人。

结果好死不死韦家还送助攻，韦氏宗族实在不是那块料，韦播和韦璿上岗后打算立威，当天就打了"万骑"数人，禁军怒了。①

"万骑"系统的兄弟们找到了之前经常一起喝酒的李隆基，李隆基的心腹刘幽求给出了政变暗示，随后"万骑"军官们开始宣誓表态，②"万骑"果毅李仙凫作为联络人进入了李隆基的政变参谋部。

其实李隆基的这个所谓密谋的政变并不周密，只能说此时他的对手确实不是那块料。连宗楚客的小弟兵部侍郎崔日用都知道李隆基要政变了，但这位见过太多世面的博陵崔氏评估后觉得韦后那边不是碾压局，于是在李隆基这边押注了，还对李隆基进行了提醒："您孝感动天，早发兵啊，迟则生变！"③

要知道，宗楚客可是这位崔日用的恩师，崔日用是被他一手提起

---

① 《旧唐书·后妃传》：播、璿欲先树威严，拜官日先鞭万骑数人，众皆怨，不为之用。

② 《新唐书·王毛仲传》：韦后称制，令韦播、高嵩为羽林将军，押万骑，以苛峭树威。果毅葛福顺、陈玄礼诉于王，王方与刘幽求、薛崇简及利仁府折冲麻嗣宗谋举大计，幽求讽之，皆愿效死，遂入讨韦氏。

③ 《旧唐书·崔日用传》：时宗楚客、武三思、武延秀等递为朋党，日用潜皆附之，骤迁兵部侍郎兼修文馆学士。中宗暴崩，韦庶人称制，日用恐祸及己。知玄宗将图义举，乃因沙门普润、道士王晔密诣藩邸，深自结纳，潜谋翼戴。玄宗尝谓曰："今谋此举，直为亲，不为身。"日用曰："此乃孝感动天，事必克捷。望速发，出其不意，若少迟延，或恐生变。"

来的。①但人精崔日用评估后对韦后集团就是不看好。

李隆基的两次政变，对手是两个量级的。他的最大难关，是他下一场政变的对手、此时要拉的赞助——他的姑姑太平公主。

李隆基为什么要找太平公主拉赞助？

政变最重要的是信心，他虽有名分，但资历浅威望不高，他姑姑是个强力的背景光。

据史料记载，太平公主长相"丰硕，方额广颐"。翻译一下就是大胖身子、大脑门子、大嘴巴子，应该是这么个造型。

这丫头长大后让武则天觉得她颇有自己的风采，于是很多政治商议布局都喊太平公主一起参谋，她也是个机灵主，嘴极严，所谓"则天以为类己，每预谋议，宫禁严峻，事不令泄"。

太平公主在神龙政变中谋划有功，进号镇国太平公主，并食实封通前五千户，赏赐不可胜计。在李显时代，太平公主置公主府，正式有了自己的团队。

由于太平公主在她妈那儿历练了多年，无论是政治智慧还是为政经验，都要碾压韦后，韦后与上官婉儿因此相当忌惮太平公主。②

自武后垂拱到李显驾崩，在这二十多年的政治风暴中，太平公主堪称唯一一股始终没倒的政治势力，这也引来了越来越多的政治棋子前来投靠。比如上官婉儿，其实在上次景龙政变时她就看出来了韦后这条

---

① 《旧唐书·崔日用传》：大足元年，则天幸长安，路次陕州。宗楚客时为刺史，日用支供顿事，广求珍味，称楚客之命，遍馈从官。楚客知而大加赏叹，盛称荐之，由是擢为新丰尉。无几，拜监察御史。

② 《旧唐书·太平公主传》：时中宗仁善，韦后、上官昭容用事禁中，皆以为智谋不及公主，甚惮之。

第 8 战　武韦之乱　｜　821

船迟早要翻，随后开始跟韦后与安乐公主划清界限。①

在遗诏的草拟中，上官婉儿和太平公主联合在了一起。

毕竟这个时代太混乱，抱错了腿就容易被连根拔起，但太平公主的生态位太稳了——精明双皇的爱女、皇帝的妹妹、武家的媳妇，始终在幕后操盘，二十多年不倒，她用时间证明了投奔自己是投资，而非投机。

在李显时代，与安乐公主姐妹几个炫富的傻冤家相比，太平公主将大量的资源用在了买名声和构建政治网络上，太平公主的嫡系越来越多地登上高级台面，大量的词人给太平公主创造歌颂诗歌，总之她的政治运作有套路、有章法。②

李隆基看出来了他姑姑也做着他奶奶的梦，随后找了过来。只要太平公主方面也派人出场，就意味着李旦和太平公主这两个目前李治与武则天的子女选择了对韦氏开炮，这就是政变的巨大信心加成。

李隆基与太平公主一拍即合，太平公主派自己的儿子，也是李隆基的同事，同是卫尉少卿的薛崇简下场。③

李隆基随后与薛崇简、宫苑总监钟绍京、朝邑尉刘幽求、长上折冲麻嗣宗、押"万骑"果毅葛福顺、李仙凫等定策诛韦氏。

这时下属们问了一个问题：要先跟大王（李旦）说一下吧？

---

① 《资治通鉴·唐纪二十五》：初，上官昭容引其从母之子王昱为左拾遗，昱说昭容母郑氏曰："武氏，天之所废，不可兴也。今婕妤附于三思，此灭族之道也，愿姨思之！"郑氏以戒昭容，昭容弗听。及太子重俊起兵讨三思，索昭容，昭容始惧，思昱言；自是心附帝室，与安乐公主各树朋党。

② 《旧唐书·太平公主传》：公主日益豪横，进达朝士，多至大官，词人后进造其门者，或有贫窭，则遗之金帛，士亦翕然称之。

③ 《旧唐书·玄宗本纪》：上益自负，乃与太平公主谋之，公主喜，以子崇简从。

李隆基说了一段很有水平的话:"我拯社稷之危,赴君父之急,事成福归于宗社,不成身死于忠孝,怎么能先请示我爹让他忧患恐惧呢?况且请示后如果他批准了,那是把我爹拽到危险的事里;如果他不同意,那咱们的计谋就泄露了。"

后面的话李隆基没再说,但实际已经都说了。"他不同意的话咱们还能帮我爹体面了吗?真体面了将来咱们政变后的政治旗帜怎么处理?"

六月二十的夜里,"万骑"果毅葛福顺、李仙凫来见李隆基,请号而行。二更时分,天星散落如雪,刘幽求道:"天意如此,时不可失!"①

李隆基与刘幽求等心腹诸将率数十名"万骑"自苑南入,宫苑总监钟绍京又率领百余工匠跟从。②

葛福顺拔剑直闯羽林营,将韦璿、韦播、高嵩三人斩首示众道:"韦后毒死先帝,谋危社稷,今晚大家要共击诸韦,凡是长得高过马鞭的都要杀掉,拥立相王为帝以安定天下!如果有骑墙观望帮助逆党者罪及三族。"整个北门禁军就此搞定。③

跟当年神龙政变其实是一个套路。韦氏太不得人心,大伙也没觉

---

① 《资治通鉴·唐纪二十五》:逮夜,葛福顺、李仙凫皆至隆基所,请号而行。向二鼓,天星散落如雪,刘幽求曰:"天意如此,时不可失!"

② 《旧唐书·后妃传》:临淄王率薛崇简、钟绍京、刘幽求领万骑及总监丁未入自玄武门。《旧唐书·玄宗本纪》:遂以庚子夜率幽求等数十人自苑南入,总监钟绍京又率丁匠百余以从。

③ 《资治通鉴·唐纪二十五》:福顺拔剑直入羽林营,斩韦璿、韦播、高嵩以徇,曰:"韦后鸩杀先帝,谋危社稷,今夕当共诛诸韦,马鞭以上皆斩之;立相王以安天下。敢有怀两端助逆党者,罪及三族。"羽林之士皆欣然听命。

第8战 武韦之乱 | 823

得他们能折腾出什么花来。

李隆基随后派葛福顺、李仙凫各率左右"万骑"开始攻门而入，约定在凌烟阁前会师后大声鼓噪发出信号。

李隆基在干什么呢？难道不该他这个政变旗帜亲自带队攻杀吗？

他干的是当年司马师的角色。他守住了玄武门，盯住了非"万骑"系统又随时有可能做墙头草的剩下的羽林兵，他是在镇静内外，直到听到约定信号突破了最后防线后才最终带着剩下的兵杀了进去。①

当年镇司马门的是司马师，进皇宫找太后的是司马昭，权重不同。

李隆基杀进宫后，整个太极宫内的宿卫兵也全部反水响应了。②

韦后在惊慌恐怖中逃入"飞骑"营，被一个"飞骑"斩首邀功，安乐公主及武延秀也被乱兵所杀。

当时少帝在太极殿，刘幽求道："众约今晚共立相王，何不早定！"李隆基赶紧叫停，这才到哪儿啊，要先将在宫中及守诸门的诸韦和韦后一党全部斩首的。

上官婉儿拿着自己的遗诏底稿给李隆基看，李隆基不搭理，直接把上官婉儿砍了。③

我下一个就要杀我姑姑了，你这个女人我还能留吗？

杀到了天明，内外皆定后，李隆基才去见他爹，叩头请求饶恕事先不请示之罪。李旦抱着他儿子就开始哭："大唐宗庙社稷的祸难，都

---

① 《资治通鉴·唐纪二十五》：隆基勒兵玄武门外，三鼓，闻噪声，帅总监及羽林兵而入。

② 《资治通鉴·唐纪二十五》：诸卫兵在太极殿宿卫梓宫者，闻噪声，皆被甲应之。

③ 《资治通鉴·唐纪二十五》：及中宗崩，昭容草遗制立温王，以相王辅政；宗、韦改之。及隆基入宫，昭容执烛帅宫人迎之，以制草示刘幽求。幽求为之言，隆基不许，斩于旗下。

由你安定，神灵百姓，就靠你出力了！"

父子两个体面后，李旦动身入宫辅佐少帝。

李隆基下令关闭宫门及京城门，分遣"万骑"收捕诸韦亲党，在东市之北斩了韦温。宗楚客穿着丧服骑青驴化装逃跑至通化门被门卫拽下驴砍了，并斩其弟宗晋卿。

李旦带着少帝来到了安福门慰谕百姓。李隆基砍了马秦客等韦党的头，暴尸韦后于闹市。崔日用率兵去韦氏的老家杜曲搞屠杀，即使襁褓婴儿也未能幸免，甚至连住那里的杜家人都有好多被错杀。

当天，韦氏一党被斩草除根，随后大赦天下，以临淄王李隆基为平王，兼知内外闲厩，押左右厢"万骑"。

六月二十三，太平公主传达了少帝旨意，要求将皇位让给相王李旦。李旦仅仅推辞了一次，就被李隆基架着于六月二十四登上了帝位。

大位正了，随后是太子。

大唐国祚走到现在关于政变都能出攻略指南了，各种恨天高和傻子品类丰富的标本都在那里，李旦的嫡长子李成器瞬间就找到了自己的生态位：绝对不能当李建成！

李成器都没用他爹犹豫，甚至可以说，都没来得及让他爹往制衡的思路上思考就直接表示："国家安则先嫡长，国家危则先有功；这事要是处理不好会令天下失望。臣死不敢居我弟弟平王李隆基之上！"随后就是一天又一天地狂哭请求立他弟弟。

这姿态都出来了，大臣们也赶紧跟上说平王功大宜立，刘幽求代表功臣集团表示："臣闻除天下之祸者，当享天下之福。平王拯社稷之危，救君亲之难，论功莫大，语德最贤，毋庸置疑！"

李旦批准，立平王李隆基为太子。李隆基复表让李成器，李旦不许。至此戏演完全套，一家人体体面面。

此时此刻，台面上还剩下两个权力玩家——李隆基和太平公主。

拜武则天所赐，惯性是真的不好停下啊。还缺一场高质量的权力搏杀，为这荒唐的三十年进行收尾。

和武韦这群小丑比起来，最后的这场战役倒还算是很精彩的。

八、先天政变，是终点也是起点

唐隆政变后，随着韦后一党被斩草除根，下一个需要解决的，是李显一朝虽死犹永远活在"拥武"们心中的武则天的历史地位问题。准确地说，是李显一朝莫名其妙的武氏超高规格问题。

李旦，或者说是以李隆基为核心的拥唐势力的意思，是先把李显定的"则天大圣皇后"恢复旧号为"天后"，然后追谥被她祸害死的亲儿子雍王李贤为章怀太子，追削武三思、武崇训爵位谥号，砍棺材暴尸，铲平坟墓。

武家是臭大粪。定调了。

李旦又追复故太子李重俊位号；平反了敬晖、桓彦范、崔玄暐、张柬之、袁恕己、李千里、李多祚等人，恢复其官爵。"五王"和景龙政变被平反了，他们反对的武韦联盟就应该被除掉，朝廷再次重申了韦家也是臭大粪。

整个李显一朝的核心圈层，除了"脑残哥"李显之外，没好人。定调了。

六月二十八，李旦任宋王李成器为雍州牧、扬州大都督、太子太师。

下一届统治核心是李隆基,李成器彻底从名分上做了李隆基的工作人员。也定调了。

七月二十,皇太子李隆基登朝堂受册封,当天因有景云之瑞,改元"景云",大赦天下。①

皇帝即位没有改元,太子受册封改元了。这届朝堂的权重,也定调了。

神龙政变后哭了"老武"一场的姚元之,在李显执政如此混乱的五年后由许州刺史调任回了朝廷中央,成为兵部尚书、同中书门下三品;之前因为跟武三思和韦后不对付被外放的洛州长史宋璟也回来拜相了,成为检校吏部尚书、同中书门下三品。著名的姚、宋二相同时进宰相团队了。

这两位回来仅仅一个月,就在中秋节那天放出了大招:前朝混乱的吏治该整顿了,所有花钱买的"斜封官"应当全部废黜。最终数千人花钱买的委任状成了废纸。②

此时此刻,朝堂上准确来说还有两个实权人物:一个是李隆基,一个是太平公主。沉稳机敏多权略的太平公主,在近三十年的血腥政坛中留到了倒数第二场。

此时此刻,太平公主已经能直接参政了,每次入朝奏事都得跟她哥哥聊上好久,就算有事没来,李旦也得派宰相去太平公主府上问询对

---

① 《旧唐书·玄宗本纪》:七月己巳,睿宗御承天门,皇太子诣朝堂受册。是日有景云之瑞,改元为景云,大赦天下。
② 《资治通鉴·唐纪二十六》:姚元之、宋璟及御史大夫毕构上言:"先朝斜封官悉宜停废。"上从之。癸巳,罢斜封官凡数千人。

策。每次宰相奏事，李旦就两个问题："跟太平商量了吗？跟三郎（李隆基）商量了吗？"这两个人说行那就行。①

太平公主的权势与威望，甚至隐隐然比李隆基还要高。

李隆基虽然是政变的扛旗实施者，但他的政变实际上是钻了韦氏不得人心和"飞骑"系统的不满的空子，他的核心班底是一群中下层武官，上层建筑的威望很不够。但太平公主不同，她辈分高、履历足。要知道，走皇位交接流程的时候，太平公主堪称大了（liǎo），甚至相当可笑的是在颁布正式文件后，太平"司仪"第一时间就吓唬小皇帝李重茂道："天下之心已归相王，这个不是你这小孩子的座位！"随后把他拎了下来。②

此时太平公主貌似是唐隆政变后的最大受益者，说什么哥哥都听，她的人事推荐已经能够玩空降了，经常跨过资历担任高职位甚至是当上南北衙的将军或宰相，她已经成为隐形的太上女皇。③

李旦之所以对太平公主言听计从，因为此时从李旦的角度看，太平妹妹确实更为可爱，三郎这孩子太猛了，这么庞大的势力都什么时候建立的啊？

定调武氏、剿灭韦后，太平的生态位此时对于自己没有威胁，但

---

① 《资治通鉴·唐纪二十五》：既屡立大功，益尊重，上常与之图议大政，每入奏事，坐语移时；或时不朝谒，则宰相就第咨之。每宰相奏事，上辄问："尝与太平议否？"又问："与三郎议否？"然后可之。

② 《资治通鉴·唐纪二十五》：甲辰，少帝在太极殿东隅西向，相王立于梓宫旁，太平公主曰："皇帝欲以此位让叔父，可乎！"幽求跪曰："国家多难，皇帝仁孝，追踪尧、舜，诚合至公；相王代之任重，慈爱尤厚矣。"乃以少帝制传位相王。时少帝犹在御座，太平公主进曰："天下之心已归相王，此非儿座！"遂提下之。

③ 《旧唐书·太平公主传》：每入奏事，坐语移时，所言皆听。荐人或骤历清职，或至南北衙将相，权移人主。

第8战 武韦之乱 | 829

三郎这孩子不一定。毕竟，这天下都是他抢回来的。

八月时，"万骑"倚仗着讨平韦氏的功劳大多横行不法，成了长安祸害。李旦下诏将有功的"万骑"全部放到京外当官去，同时下令停止从官户奴隶中选拔"万骑"，并另外增加了"飞骑"的名额。①

这一刀是砍向谁的呢？

是此时"飞骑"系统的一把手，兼押左右"万骑"的李隆基。

李旦和李显不同，李显纯是个傻子，李旦则是经受过系统培训的生存主义者。族谱上流传着武德九年（626）六月初四的故事，三郎你这孩子太吓人了，爹是太怕哪天你来句"陛下何故谋反了"，如果不体面了你再来句"狗脚朕"，再把我打一顿后奋衣而出……趁着你那里闹出民意危机，我先给你降降温吧。

太平公主在成为"女皇"后有点儿半场开香槟的意思了，物质生活首先就勒不住了。她大肆兼并近甸膏腴田产，使用的器物由吴地、蜀地、岭南特需专供，狗马宠物也都是外州专供，绮疏宝帐音乐舆乘的级别同于宫掖，侍儿都披罗绮，公主府的编制达到了数百人，苍头监妪数目高达上千。

她连床搭子方面都向她妈靠拢了，胡僧惠范本来就是个商业掮客，靠着跟太平对接成为圣善寺主，加三品，封公，随后他还把买卖做到了蜀地与江南。②

她这一纵欲，很多朝中的忠唐势力开始不满。因为很多画面很熟

---

① 《资治通鉴·唐纪二十六》：万骑恃讨诸韦之功，多暴横，长安中苦之；诏并除外官。又停以户奴为万骑；更置飞骑，隶左、右羽林。

② 《旧唐书·太平公主传》：有胡僧惠范，家富于财宝，善事权贵，公主与之私，奏为圣善寺主，加三品，封公，殖货流于江剑。

悉,这些年没少看。于是,这股势力被李隆基争取走了。

最开始太平公主并没有拿李隆基当回事,觉得这也就是个李重俊级别的小孩子,但后来发现这孩子英武得不像话,于是想换个暗弱的立为太子以久保其权,她多次安排人散播流言:"太子不是嫡长子,不当立!"致使李旦甚至在十月二十二专门颁布官方文件宣布李隆基毋庸置疑的合法性,戒谕中外,以息浮议。①

至此,太平公主和李隆基开战了。

太平公主甚至在李隆基身边都渗透进了探子,李隆基那边无论大小事情都报告给她哥哥李旦。②

在太平公主的不断敲打下,李旦其实是流露过李渊那样的心思的。李旦曾经问过历经武周与李显两朝的宰相,曾经多次当面折辱张易之兄弟的韦安石:"听说朝廷大臣都倾心于太子,这事你怎么没察觉呢?"③

韦安石当时就急了,答道:"陛下哪来的这些亡国之言?这一定是太平公主的计谋!太子有大功于社稷,仁明孝友,为天下所称颂,愿陛下不要听信谗言以致迷惑。"

李旦赶紧道:"朕知道啦,卿别再说话了哈。"④

---

① 《资治通鉴·唐纪二十六》:太平公主以太子年少,意颇易之;既而惮其英武,欲更择暗弱者立之以久其权,数为流言,云"太子非长,不当立。"己亥,制戒谕中外,以息浮议。

② 《资治通鉴·唐纪二十六》:公主每觇伺太子所为,纤介必闻于上,太子左右,亦往往为公主耳目,太子深不自安。

③ 《旧唐书·韦安石传》:睿宗尝密召安石,谓曰:"闻朝廷倾心东宫,卿何不察也。"

④ 《旧唐书·韦安石传》:安石对曰:"陛下何得亡国之言,此必太平之计。太子有大功于社稷,仁明孝友,天下所称,愿陛下无信谗言以致惑也。"睿宗矍然曰:"朕知之矣,卿勿言也。"

李旦貌似挺替韦安石考虑的，怕他言多语失，但实际上，李旦真挺不地道的，因为太平公主此时就在帘子后头呢。①

他要是一个真的爱才的人，就不会挑太平公主在的时候谈这个事。他此时是和太平公主站在一起的，之前太平公主曾多次拉拢韦安石，甚至派女婿去上门递请帖韦安石都不给面子。②他这次就是想通过这个问题看看李隆基的势力到底有多大。

太平公主的试探还没结束，她曾乘辇车在光范门内拦住宰相们，暗示他们应当改立太子，在场的宰相们全都大惊失色，宋璟随后表态大声质问道："太子立大功于天下，是宗庙社稷真正之主，公主怎么能突然提出此议！"③

太平公主之所以在大庭广众之下试探，有两个意思。

1. 看看李隆基的势力，有没有公然替他说话的，如果没有，宰相们对太子没有信心很快就会传遍长安，换太子就好继续往下操作。

2. 如果有公然不服的，则说明太子势力太大，方便将来再去李旦那里吹风。

太平公主仗着自己独特的生态位开始跟李隆基玩哪个选项都是错的阳谋。

后面宋璟与姚元之秘密向李旦进言道："宋王李成器是陛下的嫡长子，豳王李守礼是高宗皇帝的长孙，太平公主在他们与太子之间互相构

---

① 《旧唐书·韦安石传》：太平于帘中窃听之，乃构飞语，欲令鞠之，赖郭元振保护获免。

② 《旧唐书·韦安石传》：时太平公主与窦怀贞等潜有异图，将引安石预其事，公主屡使子婿唐晙邀安石至宅，安石竟拒而不往。

③ 《资治通鉴·唐纪二十六》：公主又尝乘辇邀宰相于光范门内，讽以易置东宫，众皆失色，宋璟抗言曰："东宫有大功于天下，真宗庙社稷之主，公主奈何忽有此议！"

陷,制造事端,使东宫不安。请陛下将宋王和豳王外放为刺史,免去岐王李隆范和薛王李隆业所担任的左右羽林大将军职务,任命他们为太子左右卫率以侍奉太子,将太平公主安置到东都。"

李旦说:"朕现在已没有兄弟了,只有太平公主这一个妹妹,除了太平之外都听你们安排。"随后颁制:"今后诸王、驸马一律不得统禁军,现在任职的都必须改任其他官职。"①

没过多久,李旦对身边侍臣道:"术士说五日内有宫变,你们得替我小心着!"②

张说,此时也拜相进核心团队了,他在旁边赶紧说:"这一定又是奸邪逸言离间陛下与太子,希望陛下让太子监国,到时流言自然熄灭。"姚元之附和道:"张说所言,是对国家社稷的上上之策。"据说李旦听后很高兴。

李旦也在不断试探,又是问韦安石"你怎么没察觉",又是叫宰相"你们保护我",本质上也是想看看李隆基的势力与行情。他试探后得出结论:自己的存在感几乎是负的,连太子监国这事都被宰相们安排出来了。

其实客观来讲这些宰相和李隆基是谈不上有多深的关系的,因为毕竟之前李隆基就是个边缘小王爷,根本没结交的可能。之所以那么多经历过武韦之乱被外放又召回来的宰相们对他那么支持,就是看准了太平公主还在做武后和韦后的梦,他们实在是不想这个国家再乱一次了。

---

① 《资治通鉴·唐纪二十六》:上曰:"朕更无兄弟,惟太平一妹,岂可远置东都!诸王惟卿所处。"乃先下制云:"诸王、驸马自今毋得典禁兵,见任者皆改他官。"

② 《资治通鉴·唐纪二十六》:顷之,上谓侍臣曰:"术者言五日中当有急兵入宫,卿等为朕备之。"

眼下李隆基越早接班，太平公主的影响也就越早能被遏制。毕竟李旦现在都成他妹妹的"印章"了。

李旦作为装死高手，看到这个局面后，在711年二月初一，以宋王李成器为同州刺史，豳王李守礼为豳州刺史，左羽林大将军岐王李隆范为左卫率，右羽林大将军薛王李隆业为右卫率，将太平公主安置在了蒲州。二月初二，李旦命太子李隆基监国，六品以下官员的任免，以及对犯徒刑罪以下的审核，都由太子处理。

李旦躺平了，但是，他把这事告诉了太平公主。①

太平公主出招了，派殿中侍御史崔莅、太子中允薛昭素对李旦上言："'斜封官'都是先帝封的，恩命已布，姚元之等建议一朝尽夺之，是在彰显先帝的过失，为陛下招怨。现在众口沸腾，遍于海内，恐生非常之变！"随后太平公主跟上，说这事确实不合适。

李旦的风格是风向不对我就马上躺，有点儿文章呢，我就做一做，反正坏蛋都是别人，随后下制："斜封官"之前停任者都量材叙用。

打完姚元之和宋璟的脸后，太平公主又直接去找了李隆基的麻烦，怒责李隆基，选择了将矛盾公开化。②

你一个太子，跟宰相走得那么近，还把我们都调走了，你到底想对我皇帝哥哥做什么！

大帽子扣过来，李隆基害怕了，只得上奏姚元之与宋璟离间他与姑、兄的关系，请求对这两人明正典刑。③

---

① 《旧唐书·姚崇传》：元之同侍中宋璟密奏请令公主往就东都，出成器等诸王为刺史，以息人心。睿宗以告公主，公主大怒。
② 《资治通鉴·唐纪二十六》：太平公主闻姚元之、宋璟之谋，大怒，以让太子。
③ 《资治通鉴·唐纪二十六》：太子惧，奏元之、璟离间姑、兄，请从极法。

二月初九，在李隆基的暗中保护下，姚元之被贬为申州刺史，宋璟被贬为楚州刺史。不久李隆基的嫡系，中书舍人、参知机务刘幽求也被罢相成为户部尚书。接连三相被罢，李隆基的势力受到重大打击。

四月初九，李旦召集三品以上的大臣道："朕对皇位这事淡泊一辈子了，无论是皇嗣还是皇太弟，我都辞了，如今想传位给太子，大家怎么看？"

群臣不敢回答。这回效果对了，没有公开废话的了。

李隆基派右庶子李景伯坚决推辞，太平公主的党羽殿中侍御史和逢尧上言于李旦道："陛下年纪还不大，正是被天下所仰仗的时候，怎么能这么儿戏呢？"

李旦想要的台阶拿到了，随后停了这事。

李旦一边打击李隆基，一边又怕给他逼急了，他在四月十三颁制："所有政事都由太子安排处理。涉及军旅大事、死刑审核及五品以上官员的任免，都要先与太子商议，然后再上奏。"

双方的博弈还在继续。

十月初三，李旦亲至承天门，对应召而来的韦安石、郭元振、窦怀贞、李日知、张说宣布制书，责备他们说："朝廷如今的刑赏与教化存在很多缺陷，各地水旱成灾，国家府库日渐枯竭，官员编制膨胀，虽说有朕之薄德的因素在，但也与各位辅佐大臣不称职有关。从现在起，韦安石调整为左仆射、东都留守，郭元振为吏部尚书，窦怀贞为左御史大夫，李日知为户部尚书，张说为尚书左丞，一律免去宰相职务。"李旦又以吏部尚书刘幽求为侍中，任命右散骑常侍魏知古为左散骑常侍，太子詹事崔湜为中书侍郎，三人同为同中书门下三品，中书侍郎陆象先同平章事。

上述人事动作，都是太平公主的计划与算盘。①

被罢相的五位，韦安石和张说都是明确表态支持李隆基的，郭元振是太平公主陷害韦安石时出手相救韦安石的，李日知党派不明，窦怀贞是太平公主一党。

太平公主也不是只废李隆基的人，只不过李隆基的损失比较大，他还说不出什么。

通过灾异的借口，等于太平公主以一个嫡系的代价换下了李隆基的三个支持者，随后补进的四位，刘幽求是李隆基嫡系，崔湜是她的嫡系，魏知古曾经是李旦的相王府司马，陆象先是因名望高凑数用的。②

总体而言，李隆基的支持势力被削弱了。

太平公主与前面武三思和韦后这两个傻冤家相比，段位高出不知多少档次了，这其实就是政治家的基本素养。在势均力敌的政治博弈中，最显手腕的是吃一张吐一张地打麻将，将自己手里的牌换得越来越好，但与此同时还能讲究个名正言顺。

为什么要讲究个名正言顺？

1. 你的后续统治和融资成本会越来越低。

2. 真正的牛人会被你吸引来。

大家看看太平公主的招法。灾异问题自古都得拿三公出气，延伸到现在就是拿宰相开刀，踢走你们没话说吧？随后引进的四个人里谁的

---

① 《资治通鉴·唐纪二十六》：以吏部尚书刘幽求为侍中，右散骑常侍魏知古为左散骑常侍，太子詹事崔湜为中书侍郎，并同中书门下三品，中书侍郎陆象先同平章事。皆太平公主之志也。

② 《资治通鉴·唐纪二十六》：象先清净寡欲，言论高远，为时人所重。湜私侍太平公主，公主欲引以为相，湜请与象先同升，公主不可，湜曰："然则湜亦不敢当。"公主乃为之并言于上，上不欲用湜，公主涕泣以请，乃从之。

人都有，但总体而言阻挠我的势力变小了。

两个月后的712年正月，太平公主又不声不响地运作被踢走的窦怀贞和户部尚书岑羲为同中书门下三品拜相了。

跟窦怀贞一起拜相的岑羲，是当年李显时代在李重俊兵变后政治迫害李旦时仗义执言的直臣，而且在李显朝那么乱的人事工作中是能风清气正保持出淤泥而不染的好名声的。①

其实由此也能看出来太平公主此时的政治行情，她手下不是没有能臣的，包括后面跟她一条道跑到黑的萧至忠，其能力是后来被李隆基都肯定的。②

七月，彗星出西方，经轩辕星入太微星至大角星。

太平公主派术士对李旦说："彗星出现是要除旧布新，这天象是皇太子当为天子。"③

太平公主的意思是希望激起他哥哥的愤怒，你儿子弄不好要抢你的位置啊！她想挑起这对父子的矛盾，自己在旁边渔翁得利。

但这回，聪明的太平公主失算了。她哥是何许人也，你跟"风控之神"说有生命风险？

躺下！天塌下来有武大郎顶着！更重要的是，你旦哥不是你显哥，旦哥只是没有胆子，但不是没有脑子，你想拿他当枪使？

---

① 《旧唐书·岑羲传》：再迁吏部侍郎。时吏部侍郎崔湜、太常少卿郑愔、大理少卿李允恭分掌选事，皆以赃货闻，羲最守正，时议美之。

② 《新唐书·萧至忠传》：然玄宗贤其为人，后得源乾曜，亟用之，谓高力士曰："若知吾进乾曜邪乎？吾以其貌言似萧至忠。"力士曰："彼不尝负陛下乎？"帝曰："至忠诚国器，但晚谬尔，其始不谓之贤哉？"

③ 《资治通鉴·唐纪二十六》：太平公主使术者言于上曰："彗所以除旧布新，又帝座及心前星皆有变，皇太子当为天子。"

第8战 武韦之乱 | 837

李旦直接道："将帝位传给有德之人以避灾祸，我的决心已定！"

太平公主及其党羽当时都蒙了，随后赶紧力谏不可，但这回说什么也没用了。李旦道："中宗在位的时候，一群奸佞小人把持朝政，上天多次用灾异来示警。朕当时请中宗选择贤明的儿子立为皇帝以避免灾祸，中宗很不高兴，朕也因此忧恐了好多天吃不下东西。现在，朕怎么能对中宗这样劝谏而到自己这里不能做到呢？"

李隆基听说后飞马赶到宫里，往死里磕头表示不要。

不要不行！爹跟你表态，爹这辈子只投保本理财。

李旦道："我是因为你的功业得到我大唐社稷的，现在帝座星有灾异出现，我想将帝位逊让给你，只有圣德大勋，才能转祸为福。"

话说得确实漂亮，但李旦放权没放干净，太平公主还是劝他哥留下部分权力，李旦又顺坡下地，对李隆基道："天下事还是重，朕还得帮帮你。"①

经过这么一番操作，李旦完成了稳赚不赔的交易。

1. 不用担心李隆基未来将刀砍向自己，不用担心任何"意外"了，爹已经体面得不能再体面了，我连帝位都是主动传的，你没有任何理由伤害我。

2. 我还能学学曾祖父李渊，还能体会体会最高的权力，还有最高话语权。

3. 坏人是你姑，你和太平公主撕去吧。

八月初三，李隆基即皇帝位，尊李旦为太上皇，李旦自称曰朕，

---

① 《资治通鉴·唐纪二十六》：太平公主劝上虽传位，犹宜自总大政。上乃谓太子曰："汝以天下事重，欲朕兼理之邪？昔舜禅禹，犹亲巡狩，朕虽传位，岂忘家国！其军国大事，当兼省之。"

命曰诰，五日一受朝于太极殿；李隆基自称曰予，命曰制、敕，日受朝于武德殿。凡涉及三品以上官员的任命及重大的刑狱政务由李旦决定，其余政务均由李隆基决断。

八月初七，大赦天下，改元"先天"。时代来到了这三十年杀戮游戏的最后一个年号了。

其实太平公主之所以那样说，李旦之所以那样做，大概率是得到了某种信号和感知。李隆基这边真的在谋划兵变。

李隆基八月刚刚登基，因为宰相大多是太平公主之党，他的嫡系刘幽求就已经与右羽林将军张暐私下谋划以羽林兵诛杀太平公主一党了。张暐密言于李隆基道："窦怀贞、崔湜、岑羲皆因太平公主拜相，日夜图谋不轨。若不早图，一旦事起，太上皇何以得安？请速诛之！臣已与刘幽求定计，就等陛下您招呼了。"李隆基是很认可的。①

这事不大可能是李隆基刚当皇帝就要玩兵变，时间太紧凑了，而是前面就有打算了。所以，李旦连滚带爬地让了皇位。

但李旦的突然体面传位延缓了时间，张暐的嘴又不严对侍御史邓光宾泄露了计划，于是李隆基非常害怕，亲自检举揭发把刘幽求和张暐这两个"离间骨肉"的"坏蛋"在八月十九就给下狱了。②

最终李隆基以刘幽求有大功不可杀的理由将他流放于封州，将张暐流放于峰州。

---

① 《资治通鉴·唐纪二十六》：是时，宰相多太平公主之党，刘幽求与右羽林将军张暐谋以羽林兵诛之，使暐密言于上曰："窦怀贞、崔湜、岑羲皆因公得进，日夜为谋不轨。若不早图，一旦事起，太上皇何以得安！请速诛之。臣已与幽求定计，惟俟陛下之命。"上深以为然。

② 《资治通鉴·唐纪二十六》：暐泄其谋于侍御史邓光宾，上大惧，遽列上其状。丙辰，幽求下狱。有司奏："幽求等离间骨肉，罪当死。"

第8战 武韦之乱 | 839

李隆基为什么会这样害怕呢？

因为此时太平公主的势力已经渗透进北门禁军了，他担心太平公主那边也狗急跳墙。毕竟她还有太上皇的政治旗帜，闹崩了局面的走向真说不准。

先天二年（713），太平公主的势力已经达到了七个宰相中有五个是她的人的水平，文武百官大半都依附于她。①

太平公主抓着她哥哥三品官以上的任命权力不断调宰相进核心团队，虽然三品下的任命最终要李隆基批，但那也是宰相们往皇帝那里递的名单。李隆基被温水煮得相当难受。

在这一年的夏天，太平公主已经与宰相窦怀贞、岑羲、萧至忠、崔湜、薛稷、雍州长史新兴王李晋、左羽林大将军常元楷、知右羽林将军事李慈、左金吾将军李钦、中书舍人李猷、右散骑常侍贾膺福、鸿胪卿唐晙及胡僧惠范等谋废立之事了，她还与宫人元氏谋划在李隆基用的赤箭粉（天麻粉）中掺入毒药。

可谓全方位无死角了。

客观来讲，李隆基的政治手腕是比不过他姑姑的，这几年他始终被他姑姑压着打。但万幸的是，李隆基在太平公主的阵营里安排了足够的眼线，王琚对李隆基说："事已迫在眉睫，不可不速发！"

被罢宰相张说自东都遣人给李隆基送来了佩刀，表示得动手了。

唐隆政变时投诚的崔日用因为和太平嫡系的薛稷关系不和，此时已经被贬为荆州长史，他趁着回京入奏的时候对李隆基进言道："太平公主谋逆已经很久了。陛下您以前在东宫时还是臣子，如果想要讨伐她

---

① 《资治通鉴·唐纪二十六》：太平公主依上皇之势，擅权用事，与上有隙，宰相七人，五出其门。文武之臣，太半附之。

确实要费一番功夫。但现在您已经是皇帝,只需下一份制书,谁敢不从?万一奸佞得志,后悔都来不及了!"

李隆基道:"诚如卿言,但就怕惊动太上皇啊!"

崔日用道:"天子之孝在于安定四海。如果奸人得志,那么国家就危险了。请先定北军,后收逆党,就不会惊动太上皇了。"

尽管这些人说得那么好听,但李隆基还是下不了决心。因为崔日用说的那句"请先定北军,后收逆党"听起来相当吓人。他作为皇帝,却需要"先定北军"。

七月,魏知古告密说太平公主将要在七月初四作乱,她会命令常元楷、李慈以羽林兵突入武德殿,窦怀贞、萧至忠、岑羲等带南衙禁军举兵呼应。①

被逼到墙角的李隆基决定下手,以中旨通知岐王李隆范、薛王李隆业、兵部尚书郭元振及龙武将军王毛仲取闲厩马及家人三百余人,率太仆少卿李令问、王守一、内侍高力士、果毅李守德等亲信十数人,出武德殿,入虔化门。他们在北门斩了常元楷、李慈,又在内客省抓了贾膺福、李猷,在朝堂抓了萧至忠和岑羲,这些人都被斩杀。②

我们来看看李隆基的核心班底。

1. 亲兄弟:四弟李隆范、五弟李隆业。

---

① 《资治通鉴·唐纪二十六》:秋,七月,魏知古告公主欲以是月四日作乱,令元楷、慈以羽林兵突入武德殿,怀贞、至忠、羲等于南牙举兵应之。
② 《旧唐书·玄宗本纪》:上密知之,因以中旨告岐王范、薛王业、兵部尚书郭元振、将军王毛仲,取闲厩马及家人三百余人,率太仆少卿李令问、王守一、内侍高力士、果毅李守德等亲信十数人,出武德殿,入虔化门。枭常元楷、李慈于北阙。擒贾膺福、李猷于内客省以出,执萧至忠、岑羲于朝,皆斩之。

第8战 武韦之乱 | 841

2. 自幼的好哥们：李令问和王守一。①

3. 家奴：高力士、王毛仲、李守德。

4. 唯一的外人是此时刚刚调回一个月的宰相郭元振。

要不是考虑李旦的因素，估计李隆基都不会把郭元振加进来。

一国之君剿灭造反派叫"先天政变"，亲信骨干仅仅十多人，带的人是三百多"家人"，靠突袭玩斩首。看似轻松，其实惊险到了极处。

这场政变说明了两件事：

1. 太平公主的势力真的强到了一定地步，如果一上来扑北门的三百多人没能完成控制，后世的历史很难讲会怎么写他。

2. 李隆基成为中兴之主不是没有道理的，之所以斩首行动那么顺利，因为选人用人和保密做到了极致。

他用的人，不是"家人"就是"奴"。

暴力镇压与信息传递，是权力的核心柱石。虽然政治招法和套路确实没玩过他混迹宦海好几十年的聪明姑姑，但对于核心概念，这孩子琢磨得太明白了。

李隆基的英明还在于对他爹的了解上。他爹听说有人动刀兵了，就一溜烟登到了制高点，站上了连接南衙的承天门楼。②

李旦这个老机灵鬼是什么意思？

1. 保证自己的安全。

2. 你们的政治旗帜在这里，快向我靠拢呀！

---

① 《旧唐书·李令问传》：玄宗在藩时与令问款狎，及即位，以协赞功累迁至殿中少监。《旧唐书·王守一传》：守一与玄宗有旧，及上登极，以清阳公主妻之。

② 《资治通鉴·唐纪二十六》：上皇闻变，登承天门楼。

但李隆基早把他爹算明白了，宰相郭元振上场！①

为什么要安排一个信得过的宰相入局大家现在明白了吧。只有宰相带兵"保护"太上皇大人，所有的投机势力才不敢乱动。

郭元振上奏，皇帝奉您的诰诛杀窦怀贞等，没别的事，您别紧张。李旦赶紧道："对！对！对！赶紧除恶务尽！"

七月初四，太上皇李旦发布诰命："从今往后，大唐只有一个天，军国政刑，都由皇帝处理决定。"

当日李旦就由太极宫徙居百福殿，心意坚决。老机灵鬼李旦乖乖当了"死了裴寂的李渊"，给自己稳健的政治生涯画上了保本的圆满句号。

太平公主逃入山寺，三日后出来了，被赐死于家中，公主诸子及党羽死者数十人，唯一免难的，是李隆基的同事薛崇简。由于薛崇简多次劝他妈别造反被多次暴打，此役后被李隆基赦免，赐姓李，官爵如故。

抄太平公主的家时发现这个历经爹娘两个哥哥四朝的"大老虎"家中的财物堆积如山，珍宝器玩媲美帝王，家中的牲口、土地园林、放贷的利息几年也收不完，连她的那个床搭子家产都有数十万贯。②

自684年武则天临朝称制，到713年李隆基剿灭太平，三十年眼高于顶、群魔乱舞的血腥政治终于结束了，一个能用上几十年的年号终于要再次出现了。

观察一个政治家，要看他的出身，要看他的履历，最重要的，要

---

① 《旧唐书·郭元振传》：睿宗登承天门，元振躬率兵侍卫之。
② 《旧唐书·太平公主传》：籍其家，财货山积，珍奇宝物，侔于御府，马牧羊牧田园质库，数年征敛不尽。惠范家产亦数十万贯。

看他成事的经历。李隆基从一名边缘皇子奋斗为开元皇帝,扒开一层层的外衣,他的核心底色,用的都是家奴。

"奴"这一个字,其实是玄宗朝的基因底色。大家看到这里,是不是豁然开朗许多?

第9战

盛唐的最后挽歌

一、灭霸的人口理论小幽默

摆拍,是门大学问。

在本系列《南北归一》一书中提到的南朝第一人精刘骏,从史料中大家能看到大量摆拍的诏书,"爱民"政策堪称南朝之最,有各种各样的"尤弊之家,开仓赈给""尤弊之家,量贷麦种"。

但实际上,在他的治下,刘宋的东方各郡经常连年干旱饥荒,买一升米要几百钱,都城建康也要一百多钱,江东饿死率达到了百分之六七十。①

仅仅旱灾就饿死了那么多人吗?真的是"饿死"的,还是刘骏的另一些兴趣爱好造成的呢?②

要知道,在他的统治时期南国没有兵火;要知道,那里是自古富得流油的江东;要知道,大半条长江沿线都在他手上,长江沿线可是

---

① 《资治通鉴·宋纪十一》:宋之境内,凡有州二十二,郡二百七十四,县千二百九十九,户九十四万有奇。米一升钱数百,建康亦至百余钱,饿死什六七。

② 《资治通鉴·宋纪十一》:自晋氏渡江以来,宫室草创,朝宴所临,东、西二堂而已。晋孝武末,始作清暑殿。宋兴,无所增改。上始大修宫室,土木被锦绣,嬖妾幸臣,赏赐倾府藏。

中国最不可能饿死人的物流线了。所以，那是天灾，还是人祸呢？

刘骏死后被清算了，刘宋政权存在的时间也不长，所以在他的本传中，史官给他的总评倒是比较中肯："劳苦自己以利天下，这是尧舜之心；利己又利万物，是中等君主的水平；耗尽民力满足自己的欲望，这是桀纣之行，纵观刘骏之世几乎到了将民力用尽的程度。刘骏虽有周公之才之美，最终死后他的王朝却还是以动乱告终，他那股聪明劲到最后还是一场空罢了！"

刘骏这种摆拍其实很好察觉，毕竟他把国家祸害废了，但某些人，因为极厚的前人荫资和幸运的时代关口，导致了本身资质不怎么样也跟着飞到了天上。

统计，是门大学问。

我们来看看武则天和她的两个儿子留下的烂摊子吧。

在后世，统计武则天政绩的时候都会夸她这么几点，说她当"天后"时就在建言十二事中呼吁"劝农桑，薄赋役"，为政的重点就是对地方官的劝课农桑提出了考核要求，对于均田制瓦解大背景下的民户逃亡也比较宽容，政绩的直观体现就是户口数从永徽三年（652）的三百八十万户增加到了神龙元年（705）的六百一十五万户，在五十三年的时间里增加了二百三十五万户，圣主啊！

前面的章节详细写了这个自私自利到极致的女人的上位之路，现在问大家一个简单的问题：在全国各州县都得安排上的大云寺和她修的一个个中国历史最大规模的木构建筑排场，还有她修的各种各样的荒谬信仰，以及黑暗恐怖混乱肮脏的政治生态下，会出现只烂她一个屋子而整个天下都美好的可能吗？

我们就从她最直观的政绩——户口上来看。

半个多世纪增加了二百三十五万户口，乍一看觉得增长不小是吧，这块武则天的遮羞布很了不得是吧？但实际上，要是没有她，户口数绝对涨得更多。

刚终结乱世打下天下后的半个世纪，其实在理论上是人口增长最快的时间，当年人们吐槽《复仇者联盟》的编剧没文化的时候就说过，灭霸消灭百分之五十的人口后，剩下的百分之五十会因为各种足够的资源而让人口数量迅速升回来。

百分之五十恰巧是速度增长最快的数字节点！

在有限的资源环境中，对于不受控增长的单一物种来说，其增长符合"逻辑斯蒂"，也就是当耕地资源被饱和分配，当人口数量吃掉了所有的物质盈余时，物种数量趋近环境的最大承载量了，这个时候的增长率趋于零，生态系统是饱和的，是增长不动的。

但如果一下把数量降低一半，那么这个时候资源相对来说就多了一倍，种群的增长率会迅速提升到最大值，很快种群数量又会趋近于最大承载量。

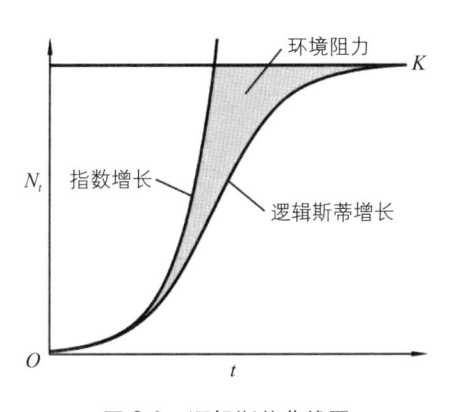

图 9-1 逻辑斯蒂曲线图

图 9-1 的曲线告诉我们，种群生物数量的增长并不是呈一个线性的增长，而是一个 S 型曲线的增长。当生物的数量处于环境最大容纳程

度的一半的时候，是种群数量增长最快的时候。

所以说灭霸将所有的生物数量砍去一半，其实是帮人类重新回到了人口增长速度最快的点。宇宙第一猛人，文化课不过关。

我们从科学的角度来说明一件事：每次天下大乱后的重新缝合，都会迎来一段怎么做怎么有理，躺着就能人口大爆发的黄金岁月。因为人口少，以及大量的田地荒着，所以人口很轻松地就能增长。

作为对比，我们来看看东汉历代的人口、土地资料。（见图9-2）

	年份	公元纪年	户口	人数	土地（亩）
后汉	光武帝中元二年	57	4,279,634	21,007,820	—
	明帝永平十八年	75	5,860,573	34,125,021	—
	章帝章和二年	88	7,456,784	43,356,367	—
	和帝元兴元年	105	9,237,112	53,256,229	732,017,080
	安帝延光四年	125	9,647,838	48,690,789	694,289,213
	顺帝永和五年	140	9,698,630	49,150,220	—
	建康元年	144	9,946,919	49,730,550	689,627,156
	冲帝永嘉元年	145	9,937,680	49,524,183	695,767,620
	质帝本初元年	146	9,348,227	47,566,772	693,012,338
	桓帝永寿三年	157	10,677,960	56,486,856	—

图9-2 东汉人口、土地图（参考葛剑雄《中国人口史》）

从光武中元二年（57）到汉和帝元兴元年（105），在四十八年的时间里，不到半个世纪，户口从四百二十七万多户上涨到了九百二十三万多户，增加了近五百万户。

东汉这张图是最容易和唐做对比的，在中元二年（57）刘秀死亡时天下已经打下来二十多年了，东汉之前是著名的王莽祸国；对比唐永徽三年

(652)李治接班贞观时代,前面是杨广祸国,完完全全是一模一样的节奏。

唐的起点是三百八十万户,东汉的起点是近四百二十八万户,人口基数也是差不多的。但东汉的生产能力是远远比不了此时的唐的,唐比东汉先进了六百年,更大的便宜还在于此时南方已经经过了两晋南朝的大开发,所以唐的可耕面积比东汉的还要大,商品经济要更发达,运河体系也要更丰富,但东汉户口涨了五百万,而唐只涨了二百三十五万。

所以,武则天这半个世纪叫有政绩?

为了不冤枉她,我们再来看个数据,来看看版图远远小于大唐的大宋,看大宋在终结五代十国混乱后是个什么样子。北宋张邦基在《墨庄漫录》中记载了关于宋仁宗时期人口数量这一非常重要的史料,可以间接看出宋仁宗时期国力之盛。宋仁宗曾问包拯历代编户人口的数目,包拯经过认真考证后回答道:"太祖建隆之初,有户九十六万七千三百五十三;开宝九年,渐加至三百零九万五百零四户;太宗至道二年,增至四百五十一万四千二百五十七户;真宗天禧五年,又增至八百六十七万七千六百七十七户。陛下御宇以来,天圣七年户一千零一十六万二千六百八十九;庆历二年,增至一千零三十万七千六百四十户;八年,又增至一千零九十万四千四百三十四户。我认为自三代以来,跨唐越汉,都没有像今天这样繁盛的了。"

从宋太宗至道二年(996)到宋真宗天禧五年(1021),短短二十五年时间,北宋的户口已经从四百五十一万多户增至八百六十七万多户了。而且北宋前面半段还处于辽宋战争时期,直到1004年双方才结成澶渊之盟的。

宋仁宗天圣七年(1029)时户口已经达到一千零一十六万多户了,至此基本达到了人口最大承载量,到二十年后的庆历八年(1048)才又增长了七十万户,达到一千零九十万多户了。

第9战 盛唐的最后挽歌 | 851

所以从数据来看，北宋在安稳的政治生态下，仅仅用了三十年就从四百五十一万户突破了千万达到了人口的最大承载量。

武则天在幅员辽阔的土地上，在杨广祸国把水利都给修好了还把天下土地产权证都烧了的大背景下，在贞观之治这么好的基础之上，半个世纪的时间只增长了那么点儿人口——区区二百三十五万。这是利国还是祸国？

为什么人口数量在这么优越的基础之上却涨上不去？

因为武则天特务治国随便杀，因为全国各地防邻居都像防贼一样大内耗，因为武则天修福报的徭役把百姓都压垮了，因为她造万象神宫和大粗柱子那堆面子工程把钱都吸走了，因为不光百姓成穷鬼了，连"四夷"都被薅穷了跟大唐拼了导致国防成本又要苦一苦百姓了！

我们来看看狄仁杰的那些上疏。

仁杰以百姓西戍疏勒等四镇，极为凋敝，乃上疏曰："……近者国家频岁出师，所费滋广，西戍四镇，东戍安东，调发日加，百姓虚弊。开守西域，事等石田，费用不支，有损无益，转输靡绝，杼轴殆空。越碛逾海，分兵防守，行役既久，怨旷亦多……方今关东饥馑，蜀、汉逃亡，江、淮以南，征求不息。人不复业，则相率为盗，本根一摇，忧患不浅。其所以然者，皆为远戍方外，以竭中国，争蛮貊不毛之地，乖子养苍生之道也。"

时河朔人庶，多为突厥逼胁，贼退后惧诛，又多逃匿。仁杰上疏曰："……今以负罪之伍，必不在家，露宿草行，潜窜山泽。赦之则出，不赦则狂，山东群盗，缘兹聚结。臣以边尘暂起，不足为忧，中土不安，以此为事。"

在武则天时代，面对她的无穷欲望和到处都是窟窿，老百姓活得太难了。

为什么节度使要上马？为什么李隆基这辈子都"棺材里伸手——死要钱"？

当然，李隆基日渐腐化堕落是一方面，但初衷却是因为此时边境的国防压力已经渗透到内地了，已经"今以负罪之伍，必不在家，露宿草行，潜窜山泽。赦之则出，不赦则狂，山东群盗，缘兹聚结"了。他需要用钱去解决已经处于崩盘边缘的国防问题。

武则天这辈子对大唐的"政绩"，总结一句话就是：她透支了大唐的底蕴。

我们再来看看武则天所谓人才方面的巨大成果。

武则天对科举情有独钟，大量开了口子，平均每年录取的人数比贞观年间增加了一倍以上，她还首创了殿试制度，考进来的官员们都是天子门生。

科举是个好东西，但最好的社会状态永远是上、下层有序流动。多好的东西，都需要有序，都需要渐进。

武则天由于这辈子要干的事太多，所以没时间渐进，用的都是猛药，追求的是轰塌旧官僚，自己再新起一个炉灶，毕竟她要当皇帝。

她不光对科举开口子，准确地说，她抓紧一切办法扩大自己的特务治国统治。她令人瞠目地下令"内外文武九品以上及百姓咸令自举"，这种"我选我"的官叫"试官"，也就是你说你牛，那就给你个岗位先干着，看看你后续表现。大量的酷吏其实就是这么上来的，比如那位著名的来俊臣。毕竟，斗人最立竿见影能出成绩。

在武则天掌权的时代，官僚膨胀堪称泛滥，而且她带坏了太多人，后面她儿媳妇韦后学习婆婆好榜样时比她还不值钱。

李治时代的宰相刘祥道对于人才的事说过相当深刻的话："今之选司取士，伤多且滥：每年入流数过一千四百，伤多也；杂色入流，不加铨简，是伤滥也。经明行修之士，犹或罕有正人，多取胥徒之流，岂能皆有德行。即知共厘务者，善人少而恶人多。"

在饱学苦修之士中有浩然之气的人都少，更别提武则天的无限大扩招了，那些人可能是有德行的官吗？但武则天不管那个，德行这东西对于她来说是诅咒。因为越是正气之人，越看不得她这样的。

武则天是特务治国，这是多恶劣的政坛啊。她要的，就是一群没有德行的妖魔，帮着她去干最缺德的事，用残忍的手段震慑，鼓励全民告发分散矛盾，从而帮自己得到那个皇帝的虚名。

官员的质量且放一边，另外还有一个关键点：这些统治者知道官僚机构膨胀后对国家来说负担有多大吗？

扒了"老妖怪"武则天的底，我们再来看看三郎李隆基。

由于武则天时代的洛阳权力极其集中，导致地方官要么选用年高才疏者，要么就是被贬外放的。于是在开元二年（714）正月，为了扭转重京官而轻外任的观念，重整政治生态，李隆基特别签发文件，从京官中选有才识者到地方任都督、刺史，从都督、刺史中选拔有政绩者任京官，使京官与地方官有序流动，成为日后的政治规矩。①

很快在正月里，李隆基将第二刀砍向了已经被武后、韦后、太平公主弄臭了的宗教，还大法以本来面目。

武则天在的时候，以她为主导命全国给她一个人修福报；李显的时候，皇亲国戚竞相营建佛寺，并大量申请和尚名额，导致很多富户强丁都剃头装和尚来逃避徭役，再赶上那几年连官职都满天飞，更不要说和尚牌照了。所以这一年的正月，在姚元之的建议下，李隆基对假和尚

---

① 《资治通鉴·唐纪二十七》：春，正月，壬申，制："选京官有才识者除都督、刺史，都督、刺史有政迹者除京官，使出入常均，永为恒式。"

专项展开严打，清查并勒令还俗了一万两千余人。

二月十九，李隆基再发敕命：从今以后各地均不得新建佛寺，原有佛寺已毁坏应修缮的一律上报，批准以后才能再修。①

就此，李隆基把全国的寺庙数量给框定了，许出不许进，别再折腾百姓了！

当年七月，朝廷又下达一个指示，所有官员系统及家属不得与僧尼道士来往接触。②

这一套组合拳，我相信无论是佛祖还是天尊，都会相当感激李隆基的。

像武则天这种"对接仙人"的土壤不能再给了，全天下都是大云寺，但那都是宣扬她的弥勒下生统治合法性的。

宗教的作用是劝人向善，是优化社会风气，宗教从业人员素质注定就要很高，无论寺庙还是僧徒，数量都需要管控。寺好建，有智慧的方丈不好找；像好塑，有德行的僧众不好培养。严进严出，快还正法一个本来面目吧！

五月初三，以庄稼歉收为理由，李隆基罢黜了所有员外官、试官、检校官，与此同时规定以后这三种官除非是立有战功或者是由皇帝降下别敕特行录用，否则吏部和兵部一律不得注拟。③

所谓"员外官"，就是国家规定正员数额之外的官员，本来多用以安置退免官员、没有实事养老用的，于李治的永徽五年置，此后开始不断膨胀。

所谓"试官"，就是前面武则天时代奇葩的选官制度，用来针对

---

① 《资治通鉴·唐纪二十七》：丁未，敕："自今所在毋得创建佛寺；旧寺颓坏应葺者，诣有司陈牒检视，然后听之。"
② 《资治通鉴·唐纪二十七》：禁百官家毋得与僧、尼、道士往还。
③ 《资治通鉴·唐纪二十七》：五月，己丑，以岁饥，悉罢员外、试、检校官，自今非有战功及别敕，毋得注拟。

第9战 盛唐的最后挽歌 | 855

"我选我"的自荐。

所谓"检校官",就是未经正式流程授予,由皇帝敕令直接任命的,李显一朝就有很多"检校官"。

这是多少历史遗留垃圾啊!

此次李隆基"大革其滥,十去其九"后,在第二年再次重申人才政策:"官不滥升,才不虚授,惟名与器,不可以假人。"

我不需要再用官员编制对自己的合法性进行收买了。我是太宗皇帝重孙,我是唐隆先天救唐中兴之主,我得国正!这天下跟我重新打下来没什么区别了,所有各种的讨好和收买在我这里都没必要。经过那么多的垃圾祸害,我现在救国来了。

与此同时,李隆基还将刀砍向了武则天疯狂开口子的科举制度,限制了进士科及第的人数以减少冗官的出现。

制度是好制度,但国家有那么多的官员需求吗?有那么高的财政来养官员吗?自武则天开始的从宗教祸国到官员体系的一系列错误开始被李隆基纠正过来。

李隆基不是仅用大刀砍,他还抓细节。开元四年(716)时,李隆基对新选的县令们进行了突击考试。他直接把人都召集到宣政殿,以如何治民为题命他们各作策文一篇,其中只有鄄城县令韦济词理最佳,李隆基特意将他升为醴泉县令,剩下两百多人没达到要求暂缓上任,甚至扔出四五十人回家重新学习,吏部侍郎卢从愿被降职为豫州刺史,李朝隐被降职为滑州刺史。[①]

---

① 《资治通鉴·唐纪二十七》:或言于上曰:"今岁选叙大滥,县令非才。"及入谢,上悉召县令于宣政殿庭,试以理人策。惟鄄城令韦济词理第一,擢为醴泉令。余二百余人不入第,且令之官;四十五人放归学问。吏部侍郎卢从愿左迁豫州刺史,李朝隐左迁滑州刺史。

李隆基还颁布了《整饬吏治诏》，规定每年十月派各道按察使对刺史和县令的政绩进行考察，分三等依次定优劣，作为官员升降依据。官员系统是一个国家治国的根本，必须"官不滥升，才不虚授，惟名与器，不可以假人"。

开元二年（714）七月初十，针对此时整个社会的奢侈浮华风俗，李隆基下达文件：皇宫内的乘舆服御、金银器玩都由有关部门负责销熔以供财政支出；凡属珠宝玉器、锦绣织物的奢侈品均在殿前焚毁；宫中自后妃以下一律不得使用以珠玉锦绣制成的物品。①

七月十三，李隆基再发敕命：百官所用的腰带、酒器、马镫等物品，三品以上的可用玉来装饰，四品官可用金来装饰，五品官可用银来装饰，五品以下都给我免！今后全国均不得采集珠玉、纺织锦绣织物，违反者杖刑一百。李隆基还下令撤销了设于东西两京的织锦坊。

所谓上行下效，皇帝的喜好经过官僚阶层的一层层传导后到了民间就是百倍的力量。皇帝喜欢雕梁画栋，岭南的运木船只就会一艘艘排除万难地往长安运；皇帝喜欢荔枝生鲜，岭南的生鲜配送就会跑死一匹又一匹快马。

年轻的李隆基直接把奢侈品给停了。从今往后，全国禁止内耗，全国不许在这种乱七八糟的奢侈品竞争上再耗国力，国家已经重伤三十年了，眼下强敌环伺八面都在找朝廷要钱。

就这样，轰轰烈烈的开元盛世起航了。

开元之治作为李隆基这辈子的重要政绩，其实被后世认可的、名

---

① 《资治通鉴·唐纪二十七》：上以风俗奢靡，秋，七月，乙未，制："乘舆服御、金银器玩，宜令有司销毁，以供军国之用；其珠玉、锦绣，焚于殿前；后妃以下，皆毋得服珠玉锦绣。"

第9战　盛唐的最后挽歌 | 857

气最大的，是开元元年（713）至开元八年（720）。这段时期除了皇帝英明外，还有一个重要群体有重大加分，那就是政事堂中的宰相们。

理论上来讲，那时政事堂中有姚崇、刘幽求、魏知古、卢怀慎、薛讷等好多宰相，但真正重要的、核心的，就两个人。这两个人就是有唐三百年的四名贤相——"前称房、杜，后称姚、宋"，其中的姚崇和宋璟。

姚崇就是姚元之，此时为了避"开元"的讳，又改名了。

准确来讲，这四位贤相，都是那种给前朝混乱的政治局面刹车梳理改风气的引导者。

房玄龄和杜如晦为相主要帮李世民精减官吏，裁去冗官，节省国家开支，在天下初定朝章国典还很不完备的时候对前朝的法令、礼乐、制度进行了修订和完善，以宽厚平和为宗旨去简化律令，除去了隋的苛酷刑法。自房玄龄等更定的律、令、格、式，此后有唐一代都没有发生过多大变动。到了姚崇和宋璟这里，也是梳理前朝烂摊子，起到给政治风气转舵的作用。

李隆基前面那些肃清垃圾，清风正气的举措，都是在姚、宋二相的时代完成的。

开元前四年，基本上是姚崇一个人的独角戏，史载："上初即位，务修德政，军国庶务，多访于崇。同时宰相卢怀慎等，但唯诺而已。崇独当重任，明于吏道，断割不滞。"

姚崇为什么这么受重用呢？

因为他确实有能力。姚崇前后三次为相，每次都兼兵部尚书，他甚至对边境地区的戍兵营地和侦察哨所乃至士卒马匹仓储器械的数量，都默记于心，李隆基刚即位时有很多不会的、不知道的，但姚崇无论是民生还是国防，总之李隆基随便问，就没有能问倒他的。①

姚崇不光有能力，还极有担当。

当初李旦登基后姚崇就和宋璟取缔了数千"斜封官"的牌照，前面李隆基的吏治改革也是在姚崇的帮助下完成的。

大家千万别觉得姚崇的担当只会得罪人。之前在武则天时代，"老武"曾与侍臣谈论周兴、来俊臣主持刑狱后造反的案子铺天盖地，"老武"装傻问是否有冤狱。

姚崇看准时机进言道："垂拱以来因谋反罪被处死的人大多是由于周兴等罗织罪名给自己求功的冤案，您派大臣去查问复核，这些大臣也都不能自保，哪里还敢翻他们定好的案子。如今酷吏已诛除，我以全家百口人的性命向陛下担保，今后朝廷内外不会再有谋反的人了，若是查出来有谋反之实，我愿承受知而不告的罪责。"②

在政治恐怖下，在武则天的喜怒无常下，姚崇希望扭转政治生态中的冤狱横行。虽说把一家子都豁出去了这事不地道，虽说是看准了机会才张的嘴，但这真能看出一种担当。

成事需要有担当、有智慧的人。担当与智慧，缺一不可。

武则天大悦道："以前的宰相都顺从周兴等人，使酷吏得逞，让朕

---

① 《资治通鉴·唐纪二十六》：元之吏事明敏，三为宰相，皆兼兵部尚书，缘边屯戍斥候，士马储械，无不默记。上初即位，励精为治，每事访于元之，元之应答如响，同僚唯诺而已，故上专委任之。

② 《旧唐书·列传第四十六》：元崇对曰："自垂拱已后，被告身死破家者，皆是枉酷自诬而死。告者特以为功，天下号为罗织，甚于汉之党锢。陛下令近臣就狱问者，近臣亦不自保，何敢辄有动摇？被问者若翻，又惧遭其毒手，将军张虔勖、李安静等皆是也。赖上天降灵，圣情发寤，诛锄凶竖，朝廷乂安。今日已后，臣以微躯及一门百口保见在内外官更无反逆者。乞陛下得告状，但收掌，不须推问。若后有征验，反逆有实，臣请受知而不告之罪。"

成了坏人。你说我心坎里去了，赏！"①

开元四年（716），山东闹蝗灾，当时在武则天断杀、放生、装神弄鬼的熏陶下，百姓只知设祭膜拜，却不敢灭蝗，希望用祈祷的方式把蝗虫弄走，眼睁睁地看着蝗虫吃庄稼。

姚崇上奏道："灭蝗这事不难，蝗虫趋光，在夜间焚火，在火旁挖坑，边烧边埋，蝗虫就能灭尽。现在是百姓们只烧香了，不动手。"李隆基随后派御史为捕蝗使，督促各地灭蝗。

汴州刺史倪若水执奏说："蝗虫是天灾，消除应该依靠德行。刘聪时没有消除成功反而为害更深。"随后拒绝御史指导，不肯应命。

姚崇大怒，牒报倪若水道："刘聪是篡逆之主，德行不能胜过妖孽；现在是圣明之朝，妖孽不能胜过圣上德行。古时的贤良太守，蝗虫都会避开他的辖境，如果依靠修德可避免蝗灾，那就说明你现在作为刺史没有德行所以蝗虫来了。你坐看蝗虫把庄稼苗都吃了，将来发生大饥荒时你怎么能安心！"

在没德大帽子和维护安定追责下，倪若水只能配合灭蝗。

当时朝廷对于这件事争议很大，都认为不便驱蝗，李隆基也拿不准主意，随后问姚崇。姚崇说："这些人都是一群腐儒！不知变通。古有蝗灾时如果什么都不管，最后就是草木俱尽，牛马啖毛，人相食；现在山东蝗灾已经让河北、河南没有储粮了，要是放任不管就是流民遍地，关乎国家安危。您有好生之德，您不需出敕，臣出牒走流程即可，除不掉您就罢臣的官！"

皇帝您不需要担责，将来无论好坏罪过都是我这个宰相的，连文

---

① 《旧唐书·列传第四十六》：则天大悦曰："以前宰相皆顺成其事，陷朕为淫刑之主。闻卿所说，甚合朕心。"其日，遣中使送银千两以赐元崇。

件上都不会留痕,姚崇这是一下子说到李隆基心坎里去了,一句话就得到了李隆基的支持。姚崇这是大智慧。为了救民把责任揽在自己身上,这也是大慈悲。

李隆基虽然同意了,但黄门监卢怀慎还是有不同意见,说道:"蝗虫乃是天灾,岂是人力所能除的?况且杀虫太多,有伤天和。"

圣母婊太多了!人都要活不下去了,你还在这里扯好生之德,反正你挨不了饿呗!

姚崇道:"楚王吞下蚂蟥,他的病就痊愈了;孙叔敖杀死两头蛇,上天降福给他。赵宣子至贤,杀其恶犬;孔丘近于圣人,不惜祭祀用的羊。他们都志在安定百姓,想法却有失礼义。如今蝗虫本可驱除,但若任其成灾把庄稼苗吃尽百姓该怎么办?灭蝗救人,如果天降灾殃,有我姚崇承担,绝不会推诿给您!"卢怀慎张不开嘴了,也没人敢再和姚崇辩驳了。①

从灭蝗这件事,大家能看出来政治生态的重要性了吗?

武则天断杀禁渔猎的不杀生修功德,如果蔓延几十年,整个政治生态就会忘了百姓的口粮有多重要。如果没有姚崇,第二年不知要死多少百姓。但死的百姓,和庙堂上的那些功德计算公式没有关系。

姚崇自己生活很简朴,连房子都没有,寓居罔极寺,有一段时间请病假,李隆基遣使问饮食起居达数十次之多。政事堂的另一个宰相源乾曜奏事如果合他的心思,李隆基就说:"准是问的姚崇。"要是不合他的心思,就得问:"你怎么不和姚崇商量就胡说!"源乾曜赶紧就跟

---

① 《旧唐书·列传第四十六》:崇曰:"楚王吞蛭,厥疾用瘳;叔敖杀蛇,其福乃降。赵宣至贤也,恨用其犬;孔丘将圣也,不爱其羊。皆志在安人,思不失礼。今蝗虫极盛,驱除可得,若其纵食,所在皆空。山东百姓,岂宜饿杀!此事崇已面经奏定讫,请公勿复为言。若救人杀虫,因缘致祸,崇请独受,义不仰关。"怀慎既庶事曲从,竟亦不敢逆崇之意,蝗因此亦渐止息。

第9战 盛唐的最后挽歌 | 861

李隆基道歉"您圣明"！所谓"每有大事，上常令乾曜就寺问崇"。

姚崇这辈子以身作则有担当有风骨，却没管好他的两个儿子，其子光禄少卿姚彝、宗正少卿姚异广交宾客兼各种收礼。还有他的主书赵诲，一直被姚崇所亲信，却收受胡人贿赂，被举报后在李隆基的亲自过问下入狱当死，随后姚崇出面营救，李隆基虽然给了他面子，但不高兴了。

姚崇开始担忧害怕，数次请求辞去相位，推荐宋璟接替自己。李隆基随后将姚崇罢为开府仪同三司，但依旧命姚崇五日一朝，仍入阁供奉，恩礼更厚，遇有大的政事都会找他咨询。

姚崇为相，重在务实求真地扭转政治风气；宋璟为相，出名在择人授任，根据才能的不同让百官各称其职，他刑赏无私，敢犯颜直谏，李隆基很是敬惮他。

贞观时期规定：中书省、门下省及三品官入朝奏事，必须有谏官、史官随同，有过失则及时匡正，无论善恶均记录在册；诸司奏事均在正衙，御史弹劾百官时须头戴獬豸冠，对皇帝仪仗读弹劾奏表。那时候的政治风气天晴日朗。等许敬宗和李义府这帮打手上场后，朝政开始变得隐秘不正，官员奏事大多是等人少时屏退左右搞密奏，监察御史和谏官都不在旁边了。到了武则天时代，更是可以风闻言事地张嘴就能随便弹劾，自御史大夫至监察御史可以互相弹劾，什么下三烂的招数都能使出来。宋璟为相后，在开元五年（717）力主恢复了贞观旧制。①

---

① 《资治通鉴·唐纪二十七》：贞观之制，中书、门下及三品官入奏事，必使谏官、史官随之，有失则匡正，美恶必记之；诸司皆于正牙奏事，御史弹百官，服豸冠，对仗读弹文；故大臣不得专君而小臣不得为逸慝。及许敬宗、李义府用事，政多私僻，奏事官多俟仗下，于御坐前屏左右密奏，监奏御史及待制官远立以俟其退；谏官、御史皆随仗出，仗下后事，不复预闻。武后以法制群下，谏官、御史得以风闻言事，自御史大夫至监察得互相弹奏，率以险相倾覆。及宋璟为相，欲复贞观之政。

最终李隆基敕书：今后凡是如果不须保密的事情，一律对仗奏闻，史官也要按贞观时的旧例加以记录。

总体而言，姚崇、宋璟相继为相，姚崇善于随机应变圆转如意地完成难题，宋璟善于守法持正令百官各司其位，二人虽风格不同，但一起共事了好多年，没有内耗，而且协心辅佐，使赋役宽平，刑罚清省，百姓富庶。

唐世贤相，前称房、杜，后称姚、宋，其他人没得比。每次姚崇、宋璟进见，李隆基都要起立迎接，走的时候还要送送，后面李林甫为相时，虽宠任过于姚崇、宋璟，但礼遇跟这两人却是天差地别了。李林甫是李隆基的奴才，姚崇、宋璟则是国家的宰相。

在李隆基的知人善任和姚崇、宋璟的先后努力下，开元之治的局面开始出现，但是到了开元八年（720）正月时，宋璟被罢相了。

开元八年（720），宋璟与中书侍郎、同平章事苏颋建议严禁私铸的劣质钱（即"恶钱"），此时江淮间"恶钱"尤其厉害，李隆基派了监察御史萧隐之为特使去搜查禁绝劣质钱。

萧隐之到江淮后因为手段严急烦扰导致江淮怨声载道，李隆基随后贬了萧隐之，力主禁"恶钱"的宋璟和苏颋也被牵连罢相，宋璟拜开府仪同三司，进爵广平郡开国公，策勋上柱国，跟姚崇一样，给了高待遇养老去了。

李隆基是个相当聪明的皇帝，他选宰相都是围绕某个时代的特殊使命择人而用的。如今政治风气慢慢扭转过来了，国家的"节流"已经做得相当好了，架构也已搭建成功，姚崇和宋璟的历史使命已经完成。

但眼下有个迫在眉睫的问题——"开元"的"开源"难题，也就是钱的问题，姚崇和宋璟解决不了。他们是传统意义上的贤相，是让政治有序、国家太平、百姓安定的贤相。但是，他们没法迅速搞钱。

宋璟这次罢相的导火索，本质上就是对钱这事没捋明白。他去查抄收缴"恶钱"，这就使本就货币不足的市场更加通货紧缩。

为什么江淮地区的"恶钱"情况尤其严重呢？因为那里的经济发展更快速，交换更频繁，钱不够用。

如果是在别的时代，姚崇和宋璟这种名相是必须用到死的，但李隆基真没那个福气。他奶奶、三伯、三婶，以及他爹、姑姑，留下的烂摊子实在太多，眼下的边防线上，急需大量的利润增量去填窟窿。

我们该说说"洛阳彪哥"武则天的国防战绩了。

二、节度使出现的时代土壤

"老武"别跑,还有项成绩没说完呢!

我们来看看"天可汗系统"在她手中是怎么崩塌的。

崩盘的第一个环节,是原本西方的乖宝宝——吐蕃。

永徽元年(650),松赞干布死了,年幼的芒松芒赞继赞普位,由大论(吐蕃宰相)禄东赞辅政。

在本书的前面曾提及,整个青藏高原上大多数地方都不适合人类生存,高原上能够维持人类生存的只是一些大山之间的河谷地区。所以从理论上来讲,这种脆弱的土地和环境是产生不出足够的能量来养育文明的,到处都是大雪山,无论农耕还是游牧的收益都很低。

总能量低也就意味着这里的文明容错度小,没有足够的冗余去抵抗客观的天灾和主观的试错,很容易被团灭,一次次推倒重来也就意味着文明的发展将始终徘徊在初级阶段。

吐蕃王朝之所以能够兴起,除了气候整体回暖的时代机遇外,更得益于王朝建立初期领袖的优秀素质。松赞干布从大唐那里娶到了文成公主,启动了文明原始轮,第二届统治团队的禄东赞为吐蕃开辟了独立自主的利润增量之路。

这位禄东赞，是当年松赞干布派到大唐迎娶文成公主的外交大使，深得唐太宗李世民的赏识，太宗甚至想将琅邪公主的外孙女段氏嫁给禄东赞，但禄东赞以"臣本国有妇，父母所聘，情不忍乖。且赞普未谒公主，陪臣安敢辄娶"的理由礼貌回绝了，后来吐蕃与大唐的重大外交事项都是由这位讨喜的外交官进行友好往来的。

深深见识过大唐气象的禄东赞对于吐蕃腾飞的命脉相当明白，必须要将吐蕃对接到世界的舞台上，必须得有大量的经济利润去摆平吐蕃内部矛盾，从而使雪域高原成为一个强权整体。

一次次出使长安让他明白了"天可汗体系"的精髓，利润分红对于联邦制度极其重要。他盯上了吐谷浑。

显庆四年（659），唐太宗死后的第十年，禄东赞开始对吐谷浑展开大规模战争，其子钦陵率军开始一次次出征。

龙朔三年（663），吐蕃将吐谷浑彻底打出了青藏高原，河源郡王慕容诺曷钵与弘化公主带着残部投奔凉州，禄东赞随后一直住在吐谷浑故地，招抚吐谷浑旧部进行消化吸收。

吐蕃占领丝绸之路的南道了。这是吐蕃能够成为中国历史上唯一的一个雪域高原强权政体的最关键保障。

禄东赞开始了对这条生命线的消化，史载禄东赞"不知书而性明毅，用兵有节制，吐蕃倚之，遂为强国"，别看他不看书，但天赋高到能明白那些最智慧的道理，他用兵有节制，达到了战略目标后知道停下，吐蕃在他这届统治团队中彻底完成了质的蜕变。

贞观时代，为什么唐太宗一定要把吐谷浑打成傀儡大家还记得吗？因为青海道，也就是丝绸之路南道很重要！

唐太宗没指望南道能赚多少钱，而是南道控制在手里就能保证北道百分之百安全，从而保证北道能安全持久地赚到百分之百。

这次吐蕃对接到世界大舞台上了，吐蕃不仅能分享利润，还能随时冲下高原对大唐的北道产生巨大威慑。对于这个巨大威胁，李治、武则天没什么大反应，因为那几年要筹备封禅，当时宰相阎立本给出的理由是："老百姓吃不上饭，这仗没法打。"①

最终李治、武则天夫妻风风光光地封了禅，然后李治下令铸了"乾封泉宝"新钱，以一当十，一周年后全部废止旧钱。

浪这一趟的人吃马喂外加各种赏赐已经把国家家底掏空了，国库没钱了，没办法只能耍流氓直接官方通货膨胀，改抢了。紧接着这次货币抢劫不到一年后经济就崩了，最后只能废了这种以一当十的钱。

李治、武则天的这次封禅，坐视吐蕃巩固住了青海道，也成为"天可汗系统"崩塌的源头。

乾封二年（667），禄东赞去世，其长子赞悉若继任大论。禄东赞生的这几个儿子个个是好样的，把着军权分据地方完成了吐蕃政权成为强权的最后一步，击败了大唐。②

咸亨元年（670）四月，禄东赞之子钦陵打下了安西四镇（龟兹、疏勒、于阗、焉耆），完成了对丝绸之路的全部断交。这回李治夫妻傻眼了，来钱的道被堵死了，不管不行了，李治任命薛仁贵为逻娑道行军大总管，统领将军阿史那道真、郭待封西征吐蕃。

薛仁贵率军进到河口后击败一支吐蕃军队，看守辎重的郭待封听

---

① 《新唐书·吐蕃传》：帝刈吐蕃之入，召宰相姜恪阎立本、将军契苾何力等议先击吐蕃。立本曰："民饥未可以师。"
② 《旧唐书·吐蕃传》：吐蕃自论钦陵兄弟专统兵马，钦陵每居中用事，诸弟分据方面，赞婆则专在东境，与中国为邻，三十余年，常为边患。其兄弟皆有才略，诸蕃惮之。

第9战 盛唐的最后挽歌 | 867

说后眼红了，不听薛仁贵将令带队前来争功，被钦陵率军截击，俘获了唐军的全部军粮辎重及大量唐军将士，郭待封逃跑。薛仁贵听说后赶紧急退大非川，被钦陵调集全军围攻，唐军大败，薛仁贵求和，钦陵同意后放了被俘唐军，至此吐谷浑复国希望彻底熄灭，日月山（今青海共和县与湟源县界，前有湟水，后有青海湖，自古为进藏门户）以西彻底为吐蕃所控制。

来钱的道不仅没要回来，大唐不可战胜的神话还就此被打破了。

仪凤三年（678）九月，洮河道大总管兼安抚大使、检校鄯州都督李敬玄与工部尚书刘审礼统兵十八万抵青海湖再次与钦陵决战，结果一战下来唐军的前军被全歼，刘审礼和王孝杰被俘虏，李敬玄直接就跑了。

此战后，唐派娄师德出使吐蕃讲和，双方在日月山相约互不相犯。

调露元年（679）二月，吐蕃赞普芒松芒赞去世，钦陵与吐蕃外戚国舅麴萨若拥立芒松芒赞之子器弩悉弄。李治听说后第一反应就是接着去打，但被裴行俭劝停了："钦陵当政，大臣和睦，无法图谋啊！"

倒是趁着吐蕃政权换届的这个时候，裴行俭西去收复了龟兹、于阗、疏勒三镇并平了西突厥阿史那都支、李遮匐叛乱，于碎叶城别置碎叶镇。至此，唐在调露元年（679）以碎叶、龟兹、于阗、疏勒为新的安西四镇。

这一年虽然光复四镇，但北境彻底崩盘了，此时的大唐不仅没利润安抚"四夷"，还总是薅羊毛，于是后突厥轰轰烈烈的独立运动搞起来了。北境从此开始脱离大唐的控制。

永淳元年（682），钦陵出兵进犯唐朝柘、松、翼等州，再燃战火。

垂拱元年（685），钦陵兄赞悉若与其本家族的芒辗达乍布互杀，赞悉若遇害，最终一系列权力博弈后，钦陵继任为吐蕃大论。

垂拱二年（686），忙于换房本让酷吏斗人的武则天突然放弃了龟兹、于阗、疏勒、碎叶四镇。第二年钦陵就率吐蕃兵攻入了西域。

永昌元年（689），反应过来武周也不能没有丝绸之路的武则天命文昌右相韦待价为安息道大总管，安西大都护阎温古为副，派两人统三十六总管出征吐蕃。

结果不够丢脸的，韦待价出去这一趟狼狈失据，士卒饥馑，赶上大雪非战斗减员惨重，武则天大怒，将韦待价流放浦州，将阎温古处斩。

第二年，武则天又命文昌右相岑长倩为武威道行军大总管讨伐吐蕃，但岑长倩因为反对立武承嗣、反对武则天满世界建大云寺还没到任就成了政治犯，这次西征也就此结束。

长寿元年（692），武则天再次出击，万幸这次武威军总管王孝杰大破吐蕃军，克复龟兹、于阗、疏勒、碎叶四镇，于龟兹重置安西都护府。这次武则天不浪了，遣军三万人常驻安西四镇。也不知道她当初弃了干什么？

万岁通天元年（696）四万吐蕃军悄悄到了凉州城下，都督许钦明起初没有察觉，轻军出城结果遇到阻击，拒战良久力竭被杀；三月，钦陵与其弟赞婆在素罗汗山（今甘肃定西临洮东）大破王孝杰，随后钦陵遣使要求谈判。

九月，此时还是右武卫胄曹参军的郭元振随吐蕃使者到达吐蕃野狐河（今青海察汗乌苏河）与钦陵会面，钦陵提出讲和条件，要求武周撤去安西四镇的戍兵，并以突厥十姓之地（今新疆境内）辖属于吐蕃。武则天方面商议后，提出吐蕃退出青海故地以交换武周退出突厥十姓之地。

双方此次和谈不了了之。

此次回朝后，郭元振建议用离间计来瓦解吐蕃，咱们还是干我朝最擅长的斗人吧。武则天批准。

第 9 战　盛唐的最后挽歌　| 869

具体过程就不说了,只说结果,圣历二年(699)二月,赞普器弩悉弄与大臣论岩合谋,托以狩猎之名前往钦陵的驻地阿秦地区(吐蕃人对吐谷浑故地的称呼),杀其党羽两千余人,并召钦陵兄弟来朝,吐蕃就此开启内战。最后钦陵兵败自杀,其弟赞婆率部千余人降周,钦陵之子论弓仁也率七千余帐归降武周。

吐蕃中兴的节奏到此为止了,武则天时代对吐蕃的唯一成绩,就是挑起吐蕃内斗干掉了钦陵。

后来吐蕃南境属国泥婆罗门等皆叛,吐蕃赞普亲自去讨伐,死于军中,赞普诸子争立,最终器弩悉弄年仅七岁的儿子弃隶蹜赞被立为赞普。此时已到神龙元年(705),吐蕃遣使来告丧,李显为之举哀,废朝一日,不久吐蕃请求通婚,李显以所养雍王李守礼之女为金城公主,将金城公主嫁了过去。

不服不行,李显那届统治团队以惊人的天赋走错了内政外交的每一步。

眼看吐蕃国势衰退,内乱明显,你应该积攒实力去夺回青海道啊!你怎么还能嫁给他大唐公主让他狐假虎威呢!

李旦登基后,李显时代护送金城公主去吐蕃的鄯州都督杨矩被吐蕃贿赂,替吐蕃上表奏请将水草肥美的河西九曲之地(今青海共和县东南黄河河曲处)作为金城公主的汤沐地。此时正值"太上女皇"太平公主实质控制朝政时期,为表示公主的排面一定要足,居然批准送出了肥沃宜牧的九曲之地,随后吐蕃开始不断率兵入侵了。①

李世民死后的半个多世纪,西边的大体动态就是吐蕃吞并了吐谷浑故地,多次截断丝绸之路的北道,并在李隆基上位前靠着"唐奸"的

---

① 《旧唐书·吐蕃传》:吐蕃既得九曲,其地肥良,堪顿兵畜牧,又与唐境接近,自是复叛,始率兵入寇。

帮助往陇西方向拓展了一大步。

说完西边,再来看看北境。

自630年颉利可汗被俘东突厥亡国以来,虽然中间出过薛延陀的小插曲,但北境在李世民的震慑下一直表现比较乖。

李世民死后三十年,在李治越来越半死不活,武则天日渐当家做主的"英明"统治下,失去了丝绸之路的大唐在突厥那里也失去了敬畏。调露元年(679)十月,单于大都护府下辖的突厥酋长阿史那德温傅等二部反唐,立阿史那泥熟匐为可汗,随后二十四州突厥酋长纷纷响应,部众达数十万人。

永隆元年(680)三月,趁着最后一拨老将星还没全部陨落,太宗军校出来的裴行俭在去年重置了安西四镇后在这一年又来北境平事了。裴行俭率军在黑山大破突厥,阿史那泥熟匐为其部下所杀,突厥叛军余众退守狼山后又迎立了颉利可汗堂兄之子阿史那伏念。

开耀元年(681)秋,阿史那伏念在裴行俭的打击和担保下投降,但宰相裴炎妒忌裴行俭功大,否了裴行俭的承诺杀掉了阿史那伏念。

裴行俭叹道:"当年西晋平吴时王浑嫉妒王濬之事至今被认为可耻,这次杀降算是彻底毁了大唐的信誉了!"①

这次的外交政策使突厥从此开始跟大唐死拼到底,裴行俭也在一年后郁郁而终。这回没人能擦屁股了。

永淳元年(682),阿史那骨咄禄召集伏念亡散残部再次挑起反旗自立为颉跌利施可汗。

弘道元年(683)二月,后突厥先后侵犯定州、妫州;三月,围单

---

① 《新唐书·列传第三十三》:行俭之功不录。封闻喜县公。行俭叹曰:"浑、濬之事,古今耻之。但恐杀降则后无复来矣!"

于都护府，杀司马张行师；五月侵犯蔚州，杀刺史李思俭。

光宅元年（684）七月，后突厥侵犯朔州；九月，武则天命最后的名将左武卫大将军程务挺为单于道安抚大使，但同年十二月，程务挺因为替此时已经被打倒的裴炎申辩而被武则天弄死。

程务挺被杀后，阿史那骨咄禄开始血虐北境，在垂拱二年（686）把右监门卫中郎将爨宝璧打的全军覆没，气的武则天把阿史那骨咄禄改名为了"阿史那不卒禄"。

这位"阿史那不卒禄"在十年时间中东征西讨，攻打大唐北境、九姓铁勒、三十姓鞑靼、契丹、奚等，面对这样一位公害型人物，武则天却一点儿办法都没有，坐视突厥一步步做强做大。

诸夷她使唤不动了，因为这些年把人薅得太狠了，能打的又全被斗死了，比如前面的程务挺，突厥听说他死了，家家户户都乐了，还尊重地为这个帝国名将立了祠；比如对战吐蕃和突厥都有上佳表现的名将黑齿常之，就是被周兴等诬告谋反后自杀的。

在北境乱了之后，东北方向同样所托非人，对于武则天来讲，当年"前男友"联合蛮夷剿蛮夷的思路是完完全全看不懂啊。

你得利用游牧民族看眼前收益的特点给他们好处，让他们出兵，让他们始终觉得你有利可图还打不过你，从而乖乖地当仆从军。但现在，连大唐百姓在武则天时代都成穷鬼了，没油水可榨了，手都伸到"四夷"那里了——694年还专门针对"四夷"搞了收钱专项，武三思带着"四夷"酋长请求给"老武"建大粗柱子天枢，主要的钱要从"诸胡"这里出。[①]

[①]《资治通鉴·唐纪二十一》：武三思帅四夷酋长请铸铜铁为天枢，立于端门之外，铭纪功德，黜唐颂周；以姚璹为督作使。诸胡聚钱百万亿，买铜铁不能足，赋民间农器以足之。

695年四月天枢建好了，随后契丹那边就闹灾闹饥荒了，但营州都督赵文翙不但不赈济，反而视契丹首领如奴仆，多次欺负凌辱辖区的契丹部属，契丹人怒了。万岁通天元年（696）初，松漠都督李尽忠（契丹人）和孙万荣（契丹人）起兵反周，攻陷营州，斩杀赵文翙，李尽忠自称"无上可汗"，孙万荣被任命为主帅率军东进，攻城略地，所向披靡，契丹各部不堪唐官欺压纷纷前来投奔，契丹军在十日内便迅速发展到数万人。

武则天的捞钱专项和人事任命成功地将契丹诸部凝结成了一个整体。武则天对这事的第一反应是改名，将李尽忠改成李尽灭，将孙万荣改成孙万斩，随后多次派兵讨伐，但根本打不过。

此时突厥中兴之主阿史那骨咄禄已经病逝，其弟阿史那默啜立为可汗后和武则天修复关系成为武周的"归国公"，趁着这个机会，阿史那默啜给武则天下了个套，他遣使上言："请还河西降户，我马上率部为国家讨击契丹。"①

武则天同意了。无论是前面的罢四镇、杀降，还是此次以降户换取突厥出兵，武则天在外交上堪称"鬼才"。

当年李世民的外交态度是什么？

颉利可汗想拿梁师都换契丹，太宗说"归附我的我就要对他们负责，梁师都我自己打，我绝不拿小弟做买卖"。②

---

① 《旧唐书·突厥传》：默啜遣使上言："请还河西降户，即率部落兵马为国家讨击契丹。"制许之。

② 《旧唐书·契丹传》：贞观二年，其君摩会率其部落来降。突厥颉利遣使请以梁师都易契丹，太宗谓曰："契丹、突厥，本是别类，今来降我，何故索之？师都本中国人，据我州城，以为盗窃，突厥无故容纳之，我师往讨，便来救援。计不久自当擒灭，纵其不得，终不以契丹易之。"

第9战　盛唐的最后挽歌　｜　873

再看武则天这德行，最后的敬畏与体面也扔掉了。"天可汗系统"此刻算是彻底崩塌了。

阿史那默啜的运气很好，出兵的时候正赶上李尽忠病死，随后大破契丹，发了笔人口财。①

这次契丹叛乱前后历时十三个月才在突厥和武周的联合作战下被艰难平定，连一直四处救火的名将王孝杰都被孙万荣弄死了，大唐跟契丹的仇就此算是彻底结下了。

武则天遣使册立阿史那默啜为特进、颉跌利施大单于、立功报国可汗，但还没任命呢，后突厥又打灵、胜二州了，只不过被武周屯将所败。随后阿史那默啜赶紧低身段遣使者谢罪，请求作为武则天之子，还说自己有女儿，请求嫁给武周王室，又请求归还六州降户，再给自己粟田种十万斛、农器三千具、铁数万斤。

所谓的六州降户，是咸亨中期突厥诸部落来降附者，多安置在丰、胜、灵、夏、朔、代等六州，谓之河曲六州降人。

武则天这回也觉得不合适了，宰相李峤也说快拉倒吧，随后阿史那默啜怒了，抓了使者司宾卿田归道。于是纳言姚璹等请求答应突厥，武则天又软了。武周丧权辱国地把后突厥要的物资和降户乖乖给送了过去。北宋末年的既视感频繁出现。

圣历元年（698）年六月，武则天命武承嗣次子，武家最帅的武延秀前往后突厥娶阿史那默啜的女儿，结果阿史那默啜不干了，我要的女婿是皇室诸王，是有李家血缘的，这来的算是个什么东西！

其实阿史那默啜就是找个理由又反了。阿史那默啜亲自率领十万

---

① 《旧唐书·突厥传》：默啜遂攻讨契丹，部众大溃，尽获其家口，默啜自此兵众渐盛。

骑向南攻击静难、平狄、清夷等军，静难军使慕容玄崱带五千兵投降。

武则天出离愤怒，据说要发兵四十五万来与老跟她要流氓的阿史那默啜开战，但此时阿史那默啜已攻破蔚州飞狐县，攻陷定州，杀掉刺史孙彦高，掠人烧屋，村庄无人。

武则天又怒了，下诏能斩阿史那默啜者封王！顺便还把阿史那默啜的名字改成阿史那斩啜。

阿史那默啜看到周军主力要来了，将从赵、定所掠男女八九万人全部坑杀，所过之处人畜、金币、子女能抢的都抢走了，诸将都观望不敢作战，只有狄仁杰带兵追击，最终没追上。

后突厥又折腾了好几年，武周却一点儿办法都没有，被后突厥各种抢、各种打。

长安三年（703）六月，阿史那默啜给武则天提出了新要求，要把其女嫁给皇太子之子为妻。现在是后突厥让武则天怎么着就怎么着，只好又一次同意了。

她的寿命其实真要是再长点儿，靖康之变提前四百多年上演真不是事。

这次点头后不久武则天就被革命了，李显上位后阿史那默啜本着先打你再要价的旧有态度进攻灵、原、会诸州，抢掠陇右牧马万余匹。

李显跟阿史那默啜又打起来了，取消与后突厥的联姻计划，并悬赏说能斩获默啜者封王，授诸卫大将军。

景龙元年（707）十月，朔方道大总管张仁愿趁阿史那默啜全军西攻突骑施（西突厥部）的时候夺取漠南，他留下所有轮换兵并在屠杀铁腕下在六十天内于黄河北筑了中、东、西三座受降城，中受降城在今内蒙古包头西，东受降城在今内蒙古托克托西南，西受降城在今内蒙古乌拉特中后旗西南，三城首尾相应，截断了后突厥南侵之路。此外，张仁愿又在牛头朝那山（今内蒙古固阳县东）北设置烽候一千八百所。①

景云二年（711）正月，阿史那默啜遣使请和，这辈子就没强硬过的李旦同意。

先天元年（712）六月，唐左羽林大将军孙佺等在袭击奚与契丹时被俘，奚人把他们送给了阿史那默啜。阿史那默啜把唐将杀了，随后李隆基上位，废除了与阿史那默啜的婚约。

拜武后的"英明"领导，此时李唐的外部环境如下：整条丝绸之路笼罩在吐蕃的窥伺和随时打击下，北境是已经把胃口吃肥了的后突厥，与东北的契丹和奚族尤其是契丹成了不共戴天的仇敌。这就是李隆基接的烂摊子概况。

很多仗到了李隆基时代，已经不得不打了，而且再想重塑当年李世民的天可汗信仰实在太难了，毕竟是大唐言而无信杀降，毕竟是大唐抽血奴役无恩泽，毕竟是大唐拿降户当礼送。这也就意味着，大唐的出兵成本再也不可能像贞观时代那样，仅仅出少量中原精锐带着异族臣属们就能东征西讨了。

开元二年（714），李隆基上位后准备先拿东北开刀。

武则天时代丢脸后，营州直接被奚和契丹攻陷了，营州都督一直将治所寄居在幽州东部的渔阳城。当地有一种呼声说靺鞨和奚等族其实是希望再度归降大唐的，因为唐不建营州没有机会去投靠效忠，被突厥所侵扰，所以依附了他们，若唐复建营州，则一个个就又回归大唐的怀抱了。

并州长史兼和戎、大武等军州节度使薛讷听说了此事后奏请击契

---

① 《旧唐书·张仁愿传》：仁愿表留年满镇兵以助其功。时咸阳兵二百余人逃归，仁愿尽擒之，一时斩于城下，军中股栗，役者尽力，六旬而三城俱就。

丹，复置营州，李隆基刚接了帝位也一直想扬眉吐气一把，但以姚崇为首的宰相团队都不建议开战。于是李隆基把薛讷提拔为了同紫微黄门三品，率兵击契丹，高调要求东北开战。

薛讷与左监门卫将军杜宾客、定州刺史崔宣道等率兵六万出檀州击契丹，结果被契丹伏击，唐军死者十之八九，薛讷被契丹人"亲切"地称为"薛婆"。

当年十月，吐蕃出动十万大军侵犯渭源，之前在东北丢脸的薛讷又被李隆基派到了西北战场和太仆少卿王晙等出战吐蕃。这次唐军没有再丢脸，王晙率七百勇士伪装夜袭吐蕃军，吐蕃军误以为唐军主力到了，惊慌中自相践踏死了一万多人，随后王晙紧追并再选敢死队夜袭吐蕃军，吐蕃军大乱，薛讷也率主力赶到展开追杀，杀敌数万，扼住了吐蕃东进的势头。

这一年东北和西北的两场大战，拉开了李隆基玄宗一朝的战争序幕。从东到西，李唐的整条国防线压力极重，"四夷"没有一个拿唐当回事的。

府兵制度此时已经彻底坍塌了，本来可以在边境搞试点进行军事改革就是了，但武周政权不自信的独特性又使武则天对洛阳之外的所有强兵心怀警惕。在她的利益最大化中，军队的窝囊和无战斗力反而是她能稳固统治的最优解。

后突厥让我怎么跪着都行，至少我还是皇帝；边镇要是有了战斗力，掉过头来打我那可怎么办？所以宁可外战外行，最好府兵烂透，只要我这皇帝能当到死，一切的代价都可以承受。

对武则天来说，"大唐"变不变成"大宋"她是无所谓的。

面对已经烂透了的国防与外交，作为李隆基无可奈何的解题方式，"节度使"就这样登上了历史舞台。

三、节度使的解题思路,玄宗朝的聚敛基因

唐太宗贞观十年(636),李世民对府兵制度做了规划设定:诸府总曰折冲府,天下十道置府六百三十四,皆有名号,而关内二百六十有一,皆以隶诸卫。

关中的折冲府占了天下军府的四成,突出强干弱枝,以关中制天下,全国的兵员都是府兵,农时在家干活,国家征调就出征或宿卫京师。府兵分散在各地,平时由各地都督府负责管理和训练,在哪里需要征讨的时候,由当地的都督进行征调和训练,由朝廷派下来的大将带着队伍出征,这样大将和士兵们不会有感情,防止武将造反。[1]

这样的安排有两个好处:

1.财政方面朝廷不用过多考虑。

其实每个王朝都有外包的基因,李唐从根子上就有。

---

[1] 《新唐书·兵志》:初,府兵之置,居无事时耕于野,其番上者,宿卫京师而已。若四方有事,则命将以出,事解辄罢,兵散于府,将归于朝。故士不失业,而将帅无握兵之重,所以防微渐、绝祸乱之萌也。

2.有效防范造反问题。

所谓的"若四方有事,则命将以出",是指行军征讨的时候会从朝廷往下派大总管,各地的大都督实际上是没有出兵指挥战争的权力的。

比如此时已经被契丹暴乱抢走的营州上都督府,虽然营州都督领营、辽、昌、师、崇、顺、慎共七州,但他只管这些州的士兵的训练,所谓"掌所管都督诸州城隍、兵马、甲仗、食粮、镇戍等"。地方都督不仅不管民政,连主动出击打仗的权力都没有,行军征讨时有朝廷中央安排的行军大总管,所谓"行军大总管者,盖有征伐,则置于所征之道,以督军事"。

之所以这样,是因为从隋唐祖源的六镇之乱开始,在一代代的演化过程中"枪杆子里出政权"的事太多了,统治者在基因里就对防范大将作乱看得非常重。

不过,这样虽然起到了"将帅无握兵之重,所以防微渐绝祸乱"的作用,但也注定会牺牲战斗力。因为临时的大总管和府兵们是兵不识将、将不识兵的,再加上平时管地方府兵的都督们没有征战指标考核,府兵平时的管理也就那么回事,这就导致在老一代将星们陨落后大唐将士的战斗力断崖式下降。

比如武则天掌权后的对外战役都打成什么样了,她除了给对方改名字之外根本没办法。裴行俭死前虽然抢回了安西四镇还摁住了突厥,但在他死后突厥就完全不受控制了。那次讨伐契丹叛乱武则天可是三度兴师,但主帅分别是武三思、武攸宜和武懿宗这些不会打仗的傻亲戚,虽然带出来了四十多万大军,娄师德和王孝杰还都是对阵吐蕃的名将,但却是几乎每战必败,王孝杰甚至直接战死沙场,要不是后突厥偷袭了契丹,东北的叛乱根本不知道最后会闹成什么样。

到了李隆基时代依然如此,虽然薛讷能击败钦陵死后开始走下坡

第9战 盛唐的最后挽歌 | 879

路的吐蕃军，但东北方面薛讷根本就打不动契丹，而是被狂屠成"薛婆"了。大唐外交的软弱和外战的战绩已经开始让北境幻想长安、洛阳的繁华了，因此，改革军事制度成为李隆基迫在眉睫要解决的问题。

他的第一步，就是要改变临时派下去的大总管不了解当地局势和地形，以及地方府兵兵不识将、将不识兵的问题。防范边将造反这事此时已经不是首要任务了，首要任务是大唐得打得赢，得把四处火起的现状摁下去，得让周边异族不敢再想造反就造反。

总之一句话，李隆基现在要重塑大唐国威。

当年太宗用的府兵为什么这么所向披靡？因为大唐的一场场立国战就是唐太宗李世民亲自打的，因为李世民是领十二卫大将军的大唐府兵统帅，李世民无论和将还是兵都是经历过一场场战役、有经过血与火的搏杀下来的感情。想要战斗力彪悍，必须兵要识将、将要识兵！

在天下大一统彻底安定后，在武则天这个扛腰的王朝中期时代，其实应该在她的手中放宽对边境将领的管控，把军权和训练打包为一个整体，解决兵不识将、将不识兵问题，皇帝只要控住财权，派出监军，并定期进行将领轮换，这样就能很好地完成王朝中期的边防任务。

之前府兵的兵不识将、将不识兵问题需要卡得死，是因为从西魏到北周再到杨隋乃至隋末的六十四路烟尘，一场场迅速的王朝更迭和政变让将领们的心都野了，像侯君集那种和太宗打天下的骁将心里是做着梦的。但等天下坐久了，开国勋臣都死了，后面的将领是没有这个威望和胆子的。

王朝中期的主要工作是防"司马懿"，边镇将领就没必要管那么严了，因为他们不知道天下是怎么打下来的。但是武则天在她该开口子的时候，因为自己把李唐的帝位给篡了，导致她根本不敢信任边将。

她担心地方将领们有了兵后就该跟她这个"赝品"来劲了。虽然此时边镇也不知道怎么打天下，但她怕天下心念李唐从而一呼百应。

所以她宁可外战外行，宁可让阿史那默啜一次次对她羞辱与勒索，宁可"四夷"在她的身上"挖呀挖呀挖"，种丧权辱国的种子开靖康之变的花。挺大岁数的她也不想总跪着，但她没办法。谁让她什么都得要呢。

全民互相揭发告密让大量民间矛盾自我消化形不成一个整体去造她的反，全军战斗力拉胯形不成战力让她不会被暴力推翻，什么叫顶级的利己魔王？北境那么大，慢慢卖呗，一点点割地赔款呗。

等武则天和她那做梦的儿媳妇韦后都倒下了，在唐隆政变后，李隆基已经开始动用自己的力量给边境放权了，他开始着手将训练和出征的职能合二为一，把行军大总管的权力逐步转移给各边镇。这个过程很科学，讲究个过渡，他先派大将以行军大总管的身份驻扎到边镇，担任这个地区的最高军事长官统筹防务，这种行军或镇军大总管都赐有旌节，有权节度辖区内所有驻军，对驻军将领可以军法从事，所以职衔上多标出"持节"两个字，名字也慢慢往节度使上过渡，比如景云元年（710）十月时以幽州镇守经略节度大使薛讷为左武卫大将军兼幽州都督，到景云二年（711）四月时贺拔延嗣即被任命为凉州都督、充河西节度使。

此时的节度使还不算正式的地方官，只有都督才是有品级的地方官，比如幽州镇守经略节度大使薛讷要兼幽州都督，贺拔延嗣要兼凉州都督。但从景云元年（710）到开元九年（721）这十一年中，除了"岭南五府经略使"，著名的"天宝十节度"中的九个，也就是范阳（原幽州，景云元年置）、河西（治凉州，景云二年置）、河东（治太原，先天元年置）、北庭（治北庭都护府，先天元年置）、陇右（治鄯州，开元二年置)、安西(治龟兹，开元六年置)、平卢(原营州，开元七年置)、剑南(治成都，开元七年置)、朔方(治灵州，开元九年置)这九个节度使已经全部设置完成，接过了原先行军大总管的权力。(见图9-3)

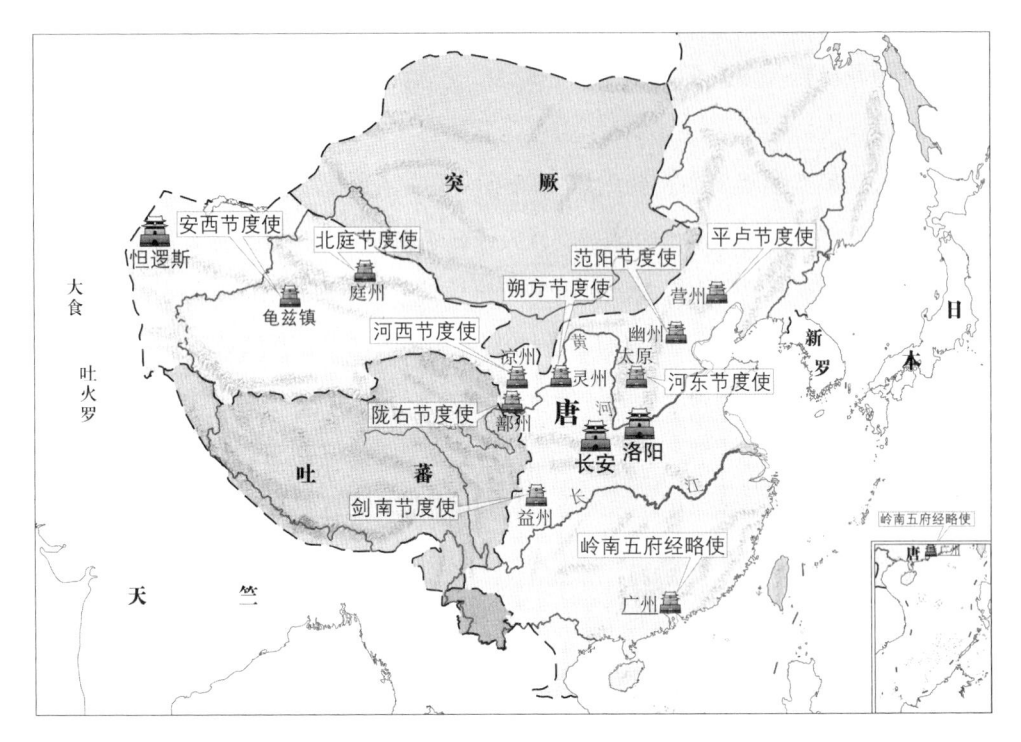

图9-3 天宝十节度图

整个边境线的九个军镇雏形已经通过节度使的任命形成了。

将调整完，接下来是时兵的改革了。

府兵这种制度，最能发挥战斗力的状态仅局限在政权疆域还不大的时候，比如当年东西魏对打时，主战场就在河东和洛阳，根本没多远，所以府兵闲时农耕、战时出征还是能兼顾到的。但是一旦战事频繁、防御线延长，兵役就会繁重到将原来制度上定的轮休时间打破，大量的边境府兵被强留从而导致大量的兵怨。

太宗时代府兵的地位是很高的，有战功是真提拔，是真的能帮人完成阶层跃迁的，而且征调并不频繁，也不会扣着人没完没了，更多的仗都是以"四夷"为主力去打的。

但到了武后时代，当兵的地位已经不行了，宿卫京城的府兵们甚至经常会被上司和贵戚们借走为家役。在外征战的府兵更惨，随着大唐的疆域越来越广，很多府兵出去一次就不知何年何月才能回来，出去打一年仗家里的田就荒了，因此土地兼并问题也越来越严重。大量府兵失去了土地，战死士兵的抚恤也不到位，有爵位的高级军户不会亲自上阵杀敌，没有爵位的普通军户又很难保住自己田产不被侵占，等回来发现老婆孩子都不知到哪里去了。大量的府兵家庭的田地被兼并走了，府兵制作为以免赋税的土地来换取世袭兵员的制度，失去了其存在的基础，大量府兵开始逃离户口。

府兵制崩盘之外，唐的另一个兵员补充制度也濒临破产。唐前期会在战役前临时征募兵员，又称募兵、募人、征人等，这部分兵员平时是没有固定建制的，战时如果需要征募兵员，就由兵部发符通知地方州县征募，选户殷丁多、人才骁勇之人应募，装备由州县负责，不足则自备及亲邻资助，口粮由朝廷供给，服役期间免除本身租庸调和杂徭，战事结束，解甲归田。

听上去这就是府兵的翻版，区别就是装备和军粮由朝廷出了，这样的兵没看见有什么好处呀，为什么会有人去应募呢？

因为大唐前期有很多通过当兵突破阶层改变命运的案例，比如著名的薛仁贵就是李世民出征辽东时应募的兵。

李世民作为天下军人的总代表，对于募兵的军功授勋极其重视，还是参考薛仁贵，那真是一场仗下来一口气从底层坐火箭般蹿升到中上层了。大量底层百姓通过战争青云直上的广告激励着更多的人去为国征战走向正循环，但李世民走了以后，就没有给士兵们撑腰的人了。

毕竟国家财政就那么多，武则天得留着养酷吏搞斗争，得留着修万象神宫，得留着修比万象神宫还高的宫殿，还得留着大量扩招官员以巩固自己的统治。对于武则天来讲，士兵们的待遇是最先被舍弃的，普通士兵不仅不可能突破阶层，甚至连吃穿用度都成问题了。

当年唐太宗用在薛仁贵这种鼓励男儿为国征战的钱，被武则天用在了奖励来俊臣、周兴和索元礼等酷吏上。唐太宗时代想要完成阶层跃迁，要么读书，要么征战；武周时代想要完成阶层跃迁，要么告密，要么做酷吏。越来越差的当兵待遇和环境，导致没人愿意再响应国家的募兵号召了。

但树欲静而风不止，"四夷"一波还未平息一波又来侵袭，武则天说到底还是需要兵员去装样子的，既然没人自愿来当兵了，朝廷就改成了强行征发。这种强行征发不用说也知道，战斗力不可能高，当一回兵不仅没有上升通道，而且还不知道要当多久的兵，就算没战死，再回到家乡后通常也失去了土地和资源，也被断根了。但武则天对这种募兵效果很欢喜，因为兵和将不是一条心。

综上所述，无论是府兵还是募兵，无论是兵员意愿还是训练，都无法得到保障。这也就意味着，不仅将领制度需要改，兵员制度也得改。大唐前期的"府兵+募兵"的兵员体系，开始往地方募兵制过渡。

府兵和募兵都是从全国各地调，其问题归结起来就是兵役时间没准，上升通道关闭，等用完后，这些人回去就没有根子了。现在都从各边镇募兵，本乡守本土，不用再担心万里出征，也不用再担心断根了，不用再提倡什么闲时农耕练武、用时为国征战了，全部职业军人领工资。

虽然上限还是没能改观，但下限给兜底了，开元八年（720）八月时李隆基下诏，命幽州刺史募兵两万作为地方常备兵，不得杂使，租庸调资课全部免除。①

紧接着朝廷禁军也开始试点了。开元十一年（723），在宰相张说的建议下，招募壮丁充任禁兵，募兵不再负担徭役，并指定给予优厚政策。大量流民开始出来应募，仅仅十天就得兵十三万，分别隶属于各卫，兵农分离就此开始铺开。②

姚、宋二相外，开元前期其实还有一个关键宰相张说帮李隆基完成了相当重要的两步。

李隆基继位后，张说本来因功拜相，但因斗争水平还不够，被姚崇给挤对走了。

开元六年（718），张说任右羽林将军，兼检校幽州都督。

开元七年（719），张说任检校并州大都督长史兼天兵军大使，代理御史大夫，同时在军中修撰国史。

开元八年（720），朔方大使王晙诛杀突厥降户阿布思等千余人，当时并州大同、横野等军镇有九姓同罗、拔野古等部落，都受到震动心怀恐惧，为了迅速熄灭可能造成的大动乱，张说只率二十人持节安抚各部落，晚上还住在他们帐中，因此安定了诸部之心。

开元九年（721），突厥降将康待宾反叛，自称叶护，攻陷兰池六

---

① 《册府元龟·修武备》：敕幽州刺史邵宠于幽、易两州选二万灼然骁勇者充幽州经略军健儿，不得杂使，租庸调资课并放免。
② 《资治通鉴·唐纪二十八》：初，诸卫府兵，自成丁从军，六十而免，其家又不免杂徭，浸以贫弱，逃亡略尽，百姓苦之。张说建议，请召募壮士充宿卫，不问色役，优为之制，逋逃者必争出应募；上从之。旬日，得精兵十三万，分隶诸卫，更番上下。兵农之分，从此始矣。

州，张说率兵讨伐大破康待宾，唐军乘胜追击时原来跟着康待宾一起叛乱的党项一看情形不对反戈一击灭了叛军。张说安抚了党项，让他们各安其业并奏请设置麟州安顿党项。

一次次军功后，张说凭实力拜相，担任了兵部尚书、同中书门下平章事，依旧修国史。

开元十年（722），张说任朔方节度大使巡视边防五城，处置兵马，平叛了康待宾余党，随后移河曲六州残胡五万余口分配去了许、汝、唐、邓、仙、豫等州。

在从幽州到朔方走了一遍后，张说以"时无强寇，不假师众"为由，奏请裁军二十万让屯军回乡务农。一口气裁军三分之一，李隆基对此比较犹豫，但张说道："臣久在疆场，熟悉边事，大量兵员现在都成了军将的杂使营私了，御敌制胜不在兵多，陛下如果怀疑，臣愿意以全家百口作为担保。以陛下的英明，'四夷'畏伏，不需要忧虑因为裁军而招至异族侵犯。"张说用自己的担当一口气又给李隆基减轻了二十万边军的财政包袱。

开元十一年（723）时，张说又主导了前面提到的京城府兵改革。

募兵的试点越来越多之后，李隆基发现，地方这种募兵制度对于军队的战斗力提高效果相当显著。

1. "本乡守本土"很符合人性，人都是愿意保卫自己家乡的，比如让铁岭人去吐鲁番为大唐而战这种意义就很缥缈。

2. 不用再考虑生产的事了，完完全全就是全职兵，训练有保障，战友之间熟悉，和将领的感情也升温了，之前军队与将相互不识的弊端得到了改善，士兵不需来回轮替，将领也不用频繁调换，这就保证了军事训练的专业化和持续性。因此士兵的士气高涨，军事素质提高，地方边境的战斗力开始攀升。

到了开元二十五年（737）五月，李隆基颁布《命诸道节度使募取丁壮诏》进行了官宣：令中书门下与诸道节度使，各量军镇闲剧审利害，计兵防健儿等作定额，委节度使放于诸色征行人内及客户中招募，取丁壮情愿充健儿长任边军者，每岁加于常例，给田地屋宅。务加优恤，使得存济。每年逐季本使具数报中书门下，至年终一时录奏。

首先每个边镇的兵员数额是需要政事堂批的，而且上述要求的是"节度使放诸色征行人内及客户中召募"，目标是在异族和流民中招募，原有的国家户口是不能动的。一边解决就业和不安定因素，使"逋逃之人，必争出应募"，一边还将日渐枯竭的兵源问题解决了。

总体说来这一制度还减轻了国家的负担，所谓"人赖其利，中外获安"，别再做什么全国性兵员的大调动了，之前国家每年征发大量募兵前去戍镇，严重耗损了社会劳动力，不利于经济的恢复与发展。士兵变为职业兵后长期固守一境，地利全熟不会被"四夷"欺负守军是外地人而偷袭，国家不再需要征发大量募兵戍边，大量的社会劳动力不用经历兵役轮替之苦。

节省下来的劳动力投入到农业生产中，这样可以带来经济发展，人口增加，社会安定。在关中和洛阳招募禁军保卫朝廷中央，整个国家只预留些警力维护治安即可，边境则自己募兵提高战斗力，这样成本和产出最优。

最明显的就是自从节度使开始确立及募兵制开始试点后，之前一直丢脸的东北战场局面开始改观。东北战区恢复了控制奚、契丹的营州，并以此为基础分设了平卢节度使，一步步地减少了奚、契丹对内地的威胁。

开元二十年（732），唐军大破契丹，俘获甚众，可突于逃跑，奚族投降。①

开元二十一年（733），李隆基调一直对战吐蕃的张守珪镇幽州，迁任幽州长史，兼御史中丞、营州都督、卢龙节度副大使，不久又加河北采访处置使。仅仅一年后，契丹就被张守珪率领幽州军打败了，其首领屈剌与可突干更是被张守珪用计杀掉。②

开元初年，张说的《论幽州戎事表》还说"臣熟闻幽州兵马寡弱，卒欲排比，未可即用，城中仓粮，全无贮积"，不到二十年，幽州凭借自己的实力已经能够摁住契丹和奚了。

准确地说，从此时开始直到唐末，东北军区就没再让契丹等族再横起来。

在边患快要控制不住的时候，需要先解决活下来的问题，李隆基的"节度使+地方募兵"制度行之有效地解决了武则天时代国防即将崩溃的问题。但是，这样操作的同时也出现了三个问题。

1.意味着节度使正式有了募兵之权，时间一长，兵与将的感情会过于深厚。

---

① 《新唐书·契丹传》：后三年，可突于杀邵固，立屈烈为王，胁奚众共降突厥。公主走平卢军。诏幽州长史、知范阳节度事赵含章击之。遣中书舍人裴宽、给事中薛侃大募壮士，拜忠王浚河北道行军元帅，以御史大夫李朝隐、京兆尹裴伷先副之，帅程伯献、张文俨、宋之悌、李东蒙、赵万功、郭英杰等八总管兵击契丹。既又以忠王兼河东道诸军元帅，王不行。以礼部尚书信安郡王祎持节河北道行军副元帅，与含章出塞捕虏，大破之。可突于走，奚众降，王以二蕃俘级告诸庙。（注：《旧唐书》与《资治通鉴》为"可突干"，全书正文用"可突干"。）

② 《旧唐书·张守珪传》：及守珪到官，频出击之，每战皆捷。契丹首领屈剌与可突干恐惧，遣使诈降。守珪察知其伪，遣管记右骑曹王悔诣其部落就谋之。悔至屈剌帐，贼徒初无降意，乃移其营帐渐向西北，密遣使引突厥，将杀悔以叛。会契丹别帅李过折与可突干争权不叶，悔潜诱之，夜斩屈剌可突干，尽诛其党，率余烬以降。守珪因出师次于紫蒙川，大阅军实，宴赏将士，传屈剌、可突干等首于东都，枭于天津桥之南。

2.除了边镇和朝廷中央禁军之外,整个国家是没有武备的,因为府兵制彻底崩盘被放弃了。

3.费钱。

出现了三个问题不假,但眼下这些叫事吗?先救命吧,隐患什么的都是后话,先把江山坐稳了再说。

想落实地方募兵,就得解决军费膨胀的问题。

府兵制最大的优势是什么?省钱!都是府兵自理。

在边镇都改用职业军人后,开元中期军费两百万,天宝时猛增至一千两百万,而且不能什么事都指望转移支付,地方上招募士兵最重要的一件事就是得有钱。

《通典》上说节度使"得以军事专杀,行则建节,府树六纛,外任之重莫比焉",重点体现在了军事上,实际上节度使掌握征兵权后,财权就是下一步朝廷必须得开的口子。因为如果没有足够的财权进行赏罚,战斗力的提高就属于天方夜谭。

还是以东北战区举例,开元十五年(727)十二月,幽州节度使李尚隐又兼了河北支度、营田使;开元二十七年(739)十二月,节度使李适之又加河北海运使;天宝元年(742)十月,裴宽除了担任范阳节度使外,还兼任经略河北支度、营田使、河北海运使,并且自此以后成为定制。

不过即便地方上的节度使开始变成一个个军权、财权的统一体,实际上风险还是可控的。因为李隆基设计了监察制度。下一节我们会说李隆基的家奴问题,他派出的太监监军的权势可比节度使大多了。[①]

---

① 《旧唐书·高力士传》:玄宗尊重宫闱,中官稍称旨,即授三品将军,门施棨戟,故杨思勖、黎敬仁、林招隐、尹凤祥等,贵宠与力士等。杨则持节讨伐,黎、林则奉使宣传,尹则主书院。其余孙六、韩庄、杨八、牛仙童、刘奉廷、王承恩、张道斌、李大宜、朱光辉、郭全、边令诚等,殿头供奉、监军、入蕃、教坊、功德主当,皆为委任之务。监军则权过节度,出使则列郡辟易。

第9战 盛唐的最后挽歌 | 889

况且一个军区就算造反能有多大实力？安禄山最终闹出大乱是有很多其他因素助攻的。

整个节度使制度的诞生土壤与发展捋下来，我们会发现，为了解决国防问题，"钱"成为李隆基自登基第一天起就极其关键的刚需。在他没腐化堕落前，他就已经对钱无比眼红了。这也直接导致了玄宗朝一步步由贤相时代往聚敛时代过渡。

历史是演化的，李隆基对钱的欲望如此，对他的家奴情感也是如此。

四、三郎建构的极乐幻境，宦官的全盛时代到来

宋璟被罢相后，京兆尹源乾曜成为黄门侍郎同中书门下平章事，拜相入阁。跟着源乾曜一起登上历史舞台的，是玄宗朝第一个帮李隆基解决开源问题的技术型官僚——宇文融。

宇文融，永徽宰相宇文节之孙，开元初为富平主簿，明辩有吏干，源乾曜为京兆尹时看上了这孩子，拜相后将其提拔为了监察御史。

开元九年（721），李隆基看到了解决开源问题的人选，监察御史宇文融进言说天下户口逃移太多，弄虚作假现象太重，希望启动户口普查。宰相源乾曜爱宇文融之才，随后推动了这事。

二月初八，李隆基敕令有关部门研究普查流民户口的办法。最后方案确定如下：各州县逃亡的户口，允许在百日内自主申报，或编入现住地的户籍，或发文书回原籍贯地申报户口，过期不报者，查出来一律迁徙边地安置，官民有藏匿户口的也照此法处置。[1]

---

[1]《资治通鉴·唐纪二十八》：制："州县逃亡户口听百日自首，或于所在附籍，或牒归故乡，各从所欲。过期不首，即加检括，谪徙边州；公私敢容庇者抵罪。"

第 9 战　盛唐的最后挽歌　｜　891

宇文融作为此次查户口运动的大使，专门负责抓逃移户口及藏匿的黑田，查出来很多弄虚作假者，工作搞得卓有成效，宇文融因此升任兵部员外郎兼侍御史。

宇文融后又奏置劝农判官十人，并摄御史，分别巡行天下，新编入户籍的户口免六年赋调，但需要每丁一次性缴纳一千五百文钱，就当上户口的手续费了。

一般来讲，皇帝专门往下派一件事搞指标的时候，这事往往就会被做得有点儿过，这些朝廷使者到了地方就使用各种大招，各地州县也是本着不能得罪皇帝自己要出政绩的心理去苦一苦百姓。阳翟尉皇甫憬上疏言其状，结果被一心搞钱的李隆基贬为盈川尉。各地州县也开始数据造假，甚至把本来的户口数当新增户口往上报。总之，这次运动全国增加户口八十余万，土地也基本相当。①

到了年底，新增了数百万缗的税收，宇文融把这部分收入都走了李隆基的小金库，由此龙心大悦。②

每个王朝中期都会出现户口藏匿的问题，古代查户口开源这事也注定会出现一些民生问题，这其实很难评判对错。但新增利润入宫这事，开了个很坏的头。李隆基李三郎的欲望逐渐被激起来了。准确地说，传统意义上的好皇帝，李隆基也就当了十年。

开元十二年（724）闰十二月，李隆基通知全国，明年十一月初十封禅于泰山。皇位刚稳当了几年，他就开始飘了。

---

① 《资治通鉴·唐纪二十八》：使者竞为刻急，州县承风劳扰，百姓苦之。阳翟尉皇甫憬上疏言其状；上方任融，贬憬盈川尉。州县希旨，务于获多，虚张其数，或以实户为客，凡得户八十余万，田亦称是。

② 《资治通鉴·唐纪二十八》：岁终，增缗钱数百万，悉进入宫；由是有宠。

开元十三年（725）十月十一，皇帝车驾从东都出发，文武百官、皇亲国戚和"四夷"酋长陪同，车队每次休息时，数十里路上人畜蔽野，后勤队伍数百里不绝。①

只要是封禅，对国家的消耗就小不了，大家看看那数百里队伍的人吃马喂，更不要说还要对"四夷"酋长给予物资馈赠，要对百官皇亲进行封爵赏赐，这都是巨大的财政包袱。

封禅是皇帝的大成绩，所以百官也要得到大肯定，旧例就是封禅后自三公以下均迁转一级，这次封禅是在宰相张说的力荐下推行的，张说还利用职务之便将自己的亲信安排为能跟李隆基上山的工作人员，这种待遇的官员一口气都被提拔到了五品。②

这其中就包括张说的女婿郑镒，后来李隆基有一天看郑镒穿着五品红色朝服疑惑道："你怎么升得那么快？"

郑镒比较尴尬，旁边李隆基的戏子黄幡绰调侃道："此泰山之力也。"今天我们有的地方把岳父叫作"泰山"，其来源就是这次封禅。

刚封了禅，李隆基又开始极度渴望军功，准备打一直不听话的吐蕃。宰相张说建议道："吐蕃无礼确实应该给平了，但如今已经连续兴兵十余年了，甘、凉、河、鄯等州不胜其弊，虽然王师屡次得胜，但得不偿失，成本上一直在失血状态，听闻吐蕃悔过求和，咱们还是同意吧，以缓和边境的成本。"

李隆基很不开心，哪哪都没条件你撺掇我封禅！李隆基说："等我

---

① 《资治通鉴·唐纪二十八》：辛酉，车驾发东都，百官、贵戚、四夷酋长从行。每置顿，数十里中人畜被野，有司辇载供具之物，数百里不绝。

② 《旧唐书·张说传》：及登山，说引所亲摄供奉官及主事等从升，加阶超入五品，其余官多不得上。

和河西节度使王君㚟讨论下。"

张说退下后对源乾曜道："王君㚟有勇无谋，常思侥幸，若大唐与吐蕃和亲，他还有什么功劳？我说的没戏了。"

王君㚟入朝后果然请求李隆基发兵。

来年冬天，吐蕃大将悉诺逻入侵大斗谷进攻甘州（治今甘肃张掖），进行了劫掠，王君㚟推测悉诺逻军队此时一定疲乏，毕竟大斗谷的地形和环境不是闹着玩的，当年杨广就差点儿死在这里。于是他带兵偷偷跟在后面，又赶上天降大雪，吐蕃军出现了大规模冻死、冻伤减员，随后经积石军（今青海贵德县西）西归。

这个时候王君㚟抢先派人从小道进入敌境把路边草都烧了，等悉诺逻到大非川后马匹因为得不到草料死了一半多，王君㚟则与秦州都督张景顺率军追击，在青海西追上了悉诺逻。他们趁湖水结冰踏冰而渡击破了悉诺逻后军，获其辎重羊马万计而还。王君㚟因此被擢升为左羽林大将军，王君㚟之父以少府监待遇退休。扬眉吐气后李隆基愈发追求边功。①

但是很快，刚获大胜的王君㚟被之前关系不好的回纥伏击而死，河西、陇右震动，李隆基又命萧嵩为兵部尚书、河西节度使，判凉州事。

鉴于悉诺逻的威名很盛，萧嵩上任后还是使出武周时代杀钦陵的计策反间计，说悉诺逻与大唐勾结，吐蕃赞普召而诛之，吐蕃就此开始在玄宗朝走下坡路了。②

---

① 《资治通鉴·唐纪二十九》：君㚟以功迁左羽林大将军，拜其父寿为少府监致仕。上由是益事边功。

② 《资治通鉴·唐纪二十九》：悉诺逻威名甚盛，萧嵩纵反间于吐蕃，云与中国通谋，赞普召而诛之；吐蕃由是少衰。

开元十七年（729）三月二十四，朔方节度使信安王李祎攻克了吐蕃的石堡城（今青海湟源县日月乡石城山）。石堡城是吐蕃的重要据点，是吐蕃入侵唐境的咽喉，将石堡城拿在手中，大唐的陇右防区与河西防区就轻松了一大块，此战后河西、陇右诸军游弈拓境千余里。[①]（见图9-4）

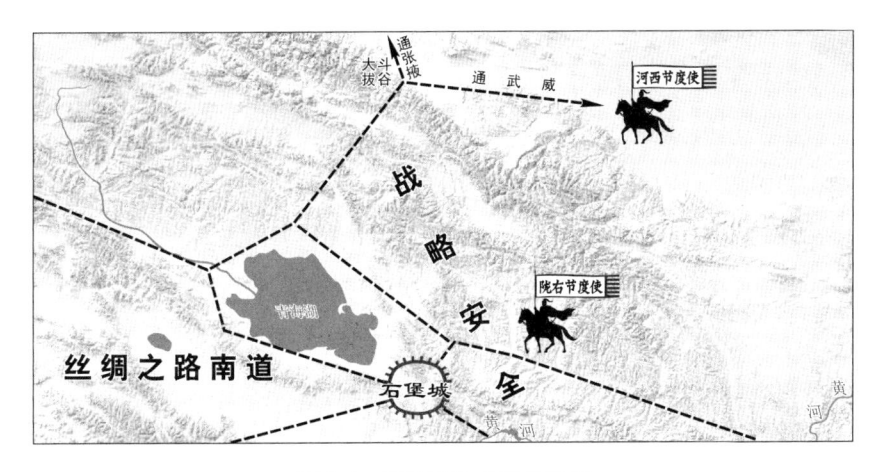

图9-4 石堡城的战略位置图

石堡城的丢失使吐蕃在开元十八年（730）向大唐认输求和亲了。

战略安全打出来了，李隆基也终于决定缓和西北战事，命皇甫惟明与内侍张元方出使吐蕃。

吐蕃赞普大喜，把贞观以来的大唐敕书都拿出来表示友谊源远流长。十月，赞普派大臣论名悉猎随皇甫惟明入朝进贡，并上表道："您的吐蕃外甥世代都娶天朝公主为妻，咱们是相亲相爱一家人，之前是张玄表等首先带兵侵犯掠夺才导致关系越走越远的，外甥深深懂得什么是

[①]《旧唐书·信安王祎传》：上闻之大悦，始改石堡城为振武军，自是河、陇诸军游弈拓地千余里。

第9战 盛唐的最后挽歌 | 895

尊贵卑贱，怎么敢做出失礼的事呢？由于边将挑拨我这才得罪了我敬爱的舅舅大人；我屡次派使者入朝想说明真情，都被边将阻挡了。如今承蒙您派使臣来探望公主，外甥我快高兴死了，我这届赞普要是能修复和舅舅您老的关系我死而无憾啊！"①

吐蕃就此做回了"外甥"。

李隆基的这次扬眉吐气，其实相当偶然。因为咽喉重镇石堡城不是那么好拿下来的。

当然他的愿景是好的，为了国防战略空间毕其功于一役，打这个石堡城也是李隆基的顶层意见，所谓"石堡城为吐蕃所据，侵扰河右。敕祎与河西、陇右议取之"。但这么一座重城，李祎到岗后决定带兵去打时将士们都不同意。

十年后石堡城又丢了，身兼四镇节度使的一代名将王忠嗣也被李隆基要求去打石堡城，但王忠嗣说这城三面险绝，只有一条路可走，真要打得死数万人，我不能拿兄弟们的脑袋铺自己的路，李隆基震怒，王忠嗣随后被贬官，不久暴病而死。接替他的哥舒翰倒是不敢不死拼，率六万三千将士最终把石堡城打下来了，但却以死了数万人的惨胜代价拿下的。

其实这次形势也是如此，但李祎喊了一堆口号，表示皇帝要求了，人臣不能怕艰险，大不了我就死在战场上！最终李祎的运气真的棒，偷袭力战后拿下了这个原本小概率能夺回的重镇。并非说这仗不该打，而是这仗的底线其实目前大唐承受不住。

刚刚封禅完，西北战区又已经连战十多年了，如果因为打这座要

---

① 《资治通鉴·唐纪二十九》：表称："甥世尚公主，义同一家。中间张玄表等先兴兵寇钞，遂使二境交恶。甥深识尊卑，安敢失礼！正为边将交构，致获罪于舅；屡遣使者入朝，皆为边将所遏。今蒙远降使臣，来视公主，甥不胜喜荷。倘使复修旧好，死无所恨！"

塞死上数万人，甚至还没能拿下，那么短时间内西北的防线就得塌了。

抚恤金是问题，重新招兵形成战斗力更是问题，"节度使＋地方募兵"的成效虽然已经展现出来了，大唐的武德又开始澎湃了，但是国家目前承受不住攻打石堡城的下限。而更深一层的危机在于，李隆基一步步走得太顺了。

他独掌乾坤后就没有一次不是心想事成的。这种幻象，最终潜移默化地以他为中心改变了整个上层建筑的模样。

人在无限的欲望放纵下是会变的，三郎如此，所有人其实也都是如此。比如李隆基的家奴爱将王毛仲，在被他放纵二十年后，终于把自己作死了。

王毛仲，本是高丽人，其父游击将军王求娄犯事全家没为官奴，王毛仲从小就被分配到李隆基这里做家奴。王毛仲聪明有悟性，李隆基为临淄王时便常服侍左右，是其贴身保镖。

李隆基回长安后开始结交"万骑"军官，王毛仲相当明白主子这是要干什么，对军官们也相当客气恭谨，李隆基觉得这个奴才将来能干点儿大事。①

但是，李隆基很快发现自己看走眼了。唐隆政变时，王毛仲这个机灵鬼没敢出来。②

直到大局已定，几天后王毛仲才冒头，但李隆基也没怪罪他，依旧破格提拔他为将军。由此也能看出来，李隆基的政变本钱有多薄，立场已经试出来的奴才因为能力问题都舍不得扔。

---

① 《旧唐书·王毛仲传》：玄宗在藩邸时，常接其豪俊者，或赐饮食财帛，以此尽归心焉。毛仲亦悟玄宗旨，待之甚谨，玄宗益怜其敏惠。

② 《旧唐书·王毛仲传》：及二十日夜，玄宗入苑中，宜德从焉，毛仲避之不入。

第9战　盛唐的最后挽歌　｜　897

王毛仲也确实有点儿东西，此人奉公正直，不避权贵，两营"万骑"功臣、闲厩官吏皆惧其威。王毛仲不仅有将军之威，负责养马的工作成效还颇为显著。①

等到先天政变时王毛仲没再跑，靠着威望突袭斩首控制了北军，因功授辅国大将军、左武卫大将军、检校内外闲厩兼知监牧使，进封霍国公，实封五百户。

当初隋末大乱时，隋朝官马都被各地土匪抢走了，大唐开国之初只在赤岸泽得马三千匹，随后太仆张万岁在陇右靠着这些种子搞起了马匹繁殖。到了麟德年间官马数目达到了七十多万匹，共分设八坊四十八监，当时的市场价一匹细绢就可以买到一匹马。

垂拱以后，官马完蛋了，李隆基接班时官马仅仅还剩二十四万匹。②

这可不行，此时整条边防线都是脆的，各条战线都在要马，李隆基还是派了王毛仲去解决这个问题。王毛仲到岗后就解决了官马草料的盗窃问题，准确地说应该是解决了官马养殖的黑产业链问题。③

到了开元十三年（725）的时候，官马数量已经增加到四十三万匹了。

战马数量的上升更直观的体现，就是开元初期的一系列战争大唐开始打得好看了。突厥低头后李隆基在朔方展开互市，大量购进马匹与

---

① 《旧唐书·王毛仲传》：毛仲奉公正直，不避权贵，两营万骑功臣、闲厩官吏皆惧其威，人不敢犯。苑中营田草莱常收，率皆丰溢，玄宗以为能。

② 《资治通鉴·唐纪二十八》：是时天下以一缣易一马。垂拱以后，马潜耗太半。上初即位，牧马有二十四万匹。

③ 《旧唐书·王毛仲传》：毛仲部统严整，群牧孳息，遂数倍其初。刍粟之类，不敢盗窃，每岁回残，常致数万斛。

官马进行杂交展开优生优育提升战马质量。①

对于这个能干的家奴，李隆基给的赏赐极其丰厚，前后赐庄宅、奴婢、驼马、钱帛不可胜纪，开元的前十五年，"开府仪同三司"的待遇李隆基仅仅给了四个人，分别是皇后之父、姚崇、宋璟和这个王毛仲。李隆基还派张说写过政策性歌颂作品对王毛仲加以赞美肯定。

李隆基对于他的家奴自己人，给的待遇是极高的，甚至宠的有点儿过分，举个王毛仲嫁女的例子，李隆基问他缺什么，王毛仲说缺嘉宾，李隆基问："张说、源乾曜这些大臣你请不到吗？"王毛仲说这都没问题，李隆基说："我知道了，也就一个人不给你这个脸面，肯定是宋璟，明天我帮你办这事。"②

这种级别的恩宠开始给王毛仲惯出毛病来了，他日渐骄纵，左领军大将军葛福顺、左监门将军唐地文、左武卫将军李守德、右威卫将军王景耀、高广济等都靠着王毛仲的权势多行不法，甚至王毛仲开始直接找主子要兵部尚书的官了，李隆基没搭理，但王毛仲居然敢不满了。③

兵部尚书手中是有最直接的军官推荐权的，尤其是中下层军官。④

---

① 《新唐书·兵志》：其后突厥款塞，玄宗厚抚之，岁许朔方军西受降城为互市，以金帛市马，于河东、朔方、陇右牧之。既杂胡种，马乃益壮。

② 《资治通鉴·唐纪二十八》：王毛仲有宠于上，百官附之者辐凑。毛仲嫁女，上问何须。毛仲顿首对曰："臣万事已备，但未得客。"上曰："张说、源乾曜辈岂不可呼邪？"对曰："此则得之。"上曰："知汝所不能致者一人耳，必宋璟也。"对曰："然。"上笑曰："朕明日为汝召客。"

③ 《资治通鉴·唐纪二十九》：开府仪同三司、内外闲厩监牧都使霍国公王毛仲特宠，骄恣日甚，上每优容之。毛仲与左领军大将军葛福顺、左监门将军唐地文、左武卫将军李守德、右威卫将军王景耀、高广济亲善，福顺等倚其势，多为不法。毛仲求兵部尚书不得，快快形于辞色，上由是不悦。

④ 《旧唐书·职官志》：五品已上送中书门下，六品已下量资注定。

你想干什么？你不知道当初是我领着你们造反的，不对，匡扶社稷的吗？

这群帮着李隆基上位的军官由于自身的见识和学识问题，确实品不出自己的生态位。政局混乱、旗帜众多的时候，这些人确实有价值。如今天下太平那么久了，他们还有什么投机资格吗？他们接近权力，就以为自己拥有了权力。

对于这群不识好歹的有家之奴，李隆基不是没有后手，他还有无家之奴的选择。

唐太宗时代专门定下制度，宦官不置三品官，最大的官阶不过四品；后来武则天接了班也不待见太监，哪哪都不好使；到了李显时代，宦官数量膨胀到了三千多人，七品上的就有千余人，不过此时五品以上还是少。到了李隆基这里，他很早就明白了信谁都不如信自己的家奴，尤其是没有家的太监们，宦官中他觉得好用、是人才的甚至会授予三品级别的左右监门将军。①

所谓监门将军，职责如下：掌宫禁门籍之法。凡京司应入宫殿门者，皆有籍。左将军判入，右将军判出。若大驾行幸，即依卤簿法，率其属于牙门之下，以为监守。中郎将，掌监诸门，检校出入。李隆基很早就已经将宦官纳入禁军体系了。

李隆基对于家奴们其实是一碗水端平的，他惯着王毛仲，他也惯着自己的宦官。他常往各地派的特使基本都是由宦官担任，沿路经过各州，官员们都竭力奉承，各种送礼，长安附近的田园三分之一都在宦官手中，最受宠的杨思勖和高力士分掌内外，杨思勖多次率兵出征是玄宗

---

① 《旧唐书·宦官传》：玄宗在位既久，崇重宫禁，中官稍称旨者，即授三品左右监门将军，得门施棨戟。

朝早期堪称光芒最盛的将军，禁宫中则由高力士负责安保。①

对于王毛仲狂的不知道姓什么，其实掌管人事工作的吏部侍郎齐澣曾经对李隆基提示过，当时王毛仲已经与龙武将军葛福顺结为姻亲，过去的北门将官走王毛仲的关系纷纷都起飞了，慢慢北门禁军已经有了王毛仲私兵的趋势。齐澣说："葛福顺典兵马，与王毛仲婚姻，小人宠极则奸生，若不预图，恐后为患，希望陛下三思。况且腹心委任何必非得选王毛仲，高力士小心谨慎，又是阉官，便于禁中驱使。臣虽说了不该说的，但也是出于一片忠心，臣闻君不密则失臣，臣不密则失身，希望圣上您自己考虑就别跟别人念叨了。"李隆基道："你先撤，你的忠义朕知道，现在还没到时候。"②

齐澣说的这位高力士，本名冯元一，长寿二年（693）因岭南流人谋反年幼阉割后被岭南讨击使李千里送进了宫里，武则天看见这孩子觉得他很机灵，再加上长得周正，让他侍奉左右，但不久因为一次小过错被武则天鞭打赶出。

这应该是武则天的精神控制大法，跟对待上官婉儿一样，想用你前先摧毁你的灵魂，得走一波家奴的驯化流程。冯元一被赶出来后，宦官高延福看这孩子不错收其为养子，从此改名为高力士，因为高延福出

---

① 《资治通鉴·唐纪二十九》：奉使过诸州，官吏奉之惟恐不及，所得赂遗，少者不减千缗；由是京城郊畿田园，参半皆在官矣。杨思勖、高力士尤贵幸，思勖屡将兵征讨，力士常居中侍卫。

② 《旧唐书·齐澣传》：时开府王毛仲宠幸用事，与龙武将军葛福顺为姻亲，故北门官见毛仲奏请，无不之允，皆受毛仲之惠，进退随其指使。澣恶之，乘间论之曰："福顺典兵马，与毛仲婚姻，小人宠极则奸生，若不预图，恐后为患，惟陛下思之。况腹心之委，何必毛仲，而高力士小心谨慎，又是阉官，便于禁中驱使。臣虽过言，庶裨万一。臣闻君不密则失臣，臣不密则失身，惟圣虑密之。"玄宗嘉其诚，谕之曰："卿且出。朕知卿忠义，徐俟其宜。"

自武三思家，所以高力士也常常往来于武三思宅邸。

之所以说这事很可能是武则天的精神控制大法，是因为高力士的这个养父性格极谨慎，所谓"内侍事主四朝，历官七政，专良恭肃，著美纶言，冲谦俭让，得名朝列"，这个有武三思背景的聪明人不是看准了武则天的用意是不会认这个儿子的。

高力士也在他这位再造爹娘这里悟明白了一个宦官最重要的生态位：忠心谨慎。作为没有退路与后代的宦官，一生的荣辱都是和主子绑在一起的，一定要忠心、要谨慎、眼要活、嘴要严，才能成为主子的左右手。

一年多后，高力士被武则天再次调入宫中，这次回来高力士已经完全做好了准备，谨慎保密，能帮武则天传诏敕。[1]

后来经历了神龙和景龙两场政变，武家的根基本被拔干净了，失去了依靠的高力士在景龙中期看准了李隆基，在这个潜龙还酝酿的时候抱上了他的大腿。[2]

唐隆之变后，高力士开始成为李隆基的左右手，日侍左右，擢授朝散大夫、内给事。先天政变中高力士是亲自下场带队去兵变的，因功破格提拔为银青光禄大夫，开元初又给了禁军权限，加右监门卫将军，知内侍省事。

由于同是一个家奴生态位的，本来宦官们就嫉妒王毛仲的恩宠，结果王毛仲自己还狂得没边，甚至像高力士这个级别的宦官王毛仲都不当回事，对那些低品级的更是羞辱如仆从。最终在开元十八年（730），

---

[1]《旧唐书·高力士传》：岁余，则天复召入禁中，隶司宫台，廪食之。长六尺五寸，性谨密，能传诏敕，授宫闱丞。

[2]《旧唐书·高力士传》：景龙中，玄宗在藩，力士倾心奉之，接以恩顾。

高力士找到了必杀王毛仲的机会。

这一年王毛仲生了孩子，李隆基派高力士赐了一堆礼物，甚至授其子五品官。高力士回来后，李隆基问："那小子高兴吗？"

高力士道："王毛仲抱着他儿子对我说，我这儿子怎么就做不了三品官呢？"

李隆基一听就生气了，怒道："铲除韦氏时这小子就有二心，朕宽宏大量不想说他，今天竟敢用刚出生的小孩子骂闲街，这是给他脸了！"

高力士随后补刀道："北门禁军的那群家奴如今给的官太高了，相互勾结将来会出事的，不如早些除去。"①

开元十九年（731）正月十三，李隆基突下文件，表示王毛仲对他不忠且有怨恨情绪，降职离开现在的岗位，葛福顺、唐地文、李守德、王景耀、高广济都降职贬为远州别驾，王毛仲四子均降职为边州参军，受牵连者数十人，王毛仲走到永州时被李隆基赐死。

绝对核心的权威下，皇帝清洗一批禁军的将军能有多难？至此，李隆基也修补了自己统治的最后一个隐患漏洞，禁军从此开始被李隆基安排给了宦官和极其忠诚谨慎的军官分掌，宦官也就此开启了有唐以来的全盛时代。

李隆基手下的太监权贵如云，杨思勖持节讨伐，黎敬仁和林招隐奉命出使宣达，尹凤祥掌管书院，其余孙六、韩庄、杨八、牛仙童、刘奉廷、王承恩、张道斌、李大宜、朱光辉、郭全、边令诚等人分任殿头供奉、监军、入蕃、教坊等，皆为委任之职。这些宦官做监军则权力超

---

① 《资治通鉴·唐纪二十九》：力士因言："北门奴，官太盛，相与一心，不早除之，必生大患。"

过节度使，出使地方则令各郡惊惧担心官位，他们出去一趟不发一笔大财是不答应的。①

在这群宦官中，最核心的还是高力士，所谓"皆在力士可否"。

高力士之所以有这个权势，是因为李隆基开始懒了，每次四方进奏文表必先呈给高力士，有小事高力士就给批了，大事才会找到李隆基。李隆基更是表示有高力士在身边他睡觉才睡得踏实。②

其实高力士手中最值钱的不是什么"小事便决之"，而是"每四方进奏文表，必先呈力士"，他决定着官员们的审批时间和李隆基是否批准的成功率。一份文件他给压几天，对于官员可能就是灭顶之灾；一件事他在旁边给说上几句，对于官员可能就是天堂到地狱。

整个玄宗朝中后期几乎所有我们耳熟能详的参赛者，如宇文融、李林甫、李适之、盖嘉运、韦坚、杨慎矜、王鉷、杨国忠、安禄山、安思顺、高仙芝，都是走了高力士的门路。③

对于高力士，太子都要喊他二哥，诸王公主都得喊爹，驸马辈要喊爷。④

别看有那么大的权势，但高力士牢牢谨记在李隆基手下当奴才的生态位，一辈子谨慎小心，一切以李隆基的喜怒做出判断，只要皇帝皱

---

① 《旧唐书·高力士传》：监军则权过节度，出使则列郡辟易。其郡县丰赡，中官一至军，则所冀千万计，修功德，市鸟兽，诣一处，则不啻千贯，皆在力士可否。

② 《旧唐书·高力士传》：每四方进奏文表，必先呈力士，然后进御，小事便决之。玄宗常曰："力士当上，我寝则稳。"

③ 《旧唐书·高力士传》：宇文融、李林甫、李适之、盖嘉运、韦坚、杨慎矜、王鉷、杨国忠、安禄山、安思顺、高仙芝因之而取将相高位，其余职不可胜纪。

④ 《旧唐书·高力士传》：肃宗在春宫，呼为二兄，诸王公主皆呼"阿翁"，驸马辈呼为"爷"。

眉头了，即便要办的人是至亲至爱，都是袖手旁观不说一句话的。[1]

用宦官当秘书、做安保队长，虽然避免了为外朝宰相或皇子所利用，避免了神龙政变大臣利用禁军，避免了景龙政变太子利用禁军，避免了唐隆政变藩王利用禁军，确实对稳定中枢政局让人们淡忘曾经动乱政变的朝政惯性起到了作用，但却也留下了巨大的后遗症。

太监这个群体，对主子的讨好是没有上限的，因为他们的所有权势皆来源于此；太监这个群体，对整个官僚系统和黎民苍生又是没有下限的，因为他们不用为上述群体负责。

李隆基一步步给自己搭建了天上地下唯我独尊的幻境。所有传到他耳中的信息，都是伟大的，都是正确的，都是想什么来什么的。在这个导向下，他遇到了那个对他谄媚歌颂顺从到无所不用其极的宰相。

整个中国历史的拐点，即将在这对"君臣两相宜"中开启倒计时。

---

[1] 《旧唐书·高力士传》：又与时消息，观其势候，虽至亲爱，临覆败皆不之救。

五、中国历史的拐点：李林甫粉墨登场

开元十七年（729）六月，玄宗朝的第一代聚敛之臣宇文融因工作成绩突出，拜黄门侍郎、同中书门下平章事，当了宰相。

宇文融这位第一代找钱"脏手套"帮着李隆基设置了各地的朝廷大使用来敛财，深得圣宠的同时也越来越狂，他刚被提拔进了政事堂就说："让我当宰相几个月，天下即可太平无事了。"

结果不知道自己姓什么的宇文融看不顺眼信安王李祎，担心李祎将来出将入相，又担心其军功会加强此时另一个有河西节度使背景的宰相萧嵩的影响，于是派御史李寅弹劾李祎。

李祎刚刚攻陷了石堡城，拓地千里给丝绸之路打出了国防战略安全，也不知宇文融哪里来的自信。他就没有后面的李林甫琢磨得明白，他不明白皇帝眼下喜欢的人他就算看着再恶心那也得跟着笑靥如花，不要去逆皇帝的势。

结果李祎完成了政治反杀，宇文融当宰相不到百日就被罢相贬为了汝州刺史。准确地说，宇文融确实不是当宰相的材料。

他的嘴没有把门的，喜怒都摆脸上，看到什么事不够他嚷嚷的，

还呼朋唤友地生怕别人不知道他结党。①

这次他为什么被李祎反杀了？因为他在向李祎动手前就不够他能耐地把方案公布了。②

权力是和信息高度挂钩的，当你越多且越快地知道那些重要人和事的信息时，你的权力就越大。政治圈子中的勾兑，本质上也是把自己的权力和信息在互通有无中卖出一个好价钱。

你需要做一个信息的收集器，牢牢闭上自己的嘴，待价而沽地寻觅合适的交易对象，即便在交易对象的政审通过后，如果对方不把利益给足了也不要轻易乱张嘴。你越是从来不说一句废话，你的信息在别人的眼中估值也就越高；你越是明白沉默的力量，真正值钱的大人物在和你交易的时候，信任的成本也就越低。

别以为这只适用于政治，所有涉及权力的网络都是如此。嘴要值钱。

宇文融的青涩之处还在于，他以为宰相就已经干到头了，就能一人之下万人之上了，实际上宰相背后同样需要靠山。当年把他引上高级舞台的那位恩相源乾曜已经死了，他拜相才两个月，哪来的自信弹劾刚刚获得巨大军功的宗室呢？

总体而言，宇文融这块材料不适合进核心团队，但李隆基对他一路破格提拔也给官僚系统做好了榜样，树立好了风向标——能帮皇帝大人搞来钱的，就能被提拔、得富贵。③

---

① 《旧唐书·宇文融传》：然性躁急多言，又引宾客故人，晨夕饮谑，由是为时论所讥。

② 《资治通鉴·唐纪二十九》：祎入朝，融使御史李寅弹之，泄于所亲。祎闻之，先以白上。

③ 《资治通鉴·唐纪二十九》：是后言财利以取贵仕者，皆祖于融。

宇文融罢相后，国用不足的问题出现了，李隆基对裴光庭说："你们都说宇文融不好，我给他罢相了，如今国用不足，你们有什么办法吗？"但底下这群大臣又帮不上忙。①

此时的宰相集团确实解决不了这个问题，只能搞弹劾举报宇文融一堆不干净的受贿事阻止李隆基再把这个技术人才调回来，司农少卿蒋岑奏宇文融在汴州隐没官钱巨万计，宇文融最终死在了流放的路上。

到了开元二十一年（733）时，由于宰相集团的"不作为"，李隆基因为粮食问题要去洛阳逐粮了。②

这个时候京兆尹裴耀卿提供了一个解燃眉之急的方案："贞观、永徽之时，咱们的官僚成本根本就不高，每年从关东运来一二十万石粮食就没问题了，现在到处都花钱，咱们已经开足马力运的粮食比当年多出好几倍了，但依然没法覆盖首都的需要，这才导致您老不辞舟车劳顿要去洛阳出差体恤关中父老。

"当务之急是把关东的粮运到关中来，等关中有了几年的储备粮，就能不再劳烦您有点儿天灾旱涝就往东都跑了。过去的漕运不科学，吴人不熟悉黄河的水运，所以经常在路上停留，时间长了，粮食沿路也总被藏匿偷盗。臣建议在河口设粮仓，吴地的船到了河口就卸粮，官府再雇船分别从黄河、洛水运进关中，分级转运，效率会更高；在三门峡的东西两侧也各建粮仓，运到的粮食先收藏起来，如果水路危险就停运，水路通畅时再运，与此同时开凿山路，用车运粮。这样运粮的效率

---

① 《资治通鉴·唐纪二十九》：宇文融既得罪，国用不足，上复思之，谓裴光庭曰："卿等皆言融之恶，朕既黜之矣，今国用不足，将若之何！卿等何以佐朕？"光庭等惧不能对。

② 《新唐书·裴耀卿传》：明年秋，雨害稼，京师饥。帝将幸东都，召问所以救人者。

最高，还能节省数以万计的费用，黄河、渭水岸上都还有汉、隋的旧粮仓，修复一下并不难。"

李隆基听完直接批了，实在太为国分忧了，当即拜裴耀卿为黄门侍郎、同中书门下平章事，充转运使。

当年李隆基封禅路上有十多个州，这位献策的裴耀卿是途经路程最长的济州刺史，又赶上户口少，本来李隆基这趟祭天得闹出人祸的，但裴耀卿愣是东拼西凑科学规划保质保量地完成了接待任务，还没闹出人祸影响皇帝心情。①

李隆基身边是不养对他没有用的人的，这点其实和汉武帝相当像。以李林甫为首，人们可以说玄宗朝的这些人大多谄媚钻营，但不能说他们没有能力。

裴耀卿做了江淮河南转运使后在河口建了粮仓转运站，第二年的八月十四又在仓口东设了河阴仓，在仓口西设了柏崖仓，在三门峡东设集津仓，在三门峡西设盐仓，又凿漕渠十八里以避三门峡之险。

之前的物流线都是用船运江淮之米至东都含嘉仓，再雇车陆运三百里至陕郡，大约两斛米运费一千钱。等裴耀卿命人将江淮运米都运到河阴仓，再用船通过黄河运到含嘉仓及太原仓（位于陕州，非太原郡之意），然后由太原仓通过渭水运到关中，此后三年共运米七百万斛，节省车费三十万缗，有人劝裴耀卿把所省下来的钱给皇帝大人，裴耀卿说："这是国家的利润，我不能讨好皇上！"于是全部上奏作为调节粮价的经费。裴耀卿也因为解决了长安的粮价问题而被升为侍中。

裴耀卿这种财政能臣每年帮李隆基省下了海量的物流成本，提高

---

① 《旧唐书·裴耀卿传》：十三年，为济州刺史。其年，车驾东巡，州当大路，道里绵长，而户口寡弱，耀卿躬自条理，科配得所。时大驾所历凡十余州，耀卿称为知顿之最。

了国家税收的效率，而且利润还都归了国用。这是能臣、名臣，但不是谄媚之臣。

面对皇帝日益膨胀的情感虚荣缺口，他填不上去。所以当他无法给皇帝提供源源不断的新帮助时，皇帝不管怎么看他都觉得他碍眼了。不到两年，裴耀卿跟私交甚好的张九龄一起被罢相了。他们是被同一个人斗争下去的。

开元二十二年（734），改变大唐国运，甚至可以说决定中国历史走向的那个人走向台前了。

李林甫，李唐远房宗室，长平王李叔良曾孙，早年曾任千牛直长，精通音律，深受舅舅姜皎宠爱，开元初任太子中允。

当时的侍中源乾曜侄孙源光乘是姜皎的外甥女婿，靠着这层八竿子远的关系双方走得很近，姜皎之子姜源洁为表弟李林甫求取司门郎中之职，源乾曜笑道："郎官应有才干声望，哥奴（李林甫小名）哪是郎官的材料？"几天后李林甫被授为太子谕德，后累迁至国子司业。

得不到宰相欣赏的李林甫瞄准了皇帝当时最重视的开源工作，宇文融因为查户口工作被提拔为御史中丞后，李林甫参与到了这项工作中，开元十四年（726）李林甫因宇文融的引荐被授为御史中丞。此后李林甫历任刑部侍郎、吏部侍郎。

所有侍郎中，除了吏部侍郎外都是从四品下，唯独管着人事工作的吏部侍郎是从四品上。李林甫其实此时已经窜到上层建筑来了。

这段史料通常被一笔带过，所谓"十四年，宇文融为御史中丞，引之同列，因拜御史中丞，历刑、吏二侍郎"，都没有细说这个人精是怎么爬上来的。没关系，我们从隐藏的史料中去推断。

开元二十一年（733），侍中裴光庭病逝，其妻是武三思之女，与李林甫有私情，而高力士也出身于武三思府中，其实在这里互相就有关系了。裴光庭死后，这个武氏向高力士提出请求，推荐李林甫拜相代替她死去的丈夫，高力士当时没敢答应。①

李林甫通过不正当男女关系，对接了宰相之妻，挂上了武家的背景。

裴光庭在开元十八年（730）时升侍中兼吏部尚书。大家是不是能猜到李林甫的吏部侍郎是怎么来的了？就是小老弟走了大嫂的通道，被蒙在鼓里的大哥引到了身边。

李林甫之所以敢冒巨大风险玩走钢丝去"绿"宰相，是因为潜在回报实在巨大。虽然武家此时已经臭大街了，但大嫂这个武三思之女的背景能帮他搭上两个最关键的人脉——一个是武氏家奴背景的高力士，一个是李隆基目前最宠爱的武惠妃。

武惠妃是恒定王武攸止之女，也就是武则天的侄孙女，因为爹死得早被武则天接入宫里来养。李隆基上位后发现了这个小可爱，这姑娘又以武家人独特的魅力让李隆基的后宫谁来也没有用了。她初封婕妤，给李隆基生了四子三女，所生子女皆受偏爱，开元十二年（724）被李隆基赐号惠妃，她虽被封为妃但在宫中礼仪等同于皇后，后来又通过巫蛊政治案打掉了已经失宠还生不出娃的皇后。

武惠妃想要让自己的孩子挤掉此时的太子李瑛（非皇后子），其实从理论上来讲这不是什么难事，因为那个太子没什么背景可以依靠。但武惠妃无论是生的孩子数量还是受恩宠程度，以及打掉皇后的节奏，都无法不让人联想："你这是想玩你姑奶奶的那套啊，你们武家的闺女怎么就吃定了李家的男人了呢？"所以整个朝中都对武惠妃严防死守。

---

① 《旧唐书·李林甫传》：初，侍中裴光庭妻武三思女，诡谲有材略，与林甫私。中官高力士本出三思家，及光庭卒，武氏衔哀祈于力士，请林甫代其夫位，力士未敢言。

面对这个局面，李林甫做了政治赌博，他托宦官告诉武惠妃自己愿为寿王（李瑁，唐玄宗第十八子，母武惠妃，封寿王）鞍前马后冲锋陷阵。①

深陷历史包袱泥潭的武惠妃听后觉得这么表态的人真可爱，于是开始暗中帮助李林甫。两个武家人都让李林甫牵上线了，那位"九千岁"也就不远了。

裴光庭死后其妻直接对前来慰问的高力士张嘴了，但高力士是个谨慎至极的人，没理这事。不过，虽然高力士没答应，但后来李隆基因中书令萧嵩的举荐任命尚书右丞韩休为侍中，高力士将这个消息泄露给了武氏，让李林甫提前通知韩休。②

高力士只会在李隆基明确笑了之后才会对李林甫追加投资，前面的都得李林甫自己去努力，这个动作属于给他个面子，毕竟李林甫是皇帝目前最宠的武惠妃的人。

特别会伺候人的李林甫也没有辜负这个信息，韩休相当感谢这位提前祝贺并透露细节的小老弟，又赶上韩休拜相后因政见与举荐人萧嵩不和，他就推荐了李林甫想拉入自己阵营扩充实力。随后武惠妃也暗中相助，李林甫因此被授为黄门侍郎，开始和李隆基有了大量交集，李林甫也凭借自己的招人喜欢和揣摩上意被李隆基愈发看重。③

终于在开元二十二年（734）的五月二十八，经李隆基的考察后，

---

① 《旧唐书·李林甫传》：时武惠妃爱倾后宫，二子寿王、盛王以母爱特见宠异，太子瑛益疏薄。林甫多与中贵人善，乃因中官干惠妃云："愿保护寿王。"

② 《旧唐书·李林甫传》：玄宗使中书令萧嵩择相，嵩久之以右丞韩休对，玄宗然之，乃令草诏。力士遽漏于武氏，乃令林甫白休。

③ 《旧唐书·李林甫传》：休既入相，甚德林甫，与嵩不和，乃荐林甫堪为宰相，惠妃阴助之，因拜黄门侍郎，玄宗眷遇益深。

任命李林甫为礼部尚书、同中书门下三品，加银青光禄大夫。拜相后的李林甫将目光瞄准了他前面的一个人——张九龄。

张九龄，韶州曲江（今广东韶关）人，武周时代进士出身，当年张说因为牵扯入张昌宗那场造假证据的风暴而被流放到岭南，随后他看到了张九龄的文章，深深记住了这个小伙子。

神龙三年（707），张九龄赴京应吏部试，授秘书省校书郎，干了几年得不到升迁，由此也能看出来这孩子之前来长安钱没带够，李显时代没钱的人当什么官！

唐隆政变后，李隆基为了拉自己的队伍举天下文藻之士亲自策问，张九龄再次凭借文化课功底对策优等，升为右拾遗。再后来张说回来拜相了，张九龄自然跟着他大哥走，但他大哥没弄过姚崇，开元四年（716）秋，一直被姚崇挤对的张九龄以秩满为理由，辞官归养。

还是那句话，在古代，不站队就不是官。别看都是名相，不是一个队的照样撕得血肉横飞。

这次回乡张九龄申报朝廷重新开凿并拓宽了分水岭大庾岭的入岭南通道，为家乡做了功在当代利在千秋的大好事。姚崇罢相后，开元六年（718）张九龄被召入京，这次回来拜了左补阙，主持吏部选拔人才。

开元九年（721），张说杀回来拜相，随后开始狂捧自己这个小老弟，但好日子过了五年，张说因"引术士占星、徇私舞弊、收受贿赂"的不检点罪名被弹劾罢相，张九龄又受了牵连外放了刺史。

最终在开元十九年（731）三月，张九龄又被召入京，任秘书少监兼集贤院学士副知院事，奉旨代撰敕文，他的文笔水平高到直接当着李隆基的面听了大意就能开写，草稿都不用打，提笔就写出来，堪称办公室写大稿神器。

第9战　盛唐的最后挽歌　｜　913

张九龄最终还是凭借自己的才华杀出来了。还是那句话，在玄宗朝你必须得有某项能力的撒手锏。

张九龄拜相后，很有当年开元初期的名相风范，毕竟将来他死后李隆基对宰相的推荐之士总是拿他作为参照物问道："风度得如九龄否？"但是，对李隆基来说，张九龄那桀骜不驯的性格偶尔欣赏下当个乐还行，你要是天天杠我我可不开心。

李隆基从五十岁开始就彻底听不进去不同的话了，生活上奢侈腐败，政事上懒散懈怠，而张九龄遇到事无论大小只要觉得不对就得跟皇帝争争，还是姚崇、宋璟那一套，于是李林甫开始布局要除掉这个政敌。①

李林甫之所以要下手，是因为当年他做御史中丞的时候曾经斗过张九龄的恩公张说，而且李隆基询问张九龄拜李林甫为相的意见时张九龄说："宰相身系国家安危，陛下如果任李林甫为宰相，恐怕以后要成为国家的祸患。"

这是不可协调的路线问题，属于黑暗森林法则的你死我活，所以李林甫必须要把张九龄打掉。这方面就体现出李林甫比宇文融机灵的地方了，张九龄此时因为写大稿受宠，所以李林甫别看知道张九龄看不上他，仍然笑脸歌颂。

只要皇帝还喜欢你，你顺便就是我亲爹；我得等皇帝不喜欢你时再下手。

不久李隆基和张九龄露出裂痕了，起因是当时朔方节度使牛仙客镇边期间有政能，李隆基因此要加实封，但张九龄奏道："边将厉兵秣

---

① 《资治通鉴·唐纪三十》：是时，上在位岁久，渐肆奢欲，怠于政事。而九龄遇事无细大皆力争；林甫巧伺上意，日思所以中伤之。

马，储蓄军实，这是他们的分内之事，陛下赏就可以了，要是给加封户这事有点儿不合适，您老再想想。"

李隆基没说话。李林甫随后将这件事告诉了牛仙客，牛仙客第二天见李隆基后哭泣着推让官爵，他的这种姿态让李隆基挺感动的，还就非得给他实封了，而且还得兼任尚书。

张九龄继续执奏如初，李隆基变色道："你是当家的？"张九龄赶紧顿首请罪。

李隆基道："你嫌牛仙客家世寒微，难道你出身名门吗？"

张九龄回答道："我家属于边地微贱，牛仙客是中华之人，这我比不了。但陛下提拔臣为宰相，牛仙客是边镇的一个节度使，他目不识丁，如果承担大任，恐怕不合适。"①

张九龄还在硬杠。李林甫则补刀说："牛仙客有才有见识，何必非得写作文一百分，天子用人，哪里有什么不行的！"

客观来说，牛仙客此时就值得被提拔。

牛仙客是泾州刺史牛意仁之子，起家是鹑觚县小吏，受县令傅文静器重。傅文静升任陇右营田使后召牛仙客为佐吏，后来牛仙客因军功累迁至洮州司马，等王君㚟任河西节度使的时候牛仙客被授为节度判官，又成了新上司的心腹。

开元十五年（727），王君㚟战死后萧嵩继任河西节度使，将军政事务托付给牛仙客，牛仙客做得还是很棒的，史载"俄而萧嵩代王君㚟为河西节度，又以军政委于仙客。仙客清勤不倦，接待上下，必以诚信"。

开元十七年（729），萧嵩回朝拜相任中书令，遥领河西节度使，

---

① 《旧唐书·李林甫传》：臣荒徼微贱，仙客中华之士。然陛下擢臣践台阁，掌纶诰；仙客本河湟一使典，目不识文字，若大任之，臣恐非宜。

第9战 盛唐的最后挽歌 | 915

随后开始多次推荐牛仙客。牛仙客因此任太仆少卿、凉州别驾,并代理河西节度留后,后来牛仙客接替萧嵩出任节度使,兼任凉州刺史,历加太仆卿、殿中监,并于开元二十四年(736)调任朔方行军大总管,河西节度使之职由崔希逸接任。

崔希逸上任后发现这位前任大哥太仁义了,奏称牛仙客在任时厉行节约,积蓄财物,留了很多资产,随后李隆基派刑部员外郎张利贞去核实,发现确实仓库盈满,器械精劲,李隆基这才要嘉奖牛仙客的。①

牛仙客是能干之人,能给接任的同事留下"省用所积钜万""仓库盈满,器械精劲"的家底,无论人品和能力都不错。张九龄是名相不假,但他的写大稿出身也使他对出将入相的传统相当排斥。

说到底,谁都是为了权。只不过张九龄书读多了跪不下来,而李林甫不仅能跪,还能趴,还会谄媚。

开元二十四年(736)李隆基下了敕书,说来年二月初二回西京。当时恰逢宫中闹妖怪,第二天李隆基召宰相商量回关中,裴耀卿与张九龄都说:"现在粮食还没有收完,咱们冬天再走吧。"无限迎合李隆基的李林甫则等裴、张二人退下后死活不走,他对李隆基道:"长安和洛阳就是您的两座宫殿,您想什么时候走就什么时候走。您要是觉得西行回京耽误农时,可以免了所经地区的地租,我请求咱们明天就走!"②

---

① 《旧唐书·牛仙客传》:初,仙客在河西节度时,省用所积钜万,希逸以其事奏闻,上令刑部员外郎张利贞驰传往覆视之。仙客所积仓库盈满,器械精劲,皆如希逸之状。上大悦,以仙客为尚书。

② 《资治通鉴·唐纪三十》:先是,敕以来年二月二日行幸西京,会宫中有怪,明日,上召宰相,即议西还。裴耀卿、张九龄曰:"今农收未毕,请俟仲冬。"李林甫潜知上指,二相退,林甫独留,言于上曰:"长安、洛阳,陛下东西宫耳,往来行幸,何更择时!借使妨于农收,但应蠲所过租税而已。臣请宣示百司,即日西行。"

李隆基听了就是两个字：舒服！

拜了相的李林甫还要回报恩主。当时太子李瑛、鄂王李瑶、光王李琚都因为母亲失宠而有怨言，驸马都尉杨洄抓到证据后报告给了武惠妃。武惠妃随后向李隆基哭诉，李隆基大怒，召来宰相打算废了这三个孩子。

张九龄极力劝阻，表示："这三个孩子都成人了，没听说有大过。历史上晋献公听骊姬之谗杀申生，三世大乱；汉武帝信江充之诬罪戾太子，京城流血；晋惠帝用贾后之谮废愍怀太子，中原涂炭；隋文帝纳独孤后之言黜太子勇立炀帝，遂失天下。由此观之，不可不谨慎。陛下您如果一定要废黜他们，臣也不敢奉诏。"

李林甫当面一言不发，退朝后却私下对宦官道："此乃天子家事，何必与外人商议。"

武惠妃暗中让官奴牛贵儿找到了张九龄劝道："有废必有立，您要是点头，宰相想做多久做多久。"但牛贵儿被张九龄骂走了，他随后还把这话跟李隆基念叨了，李隆基也明白了怎么回事。

李隆基宠归宠，不过他也知道当年武家人是怎么起来的，骨子里的东西确实要防着，但这也意味着张九龄和太子绑在了一起。眼下太子李瑛的母亲赵丽妃已死，这个太子无论背景还是资源都差得太远，而且他还因为武惠妃的事露出了不满情绪，这是属于已经露头的炸弹，因此李隆基已经下定决心换太子了，所以张九龄也留不下了。

更不要说你总是杠我，我这血压恐怕哪天就被你给气成我爷爷那样了！

李林甫感知到了皇帝的情绪变化，他从张九龄的嫡系、中书侍郎严挺之身上找到了突破口。

大唐的婚姻法比较开明，婚姻自由，匹配机制相当市场化。"严挺之娶妻，出之"，但严挺之休的妻子很快改嫁给了蔚州刺史王元琰，但王元琰因为贪污数额巨大被御史大夫、中书省和门下省三司逮捕审问，最终严挺之这位"前夫哥"替小老弟说话了。①

这就让李林甫抓住机会了，他派手下把这事举报给了李隆基。李隆基随后对张九龄说："严挺之为罪人说情。"

张九龄说："王元琰娶的是严挺之休掉的妻子，没有私情。"

李隆基道："明明是铁证，离婚了也有私情。"②

李隆基以这件事为由，认为侍中裴耀卿与中书令张九龄庇护党羽，罢裴耀卿为左丞相（尚书左仆射）、张九龄为右丞相（尚书右仆射），二人并罢知政事；任命李林甫兼中书令，牛仙客为工部尚书、同中书门下三品，仍兼领朔方节度使。

张九龄的罢相，意味着李隆基的开元时代到达了一个临界点。

史载玄宗即皇位以来，所用宰相，姚崇善于调解各方面的关系圆转如意地平各种事，宋璟执法严厉，张嘉贞重吏治，张说善写文章，李元纮与杜暹崇尚节俭治国，韩休与张九龄都是直谏之臣，张九龄罢相后，再没人敢直言了。③

不仅是李隆基听不进去了，而且与李林甫的水平太高也有关系。李林甫此后让李隆基高潮了十九年。

---

① 《资治通鉴·唐纪三十》：挺之先娶妻，出之，更嫁蔚州刺史王元琰，元琰坐赃罪下三司按鞫，挺之为之营解。

② 《资治通鉴·唐纪三十》：林甫因左右使于禁中白上。上谓宰相曰："挺之为罪人请属所由。"九龄曰："此乃挺之出妻，不宜有情。"上曰："虽离乃复有私。"

③ 《资治通鉴·唐纪三十》：上即位以来，所用之相，姚崇尚通，宋璟尚法，张嘉贞尚吏，张说尚文，李元纮、杜暹尚俭，韩休、张九龄尚直，各其所长也。九龄既得罪，自是朝廷之士，皆容身保位，无复直言。

李林甫成中书令后，先是把谏官们召来上培训班："如今圣主在朝，咱们顺着还来不及呢，哪来那么多废话！你们没看见正殿下面仪仗队的那群马吗？吃三品的草料，但只要敢嘶鸣惹人烦就被拉走了，将来后悔都晚了。"①

李林甫城府极深，口蜜腹剑那都是小把戏，他杀人于无形，让人死都不知怎么死的。他比当年的李义府强太多了。

凡是李隆基看上的人，李林甫一定先拉关系，表示自己也喜欢这人，等快追上他权势时再用之前搜集的各种黑料将这个人委婉打掉。②

李林甫不只斗争厉害，还能源源不断地为李隆基抓来钱去满足李隆基的一切需求，更重要的是他在李隆基面前永远当孙子，从来不飘，永远顺从李隆基的意见。更关键的是，类似禁军这种触及皇帝大人警戒线的事他从来不碰。

李林甫这个看人、斗人、玩人、哄人到极致的宰相开启了近二十年的集权之路。他为了独占权力，干了很多最终影响中国历史走向的事。

张九龄这个后世眼中玄宗朝最后贤相的眼光也常被后人称道，他不仅看出了李林甫的祸国，他还断言了一个人必反。

开元二十二年（734），张九龄为中书令时，范阳节度使张守珪将一个战败了的裨将执送京师，请行朝典。张九龄见后奏劾说："穰

---

① 《资治通鉴·唐纪三十》：李林甫欲蔽塞人主视听，自专大权，明召诸谏官谓曰："今明主在上，群臣将顺之不暇，乌用多言！诸君不见立仗马乎？食三品料，一鸣辄斥去。悔之何及。"

② 《资治通鉴·唐纪三十》：林甫城府深密，人莫窥其际。好以甘言啖人，而阴中伤之，不露辞色。凡为上所厚者，始则亲结之，及位势稍逼，辄以计去之。虽老奸巨猾，无能逃于其术者。

苴出军，必诛庄贾；孙武教战，亦斩宫嫔；守珪军令必行，此将不宜免死。"

但是最终李隆基还是发布特赦了。张九龄奏道："此人狼子野心，面有逆相，臣请因罪戮之，冀绝后患！"

李隆基道："卿勿以王夷甫知石勒故事误害忠良。"

这个人因此逃出生天。这个人，叫安禄山。

六、"霹雳飞猪"的升腾之路

开元二十年（732），吐蕃做回了"外甥"后，在西域战区、幽州战区、河陇战区均立过战功，一路从基层军官靠军功杀上来的名将张守珪，被李隆基从陇右调到了东北成为幽州节度使，就此拉开了大唐暴力狂屠东北的序幕。

这些年契丹及奚族连年成为边患，契丹衙官可突干骁勇有谋略为"诸夷"所服，但此时幽州军力已经上来了，无论是装备、给养还是战斗力都没问题了，张守珪上任后把西北的军事思想也带过来了，得主动出击打他们啊！于是，幽州军频频出击，连战皆捷。

契丹首领屈剌与可突干被打虚了，觉得战场上肯定是打不过大唐了，就想玩点儿套路，于是遣使诈降。不过，张守珪的情报工作做得相当到位，察知其伪后将计就计遣部将王悔赴其部落去商量受降事宜。

可突干的思路是秘密遣使引来突厥，然后杀了王悔绑着突厥跟他们一起和大唐开战，但没想到赶上契丹内部权力的争夺如火如荼，其别帅李过折与可突干争权打得不可开交，而且李过折被王悔争取了，发动兵变偷袭斩杀了屈剌和可突干，尽诛其党，李过折率余众投降。

张守珪随后出师至紫蒙川搞了对契丹的大阅兵，宴赏将士，档次直接拉满。张守珪还将屈剌和可突干等的人头送到了东都洛阳，悬挂在天津桥之南。

开元二十三年（735）春，张守珪去东都献捷，李隆基亲自赋诗进行了高度肯定，拜张守珪为辅国大将军、右羽林大将军，兼御史大夫，余官如故，赐杂彩一千匹及金银器物等，张守珪的两个儿子都被封官，皇帝还下诏在幽州给他立碑纪功赏。

李隆基甚至是想让军功显赫的张守珪出将入相的，但被文化人张九龄否了，理由是："宰相者，代天理物，非赏功之官也。"

虽然张守珪没拜相，但不久张九龄被打倒，历经河西、朔方节度使的牛仙客拜相了。

大唐的军功荣耀系统重新启动了，想阶层跃迁去从军啊！后面大财主哥舒翰四十好几被管理市场的长安尉看不起后一怒之下想到的报复方式就是从军。一个个摧城拔寨的名将升腾之路就像最好的招兵广告，"刀中自有颜如玉，枪下自有黄金屋啊"。

有一只"霹雳飞猪"赶上了这个澎湃的时代——张守珪亲自带出来的大胖干儿子，安禄山。

安禄山，营州柳城"杂胡"，《旧唐书》说他本无姓氏，《新唐书》说他姓康，爱姓什么姓什么反正没多久就改了，他妈当年生他前向古突厥战神轧荦山祈祷，在他出生后就起了"轧荦山"这么个名字。

安禄山的妈妈阿史德氏是突厥巫师，以占卜为业。父母是孩子最好的老师，妈妈的职业对安禄山可以说是生命中的最重要启蒙课了。

算卦这行啊，最考验从业者的察言观色能力。大多数找这门路的人，他/她来的时候就已经把所有有用的信息要么告诉卦师了，要么挂脸上了，然后人们希望从卦师嘴里得知一个他们希望得到的答案。

世上的大部分人，终其一生都在自己骗自己。

安禄山后来从一次次观察上司的面部表情中而飞黄腾达，从一次次的装神弄鬼中收获权力。

安禄山他爹死得早，他自幼随其母在突厥中长大，后来他妈妈嫁给了突厥将军安波至的哥哥安延偃。开元初，该部破败，安禄山跟着安延偃和一群堂兄弟逃奔了宗族岚州别驾安贞节，当时的安禄山十岁出头，与这些安家兄弟们就此结为兄弟也就用了安姓，叫了今天我们熟知的安禄山这个名字。

跟安禄山结义的这些兄弟中，有一个叫安思顺的，应募当兵后去了西北。

玄宗朝为什么战斗力那么强悍？因为榜样的力量是无穷的，跟太宗朝时募兵的高待遇一样，能给薛仁贵这样的将才阶层跃迁的机会，只要你有将才能砍能杀还福大命大，那么就不愁冲不出来。安思顺后来凭借一次次军功最终升到了朔方节度使的高位，其实不只是他，哥舒翰、高仙芝、封常清这些人都是这个时代跃迁了阶层的将星。当然，还包括这个时代的"武运版李林甫"——安禄山。

长大后的安禄山展现出了极高的语言天赋，他可以说六种异族语言，在东北不管去哪里都能听明白别人说什么，还因此成为互市郎。[1]

张守珪到任后军纪越抓越严，安禄山因为偷羊被逮捕了，张守珪准备打死他，安禄山大呼："您老不想灭契丹和奚人吗？为何打杀禄山？"

看到安禄山用了韩信、李靖的套餐，又看见安禄山又白又胖，于是张守珪给他留了条活命。

---

[1]《新唐书·安禄山传》：及长，伎忍多智，善亿测人情，通六蕃语，为互市郎。

张守珪面试后根据安禄山会说六门语言还知当地山川地形的特点任命其为捉生将，也就是去敌占区抓舌头的特种侦察兵。安禄山这个"霹雳飞猪"也确实有点儿能耐，曾以五骑生擒契丹数十人，张守珪觉得这个人不普通，于是放大权限又多给了些兵。安禄山行必克获，每次都有利润，给的本钱越多收益越大，因此被提拔为偏将。

跟安禄山同为捉生将的，还有一个大他一天的同乡好哥们，叫史思明。史思明也是突厥"杂胡"，身材瘦，鸢肩驼背，凸目侧鼻，少须发，性急躁诡狡，长大后跟安禄山一样以骁勇闻名，都会六蕃语，与安禄山同为互市郎。

史思明不知什么原因借了"官府贷"还不上了，于是想投奔奚族，但还没到就被奚族的侦察兵给抓了，刚要杀，史思明道："我是大唐使者，杀天子使者其国不祥，带我去见你们首领，功是你的。"[①]

这个侦察兵一听觉得也对，于是将史思明送了过去，见了奚王后史思明却不下拜而是说道："天子使臣见小国君不拜，这是礼制。"

奚王怒了，但又担心真是大唐使者，毕竟这两年新来的那个张守珪太凶了，于是好吃好喝伺候着，史思明要走的时候，奚王还派百余使者跟着他入朝。

当时奚有一个叫琐高的名将，名气很大，史思明打算抓住这个人还自己的官府贷，于是对奚王道："你派的这些人都是垃圾，只有琐高在我们那里有点儿名气，让他跟我入朝。"奚王还挺高兴，于是命琐高率领帐下三百人跟着走了。

[①]《新唐书·史思明传》：顷之，负官钱，无以偿，将走奚。未至，为逻骑所困，欲杀之，绐曰："我使人也，若闻杀天子使者，其国不祥，不如以我见王，王活我，功自汝得。"

到了平卢后史思明配合成主杀了这三百奚人,囚琐高给张守珪上了贡。张守珪觉得这大骗子真厉害,于是表其功,与安禄山俱为捉生将。

虽然有着同样的能力,但安禄山比史思明向上爬的要快得多。能力是基础,对人际关系的理解是功名的放大器,安禄山在专业素养过硬之外眼珠子还不够他转的,挣的钱全让他散出去搞情报了。张守珪嫌他胖,他就吓得连饭都不敢多吃,反正态度上绝对可爱。在一次次的战役中,因为骁勇且聪明憨胖子的讨喜形象使安禄山被张守珪收为养子。

这对一瘦一胖的养父养子,二十年后将掀起整个北国的兵火。

东北被张守珪摁住了,开元二十六年(738)六月,李隆基命岐州刺史萧炅为河西节度使总留后事、鄯州都督杜希望为陇右节度使、太仆卿王昱为剑南节度使,让他们分道经略吐蕃,毁所立赤岭碑。

唐蕃再燃战火,起因是吐蕃西击小勃律。

这个小勃律在今克什米尔地区,地处丝绸之路南道。吐蕃不敢跟李隆基来劲了,只能去找好惹的开拓,比如小勃律。随后小勃律遣使来大唐告急,李隆基通知吐蕃罢兵,吐蕃不受诏,攻破了小勃律。李隆基怒了。

但勃律地区实在鞭长莫及,李隆基正怒着呢,有人递来了枕头。当时,河西节度使崔希逸入朝奏事的佐史孙诲看到了获取富贵的机会把自己的上司给卖了,上奏吐蕃此时没有准备,如果发兵偷袭,一定能获胜。

为什么说这小子把他上司给卖了呢?因为之前唐蕃双方在凉州地区树栅为界,置守捉使,崔希逸对吐蕃大将乞力徐说:"两国和好,何须守捉,妨碍耕种放牧,咱们都把兵撤走吧。"

乞力徐道:"您是忠厚长者,但恐怕朝廷未必如此,万一将来有人拿我们当了战功杀我一个措手不及到时候我可没地方后悔。"

但崔希逸还是天真地觉得友谊能地久天长,在多次沟通下,乞力徐终于同意，双方杀白狗为盟，各自去掉守备。结果仅仅过了一年，两国就因为打小勃律这事闹翻了，崔希逸就这样被自己的手下孙诲给坑了。李隆基听说凉州的吐蕃军无守备后派内给事赵惠琮跟着孙诲前往观察。

赵惠琮到凉州后直接矫诏命崔希逸偷袭吐蕃，崔希逸不得已而从，大破吐蕃，杀获非常多，赵惠琮、孙诲皆加厚赏，吐蕃自此又绝了朝贡。

在这件事后，崔希逸因受不了良心的谴责一直痛哭不已，在军中也渐渐没了威信，后迁为河南尹，回到京师后与太监赵惠琮都见到了白狗索命，不久都死了，孙诲也很快获罪被杀。

从这里能看出来两件事：

1. 皇帝喜怒所带来的利益能够驱使下属绕过长官链而走险。

2. 赵惠琮这个内给事的权势极大，皇帝派下来的太监是能逼着节度使背盟的。

什么封疆大吏，小小的节度使，隆庆池里的绿毛龟都比他稀罕！

可能有读者会疑问，既然节度使能被太监逼迫着做事，那么安禄山怎么就厉害到敢造反呢？

这是个长达十五年的渐进过程，但归根结底一句话：因为他有李隆基的特殊宠爱。

只要李隆基宠你，就算是条狗那也是一品的狗，也是百官的重生父母、再造爹娘。谁会去触李隆基那个霉头。

关于这次背盟偷袭还诞生了一首诗，即王维的那首著名的《使至塞上》：

　　单车欲问边，属国过居延。
　　征蓬出汉塞，归雁入胡天。

大漠孤烟直，长河落日圆。

萧关逢候骑，都护在燕然。

这首今天去西北旅游必背的自媒体名诗就是在此战后，王维被皇帝以监察御史的身份派来凉州出塞宣慰，察访军情并任河西节度使判官时写的。古往今来人们分析这首诗时，只是听到了王维被排挤出朝廷的苦闷，其实吐蕃更苦闷，政治上过家家的崔希逸苦闷地连诗都没脸写。

此次唐蕃再起波澜不管怪谁吧，反正是又打起来了，也就是在这一年，一个小政权牢牢地抓住了飞升崛起的窗口期。李隆基册封了南诏蒙归义为云南王。

蒙归义祖先本是哀牢夷，居住在姚州之西，东南接交趾，西北接吐蕃。那边称呼部落为诏，共有蒙舍、蒙越、越析、浪穹、邆赕、施浪六诏，六诏兵力相当，因为云南地区的千沟万壑不能统一。蒙舍在最南，也因此称为南诏，估计大家对它的熟悉大部分都应该来源于《仙剑奇侠传》里的赵灵儿。

唐高宗时，蒙舍细奴逻首次入朝，而其东北面的浪穹、邆赕、施浪、越析等部经常与吐蕃一起侵扰唐地，大唐不得不跨过浪穹、越析等部去扶持南边的蒙舍和蒙越。

大国的扶持不是闹着玩的，到了蒙舍细奴逻的重孙子皮逻阁时代，南诏已经成为最强的部落，另外五诏衰微。皮逻阁在一次次帮大唐干活中与大唐关系越走越近，一次以破河蛮之功贿赂王昱，请求完成六诏一统，王昱为之奏请。

当时恰巧赶上大唐与吐蕃又闹掰了，最终李隆基批了，封皮逻阁为云南王、越国公、开府仪同三司，赐名蒙归义。蒙归义就此仗着大唐的威慑和兵威镇服群蛮，灭不从者，随后还击破吐蕃，使洱海地区统归南诏管辖，正式建立南诏国，将王都从巍山迁至太和城（今云南大理）。

南诏就这样在地图中亮了相。

小国想统一，想发展，想摆脱大国多年来的制衡与挑拨控制，需要等待时机。天时未至时，无论你怎么折腾照样利运不通。

南诏之所以能有机会统一，本质上是因为李隆基要通过南诏去扯刚刚撕破脸的吐蕃的后腿。对中原政权来说，南诏国地区其实六个军阀混战永远是最优解，但谁让吐蕃成了最大的敌人呢！

同样的时运还来到了安禄山这里。开元二十七年（739），那个能吓死他的干爹张守珪在将他带上道后恰到好处地走了，没人能压得住他了。

起因是职业军人们对军功想疯了，幽州镇将赵堪与白真陁罗假借张守珪之命让平卢军使乌知义率兵在横水之北攻打反叛的奚族余党，乌知义不愿出战，白真陁罗假称是皇帝诏命迫使其出战。乌知义不得已出兵，先胜后败，张守珪知道这事后隐瞒了败状，上奏说获胜。[①]

后来这事被人捅出来了，李隆基派了特使宦官牛仙童去巡查，张守珪重赂牛仙童，把败军之罪归咎于白真陁罗并逼其自杀。白真陁罗擅开边衅想升官发财死了活该，但牛仙童居然敢受贿往下压这件事后面的结局也纯属活该了。

宦官集团内部同样竞争激烈，一直受宠的牛仙童这次被其他宦官

[①] 《资治通鉴·唐纪三十》：幽州将赵堪、白真陁罗矫节度使张守珪之命，使平卢军使乌知义击叛奚余党于横水之北；知义不从，白真陁罗矫称制指以迫之。知义不得已出师，与虏遇，先胜后败；守珪隐其败状，以克获闻。

抓到了把柄，他受贿的事被揭发了。李隆基大怒，你到底是谁的人？我让你下去是干什么去的？什么钱能收什么钱不能收你心里没点儿数吗？我让你去查案子，你怎么能跟边将糊弄我！

李隆基命太监猛将杨思勖用棍子打死牛仙童，杨思勖随后不仅打了数百杖，还挖心吃肉以儆效尤。①

张守珪也因此事被贬为括州刺史，后来御史大夫李适之兼了幽州节度使，来了后也是走的立功边陲的路子，安禄山开始利用自己搞交际善于察言观色伺候人的天赋在官场上混得如鱼得水。到开元二十九年（741）时，安禄山已经在一次次的军功中升任平卢兵马使了，后来更是重金贿赂了李隆基派往幽州的特使："我不求特使们办什么事，更不用承担什么责任，就是纯孝顺路线，天使们大老远这一趟太辛苦了！我看不得这个啊，纯是小安孝敬大人们的！"于是，李隆基也慢慢对安禄山有了最初的好印象。

御史中丞张利贞作为河北采访使到了平卢后，安禄山对这位督导成员伺候得相当到位，还是老思路，连张利贞的手下都收到了安禄山的好处，不管阎王还是小鬼都打点到位。等张利贞入朝上奏时，报告上都是安禄山的好话。开元二十九年（741）八月十七，安禄山被正式任命为营州都督，兼平卢军使，契丹、奚、勃海、黑水四府经略使。②

此后只要是来平卢的上官和使者，就没有不拿安禄山钱的，也因

---

① 《资治通鉴·唐纪三十》：仙童有宠于上，众宦官疾之，共发其事。上怒，甲戌，命杨思勖杖杀之。思勖缚格，杖之数百，刳取其心，割其肉啖之。

② 《资治通鉴·唐纪三十》：御史中丞张利贞为河北采访使，至平卢，禄山曲事利贞，乃至左右皆有赂。利贞入奏，盛称禄山之美。八月，乙未，以禄山为营州都督，充平卢军使，两蕃、勃海、黑水四府经略使。

第9战　盛唐的最后挽歌　|　929

此，安禄山这个上道的边将开始在李隆基心中扎下能干的根来。①

742年正月初一，李隆基在勤政楼接受朝贺，大赦天下，改元"天宝"。历史来到了著名的天宝时代。

在前面的开元年间一共二十九年中，李隆基取得的成绩是很大的。

大唐边镇的武德汹涌澎湃，内地的发展平稳安定，在《旧唐书·玄宗纪》里是这么形容开元盛世的："其时频岁丰稔，京师米斛不满二百，天下乂安，虽行万里不持兵刃。"

当然不带兵器就那么一听，因为肯定不真实，比如李白怎么走哪都带着剑呢，他诗里可是动不动就拔剑的，但史料想表达的意思大家都能理解。整个天下的分工比较专业，该产奶的地方就玩命产，该动刀的地方就疯狂砍，总体来讲市场经济比较发达，内耗相对来说比较少。

这回之所以换了前面用了二十九年的开元年号，有两个原因：一个是顾名思义，地方官员献上祥瑞了，天宝嘛；另一个原因，是开元二十九年（741）十一月，李隆基的堂兄李守礼与大哥李成器相继去世，五十七岁的李隆基想换个年号冲冲喜。

天宝元年（742）正月初六，分平卢另为节度镇，安禄山正式成为平卢节度使。

我们来看看这一年，大唐著名的天宝十节度。

安西节度抚宁西域，统龟兹、焉耆、于阗、疏勒四镇，治龟兹城，兵两万四千人。

北庭节度防制突骑施、坚昆，统瀚海、天山、伊吾三军，屯伊、西二州之境，治北庭都护府，兵两万人。

河西节度断隔吐蕃、突厥，统赤水、大斗、建康、宁寇、玉门、

---

① 《新唐书·安禄山传》：使者往来，阴以赂中其嗜，一口更誉，玄宗始才之。

墨离、豆卢、新泉八军，张掖、交城、白亭三守捉，屯凉、肃、瓜、沙、会五州之境，治凉州，兵七万三千人。

陇右节度备御吐蕃，统临洮、河源、白水、安人、振威、威戎、漠门、宁塞、积石、镇西十军，绥和、合川、平夷三守捉，屯鄯，廓、洮、河之境，治鄯州，兵七万五千人。

朔方节度捍御突厥，统经略、丰安、定远三军，三受降城，安北、单于二都护府，屯灵、夏、丰三州之境，治灵州，兵六万四千七百人。

河东节度与朔方掎角以御突厥，统天兵、大同、横野、岢岚四军，云中守捉，屯太原府忻、代、岚三州之境，治太原府，兵五万五千人。

范阳节度临制奚、契丹，统经略、威武、清夷、静塞、恒阳、北平、高阳、唐兴、横海九军，屯幽、蓟、妫、檀、易、恒、定、漠、沧九州之境，治幽州，兵九万一千四百人。

平卢节度镇抚室韦、靺鞨，统平卢、卢龙二军，榆关守捉，安东都护府，屯营、平二州之境，治营州，兵三万七千五百人。

剑南节度西抗吐蕃，南抚蛮獠，统天宝、平戎、昆明、宁远、澄川、南江六军，屯益、翼、茂、当、巂、柘、松、维、恭、雅、黎、姚、悉等十三州之境，治益州，兵三万零九百人。

岭南五府经略绥静夷、獠，统经略、清海二军，桂、容、邕、交四管，治广州，兵一万五千四百人。

天下镇兵四十九万人，八万余匹马。其中，河西、陇右还有朔方都是重镇，安禄山此时仅仅是平卢节度使，距离安史之乱还远着呢。

强大武备的同时，军费的开支也越来越大，史载"开元之前，每岁供边兵衣粮，费不过二百万；天宝之后，边将奏益兵浸多，每岁用衣千二十万匹，粮百九十万斛"，还是那句话，钱和武德这事高度正相关，这些年像杨慎矜、韦坚、王鉷这些善于理财搞钱的聚敛之臣也是玄宗朝中后期文臣仕途的标杆路线。

杨慎矜是家学渊源，他爹杨崇礼就是大唐最牛太府卿，一直干到了九十多岁才因为实在干不动了被李隆基批准退休。

杨慎矜之所以这么被看重，是因为他爹杨崇礼在太府二十余年，前后担任太府卿的没有一个能比得上他。天下太平的日子长久，财物货品，堆积如山，凡曾经过杨崇礼之手的东西，没有一件不精美优良，每年他创造的利润达数百万贯。①

这种官员是李隆基的心头肉，等杨崇礼实在干不动了，李隆基问宰相："杨崇礼的几个儿子，谁能够子承父业？"

宰相回答："他有三个儿子，都廉洁勤勉有才学，其中杨慎矜最好。"

李隆基将杨慎矜从汝阳令提拔为大理评事，摄监察御史，充都含嘉仓出纳使。杨慎矜奏请各州缴纳的布匹丝绸有弄脏和破损的都发回原地并征收折价款，转买小而贵重财货重新补税，总之就是皇帝大人不能吃亏，由此越来越多的征调也开始了。②

王鉷是王方翼曾孙，是杨慎矜的表侄，以善治租赋为户部员外郎兼侍御史。这个王鉷没什么技术含量，创造不出增量，就是会搜刮。李隆基有时搞个免税政策什么的，这个王鉷就奏请开别的名目征收别的钱，还得买成土特产送回来供他挣差价，有时老百姓这方面的负担比免

---

① 《旧唐书·杨慎矜传》：开元初，擢为太府少卿，虽钱帛充牣，丈尺间皆躬自省阅，时议以为前后为太府者无与为比。擢拜太府卿，加银青光禄大夫，进封弘农郡公。在职二十年，公清如一。年九十余，授户部尚书致仕。时太平且久，御府财物山积，以为经杨卿者无不精好，每岁勾剥省便出钱数百万贯。

② 《资治通鉴·唐纪二十九》：慎矜奏诸州所输布帛有渍污穿破者，皆下本州征折估钱，转市轻货，征调始繁矣。

税前都高。①

王𫟒每年能通过搜刮给李隆基创造出亿万的海量利润供其挥霍，甚至能一身兼领二十余使。②

为什么他能在李林甫的时代这么得宠呢？因为他投靠李林甫时交了自己表叔杨慎矜的投名状，配合李林甫害死了受宠的杨慎矜，并且对李林甫自始至终恐惧敬畏。③

韦坚是太子妃的兄长，以能干机敏著称，李隆基让其督办江淮租运，结果每年增收利润巨万，因此被升官重用。韦坚重新修整拓宽了自江淮到长安的运河，以沿路消耗巨大民力，挖了无数坟茔的代价给李隆基变了个戏法。

当时，李隆基来到望春楼，看到了韦坚安排的数百船只，每艘船上都写着各郡的名称，并陈列本郡特产珍宝。

迎面划来的是陕县代表队，只看那陕县尉崔成甫身穿半臂锦衣，𫟒胯绿衫，头缠红布，高唱《得宝歌》，旁边还有一百个礼仪小姐打扮得漂漂亮亮地进行合唱，船连数里。④

一艘艘船只划来让李隆基深感大唐地大物博做皇帝真好，韦坚最后跪进诸郡所献珍宝，并献上大唐版"满汉全席"，大宴了整整一天，

---

① 《资治通鉴·唐纪三十一》：上以户部郎中王𫟒为户口色役使，敕赐百姓复除。𫟒奏徵其辇运之费，广张钱数，又使市本郡轻货，百姓所输乃甚于不复除。

② 《新唐书·王𫟒传》：帝在位久，妃御服玩脂泽之费日侈，而横与别赐不绝于时，重取于左右藏。故𫟒迎帝旨，岁进钱钜亿万，储禁中，以为岁租外物，供天子私帑。帝以𫟒有富国术，宠遇益厚，以户部侍郎仍御史中丞，加检察内作、闲厩使，苑内、营田、五坊、宫苑等使，陇右群牧、支度营田使。

③ 《新唐书·王𫟒传》：帝宠任𫟒亚林甫，而杨国忠不如也。然𫟒畏林甫，谨事之。

④ 《资治通鉴·唐纪三十一》：陕尉崔成甫著锦半臂，𫟒胯绿衫以褐之，红袙首，居前船唱《得宝歌》，使美妇百人盛饰而和之，连樯数里。

观者如山。

皇帝老了,爱看这样的大典礼。全国的官员们都知道这事。

一个个聚敛之臣的腾飞本质上都是在替李隆基打工,各财权部门这些年都是另置使职掌管财政利润,大唐的户部理论上其实是李隆基在总管。①

天宝二年(743)正月,安禄山终于有机会入朝了,并继续没什么悬念地拿下了本就对他有好印象的李隆基。李隆基非常宠幸安禄山,他甚至可以随时觐见皇帝。安禄山上奏说:"去年营州闹蝗灾,我焚香对天祈祷:我如果心术不正,对皇帝不忠,愿让蝗虫吃我的心;如果未负神灵,愿使蝗虫自动散去。随后就从北面来了一群鸟把蝗虫都给办了,希望这事史官能给记录一下。"李隆基批准。②

明知道安禄山是胡扯,但李隆基为什么批准呢?因为他太希望每个官员都能像安禄山那样对天发誓了。

李隆基最开始对安禄山这个异族边将的宠信是他在模仿他爷爷控制禁军,要洗脑,要家奴化。

天宝三年(744)三月,以平卢节度使安禄山兼范阳节度使,将原范阳节度使裴宽调回来做了户部尚书。安禄山就此身兼了两镇节度使,成为东北王。

礼部尚书席建侯为河北黜陟使,一趟东北回来称安禄山公正,李林甫和裴宽也顺着李隆基的意思称颂赞美。这三人都是李隆基信任之

---

① 《资治通鉴·唐纪三十一》:及杨慎矜得幸,于是韦坚、王鉷之徒竞以利进,百司有利权者,稍稍别置使以领之,旧官充位而已。

② 《资治通鉴·唐纪三十一》:春,正月,安禄山入朝;上宠待甚厚,谒见无时。禄山奏言:"去年营州虫食苗,臣焚香祝天云:'臣若操心不正,事君不忠,愿使虫食臣心;若不负神祇,愿使虫散。'即有群鸟从北来,食虫立尽。请宣付史官。"从之。

人，安禄山之宠越发牢固。

席建侯和裴宽都和安禄山有工作交集，所以被拿下很正常，但此时安禄山还没和李林甫建立联系。李林甫之所以帮着说好话，是因为他看准了李隆基喜欢安禄山。他还是当年的节奏。

这些年李林甫对李隆基的身边人那是撒了大把银子的，他的所有奏请都得先探明白了皇帝的心思再上奏。①

李隆基也神奇地发现，自从有了李林甫就再没有顶嘴的事了，天天地怎么就活得那么舒展。②

李隆基甚至在天宝三年（744）时对高力士得意地道："朕不出长安城已近十年，天下没有让人忧愁的大事，朕想高居无为，把政事都委托给李林甫处理，你觉得怎么样？"③

这些年，李隆基的所有欲望都被李林甫满足了，比如李隆基越老越懒后，为了皇帝大人不用再遭受去洛阳吃粮的罪，李林甫的团队做了一揽子方案。

之前唐朝在西北边疆数十州驻扎重兵，当地的地租和军队屯田所收的粮食根本不够吃，需要官方出钱去地方购买，后来一个名叫彭果的人通过牛仙客向朝廷献计，请求在关中也如此操作。于是早在开元二十五年（737）的时候李隆基就下敕书："因今年粮食丰收，谷贱伤农，官方买粮时将粮价再增加百分之二十来购买东西畿的粮食各数百

---

① 《新唐书·李林甫传》：林甫每奏请，必先饷遗左右，审伺微旨，以固恩信，至饔夫御婢皆所款厚，故天子动静必具得之。

② 《旧唐书·李林甫传》：上在位多载，倦于万机，恒以大臣接对拘检，难徇私欲，自得林甫，一以委成。

③ 《资治通鉴·唐纪三十一》：上从容谓高力士曰："朕不出长安近十年，天下无事，朕欲高居无为，悉以政事委林甫，何如？"

万斛，停止今年从江淮地区所运的地租。"从此，李隆基就不用再去东都逐粮了。①

但百姓不交田租不是给免了，而是需要折换成好运的土特产给皇帝运过去，皇帝还得做买卖呢！②毕竟维持丝绸之路那么大的军费就是为了国际贸易的巨大利润。

开元二十六年（738），李林甫甚至在西京与东都之间往来的道路上建立了一千余座行宫。③

皇帝大人不仅基本不再去洛阳了，即便去也从此不用再担心这一趟的舟车劳顿了。哪怕是后备方案，李林甫都给皇帝准备好了。

在交易土特产的盘活市场经济搞钱买粮食之外，李林甫还怕有风险，他悄悄地增加了关中附近诸道的粟赋，以及一直在不断地通过官方买粮以保证关中粮储。④

这就是李林甫针对皇帝不想再去童年阴影洛阳做出的一揽子解决方案。哪个上司碰见这种机器猫式的秘书能扛得住啊！所以李隆基说想"高居无为，悉以政事委林甫"。

但这个时候高力士说话了："天子巡狩，自古之制，且天下大柄，不可假人；彼威势既成，谁敢复议之者！"

---

① 《资治通鉴·唐纪三十》：先是，西北边数十州多宿重兵，地租营田皆不能赡，始用和籴之法。有彭果者，因牛仙客献策，请行籴法于关中。戊子，敕以岁稔谷贱伤农，命增时价什二三，和籴东、西畿粟各数百万斛，停今年江、淮所运租。自是关中蓄积羡溢，车驾不复幸东都矣。

② 《资治通鉴·唐纪三十》：初令租庸调、租资课，皆以土物输京都。

③ 《资治通鉴·唐纪三十》：是岁，于西京、东都往来之路，作行宫千余间。

④ 《资治通鉴·唐纪三十一》：初，上自东都还，李林甫知上厌巡幸，乃与牛仙客谋增近道粟赋及和籴以实关中；数年，蓄积稍丰。

这个老奴说的话都是在替李隆基考虑，信任是有限度的。但此时李隆基听不得这话。

我刚表达了对李林甫的肯定，你敢驳我？你小子就算替我考虑也得先说您说得对，然后再拐个弯。

高力士一看表忠心没成功皇帝那边皱眉头了马上叩头道："我疯了，说胡话，罪当死！"①

嗨！这就对了！知道你忠，但皇帝也要面子，你这个态度就好很多了。

随后李隆基为高力士置酒宴安慰，左右人都高呼万岁，从此高力士也彻底闭嘴了。②

理论上来讲，高力士跟李隆基是完完全全一个生态位的。后面发生的好多事，只能高力士说。但伴君如伴虎，高力士更是个明白人，他才不触那个晦气。您按您的心情随便来，我就负责鼓掌。

其实也不怪李隆基那么放心李林甫，李林甫谨慎到什么地步呢？

李林甫早年担任国子司业，当上宰相后每次见到监生总爱提起当年在国子监的政绩，校长嘛！就爱给孩子们办办学习班。这些学士为了捧老校长，在国子监都堂前为他树了碑。

等释奠日（古太学祭祀古圣先贤）时，百官全部到场，李林甫见到了石碑后询问来历，国子祭酒班景倩说您老功大啊，咱们国子监在您老手下起飞的啊！然后李林甫当着百官大怒道："我李林甫有什么功劳让人为我立碑，这是谁的主意？"吓得监生们连夜将碑毁掉并埋

---

① 《资治通鉴·唐纪三十一》：上不悦。力士顿首自陈："臣狂疾，发妄言，罪当死。"

② 《资治通鉴·唐纪三十一》：上乃为力士置酒，左右皆呼万岁。力士自是不敢深言天下事矣。

到了南廊。①

这事传到李隆基耳中会是怎样的效果？李林甫这辈子就没露出过任何威胁李隆基的破绽。他这辈子治人、罢人、杀人，但你看他飘过吗？我大唐只有一个天，那就是皇上！

李林甫是奸臣中的极品，在皇权时代堪称逆天了。

李隆基在长达数十年被李林甫和高力士惯坏后，越活越不知道自己姓什么了。他不是不知道李林甫是个什么东西，他后来逃到四川明白着呢。当时他儿子每次任命宰相大将时都得抄送到蜀地给他看看，听说房琯为相后李隆基道："这个人不是破贼之才，要是姚崇在的话早能平定了。"

然后他又顺着宰相们品评下去，评了十多人，说的都在关键处，到李林甫这里时，李隆基道："没人再比这个人嫉贤妒能了。"他身边的给事中裴士淹问了句："您都知道他这样，怎么还用起来没完呢？"李隆基沉默了。②

他能说什么呢？朕的快乐你想象不到，你知道他多会谄媚吗？这活他做得太好了！

其实节度使不是不可控，哪怕天宝的最后几年掐死安禄山也费不了多大劲，国家最终成了那个样子，跟李隆基、李林甫这对君臣有着极大的关系。

---

① 《封氏闻见记·卷五》：后因释奠日，百寮毕集，林甫见碑，问之祭酒班景倩，具以事对，林甫戚然曰："林甫何功而立碑，谁为此举？"意色甚厉。诸生大惧得罪，通夜琢灭，覆之于南廊。

② 《新唐书·李林甫传》：因历评十余人，皆当。至林甫，曰："是子妒贤疾能，举无比者。"士淹因曰："陛下诚知之，何任之久邪？"帝默不应。

七、"出将入相"的制度性毁灭

天宝四载（745），后突厥被灭了。突厥这个和武川集团一同登上历史舞台的北境霸主终于彻底离开了历史舞台。

首先说一下，从天宝三年（744）开始，李隆基要求今后管"年"叫"载"。之所以这样改，是因为据《尔雅·释天》记载："夏曰岁，商曰祀，周曰年，唐虞曰载。"

唐虞，就是唐尧与虞舜的并称，也就是大名鼎鼎的尧和舜。李隆基的意思他是圣人。他也不愧是圣人，改完载的转年突厥就过早地离开了。

后突厥这些年一直在走下坡路，当年让武则天跪着的阿史那默啜自从李隆基上位后就占不到便宜了，越来越虚弱，大量的加盟部落在看到大唐新皇帝硬气后又投靠了回来。开元四年（716）阿史那默啜在攻打九姓铁勒的途中被杀，其幼子继位，但被前可汗阿史那骨咄禄之子阿史那阙特勤杀死，阿史那默啜的诸子和亲信全部被杀，阿史那阙特勤自立为毗伽可汗。

开元九年（721）二月，毗伽可汗遣使求和"请父事天子"，随后

第 9 战　盛唐的最后挽歌　｜　939

连年遣使向唐进贡并求婚，后面还遣使参加了李隆基的封禅。

即便面对这么"懂事的儿子"，李隆基那时还是比较睿智的，到底没再和亲去让后突厥狐假虎威，而是采取了更长远的控制手段。玄宗朝的一切破局起手式，都是跟对方玩贸易，用大量的金帛和日用品在朔方互市集散基地换回了突厥的战马。

你突厥的日常经营能转得开就不至于狗急跳墙，我的军备一年比一年强悍可以让你乖乖来做生意。

开元二十二年（734），后突厥内乱，毗伽可汗被毒杀，后突厥开始陷入频繁内乱。李隆基看到有机会恢复太宗时代的荣光，于是开始干涉后突厥内政并参与肢解其势力，同时让北境边军枕戈待旦。

天宝元年（742），后突厥的小弟，铁勒族的回纥、葛逻禄、拔悉密三部乘其内乱联合出兵杀了突厥可汗骨咄叶护，共推拔悉密酋长为颉跌伊施可汗，回纥和葛逻禄酋长为左右叶护，突厥余众立乌苏米施可汗为主。唐在这时选择了帮铁勒诸部，朔方节度使王忠嗣与拔悉密等三部联合进击后突厥。

天宝三载（744），回纥首领骨力裴罗又联合了葛逻禄击败拔悉密，杀颉跌伊施可汗自立为骨咄禄阙毗伽可汗，建立了回纥汗国并遣使告唐。李隆基册封其为怀仁可汗选择了承认。

天宝四载（745）正月，回纥干掉了后突厥的末代可汗白眉可汗，传首京师，突厥余部降唐，从此大唐北境安定了。①

此后回纥开始一步步占领突厥故地，东至室韦，西抵金山，南跨大漠，成为新一任的草原之主。

---

① 《资治通鉴·唐纪三十一》：回纥怀仁可汗击突厥白眉可汗，杀之，传首京师。突厥毗伽可敦帅众来降。于是北边晏然，烽燧无警矣。

对于此时大唐边镇动不动无理还搅三分的澎湃武德，回纥的首领相当幸运，他们打交道的一直是"平世为将，抚众而已，吾不欲竭中国力以幸功名"的大德名将王忠嗣。不惹事、不怕事还总防备出事的王将军更是在自己兼领朔方、河东两镇节度使的任上，将北境打造成了"新的长城"，所谓"自朔方至云中袤数千里，据要险筑城堡，斥地甚远"，面对这份软硬兼备的中华武德，回纥很清醒，和大唐的关系一直处得很不错。

在北境的草原上，匈奴完了是鲜卑坐庄，鲜卑汉化后是柔然雄起，柔然被灭后是突厥称霸并一路突破到中亚，回纥这几百年来一直给别人当马仔的部落，其祖上没有称霸过，也就没有那么大的野心。

突厥之所以在武周的暴虐下一怒之下反了还又整合出来了后突厥政权，本质上也是因为他们祖上做过北境霸主，无论是民族信心还是品牌底蕴，东山再起时的好多摸索环节能被跨过去。

新生的回纥政权在这个时候突然登上了历史舞台也算是大唐不幸中的万幸。

天宝四载（745）三月，李隆基以外孙女独孤氏为静乐公主，将她嫁给了契丹王李怀节；以外甥女杨氏为宜芳公主，将她嫁给了奚王李延宠。

李隆基这是什么意思呢？之前回纥与契丹和奚没有来往，他们不能被回纥争取走了；如今大唐在东北嫁了公主拉拢扶植契丹和奚，他们将来是牵制回纥的重要棋子。

但是，这在安禄山看来是不能接受的。老子就是指着军功的，如果契丹和奚都成大唐亲戚了我怎么办！

安禄山开始大规模对契丹和奚族主动开炮侵略，气的契丹和奚直接杀了公主又叛了。

大唐这些年在东北的口碑一直就不太好，从张守珪时代就无所不用其极，契丹和奚族要么认为这回又被大唐忽悠了，要么觉得此时以安禄山的受宠程度去长安上访也找不到门子，索性就撕破脸凝聚意志开打吧！

安禄山随后光明正大地开打，契丹和奚被安禄山打得抬不起头来。

只要制度不拉胯，就别跟华夏比比画画拼武德的事。

当年十月初十，安禄山上奏说："我在北平郡讨伐契丹时梦见开国名将李靖与李勣找我要吃的了。"随后李隆基下令在当地为大唐二李建庙，安禄山后来又说祭奠那天庙梁上长了灵芝。

李隆基相不相信这个荒诞故事不重要，重要的是李隆基希望在边镇建立大唐军神的庙宇对当地进行长远的灵魂打击，安禄山给了李隆基这个台阶，顺便还蹭上了大唐二李的战神流量。他是把他妈妈的那套装神弄鬼学明白了。

八月十七，李隆基册封自己的"老来乐"太真道长杨玉环为贵妃，追赠其父杨玄琰为兵部尚书，任命其叔杨玄珪为光禄卿，堂兄杨铦为殿中少监，堂兄杨锜为驸马都尉，并将武惠妃之女太华公主嫁给了杨锜，杨贵妃的三个姐姐都在京师赐给宅第，宠贵非凡。

这个杨贵妃啊，最早是李隆基最爱的那个武惠妃给寿王娶的。

开元二十五年（737）四月，武惠妃终于借着太子李瑛结党、联合鄂王李瑶与光王李琚与太子妃之兄驸马薛锈图谋不轨的罪名彻底将其扳倒，李隆基还一口气赐死了这三个儿子。

结果武惠妃没有她姑奶奶的命，当年就遇到了太子兄弟三个索命死了。她这一死，事情开始起变化了。

她儿子寿王的那个太子位没有人在后面力挺了，而且虽然以李林甫为首的武惠妃一党依旧在投资寿王，但李隆基那是多灵的人，能让你当两朝的狗吗，就一直拖着，据说还挺闷闷不乐的。

最终还得是天天跟在身边的高力士看得出皇帝眉眼高低,有一天李隆基不好好吃饭,高力士问皇帝是怎么了,李隆基说:"你是我的老奴了,怎么还看不出来呢!"①

高力士道:"是不是下一任皇帝的事?"

李隆基说:"嗯。"

高力士明白了此时自己的生命意义,铁肩扛重担地扛下了所有,他对李隆基说:"您就应该立年纪最大的当太子,谁能说出什么去!"

李隆基赶紧就坡下驴道:"你说得对!你说得对!赶紧定。"②

就这样,此时年纪最大的李隆基第三子李玙成为新太子,也就是后来的肃宗李亨。

寿王最后不仅太子位置没了,连媳妇也保不住了。李隆基对当时的后宫就没有看上眼的,而此时李隆基已经成神,神的需求是底下人要无所不用其极的,于是有人说您儿媳妇寿王妃相当震撼保证您喜欢。李隆基立即就把杨玉环拎宫里来了,一见面李隆基就来感觉了,随后绕了一圈让杨玉环出家,又给儿子娶了新媳妇,李隆基体面地转一圈后把杨玉环给幸了。③

李隆基他爷爷是拉小妈还俗,他是拽儿媳妇下水,他们老李家这点儿事啊!

---

① 《资治通鉴·唐纪三十》:自念春秋浸高,三子同日诛死,继嗣未定,常忽忽不乐,寝膳为之减。高力士乘间请其故,上曰:"汝,我家老奴,岂不能揣我意!"

② 《资治通鉴·唐纪三十》:力士曰:"得非以郎君未定邪?"上曰:"然。"对曰:"大家何必如此虚劳圣心,但推长而立,谁敢复争!"上曰:"汝言是也!汝言是也!"由是遂定。

③ 《新唐书·后妃传》:武惠妃薨,后廷无当帝意者。或言妃姿质天挺,宜充掖廷,遂召内禁中,异之,即为自出妃意者,丐籍女官,号"太真",更为寿王聘韦昭训女,而太真得幸。

第 9 战 盛唐的最后挽歌 | 943

杨贵妃从此给李隆基带来了巨大的欢乐，也因此，杨贵妃就此成为长安的"女爹"。她骑马时是高力士给她执鞭坠镫，给她专门做衣服的工匠多达七百人，朝野内外都争着给杨贵妃进贡奇珍异宝，岭南经略使张九章与广陵长史王翼甚至因为进贡精美得以升迁，张九章加了三品，王翼入朝成了户部侍郎。

张九章是风骨不凡的张九龄之弟。家风的转变何其迅速。

榜样的力量渗透是很快的，当时整个天下都是如此，都给娘娘送礼。杨贵妃是在蜀地长大的，四川当时也产荔枝，她从小就爱吃荔枝，李隆基为了她好的这口在涪陵专门建了荔枝园，修整了自涪陵经洋巴道与子午道直达长安的驿道，全程两千多里。

大唐每二十里设一个驿站，运送荔枝的全程约一百多个驿站，荔枝特使们将采摘的荔枝带叶密封于竹筒后开始策马狂奔。每驿站一换人，六十里一换马，在一百多个驿站工作人员和三十多匹快马的努力下，七天七夜就能把新鲜的荔枝给贵妃娘娘送宫里去。

大唐快递！锁水保鲜！娘娘万岁！使命必达！

唉，当初开元二年（714）七月融化皇宫内金银器玩以供国用，焚毁珠宝玉器、锦绣奢侈品，宫中后妃一律不得使用珠玉锦绣以示节俭，撤销了设于东西两京织锦坊带头倡廉的那个三郎再也不见了。

上行下效，皇帝的喜好经过官僚一层层传导后到了民间就是百倍地放大。当年的李隆基直接把这个口子给停了；如今的李隆基让全天下放大他的"老来乐"成本。

卡在关键时间死，是个技术活。纵观古往今来的帝王，卡在关键时间死得最恰到好处的是太宗大人。神就该往天上去，别总在人间瞎掺和！

李隆基多活出来的天宝时代，除了腐化堕落之外，还给两个人留了太多不该给的时间。这两个人，一个是安禄山，一个是李林甫。

斗争水平极高的李林甫为了自己的天长地久，对整个玄宗朝的百官有一个算一个展开了堪称降维打击。包括草莽中混迹出来的顶级人精安禄山，在李林甫这里就是个小破孩胖小子，李林甫一个眼光扫过去能吓得他大冬天把汗出透了。

因为当初立太子时李林甫投的是寿王的票，但李隆基又相当机灵地立了忠王李亨，随后李林甫对太子一党展开了开始长达十余年的持续打击。

天宝元年（742），李林甫的人形图章牛仙客死了，幽州立军功的宗室、太子党成员、李承乾之孙李适之接其岗位拜相并兼任了兵部尚书。

李适之等拜相后开始和李林甫争权，但他们实在没那个脑子，无论是政治进攻还是防御总是不谨慎，经常被李林甫阴。①

李林甫曾对李适之不经意地说道："华山有金矿，开矿可富国，皇帝还不知道。"

李适之就把这事给上奏了，后来李隆基问李林甫华山金矿的事，李林甫说："臣早就知道，但华山那地方是陛下本命之山，那是王气所在，哪能开采呢？所以我从来就没提过。"随后李隆基就把李适之埋怨了一顿，说以后什么事得和李林甫商量，你这孩子太草率！②

客观来讲，这不能怪李林甫。因为华山是李隆基本命之山这事并不是什么秘密，李隆基灭太平公主的第二个月，就把华山山神封为了金

---

① 《旧唐书·李适之传》：与李林甫争权不叶，适之性疏，为其阴中。

② 《资治通鉴·唐纪三十一》：他日，适之因奏事言之。上以问林甫，对曰："臣久知之，但华山陛下本命，王气所在，凿之非宜，故不敢言。"上以林甫为爱己，薄适之虑事不熟，谓曰："自今奏事，宜先与林甫议之，无得轻脱。"适之由是束手矣。

天王。①

之所以李隆基把华山当本命山，是因为他属鸡，西金在十二地支中方向为正西，包括他封山神叫"金天王"，也是保他这只鸡的含义。

第一个给五岳封王的是武则天封中岳嵩山为中天王，后来李隆基在开元十三年（725）封东岳泰山为天齐王，天宝五载（746）封南岳衡山为司天王，北岳恒山为安天王。

在这些天王中，华山的金天王的名字多少有点儿不配套，明摆着就有特殊含义，其实这也是公开的考题，就这样李适之都能上套他怪谁？

李适之前几步亮相就没给李隆基留下好印象。天宝五载（746），太子在藩时的好友，刚刚与吐蕃血战的陇右节度使皇甫惟明入朝献俘时有了机会跟李隆基聊两句，但上来就提建议要罢了李林甫的相位，说刑部尚书韦坚有宰相之才，您老得用上啊！

韦坚就是前文提到过的给李隆基办各州郡代表船队阅兵大典礼的那位，是太子妃的哥哥。

这就太明了，你明摆着结党嘛。你是太子的好友，这话根本不该你说嘛！

李林甫对此不动声色，但安排了御史大夫杨慎矜去盯住太子的动向。

正月十五夜晚太子出游，与韦坚相见，韦坚又与皇甫惟明在景龙观道士房中相会，杨慎矜随后做了举报，说韦坚是皇亲，不该跟边将关系近。李林甫赶紧跟上，说韦坚与皇甫惟明阴谋立太子为帝。②

---

① 《旧唐书·礼仪志》：玄宗乙酉岁生，以华岳当本命。先天二年七月正位，八月癸丑，封华岳神为金天王。

② 《资治通鉴·唐纪三十一》：会正月望夜，太子出游，与坚相见，坚又与惟明会于景龙观道士之室。慎矜发其事，以为坚戚里，不应与边将狎昵。林甫因奏坚与惟明结谋，欲共立太子。

韦坚与皇甫惟明因此入狱，他们虽然没有被落实罪名，但已经起到了让李隆基怀疑的效果。最终韦坚被贬为缙云太守，皇甫惟明被贬为播川太守，他们还成了典型被写成报告以告诫百官。

一旦你不受宠了，那么不好意思，生死就是一句话的事了。后来韦坚被李林甫捏了个罪名流放后干掉了，皇甫惟明被赐死，户部尚书裴宽、京兆尹韩朝宗等太子一党全部被流放，之前跟李林甫争权的李适之彻底服了，自愿请求罢相以保平安。①

但此时已经晚了，很快李林甫的补刀跟上，让人弹劾李适之与韦坚结朋党，李适之被贬为宜春太守。再之后御史罗希奭受李林甫委托去斩草除根，相继在韦坚、卢幼临、裴敦复、李邕等被贬之地弄死了太子的这些党羽，罗希奭来宜春郡时李适之直接喝药选了痛快的死法。

李适之被打倒后，被李林甫选来跟自己搭班子的，是门下侍郎、崇玄馆大学士陈希烈。李林甫选他有两个原因，一是此人招李隆基喜欢，这老小子善讲老庄，总整个下凡的祥瑞什么的哄李隆基；二是此人听话、没真本事、好控制。②

陈希烈就是第二个牛仙客，一切都由李林甫决定。

将李适之、皇甫惟明、韦坚等在朝反对派打掉后，李林甫还要解决一个巨大的隐患——太子党的最牛名将王忠嗣。

王忠嗣原名王训，其父王海宾为丰安军使在陇地以骁勇闻名。开

---

① 《旧唐书·李适之传》：陇右节度皇甫惟明、刑部尚书韦坚、户部尚书裴宽、京兆尹韩朝宗，悉与适之善，林甫皆中伤之，构成其罪，相继放逐。适之惧不自安，求为散职。五载，罢知政事，守太子少保。

② 《资治通鉴·唐纪三十一》：希烈，宋州人，以讲老、庄得进，专用神仙符瑞取媚于上。李林甫以希烈为上所爱，且柔佞易制，故引以为相。

元二年（714）李隆基在西北打和吐蕃的上位首战时，王海宾为先锋大胜吐蕃，但被众将嫉妒战功纷纷按兵观望不来救援，最终坐视王海宾寡不敌众战死后才出的兵，此战唐军大胜，斩吐蕃军一万七千级，获马七万匹、牛羊四十万匹。

李隆基没法追究众将之责，毕竟这是几十年来难得对吐蕃的大胜，只能追赠王海宾为左金吾卫大将军，将九岁的王训授任尚辇奉御养在了宫里。

王训入宫看见李隆基后伏地大哭，李隆基安慰道："这是霍去病的遗孤啊，长大后还当拜为大将。"又赐名"忠嗣"，收养在宫中。李亨为忠王时，李隆基叫他与王忠嗣两人一起宴游。

王忠嗣长大后，雄毅寡言，有武略，李隆基与其论兵时对答如流，因此开始重点培养他，并对当年的评语进行了追加："你将来肯定是良将。"

王忠嗣随后在对吐蕃和突厥的一系列作战中越打威名越大，后突厥的最终灭亡实际上就是在他当朔方节度使兼河东节度使的任上，北境在王忠嗣的掌控下防备充裕，异族不敢南顾，史载"以是部下人自观，器甲充物。自朔方至云中袤数千里，据要险筑城堡，斥地甚远"。

皇甫惟明失败后，王忠嗣被调任河陇对阵吐蕃，成为河西、陇右节度使，同时还兼着朔方、河东节度使，掌控了整个北境，此时王忠嗣的兵权堪称大唐立国以来的为将第一人。①

其实从此时已经能看出来大唐的军权在李隆基手中造成的巨大隐

---

① 《旧唐书·王忠嗣传》：五年正月，河陇以皇甫惟明败衄之后，因忠嗣以持节充西平郡太守，判武威郡事，充河西、陇右节度使。其月，又权知朔方、河东节度使事。忠嗣佩四将印，控制万里，劲兵重镇，皆归掌握，自国初已来，未之有也。

患了。

王忠嗣的确是名将，的确是你在宫中养大的，但你不能因为对他喜爱就真让他掌控四镇节度，权力太大注定会生祸患，这是不以人的意志为转移的。

最终是王忠嗣自己多次请辞推掉了河东、朔方两镇的兵权。

李隆基这是遇到忠心的人了，如果遇到一个有八百个心眼还找你要兵权的人呢？你因为喜欢还真给吗？

李隆基表示我真给，那是我的爱奴！

王忠嗣的四镇节度使其实已经在给大唐敲警钟了。三郎啊，你活的时间太长了！

天下劲兵重镇皆在掌握的王忠嗣上任河陇后与吐蕃战于青海、积石，皆大捷，随后李隆基想让王忠嗣率兵攻打石堡城。

开元十七年（729）时李祎曾带领唐军奇袭拿下了石堡城，现在怎么又要攻打了？

因为开元二十九年（741）十二月二十八，石堡城在河西、陇右两镇节度使盖嘉运的手上丢了。

在西域立功的盖嘉运被封为河西、陇右两镇节度使，但盖嘉运自恃屡立边功开始沉溺酒色不思防务，甚至一再拖延赴任时间，结果吐蕃倾国而来拿回了唐军防守吊儿郎当的石堡城。

因为石堡城位置太关键了，这次抢回来后，吐蕃算是豁出老命防守了，这就导致本就易守难攻的石堡城此时想再抢回来的代价变得极其高昂。

王忠嗣为将跟"安禄山们"不一样，由于他身兼皇帝和太子两方面背景（这点极其重要），所以能干出符合大唐长远利益的事。他镇边重在安边，修筑防御让人根本不敢来生事，他也不像安禄山那样动不动就钓鱼执法激怒别人搞战功,他就一个态度:我绝不耗竭大唐国力去搏功名。

对于皇帝的要求,王忠嗣上言:"石堡城坚固据险要之地,易守难攻,吐蕃倾国之力而守,如今不死几万人根本不能攻克,咱们还是厉兵秣马以观形势吧。"

李隆基不高兴了。随后王忠嗣手下的将军董延光主动请兵攻打石堡城,李隆基命王忠嗣分所部兵助战,王忠嗣不得已奉命,分了数万将士,但却根本不定重赏授勋方案。其部下李光弼劝过他,您不定奖惩方案将士们不会卖命的,打不下来董延光就该把罪过推您这里了。但王忠嗣依旧表示坚决不拿兄弟们的性命换他的功名富贵。

董延光过期还没攻下石堡城,随后上奏王忠嗣阻挠军计,李隆基怒了。这时李林甫出招了。

王忠嗣其实早就让李林甫忌惮了,他非常担心这个受皇帝和太子青睐的军功大佬入相,但前面这些年李林甫一直在隐忍。只要皇帝还喜欢他,那他就是我爹。

这次李隆基怒了以后,李林甫迅速补刀让济阳别驾魏林上告说:"王忠嗣曾经说他从小在宫中长大,与太子关系硬,想拥兵奉太子为帝。"李隆基随后征王忠嗣入朝交付御史台、中书省与门下省三司共审。

到了三司可就是李林甫的地盘了,眼看王忠嗣就要死的节奏,好在他手下大将哥舒翰被任命为替代他做陇右节度使之人,哥舒翰入京面圣时冒着生命危险以自己的官爵换其命在李隆基面前为老上司说话,王忠嗣的命这才保下来。①

---

① 《旧唐书·王忠嗣传》:玄宗大怒,因征入朝,令三司推讯之,几陷极刑。会哥舒翰代忠嗣为陇右节度,特承恩顾,因奏忠嗣之枉,词甚恳切,请以己官爵赎罪。玄宗怒稍解。

最终王忠嗣被贬为汉阳太守，后转汉东郡太守，但在第二年暴病而亡，享年四十五岁。[1]

王忠嗣的暴卒，结合李林甫斩草除根的习性，很难不让人联想。

王忠嗣这个从小被李隆基看着长大的将门之后，因为一件事没对他心思就被他翻脸比翻书还快地打倒了，随后在李林甫的补刀下死无葬身之地。这对君臣在皇帝的"不高兴"问题上的配合已入化境。

王忠嗣之死也是个关键的信号：他再次夯实了玄宗朝的皇帝喜怒本位主义。

谁的背景有王忠嗣深？谁的军功有王忠嗣高？但只要皇帝脸一掉，你就什么都不是。

哥舒翰上任后再打石堡城可顾不得那么多了，他吓都吓死了，拿人命填也不能惹皇帝不开心，最终拿数万条人命填平了石堡城。[2]

皇帝喜欢什么？喜欢军功，喜欢面子，那为了皇帝就必须虽远必诛！之前小勃律那事让皇帝没了面子，那就给皇帝把脸找回来。

高丽人高仙芝跟安思顺一样，都是东北开花西北结果，从军安西因骁勇善骑射被节度使夫蒙灵察屡荐至安西副都护、都知兵马使，兼安西节度副使。

吐蕃打下小勃律后将本国公主嫁给了小勃律王，小勃律旁边有二十多个小国都依附于吐蕃，不再向大唐朝贡，丝绸之路南道受阻，李隆基前后几次派节度使讨伐都没成功。

---

[1]《旧唐书·王忠嗣传》：十一月，贬汉阳太守。七载，量移汉东郡太守。明年，暴卒，年四十五。

[2]《新唐书·王忠嗣传》：后翰引兵攻石堡，拔之，死亡略尽，如忠嗣言，故当世号为名将。

第 9 战　盛唐的最后挽歌　｜　951

这年李隆基下文件以高仙芝为行营节度使率兵讨伐吐蕃。高仙芝自安西行军百余日来到了吐蕃连云堡（今阿富汗喷赤河南源）。看连云堡这名字就知道不好打，此时连云堡有吐蕃兵近万人，没想到唐军突然出现，大惊后依山拒战，滚木礌石如雨一般砸下来。

高仙芝以郎将李嗣业为陌刀将（唐步兵长刀战队将领），下军令道："中午之前必须拿下！"李嗣业扛着旗就带陌刀队先登力战去了，自辰时至巳时，大破吐蕃军，斩首五千级，俘虏千余人，其余都奔逃溃散。

仗打到这个程度，李隆基派来的太监大使边令诚已经想见好就收了，但这时候高仙芝分给边令诚三千羸弱兵守连云堡，自己接着去打小勃律。

请君暂上凌烟阁，若个书生万户侯？

我要做阶层跃迁！

高仙芝三天后到了坦驹岭，下峻岭四十余里后是小勃律都城阿弩越城，高仙芝担心士卒忌惮山险不肯跟着走，于是先让人穿胡服伪装成阿弩越城守将来投奔唐军，还说："阿弩越城赤心归唐，通往吐蕃的娑夷水藤桥已被砍断啦！"

靠着糊弄内部，唐军才下岭，第二天唐军杀入了阿弩越城，高仙芝遣将军席元庆率千骑前行偷袭并控制了小勃律国。高仙芝率大军跟随在后，先斩其国依附吐蕃的大臣数人立威，又命将士迅速砍断离城六十里通往吐蕃的藤桥来堵绝吐蕃的增援。

当时相当险，刚砍断藤桥吐蕃的增援就到了，但已经来不及了。藤桥长有一箭之远，吐蕃全力修造也需要一年才能修好。[①]

八月，高仙芝俘虏了小勃律王及吐蕃公主回军。

---

① 《资治通鉴·唐纪三十一》：仙芝急遣元庆往斫之，甫毕，吐蕃兵大至，已无及矣。藤桥阔尽一矢，力修之，期年乃成。

九月，高仙芝到了连云堡，与边令诚一起返回。九月末军至播密川，高仙芝命令刘单起草告捷书，遣中使判官王廷芳向朝廷告捷。[①]

回来后高仙芝的上司安西节度使夫蒙灵察可不干了，埋怨他居然越过自己向皇帝报捷。夫蒙灵察不仅不出来劳军还大骂高仙芝道："你这个吃狗粪的高丽奴！你的官是谁给你的？居然敢不等我就擅奏捷书！高丽奴！你的罪该杀，看在你新立大功我现在才不杀你罢了。"[②]

高仙芝吓得疯狂谢罪。夫蒙灵察扭头又看了眼刘单道："听说你能作捷书？"刘单也开始疯狂请罪。夫蒙灵察威风抖够了，但他忽略了旁边还有个太监。

上奏是走的我们宫中的渠道，是"遣中使判官王廷芳告捷"，你算什么东西敢跟我指桑骂槐！

边令诚想办你就一句话：高仙芝立了奇功，现在却眼看快要被吓死了。[③]

很快朝廷一纸调令传来，征夫蒙灵察入朝，高仙芝表现突出接任安西节度使。

这个边令诚在某种意义上也是历史拐点的重要参与者。虽然他上奏为高仙芝说话，但他的目的更多是为了自己的军功和打击指桑骂槐的夫蒙灵察。不过在李隆基看来，边令诚是高仙芝的恩公。

安史之乱起来后，李隆基认为高仙芝和自己的嫡系封常清外加高

---

① 《旧唐书·高仙芝传》：九月，复至婆勒川连云堡，与边令诚等相见。其月末，还播密川，令刘单草告捷书，遣中使判官王廷芳告捷。

② 《资治通鉴·唐纪三十一》：至河西，夫蒙灵察怒仙芝不先言已而遽发奏，一不迎劳，骂仙芝曰："啖狗粪高丽奴！汝官皆因谁得，而不待我处分，擅奏捷书！高丽奴！汝罪当斩，但以汝新有功不忍耳。"

③ 《旧唐书·高仙芝传》：令诚具奏其状曰："仙芝立奇功，今将忧死。"

第9战 盛唐的最后挽歌

仙芝的恩公太监监军边令诚的组合应该很靠谱。但是当高仙芝当年的恩公都说他坏话的时候，李隆基会怎么想呢？

说一千道一万，无数小概率叠加的背后，结局就是躲不开的大概率。

自唐兴以来，边帅皆用忠厚名臣，不久任、不遥领、不兼统，功名显者往往入朝为宰相，"四夷"之将虽有才略如阿史那社尔、契苾何力，却依旧是在太宗的北门站岗，从不外放边镇，每次行军出征也多以重臣领使控制。

到了开元中期，李隆基日渐膨胀的军功欲望导致他对边镇战斗力的要求越来越高，为边将者甚至十余年不换，一个个都成了地方大专家，这是有唐以来边将久任的开始。

再往后，为了地方能够成为一盘棋，节度使兼领的现象越来越多。比如安西和北庭这两个西域战区往往被一个节度使兼领；安西和陇右是组合专门负责对付吐蕃；朔方和河东是配套连成一条阵线应对突厥；范阳和平卢是组合拳出击制霸东北，像前面提到的盖嘉运、王忠嗣、安禄山，都是肩负整个战区的节度使，甚至一度王忠嗣还身兼四镇节度使。

由于李林甫不是靠军功上来的，再加上李隆基越老越对大唐武德无敌天下感兴趣，因此他相当担心出将入相的老传统对自己的权势有影响，毕竟自开元中期，像张嘉贞、王晙、张说、萧嵩、杜暹等都以节度使入知政事。

李林甫为相后，跟他争相权的李适之就是在东北战区有军功，王忠嗣就更不必说了，之前他打掉的潜在竞争者裴宽，进朝廷被李隆基重用前也是因为在范阳节度使的任上政绩突出。[①]

---

① 《旧唐书·裴宽传》：三载，以安禄山为范阳节度，宽为户部尚书、兼御史大夫。玄宗素重宽，日加恩顾。刑部尚书裴敦复讨海贼回，颇张贼势，又广叙功以开请托之路，宽尝几微奏之。居数日，有河北将士入奏，盛言宽在范阳能政，塞上思之，玄宗嗟赏久之。

这些年从文官系统通往宰相的路已经被他堵死了，严防死守谁来也没有用，唯一的漏洞就是在节度使那边。鉴于此，李林甫也从制度上想了妙招。

胡人文化水平不高，不像汉将上马管军下马管民能来回切换，这些胡人是没法当大国宰相的，毕竟宰相治国不是没文化的武人能干的，所以这个群体是威胁不到他的相位的。

因此李林甫多次对李隆基启奏："文臣为将，是没法狠下心去拼杀的，不如用没背景的胡人，胡人勇决习战，寒族又孤立无党，陛下您以恩诚感动其心，必能让他们为朝廷尽死！"李隆基觉得李林甫说得对，在天宝十载（751）时李林甫让出自己兼领的朔方节度使给了安思顺。[①]

其实用胡人为节度使已经被李林甫潜规则地执行很多年了，他很早就开始布局。像天宝元年（742）安禄山任平卢节度使，羌人夫蒙灵察任河西节度使；天宝六载（747）王忠嗣倒台后安思顺任河西节度使，哥舒翰任陇右节度使；高仙芝为安西节度使。这些都已经是胡人治边镇了。

这次不过是李林甫挑明了，彻底制度化而已。

后面安史之乱时，李隆基之所以对高仙芝和哥舒翰做出了反智的操作，除了越老越任性、越老越爱做梦之外，其实还有对所有胡人的不信任原因。

都是胡人，安禄山能反为什么高仙芝和哥舒翰就不能反？王忠嗣当时要是在，他会派太监看得那么紧？

---

① 《旧唐书·李林甫传》：林甫固位，志欲杜出将入相之源，尝奏曰："文士为将，怯当矢石，不如用寒族、蕃人，蕃人善战有勇，寒族即无党援。"帝以为然，乃用思顺代林甫领使。自是高仙芝、哥舒翰皆专任大将，林甫利其不识文字，无入相由，然而禄山竟为乱阶，由专得大将之任故也。

还是那句话,在李隆基和李林甫这对"君臣两相宜"下,说一千道一万,无数小概率叠加的背后,结局就是躲不开的大概率。

李林甫当了近二十年宰相结仇太多,他为了自己的安全必然无所不用其极。

李林甫曾梦到一个白面多须的大高个男子逼近他,贴到他身上死活推不开。①

他醒后对人道:"这个人长得像裴宽,一定是苍天示警裴宽想取代我!"裴宽时任户部尚书兼御史大夫,随后被李林甫牵连成了李适之一党贬斥出朝。

其实李林甫没参透这个梦,此时还有一个这种样貌的小参军,十年后要接他的位置。这个替他背了一半锅的高大男子,叫杨国忠。

---

① 《旧唐书·李林甫传》:初,林甫尝梦一白晰多须长丈夫逼己,接之不能去。

八、魔相死，拐点至，妖孽纵横

杨国忠，本名钊，蒲州永乐人，之所以改名，是因为后面有本谶书提了句"卯金刀"。①

一般来说，"卯金刀"通常是代表"刘"。他这个钊字挺牵强的，但杨钊非让李隆基给他改名，表示自己只带"金刀"也不行，随后被赐名"国忠"。

按理讲杨国忠本应有个高起点的，因为他舅舅是"越古金轮圣神"武则天的对接伙伴张易之。后来的故事我们也知道了，杨国忠失去了通过亲属走特殊通道带他上大舞台的机会。不过老天给他关了扇窗的同时正经给他开了扇门，他有个族妹后来对接了另一个"圣人"。

但在这个族妹发育前，不好意思你还是得先蔫着。太真道长还没得道，你们这群鸡犬也升不了天。

杨国忠年轻时不好好念书，嗜酒好赌，被宗党所鄙视，三十岁的

---

① 《新唐书·杨国忠传》：国忠本名钊，以图谶有"卯金刀"，当位御史中丞时，帝为改今名。

杨国忠一怒之下您猜怎么着？他从军去啦！

杨国忠去了当时不太容易出成绩的蜀地，到那里后从事屯田工作，因为账算得好成绩优异被授为新都县尉，但挣的钱还是不够花。后来，他依附于上司鲜于仲通，依靠上司资助，之后又担任扶风县尉，始终不得志。

你去蜀地怎么可能破圈嘛！你得去北境啊！去西域、去陇右、去东北嘛！什么时候屯田小官能飞出来？你以为你是邓艾？

看不到希望的日子还在继续，直到他族妹太真道长杨玉环跟"圣人"李隆基对接后，杨国忠的机会来了。

作为贵妃生鲜重要原产地的蜀地官员，对李隆基的"老来乐"领悟得比较深刻，剑南节度使章仇兼琼通过鲜于仲通的关系找到了跟贵妃能扯上亲戚关系的杨国忠，面试后发现这小子个高人帅还有口才，于是让他带着资金礼物去长安送礼跑关系。

到了长安以后，杨国忠见到了亲戚开始疯狂送礼。此时贵妃的姐姐虢国夫人刚死了丈夫，杨国忠开发了舅舅妹妹这些家族成功人士的传统艺能，仗着自己一表人才卖卖力气又敲开了寡妇妹子的门。

我不是存心贬低他，原文是："至京师，见群女弟，致赠遗。于时虢国新寡，国忠多分赂，宣淫不止。"在史料中这种记载是属于比较过分的，所谓"宣淫"就是指毫不避讳地大肆对接。

后来杨家这些亲戚替杨国忠的金主章仇兼琼说了好话，又说他们有个本家兄弟擅长樗蒲，就这样，本来属于社会基层的杨国忠见到了大唐的"圣人"，还成为金吾兵曹参军、闲厩判官。金主章仇兼琼凭借堪称靶向药精准打击的送礼公关思路入朝成了户部尚书兼御史大夫，杨国忠的恩公鲜于仲通接手了剑南节度使之职。

杨国忠因为是杨家亲戚从此可以入宫供奉进出，时不时就能见到李隆基，在李隆基面前又展现出了自己管理屯田的技术，所谓"计算钩画，分铢不误"，李隆基高兴地说："你小子有度支郎之才啊！"会算账在玄宗朝可太重要了！

在皇帝这里留下好印象的杨国忠很快抱上了大唐第二粗的腿，他投靠了李林甫。准确地说，他通过一件事完成了对两个"老李"的宣誓效忠。

当时正值李林甫打击太子党，办韦坚和皇甫惟明的案子，杨国忠纵身一跃成为李林甫的打手，诛杀了数百家，顺便还对李隆基宣誓了与太子划清界限。①

到了天宝七载（748）时，杨贵妃的姐姐虢国、韩国、秦国三夫人已经达到了"出入宫掖，并承恩泽，势倾天下。每命妇入见，玉真公主等皆让不敢就位"的地步，杨国忠在这一年也被李隆基安排领了十五个使职，后又迁给事中，兼御史中丞，专管度支之事，恩宠日隆。

杨国忠也确实在搞钱方面对得起李隆基的期待，天宝八载（749）二月时，李隆基召公卿百官参观左藏库，看到货币堆积如山非常高兴，当面赐给杨国忠三品规格的紫衣和金鱼袋兼代太府卿事。仅仅三年多的时间，杨国忠得专钱谷之任已经到了三品规格了，出入禁中，被皇帝日加亲幸，一颗冉冉的政治新星升起来了。

李隆基有了新宠的同时，对旧宠也没停下脚步。天宝五载（746）五月二十八，李隆基赐安禄山东平郡王爵位，大唐首个封王的边帅诞

---

① 《旧唐书·杨国忠传》：时李林甫将不利于皇太子，掎摭阴事以倾之。侍御史杨慎矜承望风旨，诬太子妃兄韦坚与皇甫惟明私谒太子，以国忠怙宠敢言，援之为党，以按其事。京兆府法曹吉温舞文巧诋，为国忠爪牙之用，因深竟狱，坚及太子良娣杜氏、亲属柳勣、杜昆吾等，痛绳其罪，以树威权。于京城别置推院，自是连岁大狱，追捕挤陷，诛夷者数百家，皆国忠发之。

第 9 战　盛唐的最后挽歌　｜　959

生了。

此时大唐从上到下为了哄皇帝开心已经没有底线、无所不用其极了，安禄山的这个爵位是他忽悠契丹诸酋长搞大聚餐下了毒酒后砍的几千人的脑袋换来的。①

天宝六载（747），范阳、平卢节度使安禄山又兼了此时号称"亚相"的御史大夫一职。皇帝的栽培是一方面，更主要的是安禄山的个人表现。

安禄山到了这一年已经胖到大肚子垂过膝盖的地步了，他自己说光肚子就得重三百斤。他还特别会玩"大智若愚"，从外表上看就是个憨厚的傻子。②

"圣人"上岁数了，就爱看傻子。每次这个看上去憨厚的胖子在见李隆基时都能把李隆基逗得前仰后合的，李隆基指着安禄山的肚子问："你这肚子里装了什么啊，怎么那么大？"

安禄山道："除了一颗赤胆忠心外什么都没有。"

善于猛击"圣人"爽点的安禄山对自己的生态位还永远精准：自己是李隆基的奴才。他从不吝啬自己的表态："主子您对我这个夷奴恩重如山，我也没别的本事，我想为陛下去死。"③

忠心永远挂嘴边，口号你可以听腻，但我永远喊不腻。有一次遇

---

① 《新唐书·安禄山传》：自以无功而贵，见天子盛开边，乃绐契丹诸酋，大置酒，毒焉，既酣，悉斩其首，先后杀数千人，献馘阙下。帝不知，赐铁券，封柳城郡公。又赠延偃范阳大都督，进禄山东平郡王。
② 《资治通鉴·唐纪三十一》：禄山体充肥，腹垂过膝，尝自称腹重三百斤。外若痴直，内实狡黠。
③ 《新唐书·安禄山传》：禄山阳为愚不敏盖其奸，承间奏曰："臣生蕃戎，宠荣过甚，无异材可用，愿以身为陛下死。"

到太子，李隆基给引荐了下，安禄山不拜，旁边人都说这是太子爷，赶紧拜啊！

安禄山拱手道："臣胡人，不习朝仪，不知太子是个什么官？"

李隆基说："就是接班人，我万岁后就是他。"

安禄山道："臣是个傻子，只知道有陛下一人，不知还有个储君。"随后不得已拜了拜。

这句斩断后路的投名状让李隆基原地高潮，这胖子太可爱了，傻到我心窝子里去了！

随后李隆基在勤政楼大宴群臣，百官都列坐楼下，但却单独为安禄山在御座东间设金鸡障，置榻赐座，命卷帘以示荣宠，还让杨贵妃的那群兄弟姐妹都跟安禄山结义。安禄山觉得时机到了，表示想给贵妃当儿子。李隆基批准。

安禄山这是多灵啊，他要是请当皇帝义子就属于亵渎天尊，百官有一万句话等着，但他绕个圈请当贵妃之子，间接完成了认爹。

李隆基和杨贵妃共坐，安禄山先拜贵妃，李隆基问你怎么不拜你爹呢？

安禄山道："胡人先母而后父。"

李隆基又开心了！安禄山怎么总能整出些异域风情的新花样。

安禄山平时走路已经肥到需要别人扶他了，但这只"霹雳飞猪"在李隆基面前跳起胡旋舞时迅疾如风。①

所谓的胡旋舞，是节拍奔腾节奏欢快的胡人舞蹈，这种劲爆的舞蹈对于安禄山来讲不亚于酷刑，但他只要跳出来，"霹雳飞猪"的落差

---

① 《旧唐书·安禄山传》：晚年益肥壮，腹垂过膝，重三百三十斤，每行以肩膊左右抬挽其身，方能移步。至玄宗前，作胡旋舞，疾如风焉。

造型就将成为这世界独一档的喜感镜头。他为了讨皇帝的欢心是真豁得出去啊！

这个大胖儿子不仅招皇帝喜欢，他还在用实际行动向李隆基证明自己的孝顺。他向朝廷贡献的俘虏、杂畜、奇禽、异兽和珍宝玩物一年到头就没有断的时候。①

这一年的八月初一，李隆基任命安禄山兼了河北道采访处置使。这是一个什么岗位呢？

既然叫了"使"，那就是跟天子有关系。这个岗位于开元二十二年（734）置，天下十五道各置使，监察州县官吏，两京以御史中丞领使职，其余各地择贤良刺史领使职，职权重到可罢免州刺史，除了变革旧制需要先上报，其余都可以先斩后奏。

这个岗位一兼任，此时的安禄山理论上来讲和东汉末年的幽州牧已经没有太大区别了。虽然还是没有官员任免权，虽然官员还是长安任命，但是谁敢不听他的话呢？

天宝九载（750）安禄山请求入朝时，李隆基命有司先在昭应县为安禄山起宅第，安禄山到达戏水时杨国忠这群杨家亲戚都去迎接，队伍浩浩荡荡，李隆基甚至亲至望春宫等待安禄山。

到了长安，安禄山献上八千奚族俘虏，李隆基命吏部将安禄山的政绩定为最高等级的上上考。以前李隆基批准安禄山于上谷建了五个官炉铸造钱币，这一年他也拿来了所生产的货币样品一千缗。②

---

① 《资治通鉴·唐纪三十一》：岁献俘虏、杂畜、奇禽、异兽、珍玩之物，不绝于路，郡县疲于递运。

② 《资治通鉴·唐纪三十二》：至是请入朝，上命有司先为起第于昭应。禄山至戏水，杨钊兄弟姊妹皆往迎之，冠盖蔽野；上自幸望春宫以待之。辛未，禄山献奚俘八千人，上命考课之日书上上考。前此听禄山于上谷铸钱五垆，禄山乃献钱样千缗。

962 | 大唐气象

李隆基连铸币权都给安禄山了，大家知道为什么安禄山那么有钱了吧。

天宝十载（751），李隆基又令有司为安禄山在亲仁坊建宅第，并下敕书说别在乎钱，必须壮丽，内部装修更是华贵堪比宫中规格，甚至还专门为建这座宅子派了宦官做监工，李隆基嘱咐道："我那胡干儿大方，不能让他笑话我小气。"

安禄山来到长安后，李隆基专门下敕让宰相至宅第赴宴，李隆基每吃到一种珍馐，或者抓来什么新鲜野味都要派太监给安禄山送一份去。

安禄山这么招李隆基喜欢，也导致一言堂的帝国从上到下对东北的监管废弛放松。西北的大将被太监们控制得规矩着呢！

虽然天下强兵皆于西北，但派下来的太监是皇帝的自己人，节度使们是外人，所以边将们相当知道家里外头。到了安禄山这里却不一样了，安禄山不仅是李隆基最宠爱的奴才，还是李隆基最宠爱的女人的干儿子。他是李隆基自己人中的自己人。

这时候太监的监督作用就失效了，因为谁也不会去张那个嘴。不仅没人说安禄山一个"不"字，安禄山本人对权力的理解也相当高深，他妈从小教他的第一课就是占卜算卦要看别人的脸，信息是最关键的。他因此建立了情报专线，当他不在朝的时候就让部将刘骆谷留在京师做联络大使，将朝廷的大事小情全部向他报告。①

到了天宝十载（751），安禄山请求兼任河东节度使，二月初二，李隆基居然批了，将原河东节度使韩休珉调为左羽林将军，由安禄山代

---

① 《资治通鉴·唐纪三十一》：常令其将刘骆谷留京师同朝廷指趣，动静皆报之。

任河东节度使。①

这个时候,一次次来往于河北与长安的安禄山面对这个内部几乎不设防的帝国已经开始有想法了。他当年毕竟当众完成了对太子的切割,拿到了红利的他此时开始担心风险了,与此同时他身边的小弟们也开始通过图谶预言去撺掇他带领他们做阶层跃迁了。②

欲望永远是和实力挂钩的。大家还记得王毛仲吗?

安禄山以高尚掌奏疏、严庄掌文书机要、张通儒及将军孙孝哲等人为心腹,以史思明、安守忠、李归仁、蔡希德、牛廷玠、向润容、李庭望、崔乾祐、尹子奇、何千年、武令珣、能元皓、田承嗣、田乾真、阿史那承庆等将为爪牙,豢养了降胡同罗、奚和契丹士兵八千多,称为"曳落河",即胡语"壮士"之意。他还有家奴百余人,个个骁勇善战以一当百。③

安禄山这是在选锋。

《孙子兵法·地形篇》中说为将者带兵的时候有六种情况属于将领的严重不合格,其中有一种叫作"北兵"。不能料敌、以少合众、以弱击强、兵无选锋的时候,叫作北兵。

"北兵"的最核心概念,叫作"兵无选锋"。"选锋"就是选特种兵,选兵尖子的意思。将领要是不会"选锋",就属于不称职,带的就

---

① 《资治通鉴·唐纪三十二》:安禄山求兼河东节度。二月,丙辰,以河东节度使韩休珉为左羽林将军,以禄山代之。

② 《资治通鉴·唐纪三十二》:禄山既兼领三镇,赏刑己出,日益骄恣。自以曩时不拜太子,见上春秋高,颇内惧;又见武备堕弛,有轻中国之心。孔目官严庄、掌书记高尚因为之解图谶,劝之作乱。

③ 《资治通鉴·唐纪三十二》:禄山养同罗、奚、契丹降者八千余人,谓之"曳落河"。曳落河者,胡言壮士也。及家僮百余人,皆骁勇善战,一可当百。

是"北兵"。

"选锋"就是将领要把队伍中最精锐的人都选出来组成特种兵军团。所谓的"兵锋所指，所向披靡"，这个兵锋指的就是特种兵军团。每个人的素质是不一样的，必须要把精英从平常人堆里选出来，让一群精英在一个团队里去卷，以保持锋利。

真打起来时，通常是一个勇士九个胆小鬼，一个勇士在前面冲，九个胆小鬼在后面观望，这样长时间下来勇士也慢慢变成兵油子了。一个精英长期在普通团队里面吃大锅饭，时间长了也就变得平庸了。必须得是一群勇士往前冲，谁冲得慢会被其他精英瞧不起，才能最大化地体现出战斗力。

打仗打的是阵形，是组织力，"选锋"出一个特种兵军团在战役中专门破坏对方的阵形和组织，你就赢一大半了。

在真实的战役中，即便是几十万人的超大规模战役，起决定作用的就是那几千特种兵。要么上来就用特种兵军团把对方冲垮，然后剩下的部队去跟着收割；要么就是用普通部队先扛住对手，然后找到机会派自己的特种兵军团扎死对方。

选锋之神尔朱荣当年就是靠着七千特种兵横扫北国，灭了号称拥有几十万大军的葛荣。

安禄山对这个帝国了解得越深，长安去得次数越多，就越觉得自己的锋芒能够迅速扎死这个泡沫般的盛世。他畜养了数万匹战马，大量积聚兵器，分派胡商到各地做买卖将每年高达数百万缗的利润用作军需，他还暗中做了数以百万计的红、紫袍子和鱼袋等，准备将来用于赏人。[1]

---

[1] 《资治通鉴·唐纪三十二》：又畜战马数万匹，多聚兵仗，分遣商胡诣诸道贩鬻，岁输珍货数百万。私作绯紫袍、鱼袋，以百万计。

安禄山利用自己在李隆基那里的红利期疯狂膨胀，整个玄宗朝，除一个人以外，安禄山全部都能拿捏。这个人，是李林甫。

天宝六载（747），安禄山升为御史大夫，此时和他同岗位的是同样受宠的敛财小能手王鉷。

安禄山之前并没太拿李林甫当回事，但李林甫专门挑安禄山在的时候让王鉷汇报工作。王鉷乖得跟小猫一样，这让安禄山开始觉得李林甫深不可测，而且李林甫还展现出了让安禄山感到极其恐怖的能力。李林甫居然能看穿他的想法，每次他一转眼珠子李林甫就已经把他想的给说破了，算卦世家的安禄山遭遇到了降维打击，从此奉李林甫为神明。①

安禄山对于百官十分傲慢，时不时还侮辱百官，唯独每次见李林甫，哪怕是数九隆冬也是汗流沾衣。这个时候李林甫就把安禄山领进中书省正厅坐下好言安抚，还解下自己的袍子给安禄山披上，怕大冬天的让汗把他给冻着，安禄山因此对李林甫每次都不敢说瞎话，问什么说什么，因为瞒不过，而且对李林甫，安禄山要尊敬地喊十郎。②

上一个这类称呼，是张易之兄弟的五郎、六郎。在那时候，仆称主为"郎"。

当年有人问宋璟怎么称呼五郎为卿，宋璟说："以官言之，正当为卿；若以亲故，当为张五。你又不是张易之的家奴，哪来的称'郎'。"③

---

① 《旧唐书·李林甫传》：李林甫为相，朝臣莫敢抗礼，禄山承恩深。入谒不甚磬折。林甫命王鉷，鉷趋拜谨甚，禄山悚息，腰渐曲。每与语，皆揣知其情而先言之。禄山以为神明。

② 《旧唐书·安禄山传》：每见林甫，虽盛冬亦汗洽。林甫接以温言，中书厅引坐，以己披袍覆之，禄山欣荷，无所隐，呼为十郎。

③ 《旧唐书·宋璟传》："中丞奈何呼五郎为卿？"璟曰："以官言之，正当为卿；若以亲故，当为张五。足下非易之家奴，何郎之有。"

安禄山这是把自己又定位成奴了，尊称李林甫为十老爷。

安禄山回范阳后，每次刘骆谷回来汇报，安禄山一定要问："十郎说什么了吗？"如果听到李林甫夸他就很高兴，要是听到李林甫让他老实点儿，他就趴炕上叹道："我活不成了。"①

一物降一物，越是做同品类的产品就越知道对方的能力与深浅。安禄山遇到横在自己身前的大山了。李林甫在一天，安禄山就老实一天。

甚至开了上帝视角的我们，在某种意义上希望这个对整个时代官僚降维打击的漏洞级奸相长命百岁些。因为这些边帅大部分都是他提拔起来的，所有人还都怕他。只要他活着，安史之乱就闹不起来。

我们知道，李隆基更知道。他这十九年，已经和李林甫成为共生状态并养成路径依赖了。无论怎样，李林甫这个妖孽级的人精达到了自己的目的。

其实李隆基也在培养李林甫的接班人。但实事求是来讲，杨国忠与李林甫差得确实有点儿远。

不是只会搞钱就能当宰相的。天宝九载（750），从来没听说过出大乱子的西南出了大事。

杨国忠的恩公鲜于仲通被推荐为剑南节度使后根本干不好，他性情急躁不会安抚，失掉了蛮夷人心，整个西南已经对大唐相当不满了，云南太守张虔陀点燃了爆炸引线。

按照惯例，南诏王要经常带着妻子去拜见大唐的都督，经过云南郡时云南太守张虔陀每次都要给南诏王媳妇办办补习班搞搞小联欢，更

---

① 《旧唐书·安禄山传》：骆谷奏事，先问："十郎何言？"有好言则喜跃，若但言"大夫须好检校"，则反手据床曰："阿与，我死也！"

可恨的是他白嫖还不过瘾，他不光给南诏王戴了绿帽子，还找南诏王要钱，南诏王忍到头不干了，张虔陀随后遣使侮辱南诏王还密奏南诏有罪。南诏王大怒后叛唐，发兵攻陷云南郡杀了张虔陀，并攻占了之前依附大唐的西南夷三十二州。[①]

天宝十载（751）四月，剑南节度使鲜于仲通率兵八万讨伐南诏。南诏王低姿态谢罪，并表示归还俘虏，把云南城修复，希望能重归于好，确实太欺负人了，并晓之以理道："今吐蕃大兵压境，如果不答应我求和，我就去归附吐蕃，云南就不再归大唐所有了。"

自信的鲜于仲通不答应，觉得自己好不容易等来了建立军功的机会，他扣押了南诏国的使臣，进军至西洱河与南诏军开战。结果大败，唐军死了六万人，鲜于仲通仅能只身逃脱。

南诏敛尸筑为京观，从此臣附于吐蕃，吐蕃赞普与南诏王约为兄弟，称南诏王为东帝。即便这样，南诏王依旧在国城门口刻碑，表示自己不得已而叛唐，姿态相当低地写道："我们南诏世代事唐，受其封爵，后世将来也还是得归于唐，到时候当指碑以示唐使者，知道我现在背叛并非出于我的本心。"[②]

杨国忠咽不下这口气，在两京和河南、河北地区招募军队去讨击南诏，但去西南这地方没人愿意应募，因为都说云南瘴气厉害传染病多，去了纯属赔本的生意，更别提眼下还打了败仗。结果招不上兵来，杨国忠就派御史到各地去抓壮丁上枷锁送往军营，而且大量本该被免

---

① 《资治通鉴·唐纪三十二》：故事，南诏常与妻子俱谒都督，过云南，云南太守张虔陀皆私之。又多所征求，南诏王阁罗凤不应，虔陀遣人詈辱之，仍密奏其罪。阁罗凤忿怨，是岁，发兵反，攻陷云南，杀虔陀，取夷州三十二。

② 《资治通鉴·唐纪三十二》：我世世事唐，受其封爵，后世容复归唐，当指碑以示唐使者，知吾之叛非本心也。

兵役的百姓也被拉了壮丁，当时民意沸腾，父母妻子送行时号哭之声连天。[1]

注意杨国忠强行募兵的地方，"制大募两京及河南、北兵以击南诏"。后面安史之乱时的主战场，杨国忠算是提前帮着松土了。

此次杨国忠的祸国级募兵被"诗圣"杜甫记录下来了，也就是那首大名鼎鼎的《兵车行》。

> 车辚辚，马萧萧，行人弓箭各在腰。
> 爷娘妻子走相送，尘埃不见咸阳桥。
> 牵衣顿足拦道哭，哭声直上干云霄。
> ……
> 县官急索租，租税从何出。
> 信知生男恶，反是生女好。
> 生女犹得嫁比邻，生男埋没随百草。
> 君不见，青海头，古来白骨无人收。
> 新鬼烦冤旧鬼哭，天阴雨湿声啾啾。

"其时频岁丰稔，京师米斛不满二百，天下乂安，虽行万里不持兵刃"的开元盛世一去不复返了。

天宝后期，各地本就没有道德约束的胡人节度使为了军功已经到

---

[1] 《资治通鉴·唐纪三十二》：制大募两京及河南、北兵以击南诏；人闻云南多瘴疠，未战士卒死者什八九，莫肯应募。杨国忠遣御史分道捕人，连枷送诣军所。旧制，百姓有勋者免征役，时调兵既多，国忠奏先取高勋。于是行者愁怨，父母妻子送之，所在哭声振野。

了无所不用其极的地步。比如天宝九载（750），安西节度使高仙芝玩起了极其下作的流氓行径，假装与石国约和随后率兵袭击，俘虏了石国国王及部众而回，沿路杀掉了所有老弱病残，这一趟掠夺了碧珠宝石十余斛，黄金装满了五六匹骆驼，其余马匹杂货不计其数，全部入了自己口袋。

天宝十载（751）正月，高仙芝入朝献俘于李隆基，石国国王被斩首，高仙芝被授予右羽林大将军。

高仙芝的这次血洗抢劫善后得并不干净，石国王子逃走了，从此成为反唐大使去控诉高仙芝暴行，诸胡皆怒，悄悄带大食（阿拉伯帝国）打算共攻四镇。高仙芝听说后率蕃汉三万兵深入七百余里来打此时同样是极盛的阿拉伯帝国。

高仙芝到达怛罗斯城，唐军与大食军相遇。双方相持五日，名声臭大街的高仙芝遭了报应，葛逻禄部临阵倒戈，与大食军夹攻唐军，高仙芝大败，士卒伤亡过半。右威卫将军李嗣业劝高仙芝连夜逃跑，结果归途道路阻碍，拔汗那部的兵在前面拥塞了道路，李嗣业为前驱挥大棒开路，拦路者人马俱毙才保着高仙芝撤了回来。

大唐并未因怛罗斯之战而丢失西域，战后西域唐军迅速恢复，大食也没跟唐撕破脸，一年后的天宝十一载（752）十二月，大食还派来了大使进行外交沟通。封常清在天宝十二载（753）又把大勃律给打投降了，天宝十四载（755）时《资治通鉴》还总结道："是时中国盛强，自安远门西尽唐境凡万二千里，间阎相望，桑麻翳野，天下称富庶者无如陇右。"

这场仗，无论对国际局势还是对国内局势，都没什么太大的影响。大唐在西域有着深厚的底蕴，直到安史之乱爆发四十多年后才彻底失去西域。

高仙芝丢脸的同时，安禄山也丢脸了。他率三道兵共六万人讨伐契丹，以奚族两千骑兵为向导，过平卢千余里到土护真水的时候遇到了大雨，安禄山率兵昼夜兼行三百余里至契丹牙帐，契丹十分惊骇。

当时因为多日大雨，弓弩筋胶都松了，弓箭都用不了，大将何思德对安禄山进言："我们的兵力虽多，但长途奔袭士卒疲敝，其实战斗力不强，不如暂时休兵不战而只与契丹对阵，用不了三天，契丹必降。"

日渐圣人化的安禄山如今也听不得说不，怒了，要杀了何思德，何思德请求为前驱才得以免死。

因为何思德长得比较像安禄山，出战后就遭到了围攻，等杀了何思德后契丹以为干掉了安禄山随后士气大涨勇气增倍，奚人也叛了，与契丹合兵夹击唐军，唐军死伤殆尽。安禄山马鞍被射中，帽簪都断了，鞋也跑丢了，仅仅与麾下二十骑逃走，因为天黑才躲过了追杀逃进了师州城。

战后安禄山归罪于左贤王哥解与河东兵马使鱼承仙，并杀了他们顶罪。

这一年的八月初六，长安武库失火，烧毁兵器三十七万件。

天宝十载（751），边将的集体开拓吃瘪及武库的大火似乎都在预示着大唐的武运即将盛极而衰，但长安的老爷们依旧不觉得。

第一次西南大败后，杨国忠觉得南诏虽然赢了，但在如此消耗下已到强弩之末，于是让鲜于仲通上表请求让自己兼领剑南节度使。

十一月二十七，李隆基命杨国忠兼领剑南节度使。他希望自己这位遥领的节度使将来能够分享军功。殊不知，这差点儿要了他的命。

天宝十一载（752）三月，安禄山发蕃汉步骑号称二十万击契丹，欲雪去年秋天之耻。这次出征，安禄山奏请突厥降将阿布思率同罗数万骑兵与他一起进攻契丹。

之所以这样，是因为他和李林甫的思路一样，觉得这个阿布思对他的生态位是个威胁。当初阿布思降唐后得到李隆基的隆重礼遇，还被赐名李献忠，累迁朔方节度副使，赐爵奉信王。阿布思有才干，还不服安禄山，被安禄山所嫉恨。[1]

安禄山担心李献忠未来抢了他的恩宠，于是调他来联合作战。[2]

李献忠也知道安禄山安的什么心眼子，担心为其所害，于是上奏不去参与会战。

李隆基没同意。李献忠随后率所部大掠仓库，叛归漠北，安禄山这次出征也就此打住。

安禄山这姿势，这套路，就是武版的李林甫。

李献忠变回阿布思后先被回纥抢了一通，奔葛逻禄时其部下又都被安禄山出大价钱给雇了，葛逻禄随后将光杆的阿布思送到了北庭，"快递"回了长安。至此，安禄山又得了阿布思手下精兵，战力再次升级，已经"兵雄天下"了。[3]

天宝十一载（752），李林甫受到了巨大打击，王鉷没管好家里人，其弟王焊与邢縡图谋作乱，欲杀李林甫、陈希烈、杨国忠等权臣，事泄后乱党被灭，李林甫的嫡系王鉷自尽，杨国忠还将李林甫牵扯了进去，但李林甫最终并没有被斗倒。

---

[1]《资治通鉴·唐纪三十二》：初，突厥阿布思来降，上厚礼之，赐姓名李献忠，累迁朔方节度副使，赐爵奉信王。献忠有才略，不为安禄山下，禄山恨之。

[2]《新唐书·安禄山传》：布思者，九姓首领也，伟貌多权略，开元初，为默啜所困，内属，帝宠之。禄山雅忌其才，不相下，欲袭取之，故表请自助。

[3]《新唐书·安禄山传》：会布思为回纥所掠，奔葛逻禄，禄山厚募其部落降之。葛逻禄惧，执布思送北庭，献之京师。禄山已得布思众，则兵雄天下，愈偃肆。

李隆基仅仅是与李林甫疏远了，杨国忠与前上司李林甫正面开撕。

这一年的五月十一，李隆基任命杨国忠顶替了王鉷的御史大夫、京畿及关内采访等使，凡王鉷原来所兼领使职尽归杨国忠。①

不过杨国忠刚得意没多久，李林甫出招了。南诏那边的多次入侵和惨败被抖在了李隆基面前，杨国忠这个剑南节度使平事去吧。

这回杨国忠只剩哭了，说此行必被李林甫害死，他是太知道李林甫的手段了，自己只要不在长安出去必死。杨贵妃也帮着说情，但李隆基还是道："你先去，这次回来就拜相。"

最终救了杨国忠的，是李林甫的寿命。杨国忠刚到蜀中，李隆基就派宦官把他召了回来，因为李林甫不行了。

杨国忠不知是不是想起了司马懿，依旧不敢怠慢地拜见了李林甫最后一面。他拜于床下时，8世纪的顶级人精给他演了最后一场戏，哭道："我要死了，将来您必定是宰相，后事给您添麻烦了。"

被李林甫最后出招差点儿吓死的杨国忠忙说不敢当，汗流满面。②

天宝十一载（752）十一月二十四，独占相位十九年的李林甫死了。

他终于死了。我既慨叹他死晚了，又心情极其复杂地觉得他死早了。

所谓宰相者，"宰"为主宰之意，"相"为相礼之人，即天子之佐，用张九龄的话讲就是"代天理物"。

李林甫这十九年的宰相当下来，在整个大唐官场留下了永传后世的臭名昭著烙印："明主在上，群臣将顺不暇，亦何所论？君等独不见

---

① 《资治通鉴·唐纪三十二》：丙辰，京兆尹杨国忠加御史大夫、京畿·关内采访等使，凡王鉷所缩使务，悉归国忠。

② 《资治通鉴·唐纪三十二》：国忠谢不敢当，汗出覆面。

立仗马乎，终日无声，而饫三品刍豆；一鸣，则黜之矣。后虽欲不鸣，得乎？"

乱叫的马被拉走，不说话的马吃三品料，李林甫生动地立了闭嘴的规矩之外，也从最开始就将"奴"的基因给百官们烙印好了。

你们这群百官和那群马没有区别。

观察一个政治家，要看他的出身，要看他的履历，最重要的是要看他成事的经历。

李隆基从一名边缘皇子奋斗为开元皇帝，扒开一层层的外衣，他的核心底色，用的都是家奴。"奴"这一个字，其实是玄宗朝的基因底色。

李林甫帮李隆基将这个不能摆上台面的基因从深藏的地支给发到了天干。从荔枝道的生鲜到"霹雳飞猪"的劲舞，都让盛唐气象的最后挽歌变得那么荒诞，那么丧尽天良。

且不说自始至终就忧国忧民的杜甫一直在用他的诗句记录着"盛世"，哪怕是那样浪漫的李白在天宝后期都已经歌颂不出什么"正能量"了。

盛世，需要气魄，需要脊梁。

奴是撑不起盛世的。

中国历史的拐点，就要来了。

第 *10* 战

安史之乱

一、渔阳鼙鼓动地来

天宝十一载（752）十一月，李林甫死后三天，杨国忠接替了他的右相（天宝元年改中书令而来）之位，兼文部（本年度由吏部改名而来）尚书，身兼的那四十多个使官如故。

虽然都是奸相"名人堂"的，但别看李林甫奸，他能当成最坏级别的奸人是有段位的，这一比马上就显露出来差距了。

杨国忠三十岁才去从的军，之前是个全族都看不上的嗜酒好赌的放荡无赖，入朝后很多骨子里的东西仍然改不了，强辩且轻躁，无重臣威仪，当上宰相后开始彻底放飞，在朝廷上时不时撸胳膊挽袖子对公卿大臣颐指气使，把所有不听他话的都贬出去。为了显示他的能耐，连过去两个季度才能整完的吏部官员选拔与任用在一天之内都搞定。[1]这就属于不会当官。

---

[1]《旧唐书·杨国忠传》：故事，吏部三铨，三注三唱，自春及夏，才终其事。国忠使胥吏于私第暗定官员，集百僚于尚书省对注唱，一日令毕，以夸神速，资格差谬，无复伦序。

其实理论上来讲，有没有安史之乱，他这宰相都干不长，因为他真不会干，把太多不该挑明的事挑明了。

搞政治，最关键的基础是获取信息的速度与渠道，最核心的动作是利益交换。获取信息是为了知己知彼，利益交换是为了把自己的牌换得越来越好。

政治利益的价值，最关键的是利用信息差和手里握的牌进行博弈。但这事不能整得跟菜市场买菜一样明码标价。因为菜不值钱，因为受益者终究是少数人。

你要达到自己的政治目的，夯实你的统治基础，极其关键的一点就是需要摁住下面人的愤怒，不要轻易挑起底下人的怒火。

只有傻子才满世界嚷嚷自己的门道有多厉害。但杨国忠当了宰相后就变成了这样的傻子。

朝野内外给他家送礼的人天天排长队，而且他还公然炫富，家中仅丝绢就有三千万匹，车马仆从充溢数坊，锦绣珠玉鲜华夺目，所谓"开元已来，豪贵雄盛，无如杨氏之比也"。

关键这种不思盈亏的"大聪明"做法还是杨国忠经过深思熟虑后追求的人生方向。他说："我本寒门，只是因为贵妃的关系才有了今天之位，也不知未来是个什么样的归宿，但肯定留不下什么好名声，还不如趁着今天有这样的权势行极乐之事。"①

虽然这和当年李林甫对他儿子说"势已然，可奈何"的情景有几分相似，但二人的境界是真不同。李林甫是为了活一天就掌一天的权；杨国忠则是知道自己没有核心竞争力，趁着娘娘受宠让自己最大限度地

---

① 《资治通鉴·唐纪三十二》：国忠谓客曰："吾本寒家，一旦缘椒房至此，未知税驾之所，然念终不能致令名，不若且极乐耳。"

痛快一秒是一秒。

李林甫独握权柄近二十年没翻车，除了帮李隆基背锅、办事，还相当懂政治规矩，永远喜怒不形于色，你看不见他对人对事的态度和表情。他做宰相的时候，入朝为官，凡进必考。别管别人私下怎么勾兑，但面上都是根据规章流程办事的，激不起来大风浪。①

为什么过去"吏部三铨，三注三唱，自春及夏，才终其事"？因为时间长才能考察得清楚；因为时间长才会让人感到珍惜；因为时间长操作才能掩人耳目；因为时间长才会让棋子背后的棋手充分勾兑，从而让选出来的"人才"最符合各方利益，让自己最能得利且规避风险。

李林甫虽然奸，虽然让人们跟牲口一样都闭嘴，虽然为了给李隆基打造梦境什么丧良心事都干，但另一面是李林甫对朝政态度谨慎，修修补补了十九年，是干了宰相分内之事的，就连史料记载中都不否认他这十九年来对待朝政的态度，所谓"宰相用事之盛，开元已来，未有其比。然每事过慎，条理众务，增修纲纪，中外迁除，皆有恒度"。

不过李隆基对于这条为自己量身定做的"好狗"却相当凉薄。

天宝十二载（753）正月，杨国忠迅速展开了对李林甫的政治追杀，派人找到安禄山，让他上报李林甫的罪证。②而安禄山也从不在下沉的船上待着，不仅迅速和自己曾经奉若神明的李林甫撇清关系，表示要跟恶势力斗争到底，还落井下石，让阿布思部落投降的人到朝廷诬告李林甫，说他认了阿布思当干儿子。③

---

① 《旧唐书·李林甫传》：林甫性沉密，城府深阻，未尝以爱憎见于容色。自处台衡，动循格令，衣冠士子，非常调无仕进之门。所以秉钧二十年，朝野侧目，惮其威权。

② 《新唐书·李林甫传》：国忠素衔林甫，及未葬，阴讽禄山暴其短。

③ 《新唐书·李林甫传》：禄山使阿布思降将入朝，告林甫与思约为父子，有异谋。

李林甫的姑爷谏议大夫杨齐宣怕自己受牵连，也赶紧配合"活爹"杨国忠举报自己的"死爹"李林甫，说有那么回事。①

二月十一，李隆基削去李林甫的官爵，抄其家没其产，将其子孙为官者罢免并流放岭南和黔中。李林甫亲戚及党羽被贬官者五十余人。不仅如此，李林甫的棺材还被砸开，他口中的珍珠被取出，身上的金紫朝服被扒掉，换了个小棺材，以平民之礼埋葬。

二月二十七，李隆基赐杨国忠魏国公，以奖励他此次揭露李林甫反叛行径有功。

客观来讲，李林甫活该，他这些年整死了多少人，太子手下的人没几家全着的，李林甫有今天这样的下场，那是活该。但从另一面来说，这事应该由下一任皇帝干，应该由下一任皇帝去反倒清算。

他是你的宰相，替你遮风挡雨了十九年，养条狗这么长时间还有感情呢！你真不知道他为什么对太子一系兴起那么多大案吗？他真有问题，你这"人精"会让他"独相"那么多年吗？凉薄啊！这种诬陷甚至连史官都看不下去了，史料中直接写："及国忠诬构，天下以为冤。"

为什么说清算李林甫这事应该等下一任皇帝干呢？因为所有人都看着呢，底下的官员大部分都是他提上来的，哪有那么多造反分子啊！说白了不就是内斗嘛，这谁看不出来啊！

李林甫毕竟替你干了十九年的脏活儿，你必须给他一个体面，从最开始杨国忠折腾这事时你就得压下来，虽然李林甫的时代掀篇了，但你对李林甫这奴才也是疼惜的。

不要让身居高位的人总去担心自己的后路，毕竟他们的能量太强。

---

① 《资治通鉴·唐纪三十二》：上信之，下吏按问；林甫婿谏议大夫杨齐宣惧为所累，附国忠意证成之。

当场面上的人都知道你确实拿所有人都当用过就扔的擦屁股纸时,你的体面和信誉就没有了,那你的统治成本将会相当高。

李林甫这一死,颇有当年尔朱荣死后的感觉,再也没有人能够压制得住各路"豪杰"了。安禄山首先就不想再装了,别看他之前和杨国忠有过短暂配合,但那属于给自己摘除嫌疑捎带脚发泄自己这些年被李林甫"血脉"压制的提心吊胆,他对于杨国忠的看不起是能表现出来的。①

到底还是从底层草莽混上来的,虽然他确实能俯下身对强者绝对讨好,还能做到花样百出,但对于镇不住自己的人的瞧不起,那是真装不出来。

另一边,杨国忠知道安禄山不服自己,但一脑子算盘珠子,根本不懂时间是什么。于是跟清算李林甫一样,刚拜相没多久就开始没完没了地对李隆基说安禄山要反。②

他一边打压安禄山,一边又给西北大将哥舒翰抬点想要引其为援,奏请哥舒翰兼任河西节度使,又在天宝十二载(753)八月三十运作哥舒翰做了西平郡王,让哥舒翰从此跟为东平郡王的安禄山的并肩齐驱了。

其实说是杨国忠在捧哥舒翰,倒不如说是李隆基构建了东北西北互相忌惮的藩镇均势格局。

李林甫死后不久,李隆基就安排了一次所谓的"和解",命哥舒翰和安禄山、安思顺结为兄弟,还在那年冬天入朝时派了高力士在城东设

---

① 《资治通鉴·唐纪三十二》:安禄山以李林甫狡猾逾已,故畏服之。及杨国忠为相,禄山视之蔑如也,由是有隙。

② 《旧唐书·杨国忠传》:时安禄山恩宠特深,总握兵柄,国忠知其跋扈,终不出其下,将图之,屡于上前言其悖逆之状,上不之信。

宴款待三人。双方都聪明地交出了自己的答卷。

安禄山打开话头，对哥舒翰说："我父胡人，母突厥人；公父突厥人，母胡人，我们族类差不多，可得多亲近亲近。"

哥舒翰道："古人云，狐狸向洞窟乱叫不祥，因为他忘本。老兄您要是真想跟我亲近，怎么敢不尽心。"

安禄山觉得哥舒翰话里有话：那意思不光拿狐通胡讽刺我，甚至胡人间也有鄙视链，你突厥人就比我这"杂胡"高贵呗！于是大骂道："你这个突厥瘪犊子！"①

哥舒翰本想骂回去，话到嘴边了看见高力士看着他，赶紧给九千岁爷爷咽了回去，假装喝多了。最终宴会不欢而散，双方以闹翻的效果完成了皇帝的考核。

怎么可能让你们三人和解？

李隆基后面对安禄山的一系列不当回事其实也和他对西北的实力雄厚有很大的关系。总体而言，天宝时代天下强兵是号称在西北的，除了高仙芝在怛罗斯之战现了眼之外，西北的战绩打得那是相当好看的，要是没有安史之乱，吐蕃人在来钱的道被堵死后就要回到他该有的生态位了，内部眼看没有利益分红去维持他那大吐蕃部落联盟了。

西北的骄人战绩，也成为边塞诗人们歌唱盛唐挽歌的最后战场。天宝十二载（753），哥舒翰击吐蕃，拔洪济、大漠门等城，悉收九曲部落，这时候，盛唐边塞诗人、与岑参并称"高岑"的高适写下了《同李员外贺哥舒大夫破九曲之作》；天宝十三载（754），安西节度使封常清击大勃律，大败之，受降而回，岑参写下了《献封大夫破播仙凯

---

① 《新唐书·哥舒翰传》：翰曰："谚言'狐向窟嗥，不祥'，以忘本也。兄既见爱，敢不尽心。"禄山以翰讥其胡，怒骂曰："突厥敢尔！"

歌六首》，也算是写出了大唐的最后豪迈，像"蕃军遥见汉家营，满谷连山遍哭声。万箭千刀一夜杀，平明流血浸空城"（《乐府杂曲·鼓吹曲辞·凯歌六首》）这样的自豪感诗句算是看一篇少一篇了。

为什么开元、天宝时期出现了所谓盛唐特有的边塞诗人呢？因为节度使们光能打赢是不够的，战报是满足不了圣人的虚荣心的，也没法对外输出文化价值。朗朗上口、吟咏抒怀的诗歌才是对盛世的最大颂扬。

玄宗时期对诗歌的看重深入科举选拔，以此为导向，以李白为首，像王昌龄、高适、岑参、李颀、王之涣这帮描写边塞战争军旅和百姓民生的诗人开始大量涌现，他们到边塞要么通过为边将写传唱长安三万里的诗句从而飞黄腾达，要么侧面描写朝廷的穷兵黩武和百姓的民不聊生而抒发自己的治国见解。

边塞诗人，相比其他诗人来讲前途更光明。

比如高适，他真正是作了一辈子的诗，走到哪里写到哪里，但在参加了太多诗词大会和文坛交流后，直到五十岁的时候才在睢阳太守张九皋的举荐下被授了个封丘尉。他人生的转折是天宝十一载（752）秋辞官前往长安后经田梁丘推荐去了河西幕府，经过多番周折，他靠着能给哥舒翰写气吞万里的诗句而被任左骁卫兵曹，充府内掌书记，才算正式上了快车道。随后高适开始了堪称井喷般的强力诗作输出，光给哥舒翰写诗，有名的就不下三十首。

边塞诗人们描写将领的不容易，抒写将士们的辛苦，悲悯老百姓的动不动就"苦一苦"。正是他们的一首首诗歌，才让大唐的西北显得那么的壮丽，让大唐的国威无远弗届。

同样是边塞，安禄山的东北方面就产生不了那么多诗人。因为他被皇帝喜爱走的是憨傻路线，整一堆诗整出了意境，就没有飞猪效果了。他对于信息的理解更精准，或者说对于玄宗朝的权力链条理解更精准,不需要用诗句让皇帝爽。他总是质朴地送人头,然后憨憨地对李隆基说:圣人我想为您老死;我娘最近胖点没;我做梦梦见神仙时我发誓只要您老万寿无疆拿我命换也值。

安禄山和李隆基这种私下的"爱奴"关系也始终让杨国忠如芒在背,所以天宝十二载(753)冬天杨国忠为相刚刚一年就对李隆基说安禄山必反,不信就召他来,他肯定不来。结果安禄山得到信就上路了。

天宝十三载(754)正月初四,在华清池,李隆基看到了他的好大儿。安禄山见了李隆基就哭道:"臣就是个胡人,因为陛下才有了今天,但现在不被杨国忠所容,恐怕是活不了几天了。"

李隆基觉得自己这宝宝太可怜了,杨国忠不是说不敢来嘛,这不来了。于是赏赐巨万,更加亲信安禄山,此后彻底听不进去杨国忠的挑拨了。

还是那句话,杨国忠根本就不懂政治的高级规则,他就是个算账的。他总想给安禄山这笔账销了,这也没问题,但是决定权在圣人手上,他得提前积攒材料、整理物证人证,得走正规流程,要有必杀技才能下手、一击毙命。贸然行动除了逼得安禄山警觉外,还让李隆基彻底不信任他了。后面李隆基很多赌气般的任性决定其实也和杨国忠天天跟臭苍蝇似的在自己旁边嗡嗡嗡有很大关系。

在这一年,历史曾经给过大唐一次机会。

李隆基决定将安禄山的隐患彻底解决,召其拜相,连诏书都写好了,但杨国忠说:"安禄山没文化,这家伙要是都能入相,天下人就会看不起大唐。"随后这事就过去了。[①]

[①]《资治通鉴·唐纪三十三》:上欲加安禄山同平章事,已令张垍草制。杨国忠谏曰:"禄山虽有军功,目不知书,岂可为宰相!制书若下,恐四夷轻唐。"上乃止。

张九龄要是那么说叫有底气，也不知道他杨国忠怎么好意思张嘴的。

此时此刻，安禄山在长安，是跑不了的，怎么安排都行。拜相后，慢慢肢解他在东北的势力，过两年再给他调安西去，出将入相平事，这样安禄山专制东北十多年的隐患其实就已经被解除了。

但李隆基错就错在不该把要提拔安禄山这事都整出诏书后又给销毁了。要么就别提，诏书都盖章了再给否了，是人事大忌。因为这事是藏不住的，肯定会被泄露出去。

最终李隆基补偿性地加安禄山为尚书左仆射，赐一子三品、一子四品官。然后安禄山张嘴了，请求兼任闲厩使、群牧使等职。正月二十四，李隆基任安禄山为闲厩、陇右群牧等使，安禄山又请求兼任群牧总监，任命其党御史中丞吉温为武部（兵部）侍郎，充任闲厩副使，李隆基一一批准。

安禄山随后密遣亲信选好马堪战者数千匹单独饲养，开始私吞皇帝的马了。

二月初六，李隆基对自己的政绩进行阶段性总结，上圣祖老子的尊号为大圣祖高上大道金阙玄元大皇太帝。二月初七，祭祀太庙，上高祖李渊谥号为神尧大圣大光孝皇帝，太宗李世民谥号为文武大圣大广孝皇帝，高宗李治谥号为天皇大圣大弘孝皇帝，中宗李显谥号为孝和大圣大昭孝皇帝，睿宗李旦谥号为玄真大圣大兴孝皇帝。之所以改，是因为汉家皇帝都有孝字，大唐的皇帝也得给配上。

二月初八，最大咖压轴出场，群臣给李隆基上尊号为开元天地大宝圣文神武证道孝德皇帝。跟他这一比，他奶奶的"慈氏越古金轮圣神"都差点意思了。

关于名字吧，老祖宗给小孩起小名"狗剩"其实是很有道理的。

第10战 安史之乱 | 985

别让名字把本来该享的福给占了。

华夏最后一个圣人王阳明,出生的时候他奶奶梦见神仙从云中把这孩子送来,所以就叫王云,结果到了五岁他都不会说话。[①]直到有懂行的来了,说孩子是好孩子,可惜他的来历给说破了。随后他爷爷根据《论语》中"知及之,仁不能守之,虽得之,必失之"的厚道意境,给孩子改名为"守仁",然后孩子就能张嘴说话了。

所谓"世之享盛名而实不副者,多有奇祸;人之无过咎而横被恶名者,子孙往往骤发",这名字叫太大了真不是什么好事。除满足自己的虚荣心、自吹自擂之外真没有一丁点意义。某种意义上这甚至是最贵的奢侈品,它不光挤占你玄之又玄的福报,还加重你的维护成本。比如眼瞅杨国忠那么牛了,所以他的宰相之位也得给往上拔一拔呀。

二月十一,李隆基升杨国忠为司空。

另一个层面也不得不说杨贵妃实在是太招皇帝喜欢了,杨国忠是玄宗朝中后期罕见地敢顶风说皇帝宠爱之人坏话的,还罕见地成了"活一品"的官员。李林甫那么受宠,不过天宝六载(747)时加了个开府仪同三司,死了以后才被追赠太尉。一个能帮他敛财的外戚仅仅拜相一年多,就成了"活一品"。

然后感到不平衡的安禄山在二月二十三又上奏了,说:"我所率领的部下讨伐奚、契丹、九姓、同罗等功勋卓著,乞望陛下能够打破常规,越级封赏,写好委任状让我在军中授勋。"

面对这个堪称疯了的上奏,李隆基不知是出于对之前怀疑他宝宝的愧疚的补偿,还是实在太想表达爹的疼爱了,竟然同意了!安禄山最

[①]《明史·王守仁传》:祖母梦神人自云中送儿下,因名云。五岁不能言,异人拊之,更名守仁,乃言。

终带走了五百多张将军委任状，两千多张中郎将的委任状。① 这回从军粮，到货币，再到官员任命，彻底是安家军的了。什么圣人，我知道他是谁？我的官职是俺们安大帅整来的。

要来了这么多匪夷所思的权力后，安禄山回范阳的速度堪比给杨贵妃送荔枝，拿自己当生鲜运的，一路飞船开路，但即便安禄山心虚成这样，造反已经近乎铁证了，李隆基还是把说安禄山要反的人都绑了给他儿送过去，彻底把自己的言路给断了。②

杨国忠眼瞅弄不动安禄山也开始琢磨培植自己的军队亲信，这一年安排了剑南留后李宓率兵七万再击南诏，结果被南诏王阁罗凤诱之深入，至大和城，南诏坚壁不战，李宓粮尽，直到士卒因传染病和缺粮未战而死者十之七八才撤军，结果被南诏一通猛追，李宓被擒，全军覆没。

南诏就此彻底打出了信心，紧接着等到了不远的安史之乱红利，随后在从来没有成立过强大政权的云南变成了西南小强。

对于这种败报，杨国忠此时已经胆大到敢隐瞒了。③

还记得当年张守珪是怎么倒台的吗？十五年前，张守珪因虚报军功被贬，牛仙童被李隆基派去的杨思勖活活打死后做了烧烤生生给

---

① 《资治通鉴·唐纪三十三》：己丑，安禄山奏："臣所部将士讨奚、契丹、九姓、同罗等，勋效甚多，乞不拘常格，超资加赏，仍好写告身付臣军授之。"于是除将军者五百余人，中郎将者二千余人。禄山欲反，故先以此收众心也。

② 《资治通鉴·唐纪三十三》：恐杨国忠奏留之，疾驱出关。乘船沿河而下，令船夫执绳板立于岸侧，十五里一更，昼夜兼行，日数百里，过郡县不下船。自是有言禄山反者，上皆缚送，由是人皆知其将反，无敢言者。

③ 《资治通鉴·唐纪三十三》：杨国忠隐其败，更以捷闻，益发中国兵讨之，前后死者几二十万人。

吃了。

那一年李隆基五十五岁。如今他七十岁了，真的老了。

虽然没人敢说话，虽然他又一次对高力士表露出了自己老了，朝事交给杨国忠，边事交给诸将，他没什么发愁的事了，但高力士作为此时全世界唯一能劝他的人，像当年规劝李林甫一样，还是张了嘴："臣听说云南边将已经被南诏打秃好几次了，边将又一个个拥兵太盛，您拿什么治？臣担心一旦祸起连救的机会都没有，怎么能说没有忧愁啊！"[①]

这一次李隆基的眼神也没有十五年前犀利了，回了句："卿勿言，朕徐思之。"

"卿勿言"，李隆基在说：别把我拉回到现实。

"徐思之"，李隆基在说：等我千古以后再说，这是下一任皇帝的事。

这一年西南的现眼战况完全就是杨国忠造成的，南诏的太庙里应该供上杨国忠的像，让人们去祭祀，他堪称南诏之父。但西北方面尤其是对于吐蕃，大唐此时已经建立了一套成体系的防御堡垒。七月二十，哥舒翰奏请于所开九曲之地置洮阳、浇河二郡，并建立宁边、威胜、金天、武宁、耀武、天成、振威、神策八军。

理论上来讲，除非出现极端情况，吐蕃是夺不回丝绸之路了。但谁知道吐蕃等来了那个意外呢。

也因为那个意外，此时建军于洮水南岸磨环川的一支军队将登上历史舞台。

---

① 《资治通鉴·唐纪三十三》：无敢言者。上尝谓高力士曰："朕今老矣，朝事付之宰相，边事付之诸将，夫复何忧！"力士对曰："臣闻云南数丧师，又边将拥兵太盛，陛下将何以制之！臣恐一旦祸发，不可复救，何得谓无忧也。"

这支队伍叫作神策军。后来经过一系列复杂的演化一步步成为北门禁军，且从上到下的军官纷纷被太监们控制，在太监独特的"干爹"系统的"子嗣"传承下，太监牢牢地掌控了禁军军权，开启了中国史上权势最大的宦官时代，没有之一。

大唐的包容着实多元，有最猛最能打的男皇帝，有史上最自私也是唯一的女皇帝，还有左右晚唐政局能废立皇帝的史上最牛太监集团。

如果你生在玄宗时代，住在长安，相对来说还是比较幸福的，因为长安是玄宗朝所有聚敛之臣集全国之力搜刮输血而建成的梦幻之城，在这年连着下了两个月的大雨后，圣人下令卖出太仓一百万石的米去平抑物价。[①] 但如果你没住在长安，那你是悲哀的。

郁郁不得志的杜甫在一年后回到离长安仅仅三百里的奉先（今陕西蒲城）省亲时，刚进门就听到了小儿子快饿死的哭声。他留下"朱门酒肉臭，路有冻死骨"的千古名句，对自己的家事感到莫大的悲哀，哭嚎道："今年的收成还算不错，可穷苦人家仍然弄不到饭吃，我这个免租有特权的官尚且免不了让孩子饿死，平民百姓该怎么活呢？"[②] 其实这种现象，在"诗圣"的"诗史"中早就存在了。

天宝十四载（755）二月，安禄山派副将何千年入朝奏事，请求用蕃将三十二人代替汉将，李隆基脑子依旧不清楚，命中书省立下敕书，由自己签署发委任状。[③] 史书上说的"告身"，也就是委任状，过

---

① 《旧唐书·玄宗本纪》：是秋，霖雨积六十余日，京城垣屋颓坏殆尽，物价暴贵，人多乏食，令出太仓米一百万石，开十场贱粜以济贫民。

② 《自京赴奉先咏怀五百字》：岂知秋禾登，贫窭有仓卒。生常免租税，名不隶征伐。抚迹犹酸辛，平人固骚屑。

③ 《资治通鉴·唐纪三十三》：安禄山使副将何千年入奏，请以蕃将三十二人代汉将，上命立进画，给告身。

第10战 安史之乱 | 989

去由吏部和兵部先给尚书仆射，然后递到门下省，给事中初判，黄门侍郎复核，侍中终审，不合格会被打回去，合格的会呈给皇帝，在皇帝批完后再往下发，随后盖上一个个印，形成有法律效力的正式诏书。

也别赖杨国忠混蛋，李隆基已经老年痴呆了。七十一了，他是真不死啊，是真没风疾啊，华清池可得多去啊，保健效果是真好啊！

去年天灾罢了陈希烈后填补上来的新宰相韦见素对杨国忠说："安禄山久有异志，今又有此请，其反明矣。明日我当极言；皇上要是不同意，您可得跟上。"杨国忠点头。

转过天杨国忠、韦见素入见，李隆基道："卿等有疑安禄山之意吗？"韦见素随后挑明了安禄山反迹已显，所请不可许，李隆基不高兴了。吓得杨国忠没敢说话。随后李隆基到底是给安禄山批了。[①]

过了几天，杨国忠和韦见素合计之后对李隆基说："臣有策可坐消安禄山之谋。我觉得有没有文化这事不叫事了，今若调安禄山入朝拜相，以贾循为范阳节度使，吕知诲为平卢节度使，杨光为河东节度使，则势自分矣。"李隆基同意了。

又一次已经形成草诏，却突然被李隆基叫停。李隆基派太监辅璆琳以珍果赐安禄山潜察其变。辅璆琳受安禄山厚赂，回来后盛言安禄山竭力奉国，忠贞无二！[②]说明此时此刻，安禄山还没做好准备。否则他不会贿赂，毕竟安禄山对待后面的使者连装都不装了。

其实哪怕现在召他拜相给他逼反了，也比大半年后他再反要强。

---

① 《资治通鉴·唐纪三十三》：上不悦；国忠逡巡不敢言，上竟从禄山之请。
② 《资治通鉴·唐纪三十三》：已草制，上留不发，更遣中使辅璆琳以珍果赐禄山，潜察其变。璆琳受禄山厚赂，还，盛言禄山竭忠奉国，无有二心。

但李隆基道:"都别担心了,安禄山没问题,东北二虏还指望他平定呢,我为他担保,你们别担心。"①

这年二月,西北柱石哥舒翰因为作息饮食常年不规律得了风疾,就此在家请病假了。李隆基牵制安禄山的最关键棋子大稍息了。

三月二十二,李隆基命给事中裴士淹代表朝廷去河北宣扬政令,慰问军民。

四月,安禄山马上上奏破奚、契丹。

长安在他这里已经没有秘密了,李隆基要他打二蕃他就显示存在感,李隆基为他作保那他就拿谁也不当回事了。裴士淹至范阳,二十余日才见到安大帅,已经无人臣之礼了。

另一边杨国忠在抓紧造证据证明安禄山反,或者说他在逼安禄山反,派京兆尹围其长安会所,捕其门客李超等送御史台狱杀了,又奏贬其心腹吉温。②

六月,李隆基以其子成婚,手诏安禄山观礼,安禄山辞疾不至。七月,安禄山上表请献朝廷马三千匹,每匹马马夫二人并派蕃将二十二名护送。

河南尹达奚珣上奏李隆基道:"请您告谕安禄山应到冬天再献车马,由朝廷供给马夫,不劳他的部下军士。"直到这个时候,李隆基才

---

① 《资治通鉴·唐纪三十三》:上谓国忠等曰:"禄山,朕推心待之,必无异志。东北二虏,借其镇遏。朕自保之,卿等勿忧也!"事遂寝。
② 《旧唐书·杨国忠传》:国忠使门客蹇昂、何盈求禄山阴事,围捕其宅,得李超、安岱等,使侍御史郑昂缢杀于御史台。又奏贬吉温于合浦,以激怒禄山,幸其摇动。

第10战 安史之乱 | 991

真的开始担心安禄山会反。①

注意，此时是七月，李隆基已经怀疑了。

只要圣人自己犹豫了，该让他听见的肯定会入他耳朵，那就都能说了。只要李隆基怀疑了，贿赂的事马上就说了，于是几个月前辅璆琳受贿的事被揭发了，李隆基以别的由头把辅璆琳打死了。②

李隆基随后派宦官冯神威拿手诏去告谕安禄山冬天献马，并嘱咐道："朕刚为你在华清宫造了一座温汤池，十月我们不见不散。"

冯神威去之后，此时的安禄山面对天子来使已经不拜了，问了句："圣人安稳？"又说了句："马不献也行，十月我指定去京师。"随后令左右引冯神威置馆舍，不再相见。几天后遣还冯神威，也没有回表。冯神威回来后对李隆基哭道："我差点见不到您老人家了。"

此时是八月，安禄山反迹已明，整个东北战区已经厉兵秣马呈战时状态了。③

但李隆基依旧没动静。七月他已经怀疑了，八月基本确定，但就是没反应。

按安禄山的打算，他跟李隆基正经是有真感情的，本来想等李隆基死了、政权交接的时候反的，那样没有包袱，还能乘虚而入，但杨国忠这个"六品下才"做了大国宰相后，仅仅用了三年时间，就让安禄山

---

① 《资治通鉴·唐纪三十三》：秋，七月，禄山表献马三千匹，每匹执控夫二人，遣蕃将二十二人部送。河南尹达奚珣疑有变，奏请"谕禄山以进车马宜俟至冬，官自给夫，无烦本军。"于是上稍寤，始有疑禄山之意。

② 《资治通鉴·唐纪三十三》：会辅璆琳受赂事亦泄，上托以他事扑杀之。

③ 《资治通鉴·唐纪三十三》：禄山由是决意遽反，独与孔目官·太仆丞严庄、掌书记·屯田员外郎高尚、将军阿史那承庆密谋，自余将佐皆莫之知，但怪其自八月以来，屡飨士卒，秣马厉兵而已。

的造反无限加速。①

开了上帝视角的我们知道，李隆基的寿还早着呢。倒是安禄山，再等一年就该瞎了，瞎了看他怎么反。

但是，就像整个玄宗朝说了好多次的那句话：无数小概率叠加后是躲不开的大概率。

自太宗文皇帝栉风沐雨、定鼎天下、启动贞观之治成为天可汗打通国贸商道后经历了近一个半世纪，大唐的历史惯性到头了。

天宝十四载（755）十一月初八，安禄山诈为敕书，悉召诸将示之道："有密旨，令我率兵入朝讨杨国忠。"十一月初九，安禄山发所部兵及同罗、奚、契丹、室韦共十五万众，号二十万，反于范阳。命范阳节度副使贾循守范阳，平卢节度副使吕知诲守平卢，别将高秀岩守大同；诸将皆引兵夜发。

安禄山出蓟城南，大阅誓众，以讨杨国忠为名引兵而下。

安禄山坐铁车，步骑精锐，烟尘千里，渔阳鼙鼓震地而来。

时海内久承平，百姓累世不识兵革，猝闻范阳兵起，远近震骇，河北所过州县，望风瓦解，守令或开门出迎，或弃城窜匿，或为所擒戮，无敢拒之者。

十一月初十，被安禄山派奇兵偷袭的太原向朝廷报告了安禄山反状，东受降城也上奏说安禄山反，但李隆基依旧不信。

十一月十五，李隆基终于得到确切消息，安禄山已反。

李隆基走出了每年必从十月待到过年的"大唐冬都"华清池，披

---

① 《资治通鉴·唐纪三十三》：安禄山专制三道，阴蓄异志，殆将十年，以上待之厚，欲俟上晏驾然后作乱。会杨国忠与禄山不相悦，屡言禄山且反，上不听；国忠数以事激之，欲其速反以取信于上。

上了浴巾，准备用自己采阴补阳外加温泉疗养的好体格子给肥贼一点点来自开元天地大宝圣文神武证道孝德皇帝的小小震撼。

此时的杨国忠还在那里兴奋呢："我说他要反吧，说多少遍了皇帝不听。"杨国忠还洋洋得意地说肥贼好弄，就他一人想反而已。这个草包看不透安禄山憨傻外表下的超强战略部署和战略眼光，以及军团凝聚力和战斗力。

渔阳的鼙鼓真的动起来了。

它此次的到来，要带走这早就畸形崩溃的丑陋盛世。

二、拉胯的安西将，脊梁的颜家军

天宝十四载（755）十一月十五，李隆基知道安禄山造反后召杨国忠商量，杨国忠得意道："要反的不过安禄山一人，其所部将士都不想反叛。不用十天，脑袋肯定给您老送来。"①

李隆基也觉得这不是事，但百官们已经慌了，所谓"上以为然，大臣相顾失色"。

这俩人也不知哪来的自信。

华夏无备啊，整个内地没有兵啊，数以千计的委任状都是你送给安禄山让他随便写的。再说你有叛军的家属做人质吗？没有就敢听信杨国忠说的，十天之内就能把脑袋送过来？

反正就是自信。

李隆基派突厥人毕思琛去洛阳，金吾大将军程千里去河东，各募数万人组成临时团练军，其实就是地方民兵组织，也叫团练军。

---

① 《资治通鉴·唐纪三十三》：杨国忠扬扬有德色，曰："今反者独禄山耳，将士皆不欲也。不过旬日，必传首诣行在。"

这二人都有安西大将的背景。毕思琛原为安西节度使夫蒙灵察帐下押牙官；程千里自西域应募从军，因屡建军功官职至安西副都护，后入朝任御史中丞，此后多次入朝出将。

安史之乱之初，李隆基用得最多的是离中原最远的安西系将领，但以封常清为首的安西将领们交出了堪称灾难性的开局。

李隆基在得知消息后转过天来想起了一个此时正在丁忧守孝的人，十一月十六，敕命郭子仪夺情，任灵武太守、朔方节度使，去把安禄山的亲戚安思顺替回来。

正式介绍一下这位"再造王室，勋高一代"的史上最佳平稳致仕者，"权倾天下而朝不忌，功盖一世而上不疑，侈穷人欲而议者不之贬"的"武圣人"郭子仪。

郭子仪，华州郑县人，出身算是个中等的官宦世家，往上倒，从北魏开始家里每辈儿都出官儿，有时大有时小，其父郭敬之，历绥、渭、桂、寿、泗五州刺史。

郭子仪高六尺余，体貌秀杰，最开始是走武举通道补了九品下的左卫长上。史料记载是补的从六品下的左卫长史，这是错误的，以他爹那个级别他起步可没那面子，根据《郭家庙碑铭》记载，就是左卫长上。

郭子仪生于697年，成人中举的时间应该和李隆基开启开元的时间差不多，随后在盛世下开始了近半个世纪的武官之路。

1. 起家为长安的左卫长上。
2. 调任河南府城（今河南洛阳）皋府别将。
3. 调任同州（今陕西大荔）兴德府右果毅左金吾卫知队仗长上。
4. 改汝州（今河南汝州）鲁阳府折冲知右羽林军长上。
5. 在跑了一遛够后终于升迁了，但迁的是桂州都督府（今广西桂林）长史充当管经略副使。这个位置是正五品上，一下子提拔的真不低。走的谁的门路史书无载，这毕竟是顶流忠武勋臣，史料连起家官儿都给改了，前面的人事调动觉得不好看的都给删了，这要不是有碑在真查不着。

虽然肯定是走了门子，但你瞅这地方，郭老令公当年也是没办法，为了升迁用了大迂回战略，因为好地方的缺儿实在不好等啊！

6. 拿到级别后，郭子仪开始往真正能挣来功名的地方转了，大唐三万里，一竿子去了西域，升任了从四品上的北庭副都护充四镇经略副使。

7. 升任正四品下的左威卫中郎将，转右司御率兼安西副都护。

8. 升任从三品的右威卫将军同朔方节度副使，从这时候开始郭子仪就转到朔方节度使的麾下了，后又加了单于副大都护东受降城使左厢兵马使。

9. 调任右金吾卫将军兼判单于副都护。

10. 天宝八载（749），五十三岁的郭子仪完成关键突破。朝廷于木剌山置横塞军及安北都护府，命郭子仪领其使，拜正三品的左卫大将军。

11. 天宝十三载（754），移横塞军及安北都护府于永清栅北筑城，改横塞为天德军，任五十八岁的郭子仪为天德军使，兼九原太守、朔方节度右兵马使。

郭子仪大约用了三十五年的时间从一个九品下奋斗到了正三品。

都是多给了二十年寿，李隆基活了个让盛世崩塌，郭子仪活了个再造大唐。

眼瞅快到六十了，郭子仪凭借几年来一直扎根朔方军区成为替代安思顺的几乎唯一人选，郭老爷子带着四十年如一日的谨慎结束了丁忧,北上去了朔方,就此开启了波澜壮阔的二十年大运。

另一个方向,一个飘了的寒门、去年打了大勃律大脖溜的安西节度使封常清西来回朝,还迎来了大机会,得到了李隆基的接见。封常清对李隆基吹牛道:"今太平日久,人不知战,但事有逆顺,势有奇变,臣请走马赴东京,开府库,募骁勇,挥师渡河,用不了几天就能取逆胡之首献于阙下!"①

牛吹多了,已经把谎言刻入骨髓了。张嘴就来,优雅自然。

你封常清不是没带兵打过仗,你不是不知道战斗力是怎样形成的,临时募的兵根本来不及训练,你自己说的内地"天下太平久,人不知战",你现在一个光杆司令怎么主动过黄河去灭安禄山啊!皇帝听你们吹牛吹了二十年,你现在这么说,将来要是打不顺,皇帝会怎么想呢?

后世都说封常清死得冤,都在骂死太监,可说实话他死得可一丁点都不冤。

十一月十七,李隆基任封常清为范阳、平卢节度使兼御史大夫,封常清当天乘驿马到洛阳募兵,十天募了六万平民兵,然后毁了河阳桥,准备迎接安禄山进攻。②上来就抽了自己大嘴巴,你不是说主动出击吗?你前面把话说那么满干什么?

而封常清此后的所有操作,是一步错步步错。

十一月十九,安禄山军至博陵郡,任张守珪之子张献诚代理博陵

---

① 《新唐书·封常清传》:常清见帝忧,因大言曰:"天下太平久,人不知战。然事有逆顺,势有奇变,臣请驰至东京,悉府库募骁勇,挑马箠度河,计日取逆胡首以献阙下。"

② 《旧唐书·封常清传》:其日,常清乘驿赴东京召募,旬日得兵六万,皆佣保市井之流。乃斫断河阳桥,于东京为固守之备。

太守。

这个博陵郡之前叫定州,李隆基为了凸显自己的存在感,在天宝元年(742)二月将已经用了一百二十多年的州改为了郡,将刺史改为了太守。后来758年他儿子李亨又把郡改回了州。这爷俩一通折腾就导致整个安史之乱的地名和官名特别乱,而且那地图还特别难画!

安禄山继续走,南下至藁城(今河北石家庄藁城区),常山太守颜杲卿力不能拒,与长史袁履谦往迎之。

安禄山赐颜杲卿金紫衣服,质其子弟,使其仍守常山,又使其将李钦凑率兵数千人守井陉口以备西来诸军,随后一路南下替换了其南下驿路上的赵郡、巨鹿郡、邺郡、汲郡诸郡太守,直奔黄河而来。

该唠唠安大将军的战略构想了。

理论上来讲,安大将军最快速且粮草运输最有保障的南下路线应该是走大运河的范阳、清河、黎阳路线,但是他没有,而是走了太行山麓的沿途几郡。

这个也能理解,毕竟要防着太行八陉。那么这就说明了两个问题:

1. 他对河北地区无论守将还是兵源都是不放心的,他的主力其实是胡兵。

无论是前期蕃将代汉将的准备,还是精通"夷语",安禄山这些年下的最大功夫都在胡兵身上。[①]因为蕃将和胡兵除了他没有别的门路。把他们当兵奴驯养,对安禄山来说驾轻就熟,毕竟待遇钱给足就成。安史之乱前期安禄山的主力也都是蕃将胡兵。

[①]《新唐书·安禄山传》:禄山谋逆十余年,凡降蕃夷皆接以恩,有不服者,假兵胁制之,所得士,释缚给汤沐、衣服,或重译以达,故蕃夷情伪悉得之。禄山通夷语,躬自尉抚,皆释俘囚为战士,故其下乐输死,所战无前。

所以他必须南下走一遍，把关键位置夯实，比如他虽然扣了颜杲卿的子弟做人质，但仍派他守常山，不过还是派其将李钦凑率兵数千人守井陉口。

2. 他放弃了当年大唐创业时期由太原起家的打法。

他彻彻底底地放弃了太行山以西，根本没考虑井陉道对面的太原。为什么这个当年东魏北齐李唐的兴旺重镇被安禄山放弃了呢？因为时代变了。

大唐市场经济繁荣，通过两条大运河将整个天下的资源嘬到了关中，而太原远离了关键物流线。在这个时代，如果想再走高欢李渊的路，那就是让李隆基又坐回华清池去了。

晋南通道可一丁点都不好走，沿途还会在柏壁玉壁这种起义旧地遇到阻击，更关键的是给养保障非常成问题，但中央的给养那可是源源不断的！

所以安禄山是什么打算呢？

此时的整个华夏内地，已经半个世纪没见兵火了，都不知道怎么打仗，只要往里扎就随便祸祸，所以安禄山最关键的战略目标有三个。

1. 迅速占领洛阳拿到天命加成，最好能一口气捅进关中。

2. 保住太行八陉，只要官兵进不去河北，那控制河北就是易如反掌，不用担心临时组建的民兵集团有多大能动性。

3. 整个中原自古面对骑兵就没有抵抗力，骑兵随便蹚，占领通济渠沿线掐死长安的物流。只要大运河被控制了，关中根本没有一丁点能力承担一个首都的职能，更不要说战时的。

我知道你关中有钱，但你有那么多粮吗？

十一月二十一，李隆基终于从他的澡堂子回到了长安，斩安禄山之子安庆宗，赐荣义郡主自尽，以右羽林大将军王承业为太原尹去保太原，以之前派去河东募兵的程千里为潞州长史去守住上党，这和安禄山南下走太行山麓的思路一样，堵住最关键的两个枢纽，保证北境安全。只要这两个要冲在手里，井陉、滏口陉、白陉、太行陉这最要命的四陉就不用担心。

与此同时，李隆基新增了安史之乱后的第一个节度使，以卫尉卿张介然为河南节度使，领陈留、睢阳、灵昌、淮阳、汝阴、谯、济阴、濮阳、琅邪、彭城、临淮、东海等郡，也就是图10-1中灰色标注的位置。

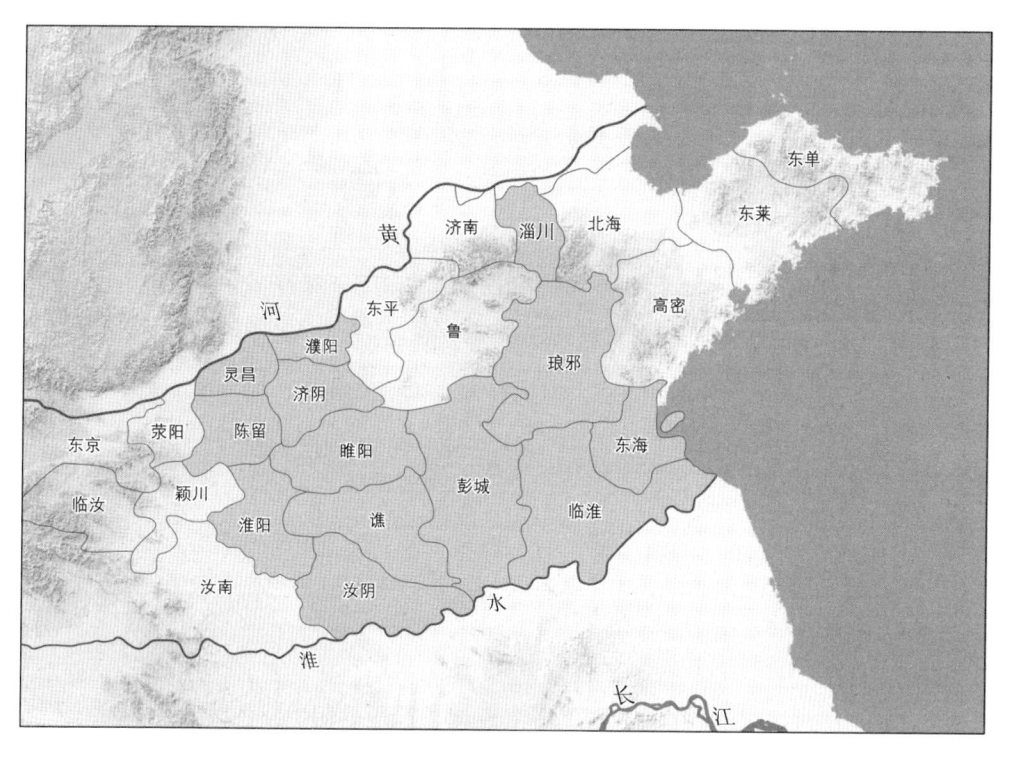

图10-1 河南节度使辖区

这个河南节度使的辖区，就是以通济渠为核心的中原诸水系所流经的沿途郡县。

李隆基也知道他的命根子在哪里，所以动作相当迅速。任命的张介然是汉将，谨慎善筹算，之前一直任河陇地区郡守，被王忠嗣、皇甫惟明、哥舒翰三任节度委任为都将营田支度使，后来进位卫尉卿，仍兼行军司马，使如故。

李隆基的这个安排，初衷是继安西系的封常清守洛阳后，把河南地区给了河陇系。

安禄山这只飞猪闯入瓷器店后，闹得噼里啪啦，打破了原有的格局，旧有的利益格局开始重组了。从此刻开始，李家再也做不到将天下资源都调到长安供李隆基做梦了。

十一月二十二，李隆基以荣王李琬为元帅，右金吾大将军高仙芝为副元帅，统诸军东征，出内府钱帛于京师募兵，要求十天内全部集结。

十二月初一，副元帅高仙芝率长安的禁卫军和新招募的五万兵出征支援封常清，派监门将军宦官边令诚去监军。[1]

从最早去洛阳募兵的毕思琛到封常清再到高仙芝，都是安西系的，边令诚又是高仙芝的恩公，这是李隆基能想到的最佳组合了：加油吧我的安西宝贝们！

唯一的缺点，就是士兵们差点意思。由于太仓促，真正有战斗力的河西、陇右、朔方三镇兵还没到，封常清招募的是一群票友，高仙芝手里虽然有禁军，但跟票友也差不多。

因为自张说实行军队改革后，经过了长达近四十年的大稍息，此

---

[1] 《新唐书·高仙芝传》：禄山反，荣王为元帅，仙芝副之，领飞骑、彍骑及朔方等兵，出禁财募关辅士五万，继封常清东讨。帝御勤政楼，引荣王受命，宴仙芝以下。帝又幸望春亭劳遣，诏监门将军边令诚监军。

1002 | 大唐气象

时的禁卫军是这个状态："故时府人目番上宿卫者曰侍官，言侍卫天子；至是，卫佐悉以假人为童奴，京师人耻之，至相骂辱必曰侍官。而六军宿卫皆市人，富者贩缯彩、食粱肉，壮者为角抵、拔河、翘木、扛铁之戏，及禄山反，皆不能受甲矣。"

在国际第一大都市长安中，这帮禁军做买卖是好手，至于日常当个守卫也还凑合，穿甲打仗就难为人了。早就都是病秧子了。

十二月初二，安禄山在起兵二十二天后来到了黄河边自灵昌津渡河。

这年黄河水小，再赶上冬天，安禄山以破败船只及草木横绝河流，一个晚上黄河水就结冰如浮梁，随后大军渡河攻陷灵昌郡。

此时新上任的河南节度使张介然才到陈留没几天，仓促组织士兵守城，但从当兵起就没见过这阵仗的士兵们站上城楼后，腿都不够他们哆嗦的，还没打这城就守不住了，太守郭纳投降。

十二月初五，安禄山入北城，看到了安庆宗被杀的榜文后，相当"幽默"地恸哭道："我何罪，把我儿子杀了？"

安禄山将当时陈留将士降者夹道六七千人全部杀掉以泄愤，斩张介然于军门，以其将李庭望为节度使守陈留。

安禄山的这次泄愤相当重要。既然他杀降了，那还是死在战场上好，这也为此后河南地区民众的反抗奠定了基础。

十二月初七，李隆基下诏嚷嚷要亲征，命朔方、河西、陇右三镇之兵除留守城堡之外全部往长安靠拢，限节度使各自带着队伍在二十日全部到齐。

此时的坏消息不断传来，河北已经彻底被安禄山打穿了，李隆基听说河北郡县望风披靡后叹道："河北二十四郡我们就没一个义士吗？"

第10战 安史之乱 | 1003

还是有的！平原司兵李平走小路来到了朝廷，上奏李隆基："我们的颜真卿太守正带领我们守望王师呢！"

颜真卿，大唐中兴名臣，我个人认为他是有唐一代最伟大的书法家，大名鼎鼎的《祭侄文稿》是他的代表作。（见图10-2）

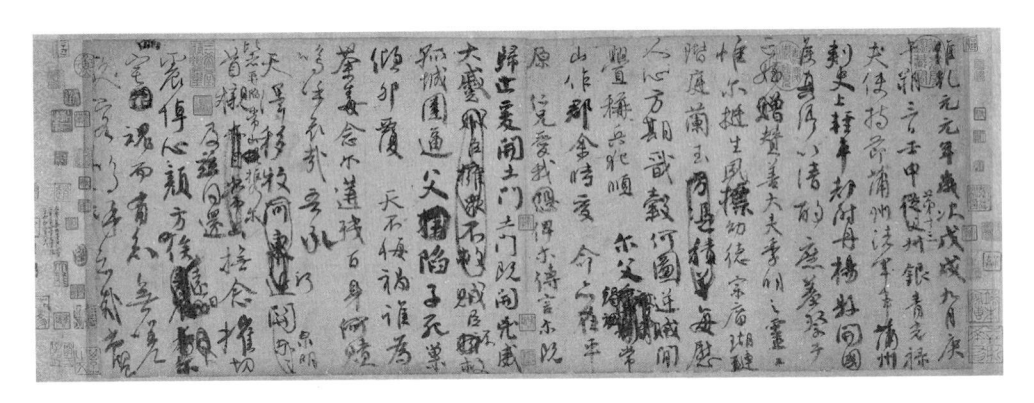

图10-2 《祭侄文稿》图

你猛一看怎么那么多涂抹的痕迹？因为写这篇文章时颜真卿已经人笔合一了，家国忠义之感激荡胸前，全文仅仅蘸了七次墨，一气呵成，手不追书，这已经不是单纯为了写一个艺术作品了。

这篇文稿是有生命的。

顶级的文化瑰宝，永远是有故事，有骨气，有血性，有魂魄的。

是他们，撑起了华夏五千年的脊梁。

颜真卿出身琅玡颜氏，祖籍琅玡，但自五世祖颜之推开始颜氏换了户籍徙居京兆长安。他于开元二十二年（734）考中进士，历任监察御史、殿中侍御史，后因得罪杨国忠被贬为平原太守。

这是杨国忠这几年间接干的几件难得的人事。

安禄山要反之前颜真卿就已经看出端倪了，以下大雨需要防洪的理由开始修建城壕，统计丁壮人数，充实仓廪储备粮草。

安禄山认为颜真卿就是个书生,没当回事,而且平原那个位置比较边缘(见图10-3),除非颜真卿能从山东整出个强兵十万什么的,否则他就是个边缘角色。

等安禄山反了,颜真卿第一个举起唐旗对安禄山宣战,并遣使向长安汇报。

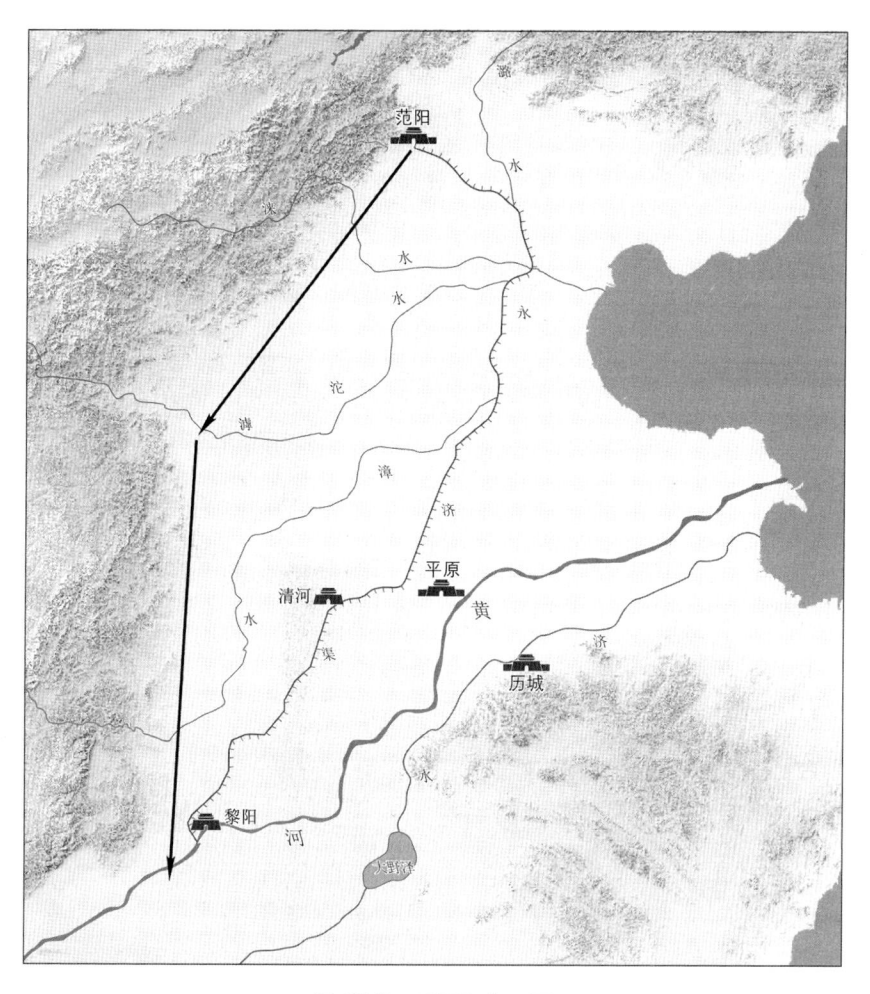

图 10-3 平原郡位置图

这让李隆基很激动,大喜道:"朕不知道颜真卿长什么样,怎么这么忠义呢?"

你八月就知道安禄山要反了,还是去泡澡堂子了,这时候总得有有脊梁的人去干人事。

颜真卿遣其亲信门客偷偷带着悬赏叛军的檄函去联络各郡县,由此河北诸郡开始逐渐出现响应者。这檄函是李平过洛阳时封常清签发的。①

功是功过是过,我们不能盖了他的功劳。来看看他战场上的表现。

安禄山过了黄河打下陈留后引兵向荥阳,太守崔无诐守城拒之,在城墙上守城的士卒听见北兵的攻城鼓角之声吓得自坠如雨。

十二月初八,安禄山陷荥阳,杀崔无诐,声势更加浩大,以其将田承嗣、安忠志、张孝忠为前锋东攻虎牢关。(唐避讳李虎改名为武牢关,本书仍用虎牢关。)

也不知道封常清哪里来的自信,带着所募的这帮没受过训练的士兵敢出去野战,被安禄山的铁骑军团一通狂屠后士气再次大跌,官军大败,武牢关也丢了,封常清再拢起败兵时已经到洛阳近郊的葵园了,没悬念,还是个输。②

那可是虎牢关啊,你打野战!

其实我知道他哪里来的自信,毕竟前面牛吹得那么响,没渡河就已经主动歼敌了,是需要打野战给皇帝看的。

安禄山大军随后赶到了,封常清不能敌,退入上东门,再战还是

---

① 《新唐书·封常清传》:常清取平表发视,即倚帐作书遗真卿,劝坚守,且传购禄山檄数十函与之,真卿得,以分晓诸郡。

② 《资治通鉴·唐纪三十三》:禄山声势益张,以其将田承嗣、安忠志、张孝忠为前锋。封常清所募兵皆白徒,未更训练,屯武牢以拒贼;贼以铁骑蹂之,官军大败。常清收余众,战于葵园,又败。

不利。

十二月十二，安禄山杀进了洛阳外城，再战于都亭驿，封常清还是败，引兵守宣仁门，又败，然后直接连东都禁宫都不守了，又退了上阳宫，再自提象门出，伐大木头塞道以殿后，最终自苑西推倒西墙而走。

洛阳的禁宫是很牛的，王世充靠着这炮楼能当皇帝你知道吗？武则天后来又上了装修你知道吗？你踏踏实实守虎牢关守禁宫这题很难答吗？

同样是没战火好几十年的南梁萧衍还守了台城大半年呢！萧衍都能笑话你。

安禄山攻陷洛阳，至此叛军完成了信心和财货乃至粮草的全面加成。

封常清率余众逃到陕郡，撞上了老上司高仙芝。

此时陕郡太守窦廷芝已逃奔河东，吏民皆散，封常清对高仙芝道："常清连日血战，贼锋不可当。且潼关无兵，若贼豨突入关，则长安危矣。陕地不可守，不如引兵先据潼关以拒之。"

终于想起来守关了，虎牢关的将士死得比你还惨。

高仙芝随后急开太原仓，让兄弟们把能拿走的全都分了，拿不走的一把火给烧了，率兵西守潼关。但很快叛军先锋撵过来了，官军狼狈而逃，甲仗资粮扔了数百里，人马自相践踏又死了一拨，最后终于逃回了潼关，修好了守备，算是挡住了叛军的军势。

唯一还算闪光点的，好歹是把三门峡的粮仓给烧了，扔了几百里的战利品去延缓敌兵追击。

很快四面八方的消息传来，临汝、弘农、济阴、濮阳、云中诸郡已经全部降敌，此时从朔方、河西、陇右调的兵还没到，关中已经快吓死了,是安禄山准备在洛阳称帝救了李隆基,叛军自己放缓了兵势。

眼瞅叛军已经捅到自己嗓子眼的李隆基在郁闷之余收到了个好消息,中原居然神奇地稳住了。

安禄山拿下陈留后以张通晤为睢阳太守,与陈留长史杨朝宗率胡骑千余向东略地,中原还是老样子,看见胡马郡县官吏多望风降走。

万幸的是东平太守吴王李祗、济南太守李随起兵拒敌,拒敌的旗帜出现后,中原各郡县才没被这千余胡马吓死,不从贼者倚吴王为名举旗了,单父县尉贾贲率吏民南击睢阳斩张通晤,后路被断的安禄山大将李庭望不敢再向东略收兵而还。

李隆基准备亲征,十二月十六,正式下诏命太子监国,对杨国忠道:"朕在位近五十年了,倦于政事,去年秋天本想传位太子,但值水旱灾情不断,不想把这灾留给子孙,打算形势好以后再禅位,没想到逆胡横发,朕当亲征,使太子监国。事平之日,朕将高枕无为矣。"

杨国忠大惧,退下后对韩、虢、秦三夫人道:"太子素恶吾家专横久矣,一旦得天下,我们杨家将死无葬身之地。"四个人搂一块先哭,哭完后仨姐姐去找了老妹妹杨贵妃,杨贵妃随后把李隆基亲征命太子监国这事给摁下了。①

也不见得是坏事,就李隆基这德行还亲征。

此时颜真卿已在十天内募兵万余人,他展开战前动员,要举兵讨伐安禄山,一边说一边激动大哭,三军感愤。

安禄山派其党段子光带着李憕、卢奕、蒋清的脑袋传遍河北诸郡,证明自己的势如破竹,十二月十七,段子光使至平原,被颜真卿抓获。颜真卿腰斩段子光并传阅三军,取三臣之首拿蒲草扎个人身厚葬之,祭

---

① 《资治通鉴·唐纪三十三》:相与聚哭。使三夫人说贵妃,衔土请命于上;事遂寝。

哭凭吊。

颜真卿举旗后，清池县尉贾载、盐山县尉穆宁共斩安禄山的海运使兼景城太守刘道玄，得其甲仗五十余船，又将安禄山参谋严庄宗族全部诛杀，将刘道玄之首送去了平原。河间司法李奂杀安禄山所署长史王怀忠；訾嗣贤杀了安禄山所署博平太守马冀。各地反抗安禄山者各有众数千或万人，共推颜真卿为盟主，军事统一到一块儿，受颜真卿指挥。

颜真卿那里理论上还好说，毕竟是边上，但饶阳太守卢全诚也据城跳反了。这个位置是范阳南下要道，安禄山随后派张献诚率上谷、博陵、常山、赵郡、文安五郡团练兵万人围饶阳。

河北与河南见缓的同时，看到安西系拉胯的战绩，李隆基没再给他们机会。毕竟整条豫西通道都让他们输的只剩一道潼关了，输不起了！

而且李隆基的家奴还说了话。

此次高仙芝东征据说被监军的边令诚多次干涉搅和，高仙芝大多数情况下都不听。①

当然太监很可恨，但他在那里折腾不过因为两件事：

1. 求财。

2. 刷优越存在感。

其实不是什么大事，但当年那个装孙子的高仙芝如今已经跪不下去了。

结果边令诚入朝，把高仙芝和封常清战败的事加工后上奏皇帝：

---

① 《资治通鉴·唐纪三十三》：高仙芝之东征也，监军边令诚数以事干之，仙芝多不从。

"封常清借叛军之势动摇军心，高仙芝无故丧失陕郡数百里之地，还盗减军粮物资。"①

李隆基听后大怒，十二月十八，派边令诚手持敕书到军中杀高仙芝及封常清。

在李隆基这里，其实这个决定真不能算是错的。

首先封常清之前大话都说天上去了，结果连战连败，什么意思？边令诚报告他不断宣传贼势，这是事实啊！他不守城打野战是不是对面的卧底啊！他截然相反的表现，难道他想阴李隆基？

其次边令诚是高仙芝的恩公，他都说高仙芝畏战还偷盗军需，高仙芝还有什么可说的呢？

论起来高仙芝确实有点冤，但封常清那是真死有余辜。但是高仙芝这些年在西域暴虐阴死的那些小国臣民冤不冤呢？看上去冤，细看都不冤。

当初封常清败后三遣使者奉表上书贼兵形势，李隆基根本就不见，随后封常清自己来了，但到渭南时来了诏书，敕削其官爵令还高仙芝军，白衣效力。

封常清写了遗表："臣死之后，望陛下不轻此贼，无忘臣言。"

觍着大脸，这时候不狂了。

高仙芝死前道："我遇敌而退，死确实活该，但皇天后土在上，说我盗减粮赐确实是诬陷啊！"

此时将士们都替高仙芝喊冤，但边令诚依旧斩之，以将军李承光摄领其众。

---

① 《资治通鉴·唐纪三十三》：令诚入奏事，具言仙芝、常清桡败之状，且云："常清以贼摇众，而仙芝弃陕地数百里，又盗减军士粮赐。"

李隆基彻底放弃安西系后，找到了河陇大佬，此时因为风疾一直搁家休病假的河西、陇右节度使哥舒翰。

哥舒翰本来就跟安禄山不对付，对李隆基的忠诚肯定是没问题的。于是李隆基召见哥舒翰，拜哥舒翰兵马副元帅，以田良丘为军司马，萧昕为判官，王思礼、钳耳大福、李承光、高元荡、苏法鼎、管崇嗣为属将，火拔归仁、李武定、浑萼、契苾宁等蕃将率本部隶其麾下，河西、陇右、朔方、奴刺再加上之前高仙芝手中的余兵共十二部二十万兵守潼关。

哥舒翰以病固辞，李隆基不许，但哥舒翰现在的身体确实带不了兵，将军务委托给了田良丘，让王思礼主骑兵，李承光主步兵，结果这哥仨开始争权，政令不统一，还没打仗士气就开始迅速滑坡。[①] 都不如专门让某个藩镇的兵去专门守潼关责任明确，部队派系太多太杂，哥舒翰这病又拢不住人，这也为后面的一战而崩埋了伏笔。

最大的好消息从北面传来了：安禄山大同军使高秀岩寇振武军，被朔方节度使郭子仪击败，郭子仪乘胜拔掉了静边军。

安禄山的大同兵马使薛忠义寇静边军，郭子仪派左兵马使李光弼、右兵马使高浚、左武锋使仆固怀恩（世为金微都督）、右武锋使浑释之（世为皋兰都督）等逆击，大破之，坑其骑兵七千人，拿下了安史之乱以来的最大规模歼敌胜利。

随后郭子仪部进围云中，派别将公孙琼岩率二千骑兵攻打马邑，拔之，就此打通了东陉关。

十二月十九，李隆基加郭子仪御史大夫。

---

① 《新唐书·哥舒翰传》：翰惶恐，数以疾自言，帝不听。然病痦不能事，以军政委良丘，使王思礼主骑，李承光主步。三人争长，政令无所统一，众携弛，无斗意。

郭子仪打通北方战线的同时，颜真卿的从兄常山太守颜杲卿也要起兵了，参军冯虔、前真定令贾深、藁城尉崔安石、郡人翟万德、内丘丞张通幽皆预其谋，又遣人给刚派来的中央官员太原尹王承业传了消息。

当时安禄山派李钦凑、高邈率军五千镇守土门，也就是井陉口，高邈此时被临时调去范阳征兵了，还没回来，颜杲卿随后假借安禄山之命召李钦凑，令其率众来常山受犒赏。

十二月二十一，天刚黑，李钦凑至，颜杲卿派袁履谦与冯虔等携酒食和歌舞团前往劳军，李钦凑这帮人都喝多了，随后被斩首。颜杲卿收其甲兵，尽缚其指挥官。

十二月二十二，颜杲卿遣散了井陉之兵。至此，河北至太原的关键通道被打通了。

没多久，高邈自幽州还，还没到藁城就被颜杲卿安排的冯虔给抓了。又没多久何千年自洛阳而来，被崔安石与翟万德飞奔醴泉驿给抓了。这哥俩一块被送常山去了。

被逮捕的何千年马上就显现出了顶级墙头草的素养，对颜杲卿说："您全力尽忠王室，眼下头开得那么好，我们也得给您谋个好的结局。您招募的这帮人都是乌合之众，是没法和叛军打的，现在应该深沟高垒勿与争锋。朔方之兵到后再并力齐进，传檄赵魏，断燕蓟后路，而且您应该迅速散布消息，满河北嚷嚷李光弼率步骑一万已经出了井陉关，并对围饶阳的张献诚杀人诛心，说他统领的都是没有战斗力的团练兵，根本挡不住山西杀过来的边镇兵，这样张献诚就会自动撤退。"

颜杲卿听后大喜，按何千年之谋行事，张献诚果然撤退，所率团练兵也不战自溃。颜杲卿随后派人进入饶阳城慰劳将士，又命崔安石去传檄河北诸郡县："朝廷大军已下井陉，朝夕当至，先降的赏，后降的杀。"河北地区又开始纷纷响应,共十七郡归顺朝廷,合兵二十多万。此时还支持安禄山的仅剩范阳、卢龙、密云、渔阳、汲郡和邺郡这六个郡而已。①

此时颜杲卿起兵还不到一个礼拜,河北就已经反复了。河北判定的依据很清楚,只要朔方军能通过井陉进入河北,就当忠臣。

颜真卿本传中写得更露骨,土门打开后十七郡同日归顺。②

有一种论调是李家太对不起河北人啦,安史之乱之所以打八年,后面藩镇割据尤其是河朔三镇存在的时间之所以能贯穿整个晚唐,就是因为河北人再也不想这样活了。

其实吧,真没那么复杂,核心原因就一个:唐不行了。

河北这几百年百姓最反唐的时候,是当年李渊和李世民的时代,李渊首先埋了个大炸弹坑他儿子,李世民干掉刘黑闼后为了凝聚本派系的人心对河北展开暴力狂屠,所谓"前破黑闼,其将帅皆悬名处死,妻子系房",结果怎么样?

李建成使用怀柔政策安抚河北百姓,给了河北台阶后,河北马上就都成了顺民,随后更是稳稳当当了一个多世纪。

燕赵这片土地的人千年来见识太多事情了,从刘秀出了河北开始,一步步到石勒石虎的"五胡"时代,再到北魏北齐乃至面对天策上将太尉司徒尚书令陕东道大行台尚书令雍州牧左武候大将军凉州总管上柱国

---

① 《资治通鉴·唐纪三十三》:杲卿悦,用其策,献诚果遁去,其团练兵皆溃。杲卿乃使人入饶阳城,慰劳将士。命崔安石等徇诸郡云:"大军已下井陉,朝夕当至,先平河北诸郡。先下者赏,后至者诛!"于是河北诸郡响应,凡十七郡皆归朝廷,兵合二十余万;其附禄山者,唯范阳、卢龙、密云、渔阳、汲、邺六郡而已。

② 《旧唐书·颜真卿传》:土门既开,十七郡同日归顺,共推真卿为帅,得兵二十余万,横绝燕、赵。诏加真卿户部侍郎,依前平原太守。

秦王李世民，就一个算法：你特别猛，特别能打，那我就给你交租；你不行了，使不上劲了，那我就不交租了。

自古天下豪族坞堡哪家强？河北啊！

井陉口一打开，整个河北的风向标就都转过来了，这就是历史学得太明白了。

什么阶级，什么剥削，什么胡汉，没那么复杂，就看谁胳膊粗？你粗就跟你好好过，你不粗我就自己过。

至于后面的河朔三镇，那是在经历一系列演化后逐渐军阀化了，跟后面掌控神策军的太监一样，都不是最开始的味道了。正如此时的高力士很牛，正经九千岁，太子得喊二哥，但李隆基杀他跟条狗一样，但他的后辈们可是中国史上权力最大的宦官集团。

颜杲卿在打通井陉后信心爆棚，开始密派手下去范阳招降留守的范阳节度副使贾循，马燧劝贾循道："安禄山负恩悖逆，虽得洛阳，终归夷灭。公若诛诸将之不从命者以范阳归国，倾其根底，此不世之功也！"

贾循同意了，正犹豫什么时候跳反时，被其别将牛润容得知，并速向安禄山检举。随后安禄山派其党韩朝阳赶了回来杀了贾循，灭其族，并派史思明和李立节率蕃汉步骑万人击博陵与常山。

本来安禄山想亲自率兵攻打潼关，军至新安得知河北有变，因此回到了洛阳，又追加蔡希德率兵一万去支援史思明北击常山。

756年正月初一，安禄山自称大燕皇帝，改元"圣武"。

此时济南太守李随已经率领所募数万兵来到了睢阳，占住了这个南下的关键重镇。大年初二，李隆基命李随为河南节度使，以前高要尉许远为睢阳太守兼防御使。

颜杲卿派其子颜泉明与贾深、翟万德献李钦凑的脑袋及叛将何千年、高邈于京师。

前内丘县丞张通幽哭泣请求道:"我兄长陷贼,乞与泉明一块面圣以救宗族。"

颜杲卿感动后同意,结果到了太原张通幽就投靠了有中央背景的王承业。张通幽叫王承业扣了颜泉明等,重新写表,把自己的功劳写得天花乱坠,贬低颜杲卿之功,王承业采纳了他的计策,另派了一个队伍去献俘。

王承业之所以敢这么做,是因为他不担心有风险。

此时颜杲卿起兵才八日,守备未完,史思明和蔡希德已经引兵至城下了。颜杲卿告急于王承业,但王承业考虑到刚刚盗窃其功,最希望看到他城陷,遂拥兵不救。

颜杲卿昼夜拒战,粮尽箭竭,正月初八,城陷,贼兵屠城杀万余人,抓了颜杲卿及袁履谦等送洛阳。

那边王承业使者至京师,李隆基大喜,拜王承业羽林大将军,麾下受官爵者以百数,征颜杲卿为卫尉卿。

朝命未至,常山已陷。

颜杲卿至洛阳,安禄山骂道:"你当初不过一个范阳户曹,我奏汝为判官,没过几年就将你提拔至太守,哪里对不起你,让你反我!"

颜杲卿怒目骂道:"你不过一个营州牧羊奴,天子提拔你为三道节度使,恩幸无比,何负于汝而反?我世为唐臣,禄位、官位都是朝廷给的,虽是你所提拔,又怎能随你造反?我为国讨贼,恨不能斩你,哪来的反?你个没羞没臊的胡狗,怎么还不杀我?"

安禄山大怒,将颜杲卿与袁履谦等缚于中桥之柱给剐了。颜杲卿和袁履谦至死骂不绝口,颜氏一门被杀者三十余人。

纵观整个安史之乱,安禄山一党从来都不是大唐最大的敌人。

飞猪冲进了瓷器店,旧有的格局被打破后,面对满世界亟待重新洗牌、重新划分的利益板块，老爷们各有各的想法。

颜家兄弟不过是个小小的太守，后来被称为南国柱石的张巡在剿贼前不过是个县令。该让张巡担那么大的责吗？

不是大唐没有人，是大唐根儿上就烂了。包括潼关，那是怎么丢的？

这国家毁在了叛军手里？不，死在内耗上罢了。

三、哥舒翰为何不得不出潼关？

史思明攻克常山后引兵击诸郡之不从者，所过之处全部歼灭，随后广平、钜鹿、赵、上谷、博陵、文安、魏、信都等郡又归顺了叛军，还是只有饶阳太守卢全诚不从，史思明等围之，河间司法李奂率七千人、景城长史李暐遣其子李祀率八千人救援，皆为史思明所败。

打仗是个专业的事，你不是正规军，根本不可能打得动野战。

不过颜杲卿和袁履谦这些常山英烈并没有白牺牲，他们让李隆基看到了河北的能动性。随后李隆基命北方军郭子仪罢云中之围，他回朔方调动所有部队参战，选良将一人分兵南下进入太原，再出井陉打入河北。

郭子仪推荐了李光弼。来正式介绍下和郭忠武齐名的李武穆。

李光弼，契丹人，其父李楷洛原为契丹酋长，相当能打，开元时期官至左羽林大将军，朔方节度副使，封蓟郡公。到了李光弼这里，就能看出来大唐的文化包容性有多强，胡人的汉化速度有多快。李光弼从小能文能武，能读懂班固的《汉书》，年纪轻轻就参了军，给他爹守孝的时候，整个丧期都能做到不近女色。

文化认同能做到这份上，还是什么胡人啊，就是汉人！

就像今天的满人和汉人，还有什么区别吗？

李光弼起家的官，是左右亲府左郎将。这个官是正五品下，比郭令公的起点高不少，没办法，他爹是大唐中兴第一名将。李光弼本人也争气，在哪里都能被上司看重，天宝初年时，李光弼已经累迁至左清道率兼安北都护了。

天宝五载（746），李光弼被河西节度王忠嗣看重补为兵马使，充赤水军使。而王忠嗣对李光弼的宠爱堪称教父对教子，常常帮李光弼扬名道："我将来的兵法和官位继承人肯定是李光弼。"

天宝八载（749），李光弼继承其父蓟郡公爵位。天宝十一载（752），拜单于副使都护。

天宝十三载（754），朔方节度安思顺奏请李光弼为其副使，知留后事。

这一年，李光弼已经四十七岁了。安思顺爱其才，打算把闺女嫁给他，但李光弼娶的是太原王氏，从门第上就看不上这个"杂胡"，他守孝比汉人还规矩，根本不可能跟暴发"胡"联姻。再者说，眼瞅安禄山要反的事天下皆知，李光弼不想搅入安家的浑水之中，所以选择了打脸般的托病辞官：你要认我当姑爷是吧，那这官和你闺女我都不要了。

这让跟安家哥俩关系极差的哥舒翰相当舒爽：来啊爷们，你跟"杂胡"混什么啊！你契丹得跟我们突厥热乎啊！于是，一封跨军奏表把李光弼调回了长安。[①]

[①]《旧唐书·李光弼传》：思顺爱其材，欲妻之，光弼称疾辞官。陇右节度哥舒翰闻而奏之，得还京师。

然后就等来了安史之乱，李光弼跟着郭子仪又回了朔方，随后被郭子仪举荐为河东节度副大使，知节度事，兼云中太守。

正月初九，郭子仪以李光弼为河东节度使，并分朔方兵万人，随后开始回朔方招募士兵。

正月初十，李隆基加哥舒翰为尚书左仆射、同平章事，原任的官职如旧，以拜相的奖励敦促哥舒翰好好打；又设置了新官职南阳节度使，让南阳太守鲁炅担任，率秦岭之南、黔中、襄阳子弟五万人屯叶县之北以备安禄山。

正月十一，安禄山遣其子安庆绪寇潼关，被哥舒翰击退。豫西战线就此进入稳态。

二月初二，加李光弼魏郡太守、河北道采访使。李隆基的意思很明确：李光弼你得给我往河北扎了。

此时史思明等叛将已经将饶阳城包围二十九天了，但还是没有攻下，李光弼率蕃汉步骑一万余人再加上太原弩机手三千人出了井陉关。

二月十五，李光弼兵至常山，常山团练三千兵杀了守城的叛乱胡兵，抓了安思义，出城投降。①

李光弼问安思义："知道自己有多该死吗？"安思义不说话。

不说话就表明有合作的可能，李光弼道："你久经沙场，你看我的队伍打得过史思明吗？你说得在理我就不杀你。"

安思义道："您兵马远来疲敝，突遇大敌，恐怕不好抵挡，不如移军入城，早做防备，先休养士卒，做好准备后再出兵。胡骑虽锐，但难以持久，如果不能获利，士气很快就会消退，那时候才是您决胜之时。

---

① 《资治通鉴·唐纪三十三》：己亥，至常山，常山团练兵三千人杀胡兵，执安思义出降。

史思明今在饶阳,离此不到二百里,昨天晚上求援信已经送过去了,我算来其先锋明早必至,紧跟着就是大部队,不可不留意也。"

李光弼一听,安思义所言就是行话,大喜,为安思义松了绑,移军入城。

史思明得知常山失守后立刻解饶阳之围来救常山,次日天未亮,前锋部队已至,史思明等率大军紧随其后,二万多骑兵直逼城下。

李光弼命五百弩手于城上齐射击退了攻城之军,又让一千弩手分为四队轮番发射,叛军败退,敛军退于道北。

李光弼出兵五千手持长枪列阵于道南,夹呼沱水对峙。史思明随后多次以骑兵冲阵,但都被李光弼的弩兵击退,最终史思明收兵,决定等步兵来破李光弼的枪弩阵。

史思明等的这步兵有五千人,正昼夜兼程地从饶阳往常山赶,一昼夜行了一百七十里,此时已至九门(今河北石家庄藁城区九门)南面的逢壁歇脚,打算歇足了再去常山,毕竟走了这么远,根本没有战斗力,《孙子兵法》中的金句嘛:"是故卷甲而趋,日夜不处,倍道兼行,百里而争利,则擒三将军,劲者先,疲者后,其法十一而至。"

这道理是没错的,但选的这歇脚的位置不对,离常山太近了,距常山城不过二十里。他们的行踪又被老乡汇报给了李光弼。[1]

李光弼立刻派了步骑各两千,偃旗息鼓,沿呼沱河潜行,到逢壁时叛军正在吃饭,官军突然袭击,将其全部歼灭。

史思明得知步兵被消灭后放弃了攻城,退兵入九门。他看出来了,李光弼这是正规军,不是颜杲卿那样的团练兵,不能再来硬的。此时常

---

[1] 《资治通鉴·唐纪三十三》:有村民告贼步兵五千自饶阳来,昼夜行百七十里,至九门南逢壁,度憩息。

山郡九个县又收回了七个，只有九门与藁城还被叛军占据，双方实力属于均势状态，谁也吃不掉谁，就此展开了对峙。

河北重新打通了井陉道后，河南也有了进一步的好消息，大唐的南国擎天柱张巡出场了。

张巡生于708年，跟李光弼同岁，自幼博通群书，通晓战阵兵法，气志高迈，略细节，所交之友必大人长者。

这份自命不凡让张巡前面几十年过得相当不顺，他哥哥张晓在朝廷干监察御史，他中进士后却一直没什么大机会，之前干的是清河县令，本来政绩很棒，干满任期到长安后，由于不搭理杨国忠，被一竿子打成了真源令（治今河南鹿邑）。①

还是前面说颜真卿的那话，这是杨国忠难得的间接干的几件人事。

张巡的这次调任某种意义上是改变唐朝历史走向的人事任命。没有他，安史之乱最终的走向真的不好说。

之前谯郡太守杨万石献城投降了安禄山，又逼真源令张巡为其长史西迎叛军。

张巡在真源率官吏百姓哭于玄元皇帝（老子）庙中，然后起兵讨伐叛军，响应者数千。张巡挑选了精壮一千向西到达雍丘后，与杀了叛将的单父尉贾贲合兵，此时这伙临时拼凑的队伍拢共两千人。就是靠着这么点人，最终书写了传奇。

这哥俩之所以会去雍丘（今河南杞县），是因为之前雍丘县令令狐潮已经降贼了。叛军任令狐潮为将，命其东击淮阳救兵于襄邑。令狐潮击破襄邑后，俘虏百余人，并将其拘于雍丘准备全部杀掉。令狐潮正准

---

① 《新唐书·张巡传》：于是杨国忠方专国，权势可炙。或劝一见，且显用，答曰："是方为国怪祥，朝宦不可为也。"更调真源令。

备去拜见叛军大将李庭望时，淮阳兵抓住机会杀了看守士兵，令狐潮弃妻子而逃，贾贲得以趁着这个机会占据了雍丘。

为什么张巡要去占雍丘呢？因为它的位置在这里。（见图10-4）

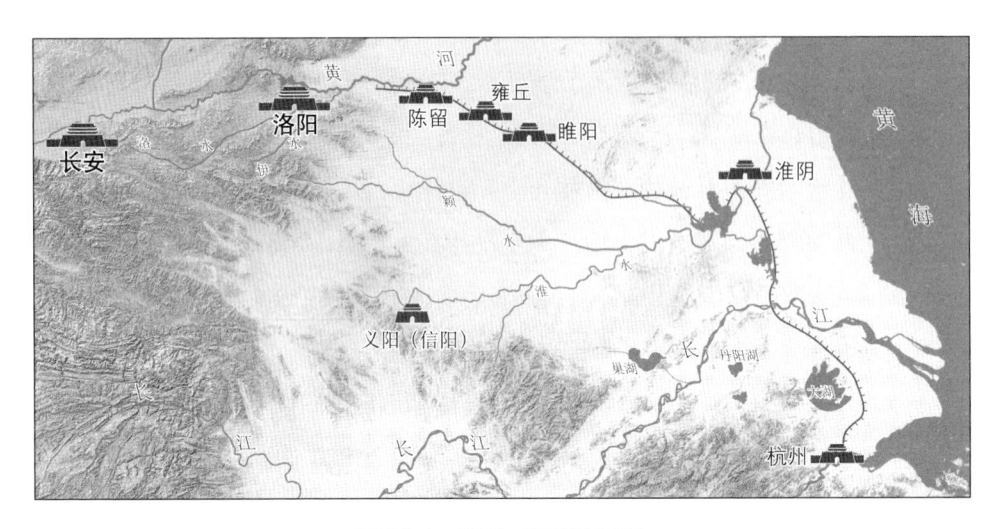

图10-4 雍丘、睢阳位置图

雍丘正卡在永济渠上。

春天到了，你们都听过李白的"烟花三月下扬州"是吧，都让他那诗里的江南美人整得火烧火燎的是吧，梦里都是"美人一笑褰珠箔，遥指红楼是妾家"是吧！温香软玉风流地，大唐财赋核心区的江南就在爷后头，你过得去吗？

令叛军相当绝望的是，即便后来眼瞅他们以几十倍伤亡的代价砸下雍丘，张公抽冷子又去了睢阳，但还是被卡死。

二月十六，令狐潮引贼精兵攻雍丘；贾贲出战败死，张巡力战击退敌军随后兼领贾贲之众。

三月初二，令狐潮再次作为带路党与叛军大将李怀仙、杨朝宗、谢元同等率四万余众突袭至城下。士兵大惧，没有固守的决心了。这个时候张巡说:"贼兵精锐,有轻敌之心,今出其不意击之,彼必惊溃,他士气受挫后我们就能守住这城了。"

张巡随后派千人守城,自率千人分成数队开门突杀而出,身先士卒直冲贼阵,将敌军杀退拿下开门红,正式打响了"张氏游击守城法"的"以攻代守,守中带攻,心战威慑始终在"的守城神将招牌。

转过天来,叛军再度攻城,拉出来了百门投石机围城开始轰击,楼堞皆毁,张巡又在城上装上木栅以拒之。

叛军随后开始蚁附攻城,张巡让将士们扎好蒿草往里灌油脂,点着了以后当燃烧弹投向这拨叛军,将他们烧退。

别看张巡没什么本钱只能守城,但他是真能让你这攻城的天天嘀咕,总是能给你整出些新花样。他永远不可能在那里被动等你,抽冷子看你城下阵形乱后就主动出击,打你一个防备不当。你注意力都瞄准城门时,一个特种小分队还动不动大半夜从城上盲区处顺绳子下来,打你一家伙,让你睡不了觉。

张巡靠着这两千人连战了六十余日,大小三百余战,带甲而食,裹疮督战,最终愣是把这四万攻城军打得主动放弃了。

这下直接把叛军整抑郁了,叛军撤退时张巡还搞追击,俘虏胡兵二千而还,张巡就此彻底打响军威。俘虏的两千胡兵是安禄山的主力。

真的替封常清臊得慌。

张巡部队的兵跟他一样都是临时招募的,直接上史料:"巡率吏哭玄元皇帝祠,遂起兵讨贼,从者千余;巡与单父尉贾贲各招募豪杰,同为义举。"

都是散装的,都是没经验的,所有兵都得见了血、走了阵后才会逐渐有战斗力,这都是客观规律。

既然如此,那新兵最好的实战训练方式就是守城。你有一座城可以用，双方不用比军阵，就是你要豁出命动用各种办法不让敌人进城，这个是技术含量相对最少的。你手里有武牢和洛阳，你瞅你打的那是什么玩意。

在张巡血战的当口，得了风疾一直闹喊自己要死的哥舒翰不知是不是因为双脚离地病毒就被消灭了，斗人的智商又占领了高地，你别看他没精力去整军练兵，但他有脑子去琢磨人。

哥舒翰拿自己当教父了，趁着自己手握二十万大军，向李隆基提出了一个让他无法拒绝的要求。

朔方节度使安思顺在安禄山谋反之前就察觉出了问题，随后早早就检举揭发了。安禄山反后，李隆基仅仅将其召入朝中并没有追究，但哥舒翰趁着这个机会下了黑手，派人伪造了一封安禄山送给安思顺的信，在潼关假装被他擒住献给了朝廷，还列举了安思顺七大罪，请求诛之。①

李隆基就算是傻子也能看出来这是哥舒翰在公报私仇，但是吧，毕竟潼关在哥舒翰手上，三月初三，李隆基下令杀安思顺及弟太仆卿安元贞，将其家属徙岭外。

李隆基给了哥舒翰任性的面子。

哥舒翰这一招业余的公报私仇把旁边的杨国忠直接吓坏了。本来他俩关系不错，但杨国忠一看，哥舒翰这是趁着手握重兵漫天要价了，那下一个就是他这个宰相了。② 毕竟哥舒翰现在手里有那么大的筹码，

---

① 《新唐书·哥舒翰传》：始，安思顺度禄山必反，尝为帝言，得不坐。翰既恶禄山，又怨思顺。及是，知重兵在己，有所论请，天子重违，因伪为贼书遗思顺者，使关逻禽以献。翰因疏七罪，请诛之。

② 《新唐书·哥舒翰传》：有诏思顺及弟元贞皆赐死，徙放其家。国忠始惧。

万一哪天看他也不顺眼了呢？

也不知道哥舒翰是不是让李治附体了，风疾都那么严重了还想着怎么内斗。

安思顺今后的政治生命肯定是废了，他不会对你有威胁了，你非得现在弄死他，有意义吗？

哥舒翰这种水平相当低劣的逼宫行为会使长安形成一个预判：这老小子后面的所有动作都在趁火打劫、趁机加价。

李隆基确实不怎么样，杨国忠更不怎么样，但哥舒翰同样如此。

三月十五，吴王李祗击败叛将谢元同，拜为陈留太守、河南节度使。

之前济南太守李随被任命为河南节度使，此时吴王李祗作为宗室被李隆基安排接替了河南节度使之位。

继安西诸将的拉胯和哥舒翰的间接逼宫后，李隆基开始转变思路：宗室们能顶上去的全给我上吧！（不过宗室也分级，李祗也是权宜之计的人选，后面我们会讲。）

三月二十九，又设了新官职，以河东节度使李光弼为范阳长史、河北节度使，鼓励李光弼扩大能动性。与此同时加颜真卿为河北采访使。

安史之乱打了四个多月后，二十多岁的清河人李萼代表家乡来平原找颜真卿借兵了："公首倡大义，河北诸郡都以您为长城。今清河为公之西邻，国家平日聚江、淮、河南的钱帛于我们清河以赡北军，谓之'天下北库'；清河眼下有布三百余万匹，帛八十余万匹，钱三十余万缗，粮三十余万斛。不光物资凶猛，当年武则天时代讨阿史那默啜时甲兵也都贮藏在清河库，今天还有五十多万呢！如今清河户七万，口十余万，算来是您平原三倍之富，能武装的兵力更是您平原的一倍，如果您派出部队去接手清河，以此二郡为腹心，余郡马上就会成为您的助力，迅速组织起来，到时候您凭借这个力量就能干太多事了！"

颜真卿终于等到了河北中部堪称最重要的一个郡的示好，但颜真卿道："平原兵都是新招的，尚未训练，自保都费劲，哪顾得上临郡啊！再说我如果答应了您的请求，出了兵，您下一步的计划是什么呢？"

李萼道："清河派我来找您投资，不是我们力量不足借您的队伍当炮灰，而是想看看您的大局观，看您现在犹犹豫豫的，我怎么能把后面的计划说出来。"

颜真卿觉得这小伙子有气魄，打算分兵，但大家觉得嘴上没毛办事不牢，这孩子年轻轻敌，分了兵也是打水漂，颜真卿不得已拒了。

李萼在馆舍给颜真卿写了封信："清河要是投了叛军，会把物资兵器都资了敌，您这西面到时候还守得住吗，到时候您不会后悔吗？"

不愧是豪族老区清河派出的代表，一句话就吓坏了颜真卿，颜真卿赶紧去馆舍拦住这孩子表示："我做主了，六千兵马上到。"遂送至郡境，双方握手道别时颜真卿问道："兵已经跟你走了，该说说后面的打算了吧。"

李萼给了两个步骤：

1. 闻朝廷派上党的程千里率精兵十万出崞口讨贼，但被贼据险而拒，进不来，今当引兵先击魏郡，抓了安禄山的伪太守袁知泰，将郡交回原太守司马垂使其为西南主人，分兵开崞口，让程千里之军进入河北，以此讨汲、邺以北至于幽陵郡县之未下者。

跟北面李光弼开井陉的思路一样，再把滏口陉打开，正经好方案。

2. 太行山麓扫清后，平原与清河率诸同盟合兵十万入河内去逼洛阳，分兵据守要害，预计官军东讨者不下十万，公到时候坚壁勿战，用不了一个月贼的内部必陷入崩溃。

这个逼洛阳的方案相对来说不靠谱，这不是他们临时组建的团练兵能干的事。不过总体而言已经很不简单了，最起码他指出了关键点——滏口陉。

颜真卿对此表示认同，随后命录事参军李择交及平原令范冬馥率其兵会清河兵四千及博平兵千人屯兵于堂邑西南，先去执行第一步。

叛军方面袁知泰遣其将白嗣恭等率二万余人逆战，由于对面也不是安禄山的野战军，随后双方菜鸡互啄，大战一天，三郡兵杀得魏郡兵大败，斩首万余级，俘虏人马各千余，军资甚众，三郡兵收复魏郡，军声大振，袁知泰弃城奔汲郡（今河南卫辉西南），已经走保河内了。

魏郡都拿下了，滏口陉被打通也不会太远了。

河北南部开辟第二战场的同时，北面李光弼与史思明相拒四十余日，史思明仗着骑兵优势绝了常山粮道，李光弼的草料率先没了，马已经开始吃草垫子了，但好在此时郭子仪已经从朔方回来了。

得到李光弼求救的消息后，郭子仪率兵从井陉杀了过来，四月初九，军至常山，与李光弼合兵后蕃汉步骑有十余万。这已经是一股完全能够左右河北战局的野战军力量了。

四月十一，郭子仪和李光弼与史思明等战于九门城南，史思明大败，李立节被杀。史思明收余众奔赵郡，蔡希德奔钜鹿。

史思明自赵郡又逃到了博陵，当时博陵已降官军，史思明尽杀郡官，但河朔地区百姓痛恨叛军残暴，拿出了千年来河北地区的光荣特产——各组团练为战。

虽然临时去找坞堡不太现实，循着本乡守本土的原则，各地已经结成了自保组织，多者二万人，少者万人，拒贼保家。郭子仪杀出来后纷纷投奔过去，请求效力。

四月十七，郭子仪攻赵郡，一日，城降。

朔方兵没控制住，大肆劫掠，但李光弼坐城门，把士兵们抢的都还给了百姓，郭子仪放了俘虏的四千人，斩安禄山太守郭献，随后李光弼进围博陵。

河北战况已经开始眉目大显，此时的平卢游弈使刘客奴、先锋使董秦与安东将领王玄志合谋杀了安禄山的平卢节度使吕知诲，由于隔着范阳没法投降郭子仪，于是派使者走海路来到平原给颜真卿去了信，主动请求攻取范阳作为投名状。

颜真卿遣判官贾载运军资十余万去跨海资助，并把自己十岁的独子颜颇送到了刘客奴处表明自己的态度。

别嘀咕，我把儿子都押给你了，只要为国杀贼，将来朝廷一定既往不咎，有好前程。

这整得将士们都不同意了，但颜真卿表示："我一定拿出我的一切来团结所有能团结的力量去报答国家！"[1]颜门忠烈啊！

后来国运不济，颜真卿到死再没找到自己的这个儿子。

长安很快收到了颜真卿的汇报，以刘客奴为平卢节度使，赐名刘正臣；王玄志为安东副大都护，董秦为平卢兵马使，给予了官方的认可和肯定。

河北河南不断传来好消息的时候，南阳方面传来败报，南阳节度使鲁炅立栅于滍水之南，被安禄山部将武令珣、毕思琛攻破。五月初四，鲁炅兵败后退守南阳被叛军包围。

李隆基的姑爷太常卿张垍推荐夷陵太守虢王李巨，说其有勇略，

---

[1]《新唐书·颜真卿传》：会平卢将刘正臣以渔阳归，真卿欲坚其意，遣贾载越海遗军资十余万，以子颇为质。颇甫十岁，军中固请留之，不从。

李隆基召吴王李祗为太仆卿，任虢王李巨为陈留及谯郡太守、河南节度使，并统领岭南节度使何履光、黔中节度使赵国珍和南阳节度使鲁炅。

张介然、李随、李祗，眼下又是这个李巨，短时间内河南节度使已经换四个了。

之所以又动，是因为吴王李祗毕竟是自己从地方杀出来的，这种追认的宗室李隆基不放心。

这个李巨是李隆基早在安禄山打下洛阳后就听姑爷的建议准备安排为河南节度使的人选。

前面任命李随和李祗都是权宜之计。

听到这里你可能会纳闷，安禄山打进洛阳这都过去四个月了，怎么才任命？

因为李巨之前是夷陵太守，去长安本就需要时间，更神奇的是，杨国忠因为忌惮李巨，对这个极其关键位置的人选生生压了一个多月，不让李巨见驾，李隆基的脑瓜子也是真可以，直到自己想起来才派了太监去传李巨。①

五月十五，李巨率兵从蓝田出发走武关道去救南阳，叛军得知后放弃围城。

南阳之围解除的同时，河北的光复已经八九不离十了。

郭子仪与李光弼还常山，史思明收散卒数万紧追其后，郭子仪选骁骑殿后轮番挑战，对峙三日后至行唐，叛军疲敝退兵，郭子仪锲而不

---

① 《旧唐书·李巨传》：及禄山陷东京，玄宗方择将帅，张垍言巨善骑射，有谋略，玄宗追至京师。杨国忠素与巨相识，忌之，谓人曰："如此小儿，岂得令人主。"经月余日不得见。玄宗使中官召入奏事，玄宗大悦，遂令中官刘奉庭宣敕令宰相与巨语，几亭午，方出……寻授陈留谯郡太守摄御史大夫、河南节度使。

舍一直追击，又败之于沙河。

蔡希德到了洛阳后，安禄山又调给了他步骑二万北上支援史思明，又命牛廷玠发范阳等郡兵万余人支援史思明，合众五万余人，其中同罗、曳落河的精兵万余人，要跟郭子仪搞次大决战了。

郭子仪至恒阳，史思明又跟来了，郭子仪深沟高垒以待之。反正就是敌来则守，敌退我追，白天耀兵，晚上偷营，就是让你没法休息。折腾数日后，郭子仪和李光弼开会商量后认为此时敌已疲敝，可以出战了。

五月二十五，双方战于嘉山，郭子仪大破史思明，斩首四万级，捕虏千余人。史思明坠马后披头散发光脚丫子逃走，晚上拄着一杆折了的枪回到了军营，随后逃奔博陵。

这回他再想跑李光弼就不干了，李光弼率兵把史思明围了，军威大振，随后河北十余郡皆杀叛军守将起义，安禄山的"渔阳路"再次被断绝，即便来往皆轻骑悄悄路过仍然免不了被官军扣下，南下的将士们绝大多数人家在渔阳，都思念家乡，无心恋战。此时洛阳军心已乱。

河北一败涂地，河南的雍丘擎天柱又打不动，断不了江淮粮赋，南阳之围被李巨解了后，洛阳的安禄山已经近乎绝望。

有气没处撒的安禄山召高尚、严庄骂道："你们俩天天跟我念叨让我造反，天天跟我说万全，潼关已经打了几个月还打不进去，眼下北路又被绝了，诸军四面合围，我手里就有汴、郑数州而已，哪来的万全？你们以后别来见我。"

高尚、严庄大惧，好几天不敢过来，直到田乾真自潼关回来，为这俩参谋说话："自古帝王经营大业皆有胜败，岂能一举而成！今四方军垒虽多，但都是新募的乌合之众，没行军布阵走过沙场，哪里是我蓟北劲锐之兵的对手，别太担心，高尚、严庄皆佐命元勋，陛下一旦跟他俩断了关系,那诸将听说后心里就更打鼓了,那才是我替陛下担心的地方。"

安禄山听说后赶紧喊来已经吓破胆好几天的那哥俩,摆酒酣宴,自己唱歌助兴,待之如初。

安禄山不是真的大度,他只是试图让自己崩得慢一点。此时他已经开始商量弃洛阳回东北了。①

但这个时候,安禄山的恩人矩阵发功了。

杨国忠拜相后的三年,满世界散德行,让天下人瞧不起,安禄山此次起兵打的旗号又是诛灭杨国忠,战况也由最开始的尽在他掌握中变成了只有一道防盗门。

杨国忠每天都很焦虑。现在天下都在议论他的德不配位。

更可怕的是,河陇系眼瞅要拿下此次安禄山造反的最大红利了,哥舒翰的潼关派现在天天琢磨的事不是怎么去练兵,怎么去平叛,而是坐地起价,布局战后朝局了。

现在每天开会讨论的第一项是怎么弄死杨国忠,方案都写好了,留三万守关,剩下精锐全部突击长安清君侧,更可怕的是涉及这事潼关派很团结,哥舒翰身边的最大牌副手王思礼也这么劝他,万幸的是哥舒翰犹豫了,这消息传出来了。②

这个王思礼是高句丽人,父为朔方将军,他本人是王忠嗣军队出来的,之后一直跟哥舒翰混,李隆基本来是想把俩人拆开的,让王思礼

---

① 《资治通鉴·唐纪三十四》:禄山议弃洛阳,走归范阳,计未决。
② 《新唐书·哥舒翰传》:或说翰曰:"禄山本以诛国忠故称兵,今若留卒三万守关,悉精锐度灞水诛君侧,此汉挫七国计也。"思礼亦劝翰。翰犹豫未发,谋颇露。

去河陇防吐蕃，但哥舒翰坚决不同意，最终把这嫡系给带潼关来了。①

死活带过来不是干正事的，哥舒翰虽然生病管不了部队，但明显斗人的智商相当过剩，他不开大会，爱和王思礼开小会。②

王思礼说："你要是不同意大部队逼宫，那我请以三十骑兵把杨国忠绑架到潼关杀了。"哥舒翰道："真那样就成我哥舒翰造反了。"③

潼关军此时已经越来越像刀子了。

哥舒翰是突厥人，王思礼是高句丽人，李隆基要细看的话，就会发现他们真的比安禄山强吗？都在打着诛杀杨国忠的名号一步步地往前逼。

此时此刻李隆基估计在疯狂抽自己的大嘴巴。怎么就没让郭子仪带朔方军守潼关来呢！毕竟那是咱汉将啊！

就没有不透风的墙，潼关开的什么会已经传出来了。杨国忠也在合计，身边小弟出主意："今朝廷重兵尽在哥舒翰之手，哥舒翰如果挥师西进您估计要完蛋。"

杨国忠大惧，上奏道："潼关大军虽盛，但眼下没有第二道防线啊，万一失利京师就悬了，请选监牧三千人于苑中训练。"

李隆基同意，派剑南军将李福德等率领这支队伍，杨国忠又募万

---

① 《新唐书·王思礼传》：安禄山反，翰为元帅，奏思礼赴军，玄宗曰："河、陇精锐，悉在潼关，吐蕃有衅，唯倚思礼耳。"翰固请，乃兼太常卿，充元帅府马军都将，翰委以军事。

② 《旧唐书·王思礼传》：禄山反，哥舒翰为元帅，奏思礼加开府仪同三司，兼太常卿同正员，充元帅府马军都将，每事独与思礼决之。

③ 《资治通鉴·唐纪三十四》：是时，天下以杨国忠骄纵召乱，莫不切齿。又，禄山起兵以诛国忠为名，王思礼密说哥舒翰，使抗表请诛国忠，翰不应。思礼又请以三十骑劫取以来，至潼关杀之，翰曰："如此，乃翰反，非禄山也。"

人屯军灞上，令其亲信杜乾运率领，名为御贼，实为防备哥舒翰。

很幼稚。王思礼想杀你是预计出三十骑兵，你临时整这弯弯绕绕有什么用，你这只有一个作用：要逼反他啊！

哥舒翰那边也相当魔幻，听说这事后知道杨国忠肯定一肚子坏水，就上表请求灞上诸军隶属潼关。

此时李隆基除了人质已经没有任何筹码来约束哥舒翰了，只能又一次同意。

六月初一，哥舒翰召杜乾运到了潼关，找个借口给砍了，把杨国忠招的兵笑纳了。①

杨国忠开始跟家里交代后事了："我连找块坟地都没戏了，估计得扬了啊。"

这个时候，长安方面收到了一个军报，说安禄山大将崔乾祐此时仅率不到四千羸弱之兵守陕城，随后李隆基下令哥舒翰进兵，收复陕洛。

业余军事爱好者李隆基确实得批评：您老要是搞政变那绝对尊重您的意见，现在是打野战呢，打大兵团呢，您老就别瞎指挥了吧。您现在出去进攻那可就是纯拼战斗力了，之前封常清、高仙芝都丢脸丢成什么样了，士气上您根本没做好准备啊！

但是，从李隆基的角度来讲，还真就不能说他一点不占理。

哥舒翰你这半年就差骑我头上了，你给我出兵干人事去，你到前面给我推战线去，把潼关给我让出来。

哥舒翰奏道："安禄山久习用兵，现在刚作乱没有多久，那么前线

---

① 《新唐书·哥舒翰传》：翰疑图己，表请乾运兵隶节下，因诡召乾运计事者，至军，即斩首枭牙门，并其军。

第10战 安史之乱 | 1033

的地方岂能无备？这就是下套诱我呢，要是去了就真掉他陷阱里了，贼兵远来，利在速战，官军据险扼其咽喉，最适合我们的是坚守，贼众残虐民心，兵势日渐衰退，他内部将有兵变，到时候我们再杀出去可不战而擒。我们取胜的关键是坚守，不是速胜啊！况且如今诸道征的兵还有很多没到，请求让我们再等等。"

还等兵？等兵都到你手里了，你就该是我爹了。

李隆基此时觉得宏观形势已经完全有利于他了，河北局面已经彻底打开了，他等不了了。无论是让哥舒翰滚远点还是让安禄山死快点，他真的等不了了。

关于李隆基的心态，连远在河北的郭子仪部都听说了，郭李二将军合计哥舒翰又老又病，诸军番号太多那就不是打仗的样子，关键的破局点在他们这里，他们北上范阳去端安禄山老窝，抓了人质后其众必崩，潼关大军最好固守，因为后面是长安，根本输不起。随后郭子仪相当严肃恳切地上书，请求不要让哥舒翰出兵。[①]

道理谁都懂，后世看这段历史会觉得李隆基是匪夷所思的大傻子。但他做那样的决策真的是基于自身利益出发下当时的最优解，反正是出征，输了潼关又丢不了皇位。

从李隆基到杨国忠，都希望你输了才好呢！损失掉一部分实力，然后让你戴罪立功，这样你不断逼宫的威胁就缓解了。

你野战输了，长安才睡得着觉。

---

① 《新唐书·哥舒翰传》：而国忠计迫，谬说帝趣翰出潼关复陕、洛。时子仪、光弼遥计曰："翰病且耄，贼素知之，诸军乌合不足战。今贼悉锐兵南破宛、洛，而以余众守幽州，吾直捣之，覆其巢窟，质叛族以招逆徒，禄山之首可致。若师出潼关，变生京师，天下怠矣。"乃极言请翰固关无出军。

只是没有想到最终业余军事爱好者的斗人王者们居然会败成那个样子。

哥舒翰要是从进了潼关就好好养病，今天说看上哪块地了，明天说瞅上谁家园子了，放心，没人逼他出潼关。

杨国忠死活劝李隆基贼无防备，哥舒翰这是贻误战机，将失机会。

杨国忠把锅背好后，李隆基表示同意，一拨又一拨的太监开始去潼关催促哥舒翰出战。①

756 年六月初四，中国历史即将彻底反转。哥舒翰恸哭出关。

觍着个大脸，还有脸哭呢！

---

① 《资治通鉴·唐纪三十四》：国忠疑翰谋己，言于上，以贼方无备，而翰逗留，将失机会。上以为然，续遣中使趣之，项背相望。

四、中国史的千年转折点

来到中国史上潼关的最大争夺战了。但说实话,这战是在函谷关地区打的。

来看看已经被遗忘了很久的函谷关吧。函谷关位置见图 10-5,乍一看这图可能会纳闷,没觉得这位置是天下第一险呀。其实,它险在了背后靠着的稠桑原。

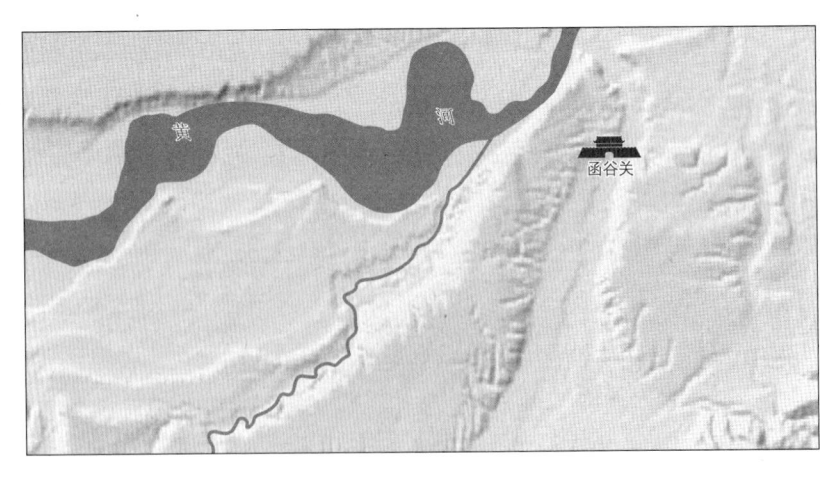

图 10-5　函谷关地形图

所谓"原"是一种特殊地貌，跟高欢死磕的峨眉台地一样，是个突然拔起的断层板块，四周陡峭不好爬，但原上面相对平坦。之所以叫稠桑原就是因为这原上长满了桑树。稠桑原北边卡死了黄河，往南往西延伸还相当宽广，有点唐长老没法绕过去八百里狮驼岭的意思。

函谷关是稠桑原上被老天劈开的一条裂缝，是连接东西的长十五公里的唯一通道，最宽处不过十米。关在谷中，深险如函，因此得名函谷关。关外面还有鸿胪水（弘农河）流过，又天赐了条护城河。

这么个地理位置再配合东边的三门峡断航道，让秦当年的军事防御成本低到无法想象，我们在战国时代就算过这笔账。

为什么这关后来不行了呢？主要是原上那堆桑树惹的祸。

大人们要盖殿，百姓们要烧柴，豫西通道又是连接长安和洛阳的最关键通道，商贸频繁，人口增长，到了和平年代，哪怕这原险峻也阻挡不了老少爷们惦记原上那木头的心，整个两汉四百年下来，这原被砍得光秃秃的。

千万别小看老百姓的生产热情和积极性。那地方不好爬啊，但你瞅瞅上面有树吗，你再对比下今天的长城。

稠桑原被薅秃后出现了水土流失问题，这也就间接导致了拔地而起的高原被慢慢整得不那么险峻了，爬上原，在原上走渐渐也不叫个事了。紧接着稠桑原北面对黄河那段出现了冲积平原，再加上整个关中被深耕四百年后同样出现了巨大的水土流失，也帮黄河南岸造了河堤，等于到了东汉末年，经过人们四百年的靠山吃山，函谷关被大自然整破防了。（见图10-6）

两条道都能走到函谷关，这就给曹操整郁闷了，随后建了潼关，结果建完后不光郁闷了，差点给自己整抑郁了。他自己是第一个被坑的，差点在表演赛上让马超给射死。

第10战 安史之乱 | 1037

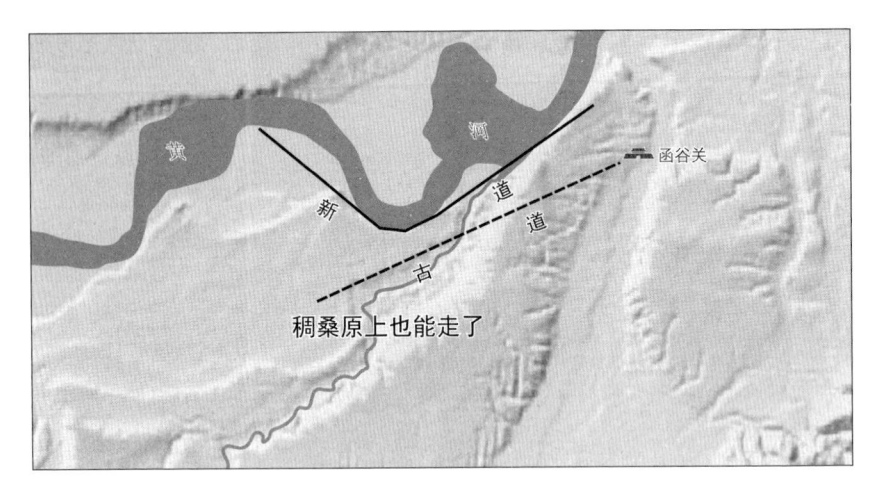

图 10-6　函谷新道示意图

六月初七，哥舒翰的官军遇崔乾祐的叛军于灵宝西原，也就是沿着黄河那条新道。

崔乾祐据险以待之，南靠山，北阻河，隘道七十里，他在哥舒翰到之前就往稠桑原上埋伏了。[1]

哥舒翰此战带出来了几乎所有的队伍。按理讲好歹在潼关留一半啊，十八万大军，怎么都带走了，豫西通道也不是大兵团作战的地方。

收起你的疑惑，能上史书的脑残操作大多都有原因，每个将领都相当精明，哥舒翰的理由是很充分的。

让我收复陕洛，我只要离开了潼关，那大概率就不会再回来了，等于我此战后都要坐镇陕县，往后就要跟安禄山的洛阳兵对阵了。

我可以派少部分兵力跟我出战，但这有两个问题：

1. 兵少没打下来，我被降职。

---

[1]《新唐书·哥舒翰传》：六月，引而东，恸哭出关，次灵宝西原，与乾祐战。由关门七十里，道险隘，其南薄山，北阻河，贼以数千人先伏险。

1038　|　大唐气象

2.兵少打下来了,但没守住,我被降职。

所以不光要想打的事,还得考虑守的问题。

更关键的是,这兵留在潼关,就是给别人留的,圣人一个圣旨这兵就归别人了,我可不能便宜别人。

种种权衡下,哥舒翰带着十八万大军出了征。也没问题,李世民也攥着兵权不放。你把宫女们都拉出来跟你走那也行,你只要打得赢。

来看看哥舒翰的布阵。

他让王思礼等率精兵五万居前,庞忠等率余兵十万紧随其后,自己以三万兵登黄河北岸高地以望之,鸣鼓以助其势。① 看这阵其实就能知道这货是个什么水平。(见图10-7)

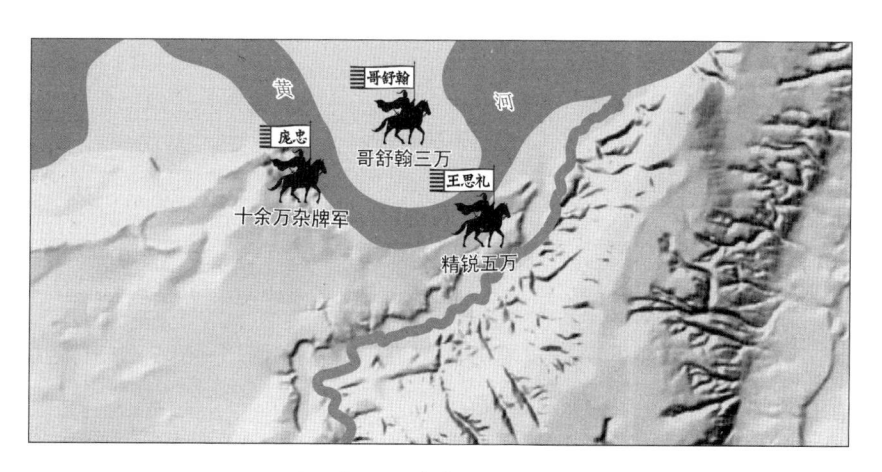

图 10-7 哥舒翰东进示意图

---

① 《新唐书·哥舒翰传》:翰与良丘登北阜,以军三万夹河鸣鼓,思礼等以精卒居前,余军十万次之。《资治通鉴·唐纪三十四》:王思礼等将精兵五万居前,庞忠等将余兵十万继之,翰以兵三万登河北阜望之,鸣鼓以助其势。

他这些年的军功，通过当年代替他老上司王忠嗣攻打石堡城就很能看出来了，领功他来，送死别人去。他自己作为最高将领就找个安全的地方当啦啦队。

唐军是没有水军的，至少此战哥舒翰是没有水军的，只有粮船百艘负责沿途提供给养，他带着三万人在河对岸，这士气要是还能高那都见了鬼了。

哪怕再退一步，你自己能保存实力也没问题，但你此时最大的优势是兵啊，你过这段路的时候必须在稠桑原上安排上队伍啊，必须防护好侧翼啊，与此同时你还得留兵堵住崤函古道的老出口，防止敌人从背后捅你对吧。

十五万大军过险地不防护制高点走一字长蛇，闻所未闻！

他守潼关半年了，不是不知道整体防御是个什么概念。潼关最早也是建在原上的，是武则天时代因为黄河南岸出现淤积才将主城迁于黄河南岸边上。

整个潼关防御体系是一直连到秦岭的，在禁沟后还有十二连城，都需要系统性布防的。

你要是带着小股精锐也就罢了，你带着那么大的队伍，应该知道走这种原始地貌一定要护好侧翼的！

他能想着让三万兵去北路保护他，却没精力去想着保护南岸军的侧翼了。

主帅天天多辛苦，用那么多脑子跟长安斗智斗勇，还得保证自己能活到上位，不就是给十几万蝼蚁买个安心嘛！多大点事，你们怎么就不体谅上级呢？

双方遭遇后，哥舒翰不玩速战，直到六月初八才正式打响战斗，又给了对方更多时间去布置。①

哥舒翰与田良丘坐船于黄河中流以观军势,见崔乾祐兵少,催促诸军前进,眼瞅崔乾祐所率之兵不过万人,队伍稀稀拉拉三五成群根本不成军阵,让唐军乐得呦。

打起来后,崔乾祐的弱兵开始逃跑,官军开始松懈了,随后崔军埋伏在后面的精锐杀出来了,原上的埋伏也一起发起攻击了,一边突杀,一边发射滚木礌石,击杀唐军甚众。②

不过即便这样,西北军到底还是显了功底,没崩,由于道路狭隘,士卒拥挤,枪槊全都不能用,以马拉毡车为前驱,打算冲破叛军军阵,但午后突然刮起狂暴东风,随后崔乾祐以草车数十辆迎上并放了把火,顿时赤壁级别的大火开始呼啸,浓烟滚滚。唐军根本看不到敌兵在哪里了,连眼都睁不开,即便如此,还是没崩,调集了弓兵弩兵队往前不断射击。③

能把吐蕃打成外甥的河陇军队,遇到这大火浓烟将领对岸看戏这都能不崩,算是为自己的战斗力正名了。

直到天黑箭都用光了,才知道打瞎了,前面根本没有人。

崔乾祐趁着这个时候派了同罗精骑绕过南山去哥舒翰背后搞袭击,去打哥舒翰那堆临时招募的乌合之众了。唐军首尾骇乱,不知如何抵

---

① 《资治通鉴·唐纪三十四》:己丑,遇崔乾祐之军于灵宝西原。乾祐据险以待之,南薄山,北阻河,隘道七十里。庚寅,官军与乾祐会战。

② 《资治通鉴·唐纪三十四》:兵既交,贼偃旗如欲遁者,官军懈,不为备。须臾,伏兵发,贼乘高下木石,击杀士卒甚众。

③ 《资治通鉴·唐纪三十四》:道隘,士卒如束,枪槊不得用。翰以毡车驾马为前驱,欲以冲贼。日过中,东风暴急,乾祐以草车数十乘塞毡车之前,纵火焚之。烟焰所被,官军不能开目,妄自相杀,谓贼在烟中,聚弓弩而射之。

挡，军阵崩盘，大败。①

西北军的精锐即便在缺心眼主帅的加持下依旧是经受住考验的，但后面那十几万累赘确实是散装的，哪哪都不挨着，他们一崩把精锐军的心态也给带崩了。唐军或弃甲窜匿山谷，或相挤落入黄河，哭嚎之声振动天地，叛军乘胜追击，唐军开始启动自我毁灭程序。

最逗的是，哥舒翰带着的河北之军在黄河对岸自己就入戏了，感同身受地跟着一块崩，哥舒翰最终仅与麾下数百骑自首阳山西渡黄河入关。②你瞅这兵让他带的。

临最后了，唠唠哥舒翰是个什么人。

他刻薄寡恩，从来不拿士兵们的死活当回事。他是奴嘛，对上负责即可。他底下的军官也如此，层层向上负责。曾经长安派人来劳军，士兵们说衣服都没有，太冷了，李隆基表示我们市场繁荣，就衣服多，赶紧给将士们调了十万件军袍，结果都让哥舒翰给扣了，最后都便宜他下一任的皇帝安禄山了。③

潼关外面有三道沟堑，皆宽二丈，深一丈，败兵逃得狼狈到了人马坠其中迅速把沟都填满的地步，最终士卒逃回潼关者仅八千余人。

六月初九，崔乾祐攻潼关，轻松拿下。

---

① 《资治通鉴·唐纪三十四》：乾祐遣同罗精骑自南山过，出官军之后击之，官军首尾骇乱，不知所备，于是大败。

② 《资治通鉴·唐纪三十四》：河北军望之亦溃。翰独与麾下数百骑走，自首阳山西渡河入关。

③ 《新唐书·哥舒翰传》：翰为人严，少恩。军行未尝恤士饥寒，有咋啗者，痛笞辱之。监军李大宜在军中，不治事，与将士樗蒱、饮酒、弹箜篌琵琶为乐，而士米糗不厌。帝令中人袁思艺劳师，士皆诉衣服穿空，帝即斥御服余者，制袍十万以赐其军，翰藏库中，及败，封镝如故。

其实别说还剩下八千多人,就潼关那个城防就是三千人叛军都进不来,哥舒翰让这十几万官兵对大唐失望了,队伍散了,没法带了。

哥舒翰一仗输掉了大唐堪称最精锐的河西、陇右两镇精兵,与此同时整个关中河东的防御体系瞬间崩塌了,河东、华阴、冯翊、上洛防御使皆弃郡而走,所在守兵皆散。①

所有的小概率事件叠加后终于凑出了那个躲不过去的大概率事件。

大唐积累了一个半世纪的武德信誉此刻彻底崩塌,诗人们歌颂了半天的河陇雄兵闹半天是这个样子,所有人心中都只剩一个念头,大唐完了。

哥舒翰逃回了关西驿站,贴榜文收散卒打算接着守潼关。蕃将火拔归仁等以百余骑把他直接给包围了,进屋对哥舒翰道:"贼至矣,请公上马。"

哥舒翰上马出驿,火拔归仁率众叩头道:"公以二十万众一战弃之,我们就别提见天子的事了吧,还记得高仙芝和封常清的下场吗?跟我们东去吧。"

哥舒翰说:"我不去。"

由不得他了,所有说不去的都成了加入叛军的投名状,被送安禄山那里了。

安禄山见了这个死对头后幽默问道:"你一直看不起我,今天你这下场怎么说?"

哥舒翰伏地道:"臣肉眼不识圣人啊!今天下未平,李光弼在常山,李祗在东平,鲁炅在南阳,希望陛下留下臣,我能写小作文招揽他们。"

---

① 《资治通鉴·唐纪三十四》:潼关既败,于是河东、华阴、冯翊、上洛防御使皆弃郡走,所在守兵皆散。

第10战 安史之乱 | 1043

安禄山看他一百八十度大转弯相当开心，拜其为司空、同平章事，对火拔归仁道："汝叛主，不忠不义。"然后给杀了。

哥舒翰和安禄山这俩家伙的风格都比较魔幻。一个是没皮没脸，跟他的指挥水平一样让人匪夷所思，都得风疾了还能活多久啊，真当自己是李治啊，还有四个儿子一大家子几十口呢，给后人留个忠臣口碑荫荫子孙不成吗？

另一个更魔幻，眼瞅此时局面打开最该招降纳叛的时刻却砍了宣传标杆、投降自己的火拔归仁，自己作为一个反贼却想盖忠贞牌坊。

哥舒翰写了"一堆小作文"招揽诸将，没有理他的，随后被安禄山关牢里去了，一年后安禄山之子安庆绪战败撤退时宰鸡一样地杀了他。

哥舒翰最终没为潼关之战背历史责任，要感谢他的李圣人。

毕竟我都说了不能出战，你非逼我出，我前面那堆拥兵自重眼瞅逼宫的小动作是没人追究的，绝大多数人都不爱看权谋片也看不懂权谋戏，简单的因果逻辑算是救了我，后世只需要告诉我一个结果，大混蛋是谁！

大唐曾经有多么美好，如今就有多么可惜，这崩塌如悬崖跳水般必须有一个第一责任人。

来，该看看李隆基了。

六月初九潼关丢了，哥舒翰麾下来告急，李隆基没召见，只遣李福德等率之前训练的三千监牧兵赴潼关。到了晚上没看见报平安的烽火，李隆基哆嗦了。六月初十，召宰相商量未来。

杨国忠这个剑南节度使自打安禄山反了之后就命令节度副使崔圆暗中准备物资留后路，这回终于用上了。[1]

---

[1] 《资治通鉴·唐纪三十四》：杨国忠自以身领剑南，闻安禄山反，即令副使崔圆阴具储偫，以备有急投之，至是首唱幸蜀之策。

杨国忠针对往哪里逃的事成竹在胸地道："我们去蜀地啊！李白说蜀道难难于上青天。"李隆基同意了。

六月十一，杨国忠集百官于朝堂，惶恐流涕，问百官还有什么办法，没人说话。

杨国忠最终总结道："举报安禄山造反已经有十年了，皇上就是不听，今日之事，不是我这个宰相的罪过啊！"

此时的长安已经启动了末日毁灭系统，士民惊扰奔走，市里萧条。六月十二，百官朝者已经十无一二，李隆基御勤政楼，下制，以京兆尹魏方进为御史大夫兼置顿使；京兆少尹灵昌崔光远为京兆尹，充西京留守；边令诚掌宫闱管钥匙，然后说自己要亲征了。

当天李隆基移居大明宫，天黑后，秘密地命龙武大将军陈玄礼集合禁军，重赏金帛，又挑了闲厩马九百余匹准备悄悄跑路。[1]

大厦将倾的时候，千万别信掌权者说要挽回并一定能挽回的话。他比谁都知道救不回来了，正满世界拉垫背的呢，千万反向听。

你瞅李隆基，跑路前还虚晃一枪。六月十三黎明，李隆基仅带着杨贵妃姊妹、皇子、皇妃、公主、皇孙、杨国忠、韦见素、魏方进、陈玄礼及亲近宦官、宫人出延秋门跑路。不在宫中的皇妃、公主、皇孙全部不带。

过左藏库时，杨国忠请求放火烧了左藏库，不能资敌，但李隆基"心系百姓"，说道："抢了这库就不抢百姓了，留给他们吧。"[2]

---

[1] 《资治通鉴·唐纪三十四》：是日，上移仗北内。既夕，命龙武大将军陈玄礼整比六军，厚赐钱帛，选闲厩马九百余匹，外人皆莫之知。

[2] 《资治通鉴·唐纪三十四》：上过左藏，杨国忠请焚之，曰："无为贼守。"上愀然曰："贼来不得，必更敛于百姓；不如与之，无重困吾赤子。"

第10战 安史之乱 | 1045

呵呵，真的吗？自古谁嫌钱赚够了的，什么时候百姓们逃得过破城后的抄家、淫杀、放火三件套了？

李隆基的真实想法是什么呢？留着这钱，叛军就忙着分红了，就给他的跑路争取出时间了。提前说一嘴，他后面之所以同意李亨不跟他走，本质上也是学壁虎，断尾巴求生呢！

李隆基已经跑了，还有尽责的官员入朝呢，到了宫门还能看到皇帝的障眼法呢，哪哪都挺正常，等宫门打开，看见宫女乱窜，所有人才都知道了，皇帝跑啦！

整个长安开始进入无秩序状态，王公、士民四处逃窜，百姓和各地土匪开始争入宫殿和王公第舍盗取金宝，连驴都骑上殿了。

李隆基留的左藏大盈库被乱民给烧了，被崔光远和边令诚救火保下，这是关键投名状，随后崔光远遣其子去向安禄山投降，边令诚更是把长安的全套钥匙都给交了。

换老板喽！

李隆基过便桥后杨国忠派人焚桥。李隆基道："百姓们都要避贼求生，奈何绝其路。"随后留高力士让把火扑灭再来。

这是《资治通鉴》的记载，这段内容在玄宗本传中说的是："平明渡便桥，国忠欲断桥。上曰：'后来者何以能济？'命缓之。"

李隆基说的是"缓之"，说的是"后来者"。

杨国忠的本传中记载如下："虑贼奄至，令内侍曹大仙击鼓于春明门外，又焚刍藁之积，烟火烛天。既渡渭，即令断便桥。"

李隆基是否真的爱民如子，根据他这跑路的惯性思路，大家自己心里有个评判吧。

李隆基遣宦官王洛卿前行去告谕郡县准备住所，等走到咸阳望贤宫，王洛卿和县令一块跑了，宦官去征召也没人来，到了中午李隆基都没吃上饭，最后是杨国忠也不知从哪里买来的胡饼献给了李隆基，这时候百姓们看大人们还是愿意给钱的，于是纷纷献上了糙米麦豆大杂烩饭，皇孙们争着用手抓着吃都没吃饱，士兵们就更别想了。李隆基给了钱后百姓们都哭了，他也跟着哭。哭完接着走，半夜走到金城县的时候，士兵们才吃上饭。

六月十六，来到了著名的马嵬驿，随从将士因饥饿疲劳心中怨恨愤怒。此时的禁军最高统领，四十多年前跟李隆基一块发动政变的陈玄礼以天下大乱皆是杨国忠一手造成的理由煽动将士们，要杀他平众怒。①

随后陈玄礼通过东宫宦官李辅国联络太子李亨，转告马嵬驿情况，李亨犹豫不决。②

恰巧此时有吐蕃使节二十余人拦住杨国忠的马找他要吃的，杨国忠还没张嘴就被将士们嗷嗷喊道："杨国忠与胡人谋反！"随后开始射杨国忠，杨国忠拨马便逃，逃至马嵬驿西门时被追上砍杀。

士兵们肢解其尸，用枪戳着他脑袋插于西门外示众，又杀了其子户部侍郎杨暄与杨贵妃的两个姐姐韩国夫人、秦国夫人。

御史大夫魏方进说："你们好大的胆子，居然敢害宰相。"

宰相！宰相！狗脚宰相！禁军又把他杀了。

另一个宰相韦见素听见外面大乱出来准备主持大局，被乱兵拿鞭子抽得头破血流。好在韦见素跟杨国忠搭档没多久，再加上是最后一位随行高官了，最终被保下。

---

① 《旧唐书·杨国忠传》：翌日，至马嵬，军士饥而愤怒，龙武将军陈玄礼惧乱，先谓军士曰："今天下崩离，万乘震荡，岂不由国忠割剥甿庶，朝野怨咨，以至此耶？若不诛之以谢天下，何以塞四海之怨愤！"众曰："念之久矣。事行，身死固所愿也。"

② 《资治通鉴·唐纪三十四》：丙申，至马嵬驿，将士饥疲，皆愤怒。陈玄礼以祸由杨国忠，欲诛之，因东宫宦者李辅国以告太子，太子未决。

第10战 安史之乱 | 1047

士兵们随后包围了驿站，李隆基听到了动静，出来安抚慰劳将士们，说："大家杀得太好了，散了吧。"

将士们没搭理他。

李隆基让高力士去沟通，陈玄礼道："杨国忠谋反，贵妃不宜再供奉，愿陛下割恩正法。"

说得很婉约，新旧唐书的贵妃本传中就不用整那么体面了，说法相当直接：烂根子尚在！①

马嵬驿这事，不是一次简单的下克上，是某些将领利用士兵们的怨气引导的一次政治事件。

为首的陈玄礼，算得上是李隆基禁军家奴中最值得信任的一个人了，当年政变时就是李隆基重要的左右手，后面王毛仲飘起来四处结党时，陈玄礼依旧守住这颗心，兢兢业业地保护了李隆基四十多年，他是能摁住大半夜老准备遛窗户的李隆基还不担心被李隆基报复的老家奴，因为生态位太单一，没人能替，也没人比他更值得信任。②

在《旧唐书》陈玄礼本传中，他是打算在长安城中杀杨国忠的，只是没成功，最终等到了马嵬驿。③

---

① 《旧唐书·后妃传》：及潼关失守，从幸至马嵬，禁军大将陈玄礼密启太子，诛国忠父子。既而四军不散，玄宗遣力士宣问，对曰"贼本尚在"，盖指贵妃也。《新唐书·后妃传》：及西幸至马嵬，陈玄礼等以天下计诛国忠，已死，军不解。帝遣力士问故，曰："祸本尚在！"

② 《旧唐书·陈玄礼传》：其后，中官益盛，而陈玄礼以淳朴自检，宿卫宫禁，志节不衰。天宝中，玄宗在华清宫，乘马出宫门，欲幸虢国夫人宅，玄礼曰："未宣敕报臣，天子不可轻去就。"玄宗为之回辔。他年在华清宫，逼正月半，欲夜游，玄礼奏曰："宫外即是旷野，须有备预，若徒夜游，愿归城阙。"玄宗又不能违。

③ 《旧唐书·陈玄礼传》：及安禄山反，玄礼欲于城中诛杨国忠，事不果，竟于马嵬斩之。

能让陈玄礼这种谨慎了半个世纪的人去杀大唐的宰相，背后肯定有人。

从既得利益和过往恩怨来看，这事的既得利益者是太子，再加上之前双方就有重大过节，杨国忠杀了太多的太子党羽，前面李隆基本来都打算让太子监国了，已经有甩锅当太上皇的苗头了，但最终被杨国忠撺掇杨贵妃给摁下了。①

史料中也有多处记载，说陈玄礼向李亨汇报了整这事，但其实大概率是要师出有名，找个更高靠山而已。因为陈玄礼谨慎不可能去结交太子，后面更是护送李隆基从蜀地回来，后来他和高力士这两个最忠的老奴还被李亨踢走了，这不是太子党羽的待遇。

陈玄礼代表的势力不会是太子。

当初李隆基的禁军家奴和太监家奴在开元十九年（731）有过一次"气宗"和"贱宗"的巅峰对决。最终始终能摆正自己位置的"贱宗"获得胜利，膨胀了不知道自己姓什么的"气宗"被连根拔起，从那时起，禁军就开始被太监们渗透了，虽然谈不上控制，但禁军将领们再没有一个王毛仲式的直达天听的大佬了，禁军高官们都直接对李隆基负责，但同时他们的二祖宗是高力士。

陈玄礼背后的人物，大概率是高力士。

他派去找太子的那个李辅国，原本也是高力士几十年的家奴。②

---

① 《旧唐书·杨国忠传》：玄宗闻河朔变起，欲以皇太子监国，自欲亲征，谋于国忠。国忠大惧，归谓姊妹曰："我等死在旦夕。今东宫监国，当与娘子等并命矣。"姊妹哭诉于贵妃，贵妃衔土请命，其事乃止。

② 《旧唐书·李辅国传》：李辅国，本名静忠，闲厩马家小儿。少为阉，貌陋，粗知书计。为仆，事高力士，年且四十余，令掌厩中簿籍。天宝中，闲厩使王鉷嘉其畜牧之能，荐入东宫。

杨国忠靠着杨贵妃的特殊生态位获得了比李林甫更高的权势，这其实对于高力士来讲是极不可控的，更关键的是杨国忠还是剑南节度使，此去蜀中大概率将凭借杨贵妃彻底在蜀地一手遮天，所以高力士要马上除掉这个隐患。

李隆基听见陈玄礼提出条件回了句："朕当自处之。"随后进屋了，拄着拐杖耷拉着脑袋好像很痛苦的样子。

过了一会儿，韦见素之子京兆司录韦谔上前说道："今众怒难犯，安危在一念之间，愿陛下速决！"随后叩头流血。

没看我演那么半天了吗？怎么才递过来台阶。李隆基道："贵妃常居深宫，安知杨国忠谋反？"

高力士给台阶："贵妃确实是无罪的，但现在杨国忠已经死了，贵妃在陛下左右，将士们岂敢自安。愿陛下审思之，将士安则陛下安。"

李隆基七十二了，"贤者"时间越来越多，而他也远没有古往今来文人们想象出来的痛彻心扉，选择题很好做，李隆基直接命高力士将杨贵妃缢杀于佛堂，抬尸置驿站大堂，召陈玄礼等入内参观。①

陈玄礼等随后解甲叩头请罪，李隆基慰劳之，令他们安慰将士们。陈玄礼等呼万岁，再拜而出，开始整队准备出发。

六月十六，李隆基准备从马嵬驿出发了，此时朝臣只有韦见素一人，于是以韦谔为御史中丞，充置顿使。

将士们都说："杨国忠谋反，其将吏皆在蜀，不可往。"大家有说去陇右的，有说去河西的，有说去灵武的，有说去太原的，甚至还有说回长安的。

---

① 《旧唐书·玄宗本纪》：上令高力士诘之，回奏曰："诸将既诛国忠，以贵妃在宫，人情恐惧。"上即命力士赐贵妃自尽。玄礼等见上请罪，命释之。

这时候李隆基已经铁了心想去蜀地了，只是害怕兵变不敢张嘴。①

反正反方向的长安和太原是不能去的，这个时候韦谔说："回长安需要有御敌之备，先去扶风吧，我们离得越远越好，再做打算。"

那几个方向扶风也属于必经之路，大家点头同意了。

正要走，父老皆遮道请留道："宫阙，陛下家居，陵寝，陛下坟墓，今舍此您想去哪里啊？"

百姓们死活哀求留下，李隆基走不了，于是令太子留下宣慰父老。父老们对太子道："你爹不留，我们愿和太子留下破贼取长安，你们爷俩都走了，将来谁给我们中原百姓做主？"②

没多久已经聚集数千人了，太子说："一路这么远，我要陪我爹，再说我还没当面报告呢，就算留我也得问完再说。"说完就要走。③

这时其子建宁王李倓与宦官李辅国建言道："逆胡犯阙，四海分崩，不因人情，何以兴复！今殿下从至尊入蜀，若贼兵烧绝栈道，则中原之地拱手授贼矣。人情既离，不可复合，虽欲复至此，其可得乎！不如收西北守边之兵，召郭、李于河北，与之并力东讨逆贼，克复两京，削平四海，使社稷危而复安，宗庙毁而更存，扫除宫禁以迎至尊，岂非孝之大者乎！何必为儿女之恋乎！"

其长子广平王李俶也劝李亨留下，乡亲父老共拥太子马，太子不得行。

---

① 《资治通鉴·唐纪三十四》：上意在入蜀，虑违众心，竟不言所向。

② 《资治通鉴·唐纪三十四》：上为之按辔久之，乃令太子于后宣慰父老。父老因曰："至尊既不肯留，某等愿率子弟从殿下东破贼，取长安。若殿下与至尊皆入蜀，使中原百姓谁为之主？"

③ 《资治通鉴·唐纪三十四》：须臾，众至数千人。太子不可，曰："至尊远冒险阻，吾岂忍朝夕离左右。且吾尚未面辞，当还白至尊，更禀进止。"涕泣，跋马欲西。

李亨派李俶去通知他爹，说他不走啦。李隆基听说后道："天意啊！"随后分后军二千人及飞龙厩马让他们跟着太子，并对将士们说："太子仁孝，可奉宗庙，汝曹善辅佐之。"又对李亨传谕："你好好干吧，勿以我为念。西北诸胡，我抚之素厚，汝必得其用。"又派人将东宫内人给李亨送了回来，且宣旨欲传位，李亨不受。

　　整得挺父慈子孝的，但这是面上的事，在李亨的太监总管李辅国传中把真实情况写出来了，这是东宫集团帮李亨做的选择，不能再跟他爹走了。①

　　没人能拒绝拥立之功，你爹已经现眼了，他失去民心了，该我们挑大梁了！

　　六月十七，李隆基到了岐山县，此时传言叛军先锋马上就撵上来了，他不敢耽搁，继续跑，到了晚上终于到了扶风郡，此时此刻，宿卫禁军已经开始公然骂街了，每个人都有想法，陈玄礼已经控制不住局面了。②

　　眼瞅要兵变，再过几天这帮士兵就该把他绑了去找安禄山请赏了，万幸的是，成都进献的春织丝绸十余万匹此时已经运到了扶风，李隆基赶紧招来将士们说："朕老了，用人失当以致安禄山谋反，逆乱天常，朕不得不远行避难，躲其兵锋，朕知道大家都不容易，仓促而来，有的都没来得及和父母妻儿道别，就跟朕一路到了这里，朕很惭愧，对不起大家了，去蜀地还有很远，现在允许大家回家，朕只与儿孙及侍奉的宦

---

① 《旧唐书·李辅国传》：禄山之乱，玄宗幸蜀，辅国侍太子扈从，至马嵬，诛杨国忠，辅国献计太子，请分玄宗麾下兵，北趋朔方，以图兴复。

② 《资治通鉴·唐纪三十四》：己亥，上至岐山。或言贼前锋且至，上遽过，宿扶风郡。士卒潜怀去就，往往流言不逊，陈玄礼不能制，上患之。

官前往蜀中，这些人也足以保朕到达，现在就与你们分别了，这些丝绸大家分了吧，如果你们回去见到长安父老代朕向大家问候，多多保重了。"随后开始哭。①

七十二岁的老头儿了，几十年没说软话了，为了活个命也是不容易。

将士们也哭道："臣等死生从陛下，不敢有贰！"

大家被这十几万丝绸砸蒙了，跟着老头还是有肉吃的，李隆基过了一会儿道："去留都各自凭心愿。"至此，将士们通红的眼珠子才算慢慢降了温。②

至此，李隆基此番西征梦的减法活命之旅才算告一段落，他终于不用担心被绑票了。

另一边，太子留下后不知道去哪里，敢问路在何方啊！

建宁王李倓道："您曾经为朔方节度使，将士们每年都回送致敬老上级的问安帖子，我大概都能叫得上他们的名字，今河西、陇右之众皆败降贼，父兄子弟多在贼中，或生异图，这两个地方不能去了，朔方道近，士马全盛。贼入长安肯定忙着掳掠没工夫来抓我们，应速往朔方，此上策也！"

众皆曰："善！"

---

① 《资治通鉴·唐纪三十四》：会成都贡春彩十余万匹，至扶风，上命悉陈之于庭，召将士入，临轩谕之曰："朕比来衰耄，托任失人，致逆胡乱常，须远避其锋。知卿等皆仓猝从朕，不得别父母妻子，茇涉至此，劳苦至矣，朕甚愧之。蜀路阻长，郡县偏小，人马众多，或不能供，今听卿等各还家；朕独与子、孙、中官前行入蜀，亦足自达。今日与卿等诀别，可共分此彩以备资粮。若归，见父母及长安父老，为朕致意，各好自爱也！"因泣下沾襟。

② 《旧唐书·玄宗本纪》：上曰："去住任卿。自此悖乱之言稍息。"

第10战 安史之乱 | 1053

至渭滨，遇潼关败卒，太子军误与交战，死伤甚众。等弄明白这仗打瞎了，收余卒择渭水浅处乘马涉渡，没有马的士兵们涕泣而返。

李亨自奉天北上夜行三百里至新平，士卒、器械失亡过半，所存之众不过数百。

李亨至乌氏县，彭原太守李遵出迎，献衣粮，到了彭原，募得数百兵，随后到了平凉，收获了数万匹监牧马，又募兵五百余人，至此军势稍振。

李亨到了平凉数日后，朔方留后杜鸿渐、六城水陆运使魏少游、节度判官崔漪、支度判官卢简金、盐池判官李涵等内部开起了小会，商量道："平凉散地，非屯兵之所，灵武兵食完富，若迎太子至此，北收诸城兵，西发河、陇劲骑，南向以定中原，此万世之功。"

随后派李涵为使者奉笺于李亨并把朔方的士马、甲兵、谷帛、军需的账簿全都送了过去，李涵至平凉，李亨大悦，恰巧河西司马裴冕入朝为御史中丞也到了平凉，也劝太子去朔方，李亨同意了。

杜鸿渐与崔漪让魏少游留下来修葺太子居舍随后出迎李亨，双方路上相遇后杜鸿渐宽慰李亨道："朔方，天下劲兵所聚之地！今吐蕃请和，回纥内附，四方郡县大抵坚守拒贼以等兴复。殿下今理兵灵武，将来挥师长驱，移檄四方，收揽忠义，逆贼不难平定。"

说得比唱得都好听，其实此时朔方兵已经都被郭子仪和李光弼带走了，所谓"时塞上精兵皆选入讨贼，惟余老弱守边，文武官不满三十人，披草莱，立朝廷，制度草创，武人骄慢"，但他们值得表扬的是替郭子仪早早做了一个正确的选择。

灵武也是此时李唐唯一的一个堪称第二首都的战略反攻区。

灵武往西能够与河西走廊对接，这意味着还能迎来此时唯一一股没有下场的强悍军力安西军的助力；往北通九原，随后能沿着黄河线进

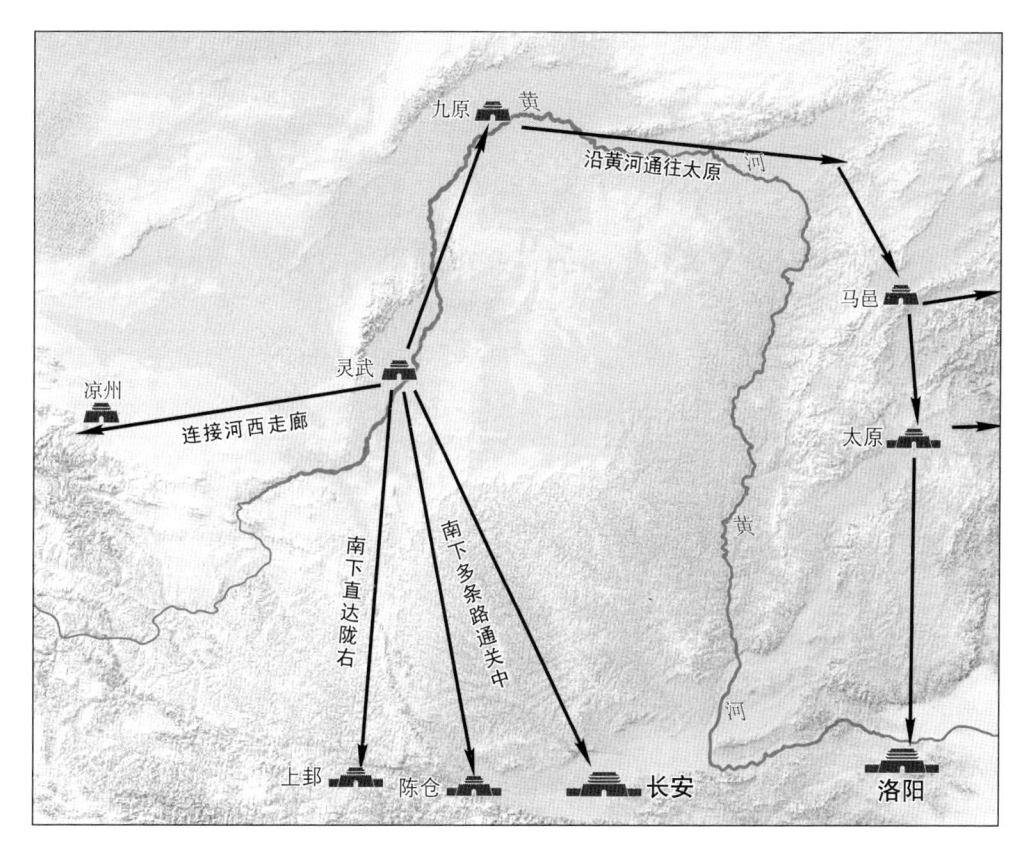

图 10-8 灵武战略意义地形图

入山西高原；往南能断陇也能威胁关中。（见图 10-8）

李亨的调兵令飞往河北，最可惜的就是这河北的局势。

李光弼围博陵眼瞅史思明已经绝望，听说潼关破了，随后解围南下。

史思明追击时被李光弼击退，郭、李接到调兵消息后不敢怠慢，只能留常山太守王俌率景城、河间团练兵守常山，率兵从井陉撤退，颜真卿听说北方朔方军撤了随后也放弃了魏郡，收兵回了平原。

反水的平卢节度使刘正臣袭范阳，走到半路被士气大涨的史思明

第 10 战 安史之乱 | 1055

引兵逆击，刘正臣大败，弃妻子走，士卒死者七千余人。

马上云开雾散的大好形势被一泼冷水浇灭了。

七月初九，李亨到达灵武，命把朔方给他准备的模仿禁宫的房屋和奢侈品等全部撤出，一个中兴之君的态度表达出来了！

你爱住不住爱用不用，但眼下最关键的事你得办，还是那句话，没人能拒绝拥立之功，我们朔方军区不是白给你接过来的，裴冕、杜鸿渐等上太子笺，请遵李隆基的马嵬驿之命，你太子赶紧即皇帝位。

李亨推辞了一下，裴冕等给理由道："将士皆关中人，日夜思归，之所以崎岖从殿下远涉沙塞者，不过是为了奔个前程，这口气要是散了，这兵就聚不齐了。愿殿下安抚众心，为社稷计，赶紧登基吧！"

七月十二，李亨即位于灵武城南楼，尊玄宗为上皇天帝，大赦天下，改元至德，以杜鸿渐、崔漪并知中书舍人事，裴冕为中书侍郎、同平章事，改关内采访使为节度使，徙治所于安化，以前蒲关防御使吕崇贲为之，以陈仓令薛景仙为扶风太守，兼防御使。

在天下已经失望迷茫之际，万幸灵武艰难地举起了复兴的火把，要是以李隆基一溜烟跑路的德行，北境将再无旗帜，天下甚至将又一次陷入南北朝分裂的乱局。

天下崩乱之际，有一位太子当年的好友、白衣修仙隐士走出了深山来到了灵武，带着此时天下顶级的战略眼光，来帮李亨重塑大唐金身。

这个人，叫李泌。

五、乱世打翻了调色板

756年六月下旬,在李隆基弃国弃家的半个月后,关西地区已经开始自发组织抵抗了。

六月二十七,扶风郡百姓康景龙等自发组织团练兵攻打叛军所任命的宣慰使薛总,杀叛军二百余人。六月二十九,陈仓县令薛景仙杀叛军守将,攻克扶风郡而守之。安禄山遣其将高嵩以敕书、缯彩诱河、陇将士,被大震关使郭英义擒斩。

之所以陇山脚下组成了新的长城,是因为经过最开始的混乱后,所有人基本看明白局势了。

这是一群自守之人,无心于天下。

安禄山根本没料到眼瞅自己都要死了突然间大馅饼砸下来了,更没料到李隆基崩得那么快,他仅派崔乾祐守住潼关随后在那里憋大招了,整整十天后的六月十八才派孙孝哲率兵去长安。[1]

---

[1] 《资治通鉴·唐纪三十四》:安禄山不意上遽西幸,遣使止崔乾祐兵留潼关,凡十日,乃遣孙孝哲将兵入长安。

攻破世界第一大国首都这么具有里程碑意义的事，安禄山没跟着来，他自打起了兵就在和严重的糖尿病做斗争，眼半瞎，身上长坏疽。天怜唐祚，派下病魔定住了安禄山。

派到长安监督关中诸将军队的孙孝哲是安禄山最宠信的心腹，豪侈喜杀戮，自己人看他都哆嗦。安禄山命他杀霍国长公主及王妃、驸马，挖心以祭安庆宗，他以残忍手段杀害了杨国忠、高力士之党及之前与安禄山有过节的八十三人，搜捕朝臣、宦官和宫女，他每抓到数百人就凑一拨给安禄山送洛阳去，跟着李隆基走的官员其留在长安的家人都被诛杀。①

安禄山把长安官僚都抓洛阳消化去了，此时长安地区都是蕃将胡兵为主的军阀，拿下长安后要享受成果了，日夜纵酒声色抄家杀人。

安禄山的眼瞎和哪哪都疼使得叛军的上限被封死了，剩下跟他起兵的队伍或者说雇佣兵就一个态度了，烧杀抢掠，随后把战利品运回范阳老家。安禄山作为土匪头子听说长安城陷时好多老百姓趁乱比他先抢了一步，在攻克长安后下令全城大抢三天才封刀，这些做法都在让百姓们怀念李唐。

自从李亨离开了马嵬驿北上以后，民间就有各种声音宣扬太子要来收复长安了，以至于百姓动不动就自发高喊太子来啦，最后整的叛军都跟着神经衰弱了，看见北方扬尘就想逃跑。京畿地区的豪杰基本上抽冷子就干掉叛军任命的官吏与官军遥相呼应，即便安禄山镇压了各地土豪也根本防不住，别的地方又闹起来了，从京畿、鄜州、坊州一直到岐州、陇州都成为大唐的后援团，长安城出了西门就是边境线，叛军能控

---

① 《资治通鉴·唐纪三十四》：禄山命搜捕百官、宦者、宫女等，每获数百人，辄以兵卫送洛阳。王、侯、将、相扈从车驾、家留长安者，诛及婴孩。

制的地方南不出武关，北不过云阳，西不越武功。

安史之乱中，官方哪怕在最谷底的时候，所面对的敌人都不是一个和他争天下的政权，而是一个雇佣兵军团性质的军阀。但最终打了八年却以全国之力灭不了那一隅，是因为官方没完没了的人祸一步步地将雇佣兵们喂养起来，使他们的自主意识觉醒了。

七月十五，南下蜀地的李隆基在李亨即皇帝位的三天后下发了引导反攻的政策性诏书，安排如下：

以太子李亨为天下兵马元帅，领朔方、河东、河北、平卢节度兵马；南取长安、洛阳；以永王李璘（十六子）为江陵府都督，统山南东道、岭南道、黔中道、江南西道节度使；以盛王李琦（二十一子）为广陵大都督，统江南东路及淮南、河南等路节度都使；以丰王李珙（二十六子）充武威都督，统河西、陇右、安西、北庭等路节度都使。其他诸路之前安排的节度使如虢王李巨等继续好好干。

军、财、粮全部放权给地方，让地方自己想办法吧。① 官员也都由地方自己任命审批，回来给中央备案即可。②

直到这个时候，天下才知道原来李隆基跑到了四川。

这要不是李亨早早在朔方站住了脚再加上天下此时只有朔方兵和安西兵能用，李隆基活生生又造出个唐版的八王之乱。

你自己吓傻了，去蜀地了，却把天下给几个儿子分包了，都是你的种，都"应须士马、甲仗、粮赐等，并于当路自供，其署置官属及本路郡县官，并任自简择，署讫闻奏"，拥有地方最高权力，各地的官僚谁能拒绝这拥立之功？

---

① 《资治通鉴·唐纪三十四》：应须士马、甲仗、粮赐等，并于当路自供。
② 《资治通鉴·唐纪三十四》：其署置官属及本路郡县官，并任自简择，署讫闻奏。

他封的盛王李琦最终因故没有成行去做广陵大都督统领江东淮南，这使得坐镇江陵的永王发现自己目力所及之处唾手可得一个东晋的版图。

李隆基添的这份乱，最终坑了中国史上最浪漫的诗人李白，成就了有唐一代最高仕途的边塞诗人高适。

七月二十二，驻扎长安的叛军同罗、突厥部都有了新想法，抢得差不多了，后面只有义务没有权力了，其酋长阿史那从礼率五千骑兵又偷了两千匹厩马北逃朔方，打算联合诸胡再整个"后后突厥"，但被提前来到灵武的李亨遣使安抚，暂时按住了其想法。

阿史那从礼率部逃离后长安大乱，之前投降安禄山的京兆尹崔光远趁机带着长安县令苏震率府县官吏十余人来投奔朔方，七月二十七到达灵武，被李亨任命为御史大夫兼京兆尹，回渭水北岸成立办事处招集逃奔的官吏民众。

拜安史乱军的自身局限性所赐，李亨的灵武政权稳住了局面，随后李亨开始下诏，继郭子仪后，开始命安西节度副使李嗣业发精兵五千，安西行军司马李栖筠发精兵七千回朝赴国难。

现在只能指望安西军了，吐蕃这年趁着大唐国难调空了河陇兵，一口气攻下威戎、神威、定戎、宣威、制胜、金天、天成等军，石堡城、百谷城、雕窠城全部沦陷，河陇防线眼瞅都撑不了几年了。

李嗣业与被任命节度使不久的梁宰商议决定看看形势再说，但这时候绥德府折冲都尉段秀实对李嗣业大义凛然道："如今君父有难，臣子哪有安然不救的道理。您常自称大丈夫，今日观之，不过一女子罢了。"

李嗣业听后脸通红，当即让梁宰如数发兵，并任命段秀实为自己的副将率兵前往灵武，李栖筠更是迅速带兵东进并一路给将士们进行忠义为国的思想总动员。这支千里远来的安西兵军团，是大唐盖住的最后一张底牌了，一年后，他们要为大唐血战一场，这是8世纪的巅峰对决。

七月二十七，李亨改扶风郡为凤翔郡。这是想起他老祖那只威凤了，太宗啊，冥冥中保佑大唐再次翱翔吧。

凤翔郡由于之前的陈仓县令薛景仙及时布防击退了最开始西来的叛军游军，此时江淮奏疏及每年救命的输送物资不再经通济渠入黄河，而是由长江入汉水取襄阳道入汉中再过秦岭运到凤翔，再由凤翔一路转运到灵武。堪称史诗级的物流转移。（见图10-9）

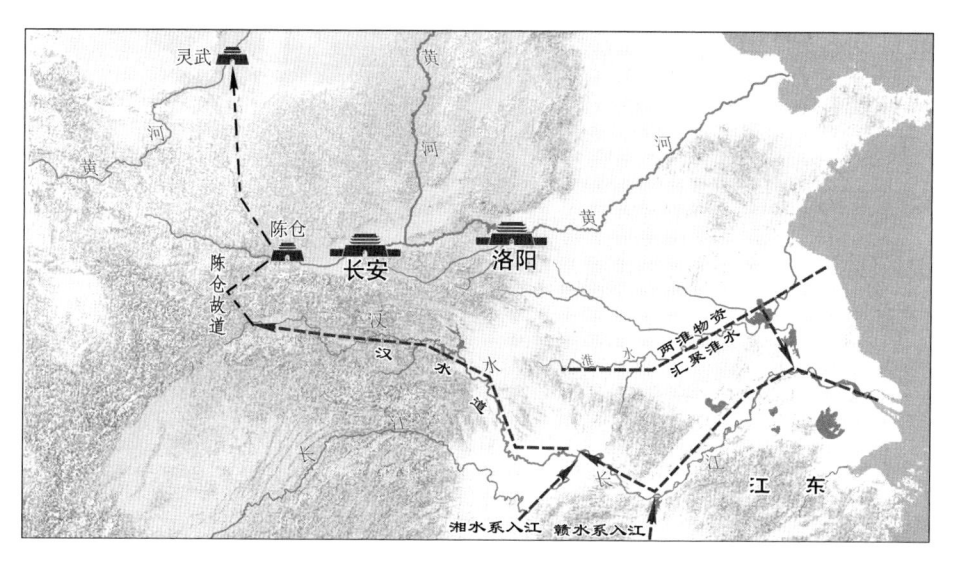

图10-9 安史之乱后江淮物资入灵武路线图

凤翔所处的位置相当重要，这个位置要是被叛军敲掉了，所有物资将几乎不可能运到灵武，只能翻越陇山了，而过陇山去灵武的物流成本堪称天价。

由于李亨此时手中几乎没有正规军，所以凤翔被薛景仙的草台班子守住了，这对新生的灵武政权来讲有着至关重要的意义，史料中都对薛景仙夸奖道："江、淮奏请贡献之蜀、之灵武者，皆自襄阳取上津路抵扶风，道路无壅，皆薛景仙之功也。"

不敢否认薛景仙之功，但客观来讲，李亨能吃上江东救济的最大功臣另有其人。

南国擎天柱张巡已经负重前行很久了，没有他在，两淮江东早就断联系了。

李隆基逃跑到四川的消息传到中原时，令狐潮已经又围雍丘四十多天了。令狐潮听说长安都被打下来了，于是写信招降张巡，此时张巡麾下有六位高级别的大将，他们劝张巡说："我们兵力注定敌不过，现在皇帝都不知道去哪里了，不如降贼吧。"张巡假装同意，以避免被那哥六个当场扣下，等散了局就调兵把他们给捆了。

你说这是多聪明的人。

张巡的"张氏游击守城法"最核心的就是他的智慧，他将"以攻代守，守中带攻，心战威慑始终在"几乎做到了运用之妙、存乎一心的境界了。

第二天张巡在大堂上放了李隆基的画像，率将士们朝拜，带领将士们在那里哭了一通，再把那六位将士带上来先是骂了一顿不忠不义，然后砍了祭李隆基，完成了又一次的孤城忠君爱国教育。

其实这六将相对来说也比较冤，因为守城半年了，尽忠到这个份上已经够可以了，眼下城中连箭都用尽了，但张巡既然敢杀他们就是有办法带着大家继续解题。张巡命士卒用稻草扎了一千多个稻草人，穿上黑衣服，晚上用绳子顺到城下，已经被张巡偷袭怕了的叛军以为"张指导"又来"指导"他们夜战了，赶紧一通狂射，就这样张巡护卫雍丘的箭又齐了，后来张巡总使这招，时间长了叛军就不当回事了，然后"张指导"就真派了五百敢死队半夜从城上下来"指导"叛军夜战了，直接冲进去连营都给叛军烧了，烧完张巡还率兵出城追十几里再送一送。①

张巡以一种"我这智商抠出来都比你多二斤的姿态"让叛军又惊又怒，令狐潮再次被抽大嘴巴后恼羞成怒，又调兵来把雍丘包围了。

张巡派郎将雷万春于城上与令狐潮对话，被叛军弩射偷袭射中，但雷万春根本都不动，令狐潮以为这回不被稻草人骗改被木头人骗了，就派侦察兵去城下探查，离近了发现真喘气，随后令狐潮大惊向张巡喊话道："见到雷将军，方知足下军令矣，但你们这无谓牺牲对于天道来讲又有何意义呢？"

张巡回道："你连人伦是什么都不知道跟我扯什么天道。"

趁着叛军被震慑之际张巡又杀出来了，一战擒贼将十四人，斩首百余级，直接给令狐潮吓得夜遁陈留了。

不久叛军又出了步骑七千余众屯白沙涡，张巡再度夜袭大破之，回军路上至桃陵时遇到叛军救兵四百余人，被张巡全部笑纳。

张巡抓了这帮俘虏后按身份划分，分门别类进行处理，妫州、檀州及胡兵这种叛军主力全部砍了，荥阳、陈留的伪军全部散令归业去给他做宣传。

眼瞅张巡此时因在中原地区的战绩已经成了神仙，又那么会搞优待，十天间，民众脱离叛军队伍的高达万余户。

又过了段时间叛军大将李庭望率蕃汉二万余人绕过了雍丘东袭宁陵、襄邑，打不下来你躲着你还不行嘛。当夜离雍丘城三十里置营，结

---

① 《资治通鉴·唐纪三十四》：中城矢尽，巡缚藁为人千余，被以黑衣，夜缒城下，潮兵争射之，久乃知其藁人；得矢数十万。其后复夜缒人，贼笑不设备，乃以死士五百斫潮营；潮军大乱，焚垒而遁，追奔十余里。

第10战 安史之乱 | 1063

果张巡率三千兵偷袭，大破之，杀获大半，李庭望收军夜遁。

河南在张巡以几千人完成史诗级的战略阻击的同时，河北诸郡在李隆基现眼、朔方军撤退后仍然在为大唐而守，常山太守王俌欲降贼，诸将怒，借着玩马球的机会乱马踩死了王俌。当时信都太守乌承恩手下有朔方兵三千人，诸将派宗仙运为使率父老去了信都，想迎乌承恩镇常山。

乌承恩推辞说无诏命，宗仙运对他说道："常山地控燕、蓟，路通河、洛，有井陉之险，足以扼其咽喉。不久前因李大夫收军退守晋阳王太守想举城降贼，结果众心不从身首异处。大将军您兵强马壮军纪严明，远近莫敌，若以家国为念，移据常山，与李大夫首尾呼应，则洪勋盛烈，谁能为比，若迟疑不行，又不设防备，常山陷落后信都又岂能独全。"乌承恩不从。

宗仙运道："将军不纳鄙夫之言，肯定是担心兵少。今民不聊生皆思报国，各自组团练军屯据乡村，若悬赏招之，不出十日可致十万，与朔方甲士三千余人相参用之，足以成为一支左右战局的力量，若舍常山之要害授予叛军而待在这四面漏风的信都实在是倒持剑戟，取败之道啊！"乌承恩继续犹豫。

劝乌承恩的当月，史思明和蔡希德率兵万人南攻九门，十天后九门伪降，伏甲兵于城上。史思明登城后被伏兵偷袭，被直接打到城楼下了，还被鹿角伤了左肋，当夜奔博陵。

此时此刻，河北还是有希望的，如果乌承恩能够去守常山的话还是能坚持很长时间的，毕竟他手里有兵万人，其中朔方精兵三千，而且此时灵武的消息也传到了河北，中央并没有放弃北方，河北信心上又得到了增强。

颜真卿之前以蜡丸密封表送到了灵武，李亨以颜真卿为工部尚书兼御史大夫，仍为河北招讨、采访、处置使，并致敕书也以蜡丸送了回来。颜真卿把李亨即位灵武的消息和指示传遍河北，又派人传向河南和江淮。平原郡这个紧守黄河渡口的冀东边郡在这个时候起到了关东联络总台的作用，颜真卿在李隆基吓傻跑到蜀地的时候昭告天下，大唐的北境依旧有旗帜，太子现在即位领导大家中兴了。[①]

大道理谁都懂，乌承恩之所以会犹豫，是因为他是个职业骑墙的，他爹乌知义是平卢军将，他在开元年间起家官是平卢军先锋，他和叛军集团是能说上话的，后面他和史思明好着呢，当然如果朝廷的势力强他又能瞬间跳回来，他后来就又反史思明了。他不想拿着股本去主动下注，那样没退路。

乌承恩的思路很明确：朝廷既然已经离开了河北，那就别指望我再为你抛头颅洒热血，看情形我拿着手里的资本卖个高价，颜真卿的消息不好使，等官军打进河北再说吧。我绝对不主动投贼，但贼要是来了我就躺下。

乱世就像打翻了的调色板，形形色色，散满了人间。

此时郭子仪也率兵五万自河北回到了灵武，灵武军威始盛，人有兴复之望。八月初一，李亨以郭子仪为武部尚书、灵武长史，同平章事；以李光弼为户部尚书、北都留守，同平章事，二将军共同拜相，之前兼领官职如故。

八月初二，李隆基下制书，大赦天下。

八月十二，灵武派出的使者到了蜀中，表示您老快别瞎指挥了，太子在灵武登基了。

[①] 《资治通鉴·唐纪三十四》：真卿颁下河北诸郡，又遣人颁发河南、江、淮。由是诸道始知上即位于灵武，徇国之心益坚矣。

第10战 安史之乱 | 1065

李隆基表现出了一个认栽者的态度，毕竟朔方军和安西军都跟着儿子混了，自己是再没可能光复天下了，于是高兴地说："我儿顺天应人，吾复何忧！"

八月十六，李隆基下诏："自今改制敕为诰，表疏称太上皇。四海军国事全部先由皇帝裁决，但怎么干的随后要抄送一份让朕知道，克复上京后，朕就不再管政事了。"

八月二十，李隆基命老宰相韦见素和新任命的两位宰相房琯与崔涣带着传国宝器玉册去灵武传位。李隆基近二十年来难得干的一件正确的事。

李隆基给李亨一口气派过去了自己任命的三个宰相，你不能说李隆基阴险地往新皇帝身边塞自己的人，毕竟宰相就是要跟着皇帝，但他派来的这三个宰相绑一块也没有此时李亨身边的白衣宰相有用。

有唐一代的最强神童，上场！

李泌，西魏八柱国李弼的六代孙，少聪敏，七岁可作文，博涉经史，精研《易象》，文章功底相当棒，尤其诗作得好，以王佐自负，小小年纪就被宰相张说惊为神童，李隆基专门嘱咐他们家好好养这孩子。

长大后由于智商过剩，李泌开始常游嵩山、华山、终南山间以寻找神仙，修不死之术，天宝中，自嵩山上书，献《复明堂九鼎议》论当世务。李隆基想起了当年这个神童后召他入朝讲《老子》，因讲得很好，安排其为待诏翰林，供奉东宫，就此李泌和太子李亨结下了深厚的友谊。

杨国忠忌其才辩之能，再加上李泌作《感遇诗》讽刺过杨国忠，因此李泌被踢出朝堂至蕲春郡安置，随后李泌又一溜烟跑了，潜遁名山开始继续修行。

这次社稷有难后，李亨由于急需有自己的政治集团，在登上王位后的第一时间就派人去找李泌，李泌也主动从嵩山一路穿越火线地来到了李亨身边，到任后就成了李亨的贴身顾问，甚至到了"动皆顾问"的地步，成为李亨集团实质上的宰相，所谓"至于四言文状、将相迁除，皆与泌参议，权逾宰相"。

神童在我国很常见，但基本上都是"伤仲永"，长大了能出息的很少。

孩子小时候被誉为神童大多的表现是智商比别的孩子高，或者成绩比别的孩子好，反应比别的孩子来得快，但人生是一辈子的长跑，考察的是智商、情商、眼光、见识、自我反思、身体健康、抗打击能力等综合维度，孩子早慧的那点优越感往往会让孩子小小年纪就得了不该得的虚荣病。当年蜀汉丞相诸葛亮在跟诸葛瑾说诸葛瞻的时候是这么担忧的："瞻今已八岁，聪慧可爱，嫌其早成，恐不为重器耳。"

丞相大智慧，看到聪慧、早早显露出灵童模样的诸葛瞻不喜反忧。当然这孩子应该是次不了，但成不了重器。

再回顾下丞相的《诫子书》，就那几句话，句句千金不易：

夫君子之行，静以修身，俭以养德。非淡泊无以明志，非宁静无以致远。夫学须静也，才须学也，非学无以广才，非志无以成学。淫慢则不能励精，险躁则不能治性。

丞相反复强调的都是长期博弈的算法，是立志要高远，做学问干事业要静心为先，心浮气躁成不了气候，侥幸急躁就养不成心静。

这其实都和神童的过早开发和培养是背道而驰的。

所谓重器，是这孩子将来成才后能扛起多大量级的事，能经受多艰难的考验，能忍得住多大的侮辱和诋毁，能容得下多少看不顺眼的利益集团。

曾国藩的名言："为政，以耐烦为第一要务。"

要是这孩子情绪不稳定,心里装不了事,有点波澜就能让你急眼,小事干不了,两天就没了常性,那将来有不了大出息。

其实按李泌的早慧和成长路线来看,这孩子应该是个妥妥的眼高手低的"伤仲永"般的人物,但是吧,好神奇,这孩子在这个历史关头出场堪称老天爷机械降神般的存在。

他不是清谈的座谈客,他有着极高的战略眼光,对人性有着高妙的洞察能力,还能兵来将挡手不绝书地处理政务,堪称无死角的全才。建宁王李倓性格英勇果敢有才略,跟他爹从马嵬驿北上后一路兵众寡弱,屡逢寇盗,李倓自选骁勇组成尖刀队专门护卫他爹,多次血战,有时他爹没吃上饭他就先哭一通,在军中很有威望。李亨欲以李倓为天下兵马元帅率诸将东征,但这个时候李泌对李亨说:"建宁王李倓确实是元帅之才,但广平王李俶是他哥,如果将来建宁王成大功,难道让广平王让贤吗?"

李亨道:"广平王是我定下来的接班人,何必将元帅看那么重。"

李泌道:"广平王尚未正位东宫,今天下艰难,众心所属在于元帅,若建宁王大功既成,陛下虽不欲以为储君,那帮同立功勋者能答应吗?太宗和太上皇都是这个意思,你可想好了。"

李亨最终以广平王李俶为天下兵马元帅,诸将皆隶属其麾下。李泌的劝谏,让李唐在立国一个半世纪后终于能将皇位传给长子了。

李泌来赴国难哪里都好,就是造型上比较任性,还是穿白衣不当官,但皇帝对一个山人言听计从这样的话传出去实在不好听,每次跟李亨出行时士兵们就指着说:"黄衣服那个是圣人,白衣服那个是山人。"

李亨听说影响不好就对李泌说:"艰难之际我不敢逼你当官,但你先换上紫袍让大家闭上嘴吧。"

李泌不得已穿上了,入谢时李亨笑道:"都穿上了怎么能没有名号。"随后拿出怀中写好的敕令,以李泌为待谋军国、元帅府行军长史,跟他和广平王一起共事。

李泌固辞,李亨说:"艰难时期,你忍一下,等贼平了,天高任你飞。"

随后李亨置元帅府于禁中,李俶入宫则李泌在府,李泌入宫则李俶在府,李泌不久又对李亨说:"诸将畏惮天威,在陛下面前上奏军事总是紧张说不清楚,要是漏了一些重要的内容或者哪里说得不到位了,那就麻烦了,乞求您先令将帅们与臣及广平王熟议,随后臣与广平王从容详细奏闻,可以的您就批准,不行的您就不通过。"李亨同意了。

当时四方奏报和军旅之事从早晨起来到黑天就没有停下过,通通转到元帅府让李泌先看,有紧急之事就盖戳送进宫里,不重要的就次日再奏报,李亨连整个皇宫的钥匙都给了广平王李俶和李泌掌管。

之前摁住的阿史那从礼在两个月后冒头了,他煽动了九姓府、六胡州的诸胡数万之众准备入寇朔方,结果被郭子仪发兵打败,这次剿平叛乱打出军威后,李亨决定向回纥求援,以李守礼之子李承为敦煌王与仆固怀恩出使回纥借兵,又调发拔汗那部兵,并让使者通知西域城郭诸国,许以厚赏,随安西兵一同入援。

李泌劝李亨道:"我们现在应该南下至彭原,等西北兵快到的时候进幸凤翔以接应,算来那时各地的赋税庸调也都到了,就不让物流队再往灵武运了,消耗太大,当时就直接赏了当军饷了。"李亨同意,九月十七自灵武出发。

九月二十五,李亨至顺化,遇到了从成都来传位的韦见素等人,李亨在接受了皇位的同时也不得不接手李隆基安排的三个宰相。这三位李隆基快马加鞭送来的宰相中,李亨挑中了久负盛名的房琯,虚心待之。房琯特别能说,见李亨面就纵横天下地高谈阔论,言辞慷慨激昂,把李亨说得挺激动，随后房琯进入了李亨的决策集团，军国之事多参与谋划。

这些年李隆基严防死守，李亨身边一个人都没有，从他对李泌的态度能看出来，他比较欣赏嘴上特能说的那种官员，但是吧，不是每个叭叭式的官员都是李泌，李亨被房琯给忽悠了。

十月初三，李亨到彭原后不久，新来的房琯就上疏请求率兵收复两京，李亨同意了，加房琯持节、招讨西京兼防御蒲、潼两关兵马、节度等使命其收复关中。

李亨此时的操作实在是太过于冒进，因为朔方精锐在郭子仪手上防着北境胡人呢，安西兵又都还没到，他手里的都是些各地团练兵和收拢的败军杂牌兵，根本不具备收复长安的能力，但从史料记载似乎又能看出点端倪，所谓"宰相房琯自请讨贼，次陈涛，师败，众略尽，故帝唯倚朔方军为根本"。

提了这句"唯倚朔方军为根本"，就说明了李亨希望迅速再扶植出一支新的势力去平衡朔方派的一家独大，郭子仪什么都好，但他手里的兵可是一点都没要回来，都在他手里攥着呢，所以李亨放手让来报到一周就主动请战的房琯去反攻，但房琯败后李亨没了选择。

李亨就属于前面说的不是重器的那种人：不耐烦，心太急，压不住事。

房琯在之前的职业生涯中根本就没干过武职，还申请自选参佐，以御史中丞邓景山为副，户部侍郎李揖为行军司马，给事中刘秩为参谋。① 临行前李亨给他安排了兵部尚书王思礼为副手，但房琯还是将全

---

① 《旧唐书·房琯传》：琯好宾客，喜谈论，用兵素非所长，而天子采其虚声，冀成实效。琯既自无庙胜，又以虚名择将吏，以至于败。琯之出师，戎务一委于李揖、刘秩，秩等亦儒家子，未尝习军旅之事。

部军务委托给了李揖和刘秩这两个没有军旅经历的书生。

也不知道房琯哪里来的自信，他出征前的口号是："叛军虽然曳落河精锐多，但哪里是刘秩的对手。"

房琯分为三军，命裨将杨希文率南军，刘贵哲率中军，李光弼之弟李光进率北军，以中军、北军为前锋，十月二十，军至便桥。

十月二十一，二军遇贼将安守忠于咸阳陈涛斜。

房琯效古法，用车战，以牛车二千乘，马步军护卫侧翼出战。结果贼军顺风鼓噪，把牛都吓哆嗦了，随后顺风放了把火，牛爷们扭头开始往回撵，此战五万官军被自家的牛车撵死了四万多。

十月二十三，房琯觍着个大脸亲自带着南军再战，又败，杨希文、刘贵哲皆降于贼。

李亨听说后大怒，但有什么用啊，反攻首战打得像一个笑话，李亨为他的急躁付出了第一波代价。

不能怪他这个被防了十八年的太子表现欠佳，毕竟他爹拉垮得实在丧心病狂，上来就让他擦那么大的屁股确实不容易，但他主导的再造河山确实要为他的轻噪不断付出太高的溢价成本。

眼下仅仅是开胃菜。

关中反攻失利的同时，河北也彻底丢了。

八月，史思明相继拿下了九门和藁城。

九月，史思明相继拿下了赵郡和常山。

十月，史思明引兵会合了围困河间四十余日拿不下的尹子奇部，颜真卿遣其将和琳率一万两千人救河间，被史思明逆击打败，和琳被俘，河间随后陷落，河间太守李奂被杀，不久又攻陷景城，太守李暐投湛水而死，然后史思明又招降了乐安郡，接着奔平原郡而来。

十月二十二，颜真卿弃郡渡河南走，比较遗憾，平原兵都是本乡

第10战 安史之乱 | 1071

守本土，不会跟他走，史思明随后收平原兵攻清河、博平，皆陷之，最后引兵来围有战斗力的信都乌承恩，乌承恩躺得很丝滑，亲自引史思明入城，交兵马和仓库。

南部全部扫荡干净后，史思明来围河北的最后硬骨头，围攻了一年多打不动的饶阳，在河北彻底陷落成为孤岛后，饶阳陷落，太守李系自焚而死。

史思明的叛军每破一城，就把城中财货衣物妇女全部劫掠一空，让丁壮为他们把战利品运回东北老家，把老弱直接杀掉。①

按理讲就史思明这个政策在河北根本待不长久，但河北的地方武装真的打不过史思明及其久历沙场的叛军，河北至此被史思明全部占领了。

饶阳守将张兴作为有勇有谋的"河北张巡"被史思明特地招降道："将军真壮士，能与我共富贵乎？"

张兴道："张兴是唐之忠臣，固无降理，临死前就只有一句话。"

史思明道："你讲。"

张兴道："主上待安禄山，恩如父子，群臣莫及，贼子不知报德反而兴兵作乱涂炭万民，大丈夫不能剪除凶逆岂能北面给他做逆臣？足下之所以从贼是为了求富贵，不如乘机取贼，转祸为福，长享富贵，不亦美乎！"

史思明怒，把张兴捆于木头上给活活锯死了，张兴至死骂不绝口。

史思明怒了是有原因的，朝廷能给多高的加码？

安禄山因糖尿病并发症眼瞅都快死了，但现在整个河北都是史思

---

① 《资治通鉴·唐纪三十五》：贼每破一城，城中衣服、财贿、妇人皆为所掠。男子，壮者使之负担，羸、病、老、幼皆以刀槊戏杀之。

明打下来的，他开始有想法了。

除了河北沦陷的消息，李亨又收到了个坏消息。这年年底的时候，当年李亨抱着养大的十六弟永王李璘准备反李亨了。

还是那句话，没人能拒绝拥立之功。

由于江、淮租赋由襄阳道转运，因此被李璘大量扣在了江陵并以此招募了数万士卒，李璘之子襄城王李偒，有勇力，好兵战，有薛镠等为谋主，认为如今天下大乱，只有南方完整富庶，自己手握四道，封疆数千里，最好现在去占据金陵，保有江表，如东晋故事。

李亨听说这事后敕命他的永王小弟弟回蜀中去伺候太上皇。这时候李璘的心已经膨胀起来了，不理李亨了。

江陵长史李岘眼瞅不对随后请病假离开了江陵直奔李亨处汇报，这个时候，李亨召来了又一个能说会道的人来商量。这个人，就是边塞诗人的仕途天花板，高适。

高适之前跟着哥舒翰守潼关，潼关败后投奔了李隆基，在李隆基任命三王分镇的时候极言不可，后来又来到了李亨这里，李亨听说他当初坚决不认可分封诸王随后把高适叫来商量，"喜言王霸大略，务功名，尚节义"的高适别看一辈子没去过南方连淮河都没渡过，但慷慨陈述了江东利害，表示永王必败，用人之际的李亨在十二月置淮南节度使，领广陵等十二郡，以高适兼御史大夫、扬州大都督府长史、淮南节度使；又置淮南西道节度使，领汝南等五郡，以来瑱为之，令高适二使与江东节度使韦陟共同对付永王。

走遍了东北与西北来往于两京之间作了一辈子诗句表达自己向上决心的高适终于在五十三岁这年成为大将军。

与此同时，他的一位老友在这次永王闹剧中差点身败名裂。

公元756年十二月二十五，永王擅自引兵东巡，沿江而下。

一辈子都觉得自己有政治能力从而慨叹自己怀才不遇的李白在他五十七岁这年进入了永王的幕僚。所有学过历史的人都知道，这次必败的结局发生前，李白用他那一辈子横溢的才华做了十一首《永王东巡歌》。

李白文采非凡，才思泉涌如天上来。李白一辈子斗酒诗百篇，"千金散尽还复来"地永远不愁钱花，这是老天给他的命，他这辈子就是来歌颂大唐的。

巨大的创造性表演性人格，天生跟政治无缘的。

老天给你最顶配的创造力与想象力，就不会再给你一条高远的仕途之路，你浪漫到能让高力士给你脱靴，那就且去饮酒且填词。

每个人都有自己擅长的赛道和使命，别去追寻那些注定不属于自己的东西。

河北彻底丢了，关中反攻现眼，财税重镇出了自家叛乱，面对这满天下的官司，李亨问李泌道："今敌强如此，何时可定啊？"

李泌道："臣观贼所获子女金帛全部都运回范阳，哪里有什么雄踞四海之志！现在只有胡将跟安禄山混，中国人惟高尚等数人为其爪牙，自余皆胁从而已，以臣料之，不过二年，天下无贼。"

李亨问："为什么？"

李泌道："贼之骁将，不过史思明、安守忠、田乾真、张忠志、阿史那承庆等数人而已，今若令李光弼自太原出井陉，郭子仪自冯翊入河东，则史思明、安忠志不敢离范阳常山，安守忠、田乾真不敢离长安，我们以郭李两军拌住其四将，安禄山身边就还剩个阿史那承庆罢了，希望您下令郭子仪取华阴，使两京之道常通，陛下以所征之兵军于扶风，与郭子仪、李光弼交替出击，彼救首则击其尾，救尾则击其首，使贼往来数千里疲于奔命，我常以逸待劳，贼至则避其锋，退兵则乘其弊，不攻城，不断路，等明年春天复命建宁王为范阳节度使从塞北出，与李光弼南北掎角以取范阳，端了他的老窝，贼兵想退却没有归路，留于两京却不得安宁，然后大军四合而攻之，一举而成擒矣！"

李亨大悦。

李泌以为李亨听进去了他的釜底抽薪战略。

但他慢慢就会发现，李亨这孩子总悦，但他的悦不太值钱。

六、香积寺会战，盛唐武德的终极汇报演出

公元757年，至德二载正月，重新肆虐了河北的史思明带着蔡希德、高秀岩、牛廷玠等将领率叛军十万来攻太原。

太原这地方太关键了。要是丢了，南面的上党也保不住，因为南北驿路彻底掐死了，届时长安、洛阳、太原的铁三角就会形成闭环，大唐这天下就真悬了。

李泌战略的最大构想，是把叛军压缩在长安洛阳之间的豫西通道。（见图10-10）

有太原，他的构想是关门打狗；没有太原，就是高欢打赢了沙苑之战，天下屋脊到北境之手就再也拿不回来了。

太原如此重要，但眼下局势相当危险，城中兵力空虚。万幸太原守将是李光弼。

八月，朔方军代表们见了新将领后，李光弼被安排为太原尹、北京留守、同中书门下平章事。

此时的太原守将已经不是之前阴了颜常山的王承业了，他因不修军政被李隆基遣侍御史崔众收了兵权后派特使给干掉了，此时的太原的

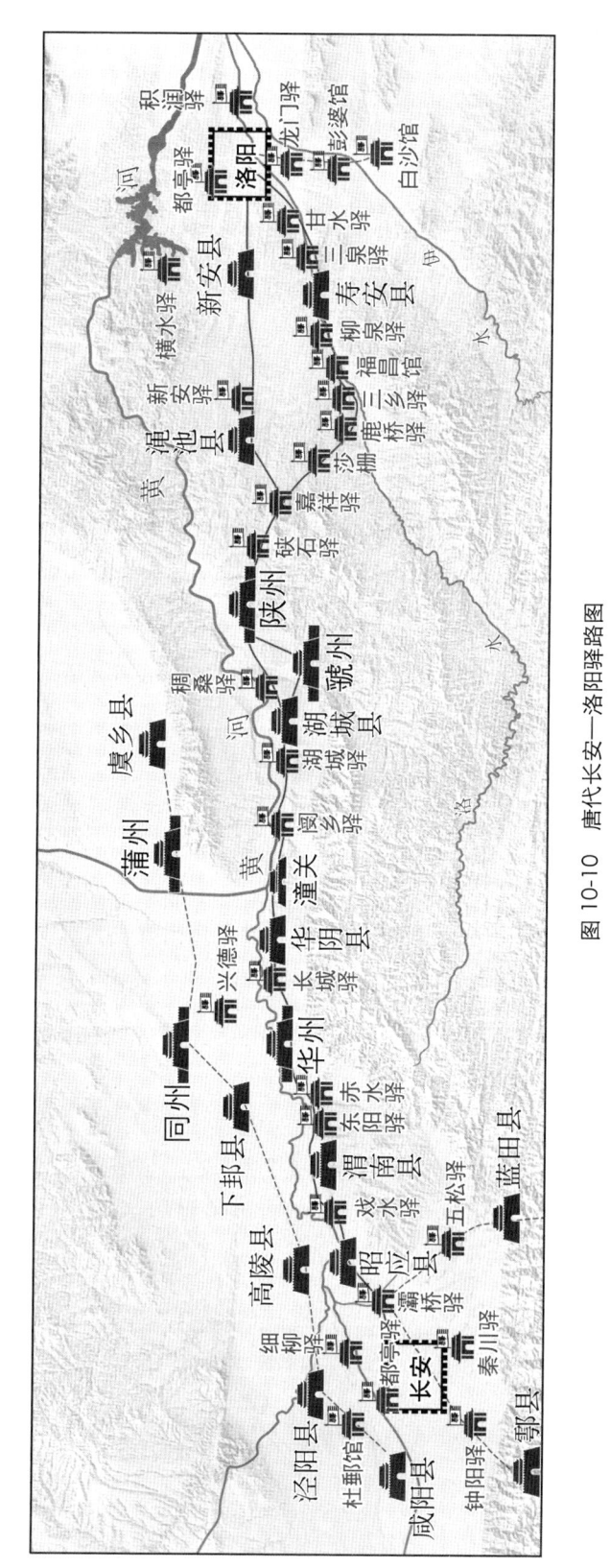

图 10-10 唐代长安—洛阳驿路路图

守将是崔众。

很快李光弼带着李亨的旨令来到了太原，命崔众交兵，但崔众见李光弼后不仅不拜见，还不配合交兵，李光弼懒得跟他废话，一怒之下直接把他逮捕了。

很快李亨派的太监特使赶到了，要任命崔众为御史中丞并将其带回灵武，也算是帮李光弼顺利交接。太监拿着敕书问李光弼崔众在哪里，李光弼道："崔众有罪，已经被我逮捕了。"太监随后把敕书拿给李光弼，李光弼说："如今不过是杀个侍御史，要是宣布诏命我就杀了个御史中丞，如果拜他为相，我就杀这个宰相。"太监们也知道到乱世了，给他们权力的皇帝都是个纸糊的，不敢再废话，赶紧跑了。转天李光弼点起三军在碑堂下把崔众给正法了，就此把太原的军心给拿捏了。①

上一节写了河北被史思明逐一攻下，可能大家会有疑问，李光弼为何见死不救？他也配中兴第一名将？

在这里我们要给李光弼澄清一下，李光弼仅被安排以景城与河间组成的五千河北兵去接手太原。②

史思明三个多月后杀到太原城下时李光弼麾下仅仅是不满万人的乌合之众。③短短几个月时间，李光弼是没机会练出一支能野战的部队驰援河北对阵史思明的，给他的兵力配置就代表了灵武的态度，河北不

---

① 《旧唐书·李光弼传》：顷中使至，除众御史中丞，怀其敕问众所在。光弼曰："众有罪，系之矣！"中使以敕示光弼，光弼曰："今只斩侍御史；若宣制命，即斩中丞；若拜宰相，亦斩宰相。"中使惧，遂寝之而还。翌日，以兵仗围众，至碑堂下斩之，威震三军。

② 《旧唐书·李光弼传》：肃宗理兵于灵武，遣中使刘智达追光弼、子仪赴行在，授光弼户部尚书，兼太原尹、北京留守、同中书门下平章事，以景城、河间之卒五千赴太原。

③ 《旧唐书·李光弼传》：光弼经河北苦战，精兵尽赴朔方，麾下皆乌合之众，不满万人。

要了,太原虽然重要,但只能把最猛的将军给他派过去,兵是别想了,保卫中央都不够用。

别管两京的叛军成为自守之贼,但河北的史思明此时已经打出了信心和威望,他接棒安禄山的态势已经隐隐然出现了,眼下大唐是中兴有望还是变成南北朝,关键点在不满万人的李光弼身上,他一人系天下走向。

史思明对河北诸将道:"李光弼之兵寡弱,我们可轻松取太原,届时再无后顾之忧,可一路鼓行而西扫平北境。"

李光弼的麾下都是河北兵和太原兵,都没怎么打过仗,听说史思明要来相当恐惧,纷纷建议还是干点什么吧,要不修修城防吧。

李光弼道:"太原城周四十里,贼兵就要来了,现在修城等叛军来的时候我们自己就先累死了。"随后他亲自率士卒百姓于外城掘壕沟以自固,并做城砖数十万。

史思明率兵攻城时,李光弼一边命将士们持强弩还击叛军,一边令将士们拿着城砖增垒于内,哪里有问题就补哪里,叛军在城外骂街交战,李光弼就用事先凿好的地道搞暗杀,趁叛军不注意把他们拽地道里,吓得叛军管李光弼喊"地藏菩萨"。①

史思明围了太原一个多月拿不下,随后选骁锐为机动兵,嘱咐道:"我攻其北你们就悄悄去偷抢南城,我攻东你们就去西面,看到可乘之机一定要牢牢抓住机会。"结果李光弼军令严整,整个太原城的防守都没有死角,巡逻兵从不懈怠,导致史思明的特种兵小分队始终找不到抢

---

① 《旧唐书·史思明传》:二年正月,思明以蔡希德合范阳、上党兵马十万,围李光弼于太原。光弼使为地道,至贼阵前。骁贼方戏弄城中人,地道中人出擒之。敌以为神,呼为"地藏菩萨"。

第10战 安史之乱 | 1079

城的机会。

李光弼甚至在城中选拔了一批挖地道的工程兵,史思明调来云梯土山冲城车的时候李光弼就命工程队挖地道把攻城器械弄塌,叛军逼城形势太紧急的时候李光弼就拿出总预备队的大杀器,之前拆民屋做的超大投石车从城内往外打,巨石一发飞出去就能砸死二十余人。

拜史思明的河北杀戮宣传,太原城在李光弼的手中始终众志成城,史思明诸般手段用尽仍旧拿不下,只能放弃攻城打算围死李光弼。

李光弼不会跟他打消耗战,遣使者与史思明约降,同时趁着这段时间命工程队又挖了好多道地道并用木头支上,到了约降之日,李光弼勒兵在城上,遣裨将率数千人出如投降之状,叛军们正看热闹呢,发现军营突然塌了,叛军惊乱,而这帮"出降"的官军打起鼓来敲起锣地开始追杀,俘斩万计。

史思明在太原已经呈进退两难之势,恰巧此时洛阳传来了一个消息拯救了他。

安禄山死了,其子安庆绪命史思明回范阳大本营,留蔡希德继续围太原。① 当然蔡希德也没得了好,一个月后被李光弼率敢死队狂屠击退。

先看看安禄山。

"霹雳飞猪"安禄山这辈子没有皇帝命,他糖尿病的并发症相当严重,自从起兵造反以来视力就逐渐下降,到了这时候已经看不清东西了,身上又长满了毒疮出现坏疽,那时候没有降糖药,就算有,以他这个病发状况没两三个手术都没资格去保守治疗。眼瞅自己当了皇帝却没

---

① 《资治通鉴·唐纪三十五》:会安禄山死,庆绪使思明归守范阳,留蔡希德等围太原。

命享福，这"肥贼"性情开始极端暴躁，左右官员稍微看不顺眼就拿鞭子抽一顿，有时甚至直接杀了。他称帝后居于深宫之中，连大将都难得见他一面，政务都是通过严庄向其报告，哪怕只有这么唯一的沟通窗口，严庄也免不了动不动被安禄山的小皮鞭招呼，他最宠信的宦官李猪儿已经快被他打死了，他的家政团队天天笼罩在恐惧之中。①

安禄山宠妃段氏生子安庆恩，瞎了眼的安禄山心也瞎了，自己都这样了还打算废长立幼。他的接班人安庆绪开始想办法了。

先是严庄对安庆绪道："事有不得已，机不可失！"

安庆绪看到连严庄都忍不了了，于是道："兄长要是有想法，我怎敢不敬从。"随后对李猪儿说："你已经快被打成死猪了，要是再不行动起来，就死无葬身之地了。"李猪儿也入了伙。

757年正月初五夜，严庄与安庆绪持兵器立于外，李猪儿直接闯到安禄山身边一刀捅进了安禄山肚子，左右侍从不敢妄动。

安禄山摸枕旁刀，抓不到，于是抓着床帐竿子猛摇，咆哮道："必家贼也！"

安禄山的肠子都流出来了，不久他就死掉了。身边人在其床下挖了一个深数尺的临时暗阁，以毡裹其尸给埋了，并全面封锁消息。

正月初六早晨，严庄宣言于外，说安禄山得了急病，立晋王安庆绪为太子，即帝位，尊安禄山为太上皇。等手续走齐了开始发表。

新上位的安庆绪昏庸懦弱，说话语无伦次，根本无人君之相，严庄怕众将不服，所以不让安庆绪出来见人，安庆绪每天负责纵酒为乐即

---

① 《资治通鉴·唐纪三十五》：安禄山自起兵以来，目渐昏，至是不复睹物；又病疽，性益躁暴，左右使令，小不如意，动加棰挞，或时杀之。既称帝，深居禁中，大将希得见其面，皆因严庄白事。庄虽贵用事，亦不免棰挞，阉宦李猪儿被挞尤多，左右人不自保。

可，兄事严庄，任严庄为御史大夫，封冯翊王，事无大小皆取决于严庄，并加封诸将官爵笼络人心。①

安庆绪杀了他爹的同时，李亨赐死了他儿子。

他居然杀了那个"自选骁骑数百卫从，每苍黄颠沛之际，血战在前"的忠勇好儿子，建宁王李倓。

起因是李亨完美地继承了他爹的配套组合，一个后宫一个太监开始根据自己利益出发点祸国干政。

太监是李辅国，李亨即位后提拔其为太子家令，判元帅府行军司马事，以心腹委之，当时的政局是李辅国在宫里扮演的就是之前高力士的那个角色，广平王李俶和李泌在宫外的元帅府主持政事。

这厮比较会玩手段，不吃荤腥一派佛门风格，手里还总盘念珠，整得自己跟大善人一样。②他和李泌一个和尚一个老道，算是当时灵武政权的政治集团风景线了。

后宫干政的，是张淑妃。

当初李亨在李林甫的政治迫害下与太子妃韦氏离婚并划清界限，几年后能说会道会猜李亨心思的大胖身子张良娣走入了李亨的心。

我没埋汰她，大唐以胖为美，皇帝就爱大胖身子，原话是"后辩惠丰硕，巧中上旨"。

逃难的时候，怀着孩子的张良娣每次夜宿之前总用她那健硕的身躯挡在柔弱的李亨身前，李亨问："御敌也轮不着你们女的，你老挡我

---

① 《资治通鉴·唐纪三十五》：庆绪性昏懦，言辞无序，庄恐众不服，不令见人。庆绪日纵酒为乐，兄事庄，以为御史大夫、冯翊王，事无大小，皆取决焉；厚加诸将官爵以悦其心。

② 《旧唐书·李辅国传》：四方奏事，御前符印军号，一以委之。辅国不茹荤血，常为僧行，视事之隙，手持念珠，人皆信以为善。

前头干什么？"张良娣说："现在条件艰苦卫兵不多，真有点什么我拦前面你能从后面逃走。"

武天后的榜样照耀了一代又一代的皇妃们，张良娣想进步的心思延伸到了生活的方方面面，在灵武生了儿子后，她三天就爬起来给士兵缝衣服了，给李亨整得太感动了，说："你坐月子呢，快歇歇。"张良娣说："现在不是我顾及身体的时候，先有国才有家。"

姿态相当足，李亨即位后就封其为淑妃，张良娣的位置稳固后，开始为她的俩儿子奋斗了。广平王和建宁王，这两个优秀的皇子必须得整死。

李辅国作为宫里的人，自然也和张妃结成了联盟，这两人眼前有一个共同的敌人，即一心为国的建宁王李倓。

李倓这孩子有一种能干版李成器（李宪）的器量，军权被夺后一丁点没埋怨，跟李俶和李泌的关系都相当好，一切的出发点都是为了国家。李隆基在蜀中赐了张妃一个七宝鞍，李泌说现在不是用这玩意的时候，把这马鞍上的珠宝都分给将士吧，李倓为李泌助威，这事使得他成为张妃第一个要打掉的皇子。①

张妃和李辅国一通勾搭后，说李倓这孩子私下埋怨没当上元帅，有异志啊！② 就这么一个自古打击皇子的惯常伎俩，李亨匪夷所思地深信不疑，大怒后直接把李倓赐死了。

当年武惠妃废太子整整布局了十多年，在李亨这里一句话就干掉

---

① 《新唐书·后妃传》：初，建宁王倓数短后于帝，上皇在蜀，以七宝鞍赐后，而李泌请分以赏战士，倓助泌请，故后怨，卒被谮死。

② 《旧唐书·承天皇帝倓传》：时张良娣有宠，倓性忠謇，因侍上屡言良娣颇自恣，辅国连结内外，欲倾动皇嗣。自是，日为良娣、辅国所构，云："建宁恨不得兵权，颇畜异志。"

第10战 安史之乱 | 1083

了一个表现堪称完美有大局观的皇子。

看着匪夷所思是吧，我来说明白李亨到底是怎么想的。

李俶这孩子最早说出了投奔朔方的方向，一路征战又"军士属目归于俶"，现在他觉得这孩子在身边自己却控制不住，能力太强万一他不高兴把自己办了呢，索性直接弄死心里踏实。

李隆基四十多年的圣人干下来，给李亨整出了一种极其短视的壁虎型人格。

只要能达到或保住眼前利益的，他什么话都能说出去，什么人都能做切割，毕竟为了保命表态必须坚决，要知道当年他这个太子每天吓得都斑秃了，连活着都没多大兴趣了。①

十八年的变态性饲养会让他对眼前的所有威胁进行壁虎断尾巴似的切割。而且这孩子执政从来没有个政治家的靠谱感，比如三月他那傻弟弟永王就兵败身死了（具体不讲了，战况实在不值一提），之前永王已经明确不听他的诏命安排了，自作主张地顺江东下，面对朝廷阻拦还动了刀兵，这就是妥妥地造反了。既然是造反，那将士们平叛就得给出应有的奖励，结果李亨又觉得这弟弟他养大的怪心疼的，把干掉他弟弟的皇甫侁给开除了，永不录用，理由是："皇甫侁执吾弟，不送之蜀而擅杀之，何邪？"

史料中明确写了，他弟弟是战败逃亡时被射死的，或者说被射中后抓到随后被杀了，这其实就没法追究了！②

---

① 《新唐书·后妃传》：肃宗在东宫，宰相李林甫阴构不测，太子内忧，鬓发班秃。后入谒，玄宗见不悦，因幸其宫，顾廷宇不汛扫，乐器尘蠹，左右无嫔侍。

② 《旧唐书·永王璘传》：璘怒，命焚其城。至余干，及大庾岭，将南投岭外，为江西采访使皇甫侁下防御兵所擒，因中矢而薨。《新唐书·永王璘传》：璘怒，焚城门入之，收库兵，掠余干，将南走岭外。皇甫侁兵追及之，战大庾岭，璘中矢被执，侁杀之。

一个多月前你能手黑到杀儿子,所以地方官员们判断你不想让你弟弟再喘气,转过头来你告诉天下,忠心平叛的官员是大坏蛋杀了你造反的好弟弟。

现在不是大一统时期让你有资本玩你猜你猜你猜猜猜,国家正崩着呢,你这皇帝让人摸不准大政和奖惩机制,有百害而无一利。

有一天李亨又把李泌吓一身冷汗,他问:"现在郭子仪、李光弼已为宰相,若克两京,平四海,则无官以赏之,到时候怎么办?"

你说多吓人,什么还都不是呢先琢磨怎么杀人家了。

还得是李泌有办法,说:"自古官以任能,爵以酬功。汉魏以来,虽以郡县治民,但有功者还是会赐封地以传之子孙,周和隋以来武川系创业一直如此。唐初未得关东,故封爵皆设虚名,其实封者仅仅给财货而已,贞观中,太宗欲复古制,大臣讨论后未能达成而止。此后赏功者多以官位,但以官赏功有两个危害,所任非才则误军国大事,权如果重了就难以制约,所以功臣居大官者,皆不为子孙远图,一定得趁着自己权力在的时候使劲变现,无所不为。要是给安禄山封百里之国,他就会珍惜这张饭票以传子孙,就不会造反了。现在这种情况也别担心,天下太平后用封土释兵权,虽大国不过二三百里,可比今之小郡,到时候有什么难制约的。"

此时让李亨犯嘀咕的郭子仪已经自北境边塞来到了洛交(治今陕西富县)。

之所以不再守北境了,是敦煌王李承完成了外交任务,娶了回纥可汗的女儿,回纥出兵与郭子仪兵相会后一块打垮了前面一直想再造突厥的叛胡军团阿史那从礼,郭子仪率军杀敌三万余,俘虏一万,河曲皆平。

没有了后顾之忧,郭子仪开始率军南下,并根据河东居两京之间,得河东则两京可图的战略考量，于正月二十八遣间谍入河东城，与陷入贼营的唐官密谋，等唐军来攻时为内应。

郭子仪自洛交率兵向河东进发，途中分兵攻取了冯翊。

二月十一，夜，河东司户韩旻等翻越河东城迎官军，城内暴动杀叛军近千人，守将崔乾祐跳城跑路得脱，随后发城北兵一边攻城一边迎战官军，但被已经渡河登陆的郭子仪击破。

崔乾祐退军，郭子仪追击之，斩首四千级，俘虏五千人，崔乾祐逃至安邑，安邑人开城门纳之，结果叛军刚进一半城门落了，城内开始屠杀，崔乾祐算是有心眼的，殿后没入城再次躲过一劫，自白径岭逃走，至此郭子仪收复了河东地区。

郭子仪收复河东的时候，李亨也到了凤翔，陇右、河西、安西、西域之兵都到了，江淮的庸调也运到了洋川、汉中。[①]

整个李唐的底牌此时已经全部摆到了牌桌上。

西方援军休整充足后，李泌请遣安西及西域之兵如之前规划之策进军东北，自归州、檀州南取范阳，但这个时候李亨变卦了。

李亨说："今大众已集，庸调亦至，当乘兵锋捣其腹心，现在引兵东北数千里先取范阳，这有点迂腐了。"

李泌道："今以此众直取两京我们肯定能拿下，但贼退路没断老窝尚在将来必定会死灰复燃的，到时候我们又将再陷困境，这不是一战而定的策略啊！"

李亨问："为什么啊？"

李泌道："我们现在所依仗者皆西北守塞及诸胡之兵，性耐寒而畏

[①]《资治通鉴·唐纪三十五》：上至凤翔旬日，陇右、河西、安西、西域之兵皆会，江、淮庸调亦至洋川、汉中。

暑，若乘其新至兵锋之锐攻打安禄山疲惫已老之师，其势必克，但两京眼看就要热起来了，贼收其余众遁归巢穴，关东炎热，将士们必困而思归，不可留也。贼众秣马厉兵，等官军散去准又南下杀出来了，到时候打来打去将再无尽头，不如先用兵于东北寒气未散之地，除其巢穴，则贼无所归，根本永绝矣！"

李亨道："我想见我爹，我等不了这个。"

客观来讲，抛开李亨不琢磨长远的这个生存习性，单冲他此时想迅速光复两京拿回政治合法性是没错的，但此次收复长安，李亨很快又一次否定了一个堪比小号李泌战略的规划并开出了一张匪夷所思到辱没列祖列宗的空头支票。

如何评价李亨，我们的情感始终很复杂。

这孩子的能力甚至不及一个中人，但是吧，又不能苛责他，在李隆基那种十八年如一日的恐怖高压下，这孩子精神没出问题就已经很不简单了。

官军齐聚后开始往东推进，关内节度使王思礼屯军武功，兵马使郭英义屯军东原，王难得屯军西原。

二月十九，安守忠等入寇武功，郭英义交战不利，被箭射穿脸颊败走，王难得望之不救也率军退下，王思礼退军凤翔，叛军游兵东逼离凤翔五十里的大和关，凤翔大骇，戒严。

官军的组织性与凝聚力还需要完善，此时还形不成整体的战斗力。

二月二十二，郭子仪为减轻凤翔压力，遣仆固怀恩、郭旰、李韶光、王祚等渡黄河攻下了潼关，杀敌五百，结果又被叛将安守忠和李归仁补防成功，苦战两日后朔方军败，官军死了一万多，李韶光与王祚战死，仆固怀恩退至渭水抱马渡河逃脱，战损过半。

三月二十三，安守忠率骑兵二万入寇河东，被郭子仪领兵击退，杀八千，俘五千。

朔方军和东北军开始了互相拉扯。

本来一东一西挺好的调动拉扯战略，尤其郭子仪已经占据河东这个关键战略位置了（见图10-11），此时的态势就是李泌的那个宏大战略的缩小版，郭子仪现在能随时威胁长安、潼关、陕郡、河内四个方向，简直是金不换的位置。

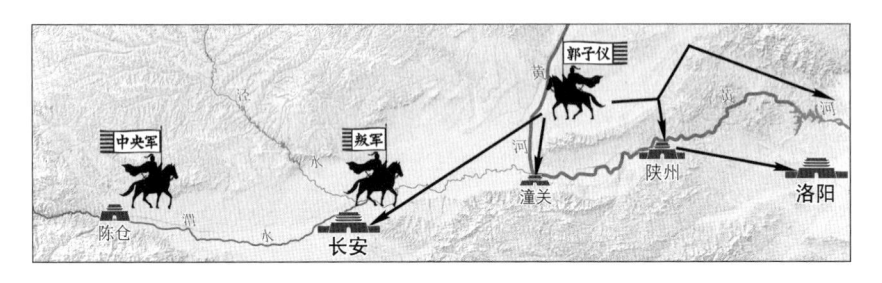

图10-11　郭子仪屯兵河东战略位置图

但李亨再次神操作，以郭子仪为司空、天下兵马副元帅，让他率兵开赴凤翔。

为什么？因为不久前安守忠威胁到了凤翔，他觉得不安全。唉，安史之乱会闹八年并最终形成了河朔三镇不是没有原因的。

四月十三，叛将李归仁以铁骑五千截击郭子仪于三原之北，郭子仪派仆固怀恩、王仲升、浑释之、李若幽伏兵于白渠留运桥，叛军出现后伏兵尽发杀伤略尽，李归仁跳入渭水渡河而逃。

四月底，合兵后的官军与叛军再次展开会战，郭子仪与王思礼军合于西渭桥，进屯渭水西岸。

这下叛军太美了，不用担心腹背受敌了，安守忠和李归仁合军屯于长安西的清渠。相守七日，官军不进。

五月初六，安守忠伪退，郭子仪率全军追击，叛军以骁骑九千为长蛇阵，等官军击其阵时首尾变为两翼夹击官军。郭子仪没见过这路阵法，无法应对，官军大溃，判官韩液、监军孙知古都成了俘虏，军资器械尽弃之。郭子仪退保武功，中外戒严。

郭子仪面见李亨请求自贬，也不知道李亨是乐是哭，五月十七，郭子仪被罢相，为左仆射。

六月，叛将田乾真包围安邑，恰巧陕郡贼将杨务钦密谋归国，河东太守马承光以兵接应，杨务钦杀了城中诸将来降，田乾真随后解安邑之围退去。

长安此时已经乱了，因为后路都断了，如果此时郭子仪还在河东，郭子仪的这个位置能活活吓死他们。

但现在很遗憾，七月十一，叛军大将安武臣率兵从容攻陕，杨务钦战死，叛军屠陕。

七月二十三，李亨劳军宴赏诸将，下令攻打长安，对郭子仪道："成功与否，在此一举！"

郭子仪代表三军表态："此行不捷，臣必死之！"

七月二十六，御史大夫崔光远破贼于骆谷，崔光远行军司马王伯伦、判官李椿率二千人攻中渭桥，杀叛军守桥者千人，乘胜进兵至苑门，但随后被叛军反杀，合战后杀王伯伦，擒李椿送洛阳。

这次会战最终没能打起来。

郭子仪和叛军多次交战后明白对方的实力，估计也担心把自己的朔方兵拼光了，于是以回纥兵精为由劝李亨征回纥兵以击贼。

李亨给回纥去了信，怀仁可汗遣其子叶护及将军帝德等率精兵四千余人会师凤翔，李亨接见了叶护，设宴劳军赏赐。

在这次宴请中，李亨答应了一个脑子被门挤了的决定，他因为急于收复京师而与回纥相约定："收复长安之日，土地与男人归大唐，金帛与女子全归回纥。"①

你是皇帝啊,你给区区四千雇佣兵集团的军费竟然是抢劫你的首都!

九月十二,元帅广平王李俶率朔方等军及回纥、西域之众共十五万,号二十万,兵发凤翔,准备大决战。李俶见到叶护后约为兄弟。回纥军至扶风,郭子仪留宴三日再次表示感谢,叶护道:"国家有急,远来相助,何以食为!"吃完当下那顿饭马上带着回纥军出发了。

我要是拿着能抢首都的军费我连饭都不用吃。

九月二十五,诸军俱发。九月二十七,至长安西,列阵于香积寺北沣水之东。

李嗣业为前军,郭子仪为中军,王思礼为后军,官军结阵长达三十里,贼众十万在北面列阵。②

会战打响后,叛将李归仁出阵挑战,官军追击,逼近叛军军阵时叛军一齐进发,官军节奏被打乱开始退却,叛军乘机突进,官军阵中惊乱,叛军已经开始争抢军需辎重了。③

眼瞅大唐即将崩掉这场关键会战,堪称扭转历史的神将李嗣业此时站了出来!

李嗣业,身长七尺,壮勇绝伦,大唐陌刀刀王。

所谓陌刀,是由汉斩马剑演变而来,长柄两面开刃,长约一丈

---

① 《资治通鉴·唐纪三十六》:初,上欲速得京师,与回纥约曰:"克城之日,土地、士庶归唐,金帛、子女皆归回纥。"

② 《旧唐书·郭子仪传》:子仪奉元帅为中军,与贼将安守忠、李归仁战于京西香积寺之北,王师结阵横亘三十里,贼众十万陈于北。

③ 《资治通鉴·唐纪三十六》:李归仁出挑战,官军逐之,逼于其陈;贼军齐进,官军却,为贼所乘,军中惊乱,贼争趣辎重。

（两米七左右）。

具体的陌刀考古图没有找到，陌刀应该是电影《绣春刀》中加钱居士丁修一个人干掉一队清兵时用的那把苗刀的加长版。

李嗣业作为安西军的陌刀总督组建了陌刀军，每次都为队头冲阵，所向披靡，这些年在西域见的凶险场面太多了，高仙芝的那堆军功大部分都是李嗣业给拼出来的，怛罗斯之战中高仙芝差点没逃出来，也是李嗣业大棒开路，拼死带着高仙芝杀出来的，李嗣业在西域被敌国称为神通大将。

混乱之时，李嗣业道："今天如不拼死抵抗以身诱贼，我大唐必定一败涂地，到报国的时刻了。"随后袒露上身，手执长刀立于阵前，大呼奋勇杀敌，叛军挡其刀锋者人马俱碎，连杀数十人后才稳住官军颓势。随后李嗣业率前军陌刀队挺起长刀排成横队，如墙般向前推进，李嗣业继续身先士卒，官军扭转了颓势开始呈披靡之势。①

大战一直从午时打到了酉时。这个时间范围最保守是从十三点打到了十七点，最多从十一点打到了十九点，根据史料的另一种说法是"自日中至昃"，应该是从中午十二点打到了十八点，双方整整血战了六个小时。

这是中国古代史中罕见的超大规模、超长时间的会战，大唐的安西军和朔方军的兵尖子对阵原本的平卢军和范阳军的兵尖子，双方各不退让彻底杀红了眼，对盛唐时期的大唐武德进行了一次终极汇报演出。

---

① 《旧唐书·李嗣业传》：嗣业谓郭子仪曰："今日之事，若不以身啖寇，决战于阵，万死而冀其一生。不然，则我军无孑遗矣。"嗣业乃脱衣徒搏，执长刀立于阵前大呼，当嗣业刀者，人马俱碎，杀十数人，阵容方驻。前军之士尽执长刀而出，如墙而进。嗣业先登奋命，所向摧靡。

上一次自日中战至晨昏是太宗血战刘黑闼，拳毛䯄身中九箭，但那场战役的规模并没有这场大，这场香积寺之战也是整个有唐一朝的最高强度最大规模的会战。

双方各自压上了所有筹码投入战斗，在太阳偏西后，叛军大将李归仁准备拿出最后一支预备队，派埋伏在阵东的精兵上场，但大战打到这个时候了，根本就没有秘密了，郭子仪派仆固怀恩带领回纥兵袭击叛军伏兵并全部歼灭，叛军至此再也拿不出任何预备队了，士气开始崩盘。①

在经过一下午的拼杀后，李嗣业已经杀透了敌军军阵，出现在了敌营背后，配合着回纥军给叛军来了致命一击。② 叛军大败溃退，其余残兵逃入长安城中。

仆固怀恩上言于广平王李俶道："贼弃城走矣，请以二百骑追之，抓了安守忠、李归仁等。"

李俶道："将军作战已经很疲劳了，暂且休息，明早我们再说。"

仆固怀恩道："李归仁和安守忠都是贼之骁将，难得现在被我们击败，此天赐我也，不能让他们跑了啊！他们得到兵员后又将成为我军大患，到时候悔之晚矣！战尚神速，何必等明早。"

李俶不同意，命其还营。仆固怀恩固请，一晚上三四次，等到天明传来消息，叛将安守忠、李归仁与张通儒、田乾真等都已逃跑。

仆固怀恩没遇到三百里雀鼠谷不眠不休追杀的那个明主。那种开

---

① 《旧唐书·仆固怀恩传》：肃宗乃遣广平王为元帅，以子仪为副，而怀恩领回纥兵从之沣水。贼伏兵于营东，怀恩引回纥驰杀之，匹马不归，贼乃大溃。

② 《旧唐书·李嗣业传》：是时，贼先伏兵于营东，侦者知之，元帅广平王分回纥锐卒，令击其伏兵，贼将大败。嗣业出贼营之背，与回纥合势，表里夹攻。

天辟地之主，可遇不可求啊！

这一季大唐气象快收尾了，怀念那个东亚群星闪耀时的恢宏气象啊！

九月二十八，唐军收复长安。

这时候，回纥人来找李俶兑现承诺了。李俶要替他爹当孙子了，下马拜叶护，表示刚得西京，现在要是把长安抢了，洛阳就会为贼固守，还是抢洛阳去吧。①

叶护一看李俶都拜上了，赶紧下马道："当为殿下径往东京。"随后与仆固怀恩引回纥、西域之兵自城南过，宿营于浐水之东。

李俶整军入城，百姓老幼夹道欢呼悲泣，李俶留长安镇抚三日后引大军东出，以太子少傅虢王李巨为西京留守。

很快郭子仪率领官军攻破潼关，克华阴、弘农二郡。十月初八，兴平军奏破贼于武关，收复上洛郡。

就在李唐中兴形势一片大好之时，十月初九，睢阳陷落了。大唐的南国擎天柱倒塌了。

在河南阻击了叛军接近两年，保住了整个东南的财富，配合北面战场起到堪称再造山河战略意义的张巡，在大小四百余战，前后杀敌十二万后，终于在所有友军目送的绝境下拼尽了最后一口气。

张公是侠之大者的郭靖，也是聪明绝顶的黄蓉，他知道为什么友军要眼睁睁地看着他死。

但张公城陷前只是西拜朝廷，说出了自己最后的遗言："臣智勇俱竭，无法再扼贼人之势，死为厉鬼再杀敌！"

---

① 《资治通鉴·唐纪三十六》：至是，叶护欲如约。广平王俶拜于叶护马前曰："今始得西京，若遽俘掠，则东京之人皆为贼固守，不可复取矣，愿至东京乃如约。"

第10战 安史之乱 | 1093

七、诗在！书在！青史在！华夏就在！

756 年，至德元年的十二月，张巡已经守雍丘近一年了，东北方向的济阴郡已经降贼，泗水条线的鲁郡和东平郡均已被攻陷，随后扼守泗水要道的河南节度使李巨迅速由彭城引兵东走了临淮（治今江苏泗洪）。[①]（见图 10-12）

刚有点势头不对，比谁都机灵的李大节度使就从自古兵家重镇的徐州地方撤退到了张巡背后的通济渠大后方来躲着了。

彭城是个什么地方，我们上一张老图来品品。（见图 10-13）

你说你对得起国家吗？

他之所以能耍大聪明，是因为有国士在为他负重前行。

围攻了雍丘几个月的令狐潮和李庭望开始抄截张巡的粮道，杨朝宗率马步兵二万准备袭击雍丘与睢阳之间的宁陵，绝张巡的粮援，此时睢阳在太守许远的带领下在坚守，宁陵的状况则不乐观。张巡针对这个

[①]《新唐书·张巡传》：俄而鲁、东平陷贼，济阴太守高承义举郡叛，巨引兵东走临淮。

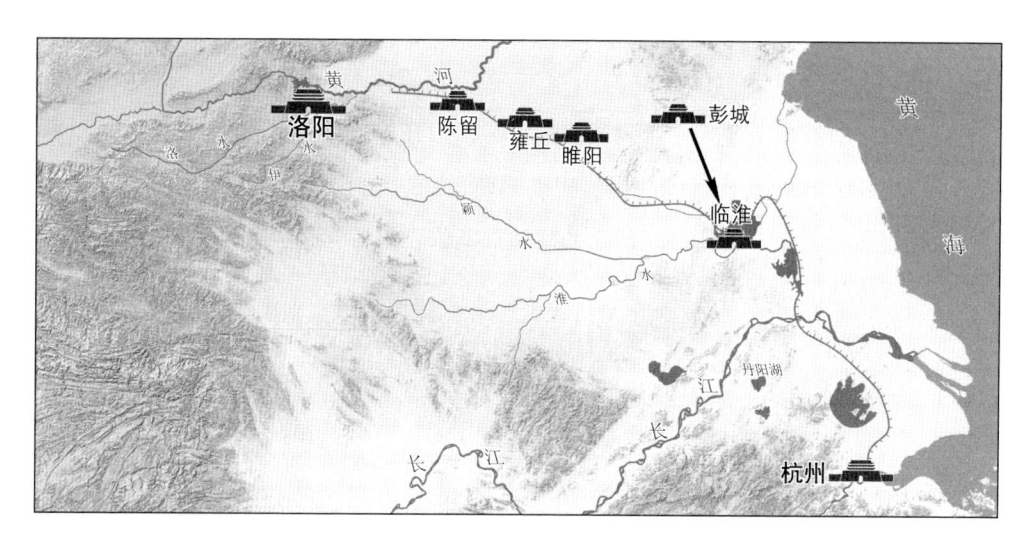

图 10-12　李巨撤退示意图

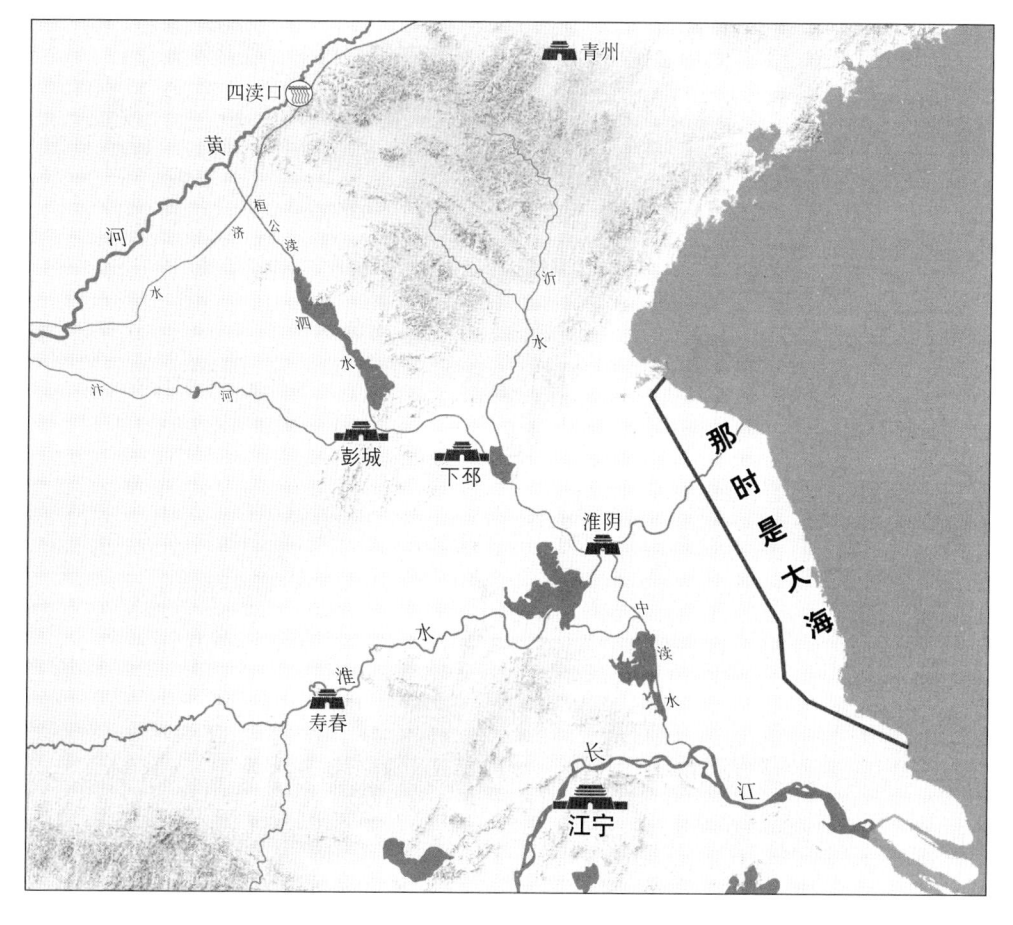

图 10-13　彭城枢纽示意图

情况果断放弃了雍丘，来到了宁陵，与睢阳开始背靠背结成联盟，还与许远就当前的紧要形势进行了积极磋商，并达成了"我们都是大唐兵，要心往一处想，劲往一处使"的高格局共识，双方兵合一处，准备打叛军一家伙。

当日，叛将杨朝宗至宁陵城西北，张巡和许远遣联军与其交战，昼夜数十回合，大破之，斩贼将二十，斩首万余级，流尸塞水水不流，叛军收兵夜遁。

此战后，李亨的诏命也传来了，任命河南擎天柱张巡为河南节度副使。

此时的河南节度正使，李隆基安排的虢王李巨正躺在导弹都打不到的大后方享受着张巡给他扛住所有后的岁月静好红利，张巡请求李巨授予自己麾下的将士们正式的朝廷职位和赏赐，但李巨只给了三十张折冲都尉与果毅都尉的委任状，赏赐，则一点儿没有。[1]

史书记载中，好多字看着没什么，比如"巨唯与折冲、果毅告身三十通，不与赐物"这句话很容易被带过去，其实它背后的算计丑恶至极。

也能理解，节度使和节度副使分别是两个皇帝派的，你这副使又是南国一柱，那么耀眼，我怎么可能把我的物资给你的将士们当赏赐。越赏你不越能打嘛！

连委任状也给得阴险至极，要么就给三百把中层的将领都照顾到，要么就全不给，因为不患寡而患不均。就给你三十张，我看你张巡和许远怎么分，我看你怎么指挥第三十一个将领，你们内部快闹矛盾

---

[1] 《资治通鉴·唐纪三十五》：敕以巡为河南节度副使。巡以将士有功，遣使诣虢王巨请空名告身及赐物，巨唯与折冲、果毅告身三十通，不与赐物。

去吧！

从弃彭城开始，于国，于私，你就活该将来被一贬再贬不清不楚地死在叛将手里。

不过很快李巨就将为自己的小聪明而沾沾自喜，幸亏没赏张巡，他要打包走喽，李亨那边来调动了，命贺兰进明接替他的河南节度使之位让他回关中。毕竟他不是李亨任命的，赶紧回中央去。

李巨随后带走了所有强兵，给贺兰进明留了个烂账本。①

读者可能会有疑问，为什么不让打得那么好的张巡直接就地接任河南节度使呢？

你一个地方县官活生生地打成了南国一柱，你的地方根系太强了。我是中央，看不得这个，必须得是中央下派官员去领导地方。

这个人事调动后，河南地区出现了一个大窟窿。不过这是河南防务理论上最小的窟窿。最大的窟窿是人心。

时间来到至德二年（757），安庆绪任命之前在河北作战的尹子奇为汴州刺史、河南节度使。正月二十五，尹子奇率归、檀二州兵及同罗、奚兵十三万来攻睢阳。

这回河南地区的最艰难考验到来了，北兵杀到了。

许远告急于张巡，张巡随后放弃宁陵引兵入睢阳，此时张巡有兵三千人，与许远合兵后共六千八百人。

张巡来了之后，许远没有一丁点门户之见和利益划分之说，而是对张巡说："我性懦弱，不懂军事，你智勇双全，我请求为公坚守，也请公为我而战。"此后许远只负责调集军粮、修理战具、居中接应的后

---

① 《旧唐书·许远传》：虢王巨受代之时，尽将部曲而行，所留者拣退羸兵数千人、劣马数百匹，不堪扞贼。

第10战 安史之乱 | 1097

勤之事，所有作战指挥权都交给了张巡。

靠着这六千八百勇士，张巡亲自督战，勉励将士，昼夜与叛军苦战，有时一天交战二十多次，连战十六日，俘叛军将领六十余人，杀叛军二万余人。①

张巡用实力证明了自己无差别打击叛军的能力，无论是去年的乌合之众还是今年的兵尖子，在他张雍丘、张宁陵、张睢阳、张通济渠河神、张两淮江南守护者面前都不好使。

回去养了半个多月的伤，三月，尹子奇再引大军攻睢阳。

张巡对将士们说："吾受国恩，九死无悔，只是想起诸君捐躯命，血染原野，却得不到足够匹配大家功勋的赏赐，我痛心啊！我对不起大家啊！"②

张巡拿自己的人格在为李巨的算计买单，将士们在这一年的作战中早就知道张公是个什么样的人了。他何时又计较过啊，他们拼命何时是为了赏赐。得遇明公以身许国不枉来这人世走一遭啊！于是纷纷激昂请战。

李巨你这见不得光的下三烂手段在张巡的正道光芒下好使吗？你知道多少一辈子不被待见的路人甲在张巡这里找到了自己人生发光的意义吗？

张巡杀牛犒赏全军举行大会餐，随后悉出精锐出城野战。

刚开始叛军看到这么点人时还在那里笑呢，但很快他们就笑不出

---

① 《资治通鉴·唐纪三十五》：贼悉众逼城，巡督励将士，昼夜苦战，或一日至二十合；凡十六日，擒贼将六十余人，杀士卒二万余，众气自倍。

② 《新唐书·张巡传》：巡语其下曰："吾蒙上恩，贼若复来，正有死耳。诸君虽捐躯，而赏不直勋，以此痛恨！"

来了，张巡手拿战旗率诸将直冲贼阵，那种自身叠加狂暴的气势迅速将贼阵冲溃，斩将三十余人，杀士卒三千余人，一口气狂追了数十里。

转过天来，贼又合军至城下，张巡再次出战，昼夜数十回合，屡摧其锋，但叛军也不简单，这回还就彻底不走了，张巡被压制得出不了城，叛军开始围城攻打。

五月，尹子奇继续增兵，越来越多的兵力开始围攻睢阳。

张巡于城中夜鸣战鼓，叛军以为张巡要出战了，通宵达旦地整军备战。等天明，城中的鼓停了，叛军以飞楼侦查城中没看见什么，随后解甲休息。

这个时候张巡与将军南霁云、郎将雷万春等十余将各率五十骑开门突出直冲贼营，甚至直接冲到了尹子奇大旗之下，叛军营中大乱，贼将被斩者五十余人，士卒自相践踏死者五千余人，南霁云还一箭射中了尹子奇的左眼，差点生擒匪首。

此时是五月，和张巡、许远同样坚守了一年的山南东道节度使鲁炅顶不住了。

从安庆绪的战略思路可以看出来，他打算往南发展了，河北尤其范阳老家已经被史思明牢牢占据了，好多话他说了已经没人听了。[①]

鲁炅守的是南下荆襄的关键要道枢纽，南阳。

南阳被叛将武令珣和田承嗣轮番攻击，城中已经粮尽，都到了一个老鼠能卖数百钱的时候，到处都是饿死的人。即便这样，鲁炅依旧没投降。

李亨太感动了，遣宦官将军曹日昇去南阳搞慰问，但城外围急，

---

① 《资治通鉴·唐纪三十五》：先是安禄山得两京，珍货悉输范阳。思明拥强兵，据富资，益骄横，浸不用庆绪之命；庆绪不能制。

无法入城，曹日昇请单骑入城传达皇帝指示，襄阳太守魏仲犀不许。

恰巧颜真卿自河北绕道回关中已经来到了襄阳，对魏太守说："曹将军不顾万死以传帝命，为何打击他的积极性。就算没送进去，不过损失一个使者，送进去了我们南阳城的士气就坚定了。"

曹日昇随后不仅给城中带来了好消息，还杀了出去，从襄阳率千人运粮队运来了粮食，又赵子龙附体般地再次杀进了城中。靠着这点粮食，鲁炅带兄弟们又坚守了几个月，南阳城中其实已经出现了拿人当军粮的现象了。[①]

鲁炅眼瞅没有一支友军愿意来搭救自己，鉴于自己已经苦守一年多了，昼夜苦战已经失去了再战下去的能力，五月十五日夜，鲁炅趁着将士们还有最后一口气，开城门率数千将士突围奔了襄阳。

田承嗣追击转战两日，没能讨到便宜只得放弃。虽然南阳最终还是丢了，但鲁炅为襄阳道的保存争取了一年的时间。[②]

叛军拿下南阳后也是强弩之末了，没能力再去抢襄阳了。

鲁炅因为此战没有壮烈殉国，外加九节度使会战河北后结局不太好，所以一般对于他这条线的描写并不多，但我们这里要一码归一码地为鲁炅奋战南阳的战略意义仔细地说一下。

再来看一下大唐的整条生命线。

张巡那边力保两淮江南不失，鲁炅这边扛着襄阳道的腰，凤翔那

[①] 《旧唐书·鲁炅传》：日昇以其十人至襄阳取粮，贼虽追之，不敢击，遂以一千人取音声路运粮而入，贼亦不能遏，又得相持数月。炅在围中一年，救兵不至，昼夜苦战，人相食。

[②] 《资治通鉴·唐纪三十五》：炅在围中凡周岁，昼夜苦战，力竭不能支，壬戌夜，开城帅余兵数千突围而出，奔襄阳。承嗣追之，转战二日，不能克而还。时贼欲南侵江、汉，赖炅扼其冲要，南夏得全。

边薛景仙守护了战时灵武生命线的最后一程。都是国家脊梁啊!

七月初六,又打了两个月无果的尹子奇再征兵数万来围攻睢阳。但这时候,张巡守的睢阳也没有粮食了。

作为通济渠的枢纽重地,睢阳本来有积粮六万石,够当时睢阳吃一年的,结果上一任节度使李巨命许远分一半给濮阳和济阴,当时许远坚决反对,但不好使,结果济阴得了粮食后就降贼了,资了敌。[1]

张巡加入后,睢阳粮食更加紧张,坚持到这个时候睢阳城中的粮食已经被吃光很久了,将士们每人每日只能分到一合米(一百克左右),然后夹杂着茶纸、树皮而食,而叛军方面却粮道畅通,兵员充足,即使有伤亡也随时能征兵补充,但睢阳城中的将士得不到补充和休息,连友军的粮食都没有,此时的六千八百勇士已经损耗的仅剩一千六百人了,已经饿得没能力去野战了。[2]

即便如此,面对越来越凶狠的攻城,睢阳将士们依旧在血战。

叛军的云梯大如彩虹,上面能装下二百精兵,叛军把它推到睢阳城下,想让士兵跳到城墙上,结果张巡事先在城墙上凿了三个洞,云梯快临近时,从一洞中伸出一根装了铁钩的大木头,死死钩住云梯让它跑不了,又从一洞中伸出一根木头顶住云梯让它过不来,中间的那个洞中伸出了一个包着火球的大铁笼,随后云梯从中间被烧断,梯上的士卒全部掉下来被烧死了。

叛军又用钩车钩城头上的城楼,钩车所钩之处纷纷崩陷,叛军又

---

[1]《新唐书·张巡传》:初,睢阳谷六万斛,可支一岁,而巨发其半饷濮阳、济阴,远固争,不听。济阴得粮即叛。

[2]《资治通鉴·唐纪三十五》:将士人廪米日一合,杂以茶纸、树皮为食,而贼粮运通,兵败复征。睢阳将士死不加益,诸军馈救不至,士卒消耗至一千六百人,皆饥病不堪斗,遂为贼所围,张巡乃修守具以拒之。

把前面那大木头改装了，张巡又整出了一种大环锁，直接套住了叛军钩车的那个头，然后用皮车把钩城的那个头给拔了。

叛军又做木驴来攻城，张巡就熔化铁水浇毁木驴；叛军在城西北角用土袋和柴木堆成梯子想登城，张巡就每天晚上把松明与干草投进正在堆积的通道中，十多天叛军也没发现什么异样，实际上这梯子每层都被张巡夹上易燃物品做成"千层饼"了，张巡等叛军制作得差不多了随后派人顺风纵火烧了叛军的天梯，一场大火烧了二十多天才熄灭。

无穷如天地、充实如太仓、浩渺如四海、炫耀如三光的张巡已经在睢阳封神，叛军对这个随机应变见招拆招的大神彻底服了，到后面根本就不敢来攻城了，在城外挖了三道壕沟并置木栅围城，最后就一招：饿死你们。

张巡从雍丘守到睢阳就那三五千人，但从头到尾打了大小四百余战，杀贼十二万，这有什么秘诀呢？他手上也都是临时拼凑的兵啊。

1. 张巡智商高。张巡本人念书时就是三遍不忘、写文章不打草稿的奇才，他麾下的所有将士，他问一遍姓名再见面准能喊出名字来。光这一点士气上就和金子一样值了。张公心里有将士。[①]

2. 张巡有智慧。张巡将部队分给各部将后充分授权，命各大将安排麾下兄弟们技战术打法，完全信任他们，充分调动兄弟们的主观能动性。有人问："您跟别的将领不一样啊，没见过您这样授权的。"张巡说："过去打的都是方阵战，所以要令行禁止、步调一致听指挥，现在我们是守城，况且叛军都是骑兵，机动性那么高，忽散忽合，变化不定，有时在数步之内军势都不同，我哪有空挨个指挥，我永远比不上最

---

① 《新唐书·张巡传》：读书不过三复，终身不忘。为文章不立稿。守睢阳，士卒居人，一见问姓名，其后无不识。

前面拼杀的兄弟们知道现场是个什么情况，所以就需要将领们在很短的时间内应对突发事件，如果动不动就请示我根本来不及。所以我让将和兵们长时间配合，充分授权，每个小团队都是兵将合一，每个战斗队都是好样的，这样才能最大限度地提升战斗力。"①

3. 张巡真诚。其实每战面对那么悬殊的劣势，要崩盘那是常有的事，但每次将士们要崩的时候张巡就赶过去，也不砍后退之兵，就一句话，"我不离开此地，你为了我去决战"。将士们随后再次狂暴，为了张公去拼死。军中所有的事，张巡永远不搞小算盘，摊开了跟兄弟们讲，在干什么，怎样干，为了什么，通通说明白，号令明确，令行禁止，仗打到后面那真就是纯纯的私兵了，其实都是在为张巡而战，张巡用他的人格魅力和指挥能力对此时的睢阳城完成了精神力的巨大加成。②

八月，李亨又任命了张镐兼河南节度使代替贺兰进明，与此同时灵昌太守许叔冀也扛不住了，带队伍奔了彭城。

仗打到八月的时候，睢阳城仅剩六百人了，张巡和许远各领三百人天天就住城上了，张巡守东、北，许远守西、南，二人与士卒同甘共苦，张巡甚至一边打还一边给攻城的叛军做思想工作，竟然感动了好多叛军，前后二百多人加入了这注定没有生路的睢阳的守城力量，帮张巡

---

① 《新唐书·张巡传》：更潮及子琦，大小四百战，斩将三百、卒十余万。其用兵未尝依古法，勒大将教战，各出其意。或问之，答曰："古者人情敦朴，故军有左右前后，大将居中，三军望之以齐进退。今胡人务驰突，云合鸟散，变态百出，故吾止使兵识将意，将识士情，上下相习，人自为战尔。"

② 《资治通鉴·唐纪三十六》：每战，将士或退散，巡立于战所，谓将士曰："我不离此，汝为我还决之。"将士莫敢不还，死战，卒破敌。又推诚待人，无所疑隐；临敌应变，出奇无穷；号令明，赏罚信，与众共甘苦寒暑，故下争致死力。

守城，这是种什么样的人格力量啊！①

此时的睢阳城中已经到了易子而食的地步了，张巡担心这样百姓会闹变故，随后杀了自己的妾给将士们吃。这件事后，据说睢阳城的百姓们也认命了，随后睢阳军开始吃城中女人，女人吃尽后吃老幼，据说吃了两三万人。②

这段内容，出自《旧唐书·张巡传》。

关于睢阳吃人这事，历来有两种争论，一个是张巡真的吃，一个是这都是叛军造的谣言。

史料中来源于睢阳将士们的唯一自证，是南霁云求援时的："初围城之日，城中数万口，今妇人老幼，相食殆尽，张中丞杀爱妾以啖军人，今见存之数，不过数千，城中之人，分当饵贼。"

南霁云并没有说他们已经艰苦到吃百姓了，而是城中百姓已经开始互相吃了，张公为了军心杀了自己爱妾给将士们吃。

我不是说他是忠臣就要给他洗白，而是给睢阳城中的吃人事件推导出一个合理的逻辑。张巡抓女人们先吃，吃完了再吃老幼，但百姓深明大义就在那里让军队吃？这不符合人性。

因为将士们跟张巡有感情不假，但百姓其实谈不上，正如张巡杀

---

① 《资治通鉴·唐纪三十五》：睢阳士卒死伤之余，才六百人，张巡、许远分城而守之，巡守东北，远守西南，与士卒同食茶纸，不复下城。贼士攻城者，巡以逆顺说之，往往弃贼来降，为巡死战，前后二百余人。
② 《旧唐书·张巡传》：尹子奇攻围既久，城中粮尽，易子而食，析骸而爨，人心危恐，虑将有变。巡乃出其妾，对三军杀之，以飨军士，曰："诸公为国家戮力守城，一心无二，经年乏食，忠义不衰。巡不能自割肌肤，以啖将士，岂可惜此妇人，坐视危迫。"将士皆泣下，不忍食，巡强令食之。乃括城中妇人，既尽，以男夫老小继之，所食人口二三万，人心终不离变。

妾的原因是:"尹子奇攻围既久,城中粮尽,易子而食,析骸而爨,人心危恐,虑将有变。巡乃出其妾,对三军杀之,以飨军士。"

如果剩的那一千六百人面对数万睢阳百姓去抓女人吃,最终睢阳在内部就被攻破了。

睢阳城中的内部人相食是肯定有的,张巡担心百姓为了肚子去跟他们拼了,随后杀了自己的妾率先垂范,这样百姓也心服口服了。

即便如此,无论是百姓主动当军粮,还是张巡主动去抓人当军粮,都依然不符合人性。我个人的推测,是睢阳城中的将士们在吃死人。这人已经死了,然后别埋了,直接就吃了,这样从整个睢阳军民团结坚持大半年的最终结局来看,是最符合人性走向的。

说到这里,有个疑问,怎么就没友军帮一把呢?

此时贺兰进明在临淮,许叔冀和尚衡在彭城,皆拥兵不救。[1]

来说一下三位将领各自不救的原因:

1. 尚衡不救,因为生着张巡的气。

张巡手下的第一猛将南霁云之前是尚衡的先锋,后来尚衡遣南霁云至睢阳与张巡计事时被张巡的人格魅力瞬间征服了,南霁云对身边人说:"张公敞开心扉对待我,真是我该侍奉之人。"随后就硬是留在张巡这里了。张巡玩命劝他得回去,但南霁云就不走。尚衡觉得可能是待遇问题便带着金帛去迎,南霁云依旧谢绝不受,铁心跟张巡混。[2]

---

[1] 《新唐书·张巡传》:御史大夫贺兰进明代巨节度,屯临淮,许叔冀、尚衡次彭城,皆观望莫肯救。

[2] 《新唐书·南霁云传》:南霁云者,魏州顿丘人。少微贱,为人操舟。禄山反,钜野尉张沼起兵讨贼,拔以为将。尚衡击汴州贼李廷望,以为先锋。遣至睢阳,与张巡计事。退谓人曰:"张公开心待人,真吾所事也。"遂留巡所。巡固劝归,不去。衡赍金帛迎,霁云谢不受,乃事巡,巡厚加礼。

张巡为了不冷这汉子的心也就没再说什么，但南霁云这汉子好多事想得太简单，其实干了好多堵死后路的事。

客观来讲，尚衡不救睢阳就是因为南霁云这事。忠勇归忠勇，但南霁云确实干得相当不地道，毕竟张巡多次劝他回去，他私自留下简单，但将领们将来就没法共事了，他从大局观上断了未来大家一起强大的可能，也让张巡在将领圈子里的名声不好听。

于国来讲，尚衡见死不救确实不是个好将领，但客观来讲，从已经军阀遍地的时代特殊性来说，他有理由担心再派出去的将领成为第二个南霁云。

张巡也很明白，所以根本就没向他张嘴。

综上，不认同，但理解。

2. 贺兰进明和许叔冀这俩人得放一块说。

客观来讲，张巡、许远、南霁云等睢阳忠烈的身死，和安史赵括、上任一个礼拜请战的前宰相房琯有着相当大的关系。

这个贺兰进明和房琯有仇。贺兰进明最开始是北海太守，跟颜真卿还短暂共过事，后来一路去了蜀地见了李隆基，再之后又北上去见了李亨。

房琯反攻现眼后，贺兰进明对李亨说："陛下知晋朝何以至乱？"

李亨道："我就爱听历史小故事，卿讲。"

贺兰进明道："晋朝好尚虚名，任王衍为宰相，整个朝堂从上到下都奢靡浮华，故至于败。今陛下方兴复社稷，当委用实才，房琯就爱说大话，非宰相器也。况且就算陛下待房琯至厚，以臣观之，房琯终不为陛下所用。"

其实前半段打不死人，李亨就爱听人吹牛，主要是不为他所用这话杀人，李亨赶紧问为什么，贺兰进明道："房琯之前在蜀地为太上皇出主意让三王出镇,以永王为江南节度,颍王为剑南节度,盛王为淮南节度,让您这真龙北略朔方,命诸王分守重镇。给您扔这边鄙苦寒之地,以枝庶悉领大藩,此对于太上皇似乎是忠,但对于陛下实乃不忠啊!房琯什么算计能瞒得过您嘛!他这就是满世界押宝,只要一子得天下,将来就不失恩宠。您再瞅瞅他树其私党刘秩、李揖、刘汇、邓景山、窦绍之徒,一个礼拜啊,直接都安排上兵权了。他这是忠吗?他不是啊,他没有德啊!臣正想弹劾他呢,实在是不敢不先跟您通个气。"

李亨就此开始恶心房琯了。

房琯很快听说了这件事,也发了大招,别等贺兰进明弹劾自己了,直接安排"忠心"上言的贺兰进明去接替李隆基安排的李巨为河南节度使了,与此同时房琯为了恶心贺兰进明,安排许叔冀为他的都知兵马使,二人都兼御史大夫。由于李巨什么都没给贺兰进明留下,贺兰进明就那点本部兵,许叔冀又自恃兵强,官职相等,跟的老大又不同,随后根本不受贺兰进明节制。在这你中有我我中有你的人事算计下,据史料记载贺兰进明不敢分兵救睢阳是怕被许叔冀偷袭。[1]

这其实就是为了恶心房琯硬拼的素材,为了引出"两相观望,坐视危亡,致河南郡邑为墟,由执政之乖经制也"。

许叔冀在彭城,在大后方,他极大概率不会降敌,因为没有威胁,然后他去偷袭友军?怕被许叔冀偷袭就是贺兰进明给许叔冀扣的一个帽

---

[1] 《旧唐书·许远传》:及琯为宰相,进明时为御史大夫。琯奏用进明为彭城太守、河南节度使、兼御史大夫,代嗣虢王巨;复用灵昌太守许叔冀为进明都知兵马、兼御史大夫,重其官以挫进明。虢王巨受代之时,尽将部曲而行,所留者拣退羸兵数千人、劣马数百匹,不堪扞贼。叔冀恃部下精锐,又名位等于进明,自谓匹敌,不受进明节制。故南霁云之乞师,进明不敢分兵,惧叔冀见袭。两相观望,坐视危亡,致河南郡邑为墟,由执政之乖经制也。

第10战 安史之乱 | 1107

子，实情是：贺兰进明担心兵打光后在乱世没有话语权了，许叔冀也是这个意思。双方本来有仇，担心底子拼光后将来被另一个人随意拿捏。

到了八月，睢阳撑不住了，开始让此时睢阳城中武功最高的南霁云去彭城求援许叔冀。①

许叔冀也许担心旁边友军的尚衡脸上不好看，也许担心自己的队伍打光，也许担心张巡成了功名，总之不搭理，给南霁云推出来了数千布。面对缺粮食却给运不回去的布这种恶心人的文化流氓打法，南霁云大骂，嚷嚷跟许叔冀决斗，许叔冀没敢理。②

南霁云回去汇报后张巡又派他率三十骑冲围而出告急于临淮。

临行前，张巡估计忘记了嘱咐南霁云一句："行不行的别再放狠话了，那是彻底断我们后路啊！"

但张巡要是说了，他也就不是能成为南国擎天柱的那个张巡了。他知道南霁云是个什么样的汉子，他做不到的事，张巡不会难为他。

好多事，走到最后都是命，就没必要再为难为自己出生入死的汉子了。

南霁云出城时贼众数万来抓，南霁云直冲其众，左右驰射，贼众披靡，他冲出包围圈时仅仅损失了两个骑兵。

南霁云到临淮见到贺兰进明后说快发救兵吧，贺兰进明道："现在睢阳城不知存亡，派援兵去了又有什么用。"

南霁云道："睢阳要是陷落了，我以死来谢罪。我用这条命来向您担保睢阳没有丢。况且睢阳若被攻占，下一个就是临淮，此二城唇亡齿

---

① 《新唐书·张巡传》：御史大夫贺兰进明代巨节度，屯临淮，许叔冀、尚衡次彭城，皆观望莫肯救。巡使霁云如叔冀请师。

② 《新唐书·张巡传》：不应，遗布数千端。霁云嫚骂马上，请决死斗，叔冀不敢应。

寒，怎能不救啊！"①

贺兰进明担心被许叔冀所袭，又担心帮张巡成了不世之功，随后扣下南霁云准备酒食和歌舞来招待，希望南霁云能为他所用，但南霁云慷慨激昂哭道："我突围出来时睢阳城中的兄弟们已经一个多月没吃粮食了，我现在想吃，但我实在咽不下去啊！"②

南霁云再道："大夫你手握强兵，眼看睢阳将陷落却无救援之意，这是忠臣义士所为吗？"

南霁云随后咬掉一个手指给贺兰进明道："我南霁云既然没完成我家主将交代的命令，我留下一个指头给张公做交代。"贺兰进明帐中的所有人都哭了。③

南霁云走的时候拔箭回射佛塔道："我破贼回来后，必灭贺兰进明，这箭就是见证。"④

确实太可恨了，但南霁云这也彻底断了睢阳的后路。因为张巡如果放弃睢阳，此时是能去彭城呢，还是能去临淮呢？你一个决斗，一个誓灭，把路都走死了。

南霁云最终在宁陵得到了唯一的帮助，宁陵城使廉垣率步骑三千人随南霁云在闰八月初三夜里突进叛军的包围圈，一边杀一边往里突，

---

① 《资治通鉴·唐纪三十五》：霁云曰："睢阳若陷，霁云请以死谢大夫。且睢阳既拔，即及临淮，譬如皮毛相依，安得不救！"

② 《新唐书·张巡传》：进明惧师出且见袭，又忌巡声威，恐成功，初无出师意。又爱霁云壮士，欲留之。为大飨，乐作，霁云泣曰："昨出睢阳时，将士不粒食已弥月。今大夫兵不出，而广设声乐，义不忍独享，虽食，弗下咽。"

③ 《资治通鉴·唐纪三十五》：因啮落一指以示进明，曰："霁云既不能达主将之意，请留一指以示信归报。"座中往往为泣下。

④ 《新唐书·张巡传》：抽矢回射佛寺浮图，矢著砖，曰："吾破贼还，必灭贺兰，此矢所以志也！"

第10战 安史之乱 | 1109

大战后毁敌营，但己方伤亡同样惨重，最终仅千人入城。

恰巧大雾，张巡从声音中听出了爱将的声音，随后开城门接应，结果还有意外惊喜，南霁云捎带脚驱赶着叛军的数百头牛又进了城。①

确实是猛将啊！你说你能难为这样的汉子让他去深想那些弯弯绕绕吗？

城中将士们得知没有救援了放声痛哭，叛军也知道张巡没有援兵了，围攻越来越急。②

南霁云这次回来后，城中开始开会讨论未来，大家建议弃城东走，张巡和许远商量后决定不走，三条原因：

1. 睢阳是江淮屏障，弃了睢阳叛军必定长驱直入，江淮就没了。③
2. 现在跑都跑不了了，都是饥饿羸弱者，跑不动了。④
3. 张巡安慰将士们，战国打成那样子各国间还救急呢，他们身边不远就是友军，会有希望的。

其实想跑是没问题的，有那几百头牛呢，顿顿牛肉恢复脚力是不难的，毕竟后面睢阳又坚持了两个月，想跑是有办法的。只是睢阳的功勋已经把所有同行的眼晃瞎了，同行们盼着他死。你活着，显得我们忒孙子，我看见你就觉着自己恶心。所以为了我们的心理健康，你快死吧！你怎么还不死？

张巡是能把叛军教育进睢阳帮他守城的人，他不会不明白这个道

---

① 《新唐书·张巡传》：贼觉，拒之，且战且引，兵多死，所至才千人。方大雾，巡闻战声，曰："此霁云等声也。"乃启门，驱贼牛数百入，将士相持泣。

② 《资治通鉴·唐纪三十五》：城中将吏知无救，皆恸哭。贼知援绝，围之益急。

③ 《资治通鉴·唐纪三十六》：睢阳，江、淮之保障，若弃之去，贼必乘胜长驱，是无江、淮也。

④ 《资治通鉴·唐纪三十六》：且我众饥羸，走必不达。

理。南霁云在跟大家说许叔冀和贺兰进明有多孙子的时候也不会不说自己放的那些狠话。

结局只有一条路了。不是生路，是死路。既然必死，那就壮烈到底吧！

所以张巡对着睢阳的兄弟们说了自安史之乱以来唯一的一次瞎话："古者战国诸侯，尚相救恤，况密迩群帅乎？不如坚守以待之。"

不会有救援的，但对不起兄弟们，因为明白人是最痛苦的。

其实张巡还是有机会的，李亨八月安排的新任的河南节度使张镐得知睢阳危急率兵日夜兼程发文书告浙东、浙西、淮南、北海四节度使以及最近的谯郡太守闾丘晓共同发兵救睢阳。[1]

张镐之所以那么大力度救援，因为他是宰相节度使，他五月代替了光会吹牛的房琯。[2] 但远处的那帮节度使发兵并没那么迅速，连最近的闾丘晓都因为担心兵败自己取祸而逗留不进。[3]

就这样，除了唯一有意愿救英雄之地要拿功绩的新任宰相节度使张镐在飞速往睢阳赶之外，所有的同僚，都在眼睁睁地等着张巡快点死。

政治啊政治，利益啊利益，人性啊人性。

睢阳又在绝望中坚守了两个月，在几百头牛的赞助下，睢阳六百勇士和宁陵一千勇士在叛军一次又一次的攻城和饥饿下，仅仅还剩下四

---

[1] 《资治通鉴·唐纪三十六》：张镐闻睢阳围急，倍道亟进，檄浙东、浙西、淮南、北海诸节度及谯郡太守闾丘晓，使共救之。

[2] 《旧唐书·房琯传》：谏议大夫张镐上疏，言琯大臣，门客受赃，不宜见累。二年五月，贬为太子少师，仍以镐代琯为宰相。

[3] 《旧唐书·张镐传》：晓素傲戾，驭下少恩，好独任己。及镐信至，略无禀命，又虑兵败，祸及于己，遂逗留不进。

百人。

十月初九，叛军终于登上了围攻近一年的睢阳城头，此时睢阳城中的所有人已经失去了抵抗能力，张巡向西拜后叹道："臣力竭矣，不能全城，生既无以报陛下，死当为厉鬼再杀贼。"

瞎了一只眼的尹子奇见到了这位偶像，问道："听说您每战激动得都要把自己的牙咬碎，这是为什么啊？"

张巡："我志吞逆贼，但恨自己力不能及罢了。"

尹子奇用刀撬开了张巡的嘴，发现真的只剩三颗牙了。

尹子奇拿张巡其实是当偶像的，想让他活命，但他部下说："张巡已经是精神符号了，他不会为我所用的，他深得军心，要是不杀了他，谁知道他还能策反出什么动静。"

尹子奇又想招降南霁云，南霁云没说话。①

洞悉人性的张巡明白南霁云怎么想的，这汉子想假降，他日找机会再杀贼。

但张巡更明白，南霁云的情商是玩不了曲线救国的，他只要降贼或者哪怕当俘虏，贺兰进明和许叔冀们就会想尽办法彻底给他打成反动派的，甚至也许这位汉子会带贼兵去找贺兰进明们报仇，到时候就更说不清了。明明是忠臣良将，决不能被后世所污。好兄弟啊！他看不了那么远，但他哥知道，他必须得跟自己一起死啊！他哥是为了他的身后之名啊！

张巡高呼："南八，大丈夫有死而已。不可为不义屈身啊！"南霁云笑道："本想留此身再杀敌，但公知我者，怎敢不死！"②

---

① 《新唐书·张巡传》：又降霁云，未应。

② 《新唐书·张巡传》：巡呼曰："南八！男儿死尔，不可为不义屈！"霁云笑曰："欲将有为也，公知我者，敢不死！"亦不肯降。

尹子奇最终把张巡与南霁云、雷万春等三十六将全部杀掉，睢阳英烈们临刑前神色自若，面不改色，慷慨赴难。

不过尹子奇到底还是被张巡这帮人的忠义所感动，最终将没什么威胁的许远送到了洛阳。

睢阳英烈们的事迹后来被张镐命中书舍人萧昕上报给了李亨，结果皇帝身边大臣们的第一反应是张巡守睢阳时既然粮尽了，为何不弃城啊？怎么宁可吃人都不给人活路啊？①

呵呵，谁不知道活着好，谁不知道不担担子是最轻松的。不要用你们的软骨头想忠臣孝子！

六月无粮时，如果跑了，长安会最终踏踏实实地拖到香积寺之战吗？李巨有一丁点威胁就溜了。贺兰进明是一路从北海逃遍了大半个中国的人，一辈子没干出一件漂亮的实事，最终收场时不过是被贬为了秦州司马，他说他的死对头房琯是王衍，他又算是个什么东西呢？

张巡真的是挨个抓人来吃的吗？你觉得以他对人性的洞悉他会那样干吗？如果这样做的话，睢阳真能守到十月吗？

从最开始的雍丘，到宁陵，再到睢阳，张巡和他的勇士们以数千之兵牵制了叛军接近两年的时间，大小四百余战，杀敌十二万，让整个两淮和江东的上千万百姓免于兵灾。千万人口级别的百姓安乐，这笔账又怎么算？

老天都看不过去这种功德被那些只会瞎扯的官僚所侮辱，哪怕一会都不行。张澹、李纾、董南史、张建封、樊晃、朱巨川、李翰等名士纷纷说明白了一个最朴素的道理："张巡蔽遮江淮，沮贼势，天下不

---

① 《新唐书·张巡传》：镐命中书舍人萧昕谏其行。时议者或谓："巡始守睢阳，众六万，既粮尽，不持满按队出再生之路，与夫食人，宁若全人？"

亡，张巡之功也。"在大量的名士背书下，终于安静了，没有异议了。①

来看看李翰的原文：

> 贼不敢越睢阳取江淮，江淮以完，巡之力也。城孤粮尽，外救不至，犹奋羸起病，摧锋陷坚，三军噉肤而食，知死不叛。城陷见执，卒无挠词，慢叱凶徒，精贯白日，虽古忠烈无以加焉。
>
> 若无巡则无睢阳，无睢阳则无江淮。有如贼因江淮之资，兵广而财积，根结盘据，西向以拒，虽终于歼灭，其旷日持久必矣。今陕、鄢一战，犬羊骇北，王师震其西，巡扼其东，此天使巡举江淮以待陛下，师至而巡死，不谓功乎？

国家之所以能以六师震其西，是因为张巡等英烈血洒东南。

最终朝廷赠张巡扬州大都督，许远荆州大都督，南霁云开府仪同三司，再赠扬州大都督，睢阳将士们荫子孙。

张巡和许远皆立庙睢阳，每年祭祀，后面的代宗诏书如下："顷者，国步艰难，妖星未落，中原板荡，四海横波。公等内总羸师，外临劲敌，析骸易子，曾未病诸，兵尽矢穷，乃其忧也。于戏！天未悔祸，人何以堪？宁甘杀身，不附凶党，信光扬于史册，可龟鉴于人伦。其立庙焉，以时祭祀。"

有些人死了，但他们永远活在人们心中，自唐以来，睢阳人民多次为二公建庙，张巡死后更是在民间封神中成了神仙，张巡不仅在代宗

---

① 《新唐书·张巡传》：于是张澹、李纾、董南史、张建封、樊晃、朱巨川、李翰咸谓巡蔽遮江、淮，沮贼势，天下不亡，其功也。翰等皆有名士，由是天下无异言。

朝总结安史之乱时被评为"至德已来将相功效明着"第一等的八人功臣之一，哪怕到了清朝，还被请到了太庙里享受皇家祭祀。

睢阳城破十天后，郭子仪收复东京洛阳。

张公没有等到这一天，睢阳的将士们没有等到这一天。但我依然相信英烈们最终都看到了。

我从来就不相信什么人死如灯灭，在华夏，自古忠烈之士，殁而为神。英烈在天有灵。

诗在！书在！青史在！华夏就在！

八、"安氏之乱"到"安史之乱"的演变

香积寺之战后，叛军收罗残兵退保陕郡，安庆绪悉发洛阳兵，命他的严庄哥哥率领，并与张通儒等合兵，共步骑十五万再来和官军决战。

李俶只在长安休整了三天就杀出来了，双方都在抢时间。

此时叛军败兵的士气就像当年封常清和高仙芝败回潼关时一样，根本堵不住豫西通道的第二个险要之处，也就是当初哥舒翰现眼的函谷关地区，一碰上唐军估计就土崩瓦解了，只能等洛阳发兵去抢时间。

长安、洛阳抢这个地方，距离都差不多，双方就看谁的速度快了。

十月十五，唐军抢过了函谷道，兵至曲沃，遇叛军列阵于新店。大唐抢前面去了。（见图10-14）

也许就差了这半天时间，叛军没办法利用抢在前面的战场心理优势再战唐军了。

郭子仪没有犯哥舒翰的轻敌错误，命回纥兵顺南山搜叛军伏兵，然后还真发现了，歼灭清空侧翼的叛军后郭子仪亲率大军迎面对阵叛军，又安排了回纥兵作为总预备队登上南山等时机变成下山虎去扑叛军。

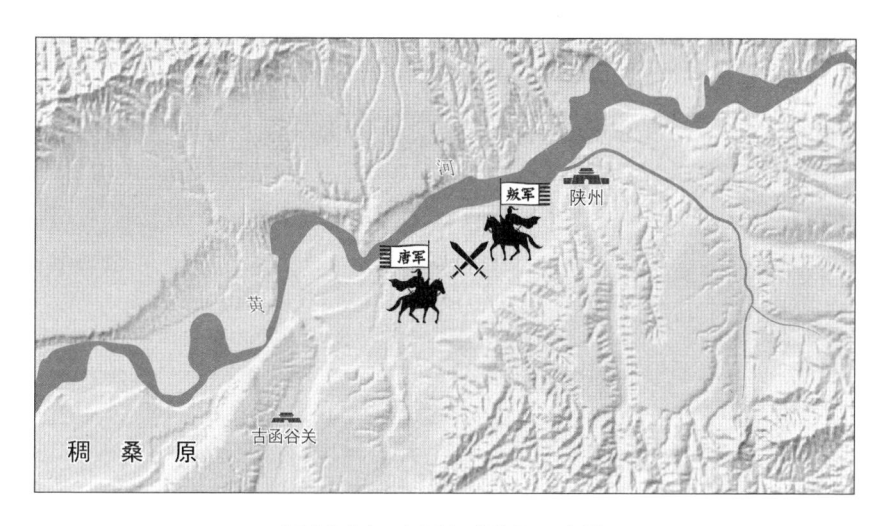

图 10-14　唐军东攻陕郡示意图

谷里不仅要搜，制高点也要抢，不抱侥幸心理，必须堵死自己这边的所有漏洞，知道郭子仪为什么"再造王室，勋高一代"却能作为顶级忠臣善终并名留千古了吧，他这辈子太谨慎了，不光为将征战沙场时谨慎，入朝为官时同样如此。

他就是诸葛丞相家书中说的那种"重器"，对于情绪的控制入了化境，他后来带兵对阵吐蕃时，后方太监鱼朝恩把他爹的坟都给刨了，回来后朝野上下都担心郭子仪要反了，哪怕他是郭子仪，最起码也会逼宫，因为这事忒欺负人了。结果郭子仪回朝后对皇帝哭道："臣久主兵，不能禁将士们残害他人之墓，现在自家的墓被刨了纯属天谴，跟所有人都没关系，是我自己德薄啊！"

好多人遇到重要人和重大事的时候，也许能装上那么一装，但人其实是活一辈子的，很难装一辈子。

你遇到的每件事都需要你去现场直接处理，如果你没把那些优秀的习惯转化成自己的算法从而刻在骨子里去下意识地指导人生，是没法走稳一辈子的。

人有高峰和低谷，都会遇到"时来天地皆同力"和"运去英雄不自由"的时候，庸人也许在运旺时比高手飞得还高，但高手的水平体现在大运来的时候不会留未来失势时的隐患，在厄运袭来时能够稳稳守住阵脚守得云开，一辈子稳步向上的人走得是最高的，因为马步蹲得牢，八面来风吹不动。

一次大运的波峰和厄运的波谷走完后，庸人通常摔下来死得特惨，高手则在高处开始布局下一场的"等风来"。

当然谁也学不成郭子仪，因为他的好多手艺已经属于艺术范畴了，千百年来又有几个郭子仪？但绝大多数人也遇不到他那种级别的"天打磨"，把他这辈子的行为进行拆解体会，是足够我们受用终身的。

郭子仪派回纥兵登山后发现又和叛军想一块去了，双方的伏兵队先干上了。①

随后正面战场开干，叛军还是用香积寺之战的老战术，出轻骑挑战，官军这边迎战，叛军反复挑逗后退兵，唐军的先锋们再次没扛住被挑逗进去了，结果两翼突然被叛军包抄了，唐军开始慌，开始退。②

好在郭子仪做了善后准备，关键时刻，他安排的"奇兵"李嗣业和回纥兵出场。

最猛的李嗣业作为预备队看见官军要崩赶紧带队去接盘，与此同时已经干掉了敌方南山预备队的回纥军也猛虎下山般地开始猛从叛军后背发起攻击，直接把叛军打崩了，李嗣业的精骑预备队又从正面杀了过

---

① 《旧唐书·郭子仪传》：子仪以大军击其前，回纥登山乘其背，遇贼潜师于山中。
② 《新唐书·安庆绪传》：庄大战新店，以骑挑战，六遇辄北，王师逐之，入贼垒。贼张两翼攻之，追兵没，王师乱，几不能军。

来，前后夹击下，叛军彻底土崩瓦解了。①

唐军随后开始追击，追奔二十多里，叛军人马自相踩踏，死者不可计数，官军收甲仗军械如丘。

严庄与张通儒等弃陕郡东逃，李俶和郭子仪入陕城，仆固怀恩率兵分头追击叛军。

十月十六日夜，安庆绪率其党逃离洛阳，杀了哥舒翰等三十余俘将奔河北而去。

十月十七，回纥先收了洛阳的府库，随后开始执行李亨官方授权下的"零元购"，大掠洛阳市井村坊。

十月十八，李俶赶紧入洛阳，回纥抢得意犹未尽，随后洛阳百姓请命，请求以罗绵万匹换回纥不再肆虐。眼瞅太子都进城了，也发了大财了，回纥最终点头同意。

以前宰相陈希烈为首，三百降叛军的官员素服叩头待罪，李俶道："公等被叛贼胁迫玷污，非反也。天子有诏赦罪，皆复尔官。"

政策传遍天下后，陈留方面更是直接杀了张公刚满十天的尹子奇而降。叛军在黄河以南的势力在这个政策下开始土崩瓦解，很快连叛贼集团核心的严庄都开出价码要投降了。

针对这个突发事件，李俶和郭子仪仔细权衡后觉得这是重大机遇，如果严庄都能投降，那么叛军余党就更得土崩瓦解了。随后如约赐严庄免死铁券，严庄降后被赐司农卿。

追责叛臣，树立叛臣典型有错吗？绝对没有错！

---

① 《旧唐书·李嗣业传》：嗣业与子仪遇贼于新店，与之力战，数合，我师初胜而后败，嗣业逐急应接。回纥从南山望见官军败，曳白旗而下，径抵贼背，穿贼阵，贼阵西北角先陷。嗣业又率精骑前击，表里齐进，贼众大败，走河北。

但稳一年再处理这事晚吗？并不晚，追责是为了教育后世。

眼下最重要的是什么？赶紧平乱，赶紧止血，赶紧让朝廷别再因为叛军威胁去满世界地乱封节度使。

剿匪你不能去梁山泊，你得让宋江们下山啊！

注意此时李俶和郭子仪的政治手腕，按这两人的水平其实安史之乱在这一年就已经要平了。但长安那位大聪明后面又有几步神操作，就此彻底拉开了藩镇时代的大幕。

话说半个多月前，收复长安的捷书到凤翔后百官入贺，李亨泪流满面，即日遣宦官入蜀给他爹汇报并要把他爹拎回来。

李亨急急躁躁地都安排利索后觉得落下了一个咨询环节，随后以骏马召李泌于长安，李泌到后李亨说："朕已表请太上皇东归，朕当还东宫复修臣子之职。"

这孩子主意忒正了，你都干完了还问什么？你就那么想把你爹给逮回来吗？差这几天吗？扯这些你骗得了谁啊？

李泌问："表还追得回来吗？"

李亨道："已走远。"

李泌道："太上皇不会来的。"

李亨惊问："为什么？"

李泌道："设身处地想下就知道太上皇不会回来，就算您愿意还政，身边的从龙功臣会答应吗？"

针对李隆基的问题，李亨真的应该先找李泌商量的，这是相当难拿捏的一件事，因为他爹前面精神摧残了他十八年，他爹害怕他像他爹欺负他那样地去欺负自己。

当初李亨跟李泌提到过李林甫，一说这三个字李亨的血压就上来了，打算下敕出正式诏书命诸将克长安后挖了李林甫的墓随后焚骨扬灰，李泌说："陛下方定天下，怎么能和死者为仇呢？况且李林甫的骨头能知道什么，只能让天下看到您不够宽宏，断了叛军中想改过自新者的机会。"

李亨很不高兴地道："此贼当年千方百计害朕，当时朕朝不保夕，能有今天都是上天保佑，李林甫对你也下过黑手，只不过没害死你罢了，你怎么还可怜起他来了。"

李亨根本就听不懂李泌什么意思，李泌眼瞅话都说到这里了还不明白，只能给点透了："我怎么不知道啊，关键是太上皇上岁数了，听说您这敕令会想起当年的很多事，万一把太上皇气病了，天下会说您容不下君父啊！您对李林甫的处理态度让人觉得您会对太上皇隔山打牛。"

李亨听懂了，泪流满面，说道："我没想到啊，这是老天让你教给我的啊！"然后搂着李泌的脖子哇哇地哭。

他的激动根本不值钱，从来记吃不记打，根本没这敏感性，这回眼瞅他爹不会回来了，问道："那该怎么办？"

李泌道："现在赶紧写封群臣贺表，别提让位的事，就说自马嵬驿百姓请留，到灵武被群臣劝进，再到今日成功收复京师，您日夜思念父亲，请速还京能让您尽孝即可。"

李亨赶紧让李泌草拟贺表，再遣宦官奉表入蜀。

李亨最开始的消息送过去后，李隆基回了话："当与我剑南一道容身，我还是不回去了。"

李亨忧惧得不知如何是好，那毕竟是他爹，不能玩强硬的，那毕竟又是前任皇帝，天上怎么能有两个太阳。

其实李隆基也哆嗦，收到李亨最开始的信后连饭都吃不下去了，李亨这是准备了多少花样要玩他了啊！这是逼他回去死啊！万幸的是收到第二封信后，李隆基乐了，终于平稳着陆了。①

李亨召李泌来表扬道："皆卿力也。"

他正在那里兴奋呢，李泌给他降了降温道："两京已复，我该收山了。"

李亨问了一些觉得自己对不起人家的问题，问是不是没用他的方略他跟自己赌气了，李泌解释了很多，总之就是得走，史料中还有说是李泌担心李辅国和宰相崔圆暗害他。②

这些理由，都不是真正的理由，包括所谓朝堂权力斗争的。这就和两口子离婚的原因都不是能摆在明面上说的性格不合，都是积累好久的势能了。

李泌离开的原因就一个：你李亨不是那块料。所谓怕李辅国和崔圆什么乱七八糟的事，本质上是怕你李亨。

如今两京已复，后面大功将成，李隆基要回，太多权力重新洗牌的环节了，李亨这孩子没有脑子，心思憋不住，情绪不稳定，没这个本事把水端平，后面注定会很乱。

李泌这仙真是修明白了，真是把这世道的人性和规律琢磨透了，最终李亨没能留住李真人，李泌去了衡山隐居，李亨敕当地郡县为他此时还都是美好记忆的白衣宰相在衡山盖房子，并给三品俸禄。

李泌的离去，其实也是大唐国运的莫大悲哀。

后面有关键的一件事没人能再给李亨讲明白了，或者说再没有人能有让李亨搂着脖子哭的魅力了。

---

① 《资治通鉴·唐纪三十六》：后使者至，言："上皇初得上请归东宫表，彷徨不能食，欲不归；及群臣表至，乃大喜，命食作乐，下诰定行日。"

② 《新唐书·李泌传》：崔圆、李辅国以泌亲信，疾之。泌畏祸，愿隐衡山。

十月十九，李亨终于从凤翔出发回京师了，走前派李隆基时代的宰相，此时的太子太师韦见素往蜀中去迎李隆基。

十月二十一，郭子仪遣左兵马使张用济、右武锋使浑释之率兵过了黄河，取河阳及河内。

田承嗣自颍川亦遣使来降，但因郭子仪接应慢了，又变了主意，复叛，与武令珣皆走河北。

此时安庆绪从骑不过三百，步卒不过千人，率着这点可怜的兵力来到了邺郡，改邺郡为安成府，改元"天成"；十天间，蔡希德自上党，田承嗣自颍川，武令珣自南阳，各率所部兵归于邺城，又招募河北诸郡兵，众至六万，算是暂时稳住了阵脚。

安庆绪那边仅仅回来了一部分败兵，他北逃的时候，一直在长安独当一面的北平王李归仁直接带着曳落河精兵、同罗部、六州胡数万人都逃往了范阳，沿路劫掠一空。史思明一边重兵防备一边接纳安抚，曳落河与六州胡都转认了史思明当老大，只有同罗军不服，史思明随后出兵攻打，同罗大败，发的战争财都被史思明抢走了。①

安庆绪忌史思明兵强，随后遣阿史那承庆和安守忠前往范阳征兵，并找机会做掉史思明。②

两个问题：

1. 你和史思明现在谁强？史思明从安史之乱后就几乎没离开河北，

---

① 《资治通鉴·唐纪三十六》：安庆绪之北走也，其大将北平王李归仁及精兵曳落河、同罗、六州胡数万人皆溃归范阳，所过俘掠，人物无遗。史思明厚为之备，且遣使逆招之范阳境，曳落河、六州胡皆降。同罗不从，思明纵兵击之，同罗大败，悉夺其所掠，余众走归其国。

② 《资治通鉴·唐纪三十六》：庆绪忌思明之强，遣阿史那承庆、安守忠往征兵，因密图之。

第10战 安史之乱 | 1123

你跟他共过事吗，你去调他的兵？

2. 那二将凭什么干掉地头蛇史思明？

史思明面对眼前这个局面也开始寻找出路了，节度判官耿仁智对史思明说："史大夫你位高权重，身边人都害怕您，我冒死进一言。"

史思明道："你讲。"

耿仁智道："大夫您之所以效力于安氏，不过是迫于他的凶威罢了，您身不由己啊！今唐室中兴，天子仁圣，大夫您要是率所部归之，此转祸为福之计啊！"

裨将乌承玼也劝史思明："今唐室再造，安庆绪如叶上露珠，大夫您为何要给他陪葬啊，若归顺朝廷完全可以洗刷身上的罪恶啊！"

史思明准备降唐了。

阿史那承庆与安守忠带着五千精骑来到了范阳，史思明带着全部家底的数万之众相迎，相距一里时，史思明派人对阿史那承庆等人说："相公与大王远道而来，范阳的兄弟们都很高兴，但我们乡下边兵，害怕您的精锐之兵，希望您的队伍收起兵器，让我身后的兄弟们安心。"

阿史那承庆等同意了，史思明引阿史那承庆到内厅中饮酒作乐，另派队伍收缴了其部下兵器，愿意跟他混的就重赏分配到各营中，愿意走的发钱发粮原地遣散，转过天来囚禁了阿史那承庆这帮人，笑纳了安庆绪对自己的另类资助。

史思明随后派其部将窦子昂奉表以所部十三郡及兵八万来降，并率其河东节度使高秀岩亦以所部来降。

形势一片大好，李亨入长安时据说百姓出城门二十里奉迎，锣鼓舞跃山呼万岁，现场还有哭的。

李亨入大明宫，百官陪着观看节目，御史中丞崔器令受安禄山官爵的百官全部解掉头巾光脚丫子站在含元殿前，捶胸顿足磕头请罪。

十月二十九，回纥叶护从东京返回，李亨命百官于长乐驿迎接，然后在宣政殿设宴招待。叶护上奏道："因为军中缺战马，请把回纥之兵留在沙苑，自己回国取马，我还得回来为陛下扫除范阳余孽。"

李亨重赏后欢送，并在半个月后以回纥叶护为司空、忠义王，并承诺每年赐回纥二万匹绢，让回纥每年去朔方领。

十一月，广平王李俶和郭子仪从东京回长安，李亨慰劳郭子仪道："吾之家国，由卿再造。"

唉，这话怎么能乱说啊！

之前的宰相节度使张镐率领李嗣业、鲁炅等五节度收复了河南、河东所有郡县，只有叛将能元皓据北海，高秀岩据大同未复。

十一月二十二，李隆基至凤翔，从兵六百余人，李隆基相当乖巧地命将士们将甲兵全部留在凤翔郡库，李亨发精骑三千奉迎。

继李渊、武曌、李旦之后，李唐的第四位太上皇也该享受享受关禁闭的美好生活了。

李隆基回长安后有一大通政治表演，李亨脱黄袍换紫袍捧着他爹的脚丫子呜呜地哭，长安居民代表高声呼喊"复睹二圣相见死亦无恨"，李亨给他爹牵马，李隆基表态"我五十年天子不叫贵，今为天子父才叫贵"，李亨反复表态还给他爹皇位，等等，具体我们就不细说了，场面比较肉麻。

十二月十五，李亨登丹凤楼，大赦天下，只有与安禄山同反者和他三个刻骨铭心的大仇人李林甫、王鉷、杨国忠的子孙不在赦免行列。

立广平王李俶为楚王，加实封二千户；加平叛大元帅郭子仪为司徒，进封代国公，实封一千户；太原孤勇者李光弼为司空，进封蓟国公；朔方兵马使仆固怀恩封丰国公；右金吾将军李嗣业封虢国公；关内节度王思礼封霍国公，淮南节度使来瑱封颍国公，南阳太守鲁炅封岐国公,均并加实封。京兆尹崔光远为邺国公;开府李光进范阳郡公;左相苗晋卿为侍中,封韩国公;宪部尚书、平章事李麟封褒国公;中书侍郎崔圆为中书令、赵国公;中书侍郎张镐封南阳县公;李憕、卢奕、颜杲卿、袁履谦、许远、张巡、张介然、蒋清、庞坚等忠烈给予追赠,访其子孙,厚其官爵。文武三品以上赐爵一级,四品以下加一阶。战亡将士之家免税二年,全国郡县来年租庸免三分之一。

十二月二十二,史思明的降使窦子昂来到了长安。李亨大喜,以史思明为归义王、范阳节度使,子七人皆封显官,遣内侍李思敬与乌承恩前往宣慰,让史思明率所部兵讨安庆绪。

之前安庆绪任张忠志为常山太守,被史思明召回,然后任其部将薛萼代恒州刺史,对官军开放了井陉道,又招降了赵郡太守陆济,任命其子史朝义率兵五千人代冀州刺史,部将令狐彰为博州刺史。

乌承恩到了河北后宣布朝廷的诏书政策,随后沧州、瀛州、安州、深州、德州、棣州全部投降,只有相州因被安庆绪占据而未降,河北地区的其他州都名义上回归了大唐。①

郭子仪还东都,准备收复河北剿灭安庆绪。

眼瞅形势一片大好,这个时候,李亨开始给时代强行改道了。

十月底刚回长安的时候,他就已经下令追究在长安被抓的伪官们的责任了。②

十二月洛阳那帮伪官到了以后,李亨把这帮人都送到杨国忠家里

---

① 《资治通鉴·唐纪三十六》:乌承恩所至宣布诏旨,沧、瀛、安、深、德、棣等州皆降,虽相州未下,河北率为唐有矣。

② 《旧唐书·肃宗本纪》:己巳,文武胁从官免冠徒跣,朝堂待罪,禁之府狱,命中丞崔器劾之。

去审问了。①

唉，现在最重要的是什么啊！他现在追究确实爽了，但河北还看着呢。无论是叛军还是河北的地方豪族，他们很多都是无奈从贼的，他这是纯属活生生地把河北豪族推走啊！

准确意义上来讲，河北是从这一刻跟李唐决裂的。

到了十二月底时，崔器和吕堙甚至建议李亨道："陷贼诸官，背国从伪，按律皆应处死。"李亨居然准备同意了。这几百个伪官李亨居然想全都杀了。这点小心眼啊，这点小气量啊！

旁边的李岘赶紧说："贼陷两京，天子南巡，人自逃生，此皆陛下亲戚或勋旧子孙，今一概以叛法处死，恐怕不是仁恕之道，况且河北未平，群臣陷贼者尚多，若宽之，足以开自新之路；若尽诛，这就是把人都往那边推。《尚书》说：'灭首恶，胁从勿问。'崔器和吕堙等死抠法条，不识大体，陛下三思啊！"

双方争了好多天，最终决定分六等定罪，重者闹市处死，二等赐自杀，三等重杖一百，后面流放，贬官不一。

十二月二十九，斩达奚珣等十八人于城西南独柳树下，前宰相陈希烈等七人赐自尽于大理寺，应受杖者于京兆府门受刑。

这帮陷贼的官员，最终只有安禄山所署河南尹张万顷因为保护百姓有功没被治罪。②

李亨啊，河北手里好多兵呢，你觉得他们会认为自己是几等罪呢？那些没办法降贼的河北官员会怎么想呢？

---

① 《旧唐书·肃宗本纪》：受贼伪署左相陈希烈、达奚珣等二百余人并禁于杨国忠宅鞫问。

② 《资治通鉴·唐纪三十六》：安禄山所署河南尹张万顷独以在贼中能保庇百姓不坐。

第10战 安史之乱 | 1127

河北人想跟你好好过，但河北人不想被砍头、赐死、流放。

很快李亨听到了河北的消息，说最早听说李俶赦免陈希烈那帮人时都恨自己没早降，后来听说陈希烈被杀后又都坚定了。李亨又后悔了。①

史思明知道这个消息后更是开始筹备后路了。

这个二傻子啊！他和他爹真是"再造"了大唐啊！

公元758年二月初五，李亨御明凤门，大赦天下，改元。尽免百姓今年租、庸，把载改回为年。

随后李亨在这年收到了李光弼的一个建言，李光弼认为史思明终究还得反，而前面招抚河北的乌承恩是史思明的亲信，让他为范阳节度副使，暗中杀了史思明，赏之前被扣下的阿史那承庆铁券，让这哥俩共同消灭史思明，李亨同意了。②

李亨追究责任的政策出来后，李光弼就知道史思明注定会反了，开始抢时间了。

乌承恩和内侍李思敬一块去范阳宣慰，史思明在乌承恩休息屋的床下安排了两个人，并把在他这里做人质的乌承恩少子派去见他爹。

当夜，乌承恩对他儿子说："吾受命除此逆胡，随后我就是节度使。"床底下那两个"耳朵"出来就把这爷俩绑了。

史思明搜了乌承恩的行李，搜出来了免死铁券和李光弼牒文，上面写着："阿史那承庆如果能够成事就给铁券，不行千万不能给。"据

---

① 《资治通鉴·唐纪三十六》：顷之，有自贼中来者，言"唐群臣从安庆绪在邺者，闻广平王赦陈希烈等，皆自悼，恨失身贼庭；及闻希烈等诛，乃止。"上甚悔之。

② 《资治通鉴·唐纪三十六》：李光弼以思明终当叛乱，而承恩为思明所亲信，阴使图之；又劝上以承恩为范阳节度副使，赐阿史那承庆铁券，令共图思明，上从之。

说还搜到了乌承恩准备诛杀的将士名单。① 我个人倾向于这是史思明早早准备好的道具。

史思明骂道："我哪里对不起你，你这么搞我。"

乌承恩说："死罪！死罪！这都是李光弼的主意。"

史思明随后集将佐吏民向西大哭道："臣以十三万众降朝廷，何负陛下，而欲杀臣。"随后放榜讲缘由，杀乌承恩父子，连坐死者二百余人。

李亨得到信后还没皮没脸地派太监安慰呢：这不是朝廷和李光弼的意思，都是乌承恩那坏蛋，你杀得特别好。②

史思明随后召集诸将开会："陈希烈之辈皆朝廷大臣，太上皇自弃之去了蜀地，现在仍然不免于死，何况我们这帮本从安禄山谋反的将士们。"诸将建议史思明上表请求诛杀李光弼消除误会。

我们已经决定反了，你杀了李光弼就给我在太原除个劲敌，你不杀他就当送我个理由。

双方就此正式决裂。

七月十六，李亨铸以一当十的大钱，名"乾元重宝"，开始抢钱了。③

七月二十五，郭子仪入朝。

八月十一，李光弼入朝。

八月十七，以郭子仪为中书令，李光弼为侍中。

两位大佬各自拜相后又返回了节度行营。

---

① 《新唐书·史思明传》：二人白思明，乃执承恩，探衣囊得赐阿史那承庆铁券及光弼牒，又得薄纸书数番，皆当诛将士姓名。

② 《资治通鉴·唐纪三十六》：上遣中使慰谕思明曰："此非朝廷与光弼之意，皆承恩所为，杀之甚善。"

③ 《资治通鉴·唐纪三十六》：秋，七月，丙戌，初铸当十大钱，文曰"乾元重宝"，从御史中丞第五琦之谋也。

李亨嫁过去闺女后换回来的回纥可汗遣其臣骨啜特勒及帝德率来的三千骁骑也赶到了。李亨准备对安庆绪进行最后一击了。

河北人民在去年形势一片大好后全部回归了大唐怀抱，但拜李亨的神助攻，史思明根本就没去找安庆绪的麻烦。

河北地区的军民们再次独立面对叛军，就这样河北诸军仍然为大唐守城了好几个月，但最终还是被缓过来的安庆绪派蔡希德等击破了，所有抵抗者都被杀掉做了军粮。①

河北真的没有对不起你大唐，河北真的不是跟你离心离德，河北真的给了你太多次机会，但是无论从作战能力，还是政策态度，你全方位无死角地伤了河北的心。

九月二十一，李亨命朔方节度使郭子仪、河东节度使李光弼、关内泽潞节度使王思礼、镇西及北庭节度使李嗣业、淮西节度使鲁炅、河南节度使崔光远、滑濮节度使许叔冀、郑蔡节度使季广琛、平卢兵马使董秦共九节度使来团灭安庆绪。

这一大群将领中，李亨以郭子仪和李光弼都是元勋难以互相统属的理由不设元帅，以宦官开府仪同三司鱼朝恩担任新设立的一个岗位观军容宣慰处置使，让他来做督军。②

互不隶属的九节度使共打一个邺城，就问一个问题，将来这军功怎么分？

郭子仪和李光弼，一个负责安庆绪，一个负责史思明，这两路安

---

① 《旧唐书·安庆绪传》：河北诸军各以城守累月，贼使蔡希德、安太清急击，复陷于贼，虏之以归，脔食其肉。

② 《资治通鉴·唐纪三十六》：上以子仪、光弼皆元勋，难相统属，故不置元帅，但以宦官开府仪同三司鱼朝恩为观军容宣慰处置使。观军容之名自此始。

排可不可以?

真是"再造"大唐啊!

郭子仪引兵自杏园渡黄河,东至获嘉,破安太清,斩首四千级,俘虏五百人,安太清走保卫州,十月初七,郭子仪进围之。

安庆绪悉举邺城之众七万救卫州,分三军,以崔乾祐领上军,田承嗣领下军,安庆绪自领中军前来。结果郭子仪自家一支部队就把安庆绪打哭了。①

安庆绪逃跑,郭子仪等追至邺城,九节度使的部队也相继赶到了。安庆绪收余兵拒战于愁思冈,再败,前后被斩首三万级,俘虏千人。

安庆绪入城固守,放低姿态遣使求救于史思明,并表示愿以帝位让之。就这样,史思明发范阳兵十三万南下了。河北就要彻底离大唐而去了。

别抱怨河北,是你大唐对不起河北。

这年的十月十五,时隔了三年,李隆基又来到了他的澡堂子。在华清池的袅袅雾气中,也不知道他想没想起曾经那羞花闭月的大胖丫头。唉,要搁我就不去,臊不臊得慌呀!

这对父子,也算是中国历史的劫数。本来这安氏之乱两年出头就该平定了,最终生生搞成了八年的安史之乱。

太监监军的九节度攻邺闹剧,即将拉开藩镇割据时代的真正帷幕。

---

① 《资治通鉴·唐纪三十六》:子仪使善射者三千人伏于垒垣之内,令曰:"我退,贼必逐我,汝乃登垒,鼓噪而射之。"既而与庆绪战,伪退,贼逐之,至垒下,伏兵起射之,矢如雨注,贼还走,子仪复引兵逐之,庆绪大败。获其弟庆和,杀之。遂拔卫州。

九、藩镇的军阀气质觉醒

公元758年十月底，史思明倾范阳之众南下，遣猛将李归仁率步兵一万、骑兵三千去滏阳打前站，此时邺城的安庆绪已经被九节度使盖上盖儿，由于权责不明确，九节度使拿出来联合作战的标准解题法，围城，再加上邺城旁还有漳水可以利用，郭子仪又掘开河道把邺城给灌了。

剩下的基本上就是时间问题了。

邺城被围成了那个样子，叛军的魏州刺史、前宰相萧嵩之子、前兵部侍郎萧华此时跟官军通信想作为内应，但被叛军发现把其就地逮捕了，随后崔光远被安排收复魏州，把萧华救了出来。

据说魏郡百姓说萧华是青天大老爷，随后崔光远上奏还授萧华为魏州刺史。[①]十一月十七，萧华被任命为魏州防御使。

不久史思明南下了，郭子仪担心萧华再次陷贼，随后上表让崔光

---

① 《旧唐书·萧华传》：崔光远收魏州，破械出华。魏人美华之惠政，诣光远请留，朝廷正授魏州刺史。

远为魏州刺史代替萧华。①

十二月初五,李亨敕命下达,命崔光远兼领魏州刺史。

崔光远被郭子仪扔过来一个相当恶心的任务,成为他的责任,这也是因为两位将领前面就有做得不合适的地方,郭子仪在汲郡跟安庆绪主力开战时,崔光远仅仅派了千人像打发要饭的一样去支援,结果不给力,连风都没添,表现得相当不好。②

这回郭子仪直接给你另开了一桌,你上小孩那桌去吧。

拿下匪首没你的事,防护侧翼还一堆责任,而且史思明肯定会先扑你而来,因为魏州城卡在永济渠上,史思明为了他家的物流必须拿下这个枢纽。

很快史思明大军南下来找崔光远了,崔光远也不知哪来的自信,派其将李处崟出城野战拒贼,结果面对叛军主力李处崟连战不利,崔光远找郭子仪求援,郭子仪大怒不救,李处崟兵败奔还。③

郭子仪之所以怒,是因为魏州城经过袁知泰和能元皓的不断修筑后城防相当牢。④

你的任务是守城啊,你钉住魏州城是在保护大军侧翼啊,你野战去干什么,你那不是败大军士气嘛!郭子仪派了兵就直接成添油战术了。你得守城挫他锐气,败他士气,大军再去干他嘛!

很快叛军追至城下使反间计道:"处崟你带我来又不出降,什么原

---

① 《旧唐书·萧华传》:既而史思明率众南下,子仪惧华复陷,乃表崔光远代华,召至军中。

② 《新唐书·崔光远传》:初,郭子仪与贼战汲郡,光远裁率汴师千人援之,不甚力。

③ 《旧唐书·崔光远传》:及代萧华入魏州,使将军李处崟拒贼,贼大至,连战不利,子仪怒不救,处崟遂败,奔还。

④ 《旧唐书·崔光远传》:魏州城自禄山反,袁知泰、能元皓等皆缮完之,甚为坚峻。

第10战 安史之乱 | 1133

因?"面对这个搞笑小把戏,已经惊了的崔光远杀了他最能干的将军李处崟,军心危惧。①

此时藩镇时代已经拉开帷幕了,他手下的将军已经不能乱杀了。哪怕魏州城的城防过硬,此时杀了李处崟的崔光远已经根本没信心守了,更不敢退往郭子仪那里,带着队伍直接渡黄河离开了河北。②

十二月二十九,史思明破魏州城,杀三万人。

你知道河北人为什么会恨大唐了吧,这种缩影太多了。

我们留我们的好太守,你给调走了,调来这位又拉胯成这个样子,我们每帮你一次就被狂屠一次,魏州后来作为魏博镇的治所也算是从这里就埋上了根,你唐军将来不要轻易来河北了,我们能过好自己的日子。

这年年底的时候,平卢节度使王玄志过世了。

平卢军相当特殊。

也由他,我们要说一下藩镇的军阀气质了。

当初安史之乱闹起来没有多久,其实河北已经大有被朔方军解放的希望了,随后平卢军将刘客奴联合平卢诸将杀了安禄山所署节度使吕知诲,并与安东都护王玄志遥相呼应,还遣使渡海和颜真卿取得了联系。

刘客奴随后被朝廷任命为了平卢节度使,赐名刘正臣,之后刘正臣率平卢军进攻范阳,但潼关完蛋了,朔方兵撤出河北了,史思明布防

---

① 《新唐书·崔光远传》:贼因傅城下诡呼曰:"处崟召我而不出,何也?"光远信之,斩处崟。处崟善战,众倚以为重,及死,人益危。
② 《旧唐书·崔光远传》:魏州城自禄山反,袁知泰、能元皓等皆缮完之,甚为坚峻。光远不能守,遂夜溃围而出,度河而还。

成功，将刘正臣击败。刘正臣回平卢后就被安东都护王玄志毒杀了。后来安家又任命徐归道为平卢节度使，但王玄志与平卢将侯希逸等又袭杀了徐归道。

平卢军因为反过叛军，所以不信任安家，但也不再主动进攻，之后平卢军为了找后路派兵马使董秦率兵渡过大海与大将军田神功进攻平原与乐安（这两个著名节度使都是平卢基因），在河北和山东都抢了登陆点。

面对这种自负盈亏的独立自主抢地盘行为，李亨给予了官方追认，王玄志成为平卢节度使，分舵的董秦也被任命为德州刺史。就此平卢实际上已经成为第一个独立的藩镇军区。

王玄志死后，李亨派宦官去安抚，带着旌节前去，看看将士们推荐谁当下一任平卢节度使，根本就没提中央任命的事。裨将李怀玉杀了王玄志之子推选他表哥侯希逸为下一任平卢节度使，就此朝廷任命侯希逸为平卢节度使。

藩镇时代的特色，由下向上授权的军中将士们废立由此开始。

这个里程碑要单独多说几句，平卢军区后来多次和史思明拉扯，在孤军无援且又被奚人打击报复的恶劣环境下，最终两万人撤离了平卢渡海来到了山东，在山东又抢了地盘继续做军阀，李亨后来又追授这支军阀为平卢、淄青节度使，从此淄青这个山东的节度使前面始终要加上平卢。①

这支队伍此时已经不是某皇帝的了，不是侯希逸的侯家军，也不

---

① 《新唐书·侯希逸传》：与贼确，数有功。然孤军无援，又为奚侵掠，乃拔其军二万，浮海入青州据之，平卢遂陷。肃宗因以希逸为平卢、淄青节度使。自是淄青常以平卢冠使。

是大唐的军队，而是这两万将士们的平卢籍贯军。

后面侯希逸在山东一边信佛一边打猎，还迷上了不是他这个身份能玩的事，他修上庙了，这就让大家不满意了。①

侯希逸还提防他表弟，就是那位扶他上位的李怀玉，认为李怀玉有军望，直接把他免职了。将士们商讨该不该废李怀玉，把侯希逸赶走了。侯希逸作为节度使一点办法都没有，只能跑回了长安。朝廷追认李怀玉为平卢淄青节度观察使、海运押新罗渤海两蕃使、检校工部尚书，兼御史大夫、青州刺史，还赐名李正己。②

你瞅瞅，都整出"军事民主"了，更关键的是，他们对朝廷没有一丁点敬畏。

说废你就废你，捧你你才是琉璃玉盏，不捧你你摔下来就是玻璃碴子。

这个平卢淄青节度使后面闹的动静可一点也不比河朔三镇小。此战败后我们进一步系统讨论军人觉醒、军阀化产生的问题。

乾元二年（759）正月初一，史思明筑坛于魏州城北，自称大圣燕王。

不算755年那个尾巴的话，安史之乱进入第四个年头了。中央如果还是无法形成强权威慑力，越往后藩镇的气质就越浓，就该彻底巩固住了。

李光弼这个时候对监军鱼朝恩说："史思明得魏州后按兵不动，这

---

① 《旧唐书·侯希逸传》：后渐纵恣，政事怠惰，尤崇奉释教，且好畋游，兴功创寺宇，军州苦之。

② 《旧唐书·李正己传》：正己沉毅得众心，希逸因事解其职，军中皆言其非罪，不当废。会军人逐希逸，希逸奔走，遂立正己为帅，朝廷因授平卢淄青节度观察使、海运押新罗渤海两蕃使、检校工部尚书、兼御史大夫、青州刺史，赐今名。

是让我们懈怠，等我们不拿他当回事后用精锐对我们展开无耻的偷袭，这好吗？这不好，我请求联合朔方兵共逼魏州城向史思明挑战。当年我们在嘉山之战斩首四万，把史思明打得丢盔弃甲，他肯定不敢出战，这样他手下的士气就掉下来了，我们才能踏踏实实地继续围邺城。"①

鱼朝恩不同意，这事就拉倒了。太监是掌握最终拍板权的，至少大将军们是不敢得罪他的。李亨你哪里是不设元帅啊，你这不就是设了个太监元帅嘛！

当然这一点完全能理解，他不敢再用李俶了，他只能派个太监来代表皇家，此战也不是输在太监身上的，在没有强势军队将领牵头的前提下，从来就没有九个互不隶属的节度使能干好一件事的。

鱼朝恩对此战的负面影响在于他让官军按兵不动，使得史思明在随后的两个多月中掂准了官军权责不明不会来主动打他，将所有精锐都派出去做了抄掠游击队，绝不跟官军正面交锋，就是个骚扰，就是抄官军的粮道去打击官军的士气。②

正月二十八，官军得到了一个极其不幸的消息，之前大唐收复两京的头号战神李嗣业病逝。

这位从凤翔就挺着刀披坚执锐一路砍到河北的好汉子在攻城时中了流矢，本来都快养好了，但这天史思明派小部队来偷袭，他听到了外面的金鼓之声后冲动的基因让他蹦起来大呼调兵，结果整太猛了，伤口

---

① 《新唐书·李光弼传》：与九节度围安庆绪于相州，大战鄴西，败之。光弼与诸将议："思明勒兵魏州，欲以怠我，不如起军逼之。彼惩嘉山之败，不敢轻出，则庆绪可禽。"观军容使鱼朝恩固谓不可。

② 《资治通鉴·唐纪三十七》：思明乃自魏州引兵趣邺，使诸将去城各五十里为营，每营击鼓三百面，遥胁之。又每营选精骑五百，日于城下抄掠，官军出，辄散归其营；诸军人马牛车日有所失，樵采甚艰，昼备之则夜至，夜备之则昼至。

崩裂，生生流血给流死了。

李嗣业死后，其镇西兵马使荔非元礼接手他的指挥权，但此时整个联军的士气开始往下掉了，因为死的那个人是李嗣业，这可是军魂啊！

时间来到二月，自冬至春，安庆绪已经被围城百日了，粮食早就没了，城中互换家人而食，一个老鼠都能卖四千钱，城内此时不是不想投降，是外面水大出不去。①

史思明感受到官军的士气也快枯竭了，于是调兵逼近，三月初六，官军列阵于安阳河之北与史思明决战。

郭子仪作预备队为后军，李光弼、王思礼、许叔冀、鲁炅这四位节度使先带队伍和史思明打起来了，说官军士气低，但职业素养摆在那里了，双方都已经在三年的战役中练成老队伍了，死伤大体相等，也不是官军不努力，鲁炅都中箭了，他要是不使劲的话是不会在阵前受伤的。②

双方打着打着，大唐的国运没有后劲儿了，郭子仪的预备队还没来得及上呢，飞沙走石能把大树拔起来的狂风刮起来了，一时间天昏地暗，官军和叛军都蒙了，官军往南溃退，叛军往北溃退，双方其实都跑得丧心病狂，但官军更入戏，所有的辎重和军需都给扔了，各节度使也都借着这个理由回了本镇，殿后的朔方军更是一路抢一路跑，郭子仪一口气跑到河阳断了黄河大桥。③

---

① 《新唐书·安庆绪传》：城中栈而处，粮尽，易口以食，米斗钱七万余，一鼠钱数千，屑松饲马，隳墙取麦秸，濯粪取刍，城中欲降不得。

② 《资治通鉴·唐纪三十七》：思明直前奋击，李光弼、王思礼、许叔冀、鲁炅先与之战，杀伤相半；鲁炅中流矢。

③ 《旧唐书·郭子仪传》：子仪为后阵，未及合战，大风遽起，吹沙拔木，天地晦瞑，跬步不辨物色。我师溃而南，贼军溃而北，委弃兵仗辎重，累积于路。诸军各还本镇。子仪以朔方军保河阳，断浮桥，有诏令留守东都。

这一战由于跑得太入戏，郭子仪断桥断得太坚决，整得东京留守崔圆、河南尹苏震等洛阳官吏一口气翻过熊耳山南奔了襄阳。①

各路部众里，只有太原地区的两个将领李光弼和王思礼整勒队形，全军以归。

从这次九节度大溃败已经能看出来很多节度使向土匪头子的军阀化演变了。所有的节度军逃难时都在抢，抢得最凶的是鲁炅的淮西襄阳节度军，由于实在太不像话了，大忠臣鲁炅又根本管不住，最后为了晚节自己直接喝药死了。②

接替鲁炅的倒是中央的官员，李亨派了右羽林大将军王仲昇去接了淮西节度使，倒是成功上任了，不过王仲昇到任后发现根本指挥不动，没多久就要布局干掉"贪暴不法"的李铣和"刚愎自用"的刘展这两位节度副使，虽然成功杀了李铣，但直接逼出了刘展之乱。

刘展反了之后，淮南东道节度使邓景山、浙西节度使侯令仪、江淮都统李峘、润州刺史韦儇联合作战，被刘展的七千精兵打爆，随后这七千精兵分兵略地，战无不克，直接把江淮祸害得荒无人烟。

这点兵就在江淮闹出了这么大的动静，就说当年张巡、许远二公的坚守有没有意义？

眼瞅现眼了，淮南东道节度使邓景山跟李亨打报告，说平卢军山东分舵的田神功部现在屯兵任城，手里有五千精兵，请友军解题吧。李亨不同意。

---

① 《资治通鉴·唐纪三十七》：战马万匹，惟存三千；甲仗十万，遗弃殆尽。东京士民惊骇，散奔山谷；留守崔圆、河南尹苏震等官吏南奔襄、邓。

② 《旧唐书·鲁炅传》：时诸节度以回纥战败，因而退散，尽弃军粮器械，所过虏掠，炅兵士剽夺尤甚，人因惊怨。五日，至新郑县，闻郭子仪已整众屯谷水，李光弼还太原，炅忧惧，仰药而卒。

刘展是个中原贼，就算困难能有多难？田神功那帮可是东北军阀，他们要是杀进江东不出来了将来谁赶他们出去？

邓景山私下以淮南金帛子女相约向田神功求援，田神功签了合同后直接就带兵南下讨伐了，李亨已经什么都不是了。两方"江淮互保"了。

田神功已到了彭城，李亨才赶紧进行事后追认，说田神功为国为民的主动意识很棒，结果刘展的兵和从尸山血海杀出来的平卢兵一拼，刘展的兵又不好使了，被打崩，刘展之乱平定，田神功入了扬州开始大掠民财，刨坟掘墓，在扬州做生意的国际商旅更是全都被杀。[①]

造成这么恶劣的影响，李亨却一点都没追究。因为田神功抢完听招呼从江淮北上了，这就已经是好将领了。

再比如李嗣业的镇西北庭节度军，他一路杀到河北后，是把辎重都留在河内的，还表奏心腹段秀实为怀州长史，知军州，加节度留后。[②] 这就是知道西域算是再也回不去了，李嗣业这个大哥得给兄弟们抢块安身立命的新地盘，他看上了安史叛乱区的河内。

注意段秀实的官职，是怀州长史，知军州，加节度留后。

段秀实听到李嗣业为国捐躯后，给白孝德送书，令其派队伍护送李嗣业回河内，段秀实率将吏哭于河内境，然后在河内给李嗣业风光大葬。[③] 这已经是拿河内当家了，对李嗣业也有点服侍主公的意

---

① 《旧唐书·邓景山传》：神功至扬州，大掠居人资产，鞭笞发掘略尽，商胡大食、波斯等商旅死者数千人。

② 《旧唐书·段秀实传》：安庆绪奔邺，嗣业与诸军围之，安西辎重委于河内。乃奏秀实为怀州长史，知军州，加节度留后。

③ 《旧唐书·段秀实传》：秀实闻嗣业之丧，乃遗先锋将白孝德书，令发卒护嗣业丧送河内。秀实率将吏哭待于境，倾私财以奉葬事。

思了。

李嗣业死后，同样是军中授权，官方追认，是其本军的将士们推举羌人荔非元礼接替的节度使。①

邺城战败后，段秀实是带着将士家眷们和公与私的辎重也过了黄河等着荔非元礼的。②"段秀实帅将士妻子及公私辎重自野戍渡河"，你瞅瞅这哪里还像一支国家军队，都过上日子了，已经是"另一种形式"的"私兵"了。

说藩镇兵是"私兵"，是因为非国家所控制；说"另一种形式"，是因为这支队伍不从属于某个人，李嗣业那是大唐军魂啊，他的家属照样没接管这支队伍。

别看荔非元礼此时被推举出来了，后面荔非元礼不是那意思，手底下的将士们又玩了把"下克上"，不仅把荔非元礼杀了，也把平时不能代表将士们根本利益的军官们都给杀了，然后又推举了白孝德做节度使。③

当初的天宝十节度，核心是镇将与本乡守本土的职业兵有感情从而形成强大战斗力。如今这几年安史之乱打下来，各部的职业兵都发过战争财，一旦当兵的盈亏思维觉醒后，军阀化就是接下来必然的推演方向。

你可能会有疑问，像三国时那不也都是部曲化嘛，张辽的部曲，

---

① 《旧唐书·段秀实传》：诸军进战于愁思冈，嗣业为流矢所中，卒于军，众推安西兵马使荔非元礼代之。

② 《资治通鉴·唐纪三十七》：段秀实帅将士妻子及公私辎重自野戍渡河，待命于河清之南岸，荔非元礼至而军焉。

③ 《旧唐书·段秀实传》：邙山之败，军徙翼城，元礼为麾下所杀，将佐亦多遇害，而秀实独以智全。众推白孝德为节度使，人心稍定。又迁试光禄卿，为孝德判官。

乐进的部曲，李典的部曲，张绣的部曲，那不都是私兵嘛，怎么没形成藩镇呢？

还记得曹操的青州兵吗？还记得曹操在平袁绍后把所有士兵的家属都扣成人质了吗？之所以三国乱世中没形成藩镇，是因为曹操以最大的体量压住了所有将领并匹配了人质制度。

李隆基设计天宝十节度的时候，最大的漏洞就是中央空了，如果陷入乱世，李家没有绝对实力去摁住各个节度使的兵了。这样一旦到了乱世，一旦全国大大小小的将领都成了节度使，谁也不比谁强到哪里去，中央只剩一个空架子，藩镇的格局会迅速出现。

比如李嗣业的队伍那可是从西域带回来的，不可能有家眷跟着，但是三年仗打下来后，不仅有妻有子，产业还有公有私，那队伍自己就过上日子了。

再以三国举例，像张辽、李典的部曲之所以不会玩"下克上"，除了人质之外还有一个关键因素——曹操认可张辽和李典。底下的士兵干掉将领后没法和曹操对接并担心被曹操吞并。

但此时各节度使的将士们就没有这样的顾虑了，杀了看不顺眼的大将也不担心，因为中央就是个"废物"，李亨有能力找将士们追责吗？平级别的节度使都是性质类似的"私兵"，各过各的日子，谁会帮李亨找别人的麻烦？

此时大唐在自己没有绝对实力的情况下就已经被打烂了，节度使必须能代表最广大将士们的根本利益，不然就会被干掉。因为他们之间只有收益，没有责任。

当然将士们也绝对欢迎子承父业，但前提是这个"子"得有足够的能力、威望，并且能代表将士们的利益，这就变成了"特色军阀气质的中原可汗化"了。

邺城战败后，各路节度使都上表谢罪，李亨都不责问，只是削了跑路的崔圆的官爵，贬苏震为济王府长史，削了他的银青光禄大夫。他只有能力处决这两个光杆，他已经不敢得罪军阀们了。

早知如此，何必当初呢。一年多前你控制住脾气赶紧平了安氏之乱，然后去慢慢消化这些收复两京的节度使们多好。现在越折腾节度使越多了。一旦职业兵们习惯了这种自负盈亏的雇佣兵组织模式，就只能物理剿灭了。

其实史思明也是这个意思。

叛军都发了战争财，早就开始军阀化了，唯一的不同是此时的史思明是个"比较粗的胳膊"，有一定的威望，他没了以后，这个集团最终解体并演变成各藩镇，那就是大势所趋，后面跟李唐"虽号称一朝，但实为二国"的河朔三镇就是在这个基础上生出来的。

来看看史思明这边。

九节度崩得都吐沫子了，史思明那边其实也没少跑。等天气好了，安庆绪收郭子仪营中粮，得了六七万石，与孙孝哲、崔乾祐又准备继续守城拒史思明了，但此时这个没能力的"塑料皇帝"已经号令不住下面的人了，诸将都说："今日岂可复背史王乎？"他这个"节度使"已经不被将士们认可了。

张通儒等都对安庆绪道："史王远来，臣等皆应迎谢。"

安庆绪道："你们随便吧。"

史思明见了这帮慰问的人先哭了一通，随后厚礼送还。但过了三日，安庆绪还不来。史思明暗示了半天，最终安庆绪命安太清上表称臣于史思明，请史思明解甲入城，奉上玺绶。史思明将表传阅三军，皆称万岁。

随后史思明手疏安庆绪道："愿为兄弟之国，我们平等互助，鼎足而立,让你称臣我不敢当。"

安庆绪乐了,请求歃血为盟,史思明同意,终于把安庆绪从邺城里引出来了。

安庆绪及其诸弟进了史思明帐下后再拜道:"臣不克荷负,弃失两都,久陷重围,不意大王以太上皇之故,远垂救援,使臣应死复生,摩顶至踵,无以报德。"

安庆绪以为自己姿态那么足了,史思明会放过他,结果史思明不装了,震怒道:"弃失两都这不叫事?你为人子却杀父夺位,天地所不容。我为太上皇讨贼,岂受你佞媚乎!"随后命左右牵出,并其四弟及高尚、孙孝哲、崔乾祐皆杀之,可以合作的张通儒与李庭望等皆授以官。

史思明勒兵入邺城,收其士马,以府库赏将士,安庆绪所有的地盘全归了史思明。

史思明没有西征,只是遣安太清率兵五千取怀州将河内夺下就打住了,留其子史朝义守相州,自己引兵回范阳巩固根本梳理权力链条去了,回去后就自称了大燕皇帝,改元"顺天"。

三月三十,李亨任朔方节度使郭子仪为东畿、山东、河东诸道元帅,暂代东京留守;任命"能抚训士,举动安重,贼不得侵",在安史之乱中有亮眼表现的将门虎子,本来已经安排为河西节度使去上任凉州的来瑱为陕州刺史,兼陕州、虢州、华州节度使,并潼关防御、团练、镇守使,成为中央的第二道大闸。

曾经天下富庶无过陇右的西北即将彻底离大唐而去了。

在稳定了一个季度后,发现史思明没来入寇,李亨玩起了削藩,将手伸向了战功最卓著的郭子仪,调郭子仪回京,令原朔方军区出来的另一个大将李光弼去接替。理由是鱼朝恩跟郭子仪关系不好,嫉妒郭子仪的功勋，在后面使绊子。①

太监这么厉害吗？此时的太监们还没有兵权呢，还是皇帝的狗呢。这就是李亨的心思。

当然，这个绝对能理解，因为从权力逻辑来讲，郭子仪确实功太大，需要被控制起来了。

此时朔方镇是全国最大的藩镇，郭子仪是最得将士人心的统帅，他被调走的消息传来时，将士们是哭着不让走的，郭子仪担心闹出军变，随后骗将士们说："我去送送宫里的使者，我不走。"然后直接就跑了。

郭子仪逃走的这个狼狈样子，其实很能说明问题，此时朔方军镇的军阀程度已很深了，那绝对不是善茬。李光弼其实也脑袋疼，于是跟朝廷打报告申请愿得亲王为主要将领，自己做副手。

七月十七，以赵王李系为天下兵马元帅，李光弼为副元帅，知诸节度行营。

李光弼上任避开了河阳桥，而是从别处过了黄河带着五百骑兵夜入了朔方军营。②

朔方军左厢兵马使张用济屯兵于河阳，李光弼发檄召他来报到，张用济道："朔方军又不是叛兵，他李光弼大半夜地入军营，为何如此猜疑我们？"随后跟其他将领们商量率精锐突入东京，赶走李光弼，把郭子仪请回来了。说干就干已经整军准备动手了。③

---

① 《旧唐书·郭子仪传》：中官鱼朝恩素害子仪之功，因其不振，媒孽之，寻召还京师。

② 《资治通鉴·唐纪三十七》：光弼以河东骑五百驰赴东都，夜，入其军。

③ 《资治通鉴·唐纪三十七》：左厢兵马使张用济屯河阳，光弼以檄召之。用济曰："朔方，非叛军也，乘夜而入，何见疑之甚邪！"与诸将谋以精锐突入东京，逐光弼，请子仪；命其士皆被甲上马，衔枚以待。

你瞅瞅，这不是军阀是什么？郭子仪为什么要那样逃跑？因为他身不由己了。李亨防着郭子仪这事真不能说他错，郭子仪再在朔方军中待几年，要是军功和势力再大点，黄袍加身都由不得他了。

最终是朔方军的二号人物仆固怀恩说："邺城之败时，郭公先退，所以朝廷现在责罚罢了兵权，他们是有理的。我们现在要是赶走李公，强请郭公，这就成造反了，我们怎么能这样干。"

右武锋使康元宝也说："你率兵强请郭公回来，朝廷一定怀疑这是郭公指使的。这不是让郭公家破人亡嘛！郭家百口哪里对不起你呀！"听到这些意见，张用济才罢休。

李光弼率数千骑东出汜水县去巡视，张用济单匹马来见李光弼，结果被李光弼以赶到不及时的理由杀了，并迅速派开元时代就在朔方军镇任职的部将辛京杲代领其兵。①

李光弼上来就用铁腕立威其实是相当冒险的。

紧接着仆固怀恩到了，李光弼引他入座，很快传来报告说来了五百蕃骑，李光弼当时脸都变色了。②别忘了，李光弼手里是有数千骑兵的，但仆固怀恩带几百人来了能把他吓死，为什么？因为他知道，这数千骑兵更认仆固怀恩。

最终是仆固怀恩出来对其部下假装责备道："跟你们说了别来，怎么不听呢？"李光弼赶紧给台阶："兄弟们就该跟着自己的主帅，没有

---

① 《资治通鉴·唐纪三十七》：光弼以数千骑东出汜水，用济单骑来谒。光弼责用济召不时至，斩之，命部将辛京杲代领其众。

② 《资治通鉴·唐纪三十七》：仆固怀恩继至，光弼引坐，与语。须臾，阍者曰："蕃、浑五百骑至矣。"光弼变色。

错。"赶紧杀牛置酒招待仆固怀恩。①

李光弼走后,以潞沁节度使王思礼兼太原尹,充北京留守、河东节度使。等于整个太行八陉都给了王思礼。这么大的授权其实也和太原上党地区始终在守城,没出去发过财,没开启"兵智",相对来说好管有一定的关系。

七月二十七,李亨又以朔方节度副使、殿中监仆固怀恩兼太常卿,进爵大宁郡王来安抚这位朔方军的二号人物。

九月初五,李亨继以一当十的铸币抢钱后又造了一种乾元重宝大钱,以一当五十,先拿这个给百官们还欠俸。②

李亨变着花样糊弄人的同月,史思明以幼子史朝清留守幽州,以阿史那承庆、张通儒、向贡、高鞫仁等人辅佐,令各郡太守各率三千兵集结帐下,兵分四路入寇而来,史思明自濮阳渡河,史朝义自白皋渡河,周挚自胡良渡河,令狐彰将兵五千自黎阳渡河取滑州,四路军约定会于汴州。

李光弼正巡视黄河诸营呢,听说史思明南下后迅速入汴州,对汴滑节度使许叔冀说:"大夫只要能守汴州十五日,我就率兵来救。"许叔冀点头,李光弼回了洛阳。

史思明率兵来攻汴州时,许叔冀出战了,没打赢,就与平卢军分部的董秦、田神功等投降了史思明。

董秦和田神功说到底跟史思明还有渊源,许叔冀当年不救张巡,

---

① 《资治通鉴·唐纪三十七》:怀恩走出,召麾下将,阳责之曰:"语汝勿来,何得固违!"光弼曰:"士卒随将,亦复何罪!"命给牛酒。

② 《资治通鉴·唐纪三十七》:戊辰,更令绛州铸乾元重宝大钱,加以重轮,一当五十;在京百官,先以军旅皆无俸禄,宜以新钱给其冬料。

第10战 安史之乱 | 1147

仗着自己那点股本在安氏败后居然混了个九节度使之一，现在又成了史思明的中书令。真是没皮没脸。

史思明厚待董秦，收其妻子为人质，派其将南德信与梁浦、刘从谏、田神功等数十人去攻江淮。万幸的是田神功南下后砍了南德信，又归顺了朝廷；史思明围攻河阳时，董秦趁夜率领五百人袭击叛军营垒，突围而出，复归官军。

史思明又进入洛阳盆地了，上个时代的重镇河阳三城这次也将再次进入我们的视野成为时代焦点了。

总之，仗越打越久了，人心越来越散了。

藩镇时代最终在层层演化后到来了。

十、整个北境节度使的藩镇化正式确立

史思明此次南下和安禄山的路线一模一样，先拿下了汴州这个通济渠总枢纽，安排队伍去东南打通江淮，然后东奔洛阳而来。

李光弼结束东巡回到洛阳问东京留守韦陟道："贼乘胜而来，不利速战，利在按甲坚守以挫其锋，洛阳不是坚守之地，你有什么打算？"

韦陟请求留兵于陕城，率主力退守潼关，据险以挫其锐。

李光弼道："两敌相当，贵进忌退，今无故弃五百里而不顾，叛贼之势将不可阻挡。不如移军河阳，北连上党，利则进取，不利则退守，表里相应，使贼不敢西侵，此猿臂伸缩自如之势也。朝廷里面的规矩，光弼不如公；论军旅之事，公不如光弼。"韦陟不说话了。

李光弼说的话之所以不太好听，是因为韦陟在给他挖坑。还潼关呢，封常清和高仙芝怎么死得都忘啦？

韦陟道："东京是帝王之宅，侍中为何不守啊？"

李光弼道："想守也行，那汜水（虎牢关）、崿岭（轩辕关）、龙门（伊阙）等地都应置兵，你是兵马判官，安排你去你愿意守吗？"

除河阳外，此时的李光弼其实已经没有选择了。

1.退兵陕城潼关,最好的结果是成为在家养老的郭子仪,整不好了就是高仙芝,毕竟此时他刚到洛阳上任一个多月,他离开太原后只是带了一些军官来上任,并没有发展出足够多的嫡系部队。到了潼关朝廷让仆固怀恩替他,给他来个临阵斩将立威不是没有可能,太监们那可不好惹,他和宦官程元振的关系还不好,所以坚决不能退。

2.史思明来得太快,现在去堵口布防很可能已经来不及了,因为李光弼下令转移的时候史思明已经过了虎牢杀到偃师了。[①]

3.他这个副元帅总指挥上任时间太短,手底下这帮节度使他能放心哪个呢?他跟许叔冀倒是约定了十五日来救,结果史思明南渡黄河后就迅速拿下了汴州。

教训还不够深刻吗,都是待价而沽的保本心思,快都跟我进河阳三城吧,在这三城里我还能把你们拢到一起,分散出去,一个个都去做生意了。

拍板后,李光弼出文书令东京留守韦陟率东京官属西入关中,令河南尹李若幽率吏民出城避贼,韦陟和李若幽带着洛阳的官吏都暂时在陕城办公;清空了洛阳后,李光弼率军士将油铁等战略物资全都运进了河阳三城。

天色渐晚,李光弼以五百骑兵亲自殿后,当时史思明的游兵已至洛阳城东北的石桥了,诸将请示道:"现在是从洛阳城北绕过去呢,还是从石桥直接回去?"

洛阳与河阳有一段距离,如果绕的话就是示弱了,很容易被叛军追死,李光弼道:"从石桥直接走。"

---

① 《旧唐书·李光弼传》:遂移牒留守及河南尹并留司官、坊市居人,出城避寇,空其城,率军士运油铁诸物,以为战守之备。时史思明已至偃师,光弼悉军赴河阳。

此时已经天黑，李光弼令士兵们拿着火把不紧不慢地撤退，部曲阵形严整，叛军引兵就在后面跟着，也不敢逼近，一直护送回了河阳城。

李光弼回河阳后连夜排查漏洞，安排守备，激励士气宣誓力战为国。

九月二十七，史思明大军来到洛阳地区，此时城已经空了，什么也没抢到，想西进又担心李光弼袭其后，想入洛阳城又担心自己被李光弼来个反包围捂死，最终屯兵白马寺南，筑月城于河阳城南，掘壕沟以拒李光弼。

来看看老战区，"武川快乐城"河阳（见图10-15），上一季武川狠人们在这里可是着实打了不少恶仗。

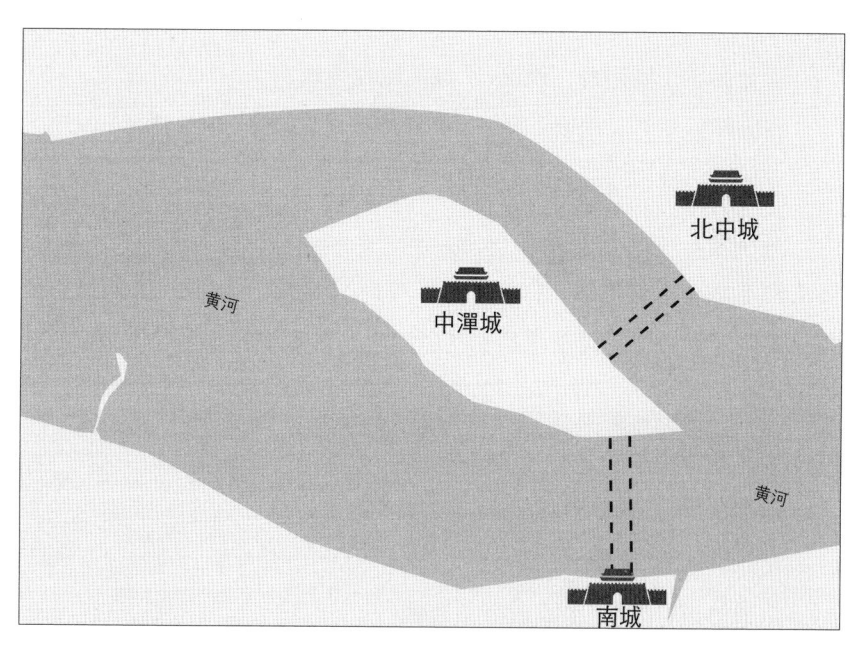

图10-15 河阳三城示意图

河阳城在上个时代之所以重要，因为自三门峡往东，下一个靠谱的渡口只有河阳，黄河的渡口所谓"盖自东而西，横亘几千五百里，其间可渡处，约以数十计，而西有陕津，中有河阳，东有延津"。

高欢人工造了个"三门峡"卡在这里，西魏方面无论是走豫北通道从河东走轵关陉入河内，还是走豫西通道从陕城走北崤道入洛阳，都是噩梦般一百公里往上的陆上物流。这三城卡在这里，西魏东进的仗就打不起。

如今李光弼守在这里则完全不怕打持久战，无论是水路还是北岸的陆路，物流都能走。史思明就费劲了，他根本不敢往西再走了，李光弼随时能把他闷死在崤道里。

十月，史思明引兵攻河阳，派骁将刘龙仙去城下挑战。刘龙仙把右脚踩在马鬣上谩骂李光弼。

李光弼看了看诸将，说道："谁能取他首级？"

仆固怀恩请行，李光弼道："这不是大将干的事。"

身边人说道："神将白孝德可以。"

就这样，下一任镇西北庭节度使的白孝德被推荐出来决斗去了。将士们不是白推荐他的，作为"节度可汗"，他必须得有足够的勇力带领兄弟们发家致富，白孝德是安西的胡人，堪称李嗣业之后镇北军的猛男接班人。

李光弼招来白孝德问："你行吗？"

白孝德说："我整死他。"

李光弼问："需要多少兵？"

白孝德道："我一个人就能整死他。"

李光弼壮其志，然后接着问："到底要多少人？"

白孝德道："愿选五十骑出垒门为后继，兼请大军擂鼓助威。"

李光弼抚其背而遣之。白孝德挟着二根长矛，策马涉水而出。

由此也能看出李光弼的防御难度其实极高，因为那一年的黄河水极少，李光弼的指挥部在中潬城，白孝德出城后根本没走河阳桥，而是涉水而过的，所谓"孝德挟二矛，策马乱流而进"。包括后面好多攻城战，尤其打中潬城时叛军都用上攻城器械了，这其实都是平常所不敢想象的，这也就意味着，李光弼的城防压力相当大。

等白孝德渡了一半时仆固怀恩已经给李光弼道喜了，李光弼："还没打呢你怎么知道？"

仆固怀恩道："你瞅瞅白孝德那个淡定的样子。我们陷阵型选手一旦散发这个气场，那就太稳了。"

刘龙仙见白孝德独自过来根本没当回事，觉得他是真不知道辽北狠人有多猛啊，真送死来了。

白孝德靠近之后，刘龙仙准备发动攻击，结果白孝德冲他摇手，刘龙仙以为这不是来对战的，弄不好是个送信的，就停下了。等双方距离十步远的时候白孝德张嘴了，刘龙仙在那里继续骂，白孝德过了好半天抬眼问他："你认识我吗？"[①]

刘龙仙问："你是谁啊？"

白孝德说："白孝德。"

刘龙仙说："是何猪狗？"

白孝德大呼，运矛跃马杀过去了，城上这时突然擂鼓助威，后面五十骑兵也跟着冲锋。

刘龙仙瞬间蒙了，怎么突然急眼了呢。仓促间也来不及射箭，让

---

① 《资治通鉴·唐纪三十七》：稍近，将动，孝德摇手示之，若非来为敌者，龙仙不测而止。去之十步，乃与之言，龙仙慢骂如初。孝德息马良久，因瞋目谓曰："贼识我乎？"

第10战 安史之乱

白孝德给吓着了，赶紧扭头跑，但他加速是需要时间的，就十步距离还得扭转马头，结果被白孝德追上捅死了，然后白孝德从容砍了刘龙仙的脑袋又涉水溜达回来了。

贼众大骇，官军完成士气首杀。

史思明有一千多匹种马，每天都放出来在黄河南岸的沙洲上散步、洗澡，来回来去一天天给马洗澡，想显示他的马多，结果他忽略了一件事：这年的黄河水太浅了。

李光弼把军中的五百匹母马都挑了出来，把马驹圈在城内，等史思明的马再来洗澡时就把母马都放出去，然后母马们一通嘶鸣，把史思明那千余种马全都给勾搭到自己这边入了中潬城，这回史思明玩不了戏法了。①

史思明亏大本了，因为这些都是种马，军中将士们骑的马都是骟马或者母马。种马个大，毛多，拉风，他想表达的是自己带来的种马不计其数，种马是专门用来配种的，没骟的马脾气大，激素猛，不可控，尤其他们的军制把纪律视为第一要务，没骟的马是没办法当战马的。

史思明大怒，继太原攻坚战后，与李光弼之战开打。

史思明从黄河上游拢了数百艘船，临时组了水军出击，在船队前摆上火船，想要顺流烧毁浮桥。

结果这都是河阳三城上个时代的历史故事了，河阳祖祖辈辈都有预案，李光弼拿出了事先准备的数百根百尺长杆，用巨木固定住，安上铁叉，用铁叉叉住火船，没多久火船就都烧毁了，由于叉子始终都在，

---

① 《资治通鉴·唐纪三十七》：思明有良马千余匹，每日出于河南渚浴之，循环不休以示多，光弼命索军中牝马，得五百匹，縶其驹于城内。俟思明马至水际，尽出之，马嘶不已，思明马悉浮渡河，一时驱之入城。

后面的贼船也无法靠近，李光弼还在桥上布置了小型投石机，拿石头把船都砸塌了。

水不深，倒是淹不死，就是船都赔了，史思明又打算出兵于河清（河阳三城上游），欲绝李光弼粮道，李光弼随后亲自带队屯军于野水渡以防之。

当晚李光弼还河阳，留兵千人，派部将雍希颢守栅道："贼将高庭晖和李日越皆万人之敌，史思明必派其中一人来劫我，我先去，你在这儿等着，如果贼至勿与之战。如果投降了，就带他们一块回河阳。"

诸将也不知道他说的什么意思，都在那里偷着乐，什么玩意啊就投降啊？

史思明听说李光弼出城了，果然对李日越道："李光弼就会守城，现在出城了，必然擒他。你率铁骑夜渡黄河把他给我抓来，抓不到就别来见我了。"

李日越率五百骑清晨至野水渡的栅前，雍希颢坚守不战，李日越奇怪道："李司空在吗？"

回道："前半夜就走啦。"

又问："你们有兵多少？"

回道："千人。"

问："主帅是谁啊？"

回："雍希颢。"

李日越沉默了，跟他的部下商量道："今失李光弼，得雍希颢而归我们也是个死，不如投降吧。"随后李日越请降。

雍希颢带着他回河阳了，李光弼厚待之，委以心腹。史思明的另一个万人敌高庭晖听说后也抽冷子投降了。

将士们问李光弼道："为什么降二将这么轻松？"

第10战 安史之乱 | 1155

李光弼道:"史思明常恨不得野战,听说我出来了,认为一定可以拿下我,为了增加成功率必定下的是死令,李日越抓不到我,必然不敢回去。"

高庭晖才勇过于李日越,听说李日越被宠任,一定觉得到这里更有前途。

千匹种马丢了,两个"万人敌"又赔了,史思明大怒,率兵进攻河阳。李光弼问郑陈节度使李抱玉道:"将军能为我坚守南城两天吗?"

还是老方案,李光弼需要肉盾疲敝敌军,但这次仅仅约定了两天。因为此时河阳三城都年久失修,都需要赶紧加固,南城的压力最大,能守两天就不简单了。①

李抱玉道:"超过两天怎么办?"

李光弼道:"超过两天我要是没救,就随你放弃。"李抱玉允诺,勒兵据守。

结果叛军打得太凶了,当天城就要守不住了,李抱玉忽悠道:"我粮食吃没啦,明天早晨就投降。"

叛军信了,李抱玉乘机赶紧带着工程队修补城池,准备守具,还乘夜偷放出去一支小分队,第二天一早又骂上街了。

叛将周挚大怒又来攻城,结果李抱玉昨天放出去的奇兵到叛军背后偷袭了,李抱玉等叛军军阵乱了也率城中将士们出击,内外夹击下叛军死伤惨重。

眼瞅官军声势壮大,之前降贼的平卢军分舵的董秦当夜率其众五百,拔栅突围降于李光弼。

---

① 《旧唐书·郝廷玉传》:时三城壁垒不完,刍粮不支旬日;贼将安太清等率兵数万,四面急攻。

这年的黄河水是真浅，李光弼这个中潬城此时堪比公共厕所。武川群雄们当年要是碰上这年的黄河估计也没那么费劲。

十月十二，贼将周挚舍南城，全力攻打中潬城，李光弼命荔非元礼出劲卒于羊马城拒贼。

所谓的羊马城就是在城外建的类似城圈的工事，之所以派荔非元礼出去是因为李光弼在城外已经挖好了防御壕沟，城外环栅，栅外又挖了深广二丈的壕沟，派他去阻止叛军破坏工事。

贼兵恃其众直接涉水逼城，以车载攻具跟随，督众填壕沟，在城的三面共填了八条路，又打开木栅做出了进出口。

李光弼望贼逼城，派人问荔非元礼："中丞您坐视贼众填堑开栅过兵什么反应都没有，你这是怎么打算的？"

荔非元礼道："司空欲守欲战？"

回道："欲战。"

荔非元礼道："欲战则贼为吾填堑，为何禁之？"等叛军把路都铺好了，荔非元礼率敢死队突出击贼，击退叛军数百步，荔非元礼看到叛军阵形坚固，不易摧陷，随后率军退了回去。

李光弼望荔非元礼退，大怒，遣左右召之，想要砍了他。

荔非元礼道："打着仗呢，召我干什么？"直接退回了栅中。

叛军开始攻城，等李光弼把叛军牵制得足够久了，觉得敌军士气掉下来了，荔非元礼对麾下道："李光弼之前来召我就是要砍我啊。死于国难还落个名，不能被他砍了啊。"随后下马持刀，怒目杀出，继续镇西铁军的老传统，猛男们列人墙砍着大刀就杀出来了，所谓"锐士堵而进，左右奋击，一当数人"，斩贼数百首人后，周挚撤军而去。

李光弼拿荔非元礼当炮灰，荔非元礼也不傻，该使唤李光弼时也不含糊，双方谁也别说谁，也谁也没说谁，好在是赢了，尽在不言中了。

周挚又收兵去找北城的麻烦，李光弼赶紧又带主力去了北城，登城望贼道："贼兵虽多，嚣而不整，不足畏也。不过日中，我担保为诸君破之。"随后命诸将出战。

到了中午，还未分出胜负，脸被打了，李光弼便召诸将问道："贼阵哪个方向最坚挺？"回道："西北。"李光弼命其将郝廷玉前去，郝廷玉请骑兵五百，李光弼给了三百。

李光弼又问贼阵第二强之处。回道："东南。"李光弼命其将论惟贞前去，论惟贞请铁骑三百，给了二百。

李光弼拿出了自己的最后预备队，对诸将道："你们都看我的旗子，旗子缓摇，任你们根据形势而战，要是我猛摇战旗三次，就全军给我冲，跟贼众去决生死，后退者斩。"说完又以短刀插入靴中道："打仗就有风险，我是国家三公，不可死于贼手，万一战不利，诸君前死于敌，我自刎于此，不令诸君独死也。"

诸将出战，过了一会郝廷玉奔还，李光弼望而惊道："廷玉退，吾事危矣！"命左右去砍郝廷玉的脑袋。

郝廷玉道："别拔剑。马中箭，非敢退也。"换了马又杀了回去。

仆固怀恩及其子出战不利，李光弼又命人来砍这爷俩的脑袋，仆固怀恩父子看见使者提刀驰来，赶紧也豁命决战去了。

李光弼挥出战旗，诸将齐进死战，呼声震天动地，贼众大溃，斩首万余级，俘虏八千多，缴获军资器械粮储数以万计，临阵擒其大将徐璜玉、李秦授，周挚率数骑逃走，其河南节度使安太清走保怀州。

史思明不知周挚已败，还攻南城呢，李光弼驱俘囚临河示之，杀数十人立威，剩下的俘虏们害怕开始往南岸逃跑，被李光弼全部斩杀，随后双方收兵。

十二月初二，史思明遣李归仁率铁骑五千寇陕州。此时的陕地，有后面大名鼎鼎的神策军在补防。

当初哥舒翰破吐蕃后，于临洮西关磨环川置神策军，安禄山反后，卫伯玉率千人赴国难，不久神策军驻地被吐蕃吞并，没有根儿的神策军在卫伯玉率领下留屯于陕，卫伯玉累官至右羽林大将军，后又成为神策军节度使。

卫伯玉以数百骑于礓子阪击破连战连败的叛军，得马六百匹，李归仁败走，李忠臣（董秦弃暗投明后被改的名字）后面又与李归仁等战于永宁、莎栅之间，屡破之。

上元元年（760）正月，以李光弼为太尉兼中书令，余如故。二月，李光弼进攻怀州，史思明救援。二月十一，李光弼逆战于沁水之上，破之，斩首三千余级。三月二十九，李光弼破安太清于怀州城下；四月初二，破史思明于河阳西渚（西面黄河沙洲），斩首一千五百余级。

洛阳的局面越来越好，闰四月十九，身子骨越来越差的李亨大赦天下，改乾元三年为上元元年。

也在这个月，张后的儿子兴王去世，她只有幼子定王李侗了，此时已经改名为李豫的太子，其储君之位在多年后如他父亲一样终于在胆战心惊中稳了。①

李亨的身子骨估计是前面这些年在精神高压下被打得不行，一直病病歪歪，但他那泡温泉的爹的身子骨可不是闹着玩的，奔着打破武则天的长寿纪录去了。这年七月，李辅国对李亨说："上皇居兴庆宫，每

---

① 《资治通鉴·唐纪三十七》：张后以故数欲危太子，太子常以恭逊取容。会佋薨，侗尚幼，太子位遂定。

天都能与外人交通，陈玄礼、高力士阴谋不利于陛下。今六军将士尽灵武勋臣，皆议论不安，臣即便开导解释大家还是不干，我不敢不和您汇报。"

李亨哭道："圣皇慈仁，怎么会有这种事啊？"

李辅国说："太上皇他老人家当然没这意思，就是下面那群小人使坏啊！陛下为天下主，当为社稷大计，消乱于未萌，岂得因匹夫之孝而误天下之事啊！况且兴庆宫与民居混杂那也不是至尊该待的地方啊！大内森严，奉迎居之，和兴庆宫没什么区别，又能杜绝小人蛊惑圣听。如此太上皇享万岁之安，陛下有一日三次问安之乐，多好。"

据说李亨不答应，但李辅国矫诏取走了兴庆宫的三百匹马，就给李隆基留了十匹。李隆基对高力士道："我儿被李辅国所蛊惑，不能对我一直尽孝了。"

李辅国又令禁军将士在李亨面前号哭叩头，请求将李隆基移居太极宫，李亨还是哭，不同意。随后李辅国在七月十九矫李亨口谕，接李隆基去太极宫游玩，李隆基到睿武门时，李辅国率殿前射生骑兵五百人拔出刀拦路上奏道："皇上说兴庆宫那地方环境不好，让我们迎接上皇迁居大内。"把李隆基吓得差点坠下马背。[①]

你瞅瞅李隆基这体格，都七十六岁了，还能自己骑马。要不是他儿子活不了多久了他大概率真能破武则天的记录，整不好萧衍都得让他活过去。

这时旁边的高力士道："李辅国无礼，给我下马。"李辅国到底没

[①]《资治通鉴·唐纪三十七》：秋，七月，丁未，辅国矫称上语，迎上皇游西内，至睿武门，辅国将射生五百骑，露刃遮道奏曰："皇帝以兴庆宫湫隘，迎上皇迁居大内。"上皇惊，几坠。

狂到敢骑马数落李隆基,下了马。

随后高力士说太上皇让将士们不要无礼,将士们就此收了刀,拜了两拜,喊了喊万岁。高力士又让李辅国跟他一起牵着李隆基马的缰绳,把李隆基送到了太极宫,让李隆基居住在甘露殿,算是给了李隆基最后的体面。

移宫后,李辅国只给李隆基留下了老弱病残数十侍卫,陈玄礼和高力士等过去的宫人都不能留在他身边,纷纷被流放或退休。

李隆基当天主动表示:"迁出兴庆宫是我的心愿啊!"懂事得让人心疼。他当初是怎么摧残他儿子的,如今他儿子就怎么让他凄凉的。

当天李辅国率禁军身穿白衣去向李亨请罪,据说李亨迫于诸将压力给予肯定,追认道:"上皇住哪里都一样,你们忠啊!你们怕那些小人蛊惑人心,这防微杜渐的工作做得好啊!这是安定社稷的好事,你们有什么罪可请的啊!"①

李隆基从这一刻开始估计天天第一件事就是给他儿子祈福求寿了。他的寿,完全取决于他儿子能活多久。他儿子死前一定会带走他这个太上皇的。

九月,关于天下未平不应让郭子仪养老浪费人才的呼声越来越多。九月二十一,李亨下诏,命郭子仪统诸道兵自朔方直取范阳还定河北,殿前射生手英武军等禁军及朔方、坊、宁、泾原诸道蕃汉兵共七万人皆受郭子仪节度。

李亨貌似让郭子仪开辟第二战场了。但是吧,正式诏书都颁布十天了,还是被鱼朝恩给搅和了,最终作罢。

---

① 《资治通鉴·唐纪三十七》:是日,辅国与六军大将素服见上,请罪。上又迫于诸将,乃劳之曰:"南宫、西内,亦复何殊!卿等恐小人荧惑,防微杜渐,以安社稷,何所惧也!"

河北拿回来了你派谁去守？郭子仪打下了河北你放心吗？

剪不断，理还乱，李亨没病的时候都拎不清，更别提病病歪歪的时候了。

同一时间，李光弼攻下来围攻百日的怀州，生擒安太清，河阳、河内、上党、太原就此连成一片了。

上元二年（761），正月十七，史思明改年号为"应天"。

什么意思？他被李光弼一再反推，在旷日持久的交战后也越来越不自信了。

但别担心，李家那边会帮他。理论上河北永远打不过举全国之力的大唐，但这全国之力在处于优势时会因为内耗把自己的优势拱手送给河北。

仗打一年多了，有人这么对陕州观军容使鱼朝恩说："洛中将士皆燕人，征战已久思归心重，上下离心，击之可破也。"

鱼朝恩觉得有理，屡次将自己的前线心得感悟汇报给李亨，结果李亨又开始干预了，敕命李光弼等进取东京。

李光弼奏称："贼锋尚锐，未可轻进。"

但是吧，李光弼内部出了问题，此时的李光弼因为治军太铁腕不像郭子仪那么会妥协，和朔方军的二号人物仆固怀恩相当不对付，仆固怀恩选择打李光弼的脸，说洛阳能打。①

仆固怀恩和李光弼的矛盾已经积攒到一定地步，屡次发生冲突，最近的一次是其子仆固玚的夺妻事件。

---

① 《资治通鉴·唐纪三十八》：朔方节度使仆固怀恩，勇而愎，麾下皆蕃、汉劲卒，恃功，多不法，郭子仪宽厚曲容之，每用兵临敌，倚以集事；李光弼性严，一裁之以法，无所假贷。怀恩惮光弼而心恶之，乃附朝恩，言东都可取。

仆固玚堪称朔方军杀神,级别已经混到了开府仪同三司,但每次出战依然深入陷阵,被敌军号为猛将。安太清被拿下后,其妻长得漂亮,被仆固玚抢走了,李光弼下令给安太清还回去,仆固玚不听,派人给看起来了。最后李光弼派人楞抢,杀了看守七人抢回了安太清的媳妇。仆固怀恩怒了:"你为了贼人杀官卒吗?"①

你看着挺善待降将大公无私的,你不就是为了让安太清成为你的嫡系嘛。踩着我们爷俩收买别人,功都让你太尉大人领了。谁能比谁傻。

仆固怀恩至此彻底和李光弼决裂了。

这在李亨看来就很好判断了,李光弼又不是人了。

仗打一年多了,河内都收复了,他越打越壮,这是在拿国家的钱去壮大他自己的势力啊!他这是养寇自重啊!随后太监们又一轮一轮地催上了,李光弼不得已,派郑陈节度使李抱玉守河阳,与仆固怀恩率兵会合了鱼朝恩及神策节度使卫伯玉共攻洛阳。②

二月二十三,官军布阵于邙山,李光弼下令依险要地形列阵,结果仆固怀恩直接选择了在平原布阵,李光弼说:"依险要布阵进可攻退可守,如果列阵平原交战不利那就崩了,光剩下跑了,我们不能小看史思明。"于是命军队转移到险要之处布阵,但被仆固怀恩否了。③李光

---

① 《新唐书·仆固怀恩传》:又子玚,亦善斗,以仪同三司将兵,每深入多杀,贼惮其勇,号猛将。太清妻有色,玚劫致于幕,光弼命归之,不听,以卒环守。复驰骑趋之,射杀七人,夺妻还太清。怀恩怒曰:"公乃为贼杀官卒邪?"光弼持法严,少假贷。

② 《资治通鉴·唐纪三十八》:由是中使相继,督光弼使出师,光弼不得已,使郑陈节度使李抱玉守河阳,与怀恩将兵会朝恩及神策节度使卫伯玉攻洛阳。

③ 《资治通鉴·唐纪三十八》:戊寅,陈于邙山。光弼命依险而陈,怀恩陈于平原,光弼曰:"依险则可以进,可以退;若平原,战而不利则尽矣。思明不可忽也。"命移于险,怀恩复止之。

弼根本指挥不动仆固怀恩了。

仆固怀恩的不满确实情有可原，但这仗输了确实要仆固怀恩背锅，因为他军阵布得太慢了，还纵兵抢史思明的战利品，结果史思明乘其军阵未整直接就开打了，平原列阵的官军大败，死了数千人，李光弼、仆固怀恩直接渡河回了河东，走保闻喜，鱼朝恩、卫伯玉奔还陕城，李抱玉一看，你们怎么跑那么快，也弃河阳跑了。

至此，河阳、河内皆没于贼。大好局面全送了。

其实这仗输了并不可怕，常理来讲继续回河阳三城固守，但输了之后崩成了这个样子，其实是因为各自有了能推卸的理由。

李光弼怎么跑都没事，因为他说了不能打，战场上也不被仆固怀恩当回事，那他就担这责，要让仆固怀恩看看不听他的是什么结果。

仆固怀恩更是跑得快，输了还在边境线待着皇帝会担心他投敌，回大后方只要他手里还有兵就谁也不敢追他的责任，快跑快跑。

李抱玉更得跑，大将军都去闻喜了，他吃饱了撑的啊还守在那里。

理论上来讲，其实每次弃地数百里，都是当事人根据政治与人事的综合考量。

安史之乱刚打起来时，大唐的百年积淀还在，各地还有信心，所以河北那么多次地相信大唐，可这国家的核心权威与信心一旦没了，彻底被透支干净了，再重塑那就动辄数十、上百年了。

不要觉得隋崩了唐很轻松就继承了，那是因为有李世民机械降神般的以极强的军事能力缩短了这个过程重塑了信心。没有李世民那极大概率是奔着南北朝剧本走了。

面对李家的又一次送礼，史思明在天降馅饼后回送了一个。他把自己的脑袋当回礼给送了。

史思明称帝后，变成了眼睛没瞎版的安禄山，猜忍好杀，群下稍有不对他心思的地方就动辄诛族。

其长子史朝义一直随史思明在外带兵，颇谦谨，爱士卒，将士多附之，但是不得史思明之宠。史思明想立守范阳的少子史朝清，经常想杀史朝义让史朝清名正言顺地继位，但谋划被左右泄露了。

史思明破李光弼后欲乘胜西入关，派史朝义率兵为前锋自北道袭陕城，史思明自南道率大军继之。

三月初九，史朝义兵至礓子岭，被卫伯玉逆击打败，史朝义数次进兵皆为陕兵所败，退屯永宁，史思明大怒，召史朝义及其麾下将骆悦、蔡文景、许季常，先捆起来要杀，随后吓唬一通给放了，骂道："史朝义怯懦，不能成我事。"

三月十三，史思明命史朝义筑三角城存军粮，限令一天修好，史朝义赶紧命全军玩命干，但史思明验收时还没抹泥，史思明大怒，史朝义说："兄弟们已经很辛苦了，让他们稍微歇会。"

史思明道："你为了爱惜士兵却违我将令。"走之前史思明公然放了句狠话："攻克陕州后必斩你史朝义。"而且称呼史朝义是贼，原话是："朝下陕，夕斩是贼。"

史思明跟安禄山一样，就是担不住这皇帝命，瞅这智商降的，到点该走人了。

眼瞅死期都给他定了，史朝义的部将骆悦、蔡文劝他："我们兄弟们与大王要死无葬身之地了。自古有废立，请召圣人的侍卫官曹将军谋之。"史朝义低头不应。

骆悦等说："您要是不同意，我们今天就去投降李家，到时候您还是完蛋。"

史朝义哭道："去吧，别让圣人知道。"

骆悦等随后令许叔冀之子许季常召曹将军至，以其谋告之。曹将军知诸将尽怨，恐祸及己，不敢违，当天晚上骆悦等率兵三百披甲来到了史思明驻地。宿卫兵很奇怪，但因为害怕曹将军，不敢动。

骆悦等顺利引兵入史思明寝所，当时史思明正在上厕所，听见外面杀人的声音赶紧跳墙头骑上马准备跑，但被追兵射落马下。

史思明问："谁在作乱？"

骆悦道："奉怀王命。"

史思明说了最后一句话："我早晨说错话了，活该如此，只可惜杀我太早，等我攻克长安再杀我多好啊！如今大事不成矣！"

骆悦等把史思明抓回后杀掉，并且杀了史思明的心腹周挚。史朝义即皇帝位，改元"显圣"，密派人至范阳，敕散骑常侍张通儒等杀史朝清及其母辛氏与不附己者数十人。

范阳的两党开始互相攻击，城中开战数月，死了数千人后范阳才定，史朝义以其将李怀仙为范阳尹、燕京留守。

仗打到这个份上了，洛阳周围数百里，州县城都化为废墟了，史朝义在史思明死后也根本调不动那些安禄山时代的老将了。连史思明都是同辈，因他战功卓著他们才服他做主，如今史朝义就是个小辈，史家的各地节度使们连史朝义召见都基本不来了，仅仅是名义上的君臣而已。[①]

此时此刻，无论是李唐还是史燕，其实天下的局面已经变成整个长江以北都是一个个待价而沽的节度使了。

史朝义不再有能力凝聚起自己手下的一个个军阀，也给不出比李唐更高的价格，安史之乱的终结已经是必然的了。但是，史家的最终崩盘，还在等一个人的寿命。天下都在等李亨"过早地"离开。

---

① 《资治通鉴·唐纪三十八》：时洛阳四面数百里，州、县皆为丘墟，而朝义所部节度使皆安禄山旧将，与思明等夷，朝义召之，多不至，略相羁縻而已，不能得其用。

很多把对方节度使转化为己方节度使的政策和操作，只能下一届朝廷去做，必须等李亨蹬腿了。因为他的嘴不值钱，好多政策使出来也没有用，他毫无信誉可言，当初陈希烈那帮人怎么死的，大家可都记得很清楚。况且史家无论再怎么一踹就倒，那也得有人去踹那一下子。但谁去凝聚诸位节度使去踹那一脚，这是个难死长安的问题。

无论是李亨还是各位太监，他们的利益高度一致，黄袍加身是个天天让他们午夜中惊醒的噩梦。

什么时候安史之乱最大人祸的造成者李隆基和李亨父子过早地离开，安史之乱才能盖棺定论，走向终结。

第八季《大唐气象》即将迎来收尾终章。

大唐，已经没有气象了。

十一、大唐季终章

河阳战败后，李光弼上表坚决要求自贬，随后诏书批下来了，他的三公被拿掉，以开府仪同三司、侍中，领河中节度使。

这个所谓的"河中"，是至德二年（757）设置的，治于蒲州，也就是传统意义上的河东地区，属于逃到哪里封到哪里了。

五月初五，李光弼自河中入朝。入朝后，再次被调动，又以其为河南副元帅、太尉兼侍中，都统河南、淮南东、西、山南东、荆南、江南西、浙江东、西八道行营节度，出镇临淮。李光弼成"江淮王"了。

史思明死了，明眼人都看出来了，叛乱熄灭只是个时间问题，李光弼没必要再坐镇中原了。李光弼之所以被安排去了江淮，是因为拜租庸使元载的追缴欠税和粗暴征敛所赐，大量的百姓成为土匪，江淮州郡已经控制不住了。[1]

---

[1] 《资治通鉴·唐纪三十八》：租庸使元载以江、淮虽经兵荒，其民比诸道犹有赀产，乃按籍举八年租调之违负及逋逃者，计其大数而征之；择豪吏为县令而督之，不问负之有无，赀之高下，察民有粟帛者发徒围之，籍其所有而中分之，甚者什取八九，谓之白著。有不服者，严刑以威之。民有蓄谷十斛者，则重足以待命，或相聚山泽为群盗，州县不能制。

而且刘展之乱后，屠龙流氓的平卢军分部的田神功在原地变成恶龙，赖在扬州不走了，这地方人美钱多，不走啦！尚衡、殷仲卿、来瑱这帮人也都不听招呼了，但李光弼过去后，都规规矩矩地听招呼了，田神功由恶龙变回人形离开扬州回了河南，尚衡、殷仲卿、来瑱更是听话回朝了。①

还是我们说萧衍的话，见三岁孩童抱金砖于闹市，世人皆魔鬼；遇笑脸弥勒旁立护法韦陀，群魔皆圣贤。

藩镇时代，朝廷解决江淮的问题就是派一个能力更强和威望更高的人过去，随后寄希望于有能力的那个人对大唐讲情分。

李亨制衡来制衡去，摊子越整越烂，最终还是吃祖宗的遗德。

六月二十五，党项寇好畤。好畤就是今天陕西咸阳乾县的好畤村，瞅瞅都打到这里来了。

七月初一，日有食之，苍天示警现大星。

准确地说，不仅李隆基早死几年对天下好，李亨要是在收复长安后马上崩了，这天下真的是另一番光景。

李亨的儿子真的比他明白太多了，而且如果他早早崩了，李泌根本就不会走。因为李豫即位后就召李泌回京了，死活要隐居的李泌一听说换皇帝了什么仙也不修了，立刻就回来了。

你说李真人这几年是修仙呢，还是等李亨的寿呢？

九月初三，天成地平节，李亨在三殿置道场，以宫人装扮为佛菩

---

① 《旧唐书·李光弼传》：光弼未至河南也，田神功平刘展后，逗留于扬府，尚衡、殷仲卿相攻于兖、郓，来瑱旅拒于襄阳，朝廷患之。及光弼轻骑至徐州，史朝义退走，田神功遽归河南，尚衡、殷仲卿、来瑱皆惧其威名，相继赴阙。

萨，武士装扮成金刚神王，命大臣们膜拜。①

唉，为了自己的这条命，李亨是真行啊！

九月二十一，李亨说圣人什么乱七八糟的，以后不要叫了，只称皇帝，连年号都去了，只称元年，以农历十一月子月为一年的第一月，停用京兆、河南、太原、凤翔四京以及江陵南都的称号，大赦天下。

感觉李亨最近对佛学研究得深了，知道虚名也占自己的福，开始全方面地降规格以求自己多活几天。

公元762年二月初三，一直很稳定的太原也爆发了军人的下克上的叛乱，节度使邓景山被杀。

老将军王思礼已经过世了，他死后管崇嗣接的班，管崇嗣为政宽弛，信任左右，数月间就把王思礼攒的家底都败光了，李亨随后派了邓景山去接手。

邓景山来了以后开始追查军贪，很快第一拨被查出来的某偏将抵罪当死，诸将说情，邓景山不许；其弟请求替他哥死，还是不许；又请求以一匹马赎死，邓景山同意了。②

操作很魔幻，堪称匪夷所思，底下人不干了，自己还不如一匹马，随后作乱杀了邓景山。

李亨以邓景山不懂抚慰将士们为由不予追究，遣使慰谕安定军心。

太原诸将申请都知兵马使、代州刺史辛云京为河东节度使，李亨赶紧盖章批准，以平众怒。

---

① 《资治通鉴·唐纪三十八》：九月，甲申，天成地平节，上于三殿置道场，以宫人为佛菩萨，武士为金刚神王，召大臣膜拜围绕。
② 《旧唐书·邓景山传》：有一偏将抵罪当死，诸将各请赎其罪，景山不许；其弟请以身代其兄，又不许；弟请纳马一匹以赎兄罪，景山许其减死。《新唐书·邓景山传》：有裨校抵死，诸将请赎，不许；其弟请代，不许；请纳一马赎，景山乃许减死。

同月，之前逃跑到绛州地区的洛阳诸军因为资源不够开始爆发内乱，朔方军就闹了一次，接替李光弼的李国贞兵变被杀。

还是将士们自下而上的授权。

史料中明明白白写了原因，朔方将士们希望和光同尘的老上司郭子仪回来，所谓"初，李国贞治军严，朔方将士不乐，皆思郭子仪，故王元振因之作乱"。

镇西北庭节度军也爆发内乱，荔非元礼被杀，将士们推了白孝德为节度使。

其实此时的官军节度军要比河北地区更早地进入军人自治，比如荔非元礼被杀时将士们是对看不顺眼的军官都开杀的，杀到段秀实这里，因为平时他有恩信才被放过，将士们还给段秀实磕头表示感谢。①

后世大名鼎鼎的"长安的天子，魏府的牙兵"其实早就出现了。

这次问题之所以闹得这么大，是因为绛州地区没粮没饷了，绛州诸军开始自发劫掠当土匪，朝廷忧其与太原乱军合纵连贼，在这个局面下，二月二十一，已经被雪藏了很久的郭子仪被封为了大家所熟知的汾阳王，知朔方、河中、北庭、潞泽节度行营，兼兴平、定国等军副元帅，发京师绢四万匹、布五万端、米六万石去安抚绛州诸军。

三月十一，郭子仪将行，此时李亨快要蹬腿了，群臣已经见不着了，郭子仪请曰："老臣受命，将死于外，不见陛下，死不瞑目。"

李亨召入卧内道："河东之事，一以委卿。"临了临了，一个更难收拾的局面端给了郭子仪。

此时郭子仪用自己的威望和诸军的不满掉过头来从几乎没设防的

---

① 《新唐书·段秀实传》：俄而元礼为麾下所杀，将佐多死，惟秀实以恩信为士卒所服，皆罗拜不敢害，更推白孝德为节度使。

河东扎进长安，李亨眼瞅要死，又是政权交接最脆弱的时候，大唐的国祚还在吗？

还是那句话，制衡了半天，最终还是寄希望于祖宗的遗德，听天由命。

万幸郭子仪、李光弼都是见过大唐荣光的老人，换个年轻人趁这机会早把李亨蹬一边去了。

四月初五，在李亨油尽灯枯的前夕，一辈子身体倍儿棒的李隆基崩于神龙殿，年七十八。仅仅十三天后，李亨也崩了。"亨隆"组合组团发车了。

也不知道李隆基是自己体面的还是别人帮他体面的，反正李亨和太监们从两年前就写在脑门上的"没有你很重要"让这事好凑巧。

具体李隆基怎么死的就不深究了，将大唐气象过渡到藩镇时代的这爷俩都完成了自己的历史任务。李隆基点火，李亨扇风，藩镇已成燎原之势。

李亨还没死，李辅国和张皇后就掐起来了。这两人本来好的穿一条裤子，但张皇后的儿子死后李辅国知道李豫的太子位无可撼动了，再加上张皇后总跟他争权，双方近两年越来越不对付。

李亨要死的时候，张皇后召太子道："李辅国久典禁兵，制敕皆从他手中走，他还擅自逼迁圣皇罪过极大，所忌者不过我和太子。今主上弥留，李辅国私下与程元振谋作乱，不可不诛。"

李豫哭道："陛下疾甚危，二人皆陛下勋旧之臣，一旦不告而诛之，必致震惊，怕陛下直接就给吓走了啊！"李豫的话说得滴水不漏，他不同意，都推他爹身上。

张后道："你先回，我再考虑下。"

李豫出去后，张后叫来了李亨次子越王李系道："太子仁弱，不能诛贼臣,你能吗?"

李系道:"能。"

随后命内谒者监段恒俊选宦官有勇力者二百余人,授甲于长生殿后。

这就逗了,你一个王爷能进皇后宫中,你觉得你还有秘密吗?更逗的是从太监里面选杀手去杀太监头子。

四月十六,张后以李亨之命召太子。程元振早就和李辅国伏兵于陵霄门做好应急预案了,等李豫到了,李辅国说:"张后想干掉你啊!"

李豫道:"皇上的生命到最后时刻了,我岂可畏死而不赴乎!"

程元振道:"社稷事大,太子必不可入。"随后以兵送太子于飞龙厩,且以甲卒守护。

当夜,李辅国和程元振勒兵三殿,收捕越王李系、段恒俊及知内侍省事朱光辉等百余人,又以太子之命迁张后于别殿,并左右数十人幽于后宫。

四月十八,李亨终于崩了。李辅国等杀张后和李系。李辅国搞完这些事,才带着李豫素服于九仙门与宰相相见,宣布李亨崩了。

四月二十,李豫即位。

李唐在立国一百四十四年后,终于开始长子即位了。比较遗憾的是,长子即位的时候,大唐已经不是当初的大唐了。

李辅国在这次权力交接之后恃功益横,居然对李豫道:"您居禁中养身,外事由老奴处理就成。"李豫没说什么,继续尊礼之,事无大小全部咨询他,群臣出入先去李辅国那里报到,甚至尊李辅国为尚父而不名。

五月初四,任李辅国为司空兼中书令。

这个时候，飞龙副使程元振开始眼红李辅国的权力了，秘密恳请李豫分权，他想挑起更重的担子。

六月十一，李豫免李辅国行军司马及兵部尚书的职务，其余职务不变，让程元振代李辅国兼任元帅行军司马，还让李辅国迁出皇宫到他的外宅居住，毕竟他是三公了嘛，毕竟他是中书令，已经拜相了嘛！①

眼瞅自己身边出了叛徒，皇帝目前又没有竞争对手，李辅国突然发现自己的生态位其实相当容易被取代，开始害怕了，上表请求退位。

六月十三，李豫罢李辅国兼任的中书令，进爵为博陆王。李辅国入宫致谢时还哭着求李豫去为李亨守陵。李豫安慰了他几句，让他走了。

你快去伺候李亨了，别急。

七月十五，李豫以老战友郭子仪总领朔方、河东、北庭、潞、仪、泽、沁、陈、郑等节度行营及兴平等军副元帅。这是准备让老战友赶紧平定叛乱了。

八月二十三，郭子仪自河东入朝谢恩、汇报，面见新皇帝。

但是新当权的程元振忌妒郭子仪功高任重，多次跟李豫说郭子仪的坏话，郭子仪听说后没让皇帝为难，自己表态请辞。

李豫是一个相当稳的人，他没有马上得罪程元振，而是同意了郭子仪的请求，留于京师。

眼看郭子仪不被太监们信任，相当聪明的李豫知道再没人能拢起这些节度使去讨贼，于九月决定引入变量，遣中使刘清潭出使回纥，修

---

① 《资治通鉴·唐纪三十八》：飞龙副使程元振谋夺李辅国权，密言于上，请稍加裁制。六月，己未，解辅国行军司马及兵部尚书，余如故，以元振代判元帅行军司马，仍迁辅国出居外第。

旧好，征兵讨史朝义。

但是早在一个月前，回纥登里可汗已被史朝义所诱，说唐室继有大丧，今中原无主，可汗宜速来共收其府库。登里可汗已经同意并南下了。①

刘清潭将敕书送过去道："先帝虽弃天下，但今天的皇帝是当年的广平王，与叶护共收两京的那位。"此时回纥已经起兵至三城，见州县皆为丘墟，有轻唐之志，随后困辱刘清潭。

之所以囚禁侮辱他这个太监，是因为他不会说话，他说跟他家皇帝有战友情的叶护是此时可汗的哥哥，是汗位的竞争者，是有罪而死后汗位才到他手上的，他爹娶的是李亨的闺女不假，但他并没有继承这位公主，回纥的风俗是没生儿育女的王后、妃子等都得陪葬，公主划破脸回了长安，此时可汗娶的是仆固怀恩之女，是当年他爹娶大唐公主时半卖半送的。所以理论上来讲，回纥的新可汗跟大唐没什么实在亲戚。

刘清潭派使者赶紧回国报信，说回纥举国十万众来了。京师大骇，李豫赶紧遣殿中监药子昂劳军于忻州南。即便是这个时候，李豫还是没找真正该解题的那位。

没法找啊！仆固怀恩是铁勒贵族，万一仗着回纥之力反了呢？直到仆固怀恩之女给长安提了要求，要见爹和妈，李豫才终于点头了。②

仆固怀恩去了就好使了，跟姑爷说唐家恩信不可负，回纥可汗随后遣使上表，请助国讨史朝义，表示不抢长安了，抢洛阳抢河北。

回纥可汗欲从蒲关入，由沙苑出潼关向东。眼瞅要进关中，药子

---

① 《旧唐书·回纥传》：其秋，清潭入回纥庭，回纥已为史朝义所诱，云唐家天子频有大丧，国乱无主，请发兵来收府库。可汗乃领众而南，已八月矣。

② 《旧唐书·回纥传》：先是，毗伽阙可汗请以子婚，肃宗以仆固怀恩女嫁之。及是为可敦，与可汗同来，请怀恩及怀恩母相见。上敕怀恩自汾州见之于太原。

第10战 安史之乱 | 1175

昂劝道："关中数遭兵荒，州县萧条，沿路供养不了大军，怕可汗失望；贼兵尽在洛阳，请从土门关略邢、洺、怀、卫向南，我们一路抢河北得其资财以充军装。"

可汗不从，又请自太行山南下据河阴扼贼咽喉，还是不行，最终是自陕州大阳津渡河，吃陕州太原仓的粮，与诸道俱进，才算终于同意。

为什么要这样选呢？第一条路，要独自面对河北叛军；第二条路，要独自面对河内叛军；第三条路，没有叛军，还能路过仆固怀恩的屯兵区域帮老丈人挣一些政治影响。

他是求财来的，成本收益要最大化。也万幸他只求财，要不然突厥这种祖辈上雄起过的政权此时已经要谋大唐的地了。

李豫以雍王李适为天下兵马元帅，想让郭子仪为李适副手，被程元振和鱼朝恩等阻止了。

这帮太监因为多次诋毁郭子仪，现在是抓住一切机会埋汰他，捅了刀就要捅到底。其实这帮太监有点拎不清，属于为了黑而黑了，明显仆固怀恩才是对皇权威胁更大的人。

最终加朔方节度使仆固怀恩同平章事兼绛州刺史，领诸军节度行营为此次反攻叛军的总指挥。

十月十七日夜，有一个盗贼偷进了李辅国家里，将李辅国连脑袋带胳膊砍完带走了。李豫很生气，下令有司必破此命案，刻木脑袋、胳膊下葬，赠太傅。你瞅瞅李豫解决问题的方式：挺凶的祸害李辅国，稀里糊涂地就没了。

李豫这辈子啊，到死都在擦他爹留下的脏屁股。

十月二十一，李豫命仆固怀恩与其母、妻全部回行营。①

---

① 《资治通鉴·唐纪三十八》：丙寅，上命仆固怀恩与母、妻俱诣行营。

我信任你，不要人质。李豫提前猛击了仆固怀恩的痛点。其实这也是无可奈何地听天由命。

回纥兵已经入中原了，抢多少城市要看回纥的心情，唯一能制衡他们的是仆固怀恩，其可汗夫人回来打一半又说了，我想我奶奶了，你敢不给人家送过去吗？

和前面郭子仪去救火一样，制衡来制衡去，李亨留下的这个烂摊子最终就得听天由命。

十月二十三，诸军发陕州，仆固怀恩与回纥左杀为前锋，陕西节度使郭英义、神策观军容使鱼朝恩为殿后，自渑池入；潞泽节度使李抱玉自河阳入；河南等道副元帅李光弼自陈留入，收复东都战役打响。

这次以仆固怀恩和可汗女婿为核心的官军打得没有那么费脑子了，在洛阳一战击溃史朝义主力，虽然也不好打，叛军战斗力还是很强的，但具体过程不讲了，史家回归了他本来应该待的生态位上，官军收复洛阳，史朝义逃奔濮州。

回纥军队进入洛阳再次开始了"零元购"，烧杀淫掠，大火数十天不灭，继续追杀史朝义的朔方军和神策军也因为洛阳、郑州、汴州、汝州都是叛军控制范围从而一路烧杀淫掠，整整抢了三个月才封刀。不光是回纥人在抢，官军也没含糊，史载史朝义曾经的占领区是"此屋荡尽，士民皆衣纸"。①

这句话就是文化人最大限度地遮着说了，实际上就是所有的钱财被抢掠，所有的女人被强奸，所有的房屋被放火烧了。

---

① 《资治通鉴·唐纪三十八》：回纥入东京，肆行杀略，死者万计，火累旬不灭。朔方、神策军亦以东京、郑、汴、汝州皆为贼境，所过虏掠，三月乃已。此屋荡尽，士民皆衣纸。

第10战 安史之乱 | 1177

反攻的官军队伍中，其实不止一个"可汗"。

回纥将抢的所有物资都存放在河阳，留将看守，接着跟仆固怀恩继续追击，史朝义自濮州北渡河，仆固怀恩进攻滑州，拿下滑州，又追史朝义于卫州，拿下卫州。

史朝义的睢阳节度使田承嗣等率兵四万余人与史朝义合兵再战，又被仆固怀恩击破，长驱至昌乐东。史朝义率魏州兵来战，又败走。

至此，河北大局已定，邺郡节度使薛嵩以相、卫、洺、邢四州降于太行山西边的陈郑泽潞节度使李抱玉；恒阳节度使张忠志以赵、恒、深、定、易五州降于太行山西边的河东节度使辛云京。

李抱玉等入其军营，薛嵩等皆被取代，但没过多久，仆固怀恩让这帮河北原将领都官复原位。

李抱玉和辛云京开始怀疑仆固怀恩有二心，于是分别上表，仆固怀恩也上书为自己辩护，李豫各自安慰勉励，随后下达了早在李亨时代就该下达的那个诏命："东京及河南、北受伪官者，一切不问。"

十一月二十二，以张忠志为成德军节度使，统恒、赵、深、定、易五州，赐姓李，名宝臣。

十一月二十四，以仆固怀恩为河北副元帅，加左仆射兼中书令、单于、镇北大都护、朔方节度使。

李豫对仆固怀恩继续授权，加油加油，一口气把史朝义给灭了吧！

史朝义逃至贝州，与其大将薛忠义等两节度使合兵，被仆固怀恩继续咬上，最开始设伏还打了仆固怀恩一家伙，但回纥姑爷又到了，大战下博东南，叛军大败，积尸拥流而下；史朝义逃奔莫州。

仆固怀恩得知兵马使薛兼训、兵马使郝庭玉与田神功、辛云京会于下博，进围史朝义于莫州，青淄节度使侯希逸这时也赶到了，要痛打落水狗。

公元763年正月，屡战屡败的史朝义被田承嗣劝说亲自前往幽州调兵回救莫州，田承嗣留守于此等待王师。史朝义同意了，挑选五千精骑从北门冲出包围圈。他刚走，田承嗣就把他的老娘妻儿打包送礼投降了。

仆固怀恩、侯希逸、薛兼训等又率三万兵追击史朝义，在归义县追上，再次击败史朝义。

史朝义寄予厚望的范阳节度使李怀仙此时已经请降了，遣兵马使李抱忠率兵三千镇范阳县不让史朝义入境。史朝义想以君臣之义讲道理，但李抱忠道："天不祚燕，唐室复兴，今既归唐矣，岂可再次反复。你快走吧，而且田承嗣必已反叛，不然官军怎么可能追到了这里。"

史朝义最后说了句很心酸的话："我一路还没吃饭，能给解决一顿吗？"

李抱忠于是令人在城东安排了送行饭，史朝义身边的范阳人吃完散伙饭都拜辞而去了。

史朝义在大哭一通后与胡骑数百逃奔广阳，广阳不受，想北上契丹，于温泉栅被李怀仙遣兵追击，史朝义走投无路，自缢林中，李怀仙取其首"快递"给官军。

至此，自公元755年十一月的"渔阳鼙鼓动地来"，到763年正月的温泉栅史朝义授首，长达七年零三个月的安史之乱落下了帷幕。

闰正月十九，李豫命降将薛嵩为相、卫、邢、洺、贝、磁六州节度使（薛嵩死后其部叛归田承嗣）；田承嗣为魏、博、德、沧、瀛五州都防御使；李怀仙仍为故地幽州、卢龙节度使，算上前面就封了的成德节度使李宝臣，后世的河朔三镇集团就此形成了。

当时薛嵩、李忠臣、李怀仙、田承嗣这四位河北将领见仆固怀恩都磕头，乞求跟着仆固怀恩混，仆固怀恩担心贼平后自己的恩宠衰退，故奏留薛嵩、李宝臣等分别继续割据河北，成为自己党援。[1]

这是《新唐书》中的说法。它把仆固怀恩都放叛臣传里了，这其实很不厚道。

以此时仆固怀恩功高震主的勋望，给自己留个后手你能说是错的吗？

换另一个节度使，包括郭子仪在内，不一定最终会如仆固怀恩般迅速终结了安史之乱。包括在九节度围邺城之时，郭子仪自始至终想得比较多，给自己留的后路比较多，仆固怀恩对得起你大唐，来看看《旧唐书》中的原文记载吧："怀恩以寇难已来，一门之内死王事者四十六人，女嫁绝域，再收两京，皆导引回纥，摧灭强敌！"

河北的人事任命，其实跟仆固怀恩的私心已经没有多大的关系了。河北的节度使其实和官家的节度使一样，都是被推举出来的。他能当节度使，都是自下而上的授权，就算放手让中央来取代，中央又能派谁接管河北呢？改变不了的事实就是安史之乱后的河北依旧由安禄山时代的范阳平卢旧将们控制。

幽州节度使（也称卢龙节度使）李怀仙最早是柳城胡人，家族世代皆仕契丹，擅长骑射，最早是安禄山麾下副将。成德节度使李宝臣是奚人大将，最早是安禄山的养子。魏博节度使田承嗣家族世代是卢龙军裨校，父祖以豪侠闻名辽碣，田承嗣本人是安禄山的前锋兵马使。他们三人，也仅仅是被推举出来的代理人，他们的底下也有"爷爷们"。

后来魏博节度使田承嗣为了显示自己胳膊粗不好欺负，检索了所

---

[1] 《新唐书·仆固怀恩传》：初，帝有诏但取朝义，其它一切赦之。故薛嵩、张忠志、李怀仙、田承嗣见怀恩皆叩头，愿效力行伍。怀恩自见功高，且贼平则势轻，不能固宠，乃悉请裂河北分大镇以授之，潜结其心以为助，嵩等卒据以为患云。

辖地区的全部户籍人口，强壮者都入册当兵，只让老弱耕田，数年间有兵至十万，又挑选骁勇者万人编为直属部队，号为牙兵。①

节度使们的爷爷，大名鼎鼎的牙兵就此正式以一个名号登上了历史舞台。

其实所谓牙兵就是将领的私兵，自古就有，牙兵之名由牙旗而来，古代大将出镇都要建牙旗，牙通衙，因此大将官署称牙，节度使作为边镇一把手其官署也按古例称为牙，旗为牙旗，居城为牙城，居屋为牙宅，亲将为牙将，亲兵为牙兵。

可能会有一个疑问，为什么不一鼓作气就把河北叛军连根拔起消灭了呢？因为吐蕃就快打到长安了。

此时的吐蕃入寇程度用史料原文吧，保证能看得懂：

> 吐蕃入大震关，陷兰、廓、河、鄯、洮、岷、秦、成、渭等州，尽取河西、陇右之地。唐自武德以来，开拓边境，地连西域，皆置都督、府、州、县。开元中，置朔方、陇右、河西、安西、北庭诸节度使以统之，岁发山东丁壮为戍卒，缯帛为军资，开屯田，供糗粮，设监牧，畜马牛，军城戍逻，万里相望。及安禄山反，边兵精锐者皆征发入援，谓之行营，所留兵单弱，胡虏稍蚕食之；数年间，西北数十州相继沦没，自凤翔以西，邠州以北，皆为左衽矣。

说得难过点，"大"唐已经颇具"大"宋雏形了。甚至大宋比大唐

---

① 《资治通鉴·唐纪三十八》：承嗣举管内户口，壮者皆籍为兵，惟使老弱者耕稼，数年间有众十万；又选其骁健者万人自卫，谓之牙兵。

第 10 战 安史之乱

都要强，大宋的手仅仅伸不到卢龙镇的幽云十六州而已。

当年安西万里疆域，今日边防在凤翔，由于李唐祖宗发祥之地在关中，所以晚唐无可奈何地要面对吐蕃、回纥乃至党项的不断骚扰侵袭。因为西北的大量资源用在了一年又一年的防"秋兵"上，中央每年不断从江南抽血的资源被不断消耗在了西北边防上，所以也使得安史旧将们不仅恢复了元气还做大做强，史料中的"天子不能制"和"天子不能绳以法"开始频繁出现，河北地区渐渐演变成了实质意义上的两个"国度"。①

长安的天子，魏府的牙兵，时代变啦。

气韵浑厚，果于战耕，兵常当天下的河北就这样离大唐而去了，河北人民在这八年安史之乱中的感受就如同某首歌中的歌词一样：

> 慢慢，慢慢没有感觉，
> 慢慢，慢慢我被忽略，
> 你何忍看我憔悴，没有一点点安慰。
> 慢慢，慢慢心变成铁，
> 慢慢，慢慢我被拒绝，
> 你何忍远走高飞，要我如何收拾这爱的残缺。

终章再来盖棺定论一下：河北对得起你大唐，是你"亨隆组合"

---

① 《旧唐书·李怀仙传》：与贼将薛嵩、田承嗣、张忠志等分河朔而帅之。既而怀恩叛逆，西蕃入寇，朝廷多故，怀仙等四将各招合遗孽，治兵缮邑，部下各数万劲兵，文武将吏，擅自署置，贡赋不入于朝廷，虽称藩臣，实非王臣也。朝廷初集，姑务怀安，以是不能制。

对不起河北。

由于河北藩镇始终存在，为了避免他们反复温习当年安禄山、史思明一次次地席卷南下，河南地区的节度使手上的兵又不能罢去，河南不可罢，两淮亦不可罢，大江以南已经遍布流民和见过血见过钱的职业雇佣兵了，让高薪的雇佣兵解甲归田自古也是痴人说梦。

总之，藩镇的时代彻底到来了。

这一季的"大唐气象"结束了，历史的车轮滚到了"唐宋之变"。

其实一直不太被后世待见的"矬宋"也有它的悲哀，就如同大唐季开篇所讲的那样，惯性一旦启动，再扭转就是千难万难。

太宗的盛唐惯性开启，哪怕武后、韦后祸国至此，依旧又给了李隆基半个世纪的红利时代。

赵宋终结五代十国后堪称报复性地重文抑武，其实也和终结已经杀疯了的各地藩镇有着极大的关系。

历史是演化的，其实从隋杨篡夺武川的果实开始，始终无法回避的一个问题就是虽然武川群雄完成了武力上、制度上的华夏一统，但在信仰层面并没有完成天子的重构。

无论是天怜惜华夏，还是华夏在此运数就该出现这么一位天造地设的机械降神，李世民都将本该第二次无可避免的长期天下大崩盘给修复缝合了，并向世界展示出了东方文明极高的包容姿态和大气雄浑。

唐之所以成为人们心中的唐，是因为太宗将天花板的高度框定好了。无论辉煌再怎么短暂，后世翻阅前史时，依旧会对曾经的辉煌与盛大心怀神往。

关于我们的民族为什么叫汉，而不是叫唐，说法有很多。

这两个朝代都令后人自豪赞叹，但内心深处总还是感觉唐比汉差了些什么。

第 10 战 安史之乱

其实是差在了收尾上。从心理学的峰终定律来看，如果一段体验的高峰和结尾是愉悦的，那么整个体验的感受就是愉悦的。

这个"终"，很重要。汉的"峰"在武帝，汉的"终"在刘备，在关二爷，在诸葛丞相，它的"峰"和"终"，都不枉炎汉二字。

大唐出道即巅峰，撑起了整个华夏古代史的上限天花板，但它的终场，却如同河北人民的八年心路历程一样，慢慢，对大唐就没有感觉了。

唐祚虽未灭，但大家心中的大唐，此时已经永远地离去了。

既然如此，此季大唐气象，也该收尾了。

千古伤心旧事，一场谈笑春风。

残篇断简记英雄，总为功名引动。

个个轰轰烈烈，人人扰扰匆匆。

荣华富贵转头空，恰似南柯一梦。